国资国企改革经验案例丛书

改革攻坚

国企改革三年行动案例集（上）

国务院国资委改革办 编
国务院国资委研究中心

本书分上、中、下三册，以案例形式系统地总结并展现了中央企业、地方国资监管部门及地方国有企业在国企改革三年行动中的经验做法和改革成效，力求对更多企业提供有益借鉴。本书值得政府领导、国有企业管理者和相关工作人员，以及国资国企改革研究人员等读者阅读。

全书分综合篇和专项篇两篇，其中上册为综合篇，中、下册为专项篇。本册为上册，共收录82个案例。

图书在版编目（CIP）数据

改革攻坚：国企改革三年行动案例集．上/国务院国资委改革办，国务院国资委研究中心编．—北京：机械工业出版社，2022.12（2024.9重印）
（国资国企改革经验案例丛书）
ISBN 978-7-111-72249-6

Ⅰ.①改… Ⅱ.①国… ②国… Ⅲ.①国企改革-案例-中国 Ⅳ.①F279.21

中国版本图书馆CIP数据核字（2022）第253322号

机械工业出版社（北京市百万庄大街22号　邮政编码100037）
策划编辑：李　鸿　　　　责任编辑：李　鸿
责任校对：樊钟英　陈　越　责任印制：刘　媛
涿州市般润文化传播有限公司印刷
2024年9月第1版·第4次印刷
170mm×242mm·30.25印张·372千字
标准书号：ISBN 978-7-111-72249-6
定价：320.00元（全三册）

电话服务　　　　　　　网络服务
客服电话：010-88361066　机　工　官　网：www.cmpbook.com
　　　　　010-88379833　机　工　官　博：weibo.com/cmp1952
　　　　　010-68326294　金　书　网：www.golden-book.com
封底无防伪标均为盗版　机工教育服务网：www.cmpedu.com

编委会

主　任：郝　鹏

副主任：翁杰明　彭华岗

成　员：尹义省　衣学东　季晓刚　周巧凌　郑东华
　　　　　杜国功　刘永寿　付　强　李鹏飞　李寒浞
　　　　　谢　石　石本慧　孙京朝　李　岗　杨　曦
　　　　　赵　瑜　杜　本　孙继鹏　曾庆彬　柴　哲
　　　　　叶剑俊　邹壮壮　刘婷婷　黄云贵　吴国源
　　　　　赵媛媛　张宏伟　周　易　沈　思　张　楠
　　　　　梅珺淇　李　鸿

前　言

习近平总书记深刻指出："谁说国企搞不好？要搞好就一定要改革，抱残守缺不行，改革能成功，就能变成现代企业。"党的十八大以来，习近平总书记统筹中华民族伟大复兴战略全局和世界百年未有之大变局，站在党和国家事业发展全局的战略高度，就新时代国有企业改革发展和党的建设发表一系列重要讲话、作出了一系列重要指示和重大部署，为新时代国有企业改革工作指明了前进方向、提供了根本遵循。

2020年6月30日，中央全面深化改革委员会第十四次会议审议通过《国企改革三年行动方案（2020—2022年）》，再次吹响了国企改革的冲锋号。为贯彻党中央、国务院决策部署，在国务院国有企业改革领导小组的领导下，各地区、各中央企业按照"一个抓手、四个切口"的工作思路，落实"可衡量、可考核、可检验、要办事"的工作要求，建立"系统性推进、清单化举措、定量化督办、穿透式操作、典型性推广"的工作机制，推动新时代国有企业改革全面发力、多点突破、蹄疾步稳、纵深推进，开启了国有企业改革历史上具有深远意义的一场伟大变革。

三年来，各地区、各有关部门、各中央企业把国企改革三年行动作为重大政治任务来抓，扎实推进国企改革各项任务落实落地，取得了一系列重大改革成果：加快建设中国特色现代企业制度，新时代做强做优做大国有企业的制度根基有力夯实；深入实施战略性重组和专业化整合，国有经济布局结构实现全方位整体性优化；着力强化企业创新主体地位，国家战略科技力量加快壮大；加快健全市场化经营机制，国有企业活力动力进一步激发；持续完善国有资产监管体制，中国特色国资监管新模式更加成熟；全面加强国有企业党的领导党的建设，以高质量党建引领高质量发展作用充分彰显。国有企业与市场经济融合更加深入，形成一批活力竞相迸发、动力更加充沛的现代新国企。

实施国企改革三年行动过程中，各地区、各中央企业涌现出一大批特色做法和鲜活经验，有效推动了国企改革深入群众、深入基层、深入人心。国企改革三年行动以来，我们编写的"国资国企改革经验案例丛书"已出版了两本，即《改革样本：国企改革"双百行动"案例集》《改革创新："科改示范行动"案例集》。为更好地总结应用、复制推广优秀企业的好经验、好做法，我们在全面系统梳理总结的基础上，推出《改革攻坚：国企改革三年行动案例集》，分为上、中、下三册，上册为综合性案例，中、下册为专项案例，共收录271篇（央企案例152篇、地方案例119篇），系统展现了64家中央企业和21个地方国资委、89家地方国有企业的改革实践，以介绍基层创新和经验做法为主要形式，反映国企改革三年行动取得的一系列重大标志性成果和历史性突破，力求为更多国有企业改革发展提供有益借鉴。

党的二十大为新时代新征程进一步深化国企改革作出战略部署。党的二十大报告指出，深化国资国企改革，加快国有经济布局优化和结构调整，推动国有资本和国有企业做强做优做大，提升企业核心竞争力。完善中国特色社会主义制度，弘扬企业家精神，加快建设世界一流企业。新征程上，国资国企将坚持以习近平新时代中国特色社会主义思想为指导，全面贯彻落实党的二十大精神，更加紧密地团结在以习近平同志为核心的党中央周围，深刻领悟"两个确立"的决定性意义，增强"四个意识"、坚定"四个自信"、做到"两个维护"，扎实做好国有企业改革发展和党的建设各项工作，在推进中国式现代化中展现国资国企新担当新作为，为全面建设社会主义现代化国家做出更大贡献。

目 录

前言

综 合 篇

1. 以国企改革三年行动推动加快建设世界一流企业
中国核工业集团有限公司 ·· 3

2. 深入实施国企改革三年行动　加快建设世界一流航天企业集团
中国航天科技集团有限公司 ·· 9

3. 抓实"四个机制"　深化改革创新　加快推动世界一流航天防务集团公司建设
中国航天科工集团有限公司 ··· 15

4. 改革创未来　创新争一流
中国航空工业集团有限公司 ··· 21

5. 发挥改革的突破和先导作用　为打造世界一流企业注入强大动力
中国石油化工集团有限公司 ··· 30

6. 打好改革"组合拳"　塑造四大竞争力　加快建设中国特色国际一流能源公司
中国海洋石油集团有限公司 ··· 38

7. 传承改革基因　深化三年行动　加快建设世界一流企业
中国南方电网有限责任公司 ··· 44

8. 打造能源企业精益管理智能化升级版管控模式
中国华能集团有限公司 ·· 50

9	求真务实抓改革　协同共进谋发展	
	国家电力投资集团有限公司 ……	55
10	深化国企改革　传承红色基因　加快数字化转型　推动企业高质量发展	
	中国电信集团有限公司 ……	60
11	发挥国有资本作用　助力移动信息产业结构优化　畅通循环　稳定增长	
	中国移动通信集团有限公司 ……	67
12	直面问题勇改革　自主创新启新篇	
	中国第一汽车集团有限公司 ……	72
13	全面深入推进国企改革三年行动　勇闯老国企涅槃奋起之路	
	中国一重集团有限公司 ……	78
14	完善制度　健全机制　做强产业　开启高质量发展新篇章	
	鞍钢集团有限公司 ……	86
15	聚焦改革三年行动　持续优化产业布局　奋力开创高质量发展新局面	
	中国远洋海运集团有限公司 ……	91
16	重组整合和三年行动协同互进　打造世界一流综合性化工企业	
	中国中化控股有限责任公司 ……	97
17	勇担矿业强国使命　开创改革发展新局　加快建设世界一流金属矿产企业集团	
	中国五矿集团有限公司 ……	103
18	奋楫笃行　务求实效　以深层次改革推动企业高质量发展	
	中国建筑集团有限公司 ……	109
19	推进公益类企业组织架构变革　提升服务保障国家粮食安全能力水平	
	中国储备粮管理集团有限公司 ……	115
20	强化使命担当　勇于改革创新　以深化改革激发新发展活力	
	国家开发投资集团有限公司 ……	120

21 夯实改革发展基础 推进改革三年行动
华润（集团）有限公司 …… 126

22 做好"四变" 深化改革 全面助力企业高质量发展
中国化学工程集团有限公司 …… 132

23 全面实施国企改革三年行动 以高质量改革助力企业高质量发展
中国建材集团有限公司 …… 138

24 梯次实施"两大行动" 深入推进"三类治理" 努力争做国有企业"中国之治"的标杆
中国中车集团有限公司 …… 147

25 创造性实施国企改革三年行动 推动改革发展系统推进重点破局
中国能源建设集团有限公司 …… 154

26 强功能 优机制 激活力 推动国有资本运营公司改革走深走实
中国国新控股有限责任公司 …… 159

27 纵深推进机制改革 激发航天科技创新动能
中国东方红卫星股份有限公司 …… 165

28 强核固本 变革创新 努力建设世界一流创新型航空产业集团
成都飞机工业（集团）有限责任公司 …… 170

29 聚力改革突破 激发活力效率 助推造船强国建设和企业高质量发展
中国船舶（香港）航运租赁有限公司 …… 175

30 对标世界一流企业 持续深化国企改革
内蒙古第一机械集团有限公司 …… 180

31 以创新机制变革引领创新能力提升 推动向科技型企业集团转型发展
湖南云箭集团有限公司 …… 185

32 改革与创新双驱动 充分激发企业高质量发展新动能
中国航发西安动力控制科技有限公司 …… 190

33	牢记使命重托　以高质量改革奋力推进油田高质量发展
	大庆油田有限责任公司 …………………………………… 194

34	创新赋能育新机　改革突破开新局　奋力打造世界领先催化剂公司
	中国石化催化剂有限公司 ………………………………… 199

35	深化改革激发科技创新活力　解锁"卡脖子"关键核心技术
	中海油天津化工研究设计院有限公司 …………………… 205

36	强化"三个明显成效"　深化国企改革创新　推动公司高质量发展
	华电江苏能源有限公司 …………………………………… 210

37	全面推进国企改革三年行动　以深层次改革提升"五项能力"
	中国长江电力股份有限公司 ……………………………… 215

38	深化改革增活力　智慧赋能强动力　全力打造世界一流煤炭企业
	国能神东煤炭集团有限责任公司 ………………………… 220

39	以全面重组促全面转型　勇闯新时代国企改革脱困的"彩虹之路"
	彩虹集团有限公司 ………………………………………… 226

40	推进集团采购整合　建设 OTO 数智化生态平台　打造全新工业品供应链生态平台公司
	欧冶工业品股份有限公司 ………………………………… 231

41	推进专业化深度整合　持续提升价值创造能力
	中国铝业股份有限公司 …………………………………… 236

42	优布局　促混改　激活力　打造世界一流基础设施综合服务商
	中交一公局集团有限公司 ………………………………… 241

43	立足行业变革要求深化改革　构建先进性　提升引领力
	保利发展控股集团股份有限公司 ………………………… 246

44	坚持系统思维　推进综合施治　"一企一策"深化国企改革　推进高质量发展

天津市人民政府国有资产监督管理委员会 ……………… 252

45 高起点统筹谋划 严要求部署推动 全口径一体推进各类国有企业国企改革三年行动
内蒙古自治区人民政府国有资产监督管理委员会 ……… 258

46 以"四化"管理深化国资国企改革 高质量发展助力共同富裕示范区建设
浙江省人民政府国有资产监督管理委员会 ……………… 263

47 健全机制 压实责任 全力推动国企改革三年行动落地见效
山东省人民政府国有资产监督管理委员会 ……………… 269

48 突出质效 全面发力 决战决胜国企改革三年行动
湖南省人民政府国有资产监督管理委员会 ……………… 275

49 决战决胜 提质提效 争当区域性国资国企"综改试验"先行尖兵
深圳市人民政府国有资产监督管理委员会 ……………… 282

50 立足市情企情 致力破题解题 全面提升市属国有企业经营质效
唐山市人民政府国有资产监督管理委员会 ……………… 287

51 深入推进国企改革三年行动 助力高质量发展
首钢集团有限公司 ……………………………………… 293

52 聚焦三年行动 深化改革攻坚 推动首都食品产业高质量发展
北京首农食品集团有限公司 …………………………… 299

53 从"混资本"到"改机制" 以深化改革全方位推动高质量发展
格盟国际能源有限公司 ………………………………… 305

54 变革开新局 创新谋发展 推动对标升级高质量发展迈入快车道
包头钢铁(集团)有限责任公司 ……………………… 311

55 聚焦"科改示范行动" 厚植改革创新基因 激发企业创新发展新动能
辽宁艾特斯智能交通技术有限公司 …………………… 317

56	深化改革与管理创新协同联动　推动企业高质量发展迈上新台阶	
	龙建路桥股份有限公司	323

57	科创引领　体制创新　打造具有全球竞争力的新型显示技术公司	
	上海和辉光电股份有限公司	329

58	积极探索跨区域公司监管模式创新　服务长三角一体化示范区高质量发展	
	长三角一体化示范区新发展建设有限公司	334

59	深化"双百行动"　勇当改革尖兵　打造国企改革示范样本	
	江苏省国信集团有限公司	339

60	优化业务布局　增强投融资能力　持续服务交通强省战略	
	浙江省交通投资集团有限公司	344

61	改革促发展　创新添动力　争做国企改革三年行动排头兵	
	福建省高速公路集团有限公司	349

62	深化改革创新　激发活力动力　为推动企业高质量发展打造强大引擎	
	江西省水利投资集团有限公司	355

63	聚焦重点　纵深推进　开创高质量改革发展新局面	
	山东高速集团有限公司	360

64	全面实施重塑性改革　开创涅槃重生新路径	
	河南能源集团有限公司	366

65	聚焦主业谋转型　跑出改革加速度	
	湖北联投集团有限公司	371

66	优治理　调结构　增活力　以改革赋能高质量发展	
	广州越秀集团股份有限公司	377

67	"三制"改革出实效　"十四五"开新篇	
	广西投资集团有限公司	382

68	全面深化改革创新　推动公司高质量发展
	海南海汽运输集团股份有限公司 ················· 387

69	司法重整化危机　深化改革促发展
	四川省煤炭产业集团有限责任公司 ················ 393

70	借势"双百行动"　通过健全市场化经营机制激发内生活力
	成都产业投资集团有限公司 ···················· 398

71	推动"三个实现"　健全法人治理体系
	中国贵州茅台酒厂（集团）有限责任公司 ············ 403

72	积极落实国企改革三年行动　推动企业高质量发展
	云天化集团有限责任公司 ······················ 409

73	聚力改革创新　增强发展动能
	云南省贵金属新材料控股集团有限公司 ············· 414

74	深化管理提升　加强央地合作　奋力推动企业高质量发展
	西藏建工建材集团有限公司 ···················· 420

75	强化资源战略　注重机制转换　打造高质量发展产业生态链
	白银有色集团股份有限公司 ···················· 426

76	改革统揽　创新驱动　加快建设现代化一流企业
	甘肃东兴铝业有限公司 ······················· 431

77	以改革强动力　以创新添活力　打造全产业链发展新模式
	甘肃省公路交通建设集团有限公司 ················ 436

78	聚焦改革发展　激发企业发展活力　持续推动企业高质量发展
	西部矿业集团有限公司 ······················· 442

79	破立并举推改革　主动求变开新局
	宁夏西部创业实业股份有限公司 ·················· 447

80	落实"两个一以贯之" 奋力打造"四大高地" 高标准高质量推进国企改革三年行动落地见效

　　新疆能源（集团）有限责任公司 ·················· 452

81	纵深推进国企改革 赋能高质量发展

　　厦门建发集团有限公司 ······················ 458

82	全力推进实施国企改革三年行动 加快打造国际一流国有资本投资公司

　　深圳市投资控股有限公司 ····················· 463

综合篇

1

以国企改革三年行动
推动加快建设世界一流企业

中国核工业集团有限公司

一、基本情况

中国核工业集团有限公司（简称"中核集团"）是国家核科技工业的主体，国家战略力量的核心，国家核能发展与核电建设的主力军，拥有完整的核科技工业体系，肩负着国防建设和国民经济与社会发展的双重历史使命。

中核集团坚决贯彻落实习近平总书记重要指示批示精神和党中央、国务院决策部署，在国务院国资委党委的指导下，站在讲政治的高度狠抓国企改革三年行动，对照国家、行业战略规划，聚焦对标世界一流、健全市场化经营机制、科技创新、助力"双碳"目标、布局优化调整等重要领域和关键环节奋力攻坚，推动改革全面发力、多点突破、纵深推进。中核集团将国企改革三年行动作为改革工作总纲领，始终坚持高目标引领、高水平布局、高质量推进，全面增强竞争力、创新力、控制力、影响力、抗风险能力，助推高质量发展引擎全速发动，呈现出高质量发展的良好态势。

二、经验做法

（一）以服务国家战略为己任，坚持党对核工业的领导，着力提升控制力

一是坚决履行强核强国使命。把学习贯彻习近平总书记重要讲话和重要指示批示精神作为第一议题，健全专题研究、专门部署、专班推动、专项督办的工作体系。坚持把习近平总书记重要讲话和重要指示批示精神作为核工业发展的根本遵循，并贯彻落实到核工业发展的各领域、全过程，确保始终沿着习近平总书记指引的正确方向前进。通过创新管理模式、集聚资源配置、构建荣誉体系、加大激励强度、优化干部人才队伍等有力措施，各条战线捷报频传，取得重大成绩。

二是健全"大党建"工作体系。建立党组成员和总部部门对口联系二级单位工作机制，强化"责任田"意识，形成党组统一领导、各部门齐抓共管、基层党组织履职尽责的工作格局。坚持"大党建、强体系、重质量、聚人心、创价值"的总体思路，在中央企业中率先开展新时代党的建设战略研究，发布首个党建质量管理体系，把坚持和加强党的全面领导贯穿于经营发展全过程。

三是锻造党建特色品牌。在重大工程现场全面开展党建联建，构建跨产业链、跨行业、跨单位的"区域统筹、资源整合、优势互补"工作体系，参建参研单位党组织实行"一体化"管理、"穿透式"协调，提高"命运共同体"意识，拉动产业链上下游近1万家企业产能。把党组织建在科研一线、建设工地上，以基层党支部建设带动班组建设和产业工人队伍培养培训，确保完成重大工程项目的安全、进度和质量目标。

（二）以高质量发展为目标，持续提升企业治理水平，着力提升抗风险能力

一是全面加强公司治理中党的领导。建立完善第一议题制度，明确中核集团各级党组织要把学习贯彻习近平总书记重要讲话和重要指示批示精神作为第一议题。坚持"两个一以贯之",完善党的全面领导与公司治理有机融合的治理体系,所属重要子企业全面制定党委(党组)前置讨论重大经营管理事项清单,实现党的领导融入公司治理制度化、规范化、程序化。

二是结构布局优化呈现新格局。突出主责主业,提升从事重点任务单位相关内设机构管理规格,缩短管理链条,加强对重点项目建设的资源统筹。中国核工业建设股份有限公司(简称"中国核建")正式搬迁上海,实现区域战略重心转移,主业更加精干优化。持续推进"压减"工作,协同推进"两非"剥离与亏损企业治理等专项改革工作,全年累计清理退出存量企业55家,管理层级控制在5级,"两非"企业清理退出完成率达100%。

三是提升董事会治理效能。强化董事会对授权的管理,综合考虑业务领域、企业规模、治理水平等情况,对子企业进行差异化、精细化授权,总部重点加强规范指导和事后备案。以专职外部董事库建设、落实董事会职权为切口,在健全专职董事选聘、派出机制、差异化落权上持续探索创新,在实现董事会配齐建强上贡献"中核智慧"。

(三)以科研院所改革为突破,促进高水平科技自立自强,着力提升创新力

一是推进"一院两制"改革取得新突破。在科研院所的事业体制中,推进企业化、市场化管理机制改革,全面推进"两脱钩",即人员与事业编制脱钩、事业费和个人待遇脱钩。打破"铁饭碗",完善企业化劳动用工机制,深化三项制度改革。打破"官本位",大力推进"三个不低于",即首席专家待遇标准不低于单位正职、科技带头人待遇标准不低于单位副职、无行政职务优秀科研人员不低于行政上级。

二是推进党委领导下的院所长负责制改革。创新性明确科研院所党委书记兼任法定代表人，院所党委发挥把方向、管大局、作决策、促改革、保落实的领导作用，是"三重一大"事项决策主体；院所长是院所行政议事决策主体，在党委领导下贯彻落实党委会有关决议和部署。院所内设机构实行行政负责制，发挥战斗堡垒作用。细化党委会干部人才培养、深化改革等12项主要职责和决策事项，明确院所长科研、经营等8项主要职责和决策事项，健全院所党委会、院所长办公会议事决策机制和运行协调机制。

三是加强科技人才队伍建设。发布中核集团科技人才发展纲要，以院士后备人才作为战略科学家的重点培养对象，各科研院所"一人一策"制定培养措施和保障方案。以首席专家、科技带头人梯队建设为重要手段，充分发挥科研专家对技术引领、专业建设等方面的重要作用。各科研院所设立并实施涵盖多层次、多领域的人才培养及引进专项计划。各科研院所健全完善全员业绩考核办法、绩效工资管理办法、科技成果转化分红激励办法、荣誉管理办法等核心薪酬管理制度，薪酬机制得到全面优化。

（四）以三项制度改革为重点，健全市场化经营机制，着力提升竞争力

一是三项制度改革动真格。强化综合考评、班子调研结果应用，破除"终身制"，对改革动力不足、履职考核不佳的党组管理干部进行调整。同级人员奖金分配最大差距达到64%，员工奖金降幅最大达28%。市场化用工全面铺开，创新构建人力资源管理体系标准，100%实现员工公开招聘，建立健全市场化劳动用工管理机制，进一步强化全员业绩考核，确保员工流动渠道畅通。

二是任期制契约化管理强落实。全面完成任期制和契约化管理契约签订工作，建立健全管理人员竞争上岗、末等调整和不胜任退出有关制度。全面组织开展聘任协议和经营业绩责任书自查工作，以改革发展成果检验任期制和契约化管理工作成效,明确对自查造假、整改不力的要追究单位主要负责同志责任,形成弱者下、劣者汰的竞争氛围,创造争相干事创业的积极环境,推动改革实效不断深化。

三是中长期激励实现广覆盖。以灵活多样的中长期激励激发活力,提高效率,打造员工与企业发展的命运共同体。累计建立各类中长期激励计划102项,覆盖成员单位125家。中国原子能科学研究院让顶尖科学家拿最高工资,百万年薪科学家突破14人。中核集团薪酬激励创新实践作为经验在中央企业和地方国资系统交流。

(五)以对标世界一流为抓手,持续提升企业管理水平,着力提升影响力

一是坚持做好深化改革统筹谋划。编制发布中核集团"十四五"改革专项规划,对未来5年深化改革进行顶层设计和总体谋划,作好改革后半篇文章,为深化改革工作谋好篇、布好局。建立三维改革考核体系,将深化改革工作列入党组巡视监督重点,务求改革取得实效,巩固好国企改革三年行动各项成果,坚决避免"纸面改革""数字改革"。充分发挥改革试点单位示范引领作用,积极推动"双百企业""科改示范企业"在改革关键领域重点环节率先取得突破。

二是深入开展对标世界一流管理提升行动。结合PDCA管理方法,明确"立标、对标、达标、创标"标准化对标管理提升路径,促进对标管理提升步入良性循环,健全对标"路线图"。组织开展中核集团管理创新成果评审,总结提炼现代企业改革管理的好经验、好方法。组建标杆模式推广抓实升级工作领导小组,在标杆中找答案,从案例中寻方法,切实体现对标管理提升成效。

三是主动探索混合所有制企业差异化管控模式。以打造市场化改革、混合所有制改革和科技成果转化平台为目标,先后两次升级差异化管控模式,坚持放活与管好相结合。在党建、纪检、审计、内控风险等方面加强管控,纳入国资监管体系,严格管理。保持混合所有制企业"市场化经营机制不变、应对市场活力不变、市场化用工不变、薪酬激励不变",进一步完善现代企业制度,持续放活。

三、改革成效

中核集团抓紧抓实国企改革三年行动重要契机,通过深化改革不断破除制约发展的矛盾和问题,不断调整优化阻碍生产力发展的生产关系,克服事项多、任务重,涉及企业户数多、覆盖面广等诸多困难,取得突破性进展和突出成效。

一是产业经济发展进一步加快。2021年实现营业收入同比增长9.6%,实现利润总额同比增长12.4%,资产规模突破1万亿元,"两利四率"指标全面完成。连续16年获评国务院国资委经营业绩考核A级,世界500强排名大幅跃升至第371位。

二是重点项目取得重大进展。核电积极安全有序发展,全年核电发电量同比增长17%,19台机组WANO指数满分,运行业绩迈入世界先进行列。中俄核能合作迈向更高水平,习近平总书记与普京总统共同见证中俄核能合作项目开工,树立了全球核能合作典范。

三是重大科研成果不断涌现。中核集团主导的全球第一台"华龙一号"核电机组投入商运,参与研发的"全球首堆"石岛湾高温气冷堆并网发电等3项入选2021年度央企十大国之重器,荣获国防科技进步特等奖1项、二等奖4项,国防技术发明一等奖1项。"华龙一号"技术方案荣获中国专利金奖,"华龙一号"研发设计创新团队荣获中国质量奖。三门核电一期工程荣获国家优质工程金奖。12项成果获国际质量管理小组大会金奖。

2

深入实施国企改革三年行动
加快建设世界一流航天企业集团

中国航天科技集团有限公司

一、基本情况

中国航天科技集团有限公司（简称"航天科技"）是我国航天科技工业的主导力量，主要从事运载火箭、各类卫星、载人飞船、货运飞船、深空探测器、空间站等宇航产品和战略、战术导弹武器系统的研究、设计、生产、试验和发射服务。航天科技坚持以习近平新时代中国特色社会主义思想为指导，深入实施国企改革三年行动，坚持问题导向、目标导向、结果导向，聚焦重要领域和关键环节深化改革，以"军令状"标准严格落实工作台账，建立改革信息系统动态管控改革进展，中国特色现代企业制度持续完善，管理体系和管理能力现代化水平显著提升，航天工程建设和装备交付能力大幅提高，为加快形成"高质量保证成功、高效率完成任务、高效益推动航天强国和国防建设"的"三高"发展新局面提供了有力支撑。

二、经验做法

（一）持续完善中国特色现代企业制度，以制度体系建设不断巩固改革成果

航天科技坚持"两个一以贯之"，坚持市场化改革方向，在公司治理

中全面加强党的领导，不断完善公司法人治理结构，建成了适应现代企业治理能力的制度体系。

一是充分发挥党委（党组）"把方向、管大局、保落实"的领导作用，党的领导在完善公司治理中全面加强。完善航天科技党建进章程内容指引，420个公司制企业党建工作要求进章程实现应进尽进。党组制定了在完善公司治理中加强党的领导实施细则和党组前置研究讨论重大经营管理事项清单，所属重要子企业全部制定了党委前置研究讨论重大经营管理事项清单，确保党组织在公司治理中的作用发挥更加组织化、制度化、具体化。

二是着力加强董事会建设、落实董事会职权，董事会定战略、作决策、防风险作用进一步凸显。符合条件的162家子企业全面实现董事会应建尽建和外部董事占多数，集团委派至专业公司的董事全部实现专职化。出台专业公司专职董事履职管理办法，董事主动站位谋划企业发展战略的责任意识不断增强，初步实现决策责任归位和管理责任到位。在首批18家重要子企业全面推动落实董事会6项重点职权，进一步发挥董事会定战略、作决策、防风险作用。

三是全面推行经理层任期制契约化管理，市场化用工制度不断健全。制定董事会授权管理办法，建立经理层对董事会负责、向董事会报告的工作机制；在362家公司和71家事业单位全面推行任期制和契约化管理，签约单位和签约经理层成员比例均达到100%。各级企业健全完善了以合同管理为核心、以岗位管理为基础的劳动用工制度，员工劳动合同签订率和新进员工公开招聘率均达到100%。

四是健全完善适应现代治理能力的规章制度体系，为"三高"发展提供了坚实保障。各级子企业进一步厘清各治理主体的权责边界，完成公司章程、各治理主体议事规则、"三重一大"决策管理规定等相关制度制/修订，公司"四会一层"治理结构和决策机制基本形成。3 年来，由基本制度、具体制度、操作制度构成的三级制度框架全面实现上下贯通，各级企业共制/修订规章制度 2.5 万余项，制度更新率达到 50.8%，废止规章制度 1.4 万余项，较 2019 年减少 14.5%，已形成了体系化、标准化、规范化的规章制度体系。

（二）着力提升管理体系和管理能力现代化水平，创建世界一流示范企业取得显著成效

航天科技对标世界一流企业，构建了覆盖各领域、各层级的差异化管控模式，更好适应了集团公司发展新阶段和长远战略需要。

一是调整优化集团总部的机构和职责，总部管控职能和价值创造能力有效增强。按照总部"战略决策中心、资源配置中心、重大工程管理中心"的定位，对总部机构和职责进行优化调整，强化战略、规划、计划、考核闭环管理，实现军民领域投资、资产的一体化统筹配置，推动型号项目差异化管控和航天装备体系化论证，国际化经营发展能力明显提升，内控和巡视监督力量系统增强，总部处室数量减少 17%，人员编制减少 10%。

二是加强法人数量、层级管控，推动所属企业聚焦主责主业高质量发展。建立法人总量和层级双控机制，清理淘汰了一批连续亏损、零利微利、"两非""两资"企业，法人总量净减少比例达 30%。首次系统全面地明确各级单位的定位职责，出台主业管理办法，制定集团公司军品、民品主业目录，核定了管理层级四级以内企业的航天技术应用及服务产业主业，战略性新兴产业占比由 70% 提高到 80%。

三是建立差异化的管控模式，集团公司各级单位间管控界面更加清晰。集团公司总部对定型批产稳定的国家重大工程型号从运营管控转为战略管控；对一般型号任务实施战略管控；对航天技术应用及服务产业，在核定的主业范围和明确的战略规划下,主要实施财务管控;对保障服务领域的直属单位实施运营管控。首次全面梳理了集团公司总部与二级单位之间 18 个职能领域、308 项管控事项,明确了总部对二级单位管控的基线,指导各级单位结合实际明确相互间的管控界面,全级次管控得到系统强化,管控效率得到明显提升。

四是构建推动"三高"发展的精细化经营管理体系,管理效益、效率、效能显著提升。建立常态化的经营计划管理机制,按月开展全级次单位指标监测、分类评价、综合排序,及时防控经营风险并督导问题整改。出台提质增效稳增长特别奖励和强化考核分配联动办法,实行成员单位领导人员业绩与薪酬月度、年度双联动,强化责任传导和利益传导机制,有效保障各项经营发展目标的全面实现。实施成本管控三年行动计划,建立成本管控月度检查机制,3 年来各级单位成本管控工作取得成效近 100 亿元,财务规范管理和风险防范能力进一步提升。

(三)深入推进科研生产管理模式优化升级,航天工程建设和装备交付能力大幅提高

航天科技围绕科研生产的主要阶段大力推进流程优化和管理模式调整,型号研制、批产交付能力显著提升,计划、质量等要素管理水平迈上新台阶。

一是加强全要素、全流程、全寿命的项目综合统筹管理,有效提升计划完成率。开展市场需求研判分析,提前补充配置资源,提高任务和资源的匹配性与均衡性。建立月度例会、季度盘点、半年总结的综合协调机制,强化计划执行的实时监督和闭环管理。通过管理要素闭合、领域化管理、科研生产能力压力测试等创新实践,识别和解决了影响任务完成的关键短线瓶颈问题,综合计划按时完成率提升至 99% 以上。

二是加强全员、全过程、全要素、全数据的质量管理,有效控制质量

风险。发布精益质量管理体系建设方案，建立战略、组织、项目、产品、数据5层构架和覆盖三级法人的航天精益质量管理体系。实施三年质量能力提升工程，开展首飞重大型号的独立评估、关键产品薄弱环节治理、航天器单点复查等专项工作。加强全领域、全级次、全过程、全要素的供应商管理，构建航天型号供应商风险辨识与分析模型，产业链供应链更加健壮、安全、高效。

三是优化批生产管理模式和生产流程，研制效率和装备交付能力显著提高。全面实行宇航型号发射场质量确认制，建立专业化的测试发射队伍，50人以上规模的型号加注转场质量评审会取消近80次。强化设计与工艺协同，开展流程和生产布局优化，建立以单元制造、脉动生产线为代表的产品智能制造体系，液体发动机装配效率提高3倍，卫星批生产线具备年产200颗星的能力。

四是以产品化工作为抓手，推动型号研制模式由型号驱动向型号与产品双驱动转型。大力推进运载火箭去任务化、通用单机和部组件去型号化、系统总体单位与专业配套单位"结对子"，明确型号纵向集成和产品横向统筹的工作模式。开展惯组、火工品等重点产品统型，多类通用产品实现规模化批产，产品型谱化率达80%以上，新立项型号产品化率达85%以上。

三、改革成效

3年来，航天科技按照"三可一要"的工作要求，不断增强改革的系统性、整体性、协同性，努力破解改革发展中遇到的矛盾困难，扎实推动各项改革措施落地，"高质量、高效率、高效益"发展建设取得明显成效。

一是高质量保证成功能力大幅提升。载人航天、北斗导航、探月工程等重大工程任务连续成功，取得了从天宫、北斗、嫦娥到天和、天问、羲和等一系列重大标志性成就，宇航发射连续成功次数打破历史纪录，靶场质量问题发生率下降50%。

二是高效率完成任务能力显著提高。宇航型号任务年发射次数从27次增长至48次，2022年有望突破50次。在实现发射次数翻一番的同时，保持了计划完成率的同步增长，宇航发射计划完成率达到99.1%；航天装备在年交付数量大幅增加的同时，实现了计划完成率的同步增长，达到99.2%。

三是高效益推动航天强国和国防建设的能力明显增强。航天科技实现了经济效益的稳步增长，净利润平均增速超过营业收入平均增速4个百分点，营业收入利润率达到了9.2%，提高了0.5个百分点，成本费用率下降2个百分点，研发经费投入水平始终处于央企前列，总资产周转率也提升至央企平均水平；连续18年、连续6个任期获得国务院国资委经营业绩考核A级，特别是2020年、2021年连续两年位列央企第一。3年中，集团公司获科技奖项等级和数量居军工集团首位，高层次人才数量和质量也稳居央企前列，世界一流航天企业集团建设扎实推进，为航天强国建设、支撑世界一流军队建设做出了突出贡献。

3

抓实"四个机制" 深化改革创新
加快推动世界一流航天防务集团公司建设

中国航天科工集团有限公司

一、基本情况

中国航天科工集团有限公司(简称"航天科工")是我国航天事业和国防科技工业的中坚力量,航天强国建设和国防武器装备建设的主力军,中国工业信息化发展的领军企业。经过60多年的开拓创新、锐意进取、拼搏奉献,现已发展成为一家战略性、高科技、创新型中央骨干企业,自主研制的"东风""红旗""鹰击""长剑"等一系列武器装备填补了国内空白,自主创新研制的数十项技术产品护航"神舟"飞天、"天宫"对接、"嫦娥"探月、"北斗"组网、"天问"探火、"空间站"建造,有力保障了国家重大工程任务的圆满完成。

航天科工始终把改革作为高质量发展的关键一招,贯彻落实习近平总书记关于新时代强国强军、国有企业改革发展和党的建设的重要论述,深入实施国企改革三年行动,锚定"三个明显成效"目标,狠抓改革工作机制、责任机制、推进机制、考评机制落地,以钉钉子精神落实国企改革三年行动实施方案,推动武器装备发展、科技创新、产业升级、人才队伍建设不断取得新突破。2021年,航天科工实现净利润166.09亿元,利润总额 185.41 亿元，获评 2021 年度和 2019—2021 年任期中央企业负责人经营业绩考核 A 级，现位列世界 500 强企业第 341 位，居全球防务百强企业前列。

二、经验做法

（一）抓实"工作机制"，改革正确方向更加坚定

一是坚持党委（党组）第一议题、理论学习中心组学习首要议题制度。及时跟进学习贯彻落实习近平总书记关于国有企业改革发展和党的建设的重要论述，以及党中央、国务院有关改革工作部署，2020 年以来开展党组理论学习中心组集中学习 57 次。建立贯彻落实习近平总书记重要讲话和指示批示精神工作机制，实现传达学习、研究部署、贯彻落实、跟踪督办、报告反馈、调查研究的管理闭环。持续加强集中培训和政策研究，举办国企改革三年行动专题培训班，依托航天云课堂 App 开展线上培训。2020 年以来开展改革专题培训 28 次，改革部署要求落地实施更加有力有序。

二是落实改革常设议事机构和制度。成立由董事长任组长、总经理任常务副组长，以及分管人力资源、资产运营的副总担任副组长的全面深化改革领导小组，制定印发《全面深化改革领导小组工作规则》，常态化研究部署推进改革。2020 年以来审议改革事项 44 项，实现制度上有规定、程序上有保障、实践中有落实。编制印发《国企改革配套政策文件目录》《航天科工深化改革"1＋M"政策体系》并迭代更新，纳入航天科工有关改革政策文件 87 项，将政策条目摘编成册，"大政方针"变成"操作手册"。

（二）抓实"责任机制"，改革主体责任全面落实

一是坚持改革"第一责任人"制度。将全面深化改革工作列入航天科

工主要领导职责分工，党组书记、董事长负责统筹全面深化改革工作，总经理负责推进全面深化改革工作落实。各级次单位将"一把手"改革职责写入领导分工文件，建立改革领导小组运行机制，构建强力"中枢"机构。各级次单位建立健全改革工作机构，配齐配强人员，激活改革工作"末梢"。

二是落实日常责任。每年制定《改革工作要点》，"一企一策"下达年度改革工作目标和改革考核任务，并纳入综合计划纲要，确保责任层层分解落实。开发指标采集在线填报模块，差异化制定集团总部、二级单位、各级次单位3张表单，累计升级迭代12次，实现95个重点量化指标穿透各级次单位在线填报、审核、上报和自动汇总，压实总部各部门、各单位派专人审核把关责任，改革进展成效准确呈现。

（三）抓实"推进机制"，改革任务紧前落实落地

一是坚持月度指标、季度简报、半年通报、年度总结立体式推进方式。每年召开改革三年行动推进会，确保2022年6月底前航天科工改革三年行动53项方案任务和73项工作台账任务100%完成。"以上率下"强化各级董事会建设，提前完成子企业董事会100%应建尽建和外部董事占多数，纳入范围的重要子企业100%落实董事会职权。实施"挂图作战"，深化三项制度改革，全级次100%实现经理层成员任期制和契约化管理，薪酬分配向做出突出贡献人才和一线关键岗位倾斜，设立航天报国功勋荣誉和表彰奖励，2020年以来新实施激励47家、覆盖1730余人。

二是树立先进标杆典型示范。推选7家单位纳入国企改革专项工程，3家单位纳入混改试点，着力形成"头雁效应"。5家"双百企业"和2家"科改示范企业"序时改革任务100%完成，市场化改革和自主创新实现双提升。以"科改示范行动"为契机，所属二级单位航天信息股份有限公司（简称"航天信息"）非政策性业务毛利占比由改革前的30%提升至60%

以上；所属三级单位贵州航天电器股份有限公司（简称"航天电器"）申请专利、PCT专利授权、IEC国际标准、国家标准再创新高，现位列全国电子元器件百强第14位。自实施"双百行动"和混改试点以来，所属二级单位湖南航天有限责任公司（简称"湖南航天"）实现社会化融资13.37亿元，全级次单位推行员工持股计划，国有资本保值增值率保持在110%以上。

（四）抓实"考评机制"，改革促发展形成典型经验

一是坚持发挥考核"指挥棒"作用。制定实施改革发展指标考核，在年度经营业绩考核百分制权重为3~6分，考核结果与所属单位及负责人考核挂钩，同时围绕改革三年行动落实情况开展监督检查15次，发现问题280个，推动制定整改措施763项，督促完成整改720项。2020年以来所属单位以改革促发展的主动性不断增强，各二级单位改革三年行动主体任务全面完成。

二是加大典型激励和复制推广。每年印发《改革典型案例》，纳入改革发展指标加分，鼓励主动改革探索实践。2020年以来，航天科工交流推广改革典型案例56个，3家单位纳入国务院国资委《国企改革"双百行动"案例集》《"科改示范行动"案例集》，2家"科改示范企业"全部连续2年获评"标杆"和"优秀"，1家"双百企业"获评"优秀"，5例改革经验获国务院国资委《国企改革三年行动简报》刊发，同时获评中国企业改革发展优秀成果24个（其中一等奖6个），促进形成"比学赶超"的改革态势。

三、改革成效

一是战略地位和竞争力不断增强。通过改革，航天科工组建中国航天科工智能科技研究院、中国航天科工集团科技保障中心有限公司，实施中

国航天系统工程有限公司、控股航天工业发展股份有限公司、宏华集团有限公司跨央企专业化整合及"两非"剥离取得显著成效，存量资产加快盘活，亏损、资不抵债企业处置共减少亏损2.59亿元、收回资金2.53亿元，若干新培育产业形成新动能，由防务装备和航天产业组成的军品基业不断壮大，由信息技术、装备制造、现代服务业组成的支柱产业快速发展，主业集中度达到91.2%。国有经济布局和结构进一步优化，全面建成世界一流航天防务集团公司"一个目标三步走"战略目标和"1+4"战略持续深入推进，为世界一流军队和航天强国建设提供了强力支撑。

二是企业治理能力明显增强。通过改革，航天科工《在完善公司治理中加强党的领导工作方案》深入实施，党委（党组）"定"和"议"的职责边界进一步准确清晰，党委（党组）将更多精力放在谋全局、议大事、抓重点上。航天科工董事会有效运行，在国务院国资委2021年度中央企业董事会综合考核评价中获评"优秀"。子企业董事会逐步配齐建强，董事监事履职能力持续提升，制度体系更加健全完备，各司其职、各负其责、协调运转、有效制衡的公司治理机制进一步健全完善，1家子企业获评国务院国资委"国有企业公司治理示范企业"，对标世界一流管理提升行动获评1个标杆项目和3个标杆企业。

三是自主创新能力持续提升。通过改革，《航天科工科技自立自强行动方案》深入实施，研发经费投入强度不低于12%，战略性、前沿性、颠覆性技术创新提档加速，牵头组建"中央企业高端分析测试仪器创新联合体"，4个方向入围首批央企原创技术策源地，2个国防科技创新中心完成设立，33个专业技术体系建设深入推进，36个集团公司级科技创新平台加快建设，科技创新体系持续完善，内外部优势单位协同联合不断加强，承担的国家科技重大专项和国家重大工程任务取得重大突破。2021年获国家科技奖6项，累计有效专利3.4万件。

四是人才"雁阵格局"逐步形成。通过改革，航天科工重大经营决策和国有资产保值增值的目标有效落实到各级经理层成员，工资总额管理机制更加灵活，物质奖励与精神激励效果显著，战略科技人才、科技领军人才、青年科技人才梯次发展计划深入推进。在国家重大工程、重大专项任务担纲领衔者中发现和培养了一批战略科技人才，现拥有200余名国家级专家，2021年新增3名院士；选拔培养了一批既懂经营管理又懂科研生产的复合型干部，青年科技人才获大胆使用，党组管理的领导人员中45岁左右人员占比29.8%，5个重点研究院领导班子成员中具有型号工作经验的占80%，型号骨干团队平均年龄35岁，领导干部和型号队伍人员结构更加优化；遴选了一批熟悉企业治理、具有业务专长、实践经验丰富的现职领导干部转任专职董事、监事，集团公司派出外部董事、监事100%实现专职化。

改革创未来　创新争一流

中国航空工业集团有限公司

一、基本情况

中国航空工业集团有限公司（简称"航空工业集团"）于2018年12月获批成为国有资本投资公司改革试点企业，作为军工行业深化改革的先行者，始终贯彻党中央、国务院战略决策部署，坚决落实国企改革三年行动有关要求，始终践行强化航空科技国家战略力量目标，积极构建航空产业发展新格局，打造建设现代航空工业体系，设有航空武器装备、军用运输类飞机、直升机、机载系统、通用航空、航空研究、飞行试验、航空供应链与军贸、专用装备、汽车零部件、资产管理、金融、工程建设等产业，下辖100余家成员单位、24家上市公司，员工逾38万人。2021年，营业收入5190亿元，同比增长10.72%；利润总额216亿元，同比增长4.3%。近3年劳动生产率复合增长率超过10%。2022年《财富》世界500强最新排名第144位。

二、经验做法

航空工业集团在国务院国资委坚强领导下，按照"一个抓手、四个切口"的工作思路，落实"可衡量、可考核、可检验、要办事"的工作要求,以问题为导向,以结果为目标,建立"以标准抓改革,以评估促提升,以四真验效果"的系统性改革机制,深入实施国企改革三年行动,把改革作为提升企业高质量发展的催化剂,稳扎稳打、步步为营,逐步激发改革乘数效应。

(一)聚焦中国特色,公司治理成熟定型

坚定不移全面贯彻落实习近平总书记"两个一以贯之"的重要要求,以国企改革三年行动工作部署为牵引,以中国特色现代企业制度建设为契机,把加强党的领导贯穿于公司治理全过程、各环节,切实加强董事会建设,有序落实董事会职权,保障经理层依法行权履职,推动中国特色现代企业制度取得制度建设和实践探索"双丰收",权责法定、权责透明、协调运转、有效制衡的公司治理机制加速形成。

一是持续推进党的领导和公司治理融合,学深悟透中央精神。"九尺之台,起于累土。"深刻领会"两个一以贯之"是体制优势与中国现代企业发展规律结合的内涵,从顶层设计上就对在完善治理中加强党的领导做出制度性规范,明确党组织在公司法人治理结构中的法定地位,依据公司章程,清晰界定党委(党组)、董事会及专门委员会、经理层权责。按照权责法定、权责透明、协调运转、有效制衡原则编制权责清单,并动态更新,将党组织的领导核心作用、董事会的决策中心作用、经理层的指挥中心作用摆到位。推动全集团建立党委的180家子企业100%制定党委前置研究讨论重大经营事项清单,从梳理"三重一大"事项入手推动党委前置清单、董事会权责清单、经理层权责清单同步制定。一张可视化清单让各治理主体权责边界更加清晰,决策程序更加规范,运行更加稳定高效。

二是系统化、规范化、制度化夯实中国特色现代企业制度体系建设。"蚓无爪牙之利,筋骨之强,上食埃土,下饮黄泉,用心一也。"改革伊始,集团公司就牢牢抓住现代企业制度建设基础,厘清公司治理和管理的

区别，迭代推出两版《重点改革任务完成标准要求》，建立集团和子企业两个层面公司治理制度体系。集团层面，进一步健全本级治理体系，修订完善《集团公司章程》《党组议事规则》《董事会议事规则》《总经理办公会议事规则》等制度；建立推动子企业健全治理体系的制度指引，包括《公司章程指引》《所属企业董事会工作规则指引》《所属企业董事会授权管理办法指引》等11项指引性文件，构筑起二级企业"一个实施办法、三个方案、六个权责清单、五个规则、十二项基本制度"的公司治理制度框架体系，组织"公司治理"专题培训，开展制度建设专项审查，推进子企业中国特色现代企业制度体系更加系统完备、务实管用。

三是董事会配齐建强、规范运作，落实董事会职权迈出实际性步伐。建立专兼职外部董事人才库，落实集团公司420家应建董事会子企业全部建立董事会并实现外部董事占多数。补充完善原有专职董监事队伍，突出专业化、专职化，做到"履职有制度、工作有计划、任务有清单、行权有规范、定期有沟通、绩效有评价"。出台《落实子企业董事会职权工作方案》，推动90家重要子企业制定《落实董事会职权实施方案》并落实董事会6项重点职权。集团总部对19家二级重要子企业开展7个方面24项授权放权，并对"双百企业"等试点单位加大授权力度，授权事项达27项。从7个方面构建形成23项完成标准、126个评价要点的董事会规范运作和高质量运行的检查评估体系，推进董事会、董事会专门委员会规范运作，保障落实董事会职权合规、落地，确保外部董事有效履职，完善董事会决策落实的报告、督办等反馈机制。董事会的经营决策主体作用发挥得更加充分。

四是经理层依法行权履职机制不断完善。420家已建董事会子企业全部建立了董事会向经理层授权的管理制度，不断完善经理层权责清单、总经理办公会议事规则、总经理向董事会报告工作等制度。全级次592家所属单位的经理层（经营层）全部实现任期制和契约化管理，基本建立了中国特色现代企业制度下的新型经营责任制。

（二）聚焦主责主业，科技创新驱动发展

深入贯彻落实新时代推进国有经济布局优化和结构调整的意见要求，全面构建"主制造商—系统集成商—专业化供应商"的新型航空产业组织体系，培育一批航空产业链链长企业，打造一批原创技术策源地。

一是推进内部产业调整优化。大中型飞机领域，组建了中航西安飞机工业集团股份有限公司。战斗机领域，统筹推进成都飞机工业（集团）有限责任公司（简称"成飞"）和中航贵州飞机有限责任公司（简称"贵飞"）改革重组。民机领域，强化天津直升机、西安支线飞机、珠海通用飞机三大民机产业平台建设。机载系统领域，组建了七大机载系统事业部，打造具有国际竞争力的系统集成商。拓展航空产业链布局，构建通用航空产业联盟，推进产品系列化、产业规模化发展，延伸产业链上下游，全面拓展应急救援等战略新兴市场，加快打造上海、天津、沈阳、哈尔滨、成都、南昌新型产业示范基地。

二是科技创新迸发蓬勃动力。实施党组"创新决定30条"，推进"智航院"、鲲鹏软件创新中心、国家高端航空装备技术创新中心等创新平台建设。构建"科技+金融+市场"科技成果转化生态环境，2021年实施转化项目44个，转化成果超过10亿元。一批专项工程技术攻关不断取得突破，一批新质航空装备形成战斗力。深入学习贯彻习近平总书记关于科技创新的重要论述和对航空工业改革创新发展的重要指示批示精神，面向预先研究、武器装备和民机产业的"大科技"，以"跨代·超越"为主题，组织开展科技创新大会等系列活动，系统总结了新时代十年航空科技创新实践，研判了航空科技创新面临的形势和挑战，部署未来科技创新重点任务和创新行动，以国家安全观为统领，以国防装备建设需求为牵引，以航

空强国为核心使命，逐步跨越从无到有、从小到大、从仿制到自主研制到出口的创新体系。

三是培育新产业卓有成效。在电子信息、汽车零部件细分行业培育了深南电路股份有限公司、天马微电子股份有限公司、中航光电科技股份有限公司、耐世特汽车系统集团有限公司等一批全球行业排名前列的头部企业；培育无人机、空管系统、模拟器、红外探测器、高端专用芯片与传感器等业务骨干企业。20多家企业被列入制造业单项冠军企业名单、专精特新小巨人企业名单；特种连接器、5G通信基站用多收多发印制电路板被认定为单项冠军产品；新型材料、光电产品等5类共86项产品入选国家发展改革委备选项目库。

四是存量资源配置效率不断提高。完成161家"两非"企业剥离，压减法人1106家，清理参股股权357项；74家亏损子企业整体减亏75%。退出了煤炭、玻璃、船舶等42个行业，行业门类压减了56%。剥离企业办社会职能和解决历史遗留问题全面收官。

五是国有资本投资公司改革试点功能作用有效发挥。调整优化集团公司总部职能定位和管控模式，有效发挥其在授权经营、结构调整、资本运营、激发所出资企业活力和服务实体经济等方面的作用，加快从管企业向管资本为主职能转变。提升投融资能力，设立资产处置平台、产业链基金和产融平台，全面提升自主创新能力，聚焦主责主业，培育新兴类航空及防务产业。加强资本运作，借力市场化手段。近三年开展资本运作20项，总计融资近200亿元；发挥上市公司平台作用，推动优质资源向上市公司集中，资产证券化率超过71%。

（三）聚焦活力效率，干事创业热情攀升

系统构建实施新时代航空工业干部工作、人才发展和薪酬激励三大体系，研究出台《关于立足新时代，聚焦高质量，进一步提升三项制度改革效能的意见》《深化劳动、人事、分配三项制度改革评估办法（试行）》，下大力气实施了一系列改革举措，三项制度改革不断取得实质性进展，为调动人才积极性、激发企业活力发挥了重要作用。

一是健全完善制度体系，干部"能上能下"成为常态。系统推进干部制度创新，将干部工作"五大体系"作为干部工作"导航仪"，将"20字标准"应用到选人用人全过程，集团公司选人用人工作满意度连续5年稳步上升并保持在较高水平。研究制定干部能下的系列制度，常态化开展综合考核评价、担当作为分析报告和专项测评，落实末等调整和不胜任退出，干部队伍结构和素质显著优化，领导班子作用发挥显著提高。2021年管理人员末等调整和不胜任退出比例为4.7%，高于中央企业平均水平0.2个百分点。

二是系统谋划、积极探索，经理层成员任期制和契约化管理扎实推进。集团党组直接把关、多轮反复迭代，扎实推进全级次592家所属单位100%实施经理层成员任期制和契约化管理，提前完成国务院国资委考核目标。坚持党管干部原则和发挥市场机制作用相结合，健全"四个机制"（一个把关主体、一套制度体系、一份评价标准、一支专家队伍）、突出"三个刚性"（刚性目标确定、刚性考核管理、刚性结果应用），持续推动所属单位经理层成员任期制和契约化管理工作走深走实。强化考核评价，对所属单位经理层成员任期制和契约化管理落实情况进行分类量化评估并相应兑现奖惩，所属单位每年书面上报实施、考核及结果应用等情况，确保工作成效。

三是人员引进质量持续提高，用工总量大幅下降。严把员工入口关，出台引进高层次人才和优秀毕业生奖励支持政策，实施"千名博士引进工程"，人员引进质量明显提高，国企改革三年行动以来，公开招聘比例为100%，硕士研究生及以上学历人员占比每年提升约1个百分点。大力推进劳动用工管理及员工绩效管理等制度落地，按照高质量发展要求从严控制用工总量，强化劳动生产率考核，以上率下、分层分类持续开展"三定"。截至 2022 年 6 月底，全集团职工 38.3 万人，较国企改革三年行动之初净减少 3.7 万人。2021 年劳动生产率增幅达 15.3%，为近 3 年增幅最好水平。

四是薪酬激励体系全面推进，分配导向更加鲜明。系统构建具有航空特色、重点突出的薪酬激励体系，持续完善差异化、结构化的工资总额管理模式，对关键核心技术攻关团队、基础研究与预先研究突出贡献团队等给予工资总额单列支持，实现分配资源向主业、科技创新倾斜。构建军品单位核心骨干激励机制，覆盖近 6 万名核心骨干，首席技术专家、重大工程（型号、项目）负责人津贴额度最高可达 18 万元/年。"基于航空工业特点的薪酬管理体系"被国务院国资委评为国有重点企业管理标杆项目。成飞《分配改革出新招 激发活力促发展》案例刊发在国务院国资委《考核分配工作动态》，彰显了集团公司改革良好成效。

五是中长期激励工具有效运用，重点单位全覆盖。在中央企业层面率先建立中长期激励制度，综合运用上市公司股权激励、员工持股、岗位分红、项目分红等各类激励工具，因企施策、分类实施、应做尽做。截至 2022 年 6 月底，全集团共有 84 家单位 101 项中长期激励计划获批，已开展中长期激励的子企业户数占具备条件的比例超过 90%，基本实现主业领域重点单位全覆盖。

三、改革成效

道阻且长，行则将至。航空工业集团坚决贯彻落实习近平总书记对航空工业改革创新发展的重要指示批示精神，大胆创新、锐意改革，始终坚持向世界一流企业奋进，经济竞争力、创新力、控制力、影响力、抗风险能力不断增强。

一是改革成效逐渐显现，经营业绩持续提升。航空工业集团利润总额、劳动生产率近3年稳步提升，年度经营业绩考核连续获得A级；成为国务院国资委首批原创技术策源地，并在国务院国资委2021年科技创新专项考核中名列第二；顾诵芬院士荣获2021年度国家最高科技奖；2021年某型战斗机获国家科技进步特等奖；集团共获15项国家科技奖励，居央企首位；成飞、兰州飞行控制有限责任公司（简称"兰飞"）入选国家技术创新示范企业名单。

二是创新能力不断提升，研制速度不断突破。航空工业集团聚焦主责主业，践行强军使命，航空武器装备形成体系化、网络化、数字化发展格局，创新能力不断提升，研制速度不断突破，有力支撑新时代强军目标建设，在中央军委装备发展部的军工集团年度考核中连续名列前茅。主战装备跨入"20时代"，以歼20隐身战斗机、运20大型运输机、直20直升机为代表的"20系列"装备成为新时代大国强军的新名片。多款新型战机投入新时代练兵备战，加快推进空天战略打击能力、战略预警能力、空天防御能力和战略投送能力建设。舰载战斗机随航母编队，前出第一岛链赴西太平洋远海训练；"飞豹"多批次挂载实弹，飞赴演习海域实施打击行动；"运油20"轰然起航，守护主力战机奔赴远海大洋。这些装备，支撑空军不断拓展新航迹，迈向空天一体、攻防兼备；支撑海军实现空海协同，迈向近海防御、远海护卫；支撑陆军空中力量快速建设，迈向机动作战、立体攻防。

三是航空价值得以彰显，航空文化赓续绽放。航空工业集团永葆初心、步履铿锵，承接党中央重大决策部署"第一棒"，彰显中央企业国民经济顶梁柱、压舱石、定盘星作用，服务国家安全、经济发展和民生福祉。在航空救援、森林消防、医疗救护和应急通信领域，凭借较为完备的飞机平台、任务设备、系统组网，以及服务保障全产业链整体供应能力，以"国家队"的使命，推动新时代国家应急救援事业不断前进。作为落实国家"一带一路"倡议的主力军，坚持"引进来"，聚焦全球资源，实现共建共享共荣；坚定"走出去"，融入国际产业链，提高国际竞争力，凭借"空中丝路"，聚焦互联互通和应急安全两大领域，建设布点航空基础设施，带动航空运输网络建线，促进国产民用航空器和航空设备出口交付，以更开放的姿态融入世界航空产业链，以自身改革实践和高质量发展彰显航空价值、传递航空文化。

5

发挥改革的突破和先导作用
为打造世界一流企业注入强大动力

中国石油化工集团有限公司

一、基本情况

中国石油化工集团有限公司（简称"中国石化"）是1998年7月国家在原中国石油化工总公司基础上重组成立的特大型石油石化企业集团，主营业务包括油气勘探开发、炼油化工、成品油销售、油气储运、石油工程、炼化工程技术服务、国际贸易、金融服务等，目前是中国最大的成品油和石化产品供应商、第二大油气生产商，是世界第一大炼油公司。近年来，为破解制约企业高质量发展的体制机制问题，突破利益固化的藩篱，进一步提效率增活力、提升创新力，中国石化深入学习贯彻习近平总书记关于国有企业改革发展和党的建设重要论述精神，全面落实习近平总书记视察胜利油田重要指示精神，以保障国家能源安全、引领我国石化工业高质量发展、担当国家战略科技力量为核心职责，高标准实施国企改革三年行动，抓实首要任务，健全长效机制，完善中国特色现代企业制度，推进产业布局优化和结构调整，坚定实施创新驱动发展战略，健全市场化经营机制，切实增强竞争力、创新力、控制力、影响力、抗风险能力，实现更高质量、更可持续发展，努力将中国石化建设成为世界领先的洁净能源化工公司,始终成为党和人民最可信赖、最可依靠的大国重器。

二、经验做法

(一)聚焦公司治理,完善中国特色现代企业制度

一是党的领导融入公司治理。集团层面加强引领,贯彻落实《关于中央企业在完善公司治理中加强党的领导的意见》,研究部署28项任务清单,在《党组讨论和决定重大事项清单》基础上,结合行业特点明确党组前置研究讨论的6个基本步骤;开发建设总部决策信息系统,以信息化手段强化管控,防止"应上会的未上会、不该上会的上会"等现象。企业层面分类推进,制定《关于直属企业在完善公司治理中加强党的领导的实施意见(试行)》《直属企业党委讨论和决定重大事项清单示范文本》,明确实施路径,清晰界定10类39项"定"的事项、17类45项"议"的事项,指导直属企业"一企一策"列出"定"和"议"两个清单。

二是董事会应建尽建、规范运行。在完成应建尽建任务基础上,定期对各级子企业董事会建设情况进行分析评估,建立董事会应建尽建清单动态调整机制,先后有9家调出、6家调入董事会应建尽建范围。按照"专兼结合、分类管理、动态调整"原则,突出过往履职业绩和管理经验,初步建成涵盖企业运营、人力资源、市场营销、科技创新等领域1200人左右的外部董事人才库。健全完善外部董事履职考核评价相关制度,搭建履职指导和保障平台,举办子企业董事会建设业务培训班,对应建范围内子企业的董事会办公室等机构和组织人事机构有关人员开展培训;不定期组织外部董事到任职企业开展专题调研,深入了解企业发展现状和诉求,2021年组织外部董事调研近百次,提出问题235项,推动形成议案49项。

(二)坚持创新驱动,深入推进科技体制机制改革

一是加强顶层设计。聚焦国家战略需求和公司发展需要,发布《中国

石化贯彻创新驱动发展战略实施方案》，制定科技创新"十四五"发展规划，加快推进"四个一批"科技创新总体部署，明确12项重大基础研究方向、4个方面38项可以产业化的技术、10个国家创新平台建设，以及6项重大改革举措。成立中国石化科学技术委员会，党组书记、董事长任主任，23名院士担任顾问、资深委员或委员，为石油石化科技攻关方向、体制机制改革出谋划策。针对"卡脖子"技术，成立董事长、总经理任双组长的关键核心技术攻关领导小组，统筹协调资源，加快突破科技难题。深入推进"科改示范行动"，全面推进直属研究院科技体制机制改革。

二是完善科技攻关模式。以承担国家战略科技任务攻关为契机，完善"十条龙"科技攻关配套政策，在专项科研经费、工资总额和专家职数单列、物资采购绿色通道、下放投资权限等方面给予大力支持，截至2021年底，累计完成200余项重大成套技术工业转化。集中行业内核心骨干科研力量，建立重大科技项目联合攻关机制，特深层油气勘探开发工程技术与装备、碳纤维、汽车轻量化材料等一批重大科技成果取得突破。重大科技项目实施项目长负责制，赋予项目长对研究任务、研究经费、项目奖金的分配权和相应的资源调配权。实施"大兵团"作战，启动"氢能技术"大兵团项目，推进"绿氢""蓝氢"制备、氢气储运、加氢站等技术攻关。探索"揭榜挂帅"机制，6项重点技术面向全社会"张榜招贤"，不论资历、不设门槛，让有真才实学的科技人员"英雄有用武之地"。简化科研仪器装备采购流程，采购周期从数周缩短至1~4小时。

三是加快科技创新平台建设。加快推进广东高端材料研究院、宁波新材料研究院有限公司等新型研发机构建设，加快补足高端材料领域技术短板；成立医用卫生材料研究所，打造"科研特区"，攻克解决制约医用材料产业发展的关键技术。坚持开放创新，成立碳纤维及复合材料联合研究院，与清华大学共建绿色化工联合研究院；在14家联合研发中心基础上，聚焦前瞻性、基础性领域，与国内优势高校、院所成立6家联合研发机构。深入布局海外研发机构，优化休斯敦研发中心、中东研发中心运行管理，加强中国石化-UOP联合研发中心建设，与英国帝国理工学院合作成立资源地球物理研究院。

四是强化科技创新正向激励。充分发挥考核"指挥棒""风向标"作用，加大对直属企业创新体系建设、研发投入、关键核心技术攻关与成果转化、知识产权管理等方面的考核力度。印发《关于加强科技创新激励保障机制建设的意见》，从业绩考核、工资支持等5个维度构建科技创新激励保障机制。在2020年和2021年考核兑现中，高于集团公司平均增幅确定科研单位考核兑现工资，并对技术创新与转化排名前列的科研单位进行奖励；对国家级创新平台、关键核心技术攻关团队等实行工资总额单列管理，激励政策覆盖2800名科研骨干。加大工资分配向科研人员倾斜力度，2019—2021年，科研人员平均收入年均增长12.7%，8家直属研究院员工平均收入年均增长15.5%，远超中国石化员工整体平均收入增长水平。

（三）激发队伍活力，持续深化三项制度改革

一是干部能上能下。制定《推进领导人员能上能下暂行办法》，明确应当调整退出的14种情形，近年来调整不适宜担任现职的党组管理领导人员77人次。实施经理层成员任期制和契约化管理，392家各级子企业、1172名经理层成员全部签订"一协议、两书"，并按照契约开展2021年度经营业绩考核兑现，差异化确定年度经营业绩考核目标。制定《中国石化职业经理人选聘管理办法（试行）》，积极推动中国石化出版社有限公司、中石化易捷销售有限公司、中国石化集团资本有限公司等企业领导人员开展市场化选聘，先后有30家企业244人实行职业经理人制度。推进管理人员竞争上岗、末等调整和不胜任退出，2021年共对1280余名考核排名末位、不适宜在原岗位履职的中基层领导人员进行了组织调整和组织处理。

二是员工能进能出。印发《关于加快市场化用工机制建设的意见》，提出"社会化招聘、契约化管理、精细化考核、市场化薪酬、制度化退出"管理理念和思路，并分解为17项具体改革措施。推动企业开展市场化用工机制建设自评估，推进试点单位劳动合同和上岗协议签订工作，实现员工"双契约"管理。修订《用工总量管理办法》，完善劳动定员标准，构建以"愿景目标定员—用工总量规划目标—年度用工计划"为主线、以"用工增减变化调整人工成本指标和优化用工专项评价激励机制"为配套的用工总量管理体系。加快推进直属企业"人力资源池"建设，将显化的富余人员、待岗人员、主动流动配置人员等纳入人力资源池管理。

三是收入能增能减。深化薪酬分配制度改革，制定工资总额专项管理制度，健全"效益联动、效率调节"的工资决定机制，激励企业提质增效，在做大"蛋糕"的同时分好"蛋糕"，在实现"收入能增能减"的同时实现员工人均收入与经济效益的共同增长。对战略性新兴领域、特殊事项、特殊业务和特殊人才，实行工资总额单列，积极推进备案制、"一企一策"等工资总额管理方式，支持企业创新发展。制定《关于中国石化中长期激励的指导意见》《中长期激励相关实施细则》等制度文件，有序推动中国石油化工股份有限公司镇海炼化分公司、中石化石油机械股份有限公司、江汉石油工程有限公司等企业激励方式落实落地，激发核心人才干事创业活力。

（四）深耕主责主业，不断优化产业布局结构调整

一是加快构建"一基两翼三新"产业格局。加强国内外统筹，深入落实"七年行动计划"，加大油气勘探开发力度，夯实公司油气资源基础，有效提升油气储量和一次能源生产能力。做强做优石油化工产业链，提升洁净油品和高端合成材料供给能力，坚定地向产业链、价值链高端迈进。加强战略性新兴产业培育，加快布局新能源，建成8个供氢中心、76座加

氢站、1322座充电站、83座换电站,国内首套百万吨级二氧化碳捕捉回注(CCUS)项目投用。推进太阳能、风能发展,累计建成分布式光伏发电站点1351座。有序发展地热能,地热供暖能力达8000余万平方米。积极发展新经济,高质量开发利用数据资源,打造石化特色服务生态圈,助推主营业务巩固做强、迭代升级和转型发展。

二是多措并举持续"瘦身健体"。常态化推进"压减"工作,加大存量法人"压"的力度、新设法人"控"的力度、法人层级"理"的力度,管理层级控制在4级、法人层级绝大多数控制在5级以内。制定任务清单,实行销项管理,46家"两非"企业剥离任务提前完成。建立健全区域联动机制,"四供一业"分离移交1138项、340.9万家、资产净值62.8亿元,3.7万从业人员妥善安置;81.4万名退休人员实现社会化管理;534家厂办大集体企业改革任务全部完成,分流安置4.95万人,剥离企业办社会职能和解决历史遗留问题收尾。坚持"企业不消灭亏损、亏损就消灭企业"的理念,推进亏损企业治理全覆盖,20家重点亏损子企业治理任务全部按时完成,实现盈利59.4亿元,优于治理目标153亿元。完成低效无效参股股权清理21项,回收资金4.98亿元。

三是稳妥推进企业重组整合。围绕提升一体化运营水平,中国石油化工股份有限公司整合并购集团公司存续的炼油、化工、科研等主营业务和热电、水务、仓储、码头等公用工程,以及节能、环保等新兴业务资产。中科(广东)炼化有限公司与湛江东兴石油化工有限公司采取吸收合并方式完成一体化重组;华北石油工程有限公司与河南石油工程有限公司、华东石油工程有限公司与江苏石油工程有限公司完成重组整合;内部测井、录井及定向井等高端业务专业化重组为中石化经纬有限公司。先后对北京东方石油化工有限公司、杭州石化有限责任公司、西安石化分公司等6家产能落后、市场竞争力弱、城市型炼化企业实施关停;新星石油有限责任公司、南阳能源化工有限公司分别从勘探开发领域、炼化企业成功转型为地热业务、精蜡制造专业化公司。

三、改革成效

面对新冠肺炎疫情、国际局势变化带来的严峻挑战，中国石化稳住阵脚、深化改革、奋力攻坚，改革红利持续释放。2021年实现营业收入2.79万亿元，同比增长30%；净利润880亿元，同比增长41.9%；2022年1—9月，实现净利润749亿元，同比增长1.9%，创同期历史新高。

一是公司治理体系不断完善。党的领导全面加强，各治理主体权责边界更加明晰，层级定位更加合理，董事会职权依法落实，治理效能持续转化为高质量发展成果。公司效益水平位居全球主要能源化工公司前列，稳居世界500强前5位；中国石化品牌价值突破3000亿元，位居工业制造业首位、全国第3位；2020年和2021年连续两年党建工作、经营业绩、董事会工作考核均获A档；被国务院国资委评为2019—2021年任期"业绩优秀企业""科技创新突出贡献企业"；在2021年度中央企业改革三年行动重点任务考核中获评A级（排名第8位），被评为"国有企业公司治理示范企业"。

二是科技创新能力持续提升。2021年，中国石化研发投入达247亿元，同比提升40.9%。油气勘探开发、石油炼制、石油化工、公用技术创新优势不断夯实，前沿领域技术研发成效显著，总体技术达到世界先进水平，页岩气勘探开发、乙烯成套技术等18项技术达到世界领先水平；承担关键核心技术攻关、国家级创新平台以及"科改示范行动"企业员工收入超过百万元的共41人，最高为255万元，有效激发了科研人员创新活力。截至2021年底，累计获得国家最高科学技术奖1项、技术发明奖78项、科技进步奖385项；获中国专利金奖21项、银奖11项、优秀奖108项。

2020年以来，申请专利17310件、获得授权10984件，均创历史新高，专利综合优势持续位居央企前列。

三是市场化机制更加健全。建立"责任层层传递、考核层层落实、激励层层衔接"运行机制，打破"官本位""铁饭碗""大锅饭"，"要我干"变"我要干"，切实提升了企业活力效率。近3年用工总量减少15.6%，平均每年减员2万余人；每年系统内外优化配置用工2万人以上。2021年，人均营业收入同比增长37.9%，人均净利润同比增长48.9%，人工成本利润率同比增长19.5%，全员劳动生产率同比增长36.5%，在国务院国资委中央企业三项制度改革评估中获评一级（A类）。

四是产业结构布局更趋合理。公司提质发展取得突破，剥离企业办社会职能和解决历史遗留问题全面收官，战略性新兴产业培育取得积极进展，"一基两翼三新"产业格局基本形成。2021年，新增石油探明储量1.67亿吨，天然气探明储量2681亿立方米，境内原油产量3515万吨、天然气产量339亿立方米。镇海一期、古雷一期等世界级炼化基地如期建成，乙烯权益产能升至全球第3位。万吨级48K大丝束碳纤维成功投产，系列高端膜材料实现工业生产，高端医卫原料纯度超过进口产品。易派客、石化e贸、易捷三大电商平台竞相发展，易捷品牌价值达184.6亿元，产业金融和资本实现净利润58.3亿元。

6

打好改革"组合拳" 塑造四大竞争力加快建设中国特色国际一流能源公司

中国海洋石油集团有限公司

一、基本情况

中国海洋石油集团有限公司（简称"中国海油"）成立于1982年，注册资本1138亿元，是我国首个"海上特区"和首个全方位对外开放的"工业特行"。经过近40年的不懈奋斗，中国海油实现了从上游到下游、从浅水到深水、从国内到国际的"三大跨越"，形成了油气勘探开发、专业技术服务、炼化与销售、天然气及发电、金融服务五大业务板块，旗下拥有5家上市公司，海外业务遍布全球40多个国家和地区，总资产超过1.5万亿元。

二、经验做法

（一）全面落实"两个一以贯之"，建实立企之梁，在塑造一流治理竞争力上实现新提升

一是坚持"中国特色"，建立现代企业治理体系。在完善公司治理中加强党的领导，修订完善"一章、两制、八规则、四清单"，厘清各治理主体权责边界，明晰决策程序和运行规则。严格落实党组织前置研究讨论重大经营管理事项的要求，推进战略型、规范型、监督型"三型"董事会建设，推动重要子企业落实董事会6项主要职权，实现子企业董事会应建尽建和外部董事占多数。

二是突出"海油特点"，构建现代企业管控模式。坚持市场化运作、专业化发展、集团化管理大方向，深化集团总部机构改革。明确总部职能定位、调整总部组织机构、提升总部管控效能，推动集团管控模式向"战略+核心运营"转变。改革后的部门设置、处室数量、人员编制压减比例均超过20%，总部授放权事项达68项，精简25%以上。在提升总部管理效能的同时，持续将"总部机关化"问题整治引向深入。

三是把握"行业特性"，打造现代企业风控能力。紧贴海洋石油工业高风险、高投入行业特性，着力构建"1+3+N"风控体系，即建立落实董事会风控职责的一套体系，筑牢业务部门专业把关、风控部门体系审查、监督部门职能监督三道防线，强化投资、资金、安全、采办、海外等重点领域全面风险管理。近年来，公司没有出现重大投资失误和重大经营性亏损，保持了稳健发展的良好态势。

（二）坚持国有资本有进有退，夯实固企之本，在塑造一流产业竞争力上展现新作为

一是应势而"进"，争做国内油气增储上产主力军。始终坚守主责主业不动摇，公司99%以上资金投向主营业务。推动油气勘探取得新突破。2021年国内新增石油探明地质储量超3亿吨，新增天然气探明地质储量超1300亿立方米，均超额完成"七年行动计划"指标。2022年上半年，国内原油同比增产192万吨，天然气同比增产15亿立方米，增速位居三家石油公司首位。公司桶油完全成本在国内外同行业中保持领先地位，成本费用利润率创7年来最好水平。

二是蓄势而"转"，争做能源绿色低碳转型探路者。坚决落实国家

"双碳"战略部署，编制绿色发展跨越工程行动方案和"双碳"实施方案，成立新能源部及碳中和研究所。成功获取海南东方150万千瓦海上风电项目，公司首个30万千瓦海上风电项目实现全容量并网发电。我国首个深远海浮式风电国产化研制及示范项目正式开工建设。实施渤海湾油气田岸电项目。与国际石油公司联合开展大亚湾CCS/CCUS集群研究项目，积极探索海上"零碳""负碳"产业新模式。

三是顺势而"退"，争做供给侧结构性改革排头兵。以"两非""两资"清理为抓手，先后退出盐化工、煤化工等非主业非优势业务，持续"瘦身健体"，压减存量企业208家。公司总资产超过1.3万亿元，实际运行的各级实体企业压缩至300余家，实现生产要素向油气主业和战略性新兴产业的集中。与中国石油天然气集团有限公司（简称"中国石油"）、地方国企合力推动所属中海石油天野化工股份有限公司和湖北大峪口化工有限责任公司企业改革，稳妥化解问题，实现国有资产保值增值。

（三）聚焦实现科技自立自强，铸实强企之器，在塑造一流科技竞争力上取得新突破

一是勇担"国之责"，全力加强"卡脖子"技术攻关。聚焦保障国家能源安全，推动关键核心技术领域的跨越式发展。"深海一号"超深水大气田成功实现3项世界级创新、攻克13项"卡脖子"装备国产化难题，获评全国十大科技新闻和央企十大国之重器，标志着我国海洋石油工业实现了向1500米超深水的历史性跨越。

二是打通"中梗阻"，全力推进科研成果转化运用。坚持科研与产业紧密结合，打通从研发到应用的全产业链条。自主研发形成的"璇玑"旋转导向钻井与随钻测井技术装备，作业性能达到国际先进水平，成功打破国外技术垄断，累计为公司节约作业服务费超50亿元。自主攻克掌握LNG储罐技术体系，已在国内17个项目应用，累计创收超15亿元。目

前,正在江苏盐城绿能港建设全球单体最大的27万立方米全容式LNG储罐。

三是激活"一池水",全力深化科研体制机制改革。出台《科技创新激励保障机制实施方案》《科技体制机制改革三年攻坚方案》,设立1亿元科技创新专项奖励金,对旋转导向与随钻测井研发团队奖励总金额超1000万元。全面推进"揭榜挂帅"机制改革,在团队组建、资金使用等方面赋予项目长更大自主权。成立企业创新基金,与院校携手共建创新联合体,成功获批首批央企原创技术策源地。

(四)持续深化三项制度改革,筑实兴企之基,在塑造一流人才竞争力上呈现新气象

一是通过"两制一契"实现干部"能上能下"。全面推行"两制一契",全体中层干部岗位人员重新匹配竞聘上岗。推出中层干部"非优必转"措施,265名干部退出,"下"的比例超过12%。明确技术技能专家聘期考核退出率10%以上,打破专家"一评定终身"。加快优秀年轻干部培养及使用,45岁以下的中层干部占比从32%增长到41%。

二是通过"两个调控"实现员工"能进能出"。强化"用工总量调控",建立健全以劳动效率效益为核心的用工总量管理模式,促进用工与人均效益正向联动。强化"劳动合同调控",充分发挥绩效考核"指挥棒"的作用,对考核不胜任的员工转岗培训,重新上岗后仍不胜任的依法解除劳动合同。公司现有用工总量相比"十三五"初期减幅达31%。2022年1—8月,公司年化全员劳动生产率升至581万元/人,是"十三五"初期的5倍,位居中管央企第一。

三是通过"两个挂钩"实现收入"能增能减"。坚持薪酬与业绩、岗位双挂钩,建立健全差异化薪酬体系,推动薪酬分配向全员劳动生产率高的单位倾斜,向基层一线和科研人员倾斜,向关键岗位骨干员工倾斜,同时加大管理人员薪酬浮动比例。2021年公司各层级管理人员整体浮动薪酬占比达到2/3，关键科研岗位、绩优营销人员和"出海"员工的薪酬水平有了明显增长，极大地鼓舞和激发了科研人员与一线员工立足岗位、扎根奉献的斗志和热情。

三、改革成效

一是增储上产再上新台阶。推动油气勘探取得新突破。2021年成功探获"垦利10-2"等4个大中型油气田，国内新增石油探明地质储量超3亿吨，新增天然气探明地质储量超1300亿立方米，均超额完成"七年行动计划"指标。推动油气产量再创历史新高。2021年国内原油生产同比增长322万吨，天然气同比增长27亿立方米，其中原油占全国总增量的80%左右。2019—2021年公司油气增产量超过1000万吨油当量。

二是生产经营创造新业绩。公司连续17年获评中央企业经营业绩考核A级，在2021年《财富》世界500强中排名第92位，连续两年在普氏能源资讯公布的"全球能源企业250强"中列前10位。2021年，中国海油全年实现营业收入8187亿元，利润总额1196亿元，净利润875亿元，资产负债率35.8%，主要经营业绩指标位居央企前列。2022年以来，公司生产经营延续良好发展势头，各项经营指标再创新高。1—9月公司实现营业收入8370亿元，利润总额1765亿元，净利润1313亿元，营业收入利润率21.1%，归母净利润位居央企第二，国民经济稳增长"压舱石"作用发挥更加明显。

三是关键技术实现新突破。公司自主研发建造全球首座10万吨级深水半潜式生产储油平台"深海一号"，成功实现3项世界级创新，攻克12项"卡脖子"装备国产化难题，入选央企十大国之重器，标志着我国海洋油气开发向1500米超深水的历史性重大跨越。由公司牵头实施的我国首套国产化深水水下采油树在海底成功完成安装，实现关键技术和装备制造的重大突破。秦皇岛"32-6智能油田"全面建成投用，入选年度央企数字化转型十大成果。

四是队伍建设释放新活力。通过实施三项制度改革和干部人才队伍建设"3+1"工程，干部队伍结构实现有效优化。集团党组直管干部平均年龄同比下降2.63岁，中层干部平均年龄由48岁降至46.75岁。破除"论资排辈、平衡照顾"等观念，选拔培育青年科技英才超过500人，其中超过20%成长为所属单位专家和首席工程师。公司选人用人满意度超过94%，在央企排名中位居前列。通过不断深化改革，员工的获得感、幸福感、安全感得到全面提升，干部和员工队伍的精神面貌焕然一新。

五是党的建设提升新境界。党的领导进一步加强，党建工作抓深抓实。多次在部委交流支部达标升级、融合深化工程经验，基层组织力更加有形有力，党员攻坚克难作用更加显著。我国首个千亿立方米深水大气田"深海一号"集体获评央企楷模，"海上铁人"郝振山和全国抗疫先进个人白登文先后获评全国优秀共产党员。开展党史学习教育期间，在集团层面推动落实的"我为群众办实事"10件民生实事满意度达99%以上，员工爱党姓党护党强党的浓厚氛围进一步强化。

7

传承改革基因 深化三年行动
加快建设世界一流企业

中国南方电网有限责任公司

一、基本情况

中国南方电网有限责任公司（简称"南方电网"）是2002年国家电力体制改革的产物，负责投资、建设和经营管理南方区域电网，服务广东、广西、云南、贵州、海南五省区和港澳地区，供电面积100万平方千米，供电人口2.54亿人，供电客户9670万家。南方电网运营的"八交十一直"西电东送主网架是全球科技含量最高、结构最复杂的电网，全网非化石能源装机和电量占比均超50%，远高于全国平均值，直流综合能量可用率保持在96%以上，处于世界一流水平。南方电网坚持以习近平新时代中国特色社会主义思想为指导，深入落实国企改革三年行动部署，紧紧围绕"总书记和党中央希望南方电网做什么，南方电网怎么样才能做得更好"深化改革，以治理、活力、布局的深层次变革，实现管理、形象、思想的深刻变化。2021年，南方电网利润总额、净利润、全员劳动生产率等效率效益指标分别同比增长22.3%、24%、15.6%，在世界500强企业中列第91位，连续16年获评国务院国资委经营业绩考核A级。

二、经验做法

（一）坚定不移完善中国特色现代企业制度，实现"治理之变"

一是推动各治理主体各尽其责共同发力。区分治理主体审议重点，党组前置研究讨论从政治性角度出发、董事会决策从经济性角度出发、经理层审议从可操作性出发，对应修订完善治理主体权责清单，创新探索出"制度审议、综合审议、一事一议"3种党组前置研究方式。"制度审议"通过审议制度实现对同一类型事项的统一把关，"综合审议"通过审议综合计划安排实现对同一批次事项的总体把关，"一事一议"实现对其他事项前置研究"不留死角"，在有效把控决策风险的同时，大幅提升了决策效率。

二是构建纵横衔接的授权体系。区分4种授权类型，对管制业务公司"一般授权"，对非管制业务控股公司"适度授权"，对市场化程度高、治理机制成熟、行权能力较强的控股公司"高度授权"，对参股公司"充分授权"。分类规范2种行权路径：对于落实党中央重大决策部署和国家重大战略的事项，坚持管理型行权，依托总部职能管控；对于公司日常经营事项，坚持推动治理型行权，目前治理型行权占比达到34%，有效避免"刺破公司面纱"。加大授放权力度，总部下放权责事项142项，审核审批事项压缩53%。构建横向到边、纵向到底的公司法人层级权责清单，以"一张表"实现法人层级权责事项程序化、可视化、规范化管理。

三是首创6种不同治理结构公司治理范本。针对"子公司和分公司、董事会和执行董事、党委和党支部（党总支）"等区别分类施策。对分公司，探索党委、经理层成员适度分离，厘清权责界面，避免党委直接作为生产经营决策指挥中心；对只设执行董事的企业，更加注重加强出资人监管，将经理层选聘、业绩考核、薪酬管理等"三重一大"事项提级至出资人决策;对具有人财物决策权、但因党员人数较少而只设党支部的企业,参照党委要求推进参与治理。

(二)坚定不移健全市场化经营机制,实现"活力之变"

一是牢牢牵住新型经营责任制"牛鼻子"。任期制和契约化管理"覆盖+穿透",全部经理层成员"一人一岗""一人一表"完成契约签订,部分供电局推广到全体员工。指标与考评"差异+刚性",按照"管制类对标世界一流,竞争类对标市场一流"的原则差异化设置契约指标,鼓励经理层挑战行业最优和历史最优,以"军令状"明确退出标准,经营业绩与综合考评有任一项不达标的均刚性执行岗位调整或退出。配套制度建设"集成+贯通",形成"1个办法+2份协议+N项配套"的制度体系,集团层面出台任期制和契约化管理办法,制定"两协议"(岗位聘任协议、任职协议)契约模板,配套修订考评办法、薪酬管理办法等制度,固化了改革重点要求。

二是坚持从总部改起、从领导干部改起。总部带头"拆庙压编",内设机构压缩70%、人员编制压缩33%,并拿出6个党组管理干部岗位、58个三级正及以下管理岗位进行公开选聘。全系统新聘管理人员竞争上岗比例达73.1%,退出比例近10.2%。全面推进用工市场化,新进员工全部公开招聘,通过内部人才市场择优选聘2万余人。构建"红黄牌"市场化退出机制,对不胜任岗位要求、违法违纪等情形的果断"发红牌",坚决解除劳动合同;对因受处分、考评不达标,但还未达到解除劳动合同条件的选择"发黄牌",实施降岗降级,后续可重新晋岗,"两张黄牌"(两次降岗降级)即要"红牌下场"。2021年,南方电网员工市场化退出3220余人,降岗降级13700余人,力度历年最大。大幅提高浮动工资占比,收入差距最高达2.05倍。

三是建立"重奖、保障、津贴"等多重激励体系。建立健全特殊贡献重奖机制，对承担重大工程攻坚、"西电东送"等重点任务的设置专项奖励，已奖励 1.3 亿元，团队最高奖励 100 万元。将薪酬待遇持续向一线倾斜，近 5 年一线生产人员调薪幅度为其他人员的 1.5 倍。尽力而为解决员工关切的基础性需求。以津贴精准激励高端人才、创新人才、特殊岗位，积极营造拴心留人的良好环境。中长期激励加快扩面，符合条件的科技型企业 100% 实施分红激励，激励总额达到 3475 万元。项目跟投实现零突破，两家子企业已跟投项目 5 个。

（三）坚定不移推进业务优化和结构调整，实现"布局之变"

一是围绕建设新型电力系统优化调整。以输配电业务为核心，持续加大电网和相关新型基础设施建设投入，投资规模连年稳定在 1000 亿元以上。加快建设数字电网，持续打造能源优化配置平台，有力应对 2021 年电力供需紧张局面。落实"双碳"战略部署，科学有序推进新型电力系统建设，分层分类规划建设一批示范区，发布行业首个新型电力系统技术标准体系，发行全国首批碳中和债券，试点启动绿色电力交易，可再生能源发电利用率达到世界领先水平。坚持以融促产开展资本运营，南方电网综合能源股份有限公司（简称"南网能源"）在中小板首发上市，鼎和财产保险股份有限公司（简称"鼎和保险"）引战成为探索央企存量金融资本优化整合的重要示范性实践，南方电网电力科技股份有限公司（简称"南网科技"）成为电力行业首家科创板上市企业。

二是围绕打造原创技术策源地优化调整。以人才和机制变革激发创新活力，制定 143 项措施，"一人一策"精准支持高层次技术人才，以三个通道打破职业天花板，赋予重点项目负责人在团队组建、路线选择、经费使用等方面的更大自主权，对于科技研发的探索性失误大胆容错。按照"公司发榜、社会揭榜、竞争择优、验证付费"思路实施揭榜制项目，实施公司与高校联合攻关"春雨计划"，积极组建联合实验室。2021 年入选中国工程院院士1名，依托"昆柳龙工程"创出19项世界第一，柔直穿墙套管等"卡脖子"技术成功攻克，首款全国产化电力专用主控芯片"伏羲"实现量产并入选央企十大国之重器。

三是围绕有进有退优化调整。全面完成"两非"企业清理，42项低效无效投资全部清理完毕。全面完成"僵尸企业"处置和特困企业治理，纳入国务院国资委治理清单的2家公司提前完成治理目标。装备制造、设计、施工等竞争性业务改革稳步推进。圆满完成退休人员社会化管理主体工作，全面完成"三供一业"分离移交和供电设施接收，厂办大集体企业改革完成率90.84%。

三、改革成效

国企改革三年行动的深入实施，有力解决了一批长期想解决而没有解决的难题，有力提升了公司发展质量效益。

一是管理体系与管理能力现代化水平有力提升。战略管理体系（POCA）、现代供电服务体系（VOSA）等协调运转，对标世界一流管理提升行动扎实推进，3家企业和2个项目获得国务院国资委管理提升标杆称号，以往单纯依靠行政权力推动工作的局面得到根本转变，自发向前、自我完善、持续改进、追求卓越的工作习惯加快形成。

二是改革形象得到广泛认可。用户普遍感受到南方电网主动释放改革红利，近年来累计降低用电成本超3000亿元；普遍感受到从"用上电"到"用好电"的转变，客户停电时间大幅下降、客户满意度显著提升；普遍感受到南方电网对地方经济社会发展的重要支撑作用，深圳、广州"获得电力"指标领跑全国，公司连续多年在地方公共服务评价中名列第一。人民日报、新华社等主流媒体发布公司改革相关报道155篇次，改革"示范田"的形象充分彰显。

三是干部员工思想观念和精神面貌发生深刻转变。南方电网干部员工将习近平新时代中国特色社会主义思想作为改革的强大思想武器和科学行动指南,自觉做坚定信仰者和忠实实践者,不断增强政治判断力、政治领悟力、政治执行力,以改革精神认识新问题、把握新规律、建立新机制,队伍的改革意识、竞争意识、市场意识显著增强,支持改革、投身改革、推进改革的氛围日益浓厚。

8

打造能源企业精益管理智能化升级版管控模式

中国华能集团有限公司

一、基本情况

中国华能集团有限公司（简称"中国华能"）创立于1985年，是经国务院批准成立的国有重要骨干企业，注册资本349亿元，装机规模超2亿千瓦，年发电量超7700亿千瓦时，约占全国的10%，是国内最大的民生供热企业，在2022《财富》世界500强排行榜中居第215位。国企改革三年行动中，中国华能坚持以习近平新时代中国特色社会主义思想为指导，按照国务院国资委对标一流管理提升行动部署要求，全面推进精益化管理、数字化转型。在所属江西分公司基层企业试点成功的基础上，总结提炼形成"五步三化"精智管理模式并在系统内推广，为能源电力企业加快低碳、绿色、创新、智慧发展探索出一条行之有效的新路径。

二、经验做法

"五步三化"精智管理模式是精益化与智能化融合的一种管理模式，其中精益管理是价值追求和内涵底蕴，数字化智能化是管理赋能方式，包括人的智能和机器智能，是顺应了数字化转型和创新驱动等新时代要求的精益管理升级版。精智管理模式包括人的智能和机器智能两方面内涵，既是数字化转型的模式，也是企业改革创新、转型发展的模式，同时也蕴含了 PDCA 循环、全面质量管理的要求。在该管理模式中，"五步"，即划体系、定机制、搭模型、建平台、立标准，其中后三步是精智管理模式的特色所在；"三化"，即管理模型化、模型平台化、平台标准化，体现在"五步"的具体工作中。

（一）划体系——建立"1+N"精益管理体系

以"两利四率"为核心，运用系统思维，按全价值链划分管理系统，集成为"1+N"精智管理体系。在这个管理体系中，"1"是指以提质增效为中心；"N"是指生产、营销、燃料、采购、财务、基建和企业治理等若干子体系。在划分子体系、严格责任闭环落实的基础上，中国华能加强各子体系之间的集成贯通，协调均衡推进精智管理，把"投入资源最少、创造价值最大""省一分钱比挣一分钱容易""没有不足，更没有多余，一切恰到好处，综合平衡最优"等精益管理理念融入管理体系之中。

（二）定机制——建立促进效益提升的体制机制

建立精益人才考核评价、超额利润分享、鼓励创新等长效机制，促进精益管理持续有力有效。华能安源发电有限责任公司建立"发现—解决—改善"的问题解决机制，围绕安全生产、节能减排、经营管理等重点难点问题，以"揭榜挂帅"研发大课题，以"日拱一卒"岗位微创新解决小课题；建立"识别—培养—带动"的人才培养机制，培养 117 名精益督导师，打造了一支懂财务、懂业务、懂数字化的复合型精益管理人才队伍。两个机制双循环双促进，促进了企业效益的持续提升。西安热工研究院有限公司（简称"西安热工院"）实施流程、主体、对象、指标、总额、分配"六定"管理，精选 8 个优质成果实施项目分红激励。坚持"风险共担、收益共享"，将 8 个专利成果评估作价 2500 万元，与海宁华能科创创业投资合伙企业（有限合伙）等组建浙江西热利华智能传感技术有限公司，将专利成果评估价的20%作为股权奖励给核心骨干人员并实施超额利润分享等激励。建立科技项目"靶向"激励机制，聚焦"立项、攻关、成果、专利、标准"5个方面，紧扣"国际、国家、省部、行业、企业"5个等级，设计绩效加分、奖励及配套奖金，改革创新各项工作跑出了"加速度"。

（三）搭模型——推行数字化管理思维和语言

积累生产经营全价值链活动的大数据，搭建各管理环节的数字化模型，实现企业管理从非结构化到结构化、从定性到定量、从小数据到大数据、从自然语言到机器语言的"四个转变"。以电力板块为例，中国华能运用全生命周期的量、质、价等大数据，构建成本最优、节能降耗、低碳环保等多目标、多约束条件下灵活、智能、自动寻优的产、供、销协同管理模型，有效促进了企业生产经营中人、财、物、数据等核心资源的优化配置，为企业创造价值最大化提供了强大支撑。

（四）建平台——打造价值创造的新型能力平台

根据全价值链各子系统之间的相互关系，运用先进的ICT（信息和通信）技术，有效提升模型搭建质量和效率，构建功能强大、反应敏捷的信息化决策平台。以华能瑞金发电有限责任公司为例，企业通过模型平台化，实现一日结算、实时决策，对生产、财务、采购、营销、物资等业务系统进行平台化整合，打通底层数据，异构系统实现数据同构，不同业务部门实现信息共享，有效加强了各环节的协调联动，形成了价值创造的强大合力。

（五）立标准——提炼可复制、易推广、能迭代的标准化实践

按照简洁、统一、优化的原则，形成可复制可推广的精智管理标准。以电力板块为例，中国华能对一日核算平台和利润中心平台的思想、方

法、步骤、架构、算法等进行总结提炼，形成平台推广应用标准；对精智管理各子体系进行标准化建设，包括节能减排、运行维护等技术标准，成本、电量、电价、采购等管理标准，以及党建、组织人事、行政、审计、纪检"五位一体"的工作标准，最终形成了完整的精智管理标准体系，在系统内部近 200 家火电企业全面推广后，取得了显著效益。

三、改革成效

"五步三化"精智管理模式聚焦管理体系和管理能力现代化，为中国华能加快建设世界一流现代化清洁能源企业提供了有力支持。

一是风险防控和卓越运营能力显著提升。中国华能江西分公司加强单元成本管理，3 年累计降本增效超过 6 亿元，利润总额从 700 多万元增长到超过 7 亿元；中国华能广东分公司全流程精益管理水平大幅提升，一年降本节支超过 2 亿元；江苏华能智慧能源供应链科技有限公司（简称"华能智链公司"）实现高速发展，近 3 年智慧供应链业务营收超 1000 亿元，年均增长率达 70%；华能国际电力股份有限公司玉环电厂全员劳动生产率行业领先，年均超 1000 万元/人。2021 年，中国华能发电量（国内）同比增长 9.42%，营业收入同比增长 22%，两大指标均创历史最好水平，在煤价电价严重倒挂的情况下，实现央企发电集团利润对标排名第一。

二是自主创新能力显著增强。2021 年，国家科技重大专项——华能石岛湾高温气冷堆示范工程成功发电，设备国产化率达 93% 以上，远超重大专项 75% 的目标，标志着我国在世界第四代核电技术领域实现领先。2021 年，中国华能全面完成"1025 工程"等国家科技攻关年度任务，中标 5 项国家"揭榜挂帅"重大能源科技示范项目和多项国家重点研发计划项目；牵头研制出国内首台 5 兆瓦和 7 兆瓦（直驱型）国产化海上风机，自主研制出 F 级燃机第 1 级动叶片，建成世界容量最大参数最高的超临界 CO_2 循环发电试验机组、世界首个非补燃压缩空气储能电站。2021年，国内首套70万千瓦水电机组全国产化监控系统，国家能源局首台（套）示范项目——瑞金二期全国产DCS/DEH/SIS一体化智慧火电机组在中国华能成功投运。2021年，中国华能获省部级以上科技奖励66项，其中中国电力科技进步奖一等奖2项，中国能源创新奖一等奖1项；发布3项IEC国际标准；申请专利11891件，同比增长114%；授权专利6307件，同比增长269%；新增国际专利49件；获中国专利奖优秀奖5项。

三是绿色转型发展取得显著突破。2021年，中国华能新能源项目核准（备案）容量突破4000万千瓦，实现翻番；新增实体开工容量突破1600万千瓦，新增并网容量突破1000万千瓦，行业领先；国内首个千万千瓦级多能互补绿色综合能源基地开工。截至2021年底，中国华能累计投产海上风电380万千瓦，在五大发电集团中排名第一；低碳清洁能源装机占比由2018年的33.18%提高到38.12%。

9

求真务实抓改革　协同共进谋发展

国家电力投资集团有限公司

一、基本情况

国家电力投资集团有限公司（简称"国家电投"）是我国五大发电集团之一，主要业务包括电力板块、煤电铝路港协同板块，以及产业金融及氢能、储能、绿电交通、综合智慧能源、碳市场和碳交易等"三新"产业。国家电投拥有光伏发电、风电、水电、核电、煤电、气电、生物质发电等全部电源品种，是全球最大的光伏发电企业。2021年度位列《财富》世界500强企业第293位。国企改革三年行动实施以来，国家电投党组围绕落实党中央提出的构建以新能源为主体的新型电力系统要求，结合集团"2035一流战略"，创造性提出构筑以县域为基本点的综合智慧能源发展"新跑道"这一改革发展新举措，持续推进系统性改革，为贯彻落实国家战略做出积极贡献。

二、经验做法

国家电投深入学习贯彻习近平总书记关于深化国有企业改革发展和党的建设重要论述，全面落实国企改革三年行动重大决策部署，以建设世界一流清洁能源企业为战略目标，把全面深化改革作为"关键一招"，将员工满意度、获得感和企业持续发展作为检验改革成效的重要标准,不断完善改革工作推进机制,狠抓落地见效,持续推动企业高质量发展。

(一)建好三个基础体系,现代企业制度建设取得明显成效

一是健全法人治理体系,奠定体制机制基础。健全制度体系,高质量推动各级子企业董事会应建尽建、配齐建强,建立了一支49人的专业化专职董事队伍,实现董事会建设、外部董事占优100%完成,落实重点子企业董事会职权100%完成。建立子企业董事会评价体系,"以评促建",持续提升董事会建设质量。健全高效的法人治理体系是经理层依法行权履职的体制机制保障。

二是建立授权放权体系,拓展经理层权责空间。国家电投总部定位为战略管理中心和资本运作主体,动态调整总部权责清单,从2015年的A版过渡到2021年的D版,6年间升级了五版(A、B、C、C+、D版),集团总部压缩了80%的权责事项和审批事项。在健全子企业法人治理基础上,加大授权放权,确保"授得下、接得住、行得稳",拓展了经理层权责空间,进一步激发子企业潜能。

三是建好战略落地体系,任期制契约化管理全覆盖。国家电投建立健全导向明确、规则统一、运行规范的"战略—规划—计划"(SPI)、"计划—预算—考核—激励"(JYKJ)、"双对标,双激励"(SDSJ)的"三位一体"体系,推动集团战略落地。将任期制和契约化管理有机嵌入"SPI-JYKJ-SDSJ"战略管理体系,实现了从15年战略目标到5年战略规划、3年任期、年度计划指标的逐级分解,并落实到每家子企业和每个经理层成员,实现任期制契约化管理的全覆盖。

(二)抓好四个关键环节,任期制契约化管理形神兼备

一是规范改革内容,确立关键要素。将任期制和契约化管理纳入集团管理制度,确保规范、常态、刚性落实执行。制定总体实施方案和针对不

同类型企业、不同岗位的30类"契约"模板文本，修订绩效考核和薪酬分配2个管理制度。各子企业经理层全员纳入任期制与契约化管理，并将范围拓展到董事长、专职党委副书记、纪委书记。将子企业经理层成员"签约"与经理层成员变动关联机制纳入制度，新聘任经理层成员全面承接新聘岗位考核内容和指标。2021年实现578家子企业和2351名经理层成员全部"签约"。

二是坚持业绩导向，激发价值创造。经理层整体突出挑战性和价值导向，成员个人突出可量化和差异化导向。对资产经营类企业，采用与净利润挂档、利润总额挂钩的工资总额联动机制，引导经理层主动挑战更高经营目标；对科技创新类企业，聚焦核心技术攻关、重大专项科研任务、科研成果产出，激励经理层抢抓创新成果落地见效。2021年实行新办法后，申报净利润一档目标的经营类企业占比由2020年的15%提高至92%，科创类企业获得省部级及行业科技进步奖140余项，授权专利3200余件。

三是加强考核激励，科学奖优罚劣。业绩考核达不到80分，绩效薪酬为零。30%的绩效年薪递延支付，任期业绩考核合格，全额兑现递延和任期激励额度；考核不合格，退出现职岗位的同时，递延额度和任期激励均为零。在严格考核结果不合格退出基础上，细化违法违纪、违规投资经营等7种退出情形。对在经营投资中给企业造成重大经济损失或重大不良影响的，实行薪酬追索扣回机制。

"多点突破"精准实施中长期激励。对3个国家重大专项实施全周期专项激励，在工资总额内单列，激励总额超过4亿元。在3家科技型企业实施科技型企业股权激励，2家上市公司实施股票期权激励，在绿电交通、综合智慧能源、核技术应用等10多个项目探索实施跟投机制。推行"专项奖励、即时激励"制度，激励"关键人物在关键阶段取得关键性突破"。2021年，共激励1060多个项目近18000人，激励总额达2.4亿元。今年，单列 5 亿元工资总额牵引存量资产提质增效，2 亿元工资总额专项激励创新成果落地，预期将产生超过激励工资 10 倍的利润和价值创造。

四是做好监督保障，确保行稳致远。统筹党建、纪检、监察、巡视、审计、人事、财务等部门监督资源，建立监督大协同，实现高效监督管理。从一开始就将经理层成员任期制与契约化管理、董事会建设等国企改革三年行动改革事项纳入"大监督"体系，让监督靠前、下沉，从源头上协同治理、防控风险，强化对放权事项的跟踪监督，防止国有资产流失，确保改革工作不偏向，企业发展行稳致远。

（三）持续升级科技创新体系，助力国家能源技术研发与装备制造自立自强

一是发挥整体效能，构建独具特色的创新体系。建立以研究院为先导层，核能、光伏等 12 个创新中心为主体层，25 个技术中心为支持层的"宝塔型"创新体系，形成创新合力。强化多元化研发投入机制，通过研发经费支持、科技创新基金等方式持续加大研发投入力度，2021 年科技投入增长率达到 27.1%。加强科技型人才培养，以"揭榜挂帅""赛马"等机制，协调推进"961 科技人才工程"。

二是聚焦科技成果转化，打造多元增长极。国家科技重大专项取得重要进展。"国和一号"完成研发，实现了我国三代核电技术自主化，带动了国内核电装备制造的跨越式发展，目前示范工程进展顺利。"暖核一号"投运，实现国内商用核能供暖"零突破"，惠及海阳市居民 20 万人。重型燃气轮机专项实现国内首次攻克燃机三大部件关键技术，填补了国内空白。构建氢能产业先发优势。完成国内首条自主 30 万平方米质子交换膜生产线，打破国外长期垄断局面。完成"氢腾"燃料电池系统的自主研发，为北京冬奥氢能客车提供动力支持。建成全国性能源工控网络安全态势感知系统，覆盖全国总装机超 74%，接入国家能源局应急指挥中心、国务院

国资委国资监管系统，为国家宏观决策提供有力支撑，为全国主要发电场站提供数据服务。

三、改革成效

国家电投通过法人治理、授权放权、战略落地三个基础体系，构建起实行经理层任期制与契约化管理的体制基础和制度保障。法人治理和授权放权体系实现集团向二级单位、董事会向经理层授权的有效承接，拓展了经理层权责空间，调动了经理层积极性。经理层任期制契约化管理有机嵌入战略落地体系，确保改革发展良性互动，战略目标层层传递、层层落实，改革工作纵向穿透全覆盖，形神兼备，落地见效。

通过落实国企改革三年行动，国家电投基本完成中国特色现代企业制度建设，各治理主体权责分明，决策规范高效。三项制度改革取得实质性突破，经理层成员市场化意识显著增强，创新创造活力大幅提升，干事创业激情充分激发。自主创新能力持续提升，2020年、2021年专利授权量分别同比增加55%和186%，实现跨越式增长。集团上下潜力释放、活力涌动，企业驶入高质量发展快车道，清洁低碳转型发展进一步提速。截至2022年4月底，国家电投电力总装机突破1.98亿千瓦，清洁能源装机占比61.5%，清洁能源和光伏发电装机均居世界第一。

10

深化国企改革　传承红色基因
加快数字化转型　推动企业高质量发展

中国电信集团有限公司

一、基本情况

中国电信集团有限公司（简称"中国电信"）是中国特大型通信运营企业，连续多年入选《财富》世界 500 强企业，主要经营移动通信、互联网接入及应用、固定电话、卫星通信、ICT 集成等综合信息服务。截至 2021 年底，中国电信总资产达到 9898 亿元，员工超 40 万人。中国电信深入学习贯彻习近平新时代中国特色社会主义思想，认真落实国企改革三年行动重大决策部署。截至 2022 年 6 月底，中国电信国企改革三年行动实施方案中 94 项改革任务举措累计完成 93 项，完成率达到 98.9%，顺利完成国企改革三年行动主体任务。中国电信以改革促发展，以创新促转型，为企业高质量发展提供了强大动力。

二、经验做法

（一）强化统筹，建立抓改革强落实的工作机制

近年来，中国电信结合企业实际形成一套具有自身特色的改革组织体系、工作制度和管理机制。

一是抓组织保障，成立改革工作专班。建立推动改革落实的"尖刀班""攻坚队"，明确各项任务的责任人、参与人和督导人，做到"项项有跟进、件件有督办"。

二是抓台账细化，严格控制工作进度。制订年度改革任务工作计划，明确目标进度、交付件及阶段里程碑，重点任务细化到月、具体任务细化到周，滚动更新工作台账。

三是抓落实评价，形成评价工具。按照启动工作、制定方案、印发文件、推广覆盖、取得成效等进展阶段，量化评价改革任务进度。通过制度建设情况、机制措施情况、改革成效情况等维度，系统评估改革成效。

四是抓跟踪督办，加大工作推进力度。截至 2022 年 6 月底，集团公司深改领导小组共召开 18 次专题会议，审议 28 项重要改革议题，下发 30 个督办单，推进解决重点难点问题。改革专班召开工作例会 29 次，专题沟通会上百次，印发 17 期工作通报，进行"红黄绿牌"督办，推动各项改革举措落实落地。

五是抓激励考核，激发各级单位改革动力。印发《中国电信国企改革三年行动重点任务考核实施方案》，指导各层级子企业建立改革任务考核评估机制，对优秀改革项目及责任人进行表彰，对专班成员进行季度/年度考核。

六是抓经验推广，以试点示范带动全面部署。截至 2022 年 6 月底，共举办 6 期改革大讲堂和 5 次专项改革推进会，中国电信河北分公司、天翼电子商务有限公司等 10 家标杆单位向全集团作三项制度改革、混改等专题经验交流，推进改革成果的复制推广。

（二）落实"两个一以贯之"，建设中国特色现代企业制度实现新突破

一是全面加强党在公司治理体系中的核心作用。集团公司和二级单位修订完善党组研究决策重大事项清单，明确党委（党组）决定的重大事项、前置研究讨论的重大经营管理事项。

二是全面实现董事会应建尽建、外部董事占多数。截至2021年底，属于应建尽建董事会范围的137家子企业均已建立董事会。建立向子企业外派专兼职董监事制度，全部实现外部董事占多数。

三是建立健全落实董事会职权、董事会向经理层授权制度。集团公司及下属10家重要子企业均制定加强子企业董事会建设、落实董事会职权的工作方案。同时，集团公司董事会审议批准董事会授权管理制度和授权决策方案，并要求各级子企业按要求建立董事会向经理层授权及总经理向董事会报告的管理制度。

四是全面推进管理体系和管理能力现代化。全集团持续开展对标世界一流管理提升行动，截至2022年6月底，清单任务目标完成率超过99%，7月底完成率达到100%，并获得国务院国资委评定的标杆企业、标杆项目共4项。建立和完善大合规内控管理体系，分级分层开展企业重大风险总结和评估工作。全面建立覆盖全集团各级单位的责任追究工作体系。

（三）深化供给侧结构性改革，企业转型取得新成效

一是聚焦布局优化和结构调整增强发展新动能。进一步深化政企改革，设立12个产业研究院，赋能千行百业数字化转型。天翼云科技有限公司完成"分改子"后，2021年11月30日，王勇国务委员出席公司股权多元化协议签署暨挂牌仪式。设立天翼安全科技有限公司、天翼数字生活科技有限公司、天翼乡村科技有限公司、中电信数字城市科技有限公司、临港算力（上海）科技有限公司等，助力数字经济和国家区域经济发展。

二是聚焦数字化转型提高企业运营效率。完成集团、省公司、地市公司云网运营体系机构改革，提升数字化服务水平。大力推进业务服务数字化，完成结算中心、权益中心建设，自主研发产品服务一体化设计平台。人工智能助力基站节电超过1亿度，机房节电2700万度。

三是聚焦改革专项工程打造标杆企业。2021年8月,中国电信股份有限公司在A股成功上市,融资479亿元,刷新近10年A股第一大IPO纪录。天翼电子商务有限公司完成第二轮引战,引入非国有资本15.2亿元,实施核心骨干员工股权激励。中国通信服务股份有限公司引入国网信息通信产业集团有限公司作为战略性股东,进一步加强双方在电力行业信息化与智能化等领域的战略合作。中国通信服务股份有限公司供应链成功引入4家战略投资人,融资9亿元。天翼电子商务有限公司、中国通信服务股份有限公司在2021年度国务院国资委"双百行动"专项考核中被评为优秀。

四是聚焦"两非"和亏损企业专项治理提高发展质量。全面完成"两非"剥离专项治理4项任务,以及重点亏损子企业的治理任务,所属子企业压减至372家。全面完成"三供一业"分离移交、全民所有制企业改制、退休人员实行社会化管理等工作。

(四)坚持创新驱动理念,加大研发体制机制改革力度,自主科技创新能力达到新水平

一是研发布局更加完善。围绕RDO,积极构建研究院、专业公司、省公司共同参与的"1+1+1"模式,并与国家实验室、高校、科研院所联合创新,设置13条创新链,强化与产业链上下游合作,促进创新链协同发展。

二是研发人才队伍建设成效显著。2021年积极开展"凤栖行动",推动建立首席专家池。截至2022年6月底,公司有首席专家7人,各方面领军人才100多人,研发人员超过2.6万人,"揭榜挂帅""总师制"在多个项目中应用。组建科创咨询专家委员会,聚集15位业界顶尖专家,形成科技战略决策的高端"外脑"。

(五)深入推进三项制度改革,市场化经营机制形成新动力

一是全面推进经理层成员任期制和契约化管理,覆盖各级子企业及所

有省、地市、区县公司。强化业绩指标引领，注重年度和任期经营业绩指标有机衔接，同时，明确"硬约束"条件，将未达到"双70"要求等退出条件列入契约文本。

二是全面落实市场化用工。2021年总部及各级子企业退出管理人员占比5.32%、新进员工公开招聘占比100%、解除（终止）劳动合同的人员占比2.49%，均超过央企平均水平。

三是以"激发人的活力"为抓手，构建大激励新格局。截至2021年底，共有351家所属企业具备条件开展中长期激励，其中，中国电信股份有限公司、中国通信服务股份有限公司和新国脉数字文化股份有限公司都实施了上市公司股权激励，34家所属科技型企业实施了岗位分红激励，1家企业实施了股权出售激励。

（六）全面加强党的领导党的建设，以高质量党建引领高质量发展迈出新步伐

坚持和加强党对企业的全面领导，牢牢把握新时代党的建设总要求，推动党建工作与生产经营工作深度融合。

一是坚持学深悟透，不断深化党的创新理论武装。持续深入学习贯彻习近平新时代中国特色社会主义思想，推动贯彻落实习近平总书记重要指示批示，长效机制有效运转，严格落实第一议题制度，按照传达学习、研究部署、推进落实、跟踪问效的"4步工作法"，常态化、规范化推动贯彻落实工作。

二是突出抓好党史学习教育和庆祝建党百年重要任务。弘扬伟大建党精神，学习回顾从"半部电台"到"云监工"的百年红色电信史，提炼形成"听党指挥、信念坚定、一心为民、变革创新、崇尚科技、安全畅通"24字红色电信精神。感悟思想伟力，系统梳理深入学习习近平总书记对企业工作作出的18项重要批示指示，组织全集团党员干部深入学习贯彻。

《国有企业红色基因传承弘扬》获得国务院国资委思想政治工作优秀课题，相关成果入选中组部和全国党建研究会《百年大党 风华正茂——庆祝中国共产党成立100周年党的建设历史经验研讨会论文集》。

三是强化"三基建设"，增强基层党组织政治功能和组织力。严格落实党建责任制考核，实现党建考核全覆盖，并将党建责任制考核结果与经营业绩考核结果衔接、与企业领导人员薪酬奖惩挂钩。中国电信博物馆等4家场馆入选中央企业爱国主义教育基地，20个先进基层党组织、优秀共产党员、优秀党务工作者获得国务院国资委表彰，21个省公司所属党组织、党员获得属地省级荣誉。

三、改革成效

一是以改革促发展取得良好经营业绩。2021年，集团合并营业收入、利润总额增长均达到9.8%（2022年1—6月收入、利润分别增长8.6%、12.3%），收入已连续8年高于行业平均增速，《财富》世界500强排名从2020年的158名上升到2021年的131名，国际影响力不断提升。

二是自主研发创新成果丰硕。2021年，中国电信成功牵头承担云计算和大数据国家攻关任务，"云计算"原创技术策源地成功入围国务院国资委首批央企原创技术策源地名单。获得国家科技进步二等奖，是2021年度唯一获得国家科技进步奖的运营商，并获得2021年世界互联网领先科技成果1项。企业专利数量和质量大幅提升，全集团专利新申请超3800件，PCT专利新申请109件，分别为2020年同期的3倍和13倍。

三是在战略性新兴业务领域不断提升市场竞争力。2021年，新兴业务收入达到2483亿元，同比增长12.3%，占主营业务收入比59.9%，成为企业发展主要驱动力。2022年上半年，天翼云业务收入达300亿元，同比增长118%，成为国内市场份额最大的国有云，政务公有云、云运营服务市场份额居全国第一,并走在国际运营商前列。

四是强根铸魂,抓好党的建设。坚持和加强党对企业的全面领导,发挥党在公司治理体系中的核心作用。2017年以来集团已连续4年获评中央企业党建工作责任制考核A级。实现党建工作与生产经营工作深度融合,发挥基层党组织的战斗堡垒作用,为企业持续健康发展提供坚强保障。

11

发挥国有资本作用 助力移动信息产业结构优化 畅通循环 稳定增长

中国移动通信集团有限公司

一、基本情况

中国移动通信集团有限公司（简称"中国移动"）自2006年起开展股权投资工作，先后投资了中国通信服务股份有限公司（简称"中国通服"）、科大讯飞股份有限公司（简称"科大讯飞"）、中国铁塔股份有限公司（简称"中国铁塔"）等重大项目，为落实国家政策、实现集团战略、担当产业责任做出了重要贡献。2016年，为更好地落实国家战略、响应国企改革要求、助推自身转型发展，中国移动勇挑改革重任，将原集团公司对外投资管理部改制，成立了中移资本控股有限责任公司和中移投资控股有限责任公司（统称"投资公司"），作为中国移动股权投资和资本运作的集中管理平台。

投资公司根据中国移动主业发展需要，围绕移动信息产业链上下游进行战略投资，积极助力中国移动主业发展和战略转型，带动产业链繁荣发展，同时为中国移动增厚利润做出积极贡献。国企改革三年行动以来，结合《中国移动深化国企改革行动实施方案（2020—2022）》的各项要求，投资公司发挥自身业务特点，通过资本手段持续推进各领域改革，助力移动信息产业结构优化、畅通循环、稳定增长。

二、经验做法

（一）建章立制，明确股权投资顶层设计

为更好发挥国有产业资本价值发现、价值创造的独特优势，中国移动围绕股权投资各项工作，不断完善多层次的股权投资制度体系，通过明确工作程序、明确权责利边界，为有序合规开展股权投资提供了制度依据。

一是修订《投资工作管理办法》《股权投资管理办法》，厘清了股权投资项目的决策机制要求和集团内各线条的职责分工。

二是更新《参股企业管理办法》《控股企业管理办法》，规范了参股、控股企业投后管理标准。

三是新制定《产投协同管理办法》《二级单位股权投资管控办法》，为规范投资决策程序、提高投资效益打下良好基础。

（二）补短锻长，助力移动信息产业链供应链稳定发展

中国移动作为移动信息产业链链长，始终致力于提升产业链生存力、竞争力、发展力、持续力，推动产业链建链、延链、补链、强链。突出央企主责主业，把国有资本更多投向实体经济、新一代信息技术等核心关键领域。

一是通过股权投资稳定移动信息产业链供应链。根据产业链发展需求，布局"补短板、锻长板"重点领域，紧抓产业链中的核心关键企业，保障供应链安全可控。围绕移动信息产业链上游的光通信网络、IT设备等重要环节开展深度研究及积极投资：投资全球光模块龙头企业中际旭创股份有限公司（简称"中际旭创"），布局光通信底层研发，共同推动光通信产品技术标准创新；入股国内IT基础设施头部企业超聚变数字技术有限公司（简称"超聚变"），支持国产化基础软件在中国移动适配、试用，推动

算力网络全面部署发展。

二是发挥资本作用,助力核心技术攻关突破。在资金、技术上给予专精特新企业充分支持,并积极提供各类应用场景,助力"卡脖子"关键领域突破,促进核心技术的突破和产业化应用;与国科量子通信网络有限公司(简称"国科量子")共同建立合资公司,探索量子密钥分发业务,开拓早期战略性、前瞻性领域布局,支持国家量子战略落地;参股国资网络安全监管平台中资网络信息安全科技有限公司(简称"中资网安"),支持国务院国资委安全在线监管工作,打通国有资产转让进场交易流程;投资蜂巢能源科技股份有限公司(简称"蜂巢能源"),落实国家"双碳"战略,把握新能源行业机遇,促进通信行业节能降耗水平提升;投资北京海天瑞声科技股份有限公司,布局人工智能重点领域,牵引数据深度融合。

三是发挥产业影响力,带动被投企业繁荣发展。以产业投资带动上游发展,以产投协同融合下游企业,推进创新链、价值链、供应链的协同发力,制定并发布产投协同十大举措,通过搭建平台、网状协同、专职董事、联合拓展、权益运营、大数据运营、联合研发、资本合作、研采投协同、党建和创等方式,与被投企业形成紧密纽带,带动产业链企业繁荣发展。

(三)助力混改,促进国有企业激发活力再提速

积极参与国企混改,发挥各方优势,促进国有企业增强竞争力、提升创新能力、激发创造活力,助力加快建设世界一流企业。

一是推进媒体深度融合,做强新型主流媒体。投资湖南广播电视局旗下新媒体产业及资本运作平台芒果超媒股份有限公司(简称"芒果超媒"),成为其第二大股东,并向芒果超媒委派董事,双方在内容聚合、内容生产、联合产品、联合推广、宽带采购等方面开展了全面合作。中国移动入股后,芒果超媒业绩增长迅速,对增强国有新型主流媒体的影响力和

竞争力提供积极助力。同时，中国移动也借助芒果超媒提供的优质内容，在保留在网用户、提升用户粘性上不断提升，实现了国企之间的互助双赢。

二是参与大型央企混改，夯实网络安全基础。战略投资中国电子信息产业集团旗下中国电子有限公司，加快打造国家网信产业核心力量和组织平台，打开中央企业集团间股权合作新局面。

（四）繁荣生态，发挥国有资本乘数效应

打好"直投+基金"的"组合拳"，基金投资以中国移动集团战略为牵引，用战略投资的方式投资基金，打造政策性基金、市场化基金、主控基金三者间功能互补、良性互动、协同共享的新型资本运作生态。

一是支持国家重大政策落地，体现央企责任担当，助力营造良好外部政策环境和中国移动生态构建，参投政策性基金9只，合计签约金额约400亿元。

二是构建产业生态和投资生态，撬动社会资本，布局5G生态，促进基金和直投间的协同互补，参投市场化基金5只，合计签约金额约66亿元。

三是紧密围绕中国移动主业，落实中国移动5G+发展战略，落实中国移动链长战略的重要举措，支持国家区域发展战略及数字产业化和产业数字化，促进数字技术与实体经济深度融合，赋能传统产业转型升级，主导发起设立5G基金，与国家开发投资集团有限公司联合发起设立中移创新基金，合计签约金额约45亿元。

三、改革成效

国企改革三年行动以来，投资公司不断深化产投融合，强化资产管理，加大改革创新力度，推动"业务+资本"融合发展，遵循"价值贡献

是底线、产投协同是基础、生态构建是方向"的总体要求,紧密围绕党中央、国务院要求,以及集团战略和主责主业,以股权投资促进移动信息现代产业链发展,主要改革成效如下:

一是加速提档股权,投资规模大幅提升。从2017年实缴金额不足6亿元,到2021年逾200亿元,股权投资规模实现了质的飞跃。针对5G、云计算、人工智能、物联网、大数据等领域开展广泛布局,5年共计完成股权投资项目近50个,在管资产规模已超2200亿元,每年为集团贡献利润超130亿元。

二是产投协同举措持续落地,取得生态合作新成效。推动市场、政企、研发、IT条线在7项合作管理制度中体现协同政策:在政企线条,加大参股企业进入"三库"的便捷力度与合作深度,有11家参股企业88项能力纳入政企产品能力图谱;在技术线条,推动参股企业优先进入《中国移动研发合作伙伴重要库》,共有4家参股企业进入战略研发合作伙伴库;在IT线条,推动参股企业优先引入能力"上台",10家参股企业成为智慧中台、梧桐大数据平台能力引入的潜在合作对象。

三是党建引领,党业融合成效显著。中国移动以"两和"升级为抓手,在构建覆盖参股企业的"大党建"格局探索中,不断推动党业融合向纵深发展。已帮助参股企业随锐科技集团股份有限公司(简称"随锐科技")成立党支部,顺利加入中关村管委会非公企业联盟,在推动非公党建进程上迈出坚实步伐。成功发展参股企业北京梆梆安全科技有限公司(简称"梆梆安全")董事长入党,有力输出了国资央企的政治影响力。联合多家参股企业开展党建合作,深化党建与业务融合。

12

直面问题勇改革 自主创新启新篇

中国第一汽车集团有限公司

一、基本情况

中国第一汽车集团有限公司(简称"中国一汽")是国有特大型汽车企业集团,前身为第一汽车制造厂,是国家"一五"计划重点建设项目之一。中国一汽于1953年奠基,1956年建成投产并制造出新中国第一辆卡车(解放牌),1958年制造出新中国第一辆小轿车(东风牌)和第一辆高级轿车(红旗牌),开创了新中国汽车工业的历史。

经过60多年的发展,中国一汽建立了东北、华北、华东、华南、西南五大生产基地,构建了全球化研发布局,拥有红旗、解放、奔腾等自主品牌和大众、奥迪、丰田等合资合作品牌,累计产销汽车超过5000万辆。2021年,中国一汽位列《财富》世界500强第66位。

二、经验做法

(一)落实"两个一以贯之",完善中国特色现代企业制度

中国一汽紧紧围绕坚持和加强党对国有企业的领导,坚决贯彻落实在完善公司治理中加强党的领导的各项要求,大力推进"四化"。

一是在地位作用法定化上,把党建工作总体要求纳入公司章程,全资

企业限时无条件纳入、控股合资（合营）企业依法引导谈判纳入、相对控股企业牵头协商确保纳入，所属78家企业全部完成章程修订。

二是在交叉任职制度化上，对"双向进入、交叉任职"做出组织化、制度化、具体化安排，有计划、分步骤，实现所属企业班子成员交叉任职到位。

三是在权责边界清单化上，按照"权责法定、程序规范、效率优先"的原则，修订完善集团公司"三重一大"决策制度，明确党委会研究决定32项、前置把关45项，董事会决策42项，总经理办公会决策28项，厘清了各治理主体的权责边界，做到不缺位、不越位。

四是在决策程序规范化上，持续完善党委会、董事会、经理层决策机制和议事规则，明确党委会发挥前置把关作用的方式，严格落实党委会研究讨论作为公司决策重大事项前置要求，确保各治理主体决策程序严谨规范、依法合规。

中国一汽以持续完善董事会建设和规范董事会运行为载体，充分发挥各治理主体作用。

一是强化董事会建设顶层设计。构建以《董事会议事规则》为核心的"1+6+N"董事会运行制度体系，有力保障董事会功能作用发挥。

二是强化外部董事智库作用发挥。建立"三开放，三交流"机制，向外部董事全面开放协同办公平台、集团重要会议及活动、联合办公区域，强化外部董事与经理层、业务部门、分/子公司的交流。建立董事意见建议跟踪台账，实现外部董事意见建议100%反馈与落地。

三是强化子企业董事会规范化建设。出台《加强子企业董事会建设工作方案》等系列文件，构建并动态调整子企业外部董事人选库，实现董事会应建尽建。

（二）优化集团管理体制，形成总部聚集资源扛"红旗"、分类管控激活市场主体的格局

体制搞活是改革需要解决的首要问题，中国一汽在改革管理体制上突出管干结合、分类管控，并将体系化、数字化建设贯穿其中。

一是坚持管干结合。基于扛起"红旗"的政治担当和汽车产业发展的迫切要求，借鉴主流跨国车企做法，调整总部定位，确定总部是核心自主品牌的运营者和其他业务的战略管理者。由总部直接运营"红旗"，走出一条新时代自主品牌创新发展之路。

二是实行分类管控。理顺总部和分/子公司的管理关系，充分授权，强化日常数字化监控。精简、优化和明确总部职权，加强总部在战略与投资、党建与人事等领域的管控。下放、完善和明确分/子公司自主经营决策权，实现各业务单元研产供销一条龙、责权利统一，有效强化了各业务单元的市场主体功能。

三是加强体系化、数字化建设。聚焦汽车产业转型升级，加快推进体系化、数据化、指标化、在线化和智能化的融合与迭代，创建适应新时代汽车产业转型发展需求的管理体系。按照"全程全域、实时在线、及时分析和智能管理"的要求，创建覆盖技术创新、产品创新、智能制造、智能服务、智慧管理的数字化系统。

（三）实施"四能"改革，压实内部市场化经营机制

中国一汽全面实施以干部能上能下、薪酬能高能低、员工能进能出、机构能增能减为核心的"四能"改革。

在干部能上能下方面，一是"揭榜上岗"，先定目标再选人、先接目标再上岗，鼓励挑战更高目标；二是"竞争上岗"，建立"赛马"机制，经营岗位能竞则竞；三是"代理上岗"，针对新技术、新兴业务等领域，推行代理制，先代理履职，达成目标后再上岗。

在薪酬能高能低方面，强化"四个导向"。一是目标导向，"一企一策"，以业绩目标定薪酬；二是价值导向，以价值定薪酬，做到向主价值链倾斜；三是创新导向，聚焦创新成果和创新人才，以创新水平定绩效和奖励；四是技能导向，聚焦技能提升，实现凭技能晋升涨工资，靠业绩调薪挣奖金。

在员工能进能出方面，强化"三进两出"。在新技术、新兴业务和能力短板领域加大人力资源进入力度，对绩效落后和过剩资源领域加大退出力度。2017年以来，退出涉及人员约2.5万人。

在机构能增能减方面，对新技术、新兴业务和需要强化职能的领域加强组织配置。2017年以来，新增机构和领域20个，对传统业务、重叠管理领域进行机构裁撤或合并52个。

（四）坚持创新驱动发展，树立民族汽车品牌取得新成果

中国一汽紧紧围绕树立民族汽车品牌，采用高尚品牌、高新技术、高端产品、高精品质"四高"策略，快速提升"红旗"的品牌形象、技术形象和产品形象。

一是全力打造新高尚品牌。在品牌精神、造型设计、产品开发、品质保证和营销服务等全过程，进行脱胎换骨式的变革、创新和全面提升，不断提高红旗品牌影响力、美誉度和喜爱度。

二是加速攻关核心技术。强化集团总部对技术创新的统筹管控，制定实施"创新·2030中国一汽阴旗（R. Flag）技术发展战略"；构建"三国七地"的全球化创新研发布局；与华为技术有限公司、复旦大学、弗吉亚等全球顶尖科技公司和高校建立38个协同创新实验室和5个基础研究实验室。深化央企创新合作，与中国兵器装备集团有限公司、东风汽车集团有限公司合资成立中汽创智科技有限公司，搭建新能源、智能网联等关键共性技术平台。试点"揭榜挂帅"项目创新做法，搭建从员级到科学家级六

级成长通道等激励政策，持续加大对创新团队激励力度。以集团双创平台为基础、以旗智创新中心孵化器为载体，推动创新成果以及发明专利成果的产业化落地。

三是持续推出高端产品。自2018年新红旗品牌战略发布以来，中国一汽深入贯彻"以用户为中心、以产品为主线"的发展理念，共推出L、H、Q、S四个系列九大新品：L系推出中国顶级豪华车L5；H系推出引领行业的高端轿车H9、H9+、E-HS9、HS7、H5、HS5；Q系推出全球首款高端电动出行专属车E-QM5；S系推出超级跑车S9。

四是坚决锤炼高精品质。以高科技、高安全、高健康、高质量可靠、高舒适与驾乘、高颜值体验等为关键，创建高于或等同于国际领先豪华品牌的质量标准，建立严格的质量管理体系，强化质量培训和工匠大师培养，运用现代化、智能化技术、工艺、装备和检测，打造精工细作、精湛极致产品。

三、改革成效

中国一汽通过改革增强自主创新能力、激发企业内生动力、做强自主品牌，呈现生机蓬勃的发展局面。改革给中国一汽带来了新气象新面貌，高质量发展取得阶段性成果。

一是生产经营迈上新台阶。近年来，收入和利润连创历史新高。尤其是2021年，面对芯片短缺、新冠肺炎疫情反复、原材料能源价格上涨等困难形势，实现整车销量350万辆，营业收入7070亿元，利润482亿元，保持了"风景这边独好"的发展势头。

二是自主品牌取得新进步。红旗品牌销量4年多时间增长63倍，增速位列高端品牌第一位；解放品牌实现中重卡销量全球"五连冠"、重卡销量全球"六连冠"；奔腾品牌聚焦主流乘用车业务，正加速以全新体制、全新架构实现跃迁式成长。

三是科技自立自强实现新突破。2021年,突破"双零"排放氢能发动机等63项关键核心技术,技术成果已在红旗、解放等自主产品上搭载应用;携手中国航天科技集团有限公司自主研发全新国产雪车,实现国产雪车零的突破;完成专利申请4757件,同比增长35.6%,其中发明专利2730件,同比增长55.4%,专利授权数量预计汽车行业第一;获批建设汽车领域央企原创技术策源地。

四是体系数字化建设取得新成果。打造基于5G+工业互联网的数字化工厂,创建客户生态云平台,业务运营效率大幅提升,产品研发周期缩减6个月以上,生产准备周期缩减6个月,订单交付周期缩短26%以上,营销费效比提高约30%,管理效率提升30%以上。

13

全面深入推进国企改革三年行动
勇闯老国企涅槃奋起之路

中国一重集团有限公司

一、基本情况

中国一重集团有限公司（简称"中国一重"）筹建于1953年，是毛泽东主席提议建设，被周恩来总理誉为"国宝"，习近平总书记称之为"第一重地"的"一五"时期的156项国家重点工程之一，按照国家战略部署、功能定位，承担着重大技术装备国产化首台（套）和替代进口的特殊使命。近70年来，中国一重始终秉承"发展壮大民族装备工业，维护国家国防安全、科技安全、产业安全和经济安全，代表国家参与全球竞争"的初心和使命，先后创造了数百项第一，开发研制新产品421项，填补国内工业产品技术空白475项，提供了500多万吨重大装备，获得省部级以上科学技术奖157项，其中国家级特等奖2项、一等奖9项，打破了关键核心技术"要不来、买不来、讨不来"的困境。

受金融危机和管理粗放等内外部因素综合影响，中国一重陷入效益滑坡、连续3年亏损的困境。面对重重压力和挑战，在习近平总书记的亲切关怀和党中央的坚强领导下，按照国务院国资委全面深化改革部署，中国一重深入学习贯彻习近平总书记两次视察中国一重重要指示精神，全面深入推进国企改革三年行动,闯出了一条老国企涅槃奋起之路。

二、经验做法

(一)"抓治理、明权责",不断健全现代企业制度

一是在公司治理中加强党的领导。印发《关于在完善公司治理中加强党的领导的实施意见》,制定党委研究讨论重大事项决定清单、前置研究讨论重大经营管理事项清单及研究讨论程序清单3个清单,明确在完善公司治理中加强党的领导18条具体路径。指导不同层级、不同类别子企业结合实际,制定前置研究讨论清单,进一步厘清各治理主体权责边界。

二是聚焦权责划分,持续健全制度体系。不断完善法人治理制度体系,制定集分权手册,对公司层面25项职权进行划分,明确落实党委常委会35项前置讨论事项和15项直接决定事项、董事会51项决策权和经理层83项管理权,直属单位全面构建集分权体系。制定《股东代表及派出董事监事管理办法》,通过加强对股东代表、派出董事监事的管理,保障出资人权益。

三是授权管理逐步深化。所属19家应建董事会子企业全部建立了外部董事占多数的规范董事会。按照分批分期授权原则,稳妥推进落实子企业董事会6项重点职权,将符合条件的11家子企业纳入第一批实施范围,占建立董事会子企业的58%。切实加强外部董事队伍建设,制定《外部董事人才库管理办法》,遴选第一批47人入库。

(二)"谋创新、担使命",破题科技创新体制机制改革

一是改革科研管理体系。坚持需求导向、精准立项,完善政策研究与科技信息调研体系,制定《市场调研管理制度》《科技信息评价办法》等制度,为研判技术发展方向和科技立项决策提供依据,根据国家战略和市场需求签订科研合同。

二是推进科研内部市场化。"科改示范企业"天津重型装备工程研究有限公司推行课题负责人"竞聘制""承包制""组阁制",在技术路线、绩效考核等方面为课题负责人赋权,2020年以来累计48项课题实施了公开竞聘;"双百企业"一重集团大连工程技术有限公司突出科技成果转化,实行风险抵押、项目分红制及"摘标+竞标"模式,冷轧十八辊连轧机组项目7人团队拿出50万元竞标摘标,"新型工作辊弯辊及横移装置项目"等分红84万元。

三是构建"4461"动力机制。强化四级(集团、子企业、子公司、制造厂)联动创新,协同优化配置各类创新资源,实现重大科研项目精准突破。近年来,公司承担的5项"1025"工程项目全部完成攻关任务,2项国家重大专项分别提前3个月和51天完成。发挥4类(大国英才、大国工匠、首席技术专家、首席技能大师)人才作用,扎实开展"大国""首席"三级津贴机制(公司级、子公司事业部级、制造厂级),公司级累计评选36人,每年分别享受12万元、6万元、4.2万元补贴。组建6类创新工作(活动)室152个,凝聚各类创新人才3200余人,完成创新课题1098项。开展"百万一重杯"劳动竞赛,每年拿出数百万元专项奖励资金,激励专业技术、技能人才岗位建功。

(三)"党委管、市场选",完善市场化选人用人机制

一是建立科学规范的制度保障机制。搭建"人事制度改革文件库",先后制定《市场化选聘管理暂行办法》《全面推行子企业董事长和经理层市场化选聘契约化管理的实施意见》等管理办法和配套制度。建立公开招聘评委库,创新运用"5+2"(外部评委5人、内部评委2人)半结构化评聘模式,确定10个竞聘环节、9个参与主体,有效落实企业党委在确定标准、规范程序、参与考察、推荐人选等方面发挥领导和把关作用。将6项重点职权下放子企业董事会,切实维护子企业董事会依法行使经理层成

员选聘权、业绩考核权、薪酬管理权等职权。

二是建立权责对等的管控授权机制。开展管控模式设计与组织结构优化工作，"拆庙压编"，确定了总部"战略+战略运营"差异化管控模式，建立扁平化、精简化的组织机制，撤销各级管理机构187个，压缩定员2355人，占在岗职工总数的21%。同时，加快转变职能、全面授权放权、精简审批事项，按照精干高效和扁平化原则，指导直属单位全面构建集分权制度体系，切实做到"集权有道、分权有序、授权有章、用权有度"。通过简政放权，切实保障了经理层责权利统一对等，为推行经理层成员任期制和契约化管理打牢基础。

三是建立市场决定的干部配置机制。除党务岗位外，原则上所有岗位的"上下进出"全部通过市场决定。先改"主席台"、再改"前三排"，通过股份公司一次性集中公开招聘3名高管，打破重要领导岗位一直以来由组织推荐产生的惯例，强化市场化用人高层示范"风向标"。在3个月时间里，顺利完成集团总部、直属单位领导班子和一般员工分层分类全部起立竞聘上岗，中层干部由原来的320人缩减至192人，减少比例达40%，彻底改变了多年来干部不犯错误就很难下来的局面，实现了干部真"下"。

（四）"强激励、硬约束"，实施任期制契约化刚性管理

一是全面推行三年任期制。各层级领导干部100%实行任期制管理，市场化选聘不仅适用经理层，并拓展到子企业董事长，党务岗位也不是"保险箱"，干部不再是"终身制"，一选到底、一用到底，全部3年一个任期，到期重置归档，根据任期考核结果评定是否有机会参与同层级或更高层级岗位竞聘。2021年3月，启动第二轮领导班子2021—2023年任期市场化选聘，完成了54个直属单位董事长、经理层岗位市场化选聘，新选聘二级单位领导班子成员25人，三级单位领导班子成员46人。

二是全面落实契约化硬约束。坚持"一岗一契约、一年一考核"原则，直属单位董事会与总经理、总经理与经理层副职根据权限全面签订聘用合约，合约坚持责权利相统一，突出发展质量和效益导向，明确规定年度及任期目标、任务、奖惩等条款，并将合约考核结果作为薪酬兑现、岗位聘任或解聘依据，当年未达到经营业绩考核70分或完不成目标利润70%的自动免职并只拿基本生活费。解除岗位聘用合同后，一律"退长还员"，只保留工程、经济、会计、政工等相应系列职称岗位和劳动合同确定的一般员工身份。累计调整不适应改革发展需要的领导干部98人，中层干部只拿生活费20人次，4个单位领导班子全体起立。

三是全面兑现契约化强激励。"利润确定总薪酬、关键指标严否决"，坚持力争跑赢市场、优于同行设定考核目标值，并对应确保、力争、创优三档工作目标，实施相适应梯次的与市场接轨的分类分级薪酬体系。实施"25%年薪留存追索、三年业绩考核逐年系数与任期总薪酬连乘"，最多可实现任期总薪酬的翻番，领导干部年薪最高和最低差距达到3.5倍以上。

（五）"严考核、拓通道"，激发各类人才创新创业活力

一是全面实施"两个合同"市场化用工。首创"两个合同"，用劳动合同解决身份问题，用岗位合同解决进出问题。普通员工按照岗位合同进行严格考核，在岗位合同中细化工作内容、标准等，对于岗位不达标经两次培训未通过的解除劳动合同，从而使"不会干事、不想干事、混日子"的员工能够通过市场化方式平稳退出企业，解决企业活力和动力不足问题。截至目前，"两个合同"签订率始终保持100%。

二是建立职务与职级并行机制。打通5类人才（管理、营销、技术研发、党务、技能人员）晋升通道，并细化形成6个职级，2~3年一个台阶，5个通道纵向晋升、横向互动，职务与职级并行、相互转化。建立"优秀工程师库"，按照工程师、高级工程师、研究员级高工的5%、10%、

20%比例,遴选入库118人,提供"绿色通道"(如列为"优秀高级工程师库"人选,同时评为高级工程师满2年,或列为"优秀研究员级高级工程师库"人选,可直接竞聘二级单位副职岗位)。33名高级技师评聘为高级工程师,3名技能人才选聘成为制造厂副厂长;推进专职副书记、党群部门负责人等党务人员与经营管理岗位双向交流,在10名直属单位专职副书记中,由业务岗位转任4人,同时由党务岗位转任重要经营管理岗位2人;二级单位由领导岗位人员转任非领导岗位职级11人,由管理副总监、技术副总监等非领导职务转任领导职务3人。

三是让广大职工群众尝甜头、有盼头。确立7%、9%、11%薪酬正常增长机制,稳步推进员工持股、超额利润分享、项目分红等多种中长期激励工具。构建补充医疗、企业年金、文化生活等多重保障机制。2021年启动年金"倍增计划",缴存比例由个人1%、企业4%,提高到封顶2%、8%。同时,在一年期补充医保基础上,新增覆盖职工全生命周期的长期补充医疗保险。强化落实"重奖"机制,对"十三五"期间做出突出贡献的8名特级劳模进行专项奖励,每人奖励一台价值20万元的红旗汽车,在群众中引起强烈反响。

(六)"建机制、强党建",引领保障护航改革发展

一是建立"新思想引领"长效机制。认真落实第一议题制度,成立15个习近平新时代中国特色社会主义思想实践课题组,完成优秀研究成果60余项,总结提炼了"十二个工作方法论"。坚持政治学习"进班组、上机床",以"班前会晨读"等为载体,坚持"每日一习语",带着问题学、联系实际学。对贯彻落实习近平总书记重要指示精神创新开展"挂表督战",到期节点完成率始终为100%。

二是完善"1+6"强基机制。狠抓党建工作责任制,健全基本组织、学习基本知识、建强基本队伍、开展基本活动、完善基本制度、落实基本

保障。先后 2 次修订完善党建工作责任制考核办法，考核结果强制分布，与薪酬兑现、干部任免等刚性挂钩，实行"奖一罚二"，考核结果为优秀的，奖励绩效薪酬的 5%～10%；考核结果为较差的，扣罚绩效薪酬的 10%～20%。

三是健全"四治一加强"从严机制。严肃整治在改革发展中"不敢为、不想为、不会为、乱作为"领导干部，加强对各级"一把手"和领导班子监督。2020 年以来累计处理 38 人，其中纪律处分 5 人，诫勉谈话 5 人，通报批评、责令检查等 28 人。同时，落实"三个区分开来"要求，建立容错纠错机制。印发《经营投资免责实施办法》，细化 27 种尽职免责情形，及时为 1 名干部容错，营造良好干事创业氛围，为企业改革发展提供坚强保障。

三、改革成效

一是通过深化改革创新发展，有效促进了经济指标的全面提升。中国一重始终把学习贯彻习近平总书记两次视察中国一重重要指示精神作为重要政治任务，引领改革发展党建等工作全过程，大力弘扬艰苦创业精神，以"思想之变"引领"行动之变"，以"行动之变"撬动"发展之变"，企业面貌焕然一新。3 年来，中国一重利润总额增长 422.84%，净利润增长 424.52%，营业收入增长 209.92%，营业利润率上升 2.57 个百分点，人均收入增长 29.91%。

二是通过深化改革创新发展，有效促进了企业转型升级、结构调整。在传统产业领域，实现了黑色冶金装备和有色冶金装备并进、金属材料和非金属材料并进，实现了从制造向"制造＋服务"转变、制造向"制造＋系统解决方案"转变。在战略性新兴产业领域，进入了地企融合、"一带一路"板块，成功开发了油气智能导钻装备、风电全产业链装备制造、冷链物流装备等,成为世界最大镍铁产品生产供应商。

三是通过深化改革创新发展,有效促进了内生活力动力迸发。企业由"工厂"到"公司",总部职能部门从 19 个压减至 13 个、再到 10 个,编制减至 87 人。二级单位领导班子成员 102 人中,45 周岁及以下年轻干部达 40.20%,"80 后"达 28.4%,分别提高了 17.82 个百分点和 16.24 个百分点;三级单位中层干部 126 人中,40 周岁及以下年轻干部达 51.59%,"85 后"达 24.67%,分别提高了 21.13 个百分点和 16.82 个百分点,干部人才队伍结构进一步优化。

14

完善制度　健全机制　做强产业
开启高质量发展新篇章

鞍钢集团有限公司

一、基本情况

鞍钢集团有限公司（简称"鞍钢"）是新中国第一家恢复建设的大型钢铁联合企业和最早建成的钢铁生产基地，拥有普钢、特钢、不锈钢和钒钛等完整产品系列，是中国最大的钢轨、船板生产企业，世界最大的产钒企业，国内最大的铁矿石生产企业，产品广泛应用于船舶、汽车、铁路、核电、航空航天和国防军工等多个领域。鞍钢深入贯彻习近平总书记关于东北全面振兴的重要指示批示精神，落实国企改革三年行动部署，将党的领导贯穿于改革发展始终，坚定不移走"改革＋市场"发展之路，把"效益有改善、员工有获得感、企业发展可持续"作为检验改革成效的重要标尺，赋予"老"企业新的发展活力，诠释"鞍钢宪法"新的时代内涵，全面开启"十四五"高质量发展新篇章。

二、经验做法

（一）以"三类清单"为抓手，完善中国特色现代企业制度

一是完善治理主体权责清单。坚持"两个一以贯之"，将党的领导融

入公司治理并实现制度化、规范化、程序化，建立集团党委会前置审议清单、董事会决策清单、总经理办公会决策清单，细化集团党委会前置审议事项53项、董事会决策事项40项、经理层决策事项39项，清晰"定"和"议"的具体决策事项、职责范围和履职程序，确保各治理主体到位不越位。

二是完善授权放权清单。坚持"权力放下去，效率效益提上来"，按照"适应职能转变放、结合市场主体需求放、设定边界条件放、清晰职责边界放、突出差异化特征放、满足监管要求放"的方式实施"六维放权"，集团精简审批事项占比24.4%。建立完善"集团—子企业—单元企业"逐级授权清单，将选人用人、业绩考核、薪酬分配等权力逐级下放至基层厂矿、作业区。从"法人治理、行权规范、行权效能"三个维度构建全周期授权评价体系，对各级企业行权进行评价，动态调整，确保权力"放得下、接得住、行得稳"。

三是完善尽职免责容错清单。准确把握"三个区分开来"，细化尽职免责容错情形，建立涵盖企业投资、深化改革、市场开发、资产处置等7个领域26项容错纠错事项的《尽职免责容错清单》，旗帜鲜明地为干事创业的干部撑腰鼓劲，切实做到严管和厚爱相结合。

（二）以"四个突出"为导向，健全市场化经营机制

一是突出业绩决定位置。全面实施"两制一契"，全集团316家单位895名经营层成员"一人一表"确定年度和任期目标，建立摸高机制，利润年度目标最高加码50%，国有资本保值增值率任期目标最高加码8%。管理人员"揭指标竞聘、带契约上岗"，末等调整，不胜任退出，打破职务终身化。2021年，各级企业新聘任上岗的管理人员中，竞争上岗比例达75%；管理人员末等调整、不胜任退出占比10.34%。

二是突出效率决定用工。推行"双合同"管理，完善以劳动合同管理

为核心、以岗位合同管理为基础的市场化用工制度，建立员工公开招聘、竞争上岗、末位淘汰机制，公开招聘比例达到100%。对标行业先进，以每年劳动生产率提高不低于10%为目标，持续优化用工总量。2021年，在岗职工减幅8.5%，全员劳动生产率同比提升44%。

三是突出效益决定薪酬。设立基本目标、奋斗目标、挑战目标"三区间"分档指标体系，实施"跑赢大盘、跑赢自身"步步高赛跑绩效考核机制，实行月度与年度考核相结合，月度考核按20%权重计入最终结果，高目标高激励，子企业负责人年度薪酬最大差距均达到4倍以上。收入分配"五倾斜"，即向高级管理、高科技、高技能、营销、苦脏累险岗位倾斜，科研人员最高年收入突破100万元，首席技师年收入最高达到48万元，营销人员业绩报酬上不封顶，实现"干多干少不一样"。

四是突出同利共享。实施"超额利润"同利，企业利润超年度目标值、奋斗值、挑战值部分，根据增效贡献率和盈利水平分别按不同比例提取超额收益，一些外部市场占比高、行业竞争激烈、创效难度大的单位提取比例达30%。实施"创新创效"同利，建立科研项目"揭榜挂帅"机制，项目主创、实施人、管理人员按7∶2∶1比例分配项目收益。实施"降本增效"同利，按降本增效额1%，对项目提出人、实施团队按1∶4比例"提做双奖"，鼓励一线职工立足岗位"想事谋事干事"。

（三）以钢铁、矿业"双核"战略为引擎，赋能企业高质量发展

一是加快推进鞍钢本钢（简称"鞍本"）整合融合，构建钢铁产业发展新格局。锚定"7531"战略目标，"六措并举"推动鞍本重组顺利完成并完成混改。重组后，鞍钢粗钢产能达到6300万吨，位居国内第二、世界第三。聚焦"要素管控＋管理移植"和"战略引领＋资源协同"两条主线，制订实施鞍本首月、百日、半年、首年、两年、三年整合融合计划。启动实施本钢集团有限公司（简称"本钢"）"1＋2＋N"深化市场化改革

方案，本钢经营效益显著提升，实现利润创 10 年来历史最好水平，资产负债率比重组前降低 10.79 个百分点。

二是加快发展矿产资源事业，维护产业链供应链安全。坚持服务国家资源安全战略，提升矿产资源保障能力。充分发挥鞍钢集团矿业有限公司（简称"鞍钢矿业"）在资源储量、技术研发、智能制造、绿色发展等方面行业领先优势，把矿产资源事业发展上升为集团"双核"战略，聚焦成本管控、体制机制、创新能力、生态环境、智能制造等领域，加快建设"五个一流"，着力打造世界级铁矿资源开发企业。2021 年鞍钢矿业铁精矿产量创历史最好水平。

三是加快集聚创新发展要素，当好大国重器钢铁脊梁。着力攻克关键领域"卡脖子"技术，研发投入强度达到 3.87%，总额同比提高 41.6%，6 项关键核心技术攻关任务全部完成。加快科技成果转化，超厚超宽高强度反应堆安全壳用钢 AG728、X70 级深海高应变管线钢、500 兆帕级免涂装耐候桥梁钢实现全球首发。一批精品钢材广泛应用于北京冬奥会、中老铁路等工程建设。

三、改革成效

一是运行效率大幅度提升，效益水平实现历史性突破。2021 年，全集团管理岗位数量压减 16.4%，各级领导职数压减 20.3%，全员劳动生产率同比提升 44%；鞍钢全年营业收入、经营利润首次突破 3000 亿元、300 亿元关口，销售利润率达到行业平均水平的 1.37 倍，经营效益创历史最好水平，成为鞍钢发展史上的重要里程碑。

二是经营活力有效激发，员工获得感明显增强。"两制一契"刚性兑现奖惩。2021 年，147 家实施任期制契约化管理企业完成挑战目标，提取最高档增效激励，占比 46.8%；在岗职工收入同比增长 10% 以上。开展

"践行共享理念、关爱一线员工"专项服务行动,深入实施"我为职工办实事"实践活动,推进民生实事计划,让职工群众共享改革发展成果。

三是高质量发展基础稳固,良好预期显著增强。2020年,涉及15万名职工的厂办大集体改革和22万名退休人员的社会化管理"两项改革"实现历史性突破,一举解决了多年想要解决而未能解决的历史难题,企业轻装上阵,进一步聚焦"双核"主业。重组本钢后,形成"南有宝武、北有鞍钢"的钢铁产业新格局,进一步夯实了高质量发展基础,广大干部职工信心倍增,外界对鞍钢的良好预期显著增强。

15

聚焦改革三年行动　持续优化产业布局奋力开创高质量发展新局面

中国远洋海运集团有限公司

一、基本情况

中国远洋海运集团有限公司（简称"中国远洋海运"）坚持以习近平新时代中国特色社会主义思想为指导，认真贯彻落实习近平总书记对行业企业十个方面重要指示批示精神，以建设"海洋强国、航运强国"为己任，围绕"打造世界一流的全球综合物流供应链服务生态"战略目标，聚焦"四个领航"（党建领航、价值领航、科技领航、全球领航），扎实推进国企改革三年行动，在完善现代企业制度建设、优化产业布局、健全市场化经营机制等方面取得积极成效，改革对企业发展的促进作用持续显现，企业规模实力、经营效益、体制机制活力显著提升。

二、经验做法

（一）完善中国特色现代企业制度

一是推动党的领导融入公司治理各环节。中国远洋海运是第一批将党的领导和党建工作要求写入公司章程的中央企业。中国远洋海运加快落实在完善公司治理中加强党的领导，制定《境内直属单位在完善公司治理中加强党的领导的实施意见》。29家直属单位实现董事长、党委书记"一肩挑",在规模较大的8家境内直属单位设专职副书记。在重要子企业完成制订或修订《"三重一大"决策事项和权责清单》基础上,持续推动前置决策程序规范落实,提高科学民主决策质量,把中国特色现代企业制度优势转化为治理效能。为避免授权决策"上下一般粗",各直属公司根据集团董事会授权及企业业务特点、管控模式,区分设立董事会企业和未设董事会企业、经营类企业和管理类企业,境内企业和境外企业等不同情况,"一企一策"制定前置决策事项清单,根据工作实践实施动态调整。

二是全面加强董事会建设。按照"管控上移、经营前移、一企一策"的原则,加快直属公司董事会建设和加大授权力度。健全制度体系,制定《董事会授权规则》《直属公司董事会运作管理办法》等一系列配套制度,三次修订完善直属公司董事会运作管理办法,逐步构建起上下贯通、有机衔接的董事会建设制度体系,为各级董事会规范有效运行奠定基础。建设专业队伍,不断拓宽外部董事来源渠道,建立外部董事人才库,外部(独立)董事人才库共有入库人员106人。中国远洋海运下属公司董事会应建尽建和外部董事占多数完成率均达到100%。加大授权力度,"一企一策"先后印发实施了1.0版至4.0版的直属公司董事会授权清单,建立了授权事项事前、事中、事后管控机制。2016年8月—2021年底,直属公司董事会授权事项合计行权3701项、涉及金额4738亿元,决策效能显著提升。

三是深入开展对标世界一流管理提升行动。以加强管理体系和管理能力建设为主线,紧密围绕确定的9项重点任务,深入开展对标提升工作。为系统性、具体化、针对性地落实对标工作,突出对标建设在企业考核评价体系中的积极作用,充分调动集团内部资源,自主研发对标管理工具,通过"微服务"形式为各所属公司建立数字化对标平台。在国有重点企业管理标杆创建行动中,中国远洋海运入选2家标杆企业、1个标杆项目,进一步发挥先进典型的引领示范作用。

（二）推进布局优化和结构调整

一是聚焦主责主业，提升航运竞争力。基于产业链经营理念，中国远洋海运在"十四五"规划中确立了以航运、港口、物流为三大核心产业，以航运金融、装备制造、增值服务、数字化创新为辅助产业的"3+4"产业集群新格局，主动落实国家发展战略，全面促进船队规模优化和航运产业集群。2021年，航运、港口、物流三大核心产业集群投资累计完成607.80亿元。核心产业资产占比由重组时的45%提升至67%，收入占比由重组时的64%提升至80%，净利润由重组当年的整体亏损逐步提升至现在的占比99.9%，彻底扭转重组前核心产业盈利薄弱的局面。

二是实施战略收购，主动投资布局。全力打造航运物流全产业链，增强主业核心竞争力。收购香港东方海外（国际）有限公司，集装箱运输业务跻身全球第一梯队。收购胜狮货柜企业有限公司主要箱厂资产，集装箱制造市场份额提升至35%，跃居全球第二。优化"一带一路"沿线布局，在"一带一路"沿线国家和地区完成投资698亿元，收购和建设了希腊比雷埃夫斯港等20个码头项目；中国远洋海运"双品牌"集装箱船队在"一带一路"沿线布局集装箱班轮航线195条，投入运力203万标准箱，占中国远洋海运集装箱船队总运力的68%。2022年上半年，中欧陆海快线完成箱量8.76万TEU，同比增长38.3%。积极参与国家重大区域经济建设，控股收购天津港集装箱码头有限公司、南通通海港口有限公司、武汉港集装箱有限公司，入股上海国际港务（集团）股份有限公司、青岛港国际股份有限公司、北部湾港股份有限公司等。重组整合并控股海南港航控股有限公司，重组当年即扭亏为盈。截至2022年8月底，中国远洋海运注册在海南的船舶数量共99艘、792万载重吨，有力促进航运要素在海南自由贸易港的集聚。

三是落实"六稳""六保",全力保障供应链畅通。中国远洋海运全力保障中小企业运输需求,大幅增加市场运力供给,2021年跨太平洋、欧洲航线集装箱运力分别同比增长约26%和6%。生产干箱、冷箱分别同比增长117%和49%,有力缓解"一舱难求"和"一箱难求"局面。率先推出中美航线中小客户服务专线,欧线、墨西哥线中小直客专班和"澳新精品快航专班"等海运"一条龙"服务,切实解决中小货主沟通难、舱位难、提货难等诸多困难。2021年累计开辟中小客户专线30条,累计服务中小直客8000余家。2021年完成出口箱量占中国出口集装箱量的比重约15%,为100多家电厂提供了电煤运输服务,承运内贸煤炭2.2亿吨。中国远洋海运用1/18运力承运了全球1/10货运量,为产业链、供应链的稳定提供了有力保障。

(三)健全市场化经营机制

一是持续深化三项制度改革,建立健全"三能"机制。完善制度体系,加强改革实践,明确规定年度经营业绩考核结果未达到底线(百分制低于70分)或主要指标未达到完成底线(完成率未达到70%)等7种退出情形,大力推进管理人员"能下"。加大年度考核、任期考核结果的运用力度,建立管理、业务"双通道",不适合管理岗位的人员改聘为业务或技术岗位。规范合同管理,强化考核应用,有序推进人员"能出"。建立完善以合同管理为核心、以岗位管理为基础的市场化用工制度,强化劳动合同对实现员工"能进能出"的重要作用。员工年度考核结果强制分布,年度考核结果为"不称职"的员工,通过培训、调岗、降职、降薪等多种方式,实现低绩效员工与现有岗位的分离与退出,仍无法适应岗位要求的,根据相关法律规定解除劳动合同。2021年,中国远洋海运管理人员末等调整和不胜任退出比例达到4.66%,员工市场化退出比例达到2.24%。

二是全面推行任期制契约化管理，有效激发内生动力。强化工作目标，研究细化推进经理层成员任期制和契约化管理的18项具体落实措施，明确推进时间计划和责任人。研究制定《关于在直属单位推行经理层成员任期制和契约化管理的指导意见》，明确总体要求、适用范围、基本流程、任期制和契约化管理的相关措施。经理层成员任期制和契约化管理从起步突破到全面推开，各级经理层成员的岗位意识、契约意识、权责意识不断增强。截至2021年底，中国远洋海运各级共1504位经理层成员签订"一协议两书"。

三是灵活开展中长期激励，持续焕发企业发展活力。中国远洋海运，除海南海峡航运股份有限公司外，实现了上市公司股权激励全覆盖，累计授出股权4.8亿股，覆盖核心骨干超过1400人次。国家政策允许的三种股权激励方式，中国远洋海运均有实践案例，实现核心骨干人才的个人利益与企业利益紧密捆绑。特别是在希腊上市公司比雷埃夫斯港首批授予的54位激励对象中，希腊当地员工44人，有效提升了海内外员工的凝聚力与国际市场的影响力。积极探索超额利润分享、科技型企业分红激励方面的有益实践，中国远洋海运6家所属单位分别实施科技型企业岗位分红和项目收益分红激励，其中4家单位于2021年完成分红激励兑现工作，兑现激励总额约1200万元，激励对象187人，个人收入最高增幅达67%；4家单位实现净利润超亿元，同比增长28%，进一步激发科技人员工作积极性和主动性，推动各企业加大科技创新力度。

三、改革成效

一是企业规模实力稳居前列。通过改革重组，中国远洋海运塑造了综合运力、干散货船队、油轮船队、杂货特种船队、集装箱码头吞吐量、船员管理"六项世界第一"，集装箱运输、集装箱制造、集装箱租赁、船舶燃料供应、船舶代理、海工装备制造等"六个世界前列"。竞争能力持续增强、国际影响力显著提高,在世界500强排名中,从2016年的465名上升到2022年的127位,提升338位。全球化水平显著提升,截至2021年底,境外资产占总资产的比重达到55%,境外收入占比年均达到54%,境外利润占比年均达到55%。

二是企业盈利能力稳步增长。通过改革与企业发展深度融合,中国远洋海运经营效益显著提升,总资产从重组时的5930亿元上升到2021年底的9762亿元,增长65%;主营业务收入由重组时的1976亿元上升到2021年的5427亿元,增长175%;净利润从重组时的69亿元上升到2021年的1050亿元,复合年均增长率为57%。中国远洋海运已连续6年被评为国务院国资委考核A级企业,并获得2016—2018年和2019—2021年两个任期考核A级。

三是企业活力效率持续提升。通过持续深化市场化改革,有力促进了经营机制转换,企业活力和效力显著提高。2021年,中国远洋海运人工成本各主要效率指标大幅提升,其中全员劳动生产率155.5万元/人、人工成本利润率293.1%,同比分别提升1.5倍、2.3倍;人事费用率8.54%,同比下降2.4个百分点。

16

重组整合和三年行动协同互进
打造世界一流综合性化工企业

中国中化控股有限责任公司

一、基本情况

2021年3月31日，中国中化集团有限公司（简称"中化集团"）与中国化工集团有限公司（简称"中国化工"）实施联合重组。2021年5月8日，中国中化控股有限责任公司（简称"中国中化"）正式成立，开启改革发展的新征程。中国中化以习近平新时代中国特色社会主义思想为指导，将贯彻落实国企改革三年行动与两化重组整合统筹谋划、一体推动，以改革促融合、促发展、促转型、促升级，加快打造科技驱动的世界一流综合性化工企业。中国中化竭力克服两化重组影响，重组后第一时间快速完成两化改革任务的承接与融合，统一改革三年行动各项任务的标准和要求，强化整合协同，加快促进"两化融合"，实现了"一个公司，一个方案，一个标准，一个机制"，多措并举督促三年行动任务加快推进。

二、经验做法

（一）积极承担国家战略使命，打造国际化创新型企业

一是助力中国农业高质量发展。为打好民族种业翻身仗，公司整合种

业业务资源,统一战略团队,推动海外并购企业先正达深度参与国家战略,加速全球优质资源和先进技术引进吸收;通过建设国家玉米种业中心、武汉生命科技中心、北京创新中心等,积极建设国内种质资源库,提升本地化原始创新能力。中国中化(种业产业链)成为国务院国资委批准的首批 6 家现代产业链链长单位之一。创新发展农业综合服务平台(MAP)商业模式,为广大种植者和食品价值链合作伙伴提供线上线下相结合、涵盖农业生产销售全过程的综合服务,解决优质农产品供需两端错配问题。

二是加快化工新材料产业补短板。聚焦资源发展综合性化工业务,近 3 年来公司将资金几乎全部投向综合性化工业务,并从战略高度推动"两非"剥离和亏损企业治理,通过公司主要负责人专题调度等方式促进"瘦身健体"工作取得显著实效;推动业务布局一体化、园区化发展,打造泉州、东营、连云港、聊城四大一体化产业基地,强化业务上下游协同发展,重点发展 10 条优势产业链和 5 条潜力产业链,已在碳三产业链、5000 吨芳纶等一批重点项目上取得标志性进展。

三是推动科技体制改革打造高通量创新机器。建设中央研究院优化科技创新管理机制,统筹重点业务领域研发方向和资源,建设共性技术平台、国内跨法人协同创新中心和海外企业国内研发中心,每条核心产业链均配备相应的研发组织。加强共性技术创新和内部研产销一体化改革,加快推进海外先进技术的国内产业化,围绕国家重大需求承担关键项目,加大"卡脖子"核心技术攻关并取得重大进展。

(二)重塑组织力量与管控模式,探索构建市场化国际化的治理机制

一是重塑新公司总部建设。中国中化着力推动两化重组落地,按照"小总部、大业务"原则,高效完成战略管控型总部建设。针对公司多元化、国际化等特点,提出建设扁平化组织、赋能型总部、差异化管控、动态化授权、国际化队伍等要求，并实施"百日整合"行动，推进组织架构、权责制度等 36 项整合事项，建设形成扁平化的管控架构，对不同企业制定差异化的授权事项和标准，建立培训、轮岗等国际化管理能力提升机制，并融入新公司的制度体系和权责手册发布实施，以制度化手段推动新组织焕发新活力。

二是将上市公司作为经营发展主体。以发挥协同价值为目标实施专业化重组，完成业务整合方案的制定，打掉上市公司和总部之间的管理平台，形成"1 个控股公司 + N 个上市公司"的管理架构，引入市值管理的思维倒逼公司管理变革，使上市公司成为经营决策的主体，让市场成为检验战略、团队的试金石。中国中化以农化业务作为"先手棋"率先实践，将中国化工下属瑞士先正达、以色列安道麦与中化集团下属农业事业部重组组建先正达集团并正在推进科创板上市。

三是探索中国特色国有跨国公司的治理机制。公司海外资产占比超过 50%，在不断健全中国特色现代企业制度的同时，公司推进境内外企业分类管控，探索海外并购企业的有效治理模式，研究制定《中国中化境外企业监督管理方案》和以先正达集团为样本的《先正达治理手册》，明确聚焦"三重一大"决策事项监督管理，依托法人治理结构为主实施管控，明确授权受控标准和"例外管理"事项，理顺公司总部与境外企业、境内主体的管理关系和沟通机制，明确境外企业落实中国发展战略、人才交流使用、股东审计、全球司库系统建设等具体措施，推动贯彻落实国家战略、国资监管要求与全球治理规范实现有机结合。

（三）持续深化人力资源市场化改革，不断激发企业活力动力

一是以价值管理为导向推进"干部能上能下"。建立"TOP 核心业务经理人评价模型"，打破传统层级制管理的局限性，建立层级管理与价值管理并重的关键岗位管理和动态调整机制，连续 2 年未纳入名单的人员退出关键岗位，岗位职级和待遇相应调降。在各级子企业全面推行经理层任期制和契约化管理，实施立体化考核评价，完善人员退出调整机制，目前共有14个管理岗位调出关岗管理范围。持续开展"新动力工程"，大力选拔培养年轻干部，近3年来共选拔88位40岁左右年轻干部进入关键岗位人才队伍，促进干部队伍结构优化。

二是以能力和业绩为核心实现"员工能进能出"。全面推进用工市场化，建立数字化招聘平台并推广使用，实行"逢进必考"，公开招聘比例保持100%。持续开展全员绩效管理，对绩效结果强制排序，员工绩效考核中A类员工比例不超过20%，C类和D类员工比例不低于10%，对绩效考核结果处于连续2年C类或1年D类，以及违背公司价值观的员工，按照法定程序进行岗位调整、协商离岗待退或协商解除劳动合同，以保障员工队伍的战斗力。

三是以市场和价值为导向实现"收入能增能减"。制定《中国中化中长期激励指引》，围绕业绩提升、科技创新两类应用场景设计了15种中长期激励工具，并在公司内部推动落地，在科技企业股权激励、混改员工持股、上市公司股权激励等方面不断取得突破，进一步带动科技企业创新热情。不断优化内部工资总额配置模型，将二级单位工资总额增减幅与预算达成情况、当期业绩增长以及人效指标表现充分挂钩，充分牵引高质量发展。对人效表现出色的二级单位，工资总额增幅适当加大；对业绩表现较差的二级单位，最高触及20%的降幅；对当年业绩较差的子企业领导班子不予发放奖金。

三、改革成效

经过上下共同努力、攻坚克难，中国中化国企改革三年行动工作取得显著进展，改革任务总体进度达90%，超额实现2021年度完成70%的改革工作目标。在改革发展、经营业绩等方面取得实质性成效。

一是国有经济布局优化进展显著。快速完成两化集团重组整合，实现总部合署办公，明确业务整合方案，实施第一批业务单位管理关系调整，业务整合效应初步显现，2021年供应链协同项目实现协同收益25.9亿元。初步形成四大一体化园区，炼化一体化发展格局基本形成，形成在氟硅材料、工程塑料、聚合物添加剂、特种纤维等多个领域的领先地位，公司成为全球最大的综合性化工企业。

二是治理管控能力明显增强。新公司治理体系全面建立，全面完成子企业党委前置事项清单优化、董事会应建尽建与外部董事占多数等改革任务，中国特色现代企业制度水平进一步提升，董事会连续两年获得国务院国资委优秀评价。以全面对标为方法推动公司发展的现代企业管理体系已经形成，3项管理提升创新成果获评国务院国资委管理标杆。

三是企业活力进一步增强。全面实现任期制与契约化管理、全面实现市场化用工，员工持股、股权激励等中长期激励不断突破落地，对战略项目、科技团队实施专项薪酬支持"能上能下、能增能减、能进能出"的机制和理念在内部已经扎根。2021年中化集团三项制度改革作为国企改革样本宣传推广。

四是科技创新水平大幅提升。公司获批新设4个国家级研发中心，6项"1025"攻关任务基本完成。2021年荣获国家科学技术进步一等奖、二等奖以及中国专利奖等多项科技奖励，成功入选国务院国资委首批现代产业链链长及原创技术策源地，承担两个领域策源地建设使命。多项"卡脖子"技术实现攻关，开发的含氟新材料HP-1高温热泵工质打破某国外公司的全球垄断，保障了我国5G基站网络建设的需要；六氟丁二烯任务实现对尖端半导体刻蚀用电子气体的国产化替代。

五是实现经营效益稳步增长。2021年，公司实现营业收入11086.02

亿元,同比增长29.53%;实现利润总额349.60亿元,同比增长33.50%;实现净利润201亿元,同比增长16%;营业收入利润率3.26%,同比增长0.4个百分点;全员劳动生产率74.8万元/人,同比增长25%;剔除油气贸易的研发投入强度达到3.21%,处于央企优秀水平。三大国际评级机构对公司均给予A-及以上评级,两化重组的战略意义得到资本市场充分认可。

17

勇担矿业强国使命　开创改革发展新局加快建设世界一流金属矿产企业集团

中国五矿集团有限公司

一、基本情况

中国五矿集团有限公司（简称"中国五矿"）由原中国五矿和中国冶金科工集团有限公司两个世界500强企业战略重组而成，是以金属矿产为核心主业、由中央直接管理的国有重要骨干企业，国有资本投资公司试点企业。中国五矿以"金属资源保障主力军、冶金建设运营国家队"为战略定位，率先在全球金属矿产领域打通了从资源获取、勘查、设计、施工、运营到流通、深加工的全产业链布局。中国五矿坚持以习近平新时代中国特色社会主义思想为指导，深入贯彻落实国企改革三年行动部署要求，坚持目标导向、问题导向、结果导向，积极推动改革任务举措落实落地，改革助力企业经营业绩再创历史新高。2021年全年营业收入首次突破8000亿元、同比增长20%，净利润同比增长10%。

二、经验做法

（一）坚守立企之本，以改革促主业发展和结构优化

一是做强主责主业，壮大实体经济。坚持发挥金属资源保障主力军作

用,改革创新发展思路。大宗矿种做大规模,提高资源自给率;战略性小品种做出特色,提高行业集中度。秘鲁邦巴斯铜矿、澳大利亚杜加尔河锌矿、巴新瑞木镍钴矿产量进入世界前10位,钨、晶质石墨、铋资源量储量居全球前列。坚持发挥冶金建设运营国家队作用,改革开拓发展举措。高标准设计全球首个氢能源开发和利用工程示范项目河钢集团宣化钢铁集团有限责任公司(简称"河钢宣钢"),引领中国钢铁行业低碳发展,高品质建成国家雪车雪橇中心等精品工程,保障关乎国计民生的重大需求。

二是优化资产结构,加强资本运作。坚持以供给侧结构性改革为主线,加大布局优化调整。投得准,加快投资建设陈台沟铁矿项目、黑龙江石墨项目、曹妃甸国际矿石交易中心项目;退得出,高溢价挂牌转让五矿营口中板有限责任公司,主动退出钢铁生产冶炼领域;整得顺,落实中央对稀土产业专业化整合决策部署,划转稀土业务资产参与组建中国稀土集团有限公司,积极稳妥整合两家财务公司;引得来,推动新能源电池材料平台湖南长远锂科股份有限公司(简称"长远锂科")上市科创板,引入公众股东和社会资本,推动混改引战、员工持股、资产上市"三步走混改模式"更加成熟定型。

三是科技自立自强,加大攻关力度。大力实施科技攻关,在矿产资源绿色高效开发、清洁低碳冶金、深海矿产资源开发、新能源材料制备等领域锻长板补短板,打造国家行业领域重要科技力量。极小径微钻、极小径铣刀等一大批关键核心技术集中攻关突破,工业烟气多污染物协同深度治理技术及应用等5项重大科技成果荣获年度国家科技奖,9项发明专利获评第二十二届中国专利奖,全年新增授权发明专利超1.5万件,有效专利超4万件。深化科技体制机制改革,探索事业合伙人制的产研结合模式,支持骨干员工通过"技术股+现金股"与科研企业共同注册公司,加快科技成果产业化。

（二）夯实治企之基，以改革促治理完善效能提升

一是加强党的领导，持续对标对表动态优化。围绕建设中国特色现代企业制度总目标，全面贯彻《关于中央企业在完善公司治理中加强党的领导的意见》等有关规定，结合集团实际，完善"三清单一流程"（三重一大清单、总部决策事项清单、核心管控事项清单、总部决策流程）公司治理模式，进一步发挥集团党组"把方向、管大局、保落实"领导作用，推动各治理主体实现地位作用法定化、交叉任职制度化、权责边界清单化、决策流程规范化、流程规则信息化。

二是加强董事会建设，推动子企业治理规范运作。坚持应建尽建、配齐建强，合理确定应建董事会标准和企业清单，对无专职人员、无实际运营、无重大决策的平台公司等不纳入应建范围，实现建有标准，退有规则。建立健全专职董监事制度，集团总部对直管企业委派专职董监事，作为股东代表体现集团意志，出台《专职董监事管理办法》，对专职董监事的选拔任用、职责界定、履职待遇、考核培训等作出明确规定。建设外部董事人才库，为打造专业多元、能力互补的企业董事会建立组织人才保障。目前实现子企业董事会应建尽建比例达到100%、外部董事占多数比例达到100%。

三是加强放管结合，有序落实子企业董事会职权。强基础，在子企业董事会规范运作基础上，实施条件管理，对符合条件的子企业优先授权，集团制定落实董事会职权实施方案标准化模板，提高授权审批效率；差异化，对上市公司、科技型企业、混改企业等不同类型企业，实施不同范围、不同权限的差异化个性化授权；强监督，坚持"授权不授责、授权必监督"，持续强化"大监督"体系运行，形成出资人监督、业务监督、专责监督有序衔接的协同体系；重评估，建立授权行权评估机制，根据行权效果实施动态管理，对接不住、用不好、存隐患的，及时调整、收回授权。

（三）激发兴企之力，以改革促机制转换活力提升

一是以任期制和契约化为抓手，完善权责利匹配机制。将经理层成员任期制和契约化作为三项制度改革"牛鼻子"，深入推进"规划—预算—考核—薪酬"系统联动、"管理—经营—投资"全面覆盖的契约化管理体系。健全完善"双对标双70"的契约化管理模式，既对标历史也对标市场，对年度业绩考核未达到70分（满分100分）或年度业绩考核主要指标（如净利润）完成率低于70%的经理层成员，企业董事会应对其及时解聘。目前全级次符合条件子企业100%实现经理层成员任期制和契约化管理，坚持"相信但要确认"原则，对不同层级子企业签订的"两书"进行抽查检查，夯实工作质量。

二是以四维度职级体系为抓手，完善干部员工成长机制。开展"层级、序列、职级、薪级"四位一体的人力资源基础管理体系建设，打造纵向分层级、分职级、分薪级，横向分序列、分薪档的立体式员工晋升空间，促进各业态干部员工队伍成长。开展"三个一批"干部调研，围绕使用一批、交流一批、培养一批形成人选名单，同时形成二级单位领导班子和领导人员精准"画像"，为下一步干部培养使用奠定基础。

三是以薪酬分配改革为抓手，完善中长期激励机制。建立"以丰补歉"调整机制，对工资成本连续考虑，高峰调峰、低位补充。建立"两隔板"机制，为管理人员、职能人员、一线职工三者工资总额设置"隔板"，不同隔板中设置差异化薪酬安排，着重保护劳动所得，实现经理人员薪酬与企业效益紧密挂钩，职能人员薪酬与企业效益联动、与一线职工适度挂钩。建立健全"六维度"中长期激励体系，通过定企业、定方式、定对象、定价格、定业绩、定管理的"六定"模型，将不同中长期激励的设计要点纳入模板中，实现定量指标的自动化测算。

三、改革成效

一是深化改革促进企业高质量发展见成效。中国五矿坚决贯彻落实国企改革三年行动，牢牢把握深化改革与高质量发展的主体任务。通过深入落实"两个一以贯之"，对标对表优化"三清单一流程"，持续推动供给侧结构性改革，完善权责利匹配的市场化经营机制。企业规模效益不断增长，运营质量不断提升，财务结构不断优化，风险底板不断筑牢。2021年营业收入、利润总额、净利润同比大幅增长，实现战略重组以来的"六连增"，"两利四率"全面超额完成考核任务，有力扛起国民经济"稳定器""压舱石"重任。

二是推动制度优势持续转化为治理效能见成效。中国五矿全面贯彻落实国企改革三年行动方案要求，以制度建设固化改革实践成果，推动制度优势持续转化为治理效能。在完善中国特色现代企业制度方面，将在完善公司治理中加强党的领导、规范董事会建设、落实董事会职权、保障经理层经营自主权等新要求纳入制度体系；在完善市场化经营机制方面，将打造独立市场主体、改变行政化管理思维和方式，推行经理层成员任期制和契约化管理，全面实行业绩与薪酬"双对标"等新机制融入现有制度；在推进布局优化和结构调整方面，将推动国有资本"四集中"、提升自主创新能力等新部署作为完善制度的重要内容。

三是试点示范工程企业激发强企动能见成效。中国五矿坚持发挥试点示范工程企业树标杆强示范作用，纵深推进企业市场化改革，提升自主创新能力。"双百企业"中钨高新材料股份有限公司研发的极小径微钻、极小径铣刀等核心技术攻关突破。"科改示范企业"长沙矿冶研究院有限责任公司（简称"长沙矿冶院"）参与的"深海采矿整体联动试验"等一大批国家级项目取得重大进展。中冶京诚工程技术有限公司、长沙矿冶研究院有限责任公司分别被国务院国资委评为"科改示范行动"标杆企业、优秀企业。"混改试点企业"长远锂科通过"混改三步走",成功上市科创板,加快布局新能源材料产业。

18

奋楫笃行　务求实效
以深层次改革推动企业高质量发展

中国建筑集团有限公司

一、基本情况

中国建筑集团有限公司（简称"中国建筑"）组建于1982年，是我国专业化经营历史最久、市场化经营最早、一体化程度最高、全球规模最大的投资建设集团之一，在房屋建筑工程、基础设施建设与投资、房地产开发与投资、勘察设计等领域居行业领先地位，通过内部资源整合与业务协同，为城市建设提供全领域、全过程、全要素的"一揽子"服务。中国建筑是世界最大的工程承包商，经营业务遍布全球100多个国家和地区，建设了我国90%以上的高于300米的摩天大楼、3/4的重点机场、3/4的卫星发射基地、1/3的城市综合管廊、1/2的核电站，经营规模每11年至12年增长10倍，17次获得国务院国资委年度考核A级。近2年来，中国建筑深入学习贯彻习近平总书记关于国有企业改革发展和党的建设的重要论述，纵深推进国企改革三年行动，全力创建世界一流企业，最大限度释放改革潜能，高质量发展取得明显成效。

二、经验做法

（一）深化落实"两个一以贯之"，公司治理机制更加科学有效

一是在完善公司治理中全面加强党的领导。集团党组带领各级党组织靠前就位，构建统一规范的"四规则五清单"治理制度体系，推动前置清单与董事会、经理层决策清单闭合交圈、无缝衔接。集团党组逐一审定36家子企业党组织工作规则，"一企一策"提出近400条针对性修订建议。各级党组织逐级抓落实，将改革要求纵向贯彻到底。

二是全面塑强子企业董事会治理能力。"应建"子企业董事会100%实现外部董事占多数，出台《子企业公司治理结构管理办法》等系列制度，全面规范各类型、各级次子企业公司治理结构设置及运行安排，3家单位入选国务院国资委国有企业公司治理示范企业。扩大对子企业差异化授权，深化落实子企业董事会职权，推动董事会向经理层授权，董事会运作更加专业尽责、规范高效。

三是全面发挥外部董事功能作用。建立含182人的外部董事人才库，根据任职企业不同，统筹年龄结构、专业特长、岗位履历，实行"4人编组"，有针对性地开展"小组制"委派。新设外部董事管理部，强化履职管理和服务保障，健全业务指导、专业支撑、培训交底、信息互通等工作机制，确保外部董事更好发挥独立决策作用，有效赋能子企业发展。

（二）深化创新驱动发展战略，供给体系质量和效率显著提升

一是聚焦产业化推动产业链布局升级。按照"五个有利于"（有利于培育新产品新业态新模式、有利于增强科技实力、有利于打造专业优势、有利于塑强完整产业链、有利于完善全球布局）的战略考量，确立5个方面的赛道，引导子企业聚焦选定赛道进行差异化发展。出台分拆上市、并购及混改指导意见，加大对领跑企业资源投放力度。旗下上市公司中建西

部建设股份有限公司引入持股超过15%战略投资者取得重大进展，设立中国建筑发展有限公司和中建科创（上海）投资有限公司，围绕主业孵化培育创新产业实体。

二是聚焦自主创新促进新型建造方式变革。出台《加强科技创新能力建设三十条举措》，明确十大研发方向、153项重点任务，加快打造智慧建造、绿色建造两个原创技术策源地，全年投入科研经费399亿元。在城市更新、乡村振兴等领域开展"揭榜挂帅"，倡导"谁有本事谁揭榜"。在川藏铁路等重大项目技术攻关上应用"赛马"机制，倡导"谁有能力谁第一"。"1025"等央企重大科研攻关任务取得阶段性成果，形成"空中造楼机""智能造塔机"等一批智能化建造技术，极大地提升了精益建造水平。"两山"医院建设（10天建成火神山医院、12天建成雷神山医院）更是彰显了中国建筑一流的工业化生产能力和卓越的装配式建造技术。

三是聚焦数字化转型增强发展新动能。充分利用中建系统丰富的应用场景和海量的数据资源，依托上万个在建项目、45万家上下游企业、300万名农民工以及持有物业，积极布局研发建筑工业机器人和建筑产业互联网，实施数字化升级和智能化改造，将传统产业优势转化为发展数字产业的核心竞争力，旗下中建电商云筑网平台保持业内领先，年交易额突破万亿元大关。

（三）深化组织资源优化配置，充分厚植市场化竞争优势

一是坚持服务国家战略科学布局机构。健全机构管理体系，实施集机构设立、运行监控、考核评价、处置治理等于一体的全生命周期管理，突出主动管控。完善区域布局机制，坚持全集团"一盘棋"，推动机构资源向国家战略区域集中，提高区域市场首位度，新设3个区域总部、7个派出机构，加强央地合作"总对总"对接，提高协同经营效率。强化新设分类管控，新兴业务类侧重鼓励超前布局，加快培育新的增长点；传统业务类侧重实现"瘦身健体",提质增效,密切跟踪并专项评估新设机构经营情况。

二是坚持提高资源投放效率建强机构集群。贯通考核排名,颠覆传统企业层级,集团总部对三级机构开展提级考评,二级单位对不同级次机构考评实行同台比拼,考评结果公开晾晒,等级排名强制分布。扩大差异化授权,推动子企业在市场营销、产业发展、主业投资等6类30项业务中行使决策权限,对公司治理成效好、经营业绩优的子企业实施差异化扩大授权。子企业自主经营成效显著,中国海外集团有限公司利润总额超过500亿元、中国建筑第三工程局有限公司和中国建筑第八工程局有限公司利润总额超过100亿元,3家单位营业收入均超过3000亿元。

三是坚持效能提升加速优胜劣汰。强化机构治理,连续5年开展低效无效治理专项行动,累计完成213户低效企业治理;以收入净利率、净资产收益率和总资产周转率3项指标的35分位值,滚动更新低效亏损企业内控红线。清理专项资产,锁定15类专项资产,建立"红黄牌"分级预警机制,累计清理专项资产668亿元。避免资源错配,将主业营收占比在业绩考核中单列,引导子企业集中力量深耕主业、做精主业,对与主业无关的经营机构和投资项目,无论是否盈利都主动"断腕"。

(四)深化三项制度改革,内生动力效能持续释放

一是持续深化任期制和契约化管理。任期目标突出科学精准、任期激励突出业绩牵引、岗位退出突出"双达标"刚性化,实施"2+X"目标设定模式,给每个任期目标赋予不同的难度系数,明确经理层成员退出的6种情形,各级子企业经理层成员契约签订率100%。

二是持续深化市场化用工机制。严格市场化招聘,创新一体化职级体系,全年780名子企业部门正副职竞争上岗,各级企业领导班子成员考核按照"361"强制排序,集团党组管理的6名连续考核偏低的领导人员退

出岗位，98名限制性股票激励对象因考核未达标股票被公司回购，各级子企业与12869名员工主动解除了劳动合同，部门正副职末等调整和不胜任退出的有365人。

三是持续深化薪酬分配改革。加大市场化改革和精准激励力度，真正做到业绩与市场对标、薪酬与业绩跟跑、激励凭业绩说话。子企业负责人的薪酬中绩效年薪占比最高可达80%以上，同岗位层级之间薪酬差距可达3倍以上，限制性股票等中长期激励对象累计超8000人次，项目团队风险抵押金制度全覆盖，"事业共建、价值共创、利益共享、风险共担"的中长期激励约束机制更加深入。

三、改革成效

一是生产经营实现量质齐升。2021年新签合同额3.53万亿元、完成营业收入1.89万亿元、实现利润总额1006亿元、现金分红超100亿元，持续刷新全球建筑行业纪录，连续位列ENR全球承包商榜首，跃升《财富》世界500强第9位，品牌价值保持行业首位，全球最大投资建设集团地位进一步巩固。

二是服务国家战略坚决有力。深度融入区域协调发展战略，在京津冀、长三角、粤港澳大湾区等战略区域新签合同额3万亿元、完成投资额3844亿元。深度参与高质量共建"一带一路"，着力培育规模产出市场，海外业务继续保持稳健发展。高质量完成28个北京冬奥项目，精心组织运维保障，展现精益建造能力。

三是科技创新取得显著成效。2021年研发投入强度达2.1%，近3年研发投入年均增长超30%，新编和修订科技管理制度15项，科技治理体系更加健全。2021年获得国家科技进步奖5项（其中一等奖2项）、詹天佑奖15项（占年度评奖总量的36%）、鲁班奖35项、国家优质工程奖95

项、华夏奖 49 项、发明专利 876 项，2 家"科改示范企业"获评"标杆"等级，科技创新再结硕果。

四是人才活力动力持续增强。通过纵深推进市场化机制和灵活多样的中长期激励约束机制，员工更加关注企业的长远发展，工作积极性和主观能动性进一步提升。通过推行经理层市场化选聘、任期制和契约化管理，干部更加切身感受到能上能下、能增能减的实效，干事创业的激情活力不断增强。2021 年全员劳动生产率超过 60 万元/人，人均创效和投入产出效率保持行业领先。

19

推进公益类企业组织架构变革
提升服务保障国家粮食安全能力水平

中国储备粮管理集团有限公司

一、基本情况

中国储备粮管理集团有限公司（简称"中储粮集团"）成立于2000年，受国务院委托，具体负责中央储备粮经营管理，执行国家下达的粮、棉、油购销调存等调控任务，设有24家分公司、9家专业化子公司，直属库和分库980多家，总仓容、罐容超过1亿吨，储备体系网络布局覆盖31个省（自治区、市），90%的地级城市和粮食主产区95%的县，构建了一张全国最大的粮食仓储物联网。经过20余年的改革发展，中储粮集团已发展成为涵盖主粮、食用油脂油料、棉花等八大品种的国内最大农产品储备集团和保障国家粮食安全的重要力量。

根据党中央、国务院决策部署，中储粮集团对中央储备粮实行垂直管理，设置"集团公司—分公司—直属库"三级架构。新发展阶段，中储粮集团贯彻落实国家粮食安全战略和新粮食安全观，抓住实施国企改革三年行动契机，总结20余年的改革发展经验，推进三级架构联动式改革，加快构建"集团公司统一指挥、分公司集中运作、直属企业具体执行"运营模式，推动垂直管理体系整体性更强、穿透性更强、管控力更强，粮食安全

"压舱石"和服务调控"主力军"作用进一步凸显。

二、经验做法

(一)突出"赋能"实施总部改革

一是明确职能定位。明确集团总部在垂直管理体系中的统一指挥定位,围绕打造学习型、专家型、服务型总部的目标,率先推进集团总部机构改革。通过职能整合和"去机关化"等改革举措,强化总部战略规划、政策制定、重大决策、管控监督等核心职能,实现权责匹配,进一步提升集团总部专业化市场化企业化运营管控能力。

二是优化内设机构。坚持精干高效原则,在保持集团总部13个部门不变的基础上,主动适应新形势下推动中储粮集团高质量发展的要求,对综合部(新闻中心)等11个部门内设处室、人员编制、领导职数进行优化完善,充实核心主责主业部门,整合部门职能职责,合理设置岗位,解决职能交叉、边界不清等问题,进一步提升集团总部运营管控效率。

三是压实岗位责任。对总部"三定"调整中主要职能变化不大的处室,其岗级维持不变;对新设及主要职能变化较大的处室,按照"重要处室不超过50%"的原则进行分级。建立健全岗位管理体系,开展总部岗位价值评估,编制部门岗位设置图和岗位说明书,梳理明确岗位名称、任职资格、工作关系、职责权限等关键内容,进一步打通集团总部运营管控责任链条。

(二)突出"做实"实施分公司改革

一是强化顶层设计。采用团队学习法研讨改革之道,先后举办1次战略研讨会、7次专题会、3次视频会,广泛听取各方面意见,集中智慧研究出台分公司改革方案,提出28条意见、配套3项制度。通过重构轮换购销模式、实行财务集中管理、优化人力资源配置、科学界定分公司权责界面等，推动分公司从"派出机构"向"区域管控主体、运营主体、效益主体"转变，强化分公司对辖区企业改革发展及党建的主体责任，切实发挥在垂直管理体系中承上启下、统筹协调一方的重要作用。

二是优化人力资源配置。按照分类设置、统一机构和合理确定人员的原则，重新明确分公司"三定"，结合集团总部部门职能划分和工作实际，对分公司投资管理、资产管理、内控体系建设、法律事务等职能进行系统调整，明确职责，落实责任。改革后，分公司本部人员向轮换购销、财务、仓储管理等核心职能岗位倾斜，进一步充实专业人员力量，同时坚持"管人"与"管粮"并重，严格编制和职数管理，把"合适的人安排到合适的岗位"，实现人岗匹配。

三是重构运营管控模式。各分公司组建轮换购销中心，实行轮换购销"六统一"集中运作，推动"库自为战"分散模式向统筹辖区信息、资金、储备、人才资源的市场化、动态化模式转变。组建财务集中管理中心，实行"三算合一"，发挥集中管理优势，促进战略规划与全面预算深度结合，将预算覆盖到企业价值创造全过程，穿透到企业购销调存各环节，构建起保障更加有力、运转更加高效的新型财务管控体系。树立激发活力、提高效率导向，科学划分权责，坚持统分结合，完善考核分配，有效调动和保护分公司和直属库积极性，"两个中心"建设发挥了"1+1>2"的效果，推动分公司集中运作效能实现整体提升。

（三）突出"激活"实施直属库改革

一是聚焦"12个字"，明确职责定位。聚焦"听党话、管好粮、不出事、效益好"12个字要求，充分吸收直属库战略研讨成果和基层探索经验，加强顶层设计，制定直属库改革指导意见，明确直属库在垂直管理体系中"具体执行主体和成本控制中心"定位，具有基层党建、储粮管理、技术应用、轮换购销、降本增效、风险防控、队伍建设7项基本职责，细化健全公司治理、优化运营管理模式、深化三项制度改革三大类14项重点改革任务,着力增强直属库活力、执行力和创新力。

二是紧扣活力动力,充分调动积极性。坚持"有收有放""授放有度",明确直属库享有轮换购销决策参与权、操作裁量权、效益分享权。在集团公司审批的招聘计划内,直属库员工招聘由分公司组织,并授予直属库参与和选择权;在仓储设施建设、物资采购和资产管理、分配与激励等方面,分公司可以结合实际在一定范围内授予直属库权限,严格规范权力运行。坚持业绩导向、员工至上,深化直属库三项制度改革,经理层成员全面推行任期制和契约化管理,中层管理人员实行竞争上岗,严格落实末等调整、不胜任退出。实施全员劳动合同制、全员业绩考核,严格考核奖惩,打破"三铁"。丰富激励工具箱,实施科技创新专项奖励、轮换购销分级分类奖励、控亏减亏奖励、总经理基金奖励等,以正向激励激活人力资本。

三是强化系统集成,推动贯通落地。坚持系统性推进、整体性落实,直属库改革不仅衔接国企改革三年行动、分公司改革,也与重点工作要求相贯通。实行"1个主体文件+27个配套制度",推进过程中动态调整。聚焦推进直属库权力运行、仓储精益化管理、轮换购销协同运营、财务管理转型、"三能"机制建设等重点任务,努力将直属库建设成为有创造力、有战斗力、充满活力的垂直体系新型基础组织。

三、改革成效

一是合理授权赋能实现权责利匹配。立足三级架构职能定位,坚持赋权、赋责、赋能相统一,完善适应中央储备粮公益类业务特点、与职责定位相匹配的机构设置、人员编制、考核激励和授放权事项等,科学界定权责边界,实现责权利统一,实现了集团公司、分公司、直属库授权与担责相结合、放活与管好相统一，基本形成纵向到底、横向到边、穿透力强、防得早、管得好、控得牢的运营管控机制，提升了现代企业治理能力和水平。

二是仓储主业精益化管理提升效果明显。仓储管理制度体系持续健全，"千分制"标杆库评选方案优化升级，科技储粮覆盖率保持在98%以上。2021年全国政策性粮食库存检查、国家有关部门年度考核等结果显示，库存中央事权粮食数量真实、质量良好、储存安全，中央储备粮质量达标率保持在95%以上，宜存率达到100%，中央储备粮自储率、食品安全指标合格率、科技储粮覆盖率及设施设备完好率均达到历史最高水平，大幅领先行业水平。

三是健全"三能"机制激发企业动力活力。岗位价值评估从集团总部到直属企业全面推开，建立了"以岗定薪、按绩取酬、岗变薪变"的考核分配体系。任期制契约化管理实现户数和人数全覆盖，新员工公开招聘比例、全员业绩考核覆盖率达到100%，管理人员竞争上岗比例、管理人员退出比例、员工市场化退出比例明显改善。建立符合中储粮实际的"Y型"职业发展通道，健全多元化正向激励体系，企业动力活力有效激发。

四是服务保障国家粮食安全能力不断增强。轮换购销集中运作水平明显提升，财务预算管理、成本管控不断强化，系统性经营风险得到有效防范。2021年，组织收购最低收购价稻谷1410万吨，累计销售中央事权粮食1.1亿吨，占国内粮食消费总量的1/6；签约采购进口大豆840万吨，按期完成2020年度进口棉专项增储任务；全年实现销售收入近3000亿元，业绩考核目标全面完成，为服务国家保供稳市大局和政治经济安全发挥了重要作用。

20

强化使命担当　勇于改革创新
以深化改革激发新发展活力

国家开发投资集团有限公司

一、基本情况

国家开发投资集团有限公司（简称"国投"）成立于1995年，在承接原国家六大投资公司股权资产基础上组建而成，是中央企业中最早的综合性投资控股公司。2014年6月，国投被国务院国资委确定为首批国有资本投资公司改革试点。相较于产业集团，投资公司较少受行业限制，在国有资本布局优化和结构调整中可灵活开展股权投资，通过股权管理提升企业价值，通过股权经营获得投资回报。国投坚持服务国家战略、优化国有资本布局、提升产业竞争力的功能定位，坚持实业为主、产融结合，坚持战略投资、价值投资和责任投资，将资产集中在基础产业、战略性新兴产业、金融及服务业等关系国家安全、国民经济命脉和国计民生的重要行业和关键领域。聚焦试点使命责任，在国有资产监管体制、国有资本布局优化，以及国有资本投资公司的功能作用、运行机制、管控模式等方面，率先做出一系列探索实践，有效发挥了试点先行先试、示范引领的作用。

二、经验做法

国投牢牢把握改革发展的正确方向，把贯彻落实国企改革三年行动作为完善公司治理体系、破解体制机制束缚、激发活力提高效率的重要抓手，聚焦改革重点领域和关键环节，加快打造世界一流资本投资公司，改革取得了新成效。

（一）坚持"两个一以贯之"，促进中国特色现代企业制度更加成熟定型

把握各治理主体功能定位，处理好党组织和其他治理主体的关系，建立健全权责法定、权责透明、协调运转、有效制衡的公司治理机制，推动各治理主体目标同向、协同发力，把制度优势更好转化为治理效能。

一是厘清权责边界，推动权力运行清单化、透明化。针对过去权责清单比较原则泛化的问题，系统修订权责清单，列出142个决策事项，逐项明确决策主体，规范决策流程，以制度规范保障决策的科学性和有效性。制定董事会授权管理办法、董事会授权总经理决策事项清单，以"负面清单"明确董事会行使、不予授权的18项法定职权，以"正面清单"授予总经理一定额度以下投资等35项决策权。对董事会授权决策事项，党组不再前置研究讨论，做到总揽不包揽、协调不替代、到位不越位。

二是突出分类指导，深入推动党的领导融入公司治理。结合投资企业实际，突出分类指导、因企施策，打通政策落地的"最后一公里"，推动党的领导在基层有效落地，避免机械套用、脱离实际。在二级子企业全面推行董事长、党委书记"一肩挑"；在三级投资控股企业，为强化国有资本控制力，多数企业董事长由国有资本出资企业领导人员兼任，总经理、党委书记一般由一人担任。确定33家重要子企业，将党委前置事项分为基本事项和拓展事项，基本事项包括17类事项，企业在此基础上结合实际提出拓展事项，制定"17+N"前置事项清单，做到"一企一清单"。

三是加强董事会建设，切实发挥董事会决策作用。全面实现子企业董事会应建尽建、外部董事占多数。推动重要子企业"一企一策"落实董事

会职权。结合对子公司的授权改革，将授权内容纳入落实董事会职权实施方案，赋予子公司董事会更大决策权；结合授权区分重大事项议案与一般事项议案，明确重大事项议案由总部决策、股权董事遵照表决，一般事项议案由股权董事独立履职担责，推动股权董事发挥积极作用。

（二）坚持激发活力，调动广大干部职工干事创业的积极性

牢牢把握市场化改革方向，引导干部员工破除级别、身份观念，真正形成"不看身份、不看级别、只看岗位、只看贡献"的市场化氛围。

一是率先推行职业经理人制度。按照"市场化选聘、契约化管理、差异化薪酬、市场化退出"原则，以更大的改革决心和力度，在所属改革专项工程试点企业及开展了混合所有制改革的企业，扩大职业经理人制度推行范围，面向社会公开竞聘职业经理人，破除了"论资排辈"，选优秀的人干重要的事。截至2022年3月底，国投推行职业经理人制度的企业达到70家、占比22%，居央企前列。

二是高质量落实经理层成员任期制和契约化管理。以推行任期制和契约化管理为抓手，推动落实国投"十四五"发展规划，将规划重点任务落实与业绩考核相挂钩，将约束性指标纳入任期考核目标，将规划任务分解至各级子企业、落实到具体人员。结合任期制和契约化管理改革，在子企业全面开展任期考核和任期激励，突出"强激励、硬约束"，设立有挑战性的任期业绩目标，鼓励经理层对标先进，实现业绩导向和薪酬兑现相统一。目前，国投已全面落实任期制和契约化管理。

三是积极探索中长期激励机制。积极推行股权激励、超额利润分享、跟投等多种方式的中长期激励。在控股上市公司神州高铁技术股份有限公司实施股票期权激励计划，在亚普汽车部件股份有限公司实施限制性股票激励计划，在北京同益中新材料科技股份有限公司推行科技型企业股权激励，在国投新疆罗布泊钾盐有限责任公司实施超额利润分享，在3家基金

管理公司实施跟投机制。

（三）坚持更加灵活高效的管理，优化投资公司管控模式

坚持集团化、专业化、差异化、市场化的原则，在总部、子公司、投资企业三级管理架构的基础上，持续探索适应国有资本投资公司特点的集团管控模式，实施更加灵活高效的管理。

一是优化调整总部职能。2016年，提出"重心下沉、激发活力、重组整合、重塑职能"的改革思路，确立了"小总部、大产业"的改革目标，通过下放部分职能，整合交叉职能，强化核心职能，初步构建了与国有资本投资公司定位相适应、相匹配的职能与机构。2020年，按照"战略引领强、资源配置强、管理服务强、党的建设强"要求，打造创新协同高效的"强总部"。总部更多通过公司治理机制履行出资人职责，行使股东权利，全面落实国有资本经营责任。

二是开展分类授权改革。率先在所属子公司"一企一策"开展分类授权改革，将子公司区分为充分授权、部分授权、优化管理3类，厘清权责边界，建立授权清单，全面实行授权经营。对国投电力控股股份有限公司、中国国投高新产业投资有限公司等充分授权试点，将《公司法》规定的投资决策权、选人用人权、薪酬分配权等原来由总部决策的70多个事项授权企业决策，较原审批事项减少48%；对16家子公司给予部分授权。授权管理促进了决策责任归位和管理责任到位，推动资本权利上移、经营责任下沉，子公司的市场主体地位得到加强，决策效率有效提高。

三是率先探索国有相对控股混合所有制企业差异化管理。率先在8家国有相对控股混合所有制企业试行差异化管理，科学合理界定管理边界，赋予试点企业更多自主权，有效提升活力效率。国投以股东角色和身份参与混合所有制企业决策，对试点企业的重大经营管理事项，通过派出董事体现股东意志，实施以股权关系为基础、以派出股权董事为依托的治理型管控。在决策机制、管控内容、信息披露、监督约束等方面,建立差异化管理制度体系,初步实现了差异化管理从无到有的突破,既激发了企业发展活力,也促进了企业规范健康发展,相关改革探索上升为中央的政策要求。

三、改革成效

一是经营业绩稳健增长。2021年,国投实现营业总收入1947亿元,利润总额461亿元,年末资产总额7671亿元。2022年一季度,实现营业收入477亿元,同比增长20%;利润总额52亿元,同口径同比增长14%;净利润44亿元,同比增长22%,在央企中排第27名,增速高于央企平均水平8个百分点,实现了"开门红"。从国务院国资委2003年成立后开展经营业绩考核以来,国投连续17年获得A级,是连续17A的8家央企之一,连续5个任期获评"业绩优秀企业"。

二是业务结构持续优化。积极响应国家战略,将不具有竞争优势的航运业务无偿划转至中国远洋海运集团有限公司,涉及资产规模44亿元,运力110万吨。将年产量近3500万吨、资产540亿元的煤炭业务无偿划转至中国中煤能源集团有限公司,成为第一家剥离煤炭产业的中央企业。践行低碳绿色发展理念,加快退出高耗能、高污染项目,大力发展水电和新能源发电业务,近年来退出容量小、能耗高的煤电机组900万千瓦,清洁能源占总装机规模比重提升到60%以上。充分发挥投资公司体制机制优势,将有限的资源更多投入到新技术、新产业、新业态,控股投资了厦门市美亚柏科信息股份有限公司、西安鑫垚陶瓷复合材料股份有限公司等具有自主知识产权的行业领先企业,努力培育有竞争优势、有核心技术、有市场影响力的"专精特新""隐形冠军"企业。

三是平台作用有效发挥。出资100亿元参与中国医药集团有限公司股权多元化改革。参与党政机关事业单位经营性资产集中统一监管改革，助力西北工业大学校企资产整合。2021年，国投牵头组建中央企业"两非""两资"资产管理处置平台公司，聚焦承接剥离资产、推动资产整合优化、开展资产处置退出等业务，助推国有经济布局优化和结构调整。

21

夯实改革发展基础　推进改革三年行动

华润（集团）有限公司

一、基本情况

华润（集团）有限公司（简称"华润集团"）作为以实业为核心的多元化控股企业集团，经过两次"再造华润"，奠定了目前的业务格局和经营规模，业务涵盖大消费、综合能源、城市建设运营、大健康、产业金融、科技及新兴产业六大领域，下设26个业务单元，2家直属机构，实体企业近2000家，在职员工37.1万人，位列《财富》世界500强第69位，世界品牌500强第70位，在入选的中国品牌中名列第7位。所属企业中有8家在香港上市，其中华润置地有限公司（简称"华润置地"）位列香港恒生指数成分股。2021年华润集团营收和利润再创历史新高，全年实现营业收入7692亿元，同比增长12.1%，利润总额和净利润分别为810亿元和601亿元。

二、经验做法

华润集团坚持以习近平新时代中国特色社会主义思想为指导，全面贯彻党的十九大及十九届历次全会精神，全面落实习近平总书记关于"深化改革创新，推进高质量发展，努力把华润打造成具有全球竞争力的世界一流企业"的重要指示,以国企改革三年行动为契机,实现高质量发展。

(一)强化责任担当,大力推进改革

华润集团深入贯彻党中央、国务院关于国企改革三年行动的工作要求,坚决落实国务院国资委关于国企改革三年行动的各项部署。

一是形成"践行责任书、改革无戏言"责任机制。以改革责任书为约束,将集团62项改革工作细化分解为1100多项改革任务,全面覆盖集团各部室和下属业务单元,并纳入年度业绩合同进行考核评价。形成《华润集团改革三年行动考核评价管理办法》,对重点改革任务和自选改革动作进行全面考评,力求改革任务高质量完成、改革实效上下贯通。

二是做好改革进展上报及宣传工作。按要求向国务院国资委改革办等上级机构报送改革数据和工作进展,积极参与国务院国资委国企改革相关课题研究,及时总结改革经验和成果,分享改革典型案例,并在集团官网开设"国企改革"专栏,"既做又说"、旗帜鲜明地宣传改革生动实践,全面推进各项改革任务,提升改革号召力,强化改革影响力。

(二)做好顶层设计,优化职能配置

一是确立组织管控原则。全集团各级企业遵循"战略引领、客户导向、权责对等、协同高效、风险可控、动态优化"的原则,开展组织架构和权责体系设计。从高质量可持续发展、优质的产品和服务、提升决策和运营效率、持续激发组织活力和控制重大风险5个方面衡量组织设计的科学性和有效性。

二是构建"资本层—资产层—运营层"三级管控架构。推动资本投资运营功能上移、生产经营事项下沉。集团总部(资本层)聚焦战略管理、资本运作、公司治理、风险防控等核心职能;下属业务单元(资产层)承担产业投资发展和整合功能,落实产业布局;生产经营单位(经营层)直接参与市场竞争,创造营收和利润。

三是完善总部功能定位，发挥"引领、发展、服务、监管"作用。发挥总部在科技创新、区域布局、新兴产业培育等方面的引导作用，提升总部协同管理、精益管理、综合研究、公共关系等方面的专业能力，帮助下属业务单元解决发展中的实际问题。建立总部监督部门间的联动机制，建成"看得见""管得住""审得清"的大监督体系。

（三）配齐配强董事队伍，提升董事履职能力

一是完善董事制度建设。制定董事管理办法，明确董事选聘要求，丰富董事选聘渠道。制定《华润集团外部董事履职保障方案》，明确外部董事履职发展相关要求，建立由集团统筹管理、业务单元配合的外部董事履职支撑机制。

二是保持董事队伍活力。集团制定外部董事考核评价办法，从行为操守（忠实履职、勤勉工作、廉洁从业）、履职业绩（专业素养、岗位贡献、决策效果）2个方面6个维度对外部董事开展年度评价，评价结果直接用于年度绩效薪酬兑现和岗位调整，保持外部董事队伍"一池活水"。

三是全面提升履职能力。集团总部与业务单元共同为外部董事赋能，提升履职能力。在培训方面，集团总部围绕国企改革、公司治理、战略管理、投资管理、财务管理等领域组织董事培训，业务单元聚焦行业政策、竞争环境等方面综合提升董事能力；在专业支持方面，集团指定专人为外部董事提供咨询服务，确保董事准确传达集团战略意图；在理论学习方面，建立外部董事党支部，持续提升董事政治素养。

（四）完善组织管控模式，加快建设世界一流企业

一是重塑业务架构。新设科技及新兴产业板块，原金融板块调整为产业金融，撤销原战略业务单元管理层级，原战略业务单元管理的一级利润中心调整为集团直接管理，压缩了一个管理层级。

二是优化总部架构，突出价值创造。强化总部核心功能，剥离服务类职能，大力推进"去机关化"。新设董事会办公室，加强公司治理、组织管控职能；财务部强化资本运作功能，增设投资者关系管理职能；法律合规部推进内控、风控、合规、法治四位一体建设；成立现代服务公司统筹负责集团招投标、知识产权、公司秘书等服务业务，实现管办分离。

三是健全委员会设置，统筹推动重大战略部署。新设服务国家战略和协同发展领导小组，统筹国家重点区域业务发展，推进内部协同和外部合作，提升集团服务国家战略能力；设立资本委员会，强化集团对资本运作的统筹协调。

四是深化业务单元差异化管控。梳理集团与下属业务单元的管控界面，厘清权责关系，完成集团对下属业务单元的垂直管理。按照企业分类、职责梳理、完善治理、分类考核、动态评估原则，完善授权放权体系，对各业务单元实施差异化管控。

五是着力提升业务单元卓越运营水平。建立管理星级评价标准，对基层单位进行管理综合评价并纳入经营业绩考核，形成"持续改善、追求卓越"的文化氛围。多数业务单元运营管理水平保持行业领先，成功塑造多个具有市场竞争力的龙头企业，华润燃气（集团）有限公司、华润电力控股有限公司、华润三九医药股份有限公司获评国务院国资委世界一流管理标杆创建行动标杆企业。

（五）健全市场化经营机制，加强干部队伍建设

一是优化干部退出机制求实效。修订《华润领导人员管理规定》《华润干部退出管理办法》《华润下属单位推行经理层成员任期制和契约化管理的实施意见》等，实现正常退出、提前退出、强制退出等不同渠道系统集成，明确干部强制退出8种情形。

二是深化任期制和契约化管理见真章。与华润特色干部管理实践有机融合，以劳动合同订立法律契约，以聘任协议、业绩合同订立管理契约，以《华润价值观》《华润十戒》订立文化契约，坚决打破按身份、按级别的旧观念，建立按岗位、按贡献的新观念。积极扩大实施范围，各级企业同步推行。

三是建立"摸高"机制。将下属业务单元按照"成熟领先、战略发展、转型重塑、孵化培育"进行分类管理，原则上成熟领先型企业预算目标值不低于行业标杆的良好值，战略发展型企业不低于行业标杆的平均值。充分发挥劳动合同、聘任协议与业绩合同的重要作用，落实"双70"和"80"要求，严格考核并陆续进行刚性兑现。

四是强化干部综合考评动真格。坚持对下属业务单元领导班子和直管干部开展任期综合考评，坚持定性评价与定量考核相结合，综合运用360度测评、民主评议、分析研判等方法工具，确保考准考实。对班子突出问题针对性提出整改意见并落实到位，对干部个人按3∶5∶2比例分为优秀、良好、一般三档强制排序。

三、改革成效

华润集团全面落实国企改革三年行动以来，企业经营业绩有明显增长，公司治理、董事会建设、优化市场化经营机制等改革任务成效突出。后续将进一步聚焦推动各项改革工作取得实效，助力公司业绩稳定增长。

一是公司治理获示范评价。华润集团和华润置地双双入选国务院国资委评选的公司治理示范企业，华润集团也是为数不多的集团公司和子企业同时入选的央企，公司治理模式得到多方肯定。

二是充分加强董事会建设。华润集团坚持高标准、严要求遴选外部董事，选聘了37名管理经验丰富、专业能力优秀的经理人转任外部董事岗位，充实到业务单元董事会。应建范围内子企业已全部明确董事会与经理层职责权限，已全部建立总经理对董事会负责、向董事会报告工作的机制，为有效发挥董事会作用奠定坚实基础。

三是压层级、治重亏、"瘦身健体"形成机制。华润集团"压缩管理层级、减少法人户数"工作累计压减法人793家。93家重点亏损子企业2021年整体盈利71.5亿元，相较2018年减亏增利117.2亿元，减亏增利幅度达257%。集团进一步明晰业务、资产退出的标准，建立必要的规章制度，加强考核评价，形成"瘦身健体"长效机制。

四是干部考评刚性兑现。集团开展了2021年度业绩考核和2018—2020年任期综合考评，各级子企业经理层成员中，12人因2021年度业绩考核结果未达到"双70"底线，解聘退出；19人未达到"80"合格线，扣减全部绩效奖金。对任期综合考评中整体排名靠后的28人分别给予退出集团直管干部序列、调整岗位、设置3个月观察期、提醒谈话等处理。

五是持续推进市场化经营机制改革。"十三五"以来，华润集团员工人数由44万人减至36万余人，市场化用工程度100%；整体全员劳动生产率从2019年的43.8万元/人快速提升至2021年的52.2万元/人。2021年，华润集团管理人员总数4998人，新聘任上岗的管理人员978人，其中通过竞争上岗的管理人员241人，占新聘任上岗管理人员的25%；新进员工8万余人，市场化公开招聘完成度100%；因考核不合格、违法违纪等主动解除（终止）员工劳动合同人员占比约2.57%。

22

做好"四变" 深化改革
全面助力企业高质量发展

中国化学工程集团有限公司

一、基本情况

中国化学工程集团有限公司(简称"中国化学工程")由原国家重工业部1953年成立的重工业设计院和建设公司发展而来,是我国工业工程领域资质最齐全、功能最完备、业务链最完整的工程公司,为新中国建立独立完整的工业体系、解决全国人民"吃饭穿衣"问题、促进国民经济和社会发展、践行"一带一路"倡议做出了重要贡献。国企改革三年行动以来,中国化学工程坚持"发展出题目、改革做文章",直面矛盾问题,深入解放思想,全面推进市场化改革,着力加强精细化管理,高度重视自主创新,打出一系列改革创新"组合拳",企业实现了全面重塑、浴火重生。

二、经验做法

(一)以思想之变,描绘发展新蓝图

抓住思想源头,坚持问题导向、战略引领,理路子、开方子,绘就改革时间表、施工图,按下改革"快进键"。

一是统一思想"改头脑"。针对干部职工"不愿改、不会改、不敢改"

的问题,"走出去"对标学习先进企业,"请进来"开展专家把脉问诊,"沉下去"深入一线调研,"关上门"直面问题反思反省,收集对企业未来发展的意见建议 1700 余条,通过开展大讨论、大会诊,在思想上形成了"我要改"的广泛共识。

二是牢牢把稳"定盘星"。在推进改革过程中,始终坚持以习近平新时代中国特色社会主义思想为根本遵循,坚决贯彻落实"两个一以贯之",充分发挥党委"把方向、管大局、保落实"的领导作用,牢牢把握改革正确方向。

三是战略引领"争先进"。研究制定"三年五年规划,十年三十年愿景目标"中长期发展战略,将全面深化改革作为打造"两商",建设特色鲜明、专业领先、核心竞争力强的国际一流工程公司的重要途径,开启高质量发展之路。

(二)以机制之变,迈出市场化改革新步伐

以市场化改革为抓手,在"三能"上狠下功夫,建立"上岗靠竞争,收入比贡献"机制。

一是当好"火车头",总部机构"脱胎换骨"。确立总部管理模式为战略控制型,打造总部战略控制中心、价值服务中心、资源配置中心、投融资决策中心、绩效评价中心和风险控制中心的"6 个中心"定位。出台涵盖选人用人、劳动用工、收入分配等创新性制度和规范性文件 38 项,筑牢三项制度改革的"四梁八柱"。集团总部编制 5 年压减近 15%,所属企业职能部门编制压减 10% 以上,管理费用压减 15% 以上。企业管控水平和运行效率不断提升。

二是撤走"金交椅",管理人员"能上能下"。推行管理人员"选聘竞聘制","赛场选马"与"组织相马"相结合,全面落实任期制契约化,在混改企业全面推行职业经理人制度。2018 年以来,集团党委通过公开选

拔方式任用的干部占新提拔任用干部的52%。大力推进干部年轻化，集团党委管理干部中"70后""80后"干部占比60%。严格限定所属企业领导班子职数，2018年以来累计压减职数22%。建立刚性退出机制，集团党委管理的干部中，有26名因业绩不达标、履职不力等原因被免职、降职或责令辞职，占比10.5%；76名退出现职，转任非领导岗位，占比30.6%。

三是砸掉"铁饭碗"，员工"能进能出"。开展总部"三定"，实现"因事设岗、人岗匹配"，总部以上率下，三年一竞聘，全体起立再就位，所属企业同步全面推开，新进员工公开招聘比例达到100%。建立完善末等调整和不胜任退出机制，强化绩效考核，对考核不达标的低效员工流动转岗或退出岗位。近3年，累计考核退出员工2207人，市场化退出比例4.65%，其中集团总部员工退出比例5.25%。

四是打破"大锅饭"，收入"能增能减"。开展岗位价值评估，科学分层分级分档，实现"以岗定薪、一岗一薪、易岗易薪"。集团总部管理人员浮动工资占比69.4%，考核等级强制比例分布，收入差距倍数达1.9倍。科学制定所属企业经营业绩考核指标，企业主要负责人收入差距达7倍。

（三）以管理之变，实现精细管理新提升

以改革为主线，做好改革"必答题"，答好特色"自选题"，大力推进管理提升，助推改革取得实效。

一是授权放权，实施分类管控。落实子企业董事会投资决策、选人用人、考核分配等权限。以建立市场化经营管理机制为重点，制定《授权放权清单》，实施股东会向董事会、董事会向经理层"两个授权"，对全资、控股等不同企业实施差异化授权。依靠职工办企业，混改企业持股员工代表参与包括总经理在内的经理层成员市场化选聘、考核等事项，决策更加民主化、科学化。

二是对标一流，推进精益管理。构建以"19化"和"19集中"为核心内容的精细化管理体系，建立起系统的管理体系、统一的管理制度、规范的管理标准和有效的管控机制，成为工程项目管理的一场深刻变革和构建"三不腐"一体机制的有效手段，实现了"项目经理管项目"向"法人管项目"转变、"粗放式管理"向"集约化管理"转变、"前台管理"向"后台管理"转变、"经验管理"向"科学管理"转变。

三是做优实体，深化组织变革。构建"集团公司统筹、区域总部主导、二级公司主体经营、三级公司属地化经营做实做强、项目经理部滚动经营"的"五位一体"大经营格局，实现由做项目向做市场转变。按照"巩固加强一批、重组整合一批、转型发展一批、清理退出一批"的工作思路，压减三级企业33%，推进核心层作业层队伍建设，实现"专业公司做专做精、综合公司做强做大"，构建具有中国化学工程特色、符合生产经营需求的组织架构，全面提升集团公司生产运营管理水平。

（四）以创新之变，打出科技强企新天地

围绕实现高水平科技自立自强深化改革，寻求新增长点和驱动力。

一是搭体系，构建"1总院+多分院+N平台"开放式科技创新平台。以集团科学技术研究院为总院，在多家所属企业设立分院，在日本、欧洲设立了海外分院，实现企业研发活动的"双重管理"，以细分领域具体方向为重点，与国内知名高校、科研院所合作建设了一批联合研发平台。

二是建机制，实施"四个15%"和"两个5年"正向激励机制。聚焦聚力关键领域，加大制度创新力度。科技成果对外转让、许可5次以内，按照净收入的15%对研发团队进行奖励；实业化推广后，允许技术核心团队跟投15%；转化成功投产后，5年内从税后净利润中提取15%进行奖励；因工艺技术优化改进增加的税后净利润提取15%进行奖励；跟投的核心团队人员可延迟5年退休、延迟5年退股。

三是强研发，攻关"卡脖子"关键核心技术。以被国外垄断的、国内没有工业化生产的化工新材料为主要研发方向，持续加大研发投入，尼龙66关键单体己二腈、聚烯烃弹性体（POE）、"双氧水法"制环氧丙烷、高端环保催化剂、MCH化学储氢等一批关键技术取得突破。

四是重转化，推动"创新技术＋特色实业"一体化发展。推进自主研发关键核心技术就地转化，发展化工新材料、高端化学品等实业项目。在山东淄博投资200亿元，建设突破"卡脖子"技术的己二腈及尼龙系列项目，填补了国内技术和产业空白；硅基气凝胶和可降解材料PBAT项目分别在重庆和新疆落地，为公司转型升级提供了更多动力。

三、改革成效

中国化学工程以国企改革三年行动为契机，勇于改革，先行先试，通过一系列大刀阔斧、动真碰硬的改革创新举措，推动企业步入高起点、高速度、高效益的发展轨道，充分证明了"小央企"通过改革创新也可以有"大作为"。

一是企业内生动力和发展活力持续增强。广大干部职工的工作作风、精神面貌脱胎换骨、焕然一新。人均年创利由2018年的4.9万元提高到2021年的14.3万元，增幅191.8%；全员劳动生产率从22.4万元/人提升到39.6万元/人，增幅77.2%；职工平均工资年均增长18.6%。企业发展动力活力持续提升，干部员工干事创业的积极性和主动性不断增强。

二是管理水平和运行效率显著提高。总部战略引领力、集团管控力、服务保障力和制度执行力全面增强，项目管理能力和实施能力显著提升，执行效率、经济效益、合同质量、风险管控水平明显提高，运营成本进一步降低，企业效益效率大幅拉升。近5年成本下降1.5%，净资产收益率从4.6%提升到9.2%，提高4.6个百分点。

三是经济运行质量不断提升。国企改革三年行动实施以来，中国化学工程早半年部署、快节奏推进、高标准落实，以改革的持续深化有力促进了企业经营业绩的大幅提升。2021年，全年实现新签合同额3506亿元、营业收入1520.3亿元、利润总额73.3亿元，分别同比增长13.8%、25.7%、44.3%，分别约是2016年的5倍、3倍、3倍，用4年多的时间再造了一个中国化学工程。

23

全面实施国企改革三年行动
以高质量改革助力企业高质量发展

中国建材集团有限公司

一、基本情况

中国建材集团有限公司(简称"中国建材")坚持以习近平新时代中国特色社会主义思想为指导,贯彻落实党中央、国务院关于开展国企改革三年行动的决策部署,以"国之大者"的使命担当全力打造"国之大材",围绕"建设世界一流材料产业投资公司"战略目标深化改革,以高质量改革助力企业高质量发展,已发展成为全球最大建材制造商、世界领先新材料开发商和综合服务商,形成基础建材、新材料、工程技术服务三大主导产业,在水泥、商品混凝土、石膏板、玻璃纤维、风电叶片、国际水泥工程及玻璃工程7个领域居世界第一,连续12年入围世界500强,排名第196位,稳居全球建材行业榜首。2021年经营业绩再创新高,实现营业收入4155亿元,净利润287亿元、同比增长42%,利润总额387亿元、同比增长27%,近3年净利润、利润总额年均复合增长率39%、28%。

二、经验做法

(一)聚焦"两个一以贯之",完善中国特色现代企业制度

一是把党的领导融入公司治理全过程。第一,以法治化保障党的领导

在公司治理中不缺位。落实党组织前置研究讨论要求,重大经营管理事项的董事会议案材料中均列示党委前置研究意见,确保董事会各项决策符合党的路线方针政策,优化"三会"流程,提高党委会议题汇报人层级、增强材料的宏观性和政策性,党委会以"四个是否"为依据作出方向性决策。第二,以精准化实现党的领导不越位。系统梳理治理主体之间权责关系,明确党委、董事会和经理层的13种行权方式,按照党委"定"和"议"两条脉络梳理形成21类、170项"三会"决策事项清单,其中109项为"三重一大"事项,各治理主体的权责实现"多单一表",三大治理主体在履职过程中按表操作、流程清晰、衔接顺畅。第三,以机制化推动党的领导落实到位。在各级子企业全面实施党委书记与董事长"一肩挑"、党委专职副书记进入董事会等组织机制,推进党的领导与生产经营相结合,严格党建工作责任考核,将党建考核融入企业经营发展考核之中。

二是加强董事会建设和规范运作。第一,推进集团层面董事会规范运作。明确集团董事会的经营决策中枢定位,在"会前会中会后"充分发挥外部董事作用,会前召开议案沟通会或组织外部董事深入现场调研,外部董事与经理层未达成一致意见的议案暂缓上会;会中营造"深入研讨、畅所欲言"氛围,使每位外部董事独立、充分表达个人意见;会后加强对议案执行情况的跟踪,及时报告决议执行情况,形成决策闭环管理机制。第二,有效保障经理层行权履职。制定了董事会对经理层的授权管理办法,建立了6类39项授权事项清单,涵盖日常经营所需的项目投资、产权交易、一定金额的资金支出、成员企业的中长期激励等事项,量化权限超过60%,由总经理办公会研究决定。第三,加强子企业董事会规范运作。出台指导意见,细化子企业董事会各操作环节要求。2021年对17家重要子企业"一企一策"落实董事会职权,2022年延伸到业务规模较大的集团四级企业。分级分类、有序推进全级次企业的董事会向经理层授权机制,使董事会与经理层各负其责、协调运转。第四，配齐建强外部董事队伍。建立了82人的外派董事库，制定了4项外派董事管理制度，形成了外派董事选聘、派出、管理、考核和薪酬兑现的闭环体系。创新探索并建立了派出董事分类表决机制，除重大事项须按国有股东意见表决之外，一般情况下，派出董事按照个人判断进行表决，并独立承担责任。强化履职评价和激励约束，畅通专职外部董事与现职领导人员双向交流通道，形成激励机制闭环。

（二）聚焦"管资本"为主，建立国有资本投资公司治理型管控体系

一是明确集团总部和二级平台的功能定位。中国建材作为国有资本投资公司，着力打造战略管控型总部，明确总部战略引领、资源配置、资本运作、风险防控、党的建设五大职能，践行"管好股权、通过公司治理管理股权、通过派出董监事管股权、管好资本流动和收益收缴"四大理念，建立"投资管理、人力资源管理、综合监督"三大闭环。全面完成11家二级企业主业梳理，根据发展需求优化配置资源，设立专业投资平台开展战略性新兴产业孵化培育等资本运作。二级企业聚焦专业化经营，限定在"主赛道"内开展资本投资、做强做优主业，形成一批边界清晰、主业精锐、具有产业链控制力的主产业平台。强化总部"管资本"、产业平台"管价值"、基层企业"管经营"模式，初步形成产业投资公司的经营逻辑。

二是建立内外部协同发展的产业生态。加强国有资本收益收缴，对出资企业的收益收缴比例逐步提高到上市公司35%以上、非上市公司50%以上。2021年共收缴分红25.8亿元，向子企业增资17亿元，重点投向新材料业务，在集团内部构建了"以成熟业务反哺支持战略性新兴业务"的协同发展生态。在集团外部，中国建材发起设立150亿元新材料产业投资基金，以30%出资带动70%社会资金，聚焦无机非金属领域先进新材料产业

开展投资，培育的碳纤维企业中复神鹰碳纤维股份有限公司、投资的第三代半导体企业山东天岳先进科技股份有限公司均在 2022 年上半年实现科创板上市。结合国家战略需要，在集成电路产业链上向电子级多晶硅、光刻胶等"卡脖子"材料进行投资，在新能源产业链上向氢能、锂电池负极材料等进行投资。

三是规范有序授权放权，释放出资企业经营活力。统筹考虑 11 家二级企业的发展阶段、治理水平、资产负债等多种因素，"一企一策"进行投资授权。依据投资项目是主业还是非主业、是否列入年度投资计划、是成熟产业还是新兴产业等不同类型，差异化设定授权额度，主业固定资产投资项目在不同企业间的授权额度最大相差约 15 亿元，使子企业董事会获得充分且适度的投资授权，既促进了优秀企业聚焦主业更快发展，又管控了一般企业的投资风险。

四是坚持授权动态管理，有效防范经营风险。对各类授权事项坚持"可授可收"，形成闭环管理。同时，强化穿透管控，在党建、纪检、审计、巡视、安全环保等方面保持穿透管理。在国务院国资委"两利四率"考核指标的基础上建立了"2422"经营指标对标管理机制，逐月对标分析，有效防控经营风险。

（三）聚焦"专业化整合"，推进国有资本布局优化和结构调整

一是加快内部专业化整合。以上市公司新疆天山水泥股份有限公司（简称"天山股份"）为主体将 6 家非上市水泥公司吸收整合，打造了全球产能规模最大、市值超千亿的水泥上市公司。整合后的新天山股份打破原有组织架构，按市场区域进行机构、人员与业务重组，组建了 14 个区域公司，实施了集中采购降低成本。在工程服务板块，中国建材以上市公司中国中材国际工程股份有限公司（简称"中材国际"）为主体，吸收整合集团内部同类企业与采矿服务资产，延伸了产业链、形成了规模效应，构建了水泥工程服务领域全球市场份额领先的"隐形冠军"。

二是深化新材料板块战略性重组。以战略性重组拓展新材料产业的新发展空间。凯盛科技股份有限公司（简称"凯盛科技"）牵头组建玻璃新材料国家制造业创新中心，大力发展显示材料与应用材料、光伏新能源材料、优质浮法玻璃及特种玻璃，进一步增强产业链控制力，研发量产了柔性可折叠玻璃、新冠疫苗药用玻璃等"卡脖子"材料。

三是做好非优势业务退出调整。主动加强对非主业贸易物流业务的退出和整合，积极推进3家物流贸易企业整合，2021年非主业贸易收入同比减少128亿元，压降幅度达57%。2022年6月底，全部完成改革三年行动确定的"非主业非优势"业务退出任务。持续做好"瘦身健体"，管理层级保持在4级，2020年以来累计压减法人257家，促进国有资本向更具优势更有效益的领域集中。

（四）聚焦"四个面向"，以科技创新提升核心竞争力

一是面向世界科技前沿，努力实现科技自立自强。以引领行业不断取得科技进步为使命，研制的前级光纤光锥、微孔定位板、后级光纤光锥、微孔板、衍射板5种关键元件，成功服务保障中国科学院高能宇宙辐射探测设施项目，为实现在宇宙高能射线的高分辨高精度探测、读取和传输等方面的历史性突破提供了重要助力。研发的石英玻璃、大型复合材料结构件、高性能耐烧蚀树脂、高强玻纤纱、特种涂料等新材料在载人航天、中国空间站、火星探测、探月工程等国家重大工程顺利实施上都起到了支撑作用。

二是面向经济主战场，加快推动产业升级。加快科技成果转化，打造完整产业链并推动产业向高端化、量产化、全球化方向发展。实现了0.12毫米全球领先超薄触控玻璃、0.03毫米柔性可折叠玻璃、8.5代大尺寸液晶显示玻璃基板等关键核心技术突破和工业化量产，大大推进了相关制造

领域的国产化进程。自主研发的铜铟镓硒和碲化镉光伏玻璃用于建筑发电，建成世界单体规模最大的12万平方米薄膜光伏一体化建筑，总装机容量达到10兆瓦。

三是面向国家重大需求，更好地服务国之重器。扎根碳纤维领域数十年，投资建成国内最大的万吨高性能碳纤维生产基地，在国内率先实现高端碳纤维成套技术的自主可控，打破发达国家的长期技术封锁和市场垄断，保障了航空航天、重点型号装备等大国重器的应用需求。联合中国商用飞机有限责任公司（简称"中国商飞"）深入推动航空级T800级碳纤维及其预浸料国产化、主次承力结构等国产大飞机用关键材料研制攻关，成为国产宽体大飞机3个机身部段供应商。

四是面向人民生命健康，着力推动绿色低碳发展。突出绿色低碳和生态环保的理念，努力实现产品低碳化转换和工艺绿色化转换。产品低碳化方面，开展薄膜太阳能电池成套技术及工程化应用、海上大尺寸风电叶片研制等10余个涉及绿色低碳产业项目，加强新型胶凝材料、低碳混凝土等低碳建材产品研发应用。工艺绿色化方面，建成72家国家级绿色工厂、45家绿色矿山，升级改造水泥窑炉，协同处置工业固废、医用垃圾、生活垃圾，在全国36个城市建成47条协同处置生产线，守护城市生态和居民健康。

（五）聚焦"激发活力"，进一步完善市场化经营机制

一是坚持市场化选人用人，推进"能上能下"和"能进能出"。引入竞争活力，畅通人才流动通道。2021年员工公开招聘比例达到99%，全级次管理人员竞争上岗比例达到56%，管理人员退出比例达到2.2%，员工市场化退出比例超过2.8%。

二是完善绩效导向的考核分配机制，推进"能高能低"。对各级企业领导班子，将绩效考核结果与绩效年薪直接挂钩，将综合考核作为领导班子调整和领导人员选拔任用的重要依据。对企业员工，强化绩效体系目标设定、过程管理和结果运用，实现全层级企业、全部员工100%承担业绩考核，以业绩论薪酬。

三是综合运用多种中长期激励工具，激发骨干员工内生动力。推出5类9种中长期激励"工具箱"，建立起系统多元的激励体系，使骨干员工与企业中长期发展实现"利益绑定"。2021年新增17家企业应用中长期激励工具，涉及骨干员工超过2300人。

（六）聚焦加强党的建设，不断提升党建质量和水平

一是坚持把政治优势转化为发展优势。把深入学习贯彻习近平总书记关于国有企业改革发展和党的建设的重要论述作为首要任务，持续在学懂弄通做实上下功夫。2021年以来，集团党委第一议题传达学习习近平总书记重要讲话和指示批示精神94项，党委中心组集体学习14次，以"头雁效应"带动各级党员干部抓好学习。2022年，中国建材精心部署"建功新时代，喜迎二十大"习近平总书记重要指示批示精神再学习再落实主题活动，重温习近平同志任上海市委书记时2007年9月26日写给南方水泥有限公司的贺信，进一步统一思想、引领航向、推动发展。积极开展和巩固深化党史学习教育，弘扬伟大建党精神，举办"党史大讲堂"6期，挖掘信物百年、耀华玻璃百年红色故事，传承红色基因，打造100例办实事、100站健跑、100位最美建材人"三个100"特色活动，激发了广大党员干部职工爱党爱国爱企的热情。

二是坚持围绕中心开展党建工作。积极开展创先争优活动，召开庆祝建党100周年"两优一先"表彰大会，集中表彰先进典型、推广党建经验。进一步加强思想文化建设，组织"善用资源日"企业开放活动，分布在全球5个国家72个城市的93家成员企业参与。进一步深化三基建设，深入开展"回头看"活动，推动党建重点任务落实。

三、改革成效

一是中国特色现代企业制度更加成熟定型。形成了一整套具备中国建材特点的中国特色现代企业制度体系，基本形成以"管资本"为主的治理型管控模式、以有序授权放权和综合性监督管理闭环相结合的企业管理机制、以提升全体员工效率和活力为特色的市场化经营机制，初步建成了服务国家战略发展需求、服务国民经济主战场的科研创新体制机制，在国有资本投资公司改革方面取得了阶段性成果。

二是企业经济效益稳步增长。2021年经营业绩再创新高，运行质量进一步提升。营业收入利润率9.14%、同比上升1.36个百分点，资产负债率67.6%、同比下降0.91个百分点，研发投入强度3.54%、同比提高0.52个百分点，全员劳动生产率49.83万元/人、同比增长5.9万元/人。

三是国有资本布局和产业结构更加优化。成熟业务基础建材稳定增长、"压舱石"作用持续夯实，2021年营业收入、利润总额占比44%、54%；新兴产业新材料板块跑出"加速度"，新材料业务增势迅猛，营业收入、利润总额占比22%、42%，2022年上半年达到25%、59%。

四是自主创新能力明显增强。习近平总书记在国家"十三五"科技创新成就展和探月工程成果展上，充分肯定了中国建材的科技创新成果。入选中央企业原创技术策源地首批企业名单，在内部实施原创技术策源地及关键核心技术攻关"揭榜挂帅"，获得国家科技进步一等奖和技术发明二等奖，有效专利累计1.76万项。

五是党建引领更加有力。在中央企业党建工作座谈会上，书面交流了混合所有制企业党建实践。党建课题荣获央企党建政研会研究成果一等奖。助力巩固拓展脱贫攻坚成果、接续推进乡村振兴，2021年投入帮扶资金超过1亿元，定点扶贫考核获评"好"。

六是社会贡献持续提升。2021年社会贡献总额1047亿元、同比增长15%，其中税费307亿元；新招聘2.86万人，其中应届毕业生3375人；社会责任指数位列中国企业第6位、国企第4位。

24

梯次实施"两大行动" 深入推进"三类治理" 努力争做国有企业"中国之治"的标杆

中国中车集团有限公司

一、基本情况

中国中车集团有限公司（简称"中国中车集团"）是经国务院同意，国务院国资委批准，在原中国北方机车车辆工业集团公司和中国南车集团公司重组合并基础上组建的国有独资企业，成立于2015年9月，注册资本230亿元，总部设在北京。截至2021年底，拥有各级全资及控股子公司404家，员工16.9万人，资产总额4789亿元。国企改革三年行动以来，中国中车集团深入学习贯彻习近平总书记关于国有企业改革发展和党的建设的重要论述精神，深入贯彻落实习近平总书记三次视察中国中车集团的重要指示精神，坚持"快半拍部署、快半步行动、快半年见效"的"三快"工作总基调，积极营造"想改、敢改、真改"的"三改"工作总氛围，系统谋划、梯次实施中国中车集团改革三年行动和深入实施市场化经营机制改革专项行动"两大行动"，既做好规定动作，又做好自选动作，深入推进体制、机制、效能"三类治理"，努力争做国有企业"中国之治"的标杆。

二、经验做法

（一）深入推进体制治理，红色中车更"红"

中国中车集团认真贯彻落实习近平总书记在全国国有企业党的建设工作会议上重要讲话精神，深入推进体制治理，同大的体制更合拍、政治和社会属性更清晰，让红色中车更"红"。

一是建立健全中国特色现代企业制度。全面落实"两个一以贯之"要求，把加强党的领导与完善公司治理统一起来。建立完善"1+3+N"制度体系落实党的领导，"1"即公司章程，"3"即党委、董事会、总经理工作规则，"N"即各治理主体具体运作的26项基本制度和247项专项规章。厘清权责边界，系统梳理各治理主体工作职责，制定实施《在完善公司治理中加强党的领导的实施意见（试行）》《党委前置把关清单》《董事会决策事项清单》《经理层经营权限清单》，所属设立党委的35家重要子公司，100%制定了党委前置研究讨论重大经营管理事项清单。让各治理主体都知道自己有什么权、管什么事、负什么责，让权力在制度、阳光下规范运行。强化党委领导作用，党委注重抓大事、议大事，坚持民主集中制，涉及企业发展战略、投资、改革等20类重大经营管理事项，经党委前置研究讨论后，再由董事会决策。凡上党委会前置研究事项，会前必须调查研究、必须科学论证、必须风险评估、必须充分酝酿。党委会上，严把政治关、方向关、规则关、廉洁关，保证前置把关质量。加强董事会建设，制定实施《中国中车集团所属全级次子企业规范董事会建设工作方案》《中国中车集团落实有关重要子企业董事会职权工作方案》，推动168家应建董事会企业全部建立董事会，实现董事会应建尽建、外部董事占多数。建立由60余人组成的一级子公司外部董事人才库，并向国务院国资委推荐14名外部董事库人选。落实董事会职权，建立规范董事会的一级子公司

100%落实中长期发展决策权、经理层成员业绩考核权和薪酬管理权，选择市场化程度较高、核心主业处于充分竞争领域的8家一级子公司落实董事会对经理层成员的选聘权等6项职权，进一步提升董事会行权履职能力和企业自主经营决策能力。保障经理层依法行权履职，通过"任期制和契约化管理全覆盖、重要子企业落实对经理层成员的选聘权、具备条件子企业积极推行职业经理人制度"，分层递进落实经理层职权。中国中车股份有限公司及所属企业中车株洲电力机车研究所有限公司列入首批国有企业公司治理示范企业名单，中国中车集团在中国特色现代企业制度建设更加成熟定型上取得新进展。

二是坚持党的领导加强党的建设。深入贯彻落实习近平总书记三次视察中国中车集团的重要指示精神，不折不扣落实第一议题制度，推动习近平新时代中国特色社会主义思想在中车落地生根。持续加强企业领导班子建设，着力打造"政治能力强、专业能力强、改革创新能力强、攻坚克难能力强、团结凝聚能力强"的"五强"领导班子建设。加大优秀年轻干部选拔使用工作力度，2021年提拔的"75后"企业正职、"80后"企业副职分别占相应提拔人数的43%、31%。中国中车集团党委直接管理和备案管理干部45岁以下占25.5%，一级和重点二级子公司中层管理人员35岁左右占比接近21.4%，40岁以下占比接近40%。深入推进党建与生产经营深度融合，最新精神融进"重点工作"，党建特色融进"治理结构"，整改成果融进"制度体系"，引领保障融进"管控体系"，守正创新融进"日常工作"，形成了党建责任制和生产经营责任制融合联动的长效机制。深入推进全面从严治党，制定《中车关于加强政治监督的指导意见》《贯彻落实中央八项规定及其实施细则精神监督检查办法》《关于构建"多位一体"大监督体系的指导意见》，整合监督资源，提高监督效能，建立监督长效机制。深入开展党建"阶梯式·主题年"专项行动，持续打造党建

"金名片"，在国务院国资委党建责任制考核中连续获评 A 级。

（二）深入推进机制治理，现代中车更"活"

习近平总书记在 2015 年 7 月 17 日视察中国中车集团时指出，高铁动车是中国"一张亮丽的名片"。中国中车集团在持续擦亮这张国家名片的同时，深入推进机制治理，抓住员工最关心、最直接、最现实的利益问题推进改革，深度转换市场化经营机制，努力形成改革创新活力充分涌流的生动局面，让现代中车更添动力、更具活力、更增效率，让高铁动车这张国家名片更加亮丽。

一是打通能上能下"梗阻点"。实施竞争性选拔机制，新提拔的一级子企业经理层成员中，80%以上以竞争性选拔的方式产生，全级次企业经理层成员和中层管理人员 100% 实行任期制和契约化管理，严格依据契约实施年度考核、任期考核、全体竞聘，一级和二级子公司中层以上管理人员年度"下"的比例为 5.4%。积极推行职业经理人制度，所属 16 家子企业选聘了 80 名职业经理人，实现从"铁交椅"向"职业人"的转变。

二是树立能增能减"风向标"。坚持"业绩升、薪酬升，业绩降、薪酬降"，完善按业绩贡献决定薪酬的分配机制，实现了所属企业从"要工资"向"挣工资"的转变。对企业负责人实行差异化薪酬管理，2021 年制造类子企业负责人年薪最高的企业与最低的企业之间差距达 4.5 倍。对职工收入分配坚持以岗定薪、岗变薪变，严格按绩效考核结果兑现薪酬。对企业工资总额管控坚持"效益决定工资"的基本原则，2019 年以来共有 25 家子企业因效益下降而下调工资总额，其中工资总额降幅最高达 13.2%。2021 年制造业子企业人均工资最高是最低的 2.54 倍。

三是建好能进能出"蓄水池"。应公开招聘的新入职员工公开招聘比例为 100%，员工履约评价年度退出比例达 2.4%。建立多通道人才发展机制，针对技术、管理、技能三大岗位序列，分级设置专家人才激励体系，实现从"挤官道"到"多通道"。

四是分类实施中长期激励。坚持战略导向、聚焦核心、高目标引领、差异化实施原则,在72家子企业精准化、多样化推进实施中长期激励,涵盖岗位分红、股权出售、混改员工持股、科技成果转化奖励和股权跟投、科创板上市员工配售等多种形式。实现薪酬激励方式从"一招鲜"向"组合拳"的转变。岗位分红项目中,科研人员占比85%以上,人均分红3.8万元,最高分红28.4万元;科技成果转化奖励项目中,科研人员占比75%以上,最高奖励额度80万元。

五是深入实施"四全五能"市场化经营机制改革。中国中车集团以荣膺国企改革"学抓促"专项工作第二批改革典型为新起点,突出"优、平、简、去、活"改革思路,实施全集团、全级次、全覆盖、全穿透的产权层级、管理层级、组织机构、定岗定编、人才队伍、产业结构等全要素市场化经营机制专项改革,努力实现更高水平的机构能设能撤、管理人员能上能下、员工能进能出、收入能增能减、人才能培能引。既抓实国企改革三年行动的规定动作、必修课,又做好深入实施市场化经营机制改革的自选动作、加试题。

(三)深入推进效能治理,一流中车更"优"

2018年底,中国中车集团被国务院国资委列入首批10家创建世界一流示范企业。国企改革三年行动以来,以深化改革助推世界一流示范企业创建,深入推进效能治理,使一流中车更"强"更"优"。

一是调整优化产业布局及结构。通过战略性重组和专业化整合,机车车辆工业原有的35家工厂和4家研究所,目前已整合为22家一级子公司的制造类企业新格局,减少43.6%。以"以造带修、以强带弱"为主线,深入推进主机企业重组。机车企业由8家一级子公司重组为4家,客车企业由6家一级子公司重组为4家,货车企业由15家一级子公司重组为2家子集团。以专业化整合为抓手,深入推进核心系统和关键部件业务重组。实施株洲时代新材料科技股份有限公司(简称"时代新材")和中车青岛四方车辆研究所有限公司轨道车辆用空气弹簧、橡胶金属件等业务重组,解决上市公司同业竞争问题;推进牵引和网络控制系统重组,完成了中车永济电机有限公司整合中车大连电力牵引研发中心有限公司;整合制动系统资源,成立了中车制动系统有限公司;聚焦牵引和网络控制系统、功率半导体、新能源汽车电驱等核心主业,株洲中车时代电气股份有限公司科创板上市后,最高市值超千亿元。聚焦"一核三极多点"业务结构,推动风电装备、新能源商用车、新材料等三极业务深化改革。对承担三极业务的中车时代电动汽车股份有限公司、时代新材、中车山东风电有限公司3家企业提级管理。落实国际化发展战略,积极开展海外资源配置和业务布局。中车株洲电力机车有限公司并购德国福斯罗公司,实现在欧洲高端市场突破,2020年完成交割、2021年即实现盈利,新签机车合同约14亿美元。

二是提升自主创新能力。构建引领未来具备代际特征的轨道交通装备。作为央企首批29家原创技术策源地之一、6家现代产业链链长企业之一、68家交通强国建设试点单位中唯一入选的交通运输装备制造企业,制定实施相关工作方案,夯实我国轨道交通装备行业技术引领地位。加强科技创新激励制度建设。制定实施《双聘人才管理暂行办法》《中车党委建立领导干部改革创新容错纠错机制实施办法》。加强高水平创新团队培育。在科技部、国务院国资委、中车重大专项中,完善"团队+项目+人才"培养模式,组建8个协同创新团队。完善科技创新激励机制。建立原创技术长周期、多维度分类评价机制,创新科研人员业绩评价和薪酬股权激励机制。建立重大专项奖励机制,在2021年首届中车科技创新大会上奖励重大科技项目、创新团队、创新英才5881万元。大力实施重大科技攻关,科技投入高位运行。过去3年科技投入占比均超过6%,科技成果竞相涌现,具有自主知识产权的中国标准动车组奔驰在祖国广袤的大地上并逐步驶向国际市场，京张高铁"瑞雪迎春"智能动车组为北京冬奥会、冬残奥会提供安全优质的运输服务保障，拉林高原双源动车组、中老铁路"澜沧号"动车组上线运行，系列化中国标准地铁列车陆续下线，时速600千米高速磁浮交通系统入选2021年度央企十大国之重器。专利申报成效显著。2021年，在中国专利奖评选中获得2项金奖、2项银奖、13项优秀奖，金奖获奖数量位居央企首位，创历史最好成绩。

三、改革成效

一是经营业绩稳中有进。在中央企业2020—2021年和2019—2021年任期经营业绩考核中，中国中车集团均获评A级，并荣获业绩优秀企业和科技创新突出贡献企业两项表彰。连续在国务院国资委经营业绩考核中实现"11连A"，在任期业绩考核中实现"4连A"，发挥了国民经济增长的助推器和稳定器作用。

二是品牌地位持续提升。在《财富》杂志2021年最受赞赏中国公司评选中名列榜首，以1260亿元品牌价值在国内机械设备制造行业排名第一。获得国际评级机构"中国主权级"评价，刷新中国制造业国际评级的最高纪录。

三是自主创新领先领跑。坚持自主创新，中国中车集团在先进轨道交通装备领域取得了一系列重大创新性、突破性成果，获得了习近平总书记四次点赞："复兴号奔驰在祖国广袤的大地上""复兴号高速列车迈出从追赶到领跑的关键一步""我国自主创新的一个成功范例就是高铁，从无到有，从引进、消化、吸收再创新到自主创新，现在已经领跑世界，需要总结经验，继续努力，争取在'十四五'期间有更大发展""时速600公里高速磁浮试验样车成功试跑"。

25

创造性实施国企改革三年行动推动改革发展系统推进重点破局

中国能源建设集团有限公司

一、基本情况

中国能源建设集团有限公司（简称"中国能建"）是能源电力和基础设施建设领域的国家队和排头兵。作为"老企业、新集团"，中国能建深入学习贯彻习近平总书记关于国企改革发展的重要论述，始终把改革作为推动高质量发展的"关键一招"，建立"一体抓、主动抓、系统抓、高目标导向抓"的工作体系，创造性实施国企改革三年行动，加快推动企业改革发展系统推进、重点破局，努力蹚出以深化系统改革赋能高质量发展、加速构筑新竞争优势、加快建设世界一流企业的"能建之路"。

二、经验做法

（一）问题导向，对标一流，以国企改革三年行动为契机推动企业治理模式深刻变革

一是再造顶层设计，增强改革的系统性、整体性、适应性。立足践行国家战略、推动能源革命、加快高质量发展、建设美好生活，实施以"一个愿景""四个前列""六个一流""六个重大突破"为核心的"1466"战

略，大力解放思想、解放人、解放生产力，凝聚起全体干部职工"思改革、盼改革、真改革、彻底改革"的最广泛共识。把推进国企改革三年行动方案与落实中国能建《关于全面加强党的领导 加快高质量发展 深化系统改革和加强科学管理的若干意见》、"十四五"发展规划、《布局优化调整和组织结构重组整合总体方案》、"四套方案"及细化配套的"四张清单"有效衔接融合，确保改革的顶层设计系统贯通。

二是再造资源布局，把牢改革的关键点切入点着力点。在资源资本配置上，加快从"拉动主业、赚取差价"向价值投资理念转变，从注重投项目向注重投产业转变，持续加大新能源、战略新兴产业投入力度。为从根本上解决长期阻碍企业高质量发展的资源分散、条块分割、同业竞争、运转不畅等体制机制性沉疴顽疾，将中国能建（H股）换股吸收所属中国葛洲坝集团股份有限公司（A股）作为深化系统改革的主攻点突破口。历时10个多月，成功实现A+H整体上市，成为迄今为止全球建筑行业规模最大的重组交易，为企业在新阶段实现高质量发展拓展了更大空间。

三是再造适应性组织和产业体系，增强改革的统筹力、协同力和落实力。建强"大脑"，全面实施总部机构改革。按照"小总部、大部制、大处室"思路，将总部职能部门从15个精简到9个，实现总部的扁平化、中心化、平台化、模块化、数字化，职能间的开放、透明、共享、协同。精干"躯体"，全面推动子企业重组重构。对所属企业实施全覆盖、穿透式优化调整，直管企业从17家调整至36家，组织效率和效能显著提升。设立数科集团控股有限公司和氢能、装配式建筑、绿色建材等专业化平台公司，打造企业转型发展新的支撑点和增长极。打通"经络"，全面拓展延伸产业链条。巩固拓宽拉伸规划咨询、勘测设计、工程建设、装备制造等产业链条，将主业向全电力、全交通、全城市、全水、全生态"五全"领域拓展，形成了中国能建十二大产业（业务）领域相互促进、协调发展的产业体系。

（二）动真碰硬，统筹施策，以三能机制为抓手推动市场化经营机制深刻变革

一是聚焦关键少数，抓实"上"与"下"。深入82家所属子企业开展调研，与1500多人个别谈话，组织3000多人会议推荐，在全面摸清干部家底的基础上，大力拆除"部门墙"和人才流动障碍，对60%总部部门正职、70%部门副职岗位进行交流优配。2021年，总部和所属子企业间交流干部40余人，完成总部部门正副职及以下193个岗位全员竞聘，党委班子成员全程参与竞聘选才，人员落聘率达到21%，人员更替率达到28%，获聘人员超过1/3来自基层单位，畅通了总部人才上下流动"主通道"。

二是激发全员活力，抓实"进"与"出"。牵住任期制和契约化管理"牛鼻子"，实现应推尽推、应纳尽纳、班子全覆盖。业绩考核上突出"共性"与"个性"相衔接、系统设计与底线要求相匹配、个人考核与企业考核相联动；人员退出上设定底线指标，约定退出情形，实行刚性退出。截至2021年底，符合条件的390家各级次企业已全面高质量完成"两书"签订，实现了企业、经理层成员、其他班子成员签订率"三个100%"。推行全员目标责任制业绩考核，明确考核D级的员工实行岗位调整，连续2年D级实行不胜任退出；团队考核D级，全体起立，公开竞聘上岗。2021年，因员工个人不胜任岗位需要或考核结果不合格，终止（解除）劳动合同1865人，占比达到1.58%。

三是突出价值导向，抓实"增"与"减"。深化薪酬分配市场化改革，建立薪酬与业绩贡献联动、收入与效益挂钩的运行机制。员工薪酬与组织、个人绩效双挂钩，限定A级比例，拉开考核等级系数差，加大薪酬差距，集团总部同职级同岗位最高与最低差距达4.3倍，A级部门A级员工与B级部门B级员工绩效薪酬差距由原来的6.2%扩大到25.4%。所属企

业负责人薪酬进一步拉开等级系数差,同企业同职级收入差距由 1.67 倍提高到 2.2 倍,集团管理的企业负责人副职薪酬差距最高达 4.06 倍。

(三)统领引领,重塑重构,以党的领导、党的建设推动企业管理哲学、企业文化深刻变革

一是以高质量党建引领高质量发展,打造新时代特色党建的"能建标杆"。开展提升价值创造能力"六个一"行动,即进行一场思想大讨论、组织一次主题实践活动、选树一批改革先锋、举办一项管理创新大赛、实施一系列价值创造能力提升培训、举行一轮作风建设报告会,全面促进企业新一轮改革发展。坚持"大党建"思维,聚焦项目党建、混企党建、境外党建、困难企业党建精准发力,开展试点、出台意见,打通全面从严治党"最后一公里"。

二是突出精神文化的立根铸魂作用,打造新时代企业文化建设的"能建品牌"。注重以文化人,深入挖掘企业基业长青的基因内核和精神密码,塑造要干事、干成事、"心有大我""我将无我"的企业文化和企业精神。按照规范强化、标准细化、程序优化、高效转化、思想深化的"五化"要求,搭建以"中国能建"为代表的全媒体传播平台、以"人文能建"为代表的文化展示平台。以人文关怀创新新形势下思想政治工作,以心理疏导机制助力职工积极心态培育。

三是强化管理理念、管理哲学创新的研究宣贯,打造新时代党建与管理融合的"能建样板"。中国能建在建立 3060 研究院、氢能源研究院、勘探设计工科博士后工作站的同时,同步推进国企党建研究院、集团党校、管理学院、党建博士后工作站建设,将初心使命与共产党人"心学"、党性教育、思想政治教育与人文关怀教育贯通融合研究,把实践探索、工作经验适时上升为企业管理理念和管理哲学,推进公司治理、企业党建、思想政治工作的开拓创新。

三、改革成效

通过一系列治理模式变革、经营机制转换、管理思想创新、理念文化再造，全面激发了中国能建发展的活力动力，企业上下干事创业氛围空前浓厚，精神面貌焕然一新，呈现出蓬勃向上的崭新局面。

一是主要经营指标再攀新高。2021年，新签合同额、营业收入、利润总额、净利润分别同比增长51%、14%、11%、10%，均创历史最高水平。国内、海外签约额分别同比增长64%、22%，全电力、全交通、全城市、全生态领域新签合同额分别同比增长55%、268%、56%、50%。

二是综合实力跃上新台阶。连续8年进入世界500强，排名较上年提升52位至301位。连续保持国务院国资委经营业绩和党建考核双A级。在ENR全球工程设计公司150强、国际工程设计公司225强、全球承包商250强和国际承包商250强排名中位居前列。

三是绿色低碳转型迸发新活力。践行国家"双碳"战略，研究编制并率先发布《中国能建践行"30·60"战略目标行动方案（白皮书）》。将新能源等绿色低碳业务作为优先发展产业，先后孵化开发一批位于广西、内蒙古、新疆等地的"风光水火储一体化""源网荷储一体化"新型基地型项目，开工建设张掖光储氢综合应用示范项目、乌兰察布风光储多能互补项目。

四是改革成果取得新成效。中国能建多项改革经验入选国务院国资委改革工作简报、改革动态、双百行动案例集、科改案例集。新华社、经济日报、人民网、国务院国资委网站、国资报告等权威媒体平台对企业改革工作的做法和成效予以宣传和肯定。

26

强功能 优机制 激活力
推动国有资本运营公司改革走深走实

中国国新控股有限责任公司

一、基本情况

中国国新控股有限责任公司（简称"中国国新"）成立于2010年12月，2016年初被国务院国有企业改革领导小组确定为国有资本运营公司试点。试点以来，中国国新坚持以习近平新时代中国特色社会主义思想为指导，按照党中央、国务院决策部署，聚焦试点目标和功能定位，充分发挥国有资本市场化运作专业平台作用，打造完善"资本+人才+技术"轻资产运营模式，探索构建"5+X+1"业务格局。国企改革三年行动实施以来，中国国新以"强功能、优机制、激活力"为主线，持续深化运营公司改革，全面推动改革提速增效，不断以改革实效检验发展成效。

二、经验做法

（一）围绕"一个定位"，积极支持央企改革发展

中国国新牢记运营公司功能使命，按照"服务央企为本位"的要求，坚持财务性持股为主，在布局战略性新兴产业、推动央企重组整合、防范化解重大风险等方面，不断强化运营公司功能作用，推动国有经济布局优

化和结构调整，服务支持央企高质量发展。

一是服务创新驱动发展。聚焦关键技术"卡脖子"环节，投资布局战略新兴产业，瞄准央企产业链供应链薄弱环节补短板，领投孵化"专精特新"冠军企业填空白，有效撬动社会资本，汇聚带动资本增量，充实国资央企资本实力。通过基金投资引导带动社会资本约15倍、金额近4380亿元。截至2022年6月底，累计投资战略性新兴产业领域项目236个、金额2751亿元，实现9个子领域全覆盖，其中，投资原创技术策源地项目13个、金额54.1亿元；投资现代产业链链长项目24个、金额148.7亿元；投资细分领域头部企业项目99个、金额445.8亿元；投资隐形冠军项目25个、金额103.9亿元。

二是助力深化国企改革。发挥运营公司市场化运作专业平台作用，积极参与重点行业重组整合，如参与组建国家石油天然气管网集团有限公司（简称"国家管网集团"）、中国电气装备集团有限公司（简称"中国电气装备集团"），支持鞍钢集团有限公司（简称"鞍钢集团"）重组本钢集团有限公司（简称"本钢"）、中国绿发投资集团有限公司（简称"中国绿发"）增资等。构建"双平台"模式，与多家央企合作设立业务平台，助力央企"两非""两资"剥离处置，截至2022年6月底，累计承接140家企业的"两非"资产超过238亿元。开展市场化专业化股权运作，服务央企上市公司192家，助力央企盘活存量上市国有资本。支持国企改革专项工程，设立运作双百基金、科改基金、综合改革试验基金群。截至2022年6月底，3个基金累计投资项目46个、金额123.4亿元，所投企业共有20家进入所在细分领域全球前10位或成为全国第1位。

三是助力央企提质增效。通过保理、租赁业务累计向央企投放资金2775亿元，助力央企压"两金"、减负债、降杠杆。创新设立央企信用保障基金，建立央企债券风险应急机制，助力防范化解债券违约风险，提升央企整体信用。搭建商业承兑汇票应用平台"企票通",牵头设立覆盖67家央企的商票互认联盟,累计开票3026张、开票金额203.7亿元,助力产业链清欠、缓解流动性压力。

四是支持中国企业"走出去"。发挥境外投资平台优势,积极运用市场化方式支持中国企业"走出去"参与"一带一路"建设,获取国内紧缺资源、引进先进技术、开展国际产能合作、提升国际竞争力。截至2022年6月底,累计与40家央企实现合作,投资央企境外项目94个、金额282.6亿美元,其中"一带一路"项目占比达2/3。

(二)聚焦"三个机制",攻坚重点难点持续深化改革

聚焦公司治理、管控体系、三项制度改革等重点难点改革任务,持续发力攻坚,坚持真改实改,用实际效果检验改革成效。

一是聚焦治理机制改革。完善"一章程、三规则、两清单",优化党委"决"和"议"事项,严格把关党委研究讨论重大经营管理事项前置程序。在党委决策机制上强调"四个上会、四个不上会",即重点新业务开拓必上会、新设基金必上会、重大投资项目必上会、重要改革部署必上会,未履行规定程序的议案不上会、存在较大分歧意见的议题不上会、研究论证不充分的重要项目不上会、不涉及方向和重大调整的已决事项不再上会。全面推动子企业董事会规范建设和落实职权,制定出台《所出资企业董事会工作规则》《加强子企业董事会建设工作方案》《落实子企业董事会职权工作方案》,建立外部董事人才库,健全考核评价机制,实现子企业董事会应建尽建、外部董事占多数、制定董事会授权制度、落实董事会职权等重点任务全覆盖。

二是聚焦管控机制改革。结合所属企业持股比例、功能定位、管理层级等不同情形,探索实施差异化管控。对全资控股企业实施战略管控和财务管控相结合,滚动调整"一张表、三清单",即投资决策权限表、总部

权责事项清单、授权放权清单和投资项目负面清单，管好关键领域十一大类55项权责事项，将64项审批备案事项授权放权至所属企业。同时，加强财务、法律风控等关键职能条线的垂直管控，实行总会计师委派制，规章制度、经济合同和重要决策3项法律审核100%全覆盖。对相对控股混合所有制企业，探索通过建立差异化管控事项清单，实施以股权关系为基础、以派出股权董事为依托的治理型管控。探索按照"三授三不授"思路，推进因企施策授权放权。"三授"即对运营成熟、治理健全、管理规范的重要板块公司，对行权能力建设到位的所出资企业，对确需抢抓市场机遇的事项，探索开展更大力度的授权；"三不授"即对"三重一大"事项、特殊监管要求事项、投资负面清单事项，坚决不予授权。在授权行权中严格落实国资监管要求，确保授得准、接得住、用得好。

三是聚焦"三能"机制改革。全面推行经理层成员任期制和契约化，实现各级企业负责人"三书"（聘任协议书、业绩责任书、劳动合同书）、"三期"（聘期、领导人员岗位试用期、劳动合同期）管理全覆盖，并在实施范围、退出标准、薪酬兑现上做到"三个自我"加压。全系统推行末位调整和不胜任退出制度，管理人员退出比例高于央企平均水平。将竞争上岗作为中层岗位选聘的重要渠道，推动干部队伍年轻化。目前中国国新党委管理干部中45岁及以下人员占比近60%，"80后"占比近1/4。严格执行考核结果强制分布刚性应用，拉开收入差距，2021年子企业负责人实际兑现的薪酬差距最高达5倍，总部同层级人员之间年度薪酬差距最高1.5倍，超过14%的员工未拿全薪。

（三）突出"三力"，持续激发高质量发展活力

通过各项改革举措的实施，中国国新努力实现"传导压力、激发活力、提升能力"的目标，积极营造干事创业的良好氛围。

一是突出传导压力。构建质量效益和改革成效双评估的考核牵引机制、"一企一策"，设置考核指标及权重，建立"与自己比看业绩改善、与板块比看贡献大小、与行业比看领先水平"的"三比三看"绩效评估机制。同时，将国企改革三年行动纳入业绩考核，对108项任务实施"清单式"管理、"常态化"调度、"集中性"督导，既全面承接"两利四率"考核要求，又综合考量改革发展成效，既关注考核针对性有效性，又强化压力传导责任压实。

二是突出激发活力。为解决行业内"只拿个人当期收益、不顾企业长期利益"等问题，建立利益共享和风险共担机制，在基金板块推行以"股权、跟投、超额收益递延、退出收益、运营费用"为核心的"五捆绑"机制，在金融服务、股权运作板块实行超额收益分享、薪酬递延等激励方式，在所属上市公司实施股权激励计划，打造事业共同体，激发干劲活力。

三是突出提升能力。实施"潮头计划""干流计划""源头计划"三大干部人才引进计划和"头雁行动""活水行动""蹲苗行动"三大干部人才培养行动，树立鲜明的用人导向，注重提升专业能力、鼓励专业独立判断、敢于发表专业意见，着力提升党委管理干部战略决策力、中层干部管理领导力、青年骨干专业执行力，努力打造国有资本运营"铁军"。

三、改革成效

中国国新按照党中央、国务院决策部署，坚决贯彻国务院国资委工作要求，全面加强党的领导党的建设，深入实施国企改革三年行动，加快打造国有资本运营升级版，推动高质量发展取得较好成效。

一是经营业绩显著提升。以实施国企改革三年行动为契机，加快打造国有资本运营升级版，改革在高质量发展中的引擎作用日益凸显。截至2021年底，公司资产总额6705亿元；2021年实现净利润218亿元，较

2019年增长了1.1倍，3年复合增长率达到28.7%。2021年，全员劳动生产率较2019年增幅达到129.9%，人工成本利润率增幅达到72.2%。连续两年在中央企业负责人经营业绩考核中获评A级。

二是运营功能不断完善。以提升国有资本运营效率、提高国有资本回报为目标，以服务央企为本位，按照《国务院关于推进国有资本投资、运营公司改革试点的实施意见》（国发〔2018〕23号）明确的"股权运作、基金投资、培育孵化、价值管理、有序进退"总体方向，围绕"打造国有资本市场化运作的专业平台"，通过基金投资、金融服务、股权运作、资产管理、境外投资、直接投资等多种方式开展运营，初步打造了一个具有国新特点的国有资本运营专业平台。

三是服务央企作用凸显。坚持以服务央企为本位，对照"三个明显成效"要求，积极发挥国有资本运营公司功能作用，服务支持央企科技创新、深化改革和"走出去"。截至2022年6月底，累计投资央企项目258个，金额4840亿元，占投资总额的92%；涉及82家央企，其中与27家央企在集团层面开展合作，初步构建起一个国有资本跨企流动、形态转换、提高效率的重要平台。

27

纵深推进机制改革　激发航天科技创新动能

中国东方红卫星股份有限公司

一、基本情况

2002年9月，中国航天科技集团有限公司（简称"航天科技"）重组设立中国东方红卫星股份有限公司（简称"中国卫星"），是专业从事小卫星及微小卫星研制、卫星地面应用系统集成、终端设备制造和卫星运营服务的科技型企业，由航天科技第五研究院绝对控股。中国卫星坚持以习近平新时代中国特色社会主义思想为指导，以服务和保障国家重大系统工程、重大科研任务为己任，始终坚持以市场化手段践行航天强国战略、履行强军首责的初心使命。自2020年入选"科改示范行动"以来，在持续完善创新体系、构建创新驱动新机制、加大科技人才激励等方面综合施策，主动担当航天科技自立自强"国家队"使命责任，为航天科技创新注入新动能。

二、经验做法

（一）加速跨域协同的平台型研发创新体系转型，提升面向国家战略急需和科技前沿的自主创新能力

一是建立完善"天地一体、跨域融合"的创新组织。按照"总部抓共

性技术研发、抓市场研发资源统筹，子公司抓产品实现、抓项目落地"的思路，中国卫星本级设立创新发展中心，子公司建设"小卫星及其应用国家工程研究中心"和"天地一体化信息技术国家重点实验室"两个国家级平台，在卫星制造领域推动高分辨率对地观测、环境减灾、海洋环境监测等系列重大项目实现新的突破。

二是构建"融合开放、产学协同"的创新体系。一方面，推进产学研合作，"十三五"期间累计与14所高校及科研院所开展了40余项合作研究，新建5个联合实验室，与12家国外机构开展了多个领域的技术合作研究和人才交流。另一方面，持续完善创新体系建设，培育专家40余人，组建了王小云院士工作室、北京邮电大学"航天信息光子学联合实验室"、英国帝国理工学院"人工智能数据处理联合实验室"，培育了良好的协同创新生态，有效提升了公司各领域技术、产品研发能力。截至2021年12月底，中国卫星拥有专利达到1386项。

三是探索实施课题组长负责制，科技领军人才挂帅出征。改革重大科技项目立项和组织管理方式，鼓励科技创新团队申请国家科研攻关项目，按照"责权利统一"的原则，赋予科技创新团队更多自主权。课题组长由各领域科技领军人才或核心骨干担任，可采取松散、固定、公司内部联合或外部联合等多种形式组建项目团队，并全权负责项目从开题论证到过程实施、结题验收、成果转化应用等各阶段工作。设立项目立项奖，课题组长享有项目立项奖励分配自主权，有效激发了研发创新层面创新团队的动力活力。

（二）加速一体贯通的市场化产品创新体系改革，加大以富国惠民为宗旨的科技成果转化力度

一是实施核心产品研发产业化激励计划。按照"五个明确"（明确市场目标客户、明确产品开发团队、明确产品开发目标、明确成本核算规则、明确激励兑现方案）的思路，选取技术前瞻性强、技术攻关周期短、市场需求大的产品，以契约化方式与开发团队明确核心技术指标和产品形态、技术攻关与产品开发计划、市场推广与产出计划、成本核算方式、团队贡献度评价标准等，并按照产品上市后一定期限内形成的净利润的约定比例对产品开发团队实施递延激励。2020年，该计划在民航机载追踪监视终端、测控数传基带等9款产品上开展实施，取得了初步成效。截至2021年底，5款产品完成了研发并实现了市场销售推广，共落实订单4800余万元。

二是积极探索商业模式创新，挖潜经济增长点。受新冠肺炎疫情影响，互联网医疗在2020年迎来了全新的发展机遇。中国卫星下属广东航宇卫星科技有限公司（简称"航宇卫星科技"）以此为契机，与汕头大学医学院第一附属医院按照"企业投资、合作研发、联合运营"的模式签署合作协议，打造以实体医院为依托、线上线下一体化的互联网医院建设和运营模式。平台于2020年9月上线，已覆盖心血管内科、内分泌科等12个科室，累计绑卡16.48万人，2021年3月成功在汕头市澄海区人民医院进行复制推广。通过积极探索商业模式创新，挖掘了新的经济增长点。

三是优化布局，充分发挥上市公司平台作用。近年来通过资本市场融资、子公司引入战略投资者等方式，累计融资超过42亿元，利用社会资源大幅提升了宇航制造、卫星综合应用等核心能力建设，完善了以北京总部基地为中心，以深圳为创新开放窗口，以西安、成都等地为技术研发中心的产业布局。

（三）强化市场化选人用人机制和激励约束机制，深度激发科研人员干事创业活力

一是扎实推行经理层实施任期制契约化管理，规范领导干部选拔任用和考核退出，推动干部能上能下。公司形成覆盖两级的经理层任期制和契约化管理方案,通过将合同化的"管"、契约化的"考"、对标化的"酬"相结合,构建了"年度+任期"、长短兼顾、远近协调的考核体系,并在两级公司完成了经理层成员"两书一契"的签署工作。2021年修订下发两级领导干部管理制度,从任职资格、任免程序、考核评价、监督管理和退出等方面进行了严格要求并实施规范管理,进一步推动"领导干部能上能下"。

二是稳妥推进劳动用工改革,推动员工能进能出。积极推动建立"以合同管理为核心、以岗位管理为基础"的市场化用工机制,针对其中"事转企"工作改革难度大、人员顾虑多的特点,借助"科改"政策支持,以实施上市公司股权激励为契机,用改革发展的红利,促进带动事业身份员工摆脱思想顾虑,顺利实现全部110名事业身份人员与所在公司签订劳动合同并建立社保,切实提升了劳动用工市场化水平,有效推进"员工能进能出"。

三是创新实践市场化激励约束机制,推动收入能增能减。对经理层年薪的组成与结构、内外部公平性等方面进行优化设计,统筹历史业绩、目标业绩、人均效能、地域和岗位差异等参数,构建了差异化、市场化的薪酬机制并实施刚性兑现,领导人员率先落实"收入能增能减"。积极推动探索实践中长期激励机制,推动两家下属公司成功实施国有科技型企业股权激励,并在上市公司层面积极推动股权激励项目,取得了阶段性进展,为后续全面实施奠定了基础。

三、改革成效

自纳入"科改示范行动"以来,中国卫星秉承改革方案要求,坚决落实主体责任,不断找差距、补短板,深化落实、主动作为,全面推动"科改示范行动"各项工作不断深入。

一是实现多项技术突破和关键产品自主可控。小卫星研制平台内产品互换率由平均80%提升至90%，平台单机国产化率达到100%。牵引带动小卫星产业链丰富和延伸，推动形成了20余项小卫星标准规范，发起成立了"中国商业小卫星产业创新联盟"，牵引高精度星敏感器、小型帆板驱动机构、变速控制力矩陀螺、高速数传等先进产品，加快了国产化替代应用。累计获得国家科学技术进步奖和技术发明奖14项，省部级技术进步奖和技术发明奖75项。

二是有力支撑国家军事斗争准备和国民经济建设。坚持以较大的研发投入强度，提前投入、提前布局，保证军队先进战斗力的持续生成。两年来成功发射了40余颗军民商用卫星，参加全军重大演训活动，为军事斗争准备做出重要贡献。圆满完成援乌拉圭气象移动地面应用系统、高分一号、高景一号等重大任务，为我国在"一带一路"、京津冀协同发展、长江经济带等领域的国民经济建设提供有力支撑。

三是服务和保障一系列国家重大专项工程。成功孵化了基于北斗三号导航系统的民航机载追踪监视设备，以无偏离状态实现首飞验证并取得适航认证，为民航生命线筑牢安全保障。成功研制"鹊桥"中继星，助力嫦娥四号实现人类首次月球背面软着陆和巡视勘察探测任务圆满完成。为我国载人航天工程研制的网络通信设备，成功构建空间站"万兆以太网系统"，为航天员与地面实时通信提供可靠保障。

28

强核固本 变革创新
努力建设世界一流创新型航空产业集团

成都飞机工业（集团）有限责任公司

一、基本情况

成都飞机工业（集团）有限责任公司（简称"成飞"）创建于1958年，是中国航空工业集团有限公司（简称"航空工业集团"）的二级企业，是我国航空武器装备研制生产和出口主要基地、民机零部件重要制造商。国企改革三年行动以来，成飞践行"航空报国，航空强国"理念，着力提升自主创新能力，先后研制生产了以歼-20、歼-10、枭龙为代表的飞机数千架，成为国内大飞机CR929、C919机头的唯一供应商，空客、波音部分机翼、尾翼类产品的全球唯一供应商，为我国航空事业发展提供了有力支撑和重要保障。

二、经验做法

（一）推进治理体系现代化，锻造一流治理能力

一是完善中国特色现代企业制度，提升治理水平。深入落实"两个一以贯之"，构建"一个实施办法、三个方案、六个权责清单、十二项基本制度"公司治理体系制度框架，在厘清同一事项党委、董事会、经理层权

责边界的基础上,把事项按九大类整合成公司权责清单,实现"多单一表",做到简明实用、协同高效。开发决策管理系统,将清单内容嵌入管理系统,设置合规性审查、风险评估、法律审核等环节,并建立"及时督办+季度检查"的决议执行检查机制,实现决策闭环管理。

二是加快建设数智能力体系,以数据驱动管理能力提升。基于端到端流程贯通重构流程体系,包含管理公司、管理运营、管理支持三大类、14个业务域、1136个流程。优化组织与流程对应关系,沿着流程设组织,实现组织形式由职能型向流程型转变,大幅提升内部组织协调度。坚持"让数据说话",按"1+5+11+X"顶层架构,建成企业多级智慧管控中心,包含987个实时管控场景、2867项指标,不断提升公司一体化综合运营管控能力。构建新一代数字化产品研制管理体系,打通以xBOM为核心的产品全生命周期数据管理链路,实现数据统一管理,提升产品研制和售后服务效率;建立内外协同的供应链管理平台,打通供应链全域业务,大幅提升供应链管控能力,零部件准时配套率从95%提升至99%。

(二)健全市场化经营机制,激发创新发展活力

一是抓住经理层成员任期制和契约化管理"牛鼻子",树立"人人担指标、挑战高目标"的积极导向。开展经营业绩考核体系的正向设计,系统构建针对经理层成员的"两基本+一卓越"责任体系。"两基本"导向:将岗位赋予的义务、必须遵守的行为规范等作为基本岗位责任,将集团和军方等上级下达的目标任务作为基本业绩责任。"一卓越"导向:鼓励挑战、自我加压,提出明显高于集团和客户要求、历史最高水平或增幅、行业水平的卓越业绩,激发经理层成员挑战新高。建立包含"目标维、价值维、责任维、特征维"的指标任务体系以及紧密挂钩、刚性考核、刚性兑现的管理机制,实现强激励、硬约束。

二是坚持市场化导向,建立完善以劳动合同为主体、以岗位为基础、

以评价考核和有序流动为主要形式的用工机制。围绕科技自立自强，识别核心关键能力，解决"向哪里布局"的问题，重点引进"国外高智""高端领军""高潜掐尖""高素质基础"四类人才，打造高素质专业化人才方阵。围绕质量、安全、保密、劳动纪律等梳理明确严重违纪违规行为清单，规范"红线"退出。基于"岗位有任期，上岗需竞争"的原则，以任职资格、工作业绩为基础，打通"不胜任"退出渠道。构建全过程监督的新员工三年培养体系，加强"新员工三年培养"退出，推进员工市场化退出常态化。

三是强化推进管理人员能下，明确"要什么、考什么、述什么"导向，激活关键少数活力要素。构建干部述职结构化模型，干部年度述职时，先述本人年度工作"三大不足"，自我反思审视个人工作失误或缺憾的三个方面；然后述本人年度工作"三大进步"，直指在提高效率、降低成本、技术攻关等推动企业发展方面具有价值性、结果性、里程碑性的重大进步和贡献；最后述"任务角色"，防止政绩大锅饭，讲清"本人"在推进实施任务中履行了什么角色、做出了什么贡献。

四是坚持价值创造导向，围绕"要什么、考什么、激励什么"，深化分配改革。改变工资增量与任务增长简单挂钩的"任务型"分配逻辑，将效率效益提升、创新驱动等高质量发展方向挂钩占比提升至50%；实施"关键目标奖""降本专项奖"等，年初定目标，达成及时奖，营造人人盯目标、事事为目标的氛围。用好用足各项中长期激励工具，通过实施特殊人才津贴、岗位分红、股权激励，提高核心骨干人才收入水平，形成收入凭贡献、收入能高能低的新常态。

（三）打造领先创新体系，提升自主创新能力

一是"自主"与"开放"结合，锚定高水平科技自立自强。整合内部资源，建设层次分明的科技创新平台，包括4个基于用户需求的产品快速

研制中心和5个专业化的技术研究实验室，通过科研内部化掌握关键核心技术。联合地方政府建立"成飞·青羊创新中心"，开创外部创新力量"走进来"、内部创新成果"拿出去"的单透模式。目前中心已搭建各类技术平台18个，吸引内外部创新团队37个、成员223人，开展研究项目43项，在机器视觉技术、增材制造、AR辅助装配等方面取得了阶段性成果，内外部创新资源聚集效应初步显现。

二是"踩油门"与"松刹车"结合，探索"百团大战"创新机制。聚焦成飞核心竞争力，设立天使投资基金，实施科技创新"百团大战"，对轻资产、小规模的项目进行快速便捷投资，项目管理遵循弹性制、重结果，项目评价着眼开放性、宽容性，授予"团长"一定自主采购权限，建立"快速采购流程"，保障项目快速推进。"百团大战"开展不到1年，已立项272个，累计投入金额数千万元，"90后团长"占比61.7%，广泛激发了青年科研人员的创新热情。

（四）优化产业能力结构，打造稳定健壮的航空产业链

一是聚焦主责主业，强化"小核心"能力建设，快速强链固链。聚焦航空主业，开展强核、固本、强基工作，将90%以上的条件建设投资用于强化研发设计、总装、系统集成、试验试飞及售后支持等核心能力。调整人才布局，在产品能力自主、技术能力提升、前沿技术探索、制造装备自研方面，集中优势人才资源突破瓶颈、补强短板，2021年核心能力人员相比2018年增加34%。强化数智能力、数字化协同研制能力建设，打造构建行业领先的新一代协同研制和保障体系。聚焦产品生产效率提升，基于精益理念，按专业能力重组内部零部件、装配、交付和物流等生产单元，形成基于"强核"的组织体系。

二是扩大开放融合，聚力"大协作"集群发展，实现延链稳链。创建"1+1+N"（政府+龙头企业+配套企业）融合发展模式，利用社会资本

开展生产能力建设，撬动160亿元社会资本和地方政府共同打造集群化航空产业园。通过产业发展需求牵引遴选专业制造能力对口的战略供应商入园承揽配套业务；通过提供专业技术支持和"分层分级"培训，快速赋能入园企业；健全"全流程"供应商管控机制、"公有云"数据协同管理机制和"盯监导"派驻供应商代表机制，构建入园企业的强供应链管理模式，形成稳定、规模化的航空零部件供应能力。

三、改革成效

一是原创技术策源地作用逐渐显现。通过聚焦关键核心技术开展科技攻关，全面建立具有自主知识产权、达到国际先进水平的航空装备制造技术和能力体系。2021年取得软件著作权登记证书288项，获得授权专利318项，其中发明专利257项，同比增长近4倍，远超"十三五"时期专利授权总和。获得国家及省部级科技类奖励36项，同比增长20%，"五轴联动数控机床S形试件检测方法及加工精度提升技术"获国家科技进步二等奖，也是中国在金属切削机床测试领域的第一项国际标准。2021年度科技创新转化合同金额达7800余万元，科技创新影响力逐步提升。

二是产品产业发展取得新突破。主战装备研制生产有序开展，在庆祝中国共产党成立100周年大会上，25架成飞制造的J20、J10飞机飞越天安门上空，接受党和人民检阅，献礼党的百年华诞。成飞生产的无人机圆满完成"海燕计划"海洋气象观测试验任务，2021年飞赴河南洪水灾区开展应急救灾，取得良好社会反响。国产大飞机C919机头实现批产交付。

三是经营质量效益持续向好。在营业收入实现三年翻一番的基础上，2021年成飞营业收入和利润总额再创新高，分别达到550.57亿元、17.72亿元，分别同比增长34.22%、20.36%。在此期间，成飞职工人数基本保持不变，全员劳动生产率累计增长120%，经营质量有效提升。

29

聚力改革突破　激发活力效率
助推造船强国建设和企业高质量发展

中国船舶（香港）航运租赁有限公司

一、基本情况

中国船舶（香港）航运租赁有限公司（简称"中国船舶租赁"）是中国船舶集团有限公司（简称"中国船舶"）为应对全球航运与造船市场长期低迷、实施产融结合战略、带动船海产业转型发展，于2012年6月在香港注册成立的大中华区首家船厂系租赁公司。中国船舶租赁从零起步，迅速发展成为全球领先的船舶租赁公司，于2019年6月登陆香港联交所主板上市，是中国船舶旗下唯一的红筹上市公司。国企改革三年行动以来，中国船舶租赁聚焦机制改革，健全市场化经营机制，全面提升公司管理能力和市场竞争力，为实现企业高质量发展奠定了坚实基础。

二、经验做法

中国船舶租赁于2018年8月入选国务院国资委"双百行动"综合改革试点企业名单，是中国船舶5家"双百企业"之一，成为中国船舶全面深化改革的典型示范。中国船舶租赁基于"产融结合、服务主业"战略使命，立足企业自身实际和行业发展特点，以高质量发展为导向，以加强党的领导党的建设为根本保证,以激发活力提升效率增强动力为主线,以"双百行动"综合改革为抓手,聚焦治理机制、激励机制、用人机制"三大机制"改革,同步推进,相互促进,全面深化改革。

(一)推进治理机制制度化规范化,提升企业经营效率

一是把党的领导融入公司治理各环节。2021年11月,中国船舶租赁成立第一届公司党委和纪委,发挥党委"把方向、管大局、保落实"的领导作用和纪委监督职责,制定党委前置研究讨论重大经营管理事项清单,将党的领导融入公司治理各环节。中国船舶租赁成为中国船舶旗下唯一成立党委和纪委的境外企业。

二是以在港上市为契机,优化公司治理结构。借助在港上市,中国船舶租赁引入3名外部独立董事,并由新股东提名1名非执行董事,实现董事会成员构成多元化且外部董事占多数。按照上市规则设立提名、薪酬、审核委员会,并根据企业发展需要,进一步设立战略与投资委员会,有效发挥专业委员会和外部董事对企业经营管理的监督和指导作用。

三是开展落实董事会职权改革。基于治理结构的完善和治理能力的提升,中国船舶租赁同步推进董事会职权改革和职业经理人制度建设,通过建立健全董事会中长期发展决策权等6项重点职权所涉及的15项管理制度和授权清单,保障落实董事会职权。中国船舶租赁成为中国船舶首批试点落实董事会职权的18家重点子企业之一。

四是给予企业充分的经营自主权。中国船舶租赁结合自身业务实际,主动提出针对重构船海装备租赁业务管控制度的改革方案,推动集团将公司管控模式调整为"战略+财务"模式。2020年8月集团制定《船海装备租赁业务管理办法》,将项目审批制调整为审批制和备案制相结合的管理方式,给予企业充分的经营自主权,并兼顾集团对风险控制的要求。同时,中国船舶租赁把管控制度成果与企业治理效能提升相结合,进一步优化"三重一大"制度，充分授权管理层自主决策一般船舶租赁项目，确保改革效果落到实处。

（二）建立中长期激励约束机制，增强企业发展动力

一是明确股权激励导向。中国船舶租赁推行激励计划的核心目标是确保未来年度业务持续增长，并有效提升在资本市场中的价值。因此，区别于限制性股票的存量价值分享，基于增量价值分享的股票期权更符合激励导向。通过对标统计，股票期权也是港股红筹上市国有企业普遍采用的股权激励方式。

二是坚持激励与约束并重。设定归母净利润增长率、净资产回报率、预期资产损失率等较高的业绩目标作为解锁条件，对核心骨干人员进行股权激励，并要求个人考核结果须为良好等级及以上（集团人员应达到 B 级及以上）。设定不同考核等级的期权生效比例，若考核未达到良好、B 级或同等级则不予生效。

三是着眼于员工激励计划与企业中长期发展要求相匹配。中国船舶租赁于 2021 年 9 月将股票期权首次授予 19 名核心骨干人员，于 2022 年 4 月将其中预留的 20% 股票期权授予新进职业经理人和骨干员工，共计 1.4354 亿股，占企业总股份的 2.34%，激励人才价值创造。激励对象获授股票期权的数量，以各层级年度获授价值占比薪酬水平为依据，年度获授价值最高不超过授予时年度总薪酬水平的 32%。

（三）构建市场化选人用人机制，激发企业经营活力

一是明确试点推行职业经理人制度。中国船舶租赁是在港上市企业，治理结构完善，参与国际竞争充分，内控体系较为健全，具备构建市场化选人用人机制的良好基础。在全面推行经理层成员任期制和契约化管理的基础上，中国船舶租赁进一步试点推行职业经理人制度，经理层成员 100% 覆盖，是中国船舶首批 4 家企业之一。

二是制定职业经理人管理制度。2022年4月通过市场化选聘的5名职业经理人全部到位,其中4名来自集团内部并全部完成身份转换。职业经理人签订劳动合同、聘任协议、年度和任期经营业绩责任书。中国船舶租赁按照"市场化选聘、契约化管理、差异化薪酬、市场化退出"原则选聘和管理职业经理人,建立了职业经理人选聘、绩效考核、薪酬管理等管理制度和运行机制。

三是强化绩效考核与薪酬刚性挂钩约束。坚持业绩导向,合理拉开差距,且浮动收入与绩效考核结果强挂钩。按照业绩薪酬双对标原则,每年调整薪酬基数,并设定追索扣回机制。对年度经营业绩考核结果未达到完成底线、年度经营业绩考核主要指标未达到完成底线、聘任期限内累计2个年度经营业绩考核结果为不称职等的职业经理人,实行市场化退出。

三、改革成效

一是实现企业自身发展质量和效益的显著提升。中国船舶租赁全面深化国企改革三年行动和"双百行动"综合改革,取得丰硕的改革成果,充分激发了企业经营活力,推动高质量发展。2019—2021年,中国船舶租赁利润总额由8.05亿元增至11.63亿元,增长44.45%;净利润由7.90亿元增至11.51亿元,增长45.79%;平均净资产回报率由12.50%提高至14.43%;平均总资产回报率由3.10%提高至3.92%;全员劳动生产率由1570.72万元/人提高至1923.65万元/人;人工成本利润率由1412.41%提高至1543.82%;连续3年获得中国船舶集团成员单位经营业绩考核A级、经济效益突出贡献奖一等奖。截至2021年底,中国船舶租赁资产规模334亿元,营业收入20.7亿元、净利润11.51亿元,船队规模158艘,连续3年获得惠誉A级、标准普尔A-级的国际主体信用评级。

二是实现企业价值创造力和竞争力的显著提升。三大机制改革形成综合性改革效应，有效放大了企业"服务主业"的功能作用。2019—2021年，中国船舶租赁将新造船订单全部投向集团内船厂建造，共54艘、417.5万载重吨，合同金额高达33.25亿美元，有力支撑了中国船舶三大主要造船指标稳居全球第一。投放订单包括全球最大2艘24100TEU超大型集装箱船、集团骨干船厂首制6艘16000TEU超大型集装箱船、3艘17.4万立方米LNGC（液化天然气运输船）、4艘8.6万立方米双燃料VLGC（超大型液化石油气体运输船）、4艘11万吨双燃料LRII成品油轮等在内的一批高端高技术高附加值船舶，加快中国船舶科技自主研发与成果应用，不断提升在高端船型市场的竞争力。

三是实现企业改革创新和管理能力的显著提升。自"双百行动"实施以来，中国船舶租赁成为中国船舶改革先锋，是集团首家红筹上市公司，首批试点推行职业经理人制度和落实董事会职权，首家成功实施境外股权激励的成员单位。中国船舶租赁不断以改革突破制度和机制瓶颈，以管理体系的优化完善固化改革成果，形成长效机制。通过三大机制改革，加强制度顶层设计，解决困扰企业发展的关键问题，充分激发经营活力，增强发展动力，提高经营效率，形成了良好的示范引领作用，也进一步夯实了自身高质量发展的基石。

30

对标世界一流企业　持续深化国企改革

内蒙古第一机械集团有限公司

一、基本情况

内蒙古第一机械集团有限公司（简称"一机集团"）始建于1954年，隶属于中国兵器工业集团有限公司（简称"兵器工业集团"），是国家主战坦克、轮式步兵战车科研制造基地。经过多年发展，一机集团已成为跨多地区、股权多元、以军为本、以车为主的现代化企业集团，研制生产的军品参加了历次国庆大阅兵，培育了铁路车辆、石油机械、推土机、专用汽车等多个产品，拥有国家级重点实验室、国家级企业技术中心。一机集团围绕国企改革三年行动方案，以入选国务院国资委管理标杆创建行动"标杆企业"为契机，以对标一流管理提升为抓手，围绕提高效率、增强企业活力，围绕狠抓创新、强化创新激励，围绕化解风险、突出主责主业，深化改革、创新发展、提升管理，推动企业实现高质量发展。

二、经验做法

（一）坚持对标一流，科学规划企业经营发展

一是主动对接、找准定位。以实际行动践行新发展理念，确定"高质量建设活力一机、创新一机、数字一机、效益一机，努力实现幸福一机"

工作主线。明确 2021 年为"对标一流管理提升年",确定经营能力、科技创新、信息化建设、人才队伍、管理水平、环保安全、企业治理、党的建设、社会形象 9 个方面对标一流,分解为九大领域 49 项工作要点,对环保安全、公司治理和社会责任予以特别关注,以体系化、可操作、具体化的推进措施,不断提升经营管理水平。

二是突出重点、确定标杆。围绕科技、战略、营销、运营、资本运作等 10 个方面,择优选取外部 22 家管理体系较为完善、管理能力较为先进的企业作为对标对象,分系统制定了 123 项具体管理提升措施,扎实有序推进,真正体现管理的价值创造,助力一机集团高质量发展。

三是健全体系、提升能力。围绕系统完备、科学规范、运行高效的现代国有企业管理体系建设,不断健全完善制度体系、责任体系、执行体系、评价体系等,总体管理能力明显提升,作为兵器工业集团唯一单位,入选国务院国资委重点企业管理标杆创建行动标杆企业。

(二)坚持创新驱动,多维立体赋能高质量发展

一是深度推进科技创新。出台《深化科技创新实施意见》,制订科技创新激励、畅通科技人员发展通道、提高科技人员薪酬待遇等一系列重要务实政策,充分激发创新主体创造力。2021 年,围绕坦克车辆装备研发体系、技术研究体系建设、自主可控工程等重点任务,加大科研投入,一批核心关键技术实现突破,重点科研项目卓有成效,重点装备生产按计划推进,先后推出一系列新一代军贸产品。

二是深度推进管理创新。以推进新时代装备建设质量管理体系试点示范为牵引,坚持系统思维,在设计、工艺、生产、采购、服务保障等环节持续发力,体系化推进管理水平提升,装备质量提升效果明显。新型坦克在严苛考核试验条件下做到"行云流水、百发百中",在俄罗斯"坦克两项"国际竞赛中,参赛装备连续 2 年在无企业人员保障情况下实现全程无

故障。一机集团荣获中央军委装备发展部第二届订购项目质量综合激励奖,是兵器工业集团唯一获奖单位。

三是深度推进信息赋能。致力于云计算、大数据、互联网、物联网与制造业加速融合,搭建基础数据管理平台、车间 MES 系统、物流管理系统,实现生产全过程管理。持续优化生产指挥调度系统,不断强化与 MES 系统、物流系统、PDM 系统的数据互联效率,拓展和完善系统功能 340 余项,2021 年实现网上平台异常问题处理、公开与分析 240 余条。加快数字化车间建设,深度推进"智能检测技术""柔性智能制造生产线建设"研究及应用,以信息化推动转型升级、加快高质量发展。

(三)坚持"一企一策",构建灵活高效经营机制

一是确定民品产业发展方向。明确"十四五"民品"2 + 7 + N"产业体系,构建灵活高效的市场化体制机制,全面增强各经营单元响应市场、参与竞争、自主经营、自我发展的专业化能力,打造铁路车辆及零部件、车桥及传动产品 2 个"20 亿级"产业板块,军民融合、工程机械、电气产品等 7 个"10 亿级"产业板块,特种橡胶、专用汽车、云服务等若干个"1 亿~5 亿级"产业板块。

二是发挥差异化发展优势。包头市北方创业股份有限公司(简称"北创公司")坚持"一个核心、两个支撑",积极开拓新市场新产品不断增强抗风险能力,连续收获大单,其中国铁车 2250 辆、外贸车 480 辆,全年实现主营收入 13.62 亿元,利润总额 6856 万元,同比增长 2.82%。北奔重汽桥箱公司重组进入一机集团后,通过转机制、强管理,一举扭转近 10 年亏损局面,2021 年实现收入 7.67 亿元,利润同比增长 79.22%。在兵器工业集团脱困攻坚三年行动支持下,彻底解决山西北方风雷工业集团有限公司(简称"北方风雷公司")7.1 亿元历史债务,实现轻装上阵脱困发展。山西北方机械控股有限公司通过纾困政策支持和盘活股权,顺利实现扭亏

为盈。在北创公司、内蒙古一机集团宏远电器股份有限公司（简称"宏远电器"）基础上，内蒙古一机集团路通弹簧有限公司（简称"路通弹簧"）、内蒙古一机徐工特种装备有限公司（简称"一机徐工"）再获专精特新"小巨人"称号。

三是积极推进混合所有制改革。包头市北方创业专用汽车有限责任公司、万佳信息工程有限公司完成混合所有制改革，大地工程机械有限公司和徐工集团工程机械有限公司实现合资，发展潜力和质量效益显著提升。以医疗机构改革为契机，内蒙古一机医院与中国医药集团有限公司（简称"国药集团"）合资，推动引资本、转机制，持续深化改革，5年内获得3亿元资金投入，在分离基础上有效解决了生存发展问题。

（四）坚持转机建制，有效增强企业内生动力

一是基于优化领导人员队伍，实现领导人员能上能下。一机集团总部助理级领导人员全部下沉到一线，承担具体经营发展任务。重新从严核定中层领导人员职数，实行"长师分设"，建立领导人员转聘职业经理人机制。基于规范治理、精简高效，对总部机构进行全面优化调整，将原21个总部部门和直属单位、113个二级内设机构，优化精简为16个部门、60个内设机构。建立健全"赛马"机制，拿数据说话，凭业绩论英雄，优者上、末等调整、不胜任者退出，形成比学赶超、奋勇争先的良好氛围。

二是基于提高职能部门效率，实现员工能进能出。明确部门和内设机构职责，细化制度和流程，深入开展"三定"，原有125个岗位优化为100个。通过组织选任、竞争上岗、岗位交流、进入职级通道、一线培养锻炼和内部退养等多种途径，妥善安置每位员工，实现管理人员大幅精简。

三是面向市场深化绩效和薪酬改革，实现收入能多能少。制定《领导人员绩效考核与薪酬管理办法》，对单位和领导人员按A、B、C、D进行考核评价，充分激发领导人员干事创业积极性。内蒙古第一机械集团股份有限公司（简称"一机股份"）首期核心骨干人员股票激励方案顺利实施，对股份公司以外经营单位领导人员和骨干人员制定中长期激励办法；建立科技、管理人员职业发展通道，实施职级薪酬和薪点制，有效调动管理、科技、技能等各类人员的积极性。

三、改革成效

一是发展质量持续提升。军品坚持强军兴军首要职责，高标准完成装备生产和服务保障任务，民品及军民融合产品实现主营业务收入 53 亿元，同比增长 10.4%。3 年来，一机集团主营业务收入年均增长 6%，利润年均增长 14.6%，连续 3 年获评兵器工业集团经济效益突出贡献一等奖，连续 4 年获评兵器工业集团党建考核 A 级。

二是科技实力明显增强。主干民品铁路车辆载运、车桥及分系统、高钢级特殊钻具及铝合金铸件等关键技术研发得到开发应用。军民融合应急救援类装备形成体系化发展格局，各类招标采购中实现"十二连中"。"数字一机"建设取得新突破，获得国家工业互联网标识解析综合型二级节点资质并上线运营。322 台动力总成产品、17 台负压救护车，助力服务保障北京冬奥会圆满成功。

三是企业活力有效激发。持续深化三项制度改革，对分子公司经理层全面推行任期制和契约化管理。实施"一企一策"差异化管理，分层分类设定个性化考核指标，坚持激励与约束并重，13 家分/子公司严格考核、刚性兑现，各单元经营者的积极性、主动性和创造性得到有效激发。

31

以创新机制变革引领创新能力提升推动向科技型企业集团转型发展

湖南云箭集团有限公司

一、基本情况

湖南云箭集团有限公司（简称"湖南云箭"）是中国兵器装备集团有限公司（简称"兵器装备集团"）下属特种产品科研生产双保军单位，前身为1890年成立的湖北汉阳兵工厂，迄今已有132年历史。湖南云箭以"为建设世界一流军队研制世界一流装备"为使命，以"建设成为富有活力的国际一流创新型企业集团"为愿景目标，坚持走创新发展之路，深攻改革，闯关破局，现已发展成为我国一流的特种产品研制生产总体单位，实现了由跟跑向并跑、领跑的跨越式发展。近年来，湖南云箭先后被认定为国家高新技术企业、湖南省高新技术企业，拥有国家级创新平台1个、省部级创新平台9个，累计获得省部级科技成果奖励79项。

2020年4月以来，湖南云箭以入选"科改示范企业"为契机，深入贯彻落实国企改革三年行动要求，围绕制约企业创新活力、发展动力提升的关键点和难点，出硬招、求实效，统筹推进创新能力培育和创新机制建设，构建了良好的企业创新生态，极大地释放了企业发展活力与动力，按下了向科技型企业集团发展的加速键。

二、经验做法

（一）突出创新能力培育，不断增强企业发展动力

一是不断强化专业学科建设。瞄准信息化智能化发展趋势，打破传统专业设计，大力推进导航与控制、软件、仿真等专业学科建设，并设立专业研究所，不断提升导航、制导、控制、软件工程等软学科专业能力，为未来承担更为重要、更为复杂的信息化、智能化武器系统总体任务，以及适应未来数字化转型奠定了能力基础。目前，导航、微波、软件等5个专业已成为省部级或行业的技术中心，其中软件能力方面，湖南云箭是兵器装备集团和湖南省首家通过GJB5000A三级评价的企业。

二是强力推进研发模式变革。立足产品"研发—制造—供应链—交付—保障"全生命周期，构建基于模型的系统工程，建立全要素建模、全层级验证、全过程连续、全场景覆盖、全数字孪生的数字化正向研发体系，支撑研发手段从实物样机试验试错向数字样机迭代验证转型、研发模式从文档驱动向模型驱动转型、管控方式从事件驱动向流程驱动转型。以数字模型为载体，逐步实现"设计模型—制造模型—维护保障模型"的产品全生命周期模型贯通，全面提升数字化研产一体的能力水平，迎接数字化、智能化时代到来。

三是全面夯实知识能力基础。构建了基于"获取—储存—学习—应用"的全寿命周期知识管理体系，不断积累和沉淀企业智力资产。针对不同专业线，以正、负激励为牵引，集中专业资源，开展经验提炼及项目应用，已形成以研发流程为核心的知识提炼工具"检查要素表"，建立了科技创新库、研发知识库、专业知识库等六大知识库，梳理固化知识7万余项，制定了基于知识的产品结构快速设计向导，使同类产品结构设计效率提升80%以上。

（二）完善创新机制建设，持续厚植创新沃土

一是深入推进科研体制改革。建立行政与技术分线管理与高效协同的科研工作机制，打破"官本位"思维，建立以业绩、成果与贡献为核心的多维度晋升评价体系，全面打通专业技术人员晋升通道，引导科研人员争先创新出成果，管理人员更加聚焦战略管控与组织效率提升。建立以专业能力和业绩贡献双线评价的科研人员薪酬分配体系，同级别科研人员薪酬差距达2.5倍。

二是建立"创新特区"。围绕装备发展趋势以及牵引企业未来发展的前沿性技术领域打造创新特区，构建快响研究团队，突破一切创新束缚，让创新运转"快"起来。2021年，"创新特区"发布第一批支持项目14项，重点支持前沿、探索、基础性科研项目研发，企业内部支持经费超1000万元，已有2项支持项目参与国家级科技项目竞标成功。

三是健全科技创新机制。以专项行动计划为牵引，带动科技创新全链条发展。制订科技创新"395"专项行动计划，系统推进创新能力提升、技术储备强基和人才引育支持三大工程。颁布人才新政9条，围绕人才引进、培育、激励等制定专项政策，如针对国际顶尖人才，通过给予安家费100万元、购房补贴100万元、配套科研经费1000万元等举措，打造领先的科技、管理、工匠人才队伍。2021年成功引进国家重点实验室专家2人、行业技术专家1人、海外高层次人才1人。

四是完善创新成果转化机制。围绕传统军工企业"创新创意多、成果转化少"的问题，制定了《知识产权管理办法》《职务发明管理办法》《科技成果转化管理办法》《科技成果转化奖励办法》等促进科技成果转化制度，设置分类分层的科技成果专项奖励，奖励金额最高可达100万元，有效激发了科技创新积极性，加速推动科技创新成果转化。2021年，3个重大型号研制项目实现成果转化，签订合同金额超过140亿元。

（三）构建市场化运行机制，有效促进创新与产业融合

一是开展多元化中长期激励。结合业务特点，灵活开展项目收益分红、项目跟投、超额利润分享等多种中长期激励手段。围绕科研项目成果转化引入项目收益分红机制，按照项目投产后 1~5 年内营业利润的 2%~20% 予以奖励，已在"制导组合体"和"微滴喷射大型砂型 3DP 打印装备"两个项目上推行，覆盖 38 名核心技术骨干和经营管理人才，有力促进了科研项目产业化进程，其中"微滴喷射大型砂型 3DP 打印装备"项目已完成研制，进入产业化应用。围绕科研项目探索实施"风险共担、利益共享"的项目跟投机制，由项目核心团队人员按项目研发费用一定比例出资，最高 10 倍返还，现已选取 1 个科研竞标项目试点，激励人数 20 余人，激励总金额 146 万元，项目研制进度已超计划节点完成。围绕传统领域业务，试点推行超额利润分享激励机制，努力撬动增量价值创造；通过采取当年兑现、递延支付等方式，引导核心运营团队创造更多增量价值，形成良性循环。

二是创新产业发展模式。聚焦特种产品创新链前后端，以 MEMS 惯导与增材制造等先进技术产业化为重点，持续强化特种产品产业韧性，构建军民品协调发展的产业新格局。创新新业务发展模式，充分利用合资新设、并购等市场化手段补链强链，以较少的投入实现国有控股，以市场化的运行机制引入高水平的团队资源及技术，实现了 MEMS 惯导、自主可控高性能服务器等新兴产业快速发展。持续强化新产业创新能力建设，进一步加强"产学研用"开放型创新体系建设，先后与国防科技大学、北京理工大学等 20 多所高校形成了战略合作伙伴关系；以新业务产业化发展为基础，持续吸纳、转化先进技术，2021 年 MEMS 惯导、增材制造等新产业专利申请数同比增长 30%，部分产品技术达到国内先进水平，综合竞争力大幅提升。

三、改革成效

一是创新活力充分激发。通过不断完善科技创新体制机制，加大科技创新激励力度，构建了良好的企业创新生态，极大地调动了广大科研人员的积极性、主动性和创造性，科技创新热情及活力达到新的高度。2021年，万人专利拥有量同比增长20%以上，科技人才凝聚力和创新活力明显增强。

二是创新能力显著提升。在科创动能激发下，湖南云箭科技创新成果数量和质量均创历史新高。近3年，新增国家级企业技术中心1个，实现零的突破；新增省部级创新平台5个，新增发明专利57项，获得省部级以上科技成果奖24项；新增科研项目128项，完成6项重点型号项目的设计定型，其中某型产品的主要技术指标达到世界领先水平；新产品产值贡献率达到75%以上；国家项目争取实现由单一来源向多领域拓展，自主创新能力显著提升。

三是产业布局不断优化。产业区域布局多点开花，在北京、福建、杭州等政策、资源、创新高地布局了一批创新平台和业务，进一步补齐了产业链短板，筑牢了企业可持续发展基础。市场取得重大突破，增材制造装备订单实现从"0"到"1"的突破，成为新的经济增长极；克服新冠肺炎疫情影响，2021年新增海外市场订单1.2亿元，同比增长525%。

四是企业发展迈上新的台阶。由于发展动力活力得到显著增强，湖南云箭经济规模、效益大幅提升，连续3年创历史新高，企业发展迈上了新的台阶。营业收入从2019年14.05亿元增长到2021年30.66亿元，增长118%；利润从2019年3840万元增长到2021年17506万元，增长356%；"科改示范行动"主要改革指标均超额、提前完成预定目标。

32

改革与创新双驱动
充分激发企业高质量发展新动能

中国航发西安动力控制科技有限公司

一、基本情况

中国航发西安动力控制科技有限公司（简称"中国航发西控科技"），始建于1955年，是国家"一五"时期156个重点建设项目之一，中国第一家航空发动机燃油与控制系统产品研制生产企业，在航空发动机燃油与控制系统领域拥有集设计、制造、验证、技术服务"四位一体""厂所合一"的研发体系，具备涵盖控制、机械、液压、电子等多专业综合研发能力。

近年来，中国航发西控科技深入学习贯彻习近平总书记关于国有企业改革发展和党的建设重要论述，按照中国航空发动机集团有限公司（简称"中国航发"）统一部署，把深化改革作为强大动力，把创新发展作为重要任务，注重系统性、整体性和协同性，双轮驱动形成激发企业活力、提升发展效益的强大合力，加快实现高质量发展。

二、经验做法

（一）转变思路与方式，推进企业改革发展提速

一是加强顶层设计，夯实治理基础。明晰改革目标，明确改革路径，

注重顶层设计，以项目管理模式创新改革，形成"1个办法+N项配套"的项目制度框架，为改革推进提供规范指引，保障改革举措层层落地，确保改革践行见效。

二是变革业务模式，打破组织边界。按照"去中心化、无边界"的管理创新理念设立"改革调整办公室"，统筹协调各部门和全级次单位改革任务，建立横向到边、纵向到底的高效协同机制，确保资源要素向任务聚集，与业务的多维度敏捷精准对接。

三是提升管理效能，强化协同创效。坚持正向激励，强化过程管控，将国企改革三年行动等任务纳入考核，加大奖惩力度。聚焦业务发展，以改革促业务质量和技术成熟度提升，形成"责任落实、目标明确、过程可控、结果可查、考核评价、宣传引导"全流程闭环管理。

四是主动对接政府，推进企地耦合。为保证企业办社会职能剥离"交得了、接得住、运行稳"，主动获取政府支持，通过多种形式联系沟通百余次，确保政府深度参与剥离企业办社会职能改革任务，以"连接"取代"赋能"，发挥最大乘数效应。

（二）健全市场化经营机制，激发企业内生动力

一是创新用工机制，活用市场资源满足需求。面对任务陡增和人员压减的矛盾，实行市场化灵活用工。规范技能岗位劳务派遣要求，明确用工范围、进入条件，加强日常考核，实行优选劣汰，不断提高用工质量效率。让专业的人干专业的事，实施非主营业务外包，在原有保卫值守、绿化保洁、餐饮服务等业务外包基础上，进一步推进运输业务、消防业务整体外包。充分利用各类公共采购信息平台，对技术要求较低的非核心业务实行外包外协，实现资源和精力聚焦。

二是深入推进"三定"，优化人员配置盘活存量。严格用工管控，层层分解减员指标，将压力传导至全级次单位，坚持"增人不增资、减员不减资"，最大限度开发现有存量、管控用工总量。压减管理和辅助人员，

退出后不再补充，超编人员转岗生产一线。严控技能岗位人员，优先公司内部调配，辅以劳务派遣、返聘等为补充。加大技术岗位人员配置力度，着力提升技术人才比例，加强高端人才引进。

三是强化员工挖潜，变革生产方式提升效能。着眼效能提升，变革生产方式，大力开展干部员工能力提升培训和工作实践引导。实施"自动化减员、机械化换人"，合并压减岗位。开展靶向培训，针对核心机加分厂、总装分厂开展"生产能效提升培训"，通过"送培训进班组"，助推产能提升，推进现场精益改善，加强标准作业研究应用，以信息化手段推进操作岗位标准化作业。实施后某制造线产能提升20%以上，某重点型号生产周期缩短30%以上。

（三）加强核心队伍建设，践行人才强企战略

一是加大年轻干部选拔，优化领导班子结构。着眼公司高质量发展要求，进一步完善年轻干部选拔培养机制，大力选拔使用优秀年轻干部，做好干部梯队建设，发掘储备一批数量充足、素质优良的优秀年轻干部，"80后"干部人数占比提高至42.5%，进一步优化了领导班子结构。

二是强化素质能力培养，推进干部担当作为。以提升领导班子整体功能和履职效能为目标，用好党政交流、轮岗、挂职等多种方式，推进干部多岗位锻炼，持续强化干部政治素质培养和专业能力培训。通过"引进来、走出去"广泛学，线上线下同步学，把专项学习与常态学习相结合，推动思想意识与综合能力全面提高，促进干部专业领导水平有效提升。

三是坚持人才高端引育，支撑人才强企战略。2019年以来，本科及以上学历招聘率达到100%，985/211院校毕业生招录比例达到84%，核心主专业配比达到100%。积极实施博士、硕士引才"心"计划，加大对口院校重点专业硕、博研究生引进力度。深入推进产教融合，自主培养发动机博士2名，为公司博士后工作站引进博士1名。

四是加强技术技能专家培育，建强核心骨干队伍。优选技术专家，聚焦

核心专业和关键技术领域，开展技术专家岗位规划管理。完善"专家树"建设，持续畅通公司关键核心专业人才晋升通道。创新"优选通道"选拔和培养机制，促进青年技术专家快速成长。加强技能大师工作室建设，落实学习交流、创新实践、带徒授业等措施，解决部分技能瓶颈。积极参加各类技能竞赛、人才评选，以赛代训，弘扬和激发劳模精神和工匠精神。

三、改革成效

一是发展质量效益显著提升。2021年，实现营业收入同比增长18.9%，净利润同比增长36.5%，企业质量效益显著提升，科研生产任务再上新台阶，全面完成了国家重大专项科研任务、重点科研型号任务及批产修理任务，满足了发动机研制及修理配套需求。以无级驱动、国际转包为代表的核心技术衍生业务快速发展，得到了客户的充分肯定。

二是实现企业轻装上阵。清理非主业投资企业12家，安置从业人员800余人，收回资金0.6亿元。完成厂办大集体改革，安置大集体职工138人，7家大集体单位完成工商注销。"三供一业"6872户居民、1个教育机构完成分离移交，5786名退休人员移交社会管理。

三是核心技术人才力量持续增强。2019年以来，累计评聘技术专家180人、技能专家92人，技术、技能专家分别达到292人、145人，2人荣获全国技术能手、2人获省级技能大师工作室领创人。

四是企业活力竞争力快速提升。通过市场化用工和三项制度改革等，实现人员总量压减、队伍结构优化、劳动效率提升目标。2019以来，职工数量由4144人降至3678人，技术技能人员占比显著提高，其中技术人员占比32.26%、技能人员占比54.08%，全员劳动生产率提升61.8%，企业发展活力、内生动力和市场竞争力不断增强。

33

牢记使命重托
以高质量改革奋力推进油田高质量发展

大庆油田有限责任公司

一、基本情况

大庆油田有限责任公司（简称"大庆油田"）是中国石油天然气集团有限公司（简称"中国石油"）所属的特大型国有企业，业务包括勘探开发、工程技术、工程建设、装备制造、油田化工、生产保障等，现有二级单位53个，资产总额4503亿元，员工18.9万人。大庆油田始终牢记习近平总书记对大庆油田"不断改革创新"的重要指示要求，深入学习运用习近平总书记"系统性、整体性、协同性"的改革方法论，统筹布局油气主业发展和托管业务改革，一体化推进业务结构调整和组织体系优化，协同深化三项制度改革和市场化机制建立，制定包括6个方面、34条举措、72项任务的国企改革三年行动实施方案，集全油田之智、聚全油田之力，统筹谋划、深度推进，取得一系列历史性突破。

二、经验做法

（一）系统布局油气主业发展和"油公司"模式改革，展现保障国家能源安全"主力军"新作为

一是以精深调研为基础，支撑改革方案科学有效。本次改革共涉及33

家所属单位和8.4万名员工,影响范围广、结构调整深、改革任务重。大庆油田坚持因地制宜、谋定而动,开展基层调研和沟通600余次,收集意见建议700余条,形成业务、机构、人员、资产、井站等基础数据110余套,开展集中培训209人次,研究制定总体方案和推进计划。

二是以试点先行为基础,确保改革推进稳妥高效。坚持边设计、边实施、边总结、边改进,选取7家单位作为试点,"一企一策"制定方案,分步分类有序实施。总结试点单位人员安置、职责梳理、流程优化等实操经验,制定8个操作模板供复制借鉴。研究制定公司总体推广方案和分专业分单位具体实施方案,统一批复实施、强力督导推动,以点上的局部突破带动面上的高效推进,仅用46天就完成推广阶段各专业和各单位共32个方案的制定、审核及批复工作。

三是以专业归核为基础,带动组织体系优化提升。聚焦主业、突出主营,将井下作业、电力运维等11项市场化程度较高、专业性较强的支持保障业务,从油气生产单位(二级单位)剥离,在油田层面专业化重组。将技术研究、监督管理、应急保障等10余项与油气生产强相关职能,从作业区(三级单位)剥离,在油气生产单位内部整合,共划转员工7560人、资产20多亿元,同步压减三级机构112个、22%,三级领导职数364人、15.2%,实现业务归核、能力归核、价值归核。取消采油队(四级单位)层级,优化压减班组8664个,精简基层生产单元78.9%。大庆油田实现油田开发建设60多年来,采油厂业务由"小而全"向"专而精"、组织架构由"三级管理"向"两级管理"转变的历史性跨越。

四是以管理升级为基础,保障改革运行衔接顺畅。结合业务结构调整和组织体系优化,同步健全体系文件、制度标准、业务流程、岗位责任制和市场化机制,厘清管理界面,梳理优化制度流程比例达82%,简化资料报表达33%,及时研究完善干部员工极为关注的薪酬、岗位调整、晋升、成长、保险、退休等配套政策，实现员工队伍稳定、生产经营平稳、安全环保受控。

（二）整体推进亏损企业治理和未上市业务改革，迈出转型升级发展新步伐

一是全面打响亏损治理"攻坚战"。对所有亏损企业开展全面调研摸底，确定经营性亏损3年清零总体目标，明确3年效益提升改善目标，分年度制定专项方案，建立公司班子成员包保责任制，配套出台16项支持政策，"一企一策"定目标、出方案，层层签订任务书、军令状，将薪酬收入、干部任免与治亏效果刚性挂钩，定期督导、刚性考核，有效提升治理效果。纳入2021年度专项治理的22家单位实现扭亏9家、减亏10家、注销3家，整体减亏额达82.9%，超额完成年初计划。

二是坚决唱好剥离移交"重头戏"。大庆油田企业办社会职能移交业务量占中国石油总量的1/4，涉及14个二级单位、共26305人，被列为国家大型独立工矿区剥离办社会职能综合改革试点单位。大庆油田直面诸多错综复杂的矛盾问题，调动多方力量、合力攻坚啃硬，全面实现"应交尽交"，移交资产原值148.3亿元、净值96.9亿元，划转员工7382人，得到了国家领导人和国务院国资委领导的充分肯定。强力推进国有企业退休人员社会化管理工作，创造性提出"1+5"整体移交模式，稳妥有序完成16.8万名退休人员和退养家属、187处活动场所的移交工作，并建立"随退随交"长效制度，截至目前共移交18.29万名退休人员。

三是强力啃下厂办大集体改革"硬骨头"。大庆油田厂办大集体企业和员工数量占中国石油的10%左右。面对时间紧任务重、历史情况复杂、各种利益交错、法律和稳定风险非常大、内外部矛盾极为突出等诸多不利因素，组织学习研讨和现场调研100余次，梳理政策汇编18.6万字，形成各类报告91份，核实数据10万多项，专人专班强力督导，多件10年以上的未结案件得到妥善解决，一批遗留十几年甚至几十年的债权债务和股权投资实现有效处置，十几家因潜在风险高、多年来一直没有得到解决的企业完成关闭注销，目前已全面完成52家厂办大集体企业改革任务。

四是加快构建未上市业务"新格局"。聚焦深改提升、专业重组、产业升级、坚决退出"四个一批"，大庆钻探工程公司进一步优化业务布局，重组成员单位4个，精简二、三级机构104个；大庆油田工程建设公司重塑扁平精干运营体系，压减二、三级机构45.9%、领导职数25%；大庆油田装备制造集团构建全新的"研产供销服"一体化模式，压减三级机构42.7%、领导职数23.8%；大庆油田化工有限公司深入推进"技工贸一体化"，压减三级机构65.9%、领导职数50%。经过1年多的努力，已完成大部分未上市业务板块的改革调整，产业集中度达到90%以上，同步压减二、三级机构380个，实现精简"瘦身"、轻装上阵。

（三）协同深化经营机制转换和三项制度改革，激发市场化发展新活力

一是加快完善内部市场化运行机制，扭转"等靠要"思想。大庆油田深入研究改革政策要求，结合实际研究建立起一套覆盖内部市场运行全链条、各环节的管理机制，实行甲乙方运作、价格动态调整、关联指标一体化考核，有序放开部分领域一定比例的内部市场，有效增强危机意识、竞争意识和服务意识。2021年工程技术、工程建设两类服务项目市场化率分别达到33.58%、31.99%，市场化改革已初见成效。

二是加快推动简政放权改革，扭转"包保抱"思想。深入总结前期扩大经营自主权试点经验，按照放得下、接得住、管得好、有监督的原则，根据"走出去"实际需要，根据企业不同，差异化采取运营管控、战略偏运营管控和战略管控模式，进一步不同程度下放审查审批事项114项，让企业真正回归市场主体地位。2021年实现外部收入194亿元、同比增长26.5%。

三是加快深化三项制度改革，扭转"铁饭碗"思想。推动分级分类管理全覆盖，实现了"去行政化"的根本转变。全面完成所有二级单位领导人员任期制和契约化管理，迈出了"三能"的关键一步。进一步完善差异化工资总额决定机制，推行全员绩效考核和全要素量化考核，有效激发拼搏创业热情。扎实推进"双序列"改革，3346人聘任到岗，202名原三级副以上领导人员转聘到专职技术岗位。

三、改革成效

一是保障国家油气能源安全能力进一步增强。面对新冠肺炎疫情和国际复杂形势，坚持用好改革关键一招、办好自己的事。2020年和2021年均完成国内原油产量3000万吨以上，天然气产量更是迈上50亿立方米新高峰，国内外油气产量当量保持4300万吨以上，始终践行保障国家能源安全的责任使命。

二是经营业绩取得历史新高。持续优化业务结构，推进产业升级，转换经营方式，发展能力进一步增强。2020年实现营业收入1408亿元，2021年继续巩固提升改革成效，实现营业收入1775.5亿元、利润总额65亿元，未上市业务近年来首次实现现金流为正，始终践行"做强做优做大"的责任使命。

三是活力动力效率显著提升。通过推进组织体系优化、深化三项制度改革，近3年，压减二、三级机构1028个、压减率24.8%，减少员工总量近2.4万人，全员劳动生产率同比提高44.27%，始终践行"不断改革创新"的责任使命。

34

创新赋能育新机　改革突破开新局
奋力打造世界领先催化剂公司

中国石化催化剂有限公司

一、基本情况

催化剂是石油化学工业的关键和核心，被誉为石油化工的"芯片"。中国石化催化剂有限公司（简称"催化剂公司"）成立于2004年，是国际知名、亚洲最大的炼油化工催化剂生产商、供应商和服务商，拥有科研、生产、销售一体化完整产业链，产品涵盖石油化工、环保、煤化工等六大类近300个品种。2014年首次通过国家高新技术企业认证。2021—2022年，催化剂公司连续2年被评为"科改示范企业"标杆，综合实力连续2年位居全球催化剂行业第2位。

自入选"科改示范企业"以来，催化剂公司深入学习贯彻习近平总书记关于国有企业改革发展和党的建设的重要论述以及视察中国石油化工集团有限公司（简称"中国石化"）胜利油田重要指示精神，搭平台、建机制、抓重点、促融合，统筹推动改革和创新双向发力、双线提升，基本实现了体制机制整体重塑，创新活力全面激发，正在向"科技型、生产服务型和先进绿色制造"的世界领先催化剂公司加速迈进。

二、经验做法

(一)以党的建设为根本点,为建设现代企业管理体系固本培元

一是牢记"旗帜""栋梁"的定位,全面筑牢国企"根"与"魂"。深刻理解把握习近平总书记对石油战线始终是共和国改革发展"旗帜""栋梁"的定位,坚持"根"从基层扎深、"魂"在基层筑牢,全面实现党建入章、党委前置研究讨论重大经营管理事项,"双向进入、交叉任职",创新开展"压题攻关"、党员先锋指数、"双示范"建设,坚定不移以高质量党建引领高质量发展,勇担扛大旗、争先锋的时代重任。

二是牢记"再立新功、再创佳绩"的期许,全面完善治理"新模式"。全面落实"两个一以贯之",全力实现习近平总书记对石油石化行业"再立新功、再创佳绩"的期许,进一步理顺出资人、公司党委、董事会和经理层"四层主体"之间关系,确保各治理主体协调运转,有效制衡。搭建由4个层级、18项制度构成的"公司治理制度树",将制度优势更好转化为治理效能。发布实施17项措施、11项制度,推动保障董事会6项主要职权落实,确保接得住、行得稳。

三是牢记"能源的饭碗必须端在自己手里"的嘱托,全面做实发展"大文章"。坚定履行政治责任,致力于打造人无我有、人有我优的民族石油化工"芯片",把事关民族催化剂产业高质量发展的主动权牢牢掌握在自己手中,成为党和国家在催化剂领域最可信赖的依靠力量。

(二)以科技创新为发力点,为高质量发展赋能赋智

一是瞄准新兴领域攻坚,加大优化产业"芯"布局。聚焦能源革命和"双碳"目标,下好新能源领域"先手棋",着力开发制氢、储氢、氢气纯化等关键环节催化剂,应用于国内最大的2万吨/年绿氢生产示范装置,达到国内领先水平。打好新产业格局主动仗,着力布局己内酰胺新技术、烯

烃催化裂解、煤化工等核心技术催化剂攻关并取得重要突破，为产业"减油增化"转型升级提供强力支撑。

二是聚焦成果转化攻坚，加速构建创新"芯"平台。聚焦油品升级、行业转型等难题，成立战略咨询委员会，聘请15名院士和20多名专家，为公司发展出谋划策。做强自主创新"主阵地"，建成催化剂制备技术"1224"辐射式自主创新平台（1个工程技术研究院、2个院士专家工作站、2个博士后工作站、4个工程技术试验中心），成功转化了用于生产口罩熔喷布和无毒奶茶杯的专用催化剂等生产技术，满足了国家绿色发展及在特殊时期对催化剂新产品的迫切需求。做大协同创新"朋友圈"，创建"产销研用"新平台，与国内一流高等院所共建1个国家级重点实验室、2个国家级工程技术中心、2个省部级催化剂工程技术研究中心，正在加快推进10余项国内领先技术的研发，提速新旧动能转换。

三是锚定核心技术攻坚，加快迈向科技"芯"自强。立足科技自立自强和产业高端领先发展战略，聚焦国家和行业重大需求，承担中国石化"十条龙"项目（中国石化通过科研、设计、生产一体化联合攻关开展的核心关键项目）15项，深度参与成品油深度净化工艺及催化剂技术攻关，支撑了汽油提质升级，助力打赢"碧水蓝天保卫战"。通过"点将配兵"和"揭榜挂帅"，组建新能源领域催化剂及功能材料制备工程技术2个科研创新攻关团队，成功攻克多项"卡脖子"技术，实现芳烃吸附剂、脱蜡吸附剂、高纯氢氧化铝、氧化铝小球载体等制备技术的国产化，打破了国外同行长期垄断。加大原始创新力度，参与第三代高效环保芳烃、环氧氯丙烷清洁生产、过氧化氢法生产环氧丙烷等成套技术攻关并实现应用，达到世界领先水平。

（三）以专项改革为切入点，为开辟改革新局铺路架桥

一是市场营销体制机制改革"开真刀"。彻底打破"分头对外、客户

重叠、资源分散"旧格局，实现"集中＋专业＋服务"一体结合的营销模式，重塑业务流程，统筹营销策略，共享市场资源，彻底解决"内卷、内斗、内耗"问题。"揭榜挂帅"打造"突击队""尖刀连"，抢占空白市场。"筑巢引凤"招纳8名炼化装置专家，构建"一站式""一条龙"服务模式。"行商"变"营商"，推进全生命周期效益核算和解决方案式销售新模式。

二是生产装置管理模式改革"动真格"。车间负责人从"掌柜"变"当家"，全面实行"承包制"，充分赋予生产组织、人员选用、薪酬分配权。员工从"要我干"变"我要干"，实施降本提成奖励，以效定酬、按劳分配，同岗收入差距达20%以上。实行"三个人干五个人活，拿四个人钱"新机制，同类装置"共享用工"，实施大班组、扁平化。

三是物资供应体制机制改革"下真功"。"拼单"变"团购"，整合物资供应资源，组建物资装备中心，由独立保障、分散布局到归口管理、集中采购。"被动供"变"择机买"，买前充分调研、专家集体研判，选商定价集中决策，精准过程控制，上下游供应链把控能力显著增强。"专人买"变"专家买"，从让买什么买什么到需要什么买什么，供应质量效益显著提升。

（四）以"三能"机制为核心点，为改革落地见效保驾护航

一是"能否坐得住、协议说了算"，打破干部"铁交椅"。全面实行任期制和契约化管理，中基层领导人员覆盖率达100%。签订"一协议两书"，立下考核"军令状"，亮出"双70""连续排名后10%"等红线标尺，使干部"下"的标准由"软指标"变成"硬杠杠"。2021年公司末等调整和不胜任退出的干部比例超过5%，干部"能上能下"成为新常态。

二是"干得好不好、指标说了算"，打破员工"终身制"。全面推进市场化用工机制，2800余名员工全部签订上岗协议，协议完成情况与绩效考

核结果紧密挂钩，构建起"劳动合同+上岗协议"双契约管理模式。建立"人才池"，考核不合格的员工纳入"人才池"管理，2021年进出池120人次，充分激发员工队伍内生动力。

三是"收入多与少、业绩说了算"，打破分配"大锅饭"。实施"工效联动"，以效益论收入、以贡献定薪酬。2021年，各分/子公司间工资总额增幅差距达44%，不同单位同一层级员工收入差距达60%。实行差异化、多元化分配。营销人员实行"基薪+提成"，2021年一名销售人员因业绩突出，兑现收入超过催化剂公司分管领导。车间负责人按照岗位价值、能力贡献兑现津贴，同级差距达5倍。科研人员工资总额单列管理，实行"基薪+岗位津贴+创效激励"，重大经济效益按比例提成，2021年两名课题负责人各获得60万元创新创效突出贡献奖励，极大振奋了科研人员精气神。

三、改革成效

一是经营业绩实现重大突破，率先迈入世界领先行列。面对新冠肺炎疫情的大战大考，催化剂公司取得了"跑赢大市、好于预期、优于同行"的经营业绩，营业收入首次跨越90亿元大关。近2年，利润总额增长47%、净利润增长45%，研发经费投入增长200%，世界第二的行业地位更加巩固，国际影响力不断提升。

二是"三会一层"尽职归位，率先形成有效制衡的法人治理结构。公司将加强党的领导与完善治理结构有机统一，厘清权责边界，明确党委前置研究程序，已构建权责法定、权责透明、协调运转、有效制衡的公司治理机制。2021年，公司被纳入中国石化落实董事会职权6家重要子企业范围，也是集团公司唯一被授予经理层成员选聘权的企业。

三是助推石化产业转型升级，率先提升自主创新能力。公司深度参与的成品油深度脱硫工艺技术及催化剂技术攻关,有效支撑了我国汽柴油质量持续升级。MACC-1000 浆态床渣油加氢催化剂实现了重油清洁加工新路线,极大地助推了炼化企业提质增效和产能提升。

四是持续深化专项改革,率先在重点领域实现提效率增活力目标。在生产管理方面,2021 年生产装置共减员 153 人,降本减费 4660 万元,部分产品制造成本降低 10% 以上,万元产值综合能耗同比下降 4.85%;在物资供应方面,采购人员数量下降 40%,库存资金占用下降 26%,2021 年共节约采购资金 2.19 亿元;在市场营销方面,催化剂销量首次突破 20 万吨,同比增长 8.4%,境外市场逆市上扬,销量增长 7.2%。

35

深化改革激发科技创新活力 解锁"卡脖子"关键核心技术

中海油天津化工研究设计院有限公司

一、基本情况

中海油天津化工研究设计院有限公司(简称"中海油天津院")创建于1958年,是原化工部直属重点科研院所,1984年作为首批原化工部改革试点单位改革成功并被列为典型在全国范围推广,1999年作为首批242所转制科研院所之一转制为科技型企业,2007年被列为国家级创新型试点企业,2020年入选"科改示范企业",现为中国海洋石油集团有限公司(简称"中国海油")控股上市公司中海油能源发展股份有限公司的全资子公司。中海油天津院主要从事工业水处理、无机化工新材料与炼油化工新工艺新技术、防爆安全标准服务,拥有国家级、省部级科技平台13个,先后取得各类科技成果2000余项,授权发明专利超500件,制/修订国家、行业标准1400余项。中海油天津院作为我国涂料、无机盐工业第一个十年发展规划的起草单位、第一批国家标准化核心机构、全国首个国家工业水处理工程技术研究中心、全国首批国家工程实验室等,开发的高效环保芳烃、六氟磷酸锂和电解液等多项关键核心技术打破国外垄断,率先在细分领域实现了高水平科技自立自强。通过深入实施"科改示范行动",老院所焕发了新活力,为老牌转制院所等国有科技型企业全面深化改革、提升科技创新活力和成果转化能力提供了可借鉴、可复制的改革样板。

二、经验做法

(一)深化科技型企业组织机构改革,完善公司治理体系

一是对科研机构和产业化单元实施战略重组。针对国有科技型企业发展定位摇摆、研产分离与专业化分工不明确等历史遗留问题,以"三三建制"党建与生产经营深度融合为指导,在公司整体层面建成"1+1+N"的组织架构,将原来的5个实验室、4个行业机构、3家全资子公司重组为1个研发机构、1个孵化机构和3个产业化单元,打造一体化价值链。同时,在产业化单元内部建立产品、销售、交付驱动模式,三方各司其职,以面向市场、快速响应为目标成立项目小组,通过设置业务范围、管控属性、运行方式、法人属性、保障措施"五定"模型,推动产业化单元从散兵作战到协同作战转变,实现产业化放量和提质降本增效。

二是提升治理能力,建立权责清晰的法人治理结构。坚持"两个一以贯之",采用"双向进入、交叉任职"的领导体制,落实党委书记、董事长、法人代表"一肩挑",实行党委领导下的总经理负责制,加强党委对经理层用权履职的监督,完善总经理工作规则,健全总经理对董事会负责、向董事会报告机制,进一步压实总经理及经理层的经营管理责任,确保"三重一大"决策体系有效运行,创新推动董事会、监事会建设,形成各司其职、各负其责、协调运转、有效制衡的法人治理结构。

(二)健全"两制一契"激励约束机制,激发科技创新活力

一是市场化用工出真招。组织架构内所有干部一律实施任期制契约化管理,全体员工在重新签订劳动合同书和岗位合同书基础上,层层分解绩效指标,实现绩效管理全覆盖。同级同类干部员工考核结果实施强制分布

并刚性兑现奖金,绩效在总收入中占比超过60%。干什么、怎么干、怎么好的价值导向和包容、兼容、扩容的"三容文化"体系获得广泛认同。

二是考核评价体系树新风。以"两利四率"作为核心考核指标,差异化构建指标库。公司班子任期考核围绕公司发展战略、以分解落实"十四五"发展规划目标为主。经营类所属单位聚焦效率、盈利能力和市场开拓能力的稳步提升,侧重劳产率(人均利润)、外部市场收入占比、新签合同额等;科研类所属单位聚焦核心技术攻关和科技成果转化,侧重科技创新投入、产出和影响力等。组织绩效与人员绩效考核结果实施强制分布,13家业务单位组织绩效按照3:7:3强制分布,7个职能部门组织绩效按照2:3:2强制分布。

三是激励约束机制见实效。公司层面建立工资总额管理办法,以中国海油三项制度改革实施方案等为依据,制定单列政策,重点向科研人员倾斜。所属单位实施自报目标档的内部工资总额分配机制,由事业部自报档级,最终工资总额增减额度与完成情况及自报情况精准挂钩。同时,从职级、层级、岗位等多维度开展动态化薪酬对标,研判工资总额和人工成本管理现状,为吸引和保留人才提供薪酬激励依据,以外部市场净利润增加额为提取基数优化制定岗位分红等激励方案,持续激发核心科技人员科研成果转化的工作热情。

(三)聚焦"卡脖子"关键核心技术攻关,提升企业核心竞争力

一是加强研发投入和平台建设。2020年入选"科改示范企业"以来,新立重点科技项目68项,经费总额5.75亿元,授权专利106件,获得各类科技成果奖励21项,2021年研发投入强度达18%。近2年,积极申报并获批国家企业技术中心、石油和化工行业海洋油气膜技术工程实验室、中海油分子工程与海洋油气资源利用实验室等国家级、省部级创新平台7个,两种核心期刊影响因子逐年提升,启动全英文期刊并向EI发起冲击,

主办中国工业水大会等全国性学术大会10余场，与中国科学院上海高等研究院等院所签订战略合作协议，与天津大学、南开大学等高校合作申报国家自然科学基金、签订科研合作合同，全方位引智引技，赋能发展。

二是加强关键核心技术攻关和成果转化。瞄准国家重大战略需求和海洋石油工业发展重要，积极申报国家发展改革委重大项目"南海某生产平台研究专项——乙二醇再生及回收装置"、中国海油重大科技项目"大型芳烃吸附分离成套技术开发与工业化应用"等"卡脖子"攻关项目，以"揭榜挂帅"形式开展CCUS（碳捕获、利用与封存）成套技术研发，在南海某油田建立国内首套膜法天然气CO_2分离捕集工程化应用装置，开展油/气田生产污水膜超细处理成套装备项目，海上稠油热采锅炉给水处理系统装备项目，海上气田MRU的设计、建造、测试、运维等关键技术研究，助力科技强国战略。

三、改革成效

一是探索出一条国有科技型企业创新发展的新路径。中海油天津院2021年实现营业收入12.8亿元，净利润8645万元，全员劳动生产率65万元/人，新产品新技术收入6.26亿元，相比改革前的2019年分别增长31.47%、116%、26.85%、39.1%。2021年降本完成率141.66%，外部应收账款周转率、存货周转率均高于上年同期，存货余额减少11%，内外部市场实现同步增长，抗风险能力和社会影响力显著增强，连续四届获评"全国文明单位"。

二是人才队伍创新活力有效释放。通过实施三项制度改革和干部人才队伍建设"3+1"工程，即高素质干部队伍建设、专业化人才队伍建设、优秀年轻干部队伍建设和国际化人才队伍建设4个工程，青年科技英才和干部人才队伍结构实现有效优化。2020年以来，1人获评国家"有突出贡献中青年专家"，1人获评天津市新型企业家，1人获评侯德榜化工科学技术成就奖，1人获批天津市"131"创新型人才培养工程第一层次人选，26人获评中国海油集团内技术专家。2021年，公司荣获天津市"科技领军企业"称号，下属天津正达科技有限责任公司荣获重点国家级专精特新"小巨人"企业、2021年度石油和化工行业"绿色工厂"和天津市"领军培育企业"称号，下属中创新海（天津）认证服务有限公司获评中国海油首家国家级标良评价机构和天津市"雏鹰企业"称号。

三是解决关键核心技术"卡脖子"难题，服务国家战略和海洋石油主业能力进一步增强。中海油天津院全球首创的"柴油吸附分离技术"实现百万吨级成套技术工业化应用，国内首套"稠油热采海水淡化锅炉给水系统"完成1年稳定运维，"原油（重油）直接制化学品DPC技术"突破当今世界重劣质油品低碳深加工技术瓶颈，海上平台生活污水处理装置累计超30套投入运营，海洋石油废弃物实现全过程智慧化管理等。多项技术的研发和转化对保障我国原油供应及国家能源安全，突破国际社会对我国海洋工程、炼化行业等高端装备技术封锁，实现产业转型升级具有重要意义。

36

强化"三个明显成效" 深化国企改革创新 推动公司高质量发展

华电江苏能源有限公司

一、基本情况

华电江苏能源有限公司（简称"华电江苏"）是中国华电集团有限公司（简称"中国华电"）直属单位，是国务院国资委首批"双百行动"试点企业。华电江苏公司党委坚决贯彻落实党中央、国务院国企改革决策部署，全面落实三年行动要求，在中国华电的指导和支持下，不断完善治理体系、持续优化治理机制，强化绿色低碳发展、大力推进科技创新，完善市场化经营机制、深化三项制度改革，在中国特色现代企业制度建设、产业布局优化和结构调整、激发企业活力效率等方面取得明显成效，由规模发展跨越到高质量发展。到2021年，华电江苏管理口径总资产达到443.17亿元、净资产102.47亿元，管理装机容量1372.47万千瓦，所属18家基层企业覆盖了江苏省10个地市，形成了"电热为主、产业协同、绿色高效、稳健和谐"的良好局面。2020年，在"双百企业"改革评估中被评为A级；2022年，获国务院国资委公司治理示范企业称号。

二、经验做法

（一）持续完善中国特色现代企业制度，推进党的领导融入公司治理

一是构建"一融入两授权三制衡"的治理架构。"一融入"是把党的领导融入公司治理各环节，确保党委发挥作用更加组织化、制度化、具体化；"两授权"是实行董事会对董事长、董事长对经理层两级授权，实现日常经营管理更加高效运转；"三制衡"是坚持权责法定、权责透明原则，形成股东之间、股东与法人之间、公司"三会一层"之间三方面有效制衡。

二是推行"两单两化四到位"的决策管理体系。"两单"是制定日常决策事项清单和"三重一大"决策事项清单；"两化"是落实《关于中央企业在完善公司治理中加强党的领导的意见》要求，优化、量化党委研究事项和决策事项；"四到位"是决策体系由基层企业、职能部门、分管领导、公司五大决策主体共四个层级构成，确保决策事项逐级研究，充分讨论，层层把关。

三是形成"一项决策、五项督导、六项职权"的董事会重点事项清单。"一项决策"指企业改革发展中重大事项的决策，特别是围绕公司转方式、调结构、项目发展等；"五项督导"指督导战略推进、项目落地、预算落实、风险防范、改革创新；"六项职权"指中长期发展决策权、经理层成员选聘权、业绩考核权、薪酬管理权、职工工资分配权、重大财务事项管理权。

四是探索外部董事部分决策事项"一票缓决制"。充分发挥外部董事作用，对公司重大投资、修订章程、股东分红等重要事项，决策前充分论证和沟通，外部董事否决的，暂缓提交股东会决议，有效降低决策风险。

(二)全力推进绿色低碳发展,加快产业结构转型

一是大力推进风光电项目开发。聚焦"3060"双碳目标,编制华电江苏"十四五"发展规划,科学锚定战略目标。高位对接、高位推动,与江苏省政府签订战略合作协议。以"项目收购+合作开发+自主开发"多种方式推进,与省内26个市(县、区)政府和30家企业签订合作意向56份。设立新能源项目发展专项激励工资,占当年工资预算总额的10%。

二是大力推进天然气基础设施建设。积极融入长江经济带、长三角一体化国家战略。国务院国资委重点工程项目启通天然气互联互通管线于2020年12月顺利建成运营,进一步完善了江苏省沿海天然气管网基础设施,对江苏南通乃至长三角地方经济发展、防治大气污染、改善环境质量具有重要意义。赣榆LNG接收站正在快速推进,建成后可大幅提升天然气保供和议价能力,服务国家产业政策的能力将进一步增强。

三是大力发展天然气等清洁能源发电。经过多年发展,华电江苏在运燃机645万千瓦,约占江苏省燃机总量的40%。所属望亭发电分公司燃机二期等国家示范项目已核准,正在履行开工决策程序。积极拓展抽水蓄能、压缩空气储能等新产业、新业务、新项目,加快实现从化石能源发电向清洁高效、低碳优质能源转变。

四是大力实施发电产业关键核心技术攻关。推进燃气轮机修造技术国产化,在中国华电大力支持下,按照创新链与产业链协同布局、创新要素集成与科技成果转化一体推进要求,华电江苏与瑞士苏尔寿集团共同出资,成立华瑞(江苏)燃机服务有限公司,全力开拓主流燃机热通道部件研发、自主修造,培育服务市场。通过消化吸收和自主创新,已具备多种机型燃机部件自主修理和6B、6FA、9E、9FA、V64.3、V94.2、701D、701F等主流重型燃机的全套现场服务能力,有效打破了国外厂商的技术垄断。

（三）深化薪酬分配制度改革，激发内部活力效力

一是优化工资总额决定机制。加大效益工资考核力度，设置9档效益工资增（降）率，并将效益工资占比提升到工资总额的35%。围绕企业运营14个一级指标、48个二级指标，实行"目标+对标"考核，根据企业当年效益、效率，拉开企业工资总额分配差距，效益工资分配系数最大差异为40%。

二是建立全员"赛马"考核体系。按照"竞标"理念，分类分级设置绩效目标，并实施"团队+员工""薪酬分配+岗位晋升"的"2+2"挂钩模式，引导团队和个人争创更高绩效目标。2021年，围绕主要生产经营目标，设立A、B类创优指标37项，绩效分配系数最大差距达到1.5倍。

三是加大科技人才薪酬激励。实施"2233"科技人才工作机制，形成华电江苏和所属企业两个层面，技术、技能两个方向，首席、一级、二级三个层次，"劳模、青才、专家"三类人才工作室，每年发放人才津贴300余万元。2021年，获全国电力行业技能人才培育突出贡献单位，3人获评全国技术能手称号。

四是推进中长期激励机制建设。在所属江苏华电扬州中燃能源有限公司试点开展混合所有制企业员工持股改革，聚焦股权定价、股权流转、股权退出、预留股权处置、锁定期、表决权、股权分配七大问题，系统化体系化编制改革制度体系。"以混促改"，实施持股改革的同时，经理层成员实施任期制和契约化管理，员工全面签订岗位合同，全员实现"一人一合同、一岗一标准、一人一业绩"。创新股权分配与员工业绩相挂钩的动态调整机制，根据持股员工业绩评价结果，对员工奖励或减持持股份额。实施差异化授放权改革，根据实际需要，梳理投资决策、人力资源、财务管理、物资采购、工程建设、生产管理6个方面21项授放权事项，结合项目建设推进落实。

三、改革成效

一是治理机制不断完善。2019年12月，华电江苏成功与中国石油天然气股份有限公司完成增资扩股，实现由单一股东转变为多元股东共同治理。到2021年底，公司系统子企业董事会应建尽建率达到100%、外部董事占多数企业比例达到100%、党委前置研究重大经营管理事项清单建设率达到100%、董事会授权管理办法建设率达到100%。

二是产业布局不断优化。2021年，核准（备案）新能源项目15个，总容量超过600万千瓦，是公司"十三五"新能源核准总量的8倍多，公司呈现出"底色更绿、结构更好、产业更优"的良好发展态势。加大"两非"资产处置，江苏华电如皋热电有限公司（简称"如皋公司"）股权转让、厂办大集体企业改革全面收官，稳妥安置职工300余人，盘活资产14多亿元。积极参与国家能源局示范项目、中国华电"榜揭挂帅"等重点科技攻关项目，3项成果获中国华电科技进步一等奖，各项专利授权54项、受理48项。近3年科技研发费用投入累计金额13.28亿元。

三是三项制度改革不断深入。经理层成员任期制和契约化管理实现100%全覆盖，劳动合同和岗位合同双签率100%、员工公开招聘率100%、管理人员竞争性上岗比例51.69%、管理人员末等调整和不胜任退出比例5.06%。实施工资总额备案制管理，不断加大绩效奖金占比，平均比例66.90%，最高达到70%以上。完善专项考核激励，近2年来，奖励月度绩效工资5000余万元、年度专项奖励工资2000余万元，所属企业人均工资增幅最大为3.54倍，形成了"效益是干出来的、工资是挣出来的"良好导向。2年来，公司劳动生产率累计提升22.95%、人工成本利润率累计提升37.29%。

37

全面推进国企改革三年行动
以深层次改革提升"五项能力"

中国长江电力股份有限公司

一、基本情况

中国长江电力股份有限公司(简称"长江电力")是经国务院批准,由中国长江三峡集团有限公司(简称"中国三峡集团")作为主发起人设立的股份有限公司,主要从事水力发电业务,是国内最大的电力上市公司、全球最大的水电上市公司和国内首家发行GDR并在伦敦证券交易所上市的单A股上市公司。

长江电力始终坚持以习近平新时代中国特色社会主义思想为指导,在国务院国资委的大力支持与指导下,扎实推进国企改革三年行动,实现公司治理能力、业务核心能力、资本配置能力、应对风险能力、党建引领能力再提升,经营效益实现高起点下的硬增长。2021年主要经营指标再创历史最好水平,利润总额创新高达324.09亿元,实现"十四五"良好开局。

二、经验做法

(一)树立资本市场新标杆,公司治理能力再提升

一是完善制度提效能。深入落实"两个一以贯之",构建以"一章程、

两清单、三规则"为主线的 28 项治理制度体系,厘清党委"议""定"事项 58 项、董事会"决"事项 25 项、经理层"管"事项 54 项,实现各治理主体权责清晰、运转高效。

二是选优配强董事会。持续完善董事会人员结构,董事均为具有大型国企经历的各领域专家,其中外部董事占比达 80%、独立董事占比达 1/3。引入积极股东参与公司治理,授予持股比例低于 5% 的中国平安人寿保险股份有限公司等 5 家战略投资者董事席位。

三是全面落实董事会职权。形成董事会"三步法"决策模型和"回头看""再评估"机制,实现董事现场调研常态化,搭建管理层与经营层沟通桥梁。充分发挥董事会专委会支撑保障作用,专委会成员基本由独立董事组成,坚持发表独立、客观、公正的审议意见。

四是积极开展市值管理。以市场化、专业化的方式讲好长电故事,及时回应投资者关切。丰富投资者沟通交流渠道,针对中小股东投资者组织专项反向路演,与公司系列路演形成有效补充。公司市值连续 3 年逆市上扬,稳居 A 股电力板块首位,最高突破 5500 亿元。

(二)聚焦主业锻长板,业务核心能力再提升

一是持续巩固大水电行业引领能力。推进"四型梯级调度"建设,建立健全流域检修管理机制,确保"大国重器"安全稳定运行。加快推进智能化电厂建设,实施"诊断运行"策略,创人均管理 5 万千瓦水电装机的世界纪录,使中国水电运营管理"独步天下",三峡电站年度发电量超 1000 亿千瓦·时,保持全球单座电站发电量最高纪录。

二是持续推进科技创新再上新台阶。建立以首席专家为带头人的科研技术人员发展通道,将科技人员的岗位晋升、薪酬奖励与科技创新成果紧密挂钩。健全完善国内规模最大的流域气象水情预报站网,自主开发长江梯级电站水资源管理决策支持系统,实现长江干流梯级电站 6 库联调。完

成溪洛渡水电站500千伏GIL备件国产化研制和替代工作，有效化解关键设备"卡脖子"风险。开发水电站工业互联网平台，研制三大类13种情境水电站系列机器人，大国重器智能建造、运营、检修全产业链整体迈上新台阶。

三是持续增强国际业务核心竞争力。创新国际业务商业模式，探索形成"两在外一回流"的新型国际化道路。用境外资金购买境外优质清洁能源资产，将风险阻隔在外，实现利润回流国内，有效增强国有经济控制力、影响力和整体盈利水平。成功募集境外资金用于德国最大海上风电Meerwind项目收购，低成本获得了海外优质清洁能源资产。境外募资完成秘鲁最大电力企业LDS配售电公司股权收购，实现向配售电业务延伸的又一次重要突破。2021年，境外业务贡献营业收入、利润总额分别约58亿元、18.7亿元。

（三）把握市场转机制，应对风险能力再提升

一是突出市场化导向，持续优化人力资源配置机制。构建与市场接轨的薪酬激励体系，将薪酬资源向公司战略重点、艰苦一线、关键岗位和核心人才、价值创造者倾斜，探索出以"优先提拔上游、重点奖励一线、评价对标市场"为特征的一整套人才市场化"选育用留"机制。

二是突出价值贡献，打造专业化、职业化的经营管理队伍。坚持党管干部与董事会实施经理层选聘有机结合，率先实现经理层成员任期制和契约化管理，推进混改企业实施职业经理人制度。通过市场化方式引入水库群调度、电力市场、水环境治理等方面国际高端人才，指导子企业完成市场总监、总会计师等关键岗位职业经理人选聘。

三是突出系统谋划，构建多元化中长期激励机制。建立新能源业务发展专项激励机制，2021年首次兑现激励达266万元，推动公司新能源规模效益实现高速增长，成功锁定7个抽水蓄能项目。灵活运用超额利润分享、

项目跟投等中长期激励机制,同步健全延期支付、追索扣回等规则,实现激励从"大水漫灌"到"精准滴灌"的根本性转变。

(四)深化混改固成效,资本配置能力再提升

一是资本运作卓有成效。围绕主责主业,积极开展产业链上下游和新兴领域战略投资,2021 年投资收益超 50 亿元,投资收益和新增投资规模均创历史新高,有效平滑长江来水波动。成功发行"沪伦通"全球存托凭证(GDR),募集资金 20.11 亿美元,外资占比约 90%,其中美国投资者占比约 45%。圆满完成 2016 年境外双币种可交换债券到期兑付,创造有史以来中资企业发行零票息、零收益率股票挂钩产品最高溢价,以创新融资落实国际化战略。

二是差异化管控成功破局。开展重庆配售电混合所有制改革试点,以直接出资 31.5 亿元打造一家市值近 200 亿元的上市公司。探索实施混改企业差异化管控,实现从"管企业"到"管资本"转变,不做简单的管理延伸和制度对接,通过"三会"参与公司治理,精简管理程序,提升决策效率。用好"金股"权利,在部分重要事项享有"一票否决权"。

三是外派董事行权履职规范高效。加强外派董事管理,探索制定外派董事行权履职负面清单,针对股权结构相对分散、法人治理结构健全的境内混合所有制子企业,清晰界定外派董事权责界面,清单内事项由外派董事依据公司意见独立发表意见,清单外事项由外派董事独立发表意见。

(五)夯实基础强党建,党建引领能力再提升

一是持续加强党的建设。建立实施第一议题制度,完善对标对表、校准偏差、狠抓落实的长效机制,确保习近平总书记重要讲话指示批示精神在公司落地生根。

二是大力推进党建融入生产经营。组织开展学习习近平总书记对中国三峡集团 9 次重要讲话指示批示等系列活动,实现党旗在基层一线高高飘扬，创建党员责任区198个、党员示范岗242个、党员红旗岗15个、党员突击队32个，团结带领广大党员职工立足岗位做贡献。

三是持续深入推进全面从严治党。认真落实"一岗双责"，持续完善党风廉政建设责任体系、制度体系、监督体系，一体推进"三不"取得新成效。切实发挥巡察利剑作用，实现二级单位党组织政治巡察"全覆盖"。

三、改革成效

一是推动中国特色现代企业制度更趋成熟定型。长江电力持续健全中国特色现代企业制度，打造高水平公司治理和管理能力，实现股东大会、董事会、监事会、经理层和公司党委权责法定、权责透明、协调运转、有效制衡，富时罗素ESG排名位居国内A股电力行业第一，荣获《证券时报》"最佳董事会"等18个重要奖项，保持着A股市场"大蓝筹"优质形象。

二是落实国家重大战略部署的作用更加凸显。坚持聚焦主责主业，保持战略定力，持续巩固中国三峡集团在大水电领域的引领者地位，"世界水电看中国，中国水电看三峡"成为全球水电行业的共识。截至2021年底，长江电力运营管理的6座世界级水电工程全年累计发电达2628.83亿千瓦·时，单日发电超6亿千瓦·时，累计拦蓄洪水63次，梯级枢纽综合效益全面发挥。

三是实现新形势下企业高速发展更有质量。坚持以新发展理念为引领，以深化内部改革"激活一池春水"，成立18年来长江电力装机容量增长16倍，利润总额增长15倍，员工人数增长不到1倍，为国家重大工程运营和巨型水电站生产团队的三项制度改革提供了"长电样本"。

38

深化改革增活力　智慧赋能强动力
全力打造世界一流煤炭企业

国能神东煤炭集团有限责任公司

一、基本情况

国能神东煤炭集团有限责任公司（简称"神东煤炭"）地处陕西、内蒙古、山西三省区能源富集区，是国家能源集团有限责任公司（简称"国家能源集团"）的骨干煤炭生产企业，承担着国家能源战略重点西移的重大任务，肩负着保障能源安全和煤炭稳定供应的使命。神东煤炭主营煤炭生产及洗选加工，煤炭产品为块煤、特低灰煤、清洁煤和混煤四大类，主要特征为"低硫、低磷、低灰、中高发热量"，是优质动力、化工和冶金用煤。神东煤炭采掘机械化率达到100%，资源回采率达到80%以上，原煤生产效率最高150吨/工，直接工效最高1170吨/工，企业主要指标达到国内第一、世界领先水平。

神东煤炭认真学习贯彻习近平总书记关于国有企业改革发展和党的建设的重要论述，以国家能源集团发展战略为引领，以创建世界一流示范企业为目标，扎实推进国企改革三年行动，创新开展全面定额量化管理、内部市场化管理，加快数字化转型智能化建设，实现了以改革破解发展难题、培植竞争新优势和推动高质量发展的目标。2021年，神东煤炭生产煤炭 19792 万吨，同比增加 913 万吨，超额完成能源保供的政治任务；实现利润总额 374 亿元，同比增加 170 亿元，创历史最好水平；科技研发投入 14 亿元，同比增加 78%，为国家能源安全、国民经济稳增长贡献了神东力量。

二、经验做法

（一）推行全面定额量化管理，破解三项制度改革难题

一是构建劳动定额标准体系，打造"下、减、出"衡量标尺。以数据、方法和管理的标准化有机融合为核心，建立公司、矿处、区队、班组、岗位的"五层四级"劳动定额标准体系，形成覆盖矿井生产、设备维修、后勤服务等八大类 719 项业务的 24 万项定额标准，为每项工作"明码标价"，员工干多少赚多少，自己一清二楚，切实解决了"干多干少、干好干坏一个样"的问题。建立"公共指标+个人业绩指标+加减分项"的管理人员考核体系，支撑神东煤炭将任期制和契约化管理横向拓宽至矿处子企业非经理层成员，纵向延伸至基层科队管理人员，实现对所属 53 家子企业 617 名管理人员的全覆盖。加大刚性兑现力度，2021 年管理人员末等调整和不胜任退出比例达 3.87%。

二是打造岗位价值标准体系，树立"下、减、出"鲜明导向。搭建以价值、能力、贡献为主要维度的薪酬模型，科学评价岗位薪酬标准，优化内部薪酬分配比例，推动薪酬分配向业绩贡献大、生产一线和关键岗位倾斜。2021 年，生产一线、生产辅助、服务类岗位收入分配比例为 3∶2∶1，平均浮动工资占比 80.3%，有效调动了核心人才和一线员工的工作积极性。开展岗位动态评价，员工可以通过自身素质、专业水平、个人绩效的提升实现岗位晋升和薪酬增减，实现了"要我干"到"我要干"的转变。2021 年，全员劳动生产率 229 万元/人，同比提高 62%；人工成本利润率

291%，同比提高46%。

三是完善业绩衡量标准体系，建立"下、减、出"联动机制。以岗位类型区分考核对象，以岗位职责提炼关键业绩指标，建立承接组织绩效的"双量化"员工业绩衡量标准。操作岗位以"工作任务＋工作能力＋态度"为考核重点，同时关注技能、安全和纪律考核；管理和技术岗位以"关键业绩指标＋工作能力＋态度"为考核重点，增加非权重指标和行为负面清单，形成全员业绩考核体系。强化考核结果与薪酬收入、岗位调整的挂钩机制，完善员工不胜任"退出、培训、上岗、再评价"闭环机制，固化三项制度改革成果。2021年，万吨工时率较目标值下降4.5%，综采饱和度达到101%，掘进饱和度达到100%，相当于在不增加队伍的情况下多采煤382万吨，多掘进7392米。

（二）推进内部市场化管理，激发微观市场主体活力

一是构建市场化工作分配机制，打通纵向市场。神东煤炭建立内部四级市场，一级市场（公司—矿处）实行买卖制，按"收入－支出＝超额工资"模式核算工资；二级市场（矿处—区队）实行竞标制，矿处按招标方式发布工作信息，区队根据工作饱和度竞标承揽；三级市场（区队—班组）实行承包制，区队工作由班组进行岗位承包或项目承包；四级市场（班组—岗位）实行组团制，班组确定工作量，工人自由组团承包。市场化工作分配机制有效推动工作任务从行政划分转为竞标或承包，强化各类主体的市场契约意识，推动企业保持持续向上的发展活力。

二是构建市场化要素配置机制，整合横向市场。建立服务市场契约网络，所属专业化服务子企业制定服务项目"菜单"，矿井根据需求"点菜"，双方谈判确定服务价格和标准并签订协议，各类主体间的行政协调关系转为市场买卖关系。建立物资市场交易平台，搭建B2B闲置物资交易平台，所属子企业共享交易闲置物资，提高物资利用率，累计交易5.12万项，节约采购资金5.24亿元。建立劳务市场淘汰制度，取消工程、服务质量不合格子企业的同类工程和服务竞标资格等。建立成本考核机制，将成本指标分解至各市场主体及生产流程中，对材料配件、水电和维修等实行成本市场量化考核，形成多层次全方位的成本管控体系。

三是构建市场化激励兑现机制，形成良性循环。搭建公司主管部门和所属战略核心子企业、市场化运营子企业、服务支持子企业的"1+3"组织绩效考核模型，形成贯穿企业上下的组织绩效奖罚机制。鼓励引导专业化服务子企业参与外部市场竞争，试点"固定工资+利润提成"激励分配模式，专业化子企业的工作重心从完成工作向价值创造转移。2021年，对外承揽设备维修、工程监理、检验检测等业务217项，创收4.48亿元。

（三）加快推进企业数字化转型，智慧矿山赋能企业发展

一是加强基础设施建设，打造采矿行业最大企业级5G专网。利用5G技术打造智慧新矿山。针对井下环境复杂、防爆要求高的特点，联合相关子企业设计井下专用低功率高压防爆高可靠的全端设备，并率先通过国内认证，为井下5G设备全面应用奠定基础。同步部署井下超大带宽线路，并首次将5G和UWB（超宽带）技术融合应用，解决了数据采集、数据传输等问题，为远程操控、无人驾驶等应用场景提供大带宽、低时延"高速公路"和井下精准的"定位导航"。

二是建立新型协同创新机制，打造数字化转型典型示范。与华为技术有限公司煤矿军团组建协同创新中心，围绕解决"自主可控、安全可信、智能互联"的核心技术问题进行攻关，联合研究开发"矿鸿"操作系统，并成功适配井下20种设备398个应用单元，成功举办鸿蒙工业领域首次商业发布会，同步开展所属上湾煤矿8.8米超大采高工作面、乌兰木伦煤矿"采掘机运通"各系统的适配工作，迈出了智能矿山建设的关键一步。

三是加快智能矿山建设步伐，打造两亿吨智能矿井群。"一矿一策"

推进智能矿山建设,构建"设备—工作面—矿井—矿井群"的"点、线、面、体"智能矿山体系,建成薄煤层等高无人智能开采、中厚偏薄煤层透明自主割煤、厚煤层预测智能割煤3种智能综采模式,成功试验连掘、综掘、掘锚3种智能掘进模式。自主研发2亿吨智能矿井群一体化生产管控平台,建成行业首个全时全融合煤炭生产大数据仓库,存储数据2.4万亿条。2021年,所属12个煤矿、5个选煤厂通过地方智能化示范验收,累计建成22个智能综采工作面、15个智能掘进工作面,应用井下机器人21类153台,井下固定岗位用工减少380人,数字化智能化企业优势充分显现。

三、改革成效

神东煤炭扎实开展国企改革三年行动,在经营机制转变、绿色低碳发展、数字化转型、能源保供等方面取得新突破,成功入选国务院国资委国有重点企业管理标杆,所属补连塔煤矿入选煤炭行业标杆矿井。

一是企业内部活力不断激发。通过内部经营机制转变和三项制度改革深入推进,激发了企业发展新动能,员工实现了从"要我干"到"我要干"的转变。全公司万吨工时率累计降低15.5%;综采饱和度累计提升17.9%,掘进效率累计提升31.47%,年减员增效创造价值10亿元以上,实现了企业增效、岗位增值、员工增收的多赢目标。

二是绿色低碳发展更加持续。13个矿井全部建成绿色矿山,累计实施生态治理与建设330平方千米,植被覆盖率由3%提高到64%以上,在荒漠化地区建成一片绿洲,实现了人与自然和谐共生。近年来累计开展生态研究200多项,获国家科技进步奖4项,省部级科技进步奖6项。

三是企业数字化转型取得突破。成功举办鸿蒙工业领域首次发布会,矿鸿操作系统已在20种683台设备上成功应用,实现煤矿全体系、全链条、全流程、全要素的端到端、数字化智慧运营,开创了第一代国产工业级控制系统新纪元,成为煤矿现代化数字化智能化转型的新引领。

四是能源保供更加有力。坚决扛起增产保供政治责任,克服接续紧张、一线缺员、外购煤价格倒挂等不利因素,科学组织、精准调度、深入挖潜,2021年煤炭产量超计划552万吨,同比增加170亿元,能源供应"稳定器"和"压舱石"作用显著发挥。

39

以全面重组促全面转型
勇闯新时代国企改革脱困的"彩虹之路"

彩虹集团有限公司

一、基本情况

彩虹集团有限公司（简称"彩虹集团"）是中国电子信息产业集团有限公司（简称"中国电子"）全资子公司。彩虹集团的前身是国营第四四〇〇厂，1982年建成投产，2003年纳入国务院国资委直接监管，2012年12月并入中国电子，主营液晶玻璃基板、光伏玻璃、新材料等业务。彩虹集团重组之初，投资建设的液晶玻璃基板生产线，核心技术迟迟不能突破，产线良率低，导致产能不足、产线停产；光伏玻璃受市场、资金等因素影响，位于合肥的光伏玻璃项目暂停；企业内部面临资金链断裂、核心人才缺乏、人员大量富余、员工信心严重不足等诸多问题，产业转型举步维艰，企业濒临破产。国企改革三年行动实施以来，彩虹集团紧抓改革机遇，从发展战略重塑、产业结构调整、科技创新突破、人员优化与市场化激励机制等方面打出系列改革"组合拳"，成功走出困境，实现转型升级，成为国内电子显示行业的"布局者"和"领跑者"。

二、经验做法

（一）聚焦服务国家重大需求，强化战略引领

彩虹集团多次召开党委会，深入研究公司发展战略，统一思想，形成共识，聚焦"为国家提供战略性先进材料产品及解决方案"的使命，把彩虹集团定位于解决国家战略产业"卡脖子"问题的关键材料上，坚决清理退出显像管、节能照明、OLED、彩电、光伏组件、金属零部件、LED等不具竞争优势或发展前景不佳的业务，抢占产业发展主赛道。确定了以"223"为主的产业发展战略：第一个"2"指彩虹集团、彩虹显示器件股份有限公司营业收入要分别超百亿元；第二个"2"指持续做好面板和光伏两个规模性产业；第三个"3"指聚焦"电子玻璃、光伏玻璃、电子功能材料"三个核心产业，在关系国家产业战略安全的核心关键领域集中力量、主动作为。围绕战略落地，建立起"智能装备、现代服务业、投资"三大支撑平台，为主业转型升级提供全面协同和保障。

（二）聚焦做大做强核心主业，强化投资驱动

围绕面板、电子玻璃、光伏玻璃、新材料等领域加大投资力度，集中优势资源发展核心主业，优化产业布局，"十三五"以来累计投资374亿元。

一是面板领域，投资280亿元，建成西北首条G8.6液晶面板生产线，实现年销售收入120亿元以上。

二是电子玻璃领域，投资70亿元，其中基板玻璃50亿元，改造新建7条液晶基板玻璃生产线，全部实现盈利；投资20亿元，建成2条盖板玻璃生产线，实现对华为技术有限公司、小米科技有限责任公司等国内大客户的供货。

三是光伏玻璃领域，投资光伏玻璃22亿元，建成4座光伏玻璃窑炉，产能居全球第3位。

四是新材料领域，投资 2 亿元，形成电子浆料、汽车用无钴电池正极材料、光刻胶、玻璃表面功能材料等多种新材料的生产能力，为"十四五"时期乃至更长时期的高质量发展奠定了坚实基础。

（三）聚焦抢占行业制高点，加快技术创新

以建成的平板显示玻璃工艺技术国家工程实验室为创新平台，联合上下游产业链，围绕基板玻璃核心工艺和装备技术突破目标，推动国内耐火材料、贵金属加工、玻璃加工装备、视觉检测等领域的技术进步和产业升级，实现了从料方研究、工艺仿真到核心装备制造、视觉检测等全产业链的自主创新。

2020 年以来建成投产的两条 G8.5 溢流法基板玻璃产线良率及爬坡速度均达到国外同行同等技术水平；建成丝路第一板——CEC·咸阳 8.6 代液晶面板项目，生产技术及产品达到行业一流水平；建成全球最大全氧燃烧光伏玻璃窑炉，关键技术达到国际领先水平；获批行业唯一智能制造示范企业，光伏玻璃智能制造成为行业标杆。截至目前，申请专利 2796 件，授权专利 1977 件。

（四）聚焦完善市场化薪酬体系，优化人力资源配置

面对重组之初企业人工成本高企、工作效率低下、士气低迷等严峻挑战，彩虹集团不等不靠，通过人力资源体制机制改革，优化人员结构，激发干部员工干事创业的活力。

一是推进全员竞聘上岗。深入开展调研，确定方案，梳理出 7000 余个岗位，坚持"一人一档"，开展全员竞聘，并针对待岗人员开展有针对性转岗培训，人员上岗率由 65% 上升至 91%。

二是坚持人才至上。实施"550"人才工程、全球"猎英"行动、鲲鹏人才工程等人才专项工程，企业人才队伍得到极大优化，人员学历和年龄结构得到明显改善，员工平均年龄较重组改革时下降 2.75 岁。

三是推进薪酬体系改革。强化绩效薪酬与考核的挂钩力度，注重劳动生产率指标，持续开展人工成本对标，加高天花板，拉大级差线。同时，用好中长期激励政策工具，制定出台《超额利润分享计划激励方案》等政策，鼓励从事新产业、新业态、新商业模式的所属企业或者在具有较高风险和不确定性的创新业务领域的所属企业探索实施风险共担、利益共享的新机制，1家所属企业已实施超额利润分享方案，1家已完成方案制定，1家正在推进方案制定。

（五）聚焦商业模式创新，推进混合所有制改革

扎实推进3家所属企业混改工作，其中，扬州虹运电子材料有限公司混改之后，实现当年投产、当年赢利；扬州虹途电子材料有限公司通过混改，成功整合全球先进技术团队和顶级管理人才；1家所属企业正在积极推进混改工作。发挥优势创新商业模式，充分发挥央企平台和"彩虹"品牌优势，探索并形成了"创新商业模式下的技术领先和成本领先"竞争策略和以"要素支撑、科技引领、创新驱动"为核心的发展新模式，不断整合各方面优质资源，做到技术强、成本优。

（六）聚焦党建引领，促进与生产经营深度融合

一是坚持党管干部与市场化选人用人有机统一。2020年以来，党委会先后研究人才干部相关事项26次，通过竞聘上岗、内部培养、外部引进，进行了三轮比较大的优化调整。

二是坚持党建与经营的"深度融合"和"无缝衔接"。把管党治党的责任体系和现代企业制度的市场化运作机制有机结合起来，从组织、制度、执行、素质等维度全面推进"五融合"，形成科学高效的公司治理机制。

三是以党建带宣传塑造企业良好形象。彩虹集团先后多次登上央视新闻联播，新华社、人民日报、经济日报、光明日报、中国电子报等主流媒体先后多次报道彩虹改革发展及产业转型情况。

四是以党建铸就优秀企业文化。改革重组之初,弘扬"开拓创新、务实高效"的企业精神,引导全体员工实事求是、不回避问题;进入新发展阶段,将企业精神升华为"开拓创新、追求卓越",进一步明确彩虹未来核心产业的国际地位和战略架构,提出打造一流企业的愿景使命。

三、改革成效

一是盈利水平明显提升。通过持续深化改革创新,巨额亏损源全部清理调整,主营业务不断做强做大,经营效益有了质的变化。在2020年实现面板、光伏、新材料等主营业务全面盈利的基础上,2021年更进一步,实现利润总额9.81亿元,企业经营指标创近年来最好水平,企业综合实力、核心竞争力和行业影响力大幅跃升。

二是企业结构明显优化。围绕主业发展,新成立改造基板、面板、光伏优势企业10家。大力清理"两非""两资"企业,累计清理企业30余家。妥善处置"僵尸和特困企业",原"僵尸企业"彩虹(合肥)光伏有限公司连续5年盈利,实现从国务院国资委督办的"僵尸企业"到"盈利大户"的华丽转身,成为国有企业处僵治困的典范。

三是人才结构明显优化。面对重重困难,经过上百场对话接待,合理分流富余人员并保持了企业基本稳定,荣获"全国文明单位"称号。根据新产业发展需求,先后实施系列招才计划,创设人才发展基金,累计引入各类优秀人才3000多人,人均劳动生产效率较重组改革之初提高了20倍。

四是资本结构明显优化。通过改革重组,累计筹措发展资金385亿元,盘活存量42亿元,消化历史潜亏79亿元,保障了重大项目建设和生产运营。强化资本运作,完成彩虹显示器件股份有限公司(A股)非公开定向增发,募集资金净额190.4亿元;完成彩虹集团新能源股份有限公司(H股)增发,募集资金12.9亿元。

40

推进集团采购整合　建设 OTO 数智化生态平台 打造全新工业品供应链生态平台公司

欧冶工业品股份有限公司

一、基本情况

欧冶工业品股份有限公司（简称"欧冶工业品"）是中国宝武钢铁集团有限公司（简称"中国宝武"）落实国企改革的重要成果，是中国宝武"一基五元"智慧服务业的重要组成部分。欧冶工业品成立于 2020 年 9 月，由中国宝武及下属 7 家子公司联合发起，实缴注册资金人民币 40 亿元，为中国宝武下属一级子公司。欧冶工业品起步于对工业品专业化采购的积累和沉淀，集中整合中国宝武采购资源和能力组建而成，是一家致力于建设全新工业品生态平台的公司。国企改革三年行动以来，欧冶工业品遵循"内聚外拓"的原则，按"专业化整合、平台化运营、生态化协同、市场化发展、多元化混改"的发展路径，以基于多年形成的规模化集采供应链服务能力和 OTO 数智化生态平台服务能力，构建全新工业品供应链生态平台。欧冶工业品按照"应整尽整"和"应上尽上"的原则，不断强化集采能力；把握前沿技术发展方向，采用中台服务架构，提升生态平台服务能力，实现两大能力相互融合、相互赋能、相互促进，夯实发展基础。

二、经验做法

（一）应整尽整，实现中国宝武钢铁主业采购全面集中

"亿吨宝武"有超过10个钢铁基地，按照中国宝武钢铁主业"弯弓搭箭"整体布局，钢铁基地分布南北相距2000千米、东西相距4000千米。针对钢铁基地工业品品类繁杂零散、批量小、市场差异性大等特点，面向各钢铁基地实现应整尽整、集中采购，能够有效解决采购供应链管理上存在的成本效率、供应链服务、风险管理等诸多痛点。推进采购全面集中过程中主要积累了三点经验做法。

一是科学管理。欧冶工业品认真学习理解中国特色现代企业制度改革要求，坚决贯彻集团公司关于创建"一总部多基地"管理模式的指示精神，结合工业品采购管理体系一贯制穿透、业务资源区域性分布、服务保障属地化运行等特点，进一步明确了工业品采购专业化集中管理"一总部多大区N基地"运作模式，清晰界定各层次工作职能、分工界面，推动管理策略一体策划、有序传递、高效落实，体现业务主体自我驱动、快速响应、区域联动。

二是因企制宜。工业品采购专业化整合涉及采购业务及配套服务切换、属地部门及所属人员划转、信息系统及操作流程切换、采购策略及支撑规则衔接、授权体系及业务资源调整等内容，存在嵌入深度大、关联接口多、调整幅度广、员工保障高、专业程度深等难点，欧冶工业品通盘策划、充分准备、细致精准、稳步推进，按"一公司一方案"原则对各钢铁基地量身定制专属整合方案。

三是"四个统一"。欧冶工业品推动所有钢铁单元全面升级上线中国宝武工业品采购信息系统PSCS系统，并进行全要素梳理和全流程再造，推动实现管理体系、物料代码、供应商、信息系统"四统一"，为实现中

国宝武工业品采购业务的统筹管控、一体运行、规范运行奠定了扎实基础。

（二）应上尽上，搭建中国宝武采购共享平台

在专业化整合的基础上，中国宝武积极落实国务院国资委采购领域管理提升要求，搭建并组织下属各子公司通过集团内统一采购共享服务平台，实现从发布采购需求到通知采购结果的交易全过程"应上尽上"。经验做法主要有四点。

一是加强顶层设计。加强采购与供应链管理，优化建设"共建共赢、应上尽上；流程贯通、自主采购；规则明确、评价驱动；数据挖掘、提升价值"体系能力，于2020年7月组建中国宝武采购供应管理委员会，进一步深化顶层设计，推进企业高质量发展。委员会下设工采办，组织推进集团工业品集中采购及子公司上网采购等工作。

二是明确管理要求。在采购环节对各子公司提出了"应上尽上、能上快上"的要求，即除"集团不适合上网采购的品类清单"外的采购业务均需在集团内统一采购共享服务平台。

三是理清工作思路。以"合同100%上系统、电子商务100%上网、全流程100%协同、大数据100%智能"的思路，分阶段阶梯型推进，全面深化完成对中国宝武全层级子公司"应上尽上"（上网采购），共同打造一个运营公正、健康持续、廉洁阳光的采购体系。

四是建立分层分类推进体系。由中国宝武集团规划部、治理部、数智办、工采办（欧冶工业品）等部门组成策划层，负责中国宝武"应上尽上"工作的整体策划、跟踪与评价；欧冶工业品、上海宝华国际招标有限公司（简称"宝华招标"）、中国宝武各一级子公司等组成推进层，负责对接中国宝武子公司的"应上尽上"需求；欧冶工业品、宝华招标、全层级子公司采购主体等组成实施层，负责"应上尽上"工作的具体实施。

(三)聚焦转型,构建工业品数智化生态平台

"应整尽整""应上尽上"提升了规模化集采供应链服务的服务规模和服务深度,积累了丰富的上下游用户资源、品类资源、技术服务能力和采购管理等能力优势。在此基础上,欧冶工业品整合资源、创新模式,构建工业品数智化生态平台,积累了以下经验做法。

一是创新商业模式。欧冶工业品结合自身特征,以"六全"为理念,打造"全场景、全品类、全流程、全链路、全数据、全透明"的供应链生态,围绕用户在商流、资金流、物流、信息流等方面的痛点,从四流耦合、创新产品、基础设施三维度,构建供需匹配/商品/库存交易、供应链物流与金融、数字产品及解决方案等多层次的子平台和服务系列。

二是打造智慧中台。欧冶工业品自主研发的欧贝平台采用全新中台架构设计,通过对工业品供应链的深度解析,以核心资源、数字工具、运营服务三位一体为对象进行建模,从而形成业务、数据、技术中台,实现企业级核心业务能力的复用。

三是提升物流服务能力。欧冶工业品物流能力建设以实现"工业品电商物流服务平台"为目标,围绕供应链整合、大数据应用、赋能供应链一体化三大核心能力建设,统筹运、储、配三大物流要素整合,建设数智化、组织升级两大物流发展支撑,通过练内功、搭平台、助生态三个发展阶段分步骤实现目标。

三、改革成效

2021年欧冶工业品积极推进国企改革三年行动,坚持以"立足集采,把握机遇,创新创业,加快创建工业品供应链数字化平台新生态"为主线,积极担当集团公司赋予的使命责任,深入推进"六个转变",全面完成中国宝武战略任务,出色完成商业计划书各项经营业绩目标,集中采购

充分赋能、创新创业蹄疾步稳、互联网转型动力澎湃、新商业模式和新产业业态加速孕育，欧冶工业品打造工业品供应链平台新生态引领者迈出坚实步伐。

一是在"应整尽整"方面，全面完成了中国宝武第一阶段11个钢铁基地专业化整合任务，实现了整合切换"双稳双畅"目标。同时，不断扩大集中采购范围，有条不紊地推进多元子公司的工业品集中采购覆盖，完成106家多元单位采购委托管理。2021年全体系采购降本（定比2020年PPI）4.5亿元、降低库存9.7亿元。据央企对标经验交流，中国宝武是唯一实现资材备件采购管理与采购业务实施完全集中的央企，由欧冶工业品承担的中国宝武下属各子公司年化集中采购规模已达到480亿元。

二是在"应上尽上"方面，按照规范、透明、阳光的要求，中国宝武全面推进采购业务上平台、上系统工作，所属303家公司已通过系统对接或SaaS应用使用欧冶工业品搭建的"欧贝易购"平台，315家公司已在欧冶工业品搭建的"欧贝商城"下单采购。2021年宝山钢铁股份有限公司、宝钢金属有限公司、宝武特种冶金有限公司、宝武装备智能科技有限公司、宝武原料供应有限公司等一级子公司全品类上网采购率已达100%。2021年中国宝武应上尽上完成率达到100%，上网采购率达到93%。

三是在数智化平台建设方面，2021年，欧贝易购GMV实现2699亿元，欧贝商城业务营收超过20亿元，交易平台产品SKU数量达121万个。欧贝物流成功开发线上物流4SP系统，线下完成了覆盖12个钢铁基地361个库区"储力"资源管理，建成了1万台干线运输整车、13万条线路在内的零担和快递物流业务集采"运力"资源。

41

推进专业化深度整合 持续提升价值创造能力

中国铝业股份有限公司

一、基本情况

中国铝业股份有限公司（简称"中国铝业"）是中国铝业集团有限公司（简称"中铝集团"）最大的控股子公司，氧化铝、电解铝、精细氧化铝、高纯铝、铝用炭素阳极产能位居全球第一。国企改革三年行动以来，为全面增强主业的竞争力、控制力、影响力，中国铝业在持续调整优化氧化铝、电解铝产业结构基础上，针对铝用炭素、精细氧化铝及合金资产业务布局分散、价值创造能力不强、产销研协同力度不够等问题，启动实施了内部专业化整合，通过统一规划、集中管控、专业化管理、市场化运营，为相关产业进一步做强做优、向价值链高端发展、打造专精特新企业奠定了重要基础。

二、经验做法

（一）顶层谋划，推动产业链供应链强链补链

一是顶层设计，把关定向。铝产业作为中铝集团的核心战略单元，集团总部高度重视，对专业化整合方向、方案设计、业务整合全过程指导审核，主要领导多次听取专题汇报，明确工作要求，督导工作落实，有力推

动了整合工作。

二是明确思路，做强主业。中国铝业制定"十四五"发展规划，加快构建"3×5"产业发展格局，将铝用炭素、精细氧化铝、合金纳入主业加强管理，明确各业务的中长期及近期发展目标及思路，优化调整产业布局，构建主营业务更加突出、更具竞争力的铝产业发展格局，推动产业强链补链。

三是纵向整合，对标一流。设立专业公司，分别整合所属企业的铝用炭素、精细氧化铝、合金的业务、资产和人员，集中要素资源，打造专精特新企业，发挥独立市场主体作用，充分参与市场竞争，统一管理、架构和标准，纵向集中管控，对标行业一流，提升产业链竞争力。

（二）强化对标，打造更具竞争力的专业公司

一是健全专业化对标机制。聚焦价值创造，按照"一立两找三定"（立标杆，找差距、找原因，定目标、定措施、定落实）对标六步法，选定行业一流企业作为新公司对标标杆，重点对标净资产收益率、成本竞争力、产能利用率、劳动生产率、市场占有率、科技创新等指标，新公司所属子企业重点围绕产品产量、质量、成本控制、新技术新产品开发应用等分专业分工序开展对标，通过一对一、"剥洋葱"式精准诊断，找准工作短板及降本空间，提升专业管理水平。同时，将对标指标纳入企业年度绩效责任书，强化穿透执行，月度跟踪通报，季度小结警示，半年约谈整改，全年综合评价。每月召开对标分析会，逐月分析对标指标是否达标、成本竞争力是否提升等。当月完不成对标任务的，主管部门直接督导整改；连续3个月不达标，或半年未完成对标进度目标的，中国铝业主要领导约谈企业负责人；全年有差距的，按照绩效责任书严格考核。

二是健全市场化经营机制。对市场竞争激烈的炭素、合金新公司经理层成员实施职业经理人制度管理，对向中高端发展的精细氧化铝公司经理

层成员推行任期制和契约化管理,通过 A、B 类业绩考核评价（A 类为 ROE 等经营评价指标,B 类为管理评价指标）,以及各层级"一岗一责一单一薪"管理,建立常态化、长效化末等调整机制,刚性考核兑现。对标行业先进劳动生产率,建立企业工资总额与经济效益、劳动生产率双挂钩机制,实现效率升、效益增、工资涨,效率低、效益减、工资降,促进岗位人员优化配置、富余人员市场化退出。落实"充分大胆激励"要求,建立市场化业绩与薪酬对标机制,以缩小与标杆企业的差距为年度考核目标,通过超额利润分享,打造完全市场化激励的示范企业。

三是健全科技创新机制。着力推进"中铝中央研究院—专业技术中心—实体企业"科技创新体系建设,设立铝用炭素、精细氧化铝、合金专业技术中心,建立"揭榜挂帅"科研攻关机制、"一个项目、一个团队、一个工厂"成果推广应用机制,加大对行业共性技术、高附加值新产品开发等攻关力度,推动产业向产业链中下游、价值链中高端发展。同时,对科技人员实行项目跟投、项目分红、成果转化分享等中长期激励,激发科技人才的创新创造活力。

四是健全产销研联动机制。新公司设立后,对研发、生产、销售统一管理和调度,统筹规划产品研发、生产和销售,确定最优销售路径,争取最大效益,形成以销售为龙头、以研发为支撑、以生产为基础的运行机制,促使研发贴近市场、生产靠近客户、销售带动产研,实现"研产销"深度融合贯通。

（三）分步实施,平稳高效推动整合工作

一是循序渐进,分步实施。坚持先易后难,对股权（产权）清晰、资产人员整合难度低、改革意愿强烈的企业先整合,其他企业分批次实施整合,例如中国铝业将其分公司的炭素资产在炭素新公司注册时直接出资注入;对于所持炭素合资公司的股权,待与其他股东达成一致意见后再分批

整合。坚持精干高效，明确专业新公司利润中心、所属子企业生产和成本中心的功能定位，将人力资源、财务、营销等专业管理职能上移到新公司，将原有独立分/子公司逐步转换为分公司/分厂，精简管理机构，强化生产执行，实现扁平高效，例如炭素子企业原则上设立"三部门、一中心"，按照"厂部—作业区—班组"实行扁平化管理。

二是管理变革先行，夯实运行效率。坚持内部整合和管理改革两不误，在专业整合前期，针对电解铝企业配套炭素业务，实施内部模拟市场化运行，独立核算，实现炭素业务集中管理、市场化运营；对合金业务的扁锭生产线进行管理整合，优化资源配置，促进满产高产。同时，进一步厘清中国铝业、专业公司及其所属子企业三者间的权责边界，明确审批程序，细化各层级的审批事项清单及授权事项清单，提高管理决策效率。

三是着力解决企业重组后的人员问题。原有独立子企业人员整建制划转，存在业务交叉的企业人员根据业务关联度，分类划转，比如将电解铝企业配套炭素业务的相关职能部门人员、营销人员划转到炭素新公司；将与电解铝生产更紧密的炭素组装工序保留原电解铝企业，不纳入划转范围。同时，"一企一策"核定子企业劳动生产率目标，优化岗位设置和定编定员，开展竞争上岗，富余人员通过企业内部跨区域转移、跨企业上岗、协商解除劳动关系等方式，妥善分流安置。

三、改革成效

一是经营效益质量大幅提升。统一生产管理标准，盘活闲置资产和产能，生产保持稳产高产。2021年，铝用炭素、精细氧化铝、合金产量分别同比提升11.5%、5.6%、11.4%，为经济效益提升提供重要支撑。分专业、分工序深入对标，成本费用持续降低。铝用炭素运行生产线中，成本竞争力进入行业前1/3的占比超过50%。通过抢抓市场机遇，强化专业管理。2021年，铝用炭素、精细氧化铝、合金利润分别同比增长308%、194%、395%，成为中国铝业新的利润增长点。

二是产业提质升级步伐加快。发挥整合后的独立市场主体作用，集聚资源，形成合力。2021年，精细氧化铝市场占有率同比提升2个百分点，国内市场占有率达到48%；铝用炭素阳极国内市场占有率达到19%，产销率达到历史最好水平。整合技术和研发资源，加大科研投入和攻关力度，精细氧化铝的中高端产品（利润率超过10%）比例超过2/3；多个合金产品单位利润比普铝超过500元/吨，个别合金产品单位附加值超过2000元/吨。统一规划、明确定位。分别在南北布局两个高品质铝用炭素生产基地，目前已具备出口生产能力，后续根据市场效益选择国内国外市场；精细氧化铝9个品种出口美国、日本、韩国等国家，多个品种实现进口替代。

三是市场化改革成效显现。整合后的专业公司作为独立市场主体，充分参与市场竞争，干部员工的成本意识、竞争意识、经营意识更加强烈，为开展全要素对标创建一流提供了有利条件。对标行业先进劳动生产率，倒逼企业清理业务外包工和劳务派遣用工。2021年，铝用炭素、合金劳动生产率分别同比提升39%、12%。整合后通过集中统一管理，分专业分工序对标，更利于发现问题、找准差距，实施更加精准有效的激励措施，调动员工积极性。

42

优布局 促混改 激活力
打造世界一流基础设施综合服务商

中交一公局集团有限公司

一、基本情况

中交一公局集团有限公司（简称"一公局集团"）是中国交通建设集团有限公司（简称"中交集团"）重要子企业，由功勋卓著的中国人民解放军公路一师历经改工、改组、改制、重组发展而成，拥有90余家各具专业特色的分/子公司，员工2.2万多人，是年新签合同额和年营业收入均超千亿元的大型国有企业。

自2019年列入"双百企业"以来，一公局集团认真学习习近平总书记关于国有企业改革发展的重要论述，以"优布局、促混改、激活力"为驱动，聚焦打造世界一流基础设施综合服务商目标，不断夯实企业高质量发展的基础，荣获2021年度国务院国资委"双百企业"综合考评"标杆企业"。

二、经验做法

（一）优化业务布局，主业优势凸显

一是深耕"大城市"。树立"进入城市、设计城市、建设城市、运营

城市、扎根城市"的理念,推进旗下21家子企业出京,布局长三角、粤港澳大湾区等国家主要经济圈和中心城市。建立健全公司城市发展的协同机制,形成城市产业集群效应,完成中交中南工程局有限公司、中交综合规划设计院有限公司、中交轨道交通运营有限公司组建,广泛参与重点城市的规划建设运营全产业链运行。与城市发展共呼吸,由利益共同体升级为生命共同体,吸引大批优秀属地人才加入企业,提升企业发展动能。

二是做强"大交通"。坚持"标杆性、均衡性和持续性"发展追求,紧盯"重大工程和重点项目",完成18家专业子企业整合,闯出了一条资源配置新路子。聚焦"两铁"业务,重组所属企业中交隧道工程局有限公司,专业能力不断提升。打造交通盾构新品牌,"运河号""东方号"征服天山危险断裂带全面打通胜利隧道,和燕路项目在长江之底创造"滴水不漏"的施工奇迹。

三是聚力"新基建"。突破关键技术,在北京东六环改扩建项目中,一公局集团创造性地提出以"大盾构下穿"工艺代替"传统明挖"设计,延长地下隧道长度,为北京减少征地1060亩(1亩≈666.67平方米),减少伐木4.7万株,减少投资27亿元,创新出"缝合城市"新建设理念,刷新了国内大直径盾构的建设纪录。优化发展模式,打造EOD、TOD、产城融合、产教结合等城市发展新模式,从设计规划、商业模式、产业导入、融资方案等方面为政府提供一揽子解决方案,相继建成张家港高铁新城、喀麦隆雅温得城市综合体项目等10余个国内外城市综合开发项目。

(二)用活股权投资,提升发展质量

一是健全体系。搭结构,建立3层股权管理架构:党委充分落实"把、管、促"作用,对股权投资方向负总责;董事会落实"定、做、防"作用,是股权管理的决策机构;经营层组成股权管理"专班",形成"投资选择—项目立项—资产评估—风险分析—投资决策"等全过程的股权投资决策流程，制定《股权合作公司管理办法》，实现了股权"募—投—管—退"全过程闭环管控。

二是转换机制。制定《控股股东基本制度遵循》，厘清一公局集团控股股东权利义务，为深度转换经营机制留足空间，充分释放混改活力。控股企业全部实现外部董事占多数，仅2021年8家控股企业召开董事会44次，决议事项119项。加强党的领导，制定并印发《混改公司党组织建设方案》。在混改公司设立党的组织，为混改公司发展保驾护航，促进混改公司与一公局集团文化相融。混改公司均完成党组织建立，覆盖率100%。

三是补齐短板。依靠股权投资，补齐"大交通""大城市"基础设施领域的产业短板，与具有产业优势的地方国企、优质民企共同出资，组建中交一公局集团水利工程有限公司、中交未名环保有限公司、中交装配式建筑科技有限公司。利用股权投资模式，中标"天津地铁2、3号线"存量运营项目，助力中交集团实现国内轨道运营业绩零的突破。实践知识产权入股、科技人员持股，与北京大学开展合作，组建生态环境与资源效率实验室，开展地表生态环境系统和城市生态文明的基础性研究；收购上海交通大学设计研究总院，实现引领城市规划设计方向，以研发、设计、运营能力跃升，打开基础设施领域综合服务商的大门。

（三）强化"四个挂钩"，激发经营活力

一是与发展质效挂钩，打破"铁营盘"。实施大部制改革，重组公司、改革部门实行全体起立竞聘上岗，两级总部累计压减管理部门145个，实际压缩管理岗位265个，减幅达12%。

二是与战略需求挂钩，打破"铁饭碗"。研究出台《高端紧缺人才引进及管理办法》，积极引进城市综合开发、绿色环保等领域高端人才。3年来，通过市场化方式选聘高端紧缺人才累计29人。

三是与业绩能力挂钩，打破"铁交椅"。推动经理层任期制和契约化，

经理层各岗位主要指标与企业发展业绩指标硬挂钩，敢于向资产负债率、"两金"压降等公司发展的短板弱项挑战，2年共对23名领导干部进行了降职、免职和调整处理。实施"赛马"机制，建立员工赋能基地，对于连续2次排名末位的员工，自动降低一级适用，连续2次赋能仍不能胜任的予以退出。公司19个员工赋能基地累计培训员工达1605人，降级132人，1377名员工退出岗位，有力地促进公司员工整体素质提升，助推公司转型升级发展。

四是与价值创造挂钩，打破"大锅饭"。推进全员绩效管理，总部、各单位、项目三级员工按业绩刚性兑现绩效，班子副职绩效收入上下浮动可达30%以上，同类所属单位之间主要负责人的薪酬差距达3.4倍。加快与市场接轨，针对水利、环保、运营、咨询等业务领域，建立与行业相适应的薪酬激励体系。实现项目超额利润分配常态化，项目同岗位薪酬差异达到2.01倍。

三、改革成效

一是经营质效明显提升。2021年一公局集团新签合同额、营业收入、全员劳动生产率分别为2001.3亿元、1241亿元、68.64万元/人，较列入"双百企业"前增幅分别达194%、134%和120%。企业利润总额年复合增长率实现14.7%的增速，明显大于改革前的5.2%。企业EVA由列入"双百企业"前的-37477万元提升至5171万元，发展质效大幅改善。

二是区域布局更为合理。公司"扎堆"北京现象得到缓解，国内外48家属地城市公司成为发展主流。3年累计开拓城市产品3871亿元，引进属地人才1682人，增加地方税收37.5亿元。到2021年底，已建成120亿元城市环境治理、流域治理项目，80亿元城市垃圾、污水处理基础设施项目，援埃塞河岸绿色发展项目荣获ENR全球最佳工程奖。

三是基础设施产业链能力大幅提升。补齐基础设施领域的短板弱项，形成以设计咨询、投资建设、运营服务为主的全产业链、创新链、价值链发展态势，吸引非公资本 3.7 亿元，放大了国有资本效能。

四是人均创效能力大幅提升。一公局集团人工成本利润率由 2019 年的 60.75% 迅速增长为 2021 年的 99.79%，在发展规模实现 134% 增长的同时，人员规模增长仅为 109%，实现了"瘦身健体"的发展目标。

43

立足行业变革要求深化改革
构建先进性 提升引领力

保利发展控股集团股份有限公司

一、基本情况

保利发展控股集团股份有限公司（简称"保利发展"）成立于1992年，是中国保利集团有限公司（简称"保利集团"）下属的控股房地产上市公司，自成立以来，始终坚持以发展为主题，以经济效益为中心，2002年8月完成股份改制，2006年7月在上海证券交易所挂牌上市，成为进驻国内119个城市、海外3个国家，资产近1.4万亿元、员工逾6万人的大型企业集团。保利发展业务涵盖地产开发、经纪代理、建筑设计、物业服务、大健康、商业、文旅、酒店等10余个板块。其中，地产开发、物业服务长年稳居央企龙头，经纪服务、金融服务连续多年被评为行业TOP10。保利发展坚持学习贯彻习近平总书记关于国有企业改革发展和党的建设的重要论述，深入实施国企改革三年行动，将党的领导、战略管理、公司经营、组织机制优化与发展改革有机结合，形成一套成熟、完善、具有保利特色的改革工作体系，为推动行业创新、城市发展、人民美好生活做出了贡献。

二、经验做法

（一）坚持党的领导与经营管理相结合

在改革进程中，保利发展始终坚持党的领导与经营管理相结合，聚焦"国之大者"，忠诚拥护"两个确立"，坚决做到"两个维护"，切实把党的政治、制度、组织优势转化为企业的竞争优势。

一是发挥党的政治优势，完善决策体系顶层设计。一方面，始终发挥党的领导核心作用，将政治理论学习作为首要政治任务，确保党的意志落实到公司战略中；另一方面，将党委职责权限、机构设置、运行机制、基础保障等内容写进公司章程，确保党委在重大事项决策中把关定向。

二是发挥党的制度优势，确保决策程序高效规范。权责边界上，按照"地产公司统一制定，相关产业一企一策"的原则，梳理党委前置决策事项清单，每年按需动态调整，确保党组织决策不缺位不越位；组织原则上，坚持民主集中制，公司股改、全国化战略、上市乃至每一个五年规划等重大决策事项均按照集体领导、民主集中、个别酝酿、会议决定的原则研究产生。

三是发挥党的组织优势，推动决策执行有效落地。组织落实上，坚持党建工作和经营工作同部署同考核，连续 6 年将党建工作考核结果纳入年度绩效，作为子公司领导人员的任免、奖惩的重要参考；监督体系上，建立起高、中、低不同风险等级的制度"红线"，在规范企业经营管理、营造良好政治生态上发挥了重要的作用。

（二）坚持战略引领与布局结构优化调整相结合

"精于战略、长于执行"始终是保利发展的制胜法宝之一。面对复杂的市场竞争环境与客户对美好生活的多元需求，保利发展不断探索调整战略，将公司战略与深化改革有机结合，加速推动国有资产布局结构优化调整。

一是保持战略定力,聚焦做优做强主业。始终保持战略自信,坚持长周期的战略布局。从1995年开发首个项目保利红棉花园,到2002年提出的"三个为主、两个结合",到2016年"一主两翼"版图基本形成,再到战略升级为建设"具有卓越竞争力的不动产生态平台",住宅开发一直是保利发展坚持的战略主航道。

二是牢记"国之大者",主动服务国家战略。始终追随中国经济发展的大方向,把握宏观金融体系改革的大节奏,实现公司投资布局与改革开放同频、与民生需求共振。国家的城镇化战略重点在哪里,公司就落子在哪里。胡焕庸线(黑河—腾冲线)是我国人口密度的对比线,反映了我国经济活力、产业布局的基本格局。胡焕庸线以东的城市,居住着全国94%的人口,保利发展在胡焕庸线以东的土地储备占比98%,与我国区域经济发展现状高度匹配。

三是坚持开放多元,积极布局战略新兴产业。在深耕地产主业的同时,采用动态、前沿的眼光,着眼于国家发展、行业大势以及客户需求,把握细分行业机会,健全适合市场化竞争的激励约束机制,加速企业内生活力释放,实现多元化发展。1992—2002年,处于创业阶段的保利发展,前瞻性地布局了与地产主业高度协同的建筑、物业和销售代理领域。2002年改制以后,在做大做强地产主业的同时,牢牢把握细分市场机会,充分发挥资源整合优势,在文旅、养老、会展等多个与地产相关、市场前景好的综合服务领域实现了突破,并成立了基金、资本公司,发挥产融结合优势。

在强有力的战略引领下,保利发展的资产结构、资产质量不断优化,得以稳健穿越市场周期,在经历了1998年和2008年等全球性金融危机和多次房地产市场重大波动周期中,依然保持强势的增长。

（三）坚持组织机制优化与发展改革相结合

房地产开发行业的呈现出"需求分化、竞争激烈、调控多变"的特点，为了在经营规模进一步扩大的同时，提高对市场的应变能力，实施快速科学决策，保利发展以市场化经营为核心，将组织机制优化与发展改革紧密结合。

一是以市场化经营为核心，深化组织机制改革。总部层面，围绕促进职能明晰、强化监督体系、贯彻精益管理、提高业务协同四类举措，调整总部组织架构；通过充实具有丰富一线管理经验与全面管理能力的综合型管理干部，配强总部干部，增强总部指挥、协调能力；主要子公司层面，结合战略和业务需要，不断进行组织变革，鼓励内部竞争，激发组织活力。"十三五"期间地产业务在京津冀、华东、海西新设5家主要子公司，到规划末期已有3家销售额超过100亿元。2021—2022年，对重仓的华东、华南区域，持续实施组织裂变，成功裂变出3家主要子公司。相关产业实施板块整合，2022年，成立保利商旅产业发展有限公司和保利创新产业投资管理有限公司，形成板块竞争优势。

二是持续健全激励约束机制，灵活开展多种方式中长期激励。保利发展充分利用国企改革三年行动政策红利，已形成兼顾中长期和短期激励约束体系。一方面，全面推行任期制和契约化管理，层层压实经营责任。根据岗位与职责不同，差异化设计任期考核指标体系，做到"一人一表"，突出岗位关键指标考核。同时，建立"摸高"机制，按照"跳一跳、摸得着"的原则，设计每家子公司具体目标。另一方面，持续健全高质量发展考核体系，对于业务较为成熟的地产主业，突出提升规模发展、利润水平、周转效率、业务管理、风险管理、党建等方面综合能力，鼓励"做成标杆"。对新培育的相关产业，鼓励提高市场化规模、提升基础服务水平、创新业务模式，强调"向行业看齐"。此外，保利发展灵活开展了多种方式的中长期激励，于 2012 年、2016 年分别实施了两期上市公司股权激励计划，激励对象覆盖中高层骨干人员，行权与公司业绩、个人绩效考核紧密挂钩。2021 年下属上市子企业保利物业服务股份有限公司（简称"保利物业"）限制性股权激励计划获国务院国资委批复和股东大会通过。

在组织机制改革的作用下，近 3 年员工绩效考核覆盖率均为 100%，2021 年员工市场化退出率达到 4.71%，其中管理人员退出比例达到 4.15%，均达到历史最高水平。管理人员薪酬浮动占比超过 80%，所管理的子企业负责人年度薪酬拉差超过 3 倍。

三、改革成效

一是政治站位高，企业形象显著提升。作为首批参与保障房建设的企业，参与近 30 个老旧小区、棚户区改造项目，总建筑面积超过 2000 万平方米；参与超过 120 个保障房建设，总建筑面超过 1500 万平方米。自 2006 年公司上市以来至 2021 年底，保利发展累计向股东分红 458 亿元，向保利集团上缴利润 191 亿元，向国家纳税 3210 亿元，直接或间接创造就业岗位数以百万计。

二是发展速度快，综合实力不断增强。从 2002 年改制开始，保利发展一步一个台阶，以住宅开发为主航道，布局"中心城市 + 城市群"，2012 年房地产销售业绩首次迈进千亿元大关，2020 年首次突破 5000 亿元，2021 年跃居行业第 4 名，并连续 14 年位居"行业前五、央企第一"。过去 5 年，地产板块销售规模复合增长率每年保持不低于 20%，连续 12 年蝉联"中国房地产行业领导公司品牌"。相关产业板块多家公司跻身行业前列，保利物业 2019 年成功在香港上市，综合实力排名行业前 5 位、央企第 1 位，保利（广州）健康产业投资有限公司综合运营影响力排名行业前 5 位，信保（天津）股权投资基金管理有限公司荣登房地产基金品牌 30 强榜首。

三是盈利能力强，资产负债结构合理。保利发展坚持发展是第一要务，2002年改制以来，营业收入、利润总额及净利润复合增长率分别为40.83%、41.24%、42.24%，实现国有资产保值增值。2021年毛利率为26.80%，营业收入利润率为17.43%，在TOP5上市房企中排名靠前。截至2021年底，保利发展资产总额达13999.33亿元，较2006年上市时增长了85倍，剔除预收款后的资产负债率68.00%，现金短债比1.86，是TOP5房企中唯一一家始终没有逾越融资监管"三道红线"的企业。

44

坚持系统思维 推进综合施治
"一企一策"深化国企改革 推进高质量发展

天津市人民政府国有资产监督管理委员会

一、基本情况

天津市人民政府国有资产监督管理委员会（简称"天津市国资委"）以实施国企改革三年行动为契机，在破解共性的体制机制问题的基础上，坚持系统思维，具体问题具体分析，对市属国企逐个"过筛子"，针对不同企业的实际情况，聚焦体制机制、产业转型、债务化解等突出问题，系统谋划、精准施策，"一企一策"推动国企深化改革。首批选择天津城市基础设施建设投资集团有限公司（简称"天津城投集团"）、天津泰达投资控股有限公司（简称"泰达控股"）、天津渤海化工集团有限责任公司（简称"渤化集团"）3家企业集团进行突破，逐户制定对症提升方案，带动其他企业结合实际深化改革，取得了阶段性明显成效。

二、经验做法

在方案制定和推动落实上，主要分两个步骤抓：第一步，抓主要矛盾，找准找实每家集团的问题症结；第二步，运用系统思维，针对每家集团问题症结，提出标本兼治、综合施治之策。

（一）抓住主要矛盾，聚焦问题症结

天津城投集团的主要问题在于企业转型滞后。2014年国务院出台《关于加强地方政府性债务管理的意见》，政府不能通过平台公司融资，政策变化下天津城投集团原有"政府投融资平台"的职能定位消退，但其转型滞后。2018年市委专项巡视反馈意见指出，天津城投集团2015年就提出市场化、专业化、集团化的转型发展目标，但3年过去，仍停留在方案制定阶段，集团大业主的思维方式、等靠政府的思想严重，市场化观念、市场化机制不到位，政企不分，管理效率、运营效率低下，经营收入和利润覆盖不了财务费用，难以支撑沉重的债务负担。

泰达控股的主要问题在于市场化转型方向不清晰。泰达控股市场化转型虽然起步早，但市场化之路并未走好，主业分散、多而不强，发展脉络、公司定位和政企边界不清晰，优质大项目储备不足。市场化业务占比不高，政府性大项目和土地储备占用资金体量大，资金周转缓慢，企业面临债务风险。

渤化集团的主要问题在于缺乏系统性治理。渤化集团为解决"化工围城"问题，实施天津渤天化工有限责任公司（简称"天化"）、天津大沽化工股份有限公司（简称"大化"）"两化"搬迁改造项目，产业结构调整缺乏高质量新项目支撑，无法产生效益。企业项目管理、财务管控不力，失控失管问题同时存在，"输血点""出血点"多，"增长点""造血点"少。

（二）实行标本兼治，推进综合施策

天津城投集团重在下好转型升级"三步棋"。第一步，推进业务转型。转型定位为"城市综合运营服务商"，构建城市建设、开发、经营、运维、管理全生命周期的业务能力，以特许经营模式受理政府委托，当好经营城市资源产业链的链长。第二步，推进管理转型。将天津城投集团打造成为国有资本投资公司，强化管资本理念，更加注重通过法人治理结构履职、基于出资关系监管，通过整合集聚资源等优化国有资本布局。第三步，授予城市更新实施主体。发挥天津城投集团在土地整理、房地产开发、基础设施建设和公共配套服务领域的经验和综合能力，深耕细作区域开发和城市更新业务，拓展业务领域，创新发展模式，提升城市发展功能，并通过城市更新融资来调整优化债务结构。

泰达控股重在唱好综合改革"四部曲"。一是提升公司定位。将泰达控股建设成为一流跨境国有资本投资公司，并作为城市更新项目开发主体之一，打造成为"天津的靓丽名片、一块响亮招牌"。二是厘清业务脉络。聚焦城市综合开发、金融和高端制造三大主业，补充优质资产，增强高端制造主业竞争力和抗风险能力。三是跟进优质项目。策划实施泰达科创谷、滨铁2号线（Z4线）等一批优质项目和泰达时尚广场等城市更新项目。四是推进融资再安排。中国建设银行等金融机构牵头组建3类银团，稳住存量，缓释风险，争取增量，解决债务期限错配问题。通过重塑组织架构、完善运行机制、推进政企分开、加强党的建设等综合发力，重塑综合竞争力和可持续发展能力。

渤化集团重在用好高质量发展"三味药"。一味"解药"，化解债务风险。本着"短变长、高变低、多变少"的原则，优化债务结构，降低融资成本。建立资金保障应急机制，充分发挥财务公司平台作用，防止小风险演变为大风险、局部风险演变为系统风险。一味"疗药"，整治管理问题。以经责审计问题整改为契机，挖病灶练内功，完善制度机制，堵塞管理漏洞，以数字化智慧化为企业赋能，全面提升企业管理水平。一味"补药"，提升产业项目水平。坚持生态、绿色、精细、高端的发展原则，坚持最高安全标准和最严环保排放标准，实施"两化"搬迁改造项目，确保年内投产，带动渤化集团整体脱困。坚持"上市+"战略，积极培育上市后备企业，新建项目按上市公司标准建章立制、规范管理，加快引入战投，倒排工期，尽早实现上市。

3家企业改革试点带动整个国资系统企业改革持续深化，各市属企业积极主动跟进，自主研究形成改革初步方案，探索实施契合企业实际的改革举措，形成"头雁先飞、群雁齐追"的深化改革新局面。

（三）坚持系统思维，营造深化改革综合环境

一是优化改革环境。加强顶层设计，出台了全市国资布局"十四五"规划及结构调整若干措施，市管企业结构升级、动能转强、发展换挡的趋势正在加强。印发了《天津市国资委授权放权清单（2021年版）》，分类提出授权放权事项。制定了《天津市关于全面理顺国有企业出资人与产权管理关系工作方案》，"一企一策"分批调整理顺。深入开展"展现新作为、打造新国企、干出新业绩"主题活动，启动国资系统百人规模"攻坚克难突击队"，破除了一批制约国企改革发展和党的建设的瓶颈问题，解决了一批涉债、涉房、涉法、涉诉等疑难杂症。

二是改善信用环境。召开债券市场投资人恳谈会，向投资人传递了天津市维护信用环境、保护投资者利益的坚定决心和管用举措，6家国企签署诚信自律公约，市场反应积极热烈、提振效果显著，天津城投集团、天津轨道交通集团有限公司等重点国企债券发行迎来利好，二级市场交易收益率、存量债券收益率估值水平、一级市场发行利率快速下降。设立市属国企高质量发展基金护盘改革大局，短期为企业提供流动性支持、维护市场信用，长期支持企业上市、产权改革、资产配置等高质量发展业务，累计为13家国有企业提供86亿元资金支持。

三是化解企业痛点。按照"一企一策"的改革思路，针对不同企业的瓶颈问题，坚持寓监管于服务，着力帮助企业解决历史遗留问题，破解改革中的障碍。解决渤海证券股份有限公司（简称"渤海证券"）上市障碍

问题，渤海证券 A 股 IPO 申请日前获证监会受理。解决樾梅江项目续建、弘房企管 5 个项目盘活等问题，维护购房业主合法权益和社会稳定。解决天津市旅游（控股）集团有限公司、天津宾馆集团有限公司与天津农村商业银行三方有关资产置换问题，实现多方共赢。

三、改革成效

一是债务风险缓释改善。天津城投集团先后与国家开发银行、中国邮政储蓄银行等签署战略协议，深化全方位合作，引来"金融活水"支持天津城市建设。泰达控股综合带息负债总额和资产负债率分别同比下降 11.7% 和 1.5%，企业流动性风险得到有效化解，全部债务按期偿还。渤化集团通过加快企业资源资产盘活、发起设立基金进行协议增资、采取保理方式获得融资支持等途径，加快推进债务结构"高变低""短变长""多变少"，完成约 2200 万平方米（约 3.3 万亩）盐田土地作价出资，资产负债率降低 9.08%。

二是市场化改革加速推进。天津城投集团围绕落实"城市综合运营服务商"，加快战略性重组、系统性重塑、专业化整合，进一步明晰交通与建设、环境与水务、城市更新、城市资产经营四大核心业务板块，重塑集团总部架构，总部部室压缩 27%，1/3 中层管理人员退出管理岗位，中层副职及以下人员全部竞聘上岗。泰达控股锚定"产、融、城"战略发展方向，出清企业 17 家，集中资源发展主业，建立"本部—子集团—专业公司"三级管控架构。渤化集团主辅分离、优化重组取得阶段性进展，天津环球磁卡集团有限公司重大资产重组并募集 7.06 亿元配套资金获得证监会批复。

三是经营发展稳中向好。天津城投集团转型升级取得积极成果。成立了注册资本金 100 亿元的天津城市更新建设发展有限公司，设立初始总规模 600 亿元的城市更新基金，总投资 400 多亿元的 3 个城市更新试点项目加快落地，2021 年实现收入和净利润分别增长 12.3% 和 17.4%。泰达控股综合改革取得阶段性成效。积极推进轨道交通 Z4 线一期工程、保障性租赁住房建设和泰达时尚广场、金耀广场等城市更新项目，净利润同比增长 18.7%。渤化集团改革功效逐步显现。通过提升产业项目水平、化解债务风险、整治管理问题等综合措施，促进集团向绿色、低碳、高质量发展转型。"两化"搬迁改造一期项目全部建成，实现营业收入同比增长 15.9%，规模以上工业产值同比增长 32.2%，实现利税 31.3 亿元。

45

高起点统筹谋划 严要求部署推动 全口径一体推进各类国有企业国企 改革三年行动

内蒙古自治区人民政府国有资产监督管理委员会

一、基本情况

国企改革三年行动实施以来，内蒙古自治区认真贯彻落实党中央、国务院关于深入实施国企改革三年行动的重大决策部署，统筹谋划、一体推动全区各类国有企业（非国资委监管企业按照监管主体主要分为金融类和文化类，金融类企业由财政厅出资监管，文化类企业为国资委委托宣传部进行监管）落实国企改革三年行动方案要求，如期保质完成各项改革任务。

二、经验做法

（一）加强顶层设计，压实工作责任

一是高位部署推动。自治区党委、政府高度重视国企改革工作，把三年行动作为一项重大政治任务来抓。自治区党委书记上任仅三周时间便对国有企业进行调研，对国企改革三年行动提出明确要求。自治区政府主席多次对国企改革工作作出批示，提出具体要求，并在 2022 年 5—6 月连续

两次主持召开国资国企改革工作专题会，听取国企改革三年行动工作进展情况汇报。自治区政府常务副主席赴重点企业进行实地调研，督促完成国企改革三年行动。自治区政府分管副主席对盟市国企改革三年行动情况1个月内进行2次视频调度，要求盟市分管领导一对一进行汇报，任务进展精确到具体的企业和人。

二是完善工作机制。自治区国企改革领导小组办公室（自治区国有资产监督管理委员会）充分发挥职能作用，制定了《深入推进全区国企改革三年行动工作机制》，对推进全区国企改革三年行动进行整体安排部署，提出会议机制、联络机制、调研指导机制、督查检查机制、权责机制等8项工作机制，明确自治区国资委、财政厅和委托监管部门党委宣传部分别牵头负责推动所监管的国有企业实施国企改革三年行动，切实压实了出资人监管部门和受托监管部门的工作责任，确保实施方案中的各项改革任务在各类国有企业中得到全口径一体推进落实。

三是强化考核督导。充分发挥考核指挥棒作用，将国企改革三年行动落实情况列入对自治区国资委、财政厅和党委宣传部等有关部门和各级党委政府年度考核、企业负责人经营业绩考核及自治区党委巡视和各级巡察范围。聘请第三方公司对自治区国有企业和盟市国企改革三年行动进展情况进行第一轮考核评估，已形成考核评估报告。制定印发了自治区直属国有企业三年行动重点任务考核方案和盟市落实三年行动重点改革任务评估实施方案，对区属企业和各盟市开展考核、评估，并明确要求党委宣传部、财政厅组织开展文化类、金融类企业的考核工作，以考核评估倒逼改革责任落实。2021—2022年连续两年对自治区国有企业和盟市国企改革情况进行督导检查，并将督查结果报自治区党委、政府。

（二）聚焦关键举措，高质量完成改革任务

一是落实董事会职权。党委宣传部结合文化企业实际，会同党委组织部制定了《自治区直属文化企业董事会建设方案》，认真核对公司章程、党委前置研究事项清单、投资决策事项清单、"三重一大"运行制度等，理顺了落实董事会职权与其他制度性文件的关系，保证了董事会职权范围与实际运行的一致性，防止改革文件与实际运行存在"两张皮"现象。截至目前，自治区本级企业已100%制定落实董事会职权文件。

二是全面推行经理层成员任期制和契约化管理。国企改革领导小组办公室研究制定了《关于自治区直属国有企业控股子公司全面推行经理层成员任期制和契约化管理的通知》以及经理层成员岗位聘任协议、年度和任期经营业绩责任书3个契约模板，推动任期制和契约化管理实现全覆盖。同时，组成工作组指导企业完善岗位说明书、年度和任期考核指标，抽查了部分企业的考核细则，对经理层成员之间考核指标差异小、绩效薪酬比重低、年度指标与任期指标重叠等情况进行了修正。

三是全面推行市场化用工。全面落实员工公开招聘、管理人员竞争上岗、末等调整和不胜任退出等市场化用工制度，监管企业累计实行竞争上岗的管理人员占比达46.9%。4家文化企业公开招聘员工比例均为100%，绩效工资占全部薪酬达到70%以上；内蒙古新华发行集团股份有限公司全员劳动生产率同比增长15.9个百分点，内蒙古出版集团有限公司人均营业收入同比增长3.0%。

（三）强化学习交流，共同推进改革工作

一是同步学习国务院国资委相关要求。自治区国企改革领导小组办公室（自治区国有资产监督管理委员会）在按月组织所监管企业和各盟市参加国务院国有企业改革领导小组月例会的同时，及时跟进传达和相互学习，组织党委宣传部、财政厅等有关部门及各盟市、各区属企业召开了6次"一月一主题"的全区国企改革月例会及公司制改制、对标提升行动、央地合作等改革专题推进会，举办了9期国企改革、党建和业务培训班，

有效解决了企业不想改、不敢改、不会改的问题。

二是加强现场解答。建立改革包联制度，自治区国资委4名党委委员分别包联区属企业和12个盟市，先后20余次赴盟市国资委和各类国有企业进行调研指导检查，及时掌握改革工作推进情况，协调帮助解决有关重点难点问题。对调研中遇到的文化类企业公司制改革、脱钩改革以及改制过程中涉及的事业编人员、财政补贴、资质承继、维护商誉等方方面面的问题，通过调研组进行面对面政策解答，协调对接市场监管部门，按期完成了公司制改制工作。

三是加大宣传力度。2021年全年各类国有企业参与编发国企改革工作简报56期，加强内外交流，大力宣传推广改革典型经验，为全区国有企业改革提供可参照模板。举办国企改革三年行动演讲比赛，从基层和普通员工角度宣讲改革经历、案例、感受，通俗真实地介绍改革成果。引导国有企业对标先进找差距，形成典型引路、"比学赶超"的浓厚氛围和有利于推动改革攻坚的社会舆论环境。

三、改革成效

一是有力推动改革任务高质量完成。通过全口径一体推进国企改革三年行动，自治区改革台账中80项改革任务已基本完成。其中，自治区国资委监管的各级企业已实现董事会应建尽建、外部董事占多数，59家重要子企业全部实现依法落实董事会各项权利；377家子企业的1110名经理层成员全部实现任期制和契约化管理；管理人员竞争上岗比例超过50%，公开招聘比例接近100%。文化类企业方面，党委宣传部监管的内蒙古新华发行集团有限公司子企业已全部签订经理层成员任期制和契约化管理有关契约，2022年一季度将全部完成有关契约或合同的签订。

二是改革带动企业经营效益全面向好。2022年1~5月监管企业实现利润总额37.8亿元，同比增加10.3亿元；完成营业收入1106.2亿元，同比增长13.5%。纳入治理名单的32家区本级重点亏损子企业全部完成治理，累计减亏1.54亿元。

三是全口径改革促进集中监管工作走向规范。目前区本级纳入集中统一监管的经营性国有资产总量占比达99.99%。起草《区属国有企业委托监管办法》，加强对委托监管企业的国有资产监督管理。盟市层面的集中统一监管比例已超过95%，重组整合工作大幅推进，基本形成了千亿元资产以上盟市保留10家企业、千亿元级资产以下盟市保留5家企业的格局。

46

以"四化"管理深化国资国企改革
高质量发展助力共同富裕示范区建设

浙江省人民政府国有资产监督管理委员会

一、基本情况

浙江省人民政府国有资产监督管理委员会（简称"浙江省国资委"）监管一级企业16家，下属各级子企业2400余家，资产主要分布于能源、交通、钢铁、贸易、金融等行业领域，2021年末资产总额1.87万亿元、净资产6921亿元。浙江省国资国企坚持以习近平新时代中国特色社会主义思想为指导，深入贯彻落实党中央、国务院重大决策部署，按照省委推进"三个重塑"和落实"七个更大作为"要求，扎实推进国企改革三年行动。通过系统化、市场化、专业化、数字化推进改革，充分激发国资国企高质量发展活力，协同多种所有制经济融合并进，持续提升全省国资国企改革发展能级，高质量发展助力浙江省中国特色社会主义共同富裕示范区与省域现代化先行区建设。

二、经验做法

（一）坚持系统化谋划，把握高质量发展改革方向

浙江省委、省政府高度重视国资国企改革，省领导多次召开专题会

议，加强战略谋划和总体设计，运用系统方法谋划推动国企改革三年行动落地见效，为国资国企高质量发展把好"方向盘"。

一是将党的领导贯穿于改革各个环节。把深入学习贯彻习近平总书记关于国有企业改革发展和党的建设重要论述作为落实国企改革三年行动的首要任务，严格落实第一议题等制度，实施清廉国企"八大行动"与反腐倡廉"全覆盖无盲区零容忍"专项行动，牢牢把握以党建引领高质量发展改革方向。

二是扎实完善中国特色现代企业制度。坚持在完善公司治理中加强党的领导，省属三级以上企业全部制定党委前置研究事项清单。协同组织部门全省一体推进省属企业"外大于内"建设实现全覆盖，建立专职和兼职外部董事队伍。

三是深入推进区域综改试验。浙江杭州区域性国资国企综合改革试验有关要求被写入建设共同富裕示范区中央文件。截至 2021 年底 95 项任务完成率达 74%。组建"千亿级"杭州创新基金和全国首只综改基金。服务在杭央企改革，加强省市联动，全面提升区域改革发展能级。

四是"十纵四横"全方位推动改革见效。以"十大行动"为突破口，以穿透式抓落实、重点难点解决、"学抓促"典型引路、评估督查考核四项机制为抓手，形成全省上下贯通、横向联动、纵深推进改革的新局面，高质量推动改革走深走实。

（二）坚持市场化导向，激发高质量发展改革活力

持续健全市场化经营机制，多管齐下激发企业内生动力，为国资国企高质量发展踩下"推进器"。

一是持续推进上市公司高质量发展。开展国有控股上市公司高质量发展行动，深化与上海证券交易所、深圳证券交易所的战略合作，形成混改、上市、上市高质量发展系统化、体系化改革路径。2021 年全省国企新

增7家上市公司,打造50多家重点培育上市企业梯队。浙江物产环保能源股份有限公司(简称"物产环能")实现A股首单主板分拆上市。

二是积极稳妥深化混合所有制改革。深入实施省属企业混合所有制改革专项行动,分层分类、"一企一策"推动省市混改项目实施,深入探索实施国有优先股、优化员工持股试点,助力我国首条民营控股高铁杭绍台铁路正式通车,进一步践行浙江国有、民营经济携手共赢的发展道路。"双百企业"浙江富春紫光环保股份有限公司(简称"紫光环保")通过轻资产混改、重资产跟投,实现业绩快速增长。

三是深入推进三项制度改革。省国资委主要领导亲自督促抓经理层任期制和契约化管理,确保逐家审核推进省属企业100%完成。大力推进全员绩效考核全覆盖,多种方式灵活开展中长期激励,推动一批"想改改不动、想改改不好"的企业改深改实。

四是完善改革配套监管。制定实施上市公司浙江康恩贝制药股份有限公司混改治理方案,"一企一策"探索混改企业差异化管控。建立健全混改后评价机制,形成改革监督闭环。

(三)推进专业化整合,推动高质量发展管理重塑

坚持聚焦主责主业,持续推进国有资本布局优化和结构调整,当好国资国企高质量发展的"压舱石"。

一是构建高质量发展战略管理新体系。聚焦主责主业,首次构建全省国资国企三级"十四五"规划体系,编制实施国资国企勇当共同富裕示范区建设主力军行动计划,制定全省国有经济布局优化和结构调整实施意见,明确高质量发展蓝图。

二是深化战略性重组与专业化整合。在完成港口、机场、铁路、医疗、环保板块整合基础上,2021年完成省属旅游、农业板块重组整合,组建浙江省人才发展集团有限公司,打造省级旅游、农业、人才发展大平台。

三是完善国资监管体制改革。坚持以管资本为主，出台构建全省国资监管大格局指导意见，深化"两类公司"授放权管理，基本完成经营性国有资产集中统一监管，持续加强专业化、体系化、法治化监管，不断提升监管效能。

四是部署打造原创技术策源地。出台"浙江国企人才新政二十条"，开展省属企业"制造业高质量发展和科技创新行动"、省级"科改示范行动"，着力破解制约企业创新发展的人才、机制问题。组建浙江国资国企创新联合会，加快筹建省科创投资集团，加大科创要素集聚，打造省属国企原创技术策源地。

（四）深化数字化改革，打造高质量发展智治升级

坚持多跨协同发展，"小切口、大场景"全面推进数字化改革，打造国资国企高质量发展智治升级"加油站"。

一是完成国资国企数字化改革总体规划。出台浙江省国资国企数字化改革行动方案，梳理省属企业产业数字化标杆、数字产业化培育、数字化管控提升三大工程重点项目108个。

二是推进企业数字化转型。引导省属企业大力发展数字经济，运营管控数字化转型，数字交投、数字机场、数字车间和智慧港口、智慧能源等建设全面推进，浙江省机电集团有限公司基于工业互联网的液压油缸智能工厂入选浙江省"未来工厂"。

三是数字赋能打破行政藩篱。通过线上线下融合实现全省产权市场整合，建立"浙交汇"线上交易平台，打破全省市级产权市场壁垒，形成国有产权交易数字化、一体化运行体系。数字化发布近90个重大混改项目，进一步放大社会效应。

四是加快"智慧国资"在线监管系统建设。建立"1+3+N"国资国企数字化改革体系架构，构建国资国企数字化监管大脑和智治体系，省属企业大额资金监控预警系统等多个应用投入运行，"国资云"列入浙江公共服务行业云建设试点项目，国企改革管理系统数字化有力赋能国企改革三年行动。

三、改革成效

浙江国资国企始终牢记"国之大者"，忠实践行"八八战略"，着力承担好责任、发挥好功能、发展好企业，坚定不移把国有企业做强做优做大。

一是有力推进国企服务战略大局。落地基础设施、民生保障等共富领域项目36个，总投资额439亿元，在创富带富帮富中带头示范。守好疫情防控海空门户，强化生活医疗物资保供，为经济社会稳定运行提供有力保障。推进"一带一路"重要枢纽、长三角一体化发展、国家大宗商品储运基地建设等重大战略项目落地实施，省属企业2021年完成各类投资1797亿元。

二是有序破解一批历史遗留问题。率先完成全省国资监管企业公司制改革，全面完成全省国企47.8万退休人员社会化管理。省市联动完成680宗、120多亿元国有企业低效无效资产处置，完成165宗、50亿元企业历史遗留不动产确权，收回逾期应收账款34亿元，进一步促进企业轻装上阵。

三是有效实现国资国企高质量发展。2021年，浙江省国资委监管企业实现营业收入1.59万亿元、利润总额524亿元，分别同比增长40.0%、17.0%，主要经济指标创历史新高。深化国企混改工作获评2021年浙江省改革突破奖，浙江省交通投资集团有限公司成功走出市场化产业反哺功能性主业发展模式。2021年省属重点制造类企业研发投入强度达3.5%，国家"科改企业"中巨芯科技股份有限公司在国内率先实现集成电路制造湿电子化学材料系列化供应,省级"科改企业"浙江运达风电股份有限公司成功自研国内最大海上风电机组。2家省属企业入选世界500强,宁波舟山港集团有限公司获中国质量奖。

47

健全机制　压实责任
全力推动国企改革三年行动落地见效

山东省人民政府国有资产监督管理委员会

一、基本情况

山东省人民政府国有资产监督管理委员会（简称"山东省国资委"）成立于2004年6月，目前监管山东省商业集团有限公司（简称"鲁商集团"）、山东钢铁集团有限公司（简称"山东钢铁集团"）、山东黄金集团有限公司（简称"山东黄金集团"）、华鲁控股集团有限公司（简称"华鲁控股集团"）等28家一级企业，资产主要分布于煤炭、黄金、交通运输、钢铁、机械制造、商贸、医药化工、农业水利等行业领域。国企改革三年行动实施以来，在国务院国资委正确领导和精心指导下，山东省国资委深入学习贯彻习近平总书记关于国有企业改革发展和党的建设重要论述，认真落实国务院国资委部署要求，高标准实施国企改革三年行动，推动改革走深走实。在2021年国务院国有企业改革领导小组办公室组织的两次评估中，山东均位列A级。截至2021年底，省属企业全年实现营业收入20160亿元、利润总额1017亿元、净利润728亿元，资产总额达到41797亿元，分别同比增长16.7%、41.3%、40.2%和14.8%，4项指标均创历史最高水平。

二、经验做法

（一）建立工作闭环，压实改革任务

一是强化同步调部署。2020年以来，山东省、市两级均成立了由政府主要负责同志担任组长的国企改革领导小组，统筹推进实施国企改革三年行动。省国企改革领导小组办公室先后组织召开4次全省国资国企系统推进会议、8次专题会议，研究解决难点问题，安排部署重点工作。指导各省属企业及各市全部制定三年行动任务台账并向省国资委备案，各项任务逐一明确工作措施、责任人和完成时限，层层立下"军令状"。坚持一贯到底，全省178个县（市、区、各类功能区）中有143个国有资产总量较大的制定实施了三年行动方案。将国务院国资委三年行动月度专题推进会视频信号同步传送至各省属企业和各市国资委，确保会议部署要求第一时间直接贯彻到基层单位。

二是实施全过程督促。将省级层面三年行动方案分解为106项任务，实行挂图作战、跑表计时。建成督促督办系统，每月调度各省属企业、各市改革进展情况，汇总分析问题，对进度落后的单位及时督促。先后3次组织到省属企业、有关市对三年行动整体进展情况进行调研督导，查阅资料，了解问题，对7个遇到困难、进展较慢的单位指导帮扶。截至目前，各省属企业、各市三年行动整体任务平均完成进度均超过90%。

三是加强穿透式核查。聚焦落实首要任务、加强董事会建设等27项重点任务，形成核查内容清单，先后4次组织对基层单位的穿透式核查，累计核查省属各级企业2516家、市属各级企业1172家，覆盖率分别达87%、37%，提出反馈意见406条并督促限期整改，坚决防止"纸面改革""数字改革"。抓紧抓牢经理层成员任期制和契约化管理这一"牛鼻子"，组成4个工作组，对省属企业及其122家权属企业开展现场核验，逐

户指导做好整改。聘请第三方中介机构，列出194项指标，对省属企业三项制度改革成效进行现场评估、问诊把脉，列出短板弱项，提出针对性改进建议。

（二）抓住关键少数，拧紧责任链条

一是开展改革述职问询。从2019开始，每年组织省属企业主要负责人及领导班子就抓改革情况向省国企改革领导小组述职，问询全程录像，企业负责人现场随机抽取题目作答，题目聚焦巡视巡察、审计和国资日常监管中发现的问题，确保点准穴位、戳到痛处。分管副省长和国企改革专家追问、点评，相关部门人员、人大代表、政协委员和职工代表现场打分，成绩当场公布，按照优秀、良好、中等各占30%、50%、20%的比例强制分布等次。在2021年度述职评议中，有7家企业定为优秀、12家企业定为良好、4家企业定为中等。近3年来，累计对76家次省属企业、168人次企业负责人进行述职问询，共提出问题1128个。用好问询成果，对企业负责人承诺事项全部登报亮相，按季度公开通报整改情况，目前2019—2020年度问询的760个问题已全部整改完毕。

二是实施改革成效评价。会同省委组织部出台《省属企业改革绩效考核评价办法》，对企业重点改革任务完成情况实行量化考核，考核结果按30%权重计入经营业绩考核，直接与薪酬挂钩。此外，对考核结果位次靠前的企业主要负责人，优先推荐为全省优秀企业家；位次靠后的，在综合研判基础上，实行末位调整。近年来，共对9家企业正职领导人员就地免职、降职或调整。

三是实行改革情况通报。对照国企改革三年行动重点任务完成进度要求，每月对省属企业进展情况进行量化打分，按得分高低排名，结果直接通报企业主要负责人。参照国务院国资委做法，每半年对各市三年行动任务落实情况进行量化评估，对评估结果为A级的市全省通报表扬，对评估结果为 C 级的市发函督促。

(三) 强化舆论引导, 营造良好氛围

一是大力弘扬企业家精神。省里出台《山东省优秀企业家表彰奖励办法》, 每 5 年评选一次, 每次评选全省杰出企业家 1~3 名、行业领军企业家 20 名、优秀企业家 50 名, 分别给予 500 万元、100 万元、50 万元奖励。首次表彰于 2022 年在全省工作动员大会上举行, 共有 20 名国有企业家受到表彰, 包括中央驻鲁企业 2 名、外省来鲁企业 1 名、省属企业 9 名、市县国企 7 名, 其中 1 名省属企业负责人被评为杰出企业家。制定《国有企业领导人员履职行为容错免责清单》, 明确 23 种容错免责具体情形, 指导企业制定各自容错免责清单, 2021 年以来省属企业共为 7 名管理人员容错纠错。

二是深入挖掘推广典型经验。认真开展"学先进、抓落实、促改革"专项工作, 总结提炼省属企业和各市典型做法, 2021 年以来通过会议交流、印发文件、微信公众号转发等形式对 27 个单位的改革经验进行了宣传推广。全省国资国企系统有 4 个典型被评为山东省改革品牌, 潍柴控股集团有限公司 (简称"潍柴集团")、山东万华控股集团有限公司 (简称"万华集团") 经验做法入选中央改革办《改革案例选编》, 国企改革"山东品牌"进一步叫响。

三是主动讲好国企改革故事。建立季度新闻发布会制度, 及时向社会通报国资国企改革情况, 解读政策, 介绍成效, 2021 年共召开新闻发布会、记者见面会 11 场。举办"国企改革看山东"主题采访活动, 邀请 23 家中央和省级媒体, 刊发报道文章 2280 篇、视频 324 条, 山东省"心无旁骛攻主业"做法在人民日报头版头条刊发。从 2020 年开始, 连续 3 年举办省属国资国企职工文艺汇演, 采取职工自编自演方式, 展示省属企业改革发展亮点成效, 展现国资国企干部职工良好精神风貌, 2022 年度汇演于农

历除夕、初三两次在省级电视台播放，在全省产生了广泛影响。

三、改革成效

一是党的领导党的建设全面加强。始终把坚持党的领导、加强党的建设贯穿于国企改革全过程，全面落实国企改革三年行动重点任务，省属各级企业"党建入章"全部完成，深入实施党建工作责任制考核，省属企业超七成党支部达到过硬标准。

二是中国特色现代企业制度更加完善。坚决落实"两个一以贯之"，一级企业及重要子企业全部制定党组织前置研究讨论重大事项清单，省属各级企业董事会实现应建尽建，已建立董事会的企业全部实现外部董事占多数，中国特色现代企业制度更加完善。

三是国有资本布局持续优化。先后整合组建山东颐养健康产业发展集团有限公司、山东文旅集团有限公司、山东南郊集团有限公司、山东产权交易集团有限公司和山东人才发展集团有限公司，实施山东高速集团有限公司与齐鲁交通发展集团有限公司、山东能源集团有限公司与兖矿能源集团股份有限公司等企业联合重组，打造了一批优势产业集团，主责主业更加突出，科技创新能力显著提升，国有资本配置效率进一步提高。

四是企业运营机制与市场全面接轨。动真碰硬砸"三铁"，打造常态化立体式三项制度改革推进机制，全面推行经理层成员任期制和契约化管理。混合所有制改革积极稳妥推进，省属控股上市公司达47家。全面完成"僵尸"企业处置工作，国有企业"三供一业"分离移交、退休人员社会化管理等历史遗留问题得以根本性解决，企业的活力动力进一步激发。

五是企业科技创新能力不断增强。2021年省属企业研发投入强度达1.95%，国家级研发平台、院士工作站、博士后工作站、高新技术企业分别达到50个、30个、36个和306家。山东重工集团有限公司牵头承建国家燃料电池技术创新中心,推出全球首款本体热效率51.09%柴油机,推出国内首台自主研发的大马力CVT重型智能拖拉机;山东省港口集团有限公司全球首个顺岸开放式全自动化集装箱码头在日照港建成。

48

突出质效 全面发力
决战决胜国企改革三年行动

湖南省人民政府国有资产监督管理委员会

一、基本情况

国企改革三年行动实施以来,湖南省人民政府国有资产监督管理委员会(简称"湖南省国资委")坚持以习近平新时代中国特色社会主义思想为指导,深入贯彻落实习近平总书记关于国有企业改革发展和党的建设重要论述,在国务院国有企业改革领导小组办公室的精心指导和大力支持下,认真落实湖南省委、省政府的工作要求,将国企改革三年行动作为一项重大政治任务,保持强力攻坚态势,精心谋划、周密部署、突出质效、全面发力,实现国企改革全面提速纵深推进,中国特色现代企业制度持续健全,国有资本布局结构不断优化,科技创新加快推进,市场化经营机制持续完善,监管效能进一步提升,国企党的领导党的建设全面加强,有力助推湖南国资国企高质量发展。在国务院国有企业改革领导小组办公室上年组织的2021年上半年地方国企改革三年行动重点改革任务评估中评为A级的基础上,又在今年组织的2021年度评估中评为A级。

二、经验做法

（一）坚持协同高效，改革统筹推进机制持续健全

一是健全领导机制，搭建高位推动的组织平台。省委、省政府高度重视国资国企改革工作，省委书记、省长多次赴企业现场调研指导、多次作出重要指示批示。成立省属国有企业改革领导小组，由省长担任组长，2021—2022年先后两次召开领导小组会议，专题部署推进国企改革三年行动工作，研究解决国企改革重大问题。贯彻落实国务院国有企业改革领导小组会议精神，制定出台《湖南省省属国有企业原划拨土地作价出资（入股）管理办法（试行）》，加快推动国有企业划拨土地作价出资（入股）处置工作。由省政府副省长兼任省国资委党委书记，大力推动全省国企改革发展和党的建设工作；5月10日组织召开了全省国资国企会议，对国企改革三年行动进行再动员、再部署、再推进。

二是健全调度机制，搭建常态化的协调平台。健全党委听取改革汇报制、讲评推进制、双周调度制、改革通报和约谈等制度。坚持问题导向，及时跟踪调度重大改革事项进展情况，积极协调解决重大问题困难。

三是健全督查机制，搭建强有力的促进平台。调配精干力量，分别赴省属监管企业和市州国资委开展国企改革三年行动培训指导、专项督查，进一步压实责任，打通改革"最后一公里"，确保取得实效。

（二）坚持重点突破，重要领域和关键环节成效明显

一是重要领域实现"清零""破零"。实现退休人员社会化管理、厂办大集体改革、"三供一业"分离移交扫尾"三个清零"。实现监管企业集团层面混改、"两类公司"试点、划拨土地批次批量作价出资入股、近年来监管企业IPO上市"四个破零"。

二是部分改革任务超前完成。党委前置研究讨论重大经营管理事项清

单制订、董事会应建尽建、外部董事占多数、落实董事会职权、公司制改革、僵尸企业处置、信息公开、建立第一议题制度及跟进督办制度、党建工作责任制考核等改革任务均100%提前完成。

三是考核"指挥棒"作用充分发挥。修订完善监管企业负责人绩效考核办法，构建以党建工作、核心经济指标、重点工作、"一票否决"事项为主的"3520"指标体系，党建和改革发展深度融合，考核"指挥棒"作用进一步发挥。

（三）坚持战略引领，国有资本布局结构不断优化

一是高质量完成规划编制。出台《湖南省国资国企"十四五"发展规划》《省属国有资本布局优化和结构调整实施方案》，明确了国有资本布局结构优化的任务书和路线图。

二是产业转型升级步伐加快。围绕湖南"3+3+2"产业集群建设，推动增量资本和存量资源向优势产业集中。大力实施监管企业战略性新兴产业培育"八个专项工程"，38个项目纳入省重点建设项目。其中，湖南兴湘投资控股集团有限公司（简称"兴湘集团"）与中国商用飞机有限责任公司（简称"中国商飞"）合作的大飞机地面动力学实验平台、湖南华菱湘潭钢铁集团有限公司（简称"华菱湘钢"）5G智慧工厂等一批重大项目加快实施。

三是全面推进战略性重组专业化整合。完成集团层面重组整合工作，合并组建湖南建投集团、农业发展集团、有色产业集团、阳光华天集团、兴湘集团，分拆湖南发展集团，成立湖南医药发展集团，由兴湘集团合并整合湘江研究院，直接监管企业由28家压减为18家。涉及整合资产3730亿元、营业收入2000亿元，分别占省属监管企业总资产的24%、总营收的35%。这是在湖南国资国企改革发展历史上规模最大、速度最快、影响最深的一次企业重组整合，为做强做优做大国有资本、努力打造世界一流企业奠定坚实基础。

（四）坚持创新驱动，科技自立自强加快推进

一是加快完善制度体系。出台《关于进一步推进省属监管企业创新发展的实施意见》《省属国有企业数字化转型三年行动方案》，将科技创新和数字化转型建设完成情况列入统计监测，并纳入企业负责人综合绩效考核。

二是加大科创支持力度。2021年，湖南省属监管企业研发经费投入185.9亿元，研发经费投入强度2.8%。新建国家级、省级创新平台9个，获批高新技术企业47家，打造创新联合体和创新联盟25家。

三是加速推进技改升级。实施技改项目85个，完成投资48.9亿元。华菱湘钢五米宽厚板厂回火炉、湖南华菱涟源钢铁有限公司高强钢二期项目热处理线等技改项目投产达效。

（五）坚持提升效能，国资监管体制进一步完善

一是优化调整内设机构和人员配备。湖南省国资委主动推行机关内部改革，优化调整处室职能，撤并4个、新设4个处室。大力培养选拔优秀年轻干部，加大内部轮岗交流力度，委机关干部中40岁以下正处长占比近20%，"80后"副处长超50%，处长轮岗率超80%，机关干部总体轮岗率达40%以上。

二是加强分类监管。完成省属监管企业功能界定与分类调整，修订企业主业，明确重要子企业名单。加大授权放权力度，制定省国资委分类授权放权清单，授权放权事项39项。

三是强化出资人监督体系建设。出台省属监管企业"十严禁"规定，在投资、担保、拆借资金等方面作出严格规定，为企业经营行为划定红线。修订完善省属国有企业违规经营投资损失责任追究办法、出台省属监管企业经营投资尽职合规免责事项清单，强化"失职追责、尽职免责"鲜

明导向。

（六）坚持强根铸魂，国企党的领导党的建设全面加强

一是筑牢"主阵地"。严格落实第一议题制度，出台《关于省属企业在完善公司治理中加强党的领导的若干措施》，重点抓好全国国企党建工作会议精神贯彻落实情况"回头看"，推动强基提能专项行动常态长效。

二是唱响"主旋律"。深入开展党史学习教育，积极组织"传承红色基因·激发奋进力量"红色故事巡回宣讲、"千名书记讲潇湘红色故事"、党史学习答题登高等活动。持续开展"矮寨不矮·时代标高"、"脱贫攻坚·国企力量"、国企"100个红色故事"等专题报道，有力壮大国企主流声音。

三是锻造"主力军"。大力弘扬企业家精神，涌现出了全国"七一勋章"获得者、全国劳动模范、全国优秀党务工作者等一批优秀企业家和技术骨干。深入实施"英培计划"，为企业选拔高素质人才。

（七）坚持探索创新，积极推出特色改革

在完成国企改革三年行动规定动作之外，湖南省国资委按照省委、省政府的工作部署，结合地方实际，探索创新开展了一系列具有湖南特色的改革。

一是大力实施资产证券化三年行动。制定了监管企业2020—2022年资产证券化三年行动计划，大力推进企业改制上市、整体上市等，不断提高资产证券化水平。

二是大力实施数字化转型三年行动。制定《省属国有企业数字化转型三年行动方案（2021—2023年)》，与华为技术有限公司共建工业智能体创新研究院，力争用3年时间打造"2+4+N"个智慧场景。

三是开创性开展"英培计划"。设立人才发展资金，每年从国有资本经营预算中安排1000万元专项资金，用于企业人才引进、培养和发展。在全国开创性开展"英培计划"人才选拔工作，全年共选拔优秀人才 39 名，为企业储备一批优秀年轻干部。其中，来自世界一流大学建设高校的有 31 人，世界一流学科建设高校的有 8 人。

四是创新党建工作与生产经营的融合方式。从 2019 年开始，持续开展"国企千名书记联项目""国企万名党员先锋行"活动，2022 年新增"国企百名工匠传薪火"活动，形成独具特色、符合湖南国资国企实际的"百千万"活动品牌体系。每年书记联项目 1900 多个、创建党员先锋岗 5300 多个、党员立项攻关 2800 多个，年均创效 20 亿元以上。

三、改革成效

深化改革为高质量发展提供了"金钥匙"和强大动力，全省国资国企改革发展亮点纷呈，取得了"四个明显"的实际成效，有力助推了全省高质量发展。

一是支撑能力明显增强。2021 年，湖南省属监管企业资产总额达 15452.24 亿元，较 2019 年增长 19.39%；实现营业收入 5802.32 亿元，较 2019 年增长 40.51%；上缴税费 223.64 亿元、较 2019 年增长 21.93%，其中湖南钢铁集团有限公司收入规模首次突破 2000 亿元。

二是改革进度明显加快。在国务院国有企业改革领导小组办公室组织的两次评估中均为 A 级。下大力气解决 80 多个历史遗留问题，开展银行贷款利率"高转低"工作，预计 2022 年节约利息支出 2.1 亿元。

三是经营效益明显提高。2021 年，省属监管企业实现利润总额 292.1 亿元、较 2019 年增长 112%；17 家企业实现利润过亿元，湖南钢铁集团有限公司利润超百亿元，成为湖南首家进入世界 500 强企业，全员劳动生产率 37.5 万元/人，较 2019 年增长 54%；净资产收益率 4.3%，排全国第 10 位、中部地区第 3 位；资产负债率 60%，低于全国平均水平 11.9 个百分点。

四是创新能力明显提升。省属监管企业承担国家科技重大专项64项、省级科技重大专项67项，获得科技创新奖励33项。湖南湘投金天科技集团有限责任公司攻克钛材精深加工多项关键技术难题，助力高端钛产品进口替代；湖南黄金集团有限责任公司砷碱渣无害化处理技术实现突破，达到国际领先水平。

49

决战决胜 提质提效
争当区域性国资国企"综改试验"先行尖兵

深圳市人民政府国有资产监督管理委员会

一、基本情况

近年来,深圳国资国企坚持以习近平新时代中国特色社会主义思想为指导,深入学习贯彻习近平总书记关于国有企业改革发展和党的建设的重要论述,坚决落实中央、省、市部署要求,牢牢把握"先行示范"使命担当,聚焦建设粤港澳大湾区、中国特色社会主义先行示范区,实施深圳综合改革试点等国家战略,不断强化"服务大局、服务城市、服务产业、服务民生"功能作用,在全国首批开展区域性国资国企综合改革试验,着力增强改革系统性整体性协同性,以国资改革牵引带动国企改革,改革发展总体呈现"质量效益好、布局结构优、企业竞争力强、功能作用彰显、党的建设不断加强"的良好态势。

二、经验做法

(一)以综改优结构,紧抓机遇内强素质、外强功能

以综改试验为契机,针对部分企业"小散弱"、功能板块缺失等问题,大力度推动资源重组整合、资本运作,持续增强国有经济对城市发展、科

技创新的战略支撑作用。

一是强主业，构建"一体两翼"国资布局。落实深圳"20+8"产业集群部署，编制重组整合"1+N"方案、资源布局"战略地图"，组建智慧城市、重大产投、深港科创、数据交易、征信服务、幸福健康等企业集团，推动超82%的国有资本集聚到以基础设施公用事业为主体、金融和战略性新兴产业为两翼的"一体两翼"领域。编制实施深圳公共资源交易改革方案，整合市区两级14个交易平台，组建深圳交易集团有限公司，2021年总交易规模超1万亿元，政府采购和招标投标指标名列全国营商环境评价第1名。

二是强运作，构建高效联动资本运作机制。聚焦补链强链延链，常态化设立资本运作领导小组，依托"两类公司"组建专业团队，与中国国新控股有限责任公司（简称"中国国新"）联合发起设立规模50亿元的综改试验深圳子基金，构建协同联动、快速反应的资本运作机制。战略性入股中国国际海运集装箱（集团）股份有限公司（简称"中集集团"），服务深圳全球海洋中心城市建设。着眼产业链薄弱环节，并购深圳方正微电子有限公司（简称"方正微电子"），联手中芯国际集成电路制造有限公司（简称"中芯国际"）共建集成电路高端项目。秉持"梯队孵化、精准服务"思路，指导深圳市特发服务股份有限公司、深圳市城市交通规划设计研究中心股份有限公司等优质企业上市。推动难以整体上市的优质资产通过基础设施公募REITs走向公众市场，红土创新盐田港REITs基金全国首批获准发行，鹏华深圳能源REITs、红土创新深圳安居REITs相继成功发行。

三是强创新，构建全要素全周期创新服务体系。根据深圳综合改革试点首批授权事项清单要求，研究编制健全市属企业科技成果转化收益分配机制指导意见。出台国资国企数字化转型实施方案，推动企业"上云用数赋智"。围绕深圳创新型城市建设,建立"科技园区+科技金融+人才服务+场景应用+平台支撑"综合创新服务体系。针对产业空间不足、经营成本高等问题,遵循"保本微利"原则建设运营70个科技园区、建筑面积2355万平方米,为科技型企业提供优质低价产业空间。针对融资难问题,整合系统资源,为12.8万家次中小微企业提供超1.9万亿元融资支持;设立运营100亿元深圳天使母基金,累计投资650多家种子期、初创期高科技企业,包括4家估值超过10亿美元的"独角兽企业",以及113家估值超过1亿美元的"潜在独角兽企业",推动深圳高新技术产业发展成为全国的一面旗帜。

(二)以综改强监管,整体性重构国资监管体制

针对国资监管中存在的越位、缺位、错位等问题,整体重构、系统优化,发挥国资改革对国企改革的牵引带动作用,真正做到放活与管好相统一,筑牢国有资产不流失底线。

一是突出专业化,增强国有资本监管运营能力。围绕"国企出资人、国资监管人、党建负责人"职责,优化国资监管机构职能,强化战略规划、资本运作、综合改革等处室功能,设立深圳改革开放干部学院、深圳国资国企改革创新研究院和深圳国资国企产业创新中心等平台,提升专业履职能力。委托"两类公司"开展合理持股比例以上股权集中运作管理,提升资本流转效率、实现动态增值。

二是突出体系化,构建协同高效监管体系。针对国企监督资源分散、监督力量不足等问题,进一步完善党委领导,纪委统筹,纪检监察、财务总监、内审、内控、风控协同联动的大监督体系,形成"职责统一行使、资源集中调度、内容全面覆盖、成果开放共享"的监督闭环。持续巩固国资监管"大格局",在2007年实现经营性国有资产集中统一监管基础上,对国有实体企业投资入股的金融机构,尊重企业法人财产权实施监管。对区级国资推行"指导监督+改革协同+战略合作",指导南山、宝安、龙华等区结合资源禀赋、国资特色,打造综改试验"示范城区"。

三是突出数字化,以信息化手段提升监督效能。针对国企采购、资产租赁等廉政风险易发、多发的关键环节监管难题,构建阳光采购、资产交易、阳光租赁、资金融通、重大资源开发、国资大数据等"六平台一中心"智慧监管平台,实现国资阳光运行、要素全部覆盖、过程留痕可询、动态监测预警。阳光采购平台推行采购信息公开、评定分离,将2万元以上的采购全部纳入平台发布,累计成交项目14.3万宗,资金节约率15.2%。阳光租赁交易平台对资产租赁业务实行全流程实时监管、竞价租赁,累计增值20.6亿元。

(三)以综改激活力,系统性重塑市场化经营机制

坚持"两个一以贯之",探索完善中国特色现代企业制度、企业经营机制,着力破解企业活力动力不足的难题。

一是强化"党建引领",探索完善"党建+"模式。把党的政治建设摆在首位,印发市国资委党委进一步建立健全坚决落实"两个维护"十项制度机制的实施方案,大力推行涵盖企业战略决策、生产经营、选人用人、纪检监察、企业文化等领域的"党建+"模式。指导企业"一企一品"创建党建品牌,深圳市投资控股有限公司荣获"全国先进基层党组织",深圳市机场(集团)有限公司、深圳市深福保(集团)有限公司党建成效被新闻联播报道。

二是紧扣"优化治理",提升企业管控治理能力。着力打造专业尽责、规范高效董事会,各级企业100%实现董事会应建尽建、外部董事占多数,全面建立董事会向经理层授权管理制度,有效调动经营班子积极性。积极拓展外部董事来源,聘请知名企业家和学者担任外部董事。出台专职外部董事履职工作指引、考核评价办法、工作报告制度等文件,履职效能不断

提升。

三是突出"激发活力",深化选人用人激励约束改革。出台国企领导人员管理办法、能上能下能进能出若干规定等文件,探索构建"选育管用退"全链条国企领导人员管理机制。全面推进用工市场化,管理人员竞争上岗、末等调整和不胜任退出在各级企业全面推行。探索完善市场化考核分配机制,创新建设"数字画像、全景可视"的智慧绩效管理平台。

三、改革成效

一是市属企业规模效益大幅增长。截至 2021 年底,深圳国资国企基本完成综改试验各项任务。与综改试验启动前的 2018 年底相比,市属企业总资产从 3.2 万亿元增至 4.6 万亿元,增长 45%;营业收入从 4986 亿元增至 8991 亿元,增长 80%。在全国 37 个省级监管机构中,总资产居第 4 位,利润总额、净利润、全员劳动生产率均居第 3 位。在多个重点领域和关键环节取得重点进展。

二是制定完善一批国资政策文件。制定完善产权变动监管办法、资产评估管理办法等制度文件 50 余项,进一步修订完善国资监管权责清单,形成 8 类 24 项事权,确保改革举措制度化、长效化。

三是做强做优做大一批现代国有企业。坚持市场化方向推进三项制度改革,着力打通产权改革、公司治理、选人用人、激励约束"四个关键环节",全力打造机制完备、活力充盈的现代国企。新增世界 500 强 1 家,新增资产超千亿元企业 3 家,新增营业收入超百亿元企业 5 家。

四是国有企业党的建设全面加强。建立健全深圳国企党建"1+N"制度体系,国企党建严起来、实起来、强起来的良好态势不断巩固,高质量党建对改革发展的引领保障作用持续彰显。

50

立足市情企情　致力破题解题
全面提升市属国有企业经营质效

唐山市人民政府国有资产监督管理委员会

一、基本情况

唐山市为我国传统工业城市，诞生了中国第一座机械化采煤矿井、第一条标准轨距铁路、第一台蒸汽机车、第一桶机制水泥、第一件骨质瓷，这一系列光辉的背后映射出新唐山偏重的产业结构。随着历史变革，作为以煤铁资源为依托的资源型城市，传统国企资产质量逐步变差、经济效益逐渐下滑，这些问题时时激励着改革者：百舸争流、奋楫者先，只有不断推进国企改革，才能实现大国强企基业长青。

2020年以来，唐山市人民政府国有资产监督管理委员会（简称"唐山市国资委"）以只争朝夕、昂扬向上的精神状态，争第一，创唯一，聚焦国企改革三年行动，以坚决的态度、必胜的信心、有力的措施，全力推动国企改革。截至2021年底，唐山市国资委一级监管企业11家，主要分布在港口、文化旅游、投资、贸易等行业，资产总额1661.23亿元，负债总额891亿元，资产负债率53.63%（同比下降0.63个百分点）；全年实现营业收入196.50亿元，利润总额18.43亿元，上缴税费12亿元，在全省名列前茅，实现了"改出动力、改出活力、改出效益"。

二、经验做法

（一）坚持政治站位，强化责任担当，高规格组织推动国企改革三年行动

2020 年以来，唐山市国资委在市委、市政府领导下，坚决贯彻落实习近平总书记关于国企改革及唐山市"三个努力建成""三个走在前列"的重要指示精神，全力推动国企改革三年行动，坚决扛起政治责任，做强做优做大国有企业，坚持主动作为、真抓实干，坚持专班推动、协调调度，坚持目标导向、综合发力，掀起新一轮改革热潮。

一是强化组织领导，坚持高位推动。市委书记亲自谋划研究、推动部署落实，描绘国企改革蓝图。市长多次作出批示意见，指导工作推进，统筹改革进度。成立以市领导为组长、相关单位部门为成员的工作专班，多次召开专题会议，专项破题，敢于涉"险滩"、敢啃"硬骨头"。

二是强化任务导向，聚力科学谋划。深入学习贯彻习近平总书记关于国有企业改革发展和党的建设的重要论述，按照全覆盖、不遗漏、不丢项的原则，对标对表、紧密结合唐山市国有企业实际，历经多轮修改完善，科学制定《唐山市国企改革三年行动实施方案（2020—2022 年）》。

三是强化机制建设，持续综合发力。按照一项任务、一名领导、一个专班、一套方案、一抓到底的"五个一"工作机制，以各领域专项改革任务划分工作小组，创新提出"紧紧围绕一个方案，统筹企业、主管部门（县区）两个主体，突出问题、目标、效果三个导向，落实周调度、月通报、季点评、年考核四项制度"的"1234"工作法，锚定任务目标、严卡时间节点、逐项细化举措、严格督导考核，确保改革各项举措落地见效。

（二）坚持统筹发展，完善监管体制，科学稳慎、蹄疾步稳推进集中统一监管

唐山市通过实施"统一监管五步走"，稳妥实现了经营性国有资产集中统一监管。同时,以集团专业化重组整合为抓手,打造一批国有"脊梁"企业,开创国资国企新局面。

第一步狠抓摸底调查。组织专门力量,以印发通知、发放调查函、现场调查、工商查询等方式,对全市52个市直部门、事业单位逐户开展全覆盖、多轮次调查统计,做到统计全、情况真、数据新,建立最完整的国企"户口本"。

第二步狠抓方案制定。对表中央和省要求、对标先进地市经验,科学制定方案,组织研讨会近10次,修订20余稿,经市委、市政府审议通过执行,做到了高点站位、高标规划、高位推进。

第三步狠抓推进落地。创新提出"脱钩划转一批、规范提升一批、清理退出一批、改革过渡一批"的"四个一批"改革路径,"一企一策"制定移交协议,句句斟酌、字字推敲,保证了移交依法合规、产权明晰、权责明确。

第四步狠抓安全稳定。着力强化纪法保障,纪检监察、组织、国资监管部门第一时间联合印发文件,明确人事、财经、工作等方面纪律要求。着力强化专业支撑,审计部门开展逐企审计,摸清"底数",增强"底气"。着力强化队伍稳定,"一企一策"制定预案,"人头对人头"谈心谈话,"点面结合"排查隐患,确保改革过程秩序不乱、工作不断、人心不散、干劲不减。

第五步狠抓专业化整合。按照"产业相近、行业相关、主业相同"原则,谋划设立覆盖港口、能源、安居、人才、金融、交通、城市发展、文化旅游等各领域的九大企业集团,构建主业突出、行业竞争力和区域带动力显著的"9+N"市属国资国企新格局,打造唐山市国有经济发展"四梁八柱"。统筹整合全市场站、客货运等资源,集城市交通运营服务、全方位车辆服务、交通产业延伸服务为一体,定位"绿色智能"城市交通综合运营服务的唐山交通发展集团有限公司已于 2021 年 9 月 26 日挂牌成立。

（三）坚持提质增效，优化资本布局，持续推进国有企业深化创新、"瘦身健体"

唐山市以深化供给侧结构性改革为主线，坚持以人为本、有所为有所不为，在"瘦身健体"、高质量发展方面取得显著成绩。

一是狠抓"两非""两资"处置。推动国有资本向重要行业和关键领域集中，清理退出不具备优势的非主营业务和低效无效资产。一方面，通过将唐曹铁路整合至北方第一大港唐山港，实现国有资本向重要行业和优势支柱行业集中，勇当"公转铁"、"港铁联运"、环渤海地区蓝天保卫战和畅通中国北部"一带一路"的优化布局排头兵；另一方面，通过科学认定、明细清单、制定方案、妥善处置，完成"两非""两资"注销出清、公开转让、不良债券回购等各类处置 89 宗，实现市属国企"瘦身健体"、轻装上阵。

二是狠抓"僵尸企业"处置。结合具体情况分类解决，对具有发展潜力、化解债务有契机的"僵尸企业"，着重采取兼并重组方式安置职工、盘活存量资产。对救治无望的"僵尸企业"，充分发挥资本运营公司作用，创新采取"人资分离"方式，搭建"资金筹集""职工安置"两个平台，按照"先筹钱、再变现、后偿还"思路，市财政先行筹集资金解决历史遗留问题，按照经济规律适时推进"僵尸企业"所属土地盘活，出让收益反哺市财政，最终实现"僵尸企业"稳妥出清。

三是狠抓创新能力提升。监管企业研发投入强度稳步增长，各企业在工业互联网、5G、人工智能、数字化、信息化、新产品工艺研发等方面投资近 3 亿元。唐山港集团股份有限公司（简称"唐山港"）调动全员参与创新创造，充分释放创新驱动作用，累计开展创新项目 328 个，其中纳入省市级项目库 13 个，取得国家专利及软件著作权 70 余个，获得省部级科技成果奖13个。

（四）坚持底线思维，构建长效机制，着力防范国有企业各类重大风险

坚持关口前移、源头管理，通过深化改革、创新举措，加强国有企业各类风险管控。

一是强化债务风险管控。开展各类债务风险全景式大排查，切实摸清债务结构、规模、期限、用途等关键信息，加强潜在风险监测和研判，做到早识别、早预警、早发现、早处置。通过规范债务资金用途、提升大额资金管理能力、把控担保行为、落实债券兑付"631"还款机制，监管企业资产负债率为53.63%，低于全国平均值。

二是强化投资风险管控。严格落实《市国资委监管企业投资监督管理办法》，全面加强投资风险管理。建立投资项目负面清单，开展投资项目事后绩效评价，实现投资行为的全程监管。

三是强化各类审计监督。建立月分析、季调度、年审计管控模式，针对审计发现的问题，逐一梳理分析，分类下达整改提示函，实现不同风险对症下药：针对财务风险，规范会计核算；针对涉诉风险，逐项制定处置计划；针对合规性风险，定期调研抽查，督促企业建立完善的合规机制。

三、改革成效

唐山市国企改革三年行动形成了一系列"干得好、立得住、叫得响"的改革案例，彰显了本地国资国企名片。

一是进一步扎实推进"六稳""六保"，优化国有经济布局，为地方经济高质量发展提供保障。通过关闭撤销、破产清算、盘活脱困实现"僵尸企业"有序处置，多渠道筹集资金4.23亿元，妥善安置8400余人，止住了地方经济"出血点"。积极谋划城市更新改造，以"绣花"功夫结合实际投身城市更新单元，让人民群众共享发展成果。

二是进一步优化股权结构,积极稳妥深化混合所有制改革,全面释放地方国企活力。牢牢抓住京津冀协同发展战略机遇,累计完成混改子企业12家(非穿透式),涵盖文化旅游、城市服务、信息产业、碳资产、供应链服务、港口运输、大宗贸易等多领域、多业态。2021年营业收入同比上涨近三成,实现利润总额26亿元,经营效益显著。

三是进一步强链补链延链,积极融入大循环双循环,赋能高质量发展。以推动港口建设为抓手,坚定不移向海发展、向海图强,强化港口带动、港产联动、产城互动,在唐山港货物吞吐量稳居世界沿海港口第二的基础上,打造全省沿海经济崛起带的引领区、支撑区、示范区,在建设东北亚地区经济合作窗口城市进程中迈出坚实步伐。

51

深入推进国企改革三年行动 助力高质量发展

首钢集团有限公司

一、基本情况

首钢集团有限公司（简称"首钢"）始建于1919年，迄今已有百余年历史，是一家跨行业、跨地区、跨所有制、跨国经营的综合性企业集团。2017年，首钢完成公司制改革，成为北京国有资本经营管理中心出资设立的国有独资公司。2018年入选国务院国企改革"双百企业"。"十四五"期间，首钢聚焦钢铁业、园区开发与运营管理、产业基金与资产管理三大主业，持续深化改革、加快转型发展。

首钢始终是我国工业企业改革的一面旗帜，承载着共和国工业发展记忆。进入新时代，首钢致力成为国有企业改革的先行者、高质量发展的排头兵，开启转型发展新篇章。首钢牢牢把握新一轮国企改革机遇，传承弘扬改革创新精神，着力破解制约集团发展的负债高、资产重、产业散等关键问题，深入推进国企改革三年行动，助力打好高质量发展基础。

二、经验做法

首钢坚持以习近平新时代中国特色社会主义思想为指导，坚决贯彻落实党中央、国务院关于深入实施国企改革三年行动的重大决策部署，持续推动质量变革、效率变革、动力变革。目前，改革主体任务已完成。

（一）把握"三条线"狠抓改革落实

一是提高政治站位，增强改革的思想自觉和行动自觉。首钢把深入学习贯彻习近平总书记关于国有企业改革发展和党的建设的重要论述作为落实国企改革三年行动的首要任务，并纳入党委中心组学习，集团领导班子统一思想、凝聚共识，奠定首钢综合改革的思想基础。

二是加强组织领导，狠抓改革任务落地实施。集团主要领导牵头精心组织、精密部署，成立改革领导小组，多次召开领导小组会议，研究制定方案，统筹协调推进，确保改革精准性、系统性、实效性。建立季度反馈督办机制，狠抓方案落实。

三是突出问题导向，靶向攻坚克难。首钢紧密围绕市国资委部署要求，系统梳理国企改革"必选项、可选项、自选项"，着力破解制约集团发展的关键问题。加强顶层设计，反复研究讨论，提出《首钢集团国企改革三年行动实施方案（2020—2022年）》，并进一步细化为38项重点任务，形成首钢改革三年行动任务书、路线图、时间表。

（二）完善中国特色现代企业制度

一是党的领导全面融入公司治理。规范党组织法定地位在章程中体现形式，分级推进落实党建进章程工作，集团二、三级建立党组织的子企业全面完成党建进章程。

二是强化制度建设，注重制度执行。结合领导人员交流调整逐步规范，推动集团全资、绝对控股、实际控制的二、三级重点企业全部实现"双向进入、交叉任职"领导体制。

三是持续加强董事会建设。建立三类董事会分类模型，推动完成100家各级子企业董事会全部应建尽建。外部董事占多数企业比例达到100%。5家重要子企业全部落实董事会职权。

四是建立合规管理体系。开展 2 家二级企业合规管理试点，完成 186 家企业合规承诺书签署，在岗职工签约率 98.8%。

（三）健全完善市场化经营机制

一是全面推行子企业经理层成员任期制和契约化管理。成立工作专班，建立月例会制度，按照"有效衔接、拓展深化、突出重点、补齐短板、分批实施、保质保量、方向引领、持续深化"工作思路，统筹规划、分批实施，实现对 211 家企业经理层成员任期制、契约化管理全覆盖。

二是全面推行用工市场化改革。分类健全完善领导人员、职业经理人、高层次专业人才的市场化选聘机制，规范市场化聘任人员的入口管理、岗位管理、合同管理、评价退出等程序，管理人员竞争上岗人数占比 45.6%，实施末等调整、不胜任退出人数占比 11.8%，员工公开招聘比例 100%。建立完善职业经理人风险抵押、延期支付、追索扣回等风险承担机制，修订颁发相关工作办法及工作指南。

三是完善市场化薪酬分配机制。建立与任期综合考核评价结果挂钩的薪酬升降长效机制，实现工效挂钩联动。出台首钢科学家评选管理办法，推进高层次科技人才队伍建设。实施 2 家上市公司股权激励计划。

（四）持续优化产业布局

一是加强科技创新，不断完善创新机制。以科技创新制度为抓手，激励集团企业开展不同形式创新活动，推动研发投入强度稳步增长，科技创新能力稳步提升。截至 2022 年上半年，集团研发投入强度 3%，钢铁业研发投入强度 3.5%。2021 年获省部级以上科学技术奖 17 项，国际先进及以上成果较 2019 年提升 33.3%。

二是推进企业"瘦身健体"。2020 年以来累计完成企业退出 105 家，亏损企业数量减少 63.3%，亏损额下降 74.8%。全面完成 4 家"僵尸企业"、28 家"两非""两资"企业处置。

三是提升资本运营管理体系能力。推动首钢股份开展连续资本运作，集团 2020 年以来权益性融资 170 亿元，资本证券化率 81%。

四是持续推进"三降一减一提升"专项行动，集团资产负债率较 2019 年末降低 3.58 个百分点，"两金"占流动资产比率降低 1.2 个百分点。

（五）全力服务保障首都发展

积极参与北京城市更新行动，自觉将首钢工作融入京津冀协同发展、"四个中心"功能建设、"五子"联动等国家战略和首都发展大局中，围绕"文化复兴、生态复兴、产业复兴、活力复兴"，全力打造"新时代首都城市复兴新地标"。圆满完成冬奥会、冬残奥会及服贸会服务保障任务，被党中央、国务院授予"北京冬奥会冬残奥会突出贡献集体"称号。建设石景山文化景观区、冬奥广场、工业遗址公园片区，完成北区 94 万平方米产业空间载体建设，"新场景、新业态、新消费"初步形成。首钢与 40 余家企业、高校、科研机构共同组建全国首个"科幻产业联合体"，与中关村联合打造科幻产业创新中心，与石景山区共同设立全国首只科幻基金。

（六）加强党的领导和党的建设

一是坚持把政治建设摆在首位，建立完善第一议题制度，构建清单化引领、项目化推进、动态化考评的责任体系，进一步压紧压实管党治党政治责任。

二是深入推进全面从严治党，年度从严治党任务安排与生产经营建设工作同谋划、同部署、同推进、同考核。细化党建工作考核标准，进一步健全党建工作与经营业绩一体化考核机制，实现考核结果与企业领导人员绩效薪酬相挂钩。

三是不断加强基层党组织建设，推动组织 1014 个基层党组织书记完成述职评议，138 个基层党组织按期规范换届。

三、改革成效

首钢综合改革带动了集团各项事业的发展，集团在做优做强钢铁业、打造首都城市复兴新地标、推进产融结合、健全集团管控体系、完善公司治理体系等方面，发生了深刻积极的变化。集团经营活力明显增强，降利息、降负债呈现可喜拐点，化解历史遗留问题取得重大突破，资产质量持续改善。2021年集团经营业绩创首钢百年历史最好水平，集团第11次上榜《财富》世界500强，排名较上年提高83位。

一是钢铁业竞争力持续提升。构建了高品质、高效率、低成本的生产运行体系，形成汽车板、电工钢、镀锡板等十大高端产品系列。多项新产品成功试制并全国首发。汽车板、家电板、镀锡板市场占有率国内领先，电工钢跻身世界第一梯队，取向超薄规格产品连续4年国内市场占有率第一，2021年获评冶金工业规划研究院中国钢铁企业竞争力A+评级。

二是新产业培育呈现新局面。建成世界单体一次投运规模最大的垃圾焚烧发电厂，实现京外成功复制。新能源、新材料产业不断突破，北京首钢朗泽新能源科技有限公司实现全球首次一氧化碳生物合成蛋白质规模化生产，获农业农村部首张饲料原料新产品证书。北京北冶功能材料有限公司入选国家专精特新"小巨人"企业。静态交通产业形成六大系列13种智能立体车库设计建造能力，自主研发的智能公交车立体车库为世界首例。

三是园区影响力不断提升。成功引入中国联合网络通信集团有限公司等优质客户，累计入驻企业116家、北区自持物业出租率达76%。成功举办中国科幻大会、奥林匹克博览会、中国（北京）国际服务贸易交易会等80多场重大活动。产业复兴取得阶段性成果，区域带动作用初步显现。

四是产融结合实现重大突破。首钢基金获得标普BBB+和惠誉A-评级，首钢集团财务有限公司在钢铁行业财务公司排名第一，首钢生物质REITs项目全国首批成功发行。

五是基础管理能力持续提高。集团法人治理结构进一步健全，选人用人机制更加科学规范，市场化经营机制更加灵活高效，激励约束机制更加精准多样，合规管理体系基本搭建完成，重大风险防控体系不断完善。

52

聚焦三年行动 深化改革攻坚 推动首都食品产业高质量发展

北京首农食品集团有限公司

一、基本情况

北京首农食品集团有限公司是由北京首都农业集团有限公司、北京粮食集团有限责任公司、北京二商集团有限公司3家北京市属国企联合重组而成，承担着保障首都食品安全、壮大首都食品产业的职责。国企改革三年行动实施以来，集团坚决贯彻党中央、北京市、市国资委决策部署，成立了由集团主要领导挂帅的领导小组，提高站位，通盘谋划，研究制定《落实国企改革三年行动实施方案》，细化分解了11个方面、72项改革任务，倒排工期、挂图作战，自我加压、强势推进，高质量做好"规定动作"、高标准谋划"自选动作"，按下改革"快进键"，各项改革任务整体完成率达到98.6%。2021年，集团收入突破1800亿元，创造了重组四年"四连增"的优良业绩，以实实在在的改革成效推动企业高质量发展。

二、经验做法

（一）坚持党的领导与公司治理相统一，形成了符合中国特色国企要求的治理模式

坚决贯彻"两个一以贯之"要求，积极推动企业党建和生产经营深度

融合。

一是构建同心同向的顶层设计。聘请北京市党建研究会、麦肯锡（中国）咨询有限公司、北大纵横管理咨询有限责任公司等咨询机构，采取"内脑＋外脑"的形式，开展党建创新、发展战略、企业文化三大课题研究，将党的领导内嵌到顶层设计之中，形成党建统领、战略纲领、文化引领"三位一体"相融互促的治理框架。

二是构建规范高效的治理体系。不断修订完善党委常委会、董事会、经理办公会议事规则和"三重一大"决策制度，全面实现党建入章程、前置研究清单化和董事会应建尽建，进一步理清各治理主体的权责边界，确保了党委会领导核心、董事会决策中心、经理层执行主体不缺位、不越位。

三是构建基层党建的激活机制。集团围绕"提升党的领导力"这一条主线和"加强党的自身建设、提升引领发展能力"两个跃升，全面推进"组织力提升、党员先锋、人才智汇、全员励志"四大工程，将每年7月定为先进性主题教育月，命名200个规范化基层党组织示范点，创新实施"党员定责赋值"机制，激发创先争优的原动力，将党组织发挥作用组织化、制度化、具体化，为集团高质量发展提供了坚强保障。

（二）坚持"瘦身健体"与优化布局相统一，锻造了一批行业领先的龙头企业

立足集团战略定位，加快产业结构调整步伐，推进高质量发展。

一是加速"瘦身健体"。在改革任务牵涉面广、情况复杂、历史纵深长、工作难度大的情况下，不等不靠，想方设法，攻坚克难，解决了一批长期想解决而没有解决的难题，完成353家全民所有制企业改革改制工作，完成率100%；处置僵尸企业104家，退出劣势企业500余家，法人从1200余家减少到700余家，减少40%。

二是突出精干主业。面对重组之初产业线条多、业务散、规模小的局面，加快战略性重组和专业化整合，形成由18个专业子集团、5个事业部、6家农场组成的新组织架构，二级企业由76家减少到29家，形成了由种业、粮食、乳业、肉类、水产品等食品产业和文创、生物科技等新兴产业组成的"8+2"核心产业布局。

三是培育骨干企业。加快推进优质资源向优势企业集中、向主业企业集中，培育了一批围绕主业布局的优势产业集群和行业领先企业，有9家企业成为规模超百亿、品牌影响力强的细分领域龙头企业，5家企业进入中国农业企业500强，生猪屠宰、玉米深加工、乳业、调味品等产业加工能力居于全国前列。

（三）坚持创新驱动与产业发展相统一，助力打好种业翻身仗

将科技创新作为产业发展的重要引擎，打造原创技术策源地。

一是抓创新格局的重构。制定实施《"十四五"新科技发展规划》，整合16个国家级、省部级重点实验室，博士后工作站，组建集团层面创新研究院，打造基础研究、应用研究、技术创新、成果转化四大平台，国家级高新技术企业由9家增至24家。持续加大科技研发投入，2021年研发投入6.1亿元，同比增长45%，立项"十四五"科技项目13个，研发投入强度超过同行业平均水平。

二是抓创新资源的协同。与平谷区政府、瓦赫宁根大学、中国农业大学合作建设平谷农业科技示范区项目，形成"政府+企业+科研机构"的科研"金三角"模式，助力打造"农业中关村"。联合中国农业大学、中信农业科技股份有限公司、袁隆平农业高科技股份有限公司等单位，牵头组建北京生物种业创新联合体，开展"卡脖子"技术攻关，加快实施国家分子育种平台、畜禽种质资源数据库等项目，培育国家战略科技力量。

三是抓创新成果的转化。建立"揭榜挂帅"机制，积极承接国家农业科技在京试验和课题项目，形成了一批居于国际国内先进水平的创新成果，建立了全球首个肉鸭基因组选择技术平台，培育了我国第一个具有自主知识产权的白羽肉鸡品种，建立了我国最大的优秀种公牛自主培育体系，建成国内乃至国际领先的畜禽种业。集团三元益糖平风味发酵乳、王致和减盐全豆腐乳等 200 余种新品成功上市，满足了人民美好生活的需要。

（四）坚持体制创新与机制改革相统一，实现了市场化改革新突破

以市场化改革为导向，最大程度激发内生动力，释放企业活力。

一是加快市场化改革进程。把上市作为混合所有制改革的主要实现形式，在规范运作北京三元食品股份有限公司（简称"三元食品"）、海南京粮控股股份有限公司（简称"京粮控股"）两家上市公司的基础上，抓住上市机遇和有利条件，加快推进种业、酒业、肉食、生物科技等优势板块上市进程，把引进社会资本和转换经营机制有机结合起来，倒逼企业经营机制深刻转变。

二是建立市场化用人机制。在三元食品、北京首农股份有限公司（简称"首农股份"）、北京二商肉类食品集团有限公司（简称"二商肉食"）、北京京糖酒业有限公司（简称"京糖酒业"）、北京百麦食品加工有限公司（简称"百麦食品"）5 家企业试点选聘职业经理人 14 名，完成 502 家企业近 1400 名经理层成员任期制和契约化管理，900 余名管理人员竞争上岗，全员绩效考核覆盖率 100%，推动末等调整和不胜任退出，砸烂"铁交椅"、打破"大锅饭"，实现了从"身份管理"向"岗位管理"的转变。

三是实施市场化激励模式。在三元食品和京粮控股两家上市公司开展经营者持股试点，北京华都酿酒食品有限责任公司（简称"华都酒业"）成为北京市首批全员持股试点企业之一，员工持股比例达到 20%，实现激励约束并举，收益共享，风险共担，推动个人成长与企业发展互促双赢。如所属北京糖业烟酒集团有限公司实行市场化管理后，2021 年利润达到

9.96 亿元，比上年同期增长 59%，比重组之初 7970 万元增长 12.5 倍。

（五）坚持社会责任与功能定位相统一，服务乡村振兴与首都发展

充分发挥首都食品供应服务保障主载体、主渠道、主力军作用，全面提升"菜篮子""米袋子""奶瓶子""肉案子"综合保障能力。

一是建成一批民生工程。京内新建 3 个保供猪场，生产能力占北京生猪产量 30%；落地北京第一个高效设施农业项目——翠湖农业创新工场；建设亚洲单体最大农批市场——北京鲜活农产品流通中心（简称"北菜鲜农批"）；全新推出"首农大厨房"，打造一站式全品类食材供应商。首都农产品综合保障能力全面提升。

二是推进一批帮扶项目。构建"产业推动、科技驱动、渠道联动、品牌互动、就业带动"有机融合的精准帮扶新模式，形成双创中心"消费帮扶+菜篮子"消费帮扶新常态，带动全市消费帮扶年销售额超 240 亿元，直接或间接带动建档立卡贫困人口近 29 万人，荣获"全国脱贫攻坚先进集体""全国消费扶贫典型案例奖"等一系列荣誉。

三是完成一批保障任务。圆满完成建党 100 周年庆祝大会、北京冬奥会冬残奥会等重要会议活动食品供应服务保障任务。2020 年新冠肺炎疫情暴发后，在高碑店、廊坊、平谷马坊三地成立"首农·应急蔬菜进京协调办公室"，全力推进应急蔬菜进京货源组织、物流保障，单日最高峰达 400 多辆车进京，关键时刻稳定了首都的"菜篮子"。

三、改革成效

一是经济发展屡创佳绩。截至 2021 年底，集团资产总额 1666 亿元，实现营业收入 1831 亿元，以"四年四连增"的速度，迈上一个新的量级、站上一个新的台阶，位列中国企业 500 强第 146 位，中国农业企业 500 强第 4 名，正在加快向世界 500 强迈进。

二是核心主业更加突出。经过一系列的企业重构、资源整合，集团在全国建设运营粮食、水果、蔬菜基地109个，肉牛、奶牛、生猪、肉鸡、蛋鸡、樱桃谷鸭等养殖基地118个，打造了较为完备的食品加工体系，产品覆盖米面油、肉蛋奶、酱醋茶、糖酒菜等全品类食品，形成从田间到餐桌，遍布全国近30个省市的全产业链布局和一、二、三产融合发展的全产业格局，承担着首都市民"菜篮子""米袋子""奶瓶子""肉案子"的光荣职责。

三是科技含量明显提升。集团新增专利301件，累计670件；每万人发明专利数30件，主导或参与制订标准81项；累计荣获国家级、北京市科技成果奖34项，集团所属北京食品科学研究院生物"培育肉"技术居于国内领先地位；种鸭、蛋种鸡制种规模居世界第一，种牛冻精产品市场占有率居全国第1位，畜禽种业居于国内乃至国际领先水平。

四是无形资产价值凸显。"首农""三元""古船""大红门"品牌价值分别达到831亿元、423亿元、266亿元、132亿元，分别位列2022年世界品牌实验室"中国500最具价值品牌"总榜单第77名、第187名、第313名、第400名；"首农""古船""华都"等品牌多次荣获"北京影响力十大品牌"，集团品牌的知名度、美誉度和影响力全面提升。

53

从"混资本"到"改机制"
以深化改革全方位推动高质量发展

格盟国际能源有限公司

一、基本情况

格盟国际能源有限公司（简称"格盟国际"）成立于2007年4月，由山西国际能源集团有限公司（简称"山西国际能源"）和韩国电力公社、德意志银行两个世界500强企业共同创立，是中国能源类最大的中外合资企业，注册资本金100亿元。随后格盟国际引入新的合作伙伴。目前山西国际能源及其控股企业持股48%，韩国电力公社持股34%，韩电—友利—斯普罗特国际私募基金持股8%，日本电源开发持股7%，日本中国电力持股3%，山西国际能源相对控股。2021年1月27日，习近平总书记在格盟国际所属的山西瑞光热电有限责任公司（简称"瑞光热电"）考察调研，肯定了格盟国际的发展贡献。

格盟国际的成立，意味着山西国际能源率先在全省完成了集团层面的国际化混改。此后，公司以资本之"混"，促机制之"改"，聚焦打造绿色低碳综合能源服务商，坚持和加强党的领导，构建了与国际接轨的现代化企业治理体系，产权结构清晰，组织结构精简，人员专业高效，管理集约化、精细化、数智化，形成了具有格盟特点的管理模式。2020年，国务院国资委授予山西6家"双百企业"中,格盟国际是全省唯一的A级企业。

二、经验做法

(一)积极构建符合格盟实际的现代企业制度

一是切实把党的领导融入公司治理各环节。基于格盟国际与山西国际能源"两块牌子,一套人马",人员、资产及重点项目投资均在格盟国际的实际,格盟国际重大事项由山西国际能源党委前置研究讨论。同时,在山西国际能源实现"双向进入、交叉任职"的基础上,公司高管通过法定程序分别进入格盟国际董事会和经理班子,格盟国际董事会和经理班子中的党员依照有关规定进入格盟党总支委员会,切实把党的领导融入公司治理各环节,使党组织发挥作用组织化、制度化、具体化。

二是切实以外资持股提升公司治理运转质效。格盟国际发展至今,建立了适合中国国情的国际化法人治理结构,形成架构完善、决策科学、执行高效的管理机制。中方相对控股,韩方股东拥有一票否决权,派驻的5名人员常驻格盟国际,直接参与公司运营和日常监督。财务上实行中外"双签制",保障了资金安全,至今为止没有"丢过"一分钱。格盟国际董事会配备了3名中方董事,3名外方董事,所有重大事项都要经过董事会决策,所有决策至少有5名董事通过方可执行,切实以董事会的规范高效运行,持续完善企业法人治理结构。

三是切实以战略管控激活基层发展活力。通过引进外资、民资及其他国有资本参与,所属企业实现了"混改的再混改"。通过战略规划、资本运营、财务政策、绩效考核等掌握相应子公司的控制权,对其业务和管理活动进行指导和综合平衡,始终坚持"管该管的""不管不该管的""抓大放小"。通过把董事会开到基层,把公司发展战略理念贯穿上下,主动向经理层授权,落实总经理工作报告制度,在有效管控各企业的投资、融资行为等重大事项的同时，不干预子企业的具体日常经营活动，既确保了各子企业发展方向符合公司的总体发展战略，实现发展目标的安全性和统一性，又充分调动基层自主创新的积极性，激发发展活力。

（二）着力打造"简单科学 高效智能"的管理模式

一是推行扁平化管理模式。格盟国际成立10多年来，本部仅有34人，包含5名外方高管、员工，内部不设部门，按工作小组制的方式完成工作，保证资源与信息共享、决策高效、推进迅速。严格控制在编人员，百万机组以下电厂定岗定编69人（百万机组以上75人），运行、检修、后勤全部委托专业化的法人团队整体运营，实现完全契约化管理模式，并按照公司对专业团队的配备、技术标准等一整套激励约束体系来运营，真正让专业的人干专业的事。

二是以"数智赋能"释放管理效能。国企改革三年行动以来，格盟国际启动了ERP信息化建设，统一规划，分步实施，梳理规范财务、人资、采购、库存、销售、设备和质量管理流程，积极推进内控制度嵌入以ERP为核心的信息化管理平台，实现了"人财物产供销"综合统一管控。其中，无人值守的"智慧煤场"，通过计算机、机器人对燃煤"采—制—化"全流程控制，提升了供煤系统安全可靠性，以数智赋能廉政，有效解决人为干预，进一步堵塞了潜在的管理漏洞。2021年是格盟国际"数智化建设年"，在持续优化各功能模块基础上，从战略角度出发，构建了"一平台十中心"的建设布局。2022年确定为"数智化提升年"，将重点完善中央数据平台，全面推进经营分析、安全管理、设备管理、燃料管控、办公审批中心建设，初步建成"数智化集团"，真正做到以数据管理为内核，数据应用为内容，数据分析为手段，为集团经营管理和科学决策提供支撑。

（三）全力打造绿色低碳综合能源服务商

作为能源类企业，格盟国际的主要业务是火电、新能源、水务产业。

格盟国际大力发展壮大节能环保产业，主动承担起在实现"双碳"目标中的重要使命。

一是推进发电产业内涵集约发展。大力推进火电机组"三改联动"，降低供电煤耗和厂用电率，降低能耗强度，促进清洁低碳发展。供热改造上，现有22台供热机组，承担6市10县近6000万平方米的集中供热任务。此外，火电生产中产生的灰、渣、石膏等固体废弃物，都用于生产水泥、混凝土、加气砖、石膏粉等，实现了综合利用。超常规发展新能源，加大投资力度，延伸上下游产业链，向新能源、清洁能源、储能等装备制造业倾斜，推进抽水蓄能项目，积极构建源网荷储一体化、多能互补发展格局。

二是深化新兴产业延链强链。持续做强做大水务产业，所有火电企业全部利用中水进行生产。以瑞光热电为例，格盟国际在当地建设了污水处理厂，用于处理晋中市城区的生活污水，日处理能力达20万吨，2021年共处理污水5433万吨。其中，27%中水实现回用，公司自用152万吨。同时，在传统水务、水环境综合整治及其他涉水领域，加强企业的合作，促进单一业务向多元发展。

三是加快绿色低碳技术攻关。充分发挥国家、省级技术中心作用，在研"煤炭清洁高效利用和新型节能技术"等多项国家、省级重点专项，其中"煤矸石煤泥清洁高效利用关键技术及应用"获得国家科学技术进步奖二等奖。不断深化产学研合作，积极与山西大学合作开展"燃煤激光在线分析计量关键技术及装备开发"的研究工作，申请获批"能源协同技术及智慧管控山西省重点实验室"。同时，加快推进科研成果转化，所属企业瑞光热电建成了年产3000吨食品级二氧化碳捕集及综合利用项目，不断提高自主创新能力。

（四）创新"智慧+"合资企业党建新模式

为深入贯彻落实习近平总书记在全国国有企业党的建设工作会议上的重要讲话精神，山西国际能源主动适应信息时代新形势和党员队伍新变化，确立了运用互联网、大数据等新兴技术，创新党组织活动内容方式，推进"智慧党建"的党建工作创新思路。2020年4月，在信息化、数智化建设基础上，"智慧党建"系统立项，同年7月系统上线。随后，持续完善系统功能，完成党员数据清洗，上线党费模块和督查督办模块，系统进入平稳运行阶段。通过"书记驾驶舱""书记工作台""党员工作台"三个平台，集成党的组织建设、党务工作管理、党建工作考核和宣传阵地建设，实现了党建工作规范化、组织建设标准化、学习方式多样化、宣传教育实时化、学习方式多样化、数据分析可视化。

"智慧党建"系统的建立，加强了山西国际能源党委对格盟国际及其所属企业党组织党建工作的管理和指导，强化了基层党建工作的标准化、规范化建设，实现了党建业务流程化、党建引领具体化，使党的领导在公司治理中的作用进一步强化，切实以高质量党建引领高质量发展。

三、改革成效

一是党的领导更加坚强有力。健全完善了党委会、董事会、经理层议事规则，构建起权责法定、权责透明、协调运转、有效制衡的治理结构，切实推动党委"把方向、管大局、保落实"的领导作用更加组织化、制度化、具体化。"智慧党建"规范组织建设的同时，进一步活跃了基层党组织创新党建工作的积极性。格盟国际引进"阿米巴"管理理念，发挥党员先锋模范和党组织战斗堡垒作用，创建"党建+"精细化管理模式，实现降本增效成果横向累加、纵向推动，最大限度释放增效成效，使党建与业务深度融合。

二是企业管理更加科学高效。内控建设不断深化,制度体系与时俱进、完备适用,企业的竞争力、创新力、控制力、影响力和抗风险能力持续提升。通过"数智赋能",做到了以数据管理为内核,数据应用为内容,数据分析为手段,为集团经营管理和科学决策提供支撑。选人用人机制和管理激励上,先后完成了员工持股和职业经理人试点改革,组织结构保持精干高效,实现了干部能上能下、薪酬能高能低、员工能进能出,专业人干专业事的良好氛围,企业发展活力进一步增强。

三是转型发展势头更加强劲。火电板块结构优化、提质增量,在燃煤机组超低排放改造、余热梯次利用、固废综合利用、二氧化碳捕集等方面取得显著成效,控股运营的1172万千瓦火电机组,低热值煤发电装机占比50%,省外送电装机占比45%,60万千瓦等级以上高参数、大容量、智能化机组占比49%,包括全省首座投运的百万千瓦等级省外送电项目。新能源板块,风电、光伏等可再生能源做优存量、壮大增量,"风光水火储""源网荷储"一体化项目、抽水蓄能项目取得突破。

54

变革开新局 创新谋发展
推动对标升级高质量发展迈入快车道

包头钢铁（集团）有限责任公司

一、基本情况

包头钢铁（集团）有限责任公司（简称"包钢"）成立于1954年，是新中国"一五"时期建设的156个重点项目之一，是党团结带领全国人民在少数民族地区建设起来的第一家大型钢铁企业。包钢成立68年来，始终牢记初心使命，不仅结束了内蒙古寸铁不产的历史，而且成为世界最大的稀土工业基地和我国重要的钢铁工业基地。2021年习近平总书记在参加十三届全国人大四次会议内蒙古代表团审议时，讲到"齐心协力建包钢"的历史佳话。作为国企改革"双百企业"、混合所有制改革试点企业及内蒙古自治区国有资本投资公司试点企业，包钢以国企改革三年行动为统领，坚持刀刃向内、自我革命，先行先试、紧锣密鼓地全面推进各项改革，让老国企焕发出新活力，不断开创高质量发展的新局面。目前，包钢拥有内蒙古包钢钢联股份有限公司（简称"包钢股份"）、中国北方稀土（集团）高科技股份有限公司（简称"北方稀土"）两大上市公司，资产总额达到2100亿元以上，拥有在册职工4.8万人，累计产钢突破2.77亿吨，上缴利税近1000亿元，为支援社会主义建设、振兴祖国民族工业、维护国家战略安全、带动边疆地区发展做出了令人瞩目的巨大贡献。

二、经验做法

包钢始终将对标世界一流企业、建设现代化新包钢作为发展之基、动力之源、创新之魂。针对企业的短板弱项，集团和重点子企业加快向一流看齐、向先进靠拢，制定对标提升目标和方案，靶向攻关，不断补短板、锻长板、育新机，通过"学先进、抓落实、促发展"，以学带抓、以抓带促，以更大的决心和力度，持续推进各项改革。

（一）坚持在改革中加强党的领导，筑牢企业发展的"根"和"魂"

一是全面实现以章程治企，夯实改革根基。坚持"两个一以贯之"，加强党的领导和完善公司治理相统一，充分发挥公司章程在企业治理中的基础作用，健全以公司章程为核心的制度体系，切实建立权责法定、权责透明、协调运转、有效制衡的公司治理机制。

二是全面强化党组织的领导作用，凝聚改革力量。制定出台在深化市场化改革中推进党的领导融入公司治理的相关制度，发挥党组织在市场化选聘中的关键作用，推进"双向进入、交叉任职"，推动党建工作与生产经营融合互促、同向提升，党的领导、党的建设在企业改革中不断得到体现和加强，引导全体干部职工正确认识改革、积极服从改革、主动适应改革，有力保障改革稳步推进。

三是强化混改企业党建工作，确保有效管控和规范运行。包钢下属的北方稀土针对所属50多家分/子企业分布在全国10个省（区市）的实际情况，从有效管控和规范运行两个维度发力，成立了全区首家混合所有制企业党建管理中心，对混改企业党建工作进行统一管理。同时，构建若干混合所有制企业党建管理的运行机制，促进从严治党主体责任的全面落实，促进国企、民营两种机制优势互补，既保证党的工作规范运行，又保证民企机制活力不受影响。

（二）坚持以三项制度改革为突破口，强化改革发展推动力

一是实现任期制契约化管理全覆盖。在内蒙古自治区率先推行所属单位经营管理团队市场化选聘和契约化管理，签订经营管理团队经营业绩责任书，打破干部身份"铁饭碗"，三年一任期，一年一评价，打通经营管理团队退出通道，构建合理高效、适应市场竞争的用人机制，激发企业家创业激情和企业内生动力。

二是健全干部队伍素质培养体系，提升人才队伍整体素质。健全跟踪培养、全程培养的干部人才素质培养体系，构建了"源头培养—良驹计划—骏马计划—千里马计划"四个渐进式培养模型，广泛培育政治坚定、素质过硬、数量充足的经营和技术人才队伍，着力形成后端充足、前端顶尖的人才"金字塔"，为公司高质量发展提供坚实的组织保证。

三是构建"一控二服三放四管"的"1234"用工体系。持续深化企业用工改革，严控员工入口，做好服务人才、服务企业"两个服务"，下放各单位自行引进高层次人才、矿山单位自主招聘、独立法人单位自主签订劳动合同"三项权利"，强化双合同、定员、考核评价、人工成本"四个管理"，实现员工能进能出，人员配置更加高效，用工结构更加优化。

四是引入市场化薪酬激励机制。推进知识、技术、管理要素按贡献参与分配机制改革，落实科技人员各项激励政策，打破"大锅饭"，充分带动和激发广大干部员工干事创业的热情，将人才资源转化为赋能企业改革创新与管理提升的不竭动力。

（三）坚持积极稳妥深化混合所有制改革，全面放大国有资本功能

一是持续推进混合所有制改革。将混改作为激发企业活力的重要途径，凡属不影响核心生产线的所有投资建设项目，重点在新上项目、新建公司、矿产资源开发、物流贸易、煤焦化工、节能环保等领域，通过合资新设、兼并重组、增资扩股等方式，多管齐下引入外部资金、先进技术、优质产品、精英人才及管理模式，宜控则控，宜参则参。

二是深度转换经营机制。在风险防控及监督制度保障体系下，内蒙古包钢钢联物流有限公司（简称"包钢钢联物流"）、内蒙古包钢同业金属新材料有限公司、内蒙古包钢集团环境工程研究院有限公司等混改企业完全实行市场化运作，既做到"混资本"更做到"改机制"，借力发展，促进企业做强做优做大。2018 年，包钢与上海钢联物流股份有限公司混改成立包钢钢联物流，打造了包钢乃至内蒙古自治区混改的典范。2019 年包钢钢联物流收入 7.13 亿元，利润 3700 万元；2020 年收入 14.47 亿元，利润 4800 万元；2021 年收入 25 亿元，利润 3300 万元以上。外部市场逐步扩大，职工收入逐年增长，混改企业的管理手段、管理模式促进包钢加快建设"智慧物流""绿色物流"，大幅提升了企业现代化管理水平。

（四）坚持以科技创新为核心，打造创新驱动新引擎

一是坚持将科技创新作为引领公司发展的第一动力。抓住"科改"政策机遇，努力构建适应企业高质量发展需要的现代化创新体系，推动企业真正实现由外延型增长向内涵型增长的转变。以包头稀土研究院为重点，稳步推进"科改示范行动"，在全区国有企业中率先实施科研人员股权激励。

二是放权搞活，提升技术应用协同和综合实力。将 5 家科研院所纳入白云鄂博国家重点实验室并实行提级管理，不断提升国家重点实验室研究创新能力和水平。推动科技工作双契约管理，在人事权限、采购、科研经费管理等方面赋予科研院所更大的自主权。

三是优化制度，强化成果效益和激励导向。制定奖励政策，累计投入 5000 多万元重奖有突出贡献的科研单位和个人，引导员工立足岗位创新创效达到 5 亿元以上，科技创新的源头活水激流迸发。

四是加大投入，全力提升自主创新能力。推动集团研发投入强度稳步增长，达到3%以上，"十三五"期间累计研发投入100多亿元。

五是"揭榜挂帅"，引入科研攻关、技术创新"活水"。在企业科研战线选定13个项目实施"揭榜挂帅"，为企业突破"卡脖子"关键技术拓宽突破渠道，最大程度聚力系统智力资源，推动技术攻关、研发团队、成果转化协同共进。

三、改革成效

结合深化国企改革要求和包钢"12367"发展思路，在"十四五"开局之年，包钢拿出破釜沉舟、背水一战的勇气，对标先进企业，向体制机制顽疾开刀，国企改革三年行动重点任务接近全面完成，依托改革的巨大推力，实现了体制机制的重大跨越。

一是管理水平显著增强。通过深化改革，从健全制度、规范管理、堵塞漏洞入手，从根本上解决了长期影响企业生产经营的隐蔽性、系统性问题，建立起更加市场化的灵活运行机制。任期制契约化、混合所有制改革、中长期激励等重点难点改革任务破冰落地，彻底打破"铁交椅""内循环""大锅饭"。深入实施对标一流管理提升行动，启动对标宝武能力提升工程，企业治理体系和能力达到新水平，权责、制度、运行、资产运营等管理体系全面完善，企业管理的质量效益全面提升，运行运转更加高效务实，企业活力和创造力极大迸发。

二是创新能力显著增强。推动实施创新驱动发展战略，创新型企业建设步伐不断加快，大幅提高科研成果奖励额度和力度。通过"揭榜挂帅""双契约""科改示范行动""科研项目转化股权激励"等改革，稀土钢产品实现规模化生产并创历史最高水平，稀土合金、钕铁硼材料等关键技术攻关成效明显，萤石等白云鄂博资源综合利用加快突破，有力支撑企业高质量发展。

三是经营业绩实现新的突破。2021年包钢率先成为内蒙古自治区首家收入超1000亿元的企业，利润首次超100亿元，企业的经营业绩达到前所未有的高度，主要经济技术指标较上年大幅提升，全年实现营业收入1280亿元、同比增长47.68%，实现利润102.7亿元、同比增长545.3%，上缴税费69.2亿元、同比增长53.41%，资产负债率由73.62%降低到63.5%，全员劳动生产率由40.89万元/人提高到77.52万元/人，人均吨钢由767吨提高到833吨，完成了具有重大意义的历史性突破。

55

聚焦"科改示范行动" 厚植改革创新基因 激发企业创新发展新动能

辽宁艾特斯智能交通技术有限公司

一、基本情况

辽宁艾特斯智能交通技术有限公司（简称"艾特斯公司"）成立于2003年，是辽宁省交通建设投资集团有限责任公司（简称"辽宁交投集团"）旗下的国有控股企业，主要从事各等级公路通信系统、监控系统、收费系统及智能交通系统的设计、施工、监理、检测、运维及软硬件研发等业务。艾特斯公司历经多年发展，在智能交通领域已经形成了集软硬件开发、试验检测、设计施工、系统维护为一体的业务全产业链。现有员工169人，其中，博士学历3人、硕士学历39人；正高级职称9人、副高级职称42人、中级职称55人；"辽宁省领军人才"1人，"辽宁省百千万人才"5人，"兴辽英才计划"人才1人。

国企改革三年行动以来，艾特斯公司坚持以体制机制改革促进自主创新能力持续提升，在深化三项制度改革激发人才活力、打造多层次科研平台和协同研发平台、完善管理体制和运行机制等方面采取有力举措，取得显著成效。

二、经验做法

（一）集聚人才效能激发人才活力，深入推进三项制度改革走深走实

一是全力改善人才供给机制。实施人才提升计划，启动"科技创新人力资源体系建设项目咨询"，建立对标市场化职能职级体系，通过内部培养与外部引进相结合，加大项目、资金投入，完善科技人才培养体系。多渠道、多方位入手，市场化选聘特需人才，员工入职通过市场化公开招聘比例达到100%，"科改示范行动"启动以来共面向社会公开招聘战略规划、市场开发、软件研发等各类人才21人，有效解决企业业务发展需求。

二是持续推进"三能"机制建设。制定"一案两书两办法"，本级及下属公司经理层成员共11人全部实行任期制和契约化管理。以岗位和职责为中心明确用人标准，推行管理人员竞争上岗、末等调整和不胜任退出，正、副职中层干部和业务主管等岗位全部重新竞聘，实现按岗择人、以岗定薪，管理人员退出比例近20%。

三是建立健全绩效考核和薪酬分配体系。完善绩效考核指标体系建设，建立公司绩效系数、部门绩效系数、个人绩效系数、个人目标年度收入与出勤率相结合的综合指标体系，通过细化指标分解，对应员工考核结果，坚持"面向一线"绩效奖金分配原则开展分配，收入差距倍数突破4.2，有效打破"平均主义"。对标先进企业成熟经验，探索启动骨干员工股权激励、岗位分红、项目跟投等激励机制建设，借助"科改示范行动"积极推进实施特殊人群"工资总额单列"，进一步激发员工活力。通过在全公司建立起市场化的选人用人机制及全方位的绩效管理体系，有效提升公司的运行效率，全员劳动生产率从不足40万元/人提升至61.35万元/人。

（二）打造多层次科研平台和协同研发平台，为提升创新能力提供有效载体

一是增强自主创新基础能力。加大科研平台创建力度，先后获得辽宁省智能交通管控专业技术创新中心、辽宁省智能交通工程研究中心、辽宁省博士后创新实践基地、辽宁省李英职工创新实验室、辽宁省数字化转型中心及辽宁省企业技术中心六大省级科研平台，有效提升科研承接能力，先后获得省级科技立项4项，集团科技立项7项。依托研发平台，通过科研立项，持续加大科研投入力度，实现科技研发投入资金和强度连年保持增长。2021年研发投入4528万元，研发投入强度达到8.92%。2022年公司研发投入强度预计将突破10%，步入新台阶。

二是协同打造自主研发创新集群。积极探索组建新型专业研发机构，建立研发机构"飞地"，先后在粤港澳大湾区、成渝双城经济圈、海南自由贸易港等国家战略新兴高地设置创新研发中心，包括成都智慧隧道科技研发中心、海南自贸港区块链研发中心、杭州智慧城市研发中心等，以粤港澳大湾区创新实验室为基地，通过在当地引进技术带头人和研发人才，实现研发成果反哺，在创新人才前沿地带形成研发力量，助力公司创新业务发展。

三是拓展创新业务领域。加大研发创新领域外拓力度，先后围绕区块链技术、车路协同、智慧高速、智能收费稽查、智慧机电运维、智慧隧道、智慧服务区等前沿技术领域和重点业务场景，谋划实施了多个关键技术与产品研发项目。积极面向国家重点研发计划、辽宁省自然科学基金等高层次重点研发序列争取立项支持。其中辽宁省智能交通管控专业技术创新中心能力建设项目、车路协同的路网交通信号优化控制研究获得省级立项支持。

四是丰富创新合作模式。树立"不求所有、但求所用"的人才观念，积极面向智慧交通、人工智能、机器视觉深度学习等新兴技术领域打造产业融合创新发展生态体系，先后与中国工程院柴天佑院士的流程工业综合自动化国家重点实验室签订产学研合作框架协议，与清华大学孙家广院士网络信息安全研究团队合作研发交通行业网络安全态势感知平台,与西南交通大学智能交通研究团队达成战略合作意向,与全球人工智能领域拥有顶尖技术的云从科技集团股份有限公司(简称"云从科技")、北京旷视科技有限公司(简称"旷视科技")等原发创新企业全面构建产业合作创新联盟,努力实现行业资源优势与先进技术优势的强强融合。

(三)完善管理体制和运行机制,为科技创新引领企业高质量发展提供支撑保障

一是建立权责对等、运转协调、有效制衡的决策执行监督机制。明确党组织在企业的领导核心地位和作用,切实落实公司党委班子成员和管理层的"双向进入、交叉任职"(截至目前,公司7名党委委员中2名进入董事会,10名高级管理人员中有3名非党委委员),有效发挥公司党委在企业日常经营管理中"把方向、管大局、保落实"的领导作用。根据辽宁交投集团授权,全面落实董事会职权、规范董事会建设,厘清各治理主体权责界面,建立董事会向经理层授权机制、经理层向董事会报告制度,提升公司日常经营决策效率,实现董事会各项活动有法可依、有章可循、有据可查。

二是重塑公司组织机构。进一步强化运营型管控模式,着力解决组织架构冗余与职权重叠,将原有公司本级和下属公司的16个部门统一进行整合,构建覆盖党建纪检、科研创新、生产经营、行政政务、人力资源、财务审计、安全质量等组织体系。以打造辽宁智慧交通领域核心技术团队为目标,对研发组织架构进行重新设计,将原有分散的研发力量整合组建成为艾特斯研究院,使得公司的科研创新组织架构更加完善。

三是畅通科技研发内部协同和推进机制。开展《研发项目管理办法(试行)》《研发项目管理流程》《科技成果管理办法》等管理制度及流程修编工作,为各部门特别是涉及技术创新及产品研发等部门的职能及岗位职责的落地执行提供有力支撑。以探索构建符合公司发展的高效研发体系为目标，研究起草《研发项目管理机制创新试点工作方案》，围绕研发流程优化、研发团队组建、研发成果转化3个核心创新要素开展8项创新机制改革试点，把科技创新融入生产经营全过程，不断提升自主创新能力，赋能企业高质量发展。

三、改革成效

借助"科改示范行动"，艾特斯公司一方面着力解决影响和制约公司科学发展的体制机制和管理问题，一方面打造高效组织，促进公司持续、科学、高质量发展，改革创新取得一定成效。

一是党建统领工作得到进一步强化。通过强化党建统领工作，明确党组织在企业的领导核心地位和作用，党组织在重大生产经营决策中的重要意见得到贯彻落实，进一步实现党建工作与公司生产经营深度融合，指导公司坚持走高质量发展道路，使艾特斯公司党建领导真正落到实处。

二是法人治理结构日益完善。艾特斯公司积极寻求解决公司发展过程中治理结构的约束瓶颈问题。通过修改公司章程，明确公司"一委三会一层"的职责定位，完成了公司董事会、监事会、经理层的议事规则，通过清晰的管理界面和科学的决策流程，极大地提升了公司日常经营决策效率，为企业实现经营业绩的历史性突破创造了良好条件。

三是市场化用人机制搭建完成。艾特斯公司在"科改示范行动"相关政策有力支持下，深化三项制度改革。随着借助市场化方式开展的全员竞聘和人才选聘工作的顺利实施，在全公司建立起市场化的选人用人机制。

四是自主创新能力得到显著提升。2020—2021年，公司推出自主技术产品4项，实现成果转化2700万元，申报国家专利技术8项，取得专利技术授权2项。辽宁交投集团基于5G和AI技术的公路智慧养护场景应用荣获全国三等奖，全省一等奖，"基于人工智能的辽宁省稽核管理系统"获得 2021 年中国高速公路信息化经典工程奖，全年共获得"辽宁省公路学会优秀论文奖"一等奖 2 篇、二等奖 2 篇、三等奖 1 篇，"辽宁省公路学会科学技术奖"二等奖 1 项、三等奖 2 项，第六届"辽宁省公路学会优秀工程师"2 人。

五是各项生产经营指标显著提高。2021 年，艾特斯公司实现营业收入 50752 万元，同比增长 50%；集团外营业收入 9231 万元，同比增长 10%；利润总额 4438 万元，同比增长 61%；集团外新签合同额首次突破亿元大关，达到 12706 万元，同比增长 42%；全员劳动生产率达到 61.35 万元/人，同比增长 43.11%。

56

深化改革与管理创新协同联动
推动企业高质量发展迈上新台阶

龙建路桥股份有限公司

一、基本情况

龙建路桥股份有限公司（简称"龙建股份"）为隶属于黑龙江省建设投资集团有限公司的国有控股上市公司，是主要以国内外公路工程、市政公用工程等基础设施建设为主营业务的专业化大型综合建设企业。龙建股份深入实施国企改革三年行动，先后入选国务院国资委"双百企业"、管理标杆创建行动"标杆企业"和国有企业公司治理"示范企业"，多次获得鲁班奖、国家优质工程奖、交通运输部优质工程奖，多次被评为全国优秀施工企业、全国交通百强企业、中国建筑业竞争力200强企业，位列2019年我国对外承包工程业务新签合同额第29位，2020年通过高新技术企业认定，荣获中华人民共和国成立70周年工程建设行业"功勋企业"称号，位列ENR全球最大250家国际承包商榜单第150位。

二、经验做法

（一）强化顶层设计，战略引领能力持续提升

龙建股份统筹战略规划顶层设计，以市场为导向，积极融入国家及行

业重大战略部署,深入研判国际国内形势、准确识变、科学应变、主动求变,创新性提出"1235"发展战略,谋定公司"十四五"时期系列重大战略安排。

一是在战略目标上,努力实现建成国内一流、行业领先、享誉海外的基础设施建设综合服务商的总目标,奋力打造新时期最具发展动能、最具发展潜力、最具发展优势、最具发展前景的四大鲜明特色的"新龙建"。

二是在发展方向上,通过交通基础设施和市政公用基础设施双核拉动、生产经营和资本运营双轮驱动,以项目为依托,引进中银资产和交银资产,实施权属三家企业5亿元市场化债转股,与渤海国际信托股份有限公司合作发行5.2亿元可续期信托贷款,加速生产经营和资本运营深度融合,提升发展动能。

三是在产业布局上,由经营项目向经营资源转变,构建交通基础设施、市政公用基础设施和相关多元业务结构,延伸公路和市政主业上下游产业链、完善供应链、提升价值链,围绕新基建、乡村振兴、智慧交通等战略新兴产业,赋能业务拓展,推动三大业务单元体协同发展。

四是在经营布局上,坚持"走出去"发展,全面实施"北企南移",统筹投资运营、现汇投标、海外业务、路衍经济和适度多元领域推动市场做优做大5个突破,持续扩大市场纵深,不断拓宽市场渠道,放大规模经济和范围经济效应。

(二)完善法人治理体系,公司治理能力明显增强

在规范公司章程基础上,完善党委会、股东会、董事会、经理层议事规则,明晰各治理主体权责边界,构建系统完备、横向协同、上下贯通的制度体系和规范的现代企业运作程序和机制,推动制度优势更好转化为治理效能。

一是坚持和加强党的领导。坚持"两个一以贯之",持续深化党建领

域制度体系建设，两级公司全部实现党组织法定地位和前置研究讨论等事项入公司章程，将党的领导有机融入公司治理各环节，强化党委在决策、执行、监督等各环节的责任担当。深入落实"双向进入、交叉任职"领导机制，推行党委书记、董事长"一肩挑"，建立完善"一把手"和领导班子监督管理机制，切实发挥党委"把方向、管大局、保落实"作用。

二是加强董事会建设。制定《董事会决策事项清单》《董事会专门委员会实施细则》《董事和独立董事工作制度》，有效发挥专门委员会和独立董事对企业经营管理的决策支撑和监督指导作用。制定《落实董事会职权实施方案》，落实董事会中长期发展决策权、经理层成员选聘权、经理层成员薪酬管理权等董事会6项职权。按照董事会应建尽建原则，公司及权属31家企业建立了董事会，其中30家企业实现外部董事配置占多数。

三是充分发挥经理层经营管理作用。制定《董事会授权经理层及总经理报告工作制度》，建立总经理向董事会、监事会报告工作机制，设立董事会的31家子企业"一企一策"制定董事会授权经理层管理办法，明确经理层授权决策事项，保障经理层依法行权履职。龙建股份董事会结合企业发展战略和主要经济指标规划，组织实施经理层成员任期制与契约化管理，具备条件的两级公司均已制定了一清单（经理层权责清单）、两办法（经理层成员任期制和契约化管理办法、经理层绩效考核与薪酬兑现办法），并组织签订三合同（经理层成员岗位聘任协议书、经理层成员年度及任期经营业绩责任书），按照个性化、差异化、可量化原则，以岗位合同的形式约定经理层任期内工作目标、考核指标和奖惩措施，以岗位职责完善经理层成员岗位说明书，一人一标、一岗一表建立绩效考核体系、设定考核标准、实施绩效考核。

（三）优化完善管控机制，不断释放管理能力效率

坚持集中管控和放权赋能有机结合，不断完善"全域布局、母强子

壮、总优分专、系统管控"集团化三级垂直管理模式，推行分类分级授权管控机制。

一是明晰母子、总分管理权限。总部在授权管理、资本运营、结构调整、业务发展等方面强化战略引领和顶层设计，充分发挥把方向管全局作用。明确各子公司功能定位并充分赋予管理职能，公司除履行控股股东职责外，不干预子公司的日常生产经营活动，充分激发子公司在依法独立经营和自主管理中的活力和效率。

二是强力推进资源优化整合。结合推动实施"北企南移"，以资质资源为重要抓手，实施"母强子壮、总优分专"集团化管理体制改革，推进经营弱势、资质弱势的黑龙江畅捷桥梁隧道工程有限公司转制为第七分公司，集中管理公司总部物业。完成黑龙江省龙建龙桥钢结构有限公司、哈尔滨市龙胤管廊工程有限公司和铁建分公司专业化分/子公司优势资源整合重组。推动组织架构优化和效率效能提升，实现母子、总分垂直管理体系高效运行。

三是提升项目综合管控能力。统筹推行投标类、投资类和国际类等项目全生命周期分类分级管控模式，严格执行集中阳光采购和降耗管理相关规定。统一项目管控基本原则和实施标准，以项目为基本管理单元、以创效能力为核心目标、以责任制与薪酬分配为主线、以全员绩效考核结果为依据、以ERP集约化管控为举措，优化完善项目目标责任与薪酬分配、绩效考核、项目集约化管控及项目管理制度四项体系，项目重要决策、经济合同、规章制度法审率实现"三个百分百"，有效推动了项目综合管控能力的全面提升。

（四）坚持市场化导向，完善中长期激励约束机制

将优化"强激励、硬约束"机制作为牵动企业体制机制改革的"牛鼻子"，构建总部对权属单位、权属单位对项目部、两级公司对机关的三级

全员绩效考核体系，逐级建立"以岗定薪、按绩付酬"的薪酬绩效体系和差异化薪酬分配机制。

一是健全权属单位负责人动态绩效考核机制。修订《权属单位负责人绩效考核与薪酬兑现办法》，按照管理模式和功能定位差异化制定分期考核方案实施绩效考核，薪酬等级分为 20 万~30 万元、30 万~40 万元、40 万元以上 3 个等级，按照收入规模和实现利润两个维度，确定年度基本薪酬和绩效薪酬标准，更好发挥绩效考核在企业运营中导向激励作用。

二是开展重点领域专项激励。实施市场开发、质量安全、科技研发等专项奖励政策，2021 年专项奖励金额达 500 余万元，推动薪酬分配向施工一线，尤其向一线关键岗位、向做出突出贡献的人员倾斜，关键岗位与普通岗位之间年度薪酬差距达 1.4 倍，关键岗位薪酬同比增幅最高达 58%，以点带面不断激发员工活力动力。

三是开展首期股权激励计划。采取限制性股票激励工具、增资扩股方式依法合规实施首期股权激励计划。选用净利润增长率、净资产现金回报率（EOE）、主营业务收入占营业总收入比例作为解除限售的考核指标，限售期分别为授予登记完成之日起 24 个月、36 个月、48 个月，解除限售比例分别为 40%、30%、30%，本次激励 69 人，涵盖公司董事、高级管理人员以及在公司经营业绩、技术管理、科技创新、企业管理、市场开发等领域的领军人物、核心技术人员、管理骨干和核心骨干。

三、改革成效

一是管理体系持续完善。全面推进全系统、全链条、全过程的管理模式创新，数智化应用水平得到较大提升，ERP、友空间、NC 和"智慧工地"系统逐步深度融合，极大提升了企业价值创造能力和水平，基本形成系统完备、科学规范、运行高效的现代企业管理体系。

二是管理能力持续提升。通过优化完善内部组织架构，实现"瘦身健体"，坚持"最有使命感、最有打赢能力"的市场化选人用人导向，真正让干部员工在充满前景的事业中找准坐标、展现作为，公司主动闯市场、创市场的信心和能力不断提升，管理能力、活力效率和整体打赢能力显著增强。

三是全面提升经济增长潜力。公司 2021 年实现新增合同订单 245.46 亿元、同比增长 13.24%，在手合同订单 349 亿元、同比增长 36.12%，营业收入 152.83 亿元、同比增长 27.09%，利润总额 3.64 亿元、同比增长 26.39%，全员劳动生产率 34.56 万元/人、同比增长 24.10%，人工成本利润率 26.48%、同比增长 2.04 个百分点，企业高质量发展迈上新台阶。

57

科创引领 体制创新
打造具有全球竞争力的新型显示技术公司

上海和辉光电股份有限公司

一、基本情况

上海和辉光电股份有限公司（简称"和辉光电"）成立于2012年10月，为上海联和投资有限公司控股二级企业（持股比例为58.01%）。目前公司注册资本138.9亿元，现有员工4043人。

和辉光电服务国家战略，前瞻性专注AMOLED领先技术，专注快速成长的中小尺寸显示屏市场，秉承"勇敢、诚实、智慧、谦和"的企业精神，勇于创新、自主研发，已成为国际领先的AMOLED半导体显示面板供应商。和辉光电是高新技术企业，国家知识产权优势企业，绿色工厂示范单位，并被国务院国有企业改革领导小组办公室列入"科改示范企业"，同时荣膺上海市政府颁发的"上海知识产权创新奖"等众多奖项。

二、经验做法

根据"科改示范行动"相关通知要求，和辉光电结合实际情况，建立了三年改革行动目标及工作台账。通过落实相关改革举措，推进企业突破瓶颈、创新发展，力争成为全球AMOLED面板行业内经营效率位居前列的企业。

（一）完善公司治理体系，建立中国特色现代企业制度

一是加强公司治理中党的领导。通过将党建工作要求写入公司章程，落实党委会研究讨论作为董事会、经理层决策重大问题的前置程序，把党的领导融入公司治理各环节。

二是完善制度体系和运行机制建设。推进以公司章程为根本、以相关配套规范性文件为支撑的公司治理体系建设，并以上市要求为标准，修订完善了公司章程、股东大会议事规则、董事会议事规则、独立董事制度、对外投资管理制度、关联交易决策等内部控制制度，明确控股股东、董事、监事、高管的主体责任。

三是配齐建强董事会。制定议事规则，实现外部董事占多数，并通过引入3名独立董事，充分发挥独立董事的客观、独立及制衡性。建立战略、审计、提名及薪酬、考核4个董事会专门委员会并建全其运行制度，防范公司经营管理风险，保障资产安全、财务报告及相关信息真实完整，提高经营效率。

（二）提升自主创新能力，增强核心竞争力

一是完善创新机制，激发创新动能。制定并完善《新技术开发管理程序》《新产品开发管理程序》《研发项目管理办法》等新产品新技术开发及奖励体制机制，实现新技术的快速积累及创新成果的加速转化，新产品由立案到量产的平均开发时间缩短到2018年的1/3，良率也实现大幅提升。实施在公司全员范围内招聘新产品项目总设计师、总工艺师创新做法，激发技术研发人员的创新动能，客诉结案时效由15天大幅降低为5天。

二是加强人才梯队建设，建成掌握关键核心技术科技创新团队。加速对高精尖人才队伍的培养，每年面向国家重点院校招聘100~200名以研究生为主的优秀毕业生充实科技人才培养计划。建立应届生培养、新型学徒

制培养、研发专业技术培训制度，并定期开展质量及技术系列公开课等，稳步推进人才快速成长。

三是建立完善的知识产权保护体系。积极响应上海市政府打造国际知识产权保护高地的号召，2022年承担了上海市高价值专利升级培育项目。同时，公司在器件、电路等显示技术核心领域开展专利布局，截至2022年6月底，公司全球已受理申请专利2294件，已授权专利1078件，其中发明专利776项，为企业技术积累并形成自身完善的专利保护体系奠定基础。

（三）推行市场化选人用人，建立长效激励约束机制

一是实行经理层任期制和契约化管理。面对充分竞争的市场和快速迭代的技术进步，培养、聘任了一支市场化配置、有竞争活力的优秀领导班子队伍，建立以公司经营业绩目标为导向的管理机制。将经理层聘任及三年任期制等写入公司章程，任期与董事会一致。经理层成员任期期满后，重新履行董事会聘任程序。同时，每年度经理层都向董事会报告业绩目标，由董事会当场进行工作完成情况的讨论及评价。

二是建立员工能进能出的市场化用人机制。公司不断建立健全合同管理、岗位管理、公开招聘制度及绩效考核体系。在健全完善合同管理制度方面，公司完善管理手段，对劳动合同实行动态化管理。员工劳动合同期满，公司根据考核情况和生产经营需要，择优与员工续签劳动合同。在完善岗位管理制度方面，公司以岗位管理为核心优化劳动组织机构，根据生产经营需要和组织的职能职责科学设置岗位，依据战略发展规划和年度的生产经营目标对岗位进行分析，测定岗位工作量，合理确定年度"三定方案"，不断改善人员结构和素质。在建立分级分类的公司员工市场化公开招聘制度方面，公司健全各类管理人员公开招聘、择优聘用、竞争上岗等制度，不断拓宽选人用人视野和渠道。在完善绩效考核体系方面，公司实施部门考核与员工个人考核相结合全面绩效考核来激发员工动能。公司每季度召开各部门季度工作讲评会，通过高管团队评价及部门负责人互评的方式360度考核部门绩效，优先晋升排名前位的部门负责人；每半年进行员工绩效考核，强制分为5个绩效等级，拉开考核奖金系数。为不断提高员工的主观能动性及工作积极性，公司2021年起制定生产线质量相关部门负责人的每月考核机制，根据质量、产出、成本等方面的考核指标完成情况分权重考核，考核系数为15%~20%。

三是建立健全中长期激励约束。和辉光电于2021年9月正式启动2021年限制性股票激励计划，2022年4月7日完成该计划的授予登记工作，共向技术骨干、管理骨干等516位员工发行股票，更有效地将股东利益、公司利益和核心骨干员工个人利益结合在一起。

（四）坚持党的领导、加强党的建设，实现党建与企业发展深度融合

坚持党的领导，坚决贯彻"两个一以贯之"，确保党组织"把方向、管大局、保落实"的领导作用落实到实处。

一是坚持创新理论武装。毫不放松抓好党的创新理论学习，落实中心组学习制度。

二是坚持党委科学统筹。公司党委制定了《"三重一大"议事决策办法》《党委会议事规则》《干部管理办法》等制度，确保科学决策、民主决策。实现党委书记、董事长"一肩挑"，制定领导干部"一岗双责"任务清单，加强全面从严治党，党组织在企业改革发展中真正实现把得了关、掌得了舵、说得上话、使得上劲。

三是坚持开展争创活动。积极开展"争创先进党支部，争当创新攻坚党员模范"活动，党支部带头开展"点亮初心，辉映视界"劳动竞赛，广泛开展党员攻关，在质量攻关、产品攻关中发挥党员先锋模范作用。

三、改革成效

和辉光电在推动"科改示范行动"以来，培养了一批具有向心力的高精尖核心技术团队，加快了新技术开发及产品转化率，强化了与一线品牌客户的稳定合作，成功创建了市国资委党建品牌。

一是经营业绩快速增长，顺利登陆科创板上市。通过改革，和辉光电不断激发企业活力，经营业绩持续向好，2017—2021年营业收入年复合增长率为59.81%。在经营业绩增长和公司治理体系进一步完善的情况下，为实现可持续发展，公司于2021年5月28日正式登陆科创板，上市募集资金约81.71亿元，主要用于推进技术的改造升级及产能扩大，真正实现企业做强做优做大。

二是自主创新能力提高，核心竞争力不断增强。2020—2021年公司实现17个新研发产品的量产，公司多款产品已实现向华为、小米、联想和上汽等国内一线品牌稳定批量供货，尤其是在平板/笔记本电脑领域，公司于2020年二季度实现AMOLED显示面板量产出货，是国内首家量产出货的厂商，也是全球继三星电子之后第2家量产出货的行业厂商。在穿戴产品领域，和辉光电是华为的最新款GT系列第一大显示面板供应商。公司的市场认可度也持续提升，2021年获评华为技术有限公司"质量管理优秀奖""GBG供应先锋奖"，获评联想（北京）有限公司颁发"技术创新奖"。

三是党的建设全面加强，国企党建品牌点亮初心。2019年6月，和辉光电党委成功创建上海市国资委"点亮初心，辉映视界"党建品牌。2020年6月，和辉光电党委荣获上海市国资委系统"红旗党组织"荣誉称号。2021年6月，和辉光电党委获评上海市国资系统"先进基层党组织"。

58

积极探索跨区域公司监管模式创新 服务长三角一体化示范区高质量发展

长三角一体化示范区新发展建设有限公司

一、基本情况

2019年5月,党中央、国务院印发《长江三角洲区域一体化发展规划纲要》,提出建设长三角生态绿色一体化发展示范区(简称"一体化示范区"),引领长三角高质量一体化发展。同年10月,国务院批复《长三角生态绿色一体化发展示范区总体方案》,明确推动跨区域共建共享高质量发展是方案的核心任务。一体化示范区横跨沪苏浙三地,涵盖上海青浦区、江苏苏州吴江区和浙江嘉兴嘉善县,面积2300平方千米。为贯彻落实加快一体化示范区建设要求,沪苏浙国资国企按1∶1∶1比例等额出资,于2021年5月成立长三角一体化示范区新发展建设有限公司(简称"长新公司"),作为功能性投资公司和市场化运作平台,重点围绕一体化示范区开发建设加强与各类市场主体合作,承担重大基础性开发和功能性塑造职能。

二、经验做法

(一)推动三地股东跨域合作,完善法人治理结构

长新公司由沪苏浙6家国企股东共同出资成立,是长三角区域第一家

由两省一市国有企业同比例出资、同股同权的市场主体。综合考虑长新公司特殊的股权结构，其核心岗位任用采取"轮值"方式，即两省一市各派董事、监事1名，董事长、监事长、财务总监由上海市、江苏省、浙江省出资主体轮值担任，每届任期3年，推动实现各方共同决策、共担责任、共享发展、共御风险。同时，围绕长三角一体化国家战略，以经营管理需要为导向，明确经理层成员岗位职责和任职要求，按照市场化选聘、契约化管理的原则，董事会依法选聘了总经理和副总经理，总经理、副总经理等岗位为常任制，既保证企业经营常态长效，又体现了沪苏浙三方权益的平等性。

（二）创新国资监管方式，探索协商共治新模式

经苏浙两省委托、上海市政府同意，长新公司成为上海市国有资产监督管理委员会（简称"上海市国资委"）第一家受托监管企业，纳入上海市国资监管体系。沪苏浙国资委和长三角一体化示范区执委会（简称"示范区执委会"）联合出台《关于受托监管长三角一体化示范区新发展建设有限公司的实施方案》，针对长新公司设定监管事项13项，包括全面从严治党、党建工作、企业领导人员、信息公开、政策法规、规划投资、改革重组、产权管理、评估管理、财务监管、业绩考核与薪酬管理、收入分配与履职待遇管理、股东会董事会监事会工作管理等。其中，长新公司一般国资监管事项，由上海市国资委参照直接监管企业负责；重大事项由上海市国资委会同苏浙两省国资委、示范区执委会共同研究决定。特别是在业绩考核方面，方案明确长新公司法定代表人年度考核由示范区执委会实施，任期考核由上海市国资委会同示范区执委会实施。国资监管部门和业务主管部门共同参与、紧密协同的国资监管模式，有力推动了国资监管与重大任务监督指导相融合，保障了国家战略任务的落地落实。

（三）坚持战略性定位和市场化原则，构建企业科学管理体系

一是在完善公司治理中加强党的领导。将党建工作要求写入公司章程，明确党委在公司治理结构中的法定地位。推动党的领导和公司治理有机统一，制定党委前置研究实施办法，细化党委前置研究事项清单和"三重一大"决策事项清单，出台董事会议事规则，不断完善治理决策机制，确保重大战略意图落实落地。

二是推动公司制度标准化建设。按照符合战略导向、满足监督要求、促进运营管理、统筹系统规划、建立体系规范的原则，系统开展规章制度的制定修订工作，构建业务职能覆盖、管理流程健全、体系清晰完备、横向分类到边、纵向分层到底的制度体系。目前，公司已制定 62 项制度文件，并制定了 40 项制度的增补计划。

三是打造控股企业集团化管控体系。根据国资监管对集团化管控的要求，着力推进治理模式、权责界面、管控机制的研究分析与落地实施。目前初步形成了以"治理型管控"为目标，以发挥好党组织治理作用、规范好董事会授权管理、落实好产权代表职权建设为主要实施路径的管控模式设计方案，并拟订了配套文件与权责清单，为打造"1+N"的集团化管控体系奠定了基础。

（四）面向市场广纳贤才，组建专业化经营团队

长新公司承担着一体化示范区投资和建设的国家战略，公司成立之初，即面向市场招聘经验丰富、专业精通的人才。

一是开展组织设计和人才规划。根据公司战略规划和现阶段目标，设计"组织架构设置和部门职能方案"，定岗定责定编，明确三年人才发展目标，按照精简、高效、业务匹配的原则逐步优化。

二是拓展优质人才招聘渠道。公司从经营层到普通员工，均采取市场化招聘，通过长三角区域的招聘机构、专业猎头全力推进人才甄选工作。

截至目前，共收到人员简历2.6万份，组织开展面试1500余人次，现已录用工程、规划、投资、财务、法务等不同岗位的专业人才30名。

三是合作共享专业人才。为加快推进一体化示范区重点项目建设，长新公司与中国长江三峡集团公司（简称"中国三峡集团"）、华东建筑集团股份有限公司（简称"华建集团"）和上海建工集团股份有限公司（简称"上海建工"）等央企、地方国企合作，采取各方派驻团队参与项目的方式，人才智力共享，加快推进重点项目建设。

（五）加强跨区域协同作战，探索突破地方行政壁垒

长新公司是长三角一体化共商、共建、共治、共享、共赢原则在资本层面的制度创新成果。基于"五共"原则，长新公司协同示范区执委会、上海青浦区政府、江苏苏州吴江区政府和浙江嘉善县政府等单位，按照"不破行政隶属，打破行政边界"的共识，签署长三角一体化示范区水乡客厅开发建设五方合作协议。协议明确，一个主体管开发，长新公司作为两省一市共同组建的示范区功能性平台，承担区域基础性建设工作；一套标准管品质，各方共创一套涵盖规划、投资、建设、管理、运营标准，由示范区执委会会同两区一县研究形成系列规则，明确项目推进流程、实施标准、品质要求等；一体化制度管治理，统筹实施土地出让收入、新增税收收入地方留存等三地"共同账"管理，并在区域规划土地管理、项目投资审批、区域财税分享和跨域社会治理等方面，逐步出台一批共享共治政策文件。

三、改革成效

一是推动了一体化示范区高质量发展。长新公司是首批专门以一体化示范区为主战场和根据地的国有企业，改变了以往国有企业分散化、项目化的投入方式。通过集聚两省一市国资国企优势资源，实行股东跨域合

作，探索创新了国有企业集中力量办大事的新模式，有力促进了一体化示范区的高质量发展，为国资国企服务国家和区域发展战略提供了有益借鉴。

二是保障了民生公益性项目先行建设。按照"经营性项目带动功能性项目，实现项目整体滚动开发"的模式，长新公司统筹平衡项目社会效益与经济效益，先行启动市政道路、水利生态治理等公益性项目，主动承担跨域非营利项目建设，并在两区一县首批拆迁安置资金不足的情况下，制定"由长新公司代建安置房""公益项目按项目征地"等解决方案，有力保障了项目快速推进。

三是探索形成了项目审批新模式。两省一市积极探索三地"容缺审批""模拟审批""联审联批"等项目审批新模式，最大程度压缩项目报建周期，力争做到"拿地即开工"。比如，在控规未批准、永久性农业用地未调整、土地未出让的情况下，长新公司积极争取并顺利拿到"方厅水院"等项目的用地指标，确保了首批核心项目尽快启动建设。

59

深化"双百行动" 勇当改革尖兵 打造国企改革示范样本

江苏省国信集团有限公司

一、基本情况

江苏省国信集团有限公司（简称"国信集团"）是2001年8月经江苏省政府批准组建的省属大型国有独资企业集团，注册资本300亿元，主业为能源、金融、新兴产业投资，是江苏省最大的综合能源集团、重要的金融投资平台。国信集团拥有江苏国信股份有限公司（简称"江苏国信"）、江苏省新能源开发股份有限公司（简称"江苏新能"）、江苏舜天股份有限公司（简称"江苏舜天"）3家上市公司。国信集团围绕"双百行动"重点推进健全法人治理结构、完善市场化经营机制、健全激励约束机制和优化国有资本布局，企业活力不断激发，经济效益显著增强。截至2021年底，集团总资产2128亿元，同比增长8.1%；全年实现营业收入621亿元，同比增长13.7%。

二、经验做法

（一）聚焦制度化、规范化，进一步健全法人治理结构

一是做实党的领导融入公司治理。围绕从法律上实现党组织嵌入法人

治理结构,将党建工作要求写进公司章程,完成集团公司和36家子企业"应进必进"工作。围绕从人员上实现党组织嵌入法人治理结构,积极推行"双向进入、交叉任职"。目前,集团公司和36家二级子企业符合条件的党委领导班子成员全部通过法定程序进入董事会、经理层。围绕从流程上实现党组织嵌入法人治理结构,坚持党组织前置研究讨论重大事项,厘清党组织、董事会、经理层对重大事项决策的职责分工,实现集团公司和107家子企业"三重一大"事项决策流程全覆盖、可核查,实现集团公司和29家重要子企业党组织前置研究讨论常态化、规范化。

二是发挥其他治理主体决策作用。突出加强董事会建设,完善组织设置、优化人员构成,实现集团公司和64家子企业董事会应建尽建和"外大于内"。在集团公司董事会下设战略与投资、合规与审计、薪酬与考核3个专门委员会,并实现常态化、规范化运作;建立向董事会报告决议执行情况的常态化机制,形成从议案提交、会议决策到决议执行的闭环管理体系;选优配强子企业专兼职董监事队伍,实行董监事参会议案审议制度和闭环管理。依法保障经理层行权履职,研究制定董事会向经理层授权管理制度,在集团公司和64家子企业推进董事会向经理层授权。

(二)聚焦差异化、市场化,进一步完善企业经营机制

一是积极开展分类授权。按照"能放尽放、应放全放"的原则,将依法依规应由子企业自主经营决策事项归位于子企业;将投资等部分出资人权利授权给具备条件的子集团行使;将延伸到三级及三级以下控股企业的管理事项,原则上交由子集团依规决策。

二是大力推进"三能"改革。制定出台"1+10"干部人事管理制度,进一步提升集团干部人事工作的规范化、系统化水平。以干部能上能下、员工能进能出为目标,全面推行经理层成员任期制和契约化管理,实现集团公司和134家子企业全覆盖,完成数量在全省国有企业中居于领先地位。

全面推行集团本部和子企业岗位用工市场化，对集团本部员工实行全员聘任制管理；建立集团集中招聘和内部招聘制度，对外加强对主业企业招聘的统筹管理，对内促进内部人才资源有序流动和合理配置。积极开展职业经理人制度试点，面向社会通过公开选聘方式为江苏省国际信托有限责任公司（简称"江苏信托"）引进2名副总经理和21名具有成熟业务能力、经营管理能力的专业人才，建立"市场化选聘、契约化管理、个性化考核、制度化退出"的良性机制；全面总结江苏信托试点经验做法，鼓励市场化程度较高、新兴业务领域企业探索实施市场化选聘职业经理人。

三是稳妥开展混改工作。以完善治理结构、转换经营机制为目标，在江苏省医药有限公司（简称"江苏医药"）开展混合所有制改革试点，引入A股上市公司江苏南方卫材医药股份有限公司（简称"南卫股份"）作为战略投资者，推动江苏医药向产业链的上游——医疗耗材和器械生产领域进行延伸，并通过借鉴民营企业的灵活机制激发企业发展活力。针对柠檬酸业务高度市场化竞争的特点，在江苏国信协联能源有限公司开展深化混合所有制改革试点，转让部分股权，让出对企业的控股权，使企业骨干团队能有更加充分的经营自主权，可以更好地参与市场竞争，实现资本增值。

（三）聚焦精准化、多样化，进一步健全激励约束机制

一是强化工资与效益水平联动。制定出台所属企业工资总额管理办法，明确工资总额增长与企业经济效益指标的挂钩关系，做到工资总额预算与企业效益同向联动、能增能减，并根据企业性质、行业特点、管理层级，分类分级实施差异化管理，充分调动职工创效主动性和积极性。

二是强化分配与考核奖惩挂钩。对企业负责人，实行"以岗定薪、按绩取酬"，"不看身份级别、只看岗位贡献"，以考核结果为依据确定薪酬分配，做到收入能增能减、能高能低，并对部分金融企业绩效实行延期支

付办法。对集团本部员工，实行月度和年度考核，将绩效薪酬占比由20%以内提高至40%~60%，形成员工收入有高有低的分配格局。在开展薪酬制度市场化改革的企业，实行薪酬与业绩全面挂钩，对履职不力的干部实施降职，对不能胜任工作岗位的员工及时劝退，对未完成年度最低业绩指标的业务部门实行减薪并重新配置人员。

三是强化短期与中长期激励结合。在江苏医药开展混合所有制改革的同时，同步开展员工持股试点，共有94名具有持股资格的骨干员工认购了股份，实现了劳动者与所有者风险共担、利益共享。在控股上市公司江苏舜天实施限制性股票激励计划，对核心管理层、管理部门骨干、业务部门骨干等77人授予限制性股票，进一步调动干部员工工作积极性和主动性。在江苏省国信数字科技有限公司全面参照"科改示范企业"做法实施综合改革，并探索开展科技成果转化激励，有效激发创新创造活力。

（四）聚焦专业化、证券化，进一步调优国有资本布局

一是坚持聚焦主业，做强主业实力。近5年，集团累计向主业投入资金550亿元，占集团总投资的83%，有力推动能源主业持续做大装机规模、不断提升清洁能源占比，金融主业丰富拓展牌照资源、加快实现业务转型，新兴产业投资主业平稳打开市场局面、逐步形成品牌影响，以三大主业高质量发展支撑保障集团高质量发展。

二是坚持聚焦主业，加快清理整合。目前，除上市公司外，集团管理层级基本压缩至三级。近5年累计清理整合企业（项目）172个。到2021年底，三大主业合计总资产、净资产分别占集团的84%、86%，年利润贡献率达85%。

三是坚持聚焦主业，加强资本运营。积极推进主业资产上市。目前，集团资产证券化率达72%，控股3家上市公司，传统能源、新能源和信托等能源、金融主业核心资产均已实现上市。积极利用上市公司融资功能。

完成江苏国信 40 亿元定增、江苏国信并购山西电力资产实现"晋电送苏"、江苏新能发行股份购买大唐国信滨海海上风力发电有限公司 40% 股权等重大资本运作，助推能源、金融主业做大做强。

三、改革成效

一是资产规模不断增长。2018 年初，集团总资产 1534 亿元，净资产 804 亿元。截至 2021 年末，集团总资产已达 2128 亿元，较 2018 年初增长约 39%；净资产达 1055 亿元，较 2018 年初增长约 31%。

二是主业实力显著增强。能源业务在全国省级能源企业中名列前茅，到 2021 年底，集团已投产控股装机容量增至 1826 万千瓦，在省内的装机排名中居第 2 位。能源业务清洁化发展水平进一步提升，清洁能源装机容量占比增至 31%，建立了"风、光、水、火"多能互补，电力、天然气和新能源协同的能源供应体系，在全省能源保供中发挥了重要主力军作用。金融业务功能全、实力强，形成了广泛的金融资源门类。所属重点企业居于行业领先水平，其中，江苏信托综合实力居省内第 1 位、全国前列；江苏省国信集团财务有限公司综合实力居省内前列，主要核心指标位列全国第一方阵。

三是企业活力不断激发。三项制度改革在更大范围、更深层次上破冰破局，"管理人员能上能下、员工能进能出、收入能高能低"的市场化选人用人与分配机制基本形成，集团上下以市场为导向的理念更加深入人心，涌现出一批敢于开拓、敢于创新、敢于担当的先进典型，引领带动形成了浓厚的干事创业氛围。

60

优化业务布局 增强投融资能力 持续服务交通强省战略

浙江省交通投资集团有限公司

一、基本情况

浙江省交通投资集团有限公司（简称"浙江交通集团"）是浙江省综合交通投融资主平台和建设主力军，统筹承担全省高速公路、铁路、重要跨区域轨道交通和综合交通枢纽投融资、建设、运营和管理职责，并积极参与市县主导的综合交通基础设施项目。

近年来，浙江交通集团以国企改革三年行动为契机，不断优化"一体两翼"国有经济布局，交通基础设施主业服务大局的能力不断提升，交通关联业务和产业金融"两翼"业务对基础设施主业的支撑作用更加凸显，集团在服务浙江交通强省战略中持续承担好责任、发挥好功能、发展好企业。2021年，共完成交通基础设施投资836亿元，实现营业收入2914亿元、利润总额146亿元，入选《财富》世界500强。

二、经验做法

（一）坚持市场导向持续优化经营性业务布局

近年来，浙江交通集团本着优化资源配置、做强做优做大交通主业的原则，市场化推动与主业密切相关、支撑作用明显的经营性业务发展。

一是做强交通关联业务。加快发展交通设计施工、交通商业、交通资源、商贸物流、交通装备等交通关联业务，不断优化综合交通产业链，强化与交通主业协同。围绕主业提升工程施工、设计、大宗物资供应业务的规模和竞争水平，三个业务领域已布局浙江交通科技股份有限公司（简称"浙江交科"）、浙商中拓集团股份有限公司（简称"浙商中拓"）2家上市公司，待上市企业1家；加快布局资源开发类项目，下属资源公司是华东地区最大的玄武岩骨料供应商，并实现省外矿点"破冰"，有效支撑了交通建设所需材料供应；加快推进动车所上盖物业、片区开发等重大产业项目，加大力度投资数字技术应用和轨道交通车辆、盾构机等装备制造项目，持续布局战略性新兴产业。

二是做优产业金融业务。旗下浙商证券股份有限公司（简称"浙商证券"）核心业务综合排名进入行业前20位，浙商期货有限公司（简称"浙商期货"）排名升至第5位。不断推动产业金融业务规范化发展，成立浙商金控平台，统筹管理集团下属证券、期货、财险、融资租赁等金融、类金融业务，实现金融板块专业化管理。

三是加快处置无效低效资产。近3年完成处置各级企业46家，不断提升资产运营质量和效率。经过不断努力，2021年浙江交通集团市场化"两翼"业务实现营业收入2632亿元、利润总额119亿元，分别占集团的90.3%、81.4%。同时，经营性业务市场化、外向型特色明显，省内集团外、省外、海外"三外"市场营业收入占比分别为25.6%、54.4%、9.5%，"走出去"步伐不断加快。

（二）以转机制为重点持续增强经营性业务发展动力

一是分层分类推进混合所有制改革。目前集团12家交通关联业务子公司中，5家在本级层面实施了混改，其余在三级及以下层面推行混改，民营资本已参与到矿产资源开发、土地综合开发、服务区经营等项目中，充分发挥了不同所有制资本的优势。

二是在具备条件的企业中科学推行员工持股。实行骨干员工合伙制持股并明确股权进退的触发条件和操作规则，骨干员工和战略投资者同股同价，国有资本、战略投资者和骨干员工同权同责。

三是深度转换经营机制。按照"有序放权、有效监管"原则加大授权力度，制定出台《经营性公司经营机制实施方案》，按照充分授权、部分授权和不授权的分类方式实行"一企一策"授权经营。2019—2021年，集团旗下混改企业浙江交工集团股份有限公司（简称"浙江交工"）营业收入、利润总额分别增长74.3%和48.7%，混改企业浙商中拓营业收入、利润总额分别增长142.3%和67.3%。

（三）狠抓三项制度改革充分释放经营性业务发展活力

一是加快推进任期制和契约化改革。下属企业全部落实经理层成员任期制和契约化管理，考核指标与"十四五"规划目标紧密对接，有效传导压力，确保规划落地。

二是加大市场化选人用人力度。集团40个总部中层岗位全部通过竞聘产生；下属"双百企业"浙江高速信息工程技术有限公司领导班子"全体起立"实行竞争上岗；高速公路管理体制改革中，全省12个区域管理中心负责人全部公开竞聘上岗。近3年集团降（免）职和调离重要岗位中层干部23名，占比8.6%。

三是加大市场化考核分配力度。打破干部岗位级别与薪酬档级挂钩，实施领导干部"岗变薪变"，一律按实际任职岗位薪酬执行。坚持综合绩效考核，加大激励力度，根据岗位职责、承担风险、工作难易程度等拉开岗位责任难度系数，并实行强制分布，经理层副职责任难度系数区间为0.7~1，允许经理层副职责任难度系数高于经理层正职。加大激励力度，经理层成员年度绩效考核系数最高可达 1.2，任期激励基数达到任期内年薪总额的 15%。

四是持续开展中长期激励。积极推行限制性股票激励、期权、项目跟投等各种激励手段，其中浙商中拓实施了浙江省地方国有上市公司第一例限制性股票激励计划和第一例期权激励计划，份额达到总股本的 8.5%。针对集团基础设施业务资产重、激励难的问题，在浙江金温铁道开发有限公司试点推进资产与运营分离模式改革，实行员工模拟持股，开展"承包经营"，经济效益显著。

（四）持续推进资产证券化促进可持续快速发展

集团基础设施主业通过沪杭甬上市平台收购集团内资产，累计回笼资金超 92 亿元，累计承担项目负债 230 亿元。"中联基金—浙商资管—沪杭甬徽杭高速资产支持专项计划"私募 REITs 基金为国内首单，杭徽高速公募 REITs 是全国首批基础设施公募 REITs 项目。集团牵头投资的杭海铁路 PPP 项目是财政部第一批 PPP 示范项目，参与的杭绍台铁路 PPP 项目是国内首批 8 个社会资本投资铁路示范项目之一，基础设施资产证券化有效支撑了交通基础设施投融资，也给投资者带来了稳定回报。

集团经营性业务将上市作为提升竞争水平和推进混合所有制改革的重要途径和内容，积极布局了一批待上市、拟上市梯队企业。浙江镇洋发展股份有限公司（简称"镇洋发展"）2021 年 11 月成功 IPO 上市，浙江数智交院科技股份有限公司正积极申报 IPO 上市，杭州高信科技有限公司如期完成股改。截至当前，集团控股 5 家上市公司，资产证券化率为 66.02%，资产进一步向上市公司集中。

三、改革成效

通过不断优化业务布局，浙江交通集团经营性"两翼"业务的市场竞争水平持续提升,对主业的反哺能力稳步增强,预计"十四五"期间"两翼"业务的利润贡献可达135%,进一步助推集团基础设施主业提升控制力和影响力。

一是已成为集团低成本融资的"稳定器"。浙江交通集团通过发展经营性业务,有效提升了集团财报质量、稳定了信用评级。2021年,集团成功获得惠誉A+、穆迪A1国际信用评级(国家主权级信用评级),综合融资成本持续降低。

二是已成为集团高强度投资的"放大器"。经测算,"十三五"期间浙江交通集团实际完成的综合交通投资2927亿元,其中,资本金集团自筹占比为48.2%,承担的债务融资和资金利息支出占总投资的比例超37.3%。综合测算,浙江交通集团实际交通投资金额中,政府、集团投入比约为1:4,政府投入资金在集团得到充分放大。

三是已成为集团高水平建设的"助推器"。借助经营性产业积累的技术、管理等优势,浙江交通集团不断提升设计、施工水平,降低材料配供、资源保障等环节成本,打造了乐清湾项目(被交通运输部评为"品质工程"典型代表)、鱼山大桥(施工技术创下多个世界第一)等一批行业典型示范项目。利用丰富的城市商业开发、食品经营等经验,打造了台州、嘉兴等5个全国百佳示范服务区,"驿佰购"蝉联3届中国高速公路知名便利店品牌。

61

改革促发展 创新添动力
争做国企改革三年行动排头兵

福建省高速公路集团有限公司

一、基本情况

福建省高速公路集团有限公司（简称"福建高速"）成立于1997年，主要负责全省高速公路规划、建设和运营管理，有员工1.4万人，资产总额超3600亿元，居福建省属国企首位。福建高速坚持以习近平新时代中国特色社会主义思想为指导，深入实施国企改革三年行动，把改革创新作为应变局开新局的重要抓手，着力实施"六五四"战略（构建路网、服务、创新、能源、信息、安全"六大"体系；深耕运营投资、工程建设、能源服务、信息科技、物流金融"五大"产业板块；形成路网建设、为民服务、科技创新、企业治理的"四新"格局），推动福建高速公路成为引领带动力强、服务满意度高、社会贡献度大的主力军，成为保障能力强、服务能力强、创新能力强的"先行官"，成为产业结构优、社会形象好、治理能力强的"排头兵"。

二、经验做法

（一）强核心，坚持党的领导不动摇

福建高速始终坚持党对国有企业的全面领导，持续保持高速公路对福建经济社会协调发展的适度超前和强力支撑。

一是以完善治理为导向，举旗定向领航程。福建高速及所属111家子企业全部将党建要求写入公司章程、写入议事规则，党组织嵌入法人治理、嵌入决策机制，坚持党委研究讨论作为决策前置程序，全覆盖建立实施第一议题制度和"不忘初心、牢记使命"常态化制度化机制，在战略规划、投资管理、组织建设、干部选派等事项上强化党委把关定向作用，确保贯彻落实中央、省委的决策部署坚决有力、不折不扣。

二是以压实责任为抓手，规范发展作表率。坚持压实全面从严治党主体责任，压力传导不衰减、纵深推进不松懈，全面推行党建工作考核评价，将党建工作考评结果与管理绩效考核评价结果挂钩，抓党建与企业经营责任同落地、同考核、"同频共振"。在全国率先推行"6432工地党建"，填补了我国高流动性建设场域党建工作的空白，打响福建品牌、贡献高速经验。

三是以社会责任为重点，服从全局讲担当。围绕加快福建高质量发展战略部署，突出国企担当、政治责任，克服福建山区高速公路建设桥隧比高、投资成本大、车流量少带来的经营效益下滑等困难，把政治责任、社会效益放在首位，算大账、讲担当，凝心聚力，攻坚克难，把路修好、养好、管好，为经济社会发展奠定坚实基础。

（二）强改革，推动企业发展创新篇

福建高速牢记习近平总书记关于国企改革"三个有利于"方针要求，聚焦主业，在多元化、做强做优做大上下功夫，确保高质量发展、高效率管理、高品质服务。

一是抓改革、夯基础、优治理。按照"重心下沉、激发活力、优化整合、重塑职能"改革目标，建立"小总部、大产业"组织架构，突出本部"出政策、立规矩、定标准"职责定位，全力打造高效战略管控体系，真正实现福建高速总部从事务管理型向战略管控型转变。结合总部机构改革，修订完善并动态调整福建高速总部权责清单及分类授权放权清单，做到应放尽放，充分发挥专业化公司职能作用。

二是强主业、优布局、增效益。坚持深耕征费主业，持续推进完善省市联网运营管控体系，深化降本增效，2021年节约资金成本4.5亿元。深入推进工程建设板块整合，形成养护、材料供应以下属养护公司为主，基建施工、交安设施生产以下属路桥公司为主的格局。成立福建省高速能源发展有限公司，股权划转统筹推进油品等传统能源整合，推进油品经营产业链延伸。

三是抢机遇、谋转型、促发展。积极布局启动新能源项目，探索推进光储允检换一体化新能源应用项目落地，推进绿色物流配套设施建设。加强大数据、云计算、人工智能、5G等应用，推进数据资源开发利用等项目落地见效，完善智慧高速信息化业务布局，大力发展高速"数字经济"。依托高速公路路网运营产生的数据形成信用体系，发挥高速筹融资优势，开展物流供应链金融业务，服务"中小微"物流运力。

（三）强创新，实现科研领域新突破

福建高速以打造东南沿海交通运输领域最具活力的创新高地为目标，充分发挥福建省对台的区位优势、高速公路全省统一的"一盘棋"体制优势、"建管养运"一体化应用优势、"产学研用"一条龙基础优势。

一是建立创新工作体系。建立由集团主要负责人担任主任的科技创新委员会负责组织领导，自动化作业技术交通运输行业研发中心、坝道工程医院福建交通分院、福建省高速公路企业工程技术研究中心、福建省高速公路工程重点实验室"四大基石"组织研究攻关，"N"个子企业承接成果转化的"1+4+N"科技协同创新体系。同时，设立科创子基金，未来5年投入至少25亿元研发经费。通过开放的科创平台，吸引国内外优秀科技成果落地应用并合作成立产业公司,实现企业创新良性循环。

二是推动交通全产业链创新。制定未来 5~10 年创新实施纲要,明确 3 个领域 19 个方面的技术攻关方向和示范工程,联合中国科学院、清华大学、中国航天科工集团有限公司院士团队分别开展智能管养、智能建造、智慧出行 3 个方面的科研创新。同时,强化与省内高校、企业的科技创新合作,依托重点领域技术攻关,增补本省更多高校、企业参与,培育本省人才队伍,带动省内企业发展。

三是实施企业数字化转型。立足于数据资源为核心资源的定位,联合数字中国研究院,由周成虎院士牵头开展智慧高速顶层设计,制定信息资源规划利用方案,全面开展数据治理,统一数据标准,打通高速公路一网式管理、一站式服务、一体化创新的数据底座,建成全国首个省域高速公路数字孪生和交通仿真决策平台。

(四)强基础,紧抓三项制度"牛鼻子"

福建高速紧紧围绕激发活力、提高效率,切实深化劳动、人事、分配三项制度改革,进一步提升集团市场化竞争优势。

一是深化薪酬分配制度改革。福建高速进一步健全完善与劳动力市场基本适应、以岗位价值为基础、以绩效贡献为依据的薪酬管理制度,重点突出全员绩效考核,重构福建高速及所属公司绩效考核管理办法,充分发挥考核"指挥棒"作用,引导建立差异化薪酬分配机制。开展新招录研发人员工资单列管理试点,进一步激发关键技术人员工作积极性和主动性。

二是全面落实市场化劳动用工。修订完善以劳动合同管理为关键、以岗位管理为基础的市场化劳动用工制度体系。实现新进员工 100% 公开招聘,管理人员通过竞争上岗的比例超过 30%,末位调整和不胜任退出比例超过 2.5%。近年来,先后完成集团本部 23 个岗位的公开竞聘,指导各级子企业完成超过 300 个不同层次和岗位的竞争上岗。

三是着力加强人才队伍建设。在壮大人才总量和优化人才结构上，重点加大高层次专业人才、优秀应届毕业生引进力度，持续改善队伍结构；在提升队伍素质上，大力实施技能提升行动，开展养护工职业技能等级认定，探索推进信息员职业技能等级认定，建设高水平技能人才队伍；在激励干部担当作为上，重视选拔具有专业能力、专业精神的干部，保证基层领导班子配齐配强；在激活管理效能上，全面推进"职务、职级、职称"多通道晋升模式，建立领导干部业绩档案，保证使用上有梯队、选择上有空间。

三、改革成效

福建高速始终坚持"改革永远在路上"，始终贯彻"改革服务发展"理念，国企改革三年行动开展以来，集团稳步提升国有经济竞争力、创新力、控制力、影响力、抗风险能力，实现高起点新开局。

一是党建统领体现新作为。党史学习教育经验做法在中央党史学习教育第六指导组座谈会上作交流发言，"工地党建"等特色党建品牌得到国家和省部级领导的充分肯定。2021年所属3家公司获第六届全国文明单位称号，9个基层党组织、28名党员获得省国资系统"两优一先"表彰。

二是路网建设交出新答卷。创新采用特许经营、"基金+工程总承包"等模式推进完善路网建设，2020年初至2022年5月完成高速公路建设投资554亿元，福建全省高速公路通车里程达6156千米，综合密度位居全国各省第3位，高于中国台湾，达到美英等发达国家水平。

三是科技创新取得新突破。发布未来5～10年智能建造、智能管养、智慧出行3个领域科技攻关组织实施计划，智能建造课题成功列为省科技重大专项，实现全省交通系统零突破。泉州至厦门轻型智慧高速公路项目及福州至泉州车路协同示范工程被分别列入交通强国"十四五"重点项目及交通运输部新基建重点工程。

四是高速品牌展现新形象。2021年路网运营管理综合评价位居全国各省第3位，满意度评价位居全国各省第2位，ETC使用率、服务质量、应急通畅3个关键指标位列全国第1位，全国百佳服务区和优秀服务区数量位居全国前列，33个路段2561千米示范廊道、44个示范所站和18对重要服务区广场实现"绿化、美化、花化、亮化"。

62

深化改革创新 激发活力动力
为推动企业高质量发展打造强大引擎

江西省水利投资集团有限公司

一、基本情况

江西省水利投资集团有限公司（简称"江西水投"）是经江西省政府批准成立的省属重点企业。自2008年成立以来，江西水投紧紧围绕全省经济社会发展大局，牢牢把握国企改革主线，打造了一条涵盖水资源、水环境、新能源、大农业的完整产业链，形成了水利工程建设、城乡供水、城乡环境、城乡能源和生态农业五大板块的总体布局，为推动江西经济社会发展、服务城乡百姓生活发挥了重要作用。近年来，江西水投认真贯彻落实党中央、国务院关于国企改革三年行动决策部署，着力深化三项制度改革，持续优化国有资本布局，不断完善现代企业制度，在激发活力、提高效率上取得明显成效，为企业高质量发展提供了强大动力。截至2021年底，集团资产规模达671.74亿元，净资产228.98亿元，拥有全资及控股子公司160家，员工8800余人。

二、经验做法

（一）树导向、激活力，打造提质增效的"助推器"

一是以刚性约束破解干部"能上不能下"难题。科学设计经理层成员任期制和契约化管理体系，形成"1个办法+2份协议+N项配套"的制度框架。通过明确固定任期、签订契约、刚性考核等方式，有效解决任期虚化、责任不明等问题。集团公司和89家子公司全部与经理层签订了契约，覆盖288名经理层成员，经理层成员签约占比达100%。出台了《管理人员竞争上岗实施办法》和末等调整和不胜任退出制度，修订了《人事管理办法》《中层管理人员管理办法》等制度，大力破除论资排辈和"隐性台阶"，不拘一格选拔优秀人才。通过竞争上岗选拔管理人员358人，占管理人员总人数的42.32%，其中"80后"管理人员占比达40%。2021年管理人员末等调整和不胜任退出共46人，占比5.5%。

二是以市场手段破解员工"能进不能出"难题。强化用工总量管控，提高人力资源配置和使用效率，构建员工能进能出的契约化管理机制。出台《中层以下人员公开招聘管理办法》《市场化选聘引进高端人才暂行管理办法》，坚决破除人员身份限制，推行全员劳动合同制。2021年以来，通过公开招聘引进各类人才171人，实现员工公开招聘、签订劳动合同、全员绩效考核"3个100%"。严格落实绩效考核制度，从考核排名、业绩完成、综合测评等多维度考核评价，对不达标、不胜任工作的降低绩效工资或畅通退出渠道。

三是以刚性挂钩破解薪酬"能高不能低"难题。实施薪酬分配向关键岗位倾斜、细化岗位分配系数、加大二次分配力度等措施，形成重实绩、凭贡献、差异化的薪酬分配激励机制。完善市场化薪酬分配机制，子公司负责人的薪酬与利润类核心业绩和经营业绩考核结果刚性挂钩，其中绩效年薪占比最高达70%以上，真正做到"业绩与市场对标、薪酬与业绩跟跑、激励凭贡献说话"。集团确定了4家试点开展中长期激励的子公司，并制定中长期激励方案，严格按照方案兑现奖惩。按照"市场化选聘、契约化管理、差异化薪酬、市场化退出"要求，建立职业经理人业绩考核评价机制,对4家子公司开展职业经理人制度试点,实行更具弹性的市场化薪酬分配制度,对考核不达标、评价不称职的,畅通退出通道。

(二)调结构、优布局,激活二次创业的"动力源"

一是聚焦主责主业抓产业板块优化。按照"资源集聚、板块集群、管控集成"的思路,统筹推进产业板块战略性重组和专业化整合,对施工咨询、地产物业、科技信息等产业子公司进行优化整合,组建成立了一批专业子公司,构建了"专业化生产、集约化经营、规模化发展"的产业格局。实行集团总部机构改革,强化股权管理、战略管理、法务审计等职能,逐步建立"小总部、大平台"的管控格局和"集团总部管资本—产业集团管资产—基层企业管生产运营"的三级管控体系,集团总部的引领力、管控力明显提升。积极融入生态文明建设、乡村振兴等重大战略,以江西省农业农村厅直属5个农业场所及所属企业经营性资产移交为契机,大力推进农业资源整合重组、优化配置,持续做大做强省级农业农村产业投资和发展平台。

二是聚焦现代企业制度抓内部管控。推动制度体系化,围绕规范化管理共建立4大方面、12大类别、43项制度和清单,建立健全以公司章程为核心的内部制度体系,修订完善各类议事规则,制定出台《董事会对经理层授权管理办法》《董事会对董事长授权事项清单》《重要子企业落实董事会职权实施方案》《子公司董事会规范建设运作暂行办法》以及董事会专门委员会工作细则等制度。推动权责清晰化,修订集团公司《"三重一大"事项集体决策办法》《权责清单》等制度,创造性地构建了具有江西水投特色的"四张清单"(党委会前置清单、董事会决策清单、经理层审议清单、母子公司权责清单),并将多个清单整合形成一张表,实现"多单一表、协同高效"。在不同治理主体有关会议上,探索从汇报人、汇报内容、审核把关标准等方面做出差异化安排,原则上实行"党委会会议由党委委员汇报、董事会会议由经理层成员汇报、总经理办公会由职能部门汇报"。

(三)拓市场、增动能,打出发展升级的"组合拳"

一是大力实施数字经济"一号工程"。按照"作示范、勇争先"目标要求,全力推进涉水产业链数字化转型,形成了水务中台、芯片与传感器的完整数字生态链,一批科研成果正逐步实现孵化和产业化。其中,云基础设施"水务中台"满足百万级的传感器数据采集、传输需求,接入近80万只传感器,支撑服务近40多家供水公司的日常运营。成功研发具有自主知识产权的新一代超声波水表计量、通信和控制模组,实现了三大核心器件的进口替代,整表成本下降20%左右。以全省水资源、水产业为依托,积极推进全省智慧水利"一盘棋"建设,加快关键应用技术、标准、产业研究,自主研发的智慧水利操作系统、"蜂巢"系统和智慧运营系统3个核心产品已投入使用。

二是开拓服务乡村振兴新业态。推动技术创新与服务乡村振兴相融合,打造农村供水2.0版本。针对农村地区人口少、管网铺设长、投入成本高等问题,采用以膜技术为核心的净水工艺,推行单村供水模式,较好解决了单村水站稳定安全供水问题,实现了单村水厂无人值守,目前已在4个县区、7个村开展试点,节省投资30%。创新乡村污水治理新模式,针对农村污水分布面广且分散、污水管网投资大、运行成本高等问题,探索形成了集农村污水收集、处理、运维于一体的系统治理方案,投资总额、施工工期、运维费用分别下降了1/3。

三是创新模式推进高品质供水试点。认真践行习近平总书记对江西提出的"作示范、勇争先"重要要求,以住房和城乡建设部在江西试点为契机,在全国范围内率先开展高品质供水试点,先后完成了景德镇市等17个市县的56个试点项目,覆盖用户13864户、55422人,景德镇市成为"全国直饮水试点示范城市",探索出了一条"技术可靠、水质一流、经济可行、群众满意"的可持续、可复制、可推广的发展模式。

三、改革成效

一是企业发展活力进一步提升。坚持把三项制度改革作为落实国企改革三年行动的突破口，瞄准制约企业发展的瓶颈和短板，持续探索"干部能上能下、员工能进能出、薪酬能高能低"，建立了以劳动合同为关键、以岗位管理为基础的用工机制，积极推行管理人员竞争上岗、末等调整和不胜任退出，持续完善薪酬分配制度，推动从"大锅饭、平均化"向"讲效益、差异化"转变。三项制度改革的深入推进，进一步提升了集团的管理效率，增强了集团的发展活力。

二是企业发展后劲进一步增强。聚焦主责主业，按照"专业化重组、市场化整合、板块化经营"思路，统筹推动资金、技术、人才等各类资源向主业集中。加大"两非""两资"以及"僵尸企业"的清理处置力度，对不符合集团战略发展方向、缺乏市场和利润空间的业务领域坚决退出，对不具备竞争优势的企业（业务）应剥尽剥。通过推动资源整合和产业布局优化，不断增强了集团核心业务盈利能力和市场竞争力，全力打造了基础水利、城乡供水、生态环保等一批关系国计民生的核心主业，培育孵化了高品质供水、超声波水表等一批战略性新兴产业，为企业高质量发展奠定了坚实基础。

三是企业经济效益进一步提高。聚焦经济社会发展大局，积极展现国有企业使命担当，坚持以改革为引领，以创新为驱动，全力探索实施数字经济、高品质供水、分布式一体化污水处理等新经济、新业态、新模式，交出了一份亮丽的成绩单。2021 年，江西水投资产总额同比增长 12%；实现营业收入 56.51 亿元、净利润 2.93 亿元，较上年同期分别增加 9.39 亿元、0.61 亿元，分别同比增长 20%、11%。

63

聚焦重点　纵深推进
开创高质量改革发展新局面

山东高速集团有限公司

一、基本情况

山东高速集团有限公司（简称"山东高速集团"）是山东省基础设施领域的国有资本投资公司，注册资本459亿元，资产总额突破1.1万亿元，运营管理高速公路7779千米、地方铁路537千米，拥有山东高速股份有限公司（简称"山东高速"）、山东高速路桥集团股份有限公司（简称"山东路桥"）、山高控股集团有限公司（简称"山高控股"）、齐鲁高速公路股份有限公司（简称"齐鲁高速"）、威海市商业银行股份有限公司（简称"威海商行"）5家上市公司，经营区域涉及国内30个省级行政区、海外100多个国家和地区，获评国内AAA级和国际A级信用评级，连续15年入选"中国企业500强"。

近年来，山东高速集团全面贯彻中央和省委省政府决策部署，坚守国有企业经济、政治、社会责任，以国企改革三年行动为总抓手，持续深化体制机制改革，深入推进"六型山高"建设，不断增强发展动力活力，加快实现高质量发展。截至2021年底，国企改革三年行动整体任务完成占比超96%。

二、经验做法

（一）聚焦"两个一以贯之"，推动治理更加完善

一是坚持党的领导融入公司治理。健全党委会、董事会、总经理办公会议事规则，进一步界定治理主体权责边界。有序推动子企业"党建入章"，制定党组织研究决定、前置研究讨论及负面清单"三张清单"。完善"双向进入、交叉任职"机制，推动60家二级企业党组织书记、董事长"一肩挑"，专职副书记应配尽配并进入董事会。

二是坚持进一步建好建强董事会。制定修订董事会议事清单等14项制度，建立以公司章程为核心，以"双轮驱动决策""对口联络服务""两沟通两调研两报告"工作机制为抓手，推动各方面高效规范运作的董事会"1+3+X"运作体系。编制工作流程指南、履职指引、履职提示函和"明白纸"等12项，引导子企业董事会规范运作，推动由"建制度""建渠道"转向"见长效"。

三是坚持保障好经理层行权履职。开展董事会授权放权改革，将一定限额内的投资、担保、融资等事项审批权限授予经理层行使。为确保董事会"授得下"，经理层"接得住"，董事会定期听取总经理工作报告，掌握董事会决议、年度生产经营计划等重大事件的执行情况，并及时监督、检查、评价授权事项的决策过程及执行情况。

（二）聚焦三大主责主业，推动产业布局更加优化

一是坚持战略引领聚焦主责主业。高点定位编制实施"十四五"规划，制定"123456"发展战略，聚焦"交通等基础设施及衍生产业""智慧交通、新能源新材料及绿色化工等新兴产业""金融资产投资与管理"三大主业，着力打造具有全球竞争力的世界一流基础设施综合服务商。勇担交通强省主力军使命，加大高速公路新建、改扩建力度，"十三五"期

间完成高速公路建设投资 1991 亿元，新建、改扩建 24 条高速公路、总长 1995 千米，狠抓运营服务提升；持续提高中欧班列（齐鲁号）运营水平，线路增至 51 条，直达海外 23 个国家 53 个城市，2021 年开行 1825 列，位居全国前列。

二是坚持产业链整合价值链提升。优化产业布局，整合设立 16 地市区域公司，对信息、规划设计、监理咨询、国际业务、物流、服务区、建材、供应链 8 个产业板块实施重组，增强主业竞争力和产业协同力。开展"瘦身健体"，压减法人企业 82 家、提级管理企业 73 家，管理层级控制在 4 级以内。坚持"一企一策"，推动 48 家非主业企业清理退出、10 家"僵尸企业"处置、22 家全民所有制企业改制、25 家重点亏损子企业治理。

三是坚持提升自主创新发展能力。坚持把创新作为高质量发展第一动力，大力实施创新驱动。持续加大研发投入，2021 年投入达 34.4 亿元，投入强度 1.71%，同比增长 175%。高规格搭建创新研究院，推动创新要素聚焦，促进科研成果转化，现有国家级科研平台 1 个、省部级科研平台 68 个。加强产业模式创新，积极构建以"大交通"为基础，工程施工、金融投资、路衍产业、新兴产业等有机衔接的现代产业体系。加强管理创新，开展对标世界一流管理提升行动，从集团和产业板块分层次对标，完善对标指标体系，加强研究和改进，促进管理全面提升。

（三）聚焦混改全面深化，推动各类资本融合互促

一是坚持整体谋划把握混改方向。凝聚改革共识，将混改作为增强活力和竞争力的重要举措。成立领导小组和工作专班，夯实组织保障。制定操作指引，因企施策制定方案，确保规则公开、过程公开、结果公开。分类释放股权，解决"一股独大"问题，对充分竞争类企业，持股 40% 左右，对特许经营类、依托资源类企业，持股 60% 左右。

二是坚持精挑细选引入优质战投。从做强做优主业出发，积极引进具备高匹配度、高认同感、高协同性的投资者，利用省属企业双招双引推介会、产权交易中心、公司网站等平台推介企业，做好投资者反向尽调，全面考察业绩、背景、社会信用等情况。先后引进中国远洋海运集团有限公司、中国建筑集团有限公司、中国石油天然气集团有限公司等知名央企和深圳市金溢科技股份有限公司、北京万集科技股份有限公司等优秀民营企业投资者，累计引入各类社会资本超100亿元。

三是坚持多路径推进资产证券化。推动威海商行在香港上市，山东高速齐鲁建设集团有限公司、山东高速轨道交通集团有限公司、中国山东对外经济技术合作集团有限公司等170多亿元资产注入上市公司，山东路桥发行股份募集资金10亿元。山东高速信联科技有限公司通过实行混改和员工持股，全面激发企业活力，ETC用户量突破2600万人，以独角兽估值标准引入招商局集团有限公司等8家优质战略投资者，正加快推进A股上市。

（四）聚焦三项制度改革，推动"三能机制"全覆盖

一是坚持全面推行任期制和契约化。制定修订《权属企业经理层成员任期制和契约化管理实施方案》等文件，明确签约、激励、约束、退出等环节操作要点。设定业绩和薪酬"两个不低于"底线，即业绩责任书中的目标不低于集团下达的目标，绩效年薪原则上占年度薪酬比例不低于70%。及时总结经验、指导实践，提炼2套任期制和契约化管理推行模板供子企业参考，为全面完成推行提供有力支撑。

二是坚持激发人才干事创业激情。出台"人才9条"，通过提供生活补贴、评选青年人才奖、设立奖学金等措施，为吸引人才、培养人才、留住人才提供制度支撑。通过校园宣讲、博士专场招聘，提高引才质量，累计引进培养245名高层次人才，签约28名世界知名高校博士。设立董事长特别奖，最高给予100万元奖励；每年各选拔15名首席技师和突出贡献专

家,给予 10 万元津贴;加强对能够突破行业关键技术的国际国内顶尖人才(团队)项目的资金支持力度。

三是坚持集成运用考核激励措施。建立以业绩为导向的考核分配激励体系,进一步拉大权属企业负责人收入差距。业绩完成好的企业,薪酬高于集团主要负责人,完不成业绩的企业,只拿基本工资,发挥好业绩考核的引领带动和薪酬分配的正向激励作用。分类实施、应推尽推中长期激励,建立以超额利润提成为主,股权激励、跟投、风险抵押金等多种工具配合的中长期激励体系。

三、改革成效

一是质量效益再创新高。2021 年集团营业收入突破 2000 亿元大关、利润总额超过 150 亿元,净利润跨过百亿关口,均创历史新高。高新技术企业增至 36 家、独角兽及瞪羚企业增至 8 家、"专精特新"企业 5 家。拥有公路工程、市政公用工程、建筑工程总承包特级,工程设计、勘察、监理甲级等系列资质,建设项目 2 次获国家科技进步奖,20 次获国家优质工程奖,40 余次获鲁班奖、詹天佑奖、李春奖等国家奖项。跻身"2021 年度全球最大 250 家国际承包商"第 90 位,位列中资企业第 24 位,有望进入世界 500 强。

二是治理效能显著提升。党的领导有效融入公司治理各环节,实现党的领导制度化、规范化、科学化,确保了党组织"把方向、管大局、保落实"作用有效发挥。董事会实现应建尽建和规范运作,重大决策、选人用人、薪酬分配等权利得到切实维护。发挥董事会科学决策作用,2021 年仅集团董事就对重大投资项目、财务管理等提出意见建议 169 条。

三是主责主业更加凸显。2021 年主业投资 1160.35 亿元,占投资总额的 99.2%,京台高速德齐段等 5 个高速公路项目提前建成通车,建成国内首条"改扩建+智慧高速"交通强国试点项目、首座高速公路加氢站、首条氢能高速、首个高速公路边坡光伏试验项目。非主业企业清理、"僵尸企业"处置、公司制改革、亏损企业治理、资产盘活等工作均取得突破性进展或提前完成，改革红利持续释放。

四是品牌形象不断提升。举办全国桥梁学术会议、首届中国高速公路服务区汽车服务论坛、交通基础设施智能维养高端论坛、山东省"碳达峰、碳中和"国际高端技术研讨会等行业盛会，首次作为牵头单位负责国家重大科技研发课题，连续2年获评"山东社会责任企业"，"山东高速"品牌效应不断放大，美誉度和影响力持续提升。

全面实施重塑性改革　开创涅槃重生新路径

河南能源集团有限公司

一、基本情况

河南能源集团有限公司（原河南能源化工集团有限公司，2022年7月8日更名，简称"河南能源"）是河南省属国有独资企业，产业涉及能源、化工新材料、现代物贸、智能制造等领域，资产总额2776亿元，拥有煤炭产能近8000万吨，化工产能合计1000万吨。一直以来，河南能源的发展存在产业发展方向不明、主业辅业不分、化工产业布局分散及过度投资等弊端，资产负债率长期保持在85%左右，改革发展举步维艰，企业一度陷入资金平衡难、债券发行难、生产经营难的"三难"困境。2021年以来，以国企改革三年行动为契机，河南能源按照河南省委、省政府部署，推动改革转型，系统推进稳生产稳岗位稳人心、深化改革转型升级、债务化解、审计、维稳五项工作，实现扭亏增利70亿元，经济效益创近年来最好水平。

二、经验做法

（一）以深化改革为要，抓好"三个重塑"

河南能源以治理能力为重点重塑管控体系、以三项制度为重点重构管理机制、以强身健体为重点重组优化资产，高效推进深化改革，国企改革三年行动40项重点任务全部完成。

一是锚定主业，重塑产业布局。突出煤炭、化工新材料两大主业，全面退出不具竞争优势的氧化铝、钼等有色金属产业和房地产等非主业，持续巩固主业竞争优势。煤炭产业做精做强，坚持"稳住河南、发展西部"整体发展思路，在河南省内重点推动新旧产能置换，通过新建、技改新增优质产能400万吨以上，加强智能化改造，控员减员1.38万人，整体人均工效提升9.5%。在河南省外加快抢滩布局，重点开拓新疆、内蒙古资源，加快股权整合和优质产能核增。化工产业高位嫁接，围绕"东引西进"发展战略和"1+4"产业发展方向，将河南省内化工园区由9个缩减为4个，有效提升化工产业集中度，与中国科学院、上海交通大学、郑州大学等合作打造"一院四中心"研发体系，推动基础化工产品向生物可降解材料和高端功能性新材料转型。与鹤壁、濮阳、三门峡、商丘等地深化战略合作，通过共同招商引资、引技，与中国机械工业集团有限公司、上海丹通新材料有限公司等16家央企和知名民企合作推动化工延链补链强链。将河南省内部分乙二醇、甲醇等基础化工产品搬迁到新疆等地区，实现"腾笼换鸟"。

二是锚定职能，重塑治理模式。制定并落实"煤炭十条""化工十六条"授权放权举措，打破原高度集中的"六统一"管控模式，扩大基层自主权，充分激发动力。实施总部机构改革，明确职能定位，将总部职能部室及其他机构由28个精简到17个，正式员工由291人精简到202人。持续推进"瘦身健体"，2021年以来压减法人25家，7家扭亏无望的企业进入破产程序，2022年底前完成破产重整后可盘活资产69.5亿元，甩掉集团外部债务包袱22.4亿元。推动混改提质扩面，累计239家存量混改企业提质，混改比例62.3%，其中引入民营控股上市企业美瑞新材料股份有限公司参股鹤壁煤化工转型升级项目，推动整个园区100多亿元资产实现混改。

三是锚定市场，重塑选用机制。探索完善"三推一考"办法与市场化选人用人相结合的干部选拔任用机制，实施中层管理人员"四制"改革，推进各级经理层任期制和契约化管理，各级公司1009名经理层成员全部由"身份管理"转变为"岗位管理"。咬定每年精减冗员1万人目标，优化人力资源结构和劳动组织，开拓外部用工市场，化"冗员"为"资源"，统筹实施共享用工2.68万人次，直接创收1.36亿元。

（二）以化解债务为先，确保"三个降低"

河南能源将债务风险化解作为头等大事，遵循"不刺破，不引爆"等基本原则，集中力量攻坚克难，逐项逐笔化解债务。

一是突出信用修复，降低违约影响。省长带队走访国家金融监管部门和多家金融机构总部，表明省委、省政府支持河南能源改革重生的态度和决心，取得理解和支持，全力修复区域金融生态。为恢复企业信用，河南省政府发起设立总规模300亿元省企信保基金，协调70亿元专项支持河南能源用于刚性兑付。

二是突出有诺必践，降低存量债务。成功召开新一届债权人委员会，形成债务重组方案，提振社会各界信心。充分争取债券投资人理解，逐笔沟通到期债券，以支付50%、展期50%方式达成展期方案。同时，完成到期债务续贷或置换935亿元，债委会召开后未再发生抽贷压贷现象，为轻装上阵促改革创造有利条件。

三是突出深挖内潜，降低经营成本。分类分批推进"两非""两资"项目盘活出清，转让鹤壁等地的宾馆、技校，剥离企业办社会职能，推动资产变现，累计处置项目69个，回笼资金223.5亿元。狠抓节支增盈，强化应收款项清收，2021年4月以来，非生产性支出同比下降10.6%，长期应收款下降 4.2 亿元，存货减少 36.6 亿元，纳入亏损源治理范围的 36 家亏损企业已全部实现扭亏。积极用好助企纾困政策，争取到增值税留抵退税等政策红利 5.1 亿元，为企业长远发展增添底气。

（三）以保障稳定为重，落实"三个稳住"

河南能源坚持以党建第一责任引领和保障发展为第一要务，着力办实事、解难题、开新局，为改革重生创造良好环境。

一是稳住安全不动摇。坚持"安全是第一责任"，严格落实"三管三必须"，制定下发最严格的党委管安全措施，树牢"三不四可"新安全管理理念，推动国务院安委会"十五条硬措施"落地见效，出台加强煤矿 22 条、化工 14 条安全生产工作特别规定，全面推进安全专项整治三年行动治本攻坚，强化区队建设和班组建设，坚决守住安全生产的底线和红线。

二是稳住人心不偏离。坚持将职工作为第一牵挂，扎实开展"我为职工办实事"实践活动，办好民生实事 2100 多项。千方百计筹集资金，为职工补齐欠发的 6 个月工资 40 亿元，职工归属感、获得感、安全感明显增强。创新推行科学管理、数字管理、亲情管理新冠肺炎疫情防控模式，在历轮新冠肺炎疫情中实现"零感染"。2022 年以来组织 1.5 万人次参与疫情防控工作，并派出医护人员驰援吉林、上海和河南省内多地。

三是稳住大局不松劲。认真做好改革风险评估，积极争取各方支持，及时化解不稳定因素，实现重大节点"零非访"。推进诉讼案件司法集中管辖，郑州市中级人民法院司法集中管辖案件 2555 起，标的额 112.3 亿元，已办结 2341 起，化解率 92%，未发生一起因债务危机引发的恶性信访事件或重大社会影响事件，维护了企业核心资产，保障了企业正常运营。把煤炭保供作为首要政治任务。2021 年以来，为长协电厂发运电煤 1504 万吨，占河南省供煤量 40%，向社会让利 15 亿元，全力服务能源安全大局稳定。

三、改革成效

通过全面实施重塑性改革，河南能源走出了一条依靠改革实现脱困、化险、重生的新路，内生动力不断增强，步入良性发展轨道，带动河南省国企改革三年行动全面实施和省域金融生态全面修复，正阔步转入高质量发展、迈向世界一流企业。主要表现为"一凝聚三突破"。

一是发展合力充分"凝聚"。以党建为引领，明确"安全是第一责任，职工是第一牵挂，发展是第一要务，创新是第一动力"理念，凝聚起强大合力。广大干部职工讲政治、顾大局，持续稳生产、稳岗位、稳人心，永城煤电集团有限责任公司等四大煤业1500名离职骨干技术人员全部"回流"。

二是新增融资实现"破冰"。存量融资重组取得积极进展，完成75家债权机构1060亿元利率调整及债务延期。增量融资实现突破，获得河南省农村信用社联合社3年内不低于150亿元授信支持，已成功落地20亿元。债券展期兑付顺利，累计完成47笔共计278亿元债券展期兑付，向金融市场展示了河南能源有诺必践的诚信形象。

三是产业转型实现"破题"。煤炭产业智能化水平显著提升，建成一级智能化示范煤矿6对，智能化采掘工作面80个，工作面平均单产提高8.9%。化工产业实现高位嫁接，依托四大园区与16家央企、知名民企合作，确定30个参股合作项目、引入总投资546亿元，合力打造全国最大的生物降解材料基地、功能新材料基地。

四是经营效益实现"破局"。2021年实现营业收入1100亿元、盈利32亿元，消化潜亏54亿元，弥补前期安全欠账50亿元。2022年1—5月，实现利润总额25亿元、同比增加16亿元，投入安全费用12.5亿元，为地方经济社会发展做出了重要贡献。

65

聚焦主业谋转型　跑出改革加速度

湖北联投集团有限公司

一、基本情况

湖北联投集团有限公司（简称"湖北联投"）因改革而生，企业发展因改革而兴。国企改革三年行动以来，湖北联投着力打造"一二三级联动、多业务板块协同、产城融合发展"的"联投模式"，企业综合实力快速提升，2021年成功跻身中国服务业500强企业（位列227位）。2021年12月，湖北联投作为湖北省深化国资国企改革的首批企业，与湖北省工业建筑集团有限公司（简称"湖北工建"）、湖北清能投资发展集团有限公司（简称"清能集团"）、湖北省宏泰城市发展有限公司（简称"宏泰城发"）"四企合一"，新组建湖北联投集团有限公司，总资产规模接近3000亿元，2022年居中国企业500强第354位，居中国服务业500强第128位。

二、经验做法

（一）在对标一流中优化治理

一是围绕"强总部"优管控。深入推进"战略引领、全面预算、资金集控、资本运作、建设管理、内控建设"六位一体的管控体系建设，加快构建管理集中、资源集约、业务集成、流程顺畅、标准统一、保障有力的战略管控模式。建立"四会一层"权责清单,优化"三重一大"决策清单,科学划分集团与出资企业权责边界,依法依规加大授权放权力度。

二是围绕"建体系"强管理。聚焦"业财一体化"建立动态跟踪预警机制,实现对21大经营主体、29个细分业态的业财穿透式管理;做实建设管理"三中心一平台",实现项目建设"源头规范、过程有序、成本可控、效益最优";搭建三级法务合规管理制度体系,建成省属企业首家案管系统,"压存控增挽损"效果明显,各项指标均创历史最优纪录,审结金额连续2年突破27亿元,省企法治工作考核2020年第3名,2021年第1名。

三是围绕"三项制度改革"激活力。形成《三项制度改革工作推进工作清单》,制定12项指导意见及制度指引、12项操作模板及标准流程,构建形成"1+N"政策文件体系。子企业做到任期制契约化管理全覆盖,真正实现"位子谁来干,契约说了算;薪酬怎么发,业绩说了算"。推行出资企业中层管理人员"组阁竞聘",18家出资企业拿出277个中层管理岗位面向全集团公开竞聘,变"身份管理"为"岗位管理",变"组织选配"为"公开竞聘",变"伯乐相马"为"赛场选马"。

(二)在明晰定位中做强主业

一是聚焦园区开发,提升产业层级。在全国累计开发运营科技园区33个,开发运营总面积逾1300万平方米,园区综合运营实力位列全国第5,着力打造"智能制造、生命科技、生态环保"3个千亿级产业集群,以全生命周期产业运营服务体系,助力湖北省"51020"现代产业体系建设。

二是聚焦城市更新,提升城市能级。在湖北省乃至全国各重点城市落地120余个城市功能性项目,积极参与武汉城市圈、"襄十随神""宜荆荆恩"城市群更新改造,逐步形成有联投特色的"投资引领、生态评估、规划设计、绿色建材、施工建造、低碳运营"城市更新全产业链开发新模式。

三是聚焦工程建设，打牢城市底座。坚持"双建（房建、基建）并举、双轮（湖北工建；湖北省路桥集团有限公司，简称"湖北路桥"）驱动"战略，全力构建投资策划、设计咨询、商贸物流、工程建设、运营管理"五维一体"的工程建设全领域产业链，充分发挥全省唯一的"四特五甲"资质优势，打响擦亮"湖北建造"标杆品牌。年施工能力超800亿元，荣获鲁班奖等国家、省部级工程奖项239项。

（三）在强化整合中重塑动能

一是构建城市综合运营"大格局"。完善"美好生活+"产品体系，借助"城市大脑""城市云管家"，打造"物管+商管+城市空间服务"美好生活服务商。在全国范围内，联投"美好社区"模式服务项目已超过100个，服务面积约1500万平方米，全力推进上市培育。

二是打造供应链金融服务"新模式"。统筹整合集团内部金融资源，组建产业基金、城市更新基金、基础设施产业基金，着力构建投资、担保、租赁、保理"1+3"业务联动格局，进一步加强集团重点产业发展金融支撑能力，实现产融协同、产业协同。

三是助力数字湖北建设跑出"加速度"。整合集团数字产业资源，助力湖北基本建成全省"一朵云"、全省"一张网"，实现湖北省数字政务服务排名从全国第27名跃升至第7名。分类打造智慧应用场景、数字金融、智能制造等标杆项目，争当湖北数字产业的引领者。

（四）在压降层级中"瘦身健体"

一是坚持目标化引领。制定《股权清理行动方案》，以"优化三级、削减四级、全面清理五级及以上公司"为目标，建立"审计排查先行，资管紧跟督办，纪检后端巡查"的协同工作机制，全面完成"两非""两资"处置工作，保障股权清理工作落实落地。

二是坚持专班化推进。成立专班推进"每周督办、每月总结、年度拉练","关、停、并、转"多措并举,3年累计清理公司主体117家,任务完成率达100%,集团管理层级基本控制在四级以内,逐步形成主业突出、管控精干高效的发展格局。

三是坚持效益化彰显。紧盯存量房产土地、企业股权等大宗可变现资产,3年来累计实现盘活收益117亿元,实现投资收益11.93亿元,实现资产处置效益最大化。

(五)在资本运作中做强企业

一是做强上市公司。旗下武汉东湖高新集团股份有限公司(简称"东湖高新"),通过并购重组、股权投资、再融资等资本运作,理顺上市公司股权管理架构,进一步做强园区运营核心主业。激活金州水务集团股份有限公司(简称"金州水务")、上海泰欣环境工程有限公司(简称"上海泰欣")运营能力,整合湖北工建、宏泰城发环保科技类企业,提升环保科技水平,全面冲刺百亿市值。

二是加快自主培育上市。推进数字产业、建筑设计、物业管理、酒店运营、商贸物流、产业金融和21家高新技术企业逐步股改,整合上市。湖北省融资租赁公司、湖北省楚天云有限公司已入选湖北省上市后备"金种子"企业名单,湖北联投酒店管理有限公司进入湖北省上市"银种子"企业名单。

三是股权投资取得进展。构建"平台+运营+投资"全产业链大运营模式,运营园区吸引上市公司42家、瞪羚企业57家、世界500强企业20家,21家企业入选湖北2022—2023年度上市后备"金种子"名单,入选企业数量较上年同比增长近3倍。

(六)在四大融合中强化党建

一是推动党的领导与公司治理深度融合。坚持"两个一以贯之",把党的领导贯穿于公司治理各领域各环节。推行"双向进入、交叉任职"领导机制，在设立董事会的子公司全面推行党组织书记、董事长"一肩挑"，98%的党委班子成员进入董事会、经理层；制定"党建入章"指导意见，"一企一策"推进新一轮"党建入章"应进必进；明确党组织参与决策的4方面26类60项议事内容，厘清治理主体权责边界。

二是推动党管干部原则与市场化选人用人融合。把组织配置的"严"和市场选择的"活"有机结合，以岗选人、人岗相适、才尽其用。优化基本指标、分类指标、管理指标及鼓励和约束指标4项指标维度的业绩考核体系，近2年已组织7批次137名干部调整，基本实现能力调强、结构调优、班子调顺；召开首次人才工作会议，编制首个人才发展规划纲要，构建"1534"人才工作思路，画好集团"十四五"人才工作"线路图"。

三是推动党的基层组织与业务组织单元融合。探索"党建+项目"模式，390多个党组织、4900多名党员在突破难点堵点痛点问题上凝聚合力、激发动力，以基层支部为主力，先后推出"楚虾贷"等一批创新金融产品助力乡村振兴，升级健康码服务核酸查询过亿次，数字医疗实现外省居民医保报销异地一键结算。

四是推动党建责任考核与经营业绩考核融合。坚持将改革转型重点工作纳入党的六大建设范畴，形成项目化、清单化管控任务，既考核党建基础性工作，也评价党组织在改革攻坚中发挥的作用，使改革效能和党建成效相互印证、相得益彰。

三、改革成效

一是功能定位进一步明确。立足按照湖北省委、省政府赋予新联投的"三全三商"功能定位："科技园区、产业园区、功能园区全生命周期运营商""城市更新全产业链综合服务商""工程建设全领域总承包商"，集团主责主业更为明晰、产业布局更为优化、产业链条更为完善，在"双循环"大格局中立足湖北、面向全国，积极落子布局全国核心城市群。

二是经营效能逆势实现提升。2021年，湖北联投实现营收647亿元、利税71亿元、利润总额37亿元，分别同比增长40%、69%和51%。获得穆迪Baa2投资级主体信用评级且前景展望稳定，并成功发行3亿美元境外高级绿色债券。企业主体信用AAA评级达到3家。

三是服务大局彰显担当。主动融入和服务湖北省"一主引领、两翼驱动、全域协同"区域发展布局，在坚决贯彻湖北省委、省政府战略决策中把握政治逻辑，在经济工作中强化政治担当。坚持"产业园区聚资源、城市更新创利润、工程建设增营收"，在湖北省"两稳一保"中充分体现联投的责任担当，为湖北省经济重振和高质量发展打牢坚实基础。

66

优治理 调结构 增活力
以改革赋能高质量发展

广州越秀集团股份有限公司

一、基本情况

广州越秀集团股份有限公司（简称"越秀集团"）于1985年在香港成立，是全国在港资产规模最大的地方性国企和广州市资产规模最大、盈利能力最强的竞争类国企，也是国务院国企改革"双百企业"。越秀集团深入贯彻落实国企改革三年行动，以"双百企业"综合改革试点为契机，在推动中国特色现代企业制度更加成熟定型、集中优势资源发展主责主业、完善市场化经营机制激发活力等方面取得丰硕成果，以改革推动企业实现了高质量发展。截至2021年底，越秀集团资产总额8535亿元、营业收入938亿元、利润总额185亿元、营业利润率18.4%，位列中国企业500强第299位和中国100大跨国公司第12位，旗下控有广州越秀金融控股集团股份有限公司（简称"越秀金控"）、越秀地产股份有限公司（简称"越秀地产"）、越秀交通基建有限公司（简称"越秀交通"）、越秀服务集团有限公司（简称"越秀服务"）、越秀房地产投资信托基金（简称"越秀房托基金"）、华夏越秀高速公路封闭式基础设施证券投资基金（简称"华夏越秀高速REIT")6个上市平台。

二、经验做法

(一)坚持党建引领,优化公司治理,加快完善中国特色现代企业制度

一是以制度建设为重点,党的领导全面融入公司治理。集团公司及各级子企业全面完成党建进章程工作,全面建立以公司章程为统领,党委会、股东大会、董事会、总经理办公会4项议事规则为支撑,党委前置研究讨论事项、党委研究决定事项、"三重一大"决策事项、经营班子权责事项4份清单为基础的"1+4+4"制度体系。开发上线集团领导班子权责清单线上管理平台,实现在线搜索浏览,显著提升各项工作决策效率。

二是以专业高效为目标,加快推进董事会规范化建设。创建规范高效专业的董事会,健全董事会组织架构,积极落实董事会职权。纳入董事会应建范围的33家企业均已实现应建尽建。引入具有财务、法律、投资、企管等多元化经验背景的专业人才作为独立董事或外部董事,为下属企业重大经营事项提供独立、专业的决策意见,纳入名单范围内的27家企业已100%实现外部董事占多数。

三是以科学高效为原则,授权保障经理层依法行权履职。结合各板块的行业特点和管理成熟度,在投资、经营、物业租赁等方面实施差异化授权,提高决策效率。通过《公司章程》、《总经理工作条例》等文件,明确董事会向经理层在财务、资产、采购、风险、组织、人事、考核、薪酬等多个管理领域的42项授权放权事项,在保障经理层行权履职有章可循、有制可依的同时,有效提升管理决策效率,确保各治理主体协作高效、到位而不越位。

(二)围绕战略落地,深化重组整合,持续推动国有经济布局优化

一是强化资源整合,大力发展实业,构建高质量发展新格局。积极落实广州市委、市政府在大湾区打造龙头食品企业的决策部署,把握行业机遇期加速产业布局。战略性重组广州风行乳业股份有限公司和辽宁辉山乳业集团有限公司,基本实现全国性布局和全产业链发展;在广东、贵州等地加快布局生猪全产业链项目;圆满完成对皇上皇、"五羊"商标等市属食品产业资源的重组整合,快速构建起"生猪、乳业、食品加工"三主业发展格局。先后在湖北、河南、山东等地并购重组多个高速公路项目,旗下华夏越秀高速REIT 2021年底在深交所挂牌上市,重点服务中部崛起,助力东部产业转移。

二是孵化新兴产业,化解金融风险,积极服务城市区域发展战略。聚焦提升地区科技创新能力,深入前瞻布局云从科技集团股份有限公司等30多家符合广州战略性新兴产业布局导向的本土企业,目前整体估值超2000亿元。引导15家生物医药及智能制造领域企业落户广州,落户企业目前整体估值超180亿元。年内将落地股权基金超19亿元,实现股权投资金额超15亿元,吸引更多优质企业落户广州。旗下广州资产管理有限公司成立至今聚焦化解区域性金融风险,累计收购广州不良资产2768亿元,处置1442亿元,推动多个问题企业重组重整项目落地,为实体经济发展提供了有力支持和稳定环境。

三是强力"瘦身健体",解决历史问题,助力聚焦主业发展赛道。"一企一策"完成集团41家全民所有制企业的公司制改革任务,加快推动"两非""两资"清理和"处僵治困"工作,共清退非主业非优势企业77家,回收资金10.6亿元,所属66家僵尸企业成功实现出清脱困,大量历史遗留问题得以有效解决。顺利完成职工家属区"三供一业"分离移交和退休人员社会化管理,供水移交4581家、供电移交400家、物业移交7029家、退休人员移交975名,两项工作移交完成率均达100%,企业实现了"轻装上阵"。

(三)完善经营机制,选优配强干部,充分激发干事创业新动能

一是全面落实任期制和契约化改革,实现干部能上能下。以"战略定目标、考核分优劣、结果定进退"为原则,全面落地经理层任期制和契约化管理工作。2021年11月,集团下属各级法人实体企业已实现任期制和契约化管理全覆盖,提前完成专项改革任务。通过结合岗位和业务特点,个性化设置经理层成员的岗位聘任协议和年度、任期经营业绩责任书,明确签约程序,一人一岗逐级签订契约,明确设置退出"底线"、严格退出管理,实现干部"能上能下"。

二是聚焦价值创造,优化薪酬分配,实现收入能增能减。在各级企业推行全员绩效考核,考核结果与经济收益、职业发展强挂钩,干好干坏不一样。在目标年薪、专项奖励、中长期激励、全面薪酬等多个维度引入薪酬业绩双对标和定期检视机制,兼顾薪酬分配的竞争性和公平性。实施更加灵活高效的工资总额管理方式,开展工资总额周期制(2021—2023年)试点,结合产业特性、发展阶段特征等实行板块差异化分类管理,其中成熟期业务严格按照效益联动原则配置工资总额;战略性新业务纳入特殊事项管理,结合战略规划、经营业绩、人才构成等因素综合确定工资总额。

三是锚定关键人才,优选激励工具,实现中长期激励精准有效。聚焦核心骨干,灵活运用超业绩奖励基金购股、股票期权、项目跟投、虚拟股权、员工持股等多种中长期激励工具,长期深度捆绑共同发展,有效发挥激励约束机制对团队活力和业绩提升的"中枢+推手"作用,打造企业内生增长强力引擎。多家下属企业在激励计划实施后,竞争能力明显增强、盈利能力持续提升、市场地位显著提高,如越秀地产归母ROE由3.5%升至10.6%,越秀金控归母ROE从A股可比上市公司P25水平升至P50水平。

四是畅通发展路径,公开选拔人才,打造干部队伍战斗力。实施"行

政—专业"双通道机制和"点将计划",建立转换通道,畅通人才发展路径,打破集团总部及板块间的轮岗交流壁垒。选优配强各级团队领航头雁,积极从标杆企业引入专业经验丰富的领军人物和关键人才,2020年至今共公开引入各级管理人员约440人。搭建领军人才培养平台,开展4期领秀培训班,共覆盖185名经理人,3期战略务虚班覆盖全部经理人,为中高层管理人员提供优质业务培训,不断提升管理人员的领导力。

三、改革成效

经过实施国企改革三年行动,越秀集团2021年资产总额增长28%,营业收入增长45%,利润总额增长17%,归母净资产收益率上升3.02个百分点,国有资产保值增值率上升2.85个百分点,企业主要经营指标不断增长,主业核心竞争力显著增强,资产结构质量明显改善。

通过持续建设中国特色现代企业制度,助推下属企业规范公司治理,大力推进管理体系、管理能力现代化。通过持续优化符合产业特点和业务需求、适度超前的市场化经营机制和框架完整、运作高效的人才管理体系,激发关键人才干事创业激情和担当作为新动能。探索建立了协同高效的监督机制,不断释放监督治理效能,实现赋能改革发展,构建高质量发展新格局。

67

"三制"改革出实效 "十四五"开新篇

广西投资集团有限公司

一、基本情况

广西投资集团有限公司（简称"广投集团"）成立于1988年，是广西壮族自治区本级国有资本投资公司、广西首家世界500强企业，业务涵盖能源、铝业、医药健康、数字经济、现代金融、资本投资，以及盐业、咨询、水利勘测设计等领域。

国企改革三年行动开展以来，广投集团全力以赴将国企改革三年行动方案落实落地落细，同步聚焦"深化改革加强管理""对标世界一流管理提升行动"两项重点工程，着力推动制度体系建设、市场化机制建设，通过混合所有制改革不断优化股权结构，形成了广投特色，为"十四五"开好局、起好步，实现高质量发展打下坚实基础。

二、经验做法

（一）坚持依法治企推进建章立制，构建现代国企制度体系"广投实践"

一是规范构建具有中国特色的法人治理体系。系统推进党建进公司章程工作，制定11类39项党委会前置研究讨论的重大事项清单。对照授权放权事项及时调整董事会及经理层的决策权限及内容。以公司章程为基础,厘清党委会、董事会和经理层的权责边界,建立科学规范的决策机制。细化董事会及经理层的职责权限,制定实施《广西投资集团有限公司董事会向经理层授权管理办法》,明确总经理决策47个事项,保障经理层充分依法行权履职。

二是全面健全以公司章程为基础的企业制度体系。连续开展"守正创新制度建设年""制度落实年"活动,持续提升制度体系建设系统性、连贯性和时效性。已建立涵盖公司基本管理、职能管理和行政事务管理三大领域合计230余项制度文件,形成了具有"广投特色"的新时代国有企业规章制度体系。

三是构建多层级、全周期"立改废释"制度管理体系。通过事前实地走访调研、事中督促落实制度制定计划、事后关注外规动态,形成制度建设长效工作机制。指导各级所属企业动态完善制度体系,确保总部与子企业制度有效衔接、上下协同。在控股企业管理上,指导企业平衡好管控要求和独立法人地位关系。在上市公司、实际控制企业管理上,以外部监管为导向,合法合理通过股东会、董事会等形式把管控要求内化为企业制度,切实维护股东合法权益,保障国有资产保值增值。

四是强化制度执行,夯实中国特色现代企业制度建设基础。每年开展重点制度现场宣贯,并充分借助广投数字培训中心、OA内网普法专栏、制度简报等载体进行规章制度的宣贯,强化广大干部职工制度意识。在制度执行方面,将制度执行情况纳入依法治企考核指标,常态化开展"1+N监督协同"联合检查、通报,监督企业制度执行情况,促进制度刚性执行。

(二)持续深化混合所有制改革,探索具有广投特色的国企"混改模式"

一是大力推动与行业龙头混改,引入先进技术、智囊及知名品牌。通过投资并购甲状腺疾病头部企业重庆莱美药业股份有限公司(简称"莱美药业"），打造了一批如纳米炭混悬注射液（卡纳琳）的优势品牌，引进了中国工程院院士张伯礼教授等一大批行业知名专家。联合中国平安保险（集团）股份有限公司、浪潮集团有限公司、奇安信科技集团股份有限公司等互联网行业头部企业，引入资金超3000万元，引入人才20人，共同建设广投数字经济示范基地，打造广西数字经济"特区"。2004年与世界最大的上市基金管理公司富兰克林邓普顿基金集团合作成立国海富兰克林基金，2021年收入利润均创历史新高。通过混改引资引智，借助优质民企、龙头企业的技术优势、人才优势，助力企业高质量发展。

二是充分发挥资本市场作用，探索多种混改运作方式。通过借壳上市、母基金投资、基金直投、并购等方式，实现实际控制国海证券股份有限公司（简称"国海证券"）、广西梧州中恒集团股份有限公司（简称"中恒集团"）、广西桂东电力股份有限公司（简称"桂东电力"）、莱美药业4家上市公司，参股广西桂冠电力股份有限公司（简称"桂冠电力"）1家上市公司。2021年，集团优质水电资产广西广投桥巩能源发展有限公司定增装入桂东电力，并引进工银金融资产投资有限公司增资8亿元，资产流动性大大激活。围绕新能源、铝业、医药健康、数字经济、先进制造业五大重点领域，累计投资及管理各类资金总规模超960亿元，2021年被清科管理顾问集团有限公司评为中国国资投资机构50强，为广西首家上榜的国资投资企业。

（三）全面推进市场化经营机制改革，激发干事创业的"广投活力"

一是全面推进企业经理层成员任期制和契约化管理改革。全面完成集团层面5名经理层成员和165家所属企业合计526名经理层人员任期制和契约化管理改革。集团层面，按经理层成员岗位职责设置差异化考核指标，实施强制分布，确保刚性"拉开差距"，并创新性地引入经营业绩超额奖励系数，建立"权利责任统一、激励约束并重"的市场化机制，充分调动经理层成员的工作积极性；企业层面，将国有资本保值增值率、ROE（净资产收益率）、资产负债率纳入任期基本考核指标，并按"一企一策"差异化制定任期考核、年度绩效考核指标，不断激发企业发展动力和活力。

二是深入推行职业经理人制度。广投集团作为自治区首家制定职业经理人制度的区直企业，构建了职业经理人闭环管理体系，建立"市场化选聘、市场化考核、市场化退出"激励与约束相匹配的市场化竞争机制。截至目前，广投集团总部和37家所属企业累计选聘136名职业经理人，其中从外部市场化选聘的职业经理人76人，占比达55.9%；因业绩达成效果不佳而退出管理岗位的职业经理人39人，退出率为28.7%，锻造了一支创新精神足、市场意识强、经营水平高的广投职业经理人队伍。

三是坚持全面用工市场化。广投集团先后印发《员工招聘录用及退出管理办法》等制度，规范了市场化招聘录用流程。倡导优胜劣汰的"赛马"竞争机制，总部每3年开展重新竞聘上岗，干部职工"全体起立"，推动人岗相适、择优坐下，先后完成140余名员工的调岗调薪。有序做好干部职工在总部及所属企业间合理流动，总部和二级、三级企业领导班子之间提拔交流62人，占集团党委管理干部的44.3%，形成人才竞相涌现的良好局面，进一步激发人才队伍活力。

三、改革成效

2020年至今，广投集团深入实施国企改革三年行动，在中国特色现代企业制度建立、混合所有制改革、市场化经营机制建立等方面均取得累累硕果。在国有资本保值增值、提高国有经济竞争力、放大国有资本功能等方面交出了合格答卷，企业活力和效率明显提升，集团竞争力、创新力、控制力、影响力、抗风险能力跃上新台阶。

一是中国特色现代企业制度得到不断完善。广投集团着力建立和完善

"小总部、大平台"管控格局和"集团总部管资本—产业集团管资产—企业管生产运营"三级管控体系,逐步构建起符合广西实际、具有广投特色的现代国有企业治理体系,形成可推广、可复制的广西国企改革发展经验模式。2022年2月,广投集团成为广西唯一一家成功入选国务院国资委公司治理示范企业的区直企业。

二是混合所有制改革稳妥推进。广投集团通过联合投资、并购重组等多种混改运作方式,积极吸引包括国有资本、民营资本、外资等各类资本,推动集团积极稳妥深化混合所有制改革。截至目前,广投集团参控股企业306家中混合所有制企业比例近80%。

三是市场化经营机制得到不断健全。截至2022年5月,广投集团企业经理层任期制和契约化完成率达100%。职业经理人选聘范围不断扩大,薪酬结构逐步完善,不同类型业务的奖励分配机制进一步明确。

2021年是"十四五"开局之年,广投集团努力克服新冠肺炎疫情反复暴发、煤炭价格暴涨、节能降耗约束、限电限产等极端困难,承担额外生产成本近40亿元,在稳定广西发展大局中发挥了关键作用,彰显了国企责任担当。截至2021年末,广投集团资产总额达6690亿元,较2019年增长36%;实现营收2050亿元,较2019年增长14%;利润总额50.43亿元,较2019年增长21%;上缴税费56.18亿元,同比增长12.36%。2022年上半年,实现营收1168亿元,同比增长5.1%;利润35.1亿元,同比增长11.8%。2020年,广投集团成为广西首家世界500强本土企业,之后三年蝉联。2022年《财富》世界500强排名第445位,名列中国企业500强第128位,连续6年列广西百强企业首位。连续7年获AAA主体信用评级,获穆迪Baa2、惠誉BBB国际信用评级,获"全国脱贫攻坚先进集体"荣誉称号,是广西唯一入选"2021年度地方国有企业品牌建设典型案例"企业。

68

全面深化改革创新　推动公司高质量发展

海南海汽运输集团股份有限公司

一、基本情况

海南海汽运输集团股份有限公司（简称"海汽集团"）始建于1951年11月，于2016年7月挂牌上市，是唯一一家具有全省性客运网络的道路运输企业，是全国道路运输50强企业和交通运输百强企业，经营范围包括班线、旅游、定制、出租、公交客运以及汽车租赁、场站经营、汽车检测维修等。海汽集团运营的班线车占海南省班线车的70%，已建成覆盖全省18个市县（三沙市除外）的道路客运网络，现有三级以上汽车客运站26个（其中一级车站7个），共有425条道路客运班线，省际客运班线辐射到全国10个省市。

近年来，海汽集团深入贯彻落实国企改革三年行动部署要求，聚焦现代企业制度体系和市场化经营机制改革，充分利用信息技术助力改革任务举措落实落地，助推公司业务转型升级，加快推动公司步入高质量发展快车道。

二、经验做法

（一）完善公司治理，健全现代企业制度体系

一是进一步加强党的领导。厘清党委会、董事会、经理层等各治理主

体的权责边界,健全完善公司法人治理结构。制定党委前置研究讨论重大事项程序管理办法及事项清单,切实发挥公司党委"把方向、管大局、保落实"的领导作用。制定基层党组织议事规则,实现对32个二级基层单位全覆盖,确保基层党组织更好地围绕生产经营开展工作。

二是进一步加强董事会建设。优化董事会成员组成结构,海汽集团董事会成员共9人,其中外部董事5人,外部董事占多数。修订董事会议事规则,进一步明确董事会决策权限及决策交易事项的标准,厘清重大事项与一般事项边界和各治理主体的权责边界,确保各治理主体不缺位、不越位、不互相替代,有效发挥董事会在公司法人治理结构中的功能作用。

三是进一步保障经理层依法行权履职。制定《总经理工作规则》,明确经理层的职责、权限,充分保障经理层高效、规范地行使职权。加大授权放权力度,制定董事会对经理层的授权清单,明确授权范围,有效提高经理层决策效率,保持决策连续性。

四是进一步改革组织架构。海汽集团根据转型发展需要,深化职能部门改革,设置"前中后台"管理模式,探索事业部制管理。前台为业务部门,设置汽车客运、汽车服务、商业、文旅4个事业部,统筹全公司业务板块运营,使之成为公司收入、成本和利润中心;中台为支持类部门,为业务开展提供人、财、物等资源支持;后台为控制类部门,主要加强内部风险控制与管理。通过改革组织架构,实现四大业务板块"赛道竞跑",促使海汽集团对市场变化的反应更加灵敏快捷。

(二)健全市场化经营机制,增强公司发展活力

一是改革干部管理制度。全面推行职业经理人和契约化管理制度,公司经理层施行职业经理人管理,4个事业部和26个基层单位经理层施行契约化管理。从公司层面到基层83名中高层干部"全部起立"、竞聘上岗,聘任职业经理人4人、契约化管理人员73人,不再续聘中层干部6人。公

司与新聘人员签订聘任协议和契约合同，并建立考核与奖惩挂钩机制、"一票否决"机制及退出机制，充分发挥激励约束作用。

二是改革薪酬管理制度。改革原有薪酬分配制度，对标市场、行业水平，施行差异化薪酬管理，提高事业部及基层单位契约化管理人员薪酬，对于完成任务指标的契约化管理人员，公司按约定支付薪酬，薪酬最高者达到45.68万元，同比上涨超过60%。对关键岗位、核心技术人员施行协议制薪酬，拉开与一般管理人员的工资差距。

三是改革用工管理制度。一方面对已不适应市场变化及新业务需求的传统业务人员，出台转岗分流、内部退养、停薪留职、协商解除等措施，2021年全年共分流富余人员468人。一方面在乐东、万宁等基层单位推行全员竞聘上岗，增强员工危机意识、调动员工积极性；另一方面加大对经营管理、新业务等高层次人才的引进力度，提升员工队伍综合素质、整体能力。近两年来引进各类人才45人，其中引进公司部门、基层单位负责人4人。

（三）推动数字化全覆盖，实现经营管理赋能

一是搭建数字化运营中台。融合资产管理、工程项目、智慧党建等管理系统，加强信息化、数字化建设，打造数据底座，实现数据互联互通，如业务合同的审批法核、资产管理、客运运营分析等系统和办公OA系统互联互通，实现移动审批（手机App）、查询、统计分析；穿透查询合同具体签约情况、签约对方的历史记录、合同收付款超期预警。此外，数字化运营中台可实时查询各汽车场站日营收和运营状况，如售票金额、售票张数、实载率等数据。

二是打造智慧海汽综合出行平台。运用互联网等信息技术，建设客运、网约车、公交等业务系统为一体的智慧海汽综合出行平台——海汽e行，可实现"掌上客运""网上车站"等功能，现注册人数超过5万人，开通定制客运线路 23 条,注册车辆 850 辆,覆盖全省 13 个市县,实现客运服务方式从"3 段式"向"2 段式"转变;开通"接我到站""送我回家"功能,方便旅客随时随地购票乘车,持续培育和拓展新型客运,推动运输服务转型升级。

三是创建财务共享中心。按照"集约建设、标准统一、共享兼容"原则,创建财务共享中心。搭建网上数据处理平台,为全集团提供报账审核、会计核算等业务标准化、专业化、流程化服务,进一步增强财务管控力、改进财务服务质量、提升集团财务管理效率。通过财务与业务信息系统的汇集整合,减少财务审核流程中的人为干预,提升其处理效率和准确性。打通共享中心与业务、财务和管理系统接口,实现系统互联互通和数据实时共享,促进业务财务一体化。

四是构建安全数字化管理体系。建设安全标准化系统、车辆主动安全预警系统、车辆机务信息等管理系统平台,加强安全生产基础管理。同时,强化视频智能化应用,实现对场站、重点营运车辆和驾驶员实时监控和分析,保障生产安全。

(四)加快转型升级,推动公司高质量发展

一是开拓新型客运业务。采取"车头向下""车路趋宽"策略,传统道路客运由城市奔向农村,将定制客运、网约车、校车、城乡公交及城乡物流等新业务模式复制推广到各市县,加快全省布局。同时,切入海口、三亚南北两大机场客流"高地"和地面交通,构建"两地六网"业务新格局。新型客运业务收入同比大幅增长。

二是加速发展汽车服务业务。围绕海南自贸港新能源发展规划,推进汽车能源充换、光能储充、汽车贸易、废旧汽车回收拆解四大战略转型业务。投放新能源车 700 余台,建设配套充电枪 352 个。

三是拓展文旅服务业务。发展"交旅融合"与"运游结合",创新文

化和旅游发展新模式，从自驾车（房车）露营基地、全域和研学旅游、会展和文化传媒三方面取得改革新突破，承接世界新能源汽车大会、海南国际旅游装备博览会等大型活动的会务服务；丰富营地驿站旅游新内涵，不断提升"交通+旅游"核心竞争力。

四是推进站商综合开发。发挥全省场站土地资源优势，最大化释放商业价值潜力。对商业价值较高地段，以"商业+交通"模式推进站商综合开发，打造现代化城市交通"会客厅"和站商综合体，近年来昌江、琼海、乐东等市县围绕该模式开发取得了好的成效。

三、改革成效

一是党委会、董事会、经理层等各治理主体的权责边界明确。党委"把方向、管大局、保落实"的作用充分发挥；董事会成员组成结构优化，董事会内部制衡约束持续加强；各专门委员会、独立董事的职能、职责充分发挥；重大经营管理事项有效衔接，经营管理能力水平持续提高。

二是实行职业经理人制度和推动任期制契约化管理破除了国有企业领导人员的传统思维，形成"能者上、平者让、庸者下"的用人氛围。竞聘上岗77人，不再续聘6人，进一步增强了中高层管理人员的责任感、危机感，激发其干事创业的激情和活力。同时，引进各类人才45人，人员流失率降低到2%以下，人均收入同比增长10.4%，干部职工干事创业的积极性、主动性明显提高。

三是公司数字化水平大幅提升，经营管理重要模块实现数据互联互通，打通财务NC模块与办公OA模块共144个审批流程。特别是财务管理高度智能化，实现业务与财务的深度融合，主要业务板块会计核算100%实现信息化、智能化，正在逐步向末端业务拓展，提高财务会计信息质量和财务服务响应速度，助推海汽集团数字化转型。

四是公司转型升级步伐加快，经营管理成效明显。2021年，成品油对外销售收入同比增长39.66%，创历史新高；新型客运业务收入同比增长56.76%；租包车（不含校车）业务收入6055万元，同比增长40.68%；校车服务收入2698万元，同比增长53.82%；商业收入5201万元，剔除政策性减免因素同比增长52.68%；汽车综合服务收入同比增长37.36%。

69

司法重整化危机 深化改革促发展

四川省煤炭产业集团有限责任公司

一、基本情况

四川省煤炭产业集团有限责任公司（简称"川煤集团"）是2005年以四川省内国有重点煤矿为基础组建的省属大型企业集团。现有资产总额297亿元，员工3.9万余人，拥有20对生产矿井，年产原煤约1200万吨，承担了四川省枯水期、节假日电煤80%的供应任务，是目前川渝地区规模最大、产量最高、员工最多的煤炭企业。2016年以来，受沉重的债务负担和市场"冰山"、融资"高山"、转型"火山"三座"大山"的制约，川煤集团改革发展出现严重困难，面临资不抵债、停产停摆的巨大风险。为有效化解危机，从2020年下半年开始，在四川省委、省政府的决策部署下，川煤集团强力实施国企改革三年行动，打出"司法重整＋内部改革"组合拳，用不到1年的时间化解了债务危机，企业步入健康可持续的发展轨道，探索走出了一条国有老煤炭企业推进供给侧结构性改革和度危脱困、向阳重生的改革新路。

二、经验做法

（一）多方携手实施司法重整，稳妥化解债务危机

一是政企联动，司法重整顺利推进。在采取生产自救、金融帮扶、协

议重组等多种方式仍未走出困境的情况下，经过反复调研、慎重决策，省委、省政府决定对川煤集团实施司法重整，彻底解决债务危机。2019年，四川省政府成立推进川煤集团重组工作组，由分管工业和金融的副省长分别任正副组长，并将川煤集团一揽子化解债务危机工程列为省政府8个重点工作之一，形成以成都为中心，辐射攀枝花、宜宾等五大地市州的省、市、区三级助推网络。四川省人民政府国有资产监督管理委员会（简称"四川省国资委"）牵头省级各部门，围绕川煤集团"止血"化危机和"造血"促发展两大任务，积极搭建川煤集团与债权人的沟通平台。在工作推进过程中，各方密切沟通、高效协同。2020年6月11日，川煤集团正式启动司法重整，2020年12月23日，成都市中级人民法院裁定批准川煤集团司法重整计划。2021年6月完成计划内现金清偿和以股抵债股东工商变更，重整计划执行首战告捷。

二是"创口"缩小，重整计划稳妥实施。科学制订重组方案。按照模拟实质合并重整的处置原则和方法，将168家下属关联公司全部纳入债务重组与资产重组范围，形成一揽子债务重组安排，在整体化解债务风险的同时，保证了产业的完整性。合理确定折股比例。按照出资人与债权人共担损失的原则，在出资人权益调整中采取省国资委让渡部分股权实施以股抵债的方式，既维护了债权人利益，又保证了重整后省国资委对川煤集团的实际控制。重整后，省国资委、省属企业共同持有川煤集团69.80%股权，这在国内省属地方国企债务重组案例中具有开创性意义。清偿方案灵活多样。确定"现金+留债+以股抵债"三种清偿方案，明确了分阶段股权退出机制，并将执行期确定为10年，相较于同类省属企业重整案例，在尽量满足不同债权人清偿需要的同时，充分缓释了企业还款压力，有利于企业轻装上阵。

（二）刮骨疗伤推进内部改革，激发企业生机活力

一是推进资产业务重组，优化产业布局。打破存在半个多世纪的"矿务局"治理模式，按照"产业相近、行业相关、主业相同"原则，将原23家二级公司压减并重组为由1家煤炭主业、3家辅业和1家"兜底"公司构成的"1+3+1"队形，分别承接煤炭主业、矿山建筑、矿山医疗康养、矿山科技服务和物资产业板块，与集团总部构建起"1+5"专业管理模式。将原来多达6级的产权管理层级缩减为3级、将3级生产管理层级缩减为2级、将4级销售管理层级缩减为1级，形成集团"管资本做战略"、专业化公司"管资产做经营"、矿厂"管执行保安全"的扁平化三级管理体系，推动公司管理成本下降15个百分点。

二是深化三项制度改革，提升企业活力。在劳动用工上，结合煤炭行业去产能政策，持续深化劳动用工制度改革，稳定有序做好职工分流安置工作。集团用工总数较2016年净减1.9万人，集团总部及各子公司机关管理人员降至改革重整前的61.3%，有效缓解了"一线缺、二线紧、三线臃"现象。在干部人事上，按照"全体起立、公开竞聘、择优坐下"的指导思想，大力推行全员竞聘上岗，打破干部"内循环"和"近亲繁殖"现象，新进人员市场化选聘率100%，全集团机关部室减少20%，管理岗人数减少近40%，干部末位调整和不胜任退出135人，集团及子公司任期制和契约化管理签约率100%。在薪酬分配上，成立薪酬委员会，灵活开展多种方式中长期激励，将企业发展和个人利益紧密捆绑；探索设定岗位价值系数，构建岗位价值、工作贡献和业绩导向的差异化薪酬体系，强化正向激励，真正体现"业绩是干出来的，薪酬也是干出来的"价值导向。2021年一线员工收入增长15%，实施超额利润分享、股权分红等中长期激励人员97人，子公司经理层成员最高薪酬与最低薪酬差距最高达10倍。

三是强化制度体系建设，筑牢合规基石。重构内控制度体系。对集团

和子公司 240 个制度办法进行评估和修订，重构组织架构、发展战略、人力资源等 18 个板块的内控制度，打破制度之间的条块分割，构建科学合理的制度体系。构建"一张网"信息管控。启动"一个中心、两个平台、多应用系统"的信息化、数字化建设，实现统一数据采集、统一数据报送、统一数据管理、统一信息资源目录、统一数据存储及统一数据共享应用，破除信息不对称和信息孤岛导致的决策风险。构筑合规风险管控网络。对集团各业务流程进行分解，对重点岗位、重点领域进行风险扫描，形成风险清单库，构筑"业务部门靠前管控、合规部门居中指导、审计监察部门事后监督"的合规风险管控三道防线，实现了事前、事中、事后全面风险管控。党的十八大以来，集团重大决策事项、重要合同、重大项目、重要制度实现 100% 合规审核，未发生财务重大风险和项目重大风险等事故。

四是全力处置遗留问题，实现轻装前行。川煤集团率先在省属国企完成企业退休人员社会化管理移交工作，涉及总人数 6 万余人；实现了 32.6 万家"三供一业"100% 移交，争取国家补助资金超过 16 亿元；完成了 16 家厂办大集体改革工作，卸掉几十年企业办社会职能包袱；清理退出煤矿去产能后"僵尸企业"13 家及"两资""两非"企业 2 家，完成 9 家长期亏损企业治理。通过遗留问题处置，企业每年减少支出 2 亿元，极大地增强了核心业务竞争力和盈利能力。

三、改革成效

一是成功化解了巨额债务危机。通过改革重整，川煤集团资产负债率由重整前的 134% 降低至 78% 以下，有息负债从 217 亿元降至 62.7 亿元，财务费用每年降低 9.5 亿元，避免了多米诺骨牌式的连环债务危机，有效维持了川煤集团生机，恢复了企业的持续经营能力。

二是努力保障了社会和谐稳定。通过改革重整，川煤集团避免了企业破产清算，以最小的"创口"保障了上千家债权人的合法权益和上下游产业链1万余家企业正常生产经营，维护了地方金融秩序安全和资本市场稳定，保证了几十万职工家属基本生计。川煤集团在四川能源安全供应的兜底保障功能没有减弱，2021年圆满完成"日均2.2万吨、月保66万吨"电煤保供任务，受到省委、省政府充分肯定。

三是极大地恢复了持续发展能力。通过改革重整，川煤集团从濒临破产到涅槃重生，企业盈利能力、可持续发展能力得到恢复。2021年，集团生产原煤1148.6万吨，精煤311万吨；实现营业总收入165亿元，同比增长35.1%；全年盈利9.1亿元，同比增利19.5亿元；安全生产实现"零死亡"。多项指标创造历史最好水平，集团经营状况持续改善，职工精神面貌焕然一新，改革红利得到充分释放。

70

借势"双百行动"
通过健全市场化经营机制激发内生活力

成都产业投资集团有限公司

一、基本情况

成都产业投资集团有限公司(简称"成都产业集团")是由原成都工业投资集团吸收整合成都市现代农业发展投资有限公司和成都技术转移(集团)有限公司于2017年底改组成立,注册资本100亿元,主体信用评级AAA,是成都唯一入选"双百行动"综合改革的市属企业。近年来,特别是国企改革三年行动以来,成都产业集团紧紧围绕"引导产业投资、促进产业升级"功能定位,积极抢抓成渝地区双城经济圈、成都都市圈、公园城市示范区建设等系列重大机遇,深入实施成都市以效率为导向的国资经营评价制度改革,深度转换经营机制,着力在现代治理、市场经营、专业运作等方面实现创新突破,企业活力和竞争力进一步提升。

二、经验做法

(一)夯基础,共建共赢实现"放活"与"管好"相统一

聚焦提升现代治理能力,以管住风险和放活经营为目标,建立分级分类授权经营和全面有效的监管体系,推动放权赋能向"管资本"转变。

一是优化现代企业治理结构。坚持"两个一以贯之",把党的领导和完善公司治理有机融合,将党建工作总体要求纳入公司章程,进一步厘清治理主体权责边界,实现党委讨论前置事项清单和党建进章程"双覆盖"。参照国务院国资委对中央企业的要求,制定出台《董事会工作规则》,建立董事会向经理层授权机制,就3000万元以下项目投资、资产处置等事项授权并监督经理层决策行权。

二是开展分级分类授权经营。搭建"集团总部资本层、二级公司产业层、三级公司业务层"管控架构,"一企一策"全面实施ABC分级分类授权管理,将项目投融资、资产出租、内部借款等12项权限充分授权给10家A类企业、部分授权给8家B类企业,并对新设成都科技创新投资集团有限公司(简称"成都科创投集团")单独实施符合创投特点的授权经营,明确主业范围内的创业投资及基金业务等15类事项授权企业自主决策。

三是建立审计垂直管理模式。围绕构建集中统一、全面覆盖、权威高效的审计监督体系,创新建立"1(集团审计部)+1(集团审计中心)+1(大数据内审平台)+N(下属企业)"内部审计管控模式,通过审计目标管控、标准制定、力量调配"三统一"和审计规划计划、规则制定、督促整改、组织实施"四集中",全面整合内部审计资源,实现审计监督全覆盖,打造集团内审监督一盘棋。

(二)激活力,稳扎稳打实现薪酬激励与约束机制相结合

聚焦提升市场化经营能力,深化以"市场标准定薪酬、业绩考核定收入"为重点的三项制度改革,营造想干事、能干事、干成事的良好氛围。

一是打造专业化产业人才队伍。探索实施"首席制",面向社会招引首席规建师、首席产经师、首席架构师等专业人才10余名。率先在市属国企建立职业经理人制度,通过评估施行效果、总结经验做法、持续规范完善,逐步将职业经理人试点企业扩大至市场竞争力较强的下属成都科创投

集团、重产基金公司，将试点范围延伸至下属成都市大数据集团股份有限公司及成都智慧锦城大数据有限公司（简称"智慧锦城公司"）经理层全员。

二是建立多样化中长期激励机制。在创投、担保类企业和产业地产板块推行跟投管理机制，近3年累计跟投项目21个，跟投额达1800余万元；实行直投项目强制跟投，明确项目团队跟投比例不低于1%，投决会赞成票委员单人单一项目跟投金额不低于5000元，项目投资额亏损的2%由项目团队承担，净收益的4%按3∶3∶4比例分3年奖励给项目团队；扩大跟投范围至风控等中后台部门，带动提升对投资项目的全方位服务能力和全流程风险控制能力。以核心骨干员工持股破解混改类企业约束激励难题，下属智慧锦城公司作为成都唯一入选四川省员工持股试点企业，突出"关键岗位"专门设计考评系数，引导骨干人员（占员工总数15%）参与持股计划，认缴出资占出资总额6.33%，有效打造了企业、员工利益共同体。

三是实施差异化经营业绩考核。遵循价值与贡献对等原则，建立差异化工资总额决定机制，在下属成都市大数据集团股份有限公司探索建立科研人才工资总额单列机制，在下属成都科创投集团探索实行周期制考核、工资总额单独预算管理，通过绩效联动、超额收益奖励拉开分配差距，推动薪酬分配向高绩效人员倾斜。

（三）聚资源，突破突围实现市场运作与国资带动相促进

聚焦提升专业运作能力，实现"基金投资+资本运营"双轮驱动发展，显著提升国有资本运行效率。

一是基金引产"强功能"。聚焦支持科技创新，联合市区两级资金、政策、创投等资源，组建规模400亿元的"成都市重大产业化投资基金"和注册资本100亿元的成都科创投集团。聚焦重大产业化项目投资招引和科技成果就地转化，撬动金融机构和各类社会资本共同打造总规模超2000

亿元的"2+N"母子基金群，投资实施了通威太阳能（成都）有限公司、中航锂电科技有限公司（简称"中航锂电"）等一批高能级项目，支持了成都极米科技股份有限公司等17家"专精特新"企业成功上市。

二是畅通循环"优布局"。坚持"资金—资产—资本"循环转化，通过市场化、证券化等方式成功退出成都亚光电子股份有限公司、天津海光药业股份有限公司等项目部分股权，累计实现收益30亿元，回收资金近50亿元，为重大产业化项目"再投入"提供资金保障，有效形成"投资—退出—再投资"的良性循环机制。

三是以混促改"提质量"。出台混改操作指引，通过增资扩股、投资并购等方式分层分类推动20家控股企业实现混改，合计引入非国有资本180亿元。智慧锦城公司借力并购"智慧不动产生态系统整体解决方案企业"成都房联云码科技有限公司，采取股东增资、分类引战、员工持股"三位一体"方式，深度转换经营机制，真正实现以改提质，2021年全年利润总额、营业收入分别同比增长177%、466%。

三、改革成效

通过借势"双百行动"试点机遇，深入推进国企改革三年行动，成都产业集团着力强功能、创模式、转机制、优管控、防风险，夯实了高质量转型发展动能，在服务城市战略中持续做强做优做大。

一是企业发展活力显著增强。通过开展分级分类授权经营，获A类授权的下属产业资本集团连续3年利润同比增长50%以上；通过推行差异化经营业绩考核，下属企业负责人薪酬总额差距拉开至10倍以上；通过深化以"市场标准定薪酬、业绩考核定收入"为重点的三项制度改革，集团人均营收从2020年初的291.83万元增长至2021年底的345.59万元，增幅18.42%，人均利润从2020年初的48.03万元增长至56.26万元，增幅

17.14%，员工干事创业动力活力显著激发。

二是发展质量效益全面提升。"双百行动"试点改革以来，集团总资产由2020年初的768亿元增至2021年底的1367亿元，年均复合增长率33.4%，增幅连续2年居成都市属国企第1位；净资产由2020年初的329亿元增至562亿元，年均复合增长率30.6%；累计实现利润总额29.3亿元，企业规模效益和国有资本回报率持续提升。

三是战略支撑作用有效发挥。集团以"双百行动"试点改革为契机，紧扣成渝地区双城经济圈、成都建设践行新发展理念的公园城市示范区、成德眉资同城化等重大战略以及城市绿色低碳转型、产业建圈强链、"智慧蓉城"建设等重点任务，创新重大产业化项目投融资模式、深入推进产业空间建设和先进生产性服务业发展。合作组建成渝双城经济圈科创基金、成德同城化产业协同发展基金，有力推动区域产业协同发展；加快推进成宜国际物流港、德阳国际铁路港等重大项目投建，助力国际门户枢纽城市建设；先后完成对海光信息技术股份有限公司、中航锂电等一批重大产业化项目及成都玖锦科技有限公司等10余家"专精特新"企业投资，为全市6000余家中小微企业提供金融支持近1000亿元，为中小微企业和新兴产业发展提供了有力支撑。

71

推动"三个实现" 健全法人治理体系

中国贵州茅台酒厂(集团)有限责任公司

一、基本情况

中国贵州茅台酒厂(集团)有限责任公司(简称"茅台集团")成立于1951年,前身为茅台镇"成义""荣和""恒兴"三大烧房,1996年改制成立茅台集团。茅台集团围绕"酒的制造、销售及相关配套产品制造和服务,综合金融服务(产业金融方向),酒旅融合产业"三大主业谋发展,共拥有贵州茅台酒股份有限公司等纳入国企改革三年行动统计范畴的各级子企业75家,全集团员工4.3万余人。近年来,茅台集团以习近平总书记重要讲话指示批示精神为指导,以"两个一以贯之"重要论断和明确要求为抓手,聚焦事关茅台集团行稳致远的根本性问题,多措并举推动改革发展,党的领导党的建设进一步加强、法人治理持续优化、经营业绩稳步提升。

二、经验做法

(一)实现"三个融入",强化党对国有企业的全面领导

一是把党的领导融入公司章程,确定党管国企法定地位。坚持以《中华人民共和国公司法》(简称《公司法》)、《中国共产党国有企业基层组

织工作条例（试行）》（简称《条例》）等法律法规为基本遵循，深刻把握公司章程的"宪法"作用，结合75家独立法人子企业基层党组织建设情况，按照"党委、党支部不同""全资、控股不同"的原则，针对性落实"党建入章"要求，分级分类细化"党建入章"条款，明确党组织在公司治理结构中的法定地位，落实党对国有企业的全面领导，各级全资、控股子公司全面完成"党建入章"，为茅台集团的行稳致远奠定坚实基础。

二是把党的领导融入议事决策流程，确保党管国企制度化、规范化、程序化。坚持系统研究、统筹界定、逐一对照、各司其职的原则，深入研究、准确把握党委会、董事会、总经理办公会功能作用，按照"三梳理、三区分"的方式，系统界定各治理主体权责，即梳理《公司法》《中华人民共和国企业国有资产法》等法律法规、梳理《条例》等党内法规、梳理《贵州省国资委授权放权清单》等政策文件赋予茅台集团党委、董事会、经理层的各项权责，按照决定权、审议权、知情权的方式，统筹界定党委会、董事会、总经理办公会权责边界，汇总制定《茅台集团党委会、董事会、总经理办公会议事清单》，真正实现"一图看懂'三会'权责"。

三是把党的领导融入领导体制，保障决策决议落地落实。坚持按照"党管干部、分级授权"的原则将党的领导融入茅台集团领导体制。一方面，强化对引领子公司发展"关键少数"的全面管控，严格按照"一肩挑"方式，由茅台集团党委选拔推荐子公司党组织书记、董事长人选，并在子公司党组织班子与经营班子中实行"双向进入、交叉任职"，100%落实"一肩挑""双向进入、交叉任职"要求，有效保障党组织在企业经营发展中的领导地位；另一方面，对子公司班子成员以下领导干部选拔，按照"谁用人、谁选拔"的原则，充分授权16家二级子公司党组织，占比为84.2%，实现子公司"事权""财权""人权"统一，有效调动子公司经营管理积极性。

（二）实现"三个规范"，加强董事会建设

一是建立"茅台标准"，规范子公司董事会建设。坚持依法治企与经营实际相结合，按照《公司法》设立董事会有关规定和《关于中央企业加强子企业董事会建设有关事项的通知》要求，全面梳理、细化制定董事会"应建清单"。75家子企业中，29家董事会"应建尽建"的完成率为100%，46家业务类型单一、投资事项少的子公司已完成"执行董事"建设调整。同时，制定《茅台集团关于加强子公司董事会建设的工作方案》《茅台集团关于落实子公司董事会职权的操作指引》，明确子公司制定落实董事会职权实施方案、中长期发展规划等9项制度方案，切实推动落实子公司董事会"六大职权"。

二是突出"四专目标"，规范董事配置和管理。坚持"一企一策、配齐配强"的原则和身份专职、能力专业、履职专管、职责专司的"四专"目标，充分结合子公司的发展阶段、主责主业、股权结构、班子组成等因素，除1家子公司按照要求不纳入实现董事"外大于内"外，共为其余28家应纳入外部董事占多数的子公司，优选增配外部董事56名，全面实现董事配置"外大于内"原则性要求。同时，制定《派出专职外部董事管理细则》，系统规范外部董事履职机制，积极探索建立茅台集团专职外部董事人才库，拓宽外部董事来源渠道，助力子公司持续健康发展。

三是借力"智慧茅台"，规范子公司董事会运行监管机制。坚持以建设"智慧茅台"为契机，建立"子公司及董监高管理系统"，制定《子公司及董监高管理系统使用管理规定》，实现子公司董监高人员结构及履职情况、子公司董事会召开情况、生产经营情况、制度建设情况等信息的实时查询、动态跟踪，有效实现与各子公司间的业务协同，简化管理流程，节约管理成本，提高监管效率。

(三)实现"三个转变",优化集团管控体系

一是转变集团总部功能定位,明确权责边界。坚持以"酒业投资控股集团"的发展定位和"决策与规划中心、监督与控制中心、专业中心、共享服务中心"的总部定位为基础,持续优化总部机构设置和人员配置,机构数量由42个减至32个,干部职工总数减至343人(同比降低61.07%)。同时,制定《茅台集团权力和责任清单》《职责、制度、流程、体系一体化手册》等制度,规范集团总部各部门职责、制度、流程、体系"四位一体"运行,构建分工协作、高效运转的集团管控新格局。

二是转变管控模式,突出授权放权。坚持"由管资产向管资本转变""集中管控、一企一策""管放结合、动态授权""条块结合、管服并重""以法人治理为基础、以职能管控为核心"的基本原则,结合各级子公司发展成熟度,试点开展3家子公司发展成熟度评价体系建设,待成熟后将逐步推广到各管控子公司。同时,根据《贵州省国资委监管企业功能界定与分类实施意见》,在各级子公司分为商业类(商业一类、商业二类)和公益类的基础上,进一步细分为生产营销类(11家)、销售贸易类(8家)、金融类(3家)、功能服务类(2家)、公益(其他)类(3家),实行分类、分级管控。制修订《茅台集团管控实施办法》《茅台集团对旗下21家单位授权放权清单》,管控模式从"以管为主"向"管放结合"转变,更加精准加强对子公司的管控、指导和服务。

三是转变考核方式,落实子公司职权。坚持"党管干部"和"市场化管理"相结合的原则,分层分级开展考核,切实落实子公司董事会职权。制定《茅台集团年度综合考核工作规定(试行)》《茅台集团综合考核实施办法(试行)》《茅台集团政治素质考察办法(试行)》《茅台集团党建工作成效考核办法(试行)》《茅台集团2021年度高质量发展绩效考核方案》《茅台集团2021年度综合考核满意度评价方案》的"1+1+4"考核

制度体系，对各子公司党组织、经营班子实施"四位一体"综合考核，确定各子公司班子成员考评等级。各子公司制定对经理层选聘管理、业绩考核、薪酬管理办法，落实子公司董事会选人、用人、管人法定职权，强化董事会功能作用，在经理层任期制和契约化考核指标设置上，坚持"共性指标＋个性指标"各占50%的双维度综合考核，既保证上级设定指标，又突出经理层工作实际，同时指标设定坚持量化为主，持续建立经理层指标量化评分体系，将部分定性指标具体化，进一步压缩考核弹性空间，确保考核可落地、可操作。

三、改革成效

一是市场主体地位明显增强，经营业绩水平持续稳中向好。茅台集团始终坚持深化国有企业改革，强化企业市场主体地位，在市场竞争中推动高质量发展。近年来，多项经济指标持续保持两位数增长，特别是2019年茅台集团实现"营收过千亿、股价上千元、市值超万亿"的历史性突破，在白酒行业跑出令业界赞叹的"茅台速度"。2021年全集团实现营业收入1303.1亿元，同比增长14.3%；利润总额825.5亿元，同比增长12.6%；上缴税收565.8亿元，同比增长18.8%。

二是党的领导党的建设得到加强，党组织作用更加凸显。茅台集团始终坚持党组织在公司治理中的领导核心作用，30家具有人财物重大事项决策权的独立法人企业党组织（含集团党委），已全面制定完成党组织前置审议事项清单，把党组织研究讨论作为董事会决策的前置程序，涉及基层治理重要事项、重大问题都由党组织研究讨论后按程序决定，保障党组织意图在重大决策中得到充分体现。2021年茅台集团党委共前置把关生产经营事项170项，占比约40.7%，党委"把方向、管大局、保落实"作用得到进一步夯实。

三是现代企业制度体系更加完备,企业治理水平显著提高。茅台集团始终坚持以加强现代化管理体系建设和现代化管理能力提升为主线,紧扣国企改革三年行动、对标世界一流管理提升行动,聚焦重点领域和关键环节,加强顶层设计,构建起现代化国有资产管理体制、治理决策机制、资源配置机制、运营管理机制、激励约束机制、创新管理机制、责任管理机制的"一大体制、六大机制",以点带面、点面结合,有效解决战略、组织、人力等领域体制机制问题,企业现代化管理能力和水平得到全面提升。

72

积极落实国企改革三年行动 推动企业高质量发展

云天化集团有限责任公司

一、基本情况

云天化集团有限责任公司（简称"云天化集团"）是云南省属重点骨干企业，聚焦肥料及现代农业、玻纤及复合材料、精细化工及新材料三大主业经营发展，是全球领先的磷肥、氮肥、玻纤、共聚甲醛制造商。肥料总产能1200万吨/年，位列亚洲第一、世界第二；磷矿采选能力和聚甲醛产能全国第一；玻纤及复合材料产能全国第二。2021年，云天化集团名列中国企业500强第286位、制造业企业500强第131位。近年来，云天化集团认真落实党中央、国务院和云南省委、省政府决策部署，扎实推进国企改革三年行动，全面加强党的领导和党的建设，深推产业产品转型升级，完善市场化经营机制，发展质量和效益显著提升。

二、经验做法

（一）坚持红色引擎领航，以高质量党建引领高质量发展

一是全面强化党的领导。制定《以高质量党建引领高质量发展工作指导意见》，全面实施"141"党建工程，充分发挥党委"把方向、管大局、

保落实"作用。全覆盖做好各级企业党建入章,制定党委前置研究讨论事项清单,落实"双向进入、交叉任职"领导体制,把党的领导融入公司治理各环节。

二是全面夯实基层组织建设。健全"四级联动""七位一体"的党建责任体系,建成集品牌示范、党建创新等多功能于一体的示范区,吸引国内、省内超1万人次观摩学习。深化示范支部建设,建成省级示范党支部6家、省国资委示范党支部13家。

三是全面打造骨干队伍。坚持党管干部、党管人才,制定《干部队伍建设规划(2021—2025)》《年轻干部选拔培养专项工作方案》等,建立"讲政治、有激情、敢担当、善作为、守纪律"的"进取型"干部选用模型。坚持每年一次调研评估,动态建立4个专业方向4级高潜管理人才库。

(二)坚持聚焦主业,加快产业产品结构优化升级

一是持续强化战略引领。云天化集团积极融入国家、云南发展大局,进一步明确了四个定位发展战略,持续聚焦三大主业、推进"稳肥增化"、优化产业产品结构、提升发展质量。

二是提高自主创新能力。聚焦打造创新高地、人才高地,积极整合资源,主导国内多家高校和行业企业打造产业技术创新联盟,健全政产学研协同创新机制,共建开放型研发平台。加强人才培养,建成多个国家级、省级技术研究中心、"劳模创新工作室""技能大师工作室"等技术人才孵化器。加大研发投入,2021年全集团研发投入5.34亿元,同比增长72.42%,牵头和参与国家级重大项目4项,牵头省级重大研发项目10项,为转型升级提供有力保障。

三是夯实传统产业基本盘。坚持创新驱动,持续研发新产品、开拓新市场、打造新模式。2021年,玻纤板块开发新品15个,增利3.7亿元,大幅提升在风电、汽车及轨道交通、5G电子等细分领域的市场占有率及竞

争力。肥料板块新品产销达111万吨，同比增长29%。同时，积极提产能、保供应、稳价格，带头落实国家肥料保供稳价政策部署，为保障国家粮食安全发挥了"压舱石"作用，多次得到国家发展改革委、工业和信息化部及行业协会的肯定。

四是打造新兴产业引擎。组织实施了一批战略性和前瞻性项目，优化产业结构。深耕精细化工产业，落地建成了年产5000吨聚磷酸铵等6个精细化工重大项目，全年生产各类精细化工产品74万吨，实现销售收入41.5亿元；年产5000吨PMPP阻燃剂等8项研发技术进入产业化阶段，其中年产1500吨含氟硝基苯项目实现云南首套"氟化""硝化"精细化工生产线"零"的突破。抢抓新能源产业，依托磷产业链优势，快速推动了年产50万吨磷酸铁电池新材料前驱体及配套项目建设，一期年产10万吨精制磷酸项目已按计划建成并产出合格产品。培育现代农业产业，发挥产业链优势，积极打造"云米、云花、云菜"项目，已建成云南"绿色食品牌"省级产业基地、云南首家大湾区蔬菜展示交易中心，引领现代农业产业发展。

（三）坚持完善市场化经营机制，不断激发企业活力

一是深入推行组织变革。2017年以来，云天化集团大力推进总部及各级分/子公司组织机构改革，按扁平化模式，横向减、纵向压，大幅精简机构。集团总部及下属重要企业职能部门由294个压缩到161个；集团直管中层管理人员由166人精简到81人。

二是全面推行经理层改革。云天化集团紧紧抓住"关键少数"这一"牛鼻子"，按照市场化程度，分类分层、纵深推进集团层面及各级分/子公司经理层改革，有效激发了经理层干事创业的活力。2021年集团经理层改革全面完成，实施职业经理人改革的企业45家、176人，实施经理层成员任期制和契约化管理的企业21家、46人。云南天化股份有限公司（简称"云天化股份"）坚持高目标高绩效导向，2020—2021年，根据年度业

绩考核和综合评价结果，直接聘任的职业经理人降薪41人，同比降薪幅度最大者达51%，薪酬最高者与最低者差距达4.8倍。

三是全面推行市场化用工。近2年，云天化集团通过校园招聘、社会招聘等方式引进员工1955人，其中急需的高端专业人才83人（含博士研究生21人），公开招聘比例实现100%。集团总部推行市场化招聘、协议制薪酬、契约化考核、市场化退出机制，先后市场化引进战略、财务、人力资源等岗位人才13人，根据绩效考核退出4人。

四是全面实施差异化考核分配。积极实施与"双效"挂钩同向浮动的工资总额差异化薪酬分配，根据战略定位、行业及属性，把下属企业分成"两类三型"，并"一企一策"制定差异化的目标责任和考核方式。坚持业绩决定用人、贡献决定薪酬，不断强化差异化薪酬分配。对下属企业负责人积极推行年度和任期目标考核，实行"一岗一责一薪"，严格考核，刚性兑现；其余人员则在云天化股份率先实施岗位、劳动双合同制度试点，根据业绩考核兑现。

五是健全多元化激励体系。按照分类施策、鼓励创新、精准激励的思路，在云天化股份实施了限制性股票激励计划，在重庆玻纤基地实施员工持股计划，成效明显。云天化股份遴选了977名核心员工参与股权激励，占在岗员工总数7.8%，激励对象合计持股占总股本8.4%，制定了极具挑战性的业绩目标，以2017年为基准，2019—2021年，公司净利润增长幅度必须依次达到增长10%、50%、150%，激励对象获授股票才能行权。激励计划的实施，充分点燃了核心员工的奋斗激情，云天化股份2021年劳动生产率90万元/人，同比增长92.09%；百元工资利润率321%、同比增长487%，达到行业75分位水平；近3年市值增加了5倍。在此基础上，云天化集团在下属65家企业实施了经理层成员任期激励，探索推行了超额利润分享、科技创新成果激励、业绩捆绑等。2021年，指导云天化股份对超额完成业绩目标的下属单位兑现超额利润奖励 5200 万元,近 2500 名骨干员工参与分配;对"三新"业务团队 12 个项目实施了业绩捆绑激励,255 名核心团队成员参与,个人缴纳业绩捆绑资金达 1077 万元,达成目标 3 倍返还。通过健全中长期激励体系,有效激发了骨干员工干事创业的激情和活力,有力促进了云天化集团业绩提升和新业务、新产业发展。

三、改革成效

一是企业活力不断提升。通过完善市场化经营机制,云天化集团形成了管理人员努力地"跑起来"、全体员工主动地"动起来"、各级组织高效地"转起来"的良好氛围,集团上下攻坚克难精神更加饱满,干事创业热情更加浓厚,组织活力、内生动力明显增强。2021 年,云天化集团全员劳动生产率 67 万元/人,同比提高 84%。所属上市公司云天化股份继"双百企业"后,2021 年入选国务院国资委国有重点企业管理标杆企业,2022 年 1 月入选国务院国资委国有企业公司治理示范企业,改革氛围浓厚。

二是产业产品结构明显优化。通过持续实施产业结构调整、产业链延伸和产品升级,集团产业产品结构持续优化,新旧动能转换成效显著。产业结构从以肥为主向精细化工、新材料、新能源、现代农业等新兴产业转型,非肥产品销售收入占比从 2019 年 33% 提高到 2021 年 41%。产品结构从基础型产品向功能型、专业型、高端型产品升级,化肥升级产品销售收入在肥料中的占比由 2019 年 5% 提升到 2021 年 20% 以上。

三是经营业绩屡创新高。通过持续深化改革,云天化集团经营基本面大幅改善,近几年实现持续盈利,2021 年创近 10 年最好业绩,实现营收 820.14 亿元,同比增长 11.68%;利润总额 53.45 亿元,同比增加 48.87 亿元;经营活动净现金流 97.80 亿元,同比增长 77.62%,企业高质量发展迈上新台阶。

73

聚力改革创新 增强发展动能

云南省贵金属新材料控股集团有限公司

一、基本情况

云南省贵金属新材料控股集团有限公司（简称"云南贵金属集团"）溯源于1928年，2016年正式组建，是云南省人民政府国有资产监督管理委员会（简称"云南省国资委"）管理的省属一级企业，入选国务院国资委"双百企业"。90余年来，云南贵金属集团坚持科技创新，不断深化改革、转型升级，承担贵金属领域主要国家重大科技攻关任务，被誉为我国的"铂族摇篮"，闯出了一条以改革创新为引领的产业发展道路。本轮深化改革中，云南贵金属集团积极融入服务"双循环"发展新格局，聚焦稀贵金属新材料产业，以国企改革"双百行动"、国企改革三年行动为抓手，统筹推进"一揽子"改革举措，促进关键核心技术自主可控，市场竞争力与行业影响力不断提升，成为中国稀贵金属领域实力最强的高科技集团，十大军工集团核心配套单位，位列稀贵金属新材料行业全国第1位、全球第5位。

二、经验做法

（一）多管齐下，持续优化企业管理

一是以整体上市为契机，完善公司治理结构。坚持"两个一以贯之"，

结合云南贵金属集团整体上市实际，推进党建入章"全覆盖"，健全基层党组织，制定各级党组织前置研究事项清单，切实推动党的领导与公司治理有机统一。各级子企业董事会应建尽建，建立"外大于内"的董事会结构，制定全级次治理权责表，健全董事会授权管理制度，规范决策全流程，形成权责法定、权责透明、协调运转、有效制衡的法人治理结构。

二是以一流企业为标杆，提升运营管理效能。对标英国庄信万丰、比利时优美科、日本田中3家国际一流贵金属企业，在省内率先开展多维度经营业绩国际化对标，从盈利能力、运营效率、偿债能力等方面对标提升质量效益。紧盯万华化学集团股份有限公司、杭州海康威视数字技术股份有限公司等标杆企业，聚焦集团化管控、数字化建设、供应链管理等核心关键，制定16项重点任务、53项子任务，补短板、强弱项，构建职能管理服务共享平台，建成ERP、阳光采购、EHS等10余项数字化运营系统，与中国石油化工集团有限公司等龙头企业合力打造自主可控的贵金属材料供应链，全力推进对标一流管理提升行动落地见效。

三是以重点领域为核心，强化风险防范管控。债务风险方面，按照快速响应、分类施策、协同联动、稳妥处置原则，建立稀贵金属行业特色的"红橙黄绿"债务风险预警机制，对各级企业的债务风险进行实时监控，实现精准动态化管理，公司债务规模结构合理，不存在重大债务风险。投资监管方面，基于统一管理、集中决策原则，健全事前、事中、事后全过程闭环管理体系，强化项目投资可行性研究，划定投资行为红线，定期开展项目跟踪分析，扎实推进后评价工作，投资决策规范性、科学性、风险预判能力不断提升，不存在非主业投资、违规投资。

（二）以人为本，健全市场化经营机制

一是推行契约化管理，提升人才选用水平。突出"强激励、硬约束"，全面推行经理层成员任期制契约化管理，各级董事会与所有经理层成员逐一签订岗位聘任协议和经营业绩责任书,明确任职期限、岗位职责,实行"一人一表"差异化考核,打破领导职务"铁交椅",实现"能者上、庸者下、劣者汰"。牢固树立"上岗靠竞争、任职凭能力"观念,健全竞争上岗和不胜任退出机制,做到用成效看担当、以业绩定去留,实现由传统"身份管理"向市场化"岗位管理"转变,近3年中层管理人员竞争上岗比例达到31.91%。

二是优化晋升通道,拓宽人才成长空间。打破国有企业原有员工管理体系,在省属企业内率先构建横向6序列、纵向16级、覆盖全员的岗位体系,统一人才管理标准,畅通员工发展通道,提升人力资源配置效率。基于人才评价5要素建赛道、定赛制,实行"积分+评审"人才晋升机制,采用"预聘+长聘"动态聘岗方式,让优秀人才"赛"出来。

三是重塑分配体系,强化人才正向激励。突出岗位价值、业绩贡献等多要素参与分配的价值导向,采用总量管理与授权分配相结合方式,完善效益效率同向联动的工资总额决定机制,各级企业主动挑战更高经营目标。差异化设计岗位薪酬兑现机制,实现薪酬分配向劳动生产率高的企业倾斜,向科技研发人员倾斜,向骨干员工倾斜。以业绩目标定薪酬标准,以增量业绩定增量收入,同类同级岗位薪酬倍数比最高超5倍。

四是打好中长期激励"组合拳",激发人才创新活力。按照"总体设计、分步实施"原则,制定"多层次多方式"中长期激励整体实施方案,2021年完成首期上市公司股权激励计划,对412名核心骨干员工授予限制性股票2213.64万股,覆盖26.58%的在岗职工,其中技术研发骨干占比超过60%。同步推进下属企业成果转化、创新项目跟投、股权出售等激励计划,增强人才共享共担意识,充分调动核心骨干的工作积极性、主动性、创造性。

（三）创新驱动，促进产业布局优化

一是坚持人才强企，打造人才高地。聚焦院士专家、行业领军人才、优秀博士团队，以开放思维和全球视野，主动布局海内外引智站，与中国科学院、清华大学、厦门大学等多家研发机构和高等院校共建人才引培平台，设置引才"伯乐奖"，实行人才"双聘"，建立多样化薪酬模式，增强引才引智能力。依托"产业+科研+学科"人才发展大平台，发挥硕博研究生培养与全系列职称评审优势，健全突出人才价值贡献的评价分配机制，提升留才用才竞争力，建成一支引领贵金属新材料领域发展的主力军，涌现出国家级人才9人，省部级人才50人，省市创新团队10个。

二是坚持科技立企，打造创新高地。聚焦放活管好，以稀贵金属国家重点实验室、国家企业技术中心等19个国家级省级创新平台为基础，全面整合科技创新内部资源，组建新型研发机构"云南贵金属实验室"，对其实施"特区"管理，制定授放权清单，赋予资源配置自主决策权，设立开放课题，推行"揭榜制"和"赛马制"项目机制，催生细分领域系列"单项冠军"。深化"高校+研究院+企业"协同创新，主动对接高端创新资源，持续加强与华为技术有限公司、中国中车集团有限公司、中国电子科技集团有限公司、万华化学集团股份有限公司等国内头部企业开展关键核心及卡脖子技术、材料联合攻关。已拥有系列自主知识产权专利技术，累计申请发明专利760余件、发表学术论文330余篇、立项科技项目250余项，获省部级科技奖励12项。

三是坚持产业兴企，打造成果转化高地。聚焦转化效率，畅通自主实施、成果转移、作价投资三通道，加大新技术应用、新产品推广、新市场开发等成果转化指标考核力度，建立"三新"项目科技人员跟投机制，提高科技人员成果转化收益奖励比例。按照"三个区分开来"要求，鼓励创新、宽容失败，科技成果转化效率进一步提升，近3年新转化专利50余件，新投建贵金属前驱体材料、资源循环利用、国六机动车催化剂等一批产业化项目。

三、改革成效

一是经营效益持续提升。紧抓新发展格局下贵金属产业进口替代、自主可控发展机遇，加大改革创新力度，提存量谋增量，优化资本布局和产业结构，高质量推进贵金属新材料制造、资源循环利用及供给服务三大产业协同发展，经营提质增效成效显著，营业收入与利润总额连续5年均增长30%以上，全员劳动生产率超80万元/人，稳居省属企业前列，实现"十四五"开门红。

二是产业链条持续完善。围绕"贵金属原材料供给—新材料制造—资源循环利用"全产业链布局，大力推进产业补链强链延链，积极打造贵金属"链主"企业。原材料供给端，在上海自贸区和新加坡搭建供给服务平台，形成2000吨/年贵金属原材料服务保障能力；新材料制造端，在昆明高新技术产业开发区建设新材料产业园和科技创新平台，形成1000吨/年贵金属新材料制造能力，拥有400多个品种、4000多种规格的系列化产品；资源循环利用端，推动铂族金属和白银二次资源循环利用产业基地扩产升级，形成铂族金属15吨、白银1000吨及黄金3吨的稀贵金属资源循环利用能力，在稀贵金属新材料领域具备为客户提供全产业链"一站式"服务能力。

三是发展动能持续增强。充分发挥"产业+科研+学科+人才"大平台协同创新优势，主动布局贵金属材料领域前沿、产业急需关键技术项目，承担国家、省市各类重大、重点科研任务，促进关键技术攻关、新产品开发和新技术应用，突破了集成电路行业用高纯水花金、高性能键合金丝、国六催化剂制备等一批核心关键技术。其中，"国五国六汽车催化剂关键技术及产业化"和"贵金属二次资源循环利用关键技术及应用"2项科技成果转化项目获得中国有色金属工业科学技术一等奖,"三新"收入占比大幅增加,高质量发展优势凸显。

74

深化管理提升　加强央地合作
奋力推动企业高质量发展

西藏建工建材集团有限公司

一、基本情况

西藏建工建材集团有限公司（简称"藏建集团"）于2020年6月正式经整合重组成立，是西藏自治区区管重点商业一类国有企业，产业涉及投资运营、资本运作、建材产销、民用爆破、建筑施工和生态绿化等。近3年，藏建集团累计实现营业收入251亿元，利润总额22亿元，平均营收利润率达8.7%，上缴税金11亿元，上缴国有资本收益近2亿元。2021年集团资产总额达到231亿元，实现营业收入92亿元，利润总额1.63亿元，上缴税金6.73亿元，位列中国建材企业50强第30位。国企改革三年行动以来，藏建集团坚持向改革要动力、向开放要活力，在持续深耕区内市场的基础上，解放思想、深化改革、凝心聚力、担当实干。以党的建设为引领，持续提升公司经营管理能力，积极开展加强央地合作，奋力推动企业高质量发展。

二、经验做法

（一）完善制度体系，持续优化公司治理

一是加强党的领导党的建设。修订完善章程和党组织议事规则，"党

建工作要求进章程"达到100%,确保党组织在企业法人治理结构中的领导地位,"把方向、管大局、保落实",切实发挥党组织在企业改革发展中的"主心骨"和"顶梁柱"作用。实施《党建工作责任制考核评价办法》,强化企业党建年度考核,自2020年开始,在一级子企业年度综合业绩考核中党建和党风廉政建设的权重由5%提升到20%,进一步推进党建工作与生产经营深度融合。

二是厘清治理主体权责边界。修订完善《董事会工作规则》《党委会议事规则》《总经理办公会议事规则》《"三重一大"决策清单》,确保党委会、董事会和经理层权责法定、权责透明、协调运转、有效制衡,健全法人治理结构。

三是完善内控管理制度。修订子企业负责人业绩考核、投资管理、资金管理、人力资源管理、安全生产考核管理、违规经营投资责任追究、对外担保、对外捐赠等方面的制度73项,形成规范有效的内控制度体系,确保各项工作有章可循。

(二)紧抓管理提升,着力推动发展质量

一是优化产业布局,重塑经营管理体系。进入新发展阶段,藏建集团大力推进重组整合、聚焦主业发展,奋力开拓市场、强化内部管理,推动市场竞争能力向一流企业迈进。将10余家原高争建材集团非上市公司资产整合至集团下属一级子企业统一运营管理,对存在的僵尸企业、重点亏损子企业进行全面清理,持续优化业务结构,逐渐形成以建筑、建材、民爆三大业务为核心,房地产、生态绿化、投资运营等多元业务协调发展的产业布局。树立"立足高原,服务全国"的经营管理理念,依托集团资源,构建各业务板块协同发展、优势互补、齐头并进的立体经营格局,推动集团成员企业整体向上发展。

二是深化三项制度改革,激发人才队伍活力。集团成员企业全面实行

经理层成员任期制和契约化管理，涉及经理层人员182人，已实现末等调整或不胜任退出16人。集团层面进一步合理确定各岗位职级档位标准与选拔晋升机制，优化集团各职级工资水平，打开人才晋升发展通道，打破以往"能上不能下"的管理僵局和"大锅饭"现象。同时集团成员企业全面实行绩效考核管理，以绩效为动力，激活人力资本活力和保持组织核心竞争力，使职工目标与企业目标相统一。

三是完善创新体系建设，加快创新平台建设。坚持以科技进步促进企业发展，完善《科技研发项目管理办法》等16项科技管理制度。加强关键领域研发平台建设，积极推动重点科研实验室、博士后工作站建设，探索推进集团产业技术研究院、院士工作站等高端科研创新载体建设，使产学研用深度融合，加快在建工、建筑、建材、民爆等领域攻克一批具有高原特色的关键核心技术。

（三）加强央地合作，打造融合发展平台

一是加强央地企业业务协同，"走出高原"铿锵有力。推进实施"投资运营、施工建设和人才培养三方面走出高原"战略，全方位融入全国经济发展大格局。参股设立中电建安徽长九新材料股份有限公司，持股比例11.07%，并承建了物流廊道、陆域土建及安装等施工项目，各项经济指标均达到预期目标。参股实施由中国电力建设集团有限公司主导的总投资估算124亿元的贵州凯里环北高速公路PPP项目，在项目公司持股10%，并承建总量9.5亿元的项目施工任务。西藏天路股份有限公司（简称"天路股份"）控股实施总投资约1.55亿元的江西萍乡海绵城市项目。该项目作为全国首批16个海绵城市建设试点之一，自开工以来备受社会各界关注，陆续亮相《人民日报》、央视《新闻联播》，并多次被央视《焦点访谈》进行专题报道。天路股份参与尼泊尔沙拉公路工程建设，初步实现了"走出国门"发展愿景。

二是借助央地企业合作平台，促进人才互动互通交流。切实选好用好援藏人才。在政治上充分信任、生活上热情关爱，使用上做到"三实"（任实职、赋实权、担实责），全方位负责生产经营工作，并"双向进入、交叉任职"党委和董事会。同时，对援藏干部按照"三同"（同一个目标、同一项事业、同一个标准）管理原则，在落实一岗双责、考核经营目标、承担维稳任务、维护民族团结等工作上一视同仁，不当过客，不挂空挡。"走出去"培养专业人才。藏建集团先后选派上百名青年骨干到中央企业对标学习；选派200多名职工到区外工作，多数已成长为企业业务骨干，其中部分职工在内地组建了民族团结家庭。同时，通过并购区外高新技术企业、设立人才培养基地等方式，持续培养了一批旗帜鲜明反分裂、一心一意跟党走、齐心协力谋发展的骨干职工。"引进来"更多高端人才。着眼企业发展急迫需要和长远需求，把组织配置的"严"和市场选择的"活"有机结合，先后引进16名央企援藏人才担任集团和上市公司高管。近2年招聘高校毕业生533名，其中2021年招聘269名。从党政机关交流引进8名专业人才，通过市场化选聘3名博士、5名硕士人才，引进5名博士后到企业博士后工作站，这既为企业注入"新鲜血液"，又保持队伍的"一池活水"。结合西藏高原特殊气候实际，正在尝试以"不限地点、不限时间、只求成果"的模式，扎实推动人才引培工作的差异化、市场化和全国化。

三、改革成效

一是在完善公司治理中加强党的领导取得明显成效。注重构建科学有序的管理架构，着力推进中国特色现代企业制度建设，通过建立健全"三重一大"决策清单，完善各治理主体议事规则和各项管理制度，更好地把加强党的领导与完善公司治理统一起来，确保发挥党委"把方向、管大局、保落实"的重要作用,确保坚持党对国有企业的领导。自"三重一大"决策清单实施以来,集团党委以前置研究、审批决策多种形式,及时研究解决相关问题、部署各项工作180余项,切实推进集团生产经营、项目建设、基础管理、改革创新、风险防范等各项工作,集团整体决策能力和公司治理能力显著增强。

二是提高经营管理水平取得明显成效。面对区内外市场经营环境的激烈竞争,以及突如其来的新冠肺炎疫情的冲击和考验,在做好疫情防控工作,持续巩固壮大区内产业的同时,藏建集团加强央地企业合作,加强业务协同,积极推动"走出高原"发展,实现了从单一的区内市场到共享全国市场的转变,实现了发展理念新飞跃,产业格局大突破,经营指标强增长。2021年,藏建集团资产总额同比增长5%,营业收入同比增长6%,上缴税金同比增长65%,劳动生产率同比增长15%,在中国建材企业50强排名中上升13位。2021年7月,藏建集团被国务院国资委评为国有重点企业管理标杆创建行动标杆企业,为西藏唯一一家。

三是提高国有企业活力效率取得明显成效。充分发挥人力资源激励与约束作用,以业绩为导向,以三项制度改革为抓手,建立人力资源各项制度21项,"干部能上能下、员工能进能出、待遇能升能降"的"三能"机制基本形成。各级子企业经理层成员任期制和契约化管理实现全覆盖,积极探索推行职业经理人制度,引进项目投资、企业管理、品牌宣传等方面职业经理人31名,从严考核和约束,刚性兑现奖惩,经理层活力动力显著增强。同时,以绩效考核管理为动力,实现薪酬与业绩紧密挂钩,员工目标更加清晰明确,人才队伍活力、效率显著提升。

四是以科技创新驱动高质量发展取得明显成效。高度重视科技创新,充分发挥集团科研中心、院士工作站、博士后工作站、藏建科技有限公司等平台作用,加大研发投入,持续加强高原适用型核心技术攻关力度,着力推进产学研用一体化。天路股份荣获西藏水利工程的最高奖项——"西藏水利优质工程珠峰杯",西藏高争民爆股份有限公司荣获中国爆破行业科技进步一等奖,重庆重交再生资源开发股份有限公司荣获第二批国家级专精特新重点"小巨人"企业。

75

强化资源战略 注重机制转换
打造高质量发展产业生态链

白银有色集团股份有限公司

一、基本情况

白银有色集团股份有限公司（简称"白银集团"）以实施国企改革三年行动为契机，着力构建"一体两翼"产业格局，打造"协同联动、优势互补、共同发展"的产业生态链，畅通国有资本与非公资本双向进入通道，以资本为纽带，以项目为载体，积极引进产业关联度高，有资金、市场、管理和技术优势的多种经济成分投资者参与投资建设和生产经营，注重战略定力和创新驱动，突出放权搞活，深度转换经营机制，实现国有资本与多种经济成分资本的集聚联合，放大了国有资本引领功能，打造高质量发展产业生态链。

二、经验做法

（一）突出资源整合，推动资源保障从区域转向跨境

围绕打造多品种有色金属新材料基地的企业发展目标，整体上市打通资本市场直接融资通道，"立足本省、辐射国内、放眼全球"整合控制资源，累积企业发展后劲，培育新的经济增长点，推动集团从地方区域企业

向跨国经营公司迈进。

一是整合省内相关企业。发挥省属骨干国有企业技术、装备、管理优势，重组整合原甘肃小厂坝铅锌开发有限责任公司、原白银天成工贸有限责任公司、原白银宏图锌业有限责任公司等地方国有经济和民营经济组建甘肃厂坝公司，实现控制陇南地区铅锌资源，提升公司矿山资源储量。

二是收购省外矿山资源。向瑞源基金增发 8 亿新股实施增资扩股，募集资金 24.8 亿元，收购白银有色红鹭矿业投资有限公司 93.02% 股权，实现控股陕西、西藏等地 4 家民企参股的矿山企业。

三是整合境外黄金资源。将南非第一黄金公司作为实施境外贵金属战略的"根据地"，分阶段收购其 100% 股权，拥有南非黄金资源 2990 万盎司，推动公司从有色基本金属向基本金属与贵金属并重转型。

（二）突出创新驱动，推动产品从价值链低端迈向中高端

坚持以资本为纽带，以项目为载体，以股权和投资主体多元化为手段，通过股权合作、增资扩股等多种方式，实现非公资本与国有资本的集聚联合，促进企业产品从价值低端向中高端迈进。

一是延伸产业链条。与民企九江德福科技股份有限公司、甘肃省国有资产投资集团有限公司、兰州新区投资控股有限公司共同出资新设甘肃德福新材料有限公司，以公司阴极铜作为铜箔项目生产原料，加快铜加工产业链向高附加值的下游产品延伸，打造全国单一厂区最大锂电池高档铜箔基地，使铜产品的加工价值提升 50%。

二是开发高端产品。与民企珠海市一致电工有限公司合作，成功开发生产不同耐温等级的全系列超微细电磁线新材料 26 种，产品远销珠三角并出口东南亚地区，生产技术达到国际领先水平。与李建刚院士及其团队合作成立"超导电缆工程实验室"，2021 年为中科院等离子体物理研究所绞制 3850 米超导电缆和铜假缆，为西部超导材料科技股份有限公司绞制

9636 米的超导圆缆和铜缆。与国内高校院所及民营高科技企业共同研发的高端防腐材料——片状锌粉、航空发动机金属材料——铼粉等高附加值有色金属新材料已进入中试。

三是构建智慧供应链赋能工业物流新业态。以公铁联运提质增效发展现代供应链，建设综合物流园区、中欧班列枢纽、物流大数据及智慧供应链信息化系统和军民融合仓储配送基地，做专做大工业物流，培育物流高质量发展新动能，全面提升公司物流业规模化、集约化、平台化、智慧化水平，打造"一带一路"物流通道具有较强品牌影响力和西北物流行业一流企业。2021 年，物流业务覆盖全国 31 个省（区、市）150 个网点，并延伸到中欧地区，物流外部市场占比突破 60%，公铁联运总货运量突破 1100 万吨，比 2019 年提升了 51.76%。

（三）突出激发活力，推动市场化经营机制不断深入

通过放权搞活、开放内部市场，实施分类管理差异化考核，推行经理层任期制契约化管理，母子公司权责边界更加明晰，市场化经营机制不断健全完善。

一是推动放权搞活。在依法依规授权和监管的前提下，将资金审批、投资决策、薪酬分配、管理和技术人员选聘等事权下放分/子公司，有效提高决策效率和应对市场的反应速度。2021 年，进一步加大授权放权力度，研究制订《白银集团决定/审批事项清单暨子公司决策事项负面清单（试行）》，审批事项由 116 项缩减为 56 项，减少 51.7%，进一步明确了母子公司权责边界，确保了子公司经营自主权，提高了管理决策效率。

二是开放内部市场。按照"市场公允、提升产品竞争力和服务质量保障"原则，建立内部分/子公司固定资产投资项目、日常维检项目、生产经营物资采购等领域互为市场、供需合作机制。联手引进产业关联度高，有资金、市场、管理和技术优势的非公资本，拓展新业务，开发新项目，提高产品市场知名度，打造业务拓展新高地。

三是实施分类管理差异化考核。对完全市场化、充分竞争类的8家生产服务型子公司，给予充分的自主经营权，对外拓展业务寻求市场，2020年4家亏损子公司实现扭亏脱困，1家子公司实现转型跨越发展。对不能直接参与终端市场竞争的8家采选冶等分公司，模拟市场化核算，实现分公司从生产型向生产经营型转变。对营销系统实行完全市场化核算，2021年实现销售722.8亿元，同比增加108.57亿元。完善薪酬总额与经济效益相匹配的分配机制，对分/子公司实施差异化分类考核，建立以业绩论英雄的考核激励机制，激发干事创业的活力和动力。

四是全面推行经理层任期制契约化管理。在集团及所属分/子公司有序推进任期制和契约化管理，科学设立经营业绩指标，突出年度考核和任期考核侧重指标，建立季度对标提醒、半年预评价和年度考核评价的绩效指标常态化过程控制机制。对标三年最优、行业先进，建立产量、产值、营收、利润较考核指标加码10%的摸高机制，完善"基本薪酬+绩效年薪+任期激励"的契约薪酬体系，以"军令状"约定刚性兑现和退出，引导经理层成员走出"责任舒适圈"。2021年，子公司经理层成员薪酬差距达2.5倍，全员劳动生产率同比增长28.2%。

三、改革成效

一是企业质量效益明显提升。2020年与股份制改造前的2007年相比，铜铅锌产能实现翻番，产品产量增长1.5倍；资产规模增长4倍；营业收入增长6.23倍；利润总额增长14倍。2021年，营业收入达到519.05亿元，同比增长10.33%；实现利润总额10.03亿元，同比增长4.3倍，达到历史最好水平。截至2021年底，白银集团在中国500强排名333位，在中国100大跨国公司排名97位，在中国有色金属行业排名第22位。

二是产业布局持续优化。通过聚焦主业、延伸链条和优化结构，构建起以有色金属产业为主体，以战略性新兴产业和生产性服务业为"两翼"的产业布局。成功并购南非第一黄金，投资斯班一黄金，新增黄金、铂钯等贵金属权益资源量2000吨，投资第一黄金以来，累计生产黄金30余吨，利润超10亿元。与首钢集团有限公司合作建设秘鲁尾矿含铜项目，年产铜金属3万吨、贡献利润2亿元以上，循环经济技术成为"走出去"的一张名片。2021年，甘肃德福新材料有限公司形成3万吨高档电解铜箔产能，实现利润1.94亿元；电线电缆出口产品同比增长160%，本地和国内其他地区销售分别同比增长15%和48.6%；物流外部市场占比突破60%。

三是传统产业转型升级。股份制改造10多年来，白银集团先后投资211亿元，改造提升传统产业，使拥有年产15万吨矿产粗铜的国内唯一自主知识产权的白银炉生产工艺，与世界最先进的20万吨闪速炉炼铜工艺形成优势互补和产量叠加。完成亚洲最大单体铅锌矿山——厂坝铅锌矿采选系统300万吨扩能改造，建成世界最大首台原创152平方米流态化锌冶炼焙烧炉，配套建成湿法炼锌渣综合回收及无害化处理项目。通过在全价值链上提质增效，构建主体产业清洁生产、二次资源吃干榨尽、绿色环保低碳的循环经济产业链，产品从价值链低端向中高端迈进。

四是治理效能得到提升。以整体上市倒逼转机建制，夯实现代企业治理制度体系，通过强化治理管控，在集团及所属22家子公司全面落实董事会职权，发挥党委"把方向、管大局、保落实"的作用，牵住任期制契约化改革"牛鼻子"激发经营活力，建立突出经营业绩、突出刚性考核的市场化经营机制，构建完善了分层授权放权的治理体系、预算成本绩效"三全"管理体系和一切让业绩说话的考核评价体系，为企业高质量发展做实治理管控支撑。

76

改革统揽 创新驱动 加快建设现代化一流企业

甘肃东兴铝业有限公司

一、基本情况

甘肃东兴铝业有限公司（简称"东兴铝业"）是酒泉钢铁（集团）有限责任公司（简称"酒钢集团"）的控股子公司，国内电解铝产能排名第6位，拥有规模全国第一的60万吨绿色短流程铝材深加工基地，形成了"铝土矿—氧化铝—煤—电—铝—铝加工"耦合发展的全铝产业链，海外布局有牙买加阿尔帕特200万吨氧化铝生产基地。东兴铝业曾被授予"年度中国最具竞争力十大铝业集团公司""企业信用评价AAA级信用企业""国家高新技术企业""国家知识产权优势企业"等荣誉称号。2020年列入工业和信息化部第一批《铝行业规范条件》企业，并成功入围甘肃省首批绿色工厂。近年来，公司以做优做活铝产业为导向，全面落实国企改革三年行动方案，依托酒钢集团资本、资源、平台等优势迅速发展壮大，企业生产经营和改革发展迈向新台阶。

二、经验做法

（一）深入推进股权多元化改革，健全完善法人治理结构，推进治理体系规范化和治理能力现代化

一是积极引进各类社会资本，推动股权多元化改革。围绕做大做强国

有资本、建设一流企业，2020年以债转股和增资形式引进建信金融资产投资有限公司（简称"建信资产"）完成股权多元化改革，酒钢集团持股比例69.80%，建信资产持股比例30.20%。建信资产投资入股后，东兴铝业从单一股东变为双股东结构，资产负债率从83.07%下降至52.37%，进一步提升资本质量，实现双方互利共赢。

二是引资本与转机制相结合，健全完善法人治理结构。修订完善公司章程，将党的领导融入企业治理各环节，积极推进董事会建设，实现外部董事占多数。外部董事积极参与董事会决策，充分、独立、客观履行职责，行使表决权，参与经营管理、改革发展等重大事项决策42次，有效提升决策科学性和抗风险能力。健全完善议事规则，制定"三重一大"决策事项实施细则及清单，建立董事会重大事项决策合规性审查、跟踪落实及后评估等制度。2021年召开4次股东会、7次董事会、22次党委会，研究讨论362个议题。通过以公司章程为核心的现代企业制度有效运行，提升了企业治理能力水平。

（二）"强龙头、补链条、聚集群"，推动企业提质增效、转型升级，不断丰富高质量发展内涵

一是发挥产业龙头引领作用，推进产业结构调整和优化升级。聚焦全铝产业链高端化，产品终端化目标，全力做好"产业转型、结构升级、要素聚集、链条锻造"四篇文章，实现全铝产业链延伸和高效协同发展。以170万吨电解铝为基础，通过政府招商引资平台，引进上下游产业链合作企业，打造特色产业集群，上游与索通发展股份有限公司形成战略合作，拥有65万吨电解铝阳极炭块产能，炭阳极就地供应量占比达80%以上；下游在嘉峪关地区引进6家、陇西地区引进2家高精尖和终端铝加工企业，铝加工产能达170万吨，形成卷、板、棒、箔等多种挤压型材，产品实现多样化，铝液就地消纳转化达80%以上，实现电解铝成本压降增效2亿元以上。

二是大力实施资源保障战略，推动氧化铝采购由单一市场采购向股权合作、双方产品价格联动等新型合作模式转变。通过深化与山东信发铝电集团有限公司、山东魏桥创业集团有限公司、中国铝业集团有限公司、杭州锦江集团有限公司等大型氧化铝企业及所属海外氧化铝生产基地的合作，在国际国内两个市场以长单协议合作或价格与铝价联动采购模式实现氧化铝采购60%以上的稳定供给，保障核心原料采购成本波动可控。2021年出资7.5亿元，参股投资国内三大氧化铝现货供应商之一的开曼铝业（三门峡）有限公司，持股比例为4.69%，产业链股权合作迈出坚实一步，实现了氧化铝战略保供，提升了产业链协同发展效应，全面增强氧化铝供应链的自主可控能力。

（三）加快"转机制"，建立高效灵活的经营体制机制，增强企业活力和竞争力

一是积极推进机制体制改革，打造"机关精、实体强"的组织架构，激发经营活力。按照"市场化取向、契约化管理、主责化经营、目标化考评"的原则，实施"总部去机关化"机构改革，总部机关机构及人员优化率达到27%以上，实现管理架构"瘦身健体"。积极推进分/子公司改革，通过精准放权赋能，推行阿米巴经营管理模式，将分/子公司由生产型打造为经营主体和利润中心，构建分/子公司自主经营、自负盈亏的管理模式。改革后形成横宽纵短、灵活高效、权责清晰、运作规范的高度扁平化管理组织架构，管理效能和活力显著提升。

二是深度转换市场化经营机制，全面推行经理层成员任期制和契约化管理。17名管理层成员完成身份转换，与董事会签订聘任协议。建立了"一人一表"的差异化考核指标，采取"3+X"模式确定整体绩效业绩指标和个性化指标，其中经理层个性化指标权重一般不低于60%。确定了富有挑战性的"摸高"目标，在历史最优经营业绩的基础上，以战略规划目标上浮30%作为考核目标，促进经理层挑战更高更好的业绩水平，2021年实际利润完成值较考核目标值提升346%，创造建厂以来最好经营业绩。积极推进三项制度改革，按照"赛马不相马，有为才有位，有为更有位"的人才选树标准，坚持"能者上、庸者让"的用人机制，畅通成长通道，管理技术人员实现100%竞聘上岗，末等调整和不胜任岗位退出比例达到3%以上，32名关键核心岗位人员实行聘任制，打破干部终身制，实现了干部的动态管理，企业经营活力显著增强。

（四）强化科技创新驱动，推动科技成果转化应用，实现科技创效

一是加快推进科研创新平台建设，以平台建设促进科技创新，以科技创新推动平台升级。打造"国家高新技术企业""国家知识产权优势企业"，拥有"氧化铝、电解铝及铝精深加工国际科技合作基地""甘肃省企业技术中心"2个省级科技创新平台。依托各类科技创新平台，围绕清洁能源高效利用、绿色循环经济、智能铝电解工厂以及电解铝工业废弃物资源化利用等开展重大项目培育，着力打造科技创新发展引擎，实现了铝电解全过程低碳排放和绿色可持续发展。

二是引智借力，推进产学研用"协同创新"。先后与挪威科纳斯（Cronus）公司、德国KME铜业集团、河南中大设计研究院有限公司等企业开展科技项目合作，与西安建筑科技大学、郑州大学和郑州轻冶科技股份有限公司等科研院所组建创新联合体，推动行业关键核心技术、革命性技术领域的前瞻性研究应用。先后开展铝电解槽长寿命低成本技术、阳极炭渣减量化处理技术、铝电解槽能量流智能优化调控及余热利用技术等重大科技项目研究与应用合作，着力解决了铝电解能源、资源有效利用技术瓶颈。在行业内先行先试，成功在400余台500kA电解槽上推广应用全石墨阴极内衬结构、铝电解槽全电解质启动、铝电解槽侧部炉帮修复等技术，实现科技成果产业化，提升企业核心竞争力。

三、改革成效

一是产业集群效应凸显。按照习近平总书记"强龙头、补链条、聚集群"的产业发展要求，充分发挥电解铝龙头作用，作为甘肃省政府确定的第一批"链主"企业，通过大力实施"补链、强链、延链"，打造了"原材料—电解铝—铝加工"500亿级铝产业集群，创造就业岗位3000多个，利税30亿元以上，全面提升铝产业集群的区域优势地位、行业地位和市场竞争力，为全面打好产业基础高级化产业链现代化攻坚战，推动铝产业高端化、智能化、绿色化发展奠定良好基础，有力带动和促进地方经济社会高质量发展。

二是科技创新成效显著。2019年以来，累计投入科技创新经费11.8亿元，科技投入占比超过2.7%。开展国家重点研发项目1项，科技重大专项2项，申请国家专利37项，获得各级科技成果19项。积极推进科技成果产业化，500kA全石墨阴极电解槽全电解质启动研究与应用创新成果被认定为国内领先，炭渣减量化创新成果应用被认定为国际先进，累计实现科技创效1.44亿元。起草国家及行业标准7项，其中公司牵头起草的《500kA铝电解槽技术规范》（GB/T 34492—2017）国家标准，成为对铝电解槽全寿命周期生产管理进行指导的唯一国家标准，填补了电解铝行业60多年来电解槽技术管理无规范的空白。

三是公司经营业绩大幅提升。通过实施股权多元化改革、打造特色产业集群、深化内部体制机制改革、加强科技创新驱动等一系列改革举措，企业核心竞争力不断增强，经营活力充分释放，经营业绩逐年攀升，连续3年实现盈利，累计实现利润70亿元以上，其中2021年产值突破300亿元，实现利润56.8亿元，同比增长307%。实物劳动生产率从364吨/人提升到414吨/人，提升13%。生产成本持续降低，低于行业平均水平1100元/吨，达到行业先进水平。

77

以改革强动力 以创新添活力 打造全产业链发展新模式

甘肃省公路交通建设集团有限公司

一、基本情况

甘肃省公路交通建设集团有限公司（简称"甘肃公交建集团"）是甘肃省公路交通建设领域骨干企业，是国务院国资委确定的第一批"双百企业"，注册资本100亿元。作为甘肃省收费公路和非收费公路投资建设主体，集团以国企改革三年行动为契机，秉承"根深源远、交融善建"的企业精神，充分发挥公路工程施工总承包、建筑工程施工总承包"双特级"和公路设计、工程勘察"双甲级"优势，构建形成了"融、投、设、建、养、营、运、服、衍"全产业链格局。集团2019年组建以来，承担了3353千米、总投资1682亿元的公路建设任务，建成高等级公路467千米。被中诚信国际信用评级有限责任公司和联合资信评估股份有限公司两家评级机构评为主体AAA级别。连续3年被甘肃省人民政府国有资产监督管理委员会考核评定为A级企业，连续3年荣获甘肃省"省长金融奖"。

二、经验做法

（一）立足交通行业，持续改革创新，产业布局不断优化

一是坚持目标导向，形成全产业链发展模式。集团《"十四五"发

规划》提出了总资产突破2500亿元、大口径固定资产投资突破1500亿元、营业收入突破1600亿元、利润总额较"十三五"实现倍增的发展目标，明确了做强交通建设、做优建筑施工、做专设计咨询、做活金融资本、做实养护运营、做深路衍经济、做大商贸物流、做精交通科技八大业务板块的全产业链布局。在全国首次提出路衍经济发展概念，编制完成了《甘肃省属企业发展路衍及临空经济专项规划》。

二是坚持市场导向，完成产业板块整合重组。整合内部资源，成立甘肃新发展城市开发建设运营集团有限公司，推动建筑板块优化升级。组建甘肃省交通物资商贸集团有限公司，补齐物资贸易短板，提升集团公司对钢材、水泥、沥青等路用大宗材料的议价能力和质量把控水平。改组成立甘肃省交通物流发展集团有限公司，与甘肃省交通物资商贸集团有限公司协同推动商贸物流业务发展。组建成立与甘肃路衍经济产业研究院一体运作、集路衍经济研究开发和投资运营于一体的甘肃新发展投资集团有限公司。依托项目组建甘肃新丝路交旅产业开发有限公司，在绿色矿山、交通新能源、交旅融合等"交通+"业务中全面发力。整合集团内部能源、服务区、养护、监理等业务板块，有效避免了无序竞争。通过同类合并、区域联合、清理退出、压减收费运营人员等措施进一步优化产业布局，增强了全产业链协同性、集中度和竞争力，延链强链补链效果明显。

三是坚持问题导向，着力解决历史遗留问题。将划转的八冶建设集团有限公司、二十一冶建设集团有限公司纳入改革发展整体布局，加强业务融合，强化战略协同，加快排查民企挂靠国资问题，已完成清理整顿103家，无新增联营挂靠等不规范经营行为，实现了2家企业的平稳过渡发展。深入开展减层级、减夹层、减法人户数行动，组建以来累计出清60家空壳企业，五级企业全部清零。

(二)全面对标市场，完善经营机制，内生动力有效激发

一是用好机制创新"指挥棒"。制定《进一步加快三项制度改革实施细则》，配套制定《干部管理办法》《领导班子及其成员考核管理办法》，建立完善干部考核、交流和退出机制。制定《人才队伍建设发展三年规划》，通过校园招聘、网络招聘、订单式培养等方式，分层分类引进各类人才。对急需紧缺的高端人才采取"一事一议、一人一策"的方式个性化引进，提升人才软实力。

二是提高人才配备"精准度"。强化签订协议、量化指标、薪酬兑现、岗位退出等关键环节硬约束，对全级次企业的378名经理层成员全部完成任期制和契约化管理，104名管理人员实行了调整或不胜任退出。高标准选聘优秀人才，先后引进急需紧缺专业人才30余人，集团现有高级专业技术人才及注册类专业人才1500余人，高学历人才、专业技术人才、35岁以下年轻人才分别达到员工总量的8%、39.4%、51%，人才队伍结构持续优化。与兰州大学、华为技术有限公司共同组建"甘肃省智慧交通重点实验室"，通过实验室的建设，引进和培育培养优秀科技人才。

三是紧抓奖优罚劣"刀把子"。研究制定了覆盖全集团的考核制度，建立健全薪酬与业绩同向增减的激励约束机制，突出效益优先和成本管控导向，将净利润、成本费用、全员劳动生产率、成本费用利润率等作为刚性约束指标，重点考核各单位经济效益、投资回报水平和价值创造能力，做到了"业绩升、薪酬升，业绩降、薪酬降，增量业绩决定增量薪酬"。各级企业绩效工资比重均超过45%，部分子企业绩效工资比重达到60%，实现了价值创造、价值评估与价值分配的良性循环。

(三)做实业绩考核，强化成本管控，企业发展持续向好

一是强化生产经营考核，明确发展重点。集团坚持"全覆盖、大考核"的观念，将出资企业分为"生产经营、建设管理、运营保障"三大

类，合理设置经营业绩考核指标及权重，在"两利四率"考核指标的基础上，增加了"人均营业收入、人均利润总额、全员劳动生产率"等22项考核指标，实行考核工作"穿透式"管理，建立了"月度通报、季度分析、半年调度、年终考评、审计清算"的考核评价机制。出台"三亏禁令"（亏损企业的主要负责人禁止提拔，亏损项目的项目经理禁止提拔，亏损企业禁止新建、购买办公楼），将考核结果与个人晋升、企业发展直接挂钩。

二是加强资金管理，完善内控体系。建成"智慧公交建"平台NCC财务管理系统，建立了总部统筹、平台实施、基层执行"三位一体"的组织体系和"统一管理、分级授权"的资金管理模式，切实加强"两金"管控和现金流管理，强化信用风险管理，减少资金占用，做到应收尽收、"颗粒归仓"，实现收入、效益和经营现金流的协同增长。加大集团总部资金归集力度，集团"资金池"归集资金74亿元，资金集中度达到58%。

三是积极推行集中采购，实现降本增效。把降本增效作为绩效考核的重点内容，落实到企业经营管控的各环节、覆盖到各单位、传导到每一名职工。加快物资集中采购专项改革，将钢材、水泥、沥青三大主材及10种交通产品和日常职工福利全部纳入集中采购，搭建"公交建集采云商"采购管理大数据平台，入驻材料、设备、服务商户8350家。集中采购推行5个多月，集采物资205万吨，节省采购资金1.52亿元，构建了"做规模、创营收、降成本、促廉洁、提服务、保质量"的制度体系。

（四）注重成果转化，提升创新能力，科创水平全面提升

一是提高科技创新成果转化率。集团不断加大科研经费投入，设立"公交建集团科技创新发展专项资金"，省科技厅每年以项目方式给予不低于1000万元财政支持，持续支持3年。加快集团科创主中心、辅中心建设，科创主中心完成集团科技成果展示中心、桑园子黄河大桥远程监控中心建设,已入驻6个研究团队;科创辅中心完成石墨烯橡胶沥青、压浆料、RPC等6项科技成果的转化,完成7支技术经理人团队组建和入驻。

二是加快科研项目建设总进度。集团编制了《"十四五"科技创新规划》,加快重大项目建设进度,已建成省部级科研平台23个。提升改造"西北寒旱区公路基础设施长期性能交通运输行业野外观测研究基地",联合清华大学、中国科学院西北生态环境资源研究院等科研团队开展科研项目。全力推出全国交通运输行业首个科技创新"揭榜挂帅"项目"高震区分幅联塔钢混组合梁斜拉桥关键技术研究及产业化应用研究"。

三是抢占智慧交通产业发展制高点。完成"智慧公交建平台"迭代升级,编制了《智慧公交建平台建设方案》,组织开发项目前期管理系统。积极推动"车路协同创新发展"交通强国试点任务落实落地,在承建的清傅公路项目开展"5G+智慧公路"建设。智慧公路建设取得历史性突破,在兰州新区建成全省首个智慧交通与智能网联汽车综合测试应用示范基地,并已申请成为甘肃省智能网联汽车道路测试与示范应用第三方管理机构。

三、改革成效

一是业绩增长快速。组建以来,集团经营业绩稳步攀升,营业收入年均增长24.66%,利润总额年均增长19.12%。截至2021年底,总资产达到1458.74亿元,比组建时增加50.01%;净资产达到668.61亿元,比组建时增长68.29%。2021年实现营业收入250.59亿元,同比增长10.65%;实现利润11.43亿元,同比增长9.06%;营收利润率4.49%,同比提升1.06个百分点;全员劳动生产率40.55万元/人,同比增长21.63万元/人。

二是发展成效明显。集团清傅、康略公路项目成功入选交通运输部第一批"平安百年品质工程创建示范项目",两徽公路项目荣获"李春奖"。

在全国首家推出"车货无忧"公众责任保险，并完成10个"司机之家"升级改造。2021年，集团所属甘肃路桥建设集团有限公司中标铁路建设项目——天陇铁路项目，首次进入铁路建设领域，实现了历史性突破。形成了智慧公路、路衍经济、集采云商、绿色矿山、黄河铁桥、科创主辅中心、乡村振兴工厂等一批行业品牌。

三是科创成果显著。组建以来，集团累计投入科创经费3.8亿元，同比增幅68%，完成科技成果转化达10.5亿元。成立2个省级科研创新平台，牵头组建绿色智慧公路交通创新联合体。取得专利授权309件，其中发明专利17项；取得软件著作权63项；负责和参与编制甘肃省地方标准和团体标准23项、编制企业标准14项；获得省（部）级工法18项。所属企业甘肃博睿交通重型装备制造有限公司2021年获第三批国家级专精特新"小巨人"企业称号。

78

聚焦改革发展 激发企业发展活力 持续推动企业高质量发展

西部矿业集团有限公司

一、基本情况

西部矿业集团有限公司（简称"西部矿业"）为青海省人民政府国有资产监督管理委员会（简称"青海省国资委"）监管的一家集有色金属、盐湖化工、文化旅游、建筑地产、金融贸易、科技信息六大产业为一体的大型企业集团。旗下拥有西藏玉龙铜矿、青海锡铁山铅锌矿、内蒙古获各琦铜矿、四川会东大梁铅锌矿、新疆哈密黄山南铜镍矿、甘肃肃北七角井钒及铁矿等10座大型矿山，是国内第二大铜精矿生产商、第二大铅精矿生产商、第二大锌精矿生产商，在全国10个省区拥有40余家分/子公司，是青海省唯一一家连续15年入围中国企业500强的企业，连续5年获得省级绩效优秀企业、优秀领导班子等荣誉。2021年公司位居青海企业50强第1位，全国500强第470位。国企改革三年行动实施以来，西部矿业坚持以习近平新时代中国特色社会主义思想为指引，全面聚焦改革发展，以三项制度改革为抓手，不断激发企业发展活力，增强内生动力，不断推动高质量发展。

二、经验做法

(一) 持续推动机构岗位优化,建立精简高效的管理体系

一是精简优化总部机构。公司不断推进"精简高效、扁平直线"的机构改革,实施"小机关、大基层"管理模式,调整和优化总部定位、功能及职权,减少企业管理层级,严控用工数量。通过编制"瘦身"使总部人数缩减近 1/3,管理层级由原来的 6 级压缩至 5 级,总部"去机关化"成效显著,为公司高效运转奠定了基础。

二是调整子公司岗位设置。针对子公司组织机构臃肿、管理交叉重叠、职责分工不清、运行效率不高等问题,坚持"机构精简、人员精干、提质增效"的原则,不断优化子公司岗位设置,激励企业干部员工在新时代展现新气象、新担当、新作为。通过改革,公司员工从 2019 年的 8915 人优化至 2021 年的 8352 人,减少 563 人。

三是树立良好工作作风。在精简机构、优化岗位设置的过程中,公司树立了"想办事、能办事、办好事"的工作作风,公司员工的精神面貌和思想观念焕然一新,企业的市场意识、效率意识、服务意识明显增强。

(二) 全面推行市场化用人机制,实现企业员工能上能下、能进能出

一是全面推行市场化用人机制。制定印发《三项制度改革试点管理办法》《招聘与离职管理办法》《劳动合同管理办法》等制度,全面建立和实施以劳动合同管理为核心、以岗位管理为基础的市场化用工制度,实行全员劳动合同制,强化员工双向选择、合理流动,解决国有企业员工积极性和工作效率不高等"通病"。2021 年公司公开招聘员工 844 人,其中社会招聘员工 750 人、校园招聘员工 94 人,公开招聘率为 100%。

二是建立管理人员能上能下机制。制定印发《员工岗位积分制管理办法》《领导人员待岗暂行办法》《管理人员竞聘上岗实施办法》《领导人员

能上能下实施细则》《职能部门一般管理人员能上能下、能进能出管理办法》等制度，建立完善公司及所属各级子公司管理人员竞争上岗、末等调整或不胜任退出机制，推动形成了"能者上、庸者下、劣者汰"的用人导向。截至目前，公司及所属各级子公司管理人员323人，其中竞争上岗人数为101人，占比31.26%；末等调整或不胜任退出人数为35人，占比10.80%。

三是全面推行企业经理层任期制和契约化管理。制定印发《子公司经理层任期制和契约化管理方案》，指导各级子企业拟订经理层任期制和契约化方案，其董事会与每一名经理层成员签订《岗位聘任协议》《年度经营业绩责任书》《任期经营业绩责任书》。目前，已完成41家子公司2021年度考核工作，并严格按照契约约定兑现薪酬，对12名年度考核结果为基本称职的领导干部进行了转岗或不胜任退出。

（三）全面推行市场化薪酬分配及激励机制，实现企业员工收入能增能减

一是实行全员绩效考核，实施企业员工薪酬与效益挂钩的薪酬考核机制。制定印发《薪酬管理办法》《绩效考核管理办法》《领导人员考核管理办法》等制度，实行"以岗定薪、岗变薪变"的灵活管理机制，并已形成管理、专业技术、财务、法务等多序列并存"一岗多薪、同岗多级"的宽幅薪酬分配机制。公司结合企业性质、行业特点、市场竞争力等情况对子公司进行分级管理，建立岗位绩效工资制、薪酬总额承包制、市场化手段调节制等多种薪酬体系，如对西部矿业集团财务有限公司执行金融特色的薪酬体系，对青海宝矿工程咨询有限公司、青海西部矿业规划设计咨询有限公司等执行市场化营销型企业薪酬体系。

二是实施市场化激励机制，充分调动企业及管理人员干事创业工作热情。为不断激发子公司干事创新活力，降低生产成本，提升营业利润，公司对矿山冶炼、盐湖化工等生产单位实施有针对性的激励措施，对有色金属、盐湖化工等生产企业领导班子给予5%的利润奖励，对黑色金属生产企业领导班子给予2%的利润奖励。同时，对企业规模小、具有专业资质及外部业务拓展潜力大的生产企业，按照3∶7比例分享超出既定目标的利润。2021年，公司对所属子公司2020年度超额完成利润情况进行梳理评估，对青海省盐业股份有限公司、巴彦淖尔西部铜业有限公司、西藏玉龙铜业股份有限公司、内蒙古双利矿业有限公司、肃北县博伦矿业有限公司5家子公司领导班子发放奖励133.13万元，对青海宝矿工程咨询有限公司、青海西部矿业规划设计咨询有限公司等公司按照3∶7比例发放奖励206.12万元。

三是建立科技创新激励机制，对科技人员实施科技成果转化收益分享。制定印发《创新、创效激励办法》《科技成果转化管理办法》《研发费用加计扣除专项奖励办法》《科研项目负责人管理制度》《科技项目管理办法》《技术创新、改进专项奖励与考核办法》《专利申请及奖励办法》，不断激发公司技术人员的科技创新动力和积极性，解决企业实际生产中的技术难题、技术瓶颈等"卡脖子"问题，不断提升公司科技创新能力，为公司实现智能制造、绿色工厂、智慧矿山、绿色矿山提供技术支撑。对解决公司生产经营实际问题做出突出贡献的科研团队、科技人员和岗位员工进行收益成果分享，2021年公司对首例科技成果转化项目进行专项奖励，奖励科技成果转化研究团队7.8万元，其中首创人员获得奖励5万元，极大地调动和激发了公司科技人员的积极性和创造性，形成了尊重创新、鼓励创新、勇于创新的良好氛围。2021年公司共实施科研项目87项，完成申报国家级、省部级各类科研项目24项，申请专利56件，科技创新能力显著提升。

三、改革成效

一是公司发展质量效益大幅提升。公司资产总额从 2019 年底的 613.79 亿元增加至 2021 年底的 672.76 亿元，营业收入从 2019 年的 392.19 亿元增加至 2021 年的 518.21 亿元，利润总额从 2019 年的 13.37 亿元增加至 2021 年的 42.73 亿元。

二是公司经营管理效率显著增强。企业全员劳动生产率从 2019 年的 218 万元/人提升至 2021 年的 387 万元/人，人事费用率从 2019 年的 3.15% 下降至 2021 年的 1.97%，人工成本利润率从 2019 年的 108.46% 提升至 2021 年的 441.79%，基本接近全国同行业一流企业水平。生产效率和管理水平有效提升，2021 年全年累计降低生产成本 3.3 亿元，降低管理费用 2.1 亿元。

三是选人用人机制成效显著，技术人才队伍结构不断优化。培养了一批既懂党建、又懂生产经营的复合型干部，现有博士研究生 8 人，硕士研究生 135 人，专业技术人才 1410 人，高技能人才 1902 人；累计申报入选"昆仑英才计划项目" 29 人（含团队 1 个），高层次人才队伍规模不断壮大，整体素质不断提升，人才专业结构、层级结构、分布结构不断优化，为公司实现高质量发展储备人才支撑和智力保障。

四是全面实现市场化薪酬考核与分配机制，有效激发了员工积极性，员工获得感、归属感、幸福感持续增强。全面实现全员绩效考核，施行"以岗定薪、岗变薪变"的灵活管理机制，员工薪酬与岗位职责、工作业绩和实际贡献直接挂钩，真正形成重实绩、重贡献的分配激励机制，员工积极参与降本增效、创新创效的主人翁意识显著增强，干部职工干事创业的激情更加高涨，员工收入逐年提高，2021 年员工总体收入较 2019 年增长 8.7%。

79

破立并举推改革 主动求变开新局

宁夏西部创业实业股份有限公司

一、基本情况

宁夏西部创业实业股份有限公司（简称"西部创业"）是宁夏回族自治区区属国有 A 股上市公司，主营业务为铁路运输，运营里程 300 千米，已形成具备三大外运出口的"半环形"铁路网，担负着国家级宁东能源化工基地的铁路建设、运营管理及煤炭油品、化工物资运输任务，现有从业人员 1340 人，资产总额 54.72 亿元。国企改革三年行动以来，西部创业聚焦现代企业制度"领题"，突出重点改革"破题"，全面加强改革举措的系统集成、协同高效，不断完善"小总部、大产业"管理体制，持续打好三项制度改革攻坚战，着力破解总部机构臃肿庞大导致的管理效率低下等问题，全面激活高质量发展的原动力，不断推动公司换挡提速、焕发生机。

二、经验做法

（一）推进破立并举，打开"活力阀"

一是聚焦效能强治理。将国企改革三年行动重点要求纳入公司章程，把改革目标成果固化，引导后续的改革深化推进。以党的建设为引领，制定党委前置研究讨论事项清单，实现党的领导和公司治理有机统一。制定董事会授权管理制度,明确董事会向经理层授权的基本原则、授权事项、管理模式、具体权限及决策流程,理顺协同工作机制。按照"总部集权、业务协同、职能精简"原则,突出顶层设计,优化运行方式,实行"专业下沉、管控统一"新模式,重塑管理流程,制定授权清单,强化风险防控,实现"管理岗位应合尽合、业务流程应简尽简、管理权限应放尽放"。

二是大胆放权激活力。以宁夏西创运通供应链有限公司(简称"西创运通")为试点,大胆探索子公司管控新模式。管理上合理"分权",因事设岗、按岗定人,鼓励一岗多责、一岗多能、多劳多得;经营上全面"授权",强化市场主体地位,放开战略建议、运营决策、考评激励、规章制度等权限;人事上充分"放权",是否招人,招什么人,招多少人,给什么薪酬,均自行决定,总部部门负责协调服务;分配上完全"赋权",建立与行业特点相适应、更具灵活性的动态薪酬机制,一岗一薪、易岗易薪,同向联动、能增能减。2021年,西创运通实现营业收入近5亿元、利润破3000万元,人均产值创西部创业历史之最。

三是优化结构提效能。将主力子公司——宁夏宁东铁路有限公司(简称"宁东铁路")的管理职能与生产职能分开,实行"管理扁平化、生产专业化",将原有4个职能部门改为6个职能部门及4个生产单位的"六部四段"制,增大管理幅度,减小管理层次,提高管理效能,有效扭转了"一线缺、二线紧、三线臃"现象。2021年铁路运量突破6227万吨,取得开通运营以来历史最好成绩。

四是抢抓机遇谋发展。紧紧抓住并用好建设先行区和推进"双循环"的战略机遇,强化与中国国家铁路集团有限公司的投资合作,增进与周边客户的战略互信,推动电气化改造、新模式探索、新能源应用,大力开展4G、5G应用,提高智能化和信息化管理水平,推动主业从传统铁路运输向现代物流业发展。抓好"腾笼换鸟",推进业务相同、产业相近的子公司合并重组,压减法人2家,注销分/子公司4家,消化原酒库存1500吨,加大瓶装酒销售,探索资产托管等新业务,盘活闲置资产,提升资产质量。

(二)激发队伍潜能,搬掉"铁交椅"

一是大力推进市场化改革。推行以劳动合同为基础、以聘任合同为核心的"双合同"用工制度,用劳动合同解决身份问题,用聘任合同解决业绩问题,实现上有封顶、中有来源、下有淘汰、合理流动。总部削减机构4个、压缩编制29个,压减率分别为30%和33%。加大核心人才、骨干人才、急需人才招聘比例,采取"社招+校招+选招"及内部转聘等方式,多渠道招才引智,选调中层管理人员4人,引进紧缺人才15人,选拔31名年轻优秀人才入库,队伍结构持续改善。

二是全面推进竞争式上岗。坚持实绩、梯队、发展"三个导向",公开竞聘,量才使用,量能任职,促使优秀人才脱颖而出。中层及以下管理人员全体起立,248人次参与竞争上岗,总部中层管理人员年龄由52岁降至47岁。

三是有序推进"双通道"晋升。取消中层副职以下职级编制限制,减少职级数量,简化评聘流程,打破员工晋升"天花板",引导员工靠劳动致富、靠奋斗进步,从整体上激发人力资源活力,初步形成"用好70后、选好80后、育好90后"的梯次格局。

四是全面推行契约化管理。加快建立按市场化"出牌"的公司治理生态,破除看身份、看级别的传统观念,树立看岗位、看贡献的市场导向,根据子公司战略定位及发展阶段,分为成熟型(宁东铁路)、培育型(西创运通)、改革型(葡萄酒公司)3个类型,通过签订并严格履行聘任协议和考核契约,结合公司战略要求,立足行业和历史"双对标",科学制定发展指标,按照"一企一策""一人一表"确定个性化目标,明确经理层"下对上"的经营责任和"上对下"的经营要求,考核层层落实,责任层层传递,激励层层衔接。目前,公司所有二级子公司全面推行经理层成员任期制和契约化管理,12名经理层成员全部签订"一约两书"。

(三)释放源头活水,打破"大锅饭"

一是为贡献者"付薪",鼓励价值创造。充分发挥薪酬的激励、吸引和保留作用,总部建立与职业发展紧密结合、适度体现岗位差异、便于内部流动和考核结果应用的动态宽带薪酬体系,固定薪酬共设13级39档,固定薪酬可变,浮动薪酬灵活,做到"淡化职级、以岗定薪、岗变薪变、责酬相符",员工既可以通过职业能力等级提升实现薪酬"晋级",也可以通过绩效考核结果实现薪酬"晋档"。

二是对庸懒散"说不",拉开分配差距。深化绩效管理,强化正向激励,引进绩效考核信息化系统,每半年开展一次绩效评价,以绩效评价结果定薪酬,坚持组织绩效与个人绩效相挂钩、领导评价与员工评价相结合,对全体员工进行量化考核、分类排序、划档定级,实现"一岗一薪""能增能减",有效发挥薪酬绩效"指挥棒"作用,做到多劳多得、优劳优得,引导员工不断改进工作、提质增效。

三是让员工"点赞",实现共创共享。强化正面激励落地生根,打造"金色降落伞",解除员工后顾之忧,建立包括企业年金、补充医疗、精神奖励、培养深造等在内的多层次激励体系,既涵盖短、中、长期的激励模式,又体现物质激励与非物质激励并重,极大激发员工的工作热情和积极性。

三、改革成效

一是经营效益显著提升。2021年实现营业收入12.4亿元,同比增长38.34%;实现净利润2.24亿元,同比增长30.76%;国有资本保值增值率104.43%,比上年提高0.96个百分点,高质量发展步伐越来越坚实。铁路日运量连续7次打破历史纪录,月运量连续5次打破历史纪录,提前47天突破5000万吨大关,全年完成运量同比增加861万吨、增长16%,增量较上年翻了一番,创铁路开通以来最高水平。

二是发展活力加速释放。通过改革,有效激发了潜能、释放了动能、提高了效能,改革"一子落",经营"满盘活"。子公司宁东铁路管内份额逐步扩大,外煤进宁通道持续拓宽,非煤运量规模不断提升,转型升级的思路更加清晰、定位更加精准。西创运通加速培育新业态新业务,发展基础进一步夯实。广夏(银川)贺兰山葡萄酒庄公司加快库存消化,完成资产业务整合,首次实现扭亏为盈,扭亏治亏取得历史性突破。

三是干事热情充分调动。把有信念、在状态、善作为、敢担当的员工汇聚到一起,形成谋划、推动公司发展的中坚力量,广大员工干事创业的热情激情得到充分调动,员工精神面貌焕然一新,大家铆足干劲、想尽办法,从"熬资历"向"亮成绩"转变。

80

落实"两个一以贯之" 奋力打造"四大高地"
高标准高质量推进国企改革三年行动落地见效

新疆能源（集团）有限责任公司

一、基本情况

新疆能源（集团）有限责任公司（简称"新疆能源集团"）成立于2012年7月，是新疆维吾尔自治区人民政府管理的一类企业，赋有"战略管理、资源控制、资本运营"三大平台职能，担负着"有效掌控和有序开发新疆能源资源，加快资源变资产、资产转资本进程，实现资源惠民强区"的职责使命，主要经营煤炭、石油、天然气及非煤矿产资源开发转化利用，"一带一路"能源产业投资，清洁能源开发利用、电力生产、供应及相关配套业务等。国企改革三年行动以来，新疆能源集团紧紧围绕"两个一以贯之"总要求，以高质量党建引领高质量发展，以"强根铸魂"打造党建、人才、文化、经济"四大高地"，高标准高质量推进国有企业改革三年行动落地见效，努力建设一流能源企业。

二、经验做法

（一）坚持党对国有企业的全面领导，打造党建高地

一是提高政治站位，加强党的政治建设。完善第一议题制度，深入学

习领会习近平总书记关于国资国企改革发展和党的建设重要论述，落实"两个一以贯之"要求，制定并出台在完善公司治理中加强党的领导的实施意见、落实全面从严治党主体责任规定等60余项制度办法，所属38家子企业全部实现"党建入章"，将党组织工作职责、前置研究、领导体制等党的建设重要事项写入章程，以法定形式固化，切实将政治要求转化为行为规范，推动政治建设落实落细，切实发挥党组织"把方向、管大局、保落实"的领导作用。

二是落实党的建设总要求，建强基层组织战斗堡垒。树立"一切工作到支部"的鲜明导向，编印《标准化、规范化建设实施方案》《资料汇编》等规范性文件材料，建设党建管理平台，将党的活动纳入平台实时管理，从基本组织、基本队伍、基本制度等进行全面规范，实现党的组织、党的工作全覆盖，确保"企业发展到哪里，党的建设就跟进到哪里，党支部战斗堡垒作用就体现到哪里"。

三是抓好党建示范引领作用，推进党建工作与生产经营深度融合。深入推进"党建质量提升三年行动"，研究制定党建品牌创建、"创岗建区"示范引领等方案，创建"戈壁之舟""戈壁蓝天"等"红心照国企、党旗映天山"品牌，深化典型引领抓好整体性创建，建设党建品牌新矩阵。通过设立党员示范岗、责任区，成立党员先锋队、突击队等，将党建工作、生产经营和业务工作深度融合，形成党员汇点、支部连线、党委抓面整体推进的国企特色党建格局，党组织和党员队伍在重点项目建设、挖潜增效、科技创新和攻坚克难中"顶梁柱"作用凸显。

（二）坚持深化市场化选人用人机制，打造人才高地

一是构建"引育储"人才体系。研究制定开展人才"引育储"工程实施意见，统筹人才引进、培养和储备规划，多种渠道招聘高端人才和专业人才，常态化选派中层以上管理人员学习研修、交流挂职，定期组织基层干部双向交流挂职锻炼，设立博士后工作站和科技创新研发中心，发挥好培养科研人才、吸纳优秀人才的作用。

二是全面推行用工市场化。制定实施任期制和契约化、管理人员"能上能下"若干规定等20余项制度办法，建立健全人才管理市场化长效机制，100%完成子企业经理层成员任期制和契约化管理目标，市场化招聘355人，占比达95%以上，93名管理人员实行竞争上岗，落实末等调整和不胜任退出制度的企业中层管理人员占比达3%，实施全员按业绩贡献决定薪酬的激励约束机制，形成"能上能下、能进能出、能增能减"的长效机制。

三是建立校企合作培养模式。依托新疆维吾尔自治区党委组织部优质平台，与北京大学、浙江大学、中煤地质集团等知名高校及企业签订战略合作框架协议，在人才培养、学术研究、技术攻关等领域开展广泛合作，助力新疆能源事业持续健康快速发展。

（三）坚持建设特色现代企业制度文化，打造文化高地

一是完善中国特色现代企业制度。把党的领导融入公司治理各环节，完善公司章程、党委会、董事会、总经理工作规则，"三重一大"决策等10余项规章制度，全面完成公司改制，实现董事会应建尽建，外部董事配备率达90%，形成权责法定、权责透明、协调运转、有效制衡的公司治理机制。

二是完善文化润企顶层设计。大力实施文化强企工程，设立党委宣传部，成立领导小组，加强文化润企组织协调，研究制定文化润企实施方案、管理办法等。开展文化主题实践活动，创作主题歌曲，培养、选树和弘扬企业文化先进典型，编写《能源故事汇》，总结推广文化润企亮点做法经验，强化文化润企运行实施，推动文化润企与企业发展战略、生产经营管理、思想政治工作深度融合，充分发挥企业文化的凝聚、激励、约

束、塑造等功能，为集团公司的改革、发展、稳定提供强有力的文化支撑。

三是建立企业特色文化价值体系。把加强党的领导和完善公司治理统一起来，创新建立"1（新疆能源集团党委）+N（各级基层党组织和广大党员干部员工）=1（一条心干事创业）"组织理念，开展"强企有我、兴企有为"员工大讲堂活动，使企业改革发展与全体员工息息相关、互为一体、互促互进，构建国有企业对党忠诚、担当尽责、强企报国、奉献社会的企业核心文化价值体系。

（四）坚持国企改革发展一体推进，打造经济高地

一是推进国有经济布局优化和结构调整，不断增强企业发展活力。全面深化国企改革三年行动，不断提高企业核心竞争力。积极融入丝绸之路经济带核心区建设，立足新疆区位优势，培育"一带一路"产业投资平台，在精河等5个口岸地区布局产业园区，参与建设塔城重点开发开放试验区，在若羌等3地建设物流园，助力通道经济向口岸能源、落地经济转变，增强战略资源配置保障力。布局数字能源产业链，开展智能化综合管理平台等建设，探索建立跨境电子交易平台、数字人民币结算中心。设立科技创新研发中心，加大科研投入，2021年科研经费同比增长168.83%。稳妥推进混合所有制改革，通过收购合资等方式，开拓智慧工厂矿山、新能源矿卡、储能、碳汇林等业务。

二是全力防范化解风险隐患，清理退出低效无效资产。成立领导机构，建立负面清单，党委班子成员既挂帅又出征。坚持去存量、控增量，加快低效无效资产处置，逐步有序退出高风险、低回报的贸易业务，清理治理"僵尸企业"、亏损企业14家，收回资金超10亿元，守住了不发生系统性风险的底线，初步实现轻装上阵、步入高质量发展轨道。

三是推动国有资本向重要行业和关键领域集中，持续巩固提高发展质量。围绕新疆"三基地一通道"定位，推进实施"疆电外送""疆煤外运"、现代煤化工等重大工程。依托三塘湖矿区自有煤炭资源优势，争取主导疆电外送第三通道电源点项目建设。引进央企拟投资 500 亿元推进煤化工项目，投资 33.72 亿元稳步推进和田 2×350 兆瓦热电联产项目建设，加快金属和非金属资源开发、现代物流、能源服务等产业发展，推进铅锌、锑、石英岩等资源密集型产业开发，统筹开展生物制药及热电联产并购，探索运用"源网荷储一体化"开展"电厂+药厂"项目合作。通过推动国有资本向重要行业和关键领域集中，发展实体经济，积极在服务国家、自治区重大战略等方面主动作为，提高国有资本配置效率，持续增强国有经济整体功能。

三、改革成效

一是党的领导和党的建设不断增强。党的领导和党的建设得到进一步加强，"两个一以贯之"要求深入人心，党组织领导作用有效发挥，前置研究程序全面落实，党组织内嵌到公司治理结构之中，党的领导融入改革发展各环节。经营管理进一步规范，依法治企理念深入人心，制度建设得到加强，内控管理更加高效。产业布局得到进一步优化，资源变资产、资产转资本步伐加快，形成稳定收益模式。干事创业的氛围愈加浓厚，凝聚起了推动高质量发展的强大力量。

二是党建和生产经营深度融合成效初显。持续推行"党建+""创岗建区"等工作的探索与实践，将党建考核在基层单位绩效考核中占比从 2019 年的 20% 提高至 2021 年的 37%，将党建"软约束"变成"硬办法"，形成"全面融合、深度融合"党建格局，实现了党的建设和企业发展"双促进双丰收"。通过打造"戈壁之舟""戈壁蓝天"党建品牌，由党员先锋队、突击队带领，建立党员工作室、工匠工作室，党员带头开展技术攻坚，探索边建设、边生产工作模式，实现项目建设、生产经营双突破，获自治区国资委表彰，营造各子企业争先创优、比学赶帮超的浓厚氛围，2021年营业收入实现大幅增加，净利润成倍增长，超额完成自治区国资委下达的年度目标任务。

三是经营业绩和综合实力明显提升。企业资产规模迅速壮大，经营业绩和盈利能力大幅提升，企业综合实力显著增强，国有资产保值增值率明显提高。2020年、2021年资产总额分别同比增长1.31%、7.32%，利润总额分别同比增长41.72%、224.08%，净利润分别同比增长48.17%、869.56%。

81

纵深推进国企改革 赋能高质量发展

厦门建发集团有限公司

一、基本情况

厦门建发集团有限公司（简称"建发集团"）创立于1980年，系厦门市属商业一类国有企业，目前主要业务涵盖供应链运营、城市建设与运营、旅游会展、医疗健康及新兴产业投资等领域。2021年，集团营业收入超7000亿元，资产规模超6500亿元，为社会创造直接就业岗位超过5万个，在2022年《财富》世界500强排名中居第77位。

国企改革三年行动以来，建发集团坚持以习近平新时代中国特色社会主义思想为指导，不断增强"四个意识"、坚定"四个自信"、做到"两个维护"，坚定捍卫"两个确立"，以高质量发展为目标，围绕公司未来发展规划，聚焦主业，狠抓落实，勇于担当，在加强风险防范中积极把握机遇、锐意进取，促进各项业务提质增效、稳健发展，实现新五年战略发展规划的良好开局。

二、经验做法

（一）坚持"两个一以贯之"，完善中国特色现代企业制度

一是坚持党的领导与完善公司治理的有机统一。把加强党的领导贯穿

于企业改革发展各方面、全过程，将党建工作总体要求写入企业章程，落实"双向进入、交叉任职"领导体制、"三重一大"决策办法以及党委前置研究制度在集团所属企业范围内实现全覆盖。同时，将"三重一大"事项决策管理制度的执行情况作为公司党风廉政建设责任制的重要内容和公司领导人员经济责任审计的重点事项，并作为民主生活会、公司领导人员述职述廉，以及党务公开、企务公开的重要内容。始终把党的政治建设摆在首位，形成了党委会、董事会与经营层各司其职、各尽其责、协同运转、有效制衡的良好运行机制，不断完善公司治理体系。

二是夯实中国特色现代企业制度建设基础。依法实施章程管理，并以章程为基础进一步规范公司法人治理结构，推动企业完善内部制度体系，依法履职行权，提升企业管理市场化、法治化水平。实行以"集团总部—行业集团板块—经营单位"3个管理层级的战略型管控模式，通过资源配置与战略协同，促进行业集团资源共享与协同发展。

三是强化风险管控机制。按照"事前规范制度、事中加强监控、事后强化问责"的原则，加强全面风险管控体系建设，建立与集团战略目标、盈利目标和国有资本投资公司定位相匹配的内控监督检查系统，实现经营过程监督全覆盖。同时，发挥纪检监督职能，强化对领导人员廉洁从业、行使权力等情况的监督，不断提升党风廉政建设和反腐败工作水平，努力营造风清气正的企业氛围。根据信息公开文件要求，依法实施信息公开，强化社会监督，打造"阳光国企"。

（二）聚焦主业，创新驱动谋发展

一是创新发展主业，提升企业核心竞争力。供应链运营板块，坚持专业化经营，积极融入和服务国内国际双循环战略。创新推出"LIFT供应链服务"品牌，在钢铁、浆纸、汽车、农产品等领域成为领头羊，助力产业供应链畅通循环；坚持走出去，与全球超过170个国家和地区建立了业务联系；不断推进供应链往产业链延伸，与厦门航空有限公司、福建纵腾网络有限公司合资设立商舟航空物流有限公司，布局航空货运领域。城市建设与运营板块，强化"产城人"融合，将城市更新与工程代建、物业管理、商业运营、智慧城市、城市公共服务等业务协同发展，开发及服务区域超过60个城市。旅游会展板块，通过专业服务，打造高端商旅体验与展会商机平台，积极发挥产业带动效应。

二是布局培育新产业，为企业发展提供新动能。医疗健康板块，以捐资兴办三级非营利性综合医院"厦门弘爱医院"为切入点，通过提升专业内涵和增值服务能力，致力于为医疗机构提供医用物资一体化供应链服务解决方案；通过打造集综合医院、专科医院、互联网医院于一体的城市医疗服务集团，为百姓医疗健康提供全生命周期服务，助力"促民生、补短板"。新兴产业投资板块，强化"产融结合"，构建连接资产端与资源端的"生态圈"并推动双向赋能，帮助更多新兴企业实现更好发展，其"创新国内头部市场化母基金"入选厦门市100个改革创新成果案例。

（三）强化资本运作，积极稳妥开展混合所有制改革

一是深度对接资本市场，整合上下游产业链。2021年，供应链运营板块、城市建设与运营板块分别收购了香港主板上市公司森信纸业集团有限公司和A股上市公司合诚工程咨询集团股份有限公司，在有效延伸产业链、推进国有经济布局优化和结构调整的同时，进一步促进国有资本与非公有资本结合，深化混合所有制改革。

二是持续强化上市公司资本运作。上市公司建发国际投资集团有限公司（简称"建发国际"）、建发物业管理集团有限公司（简称"建发物业"）树立价值导向，结合自身业务情况和资本市场规律建立健全科学有效的市值管理制度。2021年建发国际与建发物业通过定向增发合计实现募集资金约15亿元港币，有效增强上市公司资本实力，提升市场流通性及交

易活跃度。2021年建发国际股价涨幅为46.80%（同期恒生综合指数涨幅为-14.08%），超额收益率为60.88%。建发物业于2020年12月底分拆上市，2021年全年股价涨幅及超额收益率分别达到43.55%和57.63%。

（四）精准施策，健全市场化经营机制

建发集团全面超前完成任期制契约化管理，深化三项制度改革落地。

一是实现市场化用工全覆盖。作为厦门首家实行全员劳动合同制的国有企业，建发集团坚持"一年一聘"的岗位聘任制，坚持人员能进能出、干部能上能下、薪酬能高能低的"三能"理念和绩效导向文化。集团超前完成所属企业经理层成员任期制和契约化管理全覆盖，全面实施职业经理人制度，坚持"能岗匹配"的干部选拔任用原则，形成了一套具有建发特色的选人、育人、用人机制和人才激励与约束机制。2021年，集团及各级子企业公开招聘比例达98.79%，管理人员竞争上岗比例、全员绩效考核覆盖率均达到100%，管理人员末等调整或不胜任退出比例为3.93%。

二是积极开展中长期激励。下属5家企业经梳理具备实施中长期激励条件，其中4家上市公司实施限制性股票激励计划，截至2022年6月底，累计授予数量23756.31万股，累计激励核心骨干2150人次，上述限制性股票激励计划实施后，相关上市公司股价水平及业绩指标得到显著提升。建发集团以正向激励为导向，聚焦核心人才队伍，确保激励约束对等，强化业绩考核和激励水平"双对标"，构建个人与企业利益共享、风险共担的长效机制。

三、改革成效

一是企业规模实力不断增强，效益水平进一步提升。2021年，建发集团整体经营业绩再上新台阶，全年合并营业收入超7000亿元，同比增长62.66%；年末资产规模超6500亿元，同比增长50.78%；利润总额同比

增长26.13%，净利润同比增长26.66%；年度缴纳各种税款超370亿元，同比增长约64.21%。企业规模和效益水平实现同步提升。

二是持续优化组织架构，组织活力进一步提升。通过深化改革，建发集团和下属企业的组织架构进一步精简优化，2021年以注销及转让退出方式清理法人115家，下属企业形成了供应链运营、城市建设与运营、旅游会展、医疗健康、新兴产业投资五大业务板块，子企业协同效应更好发挥，组织活力进一步提升。

三是推进多项改革，促进企业高质量发展。建发集团坚持改革驱动发展，积极推进落实纪检监察体制改革以及国企改革三年行动、对标世界一流管理提升行动等工作，被国务院国资委评为"国有重点企业管理标杆创建行动标杆企业"，并成功入选国企改革"双百企业"名录，企业核心竞争力不断提升，实现以改革推动公司高质量发展。

82

全力推进实施国企改革三年行动
加快打造国际一流国有资本投资公司

深圳市投资控股有限公司

一、基本情况

深圳市投资控股有限公司（简称"深圳投控"）成立于2004年，是深圳市委、市政府深化国资国企改革的重要抓手和深圳市人民政府国有资产监督管理委员会（简称"深圳市国资委"）履行出资人职责的辅助平台，先后经历国企改制退出、事业单位划转整合和转型创新发展3个阶段，现已发展成为以科技金融、科技园区、科技产业为主业的国有资本投资公司。公司注册资本285亿元，拥有全资、控股企业40家，其中上市公司13家。截至2021年底，公司总资产9348亿元、净资产3674亿元；实现营业收入2425亿元，利润总额309亿元，2022年位居《财富》世界500强第372位。国企改革三年行动以来，深圳投控持续深化综合改革，探索构建符合国有资本投资公司运营特点的体制机制，加大授权放权力度、释放企业发展活力，有效践行了企业功能定位和责任使命，推动企业实现高质量发展。

二、经验做法

(一)完善法人治理结构,有效确保专业高效运营

探索建立权责法定、权责透明、协调运转、有效制衡的公司治理机制,打造中国特色现代国有企业制度"投控样本"。

一是坚持把党的领导融入公司治理。党建进章程在全系统378家独立法人企业实现全覆盖,不断巩固党组织在公司法人治理结构中的法定地位。修订完善党委会议事规则和党委研究决定事项清单、党委研究讨论事项清单,有效发挥党委"把方向、管大局、保落实"的领导作用。

二是完善董事会决策机制。全面加强董事会建设,优化战略与预算委员会、提名委员会、薪酬与考核委员会、审计与风险管理委员会4个专门委员会运作程序,重大项目投资、资产重组、业绩考核与薪酬方案制定等重大事项必须经过专门委员会审核把关,为董事会集体决策提供专业意见。

三是保障董事会规范高效运作。深圳投控全面实现本级及所属企业董事会应建尽建、配齐配强和外部董事占多数,聘请知名金融专家、资深律师、财务专家等担任外部董事为企业发展建言献策。在董事会运作中重点把好"时间关、程序关、沟通关、质量关、督办关",全面推进实施卓越董事会建设,强化董事会"定战略、作决策、防风险"的功能作用。

(二)分层分类加大授权放权,有力践行以管资本为主的管控模式

围绕强化企业市场主体地位,分层、分类加大授权放权力度,提高企业经营决策效能。

一是深圳市国资委对深圳投控加大授权力度。深圳市国资委对公司董事会在投资、资本运作、担保3个方面充分授权,确保企业更好履行出资人职责。在投资方面,深圳市国资委将境内主业不超过净资产20%、约

700亿元的投资决策权限授予深圳投控董事会。授权改革后,深圳投控需上报市国资委审批的投资事项减少了93%。

二是深圳投控董事会对执委会和经理层加大授权力度。设立董事会执行委员会作为常设机构,并授予其10亿元以下的项目投资决策权限,董事会决策效率显著提升。在投资、融资、产权变动、借款、担保等11个方面大幅调高经理层的决策权限,将经理层的投资决策额度提高6倍,自主决策公司本部及下属企业2亿元内的投资项目。

三是深圳投控对下属企业加大授权力度。深圳投控借鉴世界一流企业对所属企业"一臂之距"的管控经验,在投资、产权变动、担保、借款、薪酬考核等8个方面,"一企一策"对下属企业授权放权,将商业类企业投资权限额度由5000万元调整到2亿元,房地产企业自主决策不超过净资产50%的投资项目,让企业真正成为自主经营、自负盈亏的市场主体。

(三)深耕市场化经营机制,全面释放企业发展动力活力

秉持市场化运作理念,充分调动参与市场竞争的能动性和创造性,实现公司高质量可持续发展。

一是坚持市场化管控。针对新收购的民营上市公司,探索以管资本方式参与公司治理,建立以章程为根本准则、董事监事履职为重要抓手、重大事项沟通为必备程序以及紧急情形干预为兜底保障的"3+1"治理体系,既维持企业自主经营权和企业家精神,又保证国有股东"不缺位、不错位、不越位",促进国企与民企高效融合发展。控股供应链龙头企业深圳市怡亚通供应链股份有限公司(简称"怡亚通")后,大力支持其战略转型,完善融资管理机制,推动怡亚通重新回到发展快车道。2021年怡亚通实现净利润5.1亿元,同比增长310%。

二是全面推行任期制和契约化管理。按照"市场化选聘、契约化管理、差异化薪酬、市场化退出"原则,推动经理层成员任期制和契约化管

理实现全覆盖。集团总部面向全球选聘职业经理人，新成立的企业一律以市场化方式选聘专业化、国际化人才。持续强化考核刚性约束，依据考核结果兑现薪酬，决定是否续聘。2020年以来，全系统共有6名经理层成员经由企业董事会考核不合格或参与新一届经营班子竞选落聘后退出，有效解决企业高管"能上不能下、能进不能出"的问题。

三是探索差异化考核激励。"一企一策"推动24家符合条件的企业建立长效激励约束机制。金融类企业选取净资产收益率、净利润等经济指标，建立增量分享机制；基金管理公司及房地产企业按照"同股同权、同进同出"的原则实施强制跟投；园区开发类企业建立以完成项目进度节点为目标的激励约束机制；上市公司建立限制性股票等激励机制。

（四）打造专业投资体系，不断筑牢企业核心竞争力的重要基石

按照"权责对等、优势优先、分级决策、高效可控"原则，建立独具特色的投资逻辑，实现企业跨越式发展。

一是瞄准战略"投得准"。结合城市发展需要和自身资源禀赋，通过划转整合和市场并购，从国有资产处置平台成功转型为深圳市属国有资本投资公司。截至2021年底，主营业务资产规模占比92.6%，利润占比98.7%，产业结构更加合理，竞争优势不断凸显。

二是定位清晰"投得好"。重点构建"本部直接投资+产业集团投资+基金群投资"三层投资架构。本部直接投资聚焦战略性、前瞻性重大投资机会；产业集团在产业链上下游进行投资布局，发挥专业平台支撑作用；基金群发挥全生命周期服务优势，承担市场化、专业化投资培育和并购引导作用。发起设立全国首只规模100亿元的深圳天使母基金，投资了600多家种子期、初创期高科技企业，包括2家"独角兽企业"和78家估值超1亿美元的"潜在独角兽企业"。

三是严控风险"投得稳"。构建纪检监察、财务总监、审计、风控、

内控等监督资源协同联动的大监督体系，整合监督资源，提升监督效能。打造由职能业务部门、风险管理部门、审计监督部门组成的风险管理"三道防线"，实现重大风险事前、事中、事后全过程管理，助力企业稳健发展。

三、改革成效

一是经营业绩实现历史性跨越。实施国企改革三年行动以来，深圳投控各项经营指标实现大幅攀升，与2019年相比，2021年公司总资产、净资产、营业收入、利润总额4项指标分别增长34%、20%、22%、23%。2020年成为深圳市属国资首家世界500强企业，2021年世界500强排名较上年提升46位。

二是综合改革实现关键性突破。公司改革经验入选《国企改革"双百行动"案例集》，2021年荣获"中国企业改革发展优秀成果"特等奖，获评"全国国有重点企业管理标杆""全国国有企业公司治理示范企业"。连续2年被国务院国资委称赞为"全国国企改革尖兵""全国改革先进典型"。

三是主责主业实现战略性转型。持续做强做大"科技金融、科技园区、科技产业"三大主业，构建涵盖证券、保险、资管、担保、基金等领域的多功能科技金融服务体系，服务实体经济能力显著提升。加快科技园区建设和海外科创中心布局，开发运营园区50多个，建成建筑面积600万平方米，规划总建筑面积3000万平方米，为产业发展提供多层次空间保障。加大战略性新兴产业培育力度，在半导体、高端制造、新材料、环保科技等领域打造深圳市赛格集团有限公司、深圳市纺织（集团）股份有限公司、深圳市力合科创股份有限公司、深圳市环保科技集团股份有限公司等一批优质企业。

四是国企党建形成示范性效应。践行"跟党一起创业"理念,培育"党建+园区楼宇、产业服务、境外共建、重大项目等"一批特色品牌,深圳投控党委被中共中央授予"全国先进基层党组织"称号。

国资国企改革经验案例丛书

改革攻坚

国企改革三年行动案例集（中）

国务院国资委改革办
国务院国资委研究中心 编

机械工业出版社
CHINA MACHINE PRESS

本书分上、中、下三册，以案例形式系统地总结并展现了中央企业、地方国资监管部门及地方国有企业在国企改革三年行动中的经验做法和改革成效，力求对更多企业提供有益借鉴。本书值得政府领导、国有企业管理者和相关工作人员，以及国资国企改革研究人员等读者阅读。

全书分综合篇和专项篇两篇，其中上册为综合篇，中、下册为专项篇。本册为中册，共收录103个案例，包括完善中国特色现代企业制度、推进国有经济布局优化和结构调整、提升国有企业自主创新能力、积极稳妥深化混合所有制改革四方面专项内容。

图书在版编目（CIP）数据

改革攻坚：国企改革三年行动案例集．中／国务院国资委改革办，国务院国资委研究中心编．—北京：机械工业出版社，2022.12（2024.9重印）
（国资国企改革经验案例丛书）
ISBN 978-7-111-72249-6

Ⅰ．①改⋯　Ⅱ．①国⋯　②国⋯　Ⅲ．①国企改革-案例-中国　Ⅳ．①F279.21

中国版本图书馆 CIP 数据核字（2022）第 253321 号

机械工业出版社（北京市百万庄大街22号　邮政编码100037）
策划编辑：李　鸿　　　责任编辑：李　鸿
责任校对：樊钟英　陈　越　责任印制：刘　媛
涿州市般润文化传播有限公司印刷
2024年9月第1版·第4次印刷
170mm×242mm · 34.75 印张 · 426 千字
标准书号：ISBN 978-7-111-72249-6
定价：320.00元（全三册）

电话服务　　　　　　　　网络服务
客服电话：010-88361066　机　工　官　网：www.cmpbook.com
　　　　　010-88379833　机　工　官　博：weibo.com/cmp1952
　　　　　010-68326294　金　　书　　网：www.golden-book.com
封底无防伪标均为盗版　　机工教育服务网：www.cmpedu.com

目 录

专 项 篇

完善中国特色现代企业制度

1. 发挥考核"指挥棒"作用 助推改革取得实效 加快推动企业高质量发展
中国核工业集团有限公司 …………………………………………… 5

2. 强化董事会战略引领 推动高质量发展取得显著成效
中国船舶集团有限公司 …………………………………………… 10

3. 对标世界一流 聚焦管理提升 建设基业长青世界一流企业
中国石油天然气集团有限公司 …………………………………… 15

4. 推进"三项建设" 完善"三个机制" 不断推进公司治理体系和治理能力现代化
中国海洋石油集团有限公司 ……………………………………… 21

5. 聚焦"三个区别" 打造不同治理结构公司治理范本 推动党的全面领导落实到各环节最基层
中国南方电网有限责任公司 ……………………………………… 26

6. "一张表"厘清治理主体权责边界 推动各治理主体履职尽责
中国南方电网有限责任公司 ……………………………………… 31

7. 以信息化赋能公司治理 推动现代企业制度建设
中国华电集团有限公司 …………………………………………… 36

8	构建"四专三线二支撑"专职董事运行机制 持续推进公司治理体系和治理能力现代化
	中国东方电气集团有限公司 ·················· 40

9	优化管理架构 升级管理体系 迭代升级国有资本投资公司运作模式
	中国宝武钢铁集团有限公司 ·················· 45

10	坚定不移推进外部董事占多数 分步有序发挥外部董事制度的治理效能
	中国建筑集团有限公司 ·················· 51

11	聚焦量化风险管控模式建设 助力多元化集团行稳致远
	招商局集团有限公司 ·················· 56

12	加强党的领导 夯实治理基础 提升治理效能
	华润(集团)有限公司 ·················· 61

13	建设世界一流国有资本投资公司
	华润(集团)有限公司 ·················· 66

14	坚持"四段十六步"对标管理 着力优化运营体系和提升管理能力
	中国国际技术智力合作集团有限公司 ·················· 71

15	选优用好外部董事 配齐建强董事会 推进公司治理体系和治理能力现代化
	中国中车集团有限公司 ·················· 77

16	建立"一库三关四支撑"工作机制 保障子企业外部董事作用有效发挥
	中国铁道建筑集团有限公司 ·················· 82

17	全面加强制度体系建设 有效提升治理效能 筑牢高质量发展基石
	中国交通建设集团有限公司 ·················· 87

18	坚持选优配强 加强服务支撑 更好发挥外部董事行权履职作用
	中国广核集团有限公司 ·················· 92

19	推动数字化和精益化管理变革 打造共享竞合集约高效的"铁塔模式"
	中国铁塔股份有限公司 ·················· 96

20	构建以董事会决策为核心的公司治理体系　坚持市场化改革驱动高质量发展
	中国航空技术国际控股有限公司 …………………… 101

21	对标世界一流　推进管理体系和管理能力现代化
	中国航发沈阳发动机研究所 ……………………… 107

22	聚焦战略引领　勇毅改革创新　磨砻淬砺世界一流省级电网企业
	国网天津市电力公司 ……………………………… 112

23	对标世界一流　深化数字化转型　全面加速企业管理提升
	中国联合网络通信有限公司北京市分公司 ………… 117

24	推进中国特色现代企业制度建设　在完善公司治理中加强党的领导
	天津市人民政府国有资产监督管理委员会 ………… 122

25	攻坚克难　狠抓落实　全面完成国有企业公司制改革任务
	河北省人民政府国有资产监督管理委员会 ………… 127

26	以全链条制度建设为抓手　加强外部董事队伍建设
	江苏省政府国有资产监督管理委员会 ……………… 132

27	以建立"外大于内"董事会运行机制为引擎　推动董事会建设走深走实
	浙江省人民政府国有资产监督管理委员会 ………… 138

28	以全面落实省属一级企业董事会职权为牵引　分层分类推进国有企业经理层职权落实
	江西省人民政府国有资产监督管理委员会 ………… 143

29	强"根"固"魂"促提升　坚持在完善公司治理中加强党的领导
	重庆市国有资产监督管理委员会 …………………… 148

30	创新外部董事选派制度　全力推动国企高质量发展
	贵州省人民政府国有资产监督管理委员会 ………… 153

31	"六位一体"决策工作模式建设与运作	
	潞安化工集团有限公司 ·········	158
32	优化董事结构　完善议事机制　不断推动董事会优质高效运行	
	吉林省国有资本运营有限责任公司 ·········	163
33	推动党的领导与公司治理深度融合　实现企业高质量发展	
	江苏交通控股有限公司 ·········	168
34	立足战略重组　深度融合释放改革红利	
	马钢（集团）控股有限公司 ·········	174
35	对标挖潜强管理　提质降耗增效益	
	福建三钢闽光股份有限公司 ·········	180
36	精准授权　建优主体　强化监督　全面落实重要子企业董事会职权	
	广东粤海控股集团有限公司 ·········	186
37	深化"双百"改革　提升治理效能　厚植高质量发展新优势	
	广州汽车集团股份有限公司 ·········	191
38	加强董事会建设　完善公司治理结构	
	海南省建设集团有限公司 ·········	196
39	对标一流　体系化数字化赋能高质量发展	
	重庆农村商业银行股份有限公司 ·········	200
40	百舸逆流争跨越　改革图新正当时	
	西藏高争民爆股份有限公司 ·········	205
41	加强党的领导　明晰权责清单　完善中国特色现代企业制度改革实践	
	陕西钢铁集团有限公司 ·········	211
42	持续完善公司治理　优化升级集团管控　全面加强集团公司治理体系和治理能力建设	
	酒泉钢铁（集团）有限责任公司 ·········	216

43	先行先试　善治而为　"深改"助推高质量发展
	新疆生产建设兵团国有资产经营有限责任公司 …………… 222
44	构建全面对标指标体系　助推实现高质量发展
	大连华锐重工集团股份有限公司 …………………………… 227

推进国有经济布局优化和结构调整

1	坚持战略引领　聚焦主责主业　多措并举打好"瘦身健体"组合拳
	中国石油化工集团有限公司 ………………………………… 233
2	全面高效盘活存量资产　为企业高质量发展提供有力支撑
	国家电网有限公司 …………………………………………… 238
3	深入推进整合融合　充分发挥重组优势　全力做好能源保供　打造现代能源产业链链长
	国家能源投资集团有限责任公司 …………………………… 243
4	扎实推进"三供一业"分离移交工作　切实维护企业和社会和谐稳定
	中国联合网络通信集团有限公司 …………………………… 248
5	聚焦主责主业　强力"瘦身健体"　加快打造国家网信产业核心力量和组织平台
	中国电子信息产业集团有限公司 …………………………… 253
6	多措并举"瘦身健体"　加速推动战略转型
	东风汽车集团有限公司 ……………………………………… 258
7	因企施策　多措并举　以减亏治理助推企业高质量发展
	中粮集团有限公司 …………………………………………… 263
8	优化布局结构　强化专业整合　在构建新格局中展现新担当新作为
	中国通用技术（集团）控股有限责任公司 ………………… 268
9	用心用情　多措并举　全力推进退休人员社会化管理工作
	中国旅游集团有限公司 ……………………………………… 274

10	助力中央企业加快推进"两非""两资"剥离工作
	中国诚通控股集团有限公司 ········· 279

11	坚持系统集成　深化业务重组　着力推进企业高质量发展
	中国中车集团有限公司 ········· 284

12	以"减"促增　以"改"提质　聚焦发展主赛道　打造世界一流建筑央企
	中国交通建设集团有限公司 ········· 290

13	强管理促提升　调结构增实效　持续深化"瘦身健体"　夯实高质量发展根基
	中国医药集团有限公司 ········· 294

14	优布局　助改革　构筑航空特色资产管理模式
	中航资产管理有限公司 ········· 299

15	坚持改革创新　实施区域管理　在创新竞进中推动企业高质量发展
	国家管网集团西部管道有限责任公司 ········· 304

16	以重组整合为抓手　推动出资企业高质量发展
	黑龙江省人民政府国有资产监督管理委员会 ········· 309

17	坚持系统推进靶向攻关　"两非""两资"清理整合取得显著成效
	江苏省政府国有资产监督管理委员会 ········· 315

18	布局优化　创新驱动　三化转型　切实发挥"江淮柱石"战略支撑作用
	安徽省人民政府国有资产监督管理委员会 ········· 321

19	大力实施国有企业重组整合　勇当河南"两个确保"的开路先锋
	河南省人民政府国有资产监督管理委员会 ········· 327

20	树立一盘棋思想　推动专业化整合
	广东省人民政府国有资产监督管理委员会 ········· 331

21	盘活存量　增强能量　做大总量　推动国有资本向重要行业和关键领域集中
	甘肃省人民政府国有资产监督管理委员会 ········· 336

22	"瘦身健体"优结构　提质增效促发展	
	河北港口集团有限公司	342
23	融入国家战略　激发改革活力　高质量建设"轨道上的江苏"	
	江苏省铁路集团有限公司	347
24	强力推进港口一体化改革　加快建设世界一流的海洋港口	
	山东省港口集团有限公司	352
25	走新时代高质量发展之路　扎实推进集团专业化整合成势见效	
	蜀道投资集团有限责任公司	358
26	聚焦战略重组　优化结构调整　在深化国企改革中打造一流交通企业	
	陕西交通控股集团有限公司	363

提升国有企业自主创新能力

1	完善科技创新管理机制　加速推进航天强国建设	
	中国航天科技集团有限公司	371
2	加快打造领先创新力　支撑航空科技高水平自立自强	
	中国航空工业集团有限公司	376
3	心怀"国之大者"　服务国家战略　全面深化科技体制机制改革	
	中国石油化工集团有限公司	381
4	打造科技改革第一引擎　激发创新发展第一动力　加快培育高质量发展新动能	
	中国海洋石油集团有限公司	387
5	全面深化改革　助力打造国家战略科技力量　探索自主创新的"三峡模式"	
	中国长江三峡集团有限公司	392
6	以体制机制改革推动科技创新　构筑科技自立自强高地	
	中国移动通信集团有限公司	397

7	深化分类改革　助推企业创新驱动高质量发展
	有研科技集团有限公司 ………………………………… 402

8	"四个精准"推动科技创新体系化能力提升
	中国电子科技集团公司第十四研究所 …………………… 407

9	构建"开放式创新"体系　加快国有科技型企业改革创新步伐
	中电海康集团有限公司 …………………………………… 412

10	践行国家三代核电自主化战略　促进核能科技高水平自立自强
	上海核工程研究设计院有限公司 ………………………… 417

11	深化体制机制改革　激发创新活力动能　科技引领助力产业高质量发展
	中国电子工程设计院有限公司 …………………………… 422

12	坚持自主创新　铸就时速 600 公里高速磁浮交通系统国之重器
	中车青岛四方机车车辆股份有限公司 …………………… 427

13	搭乘国企改革东风　激活科技创新春水
	中铁工程装备集团有限公司 ……………………………… 432

14	创新科研体制机制　厚植科技创新动能
	陕西烽火电子股份有限公司 ……………………………… 437

15	科技创新赋能高质量发展新篇章
	宁夏农垦集团有限公司 …………………………………… 442

积极稳妥深化混合所有制改革

1	混资本　优治理　改机制　强管理　积极稳妥探索市场化混改之路
	国家开发投资集团有限公司 ……………………………… 449

2	发挥国家级基金桥梁纽带作用　助力混合所有制经济发展
	中国诚通控股集团有限公司 ……………………………… 454

3　深度转换经营机制　推动混改走深走实
　　中国建材集团有限公司 ……………………………………………… 459

4　稳妥地"混"　深度地"改"　以高质量混改激发企业发展新动能
　　中国交通建设集团有限公司 …………………………………………… 465

5　以"混资本"促"改机制"　激发企业发展新动能
　　中国华能集团有限公司江西分公司 …………………………………… 470

6　以"混"促"改"　变革突围　"冶金设计摇篮"闯出发展新天地
　　鞍钢集团工程技术有限公司 …………………………………………… 476

7　强化战略引领　扎实推动混改　培育新型现代国际航空物流企业
　　中国国际货运航空有限公司 …………………………………………… 481

8　深化制度建设　创新党建引领　以"混"促"改"谋高质量发展
　　东方航空物流股份有限公司 …………………………………………… 486

9　改机制　强激励　激活力　以混改促发展
　　南方航空物流有限公司 ………………………………………………… 491

10　强化战略协同　激活内生动能　以"混"促"改"质效双升
　　中咨海外咨询有限公司 ………………………………………………… 496

11　"三维立体"推混改　迈向全面市场化　积极探索"双碳"战略下机电企业发展新途径
　　中车株洲电机有限公司 ………………………………………………… 501

12　扎实推动混合所有制企业深度转换经营机制
　　山东省人民政府国有资产监督管理委员会 …………………………… 507

13　锐意改革"燃"希望　破茧成蝶"气"远行　引入积极股东提升可持续发展能力
　　滨海投资有限公司 ……………………………………………………… 512

14　深入推进实施"双百行动"　激发企业活力

辽宁省交通规划设计院有限责任公司 …………… 517

15 混资本活机制　做强做优战略新兴产业
吉林碳谷碳纤维股份有限公司 …………… 523

16 实施"上市公司+"战略　高效能推进经营机制转换
武汉商贸集团有限公司 …………… 528

17 乘风破浪　改革正当时
新疆新能源（集团）有限责任公司 …………… 533

18 积极稳妥深化混改　激发企业创新活力
厦门象屿集团有限公司 …………… 537

专 项 篇

完善中国特色现代企业制度

发挥考核"指挥棒"作用 助推改革取得实效 加快推动企业高质量发展

中国核工业集团有限公司

一、基本情况

中国核工业集团有限公司（简称"中核集团"）是国家核科技工业的主体，国家战略力量的核心，国家核能发展与核电建设的主力军，拥有完整的核科技工业体系，肩负着国防建设和国民经济与社会发展的双重历史使命。中核集团以习近平新时代中国特色社会主义思想为指导，认真落实党中央、国务院关于深入实施国企改革三年行动重大决策部署，把强化考核作为深化改革、激发活力的强劲引擎，狠抓改革取得实效，助力企业实现高质量发展。中核集团发挥考核导向作用，建立靶向发力、纵横推进的三维立体改革考核体系；深化过程推动，紧密结合督导督办、监督巡视、荣誉体系三个维度，形成"三位一体"的推进机制；夯实组织保障，抓好协同体系、制度建设、信息化平台三个"着力点"，深入落实精细化管理模式。

二、经验做法

（一）建立三维改革考核体系，把好改革发展"方向盘"

一是以专项考核靶向发力。建立健全中核集团改革三年行动考核实施方案，结合重点任务考核指标，对2021年底阶段完成情况、2022年底总体完成情况进行考核。考核双向发力、同步推动，对总部有关部门采用督办形式，考核结果纳入部门绩效考核；对成员单位采用考核形式，考核结果与成员单位MKJ考核挂钩，考核优秀的单位给予适当加分，考核不合格的单位予以相应减分，并将深化改革作为领导班子述职的重要内容。设立专项考评机制，采用督办、评估、通报等多种形式，攻坚改革重点任务，以考核评估促进改革工作走深、走实。

二是以目标考核激励体系（MKJ）考核纵向深入。将改革三年行动、对标管理提升等改革内容作为重点任务指标，纳入目标考核激励体系。坚持战略规划导向，将推动改革发展成效与领导班子年度综合考核评价、薪酬等建立有效关联，改革创新作为领导班子年度综合考核评价的重要指标（指标权重达到15%）。设立核盈共享计划和奖励基金，专项激励在"做强做优，世界一流"过程中业绩卓越的团队或个人。各二级单位做好压力传导，结合工作实际抓好考核落头，通过"军令状"提升落头"加速度"。

三是以部门考核横向推动。聚焦深化改革重点任务和管理效率提升目标，结合部门职能定位和工作基础，将改革重点任务分解到总部有关部门，实现部门绩效目标与集团公司发展目标高度一致。采用季度监控、半年考核和年度考核的方式，将改革考核作为部门任务指标。通过业务能力、执行力、协作配合、创新管理和服务意识五方面开展多维度测评，并与部门绩效工资挂钩。考核绩效目标贯彻过程管控全流程，并对执行过程进行纠偏、督促和不断调整优化。

（二）形成"三位一体"推进机制，用好实效"助推器"

一是加强督导督办。严抓顶层设计，成立由党组书记、董事长担任组长的领导小组，定期召开专题会议，专门听取改革进展情况，统筹研究和协调解决改革过程中遇到的重大问题和难点问题，审议专项重大改革方案和相关配套政策；结合职责分工，各党组成员牵头负责各项改革重点任务，并进行指导和督促。对于行动迅速、真抓实干的，予以表扬和宣传；对进展慢、成效差、走过场的，由纪检监察组组长、集团分管领导约谈其主要负责人；对改革成效不显著的予以通报。

二是结合监督巡视。以有力的政治监督，保障改革重点任务有效开展，建立纪检监察组和重点监督单位协调联动监督机制，以党组巡视工作为契机，将深化改革工作成效列为巡视监督重点。2021年，集团党组开展四轮巡视，对97家一、二类成员单位和12个总部有关部门进行了巡视，通过问卷调查、个别谈话、走访调研等多种形式，深入了解贯彻落实党中央深化国企改革决策部署、推进改革三年行动等重点改革任务情况，查找贯彻落实过程中存在的偏差。充分发挥巡视政治监督作用，将查摆问题列入整改清单，结合"回头看"定期检查整改成效。通过审计工作，护航改革发展，确保改革工作依法合规开展。

三是构建荣誉体系。结合党史学习教育，大力弘扬"强核报国、创新奉献"的新时代核工业精神，通过选优评优，形成推动企业改革创新发展的强大精神动力。设立管理创新创效奖、业绩突出贡献奖为A级荣誉项目，深化改革先进集体、深化改革先进个人为B级荣誉项目。对在改革三年行动中做出突出贡献的团队或个人进行表彰奖励，以提升员工价值理念认同，激励员工干事创业热情。组织开展中核集团管理创新成果评审，促进提质增效、专项升级、高质量发展，总结提炼现代企业改革管理的好经验、好方法。

（三）推进"精细化"管理，做好组织保障"加油站"

一是着力完善考核协同体系。建立并完善改革三年行动考核协同机制，总部各部门结合相关重点改革任务研究考核指标和考核规则，对各二级单位进行考核，通过日常调研、抽查等方式评估改革实效，形成单项考核结果；综合部对总部部门重点改革督办任务进行考核评分；改革办在总部督办和成员单位单项考核结果的基础上，提出总体考核结果；经营管理部将总体考核结果分别纳入总部部门绩效考核及各二级单位MKJ考核中；人力资源部将考核结果应用到个人及单位领导班子和领导人员综合考核评价中。

二是着力健全制度保障。结合总部各部门职责分工，持续建立健全专项改革考核制度和指导意见。针对三项制度改革，建立健全以《加快推进三项制度改革的指导意见》为主体，配套"六能"机制建设为辅的"1+15"制度，制定评估指标及计分细则，将考核结果与负责人考核等挂钩；针对科研院所薪酬改革，下发《中核集团所属科研院所薪酬改革的指导意见》，通过改革"回头看"，持续建立健全长效化的评估机制；针对科研院所改革，建立完善科研院所改革成效评估的指标体系和考评办法，综合考量改革举措、创新能力、成果转化、人员管理及人才培养、发展质量五方面，以评促改、精准施策，针对问题开展督导和整改。

三是着力搭建信息化平台。组织开发并运行了中核集团改革三年行动线上督办系统，将改革三年行动、对标提升行动、"双百行动"、"科改示范行动"等纳入督办系统。充分利用信息化系统，梳理总结工作进展，对进度滞后的任务实现可视化预警并及时进行督办；结合月例会工作机制，通报改革各项工作任务最新进展情况，并对进展风险进行预判，保障深化改革各项任务有序推进。高度重视数据报送工作，严格审核把关，以确保报送数据真实有效。

三、改革成效

一是发挥考核"组合拳"作用，深化改革取得的显著成效。《红旗文稿》2022年第5期首篇刊发了余剑锋董事长署名文章《以国企改革三年行动推动加快建设世界一流企业》;中核集团作为唯一中央企业代表,在中组部组织召开的贯彻落实中央人才工作会议精神座谈会上做经验汇报;5个标杆入选了国务院国资委管理标杆创建行动名单(中核集团是入选标杆数量最多且入选范围全覆盖的5家央企之一);有关薪酬激励、改革考核体系、配齐建强专职董事队伍、对标管理提升等成功经验在国务院国资委相关会议上进行交流;国企改革三年行动简报刊发了中核集团改革考核、管理部门人员量化考核、中国铀业有限公司改革经验等典型案例。

二是锚定国务院国资委工作要求,改革三年行动取得积极进展。中核集团改革事项多、任务重,其中涉及子企业家数多、覆盖面广,董事会建设、落实董事会职权、任期制和契约化等重点改革任务数量是中央企业平均水平的2~3倍。在国务院国资委党委的指导下,中核集团从讲政治的高度狠抓改革三年行动,积极探索、主动作为,2021年中核集团改革三年行动重点任务和举措完成率均超过90%,超额完成国务院国资委的目标要求。

三是以高质量发展为目标,加快产业经济发展步伐。2021年,中核集团营业收入同比增长9.6%,利润总额同比增长12.4%,连续16年获得国务院国资委经营业绩考核A级,世界500强排名大幅跃升至371位。全年核电发电量同比增长17%,19台机组WANO指数满分,运行业绩迈入世界先进行列。海内外"华龙一号"首堆全面建成,创造全球第三代核电首堆建设最佳业绩,田湾7/8号、徐大堡3/4号核电机组开工建设,树立了全球核能合作典范。

2

强化董事会战略引领
推动高质量发展取得显著成效

中国船舶集团有限公司

一、基本情况

中国船舶集团有限公司（简称"中国船舶"）是由原中国船舶工业集团有限公司和原中国船舶重工集团有限公司联合重组成立的特大型军工央企，是我国海军武器装备建设的主体力量、船舶工业的骨干力量、装备制造业的重要力量、海洋装备发展的引领力量，致力于建设世界一流船舶集团。中国船舶深入贯彻习近平总书记关于构建世界一流船舶集团系列重要指示批示精神，认真贯彻落实党中央、国务院决策部署，深入推进国企改革三年行动，加快中国特色现代企业制度建设，特别是强化集团公司董事会在推动深化改革和高质量发展中的战略引领作用，即着眼世界一流、谋划战略方向，聚焦战略规划、推进深化改革，突出体系管控、强化战略执行，推动集团公司发展质量和效益持续提升。

二、经验做法

（一）着眼世界一流，谋划战略方向

一是领会精神明方位。深入学习领会习近平总书记对组建中国船舶的

重要指示精神，确立了"引领行业发展、支撑国防建设、服务国家战略"的企业使命，明确了构建世界一流船舶集团的战略目标，致力于引领海洋装备发展，履行强军首责为世界一流海军提供一流装备，争做服务海洋强国、制造强国、科技强国等国家战略的排头兵。

二是对标一流找差距。着眼世界一流的关键指标，选取韩国现代重工、日本三菱重工、美国通用动力等5家世界一流船舶企业，从规模与效益、产品与市场、技术创新等六大方面、135项指标进行全面对标、找差距，从中确定了90项关键对标领域，并明确了构建世界一流船舶集团的努力方向。

三是凝聚智慧定战略。中国船舶董事会把制定高质量发展战略规划作为重大任务，发布高质量发展战略纲要，确立新集团公司三项企业使命、三步走战略目标、四大产业方向、八大发展方略。制定实施"十四五"发展规划，确立新集团公司高质量发展第一步战略的路线图和施工图。制定实施重组整合总体方案，确立推进两船重组整合的总体思路、时间表和路线图。制定实施全面深化改革三年行动实施方案，确立集团公司落实国企改革三年行动的思路、目标、举措和工作计划。

（二）聚焦战略引领，推进深化改革

一是引领组织变革。按照打造战略型、牵引型、服务型总部和充分发挥成员单位市场主体作用的战略要求，董事会研究提出构建"集团总部—成员单位"两级管控体系，明确了集团总部作为战略规划中心、重大投资和资本运营中心、重大资源配置中心、重大工程管理中心、运营监控和绩效评价中心、重大风险管控中心的职责定位，对防务产业和船海产业实施"战略＋运营"管控，对科技应用产业和船海服务业实施"战略＋财务"管控。

二是引领机制创新。深化军工体制机制创新，推动实施军品管理体制

改革，围绕完善重大工程管理、装备全寿命周期保障、顶层策划研究、重大项目论证，组建工程管理中心、装备保障中心、未来发展研究中心和规划发展中心；强化民船集中接单、物资集中采购、财务集中管理制度，出台主建船型指导意见和船海产品升级计划，避免内部无序竞争，推进转型升级。设立应用产业专业平台、实施应用产业特优专项和专精特新创业培育专项，完善非优势产业退出和产业链协同发展机制，加快应用产业发展。

三是引领资源整合。重组初期，中国船舶造修船企业达到13家，产能明显过剩。地区公司8家，市场化程度低，区域内资源普遍"小、散、弱"。董事会明确要强化专业化重组、区域化整合，多次开展专题调研，组织编制了"造修船生产能力优化调整"和"区域化整合实体化改革"两个专项方案，力争"十四五"期间将造修船产能压减25%。2020年以来通过重组整合、吸收合并、压减和"两非"剥离等改革举措，二级单位数量由两船重组时的147家降至103家，压减子企业50家。

四是引领科技创新。董事会把科技创新作为重要战略举措，强调实施重大科技专项，引领和带动科技创新系统突破，如深海空间站、深海矿产开发等列入国家重大科技专项，支撑海洋强国和造船强国建设。围绕海洋装备等重点领域打造原创技术策源地，牵头联合8家央企集团和上海市组建中国海洋工程装备技术发展有限公司，打造海工装备创新发展国家队；整合船舶行业研发设计优势资源，组建海舟系统技术有限公司，发展船舶工业软件。

（三）突出体系管控，强化战略执行

一是完善战略制度。董事会组织制定《集团公司发展战略和规划管理规定》，确立了集团公司战略规划体系，明确战略规划的管理机构和职责、编制程序和要求、组织实施、评估与调整等重要事项，为战略规划实施提

供制度保障。注重外部战略资源导入，出台《集团公司对外战略合作管理办法》，强化外部战略合资合作，助力集团公司战略落地。

二是做好战略分解。横向分解为中国船舶总体战略规划、各产业方向和各专项领域的战略规划、各成员单位的战略规划等三层战略规划，纵向分解为中长期发展战略、五年发展规划、三年滚动规划（三年行动计划）等三类战略规划。"十四五"已发布集团公司高质量发展战略和"十四五"规划，防务产业、船海产业、应用产业、船海服务业四大产业领域专项规划以及科技创新、人力资源、财务金融、资本运营等10个职能领域专项规划，组织76家成员单位制定战略纲要和91家成员单位制定"十四五"规划，构建起了较为完整的战略管理体系。

三是注重战略评估。落实中国船舶战略规划管理规定，建立战略评估和规划中期调整机制。日常工作中，董事会把及时发现和纠正战略执行中的偏差作为重要内容，特别是注重发挥外部董事调研督导作用，将成员单位贯彻落实集团战略情况作为调研首要内容。两年多来，董事会组织外部董事开展基层调研20次，涉及17个省市74家成员单位，指导督促成员单位在落实集团战略中找准方向、细化举措，确保战略一贯到底。2023年，中国船舶将组织开展战略和规划中期调整，将新形势、新情况、新要求融入战略规划，确保战略规划与时俱进，以符合中国船舶发展实际。

三、改革成效

一是综合发展实力进一步增强。军工发展实现重大突破，一批国之重器按期保质完成。2021年4月23日，习近平总书记出席长征18号艇、大连舰、海南舰三型主战舰艇交接入列仪式并登上舰艇视察。2022年前4个月超额完成全年接单目标，中高端船型占比达84.6%，超大型集装箱船市场份额为23.6%，大型LNG船接单首次超过韩国现代重工集团居全球首位，全球占比达45.5%；首制大型邮轮总体进度完成70%以上。新接订单量、完工交付量和手持订单量的全球市场份额均超过20%，连续稳居世界第一。

二是经营业绩创历史最好水平。2021年，实现利润总额同比增长24.5%、净利润同比增长27.7%，与两年前重组之初相比，集团利润总额、净利润增长均达64%；经营承接量创2008年以来历史新高，批量承接集装箱船660亿元，占全球份额达31%。连续3年获中央企业经营业绩考核A级，获得2019—2021年任期考核A级，连续两年获中央企业党建工作责任制考核A级，获中央企业改革三年行动2021年度考核A级。

三是科技自立自强取得显著成果。打造原创技术策源地卓有成效，承担海洋装备等4个领域建设任务。深海养殖工厂创新工程、绿色长江创新工程、船用低速机等项目取得积极进展，获得高技术船舶科研"十四五"计划中全部6项重大专项牵头任务。2021年，发布国际标准9项、国家标准30项；专利申请同比增长10.4%，发明专利同比增长10.3%。

四是精细化管理水平显著提升。2021年，全员劳动生产率同比增长12.2%；生产效率大幅提升，提前1个月完成全年交船目标，创造20年来的历史纪录；成本费用占收入比重同比下降0.51%，"两金"占比为33.17%，其中非正常"两金"较2019年压降64%；质量问题数量同比下降55.5%；成功入选国务院国资委首批国有企业公司治理示范企业。

3

对标世界一流　聚焦管理提升
建设基业长青世界一流企业

中国石油天然气集团有限公司

一、基本情况

中国石油天然气集团有限公司（简称"中国石油"）是国有重要骨干企业和全球主要的油气生产商和供应商之一，是集国内外油气勘探开发和新能源、炼化销售和新材料、支持和服务、资本和金融等业务于一体的综合性国际能源公司，在国内油气勘探开发中居主导地位，在全球30多个国家和地区开展油气投资业务。2022年，中国石油在《财富》世界500强排名中位居第4位，在《石油情报周刊》世界最大50家石油公司综合排名中位居第3位。

中国石油以习近平新时代中国特色社会主义思想为指导，深入贯彻落实国务院国资委部署要求，紧紧围绕建设基业长青世界一流企业目标，将对标提升行动与推进公司治理体系和治理能力现代化、深入实施国企改革三年行动方案、创建世界一流示范企业等紧密结合，坚持"以对标促提升、以提升强对标"，采取务实管用的针对性工作措施，不断提升公司管理的规范化、标准化和科学化水平。

二、经验做法

中国石油党组高度重视对标提升行动，积极动员部署、扎实组织推进，通过构建闭环机制、加强精准对标、发挥示范引领、推动能力提升，促进了对标提升行动深入、有序、高效开展。

（一）加强组织、协调推进，构建对标提升闭环机制

一是加强组织领导，明确目标任务。成立以集团公司董事长为组长、总经理为副组长的中国石油对标提升行动领导小组，召开对标提升行动视频启动会、领导小组会、工作推进会，围绕战略管理、组织管理、运营管理、财务管理、科技管理、风险管理、人力资源管理、信息化管理8个方面，制定36项工作任务，确定104项工作成果，综合形成对标提升行动实施方案和工作清单。130家子企业按照工作部署要求，组织推进落实，加强协调督导，成立以本企业主要领导为组长的领导小组，围绕战略管理等8个方面制定提升任务，明确工作成果，形成行动计划和工作清单，共制定提升任务3594项、确定工作成果5669个。

二是加强过程管控，扎实推进落实。明确责任人和时间节点，督导推进各单位开展对标提升行动，通过对标管理信息化平台，动态掌握推进落实情况，及时发现对标提升工作中存在的问题，对对标质量不高、任务进度滞后、成果完成率较低的单位进行督促，确保措施可操作、指标可量化、过程可追溯、节点可控制。子企业搭建对标提升行动工作网络，将对标提升行动与月度工作安排、生产经营分析等有效结合，加强定期督导和日常协调，逐项跟踪任务进展，每季度上报对标提升行动进展情况，梳理存在的问题和工作亮点，推动对标提升行动走深走实。

三是加强督导考核，形成管理闭环。定期通报对标提升行动进展情况，对"对标分析完成率""提升任务推进进度"和"工作成果完成率"

3项指标进行统计排名。将对标提升行动完成情况与各单位年度考核挂钩，对对标提升行动组织有力、管理提升措施落实到位的单位，予以一定的激励，形成"月跟踪、季排名、年考核"的工作机制以及"常态对标、过程督导、定期评估"的闭环管理模式。

（二）锚定一流、精准对标，建立完善各层级对标指标体系

一是瞄准国际先进，开展横向对标。集团公司层面选取世界一流企业和行业领先企业为标杆，查找差距短板，加大提升力度，发布集团公司年度对标分析报告；130家子企业以集团公司常态化对标工作指导意见为指引，构建了符合自身业务特点的对标指标体系，平均每家对标指标24个，以财务指标和生产经营指标等定量指标为主，涵盖收入、成本、效率等方面，其中近80家子企业选择了100余家领先企业进行对标。

二是瞄准历史最佳，开展纵向对标。集团公司层面选取10年数据开展自我对标，分析历史趋势，总结自身既往的最佳管理实践。九成以上子企业通过对比近2~3年的自身历史数据，查找优势与劣势，明确提升潜力，找准着力点。

三是全面自我诊断，开展内部对标。创建以盈利能力、竞争能力、可持续能力、抗风险能力为核心的企业发展能力评价框架和指标体系，对110多家所属企业进行全面体检和综合评价，发布集团公司发展能力评价报告和各子企业分户报告。

（三）创建标杆、交流经验，发挥先进典型示范引领作用

一是积极遴选推荐，入选国务院国资委管理标杆。根据国务院国资委"国有重点企业管理标杆创建行动"要求，中国石油依照管理标杆标准，制定并形成工作方案，精心选择创建企业和项目，分层分类总结提炼管理提升成功经验，组织形成推荐材料和管理案例。长庆油田分公司、独山子石化分公司、东方地球物理勘探有限责任公司入选国务院国资委标杆企业，以金融资源集约化为核心的司库管理体系、"一带一路"油气合作战略管理入选国务院国资委标杆项目，入选标杆总数位居央企前列。

二是积极评先选优，组织创建各层级管理标杆。在总部部门、专业公司推荐基础上，综合确定大庆油田有限责任公司、吉林石化分公司、甘肃销售分公司等17家企业为集团公司管理标杆企业，"油公司"模式、油气工业互联网平台等9个项目为集团公司管理标杆项目。积极推动子企业内部管理标杆选树工作，确定了采油厂、车间、油站油库、班组等不同类型的管理标杆，分享基层的优秀管理经验，促进管理水平的提升。

三是积极共享推广，组织开展经验交流。总部设立对标分析平台开发与应用等多项管理创新研究与实践项目，组织开展以对标管理、管理提升等为主题的管理创新成果总结评审，举办企业改革管理讲堂，设立管理创新专栏，炼油化工与新材料分公司、销售分公司分别召开专题研讨会，围绕对标发现问题，深入研讨提升措施，交流对标提升经验，充分发挥了最佳管理实践的典型带动作用。

（四）重点突破、全面提升，推动各项管理举措落实落地

一是提升科学管控能力。完成总部组织体系优化调整。组建四大业务板块（子集团），将集团公司所属专业公司、企业、直属科研机构等按照业务属性归口到相应业务板块（子集团）。制订油气田、炼化、销售业务生产组织模式创新指导性实施大纲，明确企业各层级功能定位、扁平化管理方式和分类建设路径，规范指导企业层级设置。

二是提升价值创造能力。建立完善基于月、季、年"三个三"滚动预算的三级预算管理体制，持续完善公司整体价值最大化的油气价值链预算管理模型。持续推进资金集中管理，优化结算路径，清理冗余账户，保障资金池平稳运行。坚持事前算赢、事中控制、事后评价，有效管控成本费用。持续深化提质增效和亏损企业治理，全力打造提质增效"升级版"。

三是提升系统集成能力。以产业链整体效益最大化为目标，强化一体化统筹，提升油气业务链协同优化能力，着力推动主营业务数字化转型、智能化发展，打造数字油气田、智能炼厂、智慧加油站、智能工程。加快完善共享服务体系，加强数据治理，推进数据共享和集成应用，充分利用先进技术为客户提供质量高、成本低、体验佳的共享服务。运用新一代信息技术，加快发展数字产业，构建多方参与、开放共享的智慧能源与化工产业生态圈，以技术赋能加速新业务、新业态发展。

三、改革成效

中国石油以对标提升行动为契机和抓手，推动提高效率效益和竞争力，取得良好成效。

一是以管理制度为抓手，完善了管理体系、夯实了管理基础。公司决策、执行、监督等各方面各层级制度逐步建立健全，制度质量逐步提高、执行力不断增强，符合中国特色现代企业制度要求和企业实际的制度体系日趋完善，管理基础不断夯实，管理能力明显增强。总部层面制/修订各类管理制度27项，各类标准、规范、指引31项；子企业层面制修订各类管理制度1069项，各类标准、规范、指引142项。

二是以管理指标为抓手，实现了管理提升、提高了管理效率。公司八大领域的管理效率效果均有不同程度的改进提升，2021年规划年度综合完成率、规划咨询评估覆盖率、规划符合率分别为91%、100%、81%，比对标提升行动工作清单中制定的目标值分别高出6个、15个和1个百分点；压减二三级机构6.4%，员工总量同比减少5.1万人，全员劳动生产率同比提升超过20%；物资采购资金节约率超过10%、同比提高约5个百分点，物资库存周转次数约12次、同比提高3次；自营天然气完全成本控制在800元/千方以内，服务保障业务实现百元收入营业成本稳中有降；有效发明占比从2020年的36.98%提高到2021年的41.34%。

三是以经营业绩为抓手，提升了经济效益、彰显了社会责任。2021年公司经营业绩创造新的里程碑，实现营业收入28073亿元，达到历史最好水平；实现利润总额1665亿元、净利润1003亿元，分别为近8年和近7年以来最好水平。营业收入利润率、净资产收益率分别为近10年和近7年以来最好水平，全员劳动生产率达到历史最好水平。国内油气生产再创新高，原油、天然气产量均超计划运行，积极为"端稳能源饭碗"做出新贡献；海外油气产量当量同比增长；炼化业务积极应对产销形势变化，调结构、保运行、强协同成效明显；成品油、天然气和化工产品销售全面向好。

4

推进"三项建设" 完善"三个机制"
不断推进公司治理体系和治理能力现代化

中国海洋石油集团有限公司

一、基本情况

中国海洋石油集团有限公司（简称"中国海油"）于1982年2月正式成立，是我国最大的海上油气生产企业，现有员工约9万人，资产总额达1.3万亿元，主要业务包括油气勘探开发、工程技术服务、炼化及销售、天然气及发电、金融服务五大板块，累计生产油气13.4亿吨油当量，炼油乙烯生产能力居国内第3位，LNG进口量占全国的60%。中国海油为保障国家能源安全做出了积极贡献。

中国海油以习近平新时代中国特色社会主义思想为指导，深入贯彻"两个一以贯之"要求，坚持把党的领导融入公司治理，推进战略型、规范型、监督型董事会"三项建设"，完善外部董事履职保障、经理层履行职权、所属企业董事会建设"三项机制"，推动公司治理水平持续提升。公司连续18年获得央企负责人经营业绩考核A级，2022年2月被国务院国资委评为"国有企业公司治理示范企业"。

二、经验做法

（一）紧密围绕"把党的领导融入公司治理"主线，充分发挥党组织的领导作用

坚持把党的领导融入公司治理各环节，做到组织落实、干部到位、职责明确。

一是推进"党建入章"，把党组织的领导地位"立"起来。中国海油及独资全资控股子企业全部完成党建入章，做到了应进必进，确立了各级党组织在企业决策、执行、监督各环节的法定地位。

二是完善领导体制，把党组织的领导权威"树"起来。中国海油及所属子企业坚持"双向进入、交叉任职"的领导体制，全部实现党组织书记和董事长"一肩挑"，由党员总经理（总裁）担任党组织副书记、董事，配备专职副书记专责抓党建工作并担任董事，其他经理层成员担任党组织班子成员，把党组织嵌入公司治理结构之中，充分发挥党组织的领导作用。

三是规范前置研究，把党组织的把关责任"扛"起来。中国海油及所属子企业全部制定党组织前置研究讨论重大经营管理事项清单及运行机制，做到总揽不包揽、协调不替代、到位不越位。

（二）推进"三项建设"，全面提升董事会建设质量

一是推进"战略型"董事会建设，不断提升战略引领力。中国海油发布"五个战略"（创新驱动、国际化发展、绿色低碳、市场引领、人才兴企）以后，2021年中国海油5名外部董事分别担任"五个战略"专项组组长，牵头组织"五个战略"专项研究，召开年度战略研讨会，部署战略研究实施方案，制订年度工作计划，围绕科研体制创新、绿色低碳发展、市场营销布局、海外风险防控等专题，分别6次听取专题汇报和开展座谈交流，研判宏观形势，分析矛盾问题，明确研究思路，提出管理建议，指导和督促"五个战略"落实到"十四五"发展规划、年度生产经营计划、重大投资项目之中，提升了中国海油战略管理水平，为深化"战略型"董事会建设探索了有效途径。

二是推进"规范型"董事会建设，不断提升制度约束力。全面修订中国海油"一章、两制、八规则、四清单"，持续完善公司治理制度体系。厘清集团党组与董事会、经理层的权责边界。明确党的建设等42项重大事项由党组做出决定，推动党组全面履行凝心聚力抓党建、抓好党建促发展的主要职责；明确44项重大经营管理事项经党组前置研究讨论后再由董事会做出决定，确保集团党组充分发挥总揽全局、把关定向作用，推动各治理主体各尽其责、共同发力；明确集团董事会授权董事长、总经理决策的9项重大事项，做到规范适度授权，既保证董事会决策质量，又适当简化决策程序，提高决策效率。坚持集团引领与基层探索的有效结合。组织所属二级子企业参照集团新修订的制度体系，结合工作实际，同步修订完成各企业制度清单240项，实现公司治理要求向基层贯通、全面覆盖。推进公司治理与日常管理的紧密衔接。全面开展集团总部及所属二级子企业权限手册修订工作，把党委（党组）决定事项、董事会决策事项、董事会授权事项与经理层决策的日常一般性事项相衔接，构建"横向到边、纵向到底"的权责清单体系，推动决策流程化、可视化和规范化。

三是推进"监督型"董事会建设，不断提升监管聚合力。2021年中国海油董事会成立监督委员会，与审计与风险委员会一体化运行，持续推进风险管理、内部控制等四大体系建设，突出对公司贯彻党中央决策部署、经理层执行董事会决议、董事会授权决策等重点领域的监督。落实重大事项报告机制，按规定向国务院国资委报告董事会工作、董事年度履职情况、企业经营重大风险情况等，做到了知情必报、及时报告。

（三）完善"三个机制"，持续推进公司治理体系高效运行

一是完善外部董事履职保障机制。健全中国海油外部董事"企情问询"机制，落实外部董事对生产经营情况的问询权。完善外部董事履职信息支撑机制，向外部董事开放公文信息系统，每月提供8种信息周报，每季度通报生产经营情况，邀请外部董事参加重要会议，定期汇报董事会决议落实情况，为外部董事熟悉经营管理情况提供良好条件。完善外部董事参与决策保障机制，董事长定期与外部董事召集人进行专门沟通，与外部董事开展"一对一"谈心谈话，每年召开外部董事座谈会，沟通思想，交流工作，推进董事会规范有效运作。制订外部董事年度调研计划，由党组成员陪同外部董事深入生产一线和重大项目中调研，平均每年调研4次以上，调研时间在20天以上，调研单位10家以上，实现了公司主要业务板块和生产经营单位全覆盖。

二是完善经理层履职行权运行机制。积极推进党的组织力、董事会决策力与经理层执行力有机统一，中国海油及所属子企业健全总经理工作规则，完善总经理对董事会负责、向董事会报告机制，规范了总经理职责权限、工作程序和总经理办公会制度，进一步压实总经理及经理层的经营管理责任。党委（党组）加强对经理层用权履职的监督，推动经理层紧盯任务节点，持续跟踪落实，定期向党组织和董事会报告贯彻落实上级决策部署、季度生产经营情况、重点项目运行情况、重大风险应对措施等，增强了经理层落实董事会决议的执行力。

三是完善所属子企业董事会建设机制。推进所属子企业董事会应建尽建，全级次子企业应建尽建比例达到100%。加大派出董事选派力度，规范派出董事选聘、履职、考核管理，二、三级子企业外部董事占多数的比例达到100%。积极落实重要子企业董事会职权，推动重要子企业完成实施方案制订工作，为有序落实董事会6项职权奠定良好基础。选优配强所

属子企业外部董事队伍,在二级子企业配备专职外部董事33人,主要由党组直管领导干部担任,其中11人担任过直管领导正职;在三级子企业配备专(兼)职外部董事380人,主要由中层领导干部担任,确保了外部董事队伍的整体素质。建立外部董事人才库,储备72名专(兼)职外部董事,其中71人为党组直管领导,1人来源于国务院国资委外部董事人才库,较好满足所属企业董事会建设需要。

三、改革成效

一是党的领导得到新加强。通过把党的领导融入公司治理全过程,使党组织在决策中发挥总揽全局、协调各方的作用,在执行中发挥政治优势和组织优势,强化对董事会、经理层履职行权的有效监督,有力推动党的主张意志转化为企业的战略目标、工作举措和实际成效。

二是经营发展迈上新台阶。深入落实国务院国资委"两利四率"目标和"国内增储上产七年行动计划",2021年集团董事会决策重大投资1698亿元,占投资总额的80.2%,推动油气产量和效益创历史新高。中国海油国内新增探明石油地质储量3亿吨,国内原油产量同比增长322万吨,占三大石油公司总增量的80%以上,充分发挥了全国原油上产"主力军"作用。全年实现营业收入8178亿元、利润总额1196亿元、净利润875亿元,创历史最好水平。

三是竞争能力实现新提升。董事会围绕高质量发展谋长远、作决策,推动经理层落实科技攻关、降本增效、深化改革等重大举措,成功投产"深海一号"大气田,实现3项世界级创新,攻克12项"卡脖子"技术,使我国具备1500米超深水自主勘探开发能力;公司桶油完全成本控制在40美元/桶左右,保持了低成本发展的竞争优势。

5

聚焦"三个区别"
打造不同治理结构公司治理范本
推动党的全面领导落实到各环节最基层

中国南方电网有限责任公司

一、基本情况

中国南方电网有限责任公司（简称"南方电网"）是 2002 年国家电力体制改革的产物，负责投资、建设和经营管理南方区域电网，服务广东、广西、云南、贵州、海南五省区和港澳地区。南方电网连续 16 年获得国务院国资委经营业绩考核 A 级，目前在世界 500 强企业中名列第 91 位。自国企改革三年行动以来，南方电网深入践行"两个一以贯之"，全面落实关于中央企业在完善公司治理中加强党的领导的意见，并结合南方电网实践情况，坚持顶层设计和基层首创相结合，全面梳理 708 家各级分/子公司治理现状，在中央企业中首家体系化地编制并推广应用不同治理结构公司治理范本，确保党的全面领导在制度上有规定、在程序上有保障、在实践中有落实。

二、经验做法

南方电网始终坚持党对国有企业的领导这个重大政治原则，以标准治理结构为基础，准确把握"子公司和分公司、董事会和执行董事、党委和党支部"三个关系，总结20家试点企业经验，提炼形成了覆盖6类不同治理结构，涵盖公司章程、重大决策权责清单、治理主体议事规则等一整套治理范本。

（一）对于标准治理结构子公司，以"两个机制"推动党委与其他治理主体协同运转

南方电网系统设置"股东会、党委、董事会、经理层、监事会"标准治理结构的子公司共有59家，占比8.3%。该模式治理主体健全，是中国特色现代企业制度建设的方向。

一是完善领导机制。全面推行外部董事占多数的董事会制度，企业内部人员进入董事会的一般为董事长、党委书记，总经理，党委专职副书记和1名职工代表。规范党委设置，党委一般由5~9人组成，最多不超过11人。完善和落实"双向进入、交叉任职"领导体制，全面推行党委书记、董事长由一人担任，党员总经理担任党委副书记并进入董事会，党委专职副书记进入董事会且不在经理层任职。

二是明确权责机制。以各治理主体权责清单为突破口，既确保党委发挥领导作用，又推动股东会、董事会、经理层等依法行权履职。明确股东（会）权责清单，严格按照《中华人民共和国公司法》配置股东（会）权责事项，既保障股东（会）行权履职，又考虑运作效率。制订党委权责清单，35项党的建设等重大事项由党委决定，54项重大经营管理事项由党委前置研究讨论，确保党委既把好方向又不包办代替。制订董事会权责清单，93项事项由董事会决策，其中重大事项40项，充分发挥董事会"定战略、作决策、防风险"作用。同时，为适应市场快速变化特点，统筹考虑决策质量与效率，制订董事会授权事项清单，明确53项事项可授权董事长或总经理决策。制订经理层权责清单，明确经理层权责45项，依法保障经理层行权履职，更好地发挥经理层谋经营、抓落实、强管理的作用。依法落实监事会监督职责，增强监事会监督的独立性、权威性和有效性。

（二）对于分公司，以"两个适度"确保党委总揽不包揽、到位不越位

南方电网集团系统共有566家各级分公司，占比80%。由于分公司仅设党委和经理层两个治理主体，且成员一般重叠，部分党委容易"事无巨细"，直接成为企业生产经营的决策和指挥中心。

一是推行党委成员和经理层适度分离。科学配置党委和经理层成员，避免高度重叠，确保发挥各自功能作用。根据经营规模、供电范围等统筹确定党委书记和总经理是否分设，分设的则明确党委书记为"一把手"并担任副总经理，党员总经理担任党委副书记。

二是推行党委领导作用与支持经理层依法行权履职适度平衡。重大经营管理事项经党委前置研究讨论后再由经理层以集体形式决定。同时将内部监督控制相关权责事项决策权赋予党委，增强党委对经理层的监督制约。南方电网下属的供电类分公司，党委和经理层协调运转、无缝衔接，为地方经济社会发展提供了有力的电力供应保障，扛起了电力保供政治责任，守住了保民生、保公共服务、保社会稳定、保电网安全的底线。

（三）对于设执行董事的企业，以"两个突出"防止"个人说了算"的问题

南方电网坚定落实"三重一大"决策制度，优化设立执行董事企业的治理模式，强化党的领导作用，科学分配执行董事权责，确保党委意图在重大决策中得以体现。

一是突出执行董事"党员身份"，明确党委书记和执行董事一般由一人担任，总经理一般单设。总经理单设且是党员的，应担任党委副书记。在特殊情况下，党委书记、执行董事和总经理由一人担任的，一般应配备分管党建工作的副书记，且不在经理层任职。其他经理层成员符合条件的党员可以按照有关规定和程序进入党委。

二是突出党委前置研究讨论"不留死角"。将经理层选聘权、业绩考核权、薪酬管理权等事项提级至出资人决策。党的建设等方面的重大事项由党委决定，重大经营管理事项经党委前置研究讨论后再由经理层决定。"三重一大"以外的事项由执行董事负责。南方电网接收后的广西新电力投资集团有限责任公司34家设执行董事的县级供电企业，其党委始终把方向、管大局、保落实，将贯彻落实党中央部署的脱贫攻坚任务摆在首位，成立两年来，电网投资超过235亿元，从根本上破解广西电网发展不平衡、不充分的难题。

（四）对于设党支部的企业，以"两个推动"打通贯彻落实党中央决策部署的"最后一公里"

南方电网针对部分基层党支部发挥作用不到位等问题，积极探索党支部参与基层治理的路径，以党内治理引领基层治理，切实把党的政治优势、组织优势转化为治理效能。

一是推动具有人财物重大事项决策权企业的党支部"把关定向"。党支部年度工作计划和报告等党的建设事项由党支部委员会审议，党员大会决定；党建责任制考核等事项由党支部委员会审议后提交上级党委决定；其他党的建设事项由党支部委员会决定；重大经营管理事项及干部管理权限范围内的人事任免事项由党支部委员会前置研究讨论，以有效解决党支部参与治理"虚化弱化"问题。

二是推动内设机构党支部发挥"战斗堡垒"作用。制定《基层党支部议事清单》，明确职能部门党支部围绕服务中心、建设队伍开展工作，研究讨论本业务领域管理制度、培养开发科技领军人才等13类部门重大决策事项；基层班站所党支部在基层工作中唱主角、打头阵、挑大梁，研究讨论巡视巡查、审计监督重要问题及其整改、年度绩效考核及工资分配等11

类班站所重大决策事项，推进党支部工作与"三基"建设深度融合，有效防止"沙滩流水不到头"，打通贯彻落实党中央决策部署的"最后一公里"。南方电网下属的南方电网数字电网研究院有限公司研发中心党支部积极参与重大项目研究讨论工作，推动研发并量产首款全国产化电力专用主控芯片"伏羲"，入选央企十大国之重器。

三、改革成效

南方电网体系化地编制并推广应用不同治理结构公司治理范本，是深入践行"两个一以贯之"，全面落实关于中央企业在完善公司治理中加强党的领导意见的大胆探索，有效推动党的领导落实到全系统、各环节、最基层，将中国特色现代企业制度优势更好地转化为治理效能。

一是细化落实党的领导融入公司治理的具体要求。将党中央对国有企业的决策部署落实到企业的具体实践，推动中国特色现代企业制度层层落实，为各中央企业集团提供了可参考、可复制、可推广的创新实践样本。

二是有效解决各层级企业公司治理存在的问题。规范各层级、各类型分/子公司治理模式，形成各层级企业"权责法定、权责透明、协调运转、有效制衡"的公司治理机制，推动集团各企业提升治理体系和治理能力现代化水平。

三是全面激发各层级企业活力。有利于集团价值的充分发挥，形成合力，提高母合价值，促进国有企业集团管控模式从管理型向治理型转变，为企业的日常经营管理和价值创造提供了规范高效的治理机制保障。

6

"一张表"厘清治理主体权责边界推动各治理主体履职尽责

中国南方电网有限责任公司

一、基本情况

中国南方电网有限责任公司（简称"南方电网"）是中央管理的国有重要骨干企业，负责投资、建设和经营管理南方区域电网，服务广东、广西、云南、贵州、海南五省区和港澳地区，连续16年获得国务院国资委经营业绩考核A级，目前在世界500强企业中名列第91位。为深入践行"两个一以贯之"，全面落实关于中央企业在完善公司治理中加强党的领导的意见，完善"权责法定、权责透明、协调运转、有效制衡"的公司治理机制，南方电网通过制定公司治理主体权责清单和授权清单（简称"治理主体权责清单"），用"一张表"划清了公司党组、董事会、经理层等治理主体的权责边界，推动治理主体履职尽责。

二、经验做法

（一）坚持"一体化设计、一张表落地"，构建权责分配体系框架

按照"制度进表、权力进表、需求进表"的设计思路，搭建出治理主体权责清单的体系框架。

一是紧跟政策步伐，确保全部制度进"一张表"。为确保治理主体权责清单符合政策法规要求，全面汇编73部党内法规、法律法规和中央部委文件，结合在完善公司治理中加强党的领导相关政策文件新提法、新要求，与公司现行制度逐条比对，梳理差异点227项，确保法定权责应增尽增、应改尽改。共梳理公司总部291份制度，提取制度中需要公司治理主体决策的事项88项，分析权责清单一年来的实际运行情况，确保权责事项全部进清单。

二是统筹梳理权责，确保全部权力进"一张表"。为保障公司治理顶层设计的协调统一，联动整理各项治理文件，形成以公司章程为统领、涵盖"三重一大"清单、党组权责清单、股东会权责清单、董事会权责清单及授权清单、经理层权责清单等的公司治理制度体系。按制度图谱归类权责、依法律法规配置权力、将权责内容固化入章程，明确治理主体权责清单作为公司权责事项的顶层设计文件，与公司章程具有同等效力，实现公司章程、公司治理主体议事规则和权责清单、"三重一大"制度和清单的深度联动。形成既集成"三重一大"编号、行权主体及方式、行权路径、承办部门等核心要素，又覆盖公司总部和出资企业两个层级，涉及25个业务领域、35个一级业务、131个具体权责事项的公司治理主体权责清单，确保"横向到边，纵向到底"，实现"一表检索，一目了然"。

三是实施动态调整，确保业务实际需求进"一张表"。南方电网建立权责清单动态调整机制，根据当年权责清单运行实际，每年第三季度统一组织开展调整权责事项出入库事宜，每年定期发布最新权责清单，确保权责清单运转更加高效、顺畅。公司制度与权责清单不一致的，一律以权责清单为准，各部门应先申请调整权责清单，权责调整通过后再对应修订制度，不得在清单之外任意创设权力，确保"隐形权力显性化""清单之外无权力"。

（二）坚持"规范化配置、差异化运行"，推动治理主体权责清晰

全面理顺各治理主体权责，规范治理主体运行，确保"隐形权力显性化""清单之外无权力"，实现党组发挥领导作用和其他治理主体依法行权履职的有机统一。

一是明确股东会权责事项，更好发挥多元股东治理优势。基于公司股权多元化中央企业特性，公司治理主体权责清单明确规定股东会权责事项11项，限定在"公司章程的修订、决定公司经营方针、批准董事会的报告"等《中华人民共和国公司法》法定职权范围内，既保障股东会依法行权履职，又考虑股东会实际运作效率。明确股东会维护公司党组发挥领导作用，公司提请股东会审议事项按规定需由党组前置研究讨论的，应按要求履行相关程序。

二是细分党组"定、议"事项，更好地发挥党组领导作用。明确党的建设等35项重大事项由党组决定。54项重大经营管理事项由党组前置研究讨论后，再按照相关规定由其他治理主体做出决定。党组前置研究讨论时重点研判"四个是否"，即决策事项是否符合党的理论和路线方针政策，是否贯彻党中央决策部署和落实国家发展战略，是否有利于促进公司高质量发展、增强公司竞争实力、实现国有资产保值增值，是否有利于维护社会公众利益和职工群众合法权益。对于董事会授权董事长或总经理决策的事项，公司党组一般不再作前置研究讨论，但部分涉及重大投资、绩效考核、资产产权处置的授权事项仍需党组把关定向。

三是明晰董事会决策和授权事项，兼顾董事会决策质量和效率。明确董事会权责事项92项，其中董事会制订和决定事项40项，授权给董事长和总经理权责事项52项。在权责配置时既保障董事会依法行权，重大和高风险投资项目由董事会决策，充分发挥董事会"定战略、作决策、防风险"的功能，又考虑董事会运作实际，授权部分事项给董事长或总经理行

使，提高决策效率。对于董事会授权董事长决策事项，董事长一般召开专题会集体研究讨论。董事会审议时侧重进行"四个研判"，即决策事项的合法合规性、与出资人要求的一致性、与公司发展战略的契合性、风险与收益的综合平衡性。

四是落实经理层权责事项，更好保障经理层行权履职。明确经理层权责清单事项45项，其中，落实《中华人民共和国公司法》和公司章程对经理层权责18项，承接董事会对经理层授权27项。对于董事会授权总经理决策事项，一般采取总经理办公会等会议形式研究讨论。

（三）坚持"合理化授权、体系化监督"，确保治理体系协调运转

配套落实授权事项管理要求，科学合理设置权责事项，充分发挥各治理主体作用，确保"授权不授责"。

一是明确授权原则与授权责任。坚持4类授权原则，明确授权管理应依法合规、权责对等、风险可控，确保规范授权、科学授权、适度授权。明确授权不等于放权，坚持授权不免责，切实落实董事会授权责任。当授权事项与授权对象或者其亲属存在关联关系的，授权对象应当主动回避。强调授权管理主体的监管责任，明确出现"超越董事会职权范围授权、在不适宜的授权条件下授权"等5种情形时，需对授权主体或授权对象进行追责。

二是明确授权管控与监督程序。明确体系化、规范化的董事会授权程序，对授权形式、临时性授权、行权要求、授权履行，以及授权的变化、调整、转授权和终止授权等各流程节点进行全过程管理。明确董事会要适时组织开展授权专项检查、评估行权实效、动态管理授权事项，建立健全董事长、总经理等向党组、董事会报告工作机制，要求纪检监察机构，法律管理、审计管理、巡视管理等部门结合公司"大监督"体系工作，加强授权执行情况监督。

三是明确授权合规与负面清单。根据实际需要，将公司董事会一般性、多发性的事项授权给董事长或总经理行使，制订授权清单，共明确授权董事长事项25项，授权总经理事项27项；制订授权负面清单，明确"召集股东会会议，制订公司发展战略纲要、中长期发展规划"等13项属于董事会行使的法定职权或需提请股东会或国务院国资委决定的事项不授权。

三、改革成效

一是各治理主体定位更加清晰。权责边界理顺后，围绕各治理主体不同性质、不同定位，从治理视角、关注重点等各方面充分发挥各自在公司治理中的不同作用。党委发挥"把方向、管大局、保落实"领导作用，董事会发挥"定战略、作决策、防风险"决策作用，经理层发挥"谋经营、抓落实、强管理"经营管理作用，权责法定、权责透明、协调运转、有效制衡的公司治理机制加快形成。

二是各治理主体权责更加明确。权责清单制订后，每个事项需要履行什么决策程序、每个决策环节由什么主体行权、决策议案由什么部门承办等信息一目了然，确保了权责事项清晰、治理主体间界限明朗，实现了重大事项决策的程序化、可视化、规范化管理，为公司治理主体开展决策工作提供了规范依据和高效指引。

三是各治理主体运作更加高效。通过厘清权责边界，切实解决了"大包大揽""职责混同"等问题，治理主体行权履职得到有力保障，决策效率大幅提高，为治理主体赋权、为公司治理赋能。经测算，预计党组会议题相比修订前减少46%，董事会议题相比修订前减少33%。

7

以信息化赋能公司治理
推动现代企业制度建设

中国华电集团有限公司

一、基本情况

中国华电集团有限公司（简称"中国华电"）是2002年底国家电力体制改革时组建的国有独资发电企业，是国务院国资委监管的特大型中央企业，也是中央直管的国有重要骨干企业。主要业务有发电、煤炭、科工、金融四大产业板块。资产及业务主要分布在全国31个省（自治区、市）以及印度尼西亚、柬埔寨、俄罗斯、西班牙等国家。中国华电党组坚持以习近平新时代中国特色社会主义思想为指引，认真贯彻落实党中央、国务院关于深入实施国企改革三年行动的重大决策部署，利用信息化手段赋能决策管理，促进党建工作与改革发展深度融合、同频共振，引领和保障中国特色现代企业制度建设走深走实。

二、经验做法

（一）坚持"两个一以贯之"，不断夯实中国特色现代企业制度

一是加强决策体系顶层设计。完善党组会、董事会等议事规则，进一步厘清党组会、董事会、董事长专题会、总经理办公会4个主要决策会议

的定位和权责界面。剖析公司重大事项性质、规模、风险等级、决策频次等因素，按照党的建设事项和经营管理事项两条主线搭建权责清单架构，细分17个方面74个专项的经营事项，进一步提高事项分类的科学性和精准性。

二是加大授权放权力度。坚持决策质量和效率相统一，依法合规、科学确定授权事项和标准。对归属母公司净资产5%以内主业投资项目的立项、开工事项，分别向董事长、总经理授权；将20万千瓦及以下境内风光电项目立项决策权授予二级子企业，助力加快构建新型电力系统。

三是强化上下联动。同步推进48家二级企业决策体系建设，高质量完成权责清单备案；组织各层级企业完善决策制度、优化决策体系，确保全面一体推进在完善公司治理中加强党的领导各项工作。

（二）以信息化赋能，提升决策流程智能化、规范化水平

一是研发华电特色的运行管理系统。开展"三重一大"事项规范管理专项行动，研发"三重一大"运行管理系统，对制度体系、运转管理等进行系统性梳理和重构，以信息化手段固化决策事项和流程，有效解决决策主体权责不清、决策流程不规范、运转效率偏低等问题。按照巡视、审计等工作要求，结合出资人监督和党建工作责任制考核，统筹会议档案及合规等管理要素，按"决策议题"和"决策会议"两条主线，对治理主体权责边界及决策流程进行逻辑匹配，建立环环相扣的"硬逻辑"，确保制度刚性执行，推动制度优势更好地转化为治理效能。该管理系统荣获中国电力企业联合会2021年度科技创新管理成果一等奖。

二是发挥信息化优势，实现一键启动、全程"智"动。管理系统实现权责清单、议题来源、审议依据、决策界面、合规审查、商密保护等93项指标全部集成。决策事项从议题产生、会签、合规审查、决策意见和纪要上传、数据归档等均实现全流程线上运行，从根本上消除管理"盲区"，

确保程序规范、内容完整。

三是提升决策效率，实现内外贯通、全面覆盖。管理系统可以与公司财务、产权、巡视、督办等应用系统互联互通和互相稽核，与国务院国资监管系统同步衔接，实现系统间资源共享和效能最大化。决策事项通过系统全流程线上运行，做到"让数据去跑路、让群众不跑腿"。该系统已实现二级企业全覆盖，有效促进了公司治理水平的整体提升。

（三）发挥系统效能，实现"三重一大"事项全过程在线监督

一是实现决策事项的"大监督"。管理系统以建设多主体、多维度、全周期、立体化的综合管控系统为目标，由集团总部一体化设计、建设、管理，不留"后门"、不开"天窗"，既确保了数据的真实可靠，也为数据存储利用和监督检查提供统一平台，实现决策全过程的可感、可知和可视。

二是实现过程监督实时化。结合人工智能 NLP、RPA 等技术，实现"三重一大"事项决策100%自动化合规性审查，保障会议召开满足对应议事规则。纪检、巡视、审计、法务、督办等部门可全程参与决策从发起至结束全过程，集团总部可随时查看所属企业的决策情况、根据工作需要和规定权限调取决策材料，强化事前预警、事中监管、事后反馈全过程在线监督，进一步提高了集团总部实时掌控全局、动态分析、风险防控的能力。

三是实现决策事项全生命周期管理。系统率先实现与国务院国资监管系统、企业办公自动化系统、数字档案馆系统、商业秘密保护系统等一体化集成贯通，通过加密技术对文件的形成、使用、流转、外发、归档等环节进行防护和访问权限控制，确保数据安全高效利用，最大限度地保存决策事项全过程的数据信息，实现决策事项的全生命周期管理。

三、改革成效

截至 2021 年年底，该系统已累计完成 2522 次决策会议共 13950 个议题流转，并在中国华电二级企业实现全覆盖，可以满足不同企业形式、不同产业的决策体系需求，大幅提升了中国华电决策体系规范化水平和决策质量效率。

一是确保在公司治理中加强党的领导。借助信息系统的"硬逻辑"约束，倒逼公司所属企业的"三重一大"决策体系不断优化完善，保障"三重一大"制度规范高效执行，形成权责法定、权责透明、协调运转、有效制衡的公司治理机制，确保各治理主体既不缺位、也不越位，实现了党的领导融入公司治理的规范化、程序化、信息化，同时也落实了中央加强对"一把手"和领导班子监督的有关要求。

二是形成质量和效率相统一的决策机制。公司所有上会议题必须通过信息系统上报议题和材料，议题来源和酝酿过程、决策主体和顺序、法律审核和合规审查等内容均实现一体化管控，确保上会议题程序规范、内容完整；对不在系统目录中事项，严格审批流程，避免大事小事都往决策会里装。通过信息化手段，不仅降低了办公成本，而且使运行效率也提高 60% 以上。

三是实现"三重一大"决策事项闭环管理。通过会后对会议表决情况、纪要内容、参会人员等会议现场信息的维护，最大限度地保存从议题发起、审批、决策、归档全过程的真实材料和决策情况，流转轨迹全程记录和审计，所有的安全行为有迹可循，为数据利用和各项监督检查提供了最便捷的平台。通过制度建设和系统建设的融合，完成从议题起草、会议决策、任务督办到上报国务院国资监管系统、归入公司数字档案系统等工作闭环，实现了公司"三重一大"事项决策的全要素系统集成、全流程网上流转、全过程在线监督、全生命周期管理。

8

构建"四专三线二支撑"专职董事运行机制持续推进公司治理体系和治理能力现代化

中国东方电气集团有限公司

一、基本情况

中国东方电气集团有限公司（简称"东方电气集团"）自2009年列入国务院国资委董事会改革试点企业以来，深入贯彻落实"两个一以贯之"，持续抓好中国特色现代企业制度建设。东方电气集团不断加强子企业董事会建设，构建了"四专三线二支撑"特色的子企业专职董事运行机制，推进东方电气集团对子企业从"行政审批"到"行权治理"的转变，着力发挥专职董事"定战略、作决策、防风险"的作用，持续推进东方电气集团治理体系和治理能力现代化。

二、经验做法

（一）构建"四专"特色的专职董事队伍，强化子企业董事会建设

推动企业治理能力现代化，董事会建设是重点。东方电气集团自2019年以来，持续推进子企业董事会建设，在建立层次分明、衔接有效的子企业专职董事体系制度的基础上，构建了具有"四专"特色的专职董事队伍，对子企业管理方式逐步实现由"审批管理为主"到"通过委派专职董

事履行权利"的转变。

一是聚人才，建立专职董事人才蓄水池。东方电气集团采取以理论水平高、管理经验足的领导干部为基础，以优化年龄结构、专业结构为补充调整的方式，在全集团范围内筛选专职董事后备人选，逐步形成政治素养高、专业能力强、履职动力足、决策判断能力优秀、风险防范能力突出、开拓创新能力卓越的专职董事人才备选库，为选优配强专职董事提供来源。

二是强队伍，打造"四专"专职董事队伍。"身份专职"，每名专职董事服务2~5家企业，此外不担任其他任何职务，有利于专职董事投入足够的时间和精力履行职责。"能力专业"，从全集团在生产经营、科技创新、市场营销、党的建设等方面水平较高、经验丰富的专家中遴选出专职董事，有利于专职董事为企业出谋划策，促进企业决策科学化。"履职专管"，专职董事由集团选派、聘任、发放薪酬，并由专门机构进行管理，有利于专职董事在决策时保持独立性，以全集团整体利益最大化为目标，忠实维护集团利益。"职责专用"，专职董事主要在子企业董事会中发挥优化决策和监督制衡的作用，不承担任职企业其他岗位职责，有利于集团战略规划和决策部署在子企业中落地和实施。

（二）突出"三个一线"履职方式，提升子企业治理能力

子企业治理能力现代化，董事履职科学、规范、高效是关键。东方电气集团高度重视专职董事履职，持续完善专职董事履职方式，突出和强化专职董事履职做到"三个一线"。

一是"重大事项调查研究在一线"。制订年度调研计划，针对产业调整、并购重组、深化改革等涉及公司转型发展重大事项深入一线开展调研，及时掌握第一手资料，切实做到重大事项提前介入。

二是"重大风险防控研判在一线"。专职董事定期到任职企业开展防风险专项研讨交流活动，通过"看、查、访、听、问"排查辨识企业生产经营风险，帮助企业定期审视、提前化解风险，同时帮助集团根据不同风险状况提前制定应对预案，切实做到重大风险提前研判。

三是"重大决策监督指导在一线"。专职董事充分发挥监督、指导作用，监督指导子企业贯彻落实集团战略决策、本级董事会决策，并进一步发挥出谋划策作用，切实做到重大决策提前监督指导。

（三）强化"二个支撑"履职保障，提升治理效能

专职董事高效履职，离不开强有力的支撑。东方电气集团通过制定专职董事履职规定、履职细则等管理办法，不仅规范了专职董事履职，而且通过"1+3"表单化强化了专职董事履职"二个支撑"保障。目前已形成了专职董事、职能部门和子企业三线互动的良好机制。

一是子企业大力支撑专职董事履职。建立"企情问询"机制，强化子企业对专职董事履职支撑，保障专职董事的知情权、参会权、建议权、问询权、调研权。子企业配备1名专责工作人员为专职董事服务，落实和传递专职董事的指示，确保专职董事在履职过程中有抓手。通过《董事会及专业委员会会议记录表》《其他决策会会议记录表》《调研记录表》三张表，详细记录专职董事行权履职过程。

二是职能部门强力支撑专职董事履职。东方电气集团新设立的公司治理部，作为专职董事的归口管理和支撑服务部门，及时将集团的重大决策传递给专职董事，协调职能部门为专职董事履职提供业务咨询和信息支持，根据需要及时提出意见和建议。职能部门在研究子企业重大事项时，征求专职董事的意见和建议。创新性地通过《议案沟通表》的沟通机制，形成总部职能部门对专职董事的归口管理、支撑服务、业务咨询体系。

（四）多措并举强化专职董事履职，提升董事会决策效率

明确专职董事履职报告制度，优化专职董事的考核激励，开展多种形式的线上线下培训，不断提升其履职能力和责任担当，助力子企业形成科学高效的董事会文化。

一是勤报告，"四个报告"系统性明确专职董事职责。专职董事要跟踪已通过董事会决议事项的实施情况，及时提出质询，并提交相关工作报告，包括但不限于任职企业年度运行分析报告、重大事项报告、调查研究报告、年度工作述职报告等。

二是善激励，发挥指挥棒、风向标、助推器作用。优化专职董事考核办法，采取专职董事述职、多维度测评、个别谈话、查阅分析相关资料等多种方式，对专职董事履职情况实施考核评价，并将考核评价结果作为专职董事计发绩效薪酬等的重要依据。

三是重培训，提升专职董事队伍能力水平。加强专职董事履职能力建设，通过开展专职董事内部研讨学习，参加集团公司内部培训、子企业业务培训以及到其他央企国企考察学习、送外专题培训、线上培训等多种方式，提升专职董事履职能力。

四是塑文化，鼓励支持专职董事说真话、出实招、献良策。积极塑造良好的董事会文化，专职董事坚决维护集团公司利益，该说"是"的毫不含糊，该说"不"的毫不退让。专职董事秉承独立、专业、有分量的原则，严谨审慎、周密思考董事会议题，不求一团和气、只谋企业发展，不断提升子企业董事会决策效率，助力企业高质量发展。

三、改革成效

东方电气集团通过构建"四专三线二支撑"特色的专职董事运行机制，实现了"三个有利于"。

一是持续促进子企业董事会科学决策。通过委派专职董事，子企业的专职董事和外部董事的人数超过董事会成员人数一半，规避了企业内部人员控制。同时，专职董事多样性的专业背景、丰富的管理经验，使子企业的董事会人员结构更加合理，进一步拓宽了子企业董事会的决策视野，为董事会的决策提供了强有力的支持。

二是持续提升集团对企业管理和服务的针对性、有效性。专职董事在履职过程中，将党和国家决策部署、集团战略安排及时、准确地传递给子企业，让子企业更加精准、高效地贯彻落实各项重要部署。同时，专职董事以年度运行分析报告、重大事项报告、调查研究报告等为载体，定期或不定期向集团报告企业深度信息，确保集团及时了解企业运行情况。

三是持续推动产业发展。同一专职董事在集团内产业链上下游的相关企业任董事（如同时在风电机组制造业企业、风电运营企业任董事，推动了东方电气集团风电产业跃上百亿元），可以深入了解上下游企业需求、关注点、难点及痛点，及时传递信息，有利于技术创新、市场开拓，促进产业更好地发展。

9

优化管理架构　升级管理体系
迭代升级国有资本投资公司运作模式

中国宝武钢铁集团有限公司

一、基本情况

中国宝武钢铁集团有限公司（简称"中国宝武"）由原宝钢集团有限公司和武汉钢铁（集团）公司联合重组而成，于 2016 年 12 月 1 日揭牌成立，是国有资本投资公司试点企业、中央企业创建世界一流示范企业。中国宝武深入学习习近平总书记关于国有企业改革发展和党的建设的重要论述，全面贯彻习近平总书记考察调研中国宝武的重要讲话精神，积极落实党中央、国务院关于国资国企改革的决策部署，紧扣国有资本投资公司定位，以全面对标找差距为抓手，以体制机制改革为关键，以加强党的领导为保障，探索形成并持续迭代升级具有推广示范效应的国有资本投资公司运作模式。

二、经验做法

（一）厘清管控基本逻辑

中国宝武聚焦"13528"，即聚焦一个核心、瞄准三大目标、发挥五大作用、围绕两条主线、强化八项能力，深入回答是什么、为什么、做什么、怎么做、怎么做好等基本问题，进一步厘清管控基本逻辑。

一是聚焦一个核心。中国宝武加快从钢铁产业集团转型为国有资本投资公司，集团总部定位于"资本运作层"，从"管企业"向"管资本"转型，更加注重以资本为纽带、以产权为基础行使股东权利，通过做"积极股东"来管理企业，回答好"是什么"。

二是瞄准三大目标。中国宝武深刻领会"国之大者"内涵，不断强化"强国重企"思想，既要追求资本保值增值，又要实现企业做大做强，更要践行央企使命担当，始终瞄准三大目标，助力目标达成，回答好"为什么"。

三是发挥五大作用。为达成目标，中国宝武总部虽然不直接开展生产经营活动，但是重点发挥好五大作用，包括党的建设、战略决策、资源配置、体系赋能、创新驱动，切实凝心聚力、激发活力、增强动力，回答好"做什么"。

四是围绕两条主线。中国宝武围绕资本运作和战略管控两条主线开展工作，回答好"怎么做"。一方面，为产业使命和资本运作并重，横向向外、开疆拓土，抓战略谋发展；另一方面，为公司治理和职能管理并重，扁平向下、穿透监管，抓基层、打基础。

五是强化八项能力。为有效开展资本运作和战略管控，重点强化八项能力，回答好"怎么做好"。包括战略研判与科学决策、资本运作与经营管理两项核心能力，生态引领与产业协同、机制创新与高效运行、全球发展与跨国管理、人才积聚与科技领航四项基础能力，品牌建设与文化塑造、穿透监督与风险管控两项保障能力。

（二）优化管理架构

围绕"战略管控"和"资本运作"两条主线，以"管资本"为核心，构建以三层管控架构为基础，适配国有资本投资公司定位的管理架构。

一是优化完善集团总部"前中后台"运作体系。业务部门作为支持前台，承担所对应产业板块的资本投资运营功能，推进资本投资项目的"投、融、管、退"，持续改善提升资产总量、结构和效率。职能部门作为管控中台，建立健全管理制度和管理标准等专业体系和运作机制，根据各自职能职责，对子公司进行专业管控，同时发挥专业作用，为前台业务部门的项目提供支撑。共享单位作为服务后台，根据国有资本投资公司建设需要持续优化共享业务，统筹集团内各单元同类服务资源和服务业务，积极探索智慧化服务手段应用和共享服务平台建设。

二是创新探索子公司"治理型"战略管控体系。集团公司对所出资企业实施战略管控，"管两头、促中间"，对下"管住发展方向和战略边界、管住能力底线红线"，加大引导、协调、服务力度，充分调动和激发子公司自主经营发展活力。通过配齐建强子公司董事会，建立健全专业体系和运作机制，构建"前台业务部门日常运营管理支撑""中台职能部门穿透式专业监管""派出董监事体系行使股东权利"与"共享单位服务式管理，寓管理于共享服务""专业化产业单元平台式管理，寓管理于产业经营"相结合的"3+2"管控方式，为产业生态圈赋能，助推新产业培育。

三是形成"价值（增值）型"资本运作体系。集成优化集团公司战略规划、资本运营、财务预算等现有体系，建立符合三层管控架构的资本运作体系。一方面，以集团级联合重组及重大创新、战略性新兴产业培育等项目为抓手，做好资本布局，扩展产业边界；另一方面，以"投融管退"为手段，管好资本效率，为子公司产业发展注入新活力，为资本运作创造价值提供强大支撑。

（三）升级管理体系

聚焦战略迭代升级要求，围绕"三高两化"战略实施路径，深化对标找差距、全力争创一流，升级匹配国有资本投资公司定位的综合运行体系。

一是夯实"权责法定、权责透明的法人治理体系"。系统优化完善重大事项决策制度体系，形成29类150项重大事项决策权责清单，需经党委前置研究讨论后提交董事会决策的重大经营管理事项55项，以提高决策效率和决策质量。完善法人治理体系，推进实现董事会100%应建尽建，完善董事会授权管理制度，以持续提高董监事履职能力。

二是升级"战略引领、布局优化的资本运作体系"。建立资本运营预算体系，以战略投资需求下的资本收支平衡为目标，不断增加资本积累；加大低效、无效资产清理退出力度和权益性融资工作力度，提升资本多元化融入能力；健全投资管理规则和相关制度体系，完善投资约束和风险管理；强化混改、资产证券化和市值管理工作力度。

三是升级"活力迸发、绿色智慧的科技领航体系"。加大对钢铁单元研发资源整合，强化对非钢铁制造和服务产业资源共享，加强对钢铁生态圈技术协同，优化科技创新体制机制，打造创新人才高地，以科技创新体系能力的全面提升支撑超亿吨产量下的高质量发展。

四是夯实"超跑追领、绩效驱动的战略执行体系"。加强战略规划、商业计划、管理报告、绩效评价和绩效激励各环节的协同性和内在一致性；持续践行"超越自我、跑赢大盘、追求卓越、全球引领"的绩效导向，鼓励经营者"自我提拔"；进一步加强"三高两化"战略目标的绩效牵引，在持续提升净资产收益率的基础上，突出央企使命和科技引领。

五是新增"开放融合、合规有序的海外发展体系"。建立与全球引领者地位相对应的国际化能力与体系，重点围绕"一带一路"区域布局，在部分中等发达或发达国家基于"技术+市场"要素开展布局，通过钢铁"走出去"带动"五元"产业乃至生态圈相关企业国际化发展；完善海外投资项目风险防范体制机制。

六是夯实"防控有效、智慧穿透的风险监督体系"。深入落实各级党委防范化解重大风险的政治责任,重点把控跨周期调节引发的市场风险;加强内控体系建设,推进经营业务和共享服务的"集中化、平台化、智慧化",严肃经营投资纪律,持续完善责任追究体系建设;提升国际化合规风险防范能力,建立海外大区合规预警机制。

三、改革成效

一是坚守钢铁报国初心,重塑钢铁产业生态。中国宝武勇担钢铁强国、钢铁报国的初心使命,以市场化方式重组马鞍山钢铁股份有限公司、太原钢铁集团有限公司,实际控制重庆钢铁股份有限公司,受托管理中钢集团有限公司、昆明钢铁控股有限公司、重庆钢铁(集团)有限责任公司,成为全球现代化程度最高、产品品种规格最齐全、产量规模最大的钢铁联合企业。中国宝武构建国内沿海沿江"弯弓搭箭"空间布局,实施从钢铁向更广阔的先进材料转型发展,以"一基五元"产业战略为骨架,为钢铁生态圈企业赋能,推进上下游企业共同发展。

二是规模实力大幅增强,经营业绩大幅改善。自2016年列入国有资本投资公司试点以来,中国宝武以联合重组为契机,紧抓发展机遇,奋力开拓进取,经营绩效稳步提升。粗钢产量从5849万吨提高到1.1994亿吨,问鼎全球钢企粗钢产量之冠,实现历史性跨越;营业收入从3096亿元提高到9858亿元,利润总额从70亿元提高到602亿元;世界500强排名从2016年的275位跃升至2021年的72位。2020年度获评中央企业负责人经营业绩考核A级企业,在央企排中位列第7位,创历史最好水平。

三是联合重组持续推进,整合融合勇当标杆。按照"一企一业、一业一企"原则,推进内部同类业务专业化整合,形成边界清晰、范围明确的发展格局,有效解决资源重复配置和内部同业竞争,形成发展合力。发布

《中国宝武专业化整合工作指导手册》，作为开展整合融合工作的指导性文件。中国宝武"企业整合融合管理模式"入选国务院国资委标杆模式，并位列10项标杆模式首位。

四是加速推行智慧制造，切实实现提质增效。大力推进以"四个一律"为核心的智慧制造1.0，探索推进以"三跨融合"为方向的智慧制造2.0，建成一批"黑灯工厂"、无人库区、数字车间，突破了一键远程炼钢、一键远程采煤、工业互联网平台等关键技术。宝山钢铁股份有限公司宝山基地成为中国唯一入选世界经济论坛"灯塔工厂"的钢铁单位，宝信软件工业互联网平台入选工业和信息化部"2020年跨行业跨领域工业互联网平台清单"。

10

坚定不移推进外部董事占多数
分步有序发挥外部董事制度的治理效能

中国建筑集团有限公司

一、基本情况

中国建筑集团有限公司（简称"中国建筑"）正式组建于1982年，是我国专业化发展最久、市场化经营最早、一体化程度最高、全球规模最大的投资建设集团之一，经营业绩遍布100多个国家和地区，业务布局涵盖投资开发、工程建设、勘察设计、新业务等板块。中国建筑坚持以习近平新时代中国特色社会主义思想为指导，认真贯彻落实国企改革三年行动决策部署，推动"应建尽建"董事会子企业100%实现外部董事占多数。同时，坚持从"平滑进入合规运行"到"信息对称提高管控效能"，再到"精准授权赋能子企业"的原则，分步有序推进外部董事制度在提升企业治理效能、促进科学决策、防范风险等方面发挥积极作用。

二、经验做法

（一）聚焦顶层设计，抓准外部董事作用发挥的支撑点

中国建筑注重把握制度体系整体设计、激励约束机制、退出机制等重点环节，充分调动外部董事履职尽责的积极性，不断激发内生动力。

一是构建"1+N"制度体系。注重多维对标,确保制度的科学性、系统性和实操性。充分学习领会《中央企业外部董事选聘和管理办法》等文件精神,对多家央企开展调研,从外部董事配置情况、人选来源、日常管理等7个方面21项具体内容进行了综合比较分析,制定了《外部董事管理办法》以及考核评价、薪酬待遇、履职保障3个管理附则,形成了"1+N"一揽子制度文件体系,为加强外部董事管理、强化履职提供了制度保障。

二是坚持激励约束相统一。推行"2+2+2"评价模式,注重考准、考实外部董事的综合表现。评价内容分为行为操守和履职贡献,既关注外部董事的忠实、敬业、作风等方面的表现,又看重其在促进科学决策、推动改革发展等方面的作用。评价主体分为任职企业内部和出资方,既让任职企业评价外部董事履职情况、提升董事会运作整体合力情况,又让股份公司站在股东立场对外部董事的日常表现进行评价。评价结果认定时,既看每家企业的个性评价,又充分关注其所有任职企业的综合评价,以避免厚此薄彼、平衡照顾的现象。薪酬激励突出绩效牵引,考核结果分为4档,制定与不同档位匹配的绩效年薪计算方式。综合评价越好、履职表现越优,绩效年薪激励额度越多,从机制设计上,牵引外部董事充分发挥自身优势,主动作为。

三是明确外部董事退出机制。明确外部董事退出的7种情形,设置清晰的退出"底线",激发外部董事履职的动力。实行"德"和"绩"的双达标机制,履职过程中违反党的纪律、受到责任追究的或者对出资方和任职企业有不诚信行为的,年度综合评价结果为不称职的都要退出。

(二)聚焦选优配强,抓牢外部董事作用发挥的关键点

紧扣董事会功能作用发挥,坚持好中选优,注重结构互补,做实外部董事的选配。

一是拓宽视野搭建人才库。坚持因事择人、人岗相适，放眼各经营单位、业务板块对干部进行盘点，综合考量人选的从业经历、专业特长、治企兴企本领、领导经验和风格、廉洁自律和形象口碑等，选拔熟悉集团发展战略、治企经验丰富，具有基层关键岗位历练的人员以及在商务法务、财务会计、风险管控、国际化经营等相关专业领域有专长的人员进入外部董事队伍。目前已形成老中青相结合、结构合理的180余名外部董事人才库名单，为好中选优、优中选强奠定了基础。

二是明确标准定人选。把政治上绝对可靠、对党绝对忠诚作为首要标准，对政治上不合格、有负面行为的一票否决。同时，注重考察人选的一线实践经历和取得的实绩，以及抗重活锻炼经历。近3年考核结果不佳的不纳入人选范围，让外部董事真正成为企业科学决策的"智囊团"。在选聘的80余名外部董事中，既有经历过重大斗争和重大任务一线考验，具备集团二级、三级或四级企业第一责任人岗位经历的优秀干部，也有在商务法务、财务会计、人力资源等专业岗位深耕多年且得到职工群众认可的行家里手。

三是创新模式科学配备。集团创新采用"小组制"外部董事配备模式，每组由4人组成，其中1人为召集人，每组任职不超过3家企业。这样既有利于群策群力、集思广益，提升整体的履职水平和能力，又有利于外部董事尽快融入企业，降低磨合成本。在小组成员的配备上，充分考虑子企业经营特点、企业情况，科学搭配，差异化确定任职单位，形成与内部董事在专业经验、能力结构上的互补，促使董事会整体功能的发挥。

（三）聚焦履职支撑，抓实外部董事作用发挥的发力点

着眼建立责任清、任务明的履职保障体系，为外部董事高效履职提供支撑。

一是上下联动凝聚合力，突出系统谋划。集团总部管总，三个部门联动,各司其职。集团企业策划与管理部负责子企业董事会职权落实。集团新设外部董事管理部,负责子企业外部董事履职制度体系建设、履职指导服务、履职管理;集团人力资源部(干部人事部)负责子企业外部董事委派、退出、薪酬待遇管理;任职企业主抓,突出组织推动、落地实施。从组织体系、决策调研、信息支撑、企情问询和其他日常工作方面创造良好条件,充分保障外部董事行使知情权、表决权、提案权、建议权和质询权。

二是用好"三个抓手",提升履职能力。实施专业化培训,组织实施为期6天的外部董事专题培训班。既邀请国家部委专家解读国企改革三年行动的政策,又安排集团总部部门负责人或业务专家讲授战略、人事、财务、投资、法务、审计等模块的课程;既邀请高校学者讲授外部董事履职所需的理论知识,又邀请其他央企外部董事召集人以及系统内曾担任优势二级企业董事长的领导传授治企实战经验。引入行动学习模式,让外部董事在头脑风暴中更加准确地把握职责定位、履职坐标和行为规范,充分提升其在促进企业科学决策、防范重大风险等方面的能力。开展"一对一"任前交底,以外部董事小组为单位,召开专项交底会。针对拟任职企业,邀请总部相关部门负责人进行个性化介绍,帮助外部董事系统、全面了解任职企业历史沿革、发展战略、领导班子配备、财务现状、市场布局、风险控制等内容以及集团对任职企业的功能定位,加快缩短"磨合期"。定期召开履职沟通会,组织由外部董事、任职企业代表、集团相关职能部门参加的"一月一主题"履职沟通会,及时了解董事会运作、外部董事履职及诉求,开展"外董上讲台"专题活动,不断进行分析总结,提升履职成效。

三是压实第一责任,发挥关键作用。各单位党委书记、董事长是董事会能否规范运行、发挥实效的关键。在集体专题学习、专项培训的基础上，由集团主抓国企改革的分管领导牵头，点对点与各单位第一责任人沟通，帮助其准确理解"两个一以贯之"的要求以及董事会建设的相关政策、关键点，以便其做好现代企业治理的"领头雁"。

三、改革成效

一是促进了任职企业董事会规范有效运作。推行外部董事占多数的董事会运行机制后，董事会的结构进一步优化，促进了企业内部治理的规范和透明。外部董事加快适应岗位角色，深度融入企业，认真参与董事会决策把关，截至2021年底，外部董事占多数的二级子企业共召开董事会会议62次，审议议案507项，提出意见与建议近300条，高质量地提交各类工作报告32份，履职成效凸显。

二是促进了企业内部经验的有效沉淀。集团积极拓宽外部董事来源渠道，注重从优势单位、实绩突出、具有重大斗争和重大任务一线磨炼经历的优秀干部中推选外部董事。履职后，外部董事带去了在实战中总结的管理和专业经验，将隐性知识显性化，有效地防止了组织经验的流失，促进了内部经验的有效传承，提升了企业运营效率。

11

聚焦量化风险管控模式建设
助力多元化集团行稳致远

招商局集团有限公司

一、基本情况

招商局集团有限公司（简称"招商局集团"）是国家驻香港的大型多元化企业集团，业务主要集中于综合交通、特色金融、城市与园区综合开发三大产业。国企改革三年行动以来，面对世界政治和经济复杂多变、"黑天鹅"和"灰犀牛"事件层出不穷的局面以及新冠肺炎疫情防控和稳增长的任务，招商局集团认真学习领会习近平总书记关于防范化解重大风险的一系列重要论述精神，坚决贯彻落实党中央、国务院各项决策部署，统筹发展和安全，增强忧患意识，始终将防范化解重大风险工作摆在突出位置，围绕各产业实际，依托数字化专项战略，以风险"可管控、可计量、可预防"为目标，初步实现了风险偏好引领、重点业务风险在线监督的"面、线、点"结合的量化风险管控模式，实现了积极有效应对风险和平稳健康发展。

二、经验做法

在当今世界正处于百年未有之大变局的背景下，招商局集团秉承"防范风险比化解风险更重要，凡事预则立、不预则废"的理念，既要在不确定的环境中寻找发展的新机遇，更要守住风险的底线，通过采取"建、优、强"等做法扎实推进重大风险防范、监测、应对工作，以防止发生系统性风险。

（一）建立风险偏好体系，有力有效把好方向

一是坚持统一的风险管理目标。招商局集团在做强做优做大国有资本的同时，建立了与战略规划相匹配的风险偏好，并按照风险收益和资源投入相对等的原则，建立了核心业务风险限额指标614项，通过适度超前管控风险、整治隐患，引导成员公司改善资源配置，特别是在低效无效资产、轻重资产等结构优化方面取得了较好成效。

二是坚持推行属地化风险防范。受新冠肺炎疫情、中美经贸摩擦及行业下行等影响，银行、房地产、海工装备制造等行业成为风险易发高发领域，招商局集团积极推动旗下成员公司实施稳健的风险偏好政策，坚持业务发展要有所为有所不为，将金融资产质量、房地产去库存、海工装备低首付等限制性要求纳入风险限额范围，并加快围绕产业布局明确了高风险业务清单。

三是坚持用好风险管理"指挥棒"。招商局集团构建了风险偏好制定、监测、跟踪、通报和检视的管理闭环，建立了定期及不定期的体系运行质量检查和更新机制，按季度监控风险偏好运行情况并对风险超限额的成员公司进行通报。同时，每年度开展考核评价，强化风险偏好执行的约束力，使得风险管控主体责任得到层层落实、压力得到层层传递，为防范重大风险提供了坚实的组织保障。

（二）优化流动性风险预警机制，主动有序守牢底线

一是用预警监测助力控负债。资金是企业集团的"血液"，供血不足将可能发生系统性风险。随着整合辽宁港口集团有限公司，叠加在中央企

业降杠杆减负债、严控担保的背景下，招商局集团成员公司间流动性不平衡问题显现，局部风险有所上升。对此，招商局集团借鉴了金融行业流动性量化管理的方式，结合各产业资金需求以及融资市场特点，从成员公司经营效益、融资能力、应急储备和外部宏观对流动性带来的风险影响进行综合评估，形成了全覆盖、立体化的"1+3+N"预警指标体系。两年来累计发布预警760次，其中推动亮灯趋势由坏转好240次，将有息债务率（权益法招商银行口径）控制在40%以下，预警作用初显。

二是用严预警阈值突出预防作用。在量化流动性风险管控体系中，预警阈值管理至关重要。招商局集团一直遵循稳健经营的理念，从严设定预警阈值，重视对融资渠道和债务结构的管理，持续提升流动性风险预警的灵敏性和管控的实效性。例如，通过收紧融资能力较弱、现金流较差公司的预警阈值，实现对到期债务的提前警示、提前置换，并加大银团贷款限制类指标跟踪管理，防范因债务偿还不及时触发违约连锁反应。同时，按照"短三长七"的债务期限管理目标，不断优化债务结构，做好资产周期与债务周期的匹配管理。

三是用预警结果引导业务决策。招商局集团通过持续挖掘预警亮灯背后的业务原因，实施投资决策和融资控制双管齐下，在重大项目上，将预警结果作为投资项目决策的考量因素，提前评估项目对集团、投资主体流动性带来的影响。在日常管理上，重视日常监测结果在年度融资计划的应用，增加对预警亮灯"频次由少增多、程度由浅转深"公司的融资双向控制，从源头上保障了流动性风险可控、受控。

（三）强化重点业务风险在线监控，精准高效不留盲区

一是以点带面形成示范带动。招商局集团成员公司数量众多、行业差异较大、面对的风险和挑战各不相同。招商局集团按照"统一规划、分步实施"的原则，在集团层面以大宗、汇率、海外、信用4项重点业务为基础，牵头并组织成员公司建立相应的风险监测体系，总结梳理了共性方法论和示范实践经验，形成了招商局集团"4+N"的重点风险监测体系框架，并引导各成员公司基于自身业务实际推广复制。

二是以信息化实行全过程监测。招商局集团充分依靠信息化手段，在不断完善风控工作信息化系统的基础上，"一企一策"推进重点业务风险监测，固化监测机制，通过与业务系统集成打造在线监测系统，实现对成员公司风险的全过程、实时管理。两年来，监测系统已累计实现对数百万条业务数据动态分析，覆盖监测实体超千家，风险监测覆盖面和效率得到大幅提升。

三是以组织赋能推动风险信息共享。招商局集团利用自身多元化企业集团的优势，整合内部风险资源，率先在金融领域构建了风险预警信息的集散平台，协助成员公司加强对高风险客户识别，实现了风险信息来源多元化、横向共享和及时预警，同时探索在满足数据合规要求的前提下通过风险信号、风险事件、客户舆情等为客户准入阶段提供决策依据，为风险管理动作前置化、风险管理赋能业务做出了创新尝试。

三、改革成效

经过近年来对多元化企业集团量化风险管控探索，招商局集团已在风险管控的引领、服务和监督能力建设方面取得了新突破、新提升，为国有资产保值增值和建设具有全球竞争力的世界一流企业奠定了良好的基础。

一是下好"先手棋"，风险引领作用得到进一步增强。招商局集团以量化风险管控探索为契机，成功构建了一套符合集团公司管理特点、可以有效防范化解重大风险的治理体系，确立了全覆盖的风险偏好限额管理模式，加强了监测结果在业务发展规划及实施过程中的应用，在金融、大宗、房地产等业务领域充分发挥"哨兵"作用，实现对管理资源的动态调整，消除了业务发展速度与风险管控能力不平衡问题，防控意识进一步从事后应对向事前防范转变。截至2021年底，招商局集团旗下银行业务不良率、房地产存货周转率等多项核心行业风险指标均创下近年来的最优水平，其中招商银行实现了"不良"双降，不良贷款总额508.62亿元，同比减少27.53亿元，不良贷款率同比降低0.16%~0.91%，创近8年新低，重回1%以下水平。

二是打好"组合拳"，风险服务能力得到进一步提升。招商局集团风险量化工作强调以服务为根本，打造了一系列风险管理工具。通过"建制度、固机制、重提示"等方式加强风险管控服务能力建设，特别是形成了以季度报告、通报、汇报为核心的工作机制，既能及时向管理层提供决策支持，又能对成员公司进行警示，真正实现了对风险隐患的早发现、早跟踪、早处置。即使面对香港暴力事件、中美经贸摩擦及新冠肺炎疫情的挑战，也做到了控风险、稳经营。2021年，招商局集团以深化供给侧结构性改革为主线，在加快处置低效无效资产、压控风险业务的同时，实现了"十四五"良好开局，全年营业收入9362亿元、同比增长15.1%，利润总额2121亿元、同比增长21.1%，做到了防风险与稳增长"两手抓"。

三是当好"裁判员"，风险监督手段得到进一步完善。招商局集团结合量化风险管控建设进程，加大了数字化投入力度，搭建了与各职能、各业务领域信息系统相融合的风控信息平台，保障了量化风险的在线监测管理，进一步提高了对经营风险的预判能力，为扎实开展风险监督提供了重要支撑。截至2021年底，招商局集团已实现对18家二级公司重点业务风险在线监测的覆盖，风险监测类型正逐步向债务、担保等领域延伸，重点业务风险抵御能力得到提升。

12

加强党的领导　夯实治理基础 提升治理效能

华润（集团）有限公司

一、基本情况

华润（集团）有限公司（简称"华润集团"）是国务院国资委直接监管的国有重点骨干企业，业务涵盖大消费、综合能源、城市建设运营、大健康、产业金融、科技及新兴产业六大领域，下设25个业务单元，两家直属机构，实体企业近2000家，在职员工37.1万人，位列2022年《财富》世界500强第70位。国企改革三年行动以来，华润集团全面贯彻落实习近平总书记关于"两个一以贯之"的重要指示要求，以加强党的领导为核心，加强顶层设计，以建立中国特色现代企业制度体系为抓手，不断优化完善公司治理架构和制度体系，筑牢企业改革发展的治理基础，系统推动党的领导在公司治理中制度化、规范化、程序化，充分发挥党委"把方向、管大局、保落实"的领导作用，切实将制度优势转化为治理效能。

二、经验做法

（一）加强顶层设计，制定实施办法

2021年，中共中央办公厅发布《关于中央企业在完善公司治理中加强党的领导的意见》,华润集团党委迅速响应,制定了《关于华润集团子企业在完善公司治理中加强党的领导的实施办法》。

一是准确把握党委功能定位。明确了党委决定 8 类重大事项,即贯彻落实党中央决策部署以及上级党组织决议的重大举措、领导班子和干部队伍的选拔任用与考核奖惩等;党委前置研究讨论 8 类 40 项重大经营管理事项,即公司经营方针、重大投融资、重要改革方案、公司章程的制定与修改等,厘清了党委与其他治理主体的权责边界,要求符合条件(已成立党组织,有重大事项决策权)的各级企业制定党委决策事项和前置研究讨论事项清单。

二是明确不同情况下发挥党的领导作用的途径。对于由上级企业领导人员兼任董事长、不设董事会只设执行董事、分公司等不同情况,也要求通过落实"双向进入、交叉任职",确保党组织能够总揽全局、协调各方。

三是明确全资、控股、实际控制、合营、联营等不同类型企业实现党的领导的具体方式。明晰党委在董事会授权决策和总经理办公会决策中发挥作用的方式,强化党组织在执行监督环节的责任担当等。

四是健全监督体系。以党内监督为主导,加强政治监督,支持出资人监督、审计监督、职工民主监督、舆论监督等,推动各类监督有机贯通、相互协调,形成决策科学、执行坚决、监督有力的权力运行机制。实施办法贴合企业具体实际,为各级各类子企业提供了全面指导。

(二)完善章程管理,夯实治理基础

华润集团按照"明确范围、统一原则、分类管理"的工作思路,根据党内政策要求,充分考虑企业实际,分类推动下属业务单元将党组织的作用、机构设置、权责范围、领导体制等内容纳入公司章程,有效提升了针对性、指导性。

一是确保党的领导全覆盖。境内公司将党的领导有关要求纳入章程;

境外公司参照实施办法确定的原则，将有关内容纳入"三重一大"决策制度、党组织议事规则等内部制度。

二是突出各级党组织所发挥的作用。党委发挥领导作用，把方向、管大局、保落实；党支部（党总支）围绕生产经营开展工作，发挥战斗堡垒作用。

三是对于混改企业，牢牢把握党组织的功能定位。在公司治理方面综合考虑党组织设置、党组织成员任命、董事会决策权限等方面公司章程设计、董事会决策权限及授权机制等，确保在混改企业的公司治理中有效发挥党的领导作用。

四是强化对公司章程的审核与指导，有序推进党建进章程工作。业务单元公司章程由集团相关部门和董事长审核，重点把握"党建进章程"、各治理主体的职责边界等内容；下属业务单元也将"党建进章程"嵌入新公司注册审批流程。

（三）完善制度体系，嵌入决策流程

华润集团持续完善公司治理制度体系，创新开发了《权责运行手册》，切实将党的领导融入具体决策流程当中。

一是推动华润集团各级公司建立以公司章程为基础的制度体系，建立完善"三重一大"决策制度、党委会议事规则等公司治理基础制度，将党的领导固化在公司治理制度中。

二是在《权责运行手册》中，有机融合了法律法规和公司章程、"三重一大"决策制度、党委会议事规则、董事会议事规则等相关制度规定，分类形成了公司治理、战略管理、投资管理、资产处置和重组、财务管理、人力资源管理、党群事务等十大类134项具体决策事项，逐一明确决策事项的发起单位、协助单位、审批程序、前置研究讨论程序和最终决策主体，党委发挥领导作用的总体要求充分体现在决策流程中。

三是在董事管理办法中明确规定，其中担任党委委员的执行董事，在董事会决策重大事项时，应与党委前置审议意见保持一致，如发现董事会决策事项存在违反党的路线方针政策、国家产业政策等方向性、大局性问题，应提出反对或暂缓表决的意见，确保党中央重大决策部署和华润集团战略决策在各级公司的贯彻落实，切实将制度优势转化为治理效能。

（四）建立机制，有序推进

在推进改革三年行动过程中，华润集团建立工作机制，不断深化在公司治理中加强党的领导。

一是纳入全年重点工作计划，明确责任单位、时间节点、工作要求、实施步骤、完成标准、工作机制等要求。

二是成立由董事会办公室、战略管理部、人力资源部、财务部、法律合规部及25家下属业务单元组成的专项工作组，为改革任务落地提供组织保障。

三是加强监督指导。建立月报机制，及时跟进改革进度，每月形成《统计分析报告》，针对工作中存在的问题进行具体指导，积极推动改革工作落地。

四是加强政策指导。根据法律法规和政策要求，梳理改革任务的具体要求并结合各下属业务单元实际存在的问题，统一发布《改革三年行动公司治理专项工作答疑》，解决各下属业务单元对政策的疑惑，也避免相同问题在不同公司出现，有力提升了工作效率。

五是加强沟通。华润集团召开百人以上的专题工作会议3次，针对重点问题沟通、研讨10余次。

六是制定《华润集团落实2021年度中央企业党建工作责任制考核工作方案》。将党的领导融入公司治理纳入考核范围，确保业务单元有效执行国务院国资委和华润集团要求。

三、改革成效

一是党的领导全面加强。华润集团持续深化在公司治理中加强党的领导，有力保证了党中央重大决策部署和集团战略决策在各级公司的贯彻落实。在指导、推动基层企业开展工作方面具有针对性，全面夯实了在公司治理中加强党的领导的制度基础。符合条件的987家各级企业全部完成"党建进章程"工作。

二是公司治理更加规范。符合条件的450家各级企业全部制定了权责手册、党委前置研究讨论重大经营管理事项清单，明确了党委、董事会、经理层决策权限和决策程序，有效提升了公司治理规范性，同时保障了公司决策和运行效率，提升了公司治理效能。

三是经营效率显著提高。华润集团完善治理体系，规范行权履职，形成权责法定、权责透明、协调运转、有效制衡的公司治理机制，业务单元经营活力显著增强，人均效能得以提升。2021年，全员劳动生产率为52.5万元，人均营业额为199.8万元，人均净利润达15.6万元，同比分别上升4%、17%和6%。

13

建设世界一流国有资本投资公司

华润(集团)有限公司

一、基本情况

华润(集团)有限公司(简称"华润集团")是国务院国资委直接监管的国有重点骨干企业,业务涵盖大消费、综合能源、城市建设运营、大健康、产业金融、科技及新兴产业六大领域。华润集团以"引领商业进步,共创美好生活"为使命,通过不断创新经营模式,打造产品和服务品牌,有效地促进了产业发展,为提高大众的生活品质做出了应有的贡献。目前,华润零售、啤酒、燃气、商业地产、制药和医疗等经营规模在全国位居前列,电力、水泥业务的经营业绩、经营效率在行业中表现突出。华润集团坚持以习近平新时代中国特色社会主义思想为指导,通过全面对标、统筹推进、分层实施、标杆引领等举措有效推动质量效益持续提升,深化改革创新,推进高质量发展,努力打造成具有全球竞争力的世界一流企业。

二、经验做法

(一)开展全面对标,优化发展方向

华润集团基于自身多元化业务特点及国有资本投资公司目标定位,在

集团层面和下属业务单元开展多层级全面对标，并将探寻的发展逻辑应用到"十四五"规划中，优化企业发展方向。

一是对标一流，探索成功逻辑。集团总部从8个管理维度、25个关键子项与德国西门子股份公司、淡马锡公司等国际一流的多元化企业开展全面对标，学习世界一流多元化企业在科技创新、人力资源、战略管理等方面的成功逻辑，寻求企业成功发展之"道"。

二是结合自身，优化发展方向。华润集团充分借鉴对标单位的典型应用，优化集团战略管理体系，结合自身长期市场化管理实践和经验积累，确立集团战略引领等5项核心能力，继而制定详细的对标提升方案。相关成果纳入华润集团"十四五"规划目标。

三是活学活用，细化提升举措。华润集团下属业务单元结合行业和自身业务特点，以持续提供优质产品和服务为基础，以打造核心能力为主线，开展了各具特色的对标提升工作。如华润水泥控股有限公司深度对标德国标杆水泥企业，发掘其在全球化发展战略、科技创新等方面先进经验，总结形成了加快区域拓展等"十四五"核心战略举措；华润雪花啤酒（中国）有限公司对标世界一流啤酒公司在中国市场的下属企业，学习其在高端销售、创新研发等方面的成功经验，再综合合作方的管理实践，确定了"顶部传承，中部创新，底部品质"的发展之路，通过传承和创新，"做啤酒新世界的领导者"。

（二）聚焦核心能力，系统联动实施

华润集团在全面对标基础上，聚焦"十四五"规划的核心能力建设，系统规划、分层实施、上下联动。

一是系统规划。华润集团和下属业务单元分别聚焦自身核心能力建设，集团总部以"打造具有华润特色的世界一流国有资本投资公司"为目标，建设国有资本投资平台；各下属业务单元强化自身核心能力，争创本行业的龙头企业,进而形成有利于价值创造的整体生态系统。同时,华润集团通过建设对标世界一流管理提升指标体系,将国务院国资委 8 个管理领域和"五力"要求与聚焦本企业"十四五"核心能力建设进行统一规划,构建出清晰的企业发展之路。具体来说,对标世界一流管理提升指标体系中的一级指标就是"五力"对应的综合指标,二级指标是本企业"十四五"战略中组织能力建设和重大战略举措的分解落实,三级指标是各细项工作的责任指向。

二是分层实施。集团总部围绕国企三年改革行动考核指标明确阶段性要求,以打造世界一流国有资本投资公司平台为目标,在确保对标世界一流管理提升任务清单提前收官的前提下,聚焦战略引领等 5 项核心能力建设。同时,推动各职能条线打造一批具有标杆示范的华润特色的管理体系、工具和方法。在完善 6S 战略管理体系和 5C 价值型财务体系基础上,持续深化卓越运营管理,升级人力资源 TOP 管理体系、党建 7C 体系,新建数智化 6I 体系、科技创新"146"体系。业务单元以努力打造世界一流的行业龙头企业和基础保障骨干企业为目标。充分借鉴卓越运营管理体系建设经验,将基于"站在现在看过去"的卓越运营管理体系,升级为"站在未来看现在"的对标世界一流管理提升指标体系。对标管理提升指标体系以战略为引领,在业务层面从采购、研发、运营到营销实现全价值链拆解,在职能管理层面既贯彻集团相应职能管理逻辑,更聚焦核心能力建设,突出对业务的支持和保障。在指标体系实施过程中,一方面,将各项指标逐级分解、责任层层落实;另一方面,明确分解指标的逐年提升目标,并定期组织检查考评,从而有效推动管理提升工作走深、走实。

三是上下联动。华润集团战略、投资、智数化、薪酬、创新、管理提升等多个专业委员会统筹部署,强化战略、财务、人力资源等多项管理职能的穿透作用,继续强化向下赋能,把好的管理方法落实下去。同时,还将通过开展标杆企业和标杆项目评选,把基层好的执行经验总结上来,形成了一系列管理实践,进而推动集团建设高效的生态系统。

(三)帮扶互助促提升,全面查评抓落实

华润集团围绕对标世界一流管理提升指标体系建设、管理提升实效和基础管理工作三个方面,组织对所属各业务单元开展联合查评,促进业务单元之间互帮互学,助力对标管理提升工作走深、走实。

一是成立互助小组,促进提升。华润集团选取6家管理提升基础扎实的单位为内部标杆,分别担任小组组长,建立"一帮三"帮扶机制,分享对标管理提升相关经验,以促进互帮互学、共同提升。

二是组织联合查评,推进落实。华润集团组建联合查评小组,以现场调研、线上互评等多种方式开展了25场联合查评。重点关注对标提升所取得的实效,并选取具有典型性和代表性的项目,在华润集团刊物上进行内外部宣传推广。

三是形成制度,长效激励。发布对标管理提升联合查评指引,规范查评相关要求、流程及成果应用。将查评结果纳入年度业绩考核,与年度绩效奖惩挂钩,促进各业务单元加大对标提升工作推进力度,实现管理提升工作闭环。

三、改革成效

华润集团通过全面对标、统筹推进、分层实施、标杆引领等举措有效推动质量效益持续提升,业务布局不断优化,创新业务加速发展,为"十四五"开局之年书写出了精彩的篇章。

一是质量效益持续提升。2021年华润集团较好地完成了国务院国资委"两利四率"等目标,全年实现营业收入7692亿元,同比增长12.1%,利润总额和净利润分别为810亿元和601亿元,同比增长分别为9.0%和

6.8%。华润雪花啤酒（中国）有限公司、华润燃气有限公司、华润万家有限公司、华润水泥控股有限公司、华润置地有限公司等企业继续保持并巩固行业领先地位。

二是业务布局不断优化。华润集团将主营业务重组为六大业务板块，明确了各自的发展定位，将科技及新兴产业作为未来发展动力，加快新能源、医药医疗、数字科技等业务布局；围绕大消费、大健康、新能源、生物医药等领域设立一批产业基金；退出煤炭和纺织业务，积极开展"两非"处置工作，超额完成国务院国资委的任务目标。

三是创新业务加速发展。华润集团调整并成立了集团科技创新委员会、集团科技创新部，组织召开了首届科技创新大会，承担了多项国家级科研项目，获得了多项国家级奖励。2021年，华润集团整体研发投入同比增长41.04%，研发强度增长25.78%。

14

坚持"四段十六步"对标管理
着力优化运营体系和提升管理能力

中国国际技术智力合作集团有限公司

一、基本情况

中国国际技术智力合作集团有限公司（简称"中智公司"）成立于1987年6月，是中央企业中唯一一家以人力资源服务为主业的集团公司。中智公司坚持以习近平新时代中国特色社会主义思想为指导，认真贯彻落实党中央、国务院关于实施国企改革三年行动的决策部署，扎实开展对标世界一流管理提升行动，通过实施"四段十六步"标杆管理项目，建立不断优化的人力资源外包业务运营管理提升长效机制，持续运用前沿理论和研究成果，强化管理优势，着力提升运营管理体系和管理能力，加快建设具有国际竞争力的世界一流综合性人力资源服务企业，为"十四五"时期实现跨越发展打造坚实的管理基础。

二、经验做法

（一）科学部署，抓早第一阶段"对标启动"

一是确定管理目标。根据国务院国资委对标世界一流管理提升行动的总体要求，结合中智公司具体实际和"十四五"战略规划发展定位，将对标提升工作与人力资源外包业务的运营管理紧密结合，明确运营管理对标提升的目标：到2022年，中智公司人力资源外包业务运营管理理念、管理文化更加先进，运营管理制度、管理流程更加完善，运营管理方法、管理手段更加有效，运营管理基础不断夯实，运营创新成果不断涌现，基本形成系统完备、科学规范、运行高效的运营管理体系。

二是建立组织保障。在中智公司对标世界一流管理提升行动领导小组的统筹下，建立人力资源外包业务分管领导挂帅，企业管理部牵头，人力资源部、科技与信息化部、财务部等总部部门及相关人力资源外包业务成员单位协作配合的组织管理机制，坚持"上下贯通、一体行动"的原则全面开展对标工作。

三是进行对标动员。深入学习贯彻习近平总书记重要指示批示精神，落实国企改革三年行动部署和国务院国资委有关工作要求，召开人力资源外包业务对标提升启动会议进行动员部署，系统地提高员工对人力资源外包业务对标提升工作的认识，为系统推动管理改革，持续抓好运营管理创新与提升，全面推进运营管理体系和管理能力建设奠定基础。

四是建立指标体系。按照国务院国资委对标世界一流管理提升行动要求，结合集团人力资源外包业务管理实际情况，以建设成为全球一流的人力资源服务企业为目标，经过对标杆企业在人力资源核心主业领域的管理要素深入研究分析，确定从"六个一流"（一流发展、一流团队、一流服务、一流管控、一流技术、一流风控）的维度进行衡量与评价。"六个一流"彼此之间具有逻辑关系，相互支撑、互为因果。根据"六个一流"的具体要求，重点设计、系统提炼，建立以运营管理为主导、纵向延伸与横向分解相结合的对标指标体系，为运营管理后续改善提升提供指引。

（二）精益求精，做好第二阶段"标杆比对"

一是确定比对标杆。基于"行业领军、优势突出、运营领先"三个标准，选择具有较强影响力和引领力的国内外标杆企业作为集团对标分析和学习对象，为人力资源外包业务运营管理提供更具针对性的参考和借鉴。

二是信息收集分析。引入外部咨询机构，借助外脑与智库力量，按照"准确性、全面性、时效性"原则，通过公开信息、财务年报、学术研究、实地调研访谈等方式广泛搜集整理标杆企业信息，总结提炼标杆企业运营管理方面的特色亮点。

三是确定绩效差距。坚持局部对标与整体对标相结合、定量对比与定性对比相结合、同行业对标与跨行业对标相结合、短期绩效改善与长期竞争力提高相结合、上级要求的指标与本企业的指标相结合、管理系统提升与人的提升相结合。通过指标的比对分析，查找集团运营管理现状与标杆企业之间的差距，确认和提出造成差距的症结与根源，发现具有针对性的运营管理问题，为原因分析提供了依据，为提高绩效明确靶向。

四是分析差距原因。围绕存在的差距和问题，开展绩效差距背后深层次原因分析，研究可改进空间，识别改进的机会以及可能的改进方法，提出初步建议。组织召开人力资源外包业务"对标世界一流，促进管理提升"专题会议，对下一步运营管理改进的方向进行研究，并提出建设性建议，从而对改善提升工作形成指导。

（三）靶向施策，深化第三阶段"绩效改进"

一是确定改进计划。基于发现的差距及原因，提出改善措施，并明确责任领导及完成时间。要求各成员单位结合自身实际情况，结合集团运营管理改善计划，制定相应措施实现同步提升。

二是成立改进小组。人力资源外包业务对标管理提升小组统筹集团总部和成员单位两个层面同步改进提升。

三是制订改进计划。将人力资源外包业务运营管理绩效改进工作目标及实施举措与年度重点工作相结合，纳入运营管理部门年度重点工作范畴，围绕年度重点工作的推进统一推动进展，从而使改进计划真正落在实处。

四是具体实施改进。统筹考虑审计整改与巡视整改工作情况，将有关要求落实到对标改进提升方面来，以审计、巡视整改为抓手督导改进工作的推动与完成。总部各部门除完成自身的改进提升工作外，对成员单位的改进工作按照职能分工进行督导，确保落实。

（四）久久为功，夯实第四阶段"管理巩固"

一是修订管理制度。根据对标提升工作所取得的成果，结合运营管理工作开展的实际情况，进一步完善运营管理等各项规章制度，统筹到集团《规章制度汇编》，健全规章制度体系，建立管理提升的长效机制，持续加强运营管理工作。

二是组织专题培训。将对标提升工作与集团"十四五"规划编制、提质增效等重点工作相结合，以体现对标成果，并进行全员宣贯，提高全员认识，营造管理提升氛围。此外，积极组织对标杆企业的实地考察，结合国务院国资委国企改革"学抓促"活动，对先进企业进行调研，吸收、学习先进经验，在集团自身运营管理方面实现提升。

三是进行评估奖惩。建立对标提升效果考核评估机制，将包括运营管理在内的对标开展情况与绩效考核挂钩。集团官网设立改革专栏，将对标提升优秀成果及时进行宣贯，推介优秀成果，分享典型经验。

四是重新校正标杆。在运营管理对标提升过程中，结合对标提升效果与"十四五"期间的发展要求，进一步完善、丰富对标内涵，包括标杆企业的选取、对标指标体系的更新、改进措施的优化等，确保扎实、有效推进对标工作持续、深入开展。

三、改革成效

通过"四段十六步"标杆管理的运行与实施,中智公司按照"集团公司政企服务部—省大客户部—地市大客户部"三级管理体系计划实施对大客户服务的管理,企业的运营管理体系和管理能力显著提升。

一是区域网点布局力度成效显著。中智公司制订网点建设计划,加大区域网点布局力度,并通过明确分工、规范流程,进一步压缩布局规划内外网点设立的审批程序。2021年人力资源服务主业市场占有率不断扩大,新设14家成员单位,服务网点覆盖国内388个城市,服务客户数和聘员人数同比分别增长7.19%和20.5%,市场占有率提升到5.84%,服务规模不断壮大。

二是服务标准规范性建设取得进展。中智公司制定了《中智公司人力资源外包业务客户服务规范(试行)》《中智公司全国委受托业务管理规定》《中智公司人力资源外包业务资金收付暂行规范》等9个运营管理规章制度和业务规范,以提高产品和服务的标准化水平,其中提升服务量、客户满意度与保留率得到显著提升。2021年末,集团客户总数达到49221家,较上年末实际净增11270家,同比增长29.7%。

三是大客户管理更加统一有序。通过制定《中智公司大客户开发及服务管理规定》,明确大客户分类标准、开发管理、服务以及关系维护管理、客户信息管理等主要内容,对现有客户进行分类统计和年度评审。2021年4月经中智公司评审确定了战略类大客户21家,重要类大客户53家。各成员单位依据相关规定持续做好大客户开发及服务工作,每月定期开展战略类、重要类客户拜访活动,截至2021年底,共完成21家战略类大客户与51家重要类大客户拜访,进一步提升大客户管理工作水平。

四是建立BI(决策支持)系统提升运营管理效率。通过建立中智公司人力资源外包业务的运营管理 BI（决策支持）系统，可以迅速、灵活且更准确地采集成员单位的数据，自动生成图表与报告，提高工作效率，保障数据质量，维护数据安全；监控各项管理指标的变化，发现可能存在的运行管理风险和问题并及时做出反应，保障业务安全稳定的运行；实时掌握业务运行情况，制定和调整相关方针政策，提高企业经营效率。

15

选优用好外部董事　配齐建强董事会 推进公司治理体系和治理能力现代化

中国中车集团有限公司

一、基本情况

中国中车集团有限公司（简称"中国中车集团"）至今已有140余年历史，最早的子企业可以追溯到1881年的唐山胥各庄机修厂，厂史超过百年的子企业有15家。2015年，中国中车集团由原中国南车集团与中国北车集团重组整合而成，开创了两个"A+H"上市公司整合的先河。目前拥有铁路装备、城轨与城市基础设施、新兴产业、现代服务相互支撑的四大业务板块，是以"复兴号"为代表产品，全球规模领先、品种齐全、技术先进的轨道交通装备供应商。国企改革三年行动以来，中国中车集团坚持以习近平总书记3次视察重要指示精神为遵循，深入实施国企改革三年行动，建立实施所属企业专职外部董事制度，持续选优配强用好外部董事队伍，推进实现全级次企业董事会应建尽建、外部董事占多数、落实董事会职权，为支撑中国中车集团治理体系和治理能力现代化、加快建设世界一流企业提供坚强保证。

二、经验做法

（一）坚持"三强三类"选拔标准，打造高素质专业化外部董事"百人库"

坚持党管干部原则，严格按照"政治能力强、专业能力强、履职动力强"的"三强"基本标准，具体围绕"企业管理经验丰富、熟悉有关专业领域、具有培养发展潜力"的"三类"细分标准，选拔建立了由3个方面人员组成的二级企业外部董事"百人库"。

一是选拔60余名二级企业正职和集团总部部门正职以上人员入库，建立专职外部董事队伍（目前有32名任职），充分发挥其熟悉基层企业管理的经验优势。

二是面向集团内外选拔20余名熟悉财务、审计、法律、投资、战略性新兴产业等领域的优秀专业人才担任兼职外部董事，充分发挥其专业特长和资源优势。

三是从二级企业正职后备干部中选拔16名入库，把外部董事岗位打造成为培养复合型领导人才的重要平台。目前已安排4名担任其他企业外部董事。在此基础上，指导二级企业建立所属全级次企业外部董事人才库，突出政治标准和专业能力，确保队伍高质量。

（二）坚持"三步三层"统筹推进，加强董事会建设，落实董事会职权

统筹谋划、分步实施。"三步走"推动实现全级次企业董事会外部董事占多数。第一步是2018年至2020年，向12家"双百""科改""混改"二级企业派驻专职外部董事，实现外部董事占多数。第二步是2020—2021年，落实国企改革三年行动部署，在32家应建董事会的二级企业全部派驻专职外部董事、全面实现外部董事占多数。第三步是2021年，明确应建董事会的全级次企业清单，按照"专职+兼职"相结合模式加强全级次企业外部董事队伍建设，推动174家应建董事会企业全面实现外部董事占多数。

在推动董事会规范运作的基础上，结合实际探索形成"三层递进"的市场化选人用人机制，因企制宜分层落实董事会职权。第一层是结合全面推行经理层成员任期制和契约化管理，在全级次企业落实董事会对经理层成员的绩效考核权和薪酬管理权。第二层是坚持党管干部原则与董事会依法选择经营管理者、经营管理者依法行使用人权相结合，在22家二三级企业全面落实董事会6项重要职权，重点是落实董事会对经理层成员的选聘权以及总经理对经理层副职的提名权。第三层是在16家主业处于充分竞争领域、人力资源市场化程度较高的二三级企业，对经理层全体推行职业经理人制度，按照市场化选聘、市场化退出原则，在全面落实董事会6项重要职权基础上，依法同步落实董事会对经理层成员的解聘权以及劳动合同解除权。

（三）坚持"三责三严"管理定位，确保外部董事扎实有效履职

聚焦落实董事会"定战略、作决策、防风险"三大职责定位，扎实做好外部董事履职服务支撑，严格规范外部董事管理，充分发挥外部董事作用。

一是严格制度规范。制定实施外部董事管理办法、外部董事工作细则、子企业规范董事会建设指导意见等基本制度，指导子企业建立健全董事会议事规则、专门委员会工作细则等支撑保障制度。其中，特别赋予外部董事"一票缓议权"，明确规定外部董事在深入一线调研、充分查询资料的基础上认为董事会会议资料不充分或论证不明确时，可提出缓开董事会会议或缓议董事会会议议题，董事会应予以采纳。2021年，外部董事对有关企业重大投资、对外担保等9项议题提出了缓议意见。

二是严格日常管理。建立实施"双月例会"机制，每2个月召开1次企业外部董事例会，集团公司董事长亲自出席听取汇报、做出指示。会上既有专项培训，又有工作经验交流，有力提升了外部董事履职能力。建立实施"1412"报告机制，要求每位外部董事每年形成1篇专项报告、4篇调研报告、12篇月度工作报告，为集团公司领导决策提供有力支撑。

三是严格考核评价。按照强制分布原则确定外部董事考核评价结果，明确考核得分90分以上且在外部董事队伍中排名前30%的为优秀，考核得分70~80分的为基本称职，考核得分70分以下的为不称职。通过严格开展考核评价，进一步压实了外部董事履职责任。

三、改革成效

国企改革三年行动实施以来，中国中车集团深入落实国务院国资委工作部署，持续打造高素质专业化外部董事队伍，全面提升子企业董事会建设质量，外部董事制度成为中国中车集团推动现代企业制度更加成熟定型、支撑企业高质量发展的重要法宝。中国中车集团所属中国中车股份有限公司、中车株洲电力机车研究所有限公司入选国务院国资委2022年公布的国有企业公司治理示范企业名单。

一是董事会结构趋于合理。随着管理经验丰富、知识结构多元的外部董事加入，子企业董事结构更加趋于合理。根据工作需要，子企业董事会下设了有关的专门委员会，有的专门委员会全部由外部董事组成，确保外部董事充分发表意见和高效参与公司治理。董事会成员的多元化、合理的董事会结构为董事会科学决策奠定了坚实基础。

二是董事会建设逐步规范。外部董事制度实施以来，子企业董事会建设逐步得到规范。各子企业普遍把制度建设作为重要基础性工作，建立健全董事会及其专门委员会议事规则、董事会授权管理办法等基本制度，确保董事会运作规范、有章可循。进一步明确党委、董事会、经理层权责边界，完善"三会"决策事项清单，有力保证了企业改革发展始终沿着正确方向前进。董事会会议质量进一步提升，会议的计划性增强，议案质量不断提高。

三是外部董事作用充分发挥。外部董事在履职过程中，针对子企业业务重组整合、战略投资管控、核心技术攻关、重大风险防控等方面进行深入调研，获取科学决策所需资料和信息。2021年提交日常调研报告50篇、专项调研报告18篇，部分调研报告得到中国中车集团主要领导的高度重视和批示督办，有力促进了企业改革发展。

16

建立"一库三关四支撑"工作机制保障子企业外部董事作用有效发挥

中国铁道建筑集团有限公司

一、基本情况

中国铁道建筑集团有限公司(简称"中国铁建")前身是中国人民解放军铁道兵,现为国务院国资委管理的特大型建筑企业。公司业务涵盖工程承包、规划设计咨询、投资运营、房地产开发、工业制造、物资物流、绿色环保、产业金融及其他新兴产业,在高速铁路、高原铁路、高速公路、桥梁、隧道、城市轨道设计建设领域确立了行业领导地位,经营范围遍及全国32个省、自治区、直辖市以及全球130多个国家和地区。经过多年发展,中国铁建逐步发展成为全球最具实力和规模的特大型综合建设集团之一。2022年《财富》世界500强企业排名为第39位,2021年全球250家最大承包商排名为第3位。

中国铁建认真贯彻落实党中央、国务院关于国企改革三年行动的重大决策部署,将完善中国特色现代企业制度的要求逐级向下贯通,纳入应建范围的各级子企业全部建立规范的董事会,派出外部董事并占多数。通过建立健全工作机制,充分发挥子企业外部董事作用,有效解决了"内部人控制"和"少数人说了算"的问题。通过建立健全"一库三关四支撑"

工作机制，努力建设一支忠实勤勉、干事担当的外部董事队伍。董事会集体决策的制度优势得到充分发挥，从而推动国企改革三年行动走深走实。

二、经验做法

（一）"一库"，即建立外部董事人才库

中国铁建明确遴选标准，拓宽选任渠道，优化队伍结构，组建了由227名高端经营管理人才组成的外部董事人才库。

一是明确入库标准。入库人员必须具备过硬的政治素质和强烈的事业心、责任感，具有国际视野、战略思维、法治理念、市场意识和履行岗位职责所需的专业能力、决策判断能力，熟悉宏观经济政策和行业发展要求，拥有企业战略规划、创新发展、国际化经营、财务会计、资本运作、风险管控等某一方面的专长。

二是合理选任配置。从来源上，入库人员可从系统内、外广泛选任；从类型上，外部董事分为专职和兼职，并从专职人员中指定外部董事召集人；从专业上，根据中国铁建"8+N"产业板块（工程承包、规划设计咨询、投资运营、房地产开发、工业制造、物资物流、绿色环保、产业金融8个核心产业板块+N个新兴产业板块），合理配置熟悉子企业主营业务和具有金融、财务、投资、法律等专长的人才。

三是实施动态管理。畅通外部董事人才库的出入口。每年根据任职公司改革发展情况及外部董事年龄、履职评价等综合情况，对外部董事人才库内人才进行动态调整，确保人才库持续不断优化，使之真正成为企业高端经营管理人才的储备库、练兵场和孵化器。

（二）"三关"，即把好外部董事履职、绩效评价及薪酬管理三个关口

一是严格外部董事履职管理。制定外部董事履职管理制度，围绕外部董事7项职责、9项权利和9项义务，建立履职工作清单，明确外部董事

参与任职公司董事会决策、参加工作例会、参加调研培训、报告工作及重大事项等履职要求。

二是严格外部董事年度绩效评价。建立外部董事年度绩效评价机制，从外部董事勤勉履职评价、集团总部对外部董事评价、任职公司对外部董事评价、任职公司董事会规范运作情况、任职公司总体发展情况五个维度，对外部董事履职绩效进行全方位评价，评价结果划分为A、B、C、D四个等级。

三是严格外部董事薪酬待遇管理。制定外部董事薪酬待遇管理制度，明确专职外部董事年度绩效薪酬构成，将绩效薪酬与年度履职绩效评价结果挂钩并予以兑现，兼职外部董事按原任职务领取薪酬，并严格规范履职待遇、业务支出。

（三）"四支撑"，即从四方面强化外部董事履职保障工作力量及工作机制

中国铁建高度重视外部董事履职保障工作，制定了相关工作方案和配套制度，定期组织外部董事履职培训和座谈交流，并严格落实"向下贯通"的要求，在各级子企业全面建立完善外部董事履职保障工作方案和调研工作制度，保障外部董事依法合规履职。

一是强化履职保障工作力量。进一步明确董事会及专门委员会工作机构的职责，建立工作沟通联络机制，共同为外部董事履职做好服务。

二是强化"企情问询"及反馈机制。落实外部董事对任职企业生产经营的问询权，及时反馈问询结果。子企业董事长每年与外部董事进行单独沟通，充分听取意见建议。

三是强化履职信息支撑机制。落实外部董事阅文权限，严格董事会会议议案管理，子企业及时报送议案资料及履职所需信息。建立董事会决议执行台账，每半年以书面形式向外部董事报告决议执行情况。

四是强化参与决策保障机制。完善外部董事调研机制，子企业协助外部董事召集人制订年度调研计划，做好调研支持保障工作。建立会前沟通机制，对较为复杂或风险较大的议案，子企业在董事会前先行召开沟通会，保障外部董事充分了解决策信息。

三、改革成效

国企改革三年行动实施以来，中国铁建共向纳入应建规范董事会范围内的 64 家子企业，派出 73 名外部董事，其中专职外部董事 17 名，兼职外部董事 56 名。外部董事到位后，勤勉履职、审慎决策、关注风险，在公司治理中的作用日渐凸显，推动子企业董事会从"形似"到"形神兼备"。

一是董事会运作更加规范。外部董事派出以后，子企业董事会严格按照《公司章程》《董事会议事规则》和各专门委员会工作细则等规定，提前发出会议通知，按要求组织召开会议，会议的计划性进一步提高，"临时动议"的情况大幅减少。董事会议案质量进一步提高，可行性分析报告、风险分析、法律意见书等必备要件进一步完善。外部董事召集人充分发挥沟通作用，及时召开务虚会等会议，与内部董事及经理层的沟通更加顺畅。

二是董事会决策更加科学。子企业董事会充分发挥外部董事的作用，在重大事项决策前和决策中，注重听取外部董事意见和建议。加大董事会决议贯彻执行力度，及时将决议执行情况向外部董事反馈。外部董事及时与任职公司加强沟通，通过见面会、座谈会、董事调研等形式，了解企业情况，积极掌握作为决策依据的第一手资料，在重大决策中敢于坚持原则，独立客观地发表意见，其作用发挥效果明显。派出外部董事以来，针对子企业战略规划目标与总部集团无法有效对接、拟投资项目无法满足收益率指标要求、议案资料不完善等现象得到了有效的改观，外部董事共投出反对票20张，对8个议案提出暂缓表决。外部董事对于提升子企业董事会科学决策水平发挥了重要作用。

三是董事会职能更加凸显。外部董事充分利用专业优势和管理经验，对任职企业"十四五"发展规划进行深入研究，审慎论证任职公司发展方向是否符合国家、行业及集团总体战略，规划目标的设置是否合理，进而提高了任职企业战略规划的科学性。外部董事高度关注任职公司经营管理中的重大风险，及时进行预警，目前共有6名外部董事向集团总部报送了重大事项报告，对重大投资项目风险隐患、海外风险等事项进行报告。董事会"定战略、作决策、防风险"的职能更加凸显。

17

全面加强制度体系建设　有效提升治理效能筑牢高质量发展基石

中国交通建设集团有限公司

一、基本情况

中国交通建设集团有限公司（简称"中交集团"）成立于2006年10月8日，是国务院国资委监管的国有独资特大型中央企业，主要从事交通基础设施的投资建设运营、装备制造、房地产及城市综合开发等，是全球基础设施建设领域的领军者、国家重大战略的践行者、共建"一带一路"的排头兵。

国企改革三年行动以来，中交集团形成了具有自身特色的"1336"改革模式，锚定高质量"两保一争"战略目标，坚持"123456"总体发展路径，加快建设具有全球竞争力的"三型"世界一流企业，《财富》世界500强企业排名从2019年的第93名跃升至第61位，连续15年荣膺ENR全球最大国际承包商中国企业第1名，荣获国务院国资委业绩考核"17连A"，是建筑行业中唯一获得"17连A"的中央企业。

二、经验做法

（一）开展"制度建设年"活动，实现制度体系全覆盖

坚持制度建设与企业改革协同推进，以"制度建设年"活动为抓手，

全面完善制度建设顶层设计，推动制度管理体系化、规范化、标准化。

一是统筹谋划精心部署。中交集团印发"制度建设年"活动实施方案，按照"统一标准、分类管理、分级操作"的工作思路，明确健全制度体系、搭建制度框架、完善管理制度、明晰管理权责、优化管理流程、强化执行监督等方面主要任务，打造全面覆盖、界面清晰、流程明确、衔接顺畅的规章制度体系。坚持中交集团总部及所属单位同步策划、联动实施，做到上下"一盘棋"，营造"崇尚制度、敬畏制度、执行制度、遵守制度"的良好氛围。

二是规范提升制度管理。中交集团总部根据35项职能模块，对照153项管理事项及改革要求，梳理分析现行制度的系统性、复合型、适应性和适用性，开展制度废改立工作。制定《规章制度管理办法》，运用"体系化设计+结构化方法"的思路，实施分级分类管理。在纵向上，根据制度与上位法规的相关度和规定的颗粒度，划分为A、B、C3个层级，逐层细化管理要求；在横向上，根据制度主要内容，划分为基本类、党建类、管理类、业务类4个类别，按照"归口管理、分工协同"原则，明确管理权限和责任。

三是保障制度高效执行。建立"两审查一评价"工作机制，严格制度合规性和规范性审查，定期开展制度执行评价，强化制度执行的过程管控和监督。开发建设制度管理系统，整合规章制度的计划在线申报、草案在线审查、文稿在线颁布、运行状态在线监控、执行评价在线反馈、所属单位制度在线备案六大在线功能，实现制度全生命周期的可视化闭环管理，切实提高规章制度的运行管理效率。

（二）以公司章程为基础，提升公司治理水平

突出章程的基础性作用，坚持和加强党的全面领导，有效规范董事会运作，加快形成权责法定、权责透明、协调运转、有效制衡的公司治理

机制。

一是以章程为"纲"夯实治理基础。制定《所属企业公司章程管理办法》《出资企业公司章程指引》，规范所属企业公司章程管理行为，并组织对所属企业修订后章程进行全面评估和分类指导。制定公司治理相关制度26项，将集团公司章程规定具体化，逐步形成以公司章程为基础、务实管用的制度体系。

二是以党建为"核"加强党的领导。制定集团《关于党的领导融入公司治理体系实施意见》，修订《"三重一大"决策制度实施细则》，建立健全"党委会议事清单（含前置研究事项清单）"，厘清集团党委与其他治理主体的权责边界，党组织法定地位更加明确，成为公司治理结构的有机组成部分。指导所属二级企业全部制定党委前置研究讨论重大经营管理事项清单，146家混合所有制企业实现党组织和党建工作全覆盖。

三是以董事会为"要"规范治理运行。制定《加强子企业董事会建设的工作方案》《所出资企业董事会设置标准》，有序推动纳入应建范围子企业建立外部董事占多数的董事会。制定《规范所属企业董事会运作办法》《所属企业董事会年度工作报告制度实施意见》《派出外部董事管理办法》《所属企业董事会运行考核评价办法》等系列制度，形成所属企业董事会运行保障、考核评价的全流程管理体系。

（三）巩固深化改革成果，推动实现"三个转变"

坚持把改革蓝图细化为制度机制、把改革重点要求纳入制度体系，固化改革经验、拓展改革成果，有效转变管理模式和经营机制。

一是推动总部职能转变。制定《打造"五型"一流总部实施方案》，明确"党建引领型、战略管控型、价值创造型、服务监督型、和谐奋进型"的一流总部新定位，推动集团管控模式由管资产向管资本转变。制定《总部去机关化改革实施方案》和《总部机构与事业部设置方案》，设立国内直营等五大事业部，完成业务管理与发展主体从"专业事业部"到"功能事业部"，再到"公司化事业部"的转型升级。

二是推动管控模式转变。编制集团《权责手册》，按照市场经营、保障服务、资源配置3个功能维度，对可授权事项进行分类管理，构建以绝对管控事项、可授权事项、自主决策事项为内容，以禁止事项为边界的"管控光盘"。按照"放得下、接得住、管得好、动态调"的思路，在5家"双百企业"开展试点，探索加大授权放权力度。建立《出资企业行权能力评价标准》，创新建立以管理成熟度评价为主要内容的评价模型，并根据评价情况"一企一策"进行放权。坚决做到"三个不放"，即法人治理结构不到位的不放，制度体系不健全的不放，发生年度亏损、重大风险事件、违规行权的不放。

三是推动市场化经营机制转变。制定《三项制度改革实施方案》并出台一系列配套制度文件，切实增强企业活力。制定《关于加强和完善经理层成员任期制和契约化管理的实施意见》，明确契约中止和岗位退出的刚性要求，让"能上能下"成为"新常态"。完善制定涵盖"管理、技术、项目"三大序列13个职级的《职务职级体系方案》，建立涵盖"管理、技术、项目"三大序列13个职级的职务职级体系，推动总部90余人交流到所属单位工作，让"能进能出"成为"竞争态"。制定《中长期激励管理办法》《总部绩效考核管理办法》《高端紧缺人才市场化协议薪酬实施意见》等，持续完善考核激励机制，合理拉开薪酬分配差距，让"能增能减"成为"标准态"。

三、改革成效

一是经营质量稳步提升。2021年，中交集团新签合同额首次突破2万亿元大关，同比增长26.5%；营业收入、利润总额、净利润同比分别增长

13.7%、16%、19.1%,再创历史新高。营业收入利润率、全员劳动生产率、资产负债率全面完成预期目标,发展质效稳步提升。

二是改革成果充分固化。以公司章程为核心的制度体系不断完善,编制《规章制度框架清单》,废改立制度总计 617 项,其中新增制度 184 项、修订 187 项、保留 246 项,有效推动制度建设系统化、规范化、制度化,将国企改革三年行动成果通过制度体系充分固化。

三是治理效能显著提升。集团管理纲要、权责手册、流程手册完成,清晰界定"三重一大"事项并穿透到项目,为集团重大事项审批全方位数字化奠定坚实基础。国企改革三年行动以来,中交集团总部部门由 27 个精简为 18 个,对所属企业正面管控事项总量减少 65%,会议和检查同比分别压减 22%和 37%,企业治理效能显著提升。

18

坚持选优配强 加强服务支撑
更好发挥外部董事行权履职作用

中国广核集团有限公司

一、基本情况

中国广核集团有限公司（简称"中广核"）是一家以核能为主要特色的综合性清洁能源集团，业务范围涉及核能、核燃料、新能源、非动力核技术应用、数字化、科技型环保及产业金融等多个领域，在境内外拥有5家上市平台。作为最早一批建立现代企业制度的中央企业，中广核自1985年开始探索实施"董事会领导下的总经理负责制"，2014年成为国务院国资委"建设规范董事会"单位，2018年成为5家落实董事会职权试点单位之一。中广核始终坚持"两个一以贯之"，持续加强外部董事队伍建设，完善外部董事管理和支撑服务，形成了一套具有中广核特色的公司治理体系。

二、经验做法

（一）坚持选优配强，加强董事队伍建设

一是坚持优中选优，充实外部董事人才库。中广核坚持从集团二级子企业领导人员中择优选聘外部董事，要求具备企业运营、人力资源、市场

营销等领域10年以上的管理经验,或具有战略规划、国际化经营、风险管控等领域的专业能力,突出履职业绩。

二是坚持多元互补,优化外部董事配置。按照多元化、互补性原则选派子企业外部董事,着力打造背景多样、结构合理的子企业董事会,进一步推进子企业董事会高效运转。例如,核能领域子企业重点选派有核能工程建设、安全运营专业背景的外部董事,以增强董事会安全质量管控能力,确保核安全万无一失。

三是坚持专人专岗,推行外部董事专职化。树牢"专业人做专业事"的理念,打造专职外部董事队伍,确保外部董事履职行权的独立性和充分性。子企业外部董事原则上均为专职,不在集团内担任其他职务,同一外部董事任职的子企业不超过4家。

(二)健全管理体系,促进勤勉履职尽责

一是加强归口管理,确保有"法"可依。中广核设立体系与治理部,归口管理子企业董事会运作,牵头开展外部董事聘任、委派、考核评价等日常管理工作。制定《成员公司董事会、监事会管理制度》《成员公司外部董事监事管理办法》《董事履职手册》等10余份制度流程文件,为外部董事履职行权提供制度依据。

二是全面压实责任,明晰权利义务。集团总部与每位外部董事签订岗位聘书和绩效责任书,细化外部董事的责任、权利和义务,约定考核要求和追责条款,首次聘任设置1年试用期。集团总部要求外部董事定期提交任职企业经营分析报告和履职报告,报告质量纳入考核评价体系,压实外部董事责任。

三是实施科学考核,强化结果应用。建立忠实履职、勤勉敬业、严以律己、科学决策、促进发展、防范风险、独立报告7个量化评价维度,对外部董事履职情况进行考核评价,考核结果强制正态分布,作为外部董事薪酬分配、岗位交流、续聘解聘的重要依据。2021年，解聘外部董事6人。

四是健全追责机制，鼓励担当作为。明确规定了重大决策失误、消极行使表决权、不当谋利等7类外部董事责任追究的情形，对有令不行、有禁不止、主观故意等失职行为严肃追责。出台《尽职合规免责事项清单》，明确从轻、减轻或免除处理的情形，鼓励外部董事履职尽责、担当作为。

（三）完善支撑体系，提升履职行权能力

一是强化决策支持。制定《外部董事参加会议清单》，协调外部董事列席任职企业战略研讨会、经营分析会等重要会议，深度了解企业经营管理情况。针对12个大类57项常见业务问题，编印《外部董事履职支持联络清单》，为外部董事提供及时高效的咨询服务。开发履职工具包，涵盖履职所需的法律法规和制度文件，支撑外部董事规范高效履职。

二是加强业务培训。定期组织外部董事开展专题学习和调查研究，及时掌握最新政策要求，准确把握宏观形势和行业发展趋势。建立外部董事履职能力模型，针对性开发12项岗前培训课程，作为新聘董事必修课。

三是强化工作联系。集团总部每月召开外部董事沟通会，及时传达上级和集团有关会议精神和部署要求。不定期组织外部董事到各层级子企业开展专题调研，深入了解任职企业基层发展现状与诉求。

三、改革成效

一是法人治理结构更加健全。56家重点子企业全面实现董事会应建尽建、外部董事占多数。符合条件的企业全面推行董事长、党委书记、法人代表"一肩挑"，产业公司经营主体责任进一步夯实。全面实现外部董事专职化，集团公司外部董事人才库扩充至42人，以专职化实现专责化、专业化。外部董事的积极性得到充分调动，专业性得到更好发挥。2021年外部董事调研74次，提出问题144项，布置专项行动108项，推动形成18项议案，涉及金额320亿元。

二是董事会运作有效性明显提升。外部董事履职能力和规范性的提升，有效支撑了董事会"定战略、作决策、防风险"作用的发挥。在定战略方面，制定实施"清洁能源+"战略，打造"6+1"产业体系，更好服务国家"3060"战略落地。在作决策方面，坚持"今天的投资就是明天的产业"，突出抓好投资投向管理，95%以上的增量投资布局在战略新兴产业。在控风险方面，千方百计确保核安全万无一失，代表核安全绩效的WANO指标由2019年的78%提升到2021年的83%，排名行业第1位。

三是改革促发展实效显著增强。截至2022年9月底，中广核清洁能源总装机7300万千瓦，其中核能在运装机2938万千瓦，是国内最大、全球第三核能企业，安全运营业绩行业领先。近3年利润总额、净利润复合增长率分别为13%、11%，连续9年经营业绩考核为A级，2021年排名第20位，连续3个任期考核为A级，2019—2021年任期排名第15位，被评为业绩优秀企业。

19

推动数字化和精益化管理变革
打造共享竞合集约高效的"铁塔模式"

中国铁塔股份有限公司

一、基本情况

中国铁塔股份有限公司(简称"中国铁塔")是在落实网络强国战略、深化国企改革、促进电信基础设施资源共享的背景下,由国务院推动成立的国有大型通信基础设施服务企业,主要从事通信铁塔等基站配套设施和高铁地铁公网覆盖、大型室内分布系统的建设、维护和运营,同时依托独特资源面向社会提供信息化应用和智能换电备电等能源应用服务,是我国移动通信基础设施建设的"国家队"和5G新基建的主力军。

近年来,中国铁塔坚持学习贯彻习近平总书记关于国有企业改革发展和党的建设的重要论述,持续构建集约化、专业化、高效化、精益化、数字化的运营体系,依托一点支撑的IT系统,实现对各类资产资源的高效运营,形成了以共享竞合、集约高效为特点的"铁塔模式",显著提升了运营效率、降低了行业成本。

二、经验做法

(一)小总部大生产,打造精干高效的组织架构

作为党的十八大后组建的年轻央企,中国铁塔坚持"穿新鞋走新路",

结合自身重资产运营的行业特点，持续打造"五化"（专业化、集约化、精益化、高效化、数字化）运营体系，将点多面广、布局分散资产和人员紧密联系一起，高效配置各类资源。

一是严控管理链条，保持扁平化组织架构。中国铁塔坚持总分体制、三级架构，严控管理职数。总部仅有140余人，各省分公司本部平均仅有62人，90%的员工配置在生产一线，将地市分公司打造为强执行、拓市场、优服务的主力作战单元。

二是业务数字化升级，搭建集中统一的生产运营管理系统。按照自上而下统一标准的设计思路，构建了集中管理、属地维护的全公司一级架构信息系统。在采购方面，通过互联网电商模式全国统一采购、一点结算、供应商统一管理，有效发挥集采的低成本、高效率优势。在运维上，实现了对200万个基站和2500万台设备的可视、可管、可控。通过大数据建模分析，自动发现运营风险和运行报警，派发工单并配备评估、督办、问责等流程，全面推进运营维护智能化、数字化。实现自动巡检、智能排障等9大功能，改变了过去的"人海战术"，对遍布全国的资产实现"少人、无人维护"。

（二）划小核算单元，培养精细入微的运营能力

站址是中国铁塔运营的核心单元，也是收入和成本归集的最小单元，中国铁塔通过创新"业财一体"理念，将业务与财务的流程标准相融合，建立起独具特色的单站核算体系，对3000亿元资产进行精细化运营管理。

一是资产数字化筑牢核算基础。对所有资产单元进行标识码管理，超200万站址采用"一站一个身份证"，2500万套设备采用"一物一条资产码"，实现每项资产从进入到退出的全生命周期的数字化管理。

二是业财融合打通数据壁垒。通过统一业务规范和财务流程，将财务规则前置到业务系统中，使得业务系统数据明细等同于财务明细账，形成

了逻辑集中的会计核算网络化体系，实现了由总部财务部"一点"统一为全国省市分公司集体折旧和摊销。"一点"为200万个站点出具单站损益表，实现了小财务支撑大业务。

三是精细化核算压实经济责任。在资产数字化和业财一体的基础上，将管理颗粒度细化到最小单元，实现了每个站址一张损益表、每位经营责任人一张损益表，通过精准计量，反映出每一个站点的投资建设和运营管理能力。

（三）深化降本增效，助力经济高效的5G建设

面对5G规模投入期给电信行业带来的成本投入压力，中国铁塔始终坚持助力网络强国和5G建设的初心使命，自我加压、主动作为，会同电信行业开展了一系列降本增效的专项行动。

一是汇聚社会力量，用好公共资源。通过全力争取地方政府和社会支持，目前全国已有超过92%的区县将5G站址纳入通信专项规划，383个地市向公司开放了公共资源，电线杆、路灯杆、信号杆等社会杆塔资源均对公司开放共享，32.3%的新建站址共享社会资源，将大量"社会塔"变为了"通信塔"，经济高效地满足了5G建设需求。

二是强化激励约束，注重客户评价。2020—2021年在人工成本总额中设立了共计6000万元的降本增效专项奖励，包含5G专项、电费专项、场地费专项等奖励内容，相关内容同步纳入了省分公司KPI考核项目。目前首批3000万元专项奖励已全部发放完毕。同时，邀请电信客户全程监督参与，把降本增效落实情况与客户评价相结合，对成效显著、客户认可度高的予以奖励，对效果不佳、客户不认可的考核扣分。激励约束机制的确立使得"以客户为中心"的发展理念深入人心，全面提升了各级员工的客户服务能力，在为客户创造价值中实现公司价值提升，有效促进了公司与客户协同共赢。

三是统筹沟通协调，用好政策优惠。变原来的电信企业竞价入场、排他竞争为中国铁塔与业主单位统筹协调、统一入场。通过争取基站用电优惠补贴、转供电改直供电、电力市场化交易等措施，大幅节约电费成本。通过一系列专项行动，5G建设选址和入场难、费用高等问题显著缓解。

三、改革成效

一是管理效率迈上更高台阶。在生产效率上，2021年中国铁塔实现全员劳动生产率234万元/人，位居中央企业前列，中国铁塔人均管理铁塔数量超过100座，是美国和欧洲等国际铁塔公司的3~4倍。在财务管理上，总部财务部以20余名财务人员的配置，面向31个省、381个地市实施财务管理，每月统一对省市分公司计提折旧和摊销费用。总部"一点"为全国200万站点出具单站损益表，支付结算金额累计已超过1000亿元。精干的财管人员支撑起了庞大的资产管理运营业务。

二是运营能力更加精准细化。通过划小核算单元，各级管理人员逐级细化考核指标，实现包站到人，压实了从管理层到一线员工对成本和利润的经济责任。通过深入细致的"会诊分析"，全面清查不合理投资、重复计费等问题。2021年，单站平均造价明显下降，新增立项塔类新建项目单站平均造价下降18%，改造项目单站平均造价下降57%，公司全年投资增收比往年提高9.3%。持续开展隐患整治和更新改造，提升站址运行稳定性、可靠性。分地市、分运营商的断电退服时长达标率为99%，平均断电退服时长为9.0分钟/(站·月)，断电退服率为5.0%，站址维护质量保持较优水平。

三是深化共享释放更多行业红利。与电信企业开展联合专项行动，通过合理控制场租续签涨幅，压降转供电单价、实施"转改直"等方式，全年为客户节省场地费4.1亿元、节省用电成本13.7亿元，三家运营商电费平均下降5.4%，88家省级电信客户企业给予"非常满意"评价，占比达97.8%。持续深化通信基础设施资源共享，截至2021年末，累计承建5G基站122.6万座，完工100.4万座，97%的通过共享存量资源实现，相当于少建新塔92万座，节约行业投资1650亿元，减少碳排放2492万吨。同时，克服了新冠肺炎疫情影响，交付速度远超预期，经济高效地助力我国5G网络建设领跑全球。

20

构建以董事会决策为核心的公司治理体系 坚持市场化改革 驱动高质量发展

中国航空技术国际控股有限公司

一、基本情况

中国航空技术国际控股有限公司（简称"中航国际"）是中国航空工业集团有限公司（简称"航空工业集团"）直属二级企业，业务涉及航空供应链支持与集成服务、先进制造业、海外公共事业、现代服务与贸易等，旗下拥有天马微电子股份有限公司（简称"深天马"）、深南电路股份有限公司（简称"深南电路"）、飞亚达精密科技股份有限公司等6家境内外上市公司。

中航国际伴随改革开放而成长，历经40余年发展，已植入了市场化、国际化与创新创业的企业基因。近年来，中航国际以"双百企业"综合改革试点为契机，以深圳"双区"建设为驱动，在构建现代企业制度、聚焦主业优化战略布局、突出市场化经营机制等方面深化改革，有力促进了公司高质量发展。

二、经验做法

（一）构建中国特色现代企业治理体系，规范高效运行

一是坚决贯彻"两个一以贯之"，将党的领导融入公司治理。突出党

委"把方向、管大局、保落实"作用，建立股东会、党委会、董事会、监事会、经理层的中国特色"四会一层"治理架构，明确各治理主体权责边界，将党的领导与公司治理高度统一。通过党委前置研究讨论清单、决策结构清单、"三重一大"决策清单等制度，确定33类党委前置研究讨论事项、25项决策事项，以表格清单形式量化、流程化。打造以章程为基础的"1+N"公司治理制度体系，规范投资企业章程，营造尊重章程、重视章程修订、严格执行章程规定的治理文化与法治氛围。

二是突出顶层设计，做实董事会决策的核心地位。为压缩管理层级、提高运营效率、降低管理成本，中航国际于2020年实施了香港上市平台退市及北京、深圳、香港管理平台的整合，由中航国际保留本级董事会的完整治理体系，对全资持有的两家平台仅设立执行董事，重大决策纳入股东权限，实现3个平台公司治理的统一，提高了对投资企业的管治效率。在集团公司授放权政策支持下，通过修订公司章程及制度，中航国际股东会层面仅保留12项法定与重大决策事项，明确62项决策事项为董事会权限，真正做实董事会。

三是优化董事会建设，充分发挥外部董事作用。在中航国际董事会中，由股东委派的外部董事长期占多数。在此基础上，借鉴上市公司做法，引入独立董事，将董事会调整为"3+3+3"模式，即股东委派董事3人、经理层董事（含职工董事）3人、独立董事3人，进一步提升董事会配置的多样性和科学性。2020年至今，中航国际共召开董事会46次，审议议题76项，外部董事提出31条建议，董事会吸纳23条，为重大项目决策、实施及经营管理提供了有益支撑。对下属企业，中航国际坚持以总部派出董事为主，选择熟悉企业、有丰富管理经验的干部组建专职董监事队伍，与总部规划、经营、人力、财务等部门领导一同派出担任董监事，制定派出董监事管理及评价办法，加强筛选、跟踪及考评。在行权履职过程中,充分尊重董事个人依据专业素养与职业判断进行的独立决策,并有效结合公司战略对议案进行判断,确保决策科学有效。

(二)"瘦身健体",聚焦主业,促进高质量发展

一是加强投资管理,优化产业布局。中航国际以战略规划为引领,确定主业领域和产业领域的布局方案,明确产业结构布局调整优化升级目标,聚焦航空供应链集成服务和先进制造业等主业领域。严控投资链条、优化权限管理,投资主体原则上控制在中航国际及所属二级企业,同时承接集团公司授放权安排,结合投资企业定位、规模、治理成熟度等分级分类设置投资权限,对不同类型企业的股权投资和固定资产投资权限进行差异化设定,以提升决策效率、强化责任落实。强化计划管理、严控非主业投资,对主业范围内的投资,制订年度投资计划,并与年中调整有机结合,提升投资计划的科学性、精准度。严控非主业投资,一事一议,从严把握,近3年中航国际主业投资金额占比98%。期间,深南电路高端IC载板等一批主业投资项目相继落地,为提升相关业务全球影响力奠定了基础,也推进了公司产业布局的快速优化。

二是市场化手段退出非主业,优化资产结构。中航国际以"瘦身健体"提质增效为手段,先后退出地产开发、煤炭、粮贸、船舶、物业管理等业务,顺利完成"两非"清理年度任务,企业数量减少49%。在清退过程中,坚持市场化交易原则,兼顾效益和效率。对于存在市场公允价值的资产,如地产等,通过挂牌交易竞价出售,最大限度地实现国有资产保值增值;对于市场化退出困难的,如煤炭、船舶业务,在国务院国资委协调下通过央企间无偿划转或协议转让实现退出。通过退出非主业,中航国际累计回收现金550亿元。

三是推动内外部重组整合,优化资源配置。积极撬动资本市场资源和政府资源,近两年深天马及深南电路实施非公开发行股份及发行可转债,

累计募集资金超过 90 亿元，全部投资于主业发展。深化上市公司与政府经济发展合作，积极争取地方政府优惠政策支持，引导政府投资平台与社会资本参与上市公司增发并成为股东，加快主业发展步伐。在公司内部，有序推进专业化整合，组建中航国际供应链科技有限公司，打造专业化航空供应链集成服务商，规模效应逐步显现。

（三）深化市场化经营机制改革，激发企业内生动力

一是以任期制契约化管理为突破口，激发领导干部担当作为。中航国际全级次纳入考核的 177 家企业共有班子成员 279 名，全部实施任期制契约化管理。在考核指标制定上，突出精准性，传导经营压力。以中航国际年度经营业绩考核及战略规划分解为导向，结合班子成员分工，实施"3+N"指标设定模式，即 3 个通用指标和 N 个个性化指标。在考核结果运用上，突出挑战性。在中航国际经理层成员薪酬管理办法中规定，绩效年薪占 70%，绩效考核兑现系数分为三等，实施阶梯式激励模式，从机制设计上引导经理层主动摸高。

二是持续推动市场化用工，激发员工奋斗热情。修订《员工选用管理办法》《员工绩效考核管理办法》等制度，实现公开招聘、竞聘上岗、劳动合同管理、末等调整和不胜任退出制度化。中航国际以人才培养为目标，构建了管理序列和专业序列的"双发展通道"职级体系，共设置 12 个职级，让"有才、有德、有为"的员工都"有位"。按薪酬随效益浮动原则，制定《工资总额管理办法》，员工薪酬以绩效度量。部门负责人有权结合员工绩效与贡献度，对奖金包进行二次分配（调整比例最高达 100%），让高绩效员工得到进一步激励。结合岗位梳理和岗位价值评估，突出高价值岗位的薪酬竞争力，部分科技型企业核心科研人员薪酬达到本企业负责人的 1.3 倍。

三是探索中长期激励机制，激发企业内生动力。支持符合条件的企业

开展股权和期权激励。两家所属上市公司实施了3次股权激励计划，覆盖核心管理团队和技术骨干共387人次，1家高新技术企业开展了员工持股，覆盖24名核心人员，另有4家企业正在推动相关工作。不具备开展股权激励的企业，结合企业自身特点探索开展超额利润分享、项目跟投、科技型企业岗位分红等多样化的中长期激励方式。3家已实施股权激励计划和员工持股的企业实现了跨越式发展，净利润年复合增长率在20%以上，股权激励计划达到解锁条件，激励成效显著。

三、改革成效

一是公司业务结构和资产质量明显提升。通过"瘦身健体"及内部重组整合，更加聚焦主业，内部协同能力提高，规模效应显现；外部积极布局产业链上下游，产业发展格局和产业链更加通畅。"十三五"以来，公司法人层级从12级压缩到6级，企业数量减少49%；涉及国民经济门类减少至11个，行业大类减少至19个；"两金"下降56%，资产负债率下降5%，公司整体资产质量大幅提高，资产负债结构改善，有力推动了战略转型。

二是公司经营质量稳步提升。中航国际卸下历史包袱，克服了业务退出、消化历史潜亏等因素的影响，轻装上阵再出发。"十三五"期间，经常性业务利润年复合增长率达到21%，公司营业收入和利润保持稳定增长。2021年营业收入1837亿元，同比增长15%；利润总额43.5亿元，同比增长14%；经常性业务利润55亿元，同比增长25%。2017—2020年，公司连续4年获评集团经营业绩考核A级，其中3次位列第1名。

三是公司决策效率大幅提升。中航国际通过修订公司章程等规章制度，公司治理的决策主体、决策权限和决策流程更加清晰，董事配备更加专业、多样、合理，董事会真正发挥定战略、作决策、防风险的功能，经理层依法行权履职得到保障,各治理主体不缺位、不越位、不串位。公司决策效率及科学性大幅提升,近年来未发生重大经营风险与亏损。

四是公司市场化经营机制不断完善。通过任期制契约化管理、全员绩效考核、开展中长期激励等手段,中航国际干部队伍建设不断优化,一批绩效考核不合格的干部"下岗",一批优秀人才"上岗",一批青年才俊纳入后备人才库,得到组织培养。中航国际升级重塑经营机制,形成了"价值创造—价值评价—价值分配"的闭环体系。从经营班子到骨干员工,大家目标一致,干事创业精气神十足。

21

对标世界一流
推进管理体系和管理能力现代化

中国航发沈阳发动机研究所

一、基本情况

中国航发沈阳发动机研究所（简称"中国航发动力所"）主要从事大、中型航空发动机和燃气轮机的设计研究与产品开发。主价值链是围绕主营业务开展的一系列满足用户需求的创造性价值活动。主价值链的高效运作需要大量管理活动作支撑。

中国航发动力所深入贯彻落实习近平总书记对航空发动机事业重要指示批示精神，加快实施国企改革三年行动，坚持管理与技术并重，把握自主创新、自主发展趋势，通过对标世界一流，找差距、补短板、强弱项，奋起直追，加快解决管理基础不扎实、内部管控不到位等问题，坚持向先进管理要质量、要效益、要增长，不断提升运营效率和管理效能，积极推进工作模式转变，快速迭代、高效收敛，加速实现航空发动机及燃气轮机自主研制。

二、经验做法

（一）大力推进运营管理体系建设

在中国航空发动机集团有限公司（简称"中国航发"）战略体系以及

AEOS（中国航发运营管理体系）框架下，中国航发动力所聚焦产品研发体系，并以其为核心内容全面推进 AEOS 建设。

一是建立与业务相匹配的组织结构。基于业务和定位，在中国航发 AEOS 业务分类框架、运营管理理论和内外部实践基础上，定义了以产品研发体系为核心的 12 个端到端流程，并据此按照分层、分级、多功能、建用结合的原则，围绕决策、执行、指挥和协同四大功能，新设 AEOS 推进组织机构。

二是建立并实施项目管控机制。为保障跨部门团队高效协作，将 AEOS 建设作为重点纳入绩效管理进行管控。在计划、预算、决策、考核、激励等方面采用项目制方式，为项目经理充分授予权、责、利，落实体系建设主体责任。

三是面向业务场景开发业务流程。全面应用系统工程思维，与标杆企业合作开展数字化转型项目。引入 PACE（产品及周期优化法）和 IPD（集成产品研发）理念，基于产品研发体系建设和应用需求，重构体系的总体架构。

四是外部要求与业务流程充分融合。在流程显性化过程中，按照"逐层融合、逐条分析、有效管控"的融合策略，将外部要求融入研发体系，建立相关管理机制，通过 Doors 平台（需求管理工具）实现外部要求与研发体系双向追溯。

（二）持续提升质量管理能力

推进新时代装备质量管理体系建设，开展"专业水平、专业人员、专题攻关、专项监督"能力提升行动，提升管理基础和专业技术能力，建强人才队伍和组织机构，开展专项质量攻关和专题质量改进，实施专项质量监督和考核评价。

一是深入构建新时代质量管理体系。贯彻新时代装备质量管理体系建设要求和中国航发总体推进方案，中国航发动力所按照"战略分析""架构设计""流程构建""资源部署""运行监控""体系改进"六阶段推进，以研发体系（核心业务）为基础，将组织质量管理体系的分析、设计、验证、执行、优化等全阶段、全过程进行统筹管理，逐步扩大覆盖范围至AEOS的其他11个业务域，以提升运营体系成熟度。

二是严格管控型号研制质量。依托型号质量师系统，推进型号研制质量管理，根据型号研制任务，精准策划年度质量目标、质量工作要点及工作计划，并融入科研计划。从设计源头强化设计质量管控，推进正向研发体系建设，利用故障模式、影响和危害性分析等质量工具开展质量设计，加强仿真技术在设计过程的应用，确保设计一步到位。

三是持续加强质量文化建设。开展"质量周""质量月""质量工作怎么看、怎么干大讨论"等群众性特色质量活动，以一线员工为主体，积极倡导QC（质量管理小组）、现场改善提升等广泛质量改进，提升全员质量意识，践行"一次把事情做对"的质量行为准则。

（三）持续提升人力资源管理

强"心"之道，要在得人。始终坚持人才是第一资源，在引才、育才、激励等方面持续坚持科学化、规范化、专业化，为深入实施国家重大专项、加快改革发展打下坚实基础。

一是组建团队、建章立制。召开人才工作会，明确"十四五"人才工作发展思路、目标和战略举措，发布"十四五"人才队伍建设发展规划，围绕"1124青腾未来工作体系"建设，对青年和人才工作谋篇布局。

二是统筹策划、分步实施。优化定岗、定员、定编的岗位和编制设置，精准制订毕业生招聘计划。利用沈阳市"引博"工程、租购房补贴、新员工宿舍保障等引才政策，增强"航发"品牌职场效应，精准吸引优秀人才。

三是培养人才、搭建梯队。加强副总师队伍建设，强化责任落实、履职行权。深化"长家"分离，加大年轻干部选配力度。开展总师青年助理选拔，为总师配备35周岁以下青年助理，提升团队效能，加速优秀青年成长成才。推进"百青"工程落地，开展"百青"专家、"百青"工匠、"百青"管培评选，引导青年成为技术精英、技能模范、管理英才等多元化专家。

四是多措并举、优化迭代。实施重大技术攻关项目"揭榜挂帅"，及时有效解决型号研制的共性关键技术瓶颈和重大故障问题。对取得突破性进展、业绩指标卓越和AEOS体系应用突出的项目，年终实施近千万元的专项奖励，突出激励时效性，激发员工干事创业热情。实施人才成长"绿色通道"，对于在型号项目研制、专业技术发展、能力建设和排故攻关等过程中做出突出贡献，取得重要成果的优秀人才，在职称、职级等晋升评价中建立绿色通道，单列晋升指标，打破论资排辈。

三、改革成效

一是运营管理体系不断完善。实现产品研发体系建用结合，为研发流程落地和批量基础要素的形成提供了组织保障。牵引、推动了其他领域协同并进，明晰了领域间界面和接口，强化了统筹规划、统一决策，保障了计划按期完成。锤炼了体系建设应用的人才队伍，每年700余人深度参与体系建设，紧密协作，基本形成以规划为牵引、以研发体系为龙头、各体系同行、信息化协同的新格局。

二是质量管理能力持续增强。建立"型号业务+质量工作"融合实施的机制，质量综合评价得分率由2019年的65%上升至2021年的70%，顺利通过装备质量管理体系监督审查。质量问题解决效果显著，"减存量、遏增量"目标基本达成，连续3年质量问题闭环率同比持续提升13%

以上。

三是人力资源管理水平大幅提升。依托"三定"工作,严把员工"入口",实现了"控总量、优结构"的目标。优化了人才内部流动机制,盘活提高了人力资源效率。深化收入分配改革,自主设计的岗能工资体系顺畅运行,与任职资格体系、考核体系相互促进,激励导向作用持续增强,有力保障科研生产任务完成,促进管理水平提升。

聚焦战略引领 勇毅改革创新
磨砻淬砺世界一流省级电网企业

国网天津市电力公司

一、基本情况

国网天津市电力公司（简称"国网天津电力"）是国家电网有限公司（简称"国家电网"）的子公司，负责天津电网规划、建设和运营，致力于为天津经济社会发展提供清洁低碳、安全高效的电力能源供应。供电面积1.19万平方千米，供电705万户。截至2021年底，资产总额814.79亿元，资产负债率55.62%；2021年售电量817.8亿千瓦·时，营业收入482.95亿元。国网天津电力始终以习近平新时代中国特色社会主义思想为指导，贯彻落实国企改革三年行动，践行国企"六个力量"，深入开展对标世界一流提升行动，以综合改革、创新突破成效加快建设产品卓越、品牌卓著、创新领先、治理现代的世界一流企业。

二、经验做法

（一）聚焦战略引领，践行央企责任，明确世界一流省级电网企业建设目标方向

2019年，习近平总书记来津视察期间，参观天津公司展区，勉励"继

续努力、再创新高"。国网天津电力在国企改革三年行动中，坚决贯彻能源安全新战略和习近平总书记来津视察指示精神，聚焦"双碳"、构建新型电力系统等国家战略，全力争当具有中国特色国际领先的能源互联网企业先行者。

一是服务国家战略，融入地方经济发展。服务脱贫攻坚和乡村振兴，通过全面改造升级农村电网，加大农村地区老旧设备更新和架空线路绝缘化改造力度，历史性消除农村电网问题。坚决贯彻国家"六稳""六保"工作方针，主动迎战供需矛盾，推动有序用电用户规模扩大5.6倍、需求响应资源池扩大65%，始终保持了电力保供平稳有序。服务"双碳"大局，创新实施津碳"3060"电力行动，发布全国首个央地合作的电力"双碳"先行示范区实施方案。举办世界智能大会城市能源革命高峰论坛，发起成立全国首个"双碳"产业联盟，推动出台全国首部"双碳"地方性法规，携手天津港建成全球首个"零碳"码头，牵头筹建天津碳达峰碳中和运营服务中心。

二是对接城市战略，加快电网转型升级。致力打造央地融合"示范区"，创新电网优化升级"1001工程"，推动天津市政府部门既"搭台"又"唱戏"，将电网建设纳入政府督办。出台"一会五函"等70余项政策，压缩审批时间，提高建设效率，电网建设由"单兵作战"转变为"联合作战"。以数据智慧赋能服务经济社会高效运行，签署首个城市运营大数据政企共享共用协议，面向政府、企业、居民、能源系统开发30项能源大数据产品，通过政务平台实现产品在线发布、精准推送，助力能源革命先锋城市建设。

（二）坚持国际视野，搭建对标体系，探索世界一流省级电网企业落地路径模式

国网天津电力认真落实国务院国资委创建世界一流示范企业和对标一流管理提升行动部署，主动践行创建世界一流探索使命，创建对标一流管

理提升"能力框架—战略地图—任务集群—执行保障"路径模式,并在国务院国资委专题会上推介,在《国资报告》上刊发。

一是构建世界一流企业模型,让"一流建设"标准更清。研究一流企业核心特质和发展趋势,应用"平衡计分卡"工具,将国家电网战略目标、能源革命先锋城市发展要求进行解码,构建一流企业全要素框架,确定社会型企业和共享价值对标基线。紧扣"中国特色""国际领先""能源互联网"核心特质,构建涵盖两级46个能力要素模型。

二是综合考量开展对标探索,让"一流建设"路径更明。从"硬实力"与"软实力"两个维度,对企业管理进行诊断分析,按照国际与国内、同业与异业相结合的原则,选择对标日本东京电力公司、德国意昂集团等领先企业实践,精准定位19项关键补差要素和4项重点提升领域,制定针对性提升举措,明确"三年三步走"阶段安排,形成177项战略落地重点任务,确保战略一套体系,落地"一竿到底"。

三是强化对标提升闭环管理,让"一流建设"结果更优。针对战略管理、服务品质、科技创新、组织管控四大对标领域,实施12项管理提升工程,确保重点领域率先突破、企业全局持续提升。建立健全全员宣贯、考核评价、组织保障机制,形成精准纠偏、迭代优化、执行有力的世界一流企业创建闭环管控机制。

(三)勇毅创新突破,推进综合改革,聚力世界一流省级电网企业建设

国网天津电力深入贯彻落实习近平总书记关于注重改革的系统性、整体性、协同性的重要论述精神,坚持"两个一以贯之",坚持国有企业高质量发展,聚焦主业主责,探索实施综合改革方法,加快构建与直辖市地位相适应的世界一流省级电网公司体制机制。

一是突出变革强企,在管控模式上提升治理能力。构建"一体两翼三驱四联"为核心的"战略+运营"管控模式,以"承诺制"深化"放管服"改革,全面实施"四减"服务承诺和"容缺后补"信用承诺,审批

效率提升42%。以贴近设备、贴近现场、贴近客户为主线，构建现代设备管理体系，全面落实设备主人制。深化三项制度改革，推进职业经理人制度。整合内设机构，加强数据资产管理，大力推动企业数字化建设。

二是强化客户导向，在营商环境上打造卓越服务。成立营商环境优化委员会，统筹资源配置，促进专业协同。创新配网运维检修、营配服务、低压抢修等营配末端融合模式，一体化实施配网全流程业务。网格化布局供电服务中心，推广"限时办电""一网通办"等服务模式。打造"考核量化透明、专业深度融合、网格联产承包"的供电服务中心管理模式，以提高服务品质、激发队伍活力。

三是加大科技创新，在机制建设上提高创新质量。强化科技创新体制机制建设，优化组织体系，设立科技创新服务中心，强化创新服务职能，实行科研助理制。推行科技立项"揭榜挂帅"制，统筹开展科技贡献评价和人才评价，打破仅以专利、论文数量和获奖为导向的科技人才评价标准。规范科技成果转化流程，打通基层转化应用路径，推动科技成果转化为现实生产力。

三、改革成效

经过不懈努力，国网天津电力高质量发展态势基本形成，天津电网实现重塑再造，经营业绩逐年逆势提升，电力"双碳"迈出坚实步伐，队伍面貌焕然一新。天津市委主要领导肯定国网天津电力树立了改革创新、奋发奋斗的样板，被政府誉为"城市名片"。

一是企业经营管理质量效益明显提升。"十三五"期间，利润保持稳步增长，累计实现利润总额53.91亿元，较"十二五"增长56.52%，资产负债率始终保持在53%~58%的合理水平。电网主业实现高质量发展，网架结构、供电能力、整体功能全面升级，局部地区供电可靠性达到99.999%，天津电网整体水平达到国内领先。建成了一张崭新的天津电网，筑牢了"双碳"落地电网之基。通过对标提升，75%对标指标达到国际领先水平，反映省级电网公司综合经营水平的业绩考核和同业对标始终位列国网系统前列。高、低压平均办电时间分别压减43%、44%，"获得电力"指数全国名列前茅，助力天津市连续2年入选全国营商环境十佳城市，达历史最好成绩。"十三五"末省部级以上科技奖项、发明专利、技术标准较"十二五"分别增长3.5倍、4倍和7倍。

二是公司行业影响力不断增强。建成国际领先的智慧能源小镇"10+10"成果，建成国内首座"数字化、网联化、生态化"国际领先的津门湖新能源车综合服务中心，获评能源数字化示范工程。建成首个省级综合能源服务中心，被列为世界智能大会永久展示窗口。依托城市能源大数据中心，率先推出"电力看经济"、招商引资效果评估等30余项大数据产品，形成一批示范模式。配网带电作业机器人抢占国际标准制高点。连续两届成功举办世界智能大会城市能源大数据高峰论坛，发布国内首部《城市能源大数据发展白皮书》。连续3年获得天津市民生贡献奖和最具社会责任企业，被中国工业经济联合会列为全国首家可持续发展创新实践基地，获评全国法治宣传教育基地，荣获国务院国资委管理提升标杆企业。

三是锻造电网员工队伍精神特质。发扬劳动模范和先进工作者的崇高精神，打造出一支以"改革先锋""时代楷模"张黎明、全国劳动模范黄旭等先进典型为代表的"群体先进"员工队伍。"个体先进"向"群体先进"拓展升级经验获央企党建优秀研究成果一等奖、全国企业管理创新成果二等奖。"青马工程"经验获共青团中央书记处第一书记批示肯定。天津市委主要领导肯定了国网天津电力具有"困难面前有我们，我们面前没困难"的拼搏意志和"遇水搭桥，逢山开路"的"推土机"精神，为天津经济社会发展贡献了电力动能和精神动能，树立了天津样板。

23

对标世界一流 深化数字化转型 全面加速企业管理提升

中国联合网络通信有限公司北京市分公司

一、基本情况

中国联合网络通信有限公司北京市分公司（简称"北京联通"）面向公众、商企和政府机构等客户提供电话通信、数据传输、互联网、大数据、物联网、云、IDC 等全业务电信产品，以及行业应用、系统集成、技术服务等相关服务。在国家重要会议和重大活动中，北京联通以首善标准践行央企担当，多次高质量完成通信服务保障。国企改革三年行动以来，面对新冠肺炎疫情后国内国际经济与社会发展形势，北京联通深入学习贯彻习近平总书记关于国资国企改革的重要论述，坚决贯彻落实党中央、国务院重大决策部署，通过全面推进数字化转型，深入开展对标世界一流管理提升行动，强化改革、创新和管理联动，以对标促管理、以管理促发展，提升企业精益化管理水平，推动企业提高运营效率、激发内生活力，为企业高质量发展奠定坚实基础。

二、经验做法

北京联通锚定一流企业标准，向德国电信股份公司、华为技术有限公司等一流企业看齐，将数据作为核心生产要素，强化顶层设计，夯实转型基础，完善数字化转型治理机制，聚焦战略、组织、运营、财务、科技、风险、人力资源、信息化八大管理领域制定94项举措，以数字化转型为主要抓手实施对标提升，进一步适应数字技术高速发展的社会环境，满足客户高质量服务需求与企业自身治理效能提升的要求。

（一）明确数字化转型总体部署，画好对标提升蓝图

一是构建数字化转型"1+3+1"总体布局。北京联通对接落实国家数字经济发展战略，确定了以1个转型基础、3大转型方向、1套治理机制为内容的对标提升工作蓝图。将数据作为新的生产要素，基于连接、收集、认知深化数据资源开发利用，打造以数据驱动的转型基础。以满足美好信息生活需要提供高便捷服务、赋能千行百业转型升级提供高智能应用、面向基础设施运营升级高品质网络为方向，从需求侧和供给侧"双轮驱动"，重构企业数字化架构。围绕企业运营管理的人、财、物、事优化资源配置规则和配置方式，以数据流畅通人流、资金流、物资流、价值流有机高效流动，提升运营效率和治理效能。

二是围绕"1+3+1"总体布局优化组织保障。北京联通将数字化转型列为公司"一把手"工程，逐级细化任务目标与行动方案，构建起上下贯通、左右协同的执行体系。完善流程治理，强化执行落地，实施市场、政企、网络、科创及IT五大专业线运营组织体系变革，结合数字化转型和管理提升要求迭代各单位权责，建立流程统一框架和流程建设运营体系，以客户为中心完成447条流程适配和优化。

（二）夯实数字化转型数据基础，筑牢对标提升根基

北京联通打造智慧数据中台，实现统一数据底座、数据可视与数据共享，夯实赋能业务、网络、管理数字化转型的数据基础，筑牢对标提升工作根基。

一是加强数据连接。统一数据标准、构建数据中台、规范数据管理、加强数据质量、推动数据共享,形成跨流程、跨系统信息集成共享的数据管理框架,打造统一数字底座。

二是完善数据收集。围绕全客户、全渠道、全业务、全流程、全场景,实现业务域、网络域、管理域、电商域、互联网域数据,拉通与汇集,通过"平台+应用"实现内外部用户数据可视与共享。

三是增强数据认知。由公众中台、政企中台、网络中台、管理中台采集并向数据中台灌输基础数据,数据中台进行数据加工分析后向各专业中台提供数据标签、建模与应用,中台间实现闭环协同,形成数据采集、传输、分析、应用的良性循环。

(三)厘清数字化转型提升方向,明确对标提升路径

北京联通面向公众客户、政企客户、网络管理细化区分数字化转型提升方向,明确对标提升实施路径。

一是提升服务便捷性,满足客户日益增长的美好信息生活需求。北京联通聚焦公众客户日益增长的生态化通信生活需求,通过强化产品在民生各领域客户权益兑现提升用户体验与价值获得;通过客户标签和模型进行精准画像与需求洞察,完善客户价值运营;通过流量经营、订单管理、业务交付等线上线下一体化管理完善渠道运营,线上订单转化率达到93.30%;通过"吹哨即办"服务管理,构建一线吹哨、部门报到、接诉即办、责任串联的服务问题解决机制。

二是提升应用智能化,赋能千行百业数字化转型升级。北京联通面向政企客户高智能应用需求,打造开通更迅速、管理更便捷、品质更可靠的智慧专线产品,端到端业务可用率达到99.99%;提供集安全认证、业务订购、账款票据查询为一体的政企在线门户服务。通过大数据分析洞察客户需求痛点,在产品设计中融入数据要素,提供智慧化解决方案,助力客户获得数字化转型红利。

三是提升网络品质化，高效支撑用户数字化需求。北京联通将资源建设投资与业务增收比数据、用户投诉热点数据、网络资源应用数据等进行关联结合，加大精准投资力度。拉通底层资源管理，实施资源弹性调度，提升网络交付能力，点对点业务开通平均历时由2个工作日压缩至6小时。以网络切片释放5G潜能，应用5G切片打造"量身定做+千行千面"的行业应用场景解决方案。利用大数据技术实现网络行为异常分析和预警，增强网络安全。加大自主研发投入强度，聚焦关键能力认证，科创"软实力"逐步增强。

（四）实施数字化转型高效治理，巩固对标提升成果

北京联通持续推进"人、财、物、事"关键要素和信息技术的深入融合，通过数字化手段实现跨模块全景分析和全业务流程管理，持续巩固对标提升工作成果。

一是聚焦人员转型，构建智慧赋能体系。构建人力资源5大类38小类能力标签体系，实现动态、全量、多维度员工画像，着力围绕数字化应用培训赋能，提升人才队伍数字化能力，优化人才结构。

二是通过数据要素牵引资源向高收益、高增长领域倾斜。资源预算随业务场景及业务量变动，减少低效无效支出，加大创新资源投入，建立覆盖全业务的佣金快付能力，业务受理激励兑付从T+1月缩短至T+4日。

三是加强资源资产集约化管理，提升资产效能。资产管理拉通多个业务系统形成资源管理全景视图，实施资产码化自动盘点，较传统人工核对效率大幅提升。构建房产资源数据模型，实现对房产及附属设备设施资源清查、管理、盘活、统计分析的全流程透明化管理。

四是以合同闭环管控为抓手，提升数字化转型风险管控能力。建立风险数据库，实现合同履行风险全量统计和数据可视化。创建"沃易签"电

子签章系统，集约实现合同主体及自然人实名认证、合同自动拉取在线签署等功能，一份合同签署时长仅需 5 分钟。

三、改革成效

北京联通加快企业数字化转型，将数据要素转化为生产力，以创造世界一流企业为目标，持续促进企业管理提升，企业活力更强、效益更优，改革成效持续显现。

一是数字化使能赋能，展一流担当。北京联通践行央企使命担当，圆满完成建党百年庆祝活动和北京冬奥会通信保障工作，展现"大国顶梁柱"形象。服务感知持续提升，工业和信息化部申诉率下降 56.19%，持续保持同城最优。在抗击新冠肺炎疫情中，自主研发的"沃智护"产品荣获"2020 年度北京工业 APP 和信息消费创新大赛"一等奖，为促进区域数字经济发展做出了应有贡献。

二是提升精益化管理，树一流标杆。北京联通通过数字化转型使管理能力得到全面提升，管理提升举措整体完成率达 98.59%。北京联通报送的《通信运营商以高质量满足客户需求为核心的内外联动数字化转型管理》获"第二十八届全国企业管理现代化创新成果"二等奖，并于 2021 年获评国务院国资委国有重点企业管理标杆创建行动标杆企业。

三是强化提质增效，创一流业绩。2021 年北京联通收入、利润继续保持高位增长，收入同比增长 5.52%，利润同比增长 9.63%，收入及利润份额均保持北京地区行业领先，资产负债率为集团和区域最优，全员劳动生产率同比增长 5.32%。

24

推进中国特色现代企业制度建设
在完善公司治理中加强党的领导

天津市人民政府国有资产监督管理委员会

一、基本情况

截至 2021 年底,天津市人民政府国有资产监督管理委员会(简称"天津市国资委")直接监管企业 33 家,其中市管企业 27 家,委管企业 6 家。天津市国资委党委在天津市委、市政府的坚强领导下,坚决贯彻习近平总书记在全国国有企业党的建设工作会议上的重要讲话精神,持之以恒落实"两个一以贯之",推进建立完善中国特色现代企业制度。2016 年以来,天津市委办公厅印发进一步加强国有企业党的建设的意见、天津市管企业在完善公司治理中加强党的领导意见等制度文件,天津市国资委党委采取一系列措施,切实落实国有企业改革三年行动,经过初探、理解、深化、规范,推动中国特色现代企业制度在天津国有企业中更加趋于成熟定型,国有企业党委"把方向、管大局、保落实"的领导作用充分发挥,在服务国家和天津重大发展战略、疫情防控、能源保供、国计民生、城市运营等方面,发挥了主力军、顶梁柱、压舱石作用,彰显了国企姓党为民的政治本色,推动企业迈向高质量发展之路。

二、经验做法

（一）修订完善企业制度体系，奠定党的领导融入公司治理法治基础

持续推动公司章程、议事规则、权责清单等企业制度修订完善，全面构建党组织前置研究讨论企业重大经营管理事项的制度体系，为在公司治理中加强党的领导奠定法治基础。

一是持续高位推动"党建入章"。坚持动手早、力度大、方法巧、持续抓。分层分类推进，市管一级企业于2017年3月底前全部完成"党建入章"，1500余家所属企业于2018年2月底前基本完成，并随着国企改革深入推进和治理水平的提高，持续推动把改革最新成果纳入公司章程。在具体工作方法上，对国有独资、全资企业采取印发章程示范文本的方式进行规范推动；对上市公司、重点合资公司实施"一企一策"推动，建立天津市国资委党委、天津市管企业党委、上市公司党委三级负责机制，向主要股东讲清楚"党建入章"背景要求、讲清楚公司法的法理依据、讲清楚党组织前置研究讨论对企业战略发展的正面作用等，取得股东理解支持，保证了A股、A+H股、A+S股和H股上市公司、国有控股中外合资企业"党建入章"都获得股东大会顺利通过。

二是同步修订治理主体议事规则。2018年初，天津市国资委党委做出专题部署，指导推动各层级国有企业依据新修订的公司章程，修改完善党委会、董事会、经理层议事规则，把党组织研究讨论是董事会、经理层决策重大问题的前置程序落实到具体制度当中。2018年上半年，天津市管企业党委会、董事会、经理层议事规则已全部完成修订，年内除少数几家上市公司外，其他基层企业均已修订完成。2020年11月，天津市委组织部、天津市国资委党委联合印发市管企业党委会、董事会、经理办公会议事规则指引，对治理主体议事决策作出进一步规范。

三是切实厘清各治理主体权责边界。在两年探索实践的基础上，2019

年天津市国资委党委制定了国有企业党组织参与企业重大问题决策的若干措施，指导企业依据公司章程和党委会、董事会、经理层3个议事规则，对人事权、财权、事权及党的工作等所有决策事项进行细分，制定各自企业法人治理主体"1+3"权责表，逐一确定各治理主体享有的决策权、审议权（前置研究）、提议权（含建议权、拟定权）等，切实厘清权责边界，并随着企业发展水平、授权制度等变化持续进行修订完善。2021年印发了天津市管企业党委前置研究重大经营管理事项清单示范文本，党的领导融入公司治理的体制机制和运行更加清晰有效。

（二）建优建强法人治理主体，奠定党的领导融入公司治理机制基础

把配备高素质企业领导人员与市场化机制改革共同推进，构建起各治理主体相互融入、有效制衡的运行机制。

一是建强党委领导集体。以天津市管企业党委换届选举为契机，配齐配强党委领导班子，2018年以来共调整市管、委管企业领导519人。同时，全面建立"双向进入、交叉任职"领导体制，在市管一级企业和具备条件的二、三级企业实现党组织书记、董事长"一肩挑"，党员总经理兼任党组织副书记，专职党组织副书记通过法定程序进入董事会。董事会、经理层中的党员在召开董事会、经理层会议时表达党组织意见，保证党组织的意图能够有效落实到董事会、经理层决策当中。

二是规范董事会建设。以健全董事会为牵引，以制度建设为抓手，补齐天津国企董事会建设短板，增强董事会定战略、作决策、防风险的能力。制定了董事会工作规则，从行业协会、知名中介机构、大专院校、前市管企业高管中选聘外部董事，为25家市管、委管企业配备57人，达到外部董事占多数，提高了董事会的决策能力和治理水平。同步制定监管企业外部董事管理办法和评价办法，促进外部董事履职尽责，切实代表出资人意志。推动企业进一步完善董事会建设的各项制度规章，建立健全董事会工作办公室、董事会专门委员会等配套机构。

三是全面推行经理层市场化改革。天津市管一级企业及所属二、三级企业经理层成员任期制和契约化改革任务全部完成，具备条件的企业全部推行职业经理人制度。截至2021年底，先后在19家市管企业和2家平台公司经理层累计选聘了94名职业经理人，13家市管、委管企业实行经理层聘任制。此外，各级子企业累计完成职业经理人选聘（323家）共802人。通过经理层的市场化改革，彻底改变了董事会和经理层"同纸任命"的状况，真正落实和维护董事会对经理层的选聘权、薪酬管理和业绩考核权，董事会的独立性和权威性得到增强。

（三）改进议事决策程序，奠定党的领导融入公司治理运行基础

推动企业坚持决策质量和效益相统一，构建清晰科学、衔接顺畅的前置研究讨论程序，促进各治理主体协调运转。

一是议案制定更优化。指导监管企业根据重大经营管理事项的类别采取不同方式制定议案，对战略性、前瞻性议题充分开展调查研究、科学论证、风险评估，对有年度计划安排的重大经营管理事项重点进行战略相符性分析和评估，由经理层或董事会专门委员会研究拟订建议方案。针对党委研究讨论和董事会决策的不同侧重点，指导企业对同一议题建议方案分别完善不同内容，提交党委会审议建议方案中重点论证符合"四个是否"，提交董事会决策建议方案中重点进行"四个分析"阐述。

二是会前沟通更充分。将会前沟通作为前置研究的必要程序，写入企业议事制度，议题建议方案形成后，首先在党委书记、董事长，总经理以及有关领导人员等企业内部范围内进行沟通酝酿，形成共识。党委会形成一致意见后，再通过党组织领导成员或董事会秘书就党组织前置研究的意见，在召开董事会前与外部董事或独立董事进行充分沟通，达成基本一致，为召开董事会奠定基础。目前没有企业出现党委前置研究讨论意见未获董事会通过的情况。一些企业还在董事会议案上明示党组织研究讨论的意见，以便董事会决策时把握。

三是会议讨论更精准。2019年，在国有企业党组织参与企业重大问题决策的若干措施中，明确了党组织前置研究把关主要看"四个是否"的侧重点。2021年，印发在完善公司治理中加强党的领导文件，结合天津实际明确为"六个是否"的侧重点，党委成员在会议中主要围绕把关侧重点发表意见、进行讨论，而不过多分析董事会决策时应考虑的合法合规性、与出资人要求的一致性、与企业发展战略的契合性、风险与收益的综合平衡性等，以防止党委研究过细的问题。交叉任职的领导特别是党委书记、董事长积极引导其他班子成员围绕前置研究讨论侧重点充分发表意见，按照民主集中制的原则，科学民主决策。

三、改革成效

通过一系列措施，天津市国有企业的面貌焕然一新，党组织成为领导企业改革发展的核心力量，各级企业全面建立了市场化机制，企业规模实力大幅增强、经营效益显著改善、活力效率明显提升、风险隐患得到有效化解。2021年剔除特殊因素，天津市管企业实现净利润同比增长25%，实现保值增值。2022年上半年，天津市管企业净利润同比降低26.3%，剔除上年天津市医药集团有限公司混改一次性入账因素，同比增长18.3%，经营活动现金流入218.5亿元，经营活动回款能力明显增强。天津能源集团有限公司、天津港股份有限公司被国务院国资委确立为公司治理示范企业，天津食品集团有限公司、天津银行股份有限公司、天津津融资产管理有限公司等众多一二级国有企业均取得了良好的改革成效。同时，以建立完善中国特色现代企业制度为总抓手，带动国企改革三年行动各项任务全面推进实施，总体完成进度超过99%，在2021年中期和全年评估中两次获评A级，受到通报表扬。

25

攻坚克难 狠抓落实
全面完成国有企业公司制改革任务

河北省人民政府国有资产监督管理委员会

一、基本情况

全面完成国有企业公司制改革是国企改革三年行动确定的重要任务，是建立中国特色现代企业制度的必要条件。党中央、国务院印发的《国企改革三年行动方案（2020—2022年）》要求全面完成国有企业公司制改革。河北省委、省政府高度重视，坚持高站位部署、高标准推动，强化组织领导，明确任务目标，压实工作责任。河北省人民政府国有资产监督管理委员会（简称"河北省国资委"）认真落实党中央、国务院部署，落实国务院国资委和河北省委、省政府要求，因企制宜、分类施策，系统发力、破除瓶颈，攻坚克难、狠抓落实。截至2021年底，全省718家全民所有制企业全面完成改革任务，在国务院国资委组织的国有企业公司制改革情况媒体通气会上作了典型经验介绍，相关做法在《国有企业改革动态》刊发。

二、经验做法

（一）高站位部署，高标准推动

一是强化组织领导。国务院国有企业改革领导小组办公室部署公司制改革任务后，河北省委、省政府主要领导先后作出批示，分管副省长第一时间组织召开专题会议进行研究部署，在全国率先制发了省级国有企业公司制改革工作实施方案。各市、省直有关部门成立了以市政府主要领导、省直部门主要领导为组长的公司制改革领导小组，各相关国有企业成立了以主要领导为组长的公司制改革工作专班，形成了一级抓一级、层层抓落实的工作格局。

二是强化调度推动。河北省委主要领导专题听取省直部门公司制改革情况汇报，逐一调度部门公司制改革进展，对加强组织协调、细化工作目标、强化督导考核、确保如期完成改革任务提出了明确要求，为全省国有企业公司制改革注入了强大动力。

三是强化督办通报。河北省国资委对公司制改革工作建立月报告、季通报的动态督导机制，定期跟踪工作进展，实施重点任务挂牌督办。对改革推进缓慢的地市和省直有关部门印发通知15份、通报8期、督办函9份，要求主要领导亲自调度、亲自协调，加快解决制约改革的困难问题，显著提升了改革进度和成效。

（二）全面摸清底数，因企分类施策

一是迅速全面摸清底数。按照省委、省政府工作要求，河北省国资委向各市、省直有关部门印发《关于抓紧上报全民所有制企业有关情况的通知》，对全省现存全民所有制企业家数、涉及职工人数、资产状况和存在的问题等情况进行全面摸底排查，确保不丢一家、不落一企、底数清晰。

二是厘清改革制约因素。深入企业专题调研，对土地出让金难缴纳、土地与地上建筑权属不清、工商登记与实控人不符、非正常经营企业要件缺失、部分存在涉法涉诉等5类制约因素，进行了全面梳理。

三是分类明确改革方式。结合企业的实际情况，分类施策、分类推进。对正常经营且具备改革条件的企业，要求明确改革措施和完成时限，抓紧完成公司制改制；对经营困难但仍具备运营价值的企业，依法进行重组救治；对救治无望的企业，及时实施破产清算，果断实现市场出清；对符合注销条件的企业，及时进行清理注销。

（三）加强政策支持，破解改革瓶颈

公司制改革涉及资产评估、税收缴纳、土地处置、资质承继等多方面工作，河北省国资委加强部门协调联动，出台了相关支持政策，破解了改革制约瓶颈，实现了工作的有效衔接。

一是针对公司制改革中存在的土地与地上建筑权属不清、土地变性等难点问题，协调财政、税务、自然资源、市场监管等职能部门建立了常态化沟通和会商协调机制，加大协商解决力度，及时研究解决方案，出台了"土地变更和处置""工商变更登记""资质资格承继"等具体支持政策。

二是针对破产案件周期长、成本高等问题，协调省法院出台了《建立破产案件省级府院联动常态化协调机制实施意见》，建立了破产案件集中受理、快速审理工作机制，为案件办理开辟了绿色通道。同时组织相关企业做好充足准备，利用好"集中受理、优先审理"绿色通道，协助法院对适宜案件简化程序、快速审理，提高了退出效率，降低了退出成本。

三是针对非正常经营企业清理注销难的问题，加强与市场监管部门协调联动，共同深入各地市、省直有关部门和企业，面对面进行政策沟通，明确注销程序和相关要求，联合印发了《关于实施分类注销进一步推进市场主体注销便利化的通知》，明确扩大简易注销适用范围、简化办理程序、压缩办理时间等措施，提升了企业注销便利度。同时组织有关地市、省直部门集中报送清理注销企业材料，协调市场监管部门快速办理，加快改革进度。

四是针对无效低效资产处置难问题，河北省国资委出台了《河北省国资委监管企业无效低效资产处置方案》，规范了处置程序，加快了无效低

效资产处置进度。

（四）统筹协调推进，合力攻坚克难

河北省国资委积极发挥省国有企业改革推进领导小组办公室职能作用，在压实各级主体责任的同时，主动协调法院、税务、自然资源、市场监管、行政审批等部门切实解决改革中遇到的各种问题；多次召开监管企业公司制改革专题调度会，河北港口集团有限公司、河北省国富农业投资集团有限公司、冀中能源集团有限责任公司等监管企业于2020年底前先行完成改革任务；协调法院集中受理了河北省外贸资产经营有限公司、河北省国有资产控股运营有限公司所属26家企业破产清算立案申请；配合省教育厅克服公司制改革家数多、地域分布广、企业情况复杂等诸多困难，协调解决企业相关问题。各市按照河北省国有企业公司制改革工作实施方案的统一要求，明确了国有企业公司制改革工作的目标任务、具体措施和时间安排，形成了全省国有企业公司制改革工作合力。邢台市在制定公司制改革实施方案、职工安置方案等基础上，制定了"工作明白卡"，明确了改革所需材料清单，规范了工作流程，简化了办事程序，提前半年完成改革任务；秦皇岛市全面梳理和分解《市属全民所有制企业公司制改革任务清单》，市税务局、市审批局积极配合，按照"一企一策"原则相继印发《关于市属全民所有制企业公司制改革任务情况反馈》，为企业办理涉税事宜、工商登记变更提供了参考依据；石家庄市通过召开推进会、实地督导、现场政策解读、邀请已完成公司制改革任务的企业介绍经验等方式，有效加快了公司制改革进程。

三、改革成效

在国务院国资委的大力指导和省委、省政府的坚强领导下，河北省国资委认真贯彻落实国企改革三年行动安排部署，攻坚克难、狠抓落实，完

成全省 718 家国有企业公司制改革任务，涉及资产 1859.95 亿元、员工 53962 人。

一是国有企业独立市场主体地位得到确立。按照全民所有制工业企业法登记的全民所有制企业，通过公司制改革，373 家改制成为按照公司法登记的有限责任公司，从法律上、制度上进一步落实了政企分开要求、厘清了政府与企业的职责边界，为建设中国特色现代企业制度奠定了重要基础；同步修订了公司章程，落实了党组织、董事会、经理层各个治理主体的权责，现代公司治理机制进一步完善，为企业激发活力、提升效率创造了前提条件。

二是国有企业党的领导和党的建设得到根本性加强。各主管单位深入贯彻落实习近平总书记在全国国有企业党的建设工作会上的重要讲话精神，落实"四同步""四对接"，实现了党的组织和工作全面有效覆盖。推动国有企业将党建工作总体要求写入公司章程，完善"双向进入、交叉任职"领导体制，落实党组织研究讨论前置程序要求，确保了国有企业全面履行经济责任、政治责任、社会责任，保证了国有企业改革发展的社会主义方向。

三是国有企业历史遗留问题得到进一步解决。345 家国有企业以清理注销和破产方式完成改革任务，有效盘活了一批低效、无效资产，提升了资源配置效率；有效化解了一批长期存在的风险点和"出血点"，大幅降低了出资单位和企业的经济负担及经营风险。同时，有效解决了由于历史原因导致的权属不清、管理关系混乱等问题，进一步夯实了企业经营发展的基础。

26

以全链条制度建设为抓手
加强外部董事队伍建设

江苏省政府国有资产监督管理委员会

一、基本情况

近年来，江苏省政府国有资产监督管理委员会（简称"江苏省国资委"）认真贯彻落实国企改革三年行动工作要求，在国务院国资委和江苏省委、省政府的关心指导下，全面加强省属企业外部董事工作，推动外部董事多元化配备，常态化组织任职培训，定期召开外部董事工作座谈会，有效提升外部董事履职能力和水平。截至2022年6月，现有在职外部董事49名，其中专职外部董事12名，兼职外部董事37名，21家企业集团董事会全部实现"外大于内"。围绕省属企业外部董事"选聘—管理—考核—服务"全过程，建立了以《江苏省省属企业外部董事管理办法》为纲、《江苏省省属企业外部董事报告工作办法》等文件为配套的"1+N"全链条制度体系，着力提升外部董事工作的制度化、规范化水平，推动国资监管和企业治理效能再上新台阶。

二、经验做法

（一）强化科学聘任，把好"入口关"

着力打造一支高素质、专业化的外部董事队伍，注重夯实聘任基础，提升源头质量。

一是拓宽来源渠道。定期向企业、高校、研究院所发函，遴选政治素质好、专业能力优、敬业精神强的人员进入外部董事人才库，实行动态管理。目前，在库人员已达600余名，充实了源头储备。积极与上级国资监管部门、省人才办沟通接洽，请其推荐国资央企系统中的适宜人选、省级人才工程项目中的专家人才，利用培训会议、行业论坛、学术交流等机会，积极发现各行业优秀人才，根据实际需要按规定聘请担任外部董事。

二是突出专业导向。将专业能力和履历背景作为聘任外部董事的重要考量因素，每家企业董事会至少聘任1名熟悉主营主业，1名熟悉金融、资本运作，同时兼顾聘任若干懂法律、审计、国际化经营等专业的外部董事，努力实现专业互补、能力互补、经历互补，以发挥董事会整体功能。已聘任的外部董事中，具有10年以上大型企业直接经营管理经验的占比49%，具有10年以上国资监管或相关行业研究经历的占比51%。

三是严格程序标准。对照外部董事选聘办法，科学研判企业董事会建设需求，研究提出拟聘职数和条件，"一企一策"做好聘任工作。差额提出拟聘候选人，与企业沟通比选后确定拟任人选，并充分听取有关方面和拟任人选所在单位意见，着重从政治素质、专业素养、工作业绩、社会信用等方面，综合分析拟任人选的胜任能力，确保人选既素质过硬，也能充分体现出资人意志。

（二）强化规范管理，把好"履职关"

坚持管在日常，把从严要求贯穿全过程，不断提升外部董事履职质量和效果。

一是加强任职培训。常态化组织新任职外部董事参加深交所上市公司独立董事培训班，参训人员全部取得了上市公司独立董事资格证书。每年度召开外部董事工作座谈会，邀请上级国资监管部门有关同志、证券交易所有关专家授课,并安排本单位业务处室主要负责人,就需要外部董事重点关注的国资监管政策和企业改革发展要求进行解读,以会代训、答疑解惑。

二是落实报告工作制度。围绕报告工作这个关键履职环节,专门出台报告工作制度文件,要求外部董事分类提交董事会会议报告、专项报告、综合报告和请假报告4种报告。制定《省属企业外部董事反映重要问题和建议办理工作规程》,使外部董事反映的重要问题和意见建议"件件能上达,件件有回应"。建立外部董事履职纪实台账,对外部董事提交报告、参加企业重大活动、重要会议等情况进行纪实管理。

三是规范履职行为。为强化外部董事出资人代表职责,规定外部董事在董事会会议中只能投"同意"或"反对"票,不能弃权,以确保其积极履职行责,对议案发表明确观点。制定《省属企业外部董事履职指引》,进一步规范外部董事履职行为,站稳出资人立场。2021年度,外部董事共参与审议议案1529个,投反对票6人次,提出缓议建议23人次。

(三)强化激励约束,把好"考核关"

着眼充分发挥考核指挥棒作用,制定《江苏省省属企业外部董事考核评价暂行办法》,对考核评价和责任追究工作做出制度性安排。

一是考核内容做到"四个明确"。围绕行为操守、能力素质、勤勉程度和履职贡献4个方面进行考核,并据此进一步细化为"政治表现""报告报送""参会表现"等12项考核内容。近年来,通过考核指标的具体化、可衡量、能落实,外部董事履职关键指标持续增长,其中,参会率由2018年的90%提升至2021年的近100%,履职时间已实现"兼职每年30个工作日、专职每年60个工作日"要求。

二是考核方式设置"五个步骤"。具体分为"提交工作总结、整理履职台账资料、组织实施考核评价、研究审定考核结果、反馈考核评价意见"5个步骤。实际操作中，注重将"现场考"和"日常评"相结合、"年度考核"和"任期考核"相统筹等，多维度、全方位了解外部董事履职表现。

三是结果运用实现"三个挂钩"。"与续聘挂钩"，围绕违法违纪、决策担当、履职时间等方面划出不称职的"8条红线"，根据考核结果决定是否续聘。近2年，因在考核中发现有不称职行为，经综合研判后，调整、解聘4名外部董事。"与津补贴挂钩"，考核优秀的在原有津补贴基础上给予10%激励，称职的全额发放，基本称职和不称职的分别按30%、50%扣减。"与责任追究挂钩"，明确了责任追究，如造成国有资产损失、违反竞业禁止义务等5种情形和经济处理、组织处理等4种方式。

（四）强化精细服务，把好"保障关"

出台《关于加强江苏省省属企业外部董事履职支撑服务的工作方案》《关于加强江苏省省属企业外部董事履职保障工作的通知》等制度文件，坚持省国资委和企业同向发力，联动赋能外部董事履职。一方面，江苏省国资委优化履职支撑。完善政策指导、工作联系、业务培训、咨询服务、基础保障5项工作机制。依据外部董事提交的报告，近3年累计编制《外部董事履职情况简报》410期，将外部董事的意见建议和反映企业的重大风险隐患，交办企业或职能处室分析研判、整改落实。建立外部董事召集人制度，明确其"代表外部董事就有关事项与国资委、企业沟通"等5项职责，进一步建立起联系纽带。常态化与外部董事谈心谈话、线上线下完善沟通渠道、建立外部董事联络点，通过加强沟通联络，增强外部董事归属感和责任感。另一方面，企业细化履职保障。以保障履职知情权为重点，向外部董事开放电子办公、数据报告等信息系统，及时提供政策文件、经营管理资料和财务数据等。2021年组织外部董事参加各类工作调研200人次。加强董事会机构和人员配备，绝大部分企业均选配了董事会秘书、设置了董事会办公室,明确专人与外部董事联系,有力保障了外部董事日常履职。

三、改革成效

江苏省加强外部董事队伍建设取得重大进展和明显成效,有力促进了制度优势的充分发挥、治理效能的持续提升,为省属国有企业高质量发展提供了坚实制度保障。

一是有力防范重大经营风险,经济效益再创新高。2021年外部董事累计参加董事会153次,会上提出了大量有价值的意见建议,绝大部分被企业采纳。外部董事集中反映问题、在董事会上有较大保留意见或重大建议的事项共计17项议案,涉及11家省属企业,有力防范重大经营风险。近三年,省属企业没有出现因决策失误造成重大经营损失事件。2021年,江苏省国资委监管的省属企业实现利润总额首次突破500亿元,达504.64亿元,同比增长14.60%;净利润首次突破400亿元,达411.46亿元,同比增长17.69%。

二是大力助推企业发展战略,聚焦主业高质量发展。外部董事除参与董事会决策外,还利用自身资源、专业优势以及调动外部资源优势为企业战略调整、经营分析、项目论证贡献智慧力量,为任职企业破解历史遗留问题、改革发展难题提供对策建议。积极参加省属企业"十四五"发展战略规划制定并跟踪实施过程,推动省属企业不折不扣地把省委、省政府重大专项任务落到实处。深度参与重大项目前期论证工作,助力省属企业科学高效推进重大项目建设。

三是不断规范决策流程,治理效能持续提升。省属企业按规定设置战略与投资委员会、薪酬与考核委员会、审计与风险委员会和提名委员会,明确规定各专业委员会的职责范围。其中薪酬与考核委员会、审计与风险委员会的主任委员由外部董事担任，充分发挥专业委员会作用。外部董事及专门委员会推动董事会依法按章履职行权，有效规范董事会运作，形成权责法定、权责透明、协调运转、有效制衡的公司治理机制，有力推动了江苏省属国有企业高质量发展走在前列。

27

以建立"外大于内"董事会运行机制为引擎推动董事会建设走深走实

浙江省人民政府国有资产监督管理委员会

一、基本情况

浙江省人民政府国有资产监督管理委员会（简称"浙江省国资委"）监管一级企业16家，下属各级子企业2400余家。2021年，实现营业收入1.59万亿元、利润总额524亿元，分别增长40.0%、17.0%；年末资产总额1.87万亿元、净资产6921亿元，分别增长16.6%、13.3%。企业资产主要分布于批发零售及其服务、建筑服务、设备制造及其服务、能源产业及其服务、交通基础设施投资与运营、钢铁制造与贸易、粮油与食品批发零售、机场投资建设及运营、金融业、旅游业、医疗健康业、节能环保、安全保护等行业领域。浙江省国资委按照"建制度、立机制、强队伍、优管理"的思路，扎实有效推进省属企业外部董事占多数的董事会建设任务，不断提升董事会运作规范性、有效性，形成了具有浙江特色的省属企业董事会运行管理模式。

二、经验做法

（一）顶层设计，全省统筹推进董事会运行机制改革

浙江省于2016年在省属企业正式推行兼职外部董事制度，至2019年

实现省属国有独资公司兼职外部董事全覆盖。针对兼职外部董事来源不足、投入精力有限等问题，在总结原有机制弊端、充分开展调研的基础上，结合省属企业领导班子建设实际，会同省委组织部对董事会成员结构进行重塑，提出通过设立专职外部董事、拓宽兼职外部董事来源，在省属企业集团层面建立外部董事占多数的董事会运行机制，并提请省委常委会专题研究通过，从顶层设计上保证此项工作的高站位、系统性和权威性。省国资委在制度建设、人员选派等方面，积极同省委宣传部、省财政厅沟通研究，协同金融、文化类企业全省一体推进。

（二）制度先行，全面推进完善董事会制度体系建设

围绕"机构到位、职责到位、人员到位、制度到位、考核到位"的"五个到位"目标，组织制定或修订完善董事会建设系列制度，印发出台《关于加强浙江省省属国有独资公司董事会建设的指导意见》《浙江省省属国有独资公司董事会工作指引》《浙江省省属国有独资公司董事会及董事评价办法（试行）》《浙江省省属企业外部董事选聘和管理办法（试行）》《浙江省省属企业外部董事薪酬和工作补贴管理办法》等制度文件，为规范董事会建设、发挥董事会作用提供依据和遵循。出台《浙江省省属企业董事会授权管理办法示范文本》，倒逼企业切实厘清"三会一层"权责边界，推进权责归位。持续完善省属企业所属企业董事会建设，针对下属各级企业差异化治理难题，从不同功能定位、不同产权结构、上市公司等多角度，通过"揭榜挂帅"方式，选取具有代表性企业总结提炼下属企业董事会运行管理经验，形成一套可参考、可借鉴、可复制、操作性较强的省属企业所属公司董事会运行管理工作指引。

（三）严把资格，全方位拓宽外部董事来源渠道

聚焦董事任职经历和二级企业正职领导经历，通过"三个一批"（转任一批现职领导人员、提任一批优秀中层干部、必要时市场化选聘一批紧

缺人才）选优配强专职外部董事。专职外部董事列入省委管理干部序列，进一步明确履职定位和地位，有效打通转任渠道和晋升通道。聚焦专业化和企业工作经历，结合省属企业行业布局，通过"七种渠道"（省属企业、在浙央企、长三角国企、民营企业、浙江大学等名校、会计师事务所、律师事务所）推动长三角资源共享、国企民企联动"混搭"。从专兼职结构看，每家企业董事会中一般配备2名专职外部董事，若干名兼职外部董事；从专业结构看，外部董事中一般配备熟悉国企运营管理的已退休国企领导、熟悉企业主业的行业专家、财务金融专家、法律专家等。从目前已任职外部董事看，具有企业任职经历的外部董事（不包括中介机构人员）占比超过80%，其中3人为全国知名民企创始人，较好发挥了浙江民营经济发达的优势。

（四）完善机制，全力优化外部董事履职服务保障

围绕外部董事履职的痛点、难点问题，起草制定《关于进一步规范和保障省属企业外部董事行权履职的通知》《关于进一步明确省属企业专职外部董事管理保障有关事项的通知》，明确省委组织部、省国资委、省属企业、省国资公司责任分工，细化外部董事履职要求，建立外部董事例会制度、报告制度。强化省属企业董事会日常管理，对企业董事会会议召开情况、外部董事参会发言要点、履职调研情况进行实时备案，并通过列席董事会会议、开展外部董事履职情况调研、组织履职培训等方式，跟踪了解外部董事履职表现，及时查找问题，切实推动外部董事发挥好作用。强化董事会运行和董事履职考核评价，自2019年度以来，连续3年组织开展省属企业董事会运行情况和董事履职情况年度评价，协同省委机关各职能处室，从董事会运行的规范性和有效性两个维度，通过现场检查、述职评议、民主测评等做出全面评价，并以"一企一意见"形式反馈企业董事会运行存在的问题，使外部董事履职有目标、有支撑、有跟踪、有评价。配合上海国有资本运营研究院、浙江省国资国企改革发展研究中心等，参与起草《国有企业外部董事工作实务百问》，梳理外部董事行权履职重点难点问题和工作要求，以期形成典型经验，进一步推动外部董事高效、规范履职。

（五）数字赋能，全层级强化企业董事会运行管理

针对外部董事占多数后运行效率降低、决策时间拉长等问题，加快部署建设省属企业董事会运行管理平台，旨在利用数字化手段，归集省国资委、省属企业及各级子企业等各方需求设想，覆盖会议服务、履职分析、成果运用、运行状态跟踪等应用场景，全面提升董事会建设和运行质量。通过系统管理形成实时反馈，协同省国资委各处室监管力量，把自上而下和自下而上结合起来，加快构建灵活规范、协同高效的董事会工作新格局，实现企业董事会规范化、科学化决策水平整体提升。

三、改革成效

一是形成了较为浓厚的改革氛围。省属企业集团本级"外大于内"的全面推进，尤其是专职外部董事的到位，在省属企业形成浓厚的改革共识，上下贯通形成一致的改革合力。目前，16家省国资委监管企业、6家省属金融企业、2家省属文化企业在集团本级层面全部实现外部董事选派到位，省属企业各级应建尽建董事会的子企业已全面实现外部董事占多数。

二是建立了一支高素质外部董事队伍。省国资委、省财政厅、省委宣传部向省属企业集团本级委派专兼职外部董事79名，其中专职外部董事17名，占比21.5%；拥有硕士学位或研究生以上学历人员占比超过60%，高级及以上职称和持有执业资格人员占比近95%，呈现高学历、专业化方面优势，受到企业欢迎和支持。通过省司法厅、省财政厅、省教育厅、省

工商联、浙江大学、省属企业推荐，经资格认定委员会筛选认定，省国资委建立了140余名的外部董事人才库，下一步将联合各地市国资委，进一步动态充实调整人才库人员，并向市属企业和省属企业下属企业开放使用。

三是推动了一系列相关配套制度改革落地。在"外大于内"规范董事会建设基础上，深入推进省属企业完善中国特色现代企业制度，推动企业加快形成以公司章程为基础、加强党的领导为核心、规范董事会运作为要点的公司治理机制。探索推动省属企业领导人员薪酬考核制度改革，积极落实企业董事会在选人用人、薪酬考核和分配、工资总额管理等方面职权，为全面、扎实、有效开展经理层成员任期制和契约化管理工作打好治理基础。

28

以全面落实省属一级企业董事会职权为牵引 分层分类推进国有企业经理层职权落实

江西省人民政府国有资产监督管理委员会

一、基本情况

江西省人民政府国有资产监督管理委员会（简称"江西省国资委"）直接监管企业15家，主要分布在有色、钢铁、能源、建材、建筑、水利、军工、外经、康养等行业。2021年，全省国有企业资产总额突破5.8万亿元，总额3年增长1.9倍；营业收入1.1万亿元，历史性突破万亿大关；实现利润459亿元。其中，省属企业资产总额1.8万亿元；营业收入8177亿元、利润总额近300亿元，分别同比增长30.6%、50.7%；资产总额、营业收入、净利润分列全国第17、9、11位。

近两年，江西省国资国企认真落实国企改革三年行动决策部署，坚持以落实省属一级企业董事会职权为牵引，以推进经理层成员任期制和契约化管理为抓手，分层分类推进经理层职权落实，着力健全"党委核心领导、董事会战略决策、经理层执行落实、监事会依法监督"的治理体系。通过完善中国特色现代企业制度，进一步激发了省属企业的改革发展活力，助推省属企业高质量跨越式发展。

二、经验做法

(一)分层分类,科学构建授权放权体系

一是分层授权上下贯通。聚焦"管资产"向"管资本"转变,强化制度体系顶层设计,制定江西省国资委权力和权责清单,明晰江西省国资委与监管企业权责边界。15家一级监管企业对所属企业同步开展授权放权,厘清母子公司权责边界。例如,江西铜业集团有限公司制定《集分权手册》,明确公司总部和子企业的权责边界,把授权放权落实到各子企业及管理主体。

二是分类赋权科学精准。着眼企业多元性形态,实行分类授权和分类考核。对15家一级监管企业进行功能界定与分类(商业Ⅰ类11家、商业Ⅱ类4家),对商业类企业涉及的功能性与公益性业务以及功能性企业涉及的公益性业务实行分类核算,对国有资本投资运营公司实行"一企一策"授权放权,明确功能定位,构建"两级授权"机制,提升国有资本运营管理水平。

三是权责明确环环相扣。按照权责法定、权责透明、协调运转、有效制衡的要求,聚焦优化公司治理体系、提升治理效能,厘清各治理主体的权责边界,明确责权利关系,15家一级监管企业全部建立党委会、董事会、总经理办公会权责清单和议事规则,保障各治理主体不缺位、不越位。

(二)依法依规,有效落实董事会职权

一是建强董事会履职能力。在实现董事会"应建尽建"基础上,科学合理确定董事会规模和组成结构,将一级监管企业董事会成员由7名扩容至9名,配齐配强外部董事,13家一级监管企业及309家各级子企业全部实现了外部董事占多数。出台《江西省省属国有企业外部董事选聘和管理

办法》，建立外部董事履职工作台账，推动董事会设立各专门委员会，为董事会"接得住"职权打牢基础。

二是全面落实董事会职权。在巩固落实董事会重大投资发展决策权、职工工资分配管理权、重大财务事项管理权3项职权的基础上，将落实董事会对经理层成员的业绩考核权和薪酬管理权作为推动整个市场化经营机制改革的"总开关"，通过与省委组织部反复沟通研究，明确在一级监管企业层面全面推行经理层成员任期制和契约化管理，明确将一级监管企业经理层成员业绩考核权、薪酬管理权下放给监管企业董事会，确保董事会职权真正"落得下"，从源头上推动各级企业真正做实经理层成员任期制和契约化管理。目前15家一级监管企业的82名经理层成员均已实现任期制和契约化管理（含13名职业经理人），各级子企业中的2016名经理层成员100%实现任期制和契约化管理。

三是推动子企业同步落实。15家一级监管企业全部制定并出台《重要子企业落实董事会职权工作方案》，立足董事会"定战略、作决策、防风险"功能定位，明确重要子企业名单、进度安排、试点内容、工作机制等要求，"一企一策"、分批分期、分层分类推进董事会职权落实，75家重要子企业全面落实董事会各项职权。

（三）权责对等，充分保障经理层行权履职

一是健全制度立标准。全面建立董事会向经理层授权的制度体系，15家一级监管企业和设董事会的子公司全部建立《权责清单》《董事会对经理层授权工作方案》《董事会对经理层授权管理办法》《董事会对经理层授权工作清单》，依法明确授权原则、事项范围、权限条件等，依法保障经理层责权利统一。同时，严格落实总经理向董事会负责、向董事会报告的工作机制，强化工作监督。例如，江西大成国有资产经营管理集团有限公司制定总经理向董事会报告工作制度，明确建立年度工作报告、财务报告、质询、突发（重大）事项报告以及董事会闭会期间日常工作向董事长非正式报告等机制。

二是行权履职有依据。在推进经理层成员任期制和契约化管理过程中，根据"两书一协议"，个性化、差异化、客观化科学设定业绩指标，以"岗"定责、以"岗"考责，"一人一岗"制定岗位说明书，"一份一表"设置经营业绩指标，既是履职的责任，也是行权的依据。例如，江西省水利投资集团有限公司在指标设置上增设片长制考核指标，构建了从上级下达任务、联系单位和部门等个性化、片长制、重点工作任务等多个维度的指标体系，涵盖经济效益、任务使命、经营管理、联系单位（分管部门）、重点任务指标的全方位考核体系。

三是刚性兑付凭业绩。创新考核评价体系，在省委、省政府领导下，面向所有省属企业构建以业绩论英雄的考核评价机制，包含金融、文化企业在内的25家省属企业在一套考核评价机制下进行"赛马"，刚性兑现考核结果。对任期经营业绩考核不合格的，按照契约约定扣减绩效薪金和任期激励；对超额完成考核目标任务做出突出贡献的，按照契约全额兑现奖励。

三、改革成效

一是权责边界进一步明确，中国特色现代企业制度更加健全完善。进一步完善各级公司法人治理结构，健全完善现代企业制度，进一步明晰"三会一层"的权责清单，理清治理主体的权责边界，确保董事会职权、经理层职权得到有效落实。构建了15家一级监管企业及所属重要子企业同步开展授权放权，全部建立了权责清单，进一步厘清治理主体、母子公司权责边界，把授权放权落实到各级子企业或管理主体上，由"层层捆绑"转变为"层层松绑"。

二是企业活力进一步增强，经营效益创历史最好水平。市场化经营机制不断健全，监管企业均实行经理层成员任期制和契约化管理、新进员工公开招聘和全员绩效考核。牢固树立"要薪酬就得要业绩"的理念，推动各级经理层进一步完善薪酬管理制度，大幅提高绩效薪酬占比。建立健全与高质量发展考核、超额利润、特殊贡献等挂钩的联动奖励兑现机制。江西铜业集团有限公司、新余钢铁集团有限公司、江西省建材集团有限公司分别实现利润 80.2 亿元、51.4 亿元和 31.3 亿元，占省属企业利润 50% 以上。监管企业年化净资产收益率为 7.8%，同比提升 2.5%，百元营业收入支付的成本费用同比下降 0.5 元，全年提质增效超过 40 亿元，成为驱动企业效益大幅提升的核心动能。其中，江西铜业集团有限公司、新余钢铁集团有限公司提质增效超 10 亿元，江西稀有金属钨业控股集团有限公司、江西省建材集团有限公司、江西省水利投资集团有限公司分别增效 5.7 亿元、4.3 亿元和 2.5 亿元。

29

强"根"固"魂"促提升
坚持在完善公司治理中加强党的领导

重庆市国有资产监督管理委员会

一、基本情况

国企改革三年行动以来,重庆市国有资产监督管理委员会(简称"重庆市国资委")所属国有企业全面落实"两个一以贯之"的重要精神,把加强党的领导和完善公司治理统一起来,全覆盖推进"党建入章",全面建立党委研究决定和前置研究讨论重大事项"两个清单",全面推行党委先议、会前沟通、会上表达、会后报告"四步工作法",进一步明确党委在决策、执行、监督各环节的权责和工作方式,确保党的领导在公司治理各环节得到充分体现和切实加强,为做强做优做大国有资本和国有企业提供了坚强的政治和组织保证。

二、经验做法

(一)纵深推进党建工作要求进入公司章程,在治理结构上强化党的领导

全层级、全覆盖、多轮次组织45家市属重点国企及所属二、三级企业,378家区县属国企修订公司章程,切实巩固落实党组织在公司治理结

构中的法定地位。

一是加强分类指导。制发《市属国有企业章程指引》，根据不同企业股权结构，分别制发国有独资、国有全资、国有控股公司章程模板，分层分类精准指导各类企业党建入章。

二是严格审核把关。对国企章程修订情况全程跟踪督促，逐一进行备案审查，并将修订公司章程情况纳入各级巡视巡察、调研督查重要内容，建立工作台账，点对点督促推动，使修订章程的过程成为加强党的领导、强化管党治党责任的过程。

三是注重制度衔接。同步配套修订党委会、董事会、经理层工作规则等制度，进一步厘清不同治理主体的权责边界，着力形成权责法定、权责透明、协调运转、有效制衡的公司治理机制，推动制度优势更好转化为治理效能。

（二）严格落实"双向进入、交叉任职"，在组织架构上强化党的领导

坚持"进入"就要尽责，"任职"就要履职，确保双向进入的领导人员同时具备两个职务所要求的条件和能力。

一是在选人时突出"两个素质"。坚持国企领导人员"20字"要求，制定干部政治素质考察等选任"1+5"办法，对市管企业领导班子开展全覆盖回访调研，着力选拔政治素质和业务素质都过硬的复合型人才。近3年来选拔的12名市属重点国企党委书记、董事长，既是优秀的党委带头人，又是经营管理的行家里手。

二是在责任上建立"两张清单"。坚持既明确生产经营管理责任，又强化管党治党政治责任，明确党委主体责任10条、书记第一责任人责任5条、分管副书记直接责任5条和班子其他成员"一岗双责"责任2条，建立健全责任落实机制，推动"两个责任"落实落地。

三是在考核中坚持"两个同步"。建立健全党建考核、经营业绩考核、民意测评"三位一体"的综合考核评价体系,明确党建考核等未达到年度综合考核"好"的不得评为优秀,并与奖惩、任用薪酬挂钩,促使双向进入的领导人员真正做到"一肩挑、两头沉"。

(三)大力推行"四步工作法"决策机制,在重大决策上强化党的领导

坚持把党组织研究讨论作为董事会、经理层决策重大问题的前置程序,创新实践"四步工作法",推动党组织前置研究讨论重大经营管理事项程序化、规范化。

一是明晰议事决策范围。制发党委研究决定和前置研究讨论重大事项"2个清单"示范文本,细化明确党委研究决定11个方面党的建设重大事项,前置研究讨论6个方面十六大类106项重大经营管理事项。

二是规范议事决策程序。按照党委先议、会前沟通、会上表达、会后报告4个步骤进行研究决策。党委先议,即党委对董事会、经理层拟决策的重大问题进行讨论研究,提出意见和建议。会前沟通,即党委就集体研究的意见与董事会、经理层充分沟通,努力形成共识。会上表达,即进入董事会、经理层的党委成员在董事会、经理层决策时,充分表达党委研究的意见建议。会后报告,即进入董事会、经理层的党委成员将董事会、经理层决策情况及时报告党委。

三是提升议事决策质量。建立落实第一议题制度,在议事决策前,集体学习习近平总书记有关重要论述和重要指示批示精神,牢牢把握"国之大者"要义。建立重大决策调查研究和专家论证评估机制,合理安排会议议题数量,保证充分讨论,做到决策质量和效率相统一。

(四)健全有机贯通的监督体系,在权力运行上强化党的领导

全面构建立体化监督网络,推动各类监督有机贯通、相互协调,形成决策科学、执行坚决、监督有力的权力运行机制。

一是用好巡视巡察利剑。加强对党的理论和路线方针政策以及重大决策部署贯彻落实的监督检查，坚持全覆盖巡视巡察，推动国有企业坚决拥护"两个确立"，做到"两个维护"。

二是整合监督管理力量。明确市管企业领导班子和领导人员由市委统一管理，强化考察考核、信访举报处理、个人有关事项报告等党内监督作用。细化重庆市国资委国资监管责任约谈工作规则，完善出资人监管权责清单、违规经营投资责任追究办法等制度机制，切实形成监督合力。

三是压实企业监督执纪责任。制发《重庆市国有企业"三重一大"决策制度实施意见》《关于加强市属国有重点企业内部控制体系建设与监督工作的实施意见》，明确企业内部审计监督、财会监督和内控与风险管理等情况向党委报告并抄送企业纪检监察机构，着力强化党委监督主体责任。

三、改革成效

充分发挥国企党委"把方向、管大局、保落实"领导作用，引领推动重庆国企以党的旗帜为旗帜、以党的方向为方向、以党的意志为意志，牢记国资国企"姓党为民"的政治本色，注重从全局谋划一域、以一域服务全局，在服务国家战略、全市发展中彰显国企担当。

一是充分发挥服务大局"战略支撑"作用。市属国企主动融入"一带一路"、成渝地区双城经济圈建设和"一区两群"协调发展等重大战略。累计承担"百项重点关注项目"211个、投资2186亿元，分别占全市的42%、35%。联合四川省人民政府国有资产监督管理委员会举办3次"川渝国企地方行"，签约249个合作项目。累计提供28亿元资金助力脱贫攻坚和乡村振兴。

二是充分发挥稳定经济"中流砥柱"作用。2021年，重庆市国资委监管企业实现"两增一控三提高"：实现利润总额、净利润分别增长15.1%、

19%，非金融企业平均资产负债率为57.3%、控降0.7个百分点，营业收入利润率为8.6%、处于历史最好水平，全员劳动生产率为39.5万元/人、提高11.2%，工业企业研发经费投入强度为3.2%、提高0.5个百分点，为全市经济高质量稳增长贡献了重要力量。

三是充分发挥引领创新的"攻坚克难"作用。工业企业市级以上研发机构覆盖率达到50%，新增有效期内专利授权1348项、市级以上新产品167项。庆铃汽车（集团）有限公司氢燃料电池商用车交付使用，率先完成国内氢动力商用车首次干线示范运行。重庆水泵厂有限责任公司核电关键泵打破国外垄断。

四是充分发挥联系群众"桥梁纽带"作用。市属国企始终站稳群众立场、走好群众路线、增进民生福祉，积极开展"我为群众办实事"实践活动，服务社会民生保障、助力巩固脱贫攻坚和乡村振兴、吸纳大学生就业、关心关爱职工群众，得到社会积极反响。

30

创新外部董事选派制度
全力推动国企高质量发展

贵州省人民政府国有资产监督管理委员会

一、基本情况

贵州省人民政府国有资产监督管理委员会（简称"贵州省国资委"）共有独资、控股和实际控制监管企业18家，主要分布在煤及煤化工、磷及磷化工、白酒、建筑、物流、大数据等行业，涉及资产总额11425.3亿元，负债总额6640.1亿元，所有者权益4785.1亿元。2021年，实现营业收入3539.4亿元，同比增长11.4%；实现利润总额922.3亿元，同比增长15.6%；实现劳动生产总值1724.5亿元，同比增长18.6%；应交税费总额663.2亿元，同比增长20.1%。

新形势下，国有企业迫切需要健全更加有效的公司治理机制，提升科学决策水平和防范化解风险能力。贵州省国资委以习近平总书记关于坚持"两个一以贯之"、建设中国特色现代企业制度的重要论述为指导，深入实施国企改革三年行动，创新外部董事选派制度，着力解决当前企业法人治理结构存在的问题，有力推动国企高质量发展。

二、经验做法

（一）创新建立制度，夯实管理机制之"基"

统筹谋划，全流程设计政策，制定出台《贵州省国资委监管企业外部董事管理暂行办法》《外部董事考核评价实施细则（试行）》《外部董事薪酬待遇管理细则（试行）》《外部董事专家库管理细则（试行）》等7个管理制度。

一是无缝化衔接。多次向贵州省委组织部汇报，沟通人选来源、选任程序、管理权限等重大问题，确保管理制度与《贵州省省管企业领导人员管理办法》无缝对接。

二是流程化设计。把握重点环节，从建立专家库、选拔任用、管理服务、考核评价、薪酬待遇、工作规则等方面做出了明确规定，实现闭环管理。

三是制度化管理。外部董事管理制度从无到有、从不规范到规范，填补了贵州省国有企业外部董事工作方面的政策空白，确保了工作有章可循、规范运作。

（二）拓宽选任渠道，配强国资监管之"力"

积极探索创新，努力扩宽人选来源。选任的外部董事都是相应领域的专家，具有丰富的工作经验，履职能力强、专业能力强、熟悉经济政策，在能力上为充分履职尽责提供了有力保障。同时，对选任的专职外部董事，淡化其正厅、副厅或正处级别，强化职务管理，探索形成一种全新的管理模式。

一是腾挪空间。针对企业章程不能满足"外大于内"的问题，指导企业对公司章程进行修改并逐户审核，同时对企业董事会人员配备情况进行梳理，免去8家企业共15名经理层副职兼任的董事职务，为配备外部董事腾出空间。

二是直接转任。加强同贵州省委组织部的沟通汇报，结合企业领导班子建设实际，从企业现职领导人员中转任一批专职外部董事，充分发挥他们工作经验丰富、履职能力强的优势。

三是外部选任。通过组织开展推荐考察，从省级综合经济部门、司法机关等单位处室主要负责人或国有企业中层正职管理人员中选任一批专职外部董事，充分发挥他们熟悉经济政策法规、具有较强决策判断能力和熟悉企业情况、具有丰富经营管理经验的优势。

四是兼职聘任。从律师、会计师、高等院校教师等人员中聘任一批兼职外部董事，充分发挥他们专业能力强、经济政策熟悉的优势。目前，贵州省国资委严格把关标准、广泛动员推荐，通过与省内高等院校、律师事务所和会计师事务所等组织以及国有企业、省直经济厅局、省级司法机关等单位沟通联系，已物色445名人选并建立了专家库，随时能保障有一批专业化程度高、结构合理的专家来满足配备需要。

（三）做实管理服务，破解行政编制之"限"

积极探索创新，突出身份和履职独立，加强管理服务，这在贵州省国资委监管历史上是一次全新的探索尝试。

一是管理机构独立。创新成立国晟企业管理咨询服务公司，加挂国资监管工作中心牌子，专门负责外部董事的管理服务工作，具体承担建立履职台账、管理工作档案、发放薪酬津贴、办理社会保险、开展教育培训等工作，解决了贵州省国资委机关现有人员不足、管理服务"有心无力"的问题。

二是人员身份独立。选任的专职外部董事，除了董事身份以外，不能任其他职务，专门从事董事工作，在精力上为充分履职尽责提供了有力保障。同时，将专职外部董事的劳动人事关系、薪酬待遇关系全部纳入工作中心管理，完全独立于任职企业之外，直接对贵州省国资委负责并报告工作，确保身份独立。

三是履职台账独立。由工作中心按月、季建立履职台账，如实记录专职外部董事开展调研、参加会议、发表意见、提交报告、揭示风险等情况，年终折算为考核成分，其履职好坏一目了然，有效解决了管理服务点多、面广、量大的问题。

（四）协调经费保障，解决独立履职之"难"

与贵州省财政厅沟通协调，争取到经费支持，形成独立履职的经费保障机制。

一是经费来源明确。每年从国有资本收益中列支经费，保障专职外部董事薪酬待遇，克服了企业不便承担、贵州省国资委行政经费难以支撑的问题。

二是薪酬标准明确。专职外部董事比照现职省管企业领导人员领取薪酬，兼职外部董事领取一定数额的工作补贴。通过提供良好的待遇条件，激励履职尽责、规范行权。

三是发放主体明确。专职外部董事的薪酬待遇关系由工作中心管理，具体由贵州省国资委负责发放。

（五）严格考核评价，发挥决策监督之"效"

注重实绩，量化考核，发挥考核"指挥棒"作用。

一是突出日常考核。专职外部董事必须常驻企业履职，全方位调研了解企业情况，全方位列席企业各种会议。年度考核评价分为日常考核、年终考核，其中日常考核分值占比达40%，根据履职台账折算考核成分，避免年终"一考定优劣"现象。

二是突出程序要求。按照撰写述职报告、集中述职、民主测评、综合分析、会议确定、反馈意见等程序开展年终考核，由贵州省国资委牵头组织实施。

三是突出结果运用。考核得分与薪酬刚性兑现相挂钩，考核满分则百分之百领取薪酬，考核被扣减分值则按百分比扣减薪酬，随时拧紧履职尽责的"螺丝钉"，避免干好干坏一个样、分高分低一个样。

三、改革成效

通过建立外部董事选派制度，在监管企业建立了更加有效的内部监督机制，有效解决了企业法人治理结构不健全的问题，提升了企业科学决策水平和防范化解风险能力，推动了监管企业高质量发展。

一是法人主体实现"尽职归位"。2021年，贵州省国资委共为18家独资、控股和实际控股企业配备外部董事63人次，集团董事会成员已100%实现"外大于内"，董事会工作力量得到了调整加强，企业法人治理结构得到了进一步健全完善，更好地促进了制度优势转化为治理效能。

二是内部监督实现"同向发力"。一大批外部董事入驻企业，直接代表出资人从企业内部履行监管职责，变"外部"监管为"内部"监管，变"远处"监管为"近处"监管，进一步提升了国资监管效能。截至2021年12月底，派出的外部董事开展调研237次、列席有关会议814次、提出意见建议789条，及时识别和揭示了企业重大风险隐患，确保了国有资产保值增值。

三是干部流动实现"能进能出"。截至2021年12月底，已从企业现职领导人员中转任了5名专职外部董事，从企业中层正职管理人员、省直机关处室主要负责人中选任了13名专职外部董事，从高校教师、律师、会计师中聘任了15名兼职外部董事，优化了企业管理人员的年龄结构和专业结构。

四是深化改革实现"纵深推进"。指导监管企业推动董事会建设向下贯通，进一步配齐建强董事会。截至2022年1月底，贵州省国资委18家独资、控股和实际控制监管企业中，一级企业及各级子企业董事会应建尽建比例为100%，应纳入外部董事占多数的各级子企业98.74%实现了"外大于内"。

31

"六位一体"决策工作模式建设与运作

潞安化工集团有限公司

一、基本情况

潞安化工集团有限公司（简称"潞安化工"）是以原潞安矿业集团煤化产业为主体，整合重组相关省属企业化工资产和配套煤矿组建而成的煤化一体省属重点国有企业。潞安化工于 2020 年 11 月 26 日正式挂牌，注册资本 200 亿元，在册职工 12 万人。截至 2021 年底，资产总额 3400 多亿元，业务覆盖山西、山东、河北、上海、广东、北京、江苏等 10 多个省市。旗下有 2 个上市公司，即山西潞安环保能源开发股份有限公司、阳煤化工股份有限公司，拥有 6 个国家级创新平台、15 个省级科技创新机构、12 家国家高新技术企业。

为充分发挥董事会的决策主体作用，保证董事会依法合规行使职权，潞安化工以提升公司治理效能为目标，以强化董事会建设为重点，以健全董事会制度体系和工作机制为抓手，以构建"前期酝酿、部门审核、系统专题会论证、专门委员会审议、党委前置研究、董事会决策"的"六位一体"决策工作模式为标志，不断提高董事会运作规范化、科学化水平。

二、经验做法

为发挥好董事会定战略、作决策、防风险的职能，潞安化工充分发挥党委会、董事会、经理层的治理效能，形成了"领导—决策—执行"主线治理机制，实行"总部—事业部—经营单位"的三级管控模式，依法依规、协同开展工作。

（一）构建了以公司章程为核心的公司治理制度体系

潞安化工坚决贯彻"两个一以贯之"，严格落实国企改革三年行动决策部署，瞄准健全完善中国特色现代企业制度，统筹推进公司治理制度体系建设。潞安化工构建了以公司《章程》为核心，包括《党委会议事规则》《董事会议事规则》《经理层议事规则》《贯彻落实"三重一大"决策制度实施细则》《董事会专门委员会工作制度》在内的决策制度体系，为实现新时期国有企业法人治理目标提供了行权遵循。

针对研究决策事项多、涉及面广的实际情况，为解决各治理主体在行权过程中对具体问题不易把握的困扰，在上述核心制度的基础上，潞安化工制定了《党委会、董事会、经理层研究决策事项清单》《党委会前置研究讨论重大经营管理事项清单》和《董事会向经理层授权管理办法》，对100多类具体事项的研究决策界面进行了划分，进一步细化了董事会和其他治理主体的具体职责边界，明确了"三会"议事决策范围：党委会依据职能研究决定公司党的建设等方面的重大问题，前置研究需董事会和总经理办公会审议决策的重大事项，就公司发展与经营中的重大事项提供建议；董事会研究集团战略发展等重大问题，对公司投资经营管理等重大事项进行决策；总经理办公会组织实施董事会决议，在董事会授权范围内对公司生产经营管理重要事项进行决策，谋划生产经营方案，优化管理业务流程。

潞安化工以制度机制建设为牵引，形成了"领导—决策—执行"主线治理机制，通过科学制订会议计划、持续优化会议流程，重大事项决策履行"党委前置研究，董事会决策，经理层部署实施"的闭环运行，极大地提高了决策质效。从领导到决策，再到执行，党委、董事会和经理层的主体功能、议事范围和职责边界得以明确，充分发挥了公司党委作为企业领导核心、董事会作为公司决策轴心、经理层作为公司经营指挥中心的作用，实现了"权责法定、权责透明、协调运转、有效制衡"的国有企业法人治理目标。

（二）创建了潞安化工"六位一体"决策工作模式

通过对决策制度进行梳理分析，潞安化工董事会决策重大事项实施"六位一体"决策流程，具体做法分为十步，即：总部职能部门或事业部可以作为议案提报部门，按照自身职责，征集、提出议案，并附所需相关支撑材料；基层单位先期履行本公司审核流程后，方可向总部职能部门提交议案，属于事业部管辖的基层单位还应履行事业部内部审核程序；由公司联系领导或总经理组织相关部门召开系统专题会议进行论证；董事会办公室对议案进行合规性初审，将议案提交相应的董事会专门委员会审议；提交党委会前置研究讨论；提前将议案送达各位董事审阅；召开董事会会议，由议案提报部门汇报，董事会成员一人一票进行研究表决、做出决策；根据决策结果出具董事会决议，并由各位董事在决议上签字确认；会议记录人员将各位董事的发言要点进行记录，并由董事签字确认；董事会办公室持续跟踪督办董事会决议和董事会安排工作任务的落实情况，并定期向董事会报告进展，直至办结销号。

通过明确工作程序和方法步骤，实现了决策事项从提出议案、审核论证、做出决策到推动执行的全过程有效管控。

（三）持续探索优化创新董事会工作机制

潞安化工坚持和加强党的全面领导与完善公司治理有机统一，全面推行卓越董事会建设，不断激发经营班子的动力，把数智化转型与企业运营管理和科学决策结合起来，进一步夯实企业治理基础，优化治理水平，激发改革活力。

  一是不断优化董事会运作机制。首先,持续推进议案数智化管理系统建设,依托潞安化工 OA 办公平台,首创议案提报审核线上流程,通过线上线下相结合的方式,实现议案管理体系流程化、规范化、数智化。其次,探索完善董事会临时会议规范管理机制,在月度例会之外,创建重大事项决策"一事一议、急事即办"的"绿色通道",确保董事会运作规范、高效顺畅。再次,创新督办方式,通过设立董事会工作联络单,完善董事会与党委会、经理层的信息互通机制,优化董事会决议督办工作,提升督办实效。最后,在山西省国有企业中首家制订了《潞安集团法人治理结构建设和治理主体规范运作指引》,通过系统梳理党章党规、法律法规、政策规定中关于公司治理的要求,融合先进企业公司治理经验和公司创新实践,指导潞安化工各级全资、控股子公司法人治理结构建设和各级各类治理主体规范运作。

  二是探索董事会专门委员会运行机制。潞安化工持续加强对董事会专门委员会规范运行的探索研究,一方面,加强智库建设,发挥前期决策咨询作用。通过配齐委员强化专门委员会机构建设,外部董事全部按规定进入薪酬考核与审计风控委员会履职尽责,战略与投资决策委员会外聘 4 名管理、投资、财务、法律方面的外部专家,利用多方力量有效提升专业委员会履职能力。另一方面,规范专委会运作,提升决策水平。明确集团董事会办公室负责协调统筹,并对专门委员会办公室进行量化考核评价,定期向董事会报告专门委员会运作情况;专门委员会办公室设置在相应的总部职能部门,协助筹备专门委员会会议。此外,还特别规定凡是战略与投资决策委员会、预算与资金管理委员会审议的事项,必须经审计和风控委员会复审后,方可提交董事会决策。通过董事会专门委员会的运行方式,潞安化工董事会的决策效率和决策质量得到显著提升。

三、改革成效

一是现代企业制度进一步建立健全。潞安化工督促各级子企业不断完善以公司章程为根本、以各治理主体议事规则为主体、以相关配套规范性文件为支撑的公司治理规则制度体系建设，以推动潞安化工母子公司治理协同。

二是公司治理结构运转进一步协调高效。外部董事独立判断决策、董事会各专门委员会决策参谋作用充分发挥、经理层执行董事会决议和组织生产经营日常工作成效显著，进一步推动了公司各治理主体协调运转、有效制衡。

三是董事会战略引领作用进一步强化。及时调整战略发展方向和思路，构建了煤炭、化工"双主业"的发展新格局，形成了"三个一批"的产业发展思路。煤炭产业"压舱石"作用更加稳固，煤炭先进产能占比82.57%，继续保持全省领先优势；化工产业发展质效明显好转，构建了以180项目为核心的"上下游一体化"发展生态和潞安集团余吾煤业有限责任公司煤基合成油协同发展的"煤化一体化"发展生态；辅助产业稳步发展，上海投资公司参与北方铜业股份有限公司等项目，投资收益明显。通过战略整合优势资源，进一步理清管理脉络，突出专业优势，增强了公司核心竞争力。

四是董事会风险管控职能进一步加强。通过严格落实投资决策流程，制定了负面清单，构建了"十看、七控、四评、一书"的项目全生命周期的投资管控机制，确保项目投资科学、有效管控。董事会下设审计和风险控制委员会，进一步突出董事会在风险管理、内部控制及关联交易管理方面的重要职能。进一步明确董事会风险管控职能，完善风险管控体系，有效防控企业经营风险。

32

优化董事结构　完善议事机制
不断推动董事会优质高效运行

吉林省国有资本运营有限责任公司

一、基本情况

吉林省国有资本运营有限责任公司（简称"吉林资本"）是吉林省委、省政府为落实党中央、国务院关于深化国有企业改革要求，在国务院国资委和吉林省国资委指导下，于2017年9月成立的省属国有资本运营公司。吉林资本作为市场化运作的省属国有资本运营平台，以加快国有资本流动、优化国资国企布局、实现国有资本保值增值为宗旨，以股权及基金管理、资产运营管理、战略新兴产业培育为主线，是省属国有股权的持股主体和国有资本价值管理的操作载体，是省属国有企业改革发展、转型升级的重要推手，是全省战略新兴产业发展的孵化基地。

作为吉林省国资委规范公司治理、授权放权试点企业，吉林资本紧紧围绕吉林省经济社会发展大局开展工作，深入实施国企改革三年行动，不断完善公司治理，激发企业内生动力和活力，有效发挥在资本运营、服务产业发展等方面的作用，实现了发展质量效益的明显提升。

二、经验做法

吉林资本始终以建立中国特色现代企业制度、完善公司法人治理体系为目标，以实现外部董事占多数、规范外部董事履职、创新子企业董事会构成为抓手，积极推动本级董事会及出资企业董事会建设，切实发挥董事会定战略、作决策、防风险的重要作用。

（一）配齐建强，实现外部董事占多数

一是推动本级董事会外部董事占多数。吉林资本本级董事会由7名成员组成，在原董事会结构基础上，又增派了1名专职外部董事，并通过吉林资本职代会选举专职副书记（工会主席）任职工董事，形成了由董事长、总经理、专职副书记3名内部董事和4名外部董事构成的"3+4"治理结构，实现了外部董事占多数的目标。

二是配齐配强子企业董事会外部董事。按照子企业董事会应建尽建、配齐建强，实现外部董事原则上占多数的要求，吉林资本调整子企业董事会结构，增加外部董事席位，支持子企业发展。目前，在已经建立董事会的子企业中，外部董事占多数的有28家，占应纳入董事会外部董事占多数子企业的100%。

（二）营造氛围，支持外部董事充分履职

一是营造充分沟通、畅所欲言的董事会议事氛围。吉林资本党委书记、董事长、总经理及班子成员，严格遵守董事会议事规则，尊重外部董事独立行使职权。坚持做到董事会上外部董事先发表意见，所有董事独立行使表决权，营造了董事会良好的议事氛围。如2021年富奥汽车零部件股份有限公司（简称"富奥股份"）在召开董事会研究并购京西重工（上海）有限公司时，外部董事投出反对票，对规避风险发挥了关键作用。在富奥股份参与长春一汽富维汽车零部件股份有限公司（简称"一汽富维"）定增时，外部董事也发表了积极的建设性意见，确保了董事会决策的科学性、合理性。近年来，吉林资本的外部董事在董事会重大决策中客观公正发表意见，体现了较强的专业能力和事业心、责任心，对吉林资本董事会

科学、依法决策发挥了积极作用。

二是落实沟通机制，做好预汇报、日常汇报、重大事项及时汇报。对提交董事会审议决策的重大经营管理事项，坚持事先向外部董事预汇报，充分听取外部董事的意见建议。认真做好日常汇报，及时向外部董事汇报日常工作情况，及时报告重大经营管理事项、公司发展情况和重大项目建设情况。

三是完善调研机制，做细履职支撑。支持外部董事围绕重大决策开展调研，畅通外部董事听取汇报、座谈交流、查阅资料、现场走访等调研渠道。同时，针对外部董事在调研过程中提出的意见建议，公司经理层及各部门及时研究、及时解决、及时反馈。

（三）规范运行，发挥外部董事监督作用

一是加强董事会规范有效运行，落实外部董事意见建议。严格执行董事会议事规则，规范报送的议题资料，积极落实外部董事提出的董事会规范运行建议，对外部董事关注的公司重大项目投资、经营风险等事项加强投前、投中和投后全过程管理，落实外部董事意见并及时报告结果。

二是加强对经理层落实董事会决议的监督。建立总经理定期向董事会报告工作机制，总经理每年向董事会报告公司年度经营计划及经营目标完成情况，定期向董事会报告公司生产经营情况，每半年至少向外部董事汇报一次董事会审议事项执行情况。

三是加强出资企业外部董事报告制度管理。制定《出资企业董事管理办法》，要求出资企业任职董事在董事会召开后5个工作日内，将董事会会议审议结果及资料向公司报告，每年1月、7月底前向公司提交上年度及半年度工作报告，视情况及时报送专项报告。通过外部董事报告制度，加强对任职公司董事会的监督，充分发挥外部董事监督作用，保障国有股权权益。

（四）示范引领，发挥典型带动效用

一是加强公司总部及重要子企业董事会建设，打造公司治理示范企业。从公司总部做起，制定出台了议事规则及相应的权责清单，形成了权责法定、权责透明、协调运转、有效制衡的公司治理结构。以所属上市公司富奥股份为试点，规范董事会建设，构建"6+3"的"非独立董事+独立董事"模式，保证董事会非独立董事中外部董事占多数，充分发挥外部董事占多数优势，提升董事会决策能力。2022年2月，公司总部和富奥股份同时被国务院国资委评为"国有企业公司治理示范企业"，成为吉林省国有企业公司治理典范。

二是以点带面，总结推广"富奥模式"经验。总结和借鉴"富奥模式"，推动其他子企业董事会实现外部董事占多数，同时还结合不同企业的功能定位、主营业务、班子人员业务特点，打造互补性强的外部董事队伍，提升董事会战略引领作用与科学决策能力。

三是持续完善制度建设，落实子企业外部董事履职保障。制定《出资企业董事管理办法》《派出董事、监事津贴管理办法》，明确对派出出资企业董事尤其是外部董事聘任、解聘及管理要求，明确将外部董事履职能力作为干部晋升综合评价的一部分。要求出资企业建立健全董事会办公室职能，制定相应制度，保障外部董事行权履职。

三、改革成效

一是落实吉林省委、省政府战略部署，践行吉林资本的使命担当。坚持市场化配置资源，助力实体经济发展，成功并购富奥股份和一汽富维，助力中国第一汽车集团有限公司实施一汽解放汽车有限公司与一汽轿车股份有限公司资产重组，有力支持吉林省汽车零部件产业发展；成功引入国内钼产业龙头企业——金堆城钼业股份有限公司，联合对舒兰市天池钼业

公司增资 5 亿元，盘活存量资产，带动以钼产业为核心的全产业链发展。落实吉林省委、省政府重要任务，助力化解省内重大金融风险，维护全省金融大局稳定；对民营上市公司吉林利源精制股份有限公司进行纾困，为其恢复生产经营、完成重整创造了条件；推进吉林粮食集团有限公司破产重整，取得突破性进展。

二是管理模式实现成功转型。全面推进授权经营体制改革，推动了公司由"管企业"向"管资本"转变；不断完善公司法人治理结构，推动了公司由"重管理"向"重治理"转变；深化市场化经营机制改革，推动了公司管理由"行政化"向"市场化"转变；强化风险管控能力，推动了公司风险控制由"管项目"向"管体系"转变，确保公司管理规范化、科学化。同时，对标国内外先进企业，不断提升公司经营管理水平，努力实现高质量发展。

三是规模效益实现跨越发展。随着管理模式成功转型，吉林资本经营发展步入快车道。截至 2021 年底，吉林资本比 2017 年组建时，营业收入增长 329%，利润总额增长 122.9%，资产总额增长 172.4%，成功控制两家 A 股主板上市公司。"十四五"期间，吉林资本制定了"123358"发展战略，在现有基础上质量效益将跃上新的台阶，成为在全国具有较强竞争力和影响力的国有资本运营标杆企业。

33

推动党的领导与公司治理深度融合
实现企业高质量发展

江苏交通控股有限公司

一、基本情况

江苏交通控股有限公司（简称"江苏交控"）成立于2000年，是江苏重点交通基础设施建设项目省级投融资平台，截至2021年底，累计完成高速公路、铁路、机场、港口等重点交通基础设施建设项目投资约4122亿元。江苏交控目前管理江苏省88%的高速公路，管辖里程为4280千米；依托交通主业，形成了金融投资、电力能源、客运渡运、智慧交通、文化传媒等关联产业；下辖33家企事业单位，员工2.8万余名，控股江苏宁沪高速公路股份有限公司和江苏金融租赁股份有限公司2家上市企业。近年来，江苏交控深入贯彻落实习近平总书记关于国企深化改革和党的建设的重要指示精神，始终坚持"两个一以贯之"总体要求，探索构建了"卓越党建+现代国企"治理体系，配套形成指标评价体系，推动党的领导与公司治理深度融合，努力打造践行中国特色现代企业制度的"江苏交控模式"。2021年，江苏交控成功入选国务院国资委国有重点企业创建管理提升"标杆企业"。

二、经验做法

（一）卓越党建领航定向，为经营管理注入"根"和"魂"

一是以科学党建促发展。江苏交控党委以科学方法推进党的建设，围绕发展抓党建、围绕发展中的热点难点抓党建、围绕职工群众抓党建，让党建优势转化为发展优势、治理优势、竞争优势和制胜优势，形成了"有责任、分不开、看得见、受欢迎"的融合式、实效型党建工作体系。将管理学方法导入党建工作，构建党建质量管理体系，创立了"三融两动一组织"基层党建工作法，让党的创新理论和实践成果进企业、进站区、进班组、进现场。

二是以品牌党建强管理。构建"大党建一体化"格局，营造覆盖战略引领、经营管理、安全生产、文化建设、群团纽带的"党建+"综合生态圈。加强"党建品牌+业务品牌"互动，打响了"苏交控·五力先锋"党建品牌、"苏高速·茉莉花"运营管理品牌、"苏式养护"专业品牌、"通达之道"企业文化品牌、"通达美好未来"社会责任品牌。打造"幸福交控"职工生活品质提升体系，讲好"企业有前途""人才有舞台""生活有滋味"3个故事。

三是以智慧党建提效率。向社会发布以"党建云"为核心的江苏交控"六朵云"。"党建云"包含党建类、工建类、团建类三部分共11个智慧平台，发挥信息动态云展示、在线课堂云学习、组织建设云管理和监督考评云跟踪等功能。形成了《党建的力量》《经营的智慧》《通达之道》《战略的思考》《卓越党建》《现代国企的改革探索》《茉莉品质》7部经验书籍，充分总结并诠释了江苏交控党的建设和改革发展经验。

（二）现代国企夯基垒台，为改革发展疏通"经"和"脉"

一是树立"四度思维"发展理念。江苏交控以高质量打造"国际影响、国内领先"的万亿综合交通产业集团为目标,形成了"宽度一厘米的主业聚焦、深度一百米的工匠精神、长度一千米的产业延伸、高度一万米的顶层设计"系统发展观,高层次优化交通基础设施、金融投资和"交通+"三大主业布局,明确投资商、运营商、服务商三大定位,主动融入"一带一路""长江经济带""长三角一体化"等国家战略,助力江苏打造"交通强国"建设示范区。

二是完善高效合规的管理机制。建立科学高效的"三重一大"决策机制,自主开发的决策信息系统实现对集团及各级子企业"三重一大"决策全过程管控。落实董事会授权管理机制,制定对所属企业授权放权清单,规范各治理主体权责定位和履职方式。落实差异化考核,个性化设置考核指标,形成同类对标机制,让考核指标"跳一跳、够得着",所属企业快速找到发力点,实现目标高起点、实施高质量。制定经营投资尽职合规免责事项清单,鼓励经营管理人员担当作为、干事创业。加强对经营管理行为的动态监控和风险分析,突出重点领域、重要人员和关键环节合规管理,实施重大决策事项"双重法律合规审核"、重大投资事项"双重论证"等机制。

三是构建协同互补的产业体系。"三大主业"齐头并进,交通基础设施板块主体地位显著。"十三五"累计完成综合交通投资任务1604亿元和融资任务8556亿元。在如此规模的投融资任务压力下,依然保证了融资成本处于行业最低区间,营收和利润实现快速稳定增长。金融投资和"交通+"业务规模和比重逐步提升。2021年金融和"交通+"累计实现利润总额约80亿元,两大板块累计营业收入占比及利润贡献度分别达到40%、45%。金融服务业态更加丰富,所属江苏金融租赁股份有限公司98%以上的客户是中小微群体,服务范围覆盖50多个细分行业,专业投资平台效益显现,净资产收益率保持在10%以上;"交通+能源""交通+大数据"等产业链拓展成效明显，净资产收益率提高至12%，构建了生机盎然的综合交通生态圈。以"六朵云"为代表的数字化转型构筑了"云、网、边、端"一体的"新基建"底座，在瞬息万变的数字化浪潮中牢牢把握主动权。

（三）"三类融合"精准发力，为国企建强用好"桥"和"船"

一是突出党的组织框架和公司治理结构有机融合。制定落实党的领导融入公司治理相关措施，推动各层级企业落实"党建入章""双向进入、交叉任职"和党企主要领导"一肩挑"机制，畅通组织内嵌渠道，形成了党建效能、企业效益、治理效果和组织效率的"四赢"格局，有效发挥了党委"把方向、管大局、保落实"的领航定向作用、董事会"定战略、作决策、防风险"的决策中枢作用、经理层"谋路径、抓落实、强管理"的执行主体作用以及职工代表大会"促民主、维权益、凝共识"的民主管理作用。

二是落实党管干部人才和科学选人、用人有机融合。推进"三项机制"落实落地，建立高契合、高责任、高激励、高约束的管理机制，实现集团本部和各级子企业任期制契约化管理全覆盖。实施"先锋企业家""领军科学家""大国工匠""未来英才"四大工程，打造"江苏交控8916新时代人才品牌孵化矩阵"，全系统科技领军人才、行业拔尖人才和先进模范标兵达到200余人，18人获得"政府特殊津贴"和"科技企业家""省双创领军人才"等称号，30余人次进入江苏省333高层次培养工程。坚持产教研学融合，设立"五院一库"、5个交通产业实验室、4个博士后、研究生工作站，年均投入科研经费3000万元以上。产改"七项试点"让先试变先成，其经验做法被《工人日报》向全国推广。

三是强化党组织监督保障与公司依法治理有机融合。坚持从严管企、依法治企、风控护企、监督立企，构建"大纪检、大巡察、大审计、大安全"的综合监督体系和"六大监督平台",实现了全系统党委巡察、内部审计、安全巡查"全覆盖",其中党委巡察5年内完成常规巡察、巡察"回头看"、专项巡察和提级巡察共计17轮,江苏交控党委巡察工作的经验做法,得到了中央巡视工作领导小组办公室领导的高度肯定。

三、改革成效

一是资产规模不断变大,质量效益不断变高。截至"十三五"末,江苏交控全口径总资产为6593亿元、净资产为2812亿元,较"十二五"末分别增长148%和193%,相当于用5年时间再造了一个江苏交控。2021年,江苏交控实现营收618亿元、利润总额224亿元,连续7年利润总额超百亿元,是国内省级交通集团唯一一家年利润持续超百亿元的企业,在江苏省属企业中净资产和利润总额始终保持第一。

二是布局结构不断变优,支撑作用不断变强。"十三五"干线公路国评全国第一,成为路面检测"四连冠";以阳澄湖、梅村等为代表的服务区商业综合体华彩蝶变,在全国引发"网红效应"。金融投资和"交通+"板块反哺能力持续提升,形成了一批"交通+金融""交通+能源""交通+数字经济"的生动产业实践。所属江苏金融租赁股份有限公司成为金融租赁行业第一股,所属江苏通行宝智慧交通科技股份有限公司、江苏省现代路桥有限责任公司被列入国务院"科改示范行动"名单。

三是治理体制不断变好,党建根基不断变牢。江苏交控坚持依法合规决策与激发经营活力相融合,优化集团管控与精准授权放权相融合,实现了决策高效、监管闭环。所属江苏金融租赁股份有限公司入选国务院国资委国有企业公司治理示范企业。主业主导、主责主抓、主角主动的"大党建一体化"格局逐步形成,江苏交控党委被中共中央授予"全国先进基层党组织",江苏交控还先后获得全国精神文明单位、全国五一劳动奖状、全国五四红旗团委等荣誉。

四是社会形象不断变美，员工福祉不断变多。高速公路消堵消患工程解决了长期堵点，以绿色养护、科学养护提升道路品质，社会公众在江苏高速上的"快速通行"和"品质服务"两大体验感不断提升。江苏交控累计支持社会公益、脱贫攻坚费用达 5624.5 万元。江苏交控坚持把职工群众满意度作为检验工作成效的"试金石"，打造了温馨宿舍、职工书吧、满意食堂等关爱平台载体 2000 多个，全员绩效考核和员工薪酬福利增长机制不断完善，形成了"心齐、气顺、劲足、风正、实干"的浓厚氛围。

34

立足战略重组 深度融合释放改革红利

马钢（集团）控股有限公司

一、基本情况

马钢（集团）控股有限公司（简称"马钢集团"）是我国特大型钢铁联合企业，拥有 A+H 股上市公司 1 家，具备 2000 万吨钢配套生产规模。在 60 多年艰苦创业、自我积累和滚动发展的历程中，马钢集团创造了我国钢铁行业的诸多第一：我国第一个车轮轮箍厂、第一套高速线材轧机、"中国钢铁第一股"（A+H 股上市公司）、第一条大 H 型钢生产线、第一条重型 H 型钢生产线。

在国家深入推进钢铁行业供给侧结构性改革，深入实施国企改革三年行动的背景下，2019 年 9 月马钢集团与中国宝武钢铁集团有限公司（简称"中国宝武"）联合重组。马钢集团作为中国宝武新一轮战略重组首家企业，整合融合速度之快、效果之明显，为中国宝武后续联合重组提供了成功案例，起到关键示范引领作用。2020 年 8 月 19 日，习近平总书记考察安徽期间来到马钢集团调研，指出"马钢的改革顺应企业现代化发展的潮流，与宝武合并，这个路子是符合规律的"。这更加坚定了马钢集团深入推进国企改革三年行动的决心和信心。

二、经验做法

马钢集团以国企改革三年行动为契机,全面贯彻党中央、国务院和中国宝武有关国企改革三年行动决策部署,将联合重组过程中的任务和目标纳入国企改革三年行动,形成了《马钢(集团)控股有限公司改革三年行动实施方案(2020—2022年)》。目前已基本完成改革任务。

(一)坚持"两个一以贯之",把好整合融合方向

在实施联合重组的推进过程中,切实发挥党组织"把方向、管大局、保落实"的重要作用,有效保障了整合融合大局稳定、工作有序。

一是坚持党的建设和业务整合同步进行。坚持党建引领,把学习贯彻习近平总书记重要讲话精神与扎实开展党史学习教育、推进中国宝武党委专项巡视反馈问题整改、强化政治监督紧密结合。

二是坚持服务国家战略。贯彻国家产业政策和重点产业布局调整,为长江经济带和长三角一体化战略实施提供具体实践,加强安徽省和中国宝武协同发展、合作发展,完善中国宝武长三角产业布局,加快建设高质量钢铁生态圈。

(二)坚持深化文化融合,构建同一价值体系

联合重组不仅是资本的重组,更是文化的融合。联合重组以来,马钢集团积极做好企业文化对接协同。

一是积极承接中国宝武企业文化。强化中国宝武愿景、使命、价值观在马钢集团的宣贯,组织开展了一系列全方位、多频次、深覆盖的中国宝武企业文化宣传教育系列活动。扎实推进"钢铁荣耀、铸梦百年"宣传教育系列活动,"同一个宝武、同一个声音"深入人心,有效增进了广大干部职工对中国宝武大家庭的认同感、归属感、忠诚度,有力推动了全员积极拥护、主动参与联合重组各项工作。

二是丰富拓展子企业文化。在承接中国宝武企业文化体系的同时，积极融合马钢集团优秀传统文化基因，建设企业子文化，围绕制造水准、环境质量、精神面貌、技能素养、团队协作、产城融合六方面，拓展形成于20世纪60年代"江南一枝花"精神内涵。"以价值创造为纲"，鼓励全员立足岗位、改善创效；"以奋斗者为本"，让"团结、敬业、拼搏、开拓、奉献"的精神根植在每一名员工心中，以实现公司与员工的"双擎"驱动，营造"人人创效、事事精益、处处改善"的氛围，构建独具特色的马钢精益管理模式，让"江南一枝花"再展新风采。

（三）坚持强化战略承接，落实新的发展使命

围绕中国宝武"成为全球钢铁及先进材料引领者、共建产业生态圈，推进人类文明进步"的使命愿景，马钢集团强化战略承接、运营协同。

一是明确战略定位。新一轮规划从中国宝武层面进行"顶层设计"，强化与中国宝武长三角区域内子公司的规划协同、产业协同、产品协同，充分发挥马钢集团特有的产品结构优势和区位优势，明确将马钢集团打造成中国宝武优特长材专业化平台公司和优特钢精品基地。

二是落实发展思路。积极承担起央企的使命和担当，以更高的视野谋划新的发展，"跳出马钢看马钢、跳出马钢发展马钢"，聚焦"高端化、绿色化、智慧化"，对内结构调整，对外开疆拓土，全面绿智赋能，加快打造后劲十足、大而强的新马钢。全面对标国际和国内领先企业，打造优特钢、轮轴、型钢和板带特色产品，提升全球品牌影响力。

（四）坚持全面管理对接，深入推进集中一贯

按照"统一语言、统一标准、统一平台、统一文化"的要求，在对标中国宝武管理模式的基础上，结合马钢集团实际，主动变革。

一是实现管理体系覆盖。重组之初，即形成14个专业领域、59个模块、69项管理对接工作任务及项目，并快速明确马钢集团作为中国宝武一

级子公司的管理定位、管理任务和管控责任。

二是完善公司治理体系。按照"全面承接、全面覆盖，提升治理体系和治理能力"的思路，依托中国宝武治理体系和治理能力现代化建设的全景图，推进制度体系的全面梳理、信息化系统的全面覆盖，形成"党政一体、全面覆盖、责任清晰、快速传递、运作高效"的制度体系。

三是承接商业模式体系。贯彻产业化发展、平台化运营要求，基于"一总部多基地"管控模式，全面承接中国宝武商业计划书经营体系，既提高了组织效率，又促进了风险防范。

四是推进基层组织机构变革。以信息化和智慧化倒逼基层组织变革和流程再造，实现机构精简、人员精干。生产厂部精简29%，厂部管理机构精简49%，分厂精简50%，作业区精简52%，科级人员精减35%，作业长精减49%。

（五）坚持推进产业协同，优化产业分工布局

主动落实中国宝武"一基五元"战略，解决"联而不整、整而不合"问题，打造联合重组"金钥匙"。

一是更加聚焦钢铁主业。推动钢铁主业"二次创业、转型发展"，着力实施产能配套、产品升级和结构调整，重点工程梯次展开、全面提速，北区填平补齐项目、南区产品产线规划项目、新特钢项目以及型钢改造项目快速推进。

二是实施专业化整合。按照"一业一企、一企一业"的要求，优化配置马钢集团要素资源，全面推进12个产业的平台化运营和8项业务资源的专业化整合，使马钢集团相关产业发展的方向更加清晰、目标更加明确。

三是推动多元产业协同发展。依托马钢集团已有产业基础和优势，充分发挥安徽省独特的区位、资源和产业优势以及中国宝武管理、技术、人才和品牌优势，打造全球金属再生资源行业引领者和标准制定者的形象，实现了国内千万吨级钢厂全覆盖。推动矿产资源规模扩张，姑山矿钟九铁矿200万吨/年采选建设工程开工建设，罗河一期500万吨/年扩能项目按计划推进。加快长三角数据中心产业发展，马鞍山智能装备及大数据产业园和长三角（合肥）数字科技中心等重点项目加快建设。

（六）坚持深化产城融合，打造城企合作示范

依托马鞍山市与马钢集团融合发展工作机制，加快打造具有强大竞争力的产业集群。以城市为基础，承载产业空间和发展产业经济。以产业为保障，驱动城市更新和完善服务配套，进一步提升土地价值，实现产业、城市、人之间有活力、持续向上发展。坚持融入城市、带动周边，引领和支撑了马鞍山市"生态福地、智造名城"建设，成为马鞍山市打造安徽"杭嘉湖"、长三角"白菜心"的强劲引擎，为新阶段美好安徽建设做出了积极贡献。

三、改革成效

在国企改革三年行动中，马钢集团聚焦补短板、强弱项，活化市场化经营机制，贯彻新发展理念，在公司治理中加强党的领导，以国企改革三年行动统领整合融合目标任务，以大情怀、大格局、大担当深入实施整合融合工作，取得较好成效。

一是实现经营绩效新突破。强化"超越自我、跑赢大盘、追求卓越、全球引领"绩效导向，马钢集团营业收入连续突破1000亿元、2000亿元大关，钢铁主业跨入中国宝武千亿营收、百亿利润企业行列。一批关键指标显著提升，2021年各产线打破日产纪录172次、月产纪录53次。

二是实现战略调整新突破。承接中国宝武战略，锚定中国宝武优特长材专业化平台公司和优特钢精品基地的新定位，锻长板、补短板。对内强身健体，实施北区填平补齐和南区产线升级两大项目群；对外开疆拓土，

稳步推进基地管理与品牌运营。坚持快字当头，行动至上，A高炉大修仅用85天完成。新特钢仅用4个月完成项目备案、能评和环评，2021年11月18日开工，力争2022年底一期工程基本建成。

三是实现科技创新新突破。坚定不移实施创新驱动发展战略，着力建强平台、用足资源、激发活力，研发中心加快建设，技术协同深入实施，研发投入大幅提高，科技强企能力明显提升。加大"卡脉子"难题攻关，实施"揭榜挂帅"项目74个，车轮纳入中国宝武"专精特新"单项冠军产品培育，高铁车轮国产化批量应用实现突破，汽车悬架簧用钢、油井管用钢等14项新产品实现首发。

四是实现绿智赋能新突破。坚持把绿色智慧作为核心竞争力，绿色化、智慧化指数双双跻身宝武系第2位。围绕打造花园式滨江生态都市钢厂，快速完成"三园三线""四园三楼"等环境提升项目，厂区面貌大幅改善。围绕打造智慧制造示范基地，相继投用了1个运营管控中心、8个智控中心，5G智慧料场、I-deep智控炼铁、冷轧 ALL In One 等智控项目，实现了"一年一突破，年年有进步"，企业员工进一步增强了信心和干劲。

35

对标挖潜强管理 提质降耗增效益

福建三钢闽光股份有限公司

一、基本情况

福建三钢闽光股份有限公司（简称"三钢闽光"）成立于2001年，是福建省三钢（集团）有限责任公司（简称"三钢集团"）控股的上市公司，2007年1月在深圳证券交易所上市交易，2009年8月闽光牌螺纹钢、线材注册成为上期所钢材交割品牌。三钢闽光是福建省最大的钢铁生产基地，旗下有三明本部、泉州闽光、罗源闽光、漳州闽光4个钢铁生产基地，年产钢能力1200多万吨，主要产品有建筑用材、金属制品材、中厚板材、机械制造用材、合金带钢、H型钢六大系列。

三钢闽光是三钢集团的钢铁板块主业，生产基地兴建于1958年。当时出于"三线建设"需要，三钢闽光建设在福建省三明市山区。这样的区位决定了三钢闽光的原料和产品市场"两头在外"，在高度市场化竞争的钢铁行业中处于劣势，20世纪90年代，生产经营一度十分困难。2000年1月和8月，时任福建省省长习近平在三钢闽光转型发展的关键时期两次亲临指导。他深入生产现场，走近干部职工，对三钢闽光改革发展、生产经营和党的建设等提出具体要求，为三钢闽光指明了做好国企的路径。20多年来，三钢闽光沿着习近平总书记当年指明的路径，强化党建引领，始终坚持精细管理和科学管理，不懈推进工作流程化、标准化、信息化，追求管理极致、消耗极限、质量极品，以日新月异的发展回报习近平总书记的关心和关怀。

面对钢铁工业产能过剩、同质化竞争激烈等严峻形势，三钢闽光以国企改革三年行动为契机，坚持党建引领、强化精细管理、推进技术及管理创新，通过实施对标挖潜，聚焦优秀企业和优秀指标，持续挖掘自身潜力，着力提升公司竞争力。

二、经验做法

针对"两头在外"情况，三钢闽光积极从自身实际出发，坚持践行"平原木匠"精神，着力挖潜自身潜力，专门设立对标挖潜专项考核奖，推进对标挖潜。对外，主动对标学习先进企业的好经验，每年组织公司各部门、各工序主要管理人员到国内先进企业学习，针对自身薄弱环节，找问题、找差距，并制定实施优化整改措施。对内，建立公司内部同工序对标学习平台，实行横向纵向对标，统一对标指标口径与标准，从技术、效益、安全、环保、经营等各方面指标入手，横向对标同工序先进水平，纵向对标自身最好水平，不断寻找差距，不断赶超，追求卓越，形成了一套独特的对标挖潜工作体系。

（一）对标优秀企业，实施精细管理

根据习近平总书记当年要求，三钢闽光以台塑集团为标杆，不断推进以"管理制度化、制度表单化、表单信息化"为核心的精细管理。

一是实施管理制度化。设立专职机构，制定专门管理办法，借助"外脑"对原有组织架构、业务流程、规章制度进行全面清理、修订、补充，力求以完善的制度规范生产经营管理全过程。通过持续梳理优化，三钢闽光三明本部在钢产量增加近6倍的情况下，减少中层单位10家、基层单位

29家，制定和发布规章制度500余项，基本涵盖了企业生产经营活动的方方面面。

二是实施制度表单化。主要以岗位标准作业流程建设为抓手，通过作业活动识别、最佳作业方法的总结等，以表单的形式准确、量化、图文并茂地揭示作业活动的详细步骤、方法、关键控制要求等，将《技术操作规程》《设备管理规程》《安全操作规程》有效融入岗位标准作业流程，将各类管理制度有效融合到业务操作流程。制度表单化的实现，使得作业流程更加直观、具体，对关键控制点的把握更加到位，有效减低了误操作和工作细节不周全等现象。目前，三明本部已完成岗位标准作业流程编写27433个，培训27256个，落地稽核26657个，覆盖率达99.58%。各权属企业采用借鉴、嫁接三明本部方式，也基本实现全覆盖。

三是实施表单信息化。着力落实习近平总书记指示要求，以制度表单为基础，信息系统为依托，充分利用MES、EMS、ERP等信息系统，实施职工岗位表单化在线、量化、实时、自动考核，将岗位职工的操作绩效与收入紧密联系起来，使职工有"切身感受"，职工当天下班就可以知道自己当天的绩效，奖金分配公平、公开、公正，解决了分配上的"大锅饭"问题。目前，三明本部3116个岗位全部实现在线自动考核或手工表单化考核。在此基础上，通过进一步整合、处理各考核系统的数据，三钢闽光开发了"一键式"奖金分配系统，在冶金企业中率先在所有岗位实现了奖金"一键式"分配。以台塑集团的"一日结算"为目标，通过压缩管理层次，优化业务流程，借助ERP、MES等信息系统，顺利实现了"一日表"结算，提高了精细管理水平和管理效率。通过精细管理，大大调动了职工群众的主动性、积极性，促进了职工主人翁精神的进一步迸发，有效增强了企业竞争力。

（二）对标先进指标，开展全流程降成本

坚持不懈、持之以恒地挖掘生产工序和非生产工序的降成本潜力，推进从采购到销售全员、全要素、全过程成本管控。

一是统一对标口径。将原燃材料、动力能源、厂内物资等加工过程投入物资的价格还原到按上年平均价进行同口径计算；固定成本中的折旧按上年月平均金额进行同口径计算，人工成本、检验费、排污费、辅材、备件、修理费、劳务费等按实际发生金额进行计算，剔除市场因素对各工序成本的影响，保障实实在在地降成本。

二是明确降成本重点。生产工序降低同口径工序加工费，2013年开始推行内部生产工序模拟市场核算与考核，重点是通过加强焦化配煤结构、烧结配矿结构、炼铁原料结构和炉料结构、炼钢品种结构等分析和优化调整，以降低原料成本。同时着力优化工序技术管理、提高生产操作稳定性、强化设备运行保障管理、切实减少各类生产操作事故等，促进成本降低。非生产工序降本增效，重点从原料采购、库存控制、物流运输、工程建设、资金管理、修旧利废、节电节能、劳务外包等各方面挖潜增效。

三是强化目标分解。每年根据具体情况制定年度全流程降本增效总目标，目标制定的主要依据有3个方面：①公司年度生产经营目标要求，特别是利润目标要求；②通过对标先进企业，找出生产过程、经营活动、管理活动等方面的潜力；③自身最好水平，总体要求是始终紧盯先进指标，且保证上了的台阶不下来。年度总目标制定后，将目标分解到各主生产厂、辅助生产单位、经营单位、机关部门；各工序根据公司要求、行业先进水平及上年度指标完成情况等分解并提出具体项目和指标。项目和指标明确后，再分解落实到车间科室和班组。在执行工程中，考虑到实施的难易程度和各个实施阶段的特殊性（如技改、检修等），在实施过程中，按月分解月度进度目标，确保年度总目标完成。

四是加强措施保障。实行成本分析会制度。每月初召开一次成本分析会，公司董事长和经营班子，各分厂单位、相关部门、各子公司、权属企业的主管领导参加，对上月成本完成情况进行分析，对下月各单位成本及利润的预算进行分析、确认。同时将各生产基地的工序成本、工序加工费、完全成本、钢材钢坯库存等进行同口径对比，查找各生产基地成本差异，分析差异产生的原因，促进成本有效降低。在实施过程中将降本增效成果直接列入各单位经济责任制考核，根据贡献大小对各单位进行分段考核，多贡献多收益。

（三）对标问题不足，开展改善提案活动

三钢闽光从2013年底开始开展改善提案活动。主要通过创新奖励机制，激发员工在降成本、提高生产率、改善产品质量、节能降耗、环境保护等方面发挥积极性、能动性；鼓励并激发员工在生产经营中不断对工艺、操作方法等进行创新和改进；鼓励员工主动发现问题，想办法解决问题，增强员工特别是基层员工对企业的认同感，增强企业凝聚力。改善提案涉及生产、技术、安全、环保、企业运营、岗位优化、工作方法、管理制度与流程改进等方方面面。提案奖励以正向激励为主，分为改善提案奖励和提案实施后改善成果奖励的双重递进式奖励。提案综合评审得分达到公司级奖励标准的，可获得提案奖；提案经立项、实施，稳定运行3个月后，公司组织专业人员和财务人员进行验收评审，通过验收的改善成果，按改善后的净效益给予效益提成。自实施以来，收到改善提案36554件、立项13906件、验收改善成果10703件，累计降本增效12.51亿元，发放奖金1266.47万元。

三、改革成效

一是降本增效成效明显。自2013年以来，三钢闽光三明本部累计实现

吨钢全流程降本增效约460元/吨，增加效益30多亿元。

二是经济指标保持较好水平。在单纯依靠钢铁产业和钢产量居于行业中下游的情况下，三钢闽光主要经济指标始终保持行业较高水平。2021年，在3座小高炉停炉升级改造的情况下，营业利润率行业排名第4位，利润总额行业排名第10位，净利润行业排名第11位。

三是有效激发了员工的主人翁精神。员工主动参与企业管理意识大大增强，企业内部形成了比学赶超的良好氛围，实现了三钢闽光长期稳健发展。

36

精准授权　建优主体　强化监督
全面落实重要子企业董事会职权

广东粤海控股集团有限公司

一、基本情况

广东粤海控股集团有限公司（简称"粤海控股"）是广东省在境外规模最大的省属企业、首家国有资本投资公司改革试点企业，也是全国国有企业"双百行动"综合改革试点企业。粤海控股以资本投资为主业，主要投向水务及水环境治理、城市综合体开发及相关服务、现代产业园区开发及产业投资等领域，旗下拥有12家重要子企业，其中3家为香港上市公司。粤海控股深刻认识到"一流企业必须有一流董事会"，以国企改革三年行动为契机，抓住科学授权放权这一关键，多管齐下加强重要子企业董事会行权能力建设，落实董事会职权，大力强化监督和风险管理，推动资本权利上移、经营责任下沉，全面提升公司治理效能，有力推动集团高质量发展迈出坚实步伐。

二、经验做法

（一）精准放好"源头活水"，确保授权放权"授得下"

粤海控股围绕发挥董事会定战略、作决策、防风险的作用，坚持依法依规、应授尽授、精准授权、动态调整,持续加大对重要子企业董事会授权的力度和广度,健全权责利相统一的授权链条,推动"管资产"向"管资本"转变,切实做实重要子企业董事会,推动子企业真正成为独立市场主体,活力有效释放。

一是聚焦董事会重点职权普遍性授权放权。聚焦"管资本"职责,将所有运营类和操作类权限全部归位市场经营主体。修订完善《集团管控事项权责清单》,对重要子企业董事会普遍性授权放权约70项,占集团原管控事项近五成,涵盖董事会中长期发展决策、经理层成员选聘、业绩考核、薪酬管理、职工工资分配和重大财务事项管理等各项重点职权,为子企业董事会履职行权留足空间。

二是"一企一策"个性化分类授权。综合考虑各子企业的功能定位、发展阶段、管理能力等,在普遍性授权基础上制定《对特定二级公司授权放权事项清单》,树立"干得越好授权越大、风控越好授权越大"鲜明导向,"一企一策"对重要子企业精准分类授权共计43项。以水务板块为例,通过授权放权,投资项目决策时间从最长38天缩短至平均8天,"十三五"期间水务业务年均拓展规模达439万吨/日,约为"十二五"期间的5.6倍,充分激活了企业发展动力和经营活力。

三是建立健全授权事项动态调整机制。集团定期评估授权执行效果,根据授权执行情况和业务发展需要,动态调整授权放权事项。2021年先后两次动态调整投资决策等方面授权,强化对投资、经营事项的收益率要求,确保企业发展张弛有度,在市场竞争和风险管控中保持最优平衡。

(二)加强行权能力建设,确保授权放权"接得住"

粤海控股重视加强重要子企业董事会行权能力建设,统筹推动重要子企业依法依规依章制定个性化方案,以"清单管理+完善制度+规范运作+优化结构+分类施策"为抓手,全面加强董事会行权能力建设,确保有效承接授权。

一是推动董事会职权法定化、清单化，明确"管什么"。统筹推动重要子企业将董事会6项重点职权融入公司章程，突出章程的企业"宪法"作用，实现权由法定、权依法行。将分散于章程、议事规则、内部管理制度以及承接授放权中的董事会职权事项进行优化规范，完善《董事会决策事项清单》，把包括6项重点职权在内的董事会职权具体化、清单化，全面落实董事会职权。

二是推动董事会建设制度化、规范化，明确"怎么管"。重要子企业结合本企业实施方案和《董事会决策事项清单》，持续完善与董事会重点职权相配套的制度，贯通决策清单和管理制度的衔接，推动董事会审核审批权限、程序、风险防控的制度化和规范化。理顺涉及董事会职权的事项在本级企业"内部"和"外部"的行权路径，即公司党组织、董事会、经理层之间，公司与股东（大）会、控股股东之间的决策程序。充分发挥董事会专门委员会对提交董事会议案的参谋和把关作用，提升董事会决策效率和质量。加强子企业董事会秘书、董事会办公室配备，强化董事会服务保障体系建设。积极探索实施差异化治理，在粤海物业管理有限公司等实施"混改"的重要子企业中引入独立董事、民营股东提名的董事，合理设置董事会决策规则；粤海永顺泰集团股份有限公司以总部实行大采购、大营销管控模式为试点，下属子企业董事会改设执行董事，明晰执行董事的"法律地位"和"三重一大"集体决策要求，丰富差异化治理实践。

三是加强董事会专业化建设，确保"管得好"。集团推荐或派驻投资、财务、法务、工程等领域专家进入重要子企业董事会，境外上市公司则按照治理要求引入独立非执行董事。积极探索外部董事专职化，100%建立外部董事占多数的董事会。结合外部董事占多数的改革方向，出台《下属企业外部董事、外部监事管理办法》；加强派驻董事管理，建立外部董事履职台账、年度履职报告和重大事项报告机制，加强外部董事业务培训，提供履职文件工具包，开展外部董事履职考核评价，不断增强重要子企业董事会履职的独立性、自主性和权威性。

（三）强化监督风控，确保授权放权"行得稳"

粤海控股注重将授权放权与权力运行监督有机结合，通过强化过程监督和风险管理，拧紧监督和风控链条，为重要子企业落实董事会职权"行得稳"保驾护航。

一是构建大监督格局。整合出资人监管和内部审计、纪检监察、巡视巡察等监督力量，结合日常监察和内部审计，组织开展对重要子企业落实董事会职权的监督检查。对工作不规范的，及时约谈重要子企业主要负责人，督促整改提高；出现重大偏差或者严重问题的，及时报告集团。

二是实行财务总监垂直管理。集团总部统一向下属企业推荐财务总监，并通过法定程序进入企业董事会。通过参与所在重要子企业董事会决策和日常经营管理，财务总监督促派驻企业加强财务管理、防范财务风险。

三是构建全面风险管理体系。重要子企业全面搭建以三道防线组织体系、内控制度流程体系、风险评估标准体系、重大风险防控体系四大核心要素为基础的风险防控管理框架，定期梳理风险清单，落实重大风险管控方案，建立风险预警机制和突发事件应急处理等机制，切实筑牢重要子企业董事会风险防线。

三、改革成效

通过做实重要子企业董事会，深化落实董事会职权改革，持续激发企业发展活力，真正实现放活与管好相统一。2021 年粤海控股旗下水务版图已覆盖全国 24 个省（市、自治区），在全国 18 个省（市、自治区）运营

112个水务项目，服务人口达8231万人；水处理规模4045万吨，位居全国水务企业第二。城市建设与运营初步形成商圈、社区、园区的协同发展模式，粤海置业"租售并举"模式取得突破；广东粤海天河城（集团）股份有限公司新增管理面积21.57万平方米，线上销售收入大幅增长逾5倍；粤海物业管理有限公司整合1年内实现合约管理面积翻一番。现代农业板块，粤海广南（集团）有限公司生猪屠宰业务取得突破，年屠宰量近50万头，生鲜社区零售业务正式起步；粤海永顺泰集团股份有限公司逆势实现麦芽销量新高，产能规模稳居全国第1位、世界第5位；产业金融板块，整合以来发展势头喜人，各项经营指标创历史新高。

"十三五"期间粤海控股营业总收入、利润总额、资产总额年均分别增长16.06%、13.10%、13.61%。2021年粤海控股实现营业总收入393.97亿元，同比增长25.07%；利润总额89.03亿元，同比增长29.61%；净利润64.87亿元，同比增长49.30%。截至2021年末，集团总资产2064.02亿元，净资产864.81亿元，同比分别增长36.81%和15.73%。主要指标均实现"三年翻一番"，实现了"十四五"良好开局。

37

深化"双百"改革　提升治理效能
厚植高质量发展新优势

广州汽车集团股份有限公司

一、基本情况

广州汽车集团股份有限公司（简称"广汽集团"）成立于1997年，是一家广州市人民政府国有资产监督管理委员会（简称"广州市国资委"）直接监管的A+H股上市国有大型控股股份制企业集团，业务涵盖研发、整车、零部件、商贸服务、金融和出行六大板块，是国内产业链最为完整的汽车集团之一，拥有数十种知名品牌汽车产品。其中，自主民族汽车品牌广汽传祺和广汽埃安得到国内消费者广泛认可。

以深化国企改革三年行动和"双百行动"改革为契机，广汽集团在公司治理新机制上持续发力，推动中国特色现代企业制度更加成熟定型。截至2021年底，广汽集团有员工总数约11万人，总资产达1542亿元，2021年实现营业收入为4298亿元，利润总额为262亿元，连续10年入选《财富》世界500强，2022年排名第186位。2022年一至三季度，实现营业收入为3837亿元，同比增长30.5%；利润总额达259亿元，同比增长38.5%；新能源自主品牌广汽埃安销量达18.2万辆，同比增长132%。

二、经验做法

（一）厘清治理主体权责，科学高效行权履职

一是党的领导与公司治理有机统一。实现"党建进章程"要求全覆盖集团、属下国有全资、控股企业以及8家主要合营企业，全面落实"双向进入，交叉任职"，确保党组织内嵌到公司治理结构之中。修订完善党委决定事项清单和党委前置研究讨论重大经营管理事项清单，明晰党委"定"和"议"的具体事项14项和49项，充分发挥党组织"把方向、管大局、保落实"的重要作用。

二是构筑权责清晰的治理体系。结合国资监管及A+H上市监管要求，通过《公司章程》《"三重一大"决策制度》及各治理主体议事规则，明确股东大会、党委会、董事会、监事会、经营层之间的权责划分及各自审议决策的具体事项，健全"权责法定、权责透明、协调运转、有效制衡"的现代公司治理体系。广汽集团通过委派董事、监事及部分高管等形式体现股东意志，指导各级子企业制定完善决策事项清单和各治理主体议事规则，实现治理能力和经营活力同步提升。

三是全面推行任期制和契约化管理。在各级子企业全部实施任期制和契约化管理的同时，合营及联营企业也都纳入实施范围，并对经理层外的其他领导班子成员开展任期制和契约化管理。广汽集团225家各级子企业396人、561个岗位全部签订了岗位聘任协议和经营业绩责任书，实现企业、人员、岗位全覆盖。实施"一岗一契约""一人一考核"的差异化考核，建立突出经营业绩、突出刚性奖惩的新型经营责任制，从而真正实现了"岗位有任期、职务有职责、业绩有目标、失职有调整"。

（二）建强建优董事会，锻造公司治理决策主体

一是打造卓越董事会。入选"双百企业"后，广汽集团进一步推动董

事会来源多元、结构合理、有效制衡、高效运作。目前，广汽集团11名董事团队中，有3名外部董事为小股东提名的汽车行业、金融领域高管，4名独立董事为境内外法律、财务会计、战略管理领域的知名专家。建立了160人的外部董事队伍，推动111家纳入应建范围的各级子企业全部设立董事会，且100%实现外部董事占多数。广州汽车集团股份有限公司汽车工程研究院（简称"广汽研究院"）开创性地实施模拟法人运作设立董事会；整合广州汽车集团乘用车有限公司（简称"广汽乘用车"）、广汽埃安新能源汽车有限公司（简称"广汽埃安"），创建一套董事人马的G3董事会机制，切实提升自主品牌快速决策能力。

二是强化董事履职保障。健全《董事会议事规则》《独立董事制度》等制度，建立董事意见跟踪反馈机制，筑牢董事履职的制度机制保障。为独立董事履职提供全面的经费及工作条件保障，并提供合理的津贴，持续为董事购买保额达2000万美元的董事责任险。

三是全面落实董事会职权。通过《公司章程》等制度对董事会定战略、作决策、防风险，以及选人用人、考核分配、投资决策等职权进行了明确。依法依规用好广州市国资委对"双百企业"的差异化授放权，推动工资总额周期制管理、中长期激励、创新创业企业核心团队激励等，使"双百改革"任务取得实效。

（三）推进职业经理人改革，牵引激活机制转换

一是破立并举选用人。以"双百改革"为契机，广汽集团在广州市国资委支持下多方调研、逐步探索在集团层面实施职业经理人试点，推动建立更加市场化的选人用人机制。广汽集团职业经理人改革试点方案于2018年7月获批，成为广州首家实施职业经理人改革的市属国企。三年试点后，2022年继续实施职业经理人改革，并以内部续聘、全球公开招聘等方式选聘了新一批8名职业经理人。

二是精准量化实考核。以"两高"为原则设置考核目标,经营业绩指标围绕"两利四率"设置,占年度考核指标权重不低于50%,全部量化计算。实施市场化薪酬激励,职业经理人绩效年薪占年度薪酬70%以上,并严格落实刚性考核兑付,确保薪酬增减与经营业绩浮动同向联动。完善中长期激励机制,一般以2年为间隔期开展股权激励,2020年对职业经理人授予股票期权与限制性股票合计350万股。

三是科学合理授放权。制定《分级授权管理办法》,科学合理明晰董事会、经营层权责边界,确定总经理行使的27项职权、经营层副职行使的7项职权。积极保障经营层自主经营权,年度经营计划报董事会批准后,授权经营层推进实施计划内的具体事项;提高经营层重大事项决策权限,在经营计划内5亿元以下投资金额的重大项目由经营层决定。

三、改革成效

一是经济实力显著增强。面对汽车行业持续下滑、产业竞争日渐加剧、"新四化"步伐加快、造车新势力快速崛起的新形势,2018—2021年广汽集团汽车销量均突破200万辆,销量增速优于行业水平,且在国有汽车集团中处于前列。特别是面对新冠肺炎疫情和零部件供应不足等突发的不利因素,职业经理人亲自带队拜访供应商和芯片厂商,并深入销售一线调研,保供应、抓生产、抢订单、促转型,实现集团生产经营稳中有进。

二是自主品牌全面发力。职业经理人在董事会领导下举全集团之力发展自主品牌,近3年每年研发投入超过50亿元。广汽研究院已具备完整的整车(含常规车、新能源车)和发动机、变速箱等核心部件开发能力,基于自主研发的广汽全球平台模块化架构GPMA、新能源车型专用平台GEP2.0,打造了两大系列20余款整车产品,构建了完整的全系产品矩阵。广汽乘用车推出的传祺GS8、M8、影豹等成为广受消费者欢迎的明星产品，连续 8 年在 J. D. POWER 公布的中国市场新车品质报告中获得中国品牌第 1 名。广汽埃安产品销量从 2017 年的 5000 台增长到 2021 年的 12 万台，成为最具成长性的新能源汽车企业之一。

三是战略部署有序推进。围绕"电气化、智联化、数字化、共享化"转型，以重大项目为牵引，进一步加快加大创新发展力度，对电池、芯片等科技型企业开展投资布局，积极加大共享出行和数字化领域投入，大力推动产业布局优化，包括广汽埃安智能生态工厂项目、广汽丰田新能源车产能扩建项目、广汽研究院化龙研发基地建设项目、时代广汽动力电池建设项目、广汽爱信变速箱项目等实现竣工投产。同时，积极推进广汽集团与上海汽车集团股份有限公司、丰田汽车公司、华为技术有限公司、深圳市腾讯计算机系统有限公司、百度网讯科技有限公司、科大讯飞股份有限公司等企业的战略合作落地，加快打造开放融合的产业生态。

38

加强董事会建设　完善公司治理结构

海南省建设集团有限公司

一、基本情况

海南省建设集团有限公司（简称"海建集团"）成立于 1950 年 10 月，是海南省属重点国有企业，现有资产规模 152 亿元，年产值 300 亿元以上。旗下有 30 家独立法人公司，其中包括 1 家建筑工程施工总承包特级，9 家房屋建筑工程施工、市政施工等总承包一级，1 家行业设计甲级和 3 家装配式建筑生产企业。"十四五"期间，企业致力于构建"建筑施工、建筑产业化、城市更新和资产管理、科技产业"的"3+2"产业布局。

完善法人治理结构是全面推进依法治企、推进企业治理体系和治理能力现代化的内在要求，是新一轮国有企业改革的重要任务，也是海南自由贸易港国有企业应对未来国际化贸易规则的基本保障。海建集团在改革中高度重视董事会建设，把董事会建设工作作为国企改革三年行动的重点任务系统扎实推进。

二、经验做法

海建集团聚焦企业高质量发展，持续推进董事会运作规范性和有效性建设，逐步理顺了企业党委与董事会、董事会与经理层等治理主体间关系,子企业落实董事会职权工作步入由"单项制度突破"转向"综合系统推进"的新阶段。同时,以专职外部董事机制为抓手,加强外部董事队伍建设,助推所属企业董事会建设水平提升。

(一)发力机制建设,提升董事会运行质量

一是规范董事会授权机制。海建集团董事会依出资人要求及公司章程依法合规建立授权制度,坚持决策质量和效率并重,让决策流程更为清晰高效。制定并出台《海南省建设集团有限公司党委研究讨论重大经营管理事项清单》《海南省建设集团有限公司董事会对经理层授权管理办法》《海南省建设集团有限公司董事会对经理层授权书》,划清了党委、董事会、经理层等治理主体的职责权限,董事会与经理层的权责更加明晰、定位更加清晰。

二是完善董事会决议落实跟踪机制。在董事会议案执行落实跟踪方面,制定并出台《海南省建设集团有限公司董事会决议及监管事项执行跟踪暂行管理办法》,有效规范了董事会议案跟踪体系,确保与决策流程紧密衔接,坚持董事会关注的必反馈、董事会指出的重大风险必整改,使各项决议落到实处,公司治理效能得到显著提升。

(二)逐步探索董事会职权的全面落实

一是合理选取具备条件的重要子企业先行先试。按照海南省国资委统一部署,海建集团从2021年8月起,首先选定9家重要子企业开展全面落实董事会职权工作,逐步探索在子企业董事会落实中长期发展决策权、经理层成员选聘权等6项重要职权。集团层面和各子企业均制定落实董事会职权工作方案,在此基础上,各子企业不断健全完善配套管理制度,根据方案细化目标任务,有序组织实施,确保推动顶层设计与基层探索有力结合。

二是畅通沟通渠道,实现上下贯通。集团层面建立内部定期沟通协调

和联动督查机制，做好各子企业情况排查和相关调研，强化政策解读，及时跟踪进展。成立工作专班，建立工作联络群，强化各方协同，着力建设信息互动更快、沟通更畅、问题迅速处置的工作机制，全面推进子企业落实董事会职权相关工作。

（三）加强专职外部董事队伍建设

专职外部董事制度是规范董事会建设的重要制度设计和基础性制度安排。海建集团以建立专职外部董事机制为抓手，从2021年8月起开始酝酿、部署向所属相关企业委派专职外部董事工作，并不断加强外部董事队伍建设，充分发挥专职外部董事履职特色，助推所属企业董事会建设水平提升。

一是制度先行，搭建专职外部董事履职制度框架。先后制定《海南省建设集团有限公司关于完善现代企业制度的工作方案》和《海南省建设集团有限公司专职外部董事管理办法（试行）》，对专职外部董事的任职资格、履职要求和考核薪酬等做出规定；编制《海建集团所属企业专职外部董事履职指南》，明确了工作职责、履职要求、行为规范、基本工作方法等内容。在依法合规的基础上，海建集团认真研究论证，积极稳妥开展相关工作。2021年底，完成了专职外部董事办公室部门设立工作，初步建立专职外部董事工作机制，并开展了第一批专职外部董事（9名）的选聘及委派工作。

二是多措并举，为专职外部董事履职行权提供有力支撑。首先，在人员配置上注重搭配合理、专业互补，从而增强专职外部董事整体的履职水平和董事会决策能力，同时通过培训，在原有专长的基础上，加强专职外部董事对于公司治理、改革政策、法律法规等领域知识的认识和掌握，持续提升专职外部董事的综合素质和履职能力。其次，所属重要子企业均配备了专门工作机构及专班人员，协助专职外部董事开展日常工作，使专职外部董事在企业有"腿"。另外，完善专职外部董事履职信息支撑机制，开通了专职外部董事OA系统个人专用账号和智慧综合办公平台使用权限，建立专题汇报和信息共享等机制。通过定期邀请专职外部董事出席公司重要会议，定期提供企业财务状况和经营管理情况，并重点报送风险管控相关信息，使专职外部董事更加深入了解企业战略管理、重大决策和监督实践。与此同时，注重将履职保障措施与《海建集团所属企业专职外部董事履职指南》相衔接，先后制定了支撑服务机制清单、董事会建设相关材料模板等，为专职外部董事履职服务提供工作指引，有效提升专职外部董事履职的规范性和可操作性。

三、改革成效

一是目前企业已经形成了包括《董事会议事规则》《董事会授权经理层管理制度》《海南省建设集团有限公司党委研究讨论重大经营管理事项清单》《海南省建设集团有限公司专职外部董事管理办法（试行）》在内的10余项董事会相关制度，不同治理主体作用得到有效发挥，公司治理体系不断完善。

二是子企业董事会建设初见成效。截至目前，海建集团子企业董事会"应建尽建"率达100%，并实现专职外部董事占多数。

三是初步建立完善专职外部董事工作机制，专职外部董事队伍建设初具规模。目前，海建集团专职外部董事队伍人数已至12名。海建集团选聘的专职外部董事政治素质高、业务能力强、管理经验丰富，不仅成为了股东行使权利的重要途径和落实母子公司管控的重要桥梁，而且加强了子企业董事会成员结构的优化互补，提升了董事会决策效能，助推了企业生产经营取得新成效，为开拓企业高质量改革发展新格局提供了坚强力量。

39

对标一流 体系化数字化赋能高质量发展

重庆农村商业银行股份有限公司

一、基本情况

重庆农村商业银行股份有限公司（简称"重庆农商行"）前身为重庆市农村信用社，于2008年组建成立，先后于2019年、2010年在上交所和港交所上市，是全国首家"A+H"股上市农商行、西部首家"A+H"股上市银行。截至2021年末，资产规模超1.26万亿元，从业人员近1.5万人。2018年入选"双百企业"名单，是全国唯一入选的银行机构，并获评"双百行动"三项制度改革评估A级，被银保监会评为全国农商行标杆银行。综合实力排名全球银行第119位、中国银行业第22位。

国企改革三年行动以来，重庆农商行坚持以改革促发展、以科技赋能管理、向管理要效益。以对标世界一流企业管理提升行动为契机，对照国内标杆银行，从8个主要管理维度，开启新一轮管理提升工程，充分释放管理效能，致力于打造"现代银行""智慧银行""精细银行""价值银行"。

二、经验做法

（一）对标组织管理和战略管理领域提升，争创一流"现代银行"

一是强化组织管理，建立现代科学的治理体系。从源头上构建治理架构：通过"统一法人、两地上市"的"两步走"模式，搭建起权责分明、制衡有效的"三会一层"治理架构。从机制上落实党的领导：全面完成党建工作进章程，实现党的领导与公司治理有机融合，形成"党委核心领导、董事会决策部署、监事会独立监督、高级管理层授权经营"的现代公司治理体系。从授权上确保运转有序：开展统一管理和统一授权，形成从董事会到基层管理人员的"三级授权"体系，并实施分支机构差异化、动态化授权，切实增强决策科学性。从组织上发挥协同效用：针对15家参控股公司，建立差异化制度体系与治理模式，对经营业绩按月监测、按季评估、按年考核，建立有效的风险防火墙，形成安全稳定的"1+1＞2"集团发展合力。

二是加强战略管理，提升战略引领能力。强化闭环管理，确保方向正确。科学谋划"十四五"战略规划，明确"服务三农、服务中小企业、服务县域经济"市场定位，确立"零售立行、科技兴行、人才强行"战略方向。配套制定经营目标、涉农金融指标，并优化战略后评估机制，形成战略闭环管理。坚守支农支小主责主业，提升金融支持力度。健全尽职免责机制，确保"敢贷"；建立差异化考核激励政策，确保"愿贷"；建立以城补乡机制，加大资源倾斜，确保"可贷"；设置多层级、全覆盖的管理体系，确保"能贷"。强化国企担当，服务地方经济发展。建立总分联动机制，积极对接国家及地方重大战略项目，向成渝地区双城经济圈相关重点项目和企业授信超过910亿元，制造业贷款余额超过590亿元。

（二）对标科技管理和信息管理领域提升，争创一流"智慧银行"

一是搭建适应数字化时代的科技管理体系。坚持创新驱动发展理念，致力于打造"数字农商行"。重塑科技组织架构，搭建新型管理体系。设立"一会一中心一部一实验室"，涵盖科技建设、创新应用、风险监控的全生命周期保障体系，形成自建团队、自主研发、自有技术、自创产品的"四自模式"。全面扩充科技队伍，实现敏捷创新开发。建立并完善涵盖架构、研发、数据、风控、产品等专业化人才的信息科技队伍，科技人才占比达3.03%，实现对业务需求的快速回应和迭代优化。提升基础研发能力，筑牢科技转型基础。设立金融科技实验室，开展5G、多方安全、区块链等前沿领域课题研究，并实现技术输出。成功获批2项国家级试点、3项市级"监管沙盒"，申请专利100余项。

二是金融科技为经营管理赋能。积极推动信息化、科技化转型，将金融科技成果应用到经营管理。赋能特色化经营，构建人脸、图像、语音、视频等七大智能化科技平台，全面支撑数字化业务创新，赋能"方言银行""空中银行""微银行"等特色经营阵地。创新数字化产品服务，投产"渝快贷""税快贷"等10余款自研数字产品，建立涵盖零售、普惠、公司业务的线上产品体系。推进银行信息化管理，完成办公、信贷和柜面无纸化项目建设，加快运行管理效率提升。在反洗钱、办公等场景应用RPA，实现流程自动化，数字化经营节约成本超1.5亿元。

（三）对标人力资源管理和运营管理领域提升，争创一流"精细银行"

一是积极推进市场化改革，为企业"促活力"。坚持把企业推向市场、用制度代替人情，以市场化、差异化管理激发人才效能和企业活力。打破"大锅饭"，实现收入能高能低。建立起基本薪酬、绩效薪酬和福利"三位一体"的市场化薪酬体系。采用"KPI体现目标导向、绩效体现价值贡献"考核模式，量化业绩指标，明确奖惩标准，同职级收入相差最高达4倍。打破"铁饭碗"，实现员工能进能出。分层分类开展公开招聘，累计校招4200余人、社招4700余人，引进创新型、技术型人才630余人，队伍更加年轻化、专业化。定期开展总行部门与员工"双向选择"，淘汰不符合岗位要求的员工，累计123人落选换岗。打破"单行道"，实现职位能上能下。2017年开始在子企业开展职业经理人试点，明确薪酬延期支付、风险金、追索扣回要求，并在集团内推广职业经理人机制。2021年集团全面完成经理层任期制和契约化改革。

二是积极推进运营管理精细化提升，为企业"添动力"。建成小微 AI 智能工作平台，实现业务"云签约"。智能工作平台上线运行，支持"扫码申贷、智能匹配"，快速响应小微客户需求，在重庆市率先实现客户在线签署申请、授权、承诺、合同等信贷文本并办理抵押登记，达成无接触"云签约"。推动空中柜面建设，提升运营效率。通过重塑业务办理流程，大幅缩减客户业务办理的时间，让客户体验到轻触屏幕、口头交流、免填单证的便捷服务。完善客户画像，丰富用户服务体系。坚持"以客户为中心"的服务理念，落地 1100 万客户分层分类管理，实现 167 个标签化管理，开启客户画像，为客户提供精准化、差异化、个性化服务。

（四）对标风险管理和财务管理领域提升，争创一流"价值银行"

一是打造全流程风险控制体系。始终坚持审慎经营，通过完善系统工具，不断增强对风险识别的支撑能力，提升全面风险管理水平。完成新信贷、新核心系统直联改造、子公司系统对接，扩充集市数据范围，形成集团统一风险数据视图，筑牢风险管控基石。建立大额风险暴露系统，与信贷流程、额度管理模块的实时交互，将大额风险暴露集中度管控逐步向事前、事中控制推进，提升风险前瞻性管理水平。依托 4 个数字风控关键团队，构建数字风控闭环，形成贷前反欺诈、贷中智能决策、贷后数字化预警和处理、纠纷线上仲裁的信贷全流程数字化风控体系。

二是开展财务全流程数字化管理。深入推动信息化建设，实现财务管理从"事后处理"向"事前规范、事中控制、事后评价"转变。加强关键环节的系统建设，启动包括全税、采购管理、财权等系统建设，提升财务管理链条数字化水平。优化财务共享平台功能，加快与 OCR 平台、移动 OA、电子档案等外围系统对接。引进文字识别技术，实现财务凭证电子化归档管理。报账附件减少用纸量 19.97 万张，减少碳排放 2.8 吨。

三、改革成效

一是推动重庆农商行走稳新万亿之路。经过持之以恒地狠抓管理提升，重庆农商行治理水平、综合实力、盈利能力不断增强。截至2021年末，资产总额超1.26万亿元、存款余额超7500亿元、贷款余额超5800亿元，分别比成立时增长了6倍、6倍和7.1倍。实现净利润97.18亿元，同比增长13.47%；年化加权平均净资产收益率为9.87%，同比上升0.59%。全行本科及以上学历较2019年提升3%，员工素质不断增强，队伍结构持续优化，人力资源对企业战略目标的支撑作用不断显现。在银保监会公司治理监管评级中位列"第一梯队"，获评重庆市国企管理提升"标杆企业"。

二是推动数字化转型进入新阶段。重庆农商行金融科技从"立柱架梁"迈入"积厚成势"新阶段，金融科技价值充分释放，科技成果渗透到全流程经营管理。新增线上贷款在全行新增贷款占比超过2/3，"方言银行""空中银行""微银行"不断提升客户服务体验。绿色智能化数据中心入围2020年度国家绿色数据中心名单，数字化创新成果入选2020年国务院国资委数字化转型30个典型案例，获评国务院国资委管理提升"标杆项目"，荣获中国人民银行2020年度金融科技发展奖。

三是推动提升服务实体经济能力。面对城市与农村资金供给不均、企业社会价值与商业价值难以兼顾等现实问题，重庆农商行坚守支农支小的主责主业，将80%的人员、网点、机具布局在县域地区。发放了全市30%的涉农贷款、50%的农户贷款、25%的普惠小微贷款，全行55%的贷款投向了县域地区。2021年末，涉农贷款余额增长额是上年同期的2.45倍，普惠型小微企业贷款余额较上年末增长28.7%，有力地支持了"三农"和小微企业，较好地服务了实体经济发展。

40

百舸逆流争跨越　改革图新正当时

西藏高争民爆股份有限公司

一、基本情况

西藏高争民爆股份有限公司（简称"高争民爆"）是西藏自治区一家具备民爆器材生产、销售、仓储、危货运输、武装押运和爆破作业服务资质的国有控股企业。2016年在深交所挂牌上市，股票代码为002827，注册资本为2.76亿元。高争民爆工业炸药许可生产能力为2.2万吨（含现场混装炸药1万吨），在西藏区域内共建有民爆物品储存库房11座，总库容量为工业炸药2573吨、工业雷管1024.2万发、导爆索及起爆器具30.9吨，产品销售、运输已实现全区各市（地）全覆盖。现有员工为1515人。

高争民爆以习近平新时代中国特色社会主义思想为指导，认真学习贯彻习近平总书记关于国有企业改革发展和党的建设的重要论述，扎实推进国企改革三年行动。高争民爆结合实际，科学策划、精心编制"十四五"发展规划，确定了"做精做强主业、做大做好辅业"的发展定位，树立"向安全要效益、向管理要效益、向市场要效益、向党建要效益"的发展理念，深化企业内部治理、改进经营管理机制，以改革创新引领企业高质量发展。

二、经验做法

（一）完善公司治理增活力

一是党建引领把方向。明确党委"把方向、管大局、保落实"作用。把党建工作要求写入公司章程，进一步确定党组织在公司法人治理结构中的法定地位，制定"三重一大"决策事项清单，厘清治理主体权责边界51项，在公司治理中加强党的领导，不断完善现代企业制度。以企地共建、企银共建、企警共建、企家共建"四个共建"作为切入点和突破口，加强党建文化阵地建设，建设党员活动室、职工书屋、健身器材室，打造党建长廊、企业文化长廊，统筹文化阵地资源更好地服务于党建，以高质量党建引领企业治理活力。

二是加强董事会职权建设。明确董事会应建清单，结合各子企业经营实际，分别依市场化程度、经营范围、注册资本或股东结构等指标对子企业开展应建评价。分类推进董事会建设，成远矿业、高争爆破等纳入应建范围的子公司全部实现外部董事占多数，高争国旺、众安科技由于结构单一、体量小，通过设立执行董事方式精简决策程序。优化董事结构，完善党委会、董事会成员"双向进入、交叉任职"领导体制，确保董事会成员多元化和能力结构互补性。选举委派法律、会计、行业等方面外部董事，优化董事会成员专业结构，实现外部董事占多数。充分发挥外部董事业务专长，确保相关委员会的专业性和独立性，为董事会决策提供专业建议。全面加强和完善公司董事会议事规则、外部董事、董事会向经营层授权管理、各委员会实施细则、董事评价等相关制度。

三是推行经理层成员任期制和契约化管理。按照"市场化选聘、契约化管理、差异化薪酬、市场化退出"原则，高争民爆及其子公司全面实行经理层成员任期制和契约化管理，签订任期经营目标责任书、年度经营目标责任书和岗位聘用合同，按照目标责任书严格考核、聘任、解聘、兑现薪酬。

（二）深耕主业调结构

结合民爆行业发展趋势和方向，聚焦主责主业，充分发挥民爆生产与爆破工程服务"双协同、双牵引"效应，不断开创高争民爆发展新格局。

一是推动公司爆破服务一体化转型发展，坚持以战略为导向，大刀阔斧对公司爆破业务进行并购重组。通过资本运作成功并购"双一级资质"成远矿业进行战略整合优势资源，进一步理清战略发展脉络，突出行业优势，增强公司核心竞争实力。

二是以民爆生产为支撑，迅速入驻西藏区域矿山爆破服务终端市场，以爆破工程服务为牵引，带动炸药生产与销售，实现民爆与爆破业务协同增长。在国企改革三年行动中，公司主营业务结构由民爆器材与爆破业务分别占比47%、48%转变为占比19%、79%，完成了由卖产品到卖服务的转型升级。

三是布局电子雷管细分领域，组建电子雷管模块合资公司，抓住电子雷管细分行业的战略机遇期，研发高原型电子雷管芯片模块等新产品或服务，为后续做大电子雷管相关业务并打造具有潜力的专精特新科技型企业（专业化、精细化、特色化、新颖化）提前布局，以提升公司持续盈利能力。

四是抢抓行业新机遇，拓展多元化业务。结合高原制氧市场前景，发挥高争民爆全区销售网络渠道优势，组建西藏高争制氧有限公司，通过3~5年时间孵化，打造具有藏区特色的制氧品牌，实现公司主辅双轮并驱战略，为公司培育利润增长新引擎。

（三）科技创新绘新章

一是推进央地战略合作。与中国葛洲坝集团易普力股份有限公司、保利联合化工控股集团股份有限公司、四川雅化集团股份有限公司达成战略合作协议，充分发挥双方产业科技优势，实现互利共赢、优势互补、共赢发展的良好局面。

二是持续加强与内地高科技企业、高等院校和科研院所战略协同合作。依托科学技术力量赋能企业创新发展，强化高原高寒爆破技术攻关，研发适用于川藏铁路、大型矿山开采等高原型隧道掘进装药车（器），增强企业自主创新能力，运用民爆技术成功实现科技成果转化21项，同时申报成为自治区"专精特新""绿色工厂""高新企业"。为公司打造高原民爆技术策源地提供有力保障。

（四）健全机制提效率

一是开展管理人员竞聘上岗，不断增强选人用人的透明度与公信力。2021年高争民爆首次安排18个岗位公开竞聘，16名干部职工成功实现竞聘上岗。同时安排入职不满3年的员工和27名新入职员工到基层一线挂职锻炼半年及一年，不断磨练意志、积累经验、提升素质、增强才干。

二是加强营销队伍建设。组建充实营销团队，推行全员营销策略，从董事长到中管干部定销售指标、分担营销任务。通过干部带头、全员营销，提高产品销量和服务质量，并致力于打造高原爆破服务一体化好口碑、好品牌，展示西藏高原国企窗口形象。

三是梳理公司各部门岗位职责与薪酬挂钩，推行薪酬差异化改革，革除公司吃"大锅饭"的痼疾，实现企业经营效益与职工收入同步增长。在各分/子公司推行各类产品和项目交叉营销，利润分成。要求所有高管每年新增民爆客户不少于1家，并制订出台《特殊贡献奖管理办法》，充分调动企业员工与部门的积极性和创造性。成立评定工作委员会，按照A类定量指标、B类定性指标制定公司特殊贡献激励机制，奖励范围实现公司运营全覆盖。此外，在设置新客户开发奖的基础上，增设新客户当年利润分成奖。自推行全员营销以来，市场份额从 2020 年的 50.3% 增长到 2021 年的 82.6%，到目前增长为 89%，助推企业和谐、稳定、健康发展。

四是推行全员述职述责。要求干部职工脱稿上讲台"谈职责、亮短板、出措施"，并当场评定亮分。第一次被评定不合格者保职降薪，第二次被评定不合格者降职降薪，以考核来传导压力、推动工作，加速高效能总部建设。

三、改革成效

一是企业效益显著提高，国有资产实现保值增值。2021 年高争民爆资产达到 16 亿元，同比增幅 9.20%；营业收入 9.3 亿元，同比增幅 23.42%；利润总额 9160 万元，同比增幅 30.34%。

二是公司治理更加规范高效。2019—2021 年高争民爆累计召集股东大会 10 次，审议议案 63 项；董事会 21 次，审议议案 122 项；监事会 18 次，审议议案 72 项。高争民爆党组织在公司治理结构中的领导核心和政治核心作用得到发挥，监事会的监督职能有效行使，董事会决策作用、独立董事独立判断决策、经理层执行董事会决议和组织生产经营日常工作成效显著，权责法定、权责透明、协调运转、有效制衡的公司治理机制基本形成，2022 年 1 月入选国务院国资委"国有企业公司治理示范企业"。

三是爆破技术进一步升级。2020 年高争民爆研发投入 1543.66 万元，占营业收入的 2.04%；2021 年研发投入 2758.77 万元，占营业收入的 2.96%。通过不断创新爆破服务技术，成功在海拔 5400 米的西藏甲玛地区和 -45℃ 的内蒙古满洲里地区实施爆破，创造了最高海拔爆破、最低温作业的奇迹；无人机群在高原爆破安全监管与应急抢险中的研究与应用技术获得中国爆破行业协会科学技术一等奖。

四是资本市场协同发展优势得到巩固。2021 高争民爆启动成远矿业新三板挂牌工作，于 2022 年 2 月 11 日成功在新三板基础层挂牌，拓宽了子公司融资渠道，促进了成远矿业持续健康发展。

五是履职尽责彰显国企担当。高争民爆近年来累计为社会解决就业 354 人，区内外大学生就业 217 人，扶贫和各种公益性捐赠 1000 余万元，累计上缴税金 2.3 亿元，上市以来累计为公司股东现金分红 3.3 亿元，以实际行动扛起国企担当。

41

加强党的领导　明晰权责清单
完善中国特色现代企业制度改革实践

陕西钢铁集团有限公司

一、基本情况

陕西钢铁集团有限公司（简称"陕钢集团"）是全国最大的建筑钢材单体生产企业，陕西省唯一大型国有钢铁企业，世界500强企业陕西煤业化工集团有限责任公司（简称"陕煤集团"）的控股子公司，2021年钢产量位居全国第18位、世界第31位，在钢铁行业中综合竞争力排名为A级（特强），是全国螺纹钢A级生产企业。经过多年发展，陕钢集团已形成了集钢铁冶炼、钢材加工、矿山开发、金融贸易、科技创新、现代物流、资源综合利用环保产业、信息化产业等为一体的产业集群。国企改革三年行动实施以来，陕钢集团坚决落实习近平总书记提出的"两个一以贯之"要求，全面加强党的领导，健全完善中国特色现代企业制度，助推企业效益和竞争力持续提升。

二、经验做法

（一）加强党的领导，落实到公司治理各环节

一是党建进公司章程实现全覆盖。完成陕钢集团及所属14家法人公司

党建工作进公司章程，明确公司党委的职责权限、机构设置、运行机制、基础保障等重要事项，落实了党组织在公司法人治理结构中的法定地位；同时实行党委会、董事会、经理层成员相互交叉任职，确保党组织的领导作用在决策层、执行层、监督层都能得到有效发挥。

二是出台党组织前置研究讨论重大经营事项清单。规范细化"三重一大"事项决策制度，修订了陕钢集团党委会议事规则，按照第一议题、党委会前置研究讨论、听取汇报、研究决定 4 类，制定具体事项清单 97 项，其中前置研究讨论工作事项 45 项。

三是理清各治理主体权责边界。突出党委"把方向、管大局、保落实"的作用，强化董事会"定战略、作决策、防风险"的职权，落实经理层"谋经营、抓落实、强管理"的职责。

四是建立"党建领航、班子引领、干部走在前列"工作机制。2017 年 10 月以来，陕钢集团党委积极贯彻落实党的十九大精神，创建了党建领航、班子引领、干部走在前列的工作长效机制，通过"年度目标分解 – 月度工作汇报 – 季度汇总分析 – 半年民主生活会 – 年度考核评价"PDCA 循环，以时间节点步步夯实各级党政领导班子工作责任，充分利用党委会、民主生活会等形式，研究谋划、统筹协调，达到重点工作推进、难点问题解决、组织协同保障的实效，真正发挥了党委"把方向、管大局、保落实"的作用。

（二）加强董事会建设，落实董事会职权

一是各级法人单位董事会应建尽建。2018 年以来，健全了陕钢集团及所属 14 家法人公司的法人治理结构，健全完善了各级董事会，实现了董事会应建尽建。2021 年底，完成陕钢集团及所属 14 家法人公司的换届，委派陕钢集团机关部门负责人、子公司高管交叉担任子公司董事，配齐配强了所属公司的董事。

二是依法落实董事会职权。陕钢集团董事会依照法定程序和公司章程履行战略管理、科学决策、防控风险、深化改革等职责。通过公司章程，载明董事会具有企业中长期发展的决策权、经理层成员选聘权、经理层成员业绩考核和薪酬分配权以及职工工资分配权等职权。董事会严格按照《中华人民共和国公司法》、公司章程及董事会议事规则行使职权。

三是加强外部董事队伍建设。陕钢集团制定了《外部董事管理办法》，明确了外部董事的任职条件、权利义务、选聘程序、履职管理、考核评价、责任追究和退出机制，出台了《外部董事履职指南》，明确了外部董事履职事项和履职要求及对外部董事履职的相关支撑、服务、保障举措。目前，陕钢集团及所属14家法人公司全部实现了外部董事占多数，陕钢集团及所属公司共有56名外部董事。

四是健全完善了董事会下设机构。设立董事会秘书、董事会办公室及董事会各专门委员会，为董事会决策提供调研、论证、咨询和建议。创新性地在董事会专门委员会下设工作委员会，工作委员会受专门委员会委托做好相关决策的调研、论证和方案拟定工作。

五是开展董事会和董事考核评价。出台了陕钢集团《子公司董事会规范运作管理和评价办法》。2021年，共评选出的2个优秀董事会，7名优秀董事以及优秀董秘、董事会办公室、专门委员会若干，共计投入奖励63.1万元。

（三）保障经理层依法履行职权

一是优化经理层权责清单，赋予经营自主权。完善了《总经理办公会议事规则》，明晰了陕钢集团及所属企业经理层权责清单，其中总办会直接决定事项15项，经党委会前置研究讨论后决策事项15项，总办会制订工作方案，经党委会研究提请董事会决策事项35项，以清单形式明确了总经理"谋经营、抓落实、强管理"的职责权利。

二是实行上下贯通的经理层任期制契约化管理。2021年，全面推行了陕钢集团及所属14家独立法人公司的经理层任期制契约化管理，逐级签署岗位聘任协议和任期、年度业绩责任书。设定各级经理层经营业绩考核指标，其中经营指标权重为60%、关键行动计划指标权重为40%。通过考核的"指挥棒"，强化过程问责问效和岗位效能达标评价调查，根据经营业绩考核结果决定各级经理层成员的进退去留，极大地激发了各级经理层完成任期和年度目标的主动性，确保陕钢集团战略落地和经营目标实现。

（四）夯实制度建设基础，推进治理能力现代化

一是健全和完善陕钢集团及所属企业以公司章程为核心的制度体系。充分发挥公司章程在企业治理中的基础作用。依照法律法规和公司章程，严格规范股东会、董事会（执行董事）、经理层、党组织和职工代表大会（职工大会）的权责，强化权责对等，保障有效履职，完善符合市场经济规律和企业实际的法人治理结构，进一步提高企业运行效率。

二是健全完善基本制度体系。陕钢集团在修订完善公司章程和"四会一层"议事规则的基础上，制定了《董事会授权管理办法》等11项基本制度，《财务管理制度》等通用业务管理制度27项，《资金管理办法》等专业管理制度87项。所属企业结合自身实际，也都参照陕钢集团出台了有关制度，健全了各自制度体系，为推进依法依规治企提供了制度保障。

三是深化"三个体系"建设，推动治理能力现代化。陕钢集团不断健全和完善决策体系、内部控制体系和责任追究体系建设，制定了深化"三个体系"建设实施方案及任务清单。构建权责明晰、运行规范、科学高效的决策体系，构建制度健全、流程清晰、管理规范的内控体系，构建合规经营、监督有效、问责有力的责任追究体系，不断提升公司治理体系和治理能力现代化水平。

三、改革成效

一是现代企业制度建设卓有成效。将党的领导融入公司治理各个环节,充分发挥各级党组织的领导作用。明确各治理主体的权责定位,规范行权方式,实现依法治企与深化改革的有机统一。遵循市场经济规律和企业发展规律,坚持激励机制和约束机制相结合,充分调动所属企业积极性,提高了市场化、现代化经营水平。

二是决策效率与决策质量双提升。明确党委研究讨论事项清单4类97项,清晰界定"三重一大"事项管理边界,改变了以往不知"谁先研究、谁来决策"的现象,避免了低效决策带来的被动局面,决策效率大幅提高。"四会一层"管理边界清晰界定,形成了规范决策机制和完善制衡机制的有机结合,决策质量进一步提高。近几年来,陕钢集团重大决策失误为零,未发生重大法律诉讼案件。

三是产量效益大幅提升。接连保持了较好的生产经营业绩。2020年产钢1325万吨,同比增长6.43%,实现利润7.5亿元,上缴税费13.9亿元,利税合计18.44亿元。2021年钢产量1239万吨,按照国家限产政策要求主动减产81万吨,实现利润10.08亿元,上缴税收16.17亿元,利税合计23.8亿元。2020—2021年连续两年蝉联钢铁行业综合竞争力A级(特强)。

四是外部董事履职能力显著提高。配齐配强了陕钢集团及所属公司14家法人单位共计56名外部董事。一些政治素质高、专业能力强、工作经验丰富、职业操守良好中高层人才成为外部董事,壮大了外部董事队伍,增强了外部董事力量。通过邀请外部专家授课、内部专业培训,进一步提高外部董事履职所需的能力和知识水平,为依法依规行权奠定了坚实的基础。

42

持续完善公司治理 优化升级集团管控 全面加强集团公司治理体系和治理能力建设

酒泉钢铁（集团）有限责任公司

一、基本情况

酒泉钢铁（集团）有限责任公司（简称"酒钢公司"）始建于1958年，是国家规划的在西北地区建设最早、规模最大，黑色与有色、电力能源并举的多元化国有全资企业集团。经过64年的建设发展，酒钢公司已初步形成钢铁、有色、电力能源、装备制造、生产性服务业、现代农业六大产业板块。国企改革三年行动以来，酒钢公司深入学习贯彻习近平新时代中国特色社会主义思想，以习近平总书记关于国有企业改革发展和党的建设的重要论述为根本遵循，全面加强治理体系和治理能力建设，推动酒钢公司向着主业突出、治理规范、技术先进、绩效卓越、和谐发展的现代化企业集团目标迈进。

二、经验做法

（一）把牢政治方向，夯实治理基础

一是认真落实第一议题制度。将习近平新时代中国特色社会主义思想列为党委理论中心组必学内容，通过集体学与个人学、书本学与网络学相

结合的方式，及时跟进学习习近平总书记重要讲话和指示批示精神，在研究重大事项、安排重点工作、做出重要部署时，严格与习近平总书记重要讲话和指示批示精神对标对表。2021年，组织党委理论中心组、党委常委会集中学习70次，确保准确地履行政治责任、经济责任和社会责任。

二是全面落实首要任务。把深入学习贯彻习近平总书记关于国有企业改革发展和党的建设的重要论述作为落实国企改革三年行动的首要任务，制订学习计划，务求学懂弄通领会核心要义。2021年，共组织开展集中培训83次，实现各级子企业学习培训工作上下贯通、全面覆盖。

（二）聚焦"四大主体"，完善治理结构

一是全面加强党的建设。严格落实省委关于省属企业在完善公司治理中加强党的领导的若干措施，全面推进"党建入章"，确立和落实党组织在公司法人治理结构中的法定地位，实现党的领导与公司治理有机融合。认真落实党委研究讨论前置程序要求，建立重大决策事项清单，明确"三重一大"事项权责划分和党委前置研究讨论具体事项，厘清党组织与其他治理主体权责边界。2021年共前置研究讨论重大事项319项，缓议事项6项，否决事项8项。不断完善"双向进入、交叉任职"领导体制，酒钢公司和符合条件的基层单位党组织书记、董事长（执行董事）全部实行"一肩挑"，党委在企业改革发展重大问题上的把关定向作用不断强化。

二是深入推进规范董事会建设。从优化结构、健全制度、规范运行着手，持续加强外部董事占多数的规范董事会建设。健全以公司章程为基础的董事会制度体系，组建董事会专门委员会，成立总工程师室，及时补充内部董事、选举职工董事，加强外部董事履职保障，聘任首席风险官、总法律顾问，常态化辅助参与董事会决策，确保董事会高效规范运行。2019年以来，共召开董事会会议53次，审议决策各类重大事项544项，听取专项报告27项。同步加强子企业董事会建设，符合条件的18家子企业全部

实现应建尽建、配齐建强。

三是不断激发经理层活力。建立董事会向经理层授权管理机制，对一定额度范围内4个方面7项决策事项向经理层授权，充分发挥经理层谋经营、抓落实、强管理的作用。严格落实经理层向董事会报告制度，经理层成员每季度分批次向董事会报告分管重点工作推进完成情况。全面推行经理层成员任期制契约化管理和职业经理人制度，68家子公司161名经理层成员实施任期制契约化管理。同时，在法人治理结构健全、市场竞争充分的6家子公司推行职业经理人制度，进一步激发经理层成员动力和活力。

四是健全完善大监督体系。聚焦各类风险防控，持续强化合规管理，构建了以党内监督为主导，纪检、审计、风控、法务、合规、工会各司其职的"大监督"体系。内部各监督体系紧盯建设项目、招标投标、采购销售、大额资金调动、对外经营合作等重点监督事项，定期召开会议，落实事前规范、事中检查、事后追责工作运行机制，形成上下联动、齐抓共管、配合有力的工作局面。

（三）把握"五项要素"，优化治理体系

一是牢牢把握正确方向。始终胸怀"两个大局"，心系"国之大者"，推进理念创新、手段创新、基层工作创新，坚持用党的创新理论最新成果武装头脑、指导实践、推动工作，不断提高政治判断力、政治领悟力、政治执行力。坚持在全国全省工作大局中谋划推进公司生产经营改革发展各项工作，确保公司始终沿着正确政治方向前进。

二是科学构建战略管理体系。着眼"十四五"产业转型、结构升级、要素聚集、链条锻造，构建了五年战略规划、三年高质量规划纲要（滚动实施）和年度经营发展计划密切衔接的"531"战略规划管理体系，月度分项研究、季度统筹推进，确保战略规划全面落实落地。

三是精简优化组织管理架构。坚持集团管控下自主经营，以对标世界一流管理提升行动为抓手，构建形成集团总部、产业子集团两级管控架构体系，彻底解决"中心制"架构管办一体化问题，形成了契合发展实际的"集团管控下的自主经营"模式。理顺烧结炼铁工序流程，打通制约铁前系统产能发挥的"最后一公里"；整合钢后深加工和工业园区资源，提级管理高位推动，全面深化钢铁和铝产业延链、补链和强链。

四是建立制度管理闭环回路。持续强化制度的废改立和执行落实，2019年以来共新制订或修订制度243部，全面加强制度的立项、起草、会审、决策、发布、宣贯、执行以及监督检查等各环节工作，着力构建系统完备、科学规范、运行有效的"1+N"现代企业制度体系。

五是贯通压茬落实工作链条。对重大决策、重要任务、重点工作全部实行清单化管理、项目化推进，形成了从研究谋划、决策实施、任务落实、督促检查到结果报告的全流程压茬落实工作链条。对关乎企业高质量发展最直接、最现实的突出问题，实行高位推动、分类指导、动态督办，以实干干实的作风，一级带着一级干、一级做给一级看，全面形成压茬推进、狠抓落实的长效机制。

（四）实施"三个一批"，释放治理成效

一是培育壮大一批产业子企业。坚持强龙头、补链条、聚集群，成立钢、铝、电等5个产业转型升级工作专班，建立产业链发展日常调度机制，推动主导产业协同高效发展。积极推动内部产业结构优化重组和改革创新，推动相关产业快速发展，投资24.9亿元实施101个强链、补链、延链项目，"三化"改造投资同比增长88%，"阿米巴"经营模式全面嵌入，形成了主导产业担当引领，多元产业加速发展的良好局面。

二是推动解决一批历史遗留问题。坚决做到"新官理旧账"，成立解决历史遗留问题工作领导小组，建立常态化工作机制，动真碰硬解决困扰公司发展的"硬骨头""老大难"问题。截至2021年底，已彻底解决员工

持有宏晟股等55项历史遗留问题。同步建立公司风险清单库，制定536项防控措施。

三是激励培养一批优秀企业家。充分发挥企业家和职业经理人的创新性与主观能动性，为公司发展和创新提供持续动力。近3年来，酒钢公司13名子企业负责人被评为优秀企业家，带动了更多经营管理者快速成长成才，为酒钢基业长青奠定了坚实基础。

三、改革成效

一是企业经济效益稳步增长。生产经营提质增效，改革催化剂作用逐步显现。2021年，酒钢公司实现营业收入1169.4亿元、工业总产值935.3亿元，同比分别增长2.5%、31.9%；实现利税92.4亿元；全年经营活动现金净流入突破100亿元，创造了历史最好经营业绩。

二是企业活力有效激发。市场化运营机制改革穿透式落地，经营管理能力和精细化管理水平有效提升。2021年，公司内部各经营主体间签订市场化协议1101份，18家经营实体、156个厂矿工序、135个作业区构建基于"阿米巴"经营理念的经济运行管理体系。酒钢公司层面160项经营对标指标同比进步率达74.4%，子企业135项对标指标同比进步率达71.1%。

三是企业核心竞争力持续提升。科技投入强度连续3年达到2.6%以上，创新赋能高质量发展作用凸显。2020年以来，酒钢公司实施科技项目973项，自主研发的新型超耐蚀合金镀层板带填补了国内空白，主导制定了我国首个铝电解槽外壳用钢板行业标准，解决了铝电解槽行业用钢板采购"卡脖子"难题。

四是企业转型升级加力提速。2021年，酒钢公司实施102个强链、补链、延链项目，围绕铝产业引入11家企业，铝液就地转化率达到80%以上，精深加工产品产值占比达到27%。酒钢集团西部重工股份有限公司建成省内首个3D打印智慧工厂。新能源基地建设和能源结构调整有序推进，酒钢集团智慧电网及新能源就地消纳示范项目纳入国家第一批沙漠、戈壁、荒漠重大风光基地建设项目并完成投资25%，肃北马鬃山20万千瓦风电场项目并网发电。

43

先行先试　善治而为
"深改"助推高质量发展

新疆生产建设兵团国有资产经营有限责任公司

一、基本情况

新疆生产建设兵团国有资产经营有限责任公司（简称"兵团国资公司"）应改革而生，自2001年12月成立起就带着国企改革的烙印，承担新疆生产建设兵团（简称"兵团"）国有交建商企业改革和发展的重任。截至目前，兵团国资公司全级次企业共计100家，其中一级企业1家、二级企业10家、三级企业27家、四级企业62家。在国企改革三年行动期间，兵团国资公司作为兵团本级国有资本运营公司，积极发挥战略投资、股权运营、资产管理、融资服务、风险管控五大功能，围绕高新技术农业、城市综合服务两大业务板块，以提升国有资本运营效率为目标、以市场化股权运营为手段，盘活存量、谋划增量，实现国有资本合理流动和保值增值。在兵团优化产业结构、建立现代企业制度方面，兵团国资公司先行先试，改革永远贯穿在公司前行的路上。

二、经验做法

（一）规范董事会建设

在新疆生产建设兵团国有资产监督管理委员会（简称"兵团国资委"）

监管企业中,首批开展规范董事会建设试点工作。

一是进一步厘清权责边界。在 2018 年《公司各管理层主要权责划分办法(试行)》中 20 个管理事项涉及 71 项权力和权限清单的基础上,从公司改革发展三年实操中总结经验、发现问题、动态管理,从源头梳理公司党建、决策、经营各环节,制定《公司各管理层主要权责划分及管理办法》(简称《权责划分办法》)。《权责划分办法》从两条线建立管理层级权责,纵向为上下层级以资本为纽带的出资人与企业,横向为包括公司党委会、董事会、经理层在内的各治理主体,明确了需前置研究与决策的 34 个管理事项,涉及 166 项权力和权限清单,基本做到没有真空地带、没有重叠交叉,形成了权责法定、权责透明、协调运转、有效制衡的公司治理机制。

二是进一步明晰决策流程。贯彻落实公司党委研究讨论是董事会、经理层决策重大问题的前置程序,只要涉及企业战略规划、体制机制调整、关停并转、薪酬调整、"三重一大"等事关企业改革发展稳定、涉及员工切身利益的重大决策事项,都必须先经过党委会研究讨论,再提交董事会、经理层审议。既确保董事会、经理层的高效运作和科学决策,又保证公司党委的意图在重大问题决策中得到充分体现。

三是进一步明确"三重一大"量化标准。在学习领会兵团党委、兵团国资委党委关于兵团国企改革发展相关政策、制度的前提下,结合《兵团国资委权力和责任清单》,特别对公司决策权限范围内的部分"三重一大"决策事项,如投资、融资、资产转让、产权转让、资金使用等方面,明确了"重""大"事项的具体量化标准,增强了《权责划分办法》的操作性。

四是进一步规范权属企业董事会建设。一方面,加强权属企业外部董事选派推荐管理。2019 年修订完善《权属企业外部董事外部监事管理办法》，明确了公司委派或提名推荐权属企业外部董事任职资格、责权以及管理评价等内容。2021年，公司建立权属企业外部董事人才库，入库人数达35人，向二级企业委派或提名推荐外部董事已实现全覆盖。另一方面，规范指导权属企业董事会履职行权，公司制定《权属企业董事会建设规范指引》，对权属企业董事会及专门委员会的职权、组成、会议管理、决策程序、文件管理、董事会与董事评价考核体系、运作保障机制进行了全面系统的梳理和规范，并附相关模板，成为权属企业董事会建设规范的指导性文件。

五是进一步健全完善董事会制度体系。科学规范的决策管理制度是董事会科学决策、高效决策的制度基础。董事会在制度建设上充分发挥表率作用，以系统完备、衔接紧密、运行有效为目标，初步构建了"1+3+N"的董事会制度体系。其中，"1"指公司章程，是公司的内部宪法；"3"指《公司董事会议事规则》《权责划分办法》《公司董事会授权管理办法》，是董事会运行的总体纲领；"N"指支撑和保障董事会运作的配套制度，包括公司董事会战略与投资、提名、薪酬与考核、审计与风控等各专门委员会议事规则，以及《权属企业董事会建设规范指引》《权属企业外部董事外部监事管理办法》等法人治理制度。

2022年，公司制度新制定37项、修订21项、延用23项、废止7项，为公司规范化运行提供了制度保证。

（二）落实董事会职权，发挥外部董事作用

在兵团国资委监管企业中，首批实现外部董事占多数。

一是外部董事占多数，充分发挥"智脑"作用。2018年始，兵团国资委开始改组公司董事会，陆续引进多名具有金融、法律、财务及并购等专业背景的行业专家为公司的外部董事。2021年公司董事会设立战略与投资、提名、薪酬与考核、审计与风控等各专门委员会，外部董事充分发挥专业性和独立性，认真履职尽责，向公司提供专业的战略咨询和发展规划，使得公司董事会决策科学且高效。

二是落实董事会职权，推动高质量发展。公司董事会严格执行《权责划分办法》和《授权管理办法》，坚持重大事项应前置必前置，应上会必上会，切实科学规范作决策，当好决策者。2021年度，公司董事会共召开22次会议，审议140项议案，其中涉及战略规划类3项、资本运作类24项、财务管理类51项、审计管理类12项、组织人事类27项、公司治理及基本管理制度类14项、其他类9项。在审议的140项议案中，审议通过139项议案，未通过1项议案。在公司重大决策中，董事会注重把握与党委的不同职责定位，党委侧重于把方向，董事会更加关注于决策论证分析，各位董事尤其是占多数的外部董事从不同角度提出专业意见，不断促使议案论证更加科学，市场分析更加透彻，风险分析更加深入，以充分发挥董事会科学、专业的决策作用，为企业高质量发展奠定了坚实的基础。

（三）实施分层授权

在兵团国资委监管企业中，首批完成董事会向经理层授权。

在2021年《公司董事会向经理层授权清单（试行）》的基础上，公司董事会深刻领会《中央企业董事会授权管理指引》精神，建立完善《公司董事会授权管理办法》（简称《授权管理办法》）及《公司董事会授权清单（2022年版）》（简称《授权清单》），坚持"四集中四放权"原则（重大战略、投资和主要负责人任免决策权责集中，日常经营管理类决策权责下放；对企业改革发展影响力较大的决策权责集中，影响力较小的决策权责下放；能共享公司资源、有利于降低成本且能提高效率的权责集中，不能共享公司资源、具有行业特点的权责下放；计划外事项处理权责集中，计划内事项处理权责下放），坚持"授权不授责"的原则，分层建立强化授权事前、事中、事后管理机制，有效防范决策风险，确保授得下、接得住、行得稳。

《授权管理办法》和《授权清单》明确了公司董事会授权公司经理层、公司授权二级企业决策事项,其中,仅公司董事会授权经理层决策事项就涉及17个管理事项中36项具体权力和权限清单,基本实现分层量化、分层授权,简化了审批流程,提高了决策效率。

三、改革成效

一是经营效益稳步提高。2019—2021年,公司资产总额从206亿元增长到264亿元,年均增长14%;营业收入从140亿元增长到237亿元,年均增长35%;净资产从80亿元增长到109亿元,年均增长18%。

二是董事会建设更加成熟。2021年以来,兵团国资公司把深入学习贯彻习近平总书记关于国有企业改革发展和党的建设的重要论述作为落实国企改革三年行动的首要任务,全面加强公司及权属企业董事会建设,公司及21家权属企业均已实现董事会应建尽建、配齐建强,均已实现外部董事占多数,均已落实董事会6项职权,均已建立董事会向经理层授权制度。

三是产业结构持续优化。公司持续推动制度优势转化为治理效能,坚持做强、做优存量与整合做大增量"两手抓"原则,通过建链、强链、延链、补链,逐步形成高新技术农业、城市综合服务两大业务板块,为实现高质量发展奠定了坚实的基础。

44

构建全面对标指标体系　助推实现高质量发展

大连华锐重工集团股份有限公司

一、基本情况

大连华锐重工集团股份有限公司（简称"大连重工"）是大连重工·起重集团有限公司的控股子公司，是国家重机行业的大型重点骨干企业，总资产190余亿元。大连重工建有一个公司总部和六大研制基地，其下属的近30家分公司、全资及控股子公司分布于六大研制基地，主要为冶金、港口、能源、矿山、工程、交通、航空航天、造船等国民经济基础产业提供成套技术装备、高新技术产品和服务，现已形成冶金机械、起重机械、散料装卸机械、港口机械、能源机械、传动与控制系统、船用零部件、工程机械、海工机械九大产品结构。

国企改革三年行动以来，大连重工认真贯彻落实党中央、国务院关于实施国企改革三年行动的决策部署，以全面对标为方法谋划长远发展，抓实、抓牢对标一流企业关键抓手，在企业内部，持续完善细化公司全面对标指标体系和工作推进机制，推动企业实现高质量发展。

二、经验做法

大连重工组织开展对标管理提升行动以来，以深入贯彻国务院国资委、大连市人民政府国有资产监督管理委员会（简称"大连市国资委"）《关于开展对标世界一流管理提升行动的通知》等上级文件要求为指引，将开展全面对标作为公司实现管理变革的关键抓手，通过系统明确"跟谁对""对什么"和"怎么对"三个问题，构建大连重工全面对标指标体系，力求以单项指标的对标提升，推动公司的整体经营质量、运行效率的对标提升。

（一）采用创新对标管理模式，"一对一"精准选择对标对象

大连重工充分考虑自身离散型制造业企业特点，并未简单选择一个标杆企业作为对标对象，而是应用卓越绩效"3C＋PDCA"管理模式，即结合公司总部与下属经营单位功能定位不同、能力水平不同、产品市场地位差异等客观条件，细化业务、产品行业分类，在各自层级领域从行业标杆、竞争对手和企业自身3个对标层面（即"3C"）进行全面对标，采取"个性化"方式，有针对性地解决"跟谁对"的问题。

大连重工将上级文件要求的8个重点领域和公司战略规划工作部署进行深度有机融合，按照"务实、真实、切实"的工作原则，构建了"1＋2＋3"全面对标管理模式，即围绕1个行动方案，在公司总部和经营单位2个管理层级，从经营、产品和管理3个对标层面，通过强化关键经营指标的改善提升目标，科学测算自身能力水平，摆正企业所处市场地位，针对存在差距短板的指标，选择行业标杆或竞争对手作为赶超目标；通过制定分级、分层、分类的立体式对标指标体系，在提高公司战略落地有效性的同时，突出了各经营单位对标指标的差异性和导向性。

（二）改革导向指标化，促进建立长效机制

大连重工围绕上级文件提出的8个重点管理领域，从关注提升企业整体经营能力、带动提高经济效益角度制定具体对标指标，在公司总部和经营单位2个对标层级，构建了包含经营、产品和管理3个对标层面的全面

对标指标体系；针对每一项对标指标，制定配套的《公司三年全面对标指标体系导向说明》，在明确了"对什么"的基础上，进一步强化了各项指标的导向作用，提高指标落地的协同性和有效性。

大连重工通过将改革工作导向转化为成果量化指标，替代了传统对标的具体工作措施，目的是通过指标数据的直观变化，更加客观地反映企业改革取得的真绩实效。同时，通过每年持续对指标目标进行滚动更新，形成了对指标能力的长效培育机制。

（三）以相对值替代绝对值，双向促进能力提升

大连重工在制定具体对标指标过程中，改变以往采用绝对值衡量指标完成水平的方法，更多采用"率"的概念评价指标能力的提升效果。在设定指标值时，原则上要求使用相对值，而非绝对值，如存货周转率、人均销售收入等，引导公司上下在组织开展对标管理提升行动工作中，注重促进分子分母的双向推动作用，旨在排除市场行情变化等外部因素影响的条件下，最大限度地体现公司自身管理能力水平的提升，以及对推动企业实现高质量发展取得的成效。

（四）设立达标、冲刺两条线，与契约化管理形成机制联动

大连重工为贯彻高标准完成全面对标的工作任务，对照年度经营计划的最高标准设定了对标指标的达标线，并在此基础上设定了更高要求的冲刺线。其中，达标线是"看得见、跳一跳"才能够得着的目标，总体对应公司年度经营计划中最高标准的奋斗目标设定；冲刺线是更高目标，是必须"冲刺跑、努力跳"才可能够得着的目标，更加突出对标的提升导向作用。

为调动全员参与对标管理提升行动的积极性，提高对此项工作的重视程度，大连重工结合国企改革三年行动有关工作部署，将对标管理提升行动工作内容与推进公司契约化工作相融合，通过实现对标提升效果与所在

单位绩效挂钩，强化对标提升行动工作意识，确保工作清单各项保证措施逐级落实到位。结合国有企业契约化改革重点工作任务，大连重工对组织绩效的考评内容、考评方式与薪酬结合的方式进行全面改革，将对标提升工作与契约化业绩考评工作相结合，形成联动工作机制，实现对标指标完成情况与企业负责人和员工薪酬挂钩，即指标完成情况达到达标线拿小奖、达到冲刺线拿大奖，鼓励全员"重指标、促改革、抓创新、提效益"。

三、改革成效

一是健全管理体系，提升管理能力。大连重工以"十四五"战略规划为引领，坚持新发展理念，推动高端制造、智能制造、绿色制造和服务型制造转型战略落地，生产经营呈现稳中有进、持续向好的良好势头。把组织开展全面对标作为实现管理变革的关键抓手，坚持树立"精益管理"、实现"精益运营"工作理念，大力倡导"问题导向"和"对标改善"文化，通过对标世界一流、国内领先的标杆企业，聚焦短板、弱项，实施改革创新，在发展能力提升和运行质量改善方面取得了明显进步。

二是提高效率效益，增强竞争实力。截至 2021 年末，大连重工在股份公司级设定的各项对标指标中，超过 80% 的指标实现同比提升，超过 30% 的指标达到冲刺线以上。在开展对标管理提升行动的推动作用下，大连重工实现订货同比增长 14.6%，回款同比增长 11%，销售收入同比增长 11.6%，利润同比增长 47.3%，主要经营指标创 8 年来最好水平；经营运行基础不断夯实，盈利能力稳步提高，经营现金净流入持续增加；公司运行质量明显改善，产品和服务质量持续提升；科技创新取得积极进展，改革调整有效推进，公司持续发展能力稳步增强。

推进国有经济布局优化和结构调整

1

坚持战略引领 聚焦主责主业
多措并举打好"瘦身健体"组合拳

中国石油化工集团有限公司

一、基本情况

中国石油化工集团有限公司（简称"中国石化"）是1998年在原中国石化总公司基础上重组成立的特大型石油石化企业集团，主营业务包括油气勘探开发、炼油化工、成品油销售、油气储运、石油工程、炼化工程技术服务、国际贸易、金融服务等。作为特大型央企集团，既有传统国有企业历史负担重、遗留问题多的共性，又有石油石化企业业务布局分散、资产质量不均的特点。中国石化坚持以习近平新时代中国特色社会主义思想为指导，深入实施国企改革三年行动，以世界领先发展方略为引领，聚焦主责主业，多措并举打好"瘦身健体"组合拳，坚定不移地走高质量发展之路。

二、经验做法

（一）健全运行体系，推进"瘦身健体"常态化

一是重点部署，紧盯不放。中国石化将"瘦身健体"作为深化改革重中之重来抓，连续多年在年度工作会上进行部署，以集团公司级督办事项

实施分解下达；将其作为干部轮训的重要课程，以及部门和企业领导班子绩效考核的重点内容。党组领导与有关单位签订责任书、立下军令状、打好攻坚战，建立健全区域联动机制，形成工作合力。

二是统筹谋划，高位推进。中国石化先后印发《关于中国石化深化改革的实施指导意见》《集团公司深化管理体制改革的意见》《集团公司深化改革三年行动实施方案》，将法人压减、亏损企业治理、"两非"剥离、"两资"处置、参股股权清理、非上市业务重组整合、剥离企业办社会职能和解决历史遗留问题等重点改革任务统筹考虑、整体部署。各专项工作均成立由党组领导担任组长的领导小组，对专项工作进行安排部署。

三是明确分工，压实责任。总部层面落实牵头部门，明确目标要求，建立工作台账。强化事业部（专业公司）管理主体责任，主要领导亲自抓，每项任务、每家企业在板块层面均有分管责任领导和牵头责任处室。落实企业的主体责任，由"一把手"负总责，企业层面成立工作领导小组和工作组，每项工作细化到部门、落实到人头，明确具体措施、进度安排、完成标准等。

（二）严格方案编制，把好"瘦身健体"源头关

实施方案是"作战图"，决定"瘦身健体"攻坚战的成效。中国石化为抓实抓细"瘦身健体"的基础，严把各项改革任务方案编制关。方案编制、论证审批和实施做到"四结合、四明确、两规范"。

一是方案编制坚持"四结合"。"瘦身健体"是一项综合性系统工程，各专项改革与其他工作密切相关。中国石化在专项改革方案编制上，要求与调结构转方式紧密结合，与剥离企业办社会职能解决历史遗留问题紧密结合，与深化改革增活力提效率紧密结合，与加强党的建设紧密结合，注重统筹协调、整体推进。

二是方案内容坚持"四明确"。中国石化坚持问题导向、目标导向、

结果导向，要求各专项改革方案结合实际，以解决实际问题为出发点，具有较强的操作性、实用性，避免出现"上下一般粗"的情况。因此，各专项方案在内容上要坚决做到问题导向明确、目标任务明确、工作措施明确、责任分工明确。

三是审批实施坚持"两规范"。规范方案审批程序、规范方案组织实施。审批程序方面，方案必须先由企业领导班子研究通过后，再提报事业部（专业公司）论证，论证通过后再根据内控权限履行审批程序。组织实施方面，方案审批通过后要倒排出时间进度安排，将方案目标和措施细化分解到季度、月度，并将每阶段任务落实到部门、单位和责任人，确保每个阶段工作有目标、考核有抓手。

（三）抓实过程管控，确保"瘦身健体"效果优

一是健全机制，长效推进。中国石化实行月度报告和季度例会制度，每月初组织企业报送上月工作进展、措施落实情况，以及需要协调解决的问题，及时掌握企业治理动态；每季度由公司主要领导主持召开例会，了解进展情况，研究解决问题，安排部署工作。中国石化建立红黄绿运行机制，实施"挂图作战"，对进展异常的企业强化督导督办，定期将红黄绿运行大表报公司领导，确保各项任务统筹推进；建立定期简报制度，及时转达国家有关政策精神，通报工作进展情况，交流企业好经验、好做法；建立分级约谈机制，按照问题严重程度，分别由职能部门负责人、公司领导约谈事业部（专业公司）及企业相关负责人。

二是完善制度，加强指导。在认真学习领会中央政策方针和国务院国资委有关要求的基础上，中国石化先后制定了《关于中国石化困难企业扭亏脱困的指导意见》《关于加强资产分类管理提高资产创效能力的指导意见》《中国石化资产分类评价标准》，明确了扭亏脱困的工作思路、原则、目标和路径，以及高效、低效、无效、负效4类资产划分标准和施策计划；

制定了《关于集团公司退休人员社会化管理的指导意见》《关于离岗人员分流安置工作的指导意见》，明确了退休人员社会化整体移交原则，及富余人员6种分流安置渠道，指导企业稳妥做好人员分流安置工作。

三是以人为本，稳中求进。坚持以人为本是全面深化改革必须始终坚持的重要原则。中国石化积极践行以人民为中心的理念，重要改革坚持先从思想发动做起，引导广大干部员工理解改革、支持改革、投身改革。在亏损企业治理中，坚持"扭亏先扭思想、转方式先转观念"，通过深入细致的宣传引导，"企业不消灭亏损，亏损就要消灭企业"的意识逐步深入人心。对于推进"瘦身健体"过程中显现的富余人员，充分挖掘公司内部潜力，最大限度地妥善安置，努力做到"员工转岗不下岗、转业不失业"；对于无法实现内部安置的人员，按照国家政策法规及时足额给予经济补偿，并与地方政府加强沟通和协调，积极争取地方政府的支持，做好社保衔接等工作。

三、改革成效

通过持续攻坚，中国石化"瘦身健体"工作取得积极成效。主责主业更加突出，"一基两翼三新"产业格局基本形成，已发展成为世界第一大炼油公司、第二大化工公司，国内最大的成品油和化工产品供应商、第二大油气生产商，加油站总数居世界第2位。2021年，中国石化实现营业收入2.79万亿元，同比增长30%；实现利润总额1162亿元，同比增长60%；实现净利润880亿元，同比增长41.9%。2022年上半年，在国际油价频繁波动情况下，中国石化营业收入同比增长27.4%，利润总额同比增长1.5%，净利润同比增长4.3%。

一是"压减"工作成效明显。中国石化加大存量法人"压"的力度、新设法人"控"的力度、法人层级"理"的力度，近年来累计压减法人

630余家，先后完成80余家子企业管理层级、40余家子企业产权层级调整工作，法人管理层级控制在4级以内，产权层级控制在7级以内。

二是企业亏损面大幅下降。2016—2021年，中国石化全级次子企业亏损面从42.2%下降至5.5%。纳入国务院国资委治理范围的20家重点亏损子企业治理任务全部完成，2021年累计实现盈利59.41亿元，较国务院国资委治理目标增利153亿元。

三是"两非"剥离、"两资"处置基本完成。中国石化强化高位推进，制定任务清单，实行销项管理。截至2022年6月底，全部完成46家企业"两非"剥离任务；通过采取内部调剂、报废报损、转让租赁等措施，"两资"处置累计实现处置201.2亿元，提前超额完成3年工作任务；低效无效参股股权清理累计完成37项，回收资金9.19亿元。

四是剥离企业办社会职能和解决历史遗留问题实现收官。中国石化"四供一业"分离移交项目1138项、340.9万户、资产净值62.8亿元，3.7万从业人员得到妥善安置；按照整体移交原则，142家直属单位、81.4万名退休人员社会化管理工作全面完成；通过改制、清算等方式，534家厂办大集体企业改革任务全部完成，分流安置4.95万人。"四供一业"分离移交和退休人员社会化管理每年可节约费用约72亿元。

2

全面高效盘活存量资产
为企业高质量发展提供有力支撑

国家电网有限公司

一、基本情况

国家电网有限公司（简称"国家电网"）以投资建设运营电网为核心业务，供电范围占国土面积的88%，资产总额4.7万亿元，国家主权级信用评级连续9年获得A级（标普A+、穆迪A1、惠誉A+），2021年在《财富》世界500强中排名第2位。近年来，受国际国内政治经济形势及新冠肺炎疫情等多重因素影响，国家电网经营发展面临新常态和新挑战。国家电网聚焦"一体四翼"，牢固树立高质量发展理念，眼睛向内、挖潜增收，将存量资产盘活作为提质增效的重要举措和落实国资国企改革的重要实践，2019—2021年，国家电网党组决策全面实施存量资产盘活利用专项行动，以价值创造为核心、以考核激励为导向、以专业协同为保障，加强组织领导，成立由财务部、设备部、后勤部、科技部、产业部等部门组成的盘活工作组，提早谋划、精心组织、周密部署，立足"增收、提效、降本、减损"，梳理盘活标准、开展资产排查，打造资产盘活"一库一市场"，组织71家二级单位多措并举释放存量资产价值，大力推进存量资产盘活工作向纵深发展、向基层延伸，促进国有资产保值增值。

二、经验做法

（一）以标准为准绳，清晰界定盘活范畴

2019年，国家电网印发《关于做好存量资产盘活利用实施工作的通知》《关于存量资产盘活利用的指导意见》，强化政策引领，明确工作思路、职责分工，围绕房产土地、知识产权、股权投资3类要素资源，参照国家及行业标准，结合各专业管理需求及盘活模式，从增收、提效、降本、减损4个方面提出科学合理的待盘活资产认定标准。公司各级单位参照认定标准全面开展梳理排查，对于可通过转让、出租、许可使用后实现收益，共用资源、扩展场景、改造再利用提升使用效率，可实现成本压降、降低设备损耗、减少权属争议及法律风险等的资产进行充分识别并滚动入库，确保资产应纳尽纳、充分挖掘价值增长空间。

（二）以"库"为基础，精益盘活全过程管控

结合国家电网中台建设，统一数据标准，贯通资产全链条管理链路，构建"存量资产盘活库"，对盘活资产信息、盘活利用进度、存在问题及阶段性成效进行实时反映与多维度分析，实现资产盘活全过程线上管理。以"库"为载体，建立横向协同、纵向联动的网格化管理机制，压实管理责任，实现对公司闲置、退役、低效、风险资产的统筹管理、动态监控、分类施策、逐一销号。各单位积极发挥主体责任，对使用效率低、收益回报少、发挥效用小、可实现成本压降、存在安全隐患、法律及损失风险的存量资产，滚动纳入资产盘活库，月度报送、季度分析，动态反馈盘活情况并结合实际情况动态优化盘活方案，形成管理闭环。总部相关部门按照专业分工加强工作指导和过程跟踪，协调解决实施过程中的重点、难点问题，指导各单位通过改造、租赁、整合、置换等方式开展房产土地再利用，通过整合迭代、科技赋能等创新推动知识产权开发利用，通过"瘦身

健体"、清理退出"两非""两资",实现资源价值有效释放。

(三)以市场为核心,高效整合内外部资源

打造国家电网存量资产交易市场,贯通存量盘活库,根据资产交易可行性及操作条件,定期上架可实施项目,畅通资源流动与价值发现。对内以公司各单位为交易主体,明确交易规则及操作流程,通过线上供需精准对接、线下推动交易撮合,匹配、整合内部资源,实现公司整体范围资源高效配置、协同发展。如国网江苏省电力有限公司将闲置资产划转至国家电网总部,盘活京沪房产1990平方米。对外强化与地方政府、投资平台、其他央企和金融机构合作,通过政企合作开发、央企间资源整合、创新金融产品等方式,对接国有产权交易机构,运用挂牌转让、并购重组等商业化手段开拓盘活渠道,提高处置效率,在更大范围内实现资产盘活与优化配置。如国网四川省电力公司将老旧、零散的工业医疗用地盘活为全新、整体的商业用地,增值率达254%;国网黑龙江电力有限公司充分利用牡丹江市政府创建红色景区和教育基地的有利时机,将镜泊湖风景区资产由牡丹江供电公司调拨至牡丹江水电总厂,以牡丹江水电总厂现有红色资源为基础,扩大爱国主义教育基地陈列规模,实现资源整合与盘活利用。

(四)以专业机构为支撑,提升盘活效率效益

为进一步服务不良资产管理、低效无效资产处置、能源行业特殊资产投资等,依托国家电网所属资产处置管理专业公司,创新多维处置模式,积极拓宽资产处置渠道,协助开展存量盘活方案设计、诊断分析、资产评估、法律和财税咨询等服务,提升效能、防范风险,目前已实现管理资产规模超过60亿元、管理项目超过30个。为进一步促进公司内部知识产权市场化交易,设立知识产权运营中心,建立较为完善的知识产权运营机制和激励机制,加速推动知识产权转化,变"技术"为"产能"。如中国电力科学研究院有限公司、全球能源互联网研究院有限公司通过资本化运作

放大转化规模和效益，以作价入股等方式转化知识产权，释放价值 16.54 亿元。

（五）以机制巩固成果，推进盘活常态长效

存量方面，以计划为抓手、以考核促落实，进一步推动存量资产盘活常治长效，既将存量资产盘活纳入公司预算管理，组织各单位常态化提报盘活计划、按季度报送实施进展、结合形势变化及时进行优化调整，又将存量资产盘活工作纳入国企改革评价体系，将评价结果与各单位企业负责人薪酬、评先评优等挂钩，引导各单位从追求增量向更加注重提质迈进。

增量方面，以制度为引领，以流程促合规，以评价促管理，突出重点控增量，从根本上消除"低效"滋生土壤。例如在股权管理方面，探索建立股权项目与价值"双环互馈"机制，深化项目评审与遴选，把好投资入口关，近 3 年累计核减各级投资项目 342 亿元，有力促进科学精准投资；深入开展投后评价，对低效无效投资进行警示，实现"以评促管"。

三、改革成效

一是挖潜增效，价值创造能力进一步提升。3 年来，国家电网累计盘活存量资产 5000 余项，释放价值超 100 亿元。其中，通过改造、租赁、整合、置换等方式开展房产土地再利用，盘活房地资产 4015 处；通过整合迭代、科技赋能等创新推动知识产权开发利用，转化知识产权 921 项；通过"瘦身健体"、清理退出"两非""两资"企业，处置不符合战略定位及低效无效股权投资。

二是规范管理，历史遗留问题进一步化解。规范实物台账和资产卡片的建立与对应，实现信息系统数据同源维护，确保账卡物一致。规范办理房产土地权证，对于因历史遗留问题造成的无证房产，积极促请国土主管部门给予政策支持，持续推进房产土地权证办理进度，进一步明晰产权关

系，权证完善率由 2012 年初的 44% 提高到 93%。坚持聚焦主责主业，深化重组整合，优化资源配置，清理处置不符合战略定位和低效无效的各类历史遗留投资，公司资本布局更加合理，经营风险得到有效防范。

三是凝聚共识，质效理念进一步深入人心。通过专题会议、工作专刊等多种途径宣贯工作思路、通报工作动态，营造和谐良好的舆论氛围。加强交流研讨，取长补短、相互借鉴，对于共性问题开展专项研究，完善机制、改进方式，推动业务不断创新。收集 42 家二级单位 78 个典型经验做法，提炼并印发典型案例，分享成功经验、发挥示范效应，促进管理提升。各单位价值创造理念和主动管理意识显著增强，创新方法不断涌现，精益管理走深走实，为国家电网高质量发展注入强劲动能。

3

深入推进整合融合　充分发挥重组优势
全力做好能源保供　打造现代能源产业链链长

国家能源投资集团有限责任公司

一、基本情况

国家能源投资集团有限责任公司（简称"国家能源集团"）于2017年11月28日正式挂牌成立，是经党中央、国务院批准，由中国国电集团公司和神华集团有限责任公司联合重组而成的中央骨干能源企业，是国有资本投资公司改革、创建世界一流示范企业的试点企业，拥有煤炭、电力、运输、化工等全产业链业务，是全球规模最大的煤炭生产公司、火力发电公司、风力发电公司和煤制油煤化工公司。成立以来，国家能源集团坚持以习近平新时代中国特色社会主义思想为指导，贯彻落实党中央、国务院关于深入实施国企改革三年行动的重大决策部署，着力推动专业化整合，全面提升产业链供应链现代化水平，"煤电化运"一体化运营效率屡创新高，在能源保供中发挥了压舱石和稳定器作用。

二、经验做法

（一）深入推进专业化整合，强化"煤电化运"一体化产业链

一是实施火电业务区域整合。国家能源集团破解区域多头管理难题，按照"一个区域、一个管理主体"的整合思路，推进火电业务整合。整合后，形成1家常规能源整合平台、1家煤电一体专业化公司、2家全域经营的新能源公司、2家水电流域管理公司和29家省级电力公司专业化管理全集团2.7亿千瓦发电装机容量的电力业务管控格局，更深层次实现煤电产业链上下游一体化，更加充分发挥重组整合优势。

二是实施供应链强链整合。国家能源集团构建"大煤矿、大运输、大电厂、大协同"的产业链新格局，强化煤电运协同和联合调度机制，深化煤电、煤化、产运、运销协同创效。调整优化运输产业布局，打通堵点、解决痛点，着力补链强链，重组包神铁路集团，组建新朔铁路有限责任公司，建成投运黄大铁路，打破运能瓶颈，最大限度地提升通道能力。

三是实施同质化业务整合。按照"一个专业门类、一家公司运营、一个标准管理"的原则，国家能源集团完成物资、工程、置业等相关18家同质化公司重组，着力提升服务链保障能力。完成金融产业重组改革，科学定位所属财务公司和资本公司，对标先进企业，实施所属资本公司市场化改革，全面推行职业经理人制度，建立适应金融市场的体制机制，有效提升企业活力效率，进一步促进产融结合，增强服务主业、支撑发展战略的能力。深入推进科技环保产业整合，聚焦能源环保、低碳节能、信息控制、新能源及科技投资，打造专业化的环保科技产业、自主可控的工控体系、统一的科技投资和成果转化平台。

（二）全面推进企业深度融合，持续放大重组整合效应

一是构建战略体系和企业文化价值体系。重组以来，国家能源集团积极落实"四个革命、一个合作"能源安全新战略，以"创建世界一流示范企业"为目标，确立了"一个目标、三型五化、七个一流"的发展战略；以为社会赋能、为经济助力为宗旨，以承担能源供应压舱石、能源革命排头兵为使命，提倡实干、奉献、创新、争先的精神，构筑了企业文化核心

价值理念体系和质量品牌战略。按照分层分类原则，国家能源集团系统搭建起由七大类、29个专业、428项制度构成的管理制度体系，促进集团内部资源、管理、制度、队伍、文化深度融合。

二是构建"战略+运营"的管控体系。国家能源集团深化国有资本投资公司改革，结合"煤电化运"一体化、"产运销储用"一条龙紧密协同的独特商业模式，构建"战略+运营"管控体系。集团总部突出战略管控、主抓一体化协同，承担"党的建设、干部人才、战略规划、资源配置、资本运营、产业协同、监督风控、考核评价"八大职能。保留3个产业部门，聚焦体系建设、制度标准、对标对表、效能提升、监督检查和协调服务，将产业运营管理职能下放到区域公司和产业公司。成立总调度室，巩固和提升一体化核心优势和效率，保障能源供应安全。改革后，总部部门、中心精简近一半，人员减少42%，总部审批、备案类事项压减23.6%。

三是全面推进数字经济和能源经济融合创新。国家能源集团实施数字化转型行动，建成行业领先的一体化生产运营协同调度系统，涵盖集团总部及53家分/子公司、229家三级生产单位，贯通集团16个运行系统，实现调度指挥由"条块分割"向"联合集中"转变，运营决策由"经验主导"向"模型驱动"转变，数据管理由"分散孤立"向"集中统一"转变，一体化供应链弹性、韧性显著增强，实现增量提效。2021年，国家能源集团一体化日均出区调运量提升至106万吨的历史高位，火电企业内部煤炭供应率达到50%，产运协同创效21亿元。

（三）聚焦主责主业，充分发挥现代产业链链长作用

一是全力以赴打赢能源保供攻坚战。国家能源集团坚决落实党中央、国务院决策部署，克服煤炭资源紧张、煤电大幅亏损等重大挑战，充分发挥"煤电运化"一体化运营优势，在确保安全前提下，各产业协同发力，圆满完成保供任务，充分发挥了稳定器和压舱石作用。2021年，煤炭产业深挖潜能，全力增产增供，全年自产煤5.7亿吨，创历史新高；电力产业坚决落实电网调令，应发尽发、稳发满发，发电增速持续超全国平均水平，月度发电量多次超千亿千瓦·时，年发电量首次超1.1万亿千瓦·时。

二是加快推动化石能源清洁化。国家能源集团坚决响应和落实国家"双碳"目标，围绕更好发挥煤炭主体能源和煤电兜底保障作用，积极推进煤炭绿色开采，建成省级以上绿色矿山53座，煤矿智能化技术及建设覆盖率达到85%。大力推进煤炭清洁高效利用，常规煤电机组100%实现超低排放，2021年供电煤耗降至299.9克/千瓦时。加快传统燃煤电厂转型升级，开展燃煤电厂协同处置固体废弃物，加快发电企业向综合能源供应商转型。

三是提速加力清洁能源规模化。国家能源集团举全集团之力发展新能源，优化调整项目发展机制，从授权放权、招投标、人才、资金等全方位加大支持力度。2021年，新能源项目开工1968万千瓦，新增装机容量1089万千瓦，均创历史最好水平，风电装机规模保持世界第一，水电"两年开工500万"目标全面完成，可再生能源装机容量比重同比提高2.7个百分点。

三、改革成效

一是圆满完成能源保供任务。国家能源集团坚决落实党中央、国务院决策部署，全力保障煤炭增产增供、电力稳发满发，能源供应稳定器和压舱石作用充分发挥。2021年，煤炭产量连续3个月突破5000万吨，全年发电量首次突破万亿千瓦时，煤炭产销量、发电量分别占全国的18%和14%。积极发挥产业链链长作用，坚持稳价稳市稳预期，严格长协合同兑现，推动煤炭中长期合同全覆盖，累计向社会让利超600亿元。

二是一体化运营优势充分显现。"煤电路港航"一体化高位平稳运行。2021年,国家能源集团核心区出区调运量一举跨上并常态保持日均100万吨左右新水平,铁路车辆平均全周时降至3.92天,较历史最好水平压缩0.31天,相当于每天增加运力17列,港口卸车、装船效率同比分别提升7.7%和2.9%,单船泊位停时同比缩短11%,有效保障了产业链供应链安全稳定。

三是企业核心竞争力显著增强。国家能源集团聚焦"两利四率",深化对标一流管理提升行动,加快世界一流示范企业建设。2021年,国家能源集团在向社会大幅让利、火电严重亏损、积极消化历史包袱等情况下,与重组成立时相比,营业收入、利润总额均增长36%,全员劳动生产率增长33%,位居世界500强第101名,综合实力达到全球同行业领先水平。

4

扎实推进"三供一业"分离移交工作切实维护企业和社会和谐稳定

中国联合网络通信集团有限公司

一、基本情况

中国联合网络通信集团有限公司(简称"中国联通")于2009年由原中国网通和原中国联通合并重组而成,主要经营固定通信业务、移动通信业务、国内国际通信设施服务业务、数据通信业务、网络接入业务、各类电信增值业务、与通信信息业务相关的系统集成业务等。剥离国有企业办社会职能和解决历史遗留问题是党中央、国务院作出的重大决策部署,中国联通坚持以习近平新时代中国特色社会主义思想为指导,认真贯彻党中央、国务院决策部署,坚持目标导向,提高政治站位,压实责任担当,扎实推进"三供一业"分离移交工作。

二、经验做法

（一）加强组织领导,狠抓责任落实

由于通信行业具有全程全网的特点,中国联通"三供一业"职工家属区分布广泛,尤其是偏远老旧家属区较多,规模小,移交工作难度很大。中国联通党组高度重视,将其列为集团公司年度重点督办任务,要求各级公司进一步提高政治站位，强化责任担当，确保高质量完成改革任务。集团公司资本运营部作为执行单位，组织各单位开展具体移交工作，与各省级分公司明确重点工作目标，制订工作实施方案，抓牢抓实各项重点任务。集团公司形成全方位、立体化的工作体系，完善责任层层传递、压力层层传导的责任机制，有力推动改革取得实效。

（二）建立工作机制，扎实推进工作

中国联通在集团层面建立健全工作机制，统筹推进各项改革任务。

一是将相关改革工作全部纳入《中国联通深化改革三年行动实施方案工作任务台账》，"挂图作战"、跑表计时，有效保障工作落实到位。

二是实行项目清单制管理，将未完成的项目全部纳入清单督导跟进。针对重点难点问题，集团公司与省级分公司共同研究解决方案、倒排时间表，明确路线图与责任人，逐一清零销号。

三是定期召开专题办公会，集团公司分管领导听取"三供一业"分离移交等改革工作汇报，逐省、逐项目研究落实工作计划及措施，并督办重点省级分公司。

四是建立改革周报制度，每周关注改革推进情况，共发布周报25期。

五是强化正向激励，对直接承担剥离国有企业办社会职能和解决历史遗留问题改革任务的先进集体和先进个人进行表彰和奖励，树立先进典型，激励担当作为。

（三）聚焦重点项目，合力攻坚克难

中国联通组织各单位对未完成分离移交的项目进行分析排查，明确督办重点项目，与省级分公司形成工作合力，逐一攻克落实。

一是组织实地调研，摸清改革中的"堵点"，与地方政府分管领导及主管部门负责人详细汇报沟通，争取地方政府的理解与支持。

二是与接收单位全面了解分离移交工作中的"难点"，走访家属区住

户,了解摸查问题,结合实际情况与施工单位进一步优化维修改造方案。

三是坚持"应交尽交"的原则,因地制宜地研究和制订分离移交工作方案。例如,内蒙古呼伦贝尔牙克石市林区四镇的4栋家属楼共132户,地处偏远乡镇,所在市镇没有政府管理的集中供热、供水管网设施,长期以来一直靠自建水泵供水、自烧锅炉供暖。为此,中国联通与内蒙古分公司到家属楼现场调研,与牙克石地方政府深入沟通。经反复测算研究,参照当地铁路企业整体打包移交方式,一次性支付分离移交费用,将资产、职能及后续维修改造全部移交给地方政府,彻底解决了分离移交难题,消除了基层安全生产隐患,提升了职工住户的生活质量。

(四)开展全面自查,夯实扫尾质量

为全面高质量完成扫尾工作,确保不留死角、规范移交,中国联通资本运营部和审计部联合组织对"三供一业"分离移交工作开展了为期2个月的跟踪审计自查工作,进一步夯实扫尾工作质量,确保政策落实不走样。

一是通过现场访谈、查阅资料、数据核对、现场核查等工作方法开展自查工作。

二是针对跟踪审计中发现的问题,及时到省级分公司进行实地调研,与省级分公司、地市分公司的业务相关部门共同分析研判,逐项梳理、核实确认。

三是集团相关部门协同推进,深入剖析出现问题的原因,与省级分公司共同研究整改措施和方案,明确完成时限,确保改革工作不留尾巴,规范操作,经得起检验。

(五)坚持党建引领,为群众办实事

中国联通坚持以高质量党建引领高质量发展,推动党建工作与改革发展同频共振,充分发挥基层党组织战斗堡垒作用和共产党员先锋模范作

用,扎实开展"我为群众办实事"教育实践活动,保证各项改革任务有效落地执行。

一是深入职工家属区,搭建党员群众"连心桥",切实增强党员干部服务意识和责任意识。

二是聚焦职工关切问题,将以人民为中心的发展思想融会贯通到改革的每一个工作环节,推动改革创新。

三是提升服务效率,用心用情为群众办实事、解难题,使职工的获得感、幸福感、安全感不断增强。例如,山西省级分公司针对维修改造推进缓慢的家属区,成立了5个工作小组和31个攻坚党支部,通过座谈会、沟通会、调查问卷等形式,认真听取职工对分离移交工作的意见和建议,了解群众困惑,及时排忧解难,为顺利推进分离移交助力护航。

(六)关注后续衔接,巩固改革成果

中国联通持续关注分离移交后续工作,把改革要求和惠民政策落到实处。

一是在地方政府的主导下,对纳入地方基础设施改造及整体打包方式移交的项目,全力配合施工单位,按计划完成维修改造施工。

二是对于维修改造及物业公司管理的相关问题,各省级分公司加大与地方政府、接收单位的沟通协调力度,依法妥善处理相关问题,确保各项办社会职能接得住、接得稳、可持续。

三是对于移交后出现的问题,中国联通不回避、不等待,积极履行央企社会责任,助力地方政府应对突发情况。

(七)主动化解矛盾,切实维护稳定

"三供一业"分离移交工作涉及员工切身利益,问题多、难度大、不稳定风险高。中国联通在总结前期工作经验的基础上,持续严把政策关,强化风险意识,加强风险研判,切实做到依法依规,耐心细致做好职工工作,营造良好的改革氛围。根据改革进展细化稳定预案,对可能出现的共性问题早做准备,及时化解矛盾,防止出现群体性不稳定事件,坚决防范化解重大风险,全力保障改革顺利稳妥推进,切实维护企业和社会的和谐稳定。

三、改革成效

中国联通按照党中央、国务院决策部署,认真履行央企社会责任,把"三供一业"分离移交工作的改革要求和惠民利民政策落到实处,为提升"三供一业"公共服务水平及集团公司聚焦主责主业做出积极贡献。

一是基本完成"三供一业"分离移交工作任务。中国联通"三供一业"分离移交工作任务集中在15个省级分公司和中讯邮电咨询设计院,共涉及101个地市、1236个家属区。截至2022年6月底,"三供一业"分离移交任务共涉及居民18.70万户,其中供水4.80万户、供电3.80万户、供热3.44万户、供气342户、物业管理6.63万户,已基本完成分离移交工作任务。

二是深化改革企业办社会职能,促进企业健康发展。通过分离移交职工家属区供水、供电、供热(供气)及物业管理职能,分户设表、按户收费,物业交由物业公司经营,实行社会化、市场化管理,中国联通不再承担与主业发展方向不符的公共服务职能,切实减轻了企业办社会负担,实现了有效减负。

三是进一步增强了职工的获得感、幸福感。"三供一业"分离移交后,家属区公共服务由专业化企业进行社会化、市场化管理,提高了服务质量和运营效率。家属区"三供一业"旧设备设施的维修与更新,改变了设施超期服役、服务水平低下的现状,消除了安全隐患,保障和改善了职工家属区生活环境和管理服务。

5

聚焦主责主业 强力"瘦身健体"
加快打造国家网信产业核心力量和组织平台

中国电子信息产业集团有限公司

一、基本情况

中国电子信息产业集团有限公司（简称"中国电子"）是中央直接管理的国有重要骨干企业，以网络安全和信息化为主业。中国电子将服务网络强国和数字中国建设重大战略作为重要使命，成功突破高端通用芯片、操作系统等关键核心技术，构建了兼容移动生态，与国际主流架构比肩的安全、先进、绿色的"PKS"（Phytium/飞腾处理器；Kylin/麒麟操作系统；Safe/安全）自主计算体系，以及最具活力和朝气的应用生态与产业共同体，正加快打造国家网信产业核心力量和组织平台。中国电子坚决贯彻落实党中央、国务院关于国企改革三年行动的重大决策部署，把"瘦身健体"作为加快打造国家网信产业核心力量和组织平台的重要抓手，统筹推进"结构瘦身、战略瘦身、管理瘦身"，高质量发展迈出坚实步伐。截至2021年底，中国电子拥有26家二级企业、17家上市公司、18余万员工，实现全年营业收入2710.1亿元，连续11年跻身《财富》世界500强榜单。

二、经验做法

（一）狠抓"结构瘦身"，推动发展资源向网信主业集中

一是加快剥离"两非"企业。中国电子坚持以结果为导向严格考核评价，对企业负责人实行"一票否决"。同时创新处置模式，与国有资本运营公司探讨联合成立资产处置平台进行批量处置，解决了一批长期难以解决的"老大难"问题。截至2021年底，中国电子累计完成50家"两非"企业剥离，超额完成年度目标任务。通过剥离"两非"企业，有效盘活了存量资产，并将收回的资金全部投向主业领域，有力支撑了网信产业创新发展。

二是大力推进压减工作。中国电子按照战略核心类、重组提升类、孵化培育类、观察持有类的企业分类标准，对全集团控参股企业进行全面梳理，形成资产管理基础清单，并动态更新，大力压缩非必要管理层级、减少法人户数。截至2021年底，中国电子企业管理层级为四级，符合国务院国资委"管理层级不超过五级"的要求；完成境外未开展业务的11家企业的专项清理工作；深入推进"僵尸企业"处置，纳入国务院国资委认定的30家"僵尸企业"全部治理完成。

三是深入开展亏损企业治理。中国电子突出落实责任分工，将亏损企业治理纳入各企业重点工作任务考核。全面梳理全级次亏损企业亏损原因，针对控股平台、连续亏损、新设立等不同类型的亏损企业，按照"一类一方""一企一策"进行治理，协调资源统筹推进，对重点亏损子企业逐家开展现场督导，坚决止住"出血点"。2022年，中国电子进一步强化考核工作对扭亏止损的引导作用，实现亏损企业亏损额降低40亿元。

四是积极稳妥地解决历史遗留问题。中国电子加强与地方政府沟通协调，用心用情开展相关工作。"三供一业"分离移交全部完成，1家社区管

理机构已完成分离移交，4家教育机构、10家医疗机构改革已完成。做好退休人员社会化管理，已实行退休人员社会化管理37550人，完成率达99.4%。完成8家大集体企业改革，剩余3家将在2022年全部完成。

（二）狠抓"战略瘦身"，推动产业布局向网信主业集中

一是强化战略聚焦。中国电子着眼于服务网络强国战略，在公司"十四五"规划中将长期形成的10多个业务门类、5个产业板块进一步收敛到网信产业这个"主航道"，全力发展基于"PKS"体系的自主计算核心底座和自主计算产业链，推进"坚底强链"战略布局，重点发展网络安全、集成电路、高新电子、数字服务等产业，实现业务布局结构的归核化。

二是强化主业管理。中国电子研究制定了《中国电子主业管理工作指引》《中国电子主业负面清单》，明确各二级企业主业方向，推动各企业加快退出非主业。加强投资管理，严格落实"谁投资谁负责"，坚持不符合集团战略方向不投、无核心技术核心产品不投等"五个不投"，建立重大投资事项跨部门综合审核机制，确保投资始终围绕主业开展。

三是强化科技创新。中国电子积极打造原创技术策源地和现代产业链链长，整合科技资源，集中攻关CPU、操作系统等"卡脖子"技术，取得系列重大突破。例如，飞腾芯片获2019年度国家科学技术进步奖一等奖，银河麒麟操作系统被评为"2020年度央企十大国之重器"。中国电子牵头打造高水平的央企联合创新平台，推进自主安全计算技术在电力、通信、交通等行业的联合开发与应用；召开"PKS"2021年生态大会，吸引2000余万人次关注和参与，行业影响力显著提升。

四是强化重组整合。中国电子通过战略性重组和专业化整合，打造核心业务专业平台，提升产业影响力和控制力。核心主业运营平台中国电子有限公司完成混改第一步，引入国有资本战略投资130亿元；控股数字广东网络建设有限公司，加快推进现代数字城市业务的省域级实践；冠捷电子科技股份有限公司49%股权注入上市公司，打造智能显示终端领域领军企业；战略投资网络安全龙头企业奇安信科技集团股份有限公司并购软件服务知名企业文思海辉技术有限公司，迅速补齐了网络攻防、数字服务方面的能力短板。

（三）狠抓"管理瘦身"，推动组织能力向网信主业集中

一是扎实推进总部"机关化"治理。中国电子调整办公厅等具有行政色彩的机构，优化部门职责，推行一类事项由一个部门牵头办理，精简审批备案流程和要件，建立"办公效能"看板、"公文督办"系统，大幅提升管理效能；完成集团总部迁驻深圳的重要变革，加速推进总部市场化转型，工作效率明显提升。

二是提升总部战略统筹能力。中国电子动态调整优化总部组织，强化总部战略布局、资源整合、风险管控等职能，打造战略管控型集团总部。组建信创办、数字办、集成电路办、改革办4个新的实体化部门，加强对战略性业务的顶层设计和统筹组织，2021年信创办业务规模同比增长62.4%。

三是加快数字化转型。中国电子制定"数字CEC"建设规划，打造数字化运营监控中心，构建人力资源、财务、客户、供应链、金融投资五大共享平台，完成司库、采购等应用平台先行先试，极大地降低了运营成本。中国电子自主开发的蓝信平台在全系统推广应用，实现打通战略战术的"非对称"管理、扁平化管理，培育出"夜半蓝信"的拼搏文化，成为中国电子数字化转型的生动缩影。

三、改革成效

一是经营业绩显著改善。2021年，中国电子主要指标实现稳中有优，营业收入同比增长9.3%，利润总额同比增长36.5%，毛利率同比提高

1.1个百分点，营业收入利润率同比提高0.6个百分点，成本费用占收入比例同比下降0.5个百分点，经营业绩创下了历史最好水平，经营质量有了质的提升。

二是战略价值显著提升。在国务院国资委等有关部委的大力支持下，中国电子承担了中央企业联合创新平台、"1025"工程、原创技术策源地、现代产业链链长等重要任务，成为我国网信领域科技自立自强的主力军。

三是保障国家网络安全能力显著增强。中国电子打破国外技术垄断，打造了安全、先进、绿色的"PKS"自主计算体系，成为事实上的我国自主可控计算机信息系统的核心底座。飞腾CPU和麒麟操作系统在信创市场的占有率分别达到70%和85%以上，有力支撑一批重大应用项目和行业发展，保障了国家网络安全。

6

多措并举"瘦身健体" 加速推动战略转型

东风汽车集团有限公司

一、基本情况

东风汽车集团有限公司（简称"东风公司"）是国务院国资委监管的特大型汽车企业，也是中国汽车行业内产业链最齐全、产品阵营最丰富的汽车企业。

近年来，东风公司深入学习习近平总书记关于国有企业改革发展和党的建设的重要论述精神，坚决贯彻"一定要把民族汽车品牌搞上去"等重要指示批示精神，坚定走高质量发展之路；积极应对汽车行业发展趋势，聚焦主责主业，深化供给侧结构性改革，通过"减、调、加"，"瘦身健体"，提质增效；调整优化布局结构，实施科技创新"跃迁"行动，构建"一主两翼"（"一主"为整车业务，"两翼"为科技板块和服务生态）发展格局，加速向"为用户提供优质汽车产品和服务的卓越科技企业"转型。2021年，东风公司销售汽车328万辆，经营规模位居中国制造业第4位、世界500强第85位。2019—2021年，东风公司克服疫情影响，累计实现盈利1116.4亿元，整体利润率达9%左右，累计上缴税费1394亿元，国有资产保值增值率达129.6%。

二、经验做法

(一) 聚焦主责主业，念好"减"字诀

一是着力解决历史遗留问题，实现轻装上阵。东风公司聚焦企业战略和发展定位，开展"修枝剪叶""瘦身健体"工作，先后剥离地产、水、电、煤、汽等非主业单位，完成对学校、医院等八大类 94 项社会职能的分离移交。通过公司制改制、关停并转等方式，稳妥、有序地完成"三供一业"分离移交工作，剥离厂办大集体企业 58 家，分流安置在册职工 1.15 万人，实现社会化管理退休人员 1.05 万人，每年减少费用补贴超 3 亿元。

二是强化考核督导，加快"两非"剥离。东风公司将"两非"剥离完成情况纳入对子企业经营业绩考核，定期对有"两非"剥离任务的企业进行巡视巡察，根据需要约谈相关企业主要负责人，有效推动"两非"剥离。2021 年，东风公司对 4 家"两非"剥离进度落后的子企业开展巡视巡察，约谈 7 位主要负责人。截至 2022 年 6 月底，东风公司彻底退出水、电、煤、气等辅业及非优势业务，完成 23 家"两非"企业（业务）剥离，提前完成国企改革三年行动任务。

三是坚持去存量、控增量，常态化推进压减工作。东风公司修订新设法人管理制度，明确规定"非必要不新设法人"。对确因战略发展需要新增法人企业的，按照"有增有减、以减保增"原则设立，或设立非法人分支机构（分公司），从源头上严控法人户数增长。加大亏损子企业处置力度，按照"企业不消灭亏损，就消灭亏损企业"的原则，实施财务刚性约束，及时关停扭亏无望的企业。例如，东风公司所属杭州东风物流有限公司因整车运输和仓储业务发展停滞，短时间内无法扭亏，将该企业予以清算注销，及时止损。自国企改革三年行动以来，东风公司累计压减法人 35 家。

（二）推动布局优化，念好"调"字诀

一是坚持主动主导，战略性退出部分合资业务。随着国际国内形势的变化，以及汽车行业技术变革与市场竞争格局调整，部分早期合资项目经营情况和发展方向都与东风公司的战略发生偏差。东风公司把握汽车消费市场对合资合作的新要求，坚持主动主导，对战略符合性、资源互补性、收益性、风险可控性等方面进行充分论证和考量，系统性调整优化开放合作格局，积极促进合资企业稳定发展。例如，东风公司以市场化驱动为导向，分别于2020年和2021年依法依规退出东风悦达起亚汽车有限公司、东风裕隆汽车有限公司、东风雷诺汽车有限公司、东风格特拉克汽车变速箱有限公司等合资业务或进行资产重组，聚焦资源做强做优自主事业。

二是瞄准"双碳"目标，做强做优做大新能源汽车板块。东风公司紧紧围绕"双碳"目标，着力健全电动、混动、氢动等绿色低碳的技术路线体系，加快推动汽车全生命周期和全产业链节能减排，新能源汽车发展步伐进一步加快。自主新能源汽车品牌"岚图"，从发布品牌战略到首款车型量产下线，用时不到1年。"岚图FREE"已向全国超300个城市1.3万名用户完成交付。作为首个"出海"的电动汽车"国家队"，岚图汽车登陆挪威，正式面向全球市场与国际高端品牌展开竞争。东风公司还成立了猛士汽车科技公司，实施差异化布局，高端新能源越野车M品牌即将发布，致力成为倡导高端电动越野文化的领先者。2021年，东风公司实现新能源汽车销售18.3万辆，同比增长2.3倍。

三是推动零部件同类业务整合，系统化集成"小巨人"。按照"业务归核化、资源系统化、产品模块化"原则，东风公司将汽车零部件同类业务进行合并重组，加快形成制动与智能驾驶系统、座舱与车身系统、底盘系统、新能源电驱动系统、热管理系统、动力总成部件系统和轻量化技术"6+1"核心业务布局体系。例如，将东风汽车车轮有限公司、东风汽车

传动轴有限公司、东风汽车悬架弹簧有限公司、东风汽车泵业有限公司4家汽车公司底盘领域的零部件业务重组为东风汽车底盘系统有限公司。受益于专业化整合与规模效益，东风汽车零部件（集团）有限公司于2021年首次入围全球汽车零部件企业百强榜，并培育出1家国家级、9家省级"专精特新"的"小巨人"企业。

（三）着力转型升级，念好"加"字诀

一是强化自主创新能力建设。东风公司通过科研机制创新推动激励向科研人员倾斜，有效激发研发人员攻坚创新热情。例如，在公司研发领域实施"揭榜挂帅"机制，将科技进步特等奖奖金额度提升至100万元，有效调动了研发人员积极性。2021年，按自主品牌整车集团口径统计，东风公司以总量4169件居中国汽车发明专利公开量之首。

二是加大智能网联零部件开发力度。东风公司聚焦汽车行业轻量化、电动化、智能化、网联化、共享化的"五化"发展趋势，加快智能网联功能产品升级，着力提升产品附加值和竞争力。例如，东风佛吉亚汽车内饰有限公司自主研发生产的数字化智能座舱总成已具备疲劳检测、人机交互、语音控制等功能，并实现为"岚图FREE""梦想家"等自主高端新能源品牌批量供货。

三是大力发展科技板块和服务生态，布局战略性新兴业务。东风公司联合兄弟央企和信息技术等行业领军企业，深耕"汽车＋互联网"领域。例如，与中国远洋海运集团有限公司等联合开发无人驾驶集装箱卡车业务，打造智慧港口，使作业效率提升30%以上。成立联合燃料电池系统研发（北京）有限公司，推广和普及氢燃料电池车；成立中汽创智科技有限公司，打造创新型高科技汽车研发企业；成立即联即用（武汉）科技创新有限公司，打造"智慧城市生态圈"；组建羿动新能源科技有限公司，打造行业领先的能源服务科技公司；成立武汉二进制半导体有限公司，优化车规级芯片全产业链布局。

三、改革成效

通过"瘦身健体",提质增效,推动高质量发展,东风公司实现了"四个更强"。

一是轻装上阵,创造效益的能力更强。东风公司全面完成剥离企业办社会职能和解决历史遗留问题任务,非主业、主业非优势业务战略性退出卓有成效。2021年,东风公司积极克服芯片短缺、原材料价格上涨和疫情防控等因素的影响,全年利润率达8.8%,东风品牌研发投入强度达6.16%,在汽车行业内保持领先地位。

二是聚焦自主,适应市场变化的能力更强。东风公司构建了"一主两翼"发展格局。以"一主"为载体引领和推动"两翼"发展,以"两翼"发展来提升"一主"发展水平,主责主业更加聚焦,适应市场变化、向卓越科技企业转型的能力更强。

三是主动主导,合资事业可持续发展的能力更强。东风公司调整优化了合资业务结构,开放合作水平进一步提高。强化合作伙伴关系,加强合资公司研发、营销能力建设,全方位提升体系能力,推动合资事业转型升级。东风汽车有限公司东风日产乘用车公司跻身百万量级行列,东风本田汽车有限公司合作升级、增长强劲。

四是转型升级,在竞争中占据主动的能力更强。东风公司建设了国际先进、国内一流的产品设计与试验设施,形成了基础研究、商品开发和前瞻研究的研发体系。完成新能源汽车电池、电机、电控产业化布局,掌握了绝缘栅双极型晶体管(IGBT)等核心技术和关键资源,面向未来的技术及资源布局已经完成。

7

因企施策 多措并举
以减亏治理助推企业高质量发展

中粮集团有限公司

一、基本情况

中粮集团有限公司（简称"中粮集团"）是与新中国同龄的中央直属大型国有企业，聚焦粮、油、糖、棉、肉、乳核心业务，经营范围涉及农粮、食品、地产、金融等领域，是立足中国、全球布局、拥有最大市场和发展潜力的综合性农粮食品企业，是首批国有资本投资公司试点企业之一。近年来，中粮集团将亏损企业治理作为深化国企改革三年行动的一项重要任务，作为提质增效和实现高质量发展的重要抓手，因企施策，多措并举，完善机制，力求实效。

二、经验做法

（一）坚持统筹谋划，强化顶层设计

一是强领导，实责任。高度重视减亏治理工作，成立由董事长任组长的提质增效工作领导小组，加强对亏损企业治理、资产整合重组退出等专项工作的领导；成立由总部相关部门负责同志组成的专项工作小组，协调推进提质增效日常工作。专业化公司承担主体责任，结合实际研究制定减

亏治理方案，确保任务到岗、责任到人。各层级各管理条线共同参与、形成合力，实现目标层层分解、责任层层落实、压力层层传导，集中资源力量破解重点难点问题。

二是建机制，抓长效。制定出台《中粮集团提质增效工作管理办法》，坚持战略导向、优化资产、实事求是、分类管理、"一把手"负责制的原则，明确集团提质增效工作计划和流程，建立健全长效机制。建立亏损企业管理清单制度，强化分类管理，明确筛选标准及日常工作流程，建立年度滚动梳理机制。

三是定考核，明奖惩。将减亏治理及资产退出纳入预算编制，并严格考核，充分发挥预算、考核、分配联动的导向和激励约束作用。对于未能完成任务的单位，严格执行减分规则；对于超额完成任务的单位，给予一定程度的考核加分。例如，所属企业中粮生化能源（榆树）有限公司严格执行各项管理考核制度，制定刚性挑战性预算指标，采取"费用包干、强制分布、直接奖惩"等考核举措，将任务层层压实，进行班班对比、日日核算、月月评价，营造了"比学赶帮超"的班组文化。

(二) 坚持因企施策，分类精准推进

按照实业公司、建设期公司、培育期公司、费用中心等不同类型对亏损企业进行分类筛选，确定管理清单，引导业务细分、管理下沉，因企施策制定目标及处置方案。

一是深入挖潜增效，抓管理提升。对于符合集团战略发展需要但管理薄弱的亏损企业，通过深入分析亏损成因、推进效率提升、降本增效，实现全方位改进提升。例如，针对油脂业务亏损子企业深入分析原因，加强区域间统筹协同，积极推进产能协调，加强生产设备内部共享，跨区域引进闲置榨油设备，减少产能投入，提高设备使用效率。通过开展标杆管理，加强内部先进生产工艺和技术分享交流。中粮（昌吉）粮油工业有限公司升级现有压榨生产工艺，新增玉米胚芽、红花籽、葵籽等原料压榨工艺，完成榨油厂玉米胚芽压榨生产线技改项目施工和单机调试，增强工厂压榨能力和盈利能力，加快减亏进程。

二是整合内部资源，抓协同提升。对于存在同业竞争、重复投入、技术水平偏低、产品竞争力不足的亏损企业，通过兼并重组、盘活存量资产、引入外部投资者实施混改等方式，充分调动企业和员工积极性、激发内生活力，变"死退"为"活退"，尽量减少分流员工，节约退出成本，维护社会稳定，保障国有资本保值增值。

三是坚持应退尽退，抓减负提升。对于不符合集团发展战略、连续亏损、扭亏无望、没有发展前景、严重资不抵债、确实难以改善提升的企业，坚决尽快退出。例如，所属企业广西德保华宏糖业有限公司因蔗源无法得到充分保证，达产率低，企业持续亏损且债务诉讼重重，为顺利完成清理退出，中粮屯河糖业股份有限公司积极研判，果断决策，采取破产清算方式退出。中粮屯河博湖番茄制品有限公司因当地政府退城入园政策安排，无法继续经营，公司研究方案果断退出，避免无效资产占用。

（三）坚持多措并举，系统推进落实

一是坚持"常"与"专"相结合。在做好日常跟踪的同时，通过不同层面的专项督导，推动工作任务有序落实。每月选取重点亏损单位进行专题汇报和研究，减亏治理已成为月度专题运营会的"规定动作"；建立分层级约谈督导机制，按照工作推进存在问题或偏差程度，由集团总会计师或分管领导牵头，对进度偏慢、举措落地效果较差、存在"老大难"问题的专业化公司及其下属子企业进行约谈督导，统筹进行协调、督促，提高处理重点难点问题的工作效率。

二是坚持"面"与"点"相结合。集团层面重点关注整体亏损面和亏损额压降，对小额亏损企业、连续亏损企业明确扭亏或退出方案，扭亏无望要坚决退出；对大额重点亏损企业逐家明确减亏目标。专业化公司层面逐家分析亏损原因，制订减亏或退出方案，集团上下联动、全面落实亏损企业减亏治理工作。

三是坚持"治"与"稳"相结合。中粮集团把妥善安置职工、维护社会稳定作为开展重点亏损子企业专项治理工作的重中之重，积极维护职工的合法权益。坚持"以人为本"，按照"分类安置、稳妥推进"原则，积极通过内部退养、培训转岗等多种渠道安置富余职工，用足用好财政补助资金，实现员工妥善安置，确保企业社会稳定。

三、改革成效

通过积极开展亏损企业减亏治理工作，中粮集团近几年总体发展态势良好，改革取得积极成效。

一是形成常态化长效机制，亏损面大幅缩减。建立"明确目标、专项预算、月度报告、督导协调、强化考核、滚动梳理"的闭环管理机制，在各专业化公司年度业绩合同中，分设亏损户数压降、整体减亏额、管理清单企业减亏额3个指标，权重约为3%~4%。通过考核约束，要求各专业化公司既要关注整体经营效益，又要注重单体法人报表管理。截至2021年底，中粮集团整体亏损面23%，较2019年下降11个百分点。国务院国资委关注的重点亏损子企业已整体扭亏为盈。

二是以减亏治理推动资产优化配置，核心主业地位更加突出。中粮集团内部刚性执行亏损企业筛查标准，针对连续亏损、资不抵债的亏损企业，进行综合研判，形成资产退出项目清单。通过加大资产退出力度，中粮集团近3年累计退出低效无效资产约270项，优质资源进一步向核心主业聚焦、向主要经营品种聚焦、向关键环节聚焦，粮、油、糖、棉核心业务营业收入占比保持在85%以上，净利润占比达到68%，真正做到了主业

"唱主角"，核心业务发挥核心作用。

三是经营效率显著改善，有效实现国有资产保值增值。近3年，中粮集团经营业绩大幅提升：净利润从2019年的83亿元提升至2021年的158亿元；整体所得税率从2019年的51.6%下降至2021年的33.4%；净资产收益率从2019年的4.78%提升至2021年的8.03%；归属母公司净利润占比连续2年超过60%。中粮集团在止亏止血、防范风险的同时，有效实现了国有资产保值增值。

8

优化布局结构　强化专业整合
在构建新格局中展现新担当新作为

中国通用技术（集团）控股有限责任公司

一、基本情况

中国通用技术（集团）控股有限责任公司（简称"通用技术集团"）以习近平新时代中国特色社会主义思想为指导，坚决贯彻落实国企改革三年行动重大决策部署，围绕服务"制造强国"战略、"健康中国"战略和"一带一路"建设，持续优化布局结构，持续聚焦主责主业，已成为机床装备、医疗健康2个领域的领军央企。在机床装备领域，截至2021年末，累计投入约161.2亿元，将机床行业"十八罗汉"中的7家纳入旗下，在国内机床行业中成为产品种类最多、服务领域最广、综合技术能力最强、为重点行业和关键领域提供高端核心装备最多的企业。在医疗健康领域，累计投入超过300亿元，主动承接19家央企、地方国企医疗机构剥离任务。目前，通用技术集团拥有5个医疗管理平台，医疗机构339家，辐射全国20多个省市，开放床位数量超4.5万张，成为床位数量领先、网络覆盖全、全产业链特征明显的央企医疗集团。

二、经验做法

（一）坚定服务制造强国战略，在机床产业振兴上体现新担当

通用技术集团深入贯彻落实习近平总书记关于发展先进制造业、装备制造业，特别是机床产业的重要指示精神，把发展高端数控机床产业作为第一核心主业，主动承担机床产业链链长责任，加快推动战略布局。

一是打造专业化平台，推进一体化运营。2021年6月底，通用技术集团与天津市共同出资100亿元成立通用技术集团机床有限公司，作为集团机床板块产业一体化发展运营管理平台，统一管理集团下属6家机床生产制造企业和研发机构，统筹推进机床板块研发、采购、生产、市场开发、资源调配"五统一"，打造机床产业发展新高地。

二是整合科技研发资源，搭建集团机床产业科技创新体系。通用技术集团依托北京机床研究所，整合内部科研资源，组建集团机床工程研究院，负责共性技术研究，致力于将其打造成国家级高端数控机床及关键功能部件技术创新平台和高端人才聚集基地。成立以院士领衔的机床专家委员会，凝聚50多名行业高端专家，从国家全局高度谋划机床产业高质量发展。

三是整合外部行业资源，组建技术创新战略联盟。通用技术集团牵头联合国内主要机床制造企业、上游功能部件供应商、下游重点用户、相关高校科研院所等48家"产学研用"合作单位，共同组建了数控机床产业技术创新战略联盟，集聚产业链上下游优质资源和力量，推进机床产业技术创新和产业链供应链自主可控、安全高效。

四是整合集团内部研发人才资源，优化人才配置。通用技术集团开展组织机构精简和人员精锐化工作，提升企业运作效率，对集团现有1600余名科技人才按照新的三级研发体系进行对位落位，将工资总额向科技人才

倾斜，极大地调动了科研人才干事创业积极性。

五是加快科研项目攻关，着力解决"卡脖子"难题。通用技术集团实行科技攻关项目"揭榜挂帅"机制，2021年启动45项"揭榜挂帅"科研任务。突出解决核心"卡脖子"问题，承担的4个国家重大专项课题、15个"1025"项目完成集团内部验收和外部专家鉴定。其中，1个项目达到国际领先水平，14个项目达到国际先进水平，部分项目实现市场化应用，3种产品实现进口替代，1种产品填补国内空白，为国家重点行业和关键领域提供了一批高端核心装备，有效解决了关键零部件加工难题。

（二）坚定服务健康中国战略，在医疗健康事业上履行新使命

通用技术集团把握国有企业办医疗机构改革的政策机遇，主动承接国有企业办医疗机构剥离任务，充分发挥集团整体优势，多措并举为医疗机构全方位赋能。

一是"投入赋能"，支持医疗机构加强基础设施建设和先进设备购置，全面改善就医环境。国企医院长期以来作为辅业投入不足、欠账严重。2019年以来，通用技术集团累计批复医疗机构基本建设项目（含新建、改扩建）11个，投资总额约20亿元。同时，支持各医疗机构更新、购置先进设备，提高医疗服务水平。

二是"协同赋能"，围绕重点学科组建医院联盟和专科联盟，加强学科建设。集团层面成立医学科学技术专家委员会，整合集团各医疗平台的优势资源，统筹规划医学科技研究方向。目前，通用技术集团已经拥有省级以上重点（建设）专科43个，其中国家级重点专科1个、省级重点专科23个、省级重点建设专科9个。

三是"管理赋能"，发挥集约化管理优势，推动提质增效。通用技术集团打造品质医疗服务，形成差异化特色和优势，集团旗下6家医院荣获国家卫生健康委员会医政医管局授予的"改善医疗服务示范医院"称号。

全面导入对标文化，加强对标管理，旗下航天中心医院入选国务院国资委标杆创建行动"标杆企业"名单，通用环球医疗集团专科经营绩效持续改善项目入选"标杆项目"名单。

四是"改革赋能"，健全市场化经营机制，进一步激发医疗机构发展的内生活力与动力。通用技术集团各医疗平台已全面完成经理层成员任期制和契约化管理，其中中康健集团和通用环球医疗集团共引入7名职业经理人；深化内部分配制度改革，建立向核心关键人才倾斜的薪酬制度，实现薪酬兑现与绩效强联动。

五是"创新赋能"，坚持创新驱动，增强发展动能。集团层面成立医学科学技术专家委员会，分别与北京大学人民医院、中国中医科学院广安门医院、首都医科大学附属北京儿童医院、首都医科大学宣武医院等知名医院合作共建国家医学中心。在此基础上，通用技术集团以医疗服务为核心，推动打造集合医药、医疗器械、健康管理、康复治疗、健康养老、健康金融等于一体的产业生态。通用技术集团通过并购华录健康养老发展有限公司，逐步搭建养老产业发展平台，现有下属59家健康养老机构，运营床位7200张；在19个省25个地市完成105家"小通诊所"挂牌，覆盖人口超过500万人，打通了看病难的"最后一公里"。通用技术集团发挥央企办医优势，2021年以来共派出3万余人次医护人员参与各地疫情防控，开展核酸检测600余万人次；当年7月派出214人次跨省支援河南特大洪水，积极应对新冠肺炎疫情和抗汛救灾，着力保障民生需求。

（三）加强内外部专业化整合，推进资源向主业集中配置

通用技术集团在推进机床装备和医疗健康主业布局完善的同时，坚持有进有退、有所为有所不为，加大内部专业化整合力度、坚决清理退出"两非"业务，努力打造与国有资本投资公司功能定位相适应的组织架构和管控体系。

一是加强内部产业整合，构建集团三级管控体系。通用技术集团先后实施了通用技术集团工程设计有限公司、通用技术集团物业管理有限公司、通用技术集团国际物流有限公司、中国轻工业品进出口集团有限公司、中国海外经济合作有限公司等企业内部专业化整合；结合集团在机床、绿色纤维、贸易、国际工程、金融等业务布局完善，适时组建了通用技术集团机床有限公司、通用技术高新材料集团有限公司、中国邮电器材集团有限公司、通用技术集团国际控股有限公司、通用技术集团资本有限公司5家产业子集团，对板块内业务实施一体化、专业化管控，逐步形成集团总部、产业子集团、专业化公司三级管控架构体系和管控模式。

二是发挥国有资本投资公司进退流转和结构调整作用，推动资源向主业集中配置。2022年上半年，在国务院国资委统一部署安排下，通用技术集团与中检集团积极推进检验检测领域专业化整合。近3年来，通用技术集团通过退出房地产业务、加大低效无效资产清理力度、积极开展压减工作等多种方式盘活存量资产，回收资金超过100亿元；减少人工费用、管理费用近6亿元。为落实国企改革三年行动部署要求，2021年通用技术集团又制定并印发了《低效无效资产综合整治工作方案》，采取重组整合、清理退出、扭亏减亏、清收处置、委托管理、司法重整、资产证券化、联合开发"八个一批"的方式分类梳理、统筹推进，进一步加大清理处置力度，集中资源，更好地支持主业发展。

三、改革成效

改革进一步激发了通用技术集团高质量发展的内生动力，为通用技术集团"十四五"规划落地实施，加快建设世界一流企业，在新发展格局中展现新担当、新作为提供了有力的制度保障，奠定了坚实的发展基础，提供了强大的活力动能。

一是通过布局优化和结构调整，通用技术集团产业结构发生了脱胎换骨的根本性变化，主责主业更加聚焦，使命担当更加明确，成为央企在机床装备、医疗健康两个领域的领军央业，服务国家战略的能力显著提升。

二是通过深化国有资本投资公司试点改革，通用技术集团战略引领能力、资本运作能力、科技创新能力、协同发展能力、风险防控能力显著提升，依托三级管控架构的专业化经营和授权放权系统逐步建立，国有资本投资公司"管资本"的管控模式和架构体系基本定型。

三是全面加强党的领导和党的建设，切实增强"四个意识"、坚定"四个自信"、做到"两个维护"，牢记"国之大者"，始终确保改革沿着正确方向前进，党的领导作用更加突出。

9

用心用情 多措并举
全力推进退休人员社会化管理工作

中国旅游集团有限公司

一、基本情况

中国旅游集团有限公司（简称"中国旅游集团"）坚决贯彻落实党中央、国务院关于国有企业退休人员社会化管理的重大决策部署，加强组织领导、强化责任担当，圆满完成移交工作。历经近百年的发展，中国旅游集团下属企业"点多、面广"，散布全国各地，且经历了整合招商国际旅行社有限公司、中国中旅（集团）有限公司、中国国际旅行总社有限公司等多次重组，退休人员来源及构成复杂，移交工作难度很大。面对困难情况，中国旅游集团坚持以习近平新时代中国特色社会主义思想为指导，将退休人员社会化管理作为国企改革三年行动的重要任务，因地制宜、多措并举，用"真心、真情"推动退休人员社会化管理工作。除个别重病、失联等有极特殊情况的人员外，中国旅游集团高质量完成了全国25个省（自治区、直辖市）、46个地级市、98家下属企业的退休人员移交任务。

二、经验做法

（一）聚焦目标任务，精心谋划部署、精准靶向发力

一是提高政治站位，加强组织领导。中国旅游集团党委充分认识国有

企业退休人员社会化管理的重大意义，迅速将思想和行动统一到党中央决策部署上来，集团党委书记亲自统筹，党委副书记牵头负责，将退休人员社会化管理作为全面深化改革重点，及时传达学习中共中央、国务院《关于国有企业退休人员社会化管理的指导意见》（简称《指导意见》）和全国剥离国有企业办社会职能和解决历史遗留问题工作电视电话会议等有关要求，认真组织研究贯彻落实措施。

二是健全工作机构，层层压实责任。中国旅游集团成立集团退休人员社会化管理工作小组和工作专班，集团党委副书记担任组长，相关部门负责人及各二级公司分管负责同志担任组员。各二级公司作为本企业退休人员社会化管理责任主体，相应成立各自的工作小组和工作专班，形成集团总部牵头抓总、各级企业分级负责、工作专班具体落实的工作格局，"一盘棋"谋划、"一体化"实施、"一张网"推进。

三是科学统筹谋划，明确总体思路。中国旅游集团对照《指导意见》和有关政策要求，多次组织会议专题研究，提出"依法依规、规范开展，分工负责、协调推进，做深做细、平稳有序"的工作思路，明确改革任务方向，着力增强改革的系统性、整体性和协同性。

（二）因企因地制订方案，推动政策落实落地

一是加强内外部沟通，确保方向"准"。中国旅游集团深入领会剥离企业办社会职能和解决历史遗留问题改革精神，认真组织学习退休人员社会化管理政策文件，针对重点难点问题，强化外部沟通联动，与有关部门、其他中央企业就社会化管理政策和先进经验多次咨询、交流。强化内部传达宣贯，确保集团从上到下吃透政策、把准方向。

二是明确路线图时间表，确保方案"细"。中国旅游集团将退休人员社会化管理作为深化改革的重要一环，纳入国企改革三年行动工作台账，确保任务有力有序推进。在充分摸底、夯实任务基础上调研形成工作方

案，提出集团退休人员社会化管理工作目标、移交任务及统筹外费用分类处理办法，明确时间计划、应急保障措施和各项具体工作要求。指导各二级公司制订本企业组织实施方案，细化流程，倒排工期，确保移交工作有目标、有路径、有抓手。

三是及时主动开展企地对接，确保行动"快"。针对70%以上移交任务在北京这一实际情况，在北京市出台相关移交方案后，及时与北京市劳动服务管理中心、各区社保局等单位主动对接，组织在京企业第一时间传达学习、第一时间研究部署、第一时间贯彻落实。同时，组织其他省市企业与属地有关部门积极联系，确保按照属地要求同步开展移交工作。

（三）建立健全工作机制，发挥上下联动协同合力

一是建立专项推进机制。中国旅游集团建立周报机制，组织各二级公司按周汇总任务完成情况，及时掌握各企业工作进度。建立周例会机制，传达政策要求，交流工作经验，分析解决实际问题，掌握退休人员动态，做好舆情监控。建立专题推进会机制，针对移交过程中的焦点、难点问题，根据需要及时召开专题会，分析问题结症，研究解决办法。

二是做好靠前协调和区域统筹。中国旅游集团针对北京地区企业移交任务重、要求高、困难比较多的实际，实施现场驻扎，开展实地对接，助力属地企业解决实际问题。在其他地区突破组织边界，建立区域协同机制，分区域指定牵头企业，统筹推进移交工作。

三是切实加强督导检查。中国旅游集团强化考核评价，将移交任务完成情况纳入相关单位重点工作任务，推动移交工作保质保量完成。推行专项通报机制，定期对二级公司完成情况进行通报，督促下属企业切实扛起主体责任。开展穿透式督办，对于移交任务重的三、四级企业一抓到底，确保相关工作落到实处。

(四)狠抓难点重点,用心用情做好移交工作

一是分类施策,多措并举解决难题。对于移交过程中的复杂情况,中国旅游集团积极组织重点攻关,分类制定解决措施,用心用情做好相关工作。对于定居异地或境外的,指定专门团队和专人负责,积极探索远程办理。对于失联人员,中国旅游集团调动多方力量、通过各种渠道、使用多种办法联系解决。对于身患重病本人无法签字的,积极尝试上门服务、子女代签等方式完成。针对部分老同志提出的历史遗留问题诉求,中国旅游集团核查历史档案,专题研究,在符合政策要求和企业实际的前提下妥善研究解决办法。

二是加强关心关爱,以人为本推进工作。在移交工作过程中,中国旅游集团充分发挥退休领导和党员干部桥梁纽带作用,注重政策宣传和舆论引导,耐心细致地做思想工作,帮助退休人员解决实际困难,确保平稳有序推进。对已移交属地的退休人员,积极配合社区、街道做好相关工作,加强沟通交流,做好建党100周年等重大节日走访慰问,继续关心关爱,确保退休人员与企业的情感纽带不断。

三、改革成效

一是减轻企业负担,轻装上阵参与竞争。3281名退休人员的社会化管理移交任务,不仅降低了企业的成本负担,同时也让企业能够集中精力搞生产、谋发展。降成本方面,退休人员实现社会化管理后,直接减轻企业年负担约235万元,剥离企业办社会职能的经济效益显现。维稳方面,存在退休人员没有社会化管理的企业,大多数是老企业、因"政企分开"形成的企业,退休人员实现社会化管理后,有效降低了企业维稳压力。

二是解决了历史问题,也凝聚了人心。中国旅游集团在推动退休人员社会化管理的过程中,逐一梳理退休人员的历史遗留问题和特殊情况,比

如组织关系、人事档案、统筹外费用等,在推动顺利完成移交任务的同时,也通过组织的力量,帮助退休人员解决了沉积多年的历史遗留问题,将退休人员在"政治上得到尊重、思想上得到关心、生活上得到照顾、精神上得到关怀"的要求落实到位,增强了幸福感和安全感,树立关心关爱的榜样。

10

助力中央企业加快推进"两非""两资"剥离工作

中国诚通控股集团有限公司

一、基本情况

诚通国合资产管理有限公司(简称"诚通国合")是中国诚通控股集团有限公司(简称"中国诚通")为支持中央企业"两非""两资"等结构调整类资产的剥离、接收、整合工作而专门组建的专业接收平台,注册资本 100 亿元。中国诚通是国务院国资委首批建设规范董事会试点企业和首家国有资产经营公司试点企业,2016 年被确定为中央企业国有资本运营公司试点。2005 年以来,中国诚通以托管和国有产权划转等方式,先后分 13 批次接收 6 家中央企业和 14 家中央企业直属企业,完成 664 家困难企业重组整合、800 多亿元资产债务处置和 8.8 万名职工妥善安置,经受了多次急难险重任务的考验,为服务供给侧结构性改革积累了丰富经验和操作范式。

诚通国合立足于打造听党指挥的资本力量,围绕"优化资源配置、服务国企改革"的职责使命,根据"两非""两资"业务特点,组建了熟悉国资监管、资产管理、资本运营、上市公司运营的受托处置服务团队,建立了规范的管理流程和运作体系,具备同时对多个百亿元级项目进行尽职调查、资产接收、运营管理和价值修复的能力,努力形成中央企业"两非""两资"等剥离资产的"蓄水池",建立兄弟央企做强做优主业的"护城河",构筑中央企业国有产权转让的"安全坝"。

二、经验做法

(一)主动担当改革重任,批量接收"两非"资产

作为新组建的中央企业"两非""两资"等结构调整类资产专业接收平台,诚通国合充分发挥专业优势,坚持以市场化方式体现国家战略意志,全力服务国企改革三年行动顺利收官。

一是明确目标引领,主动担当作为。诚通国合成立伊始,就将兜底保障各中央企业完成国企改革三年行动"两非"资产剥离任务作为主要工作目标,第一时间与相关中央企业就"两非""两资"剥离建立起专项联系沟通机制,加强信息收集,建立项目台账,紧盯各企业"两非""两资"剥离进度,并向进度相对缓慢的中央企业发函,明确积极配合各中央企业做好"两非"资产剥离工作的意愿。

二是积极上门服务,提供专业方案。2021年11月,针对国务院国有企业改革领导小组办公室指出的"尚有12户中央企业'两非'资产剥离专项工作进展缓慢"问题,诚通国合主动联系相关中央企业进行现场服务,针对其剩余的48项"两非"资产难题,与相关企业逐一进行深入分析,就剥离方案的目标、路径和实施方式提出专业建议。在确定合作意向和处置思路后,诚通国合先对6家央企的16个"两非"资产项目实施委托处置,再启动产权转让、依法破产、公司清算等工作。针对其他已确定自行处置方案的中央企业,诚通国合也密切关注其相关工作进度,并及时对处置方案执行过程中出现延误的项目提出解决方案及建议,助力上述央企全面按时完成2021年度"两非"资产剥离任务。

三是持续加大工作力度，力保国企改革三年行动主体任务完成。基于前期工作基础，与诚通国合洽谈进行"两非"资产委托处置的中央企业数量进一步增加。诚通国合进一步组织力量，加大工作力度，对相关项目进行深入研究，于2022年第二季度与相关中央企业签署委托处置协议，就15个资产状况复杂、企业自行处置难度较大的"两非"项目开展受托处置，为完成国企改革三年行动主体任务做出积极贡献。

（二）优化资产处置工作机制，夯实风险管控制度基础

在批量接收"两非""两资"资产后，为高质量完成相关资产的剥离任务，提高资产处置效率，同时有效防控业务风险，诚通国合主要采取了2个方面的措施。

一是坚持因企施策，持续优化资产处置工作机制。诚通国合根据每个项目的具体情况分别建立了由企业管理、法律、财务相关专业人员组成的受托处置服务团队，与相关中央企业建立紧密的沟通机制，明确工作团队的任务目标和服务内容，并建立服务满意度调查制度。在对相关"两非""两资"资产进行处置过程中，各项目团队通过深入研究，认真分析项目特点与问题，分门别类整理，形成"一户一策"的处置方案：对资产体量较小、委托方有明确处置意愿的资产以协助推进为主；对核心资产有亮点的项目，从专业角度出发制定重组、转让、置换等可行的处置策略；对资产质量相对较好的项目，将其整理形成资产包，向集团内外部企业进行推介，寻找上市公司等意向投资人，争取最大限度地发挥国有资产的效用。

二是坚持合规管理，高度重视风险防控工作。在制度建设层面，诚通国合从法律、合规、风险管理、内控、审计和违规追责6个方面建立了完备的制度体系；在业务操作层面，诚通国合持续完善对受托处置企业及资产的尽职调查流程。诚通国合持续加强对受托处置企业可能存在的风险隐患的监控，关注其是否涉及环境保护、安全生产等问题；对处置资产做好

行业分析、业务分析、股权结构分析、资产评估和收益预测等工作，严格防控国有资产流失。

（三）发挥中国诚通整体优势，为中央企业提供集成式服务

在对"两非""两资"等结构调整类资产进行剥离整合的业务实践当中，诚通国合还对中央企业客户发展过程中所面临的其他投资经营问题进行深入研究，并充分发挥中国诚通作为国有资本运营公司的整体优势，提出系统性的解决方案，争取最大限度地实现国有资产保值增值。

一是积极探索在"两非""两资"处置过程中存量土地资源盘活的有效方式。诚通国合与诚通建投有限公司协同，就中央企业拟盘活处置的不动产等闲置存量资产进行价值判断、方案设计，以实现资产效益提升和良性发展。目前，双方已就某中央企业闲置商业办公楼项目达成合作投资意向，制订了针对性的盘活方案，通过市场化运作方式对该"两资"资产进行接收、运营和价值修复，有效化解长达10年的资产闲置问题。

二是深入发掘央企客户转型升级过程中的业务需求和投资机会。诚通国合与集团内部兄弟单位协同，共享项目资源信息和研究成果，充分发挥其在基金投资、股权管理和上市公司股权运作方面的经验和优势，协助中国农业发展集团有限公司所属中水集团远洋股份有限公司（简称"中水渔业"）成功完成非公开发行股票募集资金3.99亿元，助力中水渔业取得上市20余年来首次再融资的历史性突破。

三是在保护国有资产安全等方面发挥积极作用。诚通国合针对中央企业公开挂牌转让项目，与产权交易所合作，建立信息联通、触发关注、参与竞买等相关机制。若中央企业挂牌转让资产降价3次未成交，诚通国合会关注并选择典型项目参与竞买，降低投资者对标的持续降价的预期，维护国有资产的价值中枢，防止国有资产流失。

三、改革成效

诚通国合成立以来，以确保完成国企改革三年行动方案要求为工作任务，紧盯中央企业"两非""两资"资产剥离进度要求，为兄弟中央企业服务，取得明显工作成效。

一是"两非""两资"资产的整体改革进度明显加快。截至2022年6月底，诚通国合已与20家央企集团就45个"两非""两资"项目达成接收合作，涉及资产102亿元，有效助力上述企业按照国企改革三年行动的要求完成"两非""两资"资产剥离改革任务，为相关中央企业集团实现国企改革三年行动高质量收官贡献力量。

二是形成"两非""两资"资产实质性剥离的工作模式。在业务开展过程中，诚通国合形成了规范化、标准化、精细化的操作流程，在提高产权转让、依法破产、公司清算等工作效率的同时，严格风控措施，强化抗风险能力，实现了对"两非""两资"资产接收、管理、处置流程的无缝对接。诚通国合承接的"两非""两资"剥离任务均要最终达到工商变更登记（或注销）的状态，不实施"技术出表"和"明股实债"。

三是有效助力中央企业防范风险。"两非""两资"资产剥离专业平台的设立，有利于国有资本运营公司更好地发挥资产经营传统优势功能，助力推进中央企业低效无效资产存量清理处置，按照市场化法治化原则，有序清理退出不具备优势的非主营业务，减少"两非""两资"资产对中央企业主营业务的负面影响和潜在风险，有效建立帮助兄弟央企做强做优主业的"护城河"。

11

坚持系统集成 深化业务重组
着力推进企业高质量发展

中国中车集团有限公司

一、基本情况

中国中车集团有限公司（简称"中国中车集团"）至今已有141年历史，最早的子公司可以追溯到1881年的唐山胥各庄机修厂，厂史超过百年的子公司有15家。目前，中国中车集团拥有铁路装备、城轨与城市基础设施、新兴产业、现代服务相互支撑的四大业务板块，是以"复兴号"为代表产品，全球规模领先、品种齐全、技术先进的轨道交通装备供应商。中国中车集团由中国南车集团和中国北车集团重组整合而成。2015年，中国南车集团和中国北车集团重组开创了2家"A+H"上市公司整合的先河。中国中车集团深入贯彻落实习近平总书记三次视察中国中车集团时的重要指示精神，坚持"系统性、整体性、协同性"的改革方法论，在完成总部机构、人员整合，强化海外市场和国内城轨市场协同的同时，迅速启动了内部业务重组工作。

二、经验做法

（一）坚持"五个结合"，系统推进业务重组

一是坚持目标导向与问题导向相结合。中国中车集团既从发展目标倒

推，厘清应开展的工作，又从需要解决的问题顺推，寻找破解的途径和方法。中国中车集团深入贯彻新发展理念，立足高质量发展，确立了"一核两商一流"的战略定位，即成为以轨道交通装备为核心，具有全球竞争力的世界一流高端装备制造商和系统解决方案提供商。针对中国南车集团和中国北车集团存在的业务同质化、子企业数量多、重复投资、产能过剩等问题，中国中车集团确定了业务重组的总体目标：通过业务重组，促进业务结构进一步优化、资源配置效率进一步提高、企业竞争力进一步提升。中国中车集团在轨道交通装备产业实现全球领先的同时，打造若干具有竞争优势的支柱产业。

二是坚持顶层设计和基层实践相结合。中国中车集团将业务重组工作纳入发展战略，并将产业结构调整作为深化改革的重要组成部分。在国企改革三年行动及深入实施市场化经营机制改革中，始终将业务重组作为重点内容进行安排。在具体项目实施时，既有集团牵头的跨企业业务重组，又有以企业为主开展的业务重组，充分发挥2个层级的积极性，合力推进业务重组相关工作。

三是坚持整体推进和重点突破相结合。中国中车集团坚持统筹全局、重点先行，既包括做好增量、主动减量、盘活存量的"三量"调整，又有重组整合一批、清理退出一批、巩固加强一批、创新发展一批的"四个一批"，使业务重组工作形成全面的路线图。在重点推进时，中国中车集团将业务重组与压减工作、治僵脱困、疏解北京非首都功能等重点工作结合起来安排。例如，中国中车集团发挥龙头企业的引领优势和产业带动作用，"以强带弱"，组织中车青岛四方机车车辆股份有限公司先后整合了中车成都机车车辆有限公司、中车广东轨道交通车辆有限公司和中车青岛四方轨道车辆股份有限公司等，盘活存量资产效益，扶持困难企业扭亏脱困；结合北京疏解非首都功能，积极扎实推动北京2个二七公司的制造业务疏解，转型为以综合物业服务为主的经营公司，分流安置5093人，3年减亏6亿元以上。

四是坚持基本原理与具体实际相结合。业务重组和并购重组，都必须兼顾行业特征、市场特点、投标要求、生产资质及财税筹划等，确保项目实施的可行性，尽可能规避风险。中国中车集团在推进机车、客车、货车三大业务板块的重组中就采取了不同的方式：机车、客车业务重组主要采取"以造带修、造修一体化"的方式，但在具体产权调整方式上，既有全资收购方式，又有参股与托管相结合的方式；货车业务重组则采取了基本对等的子集团模式，将原有的10家货车企业整合组建为中车齐车集团、中车长江集团2家子集团。

五是坚持业务重组与加强党建相结合。中国中车集团始终坚持将加强党的领导贯穿企业发展的全过程。在业务重组方案的设计中，坚持"两个一以贯之"，坚持"四同步""四对接"的原则，同步调整公司治理结构和党工团组织关系。在方案的决策中，将党委讨论作为前置环节；在方案的实施过程中，充分发挥党工团各级组织的合力，营造有利于改革重组的氛围，确保改革重组项目取得实效。

（二）围绕"五类业务"，整体推进业务重组

一是核心业务，主要包括轨道交通装备制造及服务业务。在制造业企业重组方面，中国中车集团以"造修一体、以强带弱"为主线，推动机车、客车、货车等主机企业重组。截至目前，中国中车集团制造业务重组任务已基本完成。在核心配套业务重组方面，以打造"隐形冠军、单项冠军、行业冠军"为主线，先后启动实施了制动、钩缓和电气等业务重组项目。同时，借助上海证券交易所开设科创板的机会，积极推动株洲中车时代电气股份有限公司（简称"时代电气"）在科创板上市。2021年9月7日，已在H股上市的时代电气在A股科创板挂牌上市，募集资金75.6亿

元,为湖南省有史以来募集资金规模最大的 IPO（首次公开募股）企业。

二是支柱和培育业务,主要包括新材料、新能源客车和风电装备三大支柱业务和氢能装备、智能制造装备、环保材料与装备等培育业务。在新材料业务方面,中国中车集团以上市公司株洲时代新材料科技股份有限公司（简称"时代新材"）为平台、以解决同业竞争问题为突破,整合了集团内相关企业的相关业务,着力打造具有全球竞争力的高分子材料产业。为支持三大支柱业务发展,中国中车集团又对新材料、风电和新能源客车业务进行了提级管理。对于培育业务,中国中车集团则侧重充分发挥市场化经营机制和风险分担机制,比如通过混合所有制改革等方式,加快技术创新和业务发展。

三是支撑业务和平台业务,主要包括供应链管理、资金集中管理、信息化建设等支撑业务和金融服务、资产管理等平台业务。中国中车集团对这 2 类业务重点采取合并、新设、收购及业务转型等方式进行重组。例如,对中国南车集团和中国北车集团均有的国际公司、财务公司、物流公司等进行了合并,新设中车资本控股有限公司等,收购成立中车信息技术有限公司,将中车投资租赁有限公司转型为资产管理公司,整合中铁工程装备集团有限公司等公司。中车科技园发展有限公司整合南车投资管理有限公司,打造不动产盘活平台；中车新型基础设施投资开发有限公司整合中车建设工程有限公司,打造 PPP 总包和施工一体化平台。

（三）构建"三大体系",协同推进业务重组

一是组织保证体系。中国中车集团成立业务重组工作领导小组,由公司主要领导担任组长；同时成立业务重组办公室,负责业务重组工作的组织、协调和督导、考核。为加强改革重组的力度,中国中车集团在 2021 年又将重组办和改革办进行了合并。在业务重组推进过程中,中国中车集团采取项目化的运作方式,形成以工作组为基本运作主体、以协调组为支持主体、以领导小组为决策主体的组织保证体系。强有力的组织保证和项目化的运作方式，对推动业务重组起到了积极作用。

二是制度保证体系。为依法合规推进业务重组，中国中车集团制定了以业务重组管理办法为基本制度，以股权管理办法、并购投资管理办法、资产评估管理办法、企业领导班子和领导人员分类分层管理办法、人员分流安置指导意见等相关制度为支持的制度体系。在业务重组管理办法中，中国中车集团按照闭环管理的原则，对项目的选择、提出、立项、可研、评审、批复、实施、验收及后评价等全流程管理进行了明确，为开展业务重组提供了基本规范。

三是机制保证体系。该体系主要包括激励与约束两大方面。在激励机制方面，中国中车集团对在业务重组项目实施过程中做出突出贡献或经营绩效暂时受到影响的企业，在产业扶持、市场发展、成果分享、绩效认同、评先奖优等方面，给予相应的支持与补偿；在集团公司对子公司年度考核中，设置业务重组专项奖励，对在改革重组过程中做出突出贡献的企业和个人给予奖励。在约束机制方面，中国中车集团通过采取专项安排、专项巡视和专项考核等举措，对重组项目进行督导和考核；通过定期报告、组织验收等方式实现闭环管理，确保重组项目目标的达成。

三、改革成效

2021年，中国中车集团统筹疫情防控和经营发展，实现营业收入2384亿元、净利润130.24亿元，位居2021年《财富》世界500强排行榜第349名。经过多年努力，中国中车集团业务重组工作取得初步成效。

一是通过业务重组，业务结构进一步优化。中国中车集团初步形成以轨道交通装备为核心，以风电装备、新能源客车、新材料为重要增长极，以若干业务为增长点的"一核三极多点"业务结构。2021年，中国中车集团铁路装备板块实现营业收入907亿元、城轨与城市基础设施板块实现营业收入546亿元、新兴产业板块实现营业收入784亿元、现代服务板块实现营业收入147亿元,轨道交通装备业务规模继续保持全球第一。

二是通过业务重组,资源配置效率进一步优化。机车企业由8家一级子公司重组为4家;客车企业由5家一级子公司重组为4家;货车企业由10家一级子公司重组为2家子集团;制造业一级子公司由原来的39家减少为22家,减少43.6%;轨道交通装备主机企业的资源配置效率明显提高。中国中车集团打造了一批世界一流制造基地和技术研发中心,在先进轨道交通装备领域取得了一系列重大创新性、突破性成果。

三是通过业务重组,企业竞争力进一步提升。中国中车集团融合中国南车集团和中国北车集团各自优势技术,加速实现核心技术突破,并优化产品体系;实现生产基地专业化、地域化分工;实现供应体系、销售体系全球整合,不断推进企业高质量发展。中国中车集团在国务院国资委中央企业负责人年度和任期经营业绩考核中连续11年获得A级,并被评为2019—2021年任期业绩优秀企业和科技创新突出贡献企业。

12

以"减"促增 以"改"提质 聚焦发展主赛道打造世界一流建筑央企

中国交通建设集团有限公司

一、基本情况

中国交通建设集团有限公司（简称"中交集团"）是国务院国资委监管的国有独资特大型中央企业，是全球基础设施建设领域的领军者、国家重大战略的践行者、共建"一带一路"的"排头兵"。中交集团深入学习贯彻习近平总书记关于国有企业改革发展和党的建设的重要论述，全面落实党中央、国务院各项决策部署和国资委关于中央企业"瘦身健体"的有关要求，牢牢把握供给侧结构性改革工作主线，作好机构压减、参股整改、资源整合"三篇文章"，打出"瘦身健体"组合拳，不断夯实企业高质量发展基础。

二、经验做法

（一）系统谋划"减"的路径，精准推进压减处置

中交集团全面梳理摸清企业家底，完善顶层设计、明确压减标准，通过"内科手术"式精准施策，"一企一策"明确压减路径和时间，堵住"出血点"、根治"出血源"，全面夯实管理基础。

一是顶层设计清晰压减标准。中交集团制定《机构全生命周期管理方案》《法人机构管理办法》《分支机构管理办法》等系列办法，全面规范境内外机构设立、变更、注销程序和要点，建立机构运行评价机制，实施机构从设立到退出全过程管理，形成常态化"压减处置"制度保障。确定年度压减工作的"刚性红线"，明确人员和营收为零的"双零"企业、无账套企业、亏损SPV（特殊目的机构）公司、非正常经营企业、亏损企业等7类企业必须压减。

二是摸清企业家底锁定压减范围。中交集团按照"压存量、控增量、提质量"工作思路，定方案、定范围、定标准，结合"四个一批"工作要求，编制《深化压减专项工作方案》，锁定全层级、全领域、全周期常设公司和成本费用中心类亏损户暨"三全一中心"工作范围，未开展实际运营、停产停业、不符合战略规划、连续亏损且扭亏无望的企业均列入压减处置范围，最终确定了128家企业的压减目标。

三是精准施策分类精准处置。中交集团逐户核实、分类精准推进。按照主业/非主业、正常/非正常"四个象限"，分类制定压减方法和路径，"一企一策"签订"压减处置责任书"。坚持周督办工作机制，逐户分析工作困难，重点企业重点督办，总部部门实施"包保责任"，全面跟踪所属企业压减治亏专项工作。

（二）科学制定"改"的方式，全面实施参股整改

中交集团把参股自查整改作为企业"瘦身健体"的重要抓手，全面梳理、逐户自查、因企施策、分类处置，形成长效机制，提升国有资本配置效率。

一是强化动态监控。中交集团坚持因企施策、"一企一策"原则，建立包括"长期亏损""使用集团及子企业字号"等23项管理事项在内的参股经营投资对标体系，明确正常保留、整改保留、观察退出、立即退出4

类评级。实施参股整改动态监测，梳理问题困难并形成专项报告，先后四批次印发参股整改督导函150多次。

二是强化系统推进。中交集团制定详细的参股企业整改问题清单，开展参股经营投资自查整改工作，先后两次全面梳理、逐级清查参股管理工作，共梳理整改问题385项。根据整改问题的严重、紧迫、复杂程度，制订四阶段整改计划，精确至每家参股企业的每个待整改问题，并通过股权转让、清算注销等多种途径加快处置，有效防范化解国有资产流失风险。

三是整治违规挂靠。中交集团落实民企挂靠国资问题综合整治行动，通过全面梳理自查和巡视巡察，将发现的94项违规挂靠问题纳入综合整治任务清单。截至目前，挂靠问题已整改完成88个，完成率94%。

（三）持续夯实发展"质效"，始终聚焦主业核心赛道

中交集团抓实"总部机关化"问题整改，全面推动"处僵治困"，优化整合内部资源，进一步精管理、提效率，提升"瘦身"和"健体"的"乘数效应"，提高企业发展质量。

一是抓实"总部机关化"整改。中交集团狠抓"总部机关化"问题立行立改和长效机制建设。2020年以来，持续深化总部职能建设，结合深化改革要求，打造"五型"新总部，明确全级次总部及所属企业"三定"改革方案，以"精总部、优流程、提效率"提升企业管理质效。

二是全面完成"处僵治困"。中交集团梳理僵尸特困企业6家，并针对每户"僵尸"特困企业逐一制定"处僵治困"实施方案。尤其对历史遗留问题，"一企一策"制定具体措施，通过增资扭转资不抵债、推动"三供一业"分离移交、有效盘活闲置低效资产、精简机关人员等多种手段，推动企业降本增效。6家企业全部完成"处僵治困"治理目标，有效提升了企业经营效益。

三是始终聚焦"核心赛道"。中交集团全面梳理审定子企业主营业务，

制定《子企业主营业务管理办法》，按照 12 个产业、274 个行业、924 个细分领域编制统一的产业分类标准目录，贯穿企业主营业务发展管理全过程。为重组优化内部资源、推动强强联合和优势互补明确要求。通过推动所属路桥集团第一公路工程局与中交隧道工程局有限公司重组成立中交一公局集团有限公司，发挥双方各自品牌、管理、经营优势，打造新签合同额、营业额双 1000 亿元的子企业标杆。夯实企业发展"资产底盘"，按照资产收益率将企业资产划分为优质资产、良好资产、低效资产、无效资产并分批分期处置工作。2021 年，中交集团分批分类督导、处置低效、无效资产 47 亿元，实现企业"瘦身健体"和质量效益双提升。

三、改革成效

一是国有资本配置效率显著提升。2021 年底，纳入专项治理的 48 家重点亏损子企业，整体减亏 54.63 亿元，降幅 87.4%，超额完成 3 年整体减亏 60% 的治亏任务目标。完成 23 家参股企业的退出，共收回资金 9.29 亿元，加权平均累计投资回报率为 109.43%，有效将国有资本投入到主业和优势企业，提升了企业核心竞争力。

二是聚焦精简企业发展活力持续释放。国企改革三年行动以来，中交集团总部机构削减率达到 33%，内设机构和岗位编制压减率分别达 21% 和 31%，节省人工成本 7548 万元，各级子企业总部人员缩减均超过 10% 以上，累计压减法人 60 家，累计回收资金 6.83 亿元，节省人工成本 8422 万元，节省管理费用 3379 万元。

13

强管理促提升　调结构增实效
持续深化"瘦身健体"　夯实高质量发展根基

中国医药集团有限公司

一、基本情况

中国医药集团有限公司（简称"国药集团"）是由国务院国资委直接管理的唯一一家以生命健康为主业的中央企业，是国家创新型企业、中央医药储备单位，是中国和亚洲综合实力和规模领先的综合性医药健康产业集团，拥有集科技研发、工业制造、物流分销、零售连锁、医疗健康、工程技术、专业会展、国际经营、金融投资等为一体的大健康全产业链。旗下有1600多家成员企业及国药控股（01099.HK）、国药股份（600511.SH）、国药一致（000028.SZ　200028.SZ）、天坛生物（600161.SH）、现代制药（600420.SH）、中国中药（00570.HK）、太极集团（600129.SH）、九强生物（300406.SZ）8家上市公司，员工21万人。国药集团坚持学习贯彻习近平总书记关于国有企业改革发展和党的建设的重要论述，深入实施国企改革三年行动，积极优化产业布局，扎实开展提质增效，持续赋能高质量发展，企业发展质量效益明显提升。

二、经验做法

（一）聚焦压减管控，实现管理效率和运营效益双提升

一是强化顶层设计。国药集团将企业层级管理纳入基本制度体系，从

制度层面严控4级企业对外股权投资、禁止5级企业对外股权投资。严格考核约束，根据各业务单元发展实际和经营业绩指标，有针对性地制定企业层级管控目标和户数增长指标，将管控成效纳入综合绩效评价考核的重点目标任务，使各层级始终绷紧优化管控模式、提升管控效率的弦，避免企业户数和层级管控与企业发展不协调的问题发生。

二是优化管控手段。国药集团通过内控流程再造，将层级管理要求内嵌于对外投资和内部重组项目核准、评估备案、国有产权登记等事项的审核要求之中。着力提升管控信息化水平，加强层级管理的全面性、及时性和有效性，对经济行为形成的冗余层级及时予以精简优化，实现了对企业层级变动的管理全覆盖。

三是层层推动落实。国药集团多次召开全系统推进会，下决心、下狠心、下恒心推动压减工作，"一企一策"定方案，"一企一人"盯进展，对压减工作周周跟踪督导、月月报送数据。2016年以来，已累计压减法人企业193家，回收资金35.69亿元；剥离"两非"企业（业务）16家（项），收回资金5330.23万元，减少人工成本561.51万元/年，减少管理费用345.94万元/年。

（二）聚焦突出主业，优化产业布局和内部资源重组

一是实施内部资源整合，解决同业竞争。国药集团针对原有化学制药业务分散在不同的法人主体和上市公司之中，发展战略不统一、资源投入不集中、上下游产业链不连贯，管控模式亟待调整等一系列问题，推动实施集团内部战略重组，对所属三家上市公司化学制药业务进行重组整合，实现了集团化学制药业务的统一发展和专业化经营，并将管理层级由6级全面压缩至4级，管控效率大幅提升。在2021年发布的"中国医药工业百强榜"中，国药集团跃居榜首。

二是优化商业结构，提升运营效率。国药集团认真贯彻落实政治巡视整改要求，围绕解决"一业独大"的发展模式问题，在严控传统药品器械分销配送领域重复性投资的基础上，大力发展零售诊疗，不断提高专业药房和社会药房的药事服务水平，药品零售门店总数已突破 1 万家，进一步提升了为老百姓提供方便快捷、价格优惠、安全可靠的医药服务能力。同时，大力推行医药商业板块扁平化管理，通过区域内商业企业共享后台管理职能，部分业务规模小、业态单一的区域性销售企业不再设独立的后台管理机构等一系列改革举措，有效降低了企业运营成本、增强了医药商业网络的一体化运营能力。

三是深入推进"处僵治困"工作。国药集团加大亏损企业专项治理力度，强化考核约束，健全扭亏不返亏的任务层层分解、压力层层传递、责任层层落实的工作机制。2021 年，国药集团 5 家国务院国资委重点关注的特困企业均按期完成扭亏目标任务，经营指标明显改善，经营质量持续提高，合计实现利润总额 12.8 亿元，同比增长 805.92%。纳入重点亏损专项治理清单的益诺生物技术思南通有限公司，全力推进扭亏举措的细化落实，实现利润总额 3224 万元，提前完成扭亏任务。

（三）聚焦管理提升，苦练内功打好提质增效"攻坚战"

一是积极推进提质增效工作。国药集团按照"项目制、可量化、可考核"原则全面深入开展提质增效工作，督促各级公司从生产经营管理各环节、各流程、各作业挖潜增效。2021 年，国药集团各级公司上报设立提质增效项目 586 个，设定经济效益总目标 4.58 亿元。国药控股股份有限公司严控各项非必要支出，多渠道融资降低资金成本，节约费用 6.1 亿元；中国生物技术股份有限公司创新实施项目经理负责制，共立项 36 个项目，实现经济效益 11.86 亿元；国药医疗健康产业有限公司加大对全体系、全级次药品、器械设备集采力度，全年完成集采总量 26.2 亿元，节约成本近 1.3 亿元。

二是大力开展"参股经营""违规挂靠"专项整治。国药集团对参股经营和违规挂靠问题开展专项排查，摸清底数，扎实推进分类整治工作。对于排查中发现的问题，逐项分析评估风险隐患，"一项一策"制订整治方案，建立督办工作台帐。2021 年共有 205 项参股经营问题达到整改目标，整改完成率达到 92.76%；24 项违规挂靠问题达到整改目标，整改完成率达到 100%。

三是全面完成剥离国有企业办社会职能工作。国药集团精心组织、系统开展职工家属区"三供一业"分离移交工作。截至 2021 年末，共完成供水移交 7437 户、供电移交 6031 户、供热移交 3574 户、供气移交 3340 户、物业移交 9474 户，实质移交完成率达到 100%。

三、改革成效

国药集团通过改革促进管理提升、激活发展动能、增强创新活力、赋能高质量发展，企业经济效益显著提升、创新驱动引擎强劲、行业引领作用突出、服务国家战略能力不断增强。

一是经营业绩高速增长。2021 年，国药集团实现营业收入 7017 亿元，同比增长 31.59%；利润总额、净利润大幅增长，实现利润总额 1089 亿元；全员劳动生产率同比提高 124.89%；资产负债率 53.79%，同比下降 6.16%；净资产收益率名列中央企业首位，创历史最好水平。

二是行业龙头地位不断巩固。国药集团以优秀的经营业绩，在 2022 年 8 月公布的《财富》世界 500 强榜单中位列第 80 名，居全球制药企业首位。同时，国药集团在医药工业、医药分销、医药零售、医药会展、医药工程设计等行业细分领域继续保持龙头地位。

三是国际影响力显著增强。国药集团秉持人类命运共同体理念，推动疫苗成为全球公共产品，赢得了国际广泛赞誉，50 多个国家元首和政要带头接种国药疫苗，充分表达了对国药产品的信任和感激，100多位驻华使节和高级外交官访问集团生产基地后，高度称赞国药集团为全球抗疫做出的突出贡献。

四是品牌价值大幅提升。2021年，根据国际著名品牌价值评估机构英国Brand Finance公司发布的评估报告，国药集团位列全球最具价值医药品牌TOP25中第11位、亚洲医药企业品牌价值和中国医药品牌首位，品牌价值达32亿美元。2022年，在中央广播电视总台推出的第二届中国品牌强国盛典中，国药集团荣膺中国品牌强国盛典最高奖项"年度特别贡献"品牌。

14

优布局　助改革　构筑航空特色资产管理模式

中航资产管理有限公司

一、基本情况

中航资产管理有限公司（简称"中航资产"）是中国航空工业集团有限公司（简称"航空工业集团"）全资直属资产管理与经营专业化平台。中航资产长期致力于协助优化航空工业集团产业布局与资产结构，深度参与主业单位存量资产调整，为航空工业集团主业解困祛痛；助力主业混改，协助上市存续企业处置；探索新兴产业和特殊业务的资产管理模式创新；集约化提供存量不动产盘活经营、职业教育、会议服务、健康管理等物产、特色保障类服务。

国企改革三年行动实施以来，中航资产创新构建"资产接收平台+价值赋能平台"的"双平台"模式，有效破解传统资产处置缺乏分类分级、零散项目议价能力有限、多类资本信息沟通渠道不畅、处置效率低的困局。

二、经验做法

航空工业集团是国有资本投资公司改革试点，决定了司职于航空工业资本运作体系"腾退"后端的中航资产，必须加快推动资产管理由产品经营向资产经营转型、资产接收由被动向主动转型、资产经营工具由单一向综合转型、资产处置向资源配置转型,尽快成为航空工业集团"出血点"向"造血点"转化的特色平台。

(一)破题:强化核心建设,构建"进出留转"模型

以积极承接航空工业集团内部改革过程中剥离的非主业资产、非优势资产、错配资产、不良资产为前提,中航资产对调整类资产分类、分级、分质、分层、分步加以筛查、诊断、开方。

一是建立《中航资产资产接收分类管理工作指引》,定义资产分类分级标准,根据资产瑕疵率、财务指标、未来发展预期等内容,设置量化指标,对调整类资产按瑕疵类、可交易类和可溢价类开展三类分级。

二是优化内部管理构建 ONE 资产一体化模型,探索主动资产管理机制。综合评估资产分级的交易性、发展性、风险性、紧迫性、政策性,形成无偿划转、协议转让、进场交易、委托管理四类识别。

三是推动国有资本与社会资本禀赋优势融合,多维度打造适用于调整类资产的资本运作、产权交易、投后管理工具包。市场主导、分类施策开展调整类资产留存、培育、改造、出让、清退五类定位。

四是对所管理的各类资产逐项细分、分类评价、优化重组和价值打捞,以调整类资产价值定向回归、资本市场运作为载体,开展内部整合、价值培育、股权重组、交易转让、破产清算、定向回归、市场置换七类路径。

(二)解题:运用市场机制,探索效率效益双赢路径

中航资产持续优化资产接收、经营与处置流程,探索新工具、新方法,创新设立"资产接收平台+价值赋能平台"的"双平台"模式。

一是探索建立"国有资本投资公司+国有资本运营公司+国有金融资产管理公司"优势互补、合作共赢的伙伴关系。中航资产先后与中国国新

资产管理有限公司对等合作成立资产接收平台——北京航新运营管理公司（简称"航新平台"）；与中国国新资产管理有限公司、中国东方资产管理股份有限公司出资设立价值赋能平台——航空资产调整基金（简称"基金平台"），同步设立北京御风私募基金管理有限公司作为基金平台管理人，为国有资产安全保驾护航。

二是确立对资产接收平台、价值赋能平台的功能互补、差异发展的使命定位。航新平台定位于调整类资产的接收载体，主要承接航空工业集团调整类资产中的瑕疵类和可交易类。基金平台聚焦国企改革任务，定位于使命型基金而非单纯利益驱动型的基金，着眼于可溢价和不符合无偿划转条件的可交易类资产。

三是厘清"双平台"运作模式与资产盘活机制。航新平台以无偿划转、受托处置等方式接收资产，完成分类、优化、排故后，在满足条件的情况下实现向基金平台转移；对无法盘活的负效资产，原则上以市场手段对外转让、关闭或破产清算。基金平台着眼于可溢价和不符合无偿划转条件的可交易类资产，以进场受让或增资方式从航新平台和航空工业集团相关企业获得资产，实现调整类资产的一次退出；进行价值孵化、资源配置、赋能培育，最终以股权转让、资产证券化等方式实现二次退出。

（三）应用：航空主业真减负，剥离企业真发展

成都威特电喷有限责任公司（简称"成都威特"）是航空工业集团"两非"企业，其主业为车用电喷系统研发制造。长期以来投入受限、市场响应较慢、处于亏损边缘。为了协助成都威特控股股东——成都飞机工业（集团）有限责任公司（简称"成飞"）"解困祛痛"，中航资产协同"双平台"分四步推进成都威特改制重组。第一步，中航资产以无偿划转方式从成飞接收其持有的成都威特全部股权；第二步，发挥资产接收平台的空间优化功能，中航资产将所持成都威特全部股权划转至航新平台，夯

实资产、解决历史遗留问题，实现一次财务出表；第三步，发挥价值赋能平台的改造优势，基金平台以公开摘牌方式取得成都威特控股权，同步推进增资解决企业发展所需资源，实施公司治理规范化、规划辅导；第四步，实施核心团队持股、引进战略投资者，实施二次财务出表，构建活力充沛的公司治理架构。

太原太航科技有限公司（简称"太航科技"）系太原航空仪表有限公司上市后的存续企业，属于"两非"，涉及资产体量大、人员广、业态纷杂、土地权属不清。中航资产遵循"不遗留改革负担"的原则，对太航科技分五步推进其改制重组、重构投资逻辑。第一步，厘清主业边界，按照国务院国资委关于医疗健康产业整合工作要求，将太原市太航医院51%出资权益、养老服务板块无偿划转至通用技术集团健康有限公司；第二步，剥离瑕疵资产，将太航科技10宗土地、2项房产等非经营性瑕疵资产划出；第三步，托管与赋能，将太航科技委托航新平台管理，实现管理出表；第四步，转让出清，基金平台收购太航科技全部股权，完成太航科技改制重组与财务出表；第五步，基金平台展开投后辅导，协助企业明晰发展定位、激发内生动力。

三、改革成效

通过发挥"双平台"的全功能特色服务，中航资产助力航空工业主业企业优化了产业布局，调整对象亦获得新生。

一是"双平台"促进航空工业所属企业进一步聚焦主责主业。剥离成都威特后，成飞进一步聚焦军品科研型号生产，年减少连带决策事项超过30项、减少用工人员约330人、减少委派董监高8人次；完全解除成飞为成都威特借款提供的8000万元担保。成都威特平稳过渡并厘清其未来5年发展路径，划转后第1年企业营收增加约20%，实现扭亏为盈，年均营业收入呈现稳定增长。

二是"双平台"为调整对象减轻了负担、降低了风险。通过"双平台"的重整改制，太航科技甩掉了历史包袱，实现内驱发展，明晰了计量测控、汽车零部件的核心业务成长路径，完善了公司治理监督机制，企业价值得到进一步挖掘；全面施行人员聘任制，分步实施股权激励，考核制度由"上级考评"转变为以价值创造为目标的经营业绩考核，企业活力与效率由内而外真正提升。更重要的是，避免了资产处置断崖式急刹车造成的各项风险，尤其是涉及太航科技近2000人的维稳风险。

三是"双平台"铸就航空工业存量资产主动管理的新路径。"双平台"在提高资产处置效率与效益的同时，在结构、分类、价值上重构错配类和调整类资产，里程碑式构建了效率、效益与合规兼备的航空工业资产管理新体系。在2021年5个月的时间里，航空资产调整基金完成6个项目、9.05亿元资金投放，其中94.58%的资金投向航空主业的"解困祛痛"类项目。截至2022年6月30日，"双平台"累计接收64家"两非"企业，实现29家财务出表和35家管理出表。不仅全面超额完成2021年国资委"两非"处置任务年内目标，实现航空工业集团"两非"剥离专项于2022年5月提前一个月完成，而且成功受托处置中国航空发动机集团有限公司所属两家"两非"企业，助力兄弟央企达成目标。

15

坚持改革创新 实施区域管理
在创新竞进中推动企业高质量发展

国家管网集团西部管道有限责任公司

一、基本情况

国家管网集团西部管道有限责任公司（简称"西部管道公司"）隶属于国家石油天然气管网集团有限公司（简称"国家管网集团"），于2004年8月成立，率先建成、高效运营"西油东送、西气东输"的西部油气能源战略大通道，现已发展成为业务覆盖新疆、甘肃、青海三省（区）的专业化地区管道企业，所辖油气管道干（支）线46条，总里程1.57万千米，资产总额1259亿元，天然气、原油、成品油出疆干线输送能力分别为770亿立方米/年、2000万吨/年、1000万吨/年，管输天然气配送至国内1/2区域，管输原油服务东西部7个省区市13家炼厂，管输成品油辐射13个省（区、市）。

公司成立之初采用传统的按线管理模式，在管控效率和用工水平方面存在管理交叉、资源浪费，员工技能单一、发展潜力不足，基层机构多、用工水平不高等问题。国企改革三年行动以来，西部管道公司确定"区域化"管理的思路，打破原先按线设置机构、按线管理的模式，变为按区域设置机构，按区域管理。同一区域内的管道、资产和人员由同一家分公司或作业区管理,区域内资源实现共享,从而提升管理水平和用工水平。

二、经验做法

(一)管理体制由"按线管理"向"区域管控"变革

一是划分区域分公司。统筹研究管理难度、管辖半径、沿线依托等因素,打破按线管理的传统,以"管理范围350千米、应急响应3小时"为标准,重新划分各分公司的业务范围和组织机构,将10个分公司按区域精简为7个,既解决了区域内业务重合、资源不能共享的问题,也改变了输油和输气分离,业务相对单一的格局,各基层单位基本实现"油气并举"。

二是建立作业区机构。研究确立"大站管小站"和运检维一体化的管理模式,按照"管理半径80千米、应急响应时间1小时"的标准建立作业区,将130座站库和分输点合并为24个作业区和16个中心站,每个作业区(中心站)平均管辖3~5个站库。按照"维抢修中心管辖直径700千米,维抢修队管辖直径350千米"的标准,将14个维抢修机构优化为9个。

三是稳妥推进区域管理。坚持"试点先行,逐步推开"的原则,形成作业区建设"五步法":辨风险,通过危险与可操作性分析(HAZOP),提前辨析实施作业区模式后可能出现的安全生产风险;促改造,实施隐患治理和自动化系统升级改造,将各站调度监视系统接入中心站,实现由中心站监视调度各站的功能,提前消除实施作业区管理模式后的风险隐患,提高系统可靠性;抓培训,通过取证培训、以干带练等方式,加快提高作业人员综合技能,达到员工输油输气均能干的目标;订章程,制定作业区管理模式下的操作规程,建立新的作业标准和规范;试运行,自动化改造、员工培训和作业标准规范通过验收达标的,按作业区模式试运行6个月后,转入正式运行。

（二）运维模式由"运检分离"向"三个集中"转变

一是实施集中监视。建成投用乌鲁木齐调度监控中心，对北疆成品油管网等老旧管线进行远程自动控制改造，所辖二级管道实现公司集中远程调控，站场有人值守，无人操作。站场运行监视职能集中到作业区，由作业区对所辖站库集中监视，撤销下辖各站库调控人员和分公司级调控室，提高了调度值班效率，减少分公司和一线调度运行人员300人。

二是实施集中巡检。建立"1+3+特殊"巡检机制：作业区领导带队每日综合巡检1次，检查主要生产设备设施情况；值班干部每日组织常规巡检3次，检查关键设备、要害部位和检修作业情况；根据实际需要进行特殊巡检，检查工艺变更、特殊天气影响部位情况。同时，作业区对所辖"无人站"和阀室，每周现场巡检2~3次，对所辖管线巡护质量进行监督考核。集中巡检模式彻底改变了原2小时一巡检的惯例，大幅减少了站场员工巡检工作量。

三是实施集中维护。改变原站场人员负责运检、维抢修人员负责维修维护的传统模式，建立"作业区属地为主，专业队伍技术支持"的维检修模式，实行维检修作业分级管理，着力提高作业区、维抢修队的自主维修能力，形成了作业区、维抢修队伍、生产技术服务中心、外部专业队伍的梯次维检修机制。作业区员工动手能力大幅提高，维修时效性显著增强，目前作业区已能独立承担90%以上维检修工作量，各分公司具备了压缩机组25000小时维护保养、以及泵阀炉等核心设备的日常维修保养能力。

（三）岗位专业能力由"单一技能"向"一专多能"过渡

一是整合技术技能岗位。按照高复合、大工种的思路将原8个专业技术岗和8个技能操作岗合并为机械、电气、计量、管道、综合、安全员6个作业岗，基层岗位数量减少70%，每个岗位的知识技能复合度由原先1个专业或工种增加到2~3个专业和工种，技术和技能水平大幅提升，满足了作业区运、检、维一体化管理对岗位技术技能的要求。

二是做强专业化服务力量。在作业区具备基本维检修能力的基础上，分层级做强技术服务能力。一方面做强维抢修队的维抢修力量。配齐配强维抢修队人员和大型维抢修设备，具备解决作业区无法胜任的大型设备检修和管道重大事故抢修能力。另一方面做强高精尖技术服务能力。由生产技术服务中心承担全公司压缩机组、输油泵、储油罐等、电气仪表等核心设备的远程故障检测、疑难故障排除、大型维检修等技术服务职能，抢占技术人才和技术服务高地。科技信息服务中心承担管网工艺优化、管道内检测服务、信息网络维护等技术服务。两个中心的专业化服务能力弥补了作业区、维抢修队技术力量相对薄弱，难以解决疑难杂症的短板。

三是外包辅助业务。坚持"突出主业，轻装上阵"，对管道巡护、站场安保、生活后勤等价值贡献低的辅助业务，利用社会资源全部进行外包，属地劳务用工减少1280余人，占原用工总量的26%，既做强了主业力量，也降低了用工成本，提升了公司总体效益。

三、改革成效

经过区域化管理，公司实现了发展方式的根本性转变，管理效率持续提升，用工成本持续下降，走上了高质量发展的道路。

一是管网运行平稳高效。实施区域化管理后，每个分公司平均管理管道里程达到2300千米，管辖站库达15~20个；每个作业区平均管辖管道400千米，平均管辖站库3个以上；每个维抢修机构平均负责1777千米管道、13个站的维抢修任务，资产管理效率大幅提高。作业区具备了维修能力，设备维修效率大幅度提高，时间成本和维修成本大幅降低。公司压缩机组平均无故障运行时间提高到10578小时，资产完整性管理和DNV国际安全评级由4级提升至8级，连续10年获得上级部门授予的"环境保护先进单位"称号。

二是组织机构精干高效。直接减少二级单位 3 个，基层机构减少 64%，调度用工需求比原行业用工标准下降 70%。对区域内管道进行集中统一管理，管道管理人员比原先标准下降 60%，基层管理人员减少 30%。管道里程从 8949 千米增至 16000 千米的情况下，员工总数从峰值 4975 人降至 3000 人，减少 40%，人均管理管道里程从 2.3 千米提升至 5.1 千米，公司定编标准比行业劳动定额标准用工少 35% 左右。

三是用工成本大幅下降。对比传统模式的标准定员，减少用工 35% 左右，年节约薪酬总额 2.86 亿元。公司人均营业收入、人均利润、劳动生产率等指标随着管输量增加持续增长，人均营业收入从区域化管理前的 148.1 万元/人提高到 794.3 万元/人，增长 430%；人均利润由 32.1 万元年增长到 450.8 万元，增长 1300%；劳动生产率由 96.1 万元/人年增长到 646.28 万元/人，增长 570%。

四是员工素质大幅提升。员工按照新的岗位能力素质要求，主动拓展第二专业和第二工种的技术技能素质，部分员工拓展第三专业知识和技能。目前 90% 以上的员工掌握 2~3 个专业的技术技能，生产岗位未取得主干专业学历的员工加强继续教育学历提升，高级以上职称员工由原先 163 人增加到 298 人，技师以上操作员工数量由 13 人增加到 122 人，基层作业岗位员工 58% 晋升到四级及以上，综合技术技能素质大幅提升。

16

以重组整合为抓手 推动出资企业高质量发展

黑龙江省人民政府国有资产监督管理委员会

一、基本情况

党的十九大以来，黑龙江省持续推动国有资本向能源资源、交通水利、农业产业、生态林业、旅游康养和战略性新兴产业等关系国民经济命脉的重要行业和关键领域集中，结合推进经营性国有资产集中统一监管，2019年在农业、交通、新产业、基础设施建设、林业、旅游、金融等领域组建了7个省级产业投资集团，涉及资产4000多亿元。组建后，7个集团按照新体制、新机制、新模式运行，企业效益大幅提升。国企改革三年行动开展以来，黑龙江省人民政府国有资产监督管理委员会（简称"黑龙江省国资委"）进一步加大战略性重组和专业化整合力度，相继完成了黑龙江省水利投资集团有限公司（简称"水投集团"）组建、黑龙江省龙睿资产经营有限公司（简称"龙睿公司"）托管黑龙江省对外经贸集团有限责任公司（简称"外贸集团"）、黑龙江省旅游投资集团有限公司（简称"旅投集团"）与黑龙江省建设投资集团有限公司（简称"建投集团"）重组、黑龙江交易集团有限公司（简称"交易集团"）与黑龙江省招标有限公司（简称"招标公司"）重组，着力解决制约企业发展的体量小、融资难、业务板块重叠等问题，切实增强国有经济竞争力、创新力、控制力、影响力、抗风险能力。

二、经验做法

（一）围绕功能定位，推动调整战略谋划

黑龙江省国资委加强规划管理，制定《黑龙江省地方国有资本布局和结构战略性调整"十四五"规划》和《黑龙江省国资委出资企业"十四五"发展规划纲要》，明确"任务书""时间表""路线图"。

一是指导水投集团抢前抓早谋划"十四五"改革发展规划，提出"123456"战略，同步谋划编制了黑龙江省水利行业战略布局及产业发展规划、国企改革三年行动实施方案及科技、人才等专项规划，力争规划体系上下贯穿、有机衔接。

二是督促旅投集团结合实际对集团"十四五"规划进行调整完善，充分利用建投集团战略平台，担负起旅游强省的使命，依托市场化的思维对龙江旅游发展进行整体赋能考量，融合集团内部的战略协同和业务协作，形成全产业链协同发展机制，放大资源整合效应，优化产业布局，全面提升各业务板块整体竞争力。

三是推动交易集团聚焦目标、协作发展，逐步拓展市场范围，打造一个"规范、透明、开放、有活力、有韧性"的全省大市场、大平台，不断巩固和提升行业影响力和市场竞争力。

（二）实施资源整合，推动业务布局优化调整

黑龙江省国资委积极调研出资企业业务板块和资产资源基本情况，以业务协同、优势互补为出发点实施企业重组整合。

一是积极指导水投集团统筹划转资源和在手资源整合资源优势，盘活存量资产，突出水投集团功能作用，设计完善了"4+1"业务板块。

二是帮助旅投集团全面梳理资源、资产、资质状况，形成整合思路。

其中正明、雪阅等酒店，国天物业等公司，与建投集团国宾馆及会展板块、生态环保及美好生活服务板块业务具有高度契合性，通过资源整合、市场化经营、品牌和管理服务输出盘活酒店资产；权属企业北鱼渔业集团有限公司与建投集团所属水投集团水资源板块协同开发联动，大力推动渔业产业发展；同时构建集城市社区、文旅生活体验、养老托幼服务于一体的旅游消费综合体，并在探索构建康养医疗旅游项目等方面进一步开展专业化整合。

三是组织龙睿公司按照"有进有退、有所为有所不为"的原则，持续推进外贸集团内部专业化重组。通过对业务、资产、人员进行再造，将45家企业剥离出外贸集团，同时置入有发展前景的企业3家，使外贸集团轻装上阵参与市场竞争、主责主业更加突出、资源配置更加优化、产业链更加畅通，未来将在构建新发展格局中发挥更大作用。

四是交易集团下设的黑龙江阳光采购服务平台与招标公司属于招标采购领域上下游企业，具有较强的业务关联性、协同性。重组后，实现了资源与信息共享、优势互补，加快建设完善的现代化要素市场体系，进一步提高了国有资本配置和运行效率。

（三）突出改革重点，推动企业规范高效运行

黑龙江省国资委牵头制定全省国企改革三年行动实施方案，细化工作台账，强化改革督导。

一是持续推动水投集团重点领域和关键环节改革攻坚。黑龙江省国资委成立了全面深化改革领导小组与专班，统筹研究国企改革三年行动，推进事转企、三项制度改革、供给侧结构性改革等重点改革，通过建立现代化企业治理结构，完善集团化管控顶层设计，建立健全内部治理制度体系，打通和完善各项工作机制，集团管理、经营、风控等渐成体系，初步建立起权责法定、权责透明、协调运转、有效制衡的公司治理机制。

二是督促旅投集团对照 2021 年改革任务和国企改革三年行动实施方案任务清单，全面推进公司制改革、事转企、压缩管理层级和减少法人数量等重点工作。

三是推动龙睿公司和外贸集团全面完成公司制改革工作，优化公司治理结构，调整和充实外贸集团领导班子，托管后组织选调 2 人、内部提拔 1 人进入领导班子；针对法律诉讼多等问题，将法律顾问服务延伸到外贸集团。

四是积极指导交易集团和招标公司推进三项制度改革，重新调整内部机构设置和人员编制，经理层成员和内设机构负责人全部竞争上岗。2022年 11 月，三项制度改革全面完成，员工精神面貌、工作干劲大幅提升。

（四）强化党建引领，推动各项工作取得成效

黑龙江省国资委制定了《2020 年度省国资委出资企业党建工作责任制考核工作方案》，重点围绕加强企业党的政治建设等 6 个方面、26 个考核要点，组织对一级企业开展了 2020 年度党建工作责任制考核。

一是水投集团坚持"两个一以贯之"，努力实现党的领导与公司治理充分融合，全面推进党建工作在融合中提质。

二是旅投集团重组后进一步推动党建工作与中心工作深度融合，实施党建"12348"工程，全面推进党建工作和生产经营工作一体化。通过"创新学习、深入调研"双轮驱动，实现转变作风、深化改革、提质增效、解决历史遗留问题"四个突破"，取得良好成效。

三是龙睿公司指导外贸集团整顿"小散弱"党组织。托管前，外贸集团存在党委 4 个、党支部 13 个，托管后保留党委 1 个，拟将 3 个"小散弱"党委降为支部。同时，龙睿公司以党建为引领，积极稳妥地推进外贸集团"僵尸企业"处置工作，2021 年完成剩余 7 家中的 6 家"僵尸企业"处置。

四是交易集团结合重组后的实际情况，及时修改公司章程，进一步厘清各治理主体权责边界，规范公司章程管理行为，充分发挥公司章程在公司治理中的基础作用，在完善公司治理中加强党的领导。同时，充分发挥领导作用，及时完成招标公司党组织隶属关系调整，统筹做好组织对接、制度对接、工作对接，推进"家企情怀"企业文化融合，实现企业重组后党建文化无缝对接。

三、改革成效

一是国企效益实现大幅增长。黑龙江省国资委坚持把发展作为第一要务，推动出资企业加快发展。2021年，黑龙江省国资委出资企业经营业绩再创新高，累计实现营业收入1167.78亿元，同比增长19.60%，2年平均增长20.87%，首次突破千亿元；实现利润27.29亿元，同比增长88.41%，2年平均增长5.63%；已交税费67.16亿元，同比增长20.78%，2年平均增长10.83%。

二是国有资本进一步集中优化。黑龙江省国资委出资的6个省级产业投资集团合计资产总额达4205.85亿元，同比增长9.04%；实现营业总收入776.28亿元，同比增长14.74%；实现利润17.04亿元，同比增长39.23%；已交税费32.33亿元，同比增长24.49%。这4项经济指标分别占黑龙江省国资委出资企业的82.27%、66.47%、62.43%、48.14%，占黑龙江省地方国企的24.23%、42.94%、45.71%、32.52%。

三是国企服务支撑保障作用持续增强。国资省企在落实全省重大战略部署，服务保障全省经济社会平稳发展方面当排头、做表率，彰显使命担当。黑龙江省国资委正在推进省级国有资本运营公司组建工作，进一步放大国有资本运营平台作用，提升国有资本运营效率和效益。

四是国企改革取得重大进展。黑龙江省国资委出资企业已由改革脱困阶段转向改革发展阶段。黑龙江省国资委立足新的阶段，坚持问题导向，认真贯彻中央和黑龙江省委省政府关于国企改革的部署要求，积极落实东北地区国企改革专项意见，全面推进国企改革三年行动，改革质效不断提升。

五是国企党建不断加强。黑龙江省国资委按照新时代党的建设总要求，深入贯彻落实全国和全省国有企业党的建设工作会议精神，牢牢把握党建工作服从服务做强做优做大国有企业的重大战略任务，全面加强国企党建，实现以高质量党建引领企业高质量发展。

17

坚持系统推进靶向攻关
"两非""两资"清理整合取得显著成效

江苏省政府国有资产监督管理委员会

一、基本情况

国企改革三年行动实施以来,江苏省政府国有资产监督管理委员会(简称"江苏省国资委")持续推进"两非""两资"业务清理,推动省属企业不断加大力度整合内部资源,集中资源做强做优做大主业和重要子企业,制定清理工作目标和措施,省属企业"两非""两资"清理整合取得显著成效。近3年,累计清理整合劣势企业和低效无效投资1500余家(项),处置"僵尸企业"196家。"四类企业""三类参股投资"占比分别从2009年末的40%和60%左右,双双降至2021年末的15%左右。江苏省省属企业劣势企业和低效无效参股投资明显减少,资源配置进一步优化,主责主业更加突出,成效显著。

二、经验做法

(一)系统谋划,明确清理"靶向标"

一是早谋划、早起步。江苏省国资委推动省属企业对与企业发展战略不符、缺乏竞争力、长期亏损的子企业和低效无效参股投资进行清查,建立"两非""两资"清理整合工作台账。有针对性地印发《关于进一步整合企业内部资源的意见》，明确了省属企业整合内部资源的基本原则、总体目标、重点任务和进度要求等。召开全省国资监管工作会议，专题布置省属企业加大力度整合内部资源，清理退出劣势企业和非主业、低收益、缺乏增值潜力的参股投资，将有限的资源向具有竞争优势的主业领域集聚，做强做优做大主业和重要子企业。

二是定标准、定目标。根据股权投资台账信息，江苏省国资委划出7条线，将停业、连续3年亏损、资不抵债、第三层级以下的控股企业定义为"四类企业"，将连续3年无收益、账面价值300万元以下、第三层级及以下企业的参股投资定义为"三类参股投资"。组织和推动江苏省省属企业对所属子企业中的"四类企业"和"三类参股投资"进行系统梳理、综合研判，对需予保留的"四类企业"和"三类参股投资"逐家做出简要说明，经研判不予保留的纳入整合清理范围。2021年，江苏省属国资"十四五"发展总体规划明确提出"四类企业""三类参股投资"占比控制在10%左右的目标。

三是高联动、高协同。江苏省国资委坚持做好结合文章，将"两非""两资"清理整合与国企改革三年行动深入结合，按照国企改革三年行动统一要求部署，明确标准，列出清单，分类施治。与供给侧结构性改革相结合，把"僵尸企业"处置工作放在突出位置，系统推进"四类企业""三类参股投资"清理。与重点亏损企业专项治理和小微企业占比压减工作相结合，联动推进"两非""两资"业务清理处置。与剥离资产的专业化处置、盘活存量资产扩大有效投资等相结合，逐步深化"两非""两资"业务清理处置，列入年度工作计划，作为一项常态化的工作，紧盯不放。

（二）综合施策，打好推进"组合拳"

一是"一企一策"、分类处置。江苏省国资委推动省属企业按照"多兼并重组、少破产清算"原则，"一企一策"分类清理处置，最大限度地盘活存量资产。对业务相近的企业，通过吸收合并、重组整合等方式，提升管理效率，实现规模效益。对经营状况差、行业前景不佳的企业和业务，通过关闭撤销、清算注销等方式，坚决清理退出。2021年，江苏省国资委推动江苏省惠隆资产管理有限公司将"托管企业的清理处置"作为重大专项任务，对所托管的江苏省物资集团采取"因企施策、多措并举、分类处置"方式，在妥善分流安置人员、清理债权债务的基础上，稳妥有序地完成了85家"僵尸企业"的清理处置。

二是聚焦主业、严控增量。江苏省国资委加强对省属企业投资业务的监督管理，特别是加强对企业非主业投资的管控，建立非主业投资窗口指导制度，明确非主业投资项目的原则和优先方向，严防新增低效无效投资。近年来，江苏省省属企业96%以上的新增投资集中在基础设施、能源资源、现代服务业等主业实业领域。

三是部门配合、协同联动。利用江苏省政府企业破产处置协调联动机制平台，江苏省国资委积极商请相关部门协调解决清理退出中遇到的矛盾和问题，支持省属企业利用破产清算处置方式，加快低效无效资产处置。比如，在处置"僵尸企业"过程中，主动与江苏省高级人民法院、江苏省市场监管局等单位进行对接，在法律框架内急事急办，取得良好效果。

四是央地联动、实现双赢。江苏省国资委积极推动省属企业与中央企业联动合作、重组整合。省属企业转让退出省级层面难以形成优势的业务，进一步聚焦主责主业，优化资源布局。中央企业通过资源整合，进一步开拓江苏市场。例如，江苏省国信集团有限公司（简称"江苏省国信集团"）将房地产业务通过股权转让的方式，转让给以房地产业务为主业的华侨城集团有限公司，实现了双赢。

（三）注重实效，用好考核"指挥棒"

一是高位策动、强力推进。江苏省国资委积极协调省政府将退出低效无效投资和劣势企业、加大力度压缩管理层级写入省政府年度工作要点、年度十大主要任务百项重点工作。明确省属企业"一把手"是第一责任人，分管领导是直接责任人，相关部门履行实施主体职责，形成了一级抓一级、层层落实责任的责任体系，以"关键少数"的以上率下、真抓实干，带动"绝大多数"的履职尽责，确保"两非""两资"清理整合工作落实到位。

二是考核引领、持之以恒。江苏省国资委印发《省属企业清理整合内部资源工作年度考核暂行办法》，将"四类企业""三类参股投资"清理整合工作纳入省属企业负责人年度经营业绩考核，并且连续8年按照出清率实行百分制打分评价，评价结果直接与企业负责人薪酬挂钩。2021年，劣势企业和低效无效参股投资清理又纳入江苏省委考核省属企业高质量发展的内容。

（四）规范操作，筑牢稳定的"防火墙"

一是依法依规。江苏省国资委认真执行有关法律法规和政策规定，规范有序推进清理整合工作。企业清理整合工作中涉及的资产、产权处置程序严格遵守《国有资产处置管理办法》等相关规定，规范实施集体决策、合理评估、依法清算、信息公开等操作程序，切实堵塞漏洞，防止国有资产流失。清理整合工作中涉及职工权益的，严格按照劳动法、劳动合同法及国家、省、市有关规定，做好职工安置和劳动关系调整、社会保险接续等相关工作，切实维护职工的合法权益。

二是防范风险。在"两非""两资"处置过程中，江苏省国资委注重加强风险防控，周密制定维护稳定工作预案，组织矛盾风险排查工作，全面掌握省属企业内容部各类矛盾纠纷的状况，找出重点、难点问题和潜在的矛盾纠纷，畅通诉求渠道，健全协调机制，认真梳理分析，积极化解各种不稳定因素。特别是注重做好职工安置工作，及时制定周密的职工安置方案，明确职工安置途径、经费来源和促进再就业等措施，确保了企业稳定。江苏省属企业未发生一起因清理退出"两非""两资"而引发的群访、集访事件。

三、改革成效

一是企业"瘦身"效果良好。江苏省国资委"两非""两资"清理整合工作得到省属企业普遍重视，各省属企业内部对资源整合的必要性和紧迫性形成了统一的认识。省属企业主业均控制在3个以内，管理层级已基本控制在三级以内，建立了"四类控股企业""三类参股投资""僵尸企业"清理，以及亏损企业治理、小微企业占比压减的长效机制。

二是企业提质增效明显。江苏省属企业的"枯枝"和"出血点"大幅减少，资产质量明显改善。截至2021年末，江苏省属企业资产总额达2.15万亿元，实现利润总额首次突破500亿元，净利润首次突破400亿元，营业收入达3888亿元，整体资产负债率继续保持在合理区间，上缴税费206.5亿元，税收贡献持续提升。在全国省级监管指标中，资产总额和净资产均位列第12位，利润总额和净利润均位列第7位，营业收入利润率位列第5位，年化全员劳动生产率位列第2位，资产质量和运营质效走在前列。

三是省属企业"主力军"作用彰显。江苏省属企业重大资产重组和企业内部资源整合取得显著成效，先后组建或重组了东部机场集团有限公司、江苏省港口集团有限公司、江苏省铁路集团有限公司等一批在全省经济社会发展中发挥重要战略引领和基础保障作用的骨干企业。江苏省属企业已发展成为全省综合交通运输体系建设运营和地方能源、金融领域的主力军，全省"走出去"发展的排头兵，在重要物资储备、农业现代化、南水北调、沿海开发等方面发挥了重要功能，涌现出了华泰证券股份有限公司、江苏交通控股有限公司、江苏省国信集团等一批跻身全国同行业前列的优势企业。

18

布局优化　创新驱动　三化转型
切实发挥"江淮柱石"战略支撑作用

安徽省人民政府国有资产监督管理委员会

一、基本情况

安徽省人民政府国有资产监督管理委员会（简称"安徽省国资委"）组建于2004年2月，目前监管安徽省交通控股集团有限公司、安徽海螺集团有限责任公司（简称"海螺集团"）、安徽省能源集团有限公司（简称"能源集团"）、铜陵有色金属集团股份有限公司（简称"铜陵有色集团"）等28家省属企业，资产主要分布于能源、建材、化工、建筑、金融、公共服务等行业领域。党的十八大以来，习近平总书记作出一系列重要指示，为安徽擘画了打造具有重要影响力的科技创新策源地、新兴产业聚集地、改革开放新高地、经济社会发展全面绿色转型区的宏伟蓝图。国企改革三年行动以来，安徽省国资委深入贯彻落实党中央、国务院决策部署，按照安徽省委、省政府工作要求，在深化"三地一区"建设中坚定不移推进国资国企改革，加快国有资本布局结构优化调整，奋力推动国有企业高质量发展，为安徽省经济社会发展提供了战略支撑。

二、经验做法

（一）以推进战略性重组和专业化整合为抓手，加快国有经济布局优化和结构调整

一是持续推进重组整合落地见效。安徽省国资委巩固深化马钢（集团）控股有限公司（简称"马钢集团"）与中国宝武钢铁集团有限公司战略重组、江淮汽车集团股份有限公司（简称"江汽集团"）与大众汽车集团战略合作。2021年，马钢集团实现营业收入2083亿元，同比增长73%；实现利润总额132亿元，同比增长142%，均创历史新高。江汽集团实现汽车销量52.4万辆，同比增长15.6%。将安徽军工集团控股有限公司（简称"安徽军工"）51%股权无偿划转中国兵器装备集团有限公司，力争用5年左右时间将安徽军工打造为军民融合发展的百亿元级军工企业。引入中央企业优质资源增资入股安徽省盐业集团，整体改组为安徽省生态环境产业集团。推进安徽省港航资源新一轮整合，全省高等级航道里程位居全国第五、长三角地区第二，安徽省港航集团有限公司2021年营业收入、利润总额增幅分别达23.8%、16.8%。

二是挂牌组建若干专业化公司。安徽省国资委组建安徽省通航控股集团有限公司，整合合肥、芜湖等地通航资源，统筹推进全省骨干通用机场建设、低空飞行服务和通航产业发展。组建数字安徽有限责任公司（简称"数字安徽公司"），省属企业持股51%、科大讯飞股份有限公司（简称"科大讯飞"）持股49%，直接在集团层面实行混合所有制，主导推进数字基础设施建设、数据开发交易和数字产业投资。谋划组建安徽省粮食集团有限责任公司，将其作为省属一级企业，全面承担省级储备粮业务。

三是发起设立一批国有资本股权基金。2022年以来，安徽省国资委主导推动相关省属企业发起设立新兴产业发展、产业转型升级、碳中和、工业互联网、新型基础设施建设、混合所有制改革6只国有资本股权投资母基金和1只服务全省重大战略的直投基金，基金规模达400亿元以上，主导或参与设立若干只子基金，尽快形成1000亿元以上的基金集群。截至目前，安徽省属国有资本股权投资基金总数量累计200只以上，实缴总规模达2700亿元以上。

四是启动实施新兴产业布局行动。安徽省国资委依托省属龙头企业，重点打造新兴产业集群、绿色建材产业集群、现代有色金属产业集群、能源化工产业集群等4个3000亿元级别的特色产业集群。制订省属企业布局新兴产业行动计划，实施新材料产业强基、新能源汽车和智能网联汽车产业提质、高端装备制造产业升级、数字经济产业培育、绿色环保产业壮大"五大工程"，每年完成500亿元以上新兴产业投资。省属企业累计投资长鑫存储技术有限公司、国科量子通信网络有限公司、安徽省东超科技有限公司等"瞪羚""独角兽"企业近30家，前瞻布局量子信息、人工智能、空气成像等未来产业，推动尖端科技成果就地孵化。

（二）以制定关键核心技术攻关清单为先导，加快打造原创技术策源地

一是抓重点，压茬制定关键核心技术攻关清单。2020年，安徽省国资委建立省属企业20项"关键核心技术和产品清单"（简称"尖20"），已有19项生产出样品。2021年，安徽省国资委对关键核心技术和产品清单进行扩容，由"尖20"升级为"尖30"，并将清单项目整体列入安徽省科技重大专项计划。铜陵有色集团航空金属材料国内领先，5G通信用极低轮廓铜箔打破国外技术垄断；安徽省叉车集团有限责任公司（简称"叉车集团"）电动4~5吨集成电桥技术研究填补国内空白、实现进口替代；淮河能源控股集团有限责任公司直径3.5米和2.5米煤矿小型硬岩盾构机，突破世界最大盾构机制造商德国海瑞克公司标定下限；安徽省投资集团控股有限公司柔性触控模组、柔性可折叠超薄玻璃盖板已达国际先进水平，解决反复折叠无折痕卡脖子技术。2021年，安徽省属企业6项科技成果获安徽省科学技术进步一等奖，1项获国防科技进步一等奖。

二是抓平台，加快建设高水平创新联合体。安徽省国资委重点推动海螺集团、能源集团与中国科学技术大学（简称"中科大"）共建碳中和研究院，指导海螺集团与中科大、中国建材集团有限公司等共建省水泥工业二氧化碳捕集转化应用创新联合体、能源集团与合肥综合性国家科学中心能源研究院共建能源协同创新中心，支持安徽皖维集团有限责任公司（简称"皖维集团"）与中科大先进技术研究院、中科大技术创新团队以市场化方式组建先进功能膜材料研究院公司。目前，安徽省属企业拥有国家和省级技术研发平台160个。

三是抓保障，陆续出台一揽子创新支持政策。安徽省国资委印发《推动省属企业科技创新实施意见》，实施费用"加回"、考核"加分"、人才"加薪"、股权"加持"和责任"减压"的"四加一减"激励措施。"对承担关键核心技术攻关的项目团队可以实行工资单列""推动国有创新企业开展事前约定职务科技成果权属改革试点"等支持政策已纳入安徽省委、省政府重要创新文件。设立省属企业科技创新专项资金，金额每年达2亿元左右，其中40%的专项资金可用于奖励做出突出贡献的研发团队和骨干。印发深化省属企业科技创新体制机制改革的若干举措，推动省属企业实现主业领域研发机构、科技成果转化和申报、科技人才评价和激励全覆盖。2021年，安徽省属企业研发投入强度达2.8%，其中工业企业研发投入强度超3%。

（三）以推动高端化智能化绿色化转型为重点，加快塑造高质量发展新优势

一是推动产业链价值链高端化。安徽省国资委在马钢集团召开省属企业"高端化、智能化、绿色化"发展现场推进会，加快传统产业转型升级、智慧制造和绿色发展。深入实施"2215"投资行动，推动铜陵有色集团年产2万吨高精度电子铜箔（二期）、皖维集团年产700万平方米偏光片、江淮蔚来30万台新能源汽车产能提升、大众安徽新能源汽车制造基地等一批牵引性强的重大项目落地见效。印发"双招双引"工作方案，实施国资国企"招商引资、招才引智"六大工程，围绕优化和稳定产业链供应链，聚焦产业链价值链高端，深入开展以商招商，2021年招引项目105个，引进投资额1256亿元。

二是实施数字化和工业互联网赋能行动。安徽省国资委印发并实施《省属企业工业互联网创新发展行动计划（2021—2023年）》和《省属企业数字化转型专项行动计划（2021—2025年）》，推动海螺集团、安徽叉车集团有限责任公司、能源集团率先建设"双跨型"或特色行业型工业互联网平台，加快培育一批"工业互联网＋先进制造业"标杆企业，构建"2＋3＋N"格局。推动数字安徽公司与科大讯飞等组建"羚羊"工业互联网公司，聚力打造羚羊工业互联网平台（简称"羚羊平台"），并将其作为全国首家国资作为第一大股东的国家级双跨平台，汇聚应用场景、专家人才、服务商、资本市场四大资源，推动创新全要素、全产业链、全价值链的全面链接。截至目前，羚羊平台已汇聚企业近6万家、科研人员近3000人、高校院所145家，发布科技成果4万多条。

三是推进降碳减污协同增效。能源集团牵头组建50亿元碳中和基金，积极对接国家大基金，央企、市县国有资本和各类社会资本，打造碳中和主题基金群，助力绿色经济发展、能源结构调整、双碳目标实现。安徽海螺水泥股份有限公司碳捕集转化应用创新联合体围绕水泥工业二氧化碳高效捕集技术、二氧化碳转化应用技术及金融产品技术等开展研发攻关，为水泥工业"碳达峰、碳中和"目标提供技术、平台、人才和应用支撑。能源集团国内首创的煤电机组掺氨燃烧技术一次性点火成功，标志着氨能综合利用发电取得了关键性进展，对全国火力发电实现二氧化碳减排具有里程碑意义。

三、改革成效

一是国有企业整体实力显著增强。2021年，安徽省属企业实现营业总收入10067.5亿元，同比增长9.1%；实现利润总额951.7亿元，同比增长10.3%，主要经营指标创历史最好水平。2022年第一季度，资产总额首次突破2万亿元，整体资产负债率为57%，低于全国省级国资监管企业平均水平14.5个百分点。海螺集团、铜陵有色集团进入世界500强并实现争先进位，7家省属企业入围中国企业500强。2022年第一季度，安徽省属企业工业总产值、净利润和已交税费分别增长14.6%、11.9%和26.1%，经济社会发展"顶梁柱""压舱石"作用持续有效发挥。

二是国有经济质量效益持续提升。2021年，安徽省属企业营业总收入、利润总额分别居全国省级国资监管企业第7位、第4位，安徽省属企业以占全国省级国资监管企业2%的资产实现了6.6%以上的利润，相对盈利能力大幅高于全国平均水平；收入利润率达9.2%，高于全国省级国资监管企业平均水平3.8个百分点。

三是国有资本布局结构不断优化。国有资本更多向重要行业和优势企业聚集，科技创新动能明显增强。2022年第一季度，安徽省属企业先进制造业投资同比增长455.3%、新兴产业投资同比增长120.6%，占工业投资比重分别提高8.2个百分点、3.4个百分点；安徽省属企业研发经费投入增长27.3%，连续15个月保持25%以上的增速。

19

大力实施国有企业重组整合
勇当河南"两个确保"的开路先锋

河南省人民政府国有资产监督管理委员会

一、基本情况

国企改革三年行动开展以来,河南省人民政府国有资产监督管理委员会(简称"河南省国资委")在国务院国资委的关心指导下,紧紧围绕服务国家和全省重大发展战略,不断优化国有经济布局结构,大力实施国有企业重组整合,在关键行业和重点领域打造更具规模实力和核心竞争力的"旗舰劲旅",努力当好"确保高水平建设现代化河南、确保高质量实现现代化河南"开路先锋。结合推进党政机关和事业单位经营性国有资产集中统一监管,统筹省级各类国有资产资源,研究确定了资本投资运营公司、专业化投资平台和产业集团"2+N+X"的省管企业架构,即改组组建2家综合性国有资本投资运营公司,在农业、交通、水利、铁路、航空、文旅等领域打造"N"个专业化投资平台,推动能源、新材料、电子信息、现代物流、建筑施工等领域企业形成"X"个一流产业集团。积极融入服务黄河流域生态保护和高质量发展、中部地区崛起、"一带一路"等国家重大部署及全省瞄定"两个确保"实施的"十大战略",充分发挥国有经济在地方发展中的战略支撑作用。2021年12月22日,河南省铁路建设投资集团有限公司揭牌运营，打响本轮河南省重塑重构国有经济版图"第一枪"。2022年3月13日，河南交通投资集团有限公司（简称"河南交投集团"）、河南中豫国际港务集团有限公司（简称"河南中豫国际港务集团"）、豫信电子科技集团有限公司（简称"豫信电科集团"）等6家新组建企业集中挂牌，标志着国有企业重组整合步入"快车道"。

二、经验做法

（一）合并同类项

河南省管企业资产分散在70多个细分行业，缺少行业龙头企业。在推进重组过程中，突出规模经济性，合并同类型企业，形成规模经济和集聚效应成为首要课题。例如，原河南交投集团、河南交通运输集团均承担河南省内高速公路等基础设施的投融资、建设及资产管理工作，主业相近、功能相似，河南省国资委通过将河南省交通运输发展集团股权评估作价出资注入河南交投集团的方式，重组成立新的河南交投集团，重塑管理架构，重整企业债务，实施人员、组织、业务融合，统一管理运营，同时择机将河南省交通运输厅所属交通企业、其他省管企业持有的交通资产分批注入，打造陆路交通航母级企业。

（二）整合关联项

一些行业存在重复建设、同质化经营、产业集中度较低等现象，影响行业整体功能发挥。例如，近年来，河南省内多个地市利用内河航运资源，建设水上运输通道，但多数规模小、效益低，缺乏协同机制，甚至出现下游放水制约上游乱象。重组成立的河南中豫国际港务集团，下设河港板块，成立专业化港口集团，负责整合全省航道、港口、岸线及相关资源，形成规划协调、建设运营、品牌推广、策划招商、政策支持"五统一"的优势再造大平台，努力实现从"九龙治水"到攥指成拳、连线成网的转变。

(三)引入"合伙人"

河南省管企业重资产比例大,资本运作水平差,资产证券化率约为26%,国有资产从实物形态向价值形态转换步履艰难。为发挥撬动效应,河南省国资委积极寻求与中央企业、民营企业等的深度合作,以开放包容的态度放大改革乘数效应。例如,河南交投集团与民营供应链龙头企业深圳市中瑞控股集团有限公司合作成立河南物产集团有限公司,新企业实行"国有控股+民营企业管理运营"模式,既能充分利用国有企业平台优势,又能发挥民营企业在集采分销、上下游渠道、物流资源、资金成本、风险控制等综合服务和规模优势。

(四)坚决"断舍离"

河南省国资委坚持两手发力,内外并举,一方面重新核定河南省管企业主业,调整优化业务板块,通过注销、清算、整合重组等方式,处置非主营业务和低效无效资产,省管一级企业及各级子企业已完成"两非"清退家数占比98%,推动资金资源加快向主业集中;另一方面,以成长性、竞争力为标准,对规模偏小、产品单一,在省级层面战略支撑作用不强但与地方联系密切的省管企业,通过产权转让、混改等方式退出省管企业序列,下放属地管理,深度融入地方产业体系,借助属地优势促进企业成长和区域经济发展。

三、改革成效

自重组整合启动以来,已有14家新组建企业挂牌运营。通过重组整合,国有企业发展路径更加清晰,产业优势更加突出,聚集效应更加显现,国资国企高质量发展步伐明显加快。

一是主责主业更加聚焦。中国平煤神马控股集团有限公司瞄定"世界一流企业"目标，明确"三大核心产业"站前排争先进。河南能源化工集团有限公司厘清发展路径，走出一条依靠改革创新实现脱困、化险、重生的新路。新组建的河南交投集团，总资产超5000亿元，管辖收费公路总里程5767千米，成为河南交通产业发展"新引擎"。

二是市场竞争更加有力。河南省国资委发挥协同优势，提高产业集中度，增强企业核心竞争力。围绕新型城镇化战略重组的中豫建投集团，立足河南省省级"大建工"定位，打造"双千亿"企业，推动河南省由建筑大省向建筑强省转变。

三是供应链条更加通畅。河南省国资委重组成立河南中豫国际港务集团，促进网、空、陆、水"四路协同"，助力河南省实施制度型开放战略，打造内陆开放"新高地"。2022年4月16日，河南省内"五地六列""中豫号"国际班列同时发车，1—6月累计开行845列，较2021年同期增长16.5%。

四是资源配置更加优化。河南省国资委引导资源向优势企业集中，集中资源形成合力，实现做优做强。河南省文化旅游投资集团有限公司围绕文旅文创融合战略，整合全省优质文化旅游资源，优化"一带一核三山五区"旅游布局，打造万亿元级文旅产业集群。

五是数智转型更加高效。豫信电科集团承担建设中原城市群数据基础设施体系、构建数字产业生态、河南数字政府建设和数字经济发展引领的重要使命。该集团联合社会资本方收购超聚变，X86服务器3条生产线已落地郑州航空港区，旗下黄河科技集团有限公司已实现ARM鲲鹏生态落地，相关产品进入信创目录，河南数字经济新名片正在形成。

六是金融工具更加丰富。河南省国资委组建河南中豫信用增进有限公司，弥补了河南省该项金融工具的空白，助力企业多元化融资，优化全省金融环境，降低融资成本，更好地撬动金融服务实体经济。

20

树立一盘棋思想　推动专业化整合

广东省人民政府国有资产监督管理委员会

一、基本情况

近年来，特别是国企改革三年行动以来，广东省人民政府国有资产监督管理委员会（简称"广东省国资委"）认真学习领会习近平总书记关于国有经济布局结构调整的重要指示批示精神，立足新发展阶段、贯彻新发展理念、构建新发展格局，紧紧围绕服务"双区"和横琴、前海两个合作区建设，以及构建"一核一带一区"区域发展格局，着眼省属"一盘棋"，坚持"市场导向、企业主体、分层分类"，以"做强做优做大国有资本和国有企业、实现高质量发展"为目标，加快推进战略性重组和专业化整合，有力推动国有资本布局结构不断优化，80%以上的国有资本集中在战略安全、产业引领、国计民生、公共服务等重要行业和关键领域，省属企业发展质量和效益有效提升，企业竞争力和抗风险能力进一步增强，高质量发展基础不断夯实。

二、经验做法

（一）突出横向合并纵向联合，通过战略性重组大力推进集团层面专业化整合

广东省国资委深刻领会省委、省政府明确省属企业功能定位，增强省

属国有经济控制力的战略意图,"一企一策"实施战略性重组,切实提升了广东省属企业的市场地位和产业链把控能力。

一是集团"横向合并"强化规模效应。商贸流通板块,广东省广物控股集团有限公司(简称"广物集团")重组商贸集团,成为具有国内影响力、服务粤港澳大湾区建设的生产性综合服务商。2020年,广物集团与中国宝武钢铁集团有限公司合资组建宝武集团中南钢铁有限公司(简称"中南钢铁"),通过深化央地合作,推进中南地区钢铁产业的专业化整合、产业化发展、平台化运营、生态化协同、多元化混改,推动钢铁产业高质量发展,全力服务粤港澳大湾区建设和深圳中国特色社会主义先行示范区建设。2021年,组建合资销售公司广东广物中南建材集团有限公司,获中南钢铁最高等级业务合作待遇,与广东省韶关钢铁集团有限公司(简称"韶钢")、武汉钢铁集团鄂城钢铁有限责任公司(简称"鄂钢")、重庆钢铁(集团)有限责任公司(简称"重钢")、昆明钢铁控股有限公司(简称"昆钢")开展业务协同。投资额超百亿元的120万吨/年丙烷脱氢制聚丙烯项目,一期60万吨项目已于2019年正式投产,运营稳定,项目投产后至2022年上半年,实现营业收入超110亿元;二期项目预计2022年投产,投产后产能将达全省第一、全国前列,填补大湾区产能缺口。对外贸易板块,广东省广新控股集团有限公司重组广东省丝绸纺织集团有限公司,成为先进制造业走在行业前列、资本投资管理运营能力较强、对外开放综合服务水平较高的新兴产业资本投资公司。贯彻落实广东省委、省政府加快构建"一核一带一区"区域发展格局战略部署,投资建设阳江千亿级合金材料产业集群,成功构建从冶炼到热冷轧,再到深加工的全产业链发展格局,已具备年产200万吨高端不锈钢生产能力,即将新增200万吨不锈钢产能项目和印度尼西亚90万吨镍业项目,成为全国排名前三的高端不锈钢产业集群,扎实推进了阳江经济社会发展,辐射带动了沿海经济带加快发展。

二是产业链"纵向联合"实现优势互补。高速公路板块，广东省交通集团有限公司重组广东联合电子服务股份有限公司、广东省南粤交通投资建设有限公司，成为运行效率高和风险可控的高速公路投资建设运营商、行业领先的交通综合服务商，以及粤港澳大湾区的交通基础设施龙头企业，目前集团资产总额已超7000亿元，高速公路运营里程7962千米，占全省的78.44%，位居全国省属交通企业前列。建筑工程板块，广东省建筑工程集团有限公司重组广东省水电集团有限公司，拥有建筑工程施工、市政公用工程、水利水电施工3类4项总承包特级资质体系，成为具有核心竞争力的建设综合服务运营商，成为广东省委、省政府重大部署和重大建设项目的承担者和主力军。积极承担练江综合整治项目、韩江榕江练江水系连通工程、北江航道扩能升级工程、垦造水田项目等多项重大建设项目和民生工程。聚焦区域深度合作，致力于打造广东省建筑产业"一张网"格局，与全省各地市合作成立建筑公司，积极推动各地市建筑业发展，有力带动地市经济社会发展，助力解决全省区域发展不平衡不充分问题。铁路建设板块，广东省铁路建设投资集团有限公司重组广东省基础设施投资基金管理有限责任公司，全面提升投融资和经营开放能力，以打造"轨道上的大湾区"为目标，成为全省铁路建设主力军。目前，已建成广珠等城际铁路；开启省方主导建设高铁项目新进程，开工建设汕汕、广湛等省管高铁项目；加快推进粤东城际铁路项目建设，实现汕潮揭地区中心城市"半小时通勤圈"和粤东地区"一小时交通圈"。

（二）突出先外后内进退协同，聚焦主业实业，大力推进二三级企业专业化整合

经过重组整合，广东省属企业规模不断变大，质量效益不断提升，但"小散弱"现象未彻底改变，规模以下企业占比仍近60%，二三级企业同

质化竞争问题仍然突出。为推动打造行业龙头企业，广东省国资委组织推进省属二三级企业专业化整合，同时协同做好"退"的文章。

一是专业化整合实现资源集聚。广东省国资委通过二三级企业专业化整合，推动国有资本向主责主业聚集、向重要子企业聚集、向产业链链主企业聚集。二三级企业原则上不交叉经营两类或以上主业业务，主业板块企业原则上不经营非主业业务。推进集团之间的业务板块整合。2019—2020年，在基本完成集团层面战略性重组的基础上，广东省国资委制定了《第一批省属二三级企业专业化整合实施方案》，打破省属企业集团界限，以主业龙头企业为主体，通过股权合作、资产置换、增资扩股等方式，对产业相近、行业相关、优势互补的企业实施专业化整合，实现集团主业做强做优做大。推动集团内部整合。2021—2022年，在集团内二三级企业开展专业化整合专项行动。以压缩管理层级、减少法人单位为重要抓手，推动省属企业集团内部二三级企业按照突出主业、产业关联的要求，实施合并重组，优化管理幅度，缩短管理链条，处置低效资产，形成集团主业突出、下属二三级企业服务于集团主业的专业化子公司格局。同时，建立常态化调整机制，不断推进二三级企业专业化整合，切实聚焦主业实现做强做优做大。

二是协同退出强化主业聚焦。广东省国资委结合省属二三级企业专业化整合，坚决推动"小散弱"且与企业未来发展方向不一致、与其他企业产业关联度较低、主营业务利润长期无法覆盖经营成本的资产和业务，通过市场化等方式有序退出。"僵尸企业"处置与"两非""两资"清理退出工作有效推进。截至2022年6月底，广东省政府会议确定的975家省属"僵尸企业"全部处置完成，重点亏损子企业治理、"两非"剥离、"两资"清理完成率达100%。历史遗留问题全面完成。100%完成了"三供一业"分离移交、市政社区分离移交、所办医疗教育机构深化改革，100%

完成退休人员社会化管理工作，在全国处于领先水平。配套"小升规"专项行动扎实开展。梳理确定升规企业152家，"一企一策"制订培育计划，因企施策，截至2022年6月底，已全部实现升规。

三、改革成效

一是全面完成整合工作。广东省国资委完成高速公路、建筑工程、铁路建设、商贸流通、对外贸易五大板块集团层面的专业化整合。2020年完成第一批集团之间招投标、建筑关联、清洁能源、电子制造、汽贸、民爆、固废危废七大板块19家省属二三级企业专业化整合工作，2022年上半年完成86家集团内部二三级企业专业化整合工作。

二是整合成效初步显现。广东省国资委通过专业化整合，进一步明确省属企业功能定位，有效推动形成集团主业突出、下属二三级企业服务于集团主业的专业化子公司格局，初步实现了广东省属国有资产、资本、资源更多向主业聚集、向重要子企业和优势企业聚集、向产业链链主企业聚集，主业板块企业原则上不经营非主业，围绕功能定位形成了专业化、规模化、集约化发展格局。培育打造广东风华高新科技股份有限公司、广物汽贸股份有限公司、广东宏大控股集团股份有限公司（简称"广东宏大"）等行业领军企业，其中广东宏大2022年入选全国国有企业公司治理示范创建企业。

三是质量效益明显提升。相比2019年、2020年，广东省属企业2021年资产总额、营业收入平均增长率分别为12.74%、16.92%；剔除政策性亏损后，利润总额2年平均增长18.44%，广东省属企业利润总额超20亿元的企业有8家，其中超50亿元的企业有3家。

21

盘活存量 增强能量 做大总量
推动国有资本向重要行业和关键领域集中

甘肃省人民政府国有资产监督管理委员会

一、基本情况

面对甘肃经济总量小、外部挑战大的发展形势，甘肃省人民政府国有资产监督管理委员会（简称"甘肃省国资委"）把省委、省政府"加快发展、赶超进位"的工作要求融入国资国企工作全过程。围绕贯彻落实党中央、国务院关于深入实施国企改革三年行动和推进国有经济布局优化和结构调整的决策部署，编制发布《"十四五"甘肃省国资系统国有资本布局优化和结构调整规划》《甘肃省属企业"十四五"发展规划纲要》，建立投资规模7900亿元的"十四五"项目库，提出甘肃省属企业利润总额、净利润"倍增"，资产总额、营业收入年均增速8.5%以上、力争两位数增长等"跳起摘桃"奋斗目标。聚焦打好产业基础高级化产业链现代化攻坚战，加大传统产业改造和新兴产业培育的投资力度，推动国有资本向"战略端""优势端"集中，重塑传统优势、培育新生动能，不断提升国有资本配置效率和整体功能，有力支撑甘肃省经济社会健康持续发展。

二、经验做法

（一）盘活存量，巩固壮大传统产业

甘肃省国资委制定甘肃省属企业新旧动能转换工作配套方案，大力推进传统产业高端化智能化绿色化改造，2020年以来累计完成"三化"改造投资额94亿元，以"三化"改造推动传统"大块头"产业转型升级。

一是科技创新驱动高端化布局。甘肃省国资委充分发挥238个省部级以上科技创新平台作用，建立35项"卡脖子"技术项目库，通过"揭榜挂帅"、与中国科学院兰州分院"一院三所"合作等方式，加快关键核心技术攻关，研发高附加值新产品。2021年实现新产品产值135亿元，增长33%。金川集团股份有限公司（简称"金川集团"）设立1000万元/年的职工技术创新专项基金推动科技创新，"镍阳极泥中铂钯铑铱绿色高效提取技术"项目获国家科技进步二等奖，研发生产的三元前驱体、正极材料等电池材料成为行业标杆产品和企业利润增长极。

二是信息技术赋能智能化制造。甘肃省国资委深入实施"上云用数赋智"专项行动，建成省级智能工厂和数字化车间17个，推动新一代信息技术与传统产业融合发展。兰州兰石集团有限公司（简称"兰石集团"）被评为2021年国家级智能制造示范工厂，自主研发的"兰石云"工业互联网平台入选2020年国有企业数字化转型优秀案例，在工业、农业、物流、环保、能源、电力等多个行业领域形成一体化智能制造及云上业务解决方案能力。

三是清洁生产护航绿色化发展。甘肃省国资委紧盯"双碳"要求，深入推进绿色产品、工厂、园区、供应链、工业节水型企业等绿色制造体系建设。甘肃电气集团天传所集团公司（简称"甘肃电气集团天传所"）等5家企业被评为国家级绿色工厂，窑街煤电集团有限公司海石湾煤矿等10

个矿山被评为国家级绿色矿山。中国白银集团"锌电解典型重金属污染物源头削减关键共性技术与大型成套装备"项目获2020年国家科技进步二等奖，开展尾矿库、冶炼烟气与废水排放、铅银固废渣绿色化治理，大幅提升资源综合利用水平。

（二）优化增量，培育发展生态产业

甘肃省国资委实施甘肃省属企业特色生态产业发展行动计划，近两年完成特色及新兴产业项目投资额237亿元，推动国有资本向新材料、新能源及装备制造、煤基、文旅、医药健康和现代农业等特色产业聚集。

一是突出一个"新"字，发展新材料、新能源产业。新材料产业围绕正极材料、锌铝镁镀层板带、精品不锈钢、高端电镀镍盐、超微细电磁线、高纯金属等七大产品，推动"原材料"变"新材料"，提出了"十四五"时期新材料产量565万吨、产值1800亿元的"倍增"目标。新能源及装备制造产业围绕新能源资源开发，谋划新能源项目39个，总投资1499亿元，预计"十四五"末新增装机容量1200万千瓦以上的"倍增"目标将超额完成。

二是突出一个"特"字，发展中医药、文旅产业。中医药产业推动道地中药材标准化种植、精深加工、中成药生产、医药流通配送等一体化发展，力争到2025年甘肃省属医药企业营业收入达到100亿元，带动全省中医药业总规模达到1000亿元。文旅产业统筹开发全省文旅资源，打造特色文旅品牌，加速建设张掖七彩丹霞世界级旅游景区等文旅精品项目，力争到"十四五"末文旅营业收入达80亿元以上，带动就业10万人以上。

三是突出一个"增"字，发展现代农业、煤基产业。现代农业产业推动生产经营模式转变，加快构建现代农业产业体系。甘肃农垦集团有限责任公司成功并购上市公司兰州庄园牧场股份有限公司（简称"庄园牧场"），实现营业收入和利润增速连续3年超过20%。煤基产业加快释放煤

炭产能，完善供储配销体系，加大清洁高效利用，促进煤炭产业转型升级，明确"十四五"时期省属企业煤基产业重点项目预计投资 360 亿元以上、新增产值 190 亿元，实现煤炭产能、煤基产业产值、利税翻番目标。

（三）做大总量，锻长炼强产业链条

甘肃省国资委全面落实甘肃省产业链"链长制"工作安排部署，逐年制定《省属企业推进产业链发展年度工作要点》，推动省属链主企业以核心技术、创新能力、自主知名品牌、标准制定、营销网络为依托，增强对产业链发展的引领带动能力。

一是省属企业争当链主、带头冲锋。12 家甘肃省属链主企业围绕 22 条产业链推行"1115"产业链管理模式，对照 1 条产业链、1 个方案、1 个图谱和配套企业、技术攻关、行业对标、重点项目和关键环节补短板 5 张清单，2021 年实施的 70 个产业链重点项目完成投资额 71 亿元，同步加强与上下游企业股权合作、业务协同、资源共享等工作，促进产业链韧性和竞争力持续增强。白银有色集团股份有限公司引进九江德福科技股份有限公司，实施 20 万吨高档铜箔项目，建成全国单一厂区最大的锂电池高档铜箔生产基地。

二是基础设施保障有力、融合发展。为促进基础设施与产业发展互保互促、融合创赢，甘肃省国资委组织编制《甘肃省属企业发展路衍及临空经济"十四五"规划》，积极谋划"十四五"时期推动路衍及临空经济发展的落实措施和支撑项目，提出"十四五"末路衍经济产业营业收入全省千亿元、省属企业 300 亿元的目标。甘肃省公路交通建设集团有限公司组建甘肃路衍经济产业研究院，通过一体化运作融合发展，着力构建"一业带动、多业支撑、跨界融合、联动发展"发展格局，以"交通+"复合型产业培植区域经济新增长极，2021 年集团路衍经济板块实现营业收入达到 56 亿元。

三是产业集群初具规模、潜力迸发。甘肃省国资委紧盯甘肃省"千亿产业、百亿园区"行动，指导省属企业积极参与"旺园区"行动，以"央地合作""企地合作"开展产业链精准招商，引导各种所有制资本积极参与到产业链各环节之中，打造"混改+招商"的双标杆工程，加速形成链条完整、特色鲜明、自主可控的战略性支柱产业集群。金川集团与金昌市"企地共建"实施产业链精准招商，引入21家产业链协同度较高企业，推动金昌有色金属新材料及化工循环经济产业园全年产值达到约235亿元、同比增长17%。

三、改革成效

一是省属企业高质量发展基础得到夯实。2021年，全省工业总产值、营业总收入、利润总额分别增长33.9%、12.6%、108.2%，创历史最好水平。2021年，全省规模以上工业增加值增长8.9%，其中国有企业增长7.5%，拉动规模以上工业增长5.9个百分点。国企上缴税收占全省税收收入的47.6%，为甘肃省经济总量迈上万亿元台阶、财政收入突破千亿元大关做出突出贡献。

二是省属企业高端化智能化绿色化水平明显提升。甘肃省属企业共建成国家级绿色工厂（矿山）6个、省级以上数字化车间30个，重点企业生产设备联网率达40%以上、"上云用数赋智"率达70%。甘肃酒钢集团宏兴钢铁股份有限公司、兰石集团、甘肃电气集团天传所、兰州金川电线电缆公司、甘肃国投集团兰州三毛实业有限公司5家企业被工信部列为国家级绿色工厂，窑煤集团所属4个生产矿全部被认定为国家级绿色矿山。金昌源网荷储综合碳中和示范基地项目、河西走廊多能互补新能源消纳示范区等一大批绿色环保重点项目开工建设。

三是省属企业科技创新能级显著增强。2021年，甘肃省属企业研发投入 91.36 亿元，同比增长 25.98%；研发投入强度达到 2.38%，近 3 年年均增长 26.19%；新产品产值年均增长 150.32%。加大创新平台建设，金川集团、兰石集团等 4 家省属企业分别牵头组建镍钴资源高效利用、钢铁新材料、能源装备、绿色智慧公路交通 4 个创新联合体，省属企业建成国家级研发平台 23 个、省部级研发平台 171 个、产业技术创新联盟 40 个，共建院士工作站 5 个、博士后科研工作站 5 个。

22

"瘦身健体"优结构 提质增效促发展

河北港口集团有限公司

一、基本情况

河北港口集团有限公司（简称"河港集团"）是集港口建设、开发、国有资产运营和管理及投融资功能于一身的综合性企业集团，所属秦皇岛港1898年开埠建港，是国家"北煤南运"的重要枢纽港。新中国成立后，港口发展突飞猛进，建成了中国第一座现代化煤炭输出码头，并成为世界上第一个2亿吨煤炭输出大港和世界最大的大宗干散货公众码头运营商。2021年，河港集团党委荣获"全国先进基层党组织"荣誉称号；所属秦皇岛港股份有限公司获评全国"双百企业"2020年三项制度改革A级企业，入选国有企业公司治理基层示范企业名单。国企改革三年行动以来，河港集团针对多年累积的冗员和市场意识薄弱等制约持续发展的问题，大力推进"瘦身健体"，实施结构调整优化，走出了一条"人力资源优化配置、市场机制稳步健全、综合效益持续提升"的改革发展之路。

二、经验做法

（一）优化整合机构，提升管理效能

河港集团把管理层级扁平化、提高管理效率、整合精简机构作为"瘦

身健体"的切入点和突破口,重点解决机构重叠、资源配置效率不高的问题。

一是大力推动同质化单位重组整合。合并、撤销34家职能相关、地域相同、业务相近的单位,对处于筹备期、建设期和计划退出的单位分别进行撤并,累计减少下属单位15家。推进"总部机关化"专项整治,压减机关部室和编制定员分别为22%和24%。

二是调整优化服务保障经费单位职能定位。为解决各类中心性质的经费单位管理职能交叉、市场化水平不高等突出问题,河港集团对原有的8家中心单位职能进行调整。其中,5家归口机关部室管理,管理职能上交;3家按照分公司管理,实施市场化运作,成为独立核算的经营主体和利润单元。调整优化当年,即降低成本23%、增加收入37%。

三是设立智慧财务服务中心。河港集团建立以财务风险防控为中心、以信息化技术为手段,统一规范业务流程的财务管控模式,实现对中心类单位、项目前期公司、群工团组织等单位财务的共享服务管理,全面承担起会计核算、预算控制、报表管理等财务业务,大幅压减财务人员。

(二)精简冗岗冗员,提升运营效率

河港集团以市场化为导向,以壮士断腕的勇气解决机构臃肿、人浮于事等沉疴顽疾,盘活存量、控制增量、总体减量。

一是完善职数设置,精简编制定员。河港集团结合集团战略发展目标和生产经营实际,测定岗位工作量和任职条件,明确职数设置原则,科学、合理地进行岗位设置,通过大科室制、岗位合并、专业统管、灵活用工、技术改造等方式,将集团总编制数由16969人压减至11430人,压减32.6%;机构数由528个压减到300个,压减43.2%;集团中层领导职数从359人压减到262人,压减27.0%。

二是坚持自上而下,压减领导人员。河港集团通过内部优化整合、党政一肩挑、加大管理幅度和兼职范围等方式，大幅压减中层领导人员。实行干部去机关化、行政化，免去45名调研员职务，加大管理人员考核调整力度。2018年以来，100多名管理人员被免职、降职或降级，形成"能者上、庸者下、劣者汰"的良好竞争态势。

三是化解冗员，实现轻装上阵。河港集团出台了《员工离岗等退管理办法》《员工停薪留职管理办法》《员工待岗管理办法》等一系列配套政策，连续4年开放"离岗等退"窗口期，向职工讲清形势、讲明政策，召开动员会，发放"明白纸"，积极稳妥地推进员工"离岗等退"工作。2018年以来，职工自愿办理"离岗等退"4164人，综合运用停薪留职、解除劳动合同等方式减员1628人，合计减员5792人，占集团职工总数的36.95%，长期积累的冗员问题得到有效化解。

（三）狠抓亏损治理，提升资产质量

河港集团牢固树立"眼睛向内，减亏就是增利"的工作理念，"一企一策"，打造治亏"组合拳"。

一是清理退出减轻负担。河港集团加大对长期亏损扭亏无望企业和低效无效资产处置力度。2019年以来，退出亏损企业9家、低效无效企业3家、僵尸企业3家，清算注销中企业5家。

二是重点治亏提高效益。河港集团开展重点亏损子企业专项治理，按照"逐企核实、锁定范围、标本兼治、强化考核"的工作思路，将12家亏损子企业列入专项治理范围，制订工作方案和台账，"一企一策"精准推进。2021年，亏损家数比例降低41.67%，整体减亏2.67亿元，减亏比例为58.57%。

三是量身定制提升质量。河港集团将年营业收入低于500万元或利润总额低于50万元的企业划入"待处置"企业清单，实施"管理提升一批，项目推进一批，整合重组一批，清理退出一批"的"四个一批"专项行

动、分类施策，持续跟踪整治。

（四）突出主责主业，实现做大做优做强

河港集团按照上级关于港口转型升级的决策部署，把调整产业结构作为重点，一心一意做强主业。

一是形成四大板块协同发展业务体系。河港集团强化"秦唐沧"（秦皇岛、唐山、沧州）三地网格化布局，多港区发展齐头并进；加快项目建设，投资26亿元建设的黄骅港矿石一期续建工程重载试车，在"三北"地区开设内陆港21个；打造与产业有机融合的国有资本股权投资管理平台；围绕秦皇岛市城市定位，建设国际一流旅游港，完成一期起步区工程。

二是大力推动技术创新。河港集团加快集团的数字化转型升级步伐，持续推进港口业务模式创新，开展河港云计算数据中心建设、智能化堆场和"无人化"改造等一系列科技创新项目。加大研发投入，完善研发投入工作机制，2021年研发投入同比增长41%。

三是持续推进降本增效。河港集团制订并实施"三年挖潜降耗行动计划"，2021年共节约成本4.66亿元，其中降本节支增利2.30亿元。

四是全面完成剥离国有企业办社会职能工作。河港集团坚持有进有退，勇于担当、攻坚克难，彻底解决职工关切问题。完成职工家属区"三供一业"移交3.26万户次，实现退休人员社会化管理1.05万人，完成市政设施及管理职能移交7项，全面完成教育医疗机构和2家厂办大集体改革工作。

三、改革成效

通过大力实施"瘦身健体"，河港集团平稳度过了因转型而形成的暂时困难期，改革发展迎来新跨越。

一是内生动力显著增强。通过实施"瘦身健体",河港集团共压减机构编制43.2%,精简人员32.6%,亏损子企业扭亏比例达到41.67%,同时完成剥离国有企业办社会职能任务,全面激发了企业内在活力和发展动力。自2018年以来,在主动压减煤炭运输业务4100多万吨、影响利润8亿元的情况下,河港集团利润总额仍实现连续4年增长。

二是科技动能有效释放。在压减人员的同时,河港集团大力推进港口装卸设备无人化、智能化改造,创新能力和效率进一步提升。完成9家公司装船机集控项目改造,曹妃甸煤炭公司所有堆取料机全部具备无人化作业条件,实现翻堆取装自动化率超过70%,取得省级科技鉴定成果6项,申报专利10项。

三是发展后劲蓬勃有力。河港集团围绕做强做精主业,强化项目支撑,2021年完成固定资产投资16亿元,涉及项目286个;完成股权投资7.33亿元,涉及项目9个;深入挖潜增效,现代物流板块扭转多年亏损局面。

四是综合实力迈上新台阶。2018年以来,河港集团资产总额和净资产平均每年分别增加55.15亿元和39.47亿元。2021年,营业收入达224.56亿元,同比增长35.09%;实现利润总额14.55亿元,同比增长98.85%;实现净利润11.37亿元,同比增长189.49%;资产证券化率达到76.80%。截至2021年末,资产总额达到746.95亿元,同比增长6.06%;资产负债率为46.11%,同比降低1.6个百分点。

23

融入国家战略 激发改革活力
高质量建设"轨道上的江苏"

江苏省铁路集团有限公司

一、基本情况

江苏省铁路集团有限公司(简称"江苏铁路集团")是2018年经江苏省委、省政府批准成立的省级铁路投融资建设和运营管理的专业化平台,注册资本1000亿元,是全国注册资本规模最大的省属铁路企业。国企改革三年行动实施以来,江苏铁路集团认真学习贯彻习近平总书记关于深化国企改革发展和党的建设的重要论述,全面落实江苏省委、省政府"着力打造交通运输现代化示范区"决策部署,顺应改革趋势,激发改革活力,主动融入国家重大发展战略,科学系统谋划铁路发展布局,全力拉长江苏省高铁建设短板,积极探索高铁自主规划建设运营管理新模式,加快建设"轨道上的江苏",保障全省铁路高质量可持续发展。截至2021年底,江苏铁路集团资产总额达2910.52亿元,净资产达1784.16亿元,资产负债率为38.69%。

二、经验做法

(一)顺应改革趋势,高站位谋划全省铁路发展顶层设计

江苏铁路集团准确把握国家铁路体制机制改革大势,在中国国家铁路

集团有限公司（简称"国家铁路集团"）推行"一省一公司"改革重组背景下，以原苏北铁路公司（现更名为江苏高速铁路有限公司）为主体，仅用半年多时间即完成"一省一公司"整合重组，成为全国首个省方控股的区域性高铁公司，并迅速实现集团化运作。落实江苏省委、省政府"着力打造交通运输现代化示范区"部署要求，高起点谋划全省铁路建设发展，有力支撑并推动了《江苏省沿江城市群城际铁路建设规划（2019—2025年）》《长江三角洲地区多层次轨道交通规划》等国家级规划的批复，配合省有关部门编制出台《省政府关于进一步加快推进铁路发展的意见》（苏政发〔2021〕39号），为全省铁路高质量发展打下坚实的政策基础。准确判断铁路行业发展形势，确立"主体主导、建营并重、专业合作、管理监督"总体工作思路，争取各方认可支持，凝聚江苏铁路发展合力。

（二）融入国家战略，高效率跑出高铁建设"江苏速度"

江苏铁路集团积极融入"一带一路"、长江经济带发展、长三角一体化发展等国家重大部署，锚定"轨道上的江苏"建设目标，聚焦连淮扬镇、徐宿淮盐、盐通、南沿江、宁淮、北沿江、通苏嘉甬及盐泰锡常宜等重大铁路项目，在江苏省铁路建设领导小组的坚强领导下，建立路省协调长效机制，及时研究解决铁路建设重大问题，清单化滚动落实，以只争朝夕的劲头推进项目建设，致力跑出"江苏速度"。全力以赴抢开工，强化前期工作协同，健全项目推进机制，创新"串联审批、并联推进"方式，从立项到开工，南沿江铁路仅用1年，宁淮铁路仅用7个月，持续刷新铁路项目前期工作周期；破解难题促在建，统筹疫情防控与项目建设，整合专业力量，加强管理监督，一度开创10万铁军在江苏铁路建设一线大干快干的生动局面，盐通铁路提前16个月建成通车；万全准备保通车，提前介入做好开通运营准备，"十三五"时期，江苏省境内"七路两桥"建成开通，"轨道上的江苏"主骨架基本成型。

（三）深化改革创新，高标准探索建设运营"江苏模式"

江苏铁路集团按照三年行动方案提出的"提升国有企业自主创新能力"要求，紧盯铁路建设和运营管理关键环节，深化改革创新、坚持建营并重、突出成网提质，更好发挥铁路运输骨干作用，提升铁路对全省经济社会发展的服务保障能力。坚持主体主导地位，整合路省双方在铁路建设和运营管理中的优势力量，优化委托建设和运输管理权责划分，打破"一委托了之"的传统模式，开创与国家铁路集团"共建、共享、共赢"的合作新局面。建设方面，落实"创新、绿色、人文、美丽"理念，坚持前期工作主导性，全面提升工作质量，持续优方案、控概算，强化设计管理和数字技术应用，做好现场进度管控，建立完善重难点工程现场监督检查机制，创造了一流的开工条件和建设环境。运营方面，超前谋划控股铁路运营管理工作，优化客货运输服务供给，建立委托运输市场化管理机制，有效控制委托运输成本。与此同时，坚持市场化理念参与全省多层次轨道交通建设，陆续成立运营管理公司和建设管理公司，以苏锡常铁路、海洋铁路和省内铁路专支线为试点，加快探索铁路自主建设运营"江苏模式"。

（四）优化布局结构，高质效提升可持续发展能力

江苏铁路集团深入落实三年行动关于"有效发挥国有经济在优化结构中的作用"改革要求，紧扣"可持续发展"核心战略目标，致力成为江苏省交通运输现代化示范区建设的主力军、全国省级铁路投融资平台的"排头兵"、铁路健康可持续发展的领跑者，深入谋划战略布局，科学编制集团"十四五"发展规划和"三年行动计划"，确立"铁路主业、平行产业和延伸产业"的三大产业发展格局。铁路主业方面，充分发挥省级铁路投融资平台的主体作用，统筹兼顾经济效益和社会效益，推进前期工作、优化投资节奏、有序实施建设，努力建设好、运营好、融合好江苏高铁"一张网"，同时积极引入社会资本，努力构建多元化投融资渠道，强化资金

保障能力。平行产业方面,设立专业化公司,大力推进综合开发与站城融合,推动铁路与沿线产业发展协同互进,同时配合京沪高铁上市并参与战略配售,加快落地公募基金、证券等"大金融"项目,发挥产融结合战略协同作用。延伸产业方面,积极发展物流运输和物流基地业务,加快规划建设宜兴北站、泰州西站、江都站等铁路物流基地,探索铁路物流园区经营,推动以铁路为主的多式联运发展。

三、改革成效

江苏铁路集团切实把融入国家战略、激发改革活力作为高质量发展的首要任务,聚焦重点领域、重点项目和重点环节,真抓实干,以铁路建设之"进",支撑经济发展之"稳"。

一是服务国家战略落实迈上新台阶。多条高铁相继建成通车,全省铁路建成总里程达到4204千米,其中高铁2215千米,高铁里程排名由全国第14位跃至前3位,全省13个设区市实现市市通动车,其中12个设区市通高铁,基本实现省内2小时通达,有效服务长三角一体化、长江经济带、"一带一路"等国家重大部署,切实扛起"争当表率、争做示范、走在前列"光荣使命,为"强富美高"新江苏建设提供了高铁硬核支撑。

二是在"人享其行、物畅其流"上展现新作为。江苏铁路集团为人民群众美好出行需求提供坚强铁路运输保障,2021年集团控股线路开行列车增至413.50对,是当年初的2.06倍;发送旅客3889.54万人次,同比增长116.30%。此外,江苏铁路集团还在全国首发上线"蓝暖男"复兴号列车。推动铁路货运向现代物流转型发展,海铁联运集装箱直达班列和中欧班列持续开行,以铁路为主的多式联运高效推进,2021年货运到发1384.14万吨,同比增长26.75%。

三是构筑可持续发展能力呈现新局面。铁路主业经营质效显著提升,

2021年实现营业收入53.71亿元，同比增长155.27%，资产负债率近3年维持在37%左右的较低水平，持续保持AAA高资信等级，铁路项目建设资金保障率达100%，并首次在南沿江城际铁路上以同股同权方式成功引入社会资本。平行产业不断拓展，配合京沪高铁上市并持有23.45亿股股票，科学布局华宝基金、东兴证券等金融股权资产，铁路土地综合开发稳步实施，累计签约开发用地约2.40万亩（1亩≈666.67平方米），淮安、南京等地综合开发项目相继落地。延伸产业取得突破，宜兴北站等物流基地项目开通运营，现代铁路物流业务发展迈出实质性步伐。

24

强力推进港口一体化改革
加快建设世界一流的海洋港口

山东省港口集团有限公司

一、基本情况

2019年8月6日,山东省港口集团有限公司(简称"山东港口")在青岛挂牌成立。目前,山东港口拥有青岛港、日照港、烟台港、渤海湾港四大港口集团、3家上市公司,下辖12个板块集团,资产总额超过2500亿元,员工超6万名;运营主要港区21个、生产性泊位360余个;拥有全球最大的40万吨级矿石码头、45万吨级原油码头、可停靠2.4万标准箱船舶的集装箱码头、可停靠22.7万吨级邮轮专用码头;航线总数达到318条,遍及全球180多个国家和地区,数量和密度稳居北方港口首位;货物吞吐量、集装箱量分别跃居全球第1位、第3位,已成为大中小泊位齐全、远近洋航线兼备、内外贸业务繁荣的世界级港口群。国企改革三年行动以来,为贯彻落实习近平总书记"更加注重经略海洋""加快建设世界一流的海洋港口"等重要指示精神,山东港口抓住山东省全省沿海港口一体化改革机遇,以重组整合推进企业实现高质量发展,为经济社会发展提供了有力支撑。

二、经验做法

山东港口一体化改革能够快速破题、顺利推进，关键在于抓住企业改革重组的主要矛盾，上下同心，协同用力。

（一）突出党建引领，把牢一体化改革的正确方向

山东港口始终坚持以习近平新时代中国特色社会主义思想为指导，全面落实第一议题等制度，深刻领会"两个确立"的决定性意义，增强"四个意识"、坚定"四个自信"、做到"两个维护"。深入贯彻全国国有企业党的建设工作会议精神，坚持把党的领导融入公司治理各环节，把党组织内嵌到公司治理结构中。实现党建入章全覆盖，党组织在公司治理中的法定地位得到明确和巩固，党委"把方向、管大局、保落实"作用有效发挥。坚持抓基层打基础，狠抓流动党员管理、空白班组动态清零、海外项目党组织规范化建设，过硬党支部比例达到87%，夯实了改革组织保证。

（二）突出顶层设计，明确一体化改革的实现路径

一是明确"两手抓"基本原则。山东港口一手抓政府引导，将各港口经营性资产纳入整合范围，剥离航道、防波堤等公用性资产，由所在地政府管理维护，确保港口整合后轻装上阵；一手抓市场运作，以现金出资方式组建实施主体，推进港口资源整合，避免行政命令"垒大堆"、计划手段"拉郎配"。

二是明确"三步走"改革路径。山东港口先易后难、先急后缓，采取不同策略，用半年时间完成渤海湾港组建、青岛港合并威海港、成立山东港口3个阶段任务，实现7市港口、17个港区人财物彻底整合。

三是明确"三不变"总体要求。山东港口无偿上划各港口国有资产，按审计评估值向地方划转股权，各港口企业注册地、股权和税收关系不变，地方政府由原来各市港口股东变为山东港口股东，调动了积极性，确

保了对港口支持力度不减。

四是明确"三分离"运营机制。山东省委、省政府掌握决策权，山东港口掌握经营管理权，各股东按股权占比享有收益权，打破"以股定权"，实行三权分离，既维护了港口所在地政府既有利益，又确保了企业的经营决策自主性。

（三）突出战略导向，找准一体化改革的整体定位

山东港口坚持以建设世界一流海洋港口为导向，全面贯彻落实习近平总书记"四个一流"的重要指示要求，主动对标伦敦港、新加坡港等行业标杆企业，提炼形成"十位一体"发展战略体系，对发展使命、定位、理念、策略等逐一明确，成为牵引山东港口长远发展的"规划图"。坚持以服务国家战略为己任，主动对接"一带一路"、黄河流域生态保护和高质量发展、区域全面经济伙伴关系协定（RCEP）等政策赋能，用好山东连接东西、贯通南北、毗邻日本和韩国的区位优势，挖掘港口"基础性、枢纽性设施"的资源禀赋；锁定国际领先的智慧绿色港、物流枢纽港、金融贸易港、产城融合港、邮轮文旅港，东北亚国际航运枢纽中心建设全面提速。

（四）突出资源整合，提升一体化改革的发展能级

山东港口着眼港口规划"一盘棋"，实施投资决策、工程建设集中统管，由原来各市自行规划、各港自行建设，转变为统一布局、统一实施，从根源上解决了重复性建设、资源浪费等问题；着眼管理服务"一张网"，成立集团生产指挥调度中心、招标采购中心、资金结算中心，在市场开发、航线布局、生产组织等方面统一运作、集中管理，原来各港口间同质化竞争、互相恶意压价的痼疾得到彻底解决；着眼资源开发"一张图"，以专业化管理为路径，将各港口集团非装卸业务归类重组，实行"业务专营""人财物统管"，组建金控、物流、贸易等12个业务板块，为产业链

供应链稳定提供强力支撑。

（五）突出地企协同，激发一体化改革的功能作用

港口与城市是荣辱与共的命运共同体。山东港口秉持"与地方党委政府的关系更加密切"理念，率先提出并实施港产城融合发展，与全省16市建立战略合作关系，将港口建设规划纳入城市发展"大盘子"，建立港地协作沟通机制，互商互鉴、互促共赢。秉持"融入地方经济社会发展的程度更加深入"理念，以融入城市、服务地方为己任，主动提出退港还城、老港区改造，科学谋划各港区功能定位、结构布局，积极开展"双招双引"，全力打造物流、人流、资金流、信息流在城市交融的"万能接口"。秉持"助力腹地发展的贡献更加突出"理念，对山东沿海7市港口驻地外贸出口拉动、纳税全部实现正增长；认真履行国企社会责任，积极参与城市建设和社会公益事业。"十四五"期间，力争在更多领域与地方党委政府、企业开展务实合作，进一步密切港地关系。

（六）突出创新驱动，增强一体化改革的活力动能

山东港口聚焦数字化转型升级，加快智慧港口建设，认真落实"交通强国智慧港口建设试点"任务，率先制定并推广自动化码头标准，率先启动建设空轨集疏运系统，推动"智能码头"的概念、标准和实践先行，作业效率连续9次刷新世界纪录。聚焦服务"碳达峰、碳中和"，厚植绿色发展理念，率先发布绿色低碳港口"十四五"规划，扩大清洁能源应用，构建绿色能源链条，加快推进海上风电母港建设。聚焦产业生态创新，利用山东港口多元化应用场景，采取"1+N"开放共享共建模式，携手华为技术有限公司、中国平安保险（集团）股份有限公司等行业头部企业，构建科技发展联盟，不断培育港口发展的新动能、新活力。

（七）突出以人为本，汇聚一体化改革的内部合力

山东港口坚持一切为了员工、一切依靠员工，一切改革发展成果与员

工共享。畅通职业发展通道,激发员工干事创业积极性。拓宽经营管理、专业技术、操作技能3个员工成长通道,打破晋升"天花板";持续开展建言献策活动,一大批员工"金点子"应用到港口实践中。强化干部交流培养,建设高素质人才队伍。突出政治标准,选优配强直属单位领导班子,推动干部融合交流。实施"三百工程",启动"第一队长"培养机制,加强年轻干部发现储备。落实员工关爱举措,解决"急难愁盼"问题。建立和实施"七个一"联系帮扶机制,设立员工关爱基金,人均工资连续保持每年8%以上增幅;总结凝练企业核心价值观,培植"家和"文化理念,"连钢创新团队"被评为"时代楷模",引起强烈反响。

三、改革成效

一是激活了潜力动能。通过优化资源配置,扩大产业集群,山东港口的资源禀赋得到有效发挥,可持续发展潜力进一步释放。吞吐量连跨3亿吨台阶,突破15亿吨;集装箱量较成立时增长25.8%,突破3400万标箱;分别位居全球第1位、第3位,增幅连年超过全国沿海港口平均水平。成立港信期货公司,设立大宗商品交易中心,拓展船舶交易、保险经纪业务,创新开展保税船供油、原油混兑调和、原油国际中转等业务。主要财务指标实现历史性突破,与成立时比较,营业收入实现翻番,达到839.8亿元;利润增长近40%,达到75.6亿元;资产总额增长30%以上,达到2500亿元。

二是强化了枢纽功能。山东港口新开航线105条,航线总数达到328条,航线数量和密度稳居北方港口首位,中转箱量较成立时增长28.3%;开辟内陆港31个、班列81条,海铁联运连续保持全国第一。原油、铁矿石、铝矾土、粮食等主要货种,市场占有率保持全国领先,年进口量分别占全国总量的1/3、1/4、2/3、1/5。山东港口在东北亚国际航运枢纽竞争力指数排名中位居东北亚榜首。

三是提升了服务效能。山东港口启动建设中国北方生活消费品分拨中心，形成"济青双中心、沿黄多基地"格局；畅通物流通道，优化服务流程，推动装卸效率提升20%、综合物流成本降低4%。对接外贸企业需求，采取多种举措，纾解疫情下一箱难求、一舱难订、船舶堵港等问题；发布优惠政策，主动降费让利，减免货物堆存等费用3亿元，积极助力企业复工复产。深化与全国主要港口合作，加大互联互通，为多重挑战下稳定产业链供应链提供积极助力。

25

走新时代高质量发展之路
扎实推进集团专业化整合成势见效

蜀道投资集团有限责任公司

一、基本情况

蜀道投资集团有限责任公司（简称"蜀道集团"），是重组整合四川省交通投资集团有限责任公司和四川省铁路产业投资集团有限责任公司，通过新设合并方式组建的省属国有企业，于2021年5月28日揭牌成立。作为全省交通强省建设的"主力军"和"排头兵"，蜀道集团在交通基础设施设计施工建设领域具有全球竞争力，业务涵盖公路铁路投资建设运营、相关多元产业（交通工程建设、交通服务、工程设计咨询等）、智慧交通、产融结合四大板块，遍及30多个国家和地区。现有员工约5万人，总资产达1万亿元，净资产达3108亿元。自揭牌以来，蜀道集团一体推进国企改革三年行动与重组整合，全力推动总部战略重组、产业板块深度整合和资源要素融合发展，为集团高质量发展注入了强劲动力。

二、经验做法

（一）推动集团总部重组，铸造牵引发展的"火车头"

蜀道集团根据重组整合方案，从各方抽调精兵强将参与集团筹建，仅用71天就高效完成总部组建，打响四川国企改革三年行动"第一战役"，树立了四川省属国有企业改革的新标杆，刷新了全国交通类企业改革的新速度。全面落实"穿透式改革"总体要求，按照"机构重新设置、职能重新定位、人员择优竞聘"的改革要求，快速完成总部机构设置，完成78名中层管理人员、145名一般员工的竞聘上岗，部门、人员编制分别缩减41%、38%。总部战略重组过程中，加强宣传引导、注重科学实施，汇聚形成总部员工理解改革、支持改革的强大向心力，做到思想不乱、人心不散、工作不断、干劲不减，打造了兼顾质量与效率、改革与稳定的"总部样板"，打好了蜀道集团重组整合"三步走"的"第一仗"，为开展权属公司专业化整合及融合式发展开好了头、做好了示范引领。

（二）推动产业板块整合，锻造协同发展的"动力源"

蜀道集团突出主责主业，做强相关多元产业，剥离"两非"资产，推进权属公司专业化整合，推动形成主业与关联业务互为支撑、联动协调的产业发展新格局。目前，蜀道交通服务集团有限责任公司、蜀道资本控股集团有限公司、四川蜀道高速公路集团有限公司（简称"蜀道高速公路集团"）、四川蜀道城乡投资集团有限责任公司（简称"蜀道城乡投资集团"）、四川蜀道物流集团有限公司（简称"蜀道物流集团"）、四川蜀道铁路投资集团有限责任公司（简称"蜀道铁路投资集团"）、四川蜀道铁路运营管理集团有限责任公司（简称"蜀道铁路运营管理集团"）、四川蜀道新制式轨道集团有限责任公司（简称"蜀道新制式轨道集团"）、四川蜀道智慧交通集团有限公司（简称"蜀道智慧交通集团"）等专业化子集团已挂牌成立，14个专业化子集团整合工作已完成13个。

一是聚焦主责主业，推动铁路高速公路板块深度整合。蜀道集团借鉴中国国家铁路集团有限公司和绝大部分城市轨道交通公司适度分离投资建设与运营管理模式，整合成立蜀道铁路投资集团、蜀道铁路运营管理集团和蜀道新制式轨道集团,提升专业化水平,做强"蜀道铁路"品牌,重构铁路、轨道全产业链运管服综合能力,重塑品牌内涵,努力面向全国输出体系化产品。新组建蜀道高速公路集团,厘清发展思路,打造品质高速、数字高速、效益高速,持续做强做优做大公路核心主业,打响"畅享高速"品牌,力争摆脱"贷款修路,收费还贷"的路径依赖,以向司乘客户提供全息导航、及时救援、超级服务区、新能源快速补给等极致服务,将"高速出行"创新升级为"高速新生活"。

二是做精多元板块,提升相关产业市场竞争力。蜀道集团推动四川公路桥梁建设集团有限公司(简称"四川路桥")完成对四川省交通建设集团股份有限公司的股权收购,增强工程建设板块的竞争力,并通过发行股份购买资产等方式,对高路建筑和高路绿化进行整合,推进产业链延链强链补链。以打造集物业服务、建筑装饰装修、商业管理、技术服务等为一体的专业化公司为目标,整合成立蜀道城乡投资集团,坚持地产、物业、商管、数字化生活服务等板块协同发力,联动行业头部企业共筑品牌,下功夫打磨产品和服务,提升品牌黏度和客户认可度。新设蜀道物流集团,补齐产业链短板,为交通物流产业链及基础设施建设的高效协同奠定基础。

三是培育新兴产业,构建可持续发展新支点。蜀道集团依托高速公路建设、运维等传统交通工程主营业务优势,以打造"数字蜀道"为发展目标,大力推进智慧交通信息化资源聚集,新设蜀道智慧交通集团,加快推动车路协同硬件、数字孪生平台、全天候通行服务系统等产品产业化落地。深度参与智慧高速国标制定,推动智慧出行产品和服务体系化、标准化、规模化,降低成本,打通商业路径,围绕新基建发展衍生增值服务培育利润新增长点。加快新能源、新材料等新兴板块投资布局,推动水风光多能互补,拓展光伏、分布式储能在交通领域的应用,实现源网荷储一体化发展,加快沿线光硅氢能源融合技术开发,推动工程装备电动化与电池标准化、沿线储能与动力电池循环利用等交通低碳技术集成创新,提高专业化水平和规模效应,全力打造四川路桥可持续发展新支点。

(三)推动资源要素融合,打造高效发展的"助推器"

蜀道集团以高水平建成国内领先、世界一流的综合交通服务型企业为目标,坚持把促进深度融合作为高质量发展的"基础工程",以融合求发展、以融合促提升,大力推进战略融、管理融、文化融。

一是高质量编制发展规划,推进战略融合。蜀道集团立足企业发展新定位、新形势、新使命,提高政治站位,摸清集团"基本盘",对其"十四五"发展规划进行了深入思考和论证,高质量编制《蜀道集团"十四五"发展规划》,同步开展多个专项规划,实现集团公司与直属企业发展规划在时间上有机衔接、内容上有序兼容,形成全集团发展"一盘棋",确保战略方向、目标一致。

二是高水平搭建制度体系,推进管理融合。蜀道集团以推进制度建设为着力点,一体推进业务融合,全力推动团队、管理和思想融合,出台党建、干部选任、纪检监察、投融资管理、安全生产等方面管理制度190余项,牢固树立"一家人、一条心、一盘棋"发展理念。

三是高标准提炼思想共识,推进文化融合。蜀道集团从1585份设计作品中评选出凝聚各方共识的集团LOGO——"蜀道之印",加快企业文化体系建设。组织开展"蜀道征程·永远跟党走"庆祝建党100周年职工文艺汇演、"在蜀道,为祖国比心""2021年度蜀道集团通车项目慰问活动"等文化活动,加快凝聚干部职工思想共识,助推企业文化融合。

三、改革成效

蜀道集团全面贯彻"穿透式改革"总体要求,坚持改革和发展"两手抓、两促进"，高效率完成重组工作，高质量实施专业化整合，文化融合互学互鉴，取得了良好效果。

一是改革重组平稳高效。机场、旅游等非主营业务逐步剥离，10家高度关联企业承接工作有序推进。加快推动国企改革三年行动，全力抓好1家"双百企业"、5家"天府综改企业"改革，以点带面推进三项制度改革、经理层成员任期制和契约化管理等111项改革任务落地见效，完成率达84%，改革经验入选2021年四川省全面深化改革典型案例。

二是企业效益大幅提升。2021年末，蜀道集团资产总额突破1万亿元、较年初增加1336亿元；净资产达3108亿元、较年初增加376亿元。全年完成营业收入超2200亿元，增长33%；完成利润总额超75亿元，增长257%。固定资产投资和社会贡献增幅明显。累计完成投资1472亿元，增长44%。其中固定投资1412亿元，增量超428亿元，增长43%。已交税费67亿元，增长33%。"1+1>2"融合式聚变效应初步显现，为全省稳投资、保增长发挥了积极作用。

三是融合发展显现活力。蜀道集团编制完成"十四五"规划，发展方向更加明确。初步构建管基础、管长远的制度体系。资金集中管理成效显著，集中管理账户1378个，归集余额近300亿元，沉淀资金使用效益明显提高。职工职业技能比武、文艺汇演等各类活动蓬勃开展，特色鲜明的企业文化体系加快成型，5万名干部职工大干实干的磅礴力量加速汇聚，"物理整合"正不断产生"化学反应"。

26

聚焦战略重组　优化结构调整
在深化国企改革中打造一流交通企业

陕西交通控股集团有限公司

一、基本情况

陕西交通控股集团有限公司（简称"陕西交控"）是陕西省委、省政府为深化国资国企改革、优化国有经济布局结构调整，推动交通企业战略性重组而成立的国有大型独资企业。公司注册资本500亿元，现有员工2.89万人，总资产5430亿元，养管公路里程6273千米（其中高速公路5596千米，占全省的90%），下辖公路运营、交通建设、产业发展、交通投资、路桥施工、航空货运等八大业务板块。国企改革三年行动以来，陕西交控按照省委、省政府确定的"以路为本、创新驱动、产融结合、综合开发"的发展战略，制定了"讲团结、顾大局，善合作、树正气，出业绩、惠职工"的工作方针，坚持聚焦国企改革三年行动任务，高起点编制了集团"十四五"发展规划，确定了"7783"战略目标，高效平稳完成了战略性重组和专业化整合，构建了企业高质量发展的新格局，被陕西省人民政府国有资产监督管理委员会（简称"陕西省国资委"）列入创建国内一流企业梯队。

二、经验做法

（一）坚持精干高效，科学搭建企业新架构

陕西交控围绕"以组建交控集团为示范"的目标，按照现代企业制度的要求，坚持精简机构、减少层级、高效管控的思路，实行"集团总部—二级板块—专业公司"三级架构和扁平化管理。

一是打造精干集团总部。陕西交控立足提高工作效能，坚持分工明确、定位清晰、大部门制，总部设立12个部门，编制89人，主要负责战略规划、政策研究、风险管控、投资决策、监督考核等，赋能指导各单位业务科学规范发展。

二是合理划分业务板块。陕西交控将改革前原有建设管理机构和运营路段重组整合，设立建设、运营两大非独立法人二级企业。拓展交通路域资源，新布局交通产业、服务区、市政路桥、交通科技四大支柱产业。培育交通投融资、航空货运两大新兴产业，形成了以大交通为主的"投资—建设—运营—服务—经营"一体化全产业链。

三是有序推进专业化整合。陕西交控通过专业化整合将157家三级单位压减至94家。运营板块路段公司从43家压减至31家，建设板块管理机构从62家压减至29家，服务板块21家下属机构合并组建6个片区事业部，产业板块权属企业由24家压减至14家，布局结构明显优化，资源配置效率大幅提高，使全年管理费占营业收入比例下降了25.9%。

（二）坚持公平公正，有效释放发展新动能

陕西交控按照干部年轻化、专业化和有利于队伍稳定的原则，突出精简优化，严格政策纪律。

一是选优配强管理人员。陕西交控划定年龄和学历"红线"，注重原三大集团干部交流融合，总部、二级公司、运营板块共交流管理干部682

人。总部人员平均年龄41岁,硕士研究生以上学历人员数量占53%。选拔优秀年轻干部27名,市场化选聘职业经理人2名,首次面向全集团公开竞聘29人。管理人员竞争上岗295人,末等调整或不胜任退出31人。

二是妥善分流富余人员。陕西交控对男性55岁、女性50岁以上原班子成员和中层管理干部,实施改任非领导岗位、内部退养、自愿退出等安置政策,原三大集团总部分流干部26人,运营板块班子成员压减46人,退出退养192人,精简管理岗707人。

三是全面清退借调人员。陕西交控对原三大集团总部及运营板块1721名借调人员,全部返回原工作单位,同时考虑职工的实际困难,妥善就近安置工作岗位。集团总部和二级板块在岗人员较改革前分别压缩30%和60%,集团公司冗员超编、人浮于事等问题有效解决。

(三)坚持业务融合,全面提升产业新优势

陕西交控坚持以市场化为方向,加快推动板块高效融合,调整优化业务布局,加快培育交通产业集群。

一是立足稳固传统产业。陕西交控巩固公路建设和运营主业,聚焦交通产业,瞄准路衍经济,整合路域资源,盘活存量资产。加强和地方政府合作,围绕"交通+乡村振兴""交通+新消费"主题,开展首届"大道长安"陕西高速车主节,引导增加高速公路通行量。积极开展高速公路绿化提升和林业碳汇储备,试点隧道照明节能工程,推广智慧电子收费新模式。探索输出陕西交控公路运营管理和服务模式,培育新的业务增长点,实现延链补链强链。

二是主动拓展外部市场。陕西交控成立集团市场开发部,划定七大片区开发中心,面向全国拓展外部市场。在江苏、广西、吉林、新疆等24个省(区、市)落地项目563个,集团外累计新签合同额264.98亿元,其中省外市场占40%以上。成功落地印度、乌兹别克斯坦2个海外项目,涉

及金额 9.13 亿元。成立陕西交控沥青产品制造研发中心，沥青、成品油等贸易打开华南、华东、西南市场，完成产值 14.7 亿元。

三是积极培育新兴业态。陕西交控深度挖掘企业现有技术、产品和资源，加速布局土地开发、建筑材料、智慧交通、装备制造等新业态。创新打造了高桥、柞水、子午等一批"交通+旅游、房车营地、商业综合体"等特色主题服务区。组建基金、资产管理公司探索类金融业务。搭建陕西交控集采平台，入驻供应商突破 1 万家，累计实现营业收入 19.42 亿元。陕西交控科技发展集团有限公司成功入选陕西省上市后备企业名单。合资成立中油北斗科技能源有限公司，拓展智慧物流业务。成功打造绿色交通工业化产业基地、桥隧高性能产品制造基地。

四是持续深化开放合作。陕西交控践行"让对方先赢、让对方多赢、最终实现共赢"的合作理念，扩容省内地市、央企省企、业界同行 3 个"朋友圈"。与央企、省企、地方政府、金融机构、高等院校等 200 多家单位洽谈合作，签署战略协议 60 余份，"十四五"落地项目 27 个，投资额达 2650 亿元。积极参加 2021 年 WTC 世界交通运输大会，成功承办中国交通企业家高峰论坛。建成落地"秦创原陕西交控创新中心"，全力打造企业高质量发展的新通道。

三、改革成效

改革重组后，陕西交控实现了交通国企从分散经营管理向统一集约发展的转变，从单一产业向综合交通产业的转变，从行政化管理向市场化经营的转变，企业开放度、影响力、品牌力不断增强，支撑服务交通强省建设和经济高质量发展的能力不断增强。

一是综合实力显著提升。截至 2021 年末，陕西交控总资产达到 5430 亿元，获得 AAA 级信用评级，新增银行授信 1877 亿元，授信额度达到 5483 亿元。获2021年度国家科技进步二等奖1项、陕西省科技进步奖7项、中国公路学会科学技术奖2项，整合落地省部级科研平台9个，进入全国同类交通企业第一方阵。

二是经营业绩显著提升。2021年，陕西交控完成营业收入423.41亿元、利润总额7.6亿元，较疫情前的2019年分别增长33.3%、57.5%，营业收入居陕西省属企业第8位，完成固定资产投资101.36亿元。2022年1—5月，陕西交控实现营业收入203.4亿元、利润总额6.14亿元、投资39.72亿元，同比分别增长33.5%、65.4%、19.1%。

三是发展质量显著提升。陕西交控企业带息负债规模由3942.8亿元降至3899亿元，调减1910亿元贷款利率，利率由4.6%降至4.31%，节约利息费用5.89亿元。资产负债率由改革前的72.30%降至69.84%，全年经营性现金流由改革前的-24亿元转为5.79亿元，比陕西省委、省政府改革要求提前1年实现现金流回正。

四是企业活力显著提升。陕西交控加快建立市场化经营机制，管理效能稳步提升，队伍结构不断优化，员工思想观念大为转变，形成了人心思进、人心思干的干事创业氛围，职工收入每年普涨8%，在省委组织部、省委宣传部组织的"讲好党史故事　助力追赶超越"演讲竞赛及陕西省国资委庆祝中国共产党成立100周年"永远跟党走"合唱比赛中均获一等奖。

五是保障能力显著提升。2021年，陕西交控完成固定资产投资101.36亿元，宝鸡—坪坎高速公路提前1年建成通车，其中秦岭天台山特长隧道工程量和建设规模居世界公路隧道第1位。西安外环高速公路全线建成通车，支撑保障大西安国家中心城市建设。2021年减免车辆通行费21.6亿元，在"十四运会"、疫情、防汛等重大考验中彰显了国企担当，被陕西省国资委授予稳增长突出贡献奖。

提升国有企业自主创新能力

1

完善科技创新管理机制
加速推进航天强国建设

中国航天科技集团有限公司

一、基本情况

中国航天科技集团有限公司（简称"航天科技"）是我国航天科技工业的主导力量，主要从事运载火箭、各类卫星、载人飞船、货运飞船、深空探测器、空间站等宇航产品和战略、战术导弹武器系统的研究、设计、生产、试验和发射服务，在推进国防现代化建设和国民经济发展中做出了重要贡献。国企改革三年行动实施以来，航天科技坚决贯彻落实习近平总书记关于科技创新的重要论述，把科技自立自强作为集团公司高质量发展的核心支撑，围绕完善技术创新体系、深化创新机制改革、加强创新人才队伍建设等方面实施了新一轮改革，进一步激发了企业科技创新活力。

二、经验做法

（一）紧密围绕国家发展与安全需求，完善科技创新体系，积极打造航天战略科技力量

一是全面谋划科技创新改革，用顶层设计牵引发展方向。航天科技制定了集团公司关于加强科技创新工作的指导意见，在建设高水平科技创新平台、推动重大项目立项、实现关键核心技术自主可控、聚焦基础和前沿技术创新、依靠改革激发创新活力5个方面明确了具体举措，增强了科技创新顶层引领力。针对重型运载、深空探测、载人登月等前沿领域，研究制定了未来15~20年发展目标、实施路径和重大任务，论证明确了关键技术群和技术发展路线，为集中资源开展技术攻关和前沿技术研究指明了方向。

二是加强科技创新平台建设，用内外协同创新实现优势互补。航天科技持续推动研发机构和创新平台能力建设，以平台为枢纽和桥梁，建立实质性联合研究和共享机制，形成良好的创新生态。已建成15个国家级重点实验室、23个国家级创新中心、9个国家级国际科技合作基地、8个集团级重点实验室和22个集团级研发中心，总体和重点专业研发中心覆盖率达到100%。加强产学研合作，与清华大学、上海交通大学等30余所高校联合建立76个产学研合作平台，与英国、德国、意大利等国家的大学和研究机构联合成立了41个国际研发中心。

三是持续推进创新体系协同，以机构建设提供组织保障。建立上下协同的创新管理模式：集团公司层面，组建中国航天科技创新研究院，加强基础性、前瞻性和共性技术研究；二三级单位层面，聚焦主业发展、核心专业技术和航天技术应用领域技术创新研究，加强独立研发机构和专职研发队伍建设，专职研发人员已超过1万人。

四是建立科研经费投入机制，加大科技攻关力度。围绕攻关关键核心技术、打造原创技术策源地和培育产业链链长所需的核心能力，积极申请国家重大专项投入，重点推进了"空间基础设施""500吨级液氧煤油火箭发动机"等科研攻关项目；2021年，共投入科研经费420亿元，研发经费投入强度达到15.2%。

（二）紧密围绕研发管理主要环节，大力推进创新机制改革，激发科技创新主体动力活力

一是对成员单位科技创新实行分类差异化考核。提升重大关键核心技术攻关和基础科学研究任务的考核权重，将承担攻关任务、创新投入、创新产出等作为主要考核指标，并对科技成果的奖励进行考核加分，激励引导各单位围绕国家急需的核心关键技术投入力量；依据项目实施成效认定自主投入经费额度，按一定比例将各单位自主投入折算为考核利润。

二是由科技领军人才挂帅出征，实施课题组长负责制，并建立容错机制。改革重大科技项目立项和组织管理方式，由科技领军人才担任课题组长，按照责权利统一的原则，全权负责项目全周期管理，享有课题经费、奖励分配自主权和课题组成员及合作对象的选择权。制定了集团公司建立容错纠错机制实施办法，鼓励科研人员放下包袱、大胆探索、挑战未知，不以成败论英雄，有效激发了研发创新层面创新团队的动力活力。

三是持续强化知识产权与科技成果管理。健全知识产权制度体系，形成了涉及科研、生产、经营管理等方面的知识产权协同创新机制。通过实施专利导航和专利质量提升两大工程，组织科技成果转化政策培训，开展22个科技成果转化试点，有力促进了知识产权管理与科技成果转化能力的跨越式提升。设立集团公司知识产权与科技成果转化中心，梳理形成可转化科技成果清单，积极与地方政府开展合作，已促成航天科技成果在十余个省市转化落地。

（三）紧密围绕核心技术攻关和型号研制需求，坚持人才引育并重，持续提升航天人才的发展竞争力

一是加强对标研究，建立科技人才高质量发展评估体系。系统对标研究波音公司、洛克希德马丁公司、华为技术有限公司等世界一流企业人力资源管理实践，构建由3个维度、27项指标构成的人力资源高质量发展指标体系，形成航天科技人才发展评估手册。对各级子企业开展定期评估，发布人才发展监测指标数值，推动人才发展规划有效落地、形成闭环。

二是坚持"高精尖缺"导向，提升引进科技人才质量。定期发布涵盖13个技术领域44个核心专业方向的人才需求指南，大力实施高层次人才集聚工程。设立海外高端人才引进专项基金和重点技术领域高水平博士生引进专项基金。"十三五"以来，引进海外高端人才20余名。

三是强化"量身定制"培养，加速青年科技人才成长。坚持把重大工程任务作为青年人才施展才华、提升能力的实践平台，对发展潜力大的"苗子"重点培养、聚焦培养、放手培养，及早选派其主持或承担重大工程任务，加速培育青年科技专家。目前，航天科技620余名型号"两总"中，45岁及以下的青年科技骨干人才占比达到30%。

四是实施专项人才计划，造就一支科技领军人才队伍。健全高层次人才多维成长通道，实施创新领军人才培育、青年拔尖人才支持、科技创新团队建设等6个专项计划，在经费配套、团队组建、薪酬激励、住房保障、子女入学等方面给予大力支持，引导科技英才专注发展。

三、改革成效

航天科技坚持在深化创新协同、促进成果转化、优化创新生态上下功夫，取得了显著成效。

一是创新实力不断提升。2021年，航天科技共获得国防科学技术进步奖特等奖2项、一等奖4项，国家技术发明奖一等奖3项，列军工集团首位；获第二十二届中国专利奖金奖1项、银奖3项、优秀奖10项，列军工集团首位；火星探测任务天问一号探测器成功着陆火星，中国空间站天和核心舱成功发射并与神舟十二号、神舟十三号载人飞船成功完成对接，嫦娥五号月球样品揭示月球演化奥秘3项航天成就入选2021年度中国科学十大进展。

二是航天重大工程连续取得成功。2021年,航天科技48次宇航发射任务圆满完成,103颗航天器顺利入轨;年发射次数首次突破40次,助力我国航天发射次数位列世界第一;长征系列运载火箭实现400次发射新跨越,百次发射周期缩短至33个月,保持连续75次的成功发射记录,可靠性、成功率迈入世界前列;航天技术开始由"跟跑""并跑"向"并跑""领跑"的高质量、高水平迈进。

三是科技成果转化成绩显著。"十三五"期间,集团公司专利申请量新增3.5万余件,同比增长56.5%;授权量新增1.8万件,同比增长73.7%;有效发明专利占比75%,科技成果转化实现收益近25亿元。2021年,专利申请量达到8822件,国防专利申请量达到3046件,再创新高。航天科技作为北京2022年冬奥会、冬残奥会开闭幕式技术保障单位,成功实施了包括地面舞台、火炬、冰立方、指挥监控、通信系统等在内的11个关键项目,用"航天科技"助力"科技冬奥"。

2

加快打造领先创新力
支撑航空科技高水平自立自强

中国航空工业集团有限公司

一、基本情况

中国航空工业集团有限公司（简称"航空工业集团"）是由中央管理的国有特大型企业，连续12年进入《财富》世界500强，2022年排名第144位。截至2021年底，资产总额10519亿元，净资产3728亿元，全年营业收入4688亿元，利润总额207亿元。集团公司设有航空武器装备、军用运输类飞机、直升机、机载系统、通用航空、航空研究、飞行试验、航空供应链与军贸等产业，下辖100余家成员单位、24家上市公司，员工近40万人。

航空工业是国家安全和国防建设的重要支柱、国家战略科技力量和高端制造业的重要组成部分。航空工业集团坚决贯彻落实国家创新驱动发展战略，在"十四五"及2035年前发展规划中明确创新在集团公司发展全局中的核心地位，把"领先创新力"作为发展的战略支撑。在推进国企改革过程中，坚持技术创新和管理创新双轮驱动，锐意改革，聚力创新，把激发创新活力、提高企业自主创新能力作为改革的重要出发点和落脚点，加快打造航空工业领先创新力，为建设航空强国和世界一流军队提供强大支撑。

二、经验做法

（一）发布"创新决定 30 条"，开创航空工业科技创新新局面

2021 年，航空工业集团立足新发展阶段，发布了《践行集团战略加快构建新时代航空强国"领先创新力"的决定》（简称"创新决定 30 条"），从指导思想、发展目标、科技创新文化、科技创新体系、科技创新机制、科技创新力评价、积极争取国家科技重大专项、保障措施等 14 个方面制定了 30 条推进计划，为集团公司在"十四五"及 2035 年前系统推进科技创新工作提供了整体纲领和行动指南。成立了集团领导挂帅，由科技、人力、财务、党建、纪检等跨部门协同的工作推进组，建立组织、协调、指导、评估、跟踪落实的常态化机制，挂图作战，狠抓"创新决定 30 条"落实，通过充分发挥各级组织和基层科技一线骨干的积极性、创造性，形成了航空科技创新"百花齐放、百家争鸣"的新局面。

（二）构建"科技+财务"联合管控机制，促进研发投入强度稳步提升

航空工业集团通过目标导向、规划引领和考核激励，形成研发投入的"科技+财务"联合管控机制，结合所属单位的主业定位，制定差异化考核目标；将研发投入纳入集团公司全面预算管理，树立创新活动和研发投入的靶向目标，促进研发投入去向与国家重大需求、集团公司发展规划和科技创新重点任务相结合，提高产出质量，更好地服务于集团公司高水平科技自立自强和高质量发展。"十三五"以来，航空工业集团研发投入年增长率始终保持不低于 10% 的水平，2021 年研发经费、研发投入强度均再创历史新高。航空工业集团不断加大自主投入，发布贷款融资等金融工具，支持科技创新的指导意见，逐步建立集团公司示范、单位跟投、多头配套的多元化研发投入机制，发挥自主投入资金的撬动和放大作用，扭转

所属单位"等靠要"投入的传统思想，通过高质量发展倒逼研发投入，为不断提升航空工业创新能力、加快装备跨代发展提供了关键保障。

（三）统筹推进科技创新平台建设，强化航空科技国家战略力量

充分发挥领军企业的国家战略科技力量作用，加速构建新时代航空科技创新体系，推进科技创新平台体系建设。积极论证国家实验室组建方案，组建"智航院"，加速智能技术与航空技术融合；成立鲲鹏软件创新中心，打造创新国家队；积极融入国家创新体系，策划并加入一系列创新联合体；与国内优势大学联合，成立气动声学、飞机精细化强度设计与制造等联合技术中心，为集团公司用好外部科技资源、增强创新源头供给、提升基础研究能力提供重要平台；组建新材料和结构快速试制与应用转化技术创新中心，支撑航空装备快速研制、快速迭代、快速验证；挂牌成立航空5G/毫米波协同创新实验室，加速新兴技术布局和创新应用。

（四）做好"出题人"，持续提升基础研究的稳定性与针对性

积极出资参与"叶企孙"基金，立足解决从0到1的基础前沿科学问题，依托集团企业内的国家级重点实验室、航空科技重点实验室，凝练航空技术领域指南库，面向全国相关领域的高校、中科院等基础研究优势创新力量开展合作，做好基础研究"出题人"。持续做好航空科学基金，增强航空科技与工程技术、技术科学和基础学科的联系和纽带，最大程度地利用外部创新资源，融入国家大科技、大工业的发展。定期发布航空科学基金创新成果汇编，推动航空科学基金项目优秀成果成为航空科研一线人员的案头参考书和创新启发源，激发航空科技原始创新活力。

（五）探索"科技+金融"新模式，打通科技成果转化落地的"最后一公里"

策划并组织召开航空工业"科技+金融"推进大会，解读政策、发布平台、发布成果转化目录，组织项目参加路演，并在集团公司微信公众

号、《中国航空报》进行系列报道，大力推进机制创新，构建"科技+金融+市场"生态环境。持续完善科技成果转化制度体系，以多种形式推进科技成果落地转化，2020年以来，实施转化项目44个，转化收入超10亿元。以公司制推进"分布式跑道异物探测系统"和"航空核心集成电路研制及产业化"项目转化落地；以"虚拟法人"制推进"高效精密增材制造"和"航空健康管理产品"项目转化落地；以知识产权质押融资方式推进"储氢系统小批量项目"融资贷款。积极落实激励政策，奖励自行投资实施转化人员724人次，奖励总金额达1468万元，人均奖励金额达2万元。

（六）打造高水平"双创"平台，促进大中小企业融通发展

按照国家发展改革委的部署安排，以"航空赋能　融通发展"为主题，举办国家"双创周"重点活动——航空工业"融通创新"主题日。面向社会发布了《航空工业双创共享资源目录》和《航空工业技术产品合作需求目录》，进一步促进集团公司内外部资源的共享融通。按照国务院国资委、国家发展改革委等四部委面向国家双创示范基地部署的"校企行"专项行动要求，实施"六个一批"重点工作，与清华大学、北京大学、西安电子科技大学等5所高校结对共建，组织推荐导师20人。针对新冠肺炎疫情，在争取国家相关扶持政策、产品推介、市场开发、项目融资等方面提供一系列支持，维护集团公司"双创"企业的生命力和发展活力。

三、改革成效

航空工业集团坚决贯彻落实党中央关于科技创新的重大决策和部署，以领先创新体系建设为主线，以建设航空强国、强化航空科技国家战略力量、实现高水平自立自强为使命，以科技创新机制建设和重大创新平台建设为提升创新效能的"两大抓手"。"十四五"以来，航空科技创新影响力

加速彰显，技术供给能力加速提升，科技与金融加速融合，创新资源加速聚集，航空科技重点领域的创新发展逐渐从量的积累迈向质的飞跃、从点的突破迈向系统能力的提升，新技术供给和应用需求的联动机制不断巩固和加强，创新机制探索实践持续深入，创新活力持续得以激发和释放。在2020年国家科学技术奖励大会上，航空工业集团获得国家最高科学技术奖、国家科技进步特等奖为代表的国家科技奖励共15项，获奖数量居央企首位。航空工业集团年发明专利申请量超过7000件，授权专利量超过3000件。国家重大科技专项立项、国家实验室论证申请取得阶段性成果。装备重大核心技术取得新的重要突破。2021年，航空工业集团两项成果入选度国防科技十大进展，毫米波宽带通信系列产品亮相国家"十三五"科技创新成就展，复合材料自动铺丝机等一批关键制造装备研制成功，国产碳纤维复合材料实现跨代发展，国产工业软件实现验证应用。

3

心怀"国之大者" 服务国家战略 全面深化科技体制机制改革

中国石油化工集团有限公司

一、基本情况

中国石油化工集团有限公司(简称"中国石化")是1998年7月国家在原中国石油化工总公司基础上重组成立的特大型石油石化企业集团,目前是中国最大的成品油和石化产品供应商、第二大油气生产商,是世界第一大炼油公司、第二大化工公司,在2021年《财富》世界500强企业排名中名列第5位。国企改革三年行动以来,中国石化坚持把服务国家作为最高追求,把科技创新摆在公司发展全局的核心位置,聚焦国家战略科技任务,持续深化科技体制机制改革,着力破除影响和制约科技创新的制度藩篱,科技创新效能得到显著提升。

二、经验做法

(一)强化使命担当,系统谋划科技体制改革工作

一是牢记初心使命,坚决扛起科技创新主体责任。中国石化将"担当国家战略科技力量"作为公司三大核心职责之一,以维护产业链安全、实现高水平科技自立自强为使命,以打造技术先导型公司为目标,把科技创

新摆在公司发展全局的核心位置，把科技体制机制改革作为公司深化改革的重中之重，不断完善创新体系，大力提升自主创新能力。

二是加强顶层设计，坚定实施创新驱动发展战略。中国石化聚焦国家战略需求，制定科技创新"十四五"发展规划，研究提出"四个一批"科技创新总体部署以及6项重大科技改革举措。把坚定实施创新驱动发展战略作为深化国企改革三年行动方案的单独章节重点谋划，从加强自主创新、打造联合创新平台、聚焦"卡脖子"技术等8个方面进行全面部署，并组织企业和科研单位制定承接方案或措施。

三是围绕重点问题，加快推进重点改革行动。中国石化在深入推进催化剂有限公司、德州大陆架石油工程技术有限公司"科改示范行动"的同时，参照国务院国资委总体部署要求，组织8家直属研究院深化体制机制改革，在全部"分转子"的基础上，完善现代企业制度，加强党的领导和党的建设，深化三项制度改革，健全市场化经营机制，着力提升自主创新能力。

（二）紧扣战略需求，攻关关键核心技术

一是建立关键核心技术攻关机制。中国石化全面梳理"卡脖子"技术清单，成立董事长任组长的关键核心技术攻关领导小组，下设工作组和攻关组，建立定期例会制度，聚焦重点难点，狠抓任务进度、问题解决和攻关成效，确保务期必成。

二是全力攻关"卡脖子"技术。聚焦急需石化原材料，集中优势资源，加快高端材料技术研发应用，PVA高端光学膜装置打通全流程，LAO（线性α烯烃）/PAO（聚α烯烃）、特种导热油填补国内空白，链中官能化溶聚丁苯、氢化丁腈等特种橡胶实现示范应用。支持国家疫情防控，迅速攻关研发出具有自主核心技术的口罩核心层用熔喷布聚丙烯专用料，快速建成16条熔喷布生产线，年产能1.35万吨，76天从零起步建成世界最大熔喷布生产基地。

三是加快原创技术策源地建设。围绕事关国家安全、产业核心竞争力的重大需求，聚焦石油化工领域转型发展的重大战略任务，超前布局前沿技术和颠覆性技术，加快提升高质量原创技术供给能力，努力成为原始创新和核心技术的需求提出者、创新组织者、技术供给者和市场应用者。

（三）提升创新效能，优化创新攻关模式

一是遵循创新规律，深化"放管服"改革。坚持"抓大放小"，简化项目过程管理与验收程序，除集团公司 A 类科技项目外，50%以上的项目委托承担单位组织验收，执行过程中不再进行过程检查和汇报。重大科技项目实施项目长负责制，赋予项目长对研究任务、研究经费、项目奖金的分配权和相应的资源调配权。简化科研仪器装备采购流程，制定了采购优化提升等 5 个方面 26 项具体措施，采购流程由原先的 8~21 步缩短到 2 步，采购周期从数周缩短至 1~4 小时完成。

二是围绕激发活力，探索新型攻关机制。在战略必争领域，实施"大兵团"作战机制，汇聚优质资源，集中精锐力量，启动"氢能技术"重大科技项目，推进"绿氢""蓝氢"制备、氢气储运、加氢站等技术攻关。在战略新兴领域，探索建立"揭榜挂帅"攻关机制，聚焦海水电解制氢、烟气二氧化碳捕集等 7 项重点技术面向全社会"张榜招贤"，不论资历、不设门槛，吸引系统内外 39 个研究团队"揭榜应征"，确定 6 个团队负责人"挂帅出征"。

三是坚持开放创新，强化合作攻关机制。与国内优势高等院校、科研院所全面合作，先后成立 20 余家联合研发机构。与清华大学等高校签署战略合作协议，成立清华大学-中国石化绿色化工联合研究院。与清华大学、四川大学、中国纺织科学研究院等单位组建汽车轻量化非金属材料创新中心，开发了 15 类新产品，成功应用于 29 种汽车零部件制备。

四是发挥协同优势,加快原创技术转化。建立完善"十条龙"联合攻关体制,把科研、设计、设备制造、工程建设、生产和销售等单位及其专业技术人员组织起来,以研究开发为基础、设计单位为桥梁、生产单位为依托,集中力量攻克重大关键成套技术,有效推进创新链产业链深度融合,加速实现科技成果工业化应用。截至目前,通过"十条龙"重点攻关,已累计完成200余项成套技术工业转化。

(四)强化创新主体,加快研发机构建设

一是加大考核力度,压实创新主体责任。充分发挥考核"指挥棒""风向标"作用,加大对直属企业创新体系建设、研发投入、关键核心技术攻关与成果转化、知识产权管理等方面的考核力度,分类制定年度考核目标,根据完成情况进行精准考核,对在国家战略科技任务攻关中做出突出贡献的单位给予额外加分奖励,压实企业创新主体责任。

二是完善科研布局,提升创新支撑能力。成立中石化宁波新材料研究院有限公司,为国家石化基地一体化发展壮大提供技术支撑。在中石化(北京)化工研究院有限公司成立医用卫生材料研究所,打造"科研特区",攻克解决制约医用材料产业发展的关键技术。完善直属研究院—分院管理体制,充分发挥10余家企业所属研究院作为公司直属研究院分院的作用,解决科研创新中的"孤岛""碎片"现象。

三是强化全球布局,深入开展国际合作。用国际视野高标准布局海外研发机构,成立休斯敦研究开发中心、中东研发中心,与霍尼韦尔UOP公司成立联合研发中心,与英国帝国理工学院合作成立资源地球物理研究院。其中,休斯敦研究开发中心在高温随钻测量系统研发方面取得了重大突破,有效推动了我国深层超深层油气勘探开发进程。

(五)聚焦活力效率,健全市场化经营机制

一是坚持多措并举,加大科技创新激励力度。坚持"稳住一头""放开一片"，稳定保障基础研究、科研支撑平台技术人员薪酬收入，"卡脖子"技术攻关等骨干人员工资总额实行单列政策，实施技术成果转化奖励，多转多得、多创多得。实施技术奖酬金激励机制，奖酬金计提比例由合同额的20%提高至净收入的50%。针对企业实施自主技术成果，每年从增量利润中提取不低于5%的比例用于奖励。设置"中国石化科技创新功勋奖"，奖励力度由税前50万元提升至税后100万元。增设科技进步特等奖、前瞻性基础性研究科学奖，科技进步特等奖奖励金额由每项200万元提高至300万元，对获得国家科技奖励的项目颁发公司配套奖金。

二是集聚创新力量，加强科技人才队伍建设。牢固树立"人才资源是第一资源的理念"，充分发挥公司科研队伍、工程技术、应用场景、集成创新等方面的优势，全方位、大力度引进科研高层次人才。畅通成熟人才引进绿色通道，既"筑巢引凤"，也"为凤筑巢"，对于紧缺急需人才，实施个性化引才。向全球发布"我有研究院，谁来当院长"的"英雄帖"，吸引国内外多位知名专家学者报名应聘。坚持"人才强企"战略，加强战略科学家和科技领军人才培养，实施"未来科学家"培养计划，举办青年科技创新大赛，设立青年科技创新基金，开展"优秀青年科技创新人才"评选。

三、改革成效

通过全面深化科技体制机制改革，中国石化逐步建立了权责对等、灵活高效的科技创新管理体系，充分激发了广大科技人员积极性、主动性、创造性，在核心职责担当、核心技术攻关、知识产权管理等方面取得积极成效。

一是核心职责更加明晰。担当"国家战略科技力量"的核心职责更加稳固。2020年以来，牵头获得国家科技进步奖一等奖1项、二等奖3项。

2名科学家当选中国工程院院士，4家国家工程研究中心纳入首批国家级新序列管理。自主研发的全电动成套压裂装备亮相国家"十三五"科技成果展。

二是关键核心技术攻关成效显著。科技创新取得系列突破成就，油气勘探开发、石油炼制、石油化工、公用技术体系不断强化，新领域技术快速发展，总体技术达到世界先进水平，页岩气勘探开发技术、海相深层油气勘探开发技术、清洁油品生产技术、乙烯和芳烃成套技术、甲醇制低碳烯烃技术、超高分子量聚乙烯纤维成套技术等多项技术达到世界领先水平。

三是知识产权管理工作再创佳绩。牵头获得中国专利奖金奖3项、银奖9项、优秀奖21项，申请专利1.7万余件、获得授权1.1万余件，均创历史新高，发明专利占比、专利质量评价持续位居央企首位。2020年和2021年的技术贸易收入总额年均增长率达到13%。

4

打造科技改革第一引擎 激发创新发展第一动力 加快培育高质量发展新动能

中国海洋石油集团有限公司

一、基本情况

中国海洋石油集团有限公司（简称"中国海油"）是国务院国资委直属特大型国有企业，也是中国最大的海上油气生产商。40年来，中国海油承能源报国的初心使命，向海图强，走出了一条从引进、消化、吸收、集成创新到与自主创新相结合的具有中国海油特色的科技发展之路，构建起较为完整的海洋石油工业体系。

中国海油以国企改革三年行动为引领，深入实施创新驱动发展战略，深化科技体制机制改革，加快推进高水平科技自立自强，攻克了海洋油气勘探开发等领域多项关键核心技术，为公司经营绩效创历史最好水平、成为国内油气增储上产"主力军"提供了坚强的科技支撑。

二、经验做法

（一）打造科技改革"第一引擎"，推动构建有组织的使命驱动型科技创新体系

一是加强战略谋划，推进关键领域有组织科研攻关。以国家重大使命

和战略任务为指引，制定发布《中国海油科技创新强基工程（2021－2030年）行动方案》，部署实施16项重大攻关工程，分批推进海洋油气勘探开发关键领域"卡脖子"重大技术装备研发，形成一套以示范应用为目标、以产量储量为导向，具有中国海油特色的"组织一体化、实施一体化、目标一体化"科研项目重大攻关模式。

二是推进体制变革，促进科技和网信融合创新。集团总部整合成立科技信息部、科技和网信委员会，设立首席信息官、首席网络安全官，优化研究总院与各分公司研究院职能分工，成立中国海油炼化科学研究院和中联煤层气有限责任公司非常规研究院，培育新能源等新兴产业研究力量，进一步增强科信工作领导力和组织力。通过整合原有科技和网信管理制度体系，精简去冗115项制度、办法和细则，切实提升科信工作管理效率和管控水平。

三是改革投入方式，加大前瞻基础研究投入力度。建立正负激励结合及投入视同利润的科技考核机制，实现研发投入的大幅提升，聚焦攻关和投入方向，有效扭转了科研项目"小而散"的困境。与国家自然科学基金委员会成立企业创新发展联合基金，增设前瞻基础类项目和专项经费，并持续加大对超稠油、深水、低渗等重大领域基础性、前瞻性研究的投入力度。

四是改进项目管理，分级分类实施"揭榜挂帅"机制。紧跟国家政策要求，积极对国家层面科技攻关任务"揭榜""抢榜"。在集团层面"设榜""挂榜"，推进公司"十四五"科技重大项目全面试行"揭榜挂帅"新机制，完成17个重大项目的项目长和项目单位的公开遴选。组织试点单位探索试行配套资源保障机制，完善以"项目长负责制"为核心的科研管理新模式。

五是实施精准激励，突出价值贡献新导向。制定发布科研人员精准激励方案，2021年对6个重大科技攻关项目的骨干人员实施奖励，总奖金额达539万元。召开科技和人才大会，组织完成首届针对个人的突出科技贡献奖评选。建立科技创新激励保障机制，强化科技创新考核引导，设立1亿元科技创新专项奖励金，充分释放科研人员的活力和创造力。

（二）激发创新发展"第一动力"，坚决扛起中央企业科技创新"国家队"责任

一是勇担重大政治任务，打造国家战略科技力量。成立以董事长为领导小组组长的组织机构，专项推动打造原创技术策源地，争当现代产业链链长。系统梳理海上油气勘探开发等关键领域技术路径和产业链图谱，编制实施方案并推动落实落地。以国家级科研机构作为打造国家战略科技力量的重要抓手，严格落实上级部门国家重点实验室优化重组和国家工程研究中心新序列管理要求，积极推进3个国家能源研发中心和创新平台申报，着力培育科技领军人才和创新团队。

二是设立"七年行动计划"重大科技专项，支撑增储上产目标实现。积极响应习近平总书记关于油气领域系列重要指示批示精神，大力提升油气勘探开发力度，在海域和陆地全面部署实施"七年行动计划"科技重大专项，持续攻关深水、深层、稠油、高温高压及陆地非常规等油气勘探开发领域重大技术瓶颈。突出价值贡献引导，将专项攻关目标直接与储量、产量挂钩，助推渤海油田建成我国第一大原油生产基地。

三是坚定推动"卡脖子"攻关，加速实现自主可控。全力推进"卡脖子"攻坚工程目标实现，确保陵水半潜式生产平台研究专项圆满完成，水下油气生产系统成功工程示范，自主海上拖缆地震采集装备装配12缆船并实现示范应用，旋转导向与随钻测井和超高温高压电缆测井系统产业化能力持续提升，实现"水面、水中、水下、井下"装备技术全面布局突破。加快进军深海步伐，编制深水"卡脖子"技术攻关方案，为建成具有中国特色的超深水油气勘探开发自主可控工程技术体系和作业能力、基本消除"卡脖子"风险打下坚实基础。

四是聚焦"双碳"目标要求，助力能源转型与绿色低碳发展。攻克单罐罐容世界最大的27万立方米储罐大跨度穹顶等技术难题，形成3万~27万立方米全系列LNG全容储罐技术，在LNG技术领域领先地位不断强化。积极打造炼油化工差异化特色技术，加快推进原油/重油直接制化学品及材料等原创技术产业化应用。联合内外部力量，启动深远海浮式风电、国内首个海上百万吨级CCS等绿色低碳示范项目建设，努力开辟绿色低碳价值创造新途径。

五是加快数字化转型步伐，持续挖掘数据价值。编制发布《数字化转型顶层设计纲要》和《智能油田顶层设计纲要》，持续做精做细"智能油田""智能工程""智能工厂"等6个数字化转型示范工程。稳步推进渤海湾新一代融合通信基础设施建设，加快海上油田、炼化厂区5G专网建设试点。以数据治理为抓手，促进业务流程优化，成立中海油勘探开发数据资源中心，完成勘探开发一体化数据中心推广实施，推动数据湖平台和实时数据库建设。全面推广财务共享中心及电商平台应用，促进销售模式创新和管理变革。

三、改革成效

一是关键技术取得突破，引领能力实现提升。"深海一号"能源站成功投产，获评央企十大国之重器，标志着我国海洋石油勘探开发能力实现向1500米超深水的历史性跨越；旋转导向和随钻测井系统实现全规格多功能作业能力覆盖；深水水下油气生产系统海试成功，基本形成水下生产系统自主总体设计能力与水下技术体系；自研海上拖缆地震采集技术装备实现规模化应用；具备LNG全产业链科技研发、转化与工程技术服务能力。

"七年行动计划"科技重大专项攻关成果支撑近3年公司国内原油增产量在全国总增量的占比达到70%左右，海上生产平台无人化比例达到12.5%，海油商城累计交易额突破7000亿元，为公司高质量发展培育新动能。

二是科技平台逐步完善，队伍能力得到加强。形成由7个国家级、14家省部级及一批企业实验室组成的创新平台体系，2021年成功获批首批中央企业原创技术策源地，参与共建两个中央企业创新联合体，新申报3个国家级科研机构，新评定两个集团公司重点实验室。人才队伍快速壮大，人才效能持续增强，科技机构总人数稳步增长，高层次人才规模持续扩大，2021年新增中国工程院院士1人，为公司创新驱动发展提供了有力的平台保障和智力支持。

三是科技创新成果丰硕，创新能力不断厚实。2021年，中国海油获得国家技术发明奖二等奖3项、国家科技进步奖二等奖1项，省部级科技奖11项、省部级网信奖12项；获得授权专利1263件；发布国际标准1项、国家标准13项。旋转导向与随钻测井、超高温高压电缆测井系统入选中央企业科技创新成果推荐目录；大直径旋转导向和随钻测井系统等3个项目入选国家能源局2021年度能源领域首台（套）重大技术装备项目清单；秦皇岛32-6智能油田建设实践入选年度央企数字化转型十大成果；海油商城入选国务院国资委国有重点企业管理提升标杆项目，相关科技成果得到了国家部委的充分肯定。

5

全面深化改革　助力打造国家战略科技力量探索自主创新的"三峡模式"

中国长江三峡集团有限公司

一、基本情况

中国长江三峡集团有限公司（简称"中国三峡集团"）成立于1993年，是全球最大的水电开发运营企业和中国最大的清洁能源集团。中国三峡集团深入学习贯彻习近平总书记关于国有企业改革发展和党的建设的重要论述，时刻牢记习近平总书记在视察三峡工程时作出的"大国重器必须掌握在自己手里"和在金沙江乌东德水电站首批机组投产发电时作出的"勇攀科技新高峰"等殷切嘱托，扎实推进国企改革三年行动，全面实施创新驱动发展战略，推动水电、海上风电等装备制造国产化、高端化，形成"智能大坝""智慧电站"和漂浮式海上风电等一系列世界级创新成果，引领全球水电行业进入单机百万千瓦新时代，使"中国水电"成为闪亮的国家名片。

二、经验做法

（一）聚焦体制支撑，塑造高效创新体系

一是加强顶层设计，战略引路制度护航。研究制订中国三峡集团"十

四五"科技创新规划,紧紧围绕国家重大战略,广邀专家院士建言献策,研究提出水电、新能源、生态环保、绿色低碳、数字化、"卡脖子"技术六大重点研究方向和各细分领域的"科技树",明确未来 5~10 年重点科技攻关方向,为科技重点任务攻关、平台创建、机制创新、人才培养和成果转化等关键环节指明方向。发布"科技创新四十条",在科技攻关、考核激励、平台建设、人才队伍、成果转化、考核激励、创新容错等方面为科技创新提供全生命周期系统性支撑。"科技创新四十条"实施以来,集团公司科技成果增长迅速,"十三五"专利授权总数同比增长 80.1%。

二是健全管理体系,淬炼三峡创新模式。打造"一系二维三级四步"分层分类的科技管控体系,按照全业务领域、全生命周期两个维度开展项目管理,明晰集团公司、二级机构、项目部三层级相应管理权限,建立科技项目管理立项、审查、审议、决策"四步法",有效激发创新活力。2021 年,获得国家级、省部级科技成果奖励 22 项,较 2019 年增长 55%,并按期高质量完成承担的 3 项央企攻关工程。

三是开展联合创新,争当链长和策源地。当好海上风电产业链链长,以装机国内第一、全球第二的规模,引领海上风电产业创新发展,亚洲单机最大 13 兆瓦海上风电机组等重大创新成果竞相涌现。打造长江生态环境保护、长江珍稀特有鱼类保护、流域水资源高效利用等原创技术策源地。牵头组建由 111 家成员单位组成的长江生态环保产业联盟,行业内"创新资源小而分散、单兵作战"的格局逐步扭转。联合清华大学等知名高校合作组建实验室,探索校企联合"产业驱动"的创新机制,成功研发自主化 IGCT-MMC(集成门极换流晶闸管)子模块、阀段样机等重要成果,打破了国外长期主导的技术路线。

(二)聚焦机制变革,释放创新活力动力

一是变革引贤机制,打造创新人才高地。全面实施"揭榜""赛马"

机制，面向全球公开选拔海上漂浮式光伏等重大科技攻关项目负责人，打造出"孙明伦实验室""雷佳工作站"等一批创新"杀手锏"生产车间。坚持"五湖四海"延揽人才，高层次人才柔性引进模式将大批知名专家纳入麾下。2022年，海外人才计划实际签约39人，同比增长近7倍。

二是变革激励机制，创新潜能竞相迸发。针对关键核心技术人员实施更具市场竞争力的薪酬激励制度，对"1025"专项工程、国家级省部级科技创新平台、科学技术研究院、中华鲟研究所等重大科研团队实施工资总额单列管理。建立科技型企业分红激励、科技成果转化收益分享等激励机制，三峡集团上海勘测设计研究院有限公司实施"三层次"科技型企业岗位分红，累计兑现激励总额近3000万元。将科技创新作为经营业绩的重要指标纳入绩效考核，建成超100个职工创新工作室，充分激发广大职工创新热情。

三是变革保障机制，构建创新战略支点。建立研发投入长效保障机制，通过自主或联合设立长江大保护专项资金、长江水科学研究联合基金等5大类科研专项资金，全额保障科研经费投入，2018年以来研发费用从20.2亿元增长到41.5亿元。不断丰富创新应用场景，建成包括3个国家级平台在内的科技创新平台22个，近5年增幅达175%；6项技术装备入选2021年度国家能源局能源领域首台（套）重大技术装备项目，占总数的8%，居发电企业首位。

（三）聚焦主责主业，当好战略科技力量

一是在国家重大工程的关键核心技术攻关中打头阵。聚焦大水电、海上风电等尖端科技领域，探索出一条"以大国重器为载体、工程实践为导向、产学研用为纽带、要素投入为保障，推动重大装备和关键核心技术国产化"的创新路径。大水电工程规划设计与重大创新突破一体筹划、同步实施，成功攻克300米级特高拱坝防震抗震、高水头大容量机组设计、800

兆帕级高强度钢板等一系列世界级技术难题，使我国水电高端装备制造完成从努力追赶到"一骑绝尘"的历史性跨越。海上风电开创装备制造创新"华山论剑"模式，建设被誉为海上风电"奥林匹克"赛场的三峡福清样机试验风场，国内首台10兆瓦海上风电机组并网发电。成功研制世界最大、亚洲首台抗台风型漂浮式海上风机，我国海上风电创新再获新突破。

二是在经济社会发展领域的自主创新和成果转化中开新局。布局战略新兴产业，响应"东数西算"国家战略，建成国内首个绿色零碳数据中心，为长江经济带数字经济高质量发展提供基础设施底座。建成国内首艘"运输+起重"一体化深远海风电施工船、国内首艘2000吨级第四代海上风电安装平台。有效发挥长江生态环保产业联盟创新资源整合作用，探索形成"业务提需求，企业出题目，联盟组队伍，市场判卷子"的生态环保技术创新模式，智慧水务、智慧管网、污泥处理等重大专项研究成效显著，建成国内首座新概念污水处理厂，攻克三峡地区特有珍稀植物保护技术，为推动长江生态环保技术迭代和满足沿江人民美好生活需要做出了贡献。

三、改革成效

一是科技创新体制机制不断完善。体制机制变革为科技创新提供了基础性、根本性保障。集团公司"十四五"科技创新规划、"科技创新四十条"等系列指引性文件为科技创新工作指引航向，"一系二维三级四步"分层分类的科研项目管理体系推动项目管理发生质的转变，实施一系列联合创新，推动系列重大科技成果竞相涌现。变革科技创新的"引贤""激励""保障"三重机制，充分释放了创新活力动力。

二是攻克了一大批关键核心技术。成功攻克300米级特高拱坝防震抗震等一系列世界级技术难题；乌东德水电站创造8项世界第一、15项全球首次和 8 项工程突破；白鹤滩水电站引领全球水电进入单机百万千瓦新时代；开发梯级电站水资源管理决策支持系统，掌握长江清洁能源走廊六库联合优化调度核心能力；自主攻克 500 千伏焊接型 GIL（气体绝缘封闭线路）检修关键技术，破解电力生产核心部件检修"卡脖子"难题。

三是获得一大批科技创新荣誉。"长江三峡枢纽工程"荣获国家科学技术进步奖特等奖，创造了 100 多项世界之最、700 余项发明专利，建立起 100 多项工程质量和技术标准。三峡升船机、溪洛渡水电站均荣获具有国际工程咨询领域"诺贝尔奖"之称的"菲迪克工程项目杰出奖"。

6

以体制机制改革推动科技创新构筑科技自立自强高地

中国移动通信集团有限公司

一、基本情况

中国移动通信集团有限公司（简称"中国移动"）是按照国家电信体制改革的总体部署，于 2000 年组建成立的中央企业。中国移动自成立以来，在党中央、国务院的正确领导下，始终致力于推动信息通信技术服务经济社会民生，以创世界一流企业、做网络强国、数字中国、智慧社会主力军为目标，坚持创新驱动发展，加快转型升级步伐，已成为全球网络规模最大、用户数量最多、盈利能力和品牌价值领先、市值排名前列的电信运营企业。

中国移动坚持以习近平新时代中国特色社会主义思想为指导，全面贯彻落实党中央、国务院关于科技创新重大决策部署，以国企改革三年行动为契机，在科技创新上坚持"两给两出"（给资源、给政策、出成果、出人才），围绕科技创新体系建设和能力锻造，深化体制机制改革，激发人才创新活力，努力打造国家战略科技力量，为打赢关键核心技术攻坚战、加快实现高水平科技自立自强贡献力量。

二、经验做法

（一）建立一套管理体系，形成高质量创新生态

一是优化"一体四环"研发组织体系。其中，"内环"以中央研究院和3个区域研发中心为主体，推动应用基础研究和核心能力研发；"中环"以16家科技型专业机构为主体，探索产品研发运营支撑一体化；"外环"以39家省公司为主体，推动前端一线应用创新和落地；"合作环"与知名高校、头部企业设立联合研究机构，补齐能力短板。牵头组建运营5G创新联合体，协同推进44项重点联合攻关任务。

二是建立高效运行的研发管理体系。围绕公司发展战略，构建中国移动研发能力图谱，根据图谱明确各单位主建能力、研发定位与分工。打造业界标杆级智慧中台，推动业务、数据、技术等相关能力整合、封装、上台，对内开放共享，并以产品服务形式对外输出。以"分类+分级"精准提升研发资源投入，集团公司面向中长期、重大项目，重在"投核心、投未来"；各所属单位面向生产运营，重在"投当下、谋经营"。2021年，中国移动研发投入达307亿元，占营业收入比重为3.6%，近3年研发投入复合增长率达到11.7%。"十三五"期间，中国移动累计承担国家科技重大研究课题88项，是我国通信领域唯一获得国家科技进步奖特等奖的企业。

（二）打造两个"试验田"，发挥创新引领示范带动作用

一是面向重点科研团队，打造科研自主管理"试验田"。搭建基于动态任务、去职级化、能上能下的"专业+管理+角色"三维职业发展通道，实施"岗位+绩效+角色+中长期激励"四元薪酬激励模式，在充分授权放权的同时，健全责任制，释放科技创新活力。以"九天"人工智能团队作为改革"试验田"，实施项目成本包干制，费用下放至团队自主支

配,落实技术路线、团队组建、研发经费、考核分配等自主管理权限,推动经营决策权前移。集团总部作为业务指导方,重点抓好计划批复与价值成效评估"头尾"工作。目前"九天"人工智能能力累计调用量超480亿次,成果转化价值超31亿元。

二是优化市场化经营机制,打造科技型企业改革创新"试验田"。充分把握"科改示范行动"契机,推动"科改示范企业"中移物联网公司(简称"物联网公司")分拆芯片业务成立芯昇科技有限公司(简称"芯昇科技")作为改革"试验田",撬动物联网公司整体改革。芯昇科技员工双向选择、带资入股,重新签订劳动合同,脱离原有身份,实施混改、员工持股和职业经理人等一揽子市场化改革举措。截至目前,物联网公司用户规模超10亿,位居全球第一,自主研发的OneLink平台成为全球第一大物联网连接管理平台;破解"卡脖子"问题,自主研发出国内首款基于RISC-V支持TEE特性的通用MCU芯片。

(三)健全三大机制,激发科技创新活力

一是建立多维度、差别化的科技成果评价机制。制定科技成果评价办法,对于基础研究成果,重点评价社会价值和技术价值,以定性评价为主;对于应用研究成果,重点评价技术价值和经济价值,定性和定量评价并重;对于开发研究成果,主要评价定量的经济价值。将评价结果与研发费用投入、战略补贴、专项激励等支持政策有效衔接。

二是完善"助转化、促转化"的科技成果转化机制。制定科技成果转化管理办法,对于成熟型自研核心成果,通过协同机制及中台体系促进落地应用;对于孵化期重点自研成果,给予核心能力清单、成本分摊、双计双考(同时纳入科研单位和销售单位考核指标、同时计入营业收入)等政策支持;对于其他成果,通过市场化方式自主选择和推广。

三是构建充分体现创新要素价值的科技创新激励保障机制。实施与科

技创新特点相匹配的人工成本总量决定机制。2017年至今，集团公司所属科技类单位工资总额累计增长130%。建立与产品效益直接挂钩的研发人才激励机制，推进"百舸争流"激励计划，面向106个重点科创团队，对照项目契约目标予以专项激励。全集团每年投入2亿元，针对专利、成果转化、在岗技术革新、"双创"等实施多层次创新奖励，对获集团"重大创新特别贡献奖"的团队给予最高200万元奖励。指导符合条件的科技型企业用好股权和分红激励政策，2021年在设计院能源机柜团队实施项目分红，按照业绩考核人均分红奖励达17万元。

三、改革成效

一是科技成果产出再创新高。物联网芯片、网络智能化等关键核心技术攻关任务圆满完成承诺中期目标，填补多项国内技术空白。2019—2021年，连续3年被国务院国资委评为专利质量A级企业，再添中国专利奖银奖；2021年，26项成果获省部级奖项，"5G独立组网（SA）"入围世界互联网大会领先科技成果前15位，3项成果入选国务院国资委中央企业科技创新成果推荐目录。

二是科技人才队伍加快壮大。加快完善"十百千"技术专家体系（十名集团级首席科学家、百名集团级首席专家、数千名省级专家），已选聘10名集团级首席专家、2625名省级专家；成立运营商首个院士专家工作站，首批引入中国工程院院士张平进驻，实现顶尖科学家人才突破。充分发挥科协作用，完善专家人才体系，汇聚10个专业学部299名专家、40个科协分会超12万会员。

三是带动移动信息产业融通壮大。2021年，中国移动发布"移动信息现代产业链合作计划"，全面践行链长责任，发挥运营商"扁担效应"，加速形成"雁阵格局"，明确合作目标和实施路径，精准施策、多措并举。

加快云网融合、"5G+北斗"、智慧电网、智慧矿山等领域关键核心技术研究、开发、应用一体化创新，深化5G技术变革，加速5G融合创新、赋能百业，推动5G全球引领，携手产业共同提升移动信息产业现代化水平，实现高质量发展。

7

深化分类改革　助推企业创新驱动高质量发展

有研科技集团有限公司

一、基本情况

有研科技集团有限公司（简称"有研集团"）历经近70年的发展，秉承"有色金属行业科技服务，高新技术产业培育发展"的总体定位，为我国有色/稀有金属工业体系的建立、有色金属行业的科技进步和高技术新材料产业的发展做出了突出贡献，为国民经济、国防军工、战略性新兴产业的发展提供了强有力的支撑。作为研究院所转制公益类企业，有研集团坚持以习近平新时代中国特色社会主义思想为指导，认真贯彻落实国企改革三年行动方案部署要求，始终面向国家战略、国防军工和有色金属行业，将开展共性关键技术研发、高新技术产业培育孵化作为企业使命。近年来，有研集团以分类考核与激励为重要切口，持续深化分类改革，提升科技创新能力和产业经营质量，激发调动科研人员创新创业热情，有力促进了企业科技创新能力提升和高质量发展。

二、经验做法

（一）深化分类改革，提升科技创新能力和产业市场化水平

一是完成子公司功能界定与分类，夯实分类改革基础。按照"定性初

分、定量校核"原则,将所属子企业分为公益类和商业一类两类。公益类子企业,即平台创新型研究院,以有色金属行业应用基础研究和共性技术开发为主业,不以利润为考核导向,侧重考核技术服务能力和水平;商业一类子企业,即产业公司,均为充分参与市场竞争、产品市场化程度和科技含量较高的公司,定位为利润中心,侧重考核其通过自主创新增强企业竞争力、为股东创造价值回报等。集团总部发挥科技资本运营管理平台作用,通过产业公司获取资本投资收益,反哺平台创新型研究院,支持创新领域方向布局,形成"科技－产业－资本"的良性循环。

二是分类明确技术创新方向,持续完善科技创新体系。2018年,以集团公司科技创新大会为契机,系统梳理"必保、必争、必跟"的核心技术体系,将技术创新方向归纳为6大领域、34个一级方向、94个子方向,形成"保争跟"项目300余项。以公益类子企业为主要承担单位,覆盖25个行业科技服务子方向和31个高新技术产业培育孵化子方向;以商业一类子企业为主要承担单位,覆盖38个高新技术产业发展子方向。基于功能分类的集团技术创新保障体系与产业链创新链关系进一步明晰。

三是分类实施混合所有制和股权多元化改革,构建合作共享的协同创新新局面。公益类子企业稳步实施股权多元化改革,如国联汽车动力电池研究院有限责任公司引入"材料－电池－汽车"产业链创新链上下游龙头企业参股研究院建设,围绕新一代动力电池材料研发,构建产学研协同的创新机制。商业一类子企业积极稳妥推进混合所有制改革,在半导体、稀有稀土、分析检测等板块,持续深化市场化改革,积极推动改制上市,放大国有资本功能,引入新资源、新机制。

(二)坚持分类考核,有效推动科技创新与产业发展

一是考核导向突出企业功能定位。实施差异化考核,公益类子企业重点考核科技创新收入和科技影响力指标,强调提升科技服务水平、增加科

技服务收入、增强行业影响力及培育孵化战略性领域高技术新材料产业和企业；商业一类子企业重点考核净资产收益率和科技创新投入指标，强调以自主创新增强企业竞争力、打造细分市场领域的龙头企业、为股东创造更多价值回报；处于特殊发展阶段承担国家级平台建设任务的子企业，经济效益类指标不作强制考核，建设期内紧盯项目建设节点，以促进该类企业轻装上阵做好国家级平台建设工作。

二是建立以提高科技创新收入和净资产收益率为目标的增量激励机制。对公益类子企业，将科技创新收入水平与企业负责人薪酬挂钩，强调科技创新收入的增量激励；对商业一类子企业，将净资产收益率与企业负责人的薪酬挂钩，引导企业努力提高盈利能力和水平，突出基于业绩的增量激励。

三是加强关键核心技术攻关、行业共性技术研究、国家级研发平台建设的考核评价。制定《重大攻关项目考核管理办法》，对重要项目等实施清单管理；制定《国家科技创新平台管理办法》，对平台领域建设、高水平人才团队、成果转化加强考核监督，支持高水平科技创新平台建设。对提前完成攻关任务里程碑节点或实现重大突破以及对承担行业共性技术研发并出色完成的项目承担单位予以加分奖励。

（三）建立差异化薪酬分配激励机制，为创新驱动高质量发展提供人才保障

一是建立差异化工资决定机制，推动所属公司薪酬分配向科研骨干倾斜。对于以科技创新、产业孵化为主营业务的平台创新公司，工资总额主要与纵横向科技收入等反映科技创新能力的指标挂钩。鼓励所属公司薪酬分配向做出突出贡献的行业领军人才、"高精尖缺"人才和一线科研骨干倾斜。在薪酬水平上，2021年，30名项目负责人（含技术负责人）中，8名人员的薪酬水平超过所属公司企业负责人平均薪酬；在薪酬结构上，关

键核心技术攻关任务参研人员的浮动绩效占比最高已达到 70%。

二是对关键团队、关键人员实施工资总额专项奖励。2020 年起，对承担关键核心技术攻关任务的公司按照 50 万元/项目的标准给予工资总额专项奖励，用于激励关键核心技术攻关团队及核心骨干人员，充分调动科研人员的积极性、主动性和创造性。对于招聘高质量应届毕业生的公司，给予工资总额专项奖励，同时明确最低薪酬标准，鼓励所属公司提高应届毕业生起步薪酬。

三是分类实施差异化的中长期激励，有效调动核心骨干科研人员的积极性。公益类子企业注重激励科技创新和成果转化，以科技成果转化项目分红为主要激励措施。比如，"科改示范企业"有研工程技术研究院有限公司，持续实施科技成果转化项目分红，提取不高于奖励基数的 30%，对科技成果贡献人给予奖励；另提取不高于奖励基数的 20%，作为自选课题经费给予研发团队。2018—2021 年，累计实施项目分红和成果转化奖励 33 项，奖励金额约 1300 万元，涉及 123 人，有效调动了科研人员科技创新热情，带动了一批科技成果转化。商业一类子企业注重整体经济效益提升，以股权激励和员工持股绑定科研人员和核心骨干，形成利益共同体，持续提高公司资产回报水平。比如，"双百企业"国合通用测试评价认证股份公司实施员工持股，向 155 名关键核心技术人员和经营管理人员发行 7770 万股股份；"双百企业"有研粉末新材料股份有限公司（简称"有研粉材"）实施股权激励，激励对象 109 人，激励总股份为 616 万股。

三、改革成效

一是产业经营迈上新台阶。2021 年，有研集团累计实现营业收入 202 亿元，同比增长 29%；利润总额 7.3 亿元、同比增长 62%。各产业板块齐头并进，为"十四五"开新局夯实基础。有研亿金新材料有限公司的 12 英寸超高纯铜合金靶材等新产品通过世界一流集成电路企业验证、实现批量供货；有研稀土新材料股份有限公司紧盯高端稀土磁材市场、积极推进山东荣成工厂扩产；有研国晶辉新材料有限公司与有研光电新材料有限责任公司合并重组，打造"红外光学材料－元件－组件"的垂直一体化产业平台；有研粉材围绕铜及铜合金粉体材料产业深度发展，启动建设重庆新基地和泰国新基地，围绕3D打印等特种粉体产业发展，组建有研增材技术有限公司；山东有研艾斯半导体材料有限公司面向12英寸硅单晶和抛光片产业化，正式启动山东德州基地扩建工作。

二是科技创新取得新成绩。2021年，有研集团实现科技收入7.91亿元，同比增长16%；制修订标准81项，获授权专利357项，获省部级科学技术一等奖18项，科技收入和成果数量均创历史新高。在一批国家级创新平台建设和关键核心技术攻关方面取得重要突破。稀土、绿色冶金、集成电路关键材料3个国家工程研究中心经评估被纳入国家工程研究中心新序列；雁栖湖特种有色金属材料创新中心获国防科工局正式批复，成为集团第二个国家级创新中心；国家新材料测试评价主中心建设任务顺利完成，通过了推荐单位组织的预验收；研制出满足28纳米集成电路要求的12英寸半导体硅单晶，以及满足14纳米集成电路要求的高端铜合金靶材；成功突破比能量350瓦时/公斤动力锂电技术，并率先向全行业进行成果发布；碳酸氢镁法冶炼分离包头稀土矿新技术、复杂混合型稀土精矿联合法冶炼新工艺等在甘肃、广西等地实现推广应用。

8

"四个精准"推动科技创新体系化能力提升

中国电子科技集团公司第十四研究所

一、基本情况

中国电子科技集团公司第十四研究所（简称"十四所"）是中国雷达工业发源地和诸多高端雷达装备创始者，是我国预警探测领域技术引领者、装备供应商和体系构建者，研制了我国预警探测领域80%以上的骨干装备、90%的大型骨干装备。国企改革三年行动以来，十四所坚持"四个面向"，积极探索科技创新体制机制改革实践，以"抓战略规划、抓资源配置、抓机制建设、抓价值创造"为管理思路，以提高关键核心技术自主创新能力为主线，以规划为引领、平台为支撑、技术为核心、应用为目的，强化科技创新体系建设和关键核心技术攻坚，打造预警探测领域创新高地，加快高水平科技自立自强步伐。面向未来科技日新月异的变化，十四所以战略定力和坚定信念，持续向具有全球竞争力的世界一流研究所建设目标迈进。

二、经验做法

十四所坚持创新在发展全局的核心地位，通过精准战略定位、精准功能定位、精准路径定位、精准价值定位"四个精准"，推动科技创新体系化能力提升，引领预警探测领域发展方向，为高质量发展注入源头动力。

（一）精准战略定位，发挥规划引领作用

建立顶层战略层、领域发展层、专业技术层3层规划体系，从需求侧和供给侧两端发力，全面推进科技创新顶层布局。

一是在需求侧建立作战研究和需求研究机制，由首席科学家、首席专家领衔制定科技创新战略和发展目标，打通探索、预研、研制、装备"四个一代"发展路线，构建从作战、体系、系统、装备、技术到能力的需求迭代链路，以作战牵引装备，以装备牵引技术，以技术牵引能力，将十四所重点技术和重大项目融入中央军委科学技术委员会、中央军委装备发展部、国家国防科技工业局、军兵种、国家部委等科技创新网络中。

二是在供给侧建立"五化六层"技术体系，基于数字化、一体化、网络化、智能化、服务化5大方向和体系级、系统级、处理级、射频级、共性级、基础级6个层级的技术布局矩阵，打造十四所创新网络，为前沿探索、关键核心技术突破、下一代技术提供统一攻关坐标，实现技术地图导航和资源优化配置。在核心技术和关键领域定向配置首席科学家、首席专家、高级专家、专家等300多个专家系列，实现创新整体效能最大化。

（二）精准功能定位，推动创新平台建设

构建功能分区和协同融合的科技创新主体，强化需求侧和供给侧两种创新力量，打造"小核心大外延"创新发展格局。

一是坚持"分工+协同"，发挥研发部门主力军作用，与科技需求侧深度耦合，支撑装备研制；发挥创新平台先锋队作用，与科技供给侧深度融合，紧跟科技前沿。

二是坚持"创新+探索"，以基础理论创新和前沿技术探索为定位，重构十四所创新平台体系布局，瞄准脑机接口建立人脑机实验室，推动智能感知技术重点实验室向体系方向发展，推动天线与微波技术国防科技重点实验室向系统方向发展，强化人工智能创新中心、军用微组装技术创新中心、智能制造创新中心能力建设，形成"体系 – 系统 – 专业 – 基础"创新主体布局。

三是坚持"互补＋共赢"，横向推动与知名高校和优势企业开展协同创新和融通创新，与网络通信与安全紫金山实验室共建微系统联合研究中心，与有研工程技术研究院有限公司协同建设雁栖湖特种有色金属材料创新中心，推动各类创新要素和创新资源向十四所集聚，引导将"科学"转化为"技术"、将"技术"转化为"产品"、将"产品"发展为"产业"的创新能力。

四是坚持"开放＋共享"，纵向推动与上下游主体开展需求创新和集成创新，打破简单的买卖关系，强化优势互补、开放协同、战略联盟，推动技术、应用、产业等多领域、多要素深度融合，形成"体系带系统、系统带整机、整机带基础"的上下贯通的创新生态，实现技术实力和创新能力循环提升。

（三）精准路径定位，突出攻关机制创新

尊重技术攻坚克难的客观规律，并行推进预研项目申报制和"揭榜挂帅"制两种技术攻关模式，加快关键核心技术攻关突破。

一是针对常规创新技术，采用预研项目申报制。针对不同阶段的技术，制定适应其创新突破的定制化管理制度和预研流程，推行差异化项目管理。针对前沿探索类项目，推行自由探索、宽容失败；针对技术预研类项目，推行基于KPI的绩效管理；针对样机演示类项目，推行基于WBS的过程管理。

二是针对难点痛点技术，率先制定《"2025工程"实施方案》和"揭榜挂帅"定榜、张榜、揭榜、评榜、奖榜等全套工作机制，同步推进"卡脖子"技术和"杀手锏"技术，实现攻关模式相变，形成源源不断的内生

性、体系性创新力量。年初发布攻关需求任务，面向全体科技人员张榜求贤，解决产品研制急需的、长期悬而未决的难点痛点技术问题，年终从成效审查、现场测试、专家评审3个环节开展攻关成果评价评估，对揭榜团队给予正向激励，鼓励科技人员创新创造，注入科技创新活力动力。2021年，公开发布20个攻关需求，30个攻坚团队完成"揭榜""挂帅"和"出征"，突破了一批关键核心技术，拓展了十四所核心技术图谱。

（四）精准价值定位，强化成果转化应用

坚持科技创新内外双循环发展理念，推进科技创新成果对内转化和对外转化两种价值实现模式，彻底贯通多种科技成果转化通道。

一是科技成果对内转化为装备。利用十四所海陆空天全用户、全平台大数据，通过数字化样机精确模拟装备实体和实战化场景，加速预研成果转化为重点型号装备，大幅缩短型号产品研制周期、降低研制风险。

二是科技成果对内转化为应用。利用十四所系统整机集成优势，推动总体分系统协同设计与迭代优化，加速新技术、新方法、新材料、新工艺等在工程化中应用和验证，快速把科技创新成果推向应用，将基础研究转化为原始创新技术，将前沿技术转化为工程技术或商品，将关键技术转化为装备研制技术。

三是科技成果对外实施许可转让。利用十四所在预警探测领域的技术领先优势，通过科技成果转化全过程管理流程，实施技术转让、作价投资、技术许可等，激发科研人员创新活力动力，反哺技术创新突破。

四是科技成果对外实施产业孵化。利用十四所在预警探测行业的头部效应和辐射效应，面向市场孵化为民用商品或者产业公司，推进军民融合发展。

三、改革成效

十四所以国企改革三年行动为契机，通过"四个精准"，实现了管理

增效、技术增值、创新增能,全面提升了科技创新体系化能力。

一是预警探测领域前瞻布局能力显著提升。首次建立了预警探测领域自立自强的"五化六层"技术体系。近 3 年,系统布局了人工智能、脑机接口、太赫兹、微波光子、单光子探测、智能阵面等前沿探索技术、战略新兴技术、关键核心技术和下一代装备技术,为科技自立自强奠定坚实基础。

二是服务国家重大战略需求能力显著提升。近 3 年,承担军科委预警探测设立的 4 个重大专项中 3 个专项,承担核高基、央企攻坚等科技攻关项目共计 200 余项,自主研制的华睿系列 DSP 芯片、灵睿系列 SoC 芯片已成为我国完全自主可控的高端芯片,自主研发的高端装备与国际巨头同台竞争,出口至欧洲、美国、中东、南亚等数十个国家和地区。

三是关键核心技术自主创新能力显著提升。新装备研制时,关键技术达到技术成熟度 5 级以上的比例超过 80%,近 3 年共鉴定科技成果 70 余项,荣获各级科技奖励 100 余项,专利申请数量呈现"井喷式"增长,同比增长 40% 以上。

四是支撑产业化发展能力显著提升。"蜘蛛网"雷达技术孵化成反无人机防御系统,成功应用于公共安全领域。近 3 年,处理模块、高端芯片等成果成功转化,催生了江苏华创微系统有限公司(简称"华创公司")的成立和运行;实现了 86 项成果作价投资,盘活了存量资产 9000 余万元,按照科技成果价值的 27% 奖励 30 名成果贡献人员共计 2000 余万元华创公司股权。

9

构建"开放式创新"体系
加快国有科技型企业改革创新步伐

中电海康集团有限公司

一、基本情况

中电海康集团有限公司(简称"中电海康")是中国电子科技集团有限公司(简称"中国电科")核心骨干企业,是智能物联网领域龙头企业和全球化企业。拥有杭州海康威视数字技术股份有限公司(简称"海康威视")和凤凰光学股份有限公司2家上市公司、1家国家一类研究所、多个专业化业务单元,以及1个成果转移转化和双创平台,成员单位已达10余家,形成了智能物联网领域较为完整的产业布局。建立了遍布全球的研发和销售服务网络,产品销售至155个国家和地区。拥有员工超过6万人,其中研发人员2.3万人,占比达39%。

二、经验做法

(一)引来理论活水,夯实"开放式创新"基础

以协同创新和开放发展为理念,研究借鉴国内外一流企业先进经验,践行完善以企业为主体的开放式创新体系。

一是找准切合实际的创新理论。中电海康多年来与浙江大学管理学院

吴晓波教授团队保持合作，不断探索、总结符合公司发展的创新理论。吴晓波教授团队着眼于后发优势的"二次创新管理"创新理论，提出基于开放式创新的"跨越企业技术生命周期体系理论"。

二是设计系统全面的创新体系。在"跨越企业技术生命周期体系理论"指导下，中电海康结合自身发展实践，建立了一套行之有效的跨越技术生命周期的企业开放式创新体系，涵盖研发体系、全球市场体系、智能制造体系、人才和激励体系、投融资体系和风险控制体系、文化体系等子系统。

三是建立畅通高效的运行机制。构建了一系列支撑技术创新体系的信息平台，完善了信息化基础设施，建立了网络安全防护体系。提升优化了覆盖子集团的智能办公系统，实现了研发过程管理、人力资源管理、投融资、市场营销、ERP、经营分析等一系列数据打通的应用，优化了工作流程，提升了办事效率。在公司流程、制度和内部信息化体系支撑下，不断推动技术转化为产品并快速走向市场，保证公司能够不断抓住行业技术发展趋势，实现从行业追赶到领先的超越。

（二）筑牢平台支撑，搭建"开放式创新"舞台

把平台建设作为了解市场需求、汇集创新资源、降低风险成本、营造创新生态的"关键一招"，下大力气搞好平台建设。

一是五大平台联动，搭建开放式创新组织架构。通过五大平台联动，创新赋能中台开展业务孵化支撑。中国电子科技南湖研究院进行前沿技术创新研究；无锡基地结合物联网产业发展战略进行产业培育；海康基金助力资本赋能，为内外部创新成果孵化加速提供强有力的资金支撑；浙江乌镇街科技有限公司（简称"乌镇街"）为内外部创新提供科技成果转化、成果孵化加速、项目投资等服务。五大平台联动优化了企业内部协同创新能力，为公司创新体系构筑坚强组织保障。

二是打造产业创新联合体，构建开放式创新生态。以开放共享，汇聚资源为目标，坚持市场牵引、产业牵引、示范项目牵引等多种措施协同，吸引了外部项目、外部资本等资源共建海康生态圈。围绕中国电科、中电海康的技术、人才、市场、渠道等优势，促进成果对接转化、业务协同发展，互补市场优势，做大做强产业，逐步形成以大企业、龙头企业为引领的资源要素齐全的生态圈和创新联合体。2021年以来，创新联合体业务取得突破，与温州市、华中科技大学温州先进制造技术研究院三方组建温州光电产业创新联合体，成功孵化并投资了多个项目。同时，在成都、西安、长沙等地积极复制创新联合体模式。

三是建立成果转化平台，持续低风险低成本创新。中电海康将不符合公司业务发展要求的科技成果通过乌镇街成果转化平台对外输出，转化成新的生产力。同时，通过乌镇街成果转化平台链接外部优质技术成果，引进集团作为科技创新储备，实现中电海康的低风险低成本创新。

（三）强化机制保障，增添"开放式创新"动力

用足用好各项改革"政策包""工具箱"，在创新激励机制建设上勇闯新路，敢开新局。

一是探索实施创新业务跟投机制。中电海康为使更多核心骨干员工与企业共享增长红利，实现共同发展，探索实施了创新业务跟投机制。2016年6月，在国务院国资委和集团公司的大力支持和指导下，中电海康正式在海康威视试点实施核心员工跟投创新业务计划。在创新业务领域，允许员工团队参与投资40%的股权。跟投员工通过组建有限合伙企业方式作为跟投平台参与投资，确保跟投员工与公司创新业务牢牢绑定，形成共创、共担的业务平台。同时，引入股权动态管理机制，确保激励作用充分发挥。

二是构建多维激励体系。中电海康始终把人才作为企业的核心资源，

从人才的职业发展规划到多元化的中长期激励机制，再到对员工多方位的生活和人文关怀，从物质激励到非物质激励，构建比较完整的正向激励体系，充分激发各级各类人才的干事创业激情。

三是探索科技成果转化新模式。激发内部科技人才的创造性与积极性，提高公司创新能力。根据国家及集团公司在科技创新、成果转化等方面的指导文件及要求，制定实施中电海康科技成果转化管理办法。通过这些制度的规范和推动，近3年集团公司的内部创新、成果转化活动取得了较好的成果。

三、改革成效

国有企业改革三年行动实施以来，中电海康构建并践行以企业为主体的开放式创新体系，建立并完善科研投入持续稳定增长的长效机制，加快建立健全中长期激励机制，激发创新动力，取得了显著的改革成效。

一是履行使命担当，保持企业高质量可持续发展。面对复杂严峻的外部形势，中电海康始终保持稳健增长。2021年，营业额实现829.55亿元，同比增长27.32%；利润总额实现176.56亿元，同比增长21.54%；净利润实现158.09亿元，同比增长21.42%。旗下海康威视连续多年荣获《安全&自动化》"全球安防50强"榜单第1名，已发展成为以视频为核心的智能物联网解决方案和大数据服务提供商。

二是创新业务快速增长，开启成长第二曲线。跟投激励体系不断完善，发挥了良好效果。自跟投激励体系实施以来，超过1万名核心员工和技术骨干成为与公司创新业务共担风险、共享收益的"事业合伙人"。智能家居（"萤石"品牌）、机器人、热成像、汽车电子等创新业务持续快速发展。2021年，创新业务共实现营业收入122.7亿元，增长率达98.9%。截至目前，杭州萤石网络股份有限公司已经递交首次公开募股（IPO）申请,机器人分拆上市的相关筹备工作也正在推进中。

三是有效激发员工发明创造积极性,技术创新能力和质量快速提升。开放式创新体系的实践调动了广大员工积极性、创造性,激发了知识产权成果的产出。近年来,中电海康知识产权成果数量保持高位运行,2021年专利申请2503项(其中发明专利申请1521项),同比增长14.61%;专利授权1850项(其中发明专利授权936项),同比增长29.55%。

四是创新实践走在前列,为国企改革提供海康经验。中电海康在打造开放式创新体系实践方面走在前列,获得多项荣誉和成绩,同时不断总结经验,为国企深化改革提供借鉴。2020年4月,中电海康入选国务院国资委"科改示范企业"名单;2020年,中电海康荣获国务院国资委"深化人才发展体制机制改革示范企业";《深化市场化改革 强化科技创新正向激励 激发人才创新活力》入选国务院国资委改革办"科改示范行动"案例集;2020年,申报入选浙江省省级和杭州市创新综合体;"跨越技术生命周期的企业创新体系构建及应用"获2020年浙江省科学技术进步奖二等奖;2021年,入选国务院国资委对标世界一流管理提升标杆企业,在国务院国资委2021年度"科改示范企业"专项考核中获评标杆。

10

践行国家三代核电自主化战略 促进核能科技高水平自立自强

上海核工程研究设计院有限公司

一、基本情况

上海核工程研究设计院有限公司（简称"上海核工院"）始建于1970年2月8日，前身是七二八院，是我国大陆首座商用压水堆秦山一期的总体研发设计单位，也是国家科技重大专项压水堆专项的总体技术责任单位，隶属于国家电力投资集团有限公司，拥有先进核能技术研发、运用推广、EPCS总承包及全生命周期技术支持的专业化管理和项目总承包能力。国企改革三年行动以来，上海核工院深入贯彻创新驱动发展战略，践行国家三代核电自主化战略，聚焦科技创新能力，以关键核心技术攻关为目标，靶向发力、精准施策，完善科技创新体系，不断增强自主创新能力。

二、经验做法

（一）完善科技创新组织模式，构建"集约、协同、高效"的组织体系

一是成立科技创新专项工作推进领导小组。公司负责人亲自督战，按季度召开领导小组会议，统一思想，协同推进科技创新过程中的难点、堵点问题。

二是运用"SPI(战略—规划—计划)-JYKJ(计划—预算—考核—激励)"一体化管理体系,实现战略规划目标通过JYKJ体系逐级承接分解。以年度计划落实战略规划,以经营预算保障年度计划实施,通过业绩考核正向牵引价值创造,以激励政策释放组织活力和员工动力。

三是建立核电型号总师体系,加快核电新型号开发。针对核电新型号研发,任命型号总师和系统总师,并建立分层决策机制,形成支撑"预研一代、研发一代、设计一代、运行一代"的"总师系统+管理团队"组织推进模式。以一体化供热小堆为例,任命了54名40岁以下的青年骨干人员担任系统、分系统总师,型号研发取得显著进展,支撑供热堆项目完成可行性研究报告审查。

四是组建跨单位核电自主化软件专项攻关团队。建立总指挥、总师"双总制"等工作机制,推进COSINE自主化软件集中攻关。

(二)完善科技创新体制机制,构建"赋责、赋权、赋能"的敏捷研发体系

一是科研管理体系从"行政管理型"向"授权管理型"转变。每年以"1号文"张榜确定年度科研创新重点,坚持"宽立项、严评估",持续完善课题价值评价体系、项目全成本核算机制,全面提升科技创新投入产出比。赋予课题负责人技术决策权、合同签订权、资源调度权和考核分配权,明确责权利,压实责任。

二是建立科技创新全过程激励体系。构建覆盖规划、立项、实施、验收、知识产权、科技成果转化等科技创新全过程的专项奖励体系,确保薪酬待遇向一线科研人才、价值创造者倾斜。

三是实施科研课题"揭榜挂帅"、经费包干制,鼓励"能者上"。针对核电软件自主化等关键"卡脖子"课题,通过张榜课题目标和协议工资、答辩择优签约上岗、结题专家评审、60%协议工资考核后兑现等环节,激

发活力，推动关键核心技术取得突破。

四是建立以奋斗者为本的科研人员职业发展通道。建立了基于"业绩+能力"的积分制晋升体系，打破熬年头、行政批准的传统晋升机制，激发员工内生动力。制定基于积分的五级专家动态评价和培养体系，专家积分体系由 7 大类、22 项指标构成，包括创新成果、科研水平、知识贡献、影响力、专业资格、工作资历和代表作评分等，引导员工自我"修炼"，使优秀人才快速量化，脱颖而出。

（三）完善科技成果转化机制，构建"促转化、促激励、促发展"的成果转化体系

一是成立专业化成果转化机构。组建了核电领域首个知识产权运营公司，并实现法人化运作，明确研发人、转化人共享收益机制。净收益的 50% 用于激励核心骨干团队，10% 用于激励科技成果转化团队，30% 留在子公司作为持续运营的费用，10% 上交母公司。2022 年 3 月，获批"上海市核电知识产权运营中心"。同时，积极打造"专精特新"企业，实施内冷水碱性化树脂、堆芯探测器等多个成果孵化项目。

二是探索知识产权质押融资新模式，建设集中许可专利池。专利池目前已吸纳 6 家单位加入，促成交叉许可合同额 2000 余万元。专业机构对其中 10 件发明专利估值达 3.1 亿元，实现公司首次采用知识产权质押方式获得银行贷款 1 亿元用于科研投入。

三是通过建立"双清单"（产品清单和需求清单），形成集团内部涉核企业合作机制，对接集团内外部市场需求，促进成果转化落地。

三、改革成效

一是科研攻关取得系列重大进展。上海核工院高质量完成压水堆重大专项、"卡脖子"攻关等重点研发任务，支撑大型先进压水堆"国和一号"

示范工程建设。完成整体性能试验等面向未来的小型核能装置关键试验，为供热堆"小路条"获批提供支撑。公司牵头布局三代核电技术标准化，联合国内 50 家单位共形成标准 342 份，主编并发布了我国首个核电 IEC 国际标准，实现零突破。

二是科技创新动力与活力得到充分激发。通过科技创新全过程专项奖励体系，2021 年，共计发放专项奖励金额 7000 余万元，科研骨干人员的激励额度占年收入的 30% 以上，显著增强了创新活力。2022 年，获中国专利奖金奖、银奖、优秀奖各 1 项；2021 年，获科技进步奖 34 项，中国专利奖优秀奖 1 项，授权专利 148 项，取得历史最佳成绩。近 3 年，共有 20 余人次入选省部级以上人才计划。

三是知识产权运营取得丰硕成果。2021 年 9 月，注册成立核电产业知识产权运营中心法人化公司"国电投国和（上海）知识产权服务有限公司"，打造核能成果转化（孵化）平台。当年即实现成果转化营收合同额 2300 万元，申报全国知识产权运营服务体系建设重点城市等相关项目 6 项，获得约 450 万元财政资助。完成面向人民生命健康的医用钴 –60 制备等科技成果产业化，极大地缓解了国内医用放射源短缺的状况，并获取全周期 3600 万元转化收益。

四是以改革为引擎打造三代核电产业链链长。利用公司在三代核电的技术优势，组建"国和一号"三代核电产业链联盟，建设"国和一号"现代产业链链长，加速创新链、产业链的高度融合，以持续推进新型号研发实现"固链"，以国产化"抽丝剥茧"技术攻关实现"补链"，以试点"研发供货一体化"破解首台（套）应用难题实现"融链"。充分发挥现代产业链链长的技术抓总作用，协同产业链链上企业形成一套以"国和一号"技术为基础，包括技术创新、优化攻关、信息沟通的长效合作机制。目前联盟已吸纳上海电气集团股份有限公司、中国一重集团有限公司、华东电力设计院有限公司等 17 家单位，构建了创新链与产业链融合的企业级形态。

五是技术支持核能向多能拓展，助力山东海阳市建成全国首个"零碳"供暖城市。结合国家"3060"双碳目标，基于非能动技术，2020 年，上海核工院技术支持海阳市 70 万平方米核能供热一期项目，被授予国内首个"国家能源核能供热商用示范工程"。2021 年，支持"暖核一号"核能供热二期 450 万平方米项目投运，惠及 20 万居民，海阳市成为全国首个"零碳"供暖城市，清洁、规模大、经济性好的清洁供暖方案，通过海阳核能落地见效。

11

深化体制机制改革 激发创新活力动能 科技引领助力产业高质量发展

中国电子工程设计院有限公司

一、基本情况

中国电子工程设计院有限公司（简称"中国电子院"）创建于1953年，是国家开发投资集团有限公司（简称"国投"）的全资子公司，是我国电子工程技术服务领域首批国家认定企业技术中心和电子工程设计领军企业，拥有国家级科研平台6个、国家级设计大师7人、享受政府特殊津贴专家48人、省级领军人才520余人，为我国半导体、显示器件等重点领域产业化发展提供了重要支撑，具有自主知识产权的洁净、微振动控制两大核心技术达到国际先进水平。

中国电子院始终把自主创新作为战略基点，把核心技术作为立足之本，自入选"科改示范行动"以来，坚持优化公司治理，不断完善选人用人机制，加强科技创新和体制机制改革，积极培养高端科技团队，科技创新能力显著提升，科技创新成果不断涌现。

二、经验做法

（一）推进完成混改，完善治理机制，发挥融合发展"新优势"

一是完成混合所有制改革。中国电子院以国投"十四五"战略规划为引领，聚焦主业发展和数字化转型，兼顾"引资"与"引智"，积极对接高匹配度、高认同感、高协同性的优质战略投资者，以增资扩股方式引进外部投资者5家，累计股权占比31.8%，同步开展骨干员工持股，521名员工累计持股14.1%，实现多元化投资主体、优化股权结构，以混合所有制改革有力促进产业协同、优势互补，提升企业核心竞争力。

二是加强董事会建设，健全现代企业制度。在全面实现董事会应建尽建、外部董事占多数的基础上，强化专业决策和治理，对总院及所属全部5家子公司董事会人员结构进行优化调整，引入拥有丰富经验的行业专家作为外部董事，有效发挥外部董事专业特长优势。推进有条件的董事会设立独立董事，总院设立提名委员会、战略委员会、薪酬与考核委员会、审计与风险管理委员会4个专门委员会。修订董事会议事规则及决策事项清单，出台落实董事会6项职权实施方案并同步修订章程，充分发挥董事会定战略、作决策、防风险的作用，建立健全规范高效的治理体系。

（二）深化选人用人改革，强化激励约束，激发干事创业"新活力"

一是激活"原动力"，"以上率下"坚定改革决心。纳入"科改示范企业"后，中国电子院启动职业经理人选聘头号改革任务，原经营班子全体起立，面向全社会进行公开竞聘，以前所未有的决心和力度破身份、破台阶、破终身制。新一届经营班子的5名职业经理人从140名候选人中脱颖而出，仅1人为原班子成员，4人来自生产一线，新任总经理原为国投三级子企业副职，是首次跨三级选拔的二级子企业正职。在具备条件的7家子企业、9家分公司全面推行经理层任期制和契约化管理，45名经理层成员"一人一岗"签订"一协议两书"。建立"利润区间与薪酬档位相挂钩"的薪酬基数确定机制，通过业绩贡献合理拉开薪酬水平，让三项制度改革"动真碰硬"。2021年，管理人员退出率达到6.8%，业务单元经营层平均薪酬差距超过4倍。

二是激发"创新力",分类推进中长期激励。优先在 2 家重点子企业实施骨干员工持股,累计持股激励 300 余人,推动骨干员工与公司收益共享、风险共担。加大对科技创新的激励,建立"可衡量、可评价、可落地、要效益"的创新激励体系,科学界定科研成果等级及影响力,成果转化盈利后 5 年内,每年销售利润的 30% 奖励给研发团队,对于重大技术成果给予重奖,上不封顶。针对重点、大型项目实施项目效益共享机制,鼓励项目经理及团队按照贡献大小分享项目超额利润,自实施以来累计激励团队 130 余人。在一家重点子企业试点实施超额利润分享机制,项目经理、技术经理等核心骨干共 40 人纳入实施计划。

(三)优化立项组织模式,坚持"科研+生产"双轮驱动,增强高质量发展"新动力"

一是彰显骨干"带动力",优化科研立项组织模式。聚焦"十四五"科技攻关重点任务,围绕工艺、微振动及业务数字化等领域,梳理首批 14 个重大科研任务"揭榜挂帅"课题,在全院范围内公开发布榜单,明确攻坚目标、完成时限,号召广大党员、青年骨干主动揭榜和领衔攻坚,与揭榜者签订"军令状",形成党员挂帅、带动群团攻坚关键技术难题的科研氛围,目前已完成 14 支攻坚团队的组建,汇聚 100 余名骨干科技人才。

二是打造创新"驱动力",推动科研赋能生产。直接面向市场、面向客户需求,在工程项目中开展科研攻关,"把实验室建在工厂里"。在英诺赛科(苏州)科技有限公司第三代半导体生产线内建成全球首个动态环境下高精密超净实验室,开展超净环境保障系统研究,研究成果直接应用于工程建设。坚持"把科研课题写在工地上",实施重大工程项目时,同步设立科研课题,做到项目建设与技术研究同步规划、同步实施、同步应用、同步验收,加快提升科技成果转化效能。自成立以来,中国电子院主/参编电子工程建设领域 90% 以上的国家标准及行业标准,完成国家重点工程 100 余项，其中 70 余项方案为首创；拥有自主核心技术 150 余项，荣获省部级奖 1000 余项。

三是凝聚发展"新力量"，建立开放式创新模式。强化五大战略、三级平台、三类联合体"533"创新机制建设。实施标准化、科研提升、知识产权、创先争优、科技人才培养五大创新战略，围绕 200 余个核心技术创新点规划专利布局，在不同团队之间开展创先争优竞赛，不断提升科研质量。搭建国家级、省部级、企业级三级创新平台，在物联网、健康养老等领域做好前沿技术研究。建立核心客户、科研院所、兄弟单位三类创新联合体，与第三代半导体龙头企业开展工程技术研究，与清华大学、中国科学院等开展关键技术攻关，与集团兄弟单位共建国投智慧城市创新研究院。

（四）加强队伍建设，打造人才强院，凝聚深化改革"新合力"

一是打造"新引擎"，优化人才培养机制。抓好新员工、青年拔尖人才、领军人才三支人才队伍建设，有针对性实施"新员工种子计划""青年拔尖人才提升计划""领军人才托举计划"三级人才培养机制。建立适应科技型企业特点的人才发展体系，制定《种子计划"师徒制"培养制度》，以工艺专业先行先试，开展师徒结对、分级培养，确保技术传承和行业引领。目前师徒制结对培养已推进实施 43 对，实现对"高精尖缺"人才"精准滴灌"。高效落实"领军人才托举计划"，2021 年新获批国家级设计大师两名。

二是打造"新高地"，开展筑巢引凤行动。成立技术委员会、专家委员会、青年技术委员会，加强院士专家工作站、博士后工作站建设，打造引才聚智新高地。2021 年，围绕电子工艺等核心专业以及核心业务，引进国内外高端人才 40 余名。强化外部董事对科技创新的支撑能力，中国电子院总院引入 2 名行业技术专家作为外部独立董事，实现内外部科技力量的有效协同。

三、改革成效

一是高质量发展实现新突破。中国电子院坚决落实创新驱动发展战略，立足"科技引领高价值服务 助力产业高质量发展"的企业使命，加强科技创新，加大核心技术攻关，掌握了一系列具有自主知识产权的关键技术，实现经营业绩的新突破。2021年，中国电子院新签合同额首次突破200亿元，创历史新高；净利润同比增幅218%；获得专利授权57项，承担标准编制35项，承接省部级重大研发任务8项，获得各级优秀成果奖励76项。

二是科技成果转化实现新进展。微振动、洁净技术研发取得新突破，有力支撑了柔性显示、高端芯片等领域关键业务的顺利开展。微振动环境综合控制技术达到国际先进水平，为世界上最大口径碳化硅反射镜胚、大型高精度衍射光栅刻划机等国家重大科研装备制造提供了强有力的技术支撑。承担实施国际最高防微振控制等级的国家"十三五"重大科技基础设施"北京高能同步辐射光源项目"。洁净工程技术达到国际一流水平，掌握超大空间、超高温湿度精度控制、洁净度达国际标准（ISO）1级的洁净室设计建造技术，有力支撑了长江存储国家存储器基地、广州粤芯12英寸芯片生产线等项目建设。

三是企业活力竞争力实现新提升。发挥市场化选人用人机制的激励约束作用，加快打造政治坚定、善于经营、充满活力的职业经理人队伍，培养忠诚敬业、能力出众、行业知名的专业技术骨干队伍。近2年，推动54名干部在单位及部门之间交流，新增高级职称人员110余人；返聘已退休62名核心科技骨干人才，让人员动起来，让资源活起来，切实将人才优势转化成为推动企业发展的竞争优势。

12

坚持自主创新
铸就时速 600 公里高速磁浮交通系统国之重器

中车青岛四方机车车辆股份有限公司

一、基本情况

中车青岛四方机车车辆股份有限公司（简称"四方股份"）是中国中车集团有限公司（简称"中国中车集团"）所属核心子企业，2002 年完成股份制改造，主营业务包括高速动车组、城际动车组、城轨地铁车辆、高档铁路客车等轨道交通客运装备的研发、制造和服务，产品先后出口美国等 28 个国家和地区，并先后入选"双百企业"名单和国务院国资委管理提升标杆企业名单。

时速 600 公里高速磁浮是"十三五"国家重点研发计划专项课题，在创新驱动战略引领下，作为课题牵头单位，四方股份坚持学习贯彻习近平总书记关于国有企业改革发展和党的建设的重要论述，坚持自主创新，优配技术资源，培育科研团队，研制出一批技术领先、具有广泛影响的产品装备，实现时速 600 公里高速磁浮交通系统成功下线，推动了国家轨道交通行业快速发展。

2021 年 5 月，习近平总书记在两院院士大会、中国科协"十大"上的重要讲话中，将"时速 600 公里高速磁浮试验样车成功试跑"作为我国高端产业取得的一项新突破。2021年10月，高速磁浮工程样车作为重大标志性科技成果亮相国家"十三五"科技创新成就展。2021年12月，时速600公里高速磁浮交通系统入选2021年度央企十大国之重器。

二、经验做法

（一）优化完善技术创新机制

一是建立科技开发过程全链条管控模式。在中国中车集团"两纵两横一贯通"的科技创新体系建设总体规划下，四方股份建立了科技开发过程全管控模式，统筹国内国外科技创新资源，开展科技创新体系评价和资源共建共享，促进科技成果转移转化。

二是优化调整科技创新体系组织架构。整合国家工程研究中心、国家工程实验室资源，实现"研究、仿真、试验"协同一体化，并组建了高速磁浮研发团队，配套建设试制、实验中心，全力推进"高速磁浮交通系统关键技术研究链条"课题实施。

（二）打造全面新型研发体系

一是充分利用先期经验资源，针对性系统创新。围绕高速磁浮核心技术，在搭建涵盖动力学、电磁、控制等方面的全系统协同仿真平台基础上，为技术方案的论证及优化提供全面、系统、科学的仿真评估。重点攻克车辆、悬浮导向、牵引供电及运控通信等核心技术，完成全系统工程化样机试制，实现部件级、系统级及大系统集成的试验验证。经验与资源的合理利用大大缩短了项目研发周期，加速了高速磁浮交通系统工程化落地进程。

二是遵循科学严谨的研发流程，继承性体系创新。在继承的基础上，重新梳理专业分工，完善管理模式，实现基础理论、工程应用、系统集成和前沿技术的并行研究。在工程化样机研制阶段，采用"设计—仿真—试验"循环迭代、反复验证、系统优化的科学研发流程，循序渐进，打造全面创新的新型研发体系。

（三）聚力开展协同合作创新

一是协同全球创新资源，建立良性合作机制。始终贯彻共建共享共赢理念，积极开展与外方企业、科研院所、高校的技术交流，充分利用中德、中英、中泰、中意联合研发中心等创新资源的海外布局，与帝国理工学院等海外知名院校进行合作共研，促进外部资源合理为我所用。

二是研发监督控制一体化，形成发展合力。在国家部委领导下，以四方股份为主，牵头高校、科研院所、运营等20家单位组建联合研发团队，并组建课题总体专家组，定期研究解决项目实施过程中出现的问题。科技部高技术中心和中国中车集团分别成立重点专项专家组对整个过程进行指导和监督，同时统筹协调相关单位和部门，面向质量保障实施过程管理与控制。

（四）强化资源配置与工程验证

一是加大前瞻技术投入力度。2021年，科技经费投入占比5.5%，其中基础前瞻共性技术研发投入占比达到10%。

二是搭建全系统试验平台。集中优势资源，构建涵盖动力学、气动、噪声、电磁、控制、牵引等方面的开放性全系统协同仿真平台，完成全系统制造平台和试验平台搭建，形成自主化、可持续的研发、试制及试验能力。

三是增强资源配置支撑。新建高速磁浮试验中心，完成车载电网、整车走行振动试验台、综合模拟运行与电子仿真等全系统大型试验平台搭建，满足部件级、系统级及大系统集成的地面台架试验验证需求。建设调试试验线，新建高速磁浮试制中心，形成车辆、牵引供电、运控通信、线路轨道全系统小批量工程化试制能力。

（五）重视人才建设，凝聚人才活力

一是畅通人才交流锻炼机制。树立科技人才"一盘棋"理念，实施"研发—设计—工艺—质量—售后"常态化跨序列交流，每年组织约50人参与交流项目中，进一步激发科技人才的工作效率和创造潜能。

二是重视专业性队伍建设。成立磁浮技术研究部门，集结高铁研发资深技术专家，吸纳年轻活力的应届新员工，培养一批学科带头人和中青年专业技术骨干。团队专业研发人员120人，其中45岁以下中青年骨干占88%，35岁以下年轻骨干占58%。团队遵循专业需求与个人特长，鼓励年轻研发人员主动承担研发和设计项目，以职业通道与绩效激励双重机制，鼓励设计人员积极攻关，敢于创新，形成了坚实的团队凝聚力。

三是搭建"橄榄型"绩效评价模式。坚持凭能力、实绩、贡献评价人才，针对有突出才干、突出贡献的人才，构建精准科学、竞争择优的破格晋升机制与人才选拔评价体系，建立创新容错机制和科研成果导向的激励引导机制，充分激发研发团队人员的创新活力。

三、改革成效

改革释放活力，创新决胜未来。聚焦自立自强的创新改革实践，四方股份打造了高质量发展的新动能。面对复杂的市场环境，2021年，四方股份实现营业收入380.1亿元、利润总额28.7亿元，在收入有所下降的情况下确保利润与上年基本持平，净利润率取得较大提升。

一是科技创新取得了新的突破。时速600公里高速磁浮交通系统等重大科研专项成果突出。2021年，荣获2项中国专利奖金奖、1项优秀奖，首次主导并主持发布了2项国际标准。"根"技术体系建设不断壮大，一批自主可控技术取得显著阶段性成果。初步建成工厂数字孪生模型和产品数字孪生模型，数据驱动型企业建设达成阶段性目标，"两化"融合发展

水平指数达到 81.39。

二是企业发展活力进一步激发。2021 年成功入选国务院国资委国有重点企业管理标杆创建行动标杆企业名单，荣获国家级管理创新成果 1 项。组织绩效指标体系的完善落实了归口管理和责任共担理念，提升了经营意识和主动性，与组织绩效变革相匹配的全面预算管理体系支撑了年度目标实现。

三是人力资源效能得到进一步激发。优化共享用工机制，全员劳动生产率提高 15%。完善科技人才评价体系和科技人才交流机制，促进科技人才资源得到进一步盘活利用，人力资源数据价值得到进一步挖掘。

13

搭乘国企改革东风　激活科技创新春水

中铁工程装备集团有限公司

一、基本情况

中铁工程装备集团有限公司（简称"中铁装备"）是中国铁路工程集团有限公司旗下工业板块的重要成员企业，专业从事地下工程装备的研发、设计、制造、销售和服务，涵盖全断面隧道掘进机、隧道机械化专用设备、地下空间开发等业务板块，是国内产品谱系最全、研发制造能力最强、拥有核心技术和自主知识产权最多、市场占有率最高、产品海外出口规模最大的隧道工程装备制造服务商。围绕国家重大战略，中铁装备紧抓"科改示范行动"契机，打造现代研发平台体系，构筑科技人才发展高地，实现核心技术自主可控，争当隧道掘进机领域原创技术策源地和现代产业链链长。

二、经验做法

（一）精准定位，打造现代研发平台体系

一是突出科技创新先导地位，构建高效研发体系。按照"储备一代、研发一代、设计制造一代、优化完善一代"的科技创新思路，依托国家企业技术中心，进一步推进设计研发资源整合、集中及共享，构建了产品规

划系统、产品开发系统、技术开发系统、成果孵化系统,强化价值链条高效协同联动,打通了从市场需求管理、基础理论研究、关键技术研发到产品研制、成果推广应用的技术创新链,形成技术创新的强大合力,更好、更快地满足客户及市场需求,提高公司核心竞争力。盾构设计周期从60天缩短至30天,常规地铁盾构生产制造周期从150天缩短至120天。

二是围绕国家重大战略,攻克"卡脖子"技术难题。积极承担国务院国资委1025专项任务,成立重大专项研究院,组建攻关团队,按照集成产品开发模式进行项目化运作,打破地下工程装备关键技术及战略部件受制于人的局面。突破了大排量泵、主驱动密封、可编制控制器(PLC)等多项"卡脖子"关键核心技术,完成了41套样品样件的施工现场搭载应用,较大程度地实现了隧道掘进机关键核心基础部件国产化,增强了产业链供应链自主可控能力。经院士专家鉴定,总体技术达到国际先进水平。

三是释放协同创新智库效能,构建产学研用创新体系。联合国内外优势企业和高校院所开展协同创新,带动关联企业"协同共进、比翼齐飞"。牵头成立了盾构产业技术创新联盟,共同攻关国家强基工程,推动主轴承、减速机等关键部件实现国产化,并积极申建国家掘进机装备技术创新中心,争当隧道掘进机领域原创技术策源地和现代产业链链长。近3年,中铁装备联合承担了13项国家科技项目,形成了16项国际领先技术,联合石家庄铁道大学等单位共同完成的"轨道交通大型工程机械施工安全关键技术及应用"项目荣获2020年度国家科学技术进步奖二等奖。

(二)精准施策,构筑科技人才发展高地

一是构建"开放式"人力资源体系,筑巢引智。以掘进机院士工作站和国家博士后科研工作站等平台为依托,以国家863、973和1025工程等项目研发为纽带,搭建高端人才集聚和科技创新高地,充分发挥创新平台的示范引领作用和人才虹吸效应,相继聘请13位国内科研领域、行业权威

专家，形成以院士、大师等国家级专家为领军人，中青年科技人才为主力军的协同创新科技人才团队。截至2021年末，累计拥有各类国家级人才8人，省级高层次人才10人，为持续创新发展提供智力支撑。

二是建立"双通道"人才成长路径，赛马识才。通过技术岗位等级评定、科技拔尖人才评选等机制，打通科研人员发展通道，让研发人员能够"稳下来"做科研。2020年以来，培养国家级、省部级、行业协会高层次人才18人次；重视从优秀年轻科研人员中选拔管理人员，鼓励科研人员走上管理岗位，企业中层以上领导岗位有1/3来自科研人员队伍。

三是深化"差异化"人才培养模式，赋能育人。基于员工全面成长成才价值导向，全力推进学习型组织建设。通过"集中学习、业务培训、导师带徒"，以"引进来、走出去、以讲促学、内部轮训"4个层面，加强专业技术人才培养。2021年，培养国家万人计划科技创新领军人才1人、河南省优秀专家1人、专业带头人20余人，从普通设计师到技术骨干的成长周期缩短20%。

（三）精准激励，激发科技创新动能

一是建立向科研人员倾斜的薪酬体系。坚持崇尚科研、尊重创新的激励导向，企业同职级科研人员薪酬为管理人员的1.3~1.5倍。科研人员晋升速度也更快，最高可晋升至一级专家，薪酬可达到公司高级管理人员同等水平。建立健全科技开发、科技成果转化、知识产权奖励制度，对获得专利、科技成果奖励的人员进行重奖。

二是建立基于项目的绩效管理体系。实行1025攻关团队工资总额单列，设立专利证书奖和项目关键节点考核激励机制，通过激励与项目里程碑节点评审同步开展、评审结果与绩效挂钩等措施，充分调动研发团队的积极性和创造性。以团队业绩和科研成果为导向，在跨部门研发项目中，对项目团队、成员和部门的绩效进行深度捆绑，将项目目标转化为部门目

标和个人目标，提升跨部门协作效率。实施重点项目"揭榜挂帅"，遴选"锚注台车智能控制算法及系统开发"等 8 个张榜项目，不设学历、职称和职务等门槛，充分赋权项目负责人，签署"军令状"限时攻关，单个项目配套最高 30 万元的绩效奖励，开展"里程碑"节点考核激励，激发创新创造的源动力。加速攻克了"小直径超小转弯惯导自动导向系统开发""管片智能辅助拼装控制系统开发"等一批制约产业发展的核心技术。

三是构建多模式的创新激励机制。在所属子公司中铁装备隧道设备制造有限公司试点实施为期 3 年的岗位分红激励政策，范围涵盖员工总数的 26%，取得了积极效果，2021 年实现新签合同额和净利润同比增长 34.3%和 102.9%。推行专用设备业务板块"同心圆"激励计划，自筹配套资金，将参与研发、经营开发的骨干人员纳入进来，扩大激励范围。

三、改革成效

一是企业发展潜力获得新提升。以科技创新驱动发展，经营业绩和发展质量再上新台阶。2021 年，完成新签合同额 106.98 亿元，首次突破百亿大关，同比增长 12.11%，其中海外新签 10.33 亿元，同比增长 27.69%；实现营业收入 57.57 亿元，同比增长 13.98%；实现净利润 7.32 亿元，同比增长 17.62%。近 3 年，研发投入强度保持在 9%以上，主/参编了国家标准 7 项、行业标准 2 项，新增授权发明专利 172 项，科技成果转化收益超过 80 亿元。2021 年 9 月，获中国质量领域最高荣誉中国质量奖，成为我国隧道掘进机行业首家获得此奖项的企业。

二是人工成本投入产出水平稳步提高。实施改革以来，全员劳动生产率从 2019 年的 78.38 万元/人提高至 2021 年的 100.76 万元/人，增幅 28.55%；人工成本利润率从 2019 年的 154.74%提高至 2021 年的 187.77%，增幅 21.27%；人事费用率从 2019 年的 7.69%降低至 2021 年的 7.42%，降幅 3.51%。在国务院国资委 2021 年"科改示范企业"专项评估和 2021 年度专项考核中两次获评标杆企业。

三是服务国家战略彰显新作为。2020 年 9 月 29 日，自主研制的第 1000 台盾构机成功下线，标志着我国盾构机国产化迈入高质量发展新阶段。国产首台高原高寒大直径硬岩掘进机"雪域先锋号"模型在川藏铁路受到习近平总书记检阅；研发的竖井隧道掘进机有效解决了千米级竖井技术难题，实现了井下无人、自动掘进；攻克了大盾构下穿海域岩溶地质的世界性难题等。产品累计远销法国、意大利、丹麦、奥地利、阿联酋、新加坡、马来西亚、黎巴嫩、以色列、越南等 26 个国家和地区，成为国内出口海外的盾构第一品牌，有效服务了"一带一路"沿线建设。

14

创新科研体制机制　厚植科技创新动能

陕西烽火电子股份有限公司

一、基本情况

陕西烽火电子股份有限公司（简称"烽火电子"）隶属于陕西省人民政府国有资产监督管理委员会监管企业陕西电子信息集团有限公司，是国家"一五"期间重点配套建设项目，2010年在深圳证券交易所上市。2020年，烽火电子入选国企改革"科改示范企业"名单，围绕完善治理、强化激励、提升科技创新动能等重点任务，切实转换经营机制，不断提升自主创新能力，各项改革任务取得突破和实效，被评为"标杆"级"科改示范企业"和"公司治理示范企业"。国企改革三年行动实施以来，烽火电子充分发挥国有企业在科技自立自强中的主导、引领和支撑作用，不断加大科技创新能力建设，积极探索科研管理新模式，多措并举激发科研团队活力，以打造国家战略科技力量为目标，主动布局谋划科技创新，勇当地方企业科技创新"排头兵"，推动企业迈入高质量发展"快车道"。

二、经验做法

（一）聚焦创新体系布局，争做优化资源配置先行者

一是完善体系化科研能力战略布局。以贴近市场、用户、人才为原

则，全力打造瞄准前瞻性技术研究、关键技术攻关和产品应用研究的北京、西安、宝鸡三大核心研发中心；打造聚焦优势专业、开展技术产品研发的成都、南京、广州等地联动的专项科研中心。形成目标明确、创新互补和系统聚合的科研体系，实现"生产一代、研发一代、储备一代"的科研目标。

二是强化平台建设和协同创新。积极参与陕西"秦创原"创新驱动平台建设，促进产业链、创新链融合发展。先后建立国家级企业技术中心、国家地方联合工程研究中心等3个国家级创新平台，成立"陕西烽火－西电通信技术研究院"等3个省级校企联合研发平台，并同中国商用飞机有限责任公司等产业链企业成立联合工程中心，与北京理工大学、西安交通大学等数十所著名高校院所合作开展成果转化，构建了"产学研用"优势互补、协同高效的创新模式。创新平台承担了多项国家级、省部级项目，瞄准"卡脖子"关键核心技术开展攻关，在联合搜救、战术移动互联网、空间有源降噪等领域率先实现突破，填补多项技术空白，成功实现工程化应用。

三是建立科技创新绩效评价体系。搭建涵盖创新投入、创新条件和创新绩效3个模块19项指标的科技创新绩效评价体系。聚焦国家重大需求、产业瓶颈和科技前沿，设立创新任务，全方位引导创新能力建设，鼓励新技术、新产品、科技奖项及专利等成果产出，充分发挥绩效评价的激励约束作用，加大对创新指标的考核力度，实现科技创新可评价、可改善、可考核，有效促进创新活力和创新效率进一步提升。

四是持续加大研发投入力度。2021年，烽火电子研发投入占营业收入比重达15.6%，连续5年超过12%。高强度的研发投入有效支撑了烽火电子科研项目的开展及关键核心技术的攻关突破，企业多项成果获得国家科技进步奖、国防科技进步奖和国防技术发明奖。

（二）创新科研管理模式，打造科技创新改革示范尖兵

一是建立以科研项目经理为核心的项目管理模式。改变传统科研项目管理模式，大力推行项目经理负责制。项目经理作为项目第一责任人，与公司签订项目目标责任书，明确权责利，赋予项目经理团队组建、项目绩效考核和奖励分配等自主权。充分发挥项目经理牵头作用，对外积极响应客户需要，对内负责产品实现，打通科研与市场路径，让各类科技资源向项目集聚、向市场前移，在科研市场竞标等方面取得显著成效。

二是实施以项目绩效为主的考核分配机制。开展以项目绩效为核心的分配机制，打破"大锅饭"分配机制弊端。改变以往研发人员薪酬重保障、轻贡献的模式，将研发人员绩效工资占薪酬的比例提高到 65% 左右，项目绩效工资"下不托底、上不封顶"。基于定量与定性评价考核原则、多劳多得分配原则，制定科研项目绩效工资评价分配、月度绩效工资考核、科研人员月度绩效考核等办法，严格制度执行，刚性兑现薪酬。2021 年，研发人员薪酬差距达到 7 倍，充分调动了研发人员主动承担项目的积极性。

三是搭建以价值贡献为主的科研项目奖励体系。烽火电子以价值创造为导向，建立了从预先技术研究、产品研制到成果转化的全链条项目奖励体系。同时，针对不同类型科研项目实施差异化评价标准，将项目奖金分配权赋予项目经理。2021 年，烽火电子首次对 7 个竞标入围项目奖励总计 510 万元，产生了明显的示范效应，研发人员创新创造热情被充分点燃。

（三）完善人才创新激励体系，激发科技人才创新活力

一是不断完善人才薪酬体系。对标通信行业薪酬水平，向应届生提供具有市场吸引力的薪酬待遇。近 3 年，员工工资增幅达 32%，其中研发人员人均工资增幅达 52%。按照"一人一策"模式，引进高端、成熟、创新型技术人才。对高层次创新人才和创新团队，按照贴近人才的原则，在人才所在地建立科研中心，提供科研资源保障，解决高端人才后顾之忧。按

照"不求所有，但求所用"的原则，依托院士/博士后工作站、校企合作研发中心等平台，大力实施人才"借智"工程，以技术合作、管理咨询为纽带，建立外部专家团队。建立"基本工资+项目绩效奖金"的激励薪酬制度，不断完善创新激励薪酬体系。

二是创新实施多元化激励机制。率先在省属企业实施限制性股票激励计划，聚焦研发"主力军"，定实"目标"责任书，变"打工者"为"主人翁"；针对不同事业部，开展模拟岗位分红和超额利润分享等中长期激励，突出关键岗位，坚持目标牵引，变"要我干"为"我要干"，变"绿皮车"为"动车组"。多元化激励机制激励对象向研发人员倾斜，研发人员占激励对象比例均达70%以上。2021年，部分研发核心骨干收入超过了企业领导班子副职年薪，体现了对人才和知识的尊重，科技人才更加心无旁骛、潜心科研，活力动力被进一步激发。

三、改革成效

通过一系列改革"组合拳"，烽火电子"一池春水"得到激活，彰显了试点先行企业的示范作用。

一是企业经营质量稳步提升。2019—2021年，营业收入年均增长7.1%，归母净利润年均增长8.6%，资产总额年均增长10.1%，重点客户评价稳步提升，核心研发人员收入增幅年均达到15%以上。2021年，销售合同签订额同比增长37%，创历史最好水平。

二是人才活力有效激发。人才结构不断优化，研发人员占比达30%以上，硕士及以上高层次人才占比达10%以上。人才吸引力不断增强，依托博士后工作站、校企合作研发中心等平台，引进、外聘行业专家和高层次人才十余人。

三是科技创新能力大幅跃升。过去3年，累计获省部级科技进步奖共

7项,专利授权107项,其中发明专利43项,编制国家标准4项,参与国家级项目2项,承担省部级重点项目23项;突破新一代短波链路等多项核心关键技术,实现了从设备研制向系统研制转型的重大突破;国内首创战术移动互联网项目,实现了系统化体系化融合通信体制的突破;自主研制的多型通信设备助力"鲲鹏""鲲龙"和C919等大飞机研制,舱外航天服、通信帽和话音装置助力神舟十二号、神舟十三号飞船"天地通话",服务国家战略能力显著增强。

15

科技创新赋能高质量发展新篇章

宁夏农垦集团有限公司

一、基本情况

宁夏农垦集团有限公司（简称"宁夏农垦"）创建于1950年，主要经历了军垦、农垦、集团化改革等发展阶段。2014年，宁夏农垦整体改制转企，按照集团化、企业化、市场化运行。现有土地180万亩（约666.7万平方米），在职职工1.2万人。打造了1个国家级、8个自治区级农业产业化龙头企业，培育了20多个"两品一标"认证产品。农业机械化率达96%，优良品种覆盖率达100%，新技术到位率达95%。整垦区为国家现代农业示范区、全国农垦综合改革示范区，2021年中国农业企业500强排名榜中宁夏农垦位列第274名。深入推动实施国企改革三年行动以来，宁夏农垦持续聚焦国有经济布局优化和结构调整，把科技创新作为高质量发展的战略支撑，通过建立完善创新协同机制，加大科研投入力度，多措并举，补短板强弱项，不断强化企业创新意识，营造创新生态，加快创新步伐，为开创"十四五"高质量发展新局奠定了坚实基础。

二、经验做法

（一）以高水平协同创新引领赋能强基

一是"筑巢引凤"打造创新协作新阵地。2021年，宁夏农垦聘请中国工程院农业信息化专家赵春江院士、农业机械化工程专家罗锡文院士，设立2个院士工作室；引进上海交通大学、西北农林科技大学、宁夏大学博士（专家）工作站；聘请全国25名专家学者组成农垦高质量发展智库。

二是校企合作搭建产教融合新平台。联合宁夏职业技术学院共同成立宁夏绿色食品产业学院和宁夏肉牛现代产业学院，打造宁夏绿色食品和肉牛养殖领域产教融合人才培养基地和科研协同创新中心。

三是发挥优势形成产学研创新模式。围绕组织化、规模化、集约化、标准化优势和特色产业发展需求，建成自治区级工程技术研究中心1个（葡萄苗木）、自治区级技术创新中心4个（奶牛养殖、葡萄栽培、优质苜蓿、设施园艺），玉米、葡萄、肉羊等9个国家产业体系试验站在垦区设立试验示范点，形成"基础研究—关键技术攻关—示范应用"全生产链产学研创新模式，为产业发展提供强有力的科技支撑。

（二）以提升投入和激励强度激发科创动能

一是提升科研投入。按照自治区产业高质量发展要求和农垦战略定位，重点围绕粮食种业、畜牧业、葡萄酒业等开展新品种培育、技术攻关、新产品开发、数字农业应用等科研领域。2021年，宁夏农垦及所属企业主持、参与各类科技项目44项，涉及总投资9591万元，投资额同比实现翻番。

二是深化正向引导。制定《科技创新管理办法》，明确研究与试验发展、科技成果转化与应用、科技服务3类活动全部以项目形式管理，在经营业绩考核时将科研投入视为利润，积极引导所属企业加大科技投入。

三是强化刚性约束。修订所属子企业考核办法，首次将科研投入、开展科技创新活动、科技人才培养与素质提升、科技创新成果情况4项指标纳入企业年度经营业绩考核。

四是优化分配倾斜。制定《所属企业职工工资薪酬收入水平提升行动方案》，推动薪酬分配向关键岗位和急需紧缺高层次、高技能人才倾斜，对关键岗位人员、急需紧缺的高层次高技能人才可单设技术性工资，对在生产经营中取得重大科研发明、科技成果的加大奖励性工资分配力度。

（三）以数字化、信息化融合应用助力产业提档转型

一是在农情监测方面，建立覆盖全垦区的主要粮食作物病虫害监测点、农情监测点，使用传感器技术、墒情监测系统对土壤墒情信息进行检测、统计、分析显示和预测，对病虫害监测数据及时发布预警预报。在整地、播种、施肥、收获等关键环节，集成应用基于北斗自动导航的农机作业监测技术，通过终端、摄像头、深度显示器、角度传感器、机具识别卡等小型精密设备，实现对农机作业轨迹、面积、深度及时间等参数的实时准确监测。

二是在智能节水方面，在产业特色突出的农场打造智能水肥一体化技术试点项目，将远程遥控、智能控制系统、滴灌系统和水肥一体化管理制度有机结合，核心示范区实现节水40%～60%，提高劳动效率80%以上，增加果树生长量和经济林果实产量30%～60%，被农业农村部农垦局列为全国节水新概念实验试点。

三是在奶牛养殖方面，宁夏农垦全资子公司宁夏农垦乳业股份有限公司（简称"农垦奶业"）集成CPM饲料配方软件、饲喂监控系统、SCR奶牛发情（健康）自动监控系统、产量自动收集系统，打破牧场"信息孤岛"，所有生产信息全部通过"一牧云牧场信息管理系统"生成任务清单，分析执行过程，被国务院国资委确定为国有重点管理标杆企业。

四是在产业数字中台搭建方面，开展数字化测绘入库，建成垦区土地等重要实物资产基础数据库，建设数字化综合展示中心及标准化数据算力中心，启动建设数字农垦大数据综合服务平台（一期）项目。

五是在重点项目牵引方面，以湿地保育及健康养殖、低碳高效产业发展、"一种两养"农旅结合发展为导向，启动建设的宁夏农垦大沙湖区域

生态环境导向开发项目入选国家生态环境导向开发模式试点。项目对区域内耕地进行提升现代灌排条件的"大格田"改造，将与信息管理技术、北斗导航、农机自动驾驶有效融合，打造依靠计算机种地的"互联网＋智能农机"无人农场。

三、改革成效

一是高质量技术创新人才短缺问题得到有效缓解。通过与科研院所、高等院校建立一批高水平创新联合体，引智借力，企业人才队伍建设取得明显成效，人力资源潜能得到充分挖掘，为宁夏农垦在数字与信息化、奶产业、葡萄酒产业、绿色食品等重点产业领域创新发展提供了强劲动能。

二是关键领域的科研成果丰硕。2021年，宁夏农垦科研与试验经费投入强度创历史新高，同比增长2倍；玉米优质高效生产关键技术、河套盐碱地生态治理及特色产业关键技术等5个科研项目获自治区科学技术奖；"黑麦草＋玉米青贮"一年两熟种植模式获得成功，亩均增加收入500元以上；推广应用智能化节水灌溉等新技术，节水节肥约40%，亩均节本增效150元；农垦奶业定向选配的"宁京1号"种公牛超过国内一流遗传水平，得到北京奶牛中心肯定。

三是重点产业创新引领成效显著。2021年，农垦奶业入围第七批农业产业化国家重点龙头企业，宁夏农垦贺兰山种业有限公司入围农业产业化自治区重点龙头企业，宁夏科泰种业有限公司入围自治区科技型中小企业，宁夏农垦农业技术服务中心获评全国星级基层农技推广机构。

四是垦区上下科技创新引领主体意识持续增强。通过"激励＋考核"双管齐下，推动下属农场公司正视科技创新在农业企业现代化中的重要作用，将科技创新工作摆在企业发展的突出位置，发挥科技骨干专长，"传帮带"壮大科技创新队伍成为企业人才发展的重中之重。

积极稳妥深化混合所有制改革

1

混资本　优治理　改机制　强管理
积极稳妥探索市场化混改之路

国家开发投资集团有限公司

一、基本情况

国家开发投资集团有限公司（简称"国投"）作为国有资本投资公司，以服务国家战略、优化国有资本布局、提升产业竞争力为使命，持续推动国有资本向关系国家安全、国民经济命脉和国计民生的重要行业和关键领域集中，形成了基础产业、战略性新兴产业、金融及服务业三大战略业务单元。国企改革三年行动以来，国投遵循"三因三宜三不"原则，积极稳妥深化混合所有制改革，重"混"更重"改"，探索建立适应混合所有制企业特点的差异化管控模式，促进国有资本和民营资本优势互补、互利共赢，切实提升了企业活力和竞争力。截至2021年底，按"非穿透式"口径统计混合所有制子企业共有85家。

二、经验做法

（一）通过混改推动布局优化和结构调整，显著放大国有资本功能

国投聚焦服务国家战略、优化国有资本布局、提升产业竞争力的使命责任，积极引入具有高匹配度、高认同感、高协同性的战略投资者，通过混合所有制改革引导和带动社会资本共同发展，更好地实现了国有资本的优化配置。

一是"引进来"提升国有资本竞争力。国投所属子企业北京同益中新材料科技股份有限公司（简称"北京同益中"）研发生产超高分子量聚乙烯纤维，产品广泛应用于国防军工、航空航天等领域，引入国家军民融合产业投资基金有限责任公司等6家战略投资者，引资约3.7亿元，释放股比49%，充实了资本实力，加快了新产品科研应用进程；国投信托有限公司引入泰康保险集团股份有限公司等战略投资者，释放股比45%，有力推动企业加快市场化、专业化改革进程，在全国信托行业排名由混改前的第52名跃升至2020年的第21名，净资产收益率排名连续两年位居行业前10位。

二是"投出去"布局战略性新兴产业。通过并购投资等方式，收购了中国水环境集团有限公司（简称"中国水环境集团"）、神州高铁技术股份有限公司（简称"神州高铁"）、合肥波林新材料股份有限公司、厦门市美亚柏科信息股份有限公司（简称"美亚柏科"）、西安鑫垚陶瓷复合材料股份有限公司（简称"西安鑫垚"）等一批行业龙头企业实施混改，实现了国有资本在先进制造、新材料、智能科技等战略性新兴产业的快速布局。

三是基金投资放大国有资本功能。国投将股权基金作为放大国有资本功能、支持科技自立自强的有效途径，围绕集成电路、新能源汽车、医疗器械、创新药、网络安全、新能源等领域和产业链，聚焦攻克"卡脖子"问题和实现国产替代，投资了一批专精特新"小巨人"企业和隐形冠军企业。截至2021年底，国投管理基金总规模达2011亿元，累计投资718个项目；基金投资的83个项目已在科创板上市，占科创板上市企业的22%。

（二）注重完善治理、强化激励，有效激发混合所有制企业活力

国投坚持混资本与改机制相结合，通过混合所有制改革带动企业深化

内部体制机制改革。

一是构建有效制衡的公司治理机制。科学设置股权结构,让战略投资者在股权结构上有分量、在治理结构上有话语权,充分发挥积极股东作用。截至2021年底,所属85家混合所有制企业中,非国有资本持股比例超过1/3的企业共43家,占混改企业户数比例50.6%。非国有股东作为积极股东参与公司治理,按照出资比例建立有效制衡的董事会,通过治理结构维护股东权益、履行股东职责,推动企业实现治理变革。

二是加快健全市场化经营机制。在已完成混改的企业中,积极推行职业经理人制度,全面深化三项制度改革。国企改革三年行动以来,中国国投高新产业投资有限公司、国投新疆罗布泊钾盐有限责任公司(简称"国投罗钾")、中国投资担保有限公司等混合所有制企业原经营班子"全体起立",面向社会市场化选聘职业经理人,实施严格考核、刚性兑现,干不好降薪、不胜任退出。截至2022年4月底,国投聘任的130名职业经理人中,90%以上在混合所有制企业。

三是开展多种方式的中长期激励。推动所属混合所有制企业建立多元化、系统性、多层次的中长期激励体系。国投具备条件开展中长期激励的企业中,92%为混合所有制企业,已实施中长期激励的达89%。上市公司美亚柏科、神州高铁、亚普汽车部件股份有限公司分别实施了股票期权或限制性股票激励计划;北京同益中开展了国有科技型企业股权激励;国投罗钾实施了超额利润分享;3家基金管理公司探索建立了跟投机制。

(三)探索实施差异化管控,着力提升监督管理效能

针对混合所有制企业资本属性多元化、股权结构多样化、章程规定差异化的特点,国投在所属8家国有相对控股混合所有制企业率先试点探索有别于国有独资、全资及绝对控股企业的差异化管控,初步实现了差异化管控从"无"到"有"的突破。

一是搭建差异化管控制度体系。形成了以《国有相对控股混合所有制企业管理指导意见(试行)》为统领,以党的建设、信息披露、监督管理、派出董监事管理等配套制度为支撑,适应试点企业特点的"1+4+N"管理制度体系,以制度固化改革探索成果。

二是实施以治理型管控为主的管控模式。提出"少管多理",科学合理地界定与混合所有制企业的权责边界,避免"行政化""机关化"管控,实施以股权关系为基础、以派出股权董事为依托的治理型管控,不干预企业日常经营管理活动。通过改组董事会、派出股权董事,确保实控人"不缺位"。在此基础上,尽量保持原创业团队和经营班子的稳定性和独立性。在制度规定和协议章程约定中,给予试点企业更多管理自主权,试点企业董事会可自主决定经理层成员的人选聘任、管理办法、薪酬和履职待遇等。明确派出股权董事自主决策负面清单,除经理层成员任免和薪酬确定、重大对外投资、年度预算考核目标、对外担保等12个重大事项,其余事项派出股权董事可独立表决。中国水环境集团执委会可自主决策最高12亿元的主业项目投资,无须上升到董事会,缩短了决策链条,提高了决策效率。

三是有放有守,不破底线、不越红线。在决策机制、管控内容、信息披露、监督约束4个方面给予试点企业更多自主权,提高企业运营效率。同时,对安全生产、网信安全、环境保护、产权管理等国有股东负有明确监管责任的事项,坚持从严管控、一管到底,必须有相应的管控手段,不开展差异化探索,实现管好与放活的有机统一。

三、改革成效

一是促进转型发展。坚持正确的混改方向,有力推动了国投的转型升级和创新发展。"十三五"以来,国投所属战略性新兴产业业务营业收入年均增长超过25%、利润年均增长超过15%。国企改革三年行动以来，战略性新兴产业利润贡献占比由2019年的5.1%提升到2021年的16.1%，在电子数据取证、新材料等行业领域培育了具有竞争力的企业，服务国家战略的能力稳步提升，战略支撑能力显著增强。

二是实现优势互补。混合所有制企业与国投加强协同发展、加快资源整合，业务取得了新突破，业绩实现了快速增长。混改后，中国水环境集团和京津冀国家技术创新中心签约，共建国家首个水环境领域类技术创新中心；美亚柏科有效提升了资信等级和社会影响力，对外拓展多条业务新赛道，大数据业务领域单体合同金额首次突破2.2亿元，电子数据取证产品业务市场占有率稳居第一；西安鑫垚纳入银行对国投的授信体系后，顺利解决发展资金瓶颈，因资金短缺停滞的三大国家项目得以继续推进。

三是创新机制融合。通过探索适合混合所有制企业的差异化管控方式，推动将国有企业管理的规范和民营企业的灵活结合起来、国有企业的公平和民营企业的效率结合起来、国有企业的约束和民营企业的激励结合起来，有效激发了企业的市场活力和运营效率。同时，推动国有相对控股混合所有制企业积极借鉴国有企业的制度体系和管理要求，加强内部制度建设，管理的规范性、有效性显著提升，抗风险能力明显增强。

2

发挥国家级基金桥梁纽带作用助力混合所有制经济发展

中国诚通控股集团有限公司

一、基本情况

中国诚通控股集团有限公司（简称"中国诚通"）是国务院国资委首批建设规范董事会试点企业、首家国有资产经营公司试点企业和中央企业国有资本运营公司试点单位。为深入贯彻落实党中央、国务院关于积极发展混合所有制经济的决策部署，积极稳妥深化混合所有制改革，经国务院批准，中国诚通发起设立中国国有企业混合所有制改革基金（简称"混改基金"），于2020年12月正式成立，注册地在中国（上海）自由贸易试验区临港新片区，总规模2000亿元，首期规模707亿元，由诚通混改私募基金管理有限公司（简称"诚通混改"）负责管理。

中国诚通将设立混改基金列为国企改革三年行动重要改革任务，坚持"三因三宜三不"原则，坚守管理运作好国家级基金的初心使命，主动服务国家战略，坚持市场化运作，助力国有企业混合所有制改革及科技创新。

二、经验做法

（一）攻坚克难完成基金设立，明确定位和投资理念

2020年2月，混改基金经国务院批准同意设立。2020年3月17日，

国务院国资委印发《关于筹备设立中国国有企业混合所有制改革基金有限公司的函》，要求"认真开展基金设立的筹备工作，尽快完成股东征集、团队招聘、架构搭建、项目储备"。在新冠肺炎疫情肆虐的宏观环境下，中国诚通党委顶住巨大压力，落实主体责任，班子成员分工负责对接各央企和政府机构，广泛遴选、精准施策、持续创新，逐户上门路演推进募资工作，逐户挖掘投资人需求关切，中央企业、地方国有企业及社会资本等20家出资人给予积极支持，共认缴出资707亿元。

混改基金成立以来，立足服务中央企业的根本定位，积极参与央企国资重点混改项目和优质民营企业反向混改项目，以"混资本"带动"改机制"推动央企完善公司治理结构，落实体制机制改革；发挥国有资本引领作用，广泛吸引社会资本深度参与国企混改；兼顾战略性与盈利性相统一，坚定支持央企建设现代产业链链长，打造原创技术策源地。

（二）坚持围绕国家重大战略部署，推进投资布局

一是积极发挥头雁作用，助力重点行业补链强链。混改基金发挥国家级基金"头雁"作用，积极推进电子信息、能源、新材料等重要领域中央企业混改，参与中国电子信息产业集团有限公司、中国船舶重工集团海装风电股份有限公司、中广核矿业有限公司、中讯邮电咨询设计院有限公司、中远海运发展股份有限公司等项目。同时，通过与中国通用技术（集团）控股有限责任公司、中国建材集团有限公司等央企联合发起专注于特定领域的子基金，助力央企在机床行业、新材料行业等国家重大战略领域联合各方力量，突破关键核心技术，培育夯实产业链各环节，发挥国有经济战略支撑作用。

二是加强对"卡脖子"关键技术的支持，助力科技自立自强。混改基金落实习近平总书记"要紧紧扭住技术创新这个战略基点，掌握更多关键核心技术，抢占行业发展制高点"的指示，投资我国稀土行业领军企业江西金力永磁科技股份有限公司，医疗机器人行业深圳市精锋医疗科技股份有限公司，合成生物技术领域北京蓝晶微生物科技有限公司、北京微构工场生物技术有限公司，集成电路领域至微半导体（上海）有限公司、中船（邯郸）派瑞特种气体股份有限公司，助力稀土永磁、高端手术机器人、合成生物、半导体等关键核心领域锻长板补短板，实现产业链核心装备和材料的国产替代和自主可控。投资北京市商汤科技开发有限公司、知行汽车科技（苏州）有限公司等项目，在人工智能、AI芯片、自动驾驶等领域紧跟时代脉搏谋篇布局，推进技术进步。

三是主动服务国家碳达峰碳中和战略，加强新能源领域投资布局。混改基金将"双碳"战略目标与打造现代产业链链长工作有机结合，与中国远洋海运集团有限公司一起作为发起股东投资绿水零碳长江流域电动船舶项目，促进长江流域绿色发展，实现内河航运产业链"补链强链延链"；投资中广核风力发电有限公司、华电福新能源股份有限公司，助力中国广核集团有限公司和中国华电集团有限公司清洁能源业务板块的发展，为企业绿色发展奠定基础；充分发挥中国诚通在新能源领域的产业基础优势，在氢能源领域投资上海捷氢科技有限公司（简称"捷氢科技"）、深圳市氢蓝时代动力科技有限公司（简称"氢蓝时代"）、浙江汉丞新能源有限公司；在锂电领域投资动力锂电池企业中航锂电科技有限公司。

（三）支持被投企业改机制，产业赋能打造生态圈

支持被投中央企业中远海运租赁有限公司建立多元化董事会管理下的现代公司治理体系，委派董事、监事提升公司治理能力，督促完善内控制度，引入市场化约束激励机制。向被投民营企业委派董事参与公司治理，支持其优化财务结构，提高业绩水平，帮助搭建与政府部门、国资央企的沟通渠道。为被投企业捷氢科技促成约4亿元订单，帮助其与另一家被投企业氢蓝时代开启战略合作，同时投资行业上游一级供应商汉丞科技为其

提供质子交换膜；与股东方云南省合作打造"双碳"示范项目，为云南省引入制氢、储氢、燃料电池等产业，首期落地数千台燃料电池销售。

（四）创建国家级基金的管理体系，系统防控投资风险

一是搭建符合国家级基金运作规律的体制机制。诚通混改完成党建入章，落实了党组织在公司治理结构中的法定地位。董事会选聘了4名有国企治理经验、投资专业经验和投资监管经验的外部董事，通过议事规则、授权管理制度等建立规范的经营授权管理体系，全面落实董事会职权。全面推行市场化选聘，拓展核心人员的引进渠道，75%的员工为具有硕士研究生以上学历的专业人才，44%的员工具有海外留学或工作的经历。推行任期制和契约化管理，建立新型经营责任制。积极探索公司利益与个人利益长期绑定的激励机制，研究并拟定项目跟投方案。

二是构建全面风险管理体系，夯实合规基础。公司定期开展全级次、全领域、全方位风险合规排查，着力夯实由业务部门作为风险管理第一道防线、风险法务部等职能部门作为风险管理第二道防线、内部审计及纪检等监督职能机构作为风险管理第三道防线的合规管理"三道防线"。"三道防线"从风险自控、风险监督、风险检查三个方面，根据股权投资业务的特殊性，设置了投资项目全周期的风险控制体系，对相关风险节点归口相关管理部门进行定期排查、专项检查、回头看，筑织起立体化风险防控网，持续提升抗风险能力。

三、改革成效

一是有效发挥了国有资本的聚集和引领作用。混改基金成为国有资本运营公司推动国有企业深化混改、撬动社会资本、优化股权结构的重要抓手。截至2021年底，混改基金共计完成立项项目68个，立项金额合计388.07亿元；完成投决项目50个，投决金额308.07亿元，其中已交割项目23个，交割金额108.77亿元，累计撬动社会资本超过1000亿元，在研及已投项目覆盖大多数战略性新兴产业及央企所处的重点产业。社会资本聚焦参与央企混改的意愿大幅增强，资本与企业间信息沟通不畅的问题明显改善，双方资源交换的双向通道初步形成，混改项目的市场化专业化运作模式逐步成熟。

二是"以投资促混改"的效果初步显现。"以混促转"扎实推进，被投企业的公司治理水平和运营效率显著提升，现代企业制度普遍确立，市场化用人机制普遍建立，核心员工持股普遍推行，干部职工潜能有效激发，以基金方式推进混改的经验模式基本形成。被投企业效益增速显著高于中央企业整体增速，超过60%的被投企业已处于上市进程中。部分科技型被投企业创新成果涌现，科研队伍进一步强化，在所处行业中确立了原创技术策源地的地位。

三是探索形成了国家级基金运作模式。募资渠道多元，严格执行国资及金融监管部门有关规定，形成了央企资金为骨干、地方国资为特色、社会资本做补充的国资基金新结构，从资本属性上率先实践混改初衷。投资坚守方向，把党的领导融入公司治理，坚决贯彻执行国务院国资委对混改基金的运营要求，确保所有投资项目均处于国家鼓励发展的重点行业。运营严控风险，形成了运转有效、制衡有力的内控监督机制，在新冠肺炎疫情压力及国内外复杂宏观经济环境下，基金运营一年多来未产生风险项目，牢牢守住了不发生重大风险的底线。

3

深度转换经营机制 推动混改走深走实

中国建材集团有限公司

一、基本情况

中国建材集团有限公司（简称"中国建材"）是全球最大的综合性建材产业集团、世界领先的新材料开发商和综合服务商，连续12年荣登《财富》世界500强企业榜单，2021年排名196位。中国建材始终心系"国之大者"、打造国之大材，以改革转机制、以创新促发展，通过积极稳妥实施混合所有制改革，由水泥"一业为主"的建材产业集团快速转型为基础建材、新材料、工程技术服务"三足鼎立"的材料产业投资集团，成为全球最大的建材制造商、世界领先的新材料开发商和综合服务商，以409亿元国有资本，吸引了1692亿元社会资本，撬动了6482亿元的总资产，切实增强了国有资本的控制力、影响力和抗风险能力。

二、经验做法

（一）完善治理机制，发挥非国有股东作用

一是战略导向选择积极股东。中国建材坚持"价值认同、治理规范、利益共赢"原则，选择资源优势明显、资源禀赋互补的非国有战略投资者开展混改。南方水泥有限公司（简称"南方水泥"）选择有市场话语权的

区域龙头企业联合重组,中材江西电瓷电气有限公司(简称"中材电瓷")引入具有海外市场资源的经销商,共同"做大蛋糕"。同时,将非国有股东对中国建材企业文化和价值观的认同作为前置条件,确保混合所有制企业股东层面的"同频共振"。

二是注重发挥非国有股东作用。支持非国有股东根据股权比例,按照章程约定派出或提名人员,通过法定程序进入董事会、监事会、经理层。中国建材现有混合所有制企业(非穿透口径)250家,其中,非国有股东提名并担任董监高职务的企业共计197家,占比79%;由非国有股东提名人选担任董事长、总经理的70家,占比28%。同时,不断健全国有股东与非国有股东的事前沟通协商机制,对重大投资等涉及股东利益事项,主动听取非国有股东的意见,最大限度在博采众家之长的基础上凝聚共识。

三是用好非国有股东的优秀经营管理人才。通过混合所有制改革,中国建材吸引并培养了一批优秀的来自非国有股东的企业家,给予他们充分信任,并保障其经营自主权。中国巨石股份有限公司(简称"中国巨石")的非国有股东张毓强长期担任企业副董事长、总经理,并兼任党委书记。国有股东的充分信任为张毓强创造了专注事业的良好环境,有效释放了企业家精神对企业发展的正向作用,助推了企业快速发展。中国巨石近10年净利润年均复合增长率18%,带动集团玻纤产能快速增长到328万吨,位居全球第一。

(二)优化管控机制,实现放活与管好相统一

一是加强战略引领作用。中国建材认真梳理并逐家明确各混合所有制企业的主业"跑道"和发展方向,着力推进资源优化配置,促进混合所有制企业坚守主业、高质量发展。中复神鹰碳纤维股份有限公司(简称"中复神鹰")混改前的目标是形成百吨级碳纤维产能规模,混改后中国建材为其制定了打造世界一流、实现万吨级产能的战略方向并注资支持,出资

及信用担保超过30亿元，助力中复神鹰大力开展自主创新研发，打破了国外长期技术封锁，实现了高端碳纤维成套技术自主可控，建成国内首个万吨级产业基地。深圳市国显科技有限公司（简称"国显科技"）混改前多次计划开展多元化业务，混改后在中国建材的引导下，专注于在显示模组行业做精做强主业，现已成为全球知名品牌的战略合作伙伴。

二是实施差异化授权放权。中国建材结合股权结构、治理水平等因素对混合所有制企业探索实施差异化管控。对绝对控股混合所有制企业减少"红头文件"等行政化管理手段，更多通过派出的股权董监事管好股权。对相对控股、非国有股东有董事席位且治理规范的中国巨石等混合所有制企业充分授权，纳入其年度计划内的主业投资项目，由企业董事会依据公司章程决策，国有股东不再事前审批；经理层成员由董事会在党委会通过的"推荐考察对象人数多于拟任职位"的基础上，实施差额选聘。

三是通过穿透管理防范风险。中国建材对混合所有制企业的党建、纪检、审计、巡视、安全环保等工作，依照有关法律法规，按照国有股东管理要求的"高标准"保持穿透管理，切实加强风险防范。同时，中国建材在"两利四率"基础上建立"2422"（应收账款和存货，其他应收款、预付账款、带息负债和货币资金，资产负债率和资本开支，法人户数和员工人数）经营数据穿透管控机制，对混合所有制企业定期"体检"，指导企业防患于未然，党的十八大以来未发生财务重大风险和项目重大风险。

（三）推行市场化经营机制，激发内生活力动力

一是坚持市场化选人用人。中国建材指导混合所有制企业实施效率优先的选人用人机制，市场化选聘内外部人才，畅通人才流动通道。南方水泥通过市场化渠道从外部选聘了公司总裁、执行副总裁等37名高级管理人员，高效能的管理团队带领企业快速扩张到1.5亿吨产能。北新集团建材股份有限公司实施管理人员"全员竞聘"，湖北北新建材有限公司的一名

优秀基层员工成功竞聘副总经理，打破了论资排辈旧机制。

二是完善绩效导向的考核分配机制。中国建材强化混合所有制企业绩效体系目标设定、过程管理和结果运用，特别是对科技型混合所有制企业，建立以价值创新、能力、贡献为导向的评价机制。凯盛科技股份有限公司（简称"凯盛科技"）、蚌埠中光电科技有限公司（简称"蚌埠中光电"）等混合所有制企业开展高层次科技人才对标国际化薪酬，探索工资总额单列，建立中长期绩效评价、科技成果转化后评价、颠覆性创新免责等机制，激发创新创造活力。通过调动科技人员积极性，凯盛科技创新能力显著提升，形成了锆基、钛基、硅基产业链，产品应用实现了向芯片、集成电路封装及生物医疗等高附加值电子应用材料的转型；蚌埠中光电首创了具有我国自主知识产权的"贵金属流道超薄浮法"新工艺，建成投产了国内首条 8.5 代 TFT-LCD 玻璃基板生产示范线，打破国外封锁，实现了我国高世代液晶玻璃基板零的突破。

三是综合运用多种中长期激励工具。中国建材推出 5 类 9 种激励工具箱，细化制定混合所有制企业员工持股、科技型企业员工股权激励、超额利润分享等多种激励工具实施指引，建立起系统多元的激励体系。中国巨石 2021 年实施超额利润分享，当年企业净利润同比增长 150%，共有 533 名骨干员工分享 1.25 亿元超额利润。中材锂膜有限公司实施混合所有制企业员工持股，推动主导产业锂电池隔膜产能规模迅速发展成为国内前二。国显科技在项目收益分红、超额利润分享等激励工具的基础上，进一步探索实施虚拟股权，自 2015 年实施混改后，营业收入年均复合增长率达 23%。

三、改革成效

一是探索了混合所有制发展路径。在发展混合所有制经济的探索中，中国建材总结提炼出"央企实力+民企活力=企业竞争力"的混改公式、"规范运作、互利共赢、互相尊重、长期合作"的方针,走出了一条"国民共进"的市场化改革和行业结构调整的新路。中国建材的混改经验入选中宣部马克思主义理论研究和建设工程2015年度重大实践经验总结课题,总结提炼8项主要经验:以促进发展为目的、以规范操作为前提、以产权改革为基础、以联合重组为主线、以转换机制为核心、以创新驱动为手段、以企业文化为纽带、以加强党建为保障。课题主要内容编入学习出版社《治国理政新实践新经验》。

二是促进了企业活力增强与持续发展。混改激发了活力、提高了效率,中国建材连续12年进入世界500强,自2019年起连续位居全球建材企业榜首,近3年净利润、利润总额年均复合增长率达到39%、28%。通过混改,中国建材在水泥、混凝土、玻璃纤维、石膏板、风电叶片、水泥工程和玻璃工程七大业务领域达到世界领先的产能规模,在相关产业链初步构建出强劲的竞争力和优势地位。

三是科技创新能力显著增强。通过发展混合所有制,中国建材的科技创新能力也实现了长足发展,入选首批中央企业原创技术策源地,6项成果列入央企科技创新成果推荐目录,累计有效专利1.76万项。混合所有制企业研发制造的8.5代TFT-LCD玻璃基板、0.03毫米柔性可折叠玻璃、中性硼硅药用玻璃、锂电池隔膜等一批新材料产品实现工业化量产,国内最大的西宁万吨碳纤维基地投产并入选2021年度央企十大超级工程。通过混合所有制改革,中国建材在材料领域创造了一批优秀的科技创新成果,突破"卡脖子"技术,助力我国经济高质量发展。

四是推进了水泥行业供给侧结构性改革。通过不断深化混合所有制改革,中国建材以国有资本带动民营资本协同发展,引领带动了中国水泥行业的持续健康发展,推进了水泥行业供给侧结构性改革。在中国建材大规模重组的推动下，我国水泥行业前 10 家企业的产能集中度从 2005 年的 9% 提高到 2021 年的 60% 左右，价格逐步回归合理水平，水泥行业利润总额从 2006 年的 150 亿元提高到 2021 年的 1694 亿元。中国建材重组水泥企业的经验入选哈佛案例。南方水泥重组整合经验和中国联合水泥集团有限公司转型升级经验，均获全国企业管理现代化创新成果一等奖。

4

稳妥地"混" 深度地"改"
以高质量混改激发企业发展新动能

中国交通建设集团有限公司

一、基本情况

中国交通建设集团有限公司（简称"中交集团"）是国务院国资委监管的国有独资特大型中央企业，是全球基础设施建设领域的领军者、国家重大战略的践行者、共建"一带一路"的排头兵。国企改革三年行动以来，中交集团按照"完善治理、强化激励、突出主业、提高效率"的要求，坚持"三因三宜三不"原则，不断总结优化混改经验，逐渐探索出通过混改深度转换经营机制的路径，为混改企业注入强劲发展动力。截至2021年底，中交集团共有混合所有制企业146家，为中交集团高质量发展提供了重要支撑。

二、经验做法

（一）加强顶层设计，构建稳妥有序的推进体系

一是突出党建引领。坚持"两个一以贯之"要求，制定《关于加强和改进混合所有制党的建设的指导意见》，把加强党的领导党的建设作为混改的必要前提。通过发挥党组织的政治优势和组织优势，将党和国家的总

体部署与企业发展的目标定位结合起来、与董事会战略决策结合起来，以助于企业推进战略目标落地，实现更高质量、更有效益的发展。

二是强化制度规范。制定《实施混合所有制改革工作指引》《收购企业并后管理指导意见》《参股管理办法》《机构全生命周期管控方案》《收购企业并后管理指导意见》等4类8项制度体系，强化了混合所有制改革从可行性研究、方案确定、决策审批、评估审计到引入非公资本等流程的全过程监督，为混合所有制改革明确了方向、把牢了原则、完善了流程，切实防止国有资产流失。

三是聚焦主业发展。聚焦主业混改赋能，通过混改构建并优化有主业竞争力的完整产业链条，补全"大交通"短板，重组中国民航机场建设集团有限公司（简称"中国民航机场集团"），实现"海陆空轨"全覆盖。聚焦"大城市"建设，控股房地产高端品牌绿城中国控股有限公司（简称"绿城中国"），迅速做大房地产业务。推动"全球化"跃升，参股葡萄牙莫塔公司，成功进入欧洲发达国家建筑市场。立足科技自强，控股北京碧水源科技股份有限公司（简称"碧水源"）、北京林大林业科技股份有限公司（简称"北林科技"）等民营企业，掌握一批国际领先的水净化技术，在全国污水膜处理领域的市场份额已达70%以上。

（二）规范管控评价，大力提升公司治理水平

一是科学合理配置董事会成员。建强建优混改企业董事会，确保董事会成员科学合理配置，保证国有资本高效运作。在入股民营企业碧水源的过程中，经充分沟通，以市场化方式获得同盟"战友"，通过10.14%的股权取得了23.95%的表决权股份，成为碧水源第一大股东，获得了9席董事会中的5席，拥有决策权和否决权。同时，在推进碧水源增资扩股的过程中，提出扩充董事会成员和经理层成员的要求，同步厘清各治理主体责任，有效提升混改企业碧水源的治理水平和治理效能。

二是因企施策授权放权。根据混改企业不同情况分类管控、差异化授权，确保放得下、管得好。对绿城中国、上海振华重工（集团）股份有限公司（简称"振华重工"）、葡萄牙莫塔公司等规模较大、品牌效应突出、影响力大的混改企业，均"一企一策"研究制定管控方案。中交集团立足推进振华重工高质量发展的改革定位，专门研究制定振华重工授放权的"正负面清单"65项，使其在"清单"范围内自主决策、自担风险，以真正独立市场主体身份参与竞争，有效提升发展效能，2021年运营指标大幅改善。

三是完善管控评价机制。建立混改企业信息报送、定期评价、股权处置等多项管控评价机制，实时监控财务指标、经营管理等主要事项；进行季度、半年和年度监控，评价混改重要事项是否按照计划完成并督促整改。结合参股整改专项行动，建立股权处置机制，根据不同混改企业发展实际按照"增持、保留、整改、退出"等不同情况进行处置，尤其对评级为退出的企业，及时讨论实施股权转让、解散、破产等，切实确保国有资产安全。

（三）转换经营机制，激发企业发展市场活力

一是大力推动市场化选聘。制定《领导人员公开招聘管理办法》《所属企业职业经理人管理办法（试行）》，把党管干部原则和董事会选聘经理层有机结合，从制度层面规范市场化选人用人的机制性安排，明确全面推行职业经理人的原则要求和实施路径，推动"市场化选聘、市场化退出"成为"标配"。中交集团符合条件的混改企业已经把高管团队等关键岗位全部纳入市场化选聘范围，原经理层成员退出干部序列，通过市场竞聘转为职业经理人。截至2021年底，中交集团职业经理人数量已达144名。

二是全面推行经理层成员任期制和契约化管理。制定《关于加强和完善经理层成员任期制和契约化管理的实施意见》，细化经理层成员任期、契约、退出、行权履职等方面具体要求，编制年度和任期经营业绩责任书"两书"和岗位聘任协议、变更协议"两协议"参考模板，规定考核不合格必须退出等"刚性条款"。中交集团混改企业"两书两协议"的签订率已达100%，经理层成员已全面实现薪酬、岗位与业绩刚性挂钩，做到考核精准、激励到位、退出有序，激发了责任意识、市场意识、危机意识。

三是构建中长期激励体系。制定《中长期激励管理办法》，构建"1+7"中长期激励体系，明确上市公司股权激励、岗位分红、项目分红、科技股权激励、员工持股、项目跟投、超额利润分享等多种激励实施细则。所属混改企业中交地产股份有限公司（简称"中交地产"）大力实施项目"跟投"机制，建立"139"项目跟投体系，推动核心岗位人员强制跟投，真正实现风险共担、收益共享。已实施跟投项目38个，跟投超过400人，跟投总额近2亿元，累计分配投资利润4000多万元。

三、改革成效

一是国有资本引领作用充分发挥。中交集团作为国有资本投资、运营公司试点单位，通过混合所有制机制发挥国有资本引领作用，不断优化产业链条，有效推动国有经济布局和产业结构调整。目前，中交集团已形成以中国交通建设股份有限公司为主体的基础设施投资、建设、运营一体化平台，以振华重工为主体的海洋重工与港口机械高端装备制造平台，以绿城中国和中交房地产集团有限公司为主体的特色房地产投资、开发、运营平台，以中国民航机场集团为主体的机场及临空产业投资、设计、建设、运营全产业链平台，以中国城乡控股集团有限公司为主体的城乡能源、水务及环境发展平台等。

二是企业活力和效率充分释放。中交集团混改企业在完善公司治理、市场化选人用人、中长期激励、全员绩效考核等方面取得显著进展，混改企业全员劳动生产率大幅提升，企业活力效率有效释放。目前，中交地产已全面实施项目"跟投必投"机制，项目操盘人员主人翁意识大幅提高，主动提升项目管理水平，形成"金手铐"长效激励。上市公司层面，碧水源已实施管理层期权计划，中交集团正在指导绿城中国、中交地产、振华重工等上市公司完善股权激励方案，将管理层、骨干员工的利益与股东利益深度绑定，实现管理"自驱动"。在非上市公司层面，中交集团指导旗下信息化类科技型企业实施股权激励，支持子企业在开展混改时同步实施员工持股，激发员工创新、创业热情，探索"共创、共担、共享"新机制。

三是参股整改效果明显。通过建立股权转让、清算注销等多种途径提高参股整改力度，整改完成率90.91%。其中，23家参股企业完成退出，收回资金9.29亿元，加权平均累计投资回报率为109.43%，有效防范化解国有资产流失风险，提高国有资本配置效率。

5

以"混资本"促"改机制"
激发企业发展新动能

中国华能集团有限公司江西分公司

一、基本情况

中国华能集团有限公司江西分公司(简称"华能江西分公司")成立于 2009 年 7 月,下辖 7 家基层单位,包括华能井冈山电厂、华能安源发电有限责任公司、华能秦煤瑞金发电有限责任公司(简称"瑞金电厂")三个火电厂,以及华能江西清洁能源公司、华能江西能源销售公司、华能江西电力交易运营中心、华能江西燃料调配中心。其中,原瑞金电厂于 2008 年建成投产,是为支援赣南革命老区经济发展而投资建设的红色项目,受运距远、运费高、燃煤成本居高不下等因素影响,长期处于亏损状态。华能江西分公司认真学习贯彻习近平总书记重要讲话精神,坚决贯彻落实党中央、国务院关于国企改革三年行动决策部署,先行先试,率先在原瑞金电厂试点推进混合所有制改革,组建法人单位华能秦煤瑞金发电有限责任公司,在中国华能集团有限公司(简称"中国华能")系统内首次成功实现"央企+民企"煤电联营混改,使瑞金电厂一举走出亏损困境,极大激发了发展新动能。

二、经验做法

（一）抓好"混资本"的关键点，确保达到预期效果

一是引进好战略投资者，全力实现合作共赢。坚持问题导向、多家比选，统筹考虑"三观"（价值观、发展观、改革观）是否相合、是否认同中国华能文化、能否实现从治理结构到体制机制全面融合并实现优势互补，把战略协同性好、能够促进产业升级、延伸产业链的好企业引进来。通过广泛调研、实地走访，与潜在合作方进行面对面交流，从战略协同及业务合作价值、产业资源、行业地位和社会影响力等方面综合评议，谨慎甄选合作方。2019 年 6 月，原瑞金电厂二期增资扩股项目在上海联合产权交易所公开挂牌交易，最终由民营企业陕西秦煤实业集团运销有限责任公司成功摘牌。混改后，新老股东各持有公司 50% 股权，实现文化融合上"1＋1＝1"、经营发展上"1＋1＞2"。

二是运用好市场交易手段，切实防止国有资产流失。华能江西分公司贯彻落实党中央《关于深化国有企业改革的指导意见》，深入开展可行性研究，审慎制定混改方案。依法依规开展审计和评估，对所有重大事项严格履行决策程序，依规上报审批。深入排查风险隐患并制定防范措施，积极稳妥推进产权市场化交易，顺利实现在上海产权交易所挂牌，做到规则公开、过程公开、结果公开，切实防止国有资产流失。

三是落实好党组织法定地位，充分发挥党委领导作用。坚持加强党的建设与混改同步谋划，确保混改公司能够坚持正确的政治方向。将党建工作要求纳入混改公司章程，与民营企业充分沟通，明确混改公司党委隶属于华能江西分公司党委，华能江西分公司党委按党内规章履行上级党组织管理职责。混改公司党组织切实发挥"把方向、管大局、保落实"的领导作用，既肩负保护国有资产保值增值的重任，也承担促进民营资本发展的

使命,实现了"国企的政治优势+民企的机制灵活优势=企业的竞争优势"的混合所有制改革目标。

(二)聚焦"改机制"的重点难点问题,确保取得突破

一是聚焦完善公司治理结构。按照股权比例和制衡原则合理设置混改公司"三会一层",双方股东以5年为周期对公司轮流合并报表,董事会由7名董事组成,双方各推荐3名,再加职工董事1名,董事长由合并报表方推荐的董事担任。监事会设监事3名,双方各推荐1名,再加职工监事1名,监事会主席由非合并报表方推荐的监事担任。制定混改公司董事会议事规则,厘清董事会职权,依法有效发挥董事会在公司治理中的决策作用。制定实施混改公司董事会向经理层授权管理制度,明确授权原则、事项范围、权限条件、授权权限等内容,建立授权程序和管理机制。建立落实总经理对董事会负责、向董事会报告工作机制,做到"三会一层"责权清晰、各司其职、有效制衡、高效治理。

二是聚焦发挥党委政治核心作用。坚定不移地将党的领导融入公司治理各环节,准确界定混改公司党组织、董事会、监事会、经理层等治理主体的职责权限,坚持党委研究讨论是董事会、经营层决策重大问题的前置程序,制定党委会前置研究事项清单以及股东会、董事会和经理层决策事项职权清单。其中,明确党委会决定重大事项27项、需党委会前置研究重大事项37项、股东会决定重大事项12项、董事会决定重大事项22项、授权董事长办公会决定重大事项9项、授权总经理办公会决定重大事项16项,基本形成党委会与公司法人治理职责明晰、有机融合、协调运转的领导体制和运行机制,实现党的领导和公司治理有机统一。

三是聚焦规范公司运营管理。混改公司在章程中明确日常生产经营由本公司负责,按照中国华能管理模式,实施年度业绩目标管理。参照中国华能规章制度体系,建立了综合管理、生产经营、财务资产、监督评价、

发展基建五大类共257项制度，确保企业稳定运营和持续健康发展。根据混改公司章程及相关制度，华能江西分公司与混改公司之间通过规范的公司法人治理进行管理，涉及混改公司的"三重一大"事项和重要管理文件，通过股东会议案、董事会决议或股东双方联合发文的形式交由混改公司执行，避免华能江西分公司单方面发文影响股东方合规性运作，形成共同管理、法人治理、发扬优势的管治模式。

（三）运用混改成果，扭紧"新动能"的传动带

一是推动经理层管理"契约化"，激发干事创业激情。牢牢抓住经理层成员任期制和契约化管理"牛鼻子"，通过对基本薪酬、绩效薪酬、岗位系数、单项奖励等要素的控制，按照"跳起来，摸得着"的原则设置经营目标，与年薪刚性挂钩，分段兑现。按照"市场化选聘、契约化管理、差异化薪酬、市场化退出"原则建立市场化选聘经理层成员制度。混改公司市场化选聘经理层成员实行聘期制，每届聘期3年，目前已聘用2名市场化选聘经理层成员分管混改公司燃料采购、财务和预算管理工作，他们充分发挥各自的市场资源优势和协调管理能力，在分管业务上取得明显成效。

二是推动管理人员任用"职业化"，实现岗位能上能下。大力推行管理人员竞争上岗，推动末等调整和不胜任退出在企业普遍落实。建立综合管理、财务、营销人才库，运用"积分制"优化技术技能双通道职务聘任机制，普通员工可通过"双通道"应聘更高一级岗位，最高可享受基层企业中层正职待遇。实行精益督导师聘任制度，以实施精益改善项目为核心，选聘员工担任精益督导师（分为精益大师、精益黑带、精益绿带、精益黄带），围绕企业重点难点问题开展精益改善。精益督导师聘期3年，到期自动解聘。企业与受聘的精益督导师签订有明确工作目标、解聘条件的工作任务书，年度考核等次为"不称职"的从次月起解聘。混改公司累

计选拔聘任精益督导师 28 名，创造经济效益超亿元。

三是推动员工管理"合同化"，实现人员能进能出。修订《劳动合同管理规定》，明确续订标准、退出条件，建立以合同管理为核心、以岗位管理为基础的用工机制。以提升全员劳动生产率为目标强化劳动用工管控，优化管理架构和生产流程。加大全员劳动生产率与负责人薪酬挂钩力度，设立企业定员人数控制奋斗目标，有序推进增量用工市场化，推进全员劳动生产率持续提升。

四是推动薪酬分配"差异化"，实现收入能增能减。建立按业绩贡献决定薪酬的分配制度，破除平均主义，提高效益工资挂钩比例，将人工成本利润率、劳动生产率增长比率直接计入工资总额调整比例，加大工资总额与效益、效率等关键指标完成情况的挂钩力度。推动薪酬分配向做出突出贡献的人才和一线关键苦脏险累岗位倾斜，在燃料采购、市场营销、清洁能源发展、科技创新等重要领域以特别贡献奖为抓手建立超额利润分享机制。

三、改革成效

一是为"央企＋民企"合作提供了经验。混改公司股东双方将民营企业的灵活性、创新性和中国华能雄厚的实力资源、规范的管理有效结合，放大了国有资本功能，拓展了民营资本发展空间，加快了企业电源结构转型升级，为深化国企改革、激发企业活力提供了有益的参考。

二是企业盈利能力得到根本性增强。2021 年瑞金电厂营业收入较 2018 年增长 47.93%，在煤价屡创历史新高的情况下前三季度仍然成为区域公司唯一盈利的火电企业（如按 2020 年煤价电价还原后计算，全年可实现利润 2.2 亿元）。

三是企业规模实现跃升。有效解决二期扩建资金需求，2 台 100 万千瓦超超临界二次再热煤电机组建成投产，实现我国发电领域"卡脖子"核心技术自主可控重大突破，瑞金电厂成为江西省最大的电厂。

四是全面激发高质量发展的"新动能"。瑞金电厂以二期建设为基础，申报专利达231项，完成首台（套）DCS/DEH全国产化等"卡脖子"重大科研任务以及中国华能自主知识产权的十大集成创新的落实应用。2021年，华能江西分公司总装机容量超过700万千瓦，在中国华能排名跃升至第7位、江西区域排名稳居第2位；完成发电量同比增长10.67%，营业收入同比增长13.01%，实现设备利用小时数、标煤采购单价、新能源前期入库容量三项指标区域排名第1位，创历史最好水平，区域核心竞争力实现新领先。

6

以"混"促"改" 变革突围
"冶金设计摇篮"闯出发展新天地

鞍钢集团工程技术有限公司

一、基本情况

鞍钢集团工程技术有限公司（简称"鞍钢工程公司"）的前身是鞍钢集团有限公司设计研究院，始建于 1955 年，是新中国成立后第一家企业设计研究院，被誉为"中国冶金设计队伍的摇篮"，为鞍钢集团有限公司（简称"鞍钢"）和我国钢铁工业的发展做出了重大贡献。近年来，在集团的正确领导下，鞍钢工程公司深入贯彻习近平总书记提出的"凤凰涅槃、浴火重生"指示精神，牢记"支撑鞍钢工艺技术进步、壮大工程技术产业，引领行业绿色低碳发展"的初心，坚守冶金设计第一梯队的使命，抢抓国企改革三年行动重要契机，将"效益有改善、员工有获得感、发展可持续"作为检验改革成效的标尺，实施战略重构、组织重构、人才重构，全面破除体制不优、机制不活、发展动力不足的障碍，培育新发展动能，闯出科技型企业高质量发展之路。2022 年，在国务院国有企业改革领导小组办公室组织的"双百企业"专项考核中，鞍钢工程公司荣获"双百标杆企业"称号。

二、经验做法

(一)引入战略投资者,实现"三个增值"

一是科学设计股权结构,推动资本增值。鞍钢工程公司股权结构经历了深刻的思考、研究和模拟推演,2018年末至2020年7月,提出了纯国企股权多元化、引入小比例民营股权、引入大比例民营股权等多种方案,在深入的研讨和审慎的评估后,最终形成国有股权相对集中、民营股权具有一定话语权、绑定核心骨干员工、突出有效制衡和市场化作用的现代企业股权结构,即:鞍钢系3家一致行动人共占46%,民企1家占39%,外部国企1家占10%,员工持股平台占5%。

二是精选战略投资者,推动发展增值。在鞍钢内部实施股权转让,与鞍山钢铁集团有限公司(简称"鞍山钢铁")、攀钢集团有限公司(简称"攀钢")等钢铁主业建立更加紧密有效的股权纽带关系。在鞍钢外部增资扩股,聚焦引资源、引机制、引能力、引市场,经过"多选、优选、比选",从近200家企业中确定12家目标企业深度沟通,最终筛选出兼有战略客户和业务合作伙伴双重特性的北京建龙重工集团有限公司(简称"建龙集团")和中冶赛迪集团有限公司(简称"中冶赛迪")两家"情投意合者",引进外部资金4.4亿元。通过"内转外增"式的资本联姻,形成协同效应和聚合效应。

三是实施"双锁定",推动人才增值。锁定员工队伍,684名员工全部竞争上岗,重签劳动合同,完成市场化身份转换,在完成市场化身份转换的基础上,通过薪酬、岗位等配套改革,确保权责利和岗位匹配。锁定核心骨干,选择对公司经营业绩和持续发展有较大影响的157名技术人员、核心经营管理人员开展股权激励,核心骨干按1:1的价格比例与战略投资者同步完成出资,促进核心骨干关注企业长期发展,实现"事业激励人才，人才成就事业"。

（二）完善法人治理，实现"三个转变"

一是配齐建强董事会，转变决策能力。全面落实"两个一以贯之"，完成"党建入章"，实现党委书记、董事长"一肩挑"。董事会由9人组成，外部董事8人，其中鞍钢系股东派出董事4人、战略投资者股东派出董事4人，实现治理多元。建立"信息传递、调研沟通、意见落实"的履职支撑服务机制，2021年组织外部董事开展6次调研，确保外部董事及时了解决策事项信息，全程参与重大复杂事项研究论证。2021年，董事会共审议战略规划、年度投资计划等重大议题29项，在经营决策中发挥了关键作用。

二是加大授放权力度，转变运行机制。明确国有控股股东权责边界，建立国资审批事项清单，对于清单外的事项不再设置事前审批或事前备案程序，向董事会下放经理层成员选聘权、投资管理和资产处置权、职工工资分配管理权等16项权限，真正落实企业市场主体地位，强化自主经营决策。

三是把握出资人定位，转变管控模式。转变"行政化""机关化"管控模式，坚持归位章程治理，通过在股东大会投票表决、事后监督等方式行使股东权利，重点管好产业布局、资本回报、资本安全等事关战略方向和风险底线事项，重心放在监督评估，确保股东角色到位不越位。

（三）深化三项制度改革，打造"四能机制"

一是牵住"牛鼻子"，机构能增能减。以"技术—产品—产业"的产业化思维，通过"裂变+重组"构建精干高效机关和独立面向市场的创效单元。在机关"做减法"，实行"大部制"，人员能兼则兼，业务能并则并，压缩机关部门43%，缩减机关人员29%。在基层"做加法"，围绕钢铁冶金、节能环保、智慧服务、低碳城市服务四大业务，打造15个市场化的事业部、分/子公司，分别布局在北京、上海、成都、鞍山等区域，灵活快速反应市场变化和需求。

二是撤走"金交椅"，干部能上能下。领导干部管理实行"三个100%"，即100%公开招聘、100%签订契约化责任书、未完成契约底线指标100%退出岗位。15个基层单位负责人全部实施聘期制和契约化管理。2019年以来，9人因未完成契约化指标，被免职或岗位调整。率先实施职业经理人机制，4名经营层成员面向全社会公开招聘，签订整体指标和关键指标"双70"经营业绩责任书，明确考核的红线和退出的底线。大胆探索"去行政化、去台阶"选用年轻干部，5名室主任破格提拔到事业部负责人岗位，占比达35.7%；19名40岁以下青年骨干竞聘到室主任岗位，占比63.3%。

三是砸掉"铁饭碗"，员工能进能出。实施"两进两出"用人机制，实现从传统"身份管理"向市场化"岗位管理"转变。差异化薪酬引进高校毕业生，改革以来引进双一流院校毕业生比例由26.7%提高到61.8%以上。采用协议薪酬制、专家顾问制等多种用工形式，多元化方式引进成熟人才59人。实施适应性退岗机制，2年来不胜任岗位工作的39名技术人员退出设计主体岗位。加强考核退企力度，成立人力资源赋能中心作为人才储备和交流中转站，畅通退出通道，连续2年考核不合格员工退出企业，解除劳动合同9人。

四是打破"大锅饭"，薪酬能高能低。建立科技创新、市场开拓、总包工程超额利润、工作量超定额激励等系列激励机制，形成"按契约定目标、按效益调总量、按贡献划比例"的动态分配机制。在公司层面，突出当期利润贡献和合同签约贡献，事业部人均薪酬最大差距由不足1.3倍提高到2.1倍。在基层单位层面，事业部对员工进行二次分配，员工薪酬分配模型固浮比由2018年的4∶6拉大至2021年的2∶8。2022年以来，员工收入最大差距达到 9.4 倍，中层管理人员最大差距达到 2.7 倍。

三、改革成效

一是效益效率显著提升。2021 年，鞍钢工程公司实现营业收入 30.1 亿元、利润 1.5 亿元，同比分别提高 36.1%、65.6%，外部市场合同额同比增长 71.1%，人工成本利润率同比提升 32.3%，人均合同额同比翻两番，全员劳动生产率 121.3 万元/人年，达到行业先进水平，实现历史性跨越。

二是科技创新成果丰硕。鞍钢工程公司"鞍钢 30 万吨焦油深加工典型工艺技术和装置研发与应用""千万吨级钢铁工业园全生命周期节水减污技术"等一批具有自主知识产权的前端技术达到国际领先水平，获得冶金科学技术奖一等奖 1 项、二等奖 2 项。

三是企业影响力逐步增强。鞍钢工程公司总承包合同额在全国勘察设计行业排名达到 81 位，改革模式与经验获得鞍钢管理提升标杆企业荣誉，2021 年入选国企混改典型案例，位居 49 位。

7

强化战略引领 扎实推动混改 培育新型现代国际航空物流企业

中国国际货运航空有限公司

一、基本情况

"双百企业"中国国际货运航空有限公司(简称"国货航")是中国航空集团有限公司(简称"中航集团")所属二级子企业,成立于2003年,是中国唯一载有国旗飞行的货运航空企业。国货航主营业务覆盖内地、香港和澳门地区,包括国际定期和不定期航空货运、邮件运输,航空器维修,航空货站,航空物流,货物进出口代理报关业务。截至2021年底,国货航拥有净资产159.04亿元,在职职工人4825人。

国企改革三年行动以来,我国电子商务和物流行业快速发展,为货运航空企业发展带来机遇的同时也带来更激烈的竞争。国货航立足于"培育壮大具有国际竞争力的现代物流企业"的国家战略,对领先物流企业商业模式和发展历程进行深入研究,推动企业由传统货运航空企业向航空物流企业战略转型,以激发企业内生动力、提升经营效率,通过混合所有制改革引入战略投资者,完成航空物流产业链及价值链关键业务的重组,全力实现打造"采运销一体"的"电子商务+物流"综合服务商的企业发展愿景。

二、经验做法

在推进混改的过程中，国货航坚持以党中央、国务院关于深入实施国企改革三年行动的重大决策部署和国企改革"双百行动"要求为指引，促进企业完善治理结构、深度转换经营机制，以体制机制改革推动战略转型，努力成为立足中国、具有国际竞争力的航空物流企业，实现企业高质量发展。

（一）加强顶层设计，遴选优质战略合作方

一是强化战略引领，确定目标原则。中航集团聚焦放大国有资本功能，实现各种所有制资本取长补短、相互促进、共同发展，制定了《货运物流混改框架方案》，明确"战略匹配度高、能力互补性强、文化认同度高、业务资源丰富"的引战原则，围绕战略设定国货航投资方遴选标准，与意向投资方充分沟通国货航战略和发展规划，全面展示国货航的文化、资源、能力、企业价值，对意向投资方展开相应的尽职调查，评估与投资方的战略匹配度，确保混改牢牢契合国货航战略转型目标。

二是聚焦主责主业，推进补链强链。强化航空资源配置，协调集团内部资源，补足航空发展稀缺的飞行员37名，有力保障近两年货机运行强度历史最高的情况下航班安全准时高效运转，确保航空运输的核心竞争优势。优化航空货站资源，收购集团下属成都货站、重庆货站，完善航空物流网络空地衔接关键节点。延伸货运链条，整合集团下属二级企业民航快递有限责任公司，以及凤凰（天津）货运服务有限公司的物流资源、业务、人员，延伸货运链条，实现"空地两张网"互联互通。

三是精选战略投资者，突出业务协同。国货航围绕"战略协同、业务合作、企业形象、行业地位"等评价标准，采用"股权+战略"的全方位合作模式成功引入在跨境电商、货站与物流领域具有极高知名度与品牌影

响力的菜鸟网络科技有限公司、深圳国际控股有限公司、国改双百发展基金管理有限公司3家外部股东，连同员工持股平台，引进资金48.52亿元，占比31%。在签署增资协议时，与战略投资者分别同步签署战略合作协议，就国际跨境电商运力开展全方位合作，持续提升国货航跨境电商运行能力。2021年，实现合作收入4.2亿元。

（二）以"混资本"推动"混机制"，完善现代企业制度

一是在完善公司治理中加强党的领导。将各治理主体的决策事项全部纳入同一清单，制定印发《国货航重大事项权责清单》，明确决策流程、划分权责界限，有效厘清了公司党委与董事会、经理层的权责边界。同时，修订发布《国货航党委常委会议事规则》与《国货航党委常委会议事清单》，进一步区分党委决定事项（9类39项）和前置研究讨论事项（18类72项），切实防范前置不充分和解决前置泛化的问题。

二是全面落实董事会职权。国货航公司章程中明确董事会在企业改革与发展、劳动人事分配、重大财务事项等17个类别合计28项决策权，夯实了董事会行权履职基础，为董事会发挥"定战略、作决策、防风险"作用提供了有力支撑。

三是充分保障经理层行权履职。国货航按照依法合规、权责对等、风险可控的原则，制定了《国货航董事会授权管理办法》，推动董事会向经理层授权，在公司章程赋予经理层16项职权的基础上，将年度预算10%以下的中期调整等4类决策权授予经理层。同时，坚持"授权不免责"，定期跟踪授权事项的决策与执行情况，并对行权效果予以评估，加强授权的监督与管理。

四是坚持差异化授权。中航集团根据对国货航的战略定位，"一企一策"建立了授权放权清单，涵盖十大管理类别、32个职责事项和52个职责子项，国货航在清单内自主行使经营决策权。同时，国货航对所属重要

子企业建立了差异化的授权放权体系,涉及九大业务领域和50个具体事项,通过跟踪督导、定期评估对授权放权事项采取增减或收回的动态管理,确保授权与监管相结合、放活与管好相统一,全面提升子企业活力与效率。

(三)坚持市场化经营机制,激发企业动力活力

一是全面推行任期制和契约化管理。国货航将经理层成员任期制和契约化管理作为市场化经营机制建设的"牛鼻子"工程,9名原经理层成员转换身份成为市场化选聘的职业经理人。同时,将一级机构总经理级人员及子企业经理层近80人纳入任期制和契约化管理范围,实现"一协议两书"100%签订,细化责权利,明确考核标准与退出条款,突出强激励、硬约束,全方位压实经营责任。

二是不断完善市场化经营机制。在原有差异化劳动合同管理的基础上,推进契约化管理制度建立,制定《员工不胜任工作管理规定》,明确员工退出的3类13种情形。2021年,共35名员工因考核不合格而退出;制定《工资总额管理办法》,坚持"市场导向和效益导向,实现效率调节"原则,以公司自身经济效益变动情况为主要因素,结合效率表现(劳动生产率、人工成本利润率、人事费用率)以及企业经营业绩考核结果建立"一决定、两调节"的工资总额核定机制。完善制定《国货航薪酬体系改革方案》,国货航经理层成员2021年工资收入差距最高达2.3倍。

三是稳妥推进员工持股计划。国货航按照"依法合规、公开透明、责任共担、收益共享、战略牵引、以岗定股、机制灵活、动态实施"八大原则,制定《员工持股计划实施方案》,将192名关键核心骨干纳入员工持股计划,并建立了流转退出、股权分红等机制,将个人利益与企业利益长期绑定,有效激发员工干事创业热情。

三、改革成效

一是激发了企业经营者和员工的内生动力。通过落实董事会职权和对经理层充分授权，改变了原有的行政化审批模式，进一步激发了管理人员在公司治理和企业管理中的主观能动性。经理层成员通过转换身份实现了从"要我干"到"我要干"理念的转变；管理干部和关键核心骨干员工持股，由企业的"打工人"变为企业的"主人翁"，干事创业精神面貌焕然一新。通过制度设计激发企业员工共同为企业发展愿景奋斗，将公司战略目标转换为可衡量、强激励、硬约束的契约指标，将企业发展与个人发展密切绑定。2021年，国货航全员劳动生产率84.70万元/人，同比增长16%。

二是促进了产业转型升级和经营能力提升。国货航通过内部资源整合和混合所有制改革，拓展了航空物流链条，补充了航空物流发展需要的关键资源，打造了协同发展的业务板块，构建了航空物流企业的雏形，并且实现与战略投资者强强联合，开创了企业经营的新局面，在民航业遭受疫情重创的情况下，主要指标逆势增长。2021年，实现营业收入239.48亿元、利润总额57.64亿元，同比分别增长31.03%、28.09%。

8

深化制度建设 创新党建引领
以"混"促"改"谋高质量发展

东方航空物流股份有限公司

一、基本情况

东方航空物流股份有限公司(简称"东航物流")是中国东方航空集团有限公司(简称"中国东航")所属三级子公司,是国家首批、民航首家混合所有制改革试点企业。东航物流主营业务覆盖全货机、客机腹舱、仓储业务、卡车运输、物流解决方案、货运代理、快递电商等板块,自入选国企改革"双百企业"以来,坚持以习近平新时代中国特色社会主义思想为指导,深入贯彻落实党中央、国务院关于深化国有企业改革和建设现代流通体系的重大决策部署,坚持中国特色现代企业制度改革方向,坚持以党建创新为引领,以混改促进竞争力、创新力、影响力稳步增强,探索航空物流企业高质量发展之路取得明显成效。

二、经验做法

(一)持续完善中国特色现代企业制度,有效提升公司治理效能

一是强化董事会建设,优化治理结构。东航物流以混改为契机,加快规范董事会建设,充分发挥非国有股东在公司治理中的积极作用。建立独

立董事制度，引进独立董事4名，中国东航保留4席，联想控股股份有限公司占2席、普洛斯投资（上海）有限公司占1席、核心员工持股平台占1席。同时，保留了股权比例合计1/3以上非国有股东对部分企业重大事项的否决权。在董事会层面，对于投资人最为关注的管理层人员选聘、关联交易、对外借款等事项，董事比例合计1/3的非国有股东拥有否决权。董事会下设的薪酬与考核委员会、审计与风险委员会、提名委员会3个专业委员会由非国有股东提名董事或独立董事担任主任委员。

二是规范运行机制，明确权责边界。建立了以"1（章程）+3（党委会、董事会、总办会议事规则）+N（公司其他规章制度）"为主的治理制度体系，形成《决策权限管理手册》。按"规定+清单"把决策事项细分为十四大类86个小类，明确治理主体权责，厘清权责边界。

三是落实董事会职权，探索差异化管控。中国东航对东航物流采用"充分授放权"模式，6项重要董事会职权全部落实，坚持"能放尽放"，分类明确管控职责。比如，重大合同管理不再履行集团复审流程，对外投资管理根据主业和年度预算标准直接按照《章程》开展决策，年度预算外且与主业相关的项目仅履行报备程序。

（二）持续推动产业布局优化和结构调整，逐步形成行业竞争优势

一是积极利用股东资源，推进产业布局优化。东航物流与各股东方取长补短、优势互补，针对临空物流仓储市场空白，与股东方在长三角、粤港澳、京津冀等国家重大城市群的枢纽机场共同布局临空仓储物流园区，为货站引流，延长服务链条；针对跨境电商、健康医药、精密仪器等高附加值的潜力市场，与股东方在专线化、快时效、易中转等方面持续发力，提供一揽子物流集成服务业务。

二是探索航空货运协同运营，优化业务结构。东航物流在业内首次采用客机腹舱独家经营模式，通过公允方式取得客机腹舱货运业务、业务承

揽、舱位销售等全链条经营业务的独立性,既解决了同业竞争难题,又实现了集团内全货机经营、客机腹舱经营和货站经营的一体化作业,释放了物流产业规模优势的红利,形成货机航线加密优化、腹舱经营精打细算、货站增值服务创收的新模式。

三是加大智慧物流建设力度,优化配置效率。采取市场化公开选聘的方式聘请科技信息方面精英人才,制定"数字化""智能化"发展规划,开发核心系统,深化场景应用,支撑业务拓展,以连接升级、数据升级、模式升级、智能升级、体验升级打造精细高效物流。

(三)持续深化市场化经营机制改革,充分激发内生活力动力

一是建立职业经理人制度,实现干部能上能下。建立职业经理人制度,强化绩效考核、合同契约兑现,突出硬约束,推动管理人员能上能下。三年行动以来,管理人员新提拔50人次,内部调整88人次,免职降职168人次。

二是深化市场化用工制度建设,实现员工能进能出。通过全体员工签订市场化劳动合同和岗位聘用协议方式,明确约定工作职责和绩效要求,取消不符合市场化原则的人事政策,实现员工能进能出市场化流动。三年行动以来,解除劳动合同191人,合同到期不再续聘336人。

三是深入转化激励约束机制,实现薪酬能增能减。建立"一人一薪、易岗易薪"薪酬体系、浮动薪酬考核机制,对年度绩效结果强制分布。员工同岗位薪酬差距最高达2.3倍,累计"易岗易薪"658人次。实施员工持股中长期激励工具,累计激励人数178人,持有公司股份合计占比9%,有效构建企业发展和员工成长的责任共同体、命运共同体。

(四)积极探索混改企业党建实践,形成"五坚持五转化"党建模式

坚持党的领导,将红色根基转化为企业治理优势。将党建工作要求写入公司章程,推行"双向进入、交叉任职",明确党委在公司治理结构中

的法定地位，发挥党委在公司改革发展中"把方向、管大局、保落实"重要作用。健全法人治理结构，将党委会议事内容进行细化分类，厘清党委研究决定、前置把关事项边界，确保党委意图在决策中体现的同时，维护董事会对企业重大问题的决策权。坚持守正创新，将队伍活力转化为企业人才优势。坚持党管干部党管人才原则和市场化选人用人机制相结合，修订管理人员选拔聘用管理规定，建立汇报线制度，引入提名制，在保证党对干部人事工作的领导权和重要干部的管理权的同时，落实董事会对经理层成员的选人用人权。持续完善"领导力地图"培养体系，加强年轻人才引进和能力提升。坚持深度融合，将战斗堡垒转化为企业经营优势。严格按照"四同步、四对接"要求同步加强党的建设，以"精简高效"原则配备党务工作者，设置专兼职党务工作者113人。探索党建工作融入生产经营的创新方法和载体，如创建"途志"党建品牌，形成"亮身份、转作风、保安全、促合作"十二字工作法；围绕提升上海自贸区创新发展能级重点项目，建立一站式空服中心党支部。坚持依法依规，将内控合力转化成企业监督优势。成立东航物流道德委员会，将纪委监察与道德委员会工作有机融合，将党员监督和全员监督有效衔接，形成全面覆盖、分工明确、协同配合、权威高效的监督体系。聚焦重要领域从业的"关键少数"，强化重要岗位人员述职述廉和权利制约监督，有效防范风险。依托新技术完善智慧物流体系，打造智慧化货站、无人化货站，提升科技防腐能力。坚持思想引领，将价值认同转化为企业文化优势。充分发挥党的思想政治工作优势和群众工作优势，积极引领和推动思想文化融合，选择能认同国有企业优良传统和文化基因的投资方，培育树立共同的企业核心价值理念。充分发挥群团组织的桥梁作用，推进幸福物流、员工关爱、合理化建议"三大工程"建设，增强员工获得感。

三、改革成效

一是在企业经营成果方面,东航物流先后经受了贸易摩擦、新冠疫情等外部冲击,走出了混改前"十年九亏"的发展怪圈,在2017—2021年度营业收入复合增长率达30.50%,扣非后归母净利润复合增长率为64.00%。2021年6月9日,东航物流在上海证券交易所主板正式挂牌上市,成为国企改革"双百行动"启动以来通过在A股上市募集资金金额最大的"双百企业"。

二是在改革经验积累方面,东航物流提炼混改经验形成的《民航物流企业以转换经营机制为目标的混合所有制改革》获评"第二十八届全国企业管理现代化创新成果"二等奖。由"五坚持五转化"党建工作模式提炼形成的《坚持党的领导 加强党的建设构筑混改党建"新高地"》获评"中央企业党建思想政治工作研究会2020年度优秀课题研究成果"三等奖。

三是在商业模式创新方面,"一站式空服中心"商业模式创新项目获评"2020年上海市企业管理现代化创新成果"二等奖。

四是在履行社会责任方面,东航物流在疫情暴发后积极投入防疫物资跨境运输。截至2021年底共执行客货机航班2.7万班,运输防疫物资551万余件,累计运输量达到8万吨,为疫情期间保障供应链安全鼎力发挥作用。

9

改机制　强激励　激活力　以混改促发展

南方航空物流有限公司

一、基本情况

南方航空物流有限公司（简称"南航物流"）是中国南方航空集团有限公司（简称"南航集团"）所属的三级子企业，是南航集团物流产业一体化经营管理单位。南航物流经营14架波音777货机，超过650余架客机腹舱资源，以及广州、北京等13个城市的15个自有货站，航线网络密集覆盖国内、通达全球177个国家。国企改革三年行动以来，入选"双百企业"的南航物流持续深化改革，引资混改、完善公司治理、转换经营机制，持续深化综合性改革，以全局思维谋划改革、以系统观念设计改革、以"铁军"精神推动改革，构建改革发展双轮驱动的局面，加快向现代物流综合服务商转型，助力国家维护供应链安全稳定。

二、经验做法

（一）强化战略引领，积极稳妥推进混合所有制改革

一是强化战略引领，遴选优质投资者。南航物流制定了"一三一四"中长期发展战略，通过建设一体化智慧物流平台，实现智能化、国际化和协同化转变，发展航空货运、现代仓储、供应链管理和电商贸易四大业

务，完成"智联全球、赋能美好生活"的使命。聚焦战略落地，紧紧围绕有利于推动改革落地、有利于健全市场化经营机制、有利于实现产业协同发展的原则推动混合所有制改革，重点选择市场化程度高、物流业务排名靠前、与航空物流协同效应强、资本市场影响力大的投资人，最终引入珠海隐山资本股权投资管理有限公司、钟鼎（上海）创业投资管理有限公司（简称"钟鼎资本"）、国改双百发展基金管理有限公司以及中国外运股份有限公司（简称"中国外运"）等7家战略投资者，同步开展员工持股，合计引资33.55亿元，占比45%。

二是突出战略协同，用好用足股东资源。借助战略股东方渠道资源，延伸航空物流产业链，提高产品和服务附加值。比如，加强与股东方钟鼎资本、中国外运合作，借助其供应链和渠道优势，突破南航物流自身"机场到机场"经营模式的局限，共同打造"门到门"一体化全链条服务，有力提升了产业链影响力和控制力。

（二）坚持"三个聚焦"，完善中国特色现代企业制度

一是聚焦清单管理，厘清权责边界。南航物流建立"明确概念、梳理场景、制定清单"的公司治理路线图。严格区分"研究决定"与"研究讨论"，明确10项前置研究决定事项、49项前置研究讨论事项。全面梳理股东会、党委会、董事会、董事长办公会及总经理办公会等各治理主体的研究及决策场景，按照各事项性质和所涉及金额大小，共修订147个议事权限和对应规则。制定党委前置研究讨论重大经营管理事项等6张清单，并整合形成公司治理"一张表"，实现决策事项全覆盖。

二是聚焦外部董事管理，强化行权履职。制定《董事独立表决事项清单》，明确33项由董事独立发表意见事项，充分发挥董事专业能力，有效提升董事会决策效率。出台专职外部董事选聘、履职、考核和薪酬4项管理细则，建立履职台账、重大突发事项专项报告和述职报告三大工作制

度，压实外部董事责任。

三是聚焦授权运行，提升决策效率。在全面落实董事会六大主要职权的基础上，印发董事会授权管理办法，根据"重大事项不授权、授权事项不前置、授权适当"的原则，采取"制度+清单"管理模式，围绕重点投资项目、子公司管理等方面向董事长授权37项，围绕经营合作、业务运营等方面向总经理授权26项。同时，建立授权清单动态调整机制和董事长、总经理向董事会报告机制，通过授权与监督相结合、放活与管好相统一，切实保障董事长和总经理依法行权履职，提升公司自主经营水平。

（三）突出"四个抓实"，健全市场化经营机制

一是提升契约"含金量"，抓实经理层成员任期制和契约化管理。将总部部门正副职、分公司管理层成员一并纳入经理层成员任期制和契约化管理，合计153名管理人员完成签约100%全覆盖。坚持副职业绩指标100%差异化、业绩指标100%量化，聚焦利润实现，强化业绩对标和"摸高"，全面提高契约"含金量"。比如，腹舱经营利润指标最高加码至前3年利润总额的121%。建立业绩考核和综合评价"双达标"机制，明确业绩考核不合格、违纪违法等12种退出情形，强化刚性退出。2021年，49名管理人员因考核不合格、"起立未坐下"而退出岗位，占比30.82%。

二是聚焦精简高效，抓好干部能上能下。截至2021年，南航物流结合南航集团"去机关化"工作，先后三次实施管理层岗位公开选聘，通过竞争上岗，选拔管理层干部53名，占当时管理层干部总人数的44.17%，管理层年轻干部占比从同期的15.40%提升至33.60%。大力推进末等调整和不胜任退出，推动考核结果刚性运用，对于工作不在状态、能力素质不适应、履职业绩平庸或者作风形象较差的干部及时予以调整。南航物流党委班子成员带头做实与"起立"干部"一对一"谈心谈话，做好退出后岗位安排、开展辅导培训，不搞"一下了之"。对2020年度领导班子考核结果

为"一般"且末位的3家单位进行分类处理，1家限期整改，2家原有班子全体起立，2人退出管理岗位，1人降级使用。

三是坚持贡献导向，抓实薪酬合理分配。制定基于价值创造的工资总额管理制度，引入分级分类评价体系，向下贯穿到岗到人，使薪酬总量增减、个人薪酬待遇与价值创造、业绩提升、劳动效率等关键指标紧密挂钩，全面推广价值创造理念。建立"一人一表"考核评价体系，打破身份和级别，只看岗位和贡献，相同职级绩效薪酬最大差距达3倍以上。

四是深化共担意识，抓实中长期激励。按照"依法合规、责任共担、收益共享、动态调整"的原则，扎实推进员工持股计划，释放4.5%股权，将167位关键核心骨干的个人利益与企业利益深度绑定，有效激发员工干事创业热情。同时，建立股权动态流转机制，截至2021年底，45人因岗位调整退出持股平台，31人新加入员工持股计划。

三、改革成效

一是转型发展取得突破。强化战略协同用足用好股东资源，向现代物流综合服务商稳步快速推进。2020年，南航物流引入7家战略投资者。与股东方共谋发展，在"一三一四"中长期战略下，进一步将"现代物流综合服务商"的目标分解到"十四五"规划，明确10项重点建设能力，重新梳理目标客户体系。与股东方优势互补，发挥股东方的外部渠道优势，用好自身航空货站和保税物流园资源，转变经营模式，延伸产业链，拓展现代仓储等新业务，打造"门到门"一体化全链条服务，有力提升产业链影响力和控制力。2021年与股东方合作实现营业收入11.82亿元，占比6.01%。与股东方携手打造高端电子设备、温控医药、跨境电商等国际化运营拳头产品。以跨境产品为例，2021年11月—2022年5月，累计开通美国、英国、墨西哥和哥伦比亚4条跨境专线，创收约2500万元。

二是经营业绩再创新高。在 2020 年高速增长的基础上,南航物流 2021 年继续强劲增长,营业收入和利润总额同比增长 28.87% 和 39.53%,企业效益实现历史最好水平。2019 年以来,南航物流共优化退出 1418 人,全员劳动生产率三年增长 3 倍,人工成本利润率三年增长 6 倍。

三是担当作为贡献力量。面对疫情,南航物流第一时间率先宣布免费承运疫情援助物资。随着全球疫苗接种工作的推进,南航物流充分发挥出前期已经获得国际航协独立医药物流认证中心航空公司和地面代理"双认证"的优势,新冠疫苗运输突破 1.3 亿剂,居中国民航之首,"疫苗安心送"服务 15 个国家及国内 20 个城市,获得了联合国基金组织、政府部门、疫苗厂商的广泛认可。在疫情防控紧急关头,作为直接运输国际货物的生产单位,南航物流在广州、上海、河南以及海外等各条战线组建"物流铁军",践行"铁的信念、铁的作风、铁的担当",把机场当战场、把航线当火线、把货舱当方舱,超过 100 人常态集中居住隔离,最长隔离时间超过 180 天,每天保障超过 2500 吨货物安全顺畅飞往千家万户。

10

强化战略协同　激活内生动能
以"混"促"改"质效双升

中咨海外咨询有限公司

一、基本情况

中咨海外咨询有限公司（简称"中咨海外"）成立于1988年，是中国国际工程咨询有限公司（简称"中咨公司"）深入探索咨询行业高质量发展的"试验田"和"先行者"，主要从事战略谋划、投资策划、全过程咨询和规划设计四大业务。2018年8月，中咨海外正式成为"双百行动"综合改革试点企业。国企改革三年行动以来，中咨海外集中力量强化党建与现代企业制度有效融合，纵深推进混合所有制改革，激发全员创新创效活力，着力构建符合现代咨询企业特点的市场化经营机制，综合改革取得明显成效，为加快实现企业高起点大步伐跨越式发展奠定了坚实基础，为国有咨询企业高质量发展探索了新路。

二、经验做法

（一）党建引领健体制，着力完善中国特色现代企业制度

一是将加强党的领导党的建设贯穿混改全过程。中咨海外坚持"两个一以贯之"，发挥党组织"把方向、管大局、保落实"的领导作用，先后

召开47次党委会研究混改相关议题,把握好改革正确方向。组织推进"党建入章程"、明确"三重一大"事项清单、规范前置研究的程序和内容,并通过完善公司章程和内控制度,推动各方履职行权,实现"党委统领、股东会授权、董事会审批、经理层落实"。

二是细化厘清各治理主体边界。按照"权责法定、权责透明、协调运转、有效制衡"要求,中咨海外根据咨询企业特点,梳理确定公司事项清单共计119项,其中"三重一大"97项,需经党委会审批事项40项,纳入党委会前置研究事项42项,党委会审议研究事项占85%,实现治理主体职责和界面清单化、表格化,从制度机制上坚决避免"一言堂",确保公司决策和运行科学化、规范化、透明化。

三是配齐建强董事会。中咨海外着力推进董事会规范运作,建立各方参与、有效制衡的董事会,严格落实董事会对经理层成员的选聘权、业绩考核权、薪酬管理权、职工工资分配管理权等六大职权并细化授权机制,有效提升董事会行权履职能力,增强改革发展活力。截至2021年底,第一届董事会召开会议8次,审议事项共26项,董事会作为企业经营决策主体的作用充分体现,定战略、作决策、防风险的功能定位更加清晰。

(二)战略导向引资本,持续优化产业链布局

一是坚持协同互补,引入优质战略投资者。中咨海外立足业务协同、优势互补,将能够引入战略性资源、丰富业务模式、优化治理结构、增强核心竞争力等设为战略投资者的入围门槛,选择具有高匹配度、高认同感、高协同性的战略伙伴。合理设定混改股权转让比例,通过竞争性谈判,结合现代咨询企业发展特点,构建了中咨公司、战略投资人、员工持股平台"433"相对均衡的股权结构,既实现中咨公司相对控股,保持公司发展的连续性和稳定性,又体现股东股份差异,避免一股独大,夯实健全法人治理结构的基础,实现强强联合。

二是坚持同向并行，创新搭建员工持股平台。中咨海外员工持股平台持有30%股权，按照"股按岗定、以股揽才、岗变股变、股随绩调、人离股退"的原则，创新制定并不断优化完善员工持股平台股权管理办法，明确规定持股员工因辞职、降职、免职等原因失去持股资格后，由持股平台按照经审计的每股净资产值价格进行回购；新员工因晋升等原因符合持股条件后，可通过受让持股平台股权等方式成为新股东；持股平台员工名单每年初实施一次动态调整，有效防止利益固化。

三是坚持强链补链，持续优化业务布局。通过投资并购造价公司，快速做大公司整体业务规模；完成交通设计企业投资并购决策审批，积极谋划市场布局，以国家交通主干网、国防公路为切入点，积极参与交通设计市场竞争与合作；完成市政设计企业投资并购前期工作，同步推动市政设计市场布局；大力开发旅游公路、农村公路和扶贫公路等交通设计市场，抢占工程咨询行业发展高地，打造初具规模的"中咨"设计平台，实现战略谋划、投资策划、全过程咨询和规划设计四大业务板块的工程咨询全产业链的快速布局。

（三）市场导向变机制，着力推进全员价值创造

一是实行"以岗位定人"，实现人员能进能出。完善人力资源管理办法，重点解决用人机制问题，切实把住入口，打通出口。明确用人需求，以人均产值和执业资格占比为基准，重点配置适合咨询企业急需的高水平人才。全面强化全员综合绩效考核，当年考核不合格者调岗安置或待岗，连续2年不合格解除劳动关系。2021年，全年公开招聘43人，市场化退出14人。

二是树立"用实绩说话"，实现管理人员能上能下。构建指标明确、责任到位、路径清晰的量化考核指标体系，建立总经理对董事会负责、经理层成员对总经理负责、各业务板块对经理层负责的考核机制，形成经理

层成员人人身上有指标、各业务板块与经理层成员相互联动的工作格局。大力推行中层管理人员竞聘上岗，14个岗位内部公开选聘，竞聘成功13人，6名中层人员因业绩考核不胜任退出，真正实现管理人员能上能下。

三是坚持"按贡献取酬"，实现收入能增能减。突出业绩导向，注重绩效联动，实行"固定薪酬＋绩效薪酬＋奖励薪酬"的薪酬结构。按照市场开发30%、项目执行60%、研发创新10%三个维度量化绩效薪酬。部门出现亏损，绩效薪酬为零；部门超额完成业绩目标，额外获得专项奖励。2020年，全员浮动薪酬占比71.47%。2021年，经理层收入差距达到3.4倍，超过往年的1.5倍；中层岗位收入差距达到4.3倍，超过往年的3.3倍，充分发挥激励约束的导向作用。

三、改革成效

中咨海外坚持以习近平新时代中国特色社会主义思想为指导，深入贯彻落实党中央、国务院关于深化国企改革的重大决策部署，积极引战投、优治理、转机制、强党建，企业动力活力充分激发，经营业绩持续向好，企业发展步入快车道，2021年被国务院国资委评为管理标杆企业。

一是经营业绩不断提升，努力跑出发展"加速度"。2021年，中咨海外实现利润总额1795万元，同比增长46%；营业收入1.79亿元，同比增长17%；新签合同额3.1亿元，同比增长21%。效率指标持续改善。营业收入利润率由上年的7.9%提高到10%；全员劳动生产率由上年的47万元/人提高至50万元/人。

二是体制机制切实理顺，有效激发全员干事创业热情。中咨海外坚决克服传统的行政层级管理路径依赖，尊重和把握现代企业治理规律，根据咨询企业特点，按章程完善"四会一层"主体，明确治理主体职责。坚决破旧立新，以"人"为对象，突出"分配"和"岗位"两个关键点，牢牢抓住三项制度改革"牛鼻子",以实施经理层任期制和契约化为着力点,强化正向激励与负向约束,全面构建市场化经营机制。坚持以业绩定岗,坚决实现中层岗位能上能下。树立按业绩用人导向,有效激发中层岗位由"要我干"向"我要干"转变。坚持按贡献取酬,坚决实现收入能增能减。建立利润与薪酬联动机制。既形成正向激励,又倒逼全员形成干事创业的自觉行动,市场化环境和氛围加速形成。

三是提质增效开创新局面,全面推进咨询高质量发展。中咨海外坚决贯彻落实国家战略,开展雄安新区、长江经济带、黄河流域生态保护和高质量发展等国家战略咨询项目150余项。紧紧围绕京津冀协同发展战略,打造全国流域治理"永定河样本",助力永定河26年来首次全线通水,形成以投资主体一体化带动流域治理一体化的永定河治理模式,并联合主办永定河论坛,成功在全国范围内推广应用,为国家生态文明建设持续贡献中咨智慧。不断创新咨询工作成果,完成"水利工程绿色施工规范"课题,形成地方标准;承担"促进企业在京更好发展"课题,得到北京市领导高度评价。实施"双百行动"以来,咨询成果先后获奖8项,其中全国优秀工程咨询成果一等奖2项。

11

"三维立体"推混改 迈向全面市场化
积极探索"双碳"战略下机电企业发展新途径

中车株洲电机有限公司

一、基本情况

中车株洲电机有限公司(简称"中车株洲电机")是中国中车集团有限公司所属一级子公司,"双百行动"改革首批企业,是我国唯一同时承担高速、重载铁路装备九大核心技术中牵引电机和牵引变压器两项核心技术的企业。中车株洲电机坚持学习贯彻习近平总书记关于国有企业改革发展和党的建设的重要论述,深入实施国企改革三年行动,聚焦主责主业,坚守高端机电装备的定位,以混合所有制改革为突破口,从"引资本、转机制、强监管"三个维度全面推进旗下市场化业务混合所有制改革,相继完成浙江中车尚驰电气有限公司(简称"浙江尚驰")、湖南中车尚驱电气有限公司(简称"湖南尚驱")、江苏中车电机有限公司(简称"江苏公司")、广州中车骏发电气有限公司(简称"广州骏发")等多个混改项目。各混改企业换思路、换打法、换赛道、改机制,深度践行绿色低碳发展理念,全力抢抓市场发展机遇,改革成效显著。

二、经验做法

（一）走出"舒适区"，引资本助力市场化业务"下海游泳"

一是聚焦主责主业定业务，打造专业化产业平台。中车株洲电机结合旗下产业专业化程度高、应用场景复杂、行业竞争激烈等特点，明确了坚持聚焦主责主业，"一企一策"制定混改方案，全力打造主业突出的专业化平台。针对成熟业务着力破除发展瓶颈。江苏公司聚焦风电电机业务，通过增资扩股引入具备市场、渠道优势的战略投资者，助力业务延伸至海外和海上风电市场，有效缓解了平价上网带来的巨大盈利压力。广州骏发聚焦特种变压器业务，以混促改持续优化治理机制，重塑更利于主营业务发展的高度市场化主体。针对培育业务积极创新发展模式。湖南尚驱、浙江尚驰的前身是事业部制的高速永磁电机产业单元和新能源汽车电驱产业单元，均通过合资新设混合所有制公司专注发展主业，大大提升市场竞争力。

二是集中绑定引资本，助力市场化业务快速发展。中车株洲电机根据业务发展战略方向，按照"宜独则独、宜控则控、宜参则参"的原则，累计引入各类社会资本8.68亿元。保持风电电机核心业务控股地位，江苏公司引入2家外部产业投资者和财务投资者，共计引资4.53亿元（国有企业持股比例为84.87%），重点投入"两海"大功率风力发电机业务和新产业平台，2021年营业收入突破70亿元大关。构建培育业务高效经营平台，浙江尚驰是中车株洲电机旗下新能源汽车电机业务与外部产业投资者和核心员工持股平台合资新设的参股企业（国有企业持股比例为36.6%），为更好地做活机制，中车株洲电机采取表外培育模式，借助资本、政策和市场的力量快速推进产业发展，2021年新能源汽车电驱业务实现扭亏为盈。

（二）敢啃"硬骨头"，转机制为混改企业注入市场化基因

一是找准"切入点"，构建规范化的企业治理机制。中车株洲电机严格按照中国特色现代企业制度要求，积极推进以董事会为核心的现代企业治理机制。将党的领导融入公司治理各环节，推动党建与改革深度融合。在实现党建进章程的基础上，混改企业董事长和党组织书记全部实现一肩挑，并明确了党组织研究讨论重大问题作为董事会、经理层决策的前置程序。同时，建立健全治理结构，落实董事会职权。各家混改企业均建立了"三会一层"治理结构。选聘5名专职外部董监事，通过分类放权授权，赋予湖南尚驱49项经营自主权，进一步释放发展活力。全面加强混改企业董事会建设，4家混改企业在董事会应建尽建基础上，全部实现外部董事占多数。落实董事会向经理层授权制度，推动4家混改企业建立《董事会授权管理办法》，总经理对董事会负责、向董事会报告工作，落实10项职权，有效发挥经理层"谋经营、抓落实、强管理"作用。

二是紧盯"关键点"，推行市场化的用人机制改革。中车株洲电机以动力机制为核心，推动用人机制改革。转变国企干部身份，坚持党管干部与董事会选聘相结合，24名原中层干部摘掉"官帽子"，通过契约化形式严格聘任管理、任期管理和目标考核，成为"市场人"。变革人才管理模式，实施中层管理人员"两制一契"管理，78名中层管理人员全部签订契约文本，推动职能化管理向市场化管理转变。建立市场化用工机制，900余名员工100%通过公开招聘进入新公司，签订市场化的劳动合同。广大干部员工的市场竞争意识显著增强，经营活力显著提升。

三是抓住"根本点"，实施多样化的考核激励机制。中车株洲电机通过探索实施精准化、多元化的考核激励机制实现"上下同欲"。按照"增量引入、利益捆绑"原则，选取湖南尚驱、浙江尚驰、广州骏发3家混改企业实施员工持股计划，持股比例分别为18%、8.5%、17.1%，160名核

心骨干共计认购 1.11 亿元。经营团队挑起大梁,湖南尚驱 8 名、浙江尚驰 5 名经营团队成员人均认购超过 200 万元,分别占总认购金额的 37.4% 和 42.2%。落地实施职业经理人薪酬激励约束机制,以"跳高摘标"设计 3 级年度阶梯薪酬并严格刚性兑现,2021 年混改企业经理层年收入差距最高达 3 倍。完善差异化薪酬分配机制,混改企业通过建立"赛马机制",实施市场化薪酬模式、内部强制排名公示、落实董事会薪酬决定权等多种举措,构建局部薪酬高地,实现了"工资增减随贡献、人员上下随能力"的正向激励效应,2021 年同级别员工收入差距最高达 4 倍。

(三)绷紧"合规弦",强监管增加混改企业风险抵抗力

一是探索差异化管控模式,提升混改企业治理水平。中车株洲电机坚持问题导向开展混合所有制改革"回头看"专题工作,从投资与规划、法人治理、创新管理、经营机制、综合监督、坚持党的领导和党的建设 6 个方面落实 13 个整改项。以混改企业的"三会"运作为抓手,建立以《关于加强混合所有制企业法人治理的指导意见(试行)》为核心的"1+N"制度体系,探索参控股企业差异化行权路径、程序设置和权限分级,明确了控股混改企业 29 条授权禁止事项,33 条"三会"议案事项以及 18 条日常监管事项,有效推动从管理向治理模式转变。

二是明确监督职责,构建一体化、常态化的监管机制。中车株洲电机本着做好国有企业资产监管、防止国有资产流失、做强做优做大国有资本和国有企业的原则,探索建立有别于国有独资、全资公司的治理机制和监管制度。梳理明确企业内部监事会、审计、纪检监察、法律、财务等部门监督职责,建立协作机制,加大对混改企业的监督力度。同时,创新监督形式,探索建立数据共享中心,利用网络技术对国有资产实施动态跟踪和分析预警,提高内部管控能力。

三、改革成效

一是产业规模逆势增长。面对大宗原材料价格暴涨和客户持续降价等不利因素，混改企业积极应对、多措并举提升产业规模，整体销售收入同比增长13.4%。江苏公司坚持市场开拓不放松，2021年实现销售收入达到71.84亿元，同比增长7.2%，产业规模再创新高。广州骏发通过选择性接单提高订单质量，扭转了增收不增效的困境。湖南尚驱加快布局暖通、制冷、医药、环保等永磁驱动系统制造领域，浙江尚驰抢抓国家新能源汽车高质量发展战略机遇，两家企业经营业绩收入分别同比增长3倍和4.5倍，在大宗原材料价格暴涨的情况下逆势而上，保证了整体利润降幅低于原材料价格涨幅13.3%，并实现扭亏为盈。

二是科技创新活力显著增强。科技创新赋能产业发展，各混合所有制企业对接市场，加快新技术、新产品开发，为新市场的开拓和产业发展注入新活力。江苏公司陆上平台实现全技术路线"5兆瓦+"覆盖，海上平台实现12兆瓦大功率新突破。湖南尚驱成功研制出最新一代无杆采用系统和高速鼓风机电驱系统，打破国外企业垄断，解决卡脖子困境，荣获湖南省专精特新"小巨人"企业认定。广州骏发研发出满足国家新能效标准的系列化节能型变压器、智能型变压器等多款产品，并成功申报国家高新技术企业。浙江尚驰开发了电动装载机电驱动系统，新能源卡车100千瓦、150千瓦、250千瓦等平台产品，为行业龙头企业提供系统解决方案。

三是市场影响力迅速扩大。自成立以来，各混改企业知名度、市场影响力快速扩大。江苏公司不断深化与金风科技的战略合作，近3年永磁直驱市场占有率稳居第一，同时保持明阳智慧能源集团股份有限公司海上风电及中车株洲电力机车研究所有限公司风电市场占有率第一。湖南尚驱高速永磁业务拓展迅速，成功进入珠海格力电器股份有限公司、海尔集团公司、美的集团有限公司、上海海立（集团）股份有限公司等暖通制冷领域知名企业供应体系。浙江尚驰获得工程机械主机厂龙头企业批量订单，实现从零到亿级市场的突破。广州骏发实现了轨道交通地铁领域动力变和整流变的市场零突破，开创中低运量城市轨道交通供电系统智能化设备集成新格局。

12

扎实推动混合所有制企业深度转换经营机制

山东省人民政府国有资产监督管理委员会

一、基本情况

山东省人民政府国有资产监督管理委员会（简称"山东省国资委"）所监管企业主要涉及煤炭、黄金、交通运输、钢铁、机械制造、商贸、医药化工、农业水利等行业。国企改革三年行动实施以来，在国务院国资委正确领导下，山东省国资委深入学习贯彻习近平总书记关于国有企业改革发展和党的建设重要论述，认真落实国务院国资委各项部署要求，扎实推动混合所有制企业转换经营机制，国企改革三年行动加快落实落地。2021年实现营业收入20160亿元、利润总额1017亿元、净利润728亿元，资产总额达到41797亿元，分别同比增长16.7%、41.3%、40.2%和14.8%，各项指标均创历史最高水平，位居全国省级监管企业前列。

二、经验做法

近年来，山东省国资委积极推动省属混合所有制企业转换经营机制，建立更加市场化、规范化的薪酬、激励约束等管理机制，充分激发混合所有制企业活力动力，有效提升企业经营效率效益。

（一）以资产证券化为契机，以企业上市倒逼省属混改企业转换机制

近年来，山东省国资委积极推动省属企业资产证券化，坚持以企业上市倒逼企业规范管理、转换机制。2021年以来，陆续印发《关于加快实施新旧动能转换推进省属企业资产证券化工作的指导意见》《关于进一步加强我省国有上市公司管理有关工作的通知》《关于加快推进省属企业资产证券化工作的通知》《关于增强省属国有控股上市公司控制力的通知》等，健全完善制度体系，建立工作协调推动机制，引导省属企业积极培育上市资源、加快推进企业上市、做优做强上市公司，利用资本市场实现转型升级。

（二）以开展混改企业后评价工作为抓手，以问题导向推动混改企业转换机制

为总结混改工作经验，查找混改工作存在的短板，针对企业混改后在与非公资本融合、转换机制等方面还存在不同层面的问题，山东省国资委出台了《省属企业混合所有制改革后评价实施办法》，首创性开展混改后评价工作，系统、客观地分析评价，找到差距和解决方案，进而推动混合所有制企业切实转换经营机制。

一是综合考量，选择评价对象。充分尊重实际，考虑企业所处行业、混改方式、完成时间等因素，每两年选取20家企业作为样本开展后评价工作。其中，开展混改2~3年的选取5家，占25%；3~5年的选取10家，占50%；5年以上的选取5家，占25%。此外，样本选取标准还兼顾企业功能界定与分类、资产规模、管理层级等特点。

二是多个维度，制定评价内容。后评价内容包括混改效果评价和投资者评价两个维度共9个方面，其中混改效果评价包含实现资本增量、人才增量、管理增量、品牌增量、技术增量5个方面内容，投资者评价包含投资者作用发挥、股东沟通渠道、信息披露机制、投资回报情况4个方面内容。在以上"5+4"一级评价指标下设20个二级评价指标，比如国有资本增值、股权结构、效益评价、公司治理与制度建设、人才引入与激励、产品与技术等，全面阐释一级指标内容。在此基础上，分解设立净资产收益率、营业收入增长率、归母净利润增长率等包含37个评价指标的三级指标体系，其中既有财务管理方面的，也有经营、技术、人才、公司治理等方面的，能定性的定性，能定量的定量，最终形成了较为完备的"5+4"后评价模型，全面完整地反映混改企业的动态变化。

三是对标对表，确定评价方法。后评价工作坚持对标对表，采取前后对比法和行业对标法，具体操作时可对部分评价指标进行取舍或另选合适指标。前后对比法，即对比目标企业混改前与混改后的经营管理事项、经营效益指标等方面，分析差异原因，评价差异影响。行业对标法，即对具备行业对标条件的，选取对标公司相关指标，评价企业混改前后经营绩效、运营管理能力或市场竞争力等情况。后评价工作以效果评价、增量评价为主导，将定量与定性评价有机结合，注重区分改革效果评价与传统投资项目评价、经营绩效评价等评价工作的差异性，充分体现了混改后评价的目的与特点。

四是缜密设计，严格评价程序。后评价工作程序主要包括前期准备、组织实施、分析评价、审议反馈4个环节。评价前，制定工作方案、选取评价样本、选聘咨询机构，并通知评价样本所在省属企业做好准备工作。评价时，咨询机构到目标企业进行现场调研，通过查阅资料、对有关人员进行访谈、发放调查问卷、数据分析等方式详细了解目标企业混改情况，形成20家目标企业的分析报告和总报告。

五是确保实效，强化结果应用。后评价工作的目的是"以评促改"。从评价企业来看，混改后评价的重点是各项改革措施的落地实施情况和改革实现的增量效果；从国资主管部门和省属企业集团来看，通过对近年混改后企业改革实效的评价和分析，总结成功经验，明确调整方向，完善制度体系，进一步提升省属企业混改工作组织与监督管理水平，也为各级混改工作的顺利推进提供丰富、可借鉴的实践参考。

（三）以差异化管控试点为先导，推动混改企业建立更加市场化的经营机制

2021年，在全国率先出台《关于省属国有相对控股混合所有制企业差异化管控的指导意见（试行）》，在全国国资系统引起良好反响。

一是坚持市场化改革方向，建立更加市场化的经营管理机制。针对目前存在的部分企业活力动力不足的问题，坚持向改革要活力，推动实施市场化改革。推动相对控股企业建立更加市场化的干部、人事和分配制度，管理人员实行市场化管理选聘，经理层采取任期制和契约化管理，全员实施绩效考核，工资总额可实施备案制，薪酬实行差异化，充分激发企业活力动力。

二是落实管资本要求，规范国有股东行权履职。推动企业结合实际授权放权，规范行权，明确对决策事项实施清单管理。将省属企业目前对权属企业管理的近40项事项，按照企业自主经营决策原则，精简为17项。清单内事项事前征求国有股东意见，国有股东代表依据国有股东意见独立发表意见，其他事项由国有股东独立发表意见，充分保障企业独立自主决策的权利。

三是发挥党组织作用，旗帜鲜明加强党的建设。针对部分企业党的领导发挥不充分、党建工作标准不高要求不严的情况，要求相对控股企业严格落实党建工作，充分发挥相对控股企业党组织作用，明确党组织在公司治理结构中的法定地位，把党建工作基本要求写入公司章程，推动党的建设与企业生产经营深度融合。

三、改革成效

一是"引资本"成效显著。山东省国资委通过积极推动混改企业转换经营机制,有力吸引了社会资本参与省属企业改革发展,如安顾财险股份公司参与泰山财产保险股份有限公司增资扩股等项目。2021年,省属企业通过产权市场实施混改92项,引入社会资本91.83亿元。省属控股上市公司增至45家,较2016年的28家增长了60.7%;发行股票51只,总股本1100亿股,总市值8891亿元,国有股本达512亿股,国有市值达到4156亿元。

二是"改机制"不断深化。通过开展混改后评价工作,对20家样本企业实施混改全过程进行全面客观评价,总结好经验、好做法,进一步促进企业转化经营机制。通过实施差异化管控,有效提高监管的针对性和实效性,推动企业建立更加灵活高效的市场化经营机制,激发企业的活力和动力,提高运营效率。

13

锐意改革"燃"希望 破茧成蝶"气"远行
引入积极股东提升可持续发展能力

滨海投资有限公司

一、基本情况

滨海投资有限公司（简称"滨海投资"）成立于1994年，2000年于香港联交所创业板上市，2004年因内控问题被香港证监会停牌。2009年，完成重组复牌，天津泰达投资控股有限公司（简称"泰达控股"）成为公司控股股东。滨海投资重组复牌以来，一方面加强合规治理，将一家被监管机构停牌的公司重塑成为一家诚信合规、治理完善的上市公司，并于2014年实现了从香港创业板转为主板上市；另一方面大力发展各类经营业务，拓市增效，聚焦天津滨海新区、环渤海、长三角等区域的清洁能源市场，把一家严重亏损的公司逐步改造成为连续多年盈利、业绩快速上升的上市公司。2020年，落实国企改革三年行动有关要求，滨海投资引入持股5%以上的积极股东进一步优化治理，并被列入国务院国资委"双百企业"。

截至2021年末，滨海投资总资产66.8亿元，营业收入40.2亿元，净利润3.40亿元；销气量19.6亿立方米/年，用户219万家。公司连续9年实现分红，累计分红金额4.88亿元。

二、经验做法

（一）加强党的领导，发挥领导作用

滨海投资始终以习近平新时代中国特色社会主义思想为指导，坚持"两个一以贯之"，按照现代企业发展要求，旗帜鲜明地把党的领导贯穿于经营管理全过程。深化顶层设计，完成党建入章，明确党委法定地位，落实"双向进入、交叉任职"。修订下发《"三重一大"决策工作实施办法》，持续完善《滨海投资法人治理主体"1+3"权责表》，明确党委会、董事会、股东会和经理层的职责权限，将党委会研究讨论作为决策重大问题前置程序，充分发挥党委"把方向、管大局、保落实"的作用。落实从严治党主体责任，严格履行"一岗双责"。推进政治监督常态化，建立特色风险防控机制，实现纪检与内控协同联动、信息共享，注重源头预防，重点强化对"关键少数"和权力部门的制约，增强监督实效。

（二）引入战略投资者，优化治理结构

近年来，滨海投资虽然经营业绩不断增长，但上游气源匮乏、资产规模较小、发展动力不足等问题也日益凸显。针对企业存在的问题，滨海投资以引进资源型战略合作者为目标，推动股权多元化和混合所有制改革，取得突破性进展。2020年9月24日，滨海投资通过"定向增发（1.78亿股）+控股股东股权转让（2.28亿股）"的方式市场化引入中石化长城燃气投资有限公司（简称"长城燃气"），泰达控股由绝对大股东（持股60.19%）变为相对大股东（持股35.43%），长城燃气（持股29.99%）成为第二大股东。依托长城燃气上游气源优势，滨海投资全面优化气源结构，有效解决储气调峰问题，议价能力和保供能力显著提高，为新区域拓展和新客户开发奠定雄厚资源基础。

同时，公司组成新的董事会，在长城燃气入股前，滨海投资董事会由

9人组成,其中泰达控股派出5名董事,股东天津发展控股有限公司派出1名董事,另有3名独立非执行董事。在长城燃气正式入股后,派出2名董事替换原董事会中泰达控股派出的部分董事。新董事会发挥各股东优势,形成股东间相互协同、高效决策的健康治理结构。同时,中国石油化工股份有限公司(简称"中石化")委派1名管理人员担任副总经理兼财务总监,直接参与公司日常经营管理。两大股东形成相互协同的健康治理结构,对决策事项充分发表意见,董事会作用显著增强。

(三)创新体制机制,激发企业活力

滨海投资秉承"能上能下、能进能出、能流动、能约束"的用人理念,建立市场化选人用人和收入分配制度,推行经营绩效、单位绩效、个人绩效协同的全员绩效考核体系,考核结果直接与员工年收入紧密结合,并作为劳动合同签订、岗位调整的重要依据。公司内部已形成"能者上、优者奖、庸者下、劣者汰"的正确导向。借助引入长城燃气契机,滨海投资持续加强体制机制优化、创新。

一是推进"三项制度改革",按照天津市国资委和泰达控股党委的部署,开展经理层市场化选聘工作,以"市场化选聘、契约化管理、差异化薪酬、市场化退出"为原则,面向社会公开招聘并选出新的经理层团队,公司经理层现有5名成员全部由职业经理人组成,进一步提升了企业竞争力。

二是滨海投资对标同行业先进企业,制定滨海投资股票期权计划及首次授予方案,经滨海投资董事会、股东大会审批,天津市国资委备案后落地实施。首次授予股数为公司总股本的2%,价格1.32港元/股,首次授予人员范围为公司领导班子在内的核心干部,共计96人,成为天津市国企中首个成功实施股票期权的案例,填补了公司在长期激励方面的空白,将员工收入与企业效益紧密结合,充分调动员工积极性,为公司高质量发展

奠定基础。

三是持续完善经理层薪酬激励制度，以"业绩和薪酬"双对标模式制定市场化的经理层薪酬优化方案，积极探索超额利润分享等激励方式。

四是优化现有绩效及薪酬体系，聘请外部专业机构对人力资源管控体系进行全面梳理，为公司"十四五"发展提供人力资源保障。

（四）加强科技创新，助推企业发展

滨海投资专注于清洁能源技术与智慧燃气建设研发、创新，已拥有百余人的专业化研发团队。自2016年至今，天津及河北省涿州两家子公司滨海投资（天津）有限公司和涿州市城市投资发展有限公司作为国家级高新技术企业，已取得知识产权83项、发明专利14项。2018年，天津子公司通过天津市企业技术中心认定，并在2020年获批博士后科研工作站。滨海投资在智慧燃气建设、燃气智能采集与控制终端研发、燃气泄漏监测信息综合应用等技术领域取得一定突破，研发成果正逐步转化、应用于安全保障及智慧化运营工作中；与国内多家知名高校及行业领先企业建立了战略合作伙伴关系，实现了企业发展、经济效益与社会效益多赢的良好局面。

三、改革成效

滨海投资通过引入持股5%以上的积极股东，实现央地国资强强联合，同步大刀阔斧推进各项改革，企业发展进入快车道。

一是经营质量不断提升。滨海投资全面优化公司气源结构，完善上下游产业链，依托中石化强有力的气源保障，一方面不断推进解决部分子公司源头气源缺乏问题，提升子公司盈利能力及健康运营能力，另一方面推动公司有力抓住潜在市场机遇，积极拓展下游终端市场，为新区域拓展和新客户开发等奠定雄厚的资源基础。在中石化气源支持下，滨海投资于2020年10月成功竞标获得江西省高安市杨圩片区管道天然气特许经营项目，经营区域726.59平方千米，预计增加年销气量1.2亿立方米。在提高滨海投资的市场竞争力和市场占有率的同时，也不断提升公司经营发展质量。

二是经营业绩显著增长。2020年，滨海投资各项业绩指标均大幅增长，实现净利润3.14亿元，同比增长200%，在新冠肺炎疫情的影响下实现了经营业绩逆势上扬。2021年，滨海投资业绩再创辉煌，实现净利润3.40亿元，同比增长14%。

三是推动实现股东价值回报。自滨海投资完成混改、开展股票期权激励工作以来，2020年公司各项经营指标较2019年均实现快速增长，每股盈利较2019年增长320%。2021年在公司业绩持续增长的利好信息下，通过有效的市值管理工作，持续进行估值修复，年末公司股价较年初增幅47.5%，年内最高价达到1.99港元。

四是员工干事创业热情不断攀升。滨海投资新董事会的建立及随后完成的职业经理人市场化选聘工作，为董事会、经营层团队注入新鲜活力，提高管理效率和专业水平，核心干部被授予的股票期权增强了激励约束效应。团队干事创业的氛围空前高涨，对行权业绩目标及对标企业业绩对比条件进行深入剖析，研究公司业绩在同业对标企业中的突破点，为达到期权解锁条件，努力完成绩效任务，从而助力公司整体经营业绩稳步攀升，助推公司发展再上新台阶。截至2022年上半年，公司营业收入较同期增长31%，净利润较同期增长10%，业绩持续稳定增长。

14

深入推进实施"双百行动" 激发企业活力

辽宁省交通规划设计院有限责任公司

一、基本情况

辽宁省交通规划设计院有限责任公司（简称"辽宁交规院"）成立于1954年，2016年整体并入辽宁省交通建设投资集团（简称"辽宁交投集团"）。辽宁交规院主要从事公路工程、轨道交通、市政工程、建筑工程等科研、规划、勘察、设计、咨询及公路养护等业务。辽宁省国资委高度重视公司的发展，围绕企业的改革发展工作，与辽宁交投集团和辽宁交规院进行深入研究论证，对推进企业深化改革的必要性和紧迫性达成共识，将公司列为辽宁省首批员工持股试点企业，并推荐成为国家第三批混合所有制改革和首批"双百企业"试点企业。近年来，辽宁交规院以习近平新时代中国特色社会主义思想为指导，紧紧抓住国家第三批混合所有制改革试点和首批"双百企业"试点机遇，聚焦"五突破、一加强"，坚持问题导向和目标导向相结合，通过深化改革走上复兴之路。

二、经验做法

（一）优化股东结构，稳妥引入战略投资者

一是明确目标范围。坚持"战略协同、文化契合、业务互补"原则，

选择与公司发展战略有较强的互补性和协同性、具有较强综合实力的企业实施混改。通过召开战略投资者推介会，同步在沈阳联合产权交易所（简称"产交所"）进行了增资扩股信息预公告，最终确定具有丰富市场资源的中铁十九局集团有限公司（简称"中铁十九局"）和民营上市公司河南省交通规划设计研究院股份有限公司（简称"设研院"）作为战略投资者。

二是规范改制程序确保国有资产不流失。公司严格按照国家、省有关制度和文件要求开展改制工作：对企业改制必要性和可行性进行深入分析，完整履行审批流程，召开职代会保障员工利益，公开选聘中介服务机构开展资产清查、财务审计、资产评估等工作，以经核准的净资产评估价值作为产交所公开挂牌的基数，采用市场定价的方式完成交易。混改后的新公司由辽宁交投集团作为第一大股东并保持控股地位，持股比例70%，战略投资者合计持股比例25%，员工持股比例5%。

（二）完善公司治理，着力构建中国特色现代企业制度

一是全面加强党的领导。建立完善第一议题制度，公司各级党组织每年将深入学习贯彻习近平新时代中国特色社会主义思想，习近平总书记关于东北、辽宁及国有企业重要指示批示精神纳入党委理论学习中心组年度学习计划和各党支部全年学习计划，通过个人自学、集中研讨等形式开展学习。将党建工作写入公司章程，明确党组织的法定地位，规范"双向进入、交叉任职"。其中，党委书记、董事长实行"一肩挑"，另外4名党委委员担任公司总经理、副总经理等职。同时，编制印发"三重一大"事项决策清单，明确党委会研究讨论重大经营管理事项是董事会或者经理层作出决定的前置程序，确保公司党委"把方向、管大局、保落实"。

二是完善公司治理结构。混改后公司按照中国特色现代企业法人治理结构要求，规范建立党委会和三会一层组织架构。党委会由5名党委委员组成，其中党委书记1名，党委书记、董事长由一人担任。董事会由5名

董事组成，其中外部董事3名，既实现了外部董事过半数，又避免了董事会与经理层人员高度重合，真正实现决策权与执行权的分权制衡，充分保证董事会独立于经理层进行决策。为保障非国有股东积极参与公司治理，经全体股东同意，决定授予持有5%股权的民营企业设研院1个董事会席位，有效调动和充分发挥了非国有股东的积极性。监事会由3名监事组成，监事会主席经选举由辽宁交投集团委派监事担任，并设职工监事1名，独立对公司经营管理进行全面有效的监督。经理层由7名人员组成，负责公司日常生产经营工作。

三是推进各类治理主体有效发挥作用。辽宁交投集团对辽宁交规院探索实施有别于国有独资企业的治理和监管机制，通过授权放权，赋予公司董事会重大投资发展决策、经理层成员选聘、业绩考核、薪酬管理、职工工资分配、重大财务事项6项职权。公司通过细化党委会及三会一层各项议事规则，建立完善权责清单139项，厘清各类治理主体权责边界，重点完善公司党委和董事会之间、经理层之间在决策上的运行机制，以及董事会向经理层的授权机制，切实建立起权责法定、权责透明、协调运转、有效制衡的公司治理机制。

（三）突出"人才强企"，精准实施核心骨干人员股权激励

一是用好用活国家政策。综合考虑公司现有收入结构、人员结构和行业人才竞争的实际，根据《国有科技型企业股权和分红激励暂行办法》（财资〔2016〕4号）等政策文件规定，确定采取员工持股的股权激励方式组织实施，通过增资扩股方式解决激励标的股权来源，入股价格按照战略投资者实际入股价格确定，同股同价。

二是细化骨干人员认定标准和股权分配权重。结合公司管理人员，尤其是高级管理人员基本为辽宁全省交通行业知名科研技术人才的实际，出台《员工股权激励管理办法》，按岗位价值统筹设置管理骨干和技术骨干

的认定标准。管理骨干主要为负责企业主要产品（服务）生产经营的高、中级经营管理人员；技术骨干主要为具备支撑公司主要资质所需的稀缺个人执业注册资格的员工，以及按照职称、注册资格、称号、专利、奖项、承担的项目、课题等要素综合评价模型遴选的员工。共计遴选出符合持股条件的骨干员工160人，占员工总数的21.3%。同时，规定高级管理（技术）岗位人员群体与其他员工群体按7:3的权重进行股权分配，进一步突出精准激励要求。

三是加强激励股权的管理。股权激励采用设立有限合伙企业作为持股平台的方式间接持有股权，持股平台不从事除持股以外的任何经营活动。股权激励对象自取得股权之日起，锁定5年内不得转让、捐赠，同时明确锁定期内不同情况下激励对象强制股权退出的触发条件、路径、时限、价格，确保骨干员工个人利益真正与企业价值持续提升深度绑定，为公司发展注入长期增长动力。

（四）持续深化"三项制度"改革，深入推进市场化经营机制建设

一是打破"铁交椅"。2021年公司经理层成员全面实行任期制契约化管理，2022年初公司中层管理人员全部竞聘上岗，新提拔22人，调整16人退出管理岗位。同时，公司积极推进市场化选聘，研究编制完成经理层市场化选聘"一案两书两办法"，力争于2022年底试点实施。

二是实行差异化薪酬结构。根据员工岗位职责和特点，设置了7个岗位序列、19个职级，实现员工横向调动、纵向晋升岗变薪变。结合公司发展需求实际，薪酬标准向一线技术人员倾斜，技术人员最高薪酬高于公司高管副职，平均薪酬达其他人员平均薪酬的1.5倍以上。混改以来，共有员工25人次岗位得到晋升、12人次横向调动、10人次岗位下调。

三是完善全员绩效考核。公司员工绩效工资占比均达到60%以上，公司经理层通过量化评分考核结果确定各部门绩效奖金包，各部门通过强制分布法确定各岗位员工考核结果，进而兑现绩效工资，以及职级晋升、薪酬档位调整。

三、改革成效

通过一系列改革措施的落地，辽宁交规院焕发出生机与活力。

一是企业效益显著增长。2019年公司实现收入9.4亿元，利润8759万元，较混改前一年分别提高了27%和13%。2020年受新冠肺炎疫情影响，公司实现收入8.6亿元，但仍高于混改前一年水平。2021年公司实现营业收入13.64亿元，同比增长22.3%，两年年均增长20.5%；利润总额2.07亿元，同比增长264.8%，两年年均增长53.6%。

二是产业结构进一步优化。各方股东优势充分发挥，公司主营业态从单一技术服务向"技术＋管理＋资本"多领域进行了扩展，以投资为手段取得了广西南宁二环高速、贵州六安高速、新石高度等PPP项目，勘察设计部分合同金额约2亿元；从工程勘察设计向结构材料加工制造、工程养护施工等产业链上下游进行了延伸，钢结构产业公司已经全面运营，2021年实现营业收入7400万元、利润总额280万元；从省内市场向全国市场进行了拓展，2021年公司省外新签订合同金额4.81亿元，同比增长7.1%，两年年均增长24.9%；公司与战投单位中铁十九局及其母公司、设研院建立了牢固的合作伙伴关系，共同开发市场，通过联合体取得项目的合同金额约3亿元。

三是员工干事创业的积极性进一步提升。通过持股骨干筛选和高层人员的任期制契约化、中层管理人员竞聘上岗以及薪酬分配制度改革，有效激励了对工作认真负责、积极作为、敢于担当的员工，树立了正确的选人用人风向标，极大地调动了全体人员的积极性，全员劳动生产率由混改前一年的45.9万元/人提高至2021年的74.3万元/人。

四是企业自主创新能力进一步提高。成功获批博士后工作站，桥梁诊治技术研发中心通过交通运输部5年复评并取得第二名的好成绩。2019—2021年，公司自筹资金超7000万元，开展了40项科研课题研究，同时加大科技成果转化力度。预制拼装桥梁结构、中分带活动护栏、水泥混凝土快速修补成套技术、桥梁快速检测系统、隧道检测车等科研成果在省内外多个工程项目中得到充分应用，创造经济效益超1.5亿元。

15

混资本活机制　做强做优战略新兴产业

吉林碳谷碳纤维股份有限公司

一、基本情况

吉林碳谷碳纤维股份有限公司（简称"吉林碳谷"）成立于2008年12月，是主要从事碳纤维原丝、预氧丝、碳纤维、制品研发、生产和经营的吉林市市属国有控股企业。拥有6万吨原丝生产能力及500吨中国工程院碳纤维实验示范线，产品广泛应用于风电叶片、体育休闲、碳－碳复材、建筑补强等领域，国内市场占有率达到90%。

国企改革三年行动以来，吉林碳谷坚持以习近平新时代中国特色社会主义思想为指导，深入贯彻落实三年行动部署要求，充分发挥战略新兴产业发展的窗口期优势，积极稳妥深化混合所有制改革。通过市场化方式混资本、强规范、活机制，有效激发了企业科技创新动力活力，推动了国产碳纤维高品质、高性能发展及产业化、规模化突破。

二、经验做法

（一）资本证券化，推动产业快速落地

一是充分发挥产业龙头引领作用，努力攻克"卡脖子"技术、提升产能，同时加快技术与项目、资本与产业结合，推动资本证券化，走出了一

条产业吸引资本、资本撬动项目、项目带动产业的轮动发展之路。于2015年9月引进战略投资者完成股份改制，2016年3月在全国中小企业股转系统正式挂牌，2021年8月挂牌新三板精选层，2021年11月成为首批北交所上市公司。在此期间，先后三次增发募集资金3.34亿元，吸引国有、民营、基金等不同类型投资者，企业股权结构不断优化，国有资本的流动性和保值增值能力显著提升。

二是围绕做强做优国产碳纤维产业，在企业股权结构设计上，坚持非国有资本投资比例不低于35%，引导各类战略投资者参与公司治理。围绕保护自主知识产权，在投资者遴选上，选择认同企业价值理念，与企业保持高度战略协同、具备长期战略合作意识的投资者。

（二）法人治理重完善，决策运行强规范

一是明确界定各治理主体的职责分工，厘清权责关系。建立公司章程党建专章和党委议事规则，完善党委前置研究讨论事项和决策事项清单，明确讨论决策流程、结果输出及责任追溯机制，充分发挥党组织"把方向、管大局、保落实"的作用。推进董事会建设，根据北交所上市公司运行规范，修订董事会会议组织、议案管理、外部董事信息保障等工作制度，为董事依法合规履职提供保障。完善财务、投资、融资、审计、内控等13个内部治理规则，建立充分保障经营者管理自主权的监督管理制度，经理层以定期报告、信息报送等方式主动向董事会报告决议执行情况，为经营层规范建设提供了切实可行的制度保障。

二是完善决策机制，强化监督。进一步健全国有资产运营、管理、监督体系，严格实行人员、资产、财务、机构、业务分开，保证科学决策、规范运作。以股权结构为基础，战略投资者按股权比例派出董事和监事，参与公司治理。引入企业管理经验丰富的行业、财务专家作为外部董事，聘请专业知识丰富的独立董事2名。2年来，董事会充分听取外部董事和

独立董事关于行业发展趋势、企业技术优势的综合分析评判意见，作出新建300吨高性能碳纤维生产线、15万吨碳纤维原丝项目等重大决策，为实施大小丝束"双开发"战略、填补国内T700级25K产品空白奠定了工艺基础。

（三）激励约束添动力，市场机制焕活力

一是推进经理层成员任期制和契约化管理。制定经理层任期和年度经营目标，一人一表，将生产经营指标、重点工作完成情况与经理层绩效年薪、任期激励挂钩。建立"摸高"机制，实施经营成果超额利润奖励和重点项目、重大课题特殊贡献奖励，引导经理层同时关注经济效益和技术创新，主动挑战更高经营目标和"卡脖子"难题。2021年，公司聚焦"三化、两降、一提、双开发"8项攻关，解决"卡脖子"技术难题100余项。国内首条自主设计的碳纤维原丝生产线、年产5万吨50K大丝束原丝项目一期工程一次开车成功，创造了全球单线产能最大、单锭卷绕成筒首次达到500千克的纪录。利润指标大幅提升，公司兑现经理层绩效奖励、技术创新及项目建设特殊贡献专项奖励，超额和专项奖励当年兑现70%，任期结束根据任期考核情况按比例兑现余额及任期激励。

二是鼓励技术骨干"揭榜挂帅"。成立碳纤维研究所，推行"揭榜挂帅"机制，鼓励"能人、牛人"主动承担课题，研究攻克关键核心技术。坚持创新、鼓励创新、保障创新，岗位晋升、薪酬分配、荣誉激励向掌握关键核心技术的骨干倾斜。建立容错纠错机制，充分体现为担当者担当、为尽责者尽责的精神，营造尊重创新、尊重人才的良好氛围，促进了核心关键技术的攻坚克难。同时，每年度确定创新课题，每半年表彰QC成果，每季度开展创新论坛、评选改善达人，四级特色创新载体营造了全系统、多层次、全员性的创新氛围。2年来，共设立重点课题16项，已转化6项，其中，1K/3K无捻碳布在高端领域的应用开发、实现了替代进口、优

于进口，原丝设备国产化率达到90%，碳化设备国产化率达到100%，以及国产油剂的产业化应用，解决了受国外技术封锁的"卡脖子"问题。公司累计投入研发经费近亿元，获得国家专利14项。公司每两年召开创新大会重奖创新成果，揭榜人年度薪酬最高翻一番。

三是聚焦一线岗位和劳模等突出贡献骨干，强化岗位增值激励。将经营业绩逐级分解，与干部员工收入挂钩，根据指标完成情况核定每月绩效工资总额，逐级下放薪酬分配权力，由车间、班组依据绩效指标分别进行二次分配，确保激励政策横向到边、纵向到底。

三、改革成效

通过深化改革、完善治理，技术与资本双轮驱动，吉林碳谷实现了企业创新发展和产业链一体化发展战略的有效实施，从开创国产碳纤维规模化生产先河起步，现已发展成为国内规模最大、牌号最全、区域下游产业链最完整的碳纤维生产企业。

一是国产碳纤维竞争实力不断增强。吉林碳谷专注"大丝束高品质通用化、小丝束高性能专业化"定位，坚持"全牌号、全产业链、全领域"推动应用开发，获得国家专利14项。25~50K大丝束碳纤维产业化技术达到"国际先进、国内领先"水平，原丝产能达到改革前的12倍，累计创效近亿元。通过差异化分类满足市场多样化需求，市场占有率90%。

二是企业经济效益大幅提升。2021年，吉林碳谷实现销售收入12.09亿元，归母净利润3.15亿元，较改革前分别增长13.79%和1147.69%；资产总额23.17亿元，归属于上市公司股东的所有者权益8.54亿元，较改革前分别增长73.43%和658.26%；股本3.18亿元，归属于上市公司股东的每股净资产2.68元，较改革前分别增长23.20%和515.54%；公司市值达到近200亿元。

三是持续发展能力显著增强。通过深化改革，党的领导得到全面加强，法人治理结构不断完善，股权结构不断优化，规范运作能力、内控水平和防范风险能力持续提升。通过完善市场化机制、提升价值引导预期，有效激发了核心骨干创新动力活力，促进了企业生产经营、技术创新、产品开发、项目建设四位一体同步推进，企业价值创造力不断增强。

16

实施"上市公司+"战略
高效能推进经营机制转换

武汉商贸集团有限公司

一、基本情况

武汉商贸集团有限公司（简称"商贸集团"）是武汉市国资委监管企业，于 2020 年 9 月由武汉商贸国有控股集团有限公司与武汉国有资产经营有限公司整合重组而成，注册资本 41.38 亿元。国企改革三年行动以来，商贸集团深入制定"上市公司+"战略，按照"双向进入，国民共进"的混改思路，实施"股权多元化、资产证券化、机制市场化"，全面推动资本向优势产业领域的上市公司集中，显著增强了资产流动性，有效改善了资产质量。目前，商贸集团所属混合所有制企业占比超过 70%。

二、经验做法

（一）以股权结构优化为方向，分类混改增强国有企业活力

一是优化股权结构。分类引进民营股东优化股权结构，更好发挥国企功能作用。根据企业实际情况分类推进混合所有制改革。对于承担政府职能、发展基础较好、资产收益比较稳定的企业，引入少量法人股东，赋予经营管理团队实际经营权，以绝对控股方式进行混改。对于市场化程度

高、自身基础一般，又属于发展前景好的主业板块，引入具有战略协同、资源协同、资本协同的民营资本进行嫁接改造，以相对控股进行混改。对于处于完全竞争行业，市场空间大、专业性强的企业，不谋求控股地位，主要作为财务投资者，以参股进行混改。商贸集团引入2家民营资本对武汉肉联食品集团有限公司（简称"武汉肉联"）进行混改，集团与两家民营企业持股比例为5∶3∶2。混改后，武汉肉联大力推进资源整合和资本运作，完成沿长江经济带投资布局，冷储能力达60万吨，打造了集供应链管理、供应链金融、供应链贸易等于一体的智慧冷链综合服务平台"万吨通"，全国冷链行业龙头地位不断巩固提升。

二是转换经营机制。分层优化混合所有制企业管控模式，更好提升管资本成效。创新混改企业管控模式，在"一级管一级"以管资本为主的授权经营管理模式基础上，实施"一企一策"分类管控。对权属企业结合企业所处行业、规模、所有制、集团持股比例的区别，制定出台与出资企业权责清单，实行清单化分类科学管控，对武汉东湖创新科技投资有限公司、武汉市融资担保有限公司等主营股权类、类金融企业投资、资产处置等日常经营事项，授权企业最高决策额度可达1亿元。对部分重点混改企业实行更加差异化的管控，按照"多级企业、一级管理"的穿透式管控模式，将武汉肉联管理层级压缩至一级，建立统一的决策和经营管理机构，全面负责武汉肉联权属四级共计11家企业的股东会、董事会重大决策和日常经营管理，根据集团与出资企业权责清单，武汉肉联及其权属企业的所有重大投资、融资、对外担保等事项，均纳入直接管控范围，提升了决策效率，有利于集团整体战略的有效落地。以武汉肉联投资云南某重点冷链项目为例，该项目双方有前期合作基础，能够进一步强化集团冷链布局，且能很好地支持当地特色产业发展，原本需要3个层级主体、2~3周时间决策的事项，在穿透管理模式下一级主体用时2天左右就完成了行为决策，极大地提升了该项目进度。

（二）以资产证券化为方向，加快上市，优化国有资本配置

一是注重内部培育，积极推动已投资企业加快上市。2009年，商贸集团将天风证券股份有限公司（简称"天风证券"）总部引入武汉，累计投入16.11亿元参与增资扩股，支持天风证券从区域型券商快速成长为在全国22个省市布局106家营业部的全牌照大型券商，并于2018年在A股主板成功IPO上市。商贸集团还通过设立基金的方式强化对上市公司的培育，所投企业共有75家成功在国内外各级资本市场挂牌上市，其中科创板8家、创业板6家、主板及中小板6家、联交所2家、纳斯达克1家、纽交所1家。6家入选湖北省2020—2021年度"金种子"企业，11家入选"创业板种子"企业，9家入选武汉市2020年上市后备"金种子"企业，9家入选"银种子"企业。

二是加大外部并购，抢抓机遇投资优质上市公司。按照武汉市"光芯屏端网"战略部署，2021年商贸集团积极抢抓部属高校校企改革契机，主导设立45亿元混改基金（国恒基金），成功收购A股高新技术上市公司华工科技产业股份有限公司（简称"华工科技"），并搭建了经营管理层、核心骨干与股东利益一致的股权架构，制定中长期激励约束机制，成为国内第一家以混改基金并购高校上市企业的案例，为武汉市留住一家高科技上市公司，也为下一步发挥其产品技术优势对商贸物流主业数字化转型赋能创造条件，在助推武汉市高新产业高质量发展的同时，为国有企业混改模式探索出新路径。

（三）以市场化为导向，多措并举深化三项制度改革

一是创新市场化选用人机制。加大市场化选聘职业经理人力度，完善职业经理人选聘方式，探索从商贸集团主导向企业董事会主导、商贸集团指导转变，从外部选聘向内外结合转变。中百控股集团股份有限公司（简称"中百集团")在前期选聘职业经理人团队积累经验的基础上,积极推进职业经理人改革,2018年实施经营层整体市场化选聘。武汉国创资本投资有限公司(简称"国创资本")利用混改机遇探索国企干部身份转换,原商贸集团委派的2名干部选聘成为企业职业经理人。在武汉商贸资产经营集团有限公司实行从副总经理到员工的市场化选聘,加快了重点项目的推进和实施。

二是完善多元化的分配机制。商贸集团在总部实行浮动薪酬制,与集团考核和个人年度考核挂钩的绩效薪酬占比超过50%,同职级实行9档级的薪酬结构,最高档与最低档相差近30%。在上市公司武商集团股份有限公司(简称"武商集团")实行了股权激励和员工持股计划,武商集团管理层股权激励计划持股2177.7万股,占比3.68%;第一期员工持股计划认购4305.32万股,占比8.14%。在部分选聘职业经理人企业,实行经营者年薪制。在由民营股东负责具体操盘的企业,实行经营目标责任制,以目标完成考核情况兑现薪酬,并通过分红实现股东权益。在中百仓储超市有限公司、武汉中百便民超市连锁有限公司近300家门店探索推行经营管理"合伙人"制变革,参与员工达2386人。

三是建立精细化的考核机制。在混改企业中按照基本指标"一类一策"、特色指标"一企一策"、评议指标"统一标准"的原则,将年度目标任务与战略规划分解任务结合起来,建立完善经营业绩考核指标体系。比如,2022年基本指标中,按照"一类一策"原则对大部分权属企业选取营业收入、利润总额作为考核指标,而武汉市粮油储备有限公司、武汉市副食品商业储备有限公司、武汉市融资担保有限公司3家企业着重完成政策性目标。2022年特色指标包括武汉市国资委考核要求、集团重大项目、重点工作等70余项,按照企业经营实际细分到每一家。例如,国创资本将推进供应链业务作为重点特色指标,武汉市商业储运有限责任公司将阳逻果品市场项目运营纳入特色指标。将考核结果与职务任免、激励约束相挂钩，推行同岗同酬。推动集团总部与混改企业干部交流任职，进一步激发干事创业活力。

三、改革成效

一是资产质量更高。商贸集团通过实施"上市公司+"战略，先后培育壮大和管理运作了华工科技、武商集团、中百集团、天风证券等13家上市公司，目前仍并表控制3家、参股4家。截至2021年末，商贸集团资产总额1010.77亿元，资本证券化率近70%，在全市国企排名第一，在全省和全国国企中也处于较高水平。2021年实现营业收入357.23亿元，同比增长27.94%；利润总额21.03亿元，同比增长32.7%；上缴税费20.62亿元，同比增长26.89%。

二是资本配置更优。商贸集团重组以来，按照聚焦主业原则优化资源配置，截至2021年底，96.31%的总资产、96.6%的营业收入和94.62%利润总额来自批发与零售、仓储物流、资本运作三大主业，非主业占比进一步下降。强化投资企业回报，鼓励所投资企业分红，截至2021年底，商贸集团累计收到直投企业分红近25亿元，有13家所投企业现金分红已经超过投资成本。

三是经营活力更强。商贸集团将企业工资总额与利润增长率、人工成本利润率等指标直接挂钩，实现薪酬与业绩同频升降，倒逼企业增强市场竞争力。2019年以来，武商集团、中百集团等39家权属企业负责人因推动企业抢抓机遇转型发展，实现行业排名进位，获得超额绩效奖励（含重复获得，下同）。20家权属企业负责人因企业业绩不达标扣减了绩效薪酬，其中，国创资本、武汉硚口天华小额贷款有限公司等5家企业2021年年度经营业绩考核低于70分，企业负责人只能拿基本年薪，年度收入减少50%以上，促进相关企业加快业务转型升级。

17

乘风破浪　改革正当时

新疆新能源（集团）有限责任公司

一、基本情况

新疆新能源（集团）有限责任公司（简称"新疆新能源集团"）是新疆自治区国资委监管企业，专注于新能源、节能环保等低碳产业，具有较为完备的风、光资源评价、规划选址、电场建设及运营等上下游产业链。为全面贯彻落实《国企改革三年行动实施方案（2020—2022年）》，新疆新能源集团以壮大主导产业、完善产业布局为重点，全力推动控股子公司新疆立新能源股份有限公司（简称"立新能源公司"）开展混合所有制改革，通过引入非国有资本及核心员工持股完成股权多元化，并实施推进改制上市工作。

立新能源公司主营业务为风电、光伏等清洁能源项目的投资、运营和管理，是新疆区属唯一一家绿色能源国有企业，已在达坂城、哈密、吉木萨尔、奎屯、阜康等风光资源丰富地区投资建设了一批具有较好经济效益和社会效益的新能源项目。

二、经验做法

立新能源公司制定了"混改+员工持股、股改、上市"三步走的实施方案，并深度融合成功案例经验，积极探索创新，高质量完成了混合所有制改革和员工持股工作，优化了内部治理结构，提升了公司内生动力。

（一）混合所有制改革方面

一是同步推动多项工作，加快实施进程。2019年9月至12月，推动立新能源公司制定《混合所有制改革暨员工持股框架方案》并上报，同步通过网络、现场走访等方式向广大投资者进行项目推介，协调配合意向投资者开展尽职调查工作，获得自治区国资委同意实施的批复后，及时完成了项目法律核查、清产核资、审计、评估立项和备案工作，为项目后期顺利开展奠定了基石。

二是细化混改方案，公开挂牌征集合格投资者。分别从股权结构、治理结构、融资等方面，细化《混合所有制改革暨员工持股方案》。2020年1月，推进立新能源公司通过产权交易所挂牌发布混合所有制改革增资项目公告，公开征集合格投资者，通过增资扩股方式向混改认购对象（包括员工持股）释放不超过15%的股权。实施竞争性谈判，从综合发展、业务协同、经营理念三个方面遴选并引入三家合格投资者，合计持股比例11.74%。在引资过程中，严格执行国务院国资委、财政部、证监会《关于国有控股混合所有制企业开展员工持股试点的意见》。

三是完善现代企业制度，健全企业法人治理结构。进一步明确立新能源公司股东会、党委会、董事会和经理层的职责权限，坚持加强党的领导和完善公司治理相统一，履行重大决策事项党委前置研究讨论程序。坚持和完善"双向进入、交叉任职"的领导体制，坚持把党管干部原则与董事会依法产生、董事会依法选择经营管理者以及经营管理者依法行使用人权相结合，充分保证公司的有效运营和管理。增补由战略投资者推荐的董事会成员，优化董事会结构。在此基础上，董事会与党委会、经理层同频增益、形成合力，进一步构建起各司其职、各负其责、协调运转、有效制衡的法人治理结构。

（二）实施员工持股计划方面

一是组织立新能源公司全员开展问卷调查，进行风险评估和培训。员工是企业发展的基石，也是企业的第一生产力。针对混合所有制改革、员工持股、资产证券化等员工密切关注的问题，立新能源公司制定并下发详尽的员工问卷调查，并对调查结果进行对比分析，聘请专业机构进行员工培训及风险揭示，让全体员工充分了解并掌握相关政策要求。

二是确定入股标准，签署入股意向书。立新能源公司成立员工持股领导小组，下设工作办公室和舆情监督办公室。制定《员工入股认定标准》《员工持股管理办法》，对员工持股名单及持股数量实行动态管理。员工持股方案经职工代表大会、董事会、监事会审议通过并公示，获得新疆自治区党委全面深化改革领导小组和自治区国资委批准。持股对象严格按照《新疆维吾尔自治区人民政府关于国有控股混合所有制企业开展员工持股试点的实施意见》相关规定分配，主要包括经公司董事会聘任的高级管理人员，公司聘任的中层以上管理人员和经公司认定符合标准的管理骨干、核心技术人才。按照自愿入股、以岗定股、动态调整的原则，推动实施员工持股，合计46人参与员工持股工作，占立新能源公司员工总人数的38%，持股比例达3.2%。

三是设立员工持股平台，完成认缴出资。考虑到持股人员结构、公司资产证券化工作进展、员工持股管理工作等因素，参与持股的员工共同出资设立两个有限合伙企业作为员工持股平台。员工持股平台不从事除持股以外的任何经营活动，持股平台设管理委员会，由管理委员会负责持股平台关于员工持股事项的日常管理。员工持股认购价格与其他非公资本同股同价，共同签订《增资协议》并完成出资认缴等工作，合计引入混改资金2.62亿元，成为新疆维吾尔自治区首批实行管理层和骨干员工持股的区属国有企业。

三、改革成效

一是优化股权结构，建立利益共同体。通过实施混合所有制改革及员工持股形成了国有资本主导、社会资本参股、骨干员工持股多种形态的股权结构，进一步完善了法人治理结构，建立了市场化用人机制和激励机制，使企业与员工联结为利益共同体，释放了发展动力和活力。在疫情大考下，立新能源公司全体员工上下齐心、凝心聚力共画同心圆，两年内新增新能源并网装机容量43.25万千瓦，占总装机容量的39.26%，实现了公司经营业绩三年稳增长。2021年公司资产总额同比增长8.26%，营业收入同比增长22.68%，利润总额同比增长19.12%，各项经营指标均达到历史同期最高值。

二是改革增动力、人才添活力。混合所有制改革推动不同类型投资主体发挥各自领域优势，取长补短，资源协同，相互融合，使公司不断完善内部治理结构，建立健全横向到边、纵向到底的内控体系并嵌入重要业务领域和关键环节，降低公司经营风险，促进员工协同进取。立新能源公司于2022年7月27日成功登陆深圳证券交易所主板，收获15天14个涨停板，成交金额8.15亿元，成为年内最长连板新股。

三是有效调动员工参与积极性，稳定核心人才队伍。立新能源公司人才队伍年龄结构年轻，文化层次、知识水平和能力素质普遍较高。混合所有制改革暨员工持股有效调动了员工积极性、主动性和创造性，提高了员工对公司长远发展的关切度以及经营管理的参与度，吸引和保留了优秀管理人才和业务骨干，起到了凝心聚力的作用。近2年立新能源公司吸引高端人才29人，同比增加21%；持股员工在各自岗位上拼搏奋进，至今无一人离职。

18

积极稳妥深化混改　激发企业创新活力

厦门象屿集团有限公司

一、基本情况

厦门象屿集团有限公司（简称"象屿集团"）成立于1995年11月28日，是厦门市国资委监管企业。象屿集团秉持"计利天下，相与有成"的使命，致力于成为具有全球竞争力、以供应链为核心的综合性投资控股集团，业务领域涵盖大宗商品供应链、城市开发运营、综合金融服务、港口航运、创新孵化等板块，其中厦门象屿股份有限公司（简称"厦门象屿"）为核心上市子企业。象屿集团多年位居《财富》世界500强，并荣获全国五一劳动奖状，是金融评信AAA级企业。

按照"1+N"国企改革系列文件精神，象屿集团深入贯彻落实党中央、国务院、省市关于深化国有企业改革的重大决策部署，先后入选全国首批"国企改革双百行动"试点、厦门市国有资本投资公司试点企业。象屿集团将国企改革三年行动作为引领公司高质量发展的重大契机，坚持"三因三宜三不"原则，按照"完善治理、强化激励、突出主业、提高效率"的要求，分层分类推进混合所有制和股权多元化改革。

二、经验做法

（一）强化战略引领，坚持突出主业，构建物流网络，立足供应链，服务产业链

围绕主业供应链上下游关联产业，在现有战略框架和资源条件下对业务和客户的重要性做出排序，通过投资新设、增资扩股等形式与非公资本深化合作，充分发挥各方资本力量，做强做优做大优势产业。

一是打造现代化农业全产业链。依托物流服务体系构建以全程物流服务为特色的"四流合一"新型供应链服务平台，构建起集种子繁育、化肥生产、合作联社、农业种植、粮食仓储、现代物流、金融服务、贸易销售和粮食深加工于一体，三产有效联动的现代化农业全产业链。

二是搭建多式联运网络服务体系。抓住铁路市场化改革的有利契机，形成完善的公铁水多式联运和仓储服务体系，强化供应链"四流合一"集约整合能力，持续完善"三横三纵""一带一路""公铁水仓"大版图，已成为仅次于中国国家铁路集团有限公司的铁路集装箱运输综合物流服务商。

三是推动产业链条转型升级和模式创新再深化。将"产业全链条服务模式"向黑色、铝、煤炭、化工等产业链复制，发展林产品和进口汽车供应链业务，围绕印尼合资项目构筑本土不锈钢供应链服务能力，不断提升产销供应保障能力，形成了具有细分产业特色的供应链服务产品。

（二）分层分类、有序创新推进混合所有制改革

结合公司实际，指导不同层级、不同类型的企业在具备条件的情况下积极探索深化混合所有制和股权多元化改革。

一是坚持产业协同互补，助力上市子公司引入优质战略投资者。2021年，国家级产业投资引导基金中国农垦产业发展基金作为战略投资者受让象屿集团所持上市子公司厦门象屿 2% 的股份，通过战略持股、业务和投资合作等方式共同推动象屿集团进一步做大做强粮食供应链业务。2022年，厦门象屿公告采用向特定对象非公开发行股票的方式引入招商局集团有限公司、山东省港口集团有限公司两家战略投资者，以提升公司供应链服务能力。

二是加强市值管理，优化上市子公司股权结构。象屿集团通过精准宣传内容、加大交流频次，提升厦门象屿在资本市场的品牌形象和供应链头部企业认知。2021 年，投资机构持股比例由年初的 8% 上升至 20%，市值增加 41%。

三是创新市场化债转股方式，在经营单元层面引入投资方。2021 年，象屿集团以市场化债转股方式引进中银金融资产投资有限公司、交银金融资产投资有限公司及建信金融资产投资有限公司等对所属黑龙江象屿农业物产有限公司合计增资 30 亿元（增资后各持有 12.28% 股权），并每年轮流提名董事会席位，助力降低公司利息支出及整体资产负债率。

四是参股基金投资，放大国有资本功能。于 2021 年参股中央财政出资的国家服贸基金（首期规模 100.08 亿元）等，认缴 2 亿元基金份额成为有限合伙人，基金重点投向符合产业导向的服务贸易业，助力象屿集团在物流领域开展深度合作。象屿集团通过委派基金理事会理事、基金管理公司董事或投委会观察员的方式参与基金管理。

（三）搭建全过程的投资管控体系

一是动态关注国家政策，强化战略引领。2021 年，中央一号文件《中共中央国务院关于全面推进乡村振兴加快农业农村现代化的意见》中提出提升粮食和重要农产品供给保障能力、优化农产品贸易布局的要求，象屿集团从服务国家粮食安全战略、服务区域经济发展出发引入战投中国农垦产业发展基金（有限合伙），助推我国农业现代化进程。

二是合理评估合作对象，选准合作伙伴。建立合作伙伴的资信评价体系，选择既能满足公司发展需要，又认同彼此企业文化的合作伙伴，将合作风险控制在相对可控的范围内。象屿集团充分发挥国企背景、资金实力、资本平台、管理能力等优势，民营等非国有资本集中发挥地缘优势、产业运营优势以及灵活的市场应对机制优势，双方通过合理授权、各施其长实现强强联合。象屿集团与行业内领军民企江苏德龙镍业有限公司在印尼合资建设250万吨不锈钢一体化冶炼项目，作为跨洋出海"走出去"的标志性项目，已被列入国家发展改革委"一带一路"重点项目库。

三是加强混改全过程监督。严把混改方案报批、资产评估、信息披露、公开交易等关键环节，坚持出资人监督、巡视巡察、审计监督、社会监督等多种监督方式并重，建立健全责任追究体系和工作机制，切实防范国有资产流失，确保混改顺利推进。

四是建立投资跟踪及后评价机制。及时梳理企业的发展情况、投资及收购项目的最新进展、股东方合作情况、战略执行情况，并制定相应的投资预案，当合作目标发生较大偏移时及时调整。

（四）完善治理结构，深度转换经营机制

一是重视开展党建工作。扩大党建工作覆盖面，以党建统领企业高质量发展取得实效。将党建工作纳入外资合资公司章程，获得外资合作伙伴的认可和支持。

二是完善混改企业治理结构。实施以股权关系为基础、以派出股权董事为依托的治理型管控，强化外派董事、监事队伍建设，充分发挥治理与管控输出的作用。

三是坚持市场化的选人用人机制。推行混合所有制企业职业经理人制度，敢用善用非国有股东的优秀经营管理人才，并视情况派出人员作为管理补充，确保治理规范、激励约束机制到位。黑龙江金象生化有限责任公

司（简称"金象生化"）于 2018 年投资建设研发中心，通过市场化方式引进高端人才并建立"能进能出"机制，有效推动研发工作成果落地。

四是完善中长期激励机制。2018 年，金象生化（非上市）实施首期员工持股计划，是厦门市首例成功实施的国企员工持股计划；截至 2021 年 12 月已分期实施三期，持股人数达 143 人。2020 年，厦门象屿推出"股票期权+限制性股票"相结合方式的股权激励计划（约占公司总股本的 2.99%），为福建省国企上市公司首例复合型结构激励计划，首次授予激励对象 259 人，并于 2022 年实施第二期股权激励计划（约占公司总股本的 5%），充分调动了各层级员工的工作积极性。

三、改革成效

象屿集团积极践行国企改革三年行动，混合所有制改革取得明显进展，并获得国资监管机构部分授权。截至 2022 年 6 月底，象屿集团各级投资企业中含非国有资本的户数占比达 60.80%，少数股东权益占集团所有者权益 64.54%。

一是经营业绩再创新高。截至 2021 年底，象屿集团资产总额为 2210.52 亿元，同比增长 30%；全年实现合并营业收入 4750 亿元，同比增长 26.7%；实现利润总额 65.75 亿元，同比增长 72.9%；实现权益净利润 26.32 亿元，同比增长 36.7%。集团利润增幅远高于营收增幅，位居 2022 年《财富》世界 500 强榜单第 160 名，相较 2021 年上升 29 位。

二是主业核心竞争力和行业话语权有效提升。聚焦核心业务板块，重视通过数字化手段推动公司经营模式在产业链供应链的创新演进与迭代，产业链条转型升级和模式创新不断深化。农业产业链互联网平台 App 已上线，试点区域平台用户覆盖率超 30%，将连接用粮方、金融、物流等生态方，并逐步提供覆盖"耕—种—管—收—储—加—售"的农业全过程服务。搭建起象屿智运网络货运平台，推出"屿链通"数字供应链金融平台，数智化建设初显成效，有力提升了产业链供应链现代化水平和全球竞争力。

三是社会认可度持续加强。2020年，象屿集团现代农业全产业链案例入选《金蜜蜂2020责任竞争力案例集》；2021年，厦门象屿入围第一批"全国供应链创新与应用示范企业"公示名单；2022年，象屿集团大宗商品多式联运物流服务案例荣获第二十八届全国企业管理现代化创新成果一等奖，并入选《2022金蜜蜂责任竞争力案例集》。

国资国企改革经验案例丛书

改革攻坚

国企改革三年行动案例集（下）

国务院国资委改革办 编
国务院国资委研究中心

本书分上、中、下三册，以案例形式系统地总结并展现了中央企业、地方国资监管部门及地方国有企业在国企改革三年行动中的经验做法和改革成效，力求对更多企业提供有益借鉴。本书值得政府领导、国有企业管理者和相关工作人员，以及国资国企改革研究人员等读者阅读。

全书分综合篇和专项篇两篇，其中上册为综合篇，中、下册为专项篇。本册为下册，共收录 86 个案例，包括健全市场化经营机制、形成以管资本为主的国有资产监管体制、加强国有企业党的领导和党的建设三方面专项内容。

图书在版编目（CIP）数据

改革攻坚：国企改革三年行动案例集．下/国务院国资委改革办，国务院国资委研究中心编．—北京：机械工业出版社，2022.12（2024.9重印）

（国资国企改革经验案例丛书）

ISBN 978-7-111-72249-6

Ⅰ.①改… Ⅱ.①国… ②国… Ⅲ.①国企改革-案例-中国 Ⅳ.①F279.21

中国版本图书馆 CIP 数据核字（2022）第 253320 号

机械工业出版社（北京市百万庄大街 22 号　邮政编码 100037）
策划编辑：李　鸿　　　　　责任编辑：李　鸿
责任校对：樊钟英　刘雅娜　责任印制：刘　媛
涿州市般润文化传播有限公司印刷
2024 年 9 月第 1 版·第 4 次印刷
170mm×242mm·29.25 印张·357 千字
标准书号：ISBN 978-7-111-72249-6
定价：320.00 元（全三册）

电话服务	网络服务
客服电话：010-88361066	机 工 官 网：www.cmpbook.com
010-88379833	机 工 官 博：weibo.com/cmp1952
010-68326294	金 书 网：www.golden-book.com
封底无防伪标均为盗版	机工教育服务网：www.cmpedu.com

目 录

专 项 篇

健全市场化经营机制

1. 构建"四位一体"激励体系　激发科技创新动能
   中国航天科技集团有限公司 ………………………… 5

2. 体系化实施"总部机关化"专项整改　标本兼治提升企业治理效能
   中国电子科技集团有限公司 ………………………… 10

3. 锚定效率提升　聚焦激发活力　加速建立"能进能出"的市场化用工机制
   中国石油化工集团有限公司 ………………………… 14

4. 紧紧扭住"牛鼻子"　推动三项制度改革出实招见实效
   中国海洋石油集团有限公司 ………………………… 20

5. 纵深推进经理层成员任期制和契约化管理　充分激发企业高质量发展新动能
   中国南方电网有限责任公司 ………………………… 25

6. 强化正向激励　激发活力动力　助力建设世界一流清洁能源企业
   国家电力投资集团有限公司 ………………………… 30

7. 做细做实经理层成员任期制和契约化管理　有力支撑创新发展取得新成效
   国家电力投资集团有限公司 ………………………… 35

8	聚焦"三能"再发力　深化改革开新局
	国家能源投资集团有限责任公司 ·············· 40

9	深化薪酬分配改革　强化正向激励　激发企业高质量发展活力
	中国联合网络通信集团有限公司 ·············· 44

10	牢记殷切嘱托　实施"五金"激励　全面打造企业发展与员工成长命运共同体
	中国第一汽车集团有限公司 ················ 48

11	扭住任期制和契约化管理"牛鼻子"　深化三项制度改革　奋力实现高质量发展
	中国东方电气集团有限公司 ················ 53

12	搞活分配方式　用好激励工具　打出多元多层激励"组合拳"
	鞍钢集团有限公司 ······················ 58

13	激活力　提效率　全面推进用工市场化见实效
	中国航空集团有限公司 ·················· 63

14	谋长远　破陈规　开新局　推动机制创新　重塑业务价值
	中国中化控股有限责任公司 ················ 68

15	建机制　强执行　激活力　三项制度改革全面深化落地见效
	中粮集团有限公司 ······················ 73

16	坚定不移深化三项制度改革　不断激发企业高质量发展活力
	中国建筑集团有限公司 ·················· 79

17	强化改革牵引　激发活力动力　加快构建市场化经营机制成效显著
	中国医药集团有限公司 ·················· 84

18	抓实抓紧经理层成员任期制和契约化管理　推动企业实现高质量发展
	中国保利集团有限公司 ·················· 89

| 19 | 扎实推进经理层成员任期制和契约化管理　为企业改革发展打造 |

　　　　强大引擎

　　　　中国绿发投资集团有限公司 ·············· 94

20　深化改革创新　助推转型升级　打造世界一流的信息技术集团

　　　　航天信息股份有限公司 ·············· 99

21　以改革为动力　奋力开创能源数字科技平台企业新局面

　　　　国网数字科技控股有限公司（国网雄安金融科技集团有限公司）··· 104

22　建立健全市场化体制机制　打造国有互联网企业改革样板

　　　　中能融合智慧科技有限公司 ·············· 110

23　以"赛马制"一体推进三项制度改革

　　　　东方电气集团国际合作有限公司 ·············· 115

24　加强"赛马"考核结果应用力度　深化内部收入分配制度改革

　　　　许继集团有限公司 ·············· 119

25　深化三项制度改革　激活国资国企春水

　　　　山东省人民政府国有资产监督管理委员会 ·············· 123

26　创新考核分配机制　激发企业高质量发展活力

　　　　青岛市人民政府国有资产监督管理委员会 ·············· 128

27　以"1234"工作法推进经理层成员任期制和契约化管理　全面激发干部人才干事创业新活力

　　　　河北省国有资产控股运营有限公司 ·············· 133

28　推进经理层成员任期制和契约化管理　全面激发干部队伍活力

　　　　辽宁省城乡建设集团有限责任公司 ·············· 139

29　应改尽改全覆盖　动真碰硬抓落实　扎实推行经理层成员任期制和契约化管理

　　　　南京旅游集团有限责任公司 ·············· 144

30　锚定"十四五"目标　坚持市场化方向　高质量推进经理层成员任期制和契约化管理

浙江省交通投资集团有限公司 ·················· 149

31 强化价值创造导向　构建市场化薪酬分配体系
福建建工集团有限责任公司 ··················· 154

32 三项制度改革出硬招　激发内生动力见实效
山东重工集团有限公司 ····················· 159

33 健全市场化经营机制　服务实体经济发展　打造现代化新型国企
河南资产管理有限公司 ····················· 165

34 全面深化三项制度改革　持续激发企业内生活力
湖北宏泰集团有限公司 ····················· 169

35 以三项制度改革为抓手　助推企业高质量发展
湖南钢铁集团有限公司 ····················· 174

36 深化三项制度改革　激发高质量发展新活力
广西柳工集团有限公司 ····················· 179

37 做好薪酬"三量"文章　激发老牌国企活力
庆铃汽车（集团）有限公司 ··················· 185

38 以市场化竞争性薪酬机制改革为牵引　促进企业降本增效高质量发展
成都兴城投资集团有限公司 ··················· 189

39 聚焦三项制度改革　构建企业改革发展"新常态"
贵州盘江煤电集团有限责任公司 ················· 194

40 持续深化国企改革　发展质量效益显著提升
云南省能源投资集团有限公司 ·················· 199

41 破壁攻坚　追赶超越　职业经理人改革助推企业高质量发展
陕西北元化工集团股份有限公司 ················· 205

42 深化三项制度改革　激发集团高质量发展新活力

43	构建分类分层激励体系　提升价值创造能力

宁夏水务投资集团有限公司 ………………………………… 210

新疆冠农果茸股份有限公司 ………………………………… 215

44	以三项制度改革为牵引　推动企业引人聚才和高质量发展

新疆兵团勘测设计院（集团）有限责任公司 ……………… 219

45	深化三项制度改革　实现高质量发展目标

新疆生产建设兵团石油有限公司 …………………………… 224

46	全力推行"八能"人力资源改革　为企业高质量发展赋能助力

深圳国际控股有限公司 ……………………………………… 230

形成以管资本为主的国有资产监管体制

1	优化集团管控　完善公司治理　提升监督效能　全面加强国有资产管理体系和能力建设

中国兵器工业集团有限公司 ………………………………… 237

2	构建高效大监督格局　全力保障公司高质量发展

中国海洋石油集团有限公司 ………………………………… 242

3	坚持战略引领　完善治理体系　积极探索符合国有资本投资公司功能定位的管控模式

中国远洋海运集团有限公司 ………………………………… 247

4	严守底线　赋能发展　助力经营　创造价值　积极打造中央企业风险管理排头兵

国家开发投资集团有限公司 ………………………………… 252

5	以三年行动引领一流国有资本运营公司建设　服务国资国企改革全局

中国诚通控股集团有限公司 ………………………………… 257

6	深入推进资本投资体系变革　打造世界一流材料产业投资公司

中国建材集团有限公司 ·········· 262

7 优化产业布局 提升管资本能力 打造具有全球竞争力的卓越企业集团
中国保利集团有限公司 ·········· 268

8 发挥国有资本运营公司功能作用 积极服务支持国资央企深化改革
中国国新控股有限责任公司 ·········· 273

9 汇聚监督合力 筑牢"三道防线" 以"大监督"体系建设夯实高质量发展基础
中国铁塔股份有限公司 ·········· 279

10 健全监管体制 提升监管效能 加快构建具有北京特色的国资监管模式
北京市人民政府国有资产监督管理委员会 ·········· 284

11 完善国资监管体制 提升国资监管效能
上海市国有资产监督管理委员会 ·········· 289

12 突出系统集成 强化制度创新 构建更加成熟定型的国资监管体制
江苏省政府国有资产监督管理委员会 ·········· 295

13 建设"宁波国资大脑" 打造智慧国资平台
宁波市人民政府国有资产监督管理委员会 ·········· 300

14 构建有效有为国资监管运营体系 奋力打造国资国企高质量发展"深圳样本"
深圳市人民政府国有资产监督管理委员会 ·········· 305

15 发挥"制度+科技"新优势 打造阳光采购智慧监督平台
深圳市人民政府国有资产监督管理委员会 ·········· 310

16 深入推进国有资本投资公司改革 有效发挥资本和产业联动调整作用
辽宁省交通建设投资集团有限责任公司 ·········· 315

17	落实分层授权　激发内生活力　积极探索国有资本投资公司改革管控体系架构
	重庆机电控股（集团）公司 ·········· 320

18	找准功能定位　加快转型发展　持续推进国有资本投资公司试点改革
	甘肃省电力投资集团有限责任公司 ·········· 326

加强国有企业党的领导和党的建设

1	打造航天强国建设的红色引擎
	中国航天科技集团有限公司 ·········· 333

2	融入中心强"五力"　舰船一线党旗红
	中国船舶集团有限公司 ·········· 338

3	实施兵器人才"四大工程"　打造国防军工领域人才中心和创新高地
	中国兵器工业集团有限公司 ·········· 343

4	贯彻"两个一以贯之"　抓实全面从严治党　推动党的领导有机融入公司治理
	中国石油天然气集团有限公司 ·········· 348

5	深入实施"党建+"工程　推动党建工作与生产经营深度融合
	国家电网有限公司 ·········· 353

6	创新完善体制机制　强化监督支撑保障　坚定不移推动改革发展落实落地
	中国华电集团有限公司 ·········· 358

7	聚焦"四个融入"　增强治理效能　党的政治优势成为高质量发展核心能力
	中国长江三峡集团有限公司 ·········· 363

8	以"两和"主题实践活动　推进党建工作和生产经营深度融合

　　　　中国移动通信集团有限公司 …………………………… 368

9　以高质量党建引领联合重组　为企业做强做优做大提供坚强
　　政治保障
　　　　中国宝武钢铁集团有限公司 …………………………… 374

10　围绕项目　深入阵地　融入质量　让党旗在大飞机项目攻坚
　　一线高高飘扬
　　　　中国商用飞机有限责任公司 …………………………… 379

11　探索完善"管资本管人管党建"的体制机制　持续提升国有资本
　　运营公司发展质量
　　　　中国诚通控股集团有限公司 …………………………… 384

12　发挥"根""魂"优势　传承红色基因　推动党建工作与生产经
　　营深度融合
　　　　中国安能建设集团有限公司 …………………………… 389

13　围绕功能作用发挥　强化党建工作引领　在深化运营公司改革中
　　探索党建工作特色模式
　　　　中国国新控股有限责任公司 …………………………… 394

14　把党的政治和组织优势转化为企业改革发展优势
　　　　中国中电国际信息服务有限公司 ……………………… 399

15　注重企业英才培养　大力发现储备优秀年轻干部
　　　　湖南省人民政府国有资产监督管理委员会 …………… 405

16　在"引领"上聚焦　在"内嵌"上发力　"红色引擎"强劲赋能
　　国企改革发展
　　　　湖南省人民政府国有资产监督管理委员会 …………… 410

17　加强国有企业党的领导和党的建设
　　　　青岛市人民政府国有资产监督管理委员会 …………… 416

18　守好红色根基　推动能源发展
　　　　浙江省能源集团有限公司 ……………………………… 421

19	构建大党建体系　强化大党建引领　打造具有全球核心竞争力的世界一流企业
	江西铜业集团有限公司 …………………………………… 426

20	"三化"党建领航"三驾马车"　以党建引领改革创新
	武汉地铁集团有限公司 …………………………………… 432

21	强"根"铸"魂"　稳舵奋楫　党建引领保障国企改革破浪前行
	青海省公路桥梁工程集团有限公司 ……………………… 437

22	以"卓越党建"锻造助推机场高质量发展的红色引擎
	深圳市机场(集团)有限公司 …………………………… 443

鸣谢 …………………………………………………………… 449

专项篇

健全市场化经营机制

构建"四位一体"激励体系
激发科技创新动能

中国航天科技集团有限公司

一、基本情况

中国航天科技集团有限公司(简称"航天科技")是我国航天科技工业的主导力量,主要从事运载火箭、各类卫星、载人飞船、货运飞船、深空探测器、空间站等宇航产品和战略、战术导弹武器系统的研究、设计、生产、试验和发射服务。航天科技认真贯彻落实习近平总书记重要指示批示精神,坚持以推进航天强国建设为统领,深入开展国企改革三年行动,持续深化三项制度改革,以科技创新激励机制建设为重点,全面构建事业引领、考核引导、薪酬激励、荣誉奖励"四位一体"的科技创新激励体系,不断激发科技人才创新创造活力,圆满完成了以载人航天、月球探测、火星探测、北斗导航为代表的航天重大工程任务,取得多项世界领先成果。

二、经验做法

(一)聚焦事业引领,强化初心使命,不断筑牢人才引领发展的战略地位

航天科技坚持"人才高度就是事业的高度"理念,在重大工程主战场识别、培养、用好各类科技骨干，让人才事业深度融合、相互成就。

一是强化重大工程历练，造就科技领军人才。按照型号每推进一个阶段、人才就要跟进一批、储备一批的思路，以工程项目为牵引，以型号研制为平台，有计划地安排科技骨干参加重大工程和重点型号研制，强化多型号、多专业、多岗位锻炼，让其在关键岗位上和重大项目攻关中经风雨、见世面、壮筋骨、长才干。

二是实施专项人才计划，培养科技创新人才。针对关键核心技术攻关、型号研制发展需要，先后实施高层次人才聚集、创新领军人才培育、青年拔尖人才支持等6个专项人才计划，在科研经费、创新团队、交流平台、子女入学、住房保障等方面给予大力支持。积极组织科技骨干参加各级各类重大课题研究、参与国际交流与合作，着力提高其在专业领域内的影响力。

三是畅通职业发展通道，搭建人才成长阶梯。按照航天工程研制流程，设计了由主管师、正副主任师、正副总师6个层级组成的职业发展路径。围绕十一大类27个航天主体专业，建立了由院士、国家级专家、集团级专家和院所级专家构成的科技专家体系，打通了科技人才成长成才的快车道。

（二）聚焦考核引导，强化责任传导，不断增强科技创新的动力

航天科技充分发挥考核评价对科技创新的引导作用，坚持组织考核和人才评价两手发力，从宏观上引导、微观上聚焦，以考核传导压力，以压力推动落实，持续增强各级组织、各类人员创新创造的动力。

一是突出战略导向，健全业绩考核制度体系。先后制定成员单位经营业绩考核管理办法和任期经营业绩考核管理办法，从保军强军、科技创新、深化改革等方面制定考核指标，促进高质量保证成功、高效率完成任务、高效益推动航天强国和国防建设。

二是突出创新驱动，分类实施科技创新考核。制定加强科技创新工作指导意见，引导各单位坚持自主创新，加大研发投入。按照关键核心技术攻关和基础科学研究的难度和任务量，差异化设定考核权重。围绕创新任务、创新投入和创新产出，科学化细分三类考核指标。针对重大科技成果奖励和国家级研发平台建设取得的重大突破，精准化进行考核加分。

三是突出价值贡献，完善科技人才评价体系。基础研究人才突出同行评价，着重评价其提出和解决重大科学问题的原创能力、成果的科学价值、学术水平和影响等。应用研究人才突出市场评价，着重评价其技术创新与集成能力、取得的自主知识产权和重大技术突破、成果转化，以及对装备和产业发展的实际贡献等，通过考核评价引导科技人才心无旁骛、潜心研究。

（三）聚焦薪酬激励，强化利益传导，不断增强科技创新的活力

航天科技充分发挥薪酬分配杠杆撬动作用，坚持团队激励和骨干激励相结合、短期激励和中长期激励相结合，持续强化鼓励创新创造、驱动任务完成的激励导向，激发各级组织、各类人员创新创造的活力。

一是锚定强军首责，用专项激励助力重大创新工程任务完成。设立预研重大项目全寿命周期激励机制，对关键核心技术攻关、基础产品研发攻关和应用验证等项目团队工资总额予以单列支持。建立技术发明奖、科学技术进步奖和十大技术突破评选奖励制度，对重大课题立项、重要标准制定、重大科技突破给予奖励。紧盯型号重大任务发射、关键节点研制、重要产品交付等关键任务、节点，采用"揭榜挂帅"模式，实施重大型号专项奖励。

二是突出核心人才，用精准激励助力关键技术创新难题攻克。针对型号"两总"等领军人才，实行"基础年薪+专项奖励"，其薪酬水平不低于单位领导班子成员平均水平，构建"薪酬高地"。针对基础研究型人才，

遵循科研活动规律，采取"课题组长负责制"，给予科研人员更大的话语权。针对高精尖人才，对标市场高分位值薪酬，实行一人一策，建立"薪酬特区"。

三是打造利益共同体，用多元激励助力高质量发展。制定科技成果转化收益分配管理办法和中长期激励工作指引，探索军品科研事业单位岗位分红激励，强化制度供给。制订中长期激励三年滚动计划，突出重点、压茬推进，用足用好政策，切实提高实施比例。"十三五"以来，累计实施中长期激励单位70余家，激励对象中科研骨干占比85%以上。

（四）聚焦荣誉奖励，强化精神感召，不断增强科技创新的凝聚力

航天科技充分发挥荣誉激励的精神引领、典型示范作用，形成了重大荣誉褒奖和航天精神洗礼相结合的荣誉奖励机制，鼓励科技人才担当作为、不懈奋斗。

一是完善重大荣誉奖励体系，用重大荣誉激发奋斗豪情。设立航天功勋荣誉奖作为最高荣誉，设立杰出贡献奖、突出贡献奖和贡献奖三档贡献奖励，从突出技术创新的角度优化完善航天创新奖。每年投入3000余万元褒奖各类做出贡献的人员，单人最高奖励100万元。评选过程中，聚焦宇航、技术创新等重点领域，强化面向基层、倾斜一线的激励导向，航天创新奖获奖人员中，主任研究师及以下的一线技术骨干人员比例达到80%。

二是注重航天文化传承，用航天精神涵养报国情怀。大力弘扬航天精神，强化工程实践与航天文化相结合，坚持技术传承与精神传承并重，把钱学森、任新民、孙家栋等老一辈航天人自立自强，勇于攻关、不畏艰难的优良传统传承下去，进一步树立"惟有成功才能专注发展，惟有奋斗才能实现发展，惟有创新才能持续发展"的理念，引导科技人才以成功报效祖国、以卓越铸就辉煌。

三、改革成效

习近平总书记在中央人才工作会议上指出，要为各类人才搭建干事创业的平台，构建充分体现知识、技术等创新要素价值的收益分配机制，让事业激励人才，让人才成就事业。航天科技全面贯彻习近平新时代人才工作新理念新战略新举措，大力深化人才体制机制改革。

一是持续健全考核分配机制，不断强化对科技创新的支撑作用，航天科技实现了高质量、高效率、高效益发展。2021年发射次数首次突破40次，助力我国航天发射次数位列世界第一。长征系列运载火箭实现400次发射新跨越，百次发射周期缩短至33个月，保持连续75次的成功发射纪录，可靠性、成功率迈入世界前列。在国务院国资委经营业绩考核中，连续17年荣获年度考核A级。

二是着力构建完善与中长期发展战略匹配、系统契合、运行顺畅的人才队伍体系，造就了以孙家栋、叶培建、包为民、孙泽洲为代表的科技领军人才群体，培养了以36名院士、141名国家级专家、620余名型号正副总指挥、总设计师为代表的一流科技人才队伍。

三是在航天事业的引领下，广大科技人才奋力拼搏。近年来先后攻克了月球表面自动采样返回、火星环绕着陆巡视以及深空探测器自主导航等关键技术难题，取得了以"神舟"飞天、"嫦娥"揽月、"天问"探火、"天宫"建站为代表的重大科技成就，全面提升了我国进入空间、利用空间、探索空间的能力和水平。

体系化实施"总部机关化"专项整改标本兼治提升企业治理效能

中国电子科技集团有限公司

一、基本情况

中国电子科技集团有限公司（简称"中国电科"）是中央直接管理的国有重要骨干企业，在电子装备、网信体系、产业基础、网络安全领域占据技术主导地位，肩负着支撑科技自立自强、推进国防现代化、加快数字经济发展、服务社会民生的重要职责，是我国军工电子主力军、网信事业国家队、国家战略科技力量。

近年来，中国电科党组坚持以习近平新时代中国特色社会主义思想为指导，深入贯彻习近平总书记关于国有企业改革发展的重要指示批示精神，以国企改革三年行动为契机，深入推进"总部机关化"改革，多措并举、重点突出，有效解决集团总部行政化、机关化问题，为加快实现建设世界一流企业的战略目标提供有力保障。

二、经验做法

（一）完善组织机构和运行机制，以总部改革带动整体蜕变

一是明确改革思路，打破传统路径依赖。按照"企业化、市场化、集

团化、国际化"改革方向,确立集团总部"司令部"的定位和"战略+运营管控型"的经营管理模式,以法人关系为纽带,以分类授权管理为原则,以协同合作机制为基础,大力推进治理体系和治理能力现代化,推动实现集团整体由各自发展、机关行政、项目经济向集团管控、企业治理、产业经济三方面转变。

二是梳理权责清单,完善集团治理机制。梳理集团公司党组会、董事会、总经理办公会决策事项,形成《中国电子科技集团有限公司现代国有企业制度1+3权责表》,合理确定集团公司党组前置研究讨论事项范围,不断强化党组织领导核心和政治核心作用。制定印发《关于完善成员单位治理主体权责关系的指导意见》,按照建立董事会的企业、设立执行董事的企业、事业单位研究所等类别,分类指导成员单位建立符合自身特点的权责事项表,把成员单位党委前置研究讨论事项集中在主责主业、规划制定、深化改革、重大资产调整处置等方面,确保党委"把管保"领导作用进一步发挥。

三是优化组织结构,提升机构总体效能。将办公厅更名为综合管理部,去行政化色彩;对财务、资产经营、法务与审计等部门相关职责进行优化,强化国有资产监督和风险控制;整合组建战略规划部门,推进规划管理和经济运行有效协同;对军工部门进行重构扩充,充实军工领域力量配备,在履行强军首责中做强主业。贯彻国企改革三年行动精神,并结合集团公司重点项目工程、重组中国普天信息产业集团有限公司等实际,成立集团公司全面深化改革办公室、重点项目工程办公室,切实加强实施重大任务的工作力量。通过不断完善总部组织体系,进一步支撑集团公司向上向好发展。

(二)着力转职能转方式转作风,不断促进放活与管好相统一

一是加快转变集团总部职能,加大授权放权力度。按照人权、事权、

财权等类别，认真梳理总部权责事项，厘清权责界限，取消部分由总部审批、备案的事项，压缩审批环节，对部分成员单位的重大事项进行"一企一策"专项授权。通过放权授权，总部职能部门能够从烦琐的审批事项中抽身出来，有更多精力从事战略管理层面工作，同时也能够调动成员单位的积极性、主动性，提升决策和经营效率。

二是大力优化审批流程，强化服务意识。整合多头审批，建立信息、数据报送系统，搭建信息资源共享平台，进一步规范总部信息、数据报送和采集工作。对总部部门要求基层单位报送的事项进行梳理，未纳入清单的原则上禁止开展，确保报送工作有计划、有方案、有效果，提高对共用性、通用性信息资料的共享利用率。提升总部人员服务意识和水平，完善总部员工业绩考核评价体系，开展成员单位对总部部门和人员的年度、聘期测评工作，测评结果纳入总部部门和人员业绩考核评价。

三是着力转变文风会风，规范检查调研。建立精简文件长效机制，按照"确有必要、注重效用"的原则，进一步加大公文审核把关力度，明确各部门各类公文印发上限件数，弘扬"短实新"文风，定期对各部门发文质量情况进行通报。严格执行会议计划管理和审批制度，提倡采用合并、套开及视频会议的方式召开会议，严控会议数量、时长和规模。加强对调研、检查等工作的统筹，整合压控频次，提升工作质量。

（三）加强交流培训宣贯，为整改工作提供扎实保障

一是加大干部交流和培训力度，强化组织保障。采取总部与成员单位间干部交流、调任等方式，加大从成员单位选拔优秀人才的力度，提升具有基层经验的总部人员比例。按照集团公司年轻干部培养计划，有序推进党组管理干部的交流任职。加强总部干部职工企业管理专业培训，提高培训质量和频率，着力打造一支业务能力强、综合素质好的总部员工队伍。

二是开展主题宣贯活动，强化宣传保障。围绕专项整改工作，组织开展领导讲党课、职工座谈会、先进评比等活动，使广大职工充分认识"总部机关化"整改的重要性和必要性，形成抓整改的良好氛围。将"总部机关化"整改情况在全系统进行公开，真正做到"开门抓整改"。

三、改革成效

一是总部功能定位和组织架构更加优化。集团公司管控模式不断完善，确立"战略＋运营管控型"总部的定位，彰显总部价值创造功能。在组织机构改革中撤销6个部门、新组建5个部门、优化重组6个部门，做到了"四个减少"，即部门总量减少、处室数量减少、编制数量减少、部门领导职数减少，改革后总部编制减少10.5%。内部职责关系更加协同，人员配备更为科学，"三大定位""四大板块"主责主业进一步突出，构建充满活力、富有效率、更加有利于集团公司发展的体制机制。

二是公司治理结构及相关制度机制持续完善。集团公司党组"把方向、管大局、保落实"的作用进一步强化，各治理主体权责边界更加明晰，党的领导深度融入公司治理体系，形成各司其职、各负其责、协调运转、有效制衡的权责体系，决策质量和执行效率得到进一步提高，中央和上级部门的部署在集团公司得到更加全面高效地贯彻落实。

三是总部权责配置更为合理。出台集团公司总部权责事项清单，明确人力资源类权责事项30余项，管理类60余项，金额类80余项。建立健全集团公司蓝网等，提高信息化水平，优化运转流程。推进解决总部"一把抓"问题，取消直接由总部审批事项和优化审批权限事项20余项，对中电海康集团有限公司等多家成员单位的干部管理、员工激励、投融资等事项进行专项授权，涉及金额超百亿元，促进层层"松绑"，有效激发各层级企业的活力。

3

锚定效率提升　聚焦激发活力
加速建立"能进能出"的市场化用工机制

中国石油化工集团有限公司

一、基本情况

中国石油化工集团有限公司（简称"中国石化"）是1998年7月国家在原中国石油化工总公司基础上重组成立的特大型石油石化企业集团，目前是我国最大的成品油和石化产品供应商、第二大油气生产商，是世界第一大炼油公司，在2020年《财富》世界500强企业中排名第2位。近年来，中国石化以坚决扛起保障国家能源安全、引领我国石化工业高质量发展为己任，深入实施国企改革三年行动，全面推进用工市场化改革进程，着力破解用工总量大、劳动生产率低、员工能进不能出等难题，实现改革破冰除障。探索形成以用工总量管控为牵引，以"社会化招聘、契约化管理、精细化考核、市场化薪酬、制度化退出"为要素的劳动用工管理体系，快速建立"人岗匹配、优胜劣汰、进出通畅、灵活高效"的市场化用工机制，有效激发员工价值创造的动力和活力。2021年，中国石化实现全员劳动生产率首次破百万元，同比提高26%。

二、经验做法

（一）强化改革顶层设计，持续严控用工总量，夯实市场化用工改革基础

一是绘制用工改革"施工图"。中国石化按照全面推进用工市场化的有关要求，印发《关于加快市场化用工机制建设的意见》，提出"社会化招聘、契约化管理、精细化考核、市场化薪酬、制度化退出"管理理念和思路，并分解为17项具体改革措施，全面推进员工公开招聘、竞争上岗、末等调整和不胜任退出等。研究改革评估模型，设置改革效率、改革效能、改革效力、改革效益4个评估因素、12个评估维度和若干个评估指标，构成三项制度改革综合评估指标体系。通过点面结合、综合施策，打出深化用工制度改革政策措施和评估牵引"组合拳"，推动市场化用工机制建设由"试点阶段"向"实行阶段"转变。

二是筑牢用工改革"基石"。中国石化组织开展对标先进实施"三定"工作，明确将"该用多少人""该进什么人""人该怎么出"作为用工改革的基本依据，夯实建立市场用工机制的基石。以严控总量、工效联动为牵引，制/修订《用工总量管理办法》"1+3"制度，构建以"愿景目标定员—用工总量规划基本目标和奋斗目标—年度用工计划"为主线、以用工增减变化调整人工成本指标和优化用工专项评价激励机制为配套的用工总量管理体系。通过持续对标、科学评价、严格考核，中国石化2021年末用工总量相比1998年减少了54%，近3年用工总量减幅13%，有效缓解了用工总量大而不优的矛盾。

三是立稳用工改革"支柱"。围绕构建"一基两翼三新"产业格局，立足当前发展阶段、业务调整和市场变化，制/修订22项新版劳动定员标准，推动企业调整优化组织、队伍和人员结构，持续提升定员管理水平，形成具有中国石化特色、层次清晰、路径明确、水平先进的目标定员支撑体系。同步调整用工模式，对主营核心业务主要采取自营自管方式，按先进定员水平使用合同制员工为主，主营非核心业务和劳动密集型业务有序纳入业务（服务）外包范围，逐步退出非主营业务，确保定员"聚焦主业、精干高效"。近年来用工结构逐步趋于合理。

（二）树立鲜明市场导向，打破员工流动壁垒，实现集团内部企业间能进能出

一是抓岗位体系，促进竞争择优。加大岗位管理体系研究，推进"一岗多责"大岗位设置，研究形成具有中国石化特色的岗位管理系列工具，全年指导20余家单位开展岗位职责梳理及岗位价值评估工作，岗位精简30%左右，实现岗位管理在三项制度改革中的深化应用。全面推行"劳动合同＋上岗协议"的双契约管理模式，上岗协议实行"一年一签订、一年一考核"，并对考核结果进行强制分布，干得好则"留"，干不好则"下"，打破"铁饭碗"，实现员工由"企业人"向"职业人"转变。全面推广应用劳动合同信息化系统，实现"双契约"管理由"纸面"到"云端"，大幅提升管理效率。

二是抓人岗匹配，增强"造血"功能。为最大限度盘活存量，中国石化探索推动人力资源池建设，将显化的富余人员、待岗人员、主动流动配置人员等纳入人力资源池管理。采取有针对性转岗培训、提供岗位空缺信息、复合能力培养等方式进行上岗支持。支持有能力、在现任岗位工作不适应的员工及时调整方向；对工作业绩差、能力水平较低的员工进行再培训、再提升、再次寻找岗位；对违规违纪的人员、经二次上岗仍无法胜任岗位要求的人员、长时间未"出池"的人员原则上实施"制度化退出"。打造"人才蓄水池""退出缓冲池"，实现人力资源优化配置效能最大化。目前，10余家直属企业已探索建立了人力资源池制度。

三是抓机制引导，打通人员"内循环"。中国石化积极构建内部市场化流动机制，按照"多盘活少养人、多分流少安置"的原则，印发《关于进一步规范离岗人员分流安置工作的意见》，从严控制内部退养、停岗留薪等"养人"政策，倒逼直属企业强化竞争上岗，显化富余人员，盘活和分流离岗人员。近3年，中国石化内部退养等不在岗人员减少0.7万人，进一步降低了"养人"负担；强化树立中国石化整体"一盘棋"理念，通过人力资源优化配置激励政策，对用工总量大、劳动生产率低、富余人员显化不充分的企业，通过薪酬指标"扣下来、挣回去、活起来"，促进富余人员"显出来、动起来、走出去"，每年中国石化直属企业间和向系统外优化配置用工达2万人以上，实现员工盘活和企业间能进能出常态运行。

（三）坚持严把入口畅通出口，突出试点先行，实现员工市场化"能进能出"

一是严把"入口"，优化队伍结构。中国石化在积极履行社会责任的前提下，加大公开招聘、引进力度，切实用好用工增量。通过加强员工队伍结构分析和中长期趋势预判，合理确定用工增补数量、结构和配置方向，统筹高校毕业生招聘、成熟人才引进和政策性安置人员接收三大渠道，增补用工重点向企业新上项目及"三新"业务倾斜，重点保障生产经营一线和紧缺岗位需要。国企改革三年行动期间，中国石化在公开招聘基础上，积极探索"企校双师带徒、工学交替培养"新型学徒制模式，加强技能操作人才补充，不断优化队伍结构，逐步缓解结构性余缺矛盾。

二是抓好试点，实现新老并轨。中国石化积极探索"一步到位"的市场化用工新举措，借鉴职业经理人制度理念，按照新人新办法，率先在销售贸易、工程技术服务、资本金融、电子商务以及"双百企业""科改示范企业"等市场化程度较高的业务领域开展职业化员工试点，对新招录的或内部转换的职业化员工严格实行"五化"管理。对从事主体岗位和普通岗位的人员，劳动合同期间解除率和期满终止率合计不低于10%；从事关键岗位的，劳动合同期间解除率和期满终止率合计不低于5%，真正实现"优胜劣汰、进出通畅"。目前，10余家直属企业正在并轨实施职业化员工制度，市场化"能进能出"取得良好效果。2021年，中国石化员工市场化退出率达2.8%。

三是严格考核，加大"出"的力度。中国石化将加强劳动合同管理与考核作为市场化退出的重要措施，加大员工红线"出"的力度。推进实施不胜任岗位、考核不合格人员解除和终止劳动合同，增强劳动关系契约意识、岗位竞争意识。加大劳动合同履行期间、期满考核力度，近3年单位共协商解除劳动合同4700余人。坚持开展严肃劳动纪律、严格考勤制度"双严"专项治理工作，打造"横向贯通、纵向到底"劳动纪律监督检查机制，近3年，因员工违纪违规解除劳动合同800人以上，促进《劳动合同法》赋予企业的权利落地实施。

三、改革成效

一是劳动生产率迭创新高。国企改革三年行动以来，中国石化通过聚焦"提效率、增活力"，实施以用工总量管控为牵引的市场化用工改革，劳动生产率实现逐年提升。2021年中国石化完成营业收入28164.1亿元，较上年增长31.5%，人均营业收入较上年增长37.9%；实现净利润880.3亿元，较上年增长41.9%，人均净利润较上年增长48.9%；人工成本利润率较上年增长19.5%，全员劳动生产率达到116万元/人，较上年增长36.5%，圆满完成国务院国资委"两利四率"考核任务。

二是劳动用工结构得到显著改善。通过全面推进市场化用工改革，中国石化员工队伍活力不断增强，人力资源逐步向价值创造岗位有序流动。目前，各级管理机关、一线、二线、三线和不在岗人员比例分别为17%、48%、14%、12%、9%，通过持续深化改革，到2025年末队伍结构比例预计分别为16%、53%、13%、11%、7%。一线队伍用工得到有效补充，各级管理机关人员不断精简，三线（后勤服务）及不在岗人员比例持续下降，队伍结构得到显著改善。

三是市场化用工机制更加健全。国企改革三年行动以来，中国石化广大干部员工快速转变观念，将传统用工管理手段与市场化用工机制建设有机结合，构建了以一流用工总量管理体系为核心，"严控总量、盘活存量、优化增量、抓好变量、做好减量"与"社会化招聘、契约化管理、精细化考核、市场化薪酬、制度化退出"高效联动、相互支撑，"能进能出"的市场化用工机制，与"干部能上能下""收入能增能减"共同发力、协同攻坚，助力打好国企改革三年行动"收官战"。

4

紧紧扭住"牛鼻子"
推动三项制度改革出实招见实效

中国海洋石油集团有限公司

一、基本情况

中国海洋石油集团有限公司（简称"中国海油"）是伴随我国改革开放大潮诞生和成长起来的中央企业，是我国最大的海上油气生产运营商，拥有油气勘探开发、专业技术服务、炼化与销售、天然气及发电、金融服务等主要业务板块，同时积极发展海上风电等新能源业务。成立40年来，中国海油在"一穷二白"的基础上构建起较为完整的海洋石油工业体系，为推动我国海洋石油工业实现从无到有、从小到大、由弱到强的跨越式发展做出了历史性重大贡献。

近3年来，中国海油在持续加大油气勘探开发力度的同时，深入实施国企改革三年行动，紧紧拧住三项制度改革"牛鼻子"，通过先试点推行、后全面推广的方法，取得了改革新成效，为推动油气行业发展、保障国家能源安全筑牢坚实基础。

二、经验做法

为做好此次改革工作，中国海油组建改革课题研究组，经过多轮调研、座谈、研讨，构建起"1+4+N"三项制度改革新模式（"1"是编制《深化三项制度改革实施方案》作为改革总纲领，"4"是在三项制度之外用好绩效考核这根"指挥棒"，"N"则是围绕实施方案出台一系列配套措施），为加快建设中国特色国际一流能源公司提供坚强的组织保障。

（一）推行"两制一契"，推动干部能上能下

一是实行公开竞聘，择优选拔干部人才。在深刻分析中国海油干部队伍结构的现状后，为进一步激发各级领导班子活力，契合干部人事制度改革的必然要求，中国海油组织各所属单位开展让中层干部"起立、坐下"的公开招聘，建立起推动干部能上能下常态化举措。

二是优化领导干部结构，全面推行"两制一契"。除对经营类班子/经理层成员实行任期制和契约化管理之外，在中层及以上领导干部也实行聘期制和契约化管理。通过自我加压，对干部全员推行契约化管理，实现优进劣退。领导干部在上岗之日即订立"岗位聘任合同"，明确目标和考核要求，强化契约意识、竞争意识、危机意识，逐步打破岗位终身制思想，实现岗位能上能下。

三是明确退出机制，创新实行"非优必转"。中国海油明确考核退出率，以硬指标推动干部"能下"常态化。在考核退出、制度退出、问责退出、不适宜退出四种"下"的途径外，中国海油创新推出中层干部"非优必转"这一硬核改革措施。两个任期综合绩效考评结果达不到"优秀"的中层干部，不再担任领导，转聘其他岗位，发挥其专业技术作用。

四是建立专家聘期，打破"一评定终身"。中国海油对集团公司和所属单位两级技术（技能）专家实行聘期制，3年为一个聘期，执行年度履职考核、聘期考核制度。聘期考核结果按3个等级实行强制性分布，明确技术、技能专家聘期考核退出率，年度考核结果按等次兑现年度津贴，不合格的不予兑现，连续2年不合格予以解聘。

(二)签订"两个合同",推动员工能进能出

一是调控用工总量,强化劳动效率提升。建立以劳动效率效益为核心的用工总量管理模式,将原先的编制管理转变为总量调控。以3年为周期,用工总量与全员劳动生产率、人事费用率和人工成本利润率等核心指标挂钩,核心指标低于其前3年平均水平的,用工总量原则上只减不增。

二是优化岗位序列,畅通人员转换通道。在原管理、技术、操作三个序列的基础上,新增业务序列,作为所有岗位的基础序列。"非优必转"的中层干部转入业务序列,各序列人员均可按程序参加管理序列岗位选任竞聘,管理序列中有业务或技术特长的,也可转任其他序列岗位或评聘为专家。

三是简化用工制度,推行签订"两个合同"。全体员工签订劳动合同和岗位聘任协议,一岗一协议、换岗变协议。实行"岗位合同制",全员契约化管理,实现严进严出、优胜劣汰。符合条件的社聘制直签员工可以转为岗位合同制员工,控股公司直签员工由公司董事会决定是否转为岗位合同制。

四是明确"出"的标准,严格执行绩效考核。对绩效考核"不胜任"的员工转岗培训,重新上岗后考核结果仍"不胜任"的,依法解除劳动合同。对于新招聘的大学生,第一次签订劳动合同的期限不超过3年,试用期内绩效"不胜任"、试用期满考核"不胜任"的,终止劳动合同,劳动合同期满考核"不胜任"的,不再续签劳动合同。

(三)向科研和一线倾斜,推动收入能增能减

一是强化业绩目标导向,优化工资总额管理。针对所属单位年度业绩目标导向不清晰的问题,此次改革建立利润总额目标申报的"摸高机制",企业利润总额增长的,当年工资总额增长幅度在不超过利润总额增长幅度和集团公司工资增长指导线上限10%范围内分档确定,增强了所属单位工

资总额预算管理的自主性。

二是实行科研津贴制度,突出科研人员岗位价值。按照科研人员现有岗位基本工资标准的20%增设科研津贴。重点在油气勘探开发、关键核心技术攻关、产品研发等科研领域分类实施以成果应用为导向的差异化精准激励措施。对技术专家实行年度激励和聘期激励,以专家年度考核和聘期评价的结果为依据兑现,实行逐年解锁的递延兑现激励机制。

三是加强海上一线激励,巩固发展关键力量。此次收入分配改革加大对海上一线员工的薪酬激励,出海补贴在现有标准基础上统一提高50%。同时增设海龄津贴,通过优化一线员工收入结构,推动培养造就一支高素质海上一线人才队伍,筑牢支撑海洋石油工业高质量发展的关键力量基础。

四是强化人才激励,完善市场化薪酬机制。进一步加大高层次人才的激励力度,对承担重大战略任务的团队负责人以及引进的高端人才,实行"一项一策"、清单式管理和年薪制。完善销售贸易业务人员市场化薪酬体系,建立"保底工资+业绩提成"差异化提取的高弹性薪酬模式,鼓励销售人员提高销售贸易量、利润和服务质量。

三、改革成效

中国海油围绕三项制度改革,压茬推进重点领域、关键环节改革攻坚,改革效能不断释放。

一是管理人员选聘使用不断走向高素质、专业化、年轻化。实行干部公开竞聘、优化干部人员结构既反映了创新求变的心声,又体现出领导干部干事创业、勇于担当的意愿。实施改革以来,公司45岁以下直管领导干部由23人增加至40人,占比提升至15%,"80后"由0突破至6人,选人用人满意度大幅提升至94.3%。完成所属单位中层正职及副职竞聘上岗，中层干部整体年龄结构进一步优化，干部队伍干事创业动力持续增强。

二是用工制度改革充分体现效率优先、公平公正。简化用工制度、强化退出管理、优化总量控制等方面上的重点发力，让"铁饭碗"彻底打破，用工与人均效益实现正向联动，用工效率持续提升。改革实施后，油气勘探开发用工数量增长7%，综合服务等其他类用工降低45%，执行岗位合同制的员工比例达到85%，各序列人员能够充分流动，进一步实现专业人做专业事的用工理念，为公司增储上产攻坚、科技创新强基、绿色发展跨越三大工程，打造出高质量人才队伍的坚实支撑。

三是分配制度改革更加强化市场作用，突出效益影响。完善业绩目标导向和薪酬激励机制，建立起更具灵活性和市场竞争力的收入分配机制，实现收入能增能减。公司2万名艰苦环境下的出海员工平均年收入增加3.4万元，多名管理人员回归科研技术岗位，获得感大幅提升，销售贸易业务人员根据业绩优劣年度收入可相差3倍以上，薪酬增减变化达50%～60%。薪酬分配充分激发关键岗位员工活力，为深水油气开发、核心技术攻关、绿色低碳转型打下坚实基础。

5

纵深推进经理层成员任期制和契约化管理 充分激发企业高质量发展新动能

中国南方电网有限责任公司

一、基本情况

中国南方电网有限责任公司（简称"南方电网"）是2002年国家电力体制改革的产物，负责投资、建设和经营管理南方区域电网，服务广东、广西、云南、贵州、海南五省区和港澳地区。南方电网连续15年获得国务院国资委经营业绩考核A级，目前在《财富》世界500强企业中列第91位。南方电网坚持以习近平新时代中国特色社会主义思想为指导，聚焦国企改革三年行动重点任务，着眼全局统筹谋划，聚焦关键精准发力，动真碰硬抓好改革，纵深推进经理层成员任期制和契约化管理在南方电网落地见效，充分发挥好三项制度改革中的"牛鼻子"作用，推动各级管理人员"能下、能出、能减"，通过明"权力"、传"压力"、强"动力"、激"活力"，显著提升企业市场竞争力，走出了一条具有南方电网特色的改革路径。

二、经验做法

（一）建"制度"、明"权力"，确保权责法定、权责透明

一是建立健全制度体系。形成"1个办法+2份协议+N项配套"的

制度框架，为改革推进提供了规范指引。总部层面出台《分/子公司经理层成员任期制和契约化管理办法》，制定子企业《岗位聘任协议》、分公司《岗位任职协议》范本，同步抓好领导人员考核评价、薪酬管理等制度配套修订。指导各级企业制定本企业经理层成员任期制和契约化管理办法、薪酬管理办法等制度，纵深推进改革举措有效落地。

二是压实董事会契约管理责任。在全面实现各级子企业董事会应建尽建、外部董事占多数的基础上，出台落实职权工作方案、操作指引，明确50项工作到位标准，提速提效推进6项重点职权全面落实到位。重点抓好各级企业涉及经理层成员选聘权、业绩考核权、薪酬管理权的31项制度规范文件编制工作，确保董事会对经理层成员管理考核行权有据、权责对等，推动传统的"身份管理"向市场化的"岗位管理"转变。

三是推动建立向经理层授权制度。在厘清经理层权责边界的基础上，督促指导企业制定董事会授权管理制度，科学合理明确经理层授权决策事项，充分保障经理层经营自主权。目前，21家二级子企业已全部出台董事会授权管理办法。

（二）定"指标"、传"压力"，契约目标突出科学性、挑战性

一是考核指标注重体现岗位差异。坚持以"岗"定责、以"岗"考责，结合各级经理层成员不同企业、不同岗位、不同分工等情况，做到"一人一岗"制定岗位说明书，"一人一表"设置经营业绩指标。针对不同企业功能定位、行业特点和发展阶段，按照"管制类企业对标世界一流，竞争类企业对标市场一流"的基本原则，差异化设置考核指标及权重。对供电服务企业经理层专门设立现代供电服务体系建设、安全生产运维管控等指标；对市场竞争企业经理层专门设立非本集团系统内业务占比、净资产收益率等指标；针对不同岗位，总经理全面承接企业经营指标，副总经理按照"1+X"模式，必须设定1个企业整体业绩指标，并结合岗位职责

设定若干分管业务指标。

二是业绩目标注重发挥引领作用。实施"三基准、三衔接"机制，科学设置三档经营业绩目标值，做到个人业绩目标与企业发展目标无缝衔接、逐级提升，引导经理层成员走出"责任舒适圈"，充分发挥考核"指挥棒""风向标"作用。"基本值"以历史经营业绩为基准，与上级下达指标有效衔接；"满分值"以行业标杆为基准，与同业水平有效衔接；"挑战值"以发展规划为基准，与中长期发展目标有效衔接。

三是契约签订注重抓好质量管控。明确签约主体、工作标准、进度安排、管控措施，重点落实好逐级审查机制，凡是指标设置"千人一面"、不能合理鼓励"摸高"的，均要求重新制定契约，确保改革形式不走样、实质不落空。2021年5月底，南方电网系统内866家各级分/子公司，共3297名经理层成员全部完成岗位聘任协议和经营业绩责任书签订工作。

（三）真"兑现"、强"动力"，考核激励强调业绩贡献、不搞普涨行情

一是在结构优化上做文章。牢固树立"要薪酬就得要业绩"理念，推动完善各级经理层薪酬管理制度，优化形成领导人员"基薪＋绩效薪金＋任期激励收入＋超额贡献奖励"的薪酬结构，其中绩效薪金占比大幅提高至60%以上，最高的可达80%以上。建立与高质量发展考核、超额利润、特殊贡献等挂钩的联动奖励兑现机制，鼓励经理层通过实现更多"超额贡献"提高个人收入。

二是在拉开差距上下功夫。差异化设置岗位责任系数，同一企业经理层副职间至少分两档兑现薪酬，且差距不得小于5%。分档设定经理层成员业绩考核系数，突出对绩优人员的正向激励，考核优秀人员薪酬水平原则上不低于平均水平的1.2倍，鼓励挑战历史最好水平。依据企业规模和经营难度，设置合理调节系数，改变按传统"身份""级别"的分配思维，

真正做到"凭业绩贡献取酬",不搞"普涨行情"。支持董事会根据考核结果对经理层成员兑现薪酬,同一企业经理层成员薪酬差距最高可达3.8倍,进一步拉开收入差距,打破"高水平大锅饭"。

三是在刚性兑现上出实招。制度明确对于年度、任期经营业绩考核不合格的,扣减全部绩效薪金和任期激励;对于超额完成考核目标任务或做出突出贡献的,确保激励到位,按照契约全额兑现激励,切实做到"有契约、严考核""业绩升、薪酬升,业绩降、薪酬降",有力增强各级经理层成员获得感,有效激发其干事创业激情。

(四)破"身份"、激"活力",岗位退出做到更坚决、更刚性

一是刚性约定退出底线。在"制度有支撑、契约有保障、经理层认可"的前提下,以"军令状"标准约定经理层成员退出条款,明确出现"年度经营业绩考核低于70分(或主要指标完成率低于70%)""连续两年年度经营业绩考核结果为不合格或任期经营业绩考核结果为不合格的""对违规经营投资造成国有资产损失负有责任""任期期满未能续聘"等情形的,刚性要求予以解聘,压实岗位经营责任。

二是严格契约动态管理。明确出现经理层成员分工调整、上级下达经营业绩指标调整、企业生产经营情况发生重大变化三种情形的,可以重新签订契约。除此以外,相关契约一经签订不再进行修改和调整,从制度层面减少因契约随意更改带来的"豁免空间",保证契约的严肃性和权威性。

三是破解干部"能下"难题。从严开展经理层成员经营业绩和领导人员综合考核评价,建立"双达标"考核退出机制,将经营业绩考核结果不合格调整纳入经理层成员"下"的重要渠道。在《推进干部能上能下办法》中明确"任期内经考核认定不适宜继续任职的,应当中止任期、免去现职""任职期满考核不合格予以解聘"等要求,切实打破岗位"终身制"。

三、改革成效

经过深入探索实践,南方电网任期制和契约化管理"零缺陷"通过抽查,11个关键环节的经验做法入选国务院国有企业改革领导小组办公室印发的50个参考示例,成效也逐渐显现。

一是经营效益显著提高。公司2021年利润总额、净利润、全员劳动生产率效率效益指标分别同比增长22.3%、24%、15.6%,《财富》世界500强排名上升至第91位。高质量发展态势进一步巩固,实现"十四五"良好开局。

二是治理水平有效提升。全面实现各级子企业董事会应建尽建、外部董事占多数,二级单位董事会全面落实经理层业绩考核权、薪酬分配权等职权。通过完善权责清单和议事规则等,进一步明晰了企业党委、董事会、经理层等治理主体的关系,形成权责法定、权责透明、协调运转、有效制衡的治理机制,有效夯实了现代企业治理基础。

三是队伍活力动力充分激发。任期制和契约化管理是新型经营责任制,有效破解了传统管理模式下形成的"责任舒适圈""高水平大锅饭""身份铁交椅""岗位终身制"等问题,经理层成员的任期意识、岗位意识、权责意识以及员工队伍的改革意识、市场意识、竞争意识明显增强,任期制和契约化管理理念进一步深入人心,敢改、真改、快改的氛围日益浓厚,队伍活力、动力和创造力被充分激发。

6

强化正向激励　激发活力动力
助力建设世界一流清洁能源企业

国家电力投资集团有限公司

一、基本情况

国家电力投资集团有限公司（简称"国家电投"）是国务院国资委确定的中央企业规范董事会建设、中央企业兼并重组、国有企业信息公开、国有资本投资公司试点企业，注册资本金350亿元。主要业务包括电力业务、煤电铝路港协同产业、产业金融及氢能、储能、绿电交通、综合智慧能源、碳市场和碳交易等"三新"产业。拥有光伏发电、风电、水电、核电、煤电、气电、生物质发电等全部电源品种，是全球最大的光伏发电企业。

国家电投全面贯彻落实党的十九大和十九届历次全会精神，以习近平新时代中国特色社会主义思想为指引，积极主动适应"双循环"新发展格局，坚定"2035一流战略"不动摇，按照"把握一个主线、抓住两个关键、突出三个重点、强化三条措施"的总体思路，持续深化考核分配工作，有力促进各项生产经营目标的全面完成。

二、经验做法

（一）把握一条主线，构建促进高质量发展考核激励体系

围绕"2035一流战略"落地，国家电投构建了"战略—规划—计划"

(SPI)和"计划—预算—考核—激励"(JYKJ)两大落地体系,全面承接战略分解计划,通过综合计划对各项任务目标进行量化、显性化管理,通过全面预算为综合计划提供资源保障,通过考核评价正向引导价值创造,通过激励政策促进释放内生动力。考核激励是JYKJ体系中的关键环节,通过实践摸索,构建了包括薪酬分配在内的队伍建设、关心关爱、考核评价、荣誉表彰、容错机制等九大激励体系,有效提升了激励体系的系统性、精准性。

为应对疫情对经济造成的冲击,提升自身"反脆弱"能力,制定了"双对标、双激励"(SDSJ)工作方案,跑赢自己、跑赢同行,助力完成年度经营目标。SDSJ围绕量、价、本三个维度,在涉及7个行业的37家二级单位就18项关键指标开展与行业标杆企业的对标,全年与SDSJ挂钩的工资总额达12亿元,2021年国家电投23项SDSJ指标中15项指标实现"保二争一",撬动各项产业指标全面迈向国内一流。

(二)抓住两个关键,牵引企业持续做强做优做大

一是健全工资总额决定机制。第一,实行工资总额备案制。按照国有资本投资公司试点企业和工资总额备案制管理有关要求,董事会薪酬与考核委员会就备案制办法召开多次专题会议进行研究讨论,董事会认真研究审议工资总额备案制管理办法,科学部署年度工资总额预算,充分发挥董事会对工资总额管理的自主权和话语权。通过国务院国资委权威指导、董事会科学决策,各企业认真落实,工资总额预算管理形成了良性循环,2021年执行备案制当年全集团效益工资比重由原来的13.8%提高至40%以上。第二,优化二级单位工资总额预算管理机制,对于资产经营类企业,采用净利润挂档、利润总额挂钩的联动机制,根据挑战难度高低设定三档净利润目标值,一、二、三档净利润目标值对应的工资总额增幅分别不超过利润总额增幅的100%、90%、80%,引导二级单位主动挑战更高

经营目标，2021年申报净利润一档目标企业占比由原来的15%提高至92%。对于科技创新类及初创期企业，实行结构化工资总额管理，将保障性工资与科研成果产出、重点任务等指标挂钩确定工资总额增幅。同时积极探索灵活多样的工资总额决定机制，对国家电投集团氢能科技发展有限公司（简称"氢能公司"）等"三新"领域企业实施工资总额备案制管理方式。第三，提高工资总额预算精度和力度，引导二级单位自主测算年度工资总额，并将工资总额预算纳入企业负责人年度经营业绩责任书一并签订，实现工资总额预算与经营业绩考核目标"同编制、同落实、同考核"，只要年底完成年度考核目标，即可兑现年初工资总额预算。

二是用好中长期激励"工具箱"。第一，制定集团中长期激励管理办法，做好顶层设计，指导二级单位规范和高效开展中长期激励。第二，积极推进科技型企业中长期激励，制订并实施氢能公司、上海明华电力科技有限公司、北京和瑞储能科技有限公司股权出售激励计划。第三，稳妥推进上市公司股权激励，制订并实施中国电力国际发展有限公司、上海电力股份有限公司股票期权激励计划。第四，对重大科技专项实施全周期激励，给予工资总额单列支持。对"国和一号"核电示范工程实施重大里程碑节点激励计划，计划激励总额达2.4亿元，激励核心骨干团队攻坚克难；对中国联合重型燃气轮机技术有限公司实施专项奖励计划，计划激励总额达1.4亿元，激励核心骨干团队在项目关键阶段取得重大突破；对能源工业互联网专项实施工程节点激励计划，推动能源互联网平台高质量建设。第五，积极稳妥实施员工持股，在混合所有制企业北京核力同创科技有限公司实施员工持股方案。第六，出台项目跟投机制实施意见，支持鼓励"三新"业务领域企业探索核心团队跟投机制，共同出资、共担风险、共享收益。已在智慧能源、绿电交通、核技术应用等领域20多个项目有序实施跟投机制。

（三）突出三个重点，激发关键核心人才干事创业激情

一是抓经营班子。第一，制定《国家电力投资集团有限公司领导班子副职业绩考核暂行办法》，完善领导班子副职业绩考核体系。第二，全面推行经理层成员任期制与契约化管理，完成所属单位负责人岗位聘任协议、任期和年度综合业绩责任书签订工作，涉及企业557家，签订岗位聘任协议2275份、任期综合业绩责任书2649份。研究制定任期经营业绩考核办法和企业负责人薪酬管理办法，综合运用递延支付（年度绩效薪酬的30%强制递延）、任期激励、登高目标奖励等方式，合理拉开经理层成员薪酬差距。第三，持续扩大职业经理人推进范围，加大市场化改革力度，在"科改示范企业"和类金融、三新产业、科技创新、国际化等行业24家二级、三级企业层面实行职业经理人，现有职业经理人队伍69人。2021年在中国国际新能源控股有限公司探索实施了内部转换身份的职业经理人选聘方式，实现了职业经理人内部培养和外部引进相结合。

二是抓高精尖缺人才。第一，千方百计引进高精尖缺人才，构建"薪酬特区"，在《工资总额预算管理办法》中明确规定对高精尖缺及创新创造人才引进予以单列支持，2021年二级单位实际单列3702万元用于高精尖缺人才的引进。同时，采取年薪制、协议工资、项目工资等更加灵活的分配形式，对标市场75分位值以上水平确定薪酬标准。2020年以来，面向海外引进"高精尖缺"人才11人，引进核能、综合智慧能源等方面紧缺人才1415人。第二，对承担关键核心技术攻关任务的首席专家、重大项目负责人等领军人才和攻关团队强化"精准滴灌"，构建局部"薪酬高地"，增强"磁吸效应"，加快关键核心技术攻关，实现企业高质量发展。总部人力资源部2020年赴国核自仪系统工程有限公司、国核宝钛锆业股份公司调研，并制定了专项改进措施，经过一年多的运行，加强了人才的吸引和保留能力，两个单位原已离职的19名骨干员工回流。

三是抓核心攻关团队。第一，综合运用精神奖励、荣誉奖励等激励方式，对做出突出贡献的突击队、尖刀班、项目组等予以精准激励。第二，实施专项奖励，采用"揭榜挂帅"模式，牵引激励"牛人，用牛劲，干成牛事"，2021年对13个专项奖励项目共奖励2900万元，单个团队最高奖励400万元，个人最高奖励25万元。第三，实施即时激励，侧重激励"关键人物，在关键阶段，取得关键性突破"，突出激励的即时性和有效性，全集团公司2021年对1050多个项目近18000人给予即时奖励，奖励总金额达2.1亿元。

三、改革成效

国家电投认真贯彻落实党中央、国务院的重大决策部署，紧紧围绕"2035一流战略"，纵深推进考核分配工作，为建设世界一流清洁能源企业提供了有力保障。

一是高质量完成经营指标。剔除煤电保供影响，2021年利润总额、净利润、营业收入利润率、研发投入强度、全员劳动生产率、资产负债率等主要指标均较好完成国务院国资委考核目标。2021年完成发电量6426亿千瓦·时，同比增长10.8%，超额完成年度计划任务。水电板块量本价、新能源板块利用小时等指标排名领先，电力价格整体稳中有升。

二是产业结构优势凸显。清洁能源规模效益持续释放，2021年清洁能源发电量和利润创历史最好成绩，截至2021年底末清洁能源装机占比超过60%，持续保持国际领先地位。通过正向激励的强化措施，激发了队伍活力，为实现国家电投"四个转型"（由以化石能源为主向以清洁能源为主转型，由传统发电企业向综合智慧能源企业转型，由以投资驱动为主向以创新驱动为主转型，由传统生产型企业向国有资本投资公司转型）和"新能源+"的改革发展方向目标注入了强大动力。

7

做细做实经理层成员任期制和契约化管理 有力支撑创新发展取得新成效

国家电力投资集团有限公司

一、基本情况

国家电力投资集团有限公司（简称"国家电投"）是中央直接管理的特大型国有重要骨干企业，是我国五大发电集团之一，主要业务包括电力板块、煤电铝路港协同板块、产业金融及氢能、储能、绿能零碳交通、综合智慧能源、碳市场和碳交易等"三新"产业，拥有光伏发电、风电、水电、核电、煤电、气电、生物质发电等全部电源品种，是全球最大的光伏发电企业，负责牵头实施"大型先进压水堆核电站""重型燃气轮机"两个国家科技重大专项，是"能源工业互联网"平台建设主责单位，也是国务院国资委确定的国有资本投资公司试点企业。国家电投定位先进能源技术开发商、清洁低碳能源供应商、能源生态系统集成商，以"创造绿色价值"为使命，以"绿色 创新 融合，真信 真干 真成"为核心价值观，聚焦"2035一流战略"，致力于建设具有全球竞争力的世界一流清洁能源企业。截至2022年7月底，资产总额1.5万亿元，员工总数13万人，所属二级单位62家。总装机规模突破2亿千瓦，其中清洁能源装机突破1.26亿千瓦、占比62.5%，光伏装机、新能源装机、可再生能源装机、清洁能源装机规模均为全球首位。

国家电投认真贯彻落实党中央、国务院关于深入实施国企改革三年行动的重大决策部署，把准国有资本投资公司改革方向，以更大力度推进市场化经营机制改革，扭住子企业经理层成员任期制和契约化管理这一"牛鼻子"攻坚发力。

二、经验做法

（一）在契约文本签订组织实施方面

一是系统部署，挂图作战。国家电投主要负责同志亲自挂帅，把推行子企业经理层成员任期制和契约化管理作为深化改革的内在需要，专题研究、系统部署，发布专项工作推进流程图和管理制度体系图。通过对各级子企业三轮800余人次专题培训辅导、报纸专栏6期解读、抽查反馈整改等多种形式，整齐划一、高质量推进"签约"工作。

二是搭建"1+5+N"制度体系。"1"是经理层成员任期制和契约化管理实施方案，"5"是指《国家电力投资集团有限公司企业领导班子和领导人员综合考核评价管理办法》《国家电力投资集团有限公司二级单位负责人任期经营业绩考核办法》等5项制度，"N"是针对不同类型企业（资产经营、科技创新、金融等）、不同岗位（董事长、总经理、分管生产副总、分管战略副总、分管科研副总、总会计师、非经理层等）的30份契约模板文本，全方位的制度体系有效确保了签约工作规范化。

三是拓展契约化范围。子企业董事长纳入任期制和契约化管理，党务岗位的班子成员参照经理层成员任期制和契约化管理签订年度、任期责任书，考核结果与奖惩挂钩，进一步压实子企业领导班子每位成员的责任。

四是建立动态管理机制。将子企业经理层成员签约与经理层成员变动关联机制纳入制度，新聘任经理层成员在聘任文件印发后一个月内签订契约,全面承接新聘岗位考核内容和指标。经理层成员任期期满考核合格后,按需重新聘用,签约上岗。任期内经理层成员分工发生调整的,重新签订契约文本或者签订补充协议。

(二)在年度和任期考核指标确定方面

一是指标设置穿透落地。紧紧围绕战略目标,建立导向明确、运行规范的"战略—规划—计划""计划—预算—考核—激励""双对标、双激励"三位一体战略落地体系,将经理层成员任期制和契约化管理有机嵌入,把中长期战略、五年规划、三年任期以及年度计划指标分解落实到每家子企业和每位经理层成员,实现任期制契约化管理纵向全穿透、横向全覆盖。

二是经理层整体业绩目标突出导向性和挑战性。围绕"双碳"目标、清洁发展、科技重大专项等方面,按照"跳一跳、摸得着"的原则,"一企一策",制定经理层任期和年度经营业绩目标值和登高值,全面承接战略分解计划。对资产经营类企业聚焦净利润等关键指标,采用与净利润挂档、利润总额挂钩的工资总额联动机制,引导经理层主动挑战更高经营目标,2021年申报净利润一档目标企业占比由2020年的15%提高至92%。对科技创新类企业,业绩目标挂钩核心技术攻关、重大专项科研任务、科研成果产出等,2021年获得省部级及行业科技进步奖140余项,授权专利3200余件(其中发明专利584件),获得中国专利优秀奖2项,新增国际专利申请15件。

三是经理层成员个人业绩目标突出可量化和差异化。总经理全面承接经理层整体经营业绩目标,经理层副职按岗位职责和分工承接分解指标。个人年度和任期业绩指标由公共指标、分管业务指标、登高指标和保障性指标构成。公共指标为总经理考核得分,权重占比20%,体现责任共担;分管业务指标根据分工,一人一表,以定量为主,权重占比达80%,压实每位经理层成员经营责任；登高指标为对企业未来发展十分重要但短期内完成难度较大的任务，完成给予专项奖励，完不成不扣分，引导经理层成员勇于挑战自我；保障性指标为安全环保、保密、合规等重要事项或一票否决事项，完成不得分，未完成则扣分。

（三）在考核兑现和激励约束方面

一是激励机制更"精准"。综合运用递延支付、任期激励、登高奖励等方式强化激励与约束。年度绩效薪酬兑现强化经营业绩导向，分配系数与年度经营业绩考核结果（权重90%）和年度党建责任制考核结果（权重10%）刚性挂钩。业绩考核达不到80分，绩效薪酬为零。30%的绩效年薪递延支付，与任期业绩考核结果挂钩，考核合格即全额兑现递延额度和任期激励额度，考核不合格，退出现职岗位的同时，递延额度和任期激励均为零，促使经理层成员在关注企业短期效益的同时更加追求企业中长期高质量发展。年度和任期业绩目标均设置1~3个登高目标，完成给予专项奖励。

二是约束机制更"刚性"。在严格"双70"退出、连续2个年度或任期经营业绩考核结果不合格退出的基础上，进一步细化违法违纪、违规投资经营等7种退出情形，对触碰"红线"的经理层成员强制退出。对在经营投资中给企业造成重大经济损失或重大不良影响的，实行薪酬追索扣回机制，将经理层成员利益与企业长远发展紧密结合起来。

三是市场化机制更"强劲"。在"三新"、金融等市场化程度高的子企业积极推行职业经理人制度，23家子企业的66名职业经理人成为推动市场化经营机制深入实施的"先锋队"。全系统公开选聘优秀年轻干部，报名人数达到631人，两轮面试后63人竞争上岗，成为子企业经理层的"生力军"。

三、改革成效

一是激发了各层级企业活力。通过建立覆盖全部经理层成员、突出经营业绩、突出刚性奖惩的新型经营责任制，以上率下，带动企业中层及全体员工推行市场化用工制度和全员绩效考核，全面激发了企业内生活力动力。

二是推动了"三能"机制完善。通过与经理层成员签订"契约"，建立以契约为核心的权责体系，以契约管理实现"能上能下"，以刚性考核实现"能进能出"，以目标业绩实现"能增能减"，增强了经理层成员市场意识、竞争意识。

三是发挥了改革"牛鼻子"的作用。经理层成员任期制和契约化管理推动了董事会职权的落实，深化了三项制度改革，加快经理层成员从传统的"身份管理"向市场化"岗位管理"的转变。

8

聚焦"三能"再发力 深化改革开新局

国家能源投资集团有限责任公司

一、基本情况

国家能源投资集团有限责任公司（简称"国家能源集团"）于2017年11月28日正式挂牌成立，是经党中央、国务院批准，由中国国电集团公司和神华集团有限责任公司联合重组而成的中央骨干能源企业，是国有资本投资公司改革、创建世界一流示范企业的试点企业，拥有煤炭、电力、运输、化工等全产业链业务，是全球规模最大的煤炭生产公司、火力发电公司、风力发电公司和煤制油煤化工公司，2021年在《财富》世界500强排名第101位。自成立以来，国家能源集团坚持以习近平新时代中国特色社会主义思想为指导，以高质量党建引领保障高质量发展，坚决贯彻落实国企改革三年行动部署要求，坚持市场化方向，深入推进三项制度改革，实现效益效率双提升。2021年，集团在能源保供向社会让利600亿元的同时，实现利润总额889亿元，较重组时增长36%；全员劳动生产率100万元/人，较重组时提升33%。

二、经验做法

（一）契约化管理、常态化退出，干部能上能下增动力

一是牵住"牛鼻子"，一人一契压担子。全面推行子企业经理层成员

任期制和契约化管理，以经理层成员岗位职责和分工为基础，一企一策、一人一岗制定有挑战性的经营业绩目标，力求"跳一跳、摸得着"。同步修订《国家能源集团子分公司领导人员薪酬管理办法》，薪酬收入与企业经营业绩考核结果、个人契约目标完成情况等直接挂钩，考核结果不达标的，按程序予以解聘或不再续聘，做到干得好就激励、干不好就调整。截至2021年8月底，集团所属1076家二、三级子企业的4092名经理层成员全部完成契约签订，提前100%实现签订率目标，做到人人手上有契约、肩上有担子、心中有责任。

二是摘掉"铁帽子"，能者上庸者下。在所属科技、金融、制造等市场化程度较高的板块，全面推行管理人员竞争上岗、末等调整和不胜任退出机制，公开选聘职业经理人。所属企业国家能源集团资本控股有限公司5家子企业除党组织书记、董事长由组织任免外，其他23个班子成员全部实施市场化选聘、契约化管理、差异化薪酬和市场化退出，真正把有能力、有活力的管理人才选上来。所属企业国电联合动力技术有限公司管理人员全员起立，公开竞聘上岗，竞争最激烈的岗位同时有18人参与竞争，真正实现管理人员能上能下。

(二)明确标准、畅通出口，员工能进能出激活力

一是以劳动定员为核心，练好用工管理"基本功"。按照"对标一流、行业领先"的原则，编制煤炭、电力、化工、运输四大产业、九大专业劳动定员标准，"一企一策"逐户核定四大产业920家子企业劳动定员，形成了具有国能特色的定员标准体系。打好定员应用"组合拳"，将劳动定员作为核定企业用工计划的重要依据，建立定员管理与工资总额联动机制，用工水平达到基本定员的减人不减资，达到先进定员的按比例予以奖励。重组以来，国家能源集团火电产业每万千瓦用工从6人下降至4.53人，下降32%，新建机组每万千瓦用工不到1人；人均煤炭产量从35.7吨/工提高

至42.4吨/工，提高19%。所属国能黄骅港务公司年吞吐量2亿吨，用工不到900人，全员劳动生产率达400万元/人，达到世界一流水平。

二是以市场化为方向，减员增效点燃新引擎。严把人员"入口关"，全面推行公开招聘，新招聘毕业生全部以市场化身份签约，从源头打破"铁饭碗"。修订劳动合同范本，明确市场化退出条款，依法合规实现"进得来、留得住、出得去"。促进人力资源"内循环"，完善内部人力资源市场建设，推动富余人员向生产一线、缺员单位和新兴产业流动。近3年累计调剂3万余人，有效缓解了用工结构性矛盾。畅通人员"出口关"，全面推行全员绩效考核，统一考核等次分布，建立不称职等次负面清单。强化考核结果应用，出台员工待岗培训管理办法，明确绩效考核不合格的员工进入待岗培训，连续2次培训不合格的调整岗位或依法解除劳动合同。

（三）用好总额、搞活分配，收入能增能减提效力

一是总额分配看效益、看效率，以创收决定增收。坚持以效益效率决定工资总额，稳步降低二级单位工资总额中的固定工资占比，浮动工资占比由过去的20%提高至60%，浮动工资与月度考核和年度考核挂钩，推动工资分配向利润增长快、增额大、用人少、效率高的单位倾斜，所属子企业年度工资增幅最多相差15%。2021年，煤炭板块不同企业人均收入最多相差15万元，电力板块最多相差20万元。通过系统完备的业绩考核和清晰明确的分配导向，让效益增的企业满意，让工资降的企业服气。

二是内部分配看岗位、看贡献，以汗水决定薪水。为岗位付薪，收入向一线"苦脏累险"和关键紧缺的岗位倾斜。在煤炭、电力、运输等主要业务板块，全面开展岗位价值评估，做到一岗一薪、易岗易薪。煤炭生产一线、生产辅助、服务类岗位收入分配比例关系达到3:2:1，电力、运输、化工板块收入分配关系达到2:1.5:1，使岗位价值与收入分配相匹配，引导员工向高价值岗位流动。为业绩付薪，收入向肯干绩优的员工倾斜。加

大员工薪酬与绩效考核的挂钩力度，以绩效高低决定收入增减，同岗级考核优秀员工的绩效薪酬是基本称职员工的 2.3 倍，考核不称职的员工不发放绩效薪酬。为能力付薪，收入向高技术、高技能的骨干倾斜。在 20 家科技型企业实施中长期激励，9 家企业中长期激励取得明显成效。2021 年获得授权专利 225 项，签订科技成果转化项目 14 个，创利 9.3 亿元。

三、改革成效

一是"三能"机制实现制度化。着力抓好改革的制度设计，防止改革"一阵风"。以构建职位职级、全员绩效考核、薪酬激励三大体系为统领，制定印发 42 个制度文件，所属分/子公司参照集团公司三项制度改革制度框架，累计修订完善 1220 个相关制度，从制度层面搭建起三项制度改革的"四梁八柱"。

二是改革的氛围已经形成。通过开展三项制度改革政策宣贯和业务培训，员工对改革的目标任务和关键环节有了清晰的认识，思想上也发生了较大变化。从之前片面地认为改革就是为了让谁下去或让谁出去、惧怕改革、抵触改革，转变为理解改革、支持改革，改革"等不起"的紧迫感更强了，形成了良好的改革氛围。

三是企业经营业绩显著提升。2021 年，国家能源集团克服煤炭资源不足、煤电超发超亏等重大挑战，深挖潜能，全力增产增供。全年实现煤炭产量 5.7 亿吨，创历史新高；电力产业持续稳发满发超发，发电增速持续超过全国平均水平，年度发电量超过 1.1 万亿千瓦时。全年实现利润总额 889 亿元，同比增长 6%，多项生产经营指标创历史最好水平，全面完成国务院国资委业绩考核指标。

9

深化薪酬分配改革 强化正向激励 激发企业高质量发展活力

中国联合网络通信集团有限公司

一、基本情况

中国联合网络通信集团有限公司（简称"中国联通"）是我国持续深化电信体制改革的产物，历经国信、"小网通"、吉通、网通等多次融合重组，始终处于高度市场化、高度竞争性的产业环境中。2017年，中国联通深入贯彻《中共中央 国务院关于深化国有企业改革的指导意见》及相关精神，作为中央企业试点实施公司混合所有制改革，进入了公司改革发展的快车道。

混改前，中国联通普遍存在着内部微观主体活力不足、"造血"功能不强等问题，严重制约中国联通可持续发展。近年来，中国联通以推进公司混改为契机，深入贯彻国企改革三年行动的总体部署要求，着力推进市场化经营机制改革。坚持按劳分配为主体、多种分配方式并存，在整体深化薪酬分配改革过程中强化正向激励，通过三个"着力"加快队伍转型步伐，激发主观能动性，推动公司实现高质量发展。

二、经验做法

（一）着力提升全要素生产率，持续探索资源配置"差异化"

一是差异化配置人工成本增量。坚持增量分享，以增收为出发点、以增利为落脚点，人工成本配置模式由收入挂钩调整为增量收益分享。坚持分类施策，以 EBITDA（税息折旧及摊销前利润）增值部分衡量价值创造，根据资源投入产出效率、盈亏变化、人均工资等差异化设置人工成本分享比例。2018—2021 年利润复合增长 19%，人工成本复合增长 8%，实现人工成本与效益协调增长，企业价值创造与员工薪酬同步提升。

二是差异化投入专项激励资源。聚焦创新领域，建立人才特区，坚持不限岗位、不限来源、不限薪酬"三不限"原则，持续加强关键领域高精尖缺人才引进，先后引入互联网公司资深专家、首席架构师等 5 位领军人才。同时，加大专项激励资源硬供给，支持人才结构调整和跨组织人才使用，支撑创新业务效益提升和创新动能培育。2018—2021 年，针对创新领域人才特区累计投入人工成本超 50 亿元。

三是差异化调整分配模式。基础业务领域实施激发基层责任单元活力改革，市场线瞄准增收增利、网络线瞄准成本节约。创新业务领域实施项目制改革，基于项目投入产出兑现团队薪酬包，基于项目考核结果兑现团队成员薪酬。各级本部通过区分业务场景和岗位属性，建立关键职责产出、考核目标设定、激励资源配置"三位一体"的薪酬激励机制，实现考核激励的精准匹配。

四是差异化调控分配差距。按照"直接价值创造大于间接价值创造"的原则，针对后台与一线、同专业不同岗位族、同岗位族绩优与绩平人员等薪酬分配关系进行重点调控。全面盘点薪酬分配现状，通过调整资源流向提升激励的针对性和有效性。聚焦关键少数，突出"强激励、硬约束"，重点拉开各级管理人员薪酬差距。2021 年省公司经营班子正职年度绩效薪酬差距达 5 倍，任期激励差距达 8 倍，浮动薪酬占比最高超过 83%。

（二）着力实施长期激励计划，持续打造风险利益"共同体"

一是在集团层面，用好股权激励，保障经营目标顺利达成。打破按照职级确定激励的传统方式,以各级公司经营班子作为激励主体,同时保证一线骨干、专业人才和创新人才的授予比例。在授予阶段打破平均主义,差异化确定授予和分配数量,创新领域与基础领域的授予比例最高相差1.5倍,管理人员的授予比例最高相差1.2倍。在解锁阶段坚持动真碰硬,前两个解锁期内共11家二级单位不能100%解锁,最低解锁比例50%,1292名员工因个人业绩未达标不能100%解锁,其中二级单位班子成员58人,最低解锁比例为0。

二是在分/子公司层面,统一建立长期激励体系,探索更加灵活的激励方式。在"双百企业"联通智网科技有限公司、中国联通云南省分公司,以及与互联网企业合资成立的云粒智慧科技有限公司、云镝智慧科技有限公司等公司实施员工持股,让员工真正转变身份,增强主人翁意识,激发干事创业热情。结合子公司市场化改革,面向关键技术攻关、自主能力提升等项目团队,探索实施岗位分红等多种长期激励手段。

(三)着力构建全面激励体系,持续提升干部员工"获得感"

一是创新全面激励体系。强化整体薪酬理念,统筹整合晋升、绩效、福利、认可、荣誉、长期激励、培训七大激励要素。强化晋升激励,完善晋升平台,落实员工职业发展双通道;强化绩效激励,持续促进员工改进绩效、提升能力,实现绩效薪酬与考核结果紧密关联;强化福利激励,实施弹性福利模式,给予员工全方位、个性化关心关爱;强化认可激励,通过授予认可星、点亮认可树等激励方式,助力员工与公司管理思路统一、行动一致;强化荣誉激励,充分发挥荣誉表彰的精神引领、典型示范作用,营造见贤思齐、争先创优的良好氛围;强化长期激励,通过企业年金、股权类、现金类等长期激励方式,实现员工与企业风险共担、利益共享;强化培训激励,设定体系化培训计划,提供个性化培训项目。

二是创新全面激励报告系统。集中采集员工激励全流程信息,从7个维度全景呈现员工获得的全部物质类和非物质类价值，处理数据3000余万条，为24万名员工一对一推送全面薪酬报告，依托互联网实现激励资源配置的规则透明、过程透明和结果透明。

三、改革成效

中国联通以全面落实国企改革三年行动决策部署为重要突破点，坚持以市场化为导向，健全企业制度和公司治理机制，深化薪酬分配改革，强化正向激励，带动公司实现了经营业绩显著改善、效率和竞争能力稳步提升的新气象。主要表现在三方面：

一是微观主体活力有效激发，公司效率明显提升。2018—2021年职工平均工资复合增长率超10%，2021年全员劳动生产率同比增长9.40%，员工队伍活力得到不断激发，为企业高质量发展注入强劲动力。

二是收入利润稳步增长，经营业绩明显好转。2021年公司营业收入同比增长7.80%，利润总额同比增长14.70%，净利润同比增长21.30%，实现了公司可持续健康增长。

三是新旧动能加速转换，创新转型步伐明显加快。2021年公司紧跟"十四五"数字化转型发展趋势，持续推进创新产品打造，深耕重点行业，新兴ICT业务占主营业务收入比达到18.70%，成为带动公司业务增长的新动能。

10

牢记殷切嘱托 实施"五金"激励
全面打造企业发展与员工成长命运共同体

中国第一汽车集团有限公司

一、基本情况

中国第一汽车集团有限公司（简称"中国一汽"）是国有特大型汽车企业集团，1953年奠基，1956年建成投产。经过60多年的发展，建立了东北、华北、华东、华南、西南五大生产基地，构建了全球化研发布局，拥有红旗、解放、奔腾等自主品牌和大众、奥迪、丰田等合资合作品牌，累计产销汽车超过5000万辆，销量规模位列中国汽车行业第一阵营。截至2021年底，中国一汽员工总数12.8万人，资产总额6021亿元，营业收入超7000亿元，销量350万辆，其中红旗品牌突破30万辆，同比增长超过50%，增速10倍于行业平均水平；连续13年在国务院国资委央企经营业绩考核中获得A级，位居《财富》世界500强第66位。

国企改革三年行动以来，中国一汽坚决把学习贯彻习近平总书记重要讲话重要指示精神作为首要政治任务，坚定"掌控关键核心技术、树立民族汽车品牌、强大中国汽车产业、开创新时代汽车产业创新发展的新道路"的企业使命，把技术自立自强、产品极致创新作为衡量贯彻落实成果的标准和本质体现。坚定贯彻全面创新驱动发展战略，聚焦"以全面创新驱动为主线"的工作方针,深度融合业务实践创新产品、技术体制机制,推动实现技术创新、产品创新的成果和能力行业领先。

二、经验做法

以习近平总书记视察中国一汽重要讲话精神为指导,深入贯彻落实国务院国资委锚定创新驱动发展精准发力工作要求,以国企改革三年行动为契机,中国一汽深化内部"四能"改革创新实践,以创新驱动为主线,聚焦创新成果和创新人才,创新工作机制,丰富激励手段,进一步加大对核心人才的薪酬激励和表彰力度,打造企业发展与员工成长命运共同体,切实将人才优势转化为创新优势、竞争优势、发展优势,成为企业快速转型和高质量发展的助推器、新引擎。

(一)创新激励模式,建立健全中长期激励体系,打造企业发展与员工成长命运共同体

一是对科技攻关项目实施伴随项目全周期的对价式激励约束。"金钥匙"激励计划对承担16项"卡脖子"技术攻关项目和1项全新产品开发项目的团队成员,按项目"技术等级"和"技术先进性"衡量项目价值,由项目团队成员与企业按1:1对价出资共筑奖金总额,激励伴随项目全周期、挂钩关键任务节点解锁,对等激励约束。技术研发阶段解锁80%,同时预留20%的企业出资额度,挂钩产品上市销量、QCTF(质量/成本/时间/功能)目标达成情况兑现,撬动创新技术成果转化应用和打造"拳头产品"。

二是在创新新业务领域实施伴随人才成长的累积金激励。"金梯子"计划聚焦新能源、智能网联等新业务领域,遴选骨干人才设定吸引性激励额度,对标新业务领域技术人才市场薪酬水平,按薪酬水平年均额外增长9%,一次性授予3个年度的激励额度。同时设置成长性激励兑现条件,激

励额度锁定期 3 年，锁定后根据激励对象考核期内年度综合考核结果为优秀的累计次数兑现激励，牵引实现业绩目标及能力成长。

三是对科技领军人才实施伴随荣誉称号的积分奖励机制。"金果实"激励计划聚焦获得各类人才称号的核心员工，实施人才荣誉积分机制，按照国家级、省部级、地市级不同层次人才称号，对应企业所在地及省份人才类别情况，建立人才积分矩阵，实施积分累计，积分累计达 5 分上调 6% 薪资，激发核心人才荣誉感、获得感。

（二）坚持市场化，深化项目改革，打造选贤任能、让能者脱颖而出的人才激活机制

一是构建强项目管理机制，给予科研项目负责人和科研人员更多自主权。聚焦项目体制不畅、人员活力不足等痛点问题，"金钥匙"激励计划为加快推出一批解决当前重大问题、满足市场急需、解决"卡脖子"问题和未来关键技术的成果，以技术攻关项目和产品开发项目为载体，打造强项目管理体制，构建矩阵式项目管理模式，授予项目 CEO 选人权、考核权和分配权，签订两级项目绩效合同（院—项目—成员），压实责任、明确考核节点，强化项目和专业职能相互协同。

二是鼓励"摘标式"攻关立项，强化高技能人才突出作用发挥。"金扳手"激励计划为解决生产实践中关键技术难题，促进产出重大革新成果，识别并发布急需解决的技能攻关课题，启动由集团公司"首席技能大师"组建团队、"摘标式"攻关立项、集团相关委员会确认立项并评估项目攻关成果，全面激发高技能人才示范引领突出作用。

三是建立多维人才遴选管理办法，让优秀人才脱颖而出。"金梯子"计划综合考虑业绩贡献、成长潜力和服务年限等，建立包括重大项目参与、重大问题解决、先进前瞻技术掌握等多维度选拔模型，严格甄选新业务领域核心骨干，按初步甄选、班子决策、公开公示的流程，确定不超过

15%的骨干员工为首次激励对象,让创新人才在同一平台上公平竞争,让能者脱颖而出。

(三)聚焦荣誉激励,强化正向激励,打造弘扬首创、尊重人才新生态

一是实施"荣誉+物质"双激励,激励人才荣誉感。"金种子"激励计划着力推进管理创新,紧密结合集团年度重点工作,聚焦管理变革、组织优化、流程再造、模式创新等方面,组织所属各单位开展项目立项,优秀的推荐参评集团公司管理创新奖,按获奖级别给予项目团队5万~50万元奖励。"金扳手"激励计划对项目成果优异的,推荐参评中国一汽"工匠(实践)创新奖",给予荣誉激励及按获奖级别给予项目团队5万~50万元奖励。

二是实施人才"绿区"政策,强化人才示范引领作用。"金果实"激励计划对满足人才荣誉积分要求的,在岗位晋升、评优评先及参加集团重大庆典活动等方面享受优待,强化示范,鼓励员工申报、参评人才称号,营造争优评先积极氛围。

三是实施典型案例评选和推广,促进知识积累和经验传承。通过召开经验分享会、汇编经典案例等方式,对"五金"激励计划实施过程涌现的好经验、好做法、好模式,更大范围复制推广,实现迭代更新,努力营造典型引路、比学赶超的浓厚改革氛围,激发企业内生动力。

三、改革成效

中国一汽"五金"激励计划、股权激励、科技分红激励及风险对价等激励模式,打出了激励员工全面创新驱动的"组合拳",极大地调动了创新创业热情和首创精神。

一是实施"对价式"激励约束,实现项目成员收益与项目业绩捆绑,共创共享,大大激发了技术创新人才的积极性和主动性,在十大关键领域上实现关键核心技术突破。2021年，高质量完成16项国资委"1025"专项研发任务，共实现53项关键技术突破。E-QM5新产品开发项目高效落地，开发效率由24个月缩短至21个月，成本超目标达成；10名高技能人才获评集团级首席技能大师，立项解决了"轿车侧围类模具三角窗坑缺陷""可视化智能安全防护装配"等10项生产技术难题。

二是在集团内营造了创新氛围，促进产出了一大批重大革新成果，2021年中国一汽完成专利申请4757件，同比增长35.6%，其中发明专利2730件，同比增长55.4%，专利授权数量预计汽车行业第一，创新水平再上新台阶。

三是发挥人才引领效能，提升了人才荣誉感、自豪感、获得感，支撑打造规模超过1000人的一流科技人才队伍，其中45岁以下的中青年科技人才达到700人以上，持续助力关键核心技术创新突破。

11

扭住任期制和契约化管理"牛鼻子" 深化三项制度改革 奋力实现高质量发展

中国东方电气集团有限公司

一、基本情况

中国东方电气集团有限公司（简称"东方电气集团"）是党中央确定的涉及国家安全和国民经济命脉的国有重要骨干企业。近年来，东方电气集团坚持以习近平新时代中国特色社会主义思想为指导，认真贯彻落实国企改革三年行动决策部署，坚持"改革永远在路上"的精神和魄力，深耕发电设备产业60余年，发展成为具备水、火、核、气、风、光"六电"并举研制能力的能源装备集团，发电设备产量累计突破6亿千瓦。在当前能源产业结构深度调整、推进实现碳达峰碳中和发展目标的新的历史起点上，东方电气集团积极落实国企改革三年行动部署，自我加压、主动改革，围绕"11256"发展战略，以推进经理层任期制和契约化管理为抓手，带动三项制度改革实现全面突破，为企业高质量发展注入全新动能。

二、经验做法

（一）转观念，以经理层任期制和契约化管理为突破，让改革氛围立起来

深化改革，领导干部是关键，只有领导人员在涉及切身利益的三项制

度改革中带头先改,才能争取到职工对改革的支持。2019年以来,东方电气集团先后邀请杭州海康威视数字技术股份有限公司、中国建材集团有限公司、山东重工集团有限公司等企业负责人来访交流改革先进做法,寻找改革"破题点"。在无先例可循的情况下,2019年,在2家三级企业试点经理层任期制和契约化管理。2020年,统筹构建了"3+N"(1个行动方案+1个任务清单+1个考评体系+N个配套制度)改革制度框架,实施了以"三个突出"(突出以指标定任务、突出全流程管理、突出以"三比较"定"三挂钩")为特色的三项制度改革考核评价机制,召开改革动员部署会,明确将任期制和契约化管理作为推动三项制度改革向纵深发展的"突破口",全面推进实施。2020年底,全集团14家二级企业率先实现经理层成员任期制和契约化管理"全覆盖"。2021年8月,股份公司及20家三级子公司经理层成员完成任期契约书签约,任期制和契约化管理机制在各级次企业实现"应建尽建"。在此带动下,全集团三项制度改革进一步走深走实:中层管理人员竞争上岗和考核不合格退出成为常态,2021年退出率超过9%;市场化用工机制逐步建立,1.72万名在岗职工实现"双合同"管理(劳动合同+岗位合同),年度考核末两档(基本称职和不称职)1263人,占比超过7%,进入储备中心167人,市场化退出446人,退出率2.57%;薪酬差异化水平进一步提升,通过限制性股票、分红激励等多种中长期激励,职工薪酬差异化倍数超过5倍,主要企业非领导身份的技术、营销岗位骨干职工最高薪酬超过集团公司领导。

(二)明权责,以契约定责赋权明利,让企业管控活起来

保障经理层权责到位是推行任期制和契约化管理的基本条件。近年来,东方电气集团坚持优化总部功能定位,不断推进市场化经营体制机制建设。

一是在规范法人治理结构上做"加法"。强化"四专三线"特色专职董事队伍建设，率先实现全级次企业董事会应建尽建、外部董事占多数"全覆盖"，推动对子企业管控方式由审批管理向委派董监事管理转变。

二是在压缩审批事项上做"减法"。全面实施"放管服"，持续完善母子公司纵向分权制度，明确权责边界，加大授权放权力度，制订印发《落实子企业董事会职权工作方案》，全面落实子企业董事会六项职权。

三是在提升总部监管效能上做"乘法"。放大总部战略保障和服务职能，突出子企业战略承接落实和完成任期目标的主体责任。

四是在优化发展环境上做"除法"。全面推行"首问负责制""一次告知制""限时办结制"和"责任追究制"，切实减轻基层负担，确保企业心无旁骛抓好任务落实。

（三）定红线，畅通领导人员退出通道，让干部交椅动起来

任期制是基于岗位的任期管理。东方电气集团从三个方面推进经理层任期制和契约化管理。

一是推行"摘标制"。以发布会"发标"的方式公布任期业绩和薪酬目标。经理层确定"摘标"的，签订确认书；不"摘标"的，可面向全集团另行"发标"并组建新的经理层。2020年，一个三级单位经营班子因竞标失败而"重组"。

二是实现了身份与任期、岗位与考核结果"双挂钩"。经理层任期统一为3年，任期结束双方可选择续约或不续约。明确7类退出情形，建立考核"四个不合格"（年度和任期综合考评不合格、年度和任期业绩不达标）退出标准。

三是打通领导人员退出通道。印发《推进领导人员能上能下若干规定》，明确退出标准和流程。2020年，一名职业经理人因不能完成目标而"退出"。

（四）严标尺，以推进高质量发展为导向，让战略与考核联起来

考核什么就能引导经理层干什么。东方电气集团围绕"一个坚持、五个突出"，建立了导向明确的任期业绩考核体系。

"一个坚持"。坚持集团战略定在哪、考核就指向哪，以到2022年实现历史最优、行业一流，到"十四五"末效益和规模各翻一番为总目标，分解落实企业任期目标。

"五个突出"。第一，突出可完成性和挑战性。按照递进提升原则，设定关键业绩目标值，让企业"跳一跳、够得着"。第二，突出精准聚焦。建立关键业绩、提质增效、服务战略、约束指标四类指标库，营业收入、利润总额等关键业绩指标权重不低于70%，同步设置研发经费投入、在手订单金额等反映发展后劲的指标，引导企业既注重当期目标实现，又坚持高质量发展方向。第三，突出"一企一策"。不搞"一把尺子量到底"，"科改示范企业"提高科改指标比重，专业化服务公司以考核服务质量和风险管控为重点。第四，突出稳中求进。实施任期考核三年得分连乘，在放大年度业绩作用、拉开差距的同时，强化稳中求进导向，引导经理层眼光放远，避免"只看今年"。第五，突出责任分解落实。通过一人一岗签订《任期契约书》《任期业绩考核责任书》《年度业绩考核责任书》等方式，实现企业任期目标的有效承接。

（五）重实绩，坚持刚性兑现和差异化原则，让激励与约束强起来

东方电气集团坚持市场化导向，通过薪酬对标，合理确定经理层薪酬水平。

一是在体系设计上，建立当期和中长期相结合的激励体系，企业经理层除按规定领取年度和任期薪酬外，全部纳入上市公司股权激励计划。

二是在规则执行上，推行目标薪酬透明化，改变"事后算账"做法，将业绩和薪酬目标直接写入任期契约书，实现"按业绩算薪酬"。

三是在薪酬水平设定上，坚持绩效导向。连续三年超额完成目标的，经理层年均薪酬可增长50%～70%，部分企业可翻番；明确"四个不达标"（年度业绩得分低于75分、年度综合考评不称职、任期关键指标完成率低于75%、任期综合考评不称职）绩效类薪酬为0要求。

四是在激励兑现时，既奖励全能冠军，也奖励单项冠军。建立单项指标挑战奖励规则，对任期利润超过目标30%以上的部分，实施超额利润奖励；对超额完成市场开拓任务的企业，单独予以重奖。2020年以来，面对疫情冲击压力，全集团14家二级企业中11家连续2年超额完成年度契约目标，并刚性兑现契约薪酬，4家企业负责人年度薪酬超百万元。

三、改革成效

通过任期制和契约化管理的全面实施，在企业内部树立了较真碰硬、凭业绩论英雄的氛围。开展国企改革三年行动以来，东方电气集团克服行业下行和疫情的双重影响，主要经济效益指标连续两年实现两位数大幅增长。其中，营业收入、利润总额、新生效订单较2019年分别增长44.68%、64.01%、44.14%；人力资源投入产出水平持续提升，全员劳动生产率52万元/人，较2019年增长34.39%；人工成本利润率58%，较2019年提升16.38个百分点，在"十四五"开局之年跑出了加速度。

12

搞活分配方式　用好激励工具
打出多元多层激励"组合拳"

鞍钢集团有限公司

一、基本情况

鞍钢集团有限公司（简称"鞍钢"）是新中国第一个恢复建设的大型钢铁联合企业和最早建成的钢铁生产基地，被誉为"共和国钢铁工业的长子""新中国钢铁工业的摇篮"，是"鞍钢宪法"诞生地。鞍钢以落实党中央、国务院国企改革三年行动要求为契机，坚定不移走"改革＋市场"发展之路，坚持问题导向，发扬斗争精神，破立并举，握指成拳，深化激励保障机制建设，加强激励保障政策精准供给，加大激励政策落实落地，不断提升企业创新创造能力，激发职工队伍活力。

二、经验做法

（一）突出"效益和效率"，优化"四个机制"，构建工资分配新格局

一是健全效率导向的工资总额保留机制。对子企业减员的在岗职工工资总额，依据劳动生产率行业对标情况差异化确定保留比例，突出效率导向，对全员劳动生产率处于行业 75 分位及以上的子企业实行减人不减工资。鞍山钢铁集团有限公司、鞍钢集团矿业有限公司等子企业通过提高劳

动生产率，100%保留了减人的工资总额。该政策落实到车间班组等一线岗位后，职工因此获益最大，"缺人"问题得到有效解决。

二是建立递进式工资效益联动、增效"赛马"的工资总额决定机制。坚持"业绩升、薪酬升，业绩降、薪酬降"原则，引导各子企业构建分档赛跑机制，在效益、效率等方面与行业对标，业绩增速超过行业平均水平。对不同类型企业分别按照超过上年利润10%以内、10%~20%、20%以上三档进行划分，递进式核增工资总额预算。通过"赛马"机制，根据对标上年利润比例排序情况，将排名前三和排序末位的子企业，分别再增加或减少2%的工资总额比例，真正体现"工资是挣出来的"理念。

三是建立效率对标调节机制。在工资效益联动机制确定的工资总额基础上，依据子企业劳动生产率、人工成本利润率"跑赢大盘"情况确定调节系数，在0.3~1.1倍之间调控子企业工资总额增幅，"效率高、增幅高，效率低、增幅低"，提升各级子企业提高劳动效率的积极性，子企业在关注业绩指标的同时更加注重效率提升。

四是建立工资总额周期预算管理机制。推进子企业对所属企业全面实施工资总额预算管理，逐级健全工资总额"年初预算、月度跟踪、季度通报、年度评价"管理方式。鼓励经营发展具有周期性特点的子企业实行工资总额周期预算管理，周期内企业增人不增工资总额、减人不减工资总额，增强跨周期调节能力。鞍钢所属德邻陆港供应链服务有限公司（简称"德邻陆港"）、四川劳研科技有限公司、四川鸿舰重型机械制造有限责任公司等子企业充分利用这一政策，使企业薪酬分配的自主性和灵活性明显提高，经营业绩大幅提升。其中，德邻陆港2021年销售收入破百亿元，较上年增加128.58%；实现利润破亿元，较上年增加61%。

（二）突出"重点和差异"，实施"双轮驱动"，提升考核分配新高度

一是实施战略绩效驱动。承接国务院国资委"两利四率"考核指标，

构建"4+N+1"KPI指标体系:"4"为基本指标,反映企业生产经营效益指标,包括净利润、经济增加值、营业收入利润率、经营性现金流;"N"为集团重点工作及企业发展战略性指标;"1"为提质增效专项考核指标。实行"跑赢大盘、跑赢自身"二维评价,构建"三区间"步步高赛跑机制。2021年,在推行任期制契约化管理的314家企业中,有147家完成挑战目标,占比46.8%,契约化管理成效得到进一步释放。

二是实施岗位绩效驱动。以岗位绩效管理"无死角"为目标,建立"e考核"信息化岗位绩效考核模式,全部落实基层作业区、班组考核分配自主权,按照"谁管人、谁考核、谁分配"和"能决定什么、控制什么就考核什么"原则,让"听得见炮声的人"有更大话语权。创建浮动工资差异系数,合理拉开收入差距,构建更加科学有效的全员岗位绩效管理体系,根据效益完成情况即时激励,提高工资效益匹配度。同时,加大收入分配向高级管理、高科技、高技能、营销、苦脏累险岗位倾斜,子企业负责人年度薪酬、一线同岗位职工月度薪酬最大差距均达到4倍以上。科研人员年最高收入突破100万元;营销人员业绩报酬上不封顶;一线首席技师最高收入达到48万元,充分释放绩效考核的激励作用。

(三)突出"精准和有效",用好"六种工具",激发创新创造新动力

一是推进上市公司实施股权激励。充分利用上市公司股权激励政策,对所属鞍钢股份有限公司、攀钢集团钒钛资源股份有限公司两家上市公司全部实施股权激励,为270名高级管理人员和核心技术人员授予限制性股票。在业绩考核指标设计过程中,共选择具有可比性的30多家上市公司从经营规模、业务模式、业绩等方面进行对标,高标准设计业绩考核指标和标准,让核心骨干人员与企业形成利益共同体,相互促进,共同发展。

二是推进科技型企业实施分红激励。将科技型企业股权和分红激励"破冰"和"扩面"作为重点,按照"应用尽用、可用尽用"原则,指导

所属高新技术企业、转制科研院所等满足条件的10家科技型企业，选择股权激励、岗位分红、项目收益分红等符合自身实际的激励方式，全部实施中长期激励，充分调动广大技术和管理人员的积极性和创造性。

三是实施超额利润分享。聚焦子企业负责人、关键岗位核心人才，建立以价值创造为导向的超额利润分享机制。其中，对子企业负责人实施增效奖励，在利润考核目标值"三区间"实行分段计算，递进式加大激励力度。在规定的奖励上限额度内，子企业负责人增效奖励最高可达本人基薪的8倍，超利难度越大，分享比例越高，充分调动子企业负责人创效积极性。

三、改革成效

一是效率效益明显改善。2020年以来，在岗职工由11.1万人优化至目前的9.7万人，优化幅度达到13%。2021年，鞍钢实现了国务院国资委党建工作责任制考核评价首次晋级"A"；鞍钢重组本钢集团有限公司顺利实施，粗钢产能位居国内第二、世界第三，形成"南有宝武，北有鞍钢"的钢铁产业新格局；经营效益创历史最好水平，营业收入、经营利润首次突破3000亿元、300亿元关口，"十四五"取得开门红的"三个历史性突破"。2022年，鞍钢三项制度改革在国务院国资委首次评估中被评为一级（A类）。

二是员工获得感明显增强。通过推进同利机制，职工收入稳步增长，2021年80%在岗职工收入同比上年增长10%以上。连续4年开展"践行共享理念、关爱一线员工"专项服务行动，深入实施"我为职工办实事"实践活动，推进十项民生实事计划，让职工群众共享改革发展成果。鞍钢考核分配工作被国务院国资委评为中央企业先进单位。

三是科技创新激励取得丰硕成果。用足用好科技创新激励保障机制，充分调动科技人员积极性,海洋装备、核电、航空等领域先进高端材料攻关取得重大突破。专用钢材大量应用在辽宁舰、山东舰、福建舰,转向架用钢首发应用于350千米时速"复兴号"动车组,超高强海工钢成功应用于"蓝鲸一号",为国家钢铁产业链、供应链自主可控、安全可靠做出重要贡献。近3年,鞍钢荣获国家科技进步奖8项,其中一等奖1项、二等奖7项;取得中国专利优秀奖6项;累计拥有有效专利10055件,其中发明专利5322件,发明专利占比提升至53%。

13

激活力 提效率 全面推进用工市场化见实效

中国航空集团有限公司

一、基本情况

中国航空集团有限公司（简称"中航集团"）成立于2002年10月，所属二级公司主要有7家，经营业务涵盖航空客运、航空货运及物流两大核心产业，涉及飞机维修、航空配餐、航空货站、地面服务、机场服务、航空传媒等高相关产业，以及金融服务、航空旅游、工程建设、信息网络等延伸服务产业，在职员工总数达10万人。截至2021年12月31日，中航集团（含控股公司）机队规模746架，经营客运航线达672条，拥有国内最大、最完善的国际航线网络。作为我国唯一的载旗航企，中航集团自觉融入国家发展大局，主动参与国家战略建设，承担重大运输保障任务，执行海外撤侨、运输新冠肺炎防疫物资和医护人员等急难险重任务。

近年来，中航集团紧紧围绕激发活力、提高效率，全面推进用工市场化改革工作，不断推动深化劳动用工制度改革走深走实。通过健全"公开、平等、竞争、择优"的市场化公开招聘制度，建立以劳动合同管理为关键、以岗位管理为基础的市场化用工制度，构建员工能进能出的合理流动机制，提升人力资源价值创造水平，为促进集团高质量发展、实现创建世界一流示范企业发展目标提供坚实的人才队伍保障。

二、经验做法

（一）搭体系、广宣贯，科学谋划用工改革顶层设计

一是体系化建章立制，构筑改革蓝图。中航集团按照"制度先行、管理跟进"的思路，实事求是、融会贯通地将上级要求与外部经验落实为集团具体改革举措，紧密围绕市场化用工改革任务，从"严把入口"和"畅通出口"两方面，聚焦公开招聘、不胜任退出、劳动合同契约化管理等重点改革领域出台了18份制度文件，既有对改革工作纲领性、基础性、常规性的要求，又有对重点领域针对性、创新性、破题性的探索。同时，将改革要求向下延伸，指导督促下属各二级单位结合实际情况，配套形成200余项管理办法，切实为激发企业活力、增强员工动力提供了制度保障。

二是多元化宣贯培训，凝聚改革共识。中航集团自上而下、由点及面，将深化劳动用工制度改革宣贯工作穿透到基层单位，探索出一套"宣讲团+工具包"的宣贯方法论，确保上下贯通。组织召开"市场化用工改革"专题推进会，解读改革政策文件，明确改革任务，分享经验做法，做到参训人员系统全覆盖。组建"改革宣讲团"，深入重点单位领导班子和业务部门开展实地调研和专题宣讲，"一企一策"精准指导，确保宣贯工作"接地气"。针对不胜任管理、劳动用工操作规范等重点领域，录制培训微视频，分享管理"工具包"，将改革政策直达基层，讲好改革经验与成效，提升基层管理技能。

（二）抓重点，出实策，扎实推进用工市场化机制改革

一是提升效率，合理控制用工总量。坚持向资源配置要效率，向成本投入要效益，全面建立以劳产率为基础的用工总量决定机制。加强与世界一流企业对标，科学确定"十四五"期间劳产率增长目标，并纳入各级组织绩效合约形成刚性约束。搭建集团劳产率数字化管理平台，构建全级次

劳产率指标体系，形成覆盖13家对标航司、30余家下属单位、109个主要生产岗位的指标数据体系。强化新技术、新模式、新工艺在民航产业链中的深度融合，优化生产组织流程，切实推进减员增效。

二是严把入口，全面推进公开招聘。健全分级分类的公开招聘制度体系，规范招聘标准与程序，提升招聘工作质量，全面落实公开招聘要求，做到"信息公开、过程公开、结果公开"。通过建立公开招聘的用人制度，凝聚吸引优秀人才，形成广纳贤才、人尽其才的良好氛围。出台市场化人才招聘专项制度，对急需紧缺的商务营销及信息技术领域的专业人才，突破现有薪酬和岗位体系，完善吸引保留和激励约束机制，为集团改革发展事业不断注入源头活水。

三是畅通出口，健全员工有序退出机制。强化试用期考核、首个劳动合同期考核、不胜任退出、劳动纪律管理和医疗期管理"五个关键环节"管理，明确管理标准，完善管理流程。攻坚克难，着力推进员工不胜任管理，以岗位胜任力为基准，通过"1个标准、2个基础、3类情形、4个程序、5个要件"规范管理模式和管理行为，细化"10＋N"不胜任情形，实现负面清单式管理。针对空勤队伍特点，推行"手册式管理"，制定六大类共221条奖惩规则，实施量化考核，做到有法可依、有章可循。

四是强化契约精神，推行差异化劳动合同。全面推行"差异化合同＋契约化管理"的劳动合同管理模式。根据岗位特点，细化完善劳动合同内容，明确激励约束条款，建立差异化的劳动合同管理体系。强化劳动合同刚性约束，加强劳动合同签订、续订、变更、解除全过程管理，建立劳动合同管理与岗位聘用、薪酬兑现和劳动关系的全链条挂钩管理机制，对于触碰退出情形的依法解除或终止劳动合同，推动契约化管理常态化、制度化。

（三）破难题，见真章，确保改革工作走深走实

一是在市场化退出难题上求突破。瞄准难点问题精准发力，开展市场化用工水平"专项提升行动"，结合各单位管理实际和队伍特点，形成有针对性、可行性的劳动用工专项治理实施方案，明确改革目标、管理措施和工作计划。全面落实全员绩效考核要求，严格规范长期不在岗、长期病休、违规违纪、涉法犯罪等重点人员管理，做到教育辅导优先、考核评价公正、调岗培训有效、管理处置有序。

二是在劳动用工基础管理上下功夫。基于员工全职业周期，拟定8个流程的操作规范和26个管理表单样本，将关键管控点嵌入日常管理情境，形成基层管理人员操作手册，打通制度执行的"最后一公里"。充分发挥基层单位和直线经理的作用，将日常管理过程中形成的关键性材料，纳入员工绩效档案管理，做到管理环节清晰、资料完备，实事求是地做好市场化用工改革，切实避免"数字改革、纸面改革"。

三、改革成效

近年来，在持续受到新冠肺炎疫情严重冲击的背景下，中航集团统筹经营发展、疫情防控和改革攻坚工作，坚持改革进度不缓、力度不减，用工市场化改革成效显著。

一是激活"动力源"，用工效率持续优化。中航集团坚持创建世界一流示范企业的目标不动摇，通过业务端、人员端和改革端三端发力，劳产率水平稳步提升。

人力资源价值创造能力明显提高。通过强化新技术赋能，规范推进业务外包，助推实施减人增效。近2年，社会化业务用工减少5000余人。

用工总量得到合理控制。积极探索疫情常态化防控下的人力资源配置策略，广泛推行"共享员工"，实现了3500余人的跨单位、跨区域统筹调

剂，避免了人员绝对增量。

提质增效动能有效激发。开展工资总额改革试点，加大授放权管理，提升了各级主体提质增效的主动性和积极性。

二是打造"蓄水池"，用工活力有效激发。中航集团始终坚持人才强企战略，不断深化人才体制机制改革，确保人才引得进、留得住、用得好。

人才招聘质量进一步提升。打造"中航进校园"雇主品牌，广泛推进就业见习，从源头上确保人才引进质量。

员工发展通道进一步拓展。搭建中航集团人才交流平台，加强主专业公司人才融合，促进总部与基层人员交流，拓展员工职业发展空间。

退出渠道进一步畅通。近年来，因考核等原因市场化退出人数逐年提升。2021年市场化退出人数超过1500人。

三是按下"快进键"，用工管理稳步提升。中航集团以三项制度改革为契机，以全面推进用工市场化为改革主线，推进市场化改革工作制度化、常态化。

用工体系合理优化。建立以岗位管理为基础的"一体化"的用工管理体系，破除员工身份限制，不断优化劳动用工结构，劳务派遣制用工比例下降至6%以下。

劳动合同管理迈上新台阶。开展劳动合同电子化，通过信息化的管理平台，搭建差异化劳动合同示范文本库，实现劳动合同文本管理由"纸面"到"云端"。

改革成果有效稳固。建立市场化用工的长效机制，健全分层次的劳动用工管理体系，形成核心制度、配套制度和专项制度的制度治理层次，实现改革成果全面稳固化、制度化。

14

谋长远 破陈规 开新局
推动机制创新 重塑业务价值

中国中化控股有限责任公司

一、基本情况

2021年5月8日，中国中化集团有限公司与中国化工集团有限公司联合重组，重组后的中国中化控股有限责任公司（简称"中国中化"）在全球超过150个国家和地区拥有生产基地和研发设施，业务覆盖生命科学、材料科学、石油化工、环境科学、橡胶轮胎、机械装备、城市运营、产业金融八大领域，拥有17家境内外上市公司。中国中化坚定地将人力资源视为"第一资源"，认真贯彻国企改革三年行动的决策部署，聚焦自身战略转型与深化改革目标，谋长远、破陈规、开新局，在多个维度持续机制创新，不断释放企业活力，为改革转型提供有力支撑。

二、经验做法

（一）谋长远，青蓝相继促进基业长青

一是不断激发领导团队活力。中国中化发布了《中国中化下属企业经理层成员任期制和契约化管理实施方案》，坚定不移推进经理层任期制和契约化工作做深做实。第一，科学合理设定考核目标。坚持价值创造、强

化对标管理，按照"先确定组织绩效、后制定个人绩效"，以定量为主的原则，制定差异化的考核指标，任期目标体现体系性和挑战性。第二，严谨认真做好实施管理。设立里程碑目标，优化实施路径，做好过程管理，对于进度迟缓、差距较大的单位专项督办。第三，严格执行激励与退出。坚持业绩导向，强化有为才有位、薪酬与业绩联动，实现精准考核有效激励；明确续聘和退出的条件标准，在任期届满后严格实施，考核优秀的进一步使用、合格的予以续聘、不合格的退出，传导经营压力，让干部凝心聚力搞事业。

二是不断加强干部年轻化建设，把优秀年轻干部集聚到干事创业的主战场上来。坚持系统谋划，做好顶层设计。先后出台《加强和改进优秀年轻领导人员培养选拔工作实施方案》《关于进一步激励广大干部新时代新担当新作为的实施意见》，持续推进加强年轻干部教育培养和实战锻炼的"新动力工程"，科学系统地指导各级单位分级实施年轻干部培养选拔工作。通过提拔年轻干部进入公司关键岗位，引导广大年轻干部到基层建功立业；通过以品德、能力、业绩三个维度进行考察评价，以量化赋分与定性分析相结合的方式进行系统性扫描，识别、培养、选用综合能力过硬的年轻干部。

（二）破陈规，价值识别激发组织活力

一是在人力资源市场化方面，中国中化走在央企前列。早在1998年起就率先实行按岗定职，打破"铁交椅"；建立劳动用工机制，打破"铁饭碗"；改革薪酬体系，打破"铁工资"。可以说，公司一直都有市场化的"基因"。为不断激发组织活力，公司打破陈规，改革"三项制度"：在干部管理上，坚持以价值管理为导向，推进"干部能上能下"；在员工管理上，坚持以能力和业绩为核心，实现"员工能进能出"；在薪酬管理上，坚持以市场和价值为导向，实现"收入能增能减"。"三项制度"改革把价

值识别的过程融入人力资源工作的关键方面，为组织激发活力提供了制度保障。

二是进一步破除层级限制，突出价值贡献。按照"层级管理与价值认可相结合"的原则，遵循"业务—组织—岗位—人"的脉络，识别对公司最具价值的关键组织和关键岗位，实现资源有效倾斜，形成强烈的正向激励效应。在具体做法上，公司针对三种类型的各级子企业（经营型、科研型和战略创新型），以服务公司战略目标和价值创造能力作为核心评价维度，排序形成各自领域的 TOP 企业名单。在 TOP 企业名单基础上，公司把对企业的认可转化为对创造价值岗位的认可，建立"TOP 核心业务经理人评价模型"，从经营规模、利润贡献、战略重要度和经营难度 4 个维度评估岗位价值并进行排序形成 TOP 经理人名单，有效识别关键人才，科学动态管理公司关键岗位，连续 2 年未纳入名单的人员退出关键岗位，岗位职级和待遇相应调降。通过完善动态调整机制，激发组织活力，让干部队伍从"一潭静水"变成"一池活水"，形成"不用扬鞭自奋蹄"的良性氛围。

（三）开新局，激励创新重塑业务价值

一是为切实解决战略转型发展中遇到的重难点问题，实现"坚持国企属性前提下，无限接近市场化"的总目标，中国中化发布《中国中化中长期激励指引》。围绕业绩提升、科技创新两类应用场景设计了 15 种中长期激励工具，创造性地探索出"成熟业务与创新业务"并举的"二元"激励模式，重塑业务价值。其中，针对成熟业务在充分应用国资委限制性股票、股票期权等市场常见工具的同时，探索超额利润分享、虚拟股权、Pre-IPO 等针对特定场景的激励工具；针对创新业务在用足、用好科技型企业股权激励、岗位分红激励、项目分红激励的同时，围绕科研项目全流程探索过程激励工具，并针对重点项目约定工资总额单列，激发科研项目实现"高通量创新"的源动力。

二是在具体实施上，充分对标行业实践。广泛开展外部走访，筛选符合公司实际需求的激励工具库。为下属企业梳理激励政策、制定方案模板、开发数字化申报工具，并建立常态化的中长期激励研究小组开展政策辅导宣贯，多角度提升中长期激励工具的可操作性、可落地性，以专业的支持保障消除下属企业的畏难情绪。建立不断优化改善的管理提升长效机制，结合当前管理需要对中长期激励实施细则进行迭代升级，持续挖掘、沉淀内外部优秀案例，不断扩充中长期激励工具库，确保工具数量和理念的先进性。

三、改革成效

中国中化人力资源的改革实践在支撑公司转型发展的关键时期，有创新有突破，有坚守有探索，取得了良好成效。

一是通过任期制和契约化管理，公司从治理机制上实现责权利统一，厘清了各级主体的管理责任。截至2021年底，公司累计完成598家企业经理层成员任期制和契约化"两书"签署工作，完成率98.7%，覆盖各级企业经理层成员共1979人，充分发挥了契约化管理的"牛鼻子"牵引作用。

二是通过干部年轻化建设，公司树立了鲜明的选用导向，为年轻干部成长发展指明了方向，激发了干事创业的积极性。截至2021年底，公司关键岗位干部共310人，平均年龄49.1岁，其中45岁及以下人员97人，占比31.3%，干部队伍活力进一步增强。

三是通过建立"TOP核心业务经理人评价模型"，人力资源工作价值识别的过程变得有规可溯、有矩可循，用人机制不断优化。3年来，共有38个岗位新纳入关键岗位，14个岗位不再纳入关键岗位范围。新增关键岗位人员中有11人来自四级企业，占新增总数的35.3%。2020年，有14

名集团关键岗位人员免职或降职,占总数的4.86%;有93名中层管理人员免职或降职,占总数的5.90%。

四是通过开展中长期激励,各下属单位与总公司战略结合更紧密,"项目收益分红激励""上市公司股权激励"和"超额利润分享激励"示范效应初步显现,各单位干事创业激情不断增强。18家企业实施科技企业股权和分红激励,带动一系列明星产品自主创新,其中"宝卓"杀螨剂填补了我国空白,市场份额、行业影响力遥遥领先于其他竞品。共有4家企业实施上市公司股权激励。中国金茂控股集团有限公司从实施之初年销售签约额30亿元、利润总额20亿元,发展为年销售签约额破2000亿元、利润总额破100亿元的行业TOP 20企业,自2018年公司首次落地超额利润分享激励后,4年内共分配超额利润分享奖励1.34亿元,带动超额归母净利润23.64亿元,有力助推公司业绩连年创历史新高。

五是公司不断改革和完善人力资源工作体制机制,着力推动人力资源工作高质量发展,为"两化"重组有序推进提供组织保证和人才支撑。2021年,公司实现营业收入11086亿元,同比增长32.5%;实现利润总额350亿元,同比增长33%;全员劳动生产率74.8万元/人,同比增长25%,处于央企优秀水平。

15

建机制 强执行 激活力
三项制度改革全面深化落地见效

中粮集团有限公司

一、基本情况

中粮集团有限公司（简称"中粮集团"）是与新中国同龄的中央直属大型国有企业，聚焦粮油糖棉肉乳核心业务，经营范围涉及农粮、食品、地产、金融等领域，是立足中国的全球布局、全产业链的国际化大粮商。作为首批国有资本投资公司试点企业，近年来中粮集团坚决贯彻落实党中央、国务院决策部署，全面落实国企改革三年行动要求，以三项制度改革为抓手，深入推进市场化体制机制创新，完善顶层设计，制定出台领导人员能上能下、任期目标责任制等选人用人"7+1"制度，坚持以"市场化、年轻化、能者上、庸者下"为导向，有效激发干部员工队伍活力和企业改革发展内生动力，以高质量干部队伍建设推动集团高质量发展。近年来，中粮集团市场化改革成效不断凸显，经营业绩保持高速增长，各项经营指标不断创造历史新高，实现"十三五"圆满收官和"十四五"高质量开局。

二、经验做法

（一）以选贤任能为方向，"找准三个点"，坚定不移推进干部能上能下

一是找准切入点，全面实施任期目标责任制。集团对党组管理的所有

领导人员以及下属各级子企业共2000多名经理层成员全覆盖实施任期目标责任制，统一签订任期目标责任书。以3年为一个任期，详细明确了对各级领导干部考核评价的业绩目标和考核标准，立下军令状、明确责权利，实行契约化管理，以合同形式把任期目标与薪酬激励、考评聘用有效衔接起来，重构各级干部的心理契约，真正树立起"有为才有位"的鲜明导向，实现刚性考核有基础、精准评价有前提、奖优罚劣有依据。

二是找准落脚点，持续完善干部考核评价体系。探索建立以平时考核为基础、以年度考核和任期考核为重点、以"担当作为"专项考核为补充的综合考核体系，强化考核结果刚性运用。坚持"抓两头、促中间"，对考核优秀的干部在提拔使用时优先考虑，切实做到优秀者优先，对年度考核不称职、民主测评结果较差、业绩考核不达标的各级企业领导班子成员和管理人员，及时采取调整岗位、降职、免职、解聘等方式进行处理。2019年以来，对包含10名二级单位班子成员在内的300余名领导人员进行末等调整和不胜任退出。例如，中粮糖业控股股份有限公司严格根据考核结果，推动干部能上能下，免职25人、降职11人，使干部能上能下成为常态。中粮可口可乐饮料（中国）投资有限公司对核心销售管理人员实行季度考核排名淘汰制，排名后5%的给予黄牌警告，累计2次黄牌警告的调岗调薪。

三是找准着力点，稳步推行职业经理人制度。坚持把党管干部原则和董事会依法选择经营管理者有效结合，探索在市场化程度较高的企业推行职业经理人制度，先后对内蒙古蒙牛乳业（集团）股份有限公司、中国茶叶股份有限公司、长城酒事业部、肉食生鲜制品部、中粮饲料有限公司、中粮信托有限责任公司等单位总经理岗位开展市场化选聘，对标市场制定业绩指标，按照市场标准核定薪酬待遇。如拟任人选为集团内部人员，必须先解除劳动关系，再重新签订合同，到期未完成业绩指标的直接解聘，坚持能者上、庸者下，该调整的坚决调整，对解除聘任的领导人员不在集团内部安排岗位，真正做到"不兜底"，打破国企干部"终身制"。

（二）以契约意识为依托，"实现三个有"，坚定不移推进员工能进能出

一是实施全员劳动合同制，实现能进能出有机制。按照分级管理原则，各单位与全体干部员工签订劳动合同，以法律形式确定劳动关系，打破"铁饭碗"，取消"体制内"和"体制外"的身份标签。实施公开透明、平等竞争、择优选用的市场化招聘制度，目前，各级子企业公开招聘比例全部达到100%。

二是持续精简人员机构，实现能进能出有基础。精简集团总部和各二级单位本部机构，压缩职能人员编制，优化人员配置。集团总部一级职能部门由12个压缩到10个，二级部门由59个压缩到43个，总部人员由610人减少到212人，减幅达65%，各二级公司职能部门人员减幅达40%。其中，中粮贸易有限公司按照"品种+区域"模式理顺矩阵式管理架构，通过业务整合和"去机关化"等方式精简机构，二级单位由42个减至29个。在人员压减过程中，坚持依法合规，以劳动合同为依据，没有发生过一起劳动争议。

三是实施员工末位调整制度，实现能进能出有规范。建立人才盘点机制，出台员工能进能出实施办法并在各级子企业全面推行，明确不能胜任工作、违法违纪、患病负伤、到龄退休、辞职等员工退出5个渠道，细化员工退出19种情形。其中，中粮资本控股股份有限公司打造"活力组织"，大力推动"能下能出"常态化，调整退出低绩效人员362人，退出比例达12%。同时持续"腾笼换鸟"引进市场中高端人才，2021年实现总人数净压降5%，人均净利润提升22%。

(三)以奖优罚劣为手段,"推行四个化",坚定不移推进收入能增能减

一是严格考核、刚性兑现,推行收入分配市场化。坚持对标行业和市场,建立"一岗一薪、易岗易薪"的市场化薪酬体系。在领导人员年薪标准不变的前提下,提高与企业效益和实际贡献挂钩的浮动工资比重,薪酬固浮比由6∶4调整为5∶5。严格根据年度业绩结果兑现奖金,如企业年度考核低于70分,除对相应领导人员给予调整岗位、降职、免职或解聘处理外,同时扣除全体领导班子年度全部绩效奖金,真正做到能增能减。

二是加强力度、鼓励挑战,推行三年任期常态化。从2019年开始,集团在业务模式清晰、管控关系明确、发展目标具有挑战性的10家二级公司探索实施"三年任期激励计划","一企一策"设定业绩目标门槛值和挑战值,刚性设置激励和约束条款。任期结束后,对达成挑战值的领导班子及团队进行重奖,对未达成门槛值的扣除相应的绩效奖金,对排名后三位的专业化公司实行末位淘汰,坚决调整其"一把手"和其他不称职的班子成员,切实将强激励与硬约束统一起来。

三是尊重实绩、激励卓越,推行特殊奖励科学化。坚持物质奖励和精神激励并重,以忠良文化为依托,设立"忠良百战奖"和"忠良再读奖",作为中粮集团最高荣誉,分别奖励年度业绩最突出的团队和做出卓越贡献的优秀个人。高度注重评选机制科学性,特别是在优秀团队评选标准上,坚持与外部标杆企业比、与内部同级单位比、与自身历史成绩比,既考虑投资回报率,也关注利润增长率,对排名靠前的专业化公司及时给予正向激励。

四是风险共担、收益共享,推行激励机制多元化。根据业务实际和企业条件,统筹运用各类中长期激励政策,推动企业发展与员工利益有效绑

定。探索实施超额利润分享机制，先后有9家子企业获得超额利润分享奖励，有力推动集团整体经营业绩实现翻番。先后有5家上市公司实施股票期权激励和限制性股票激励计划，4家子企业开展员工持股，共涉及关键岗位领导人员和骨干员工1500余人，通过风险共担、收益共享有效激发了团队干事创业的动力。其中，中国茶叶通过开展员工持股，盈利能力持续提升，业务增速显著，截至2021年底，营业收入增长达到100%，利润总额增长超过5倍，净利润增长超过10倍。

三、改革成效

近年来，中粮集团通过牢牢扭住三项制度改革这个"牛鼻子"，坚持问题导向、目标导向，持续将改革推向深入，各方面工作取得长足进展。

一是形成了市场化的选人用人机制，有效突破"能上不能下""能进不能出"的体制障碍。2021年，管理人员末等调整和不胜任退出比例达到5.27%，高于央企平均水平。完善了有利于年轻干部脱颖而出、得到重用的良性机制，党组管理干部中"75后""80后"年轻干部占比从2017年的11%提高到2021年的34%。

二是打造形成了一支高素质专业化的干部人才队伍。各级领导班子建设得更加坚强有力，领导人员推动改革发展的能力素质进一步提升，各条线专业人才的专业作用日益凸显，广大干部职工干事创业的动力和活力被充分激发出来，集团人事费用率持续降低，全员劳动生产率较2019年大幅提升67%，人工成本利润率高出央企平均水平近30个百分点。

三是改革成果持续转化为经营效益。2021年，集团实现营收6693亿元，比2018年增长42%；利润总额238亿元，比2018年增长85%；净利润158亿元，比2018年增长77%。各项主要指标均创历史新高，为"十四五"高质量发展打下坚实基础。

四是核心主业行业地位得到进一步巩固和提升。粮食贸易、稻谷加工、油脂加工、玉米深加工、食糖贸易与加工业务稳居行业第一，小麦加工、生猪养殖业务快速追赶竞争对手，大国粮商稳定器、压舱石作用进一步凸显。

16

坚定不移深化三项制度改革
不断激发企业高质量发展活力

中国建筑集团有限公司

一、基本情况

中国建筑集团有限公司（简称"中国建筑"）是在完全竞争领域成长起来的、全球规模最大的投资建设集团。从政企分开到独立市场主体，从全面所有制到股份制上市公司，从援建外交布局到独立开展国际化经营，从"深圳速度"到"雄安模式"，中国建筑顺应改革大势，从2006年首次跨入《财富》世界500强到2021年跃升至第13位，每一步都是在求索与创新的交织辉映中坚韧前行。

企业改革发展的关键在干部人才。近年来，中国建筑坚持以习近平新时代中国特色社会主义思想为指导，认真贯彻落实国企改革三年行动决策部署，紧紧围绕激发活力、提高效率，不断健全完善制度体系，持续深化干部人事制度改革，推进激励约束机制探索创新，切实推动"三能"机制走深、走实，干部人才的活力和创造力得到进一步激发。集团的激励约束机制案例相继在国务院国资委《国企改革简报》《国资工作交流》《中央企业人才工作会议》刊发。在国务院国资委2021年度中央企业三项制度改革评估中，集团获评一级（A类）。

二、经验做法

（一）把握三个突出，做实任期制和契约化管理

牢牢把握任期目标、考核激励等重点环节，科学设计任期制和契约化管理体系，推动各级子企业形成"能者上、庸者下、劣者汰"的用人导向。目前，中国建筑各级实质化运营子企业100%与经理层成员签订了契约，覆盖3100余名经理层成员。

一是任期目标突出科学精准。聚焦贯彻新发展理念，以推动企业高质量发展为目标，搭建效益效率类、经营管理类、创新发展类等170余项指标库，牵引子企业关注中长期发展、价值创造、风险管控。实施"2+X"目标设定模式，根据子企业功能定位及发展阶段，在设定2个高质量发展通用目标的基础上，按照"一企一策"的原则确定个性化目标。同时，坚持"三个不低于"原则，即不低于上一年度或前三年平均水平、不低于"十四五"规划目标、不低于市场对标的平均或高位水平，确定富有挑战性的目标，鼓励子企业不断挑战行业最高。

二是任期激励突出业绩牵引。以岗位价值和市场对标值确定任期激励基准，突出业绩目标牵引。将每个任期目标赋予不同的难度系数，并分为底线、基本、奋斗三档，制定与不同档位匹配的考核计分方式和"阶梯式"激励模式，难度系数越大完成的档位越高，享受的激励额度越多。敢于挑战高难度系数奋斗值的激励额度，是仅承接低难度系数底线值的3倍，达不到底线值的任期激励额度为零，从机制设计上引导经理层主动"摸高"，减少在目标设定上"博弈"，把着力点引导到创造高质量业绩上。

三是岗位退出突出"双达标"刚性化。明确经理层退出的6种情形，设置明确的退出"底线"，打破领导干部"铁交椅"。在经营业绩考核和综合评价均实行强制分布的基础上，强化"双达标"机制，任一项不称职，

或者连续2年考核排名靠后或基本称职的，终止任期、免去现职。近2年，中国建筑共有11名党组管理的领导人员因考核不佳被调整出领导岗位。

（二）抓好三个重点，扎实推进市场化用工机制

不断健全以岗位价值管理为基础的市场化用工机制，深入推进市场化招聘、职级体系搭建、全员绩效考核，真正实现员工能进能出。

一是严格市场化招聘标准。坚持"一把尺子"，搭建统一的高校毕业生笔试和测评系统，严把人才入口关，实现高校毕业生100%公开招聘。在中国建筑及二级总部推行"3或2"的公开招聘标准，即进入总部的员工应具备3年以上基层工作经历或2年以上海外工作经历。员工晋升总部高职级，需具备基层2年以上领导岗位经历，从根本上建立总部和基层之间的人员交流长效机制，每年交流比例保持在20%左右。在重组企业以及发展相对落后企业，推行关键岗位干部全体起立，凭能力、贡献和实绩定岗位和去留。

二是创新一体化职级体系。建立中国建筑统一的管理人员、专业技术人员、操作人员新职级体系，细化管理人员和22个专业序列岗位人员任职资格、晋升规则、降级要求等，实现职级升降标准化，打破"论资排辈""平衡照顾"等现象，进一步拓宽员工职业上升渠道，畅通降级、退出通道。

三是深化全员绩效考核机制。在考核全员覆盖基础上，推行考核结果强制分布，严格末等调整、不胜任退出。国企改革三年行动实施后，中国建筑着力加强和优化了二级、三级企业领导班子成员考核强制排序机制，中国建筑党组管理领导人员"考核偏低"占比达12%。强化考核结果运用，对"考核偏低"人员进行提醒谈话，连续"考核偏低"或"基本称职"的进行岗位调整或退出，"不称职"的退出。2021年，中国建筑对84名考核优秀的领导人员给予了书面表扬，对29名考核偏低的领导人员进行了提醒谈话，其中 6 名连续考核偏低的领导人员退出领导班子，对 35 名考核不达标的激励对象实施股票回购注销。各级子企业部门正副职末等调整、不胜任退出 365 人，与 12860 余名员工主动解除了劳动合同。

（三）坚持三个锚定，持续深化薪酬分配机制改革

坚持薪酬分配的市场导向和业绩导向，在市场化改革和精准激励方面下功夫。

一是锚定价值创造推进薪酬分配市场化。子企业负责人的薪酬与关键核心业绩指标和经营业绩考核结果直接挂钩，其中绩效年薪占比达 80% 以上，有效拉开了收入差距，同岗位层级之间薪酬差距可达 3 倍。实行职业经理人制度的子企业负责人严格按市场化机制兑现薪酬，该高的高、该低的低，真正做到"业绩与市场对标，薪酬与业绩跟跑，激励凭贡献说话"。

二是锚定行业标杆推行薪酬与业绩双对标。建立"三维六指法"人力资源价值指数评估模型，涵盖规模效益、人均创效、投入产出 3 个维度和人均产值、人均利润等 6 个指标。基于评估模型，选取 52 家国内外优秀上市公司，构建了国际同行、央企同行、施工、地产、设计等 10 个对标板块。截至 2021 年底，已连续发布 5 期对标排行榜，持续引导各级企业"比学赶超"。

三是锚定共创共享推进中长期激励。实施多元化中长期激励，全面打造"事业共建、价值共创、利益共享、风险共担"的激励约束机制，持续激发核心骨干队伍的积极性、主动性、创造性。截至目前，中长期激励已累计 8825 人次。中国建筑股份有限公司连续实施 4 期限制性股票计划累计激励 7107 人次，授出股票 20.82 亿股；所属上市子企业中国海外发展有限公司连续实施 2 期股票期权计划；中建环能科技股份有限公司开展第二类限制性股票激励；中国中建设计研究院有限公司、中建科技集团有限公司和中建科工集团有限公司先后实施科技型企业项目收益分红激励；出台

《中国建筑集团有限公司国有控股混合所有制企业员工持股工作指引》。

三、改革成效

一是生产经营质量持续提高。2021年累计新签合同额3.5万亿元，同比增长10.3%，刷新建筑企业订单纪录。经营性现金流连续保持正向流入，资产负债率持续下降。净资产收益率和总资产周转率持续提升，创3年新高。得益于强劲的价值创造力，公司跻身《财富》世界500强第13位，继续保持行业全球最高信用评级。

二是人力资源效能持续提升。通过市场化机制的纵深推进和灵活多样的中长期激励约束机制，员工更加关注企业的长远发展，进而提升工作积极性和主观能动性，实现员工个人利益与企业整体利益紧密捆绑。2021年，中国建筑全员劳动生产率超60万元/人，人均创效持续提高。

三是干部人才活力动力持续增强。通过市场化选聘企业经理层，签订契约，按业绩兑现薪酬，实施刚性退出，打破职务终身制，进一步合理拉开薪酬差距，让干部更加切身感受到能上能下、能增能减的实效，增强了干事创业的激情活力。

17

强化改革牵引　激发活力动力
加快构建市场化经营机制成效显著

中国医药集团有限公司

一、基本情况

中国医药集团有限公司（简称"国药集团"）是由国务院国资委直接管理的唯一一家以生命健康为主业的中央企业，是国家创新型企业、中央医药储备单位，是国内乃至亚洲综合实力和规模领先的综合性医药健康产业集团，拥有集科技研发、工业制造、物流分销、零售连锁、医疗健康、工程技术、专业会展、国际经营、金融投资等为一体的大健康全产业链。旗下有1600余家子公司和8家上市公司，员工总人数21万余人。作为董事会职权试点企业，国药集团坚持学习贯彻习近平总书记关于国有企业改革发展和党的建设的重要论述，深入实施国企改革三年行动，重点抓好三项制度改革这个"牛鼻子"工程，以经理层成员任期制和契约化管理为契机，带动综合改革纵深推进，克服经济下行的巨大压力，以改革创新组合拳开创高质量发展新局面。

二、经验做法

国药集团坚持系统思维，强化顶层设计，以高度政治责任感和使命感部署落实经理层成员任期制和契约化管理改革工作，要求"量"和"质"两手都要抓、两头都要硬。以"两办法、一协议、两合同"（经理层薪酬管理办法、绩效管理办法、聘任协议、年度业绩合同、任期业绩合同）5个文本为标志，重点聚焦任期管理、契约签订、目标设置、薪酬兑现、退出管理等关键环节，加大工作力度，提高工作质量、延伸覆盖范围，统筹推进全级次企业制度体系建设，确保全面完成经理层成员任期制和契约化管理改革任务。

（一）强化组织领导，在部署宣贯上下功夫

一是集团抓总，全级次部署改革工作要求。集团董事长亲自挂帅，牵头抓总，组织召开国药集团改革工作推进会，从集团层面对经理层成员任期制和契约化工作进行宣贯部署，以上率下，全面贯彻落实。

二是一贯到底，上下联动形成改革合力。国药集团改革领导小组、人力资源部等分管部门统筹推进，召开人力资源部门负责人深化改革专题推进会，进一步明确工作要求，及时通报改革进展情况，分级次、分批次全面落实改革要求。坚持一月一填报、一月一沟通原则，对出现的共性问题集中统一解释，对进度落后的及时跟踪了解，确保各公司对政策要求理解到位。所属国药控股股份有限公司，作为"混合所有制改革"试点企业，建立任期制和契约化工作"承包"小组，包企到人，各"承包"责任人搭建所承包企业工作在线交流平台，及时指导、跟进各子公司工作情况，确保改革工作贯彻执行。

（二）把握实施路径，在制度建设上下功夫

一是围绕"六定"明确实施思路。国药集团在落实本项改革工作的过程中，总体实施围绕"六定"标准指导各企业开展工作：定岗位，明确各经理层成员岗位任职要求及具体岗位职责；定权责，明确规范董事会与经理层、总经理、其他经理层成员之间的权责关系；定考核，确定各经理层

成员年度和任期考核指标及相关制度；定薪酬，确定经理层薪酬结构及具体考核机制；定退出，建立经理层成员退出岗位机制；定契约，各经理层成员与企业签订相关协议。

二是重点聚焦，完善制度建设体系。在具体实施过程中，结合各企业面临的工作实际，先后印发《国药集团经理层成员任期制和契约化管理工作方案》《关于加大力度推行经理层成员任期制和契约化管理工作的通知》《国药集团关于进一步加大力度推行经理层成员任期制和契约化管理工作的补充通知》，并下发有关协议、业绩合同模板，明确各层级企业完成时限，倒排工期，指导子公司修订完善制度、细化考核指标，从管理机制上确保子公司按照要求严格落实。

（三）注重改革实效，在督导检查上下功夫

一是消化吸收，确保"形神兼备"。主动学习国务院国资委下发的《50个参考示例》《契约文本操作要点》，并下发到全级次企业，对标对表，借鉴和吸收好的经验做法。所属中国医药集团联合工程有限公司强化与岗位职级体系的联动效应，按照"跳一跳、摸得着"的原则，结合各业务单位近年来的历史业绩、行业对标情况等，分档制定富有挑战性的考核目标，不同职级的目标档位匹配相应的考核计分和薪酬分配机制。在总结经验的基础上，实现任期制和契约化管理工作以点扩面，延伸至事业部负责人和各分/子公司项目经理，使公司核心骨干人才"凭业绩贡献取酬"，有效激发干事创业激情。

二是建立内部自查机制，开展企业内部自查。在国务院国资委抽查调研基础上，积极主动开展集团所属企业自查评估工作，集团人力资源部组成抽查调研工作小组，结合企业规模及业务特点，差异化选取43家企业开展经理层成员任期制和契约化工作完成情况抽查调研，对"两办法、一协议、两合同"发现的问题及时反馈，形成"以点带面"的问题排查机制。

同步落实国务院国资委自评估检查的工作要求，下发《关于开展经理层成员任期制和契约化管理工作自评估检查的通知》，要求各公司对照检查项逐项自查、及时完善。

三是借助专业外脑再评估再检查，确保改革质量。国药集团与第三方咨询机构合作开展再评估再检查工作，建立"集团改革领导小组+子公司+第三方机构"的沟通协调机制，现场抽查办法及有关协议文本的完成情况，查缺补漏的同时挖掘企业好的经验做法，形成改革评估报告，指导子公司进一步提升任期制和契约化管理工作的完成质量。

四是将改革工作纳入考核评价，注重发挥"指挥棒"作用。将经理层成员任期制和契约化管理改革任务完成情况纳入国药集团国企改革三年行动考核范围，纳入集团人力资源管理评审范围，考核结果作为确定企业领导人员绩效薪酬的重要依据，在查缺补漏、督促提高方面持续保证完成质量。

三、改革成效

一是经营业绩创历史最佳。国药集团不断加强改革牵引和制度体系建设，契约、目标更加明确，机制运行更加顺畅高效。集团统筹疫情防控和改革发展，在"十四五"开局之年交出了一份亮眼的成绩单，2021年实现营业收入7016.6亿元，利润总额达到1088.9亿元，均实现20%以上的高速增长，创历史最好水平，首次迈进世界100强行列。根据工信部中国医药工业信息中心发布的信息，国药集团在榜单中名列全球制药企业第1位，实现了中国医药企业的历史性突破。

二是市场化经营机制改革多点开花。国药集团实施子公司高管及总部中层管理人员市场化招聘，丰富了人员选用渠道，人员结构逐步优化，集团党委管理的干部45岁以下人员占比达到29%，提升了4%。所属中国国际医药卫生有限公司，针对转型发展的特殊时期，打造"服"将工程、"健"将工程两大系列经营管理人才竞聘模式，近一年来通过竞聘形式新选拔任用管理人员占比超过90%，以竞聘"常态化"营造了选才新局面，让有为者有位，为担当者担当。

三是三项制度改革取得阶段性成效。在2021年中央企业三项制度改革评估中，国药集团有6项指标评价等级为"较高"水平，获评为"一级（A类）"企业。所属太极集团有限公司，通过组织机构调整，撤销部门13个，压减中层123人，"去机关化"成效显著；着力解决干部能上不能下的问题，"起立"竞聘子公司班子，压减113人。截至2022年10月，太极集团有限公司公司管理人员退出比例达到5%，打破"铁饭碗"，真正实现"优者上、庸者下、劣者汰"的人才选用模式，干部队伍素质得到大幅提升，人才活力得到全面激发。

18

抓实抓紧经理层成员任期制和契约化管理推动企业实现高质量发展

中国保利集团有限公司

一、基本情况

中国保利集团有限公司（简称"保利集团"）成立于1993年2月，2016年7月入选国有资本投资公司试点，是国务院国资委管理的商业一类中央企业。保利集团坚持学习贯彻习近平总书记关于国有企业改革发展和党的建设的重要论述，以实现高质量稳增长为首要目标，不断优化贸易、升级地产、做强文化、创新科技、做特工程，发挥金融业务支撑保障作用，着力打造具有国际竞争力、国内领先的"5+1"业务体系，加速实现"建设一流，追求卓越"的目标。

保利集团深入实施国企改革三年行动，紧紧抓住企业经理层成员任期制和契约化管理"牛鼻子"，以科学合理的契约目标为关键点，以薪酬刚性兑现为强约束，以岗位刚性退出为硬底线，着力构建中国特色现代企业制度下的新型经营责任制，助推企业高质量发展。

二、经验做法

（一）统筹谋划、自我加压，立稳改革扩围升级风向标

一是"规定动作"打样，"自选动作"增色。集团公司制定形成"1

个管理办法+1个工作方案+6个配套文件"的"116"制度框架,从任期管理、目标设置、契约签订、考核兑现、退出管理等各个环节明确"规定动作"。子企业严格执行,并结合本企业实际,制定个性化管理办法和工作方案,完善"自选动作"。

二是坚持能推尽推,实现全面覆盖。保利集团秉持"能推尽推"原则,在对各级子企业经理层成员全面推行任期制和契约化管理的基础上,要求子企业专职董事长、专职党委副书记、纪委书记等非经理层成员参照实施,实现各类领导人员任期制和契约化管理高标准、高质量全覆盖。

(二)突出重点、问题导向,锚定科学合理契约关键点

一是突出契约考核的体系化、个性化。健全完善子企业组织绩效考核体系,突出考核差异化,强化短板考核,引入对标管理,构建起以质量效益为主,以业务及管理、党建考核、三项制度评估、风控及合规考核为辅的综合考核体系。总经理岗位经营业绩考核指标和目标值可完全承接集团对子企业组织绩效考核,同时董事会可以结合企业经营发展需要增加相关业绩指标或提高目标值;其他经理层成员根据岗位职责及分工,实行"一人一表"的个性化考核,考核指标与总经理经营业绩和个人岗位关键业绩"双联动""双挂钩",个人岗位关键业绩所占权重不得低于60%。

二是注重契约目标的牵引性、合理性。建立"摸高"机制,结合企业发展战略、经营预算、历史数据、行业对标情况设立基准值,分三档制定富有挑战性的子企业年度考核目标,目标值档位与考核计分、结果评级紧密结合。总经理围绕企业全面达成生产经营目标设置考核指标;其他经理层成员根据分管领域从符合战略发展导向和岗位职责要求方面设置个人指标,加强任期经营业绩考核与"十四五"规划、年度业绩考核有效衔接。

三是强化结果应用的科学性、精准性。年度和任期绩效考核结果按考核得分进行排序,划分为优秀、良好、合格、不合格4个等级,考核兑现

系数根据考核得分折算，年度和任期考核兑现系数上限为 1.2，下限为 0。年度经营业绩考核实行底线管理，考核得分低于 70 分或主要指标完成率低于 70% 为触发底线。考核得分满 70 分、不满 75 分为不合格，年度和任期考核兑现系数为 0；年度考核触发底线、连续 2 个年度经营业绩考核为不合格或任期经营业绩考核为不合格的，中止任期，及时解聘；子企业组织绩效考核结果为 D 的，经理层成员不得有优秀等级，且至少有一个不合格。

（三）务求实效、价值导向，强化薪酬刚性兑现强约束

一是优化经理层薪酬结构。经理层成员基本年薪根据企业规模效益、个人岗位系数确定。绩效年薪以基本年薪的 1.5 倍为基数，根据个人年度经营业绩考核结果兑现。任期激励与任期经营业绩考核结果挂钩，参照超额利润分享机制实行奖金包管理，充分保证挂钩业绩、约束共享、激励有效。

二是强制拉开薪酬差距。经理层成员实行"一岗位一薪酬"，年薪标准参照集团下达主要负责人年薪标准，由董事会根据岗位系数确定，岗位系数原则上最高与最低标准之间差距不低于 15%，岗位系数同时参与基本年薪和绩效年薪计算。绩效年薪根据年度经营业绩考核结果兑现，兑现值每档之间差距一般不低于 3%，或副职经理层成员绩效年薪兑现值高低差至少拉开 10%，打破"高水平大锅饭"。

三是推行增量价值分配机制。以子公司创造增量净利润为基础，推行任期超额利润分享机制。任期目标净利润按年度确定，参考净利润考核目标、近 3 年平均净利润、本企业上一年度和行业平均净资产收益率计算的净利润水平较高值核定，任期超额利润按照激励总额不超过计提基数的 10%、个人激励总额不超过任期内年度薪酬总额的 30% 进行双控，避免变相涨薪。

（四）动真碰硬、结果导向，明确岗位刚性退出硬底线

一是分类明确退出情形。在制度方案和岗位聘任协议书中，明确了经理层成员的 6 种退出情形，约定年度经营业绩考核触发"双 70"底线、连续两次年度经营业绩考核结果低于 75 分或任期经营业绩考核结果低于 75 分的，中止任期、及时解聘。对非经理层等参照执行人员，明确挂钩年度和任期综合考核评价结果、违规经营投资追责、兜底条款 3 种退出情形。

二是严格规范退出管理。对不胜任或不适宜担任现职的经理层成员，规定不得以任期未满为由继续留任，且在本届任期内不得再聘任到该岗位。任期满后续聘的，需重新履行聘任程序并签订岗位聘任协议；未能续聘的，自然免职（解聘），如有党组织职务，原则上一并免去。

三是健全常态退出机制。在强化不胜任退出的基础上，设置领导人员任职年龄界限。达到年龄界限前，可根据工作需要和个人专长，转任党委巡视组负责人或子企业专职外部董事、监事；达到年龄界限的，改任本企业（部门）顾问，实现人岗相适、人尽其才，形成领导人员梯次搭配、有序退出、正常更替的常态化良性循环机制。

三、改革成效

一是助力市场化机制健全完善。以全面推行经理层成员任期制和契约化管理为牵引，初步构建起中国特色现代企业制度下的新型经营责任制，加快从传统的"身份管理"向市场化的"岗位管理"转变、从"大锅饭"向"分餐制"的转变，全面夯实经理层谋经营、抓落实、强管理的主体责任，极大激发各级管理人员干事创业热情，推动市场化经营机制向更深更实处转换。

二是助力企业经营业绩稳健发展。通过推行经理层成员任期制和契约化管理，以市场化方式破解改革难题，全方位释放改革效能，为集团公司

实现高质量发展注入强劲动力。2021年,集团资产总额、营业收入、上缴税金同比增幅分别为11.1%、10.8%、13.3%,利润总额和净利润全面完成年度预算目标,整体保持稳健发展、量稳质升态势。连续7年入围世界500强,排名第181位;先后11次、连续8年获得中央企业负责人经营业绩考核A级。

三是助力企业活力效率显著提升。在经理层成员任期制和契约化管理这一"牛鼻子"的带动下,各级企业三项制度改革实现深层次破冰,企业活力效率显著提升。2021年,保利集团管理人员末等调整和不胜任退出比例为4.42%,员工解除(终止)劳动合同比例为3.52%,"三能"机制改革深化成效凸显;当年实现全员劳动生产率129万元/人,同比提高13.16%,实现"十四五"良好开局。

19

扎实推进经理层成员任期制和契约化管理为企业改革发展打造强大引擎

中国绿发投资集团有限公司

一、基本情况

中国绿发投资集团有限公司（简称"中国绿发"）自2020年12月重组成立以来，坚持以习近平总书记关于国有企业改革发展的重要论述为指导，全面贯彻党中央、国务院决策部署，认真落实国企改革三年行动工作要求，聚焦加快建设世界一流绿色产业投资集团，以"增活力、提效率"为中心，扎实开展经理层成员任期制和契约化管理工作，充分激发微观主体活力和企业发展动力，为企业高质量发展夯实基础，实现了"十四五"良好开局。

二、经验做法

（一）加强顶层设计，夯实任期制和契约化改革制度基石

中国绿发全面贯彻落实《国企改革三年行动实施方案（2020—2022年）》，2021年5月拟定《中国绿发投资集团有限公司机制市场化和管理法制化总体工作规划》，坚持"上下互动、全员参与"原则，分总部和各单位两个层面全面开展对标学习。2021年7月发布《关于中国绿发投资集团

有限公司管理法制化实施方案的报告》和《关于中国绿发投资集团有限公司机制市场化实施方案的报告》，强调要着眼国资央企工作大局，坚决响应、知重负重、苦干实干，深入落实国企改革三年行动方案，完善公司治理，激发企业活力，提高管理效率，努力创造无愧于党、无愧于时代的优秀业绩。2021年10月印发《中国绿发投资集团有限公司国企改革三年行动实施方案（2020—2022年）》，同时印发《中国绿发投资集团有限公司经理层成员任期制与契约化管理办法（试行）》，为有序推进任期制和契约化管理工作提供了制度保障。

（二）组织全体起立，竞聘上岗

依据《经理层成员任期制与契约化管理办法（试行）》，明确聘任条件、契约签订、考核评价、退出机制。通过发布公告、组织报名、资格审查、组织面试、拟定人选、组织考察、党委研究、公示聘任8个环节，对总部及各单位领导人员推行"全体起立、竞聘上岗"，先后分5批次共发布岗位180个、报名183人，最终成功竞聘上岗173人，6人从总部到基层，4人从基层到总部，39人跨单位交流，进一步激发队伍活力，牢固树立了德才兼备、以德为先、任人唯贤、唯才是举的选人用人导向，干部员工增强了敢于竞争、知危思进的紧迫感，思想认识发生了显著变化。

（三）科学合理确定契约内容

一是结合公司实际，编制"四书"模板（任职承诺书、岗位协议书、年度考核责任书、任期考核责任书），从制度层面对经理层成员任期制和契约化管理的原则、实施范围、操作流程、考核管理、薪酬管理和退出管理等进行规范。

二是所属企业专职副书记、纪委书记等非经理层成员也实施了任期制和契约化管理，结合岗位职责，签订岗位协议书、年度及任期业绩考核责任书等任期契约资料，实现所属企业班子成员任期契约管理全覆盖。

(四)编制指标体系，提升考核指标的差异性和实效性

中国绿发紧抓契约指标体系和目标值设置这两个关键环节，经过反复研讨和广泛征求意见，结合公司实际，在合理分解"两利四率"指标基础上，按照业务板块分类，研究编制了任期制契约化业绩考核指标体系，确保考核指标实现"三用""四性"（牵引作用、聚焦作用、支撑作用，科学性、差异性、挑战性、实效性）。

一是坚持短期与长远发展有机统一。切实发挥考核激励引领作用，立足当前、着眼长远，差异化构建年度考核、任期考核指标体系。

二是坚持效率效益导向。突出质量、效益等考核重点，抓好考核指标及权重配比设置，统一将利润总额明确为经理层全体成员固定主要考核指标，激励所属企业不断提高经济效益、资本回报水平、劳动产出效率和价值创造能力，实现质量更高、效益更好、结构更优的发展。

三是坚持产业分类考核。按照业务板块分类和"一企一策""一岗一策"原则，除统一设置的效益效率类指标（原则上权重占比不低于40%）外，突出产业特色，差异化确定考核侧重点，如地产企业侧重网签销售额、销售回款额等主要指标，新能源企业侧重建设指标获取、新增装机等主要指标。

四是坚持科学设定业绩目标。结合公司"十四五"发展规划，突出考核目标的可行性和挑战性，让所属企业"跳一跳、够得着"。

五是坚持个人绩效与组织绩效紧密挂钩。企业主要负责人全面承接下达至本企业经营目标，班子副职与本企业主要负责人的年度及任期考核指标相衔接，有效分解落实本企业经营业绩总体目标，并鼓励所属企业建立考核对标机制，在不低于本企业主要负责人考核目标值的基础上制定每名班子成员的考核目标值。

（五）做好薪酬设计，实现业绩与薪酬的紧密挂钩

中国绿发按照薪酬业绩双对标、激励约束相统一的原则，着力构建强激励、硬约束的经理层成员薪酬分配机制。

一是明确所属企业经理层成员的薪酬构成。在基本年薪、绩效年薪之外，为强化正向激励，增设任期激励。任期经营业绩考核结果为不合格（低于80分）的，或任期综合考核评价为不称职的，不实行任期激励。

二是明确经理层成员的薪酬标准以及薪酬与业绩挂钩规则。基本年薪体现产业和岗位价值差异，通过基本年薪基数、岗级系数及分档系数适度拉开薪酬差距，基本年薪基数为上年度集团在岗职工平均工资的N倍，N值主要考虑不同产业、企业规模、效益贡献等因素确定，取值范围为1.6～1.85；岗级系数由职级决定，取值范围为0.75～1.1；分档系数由岗级（岗位价值）决定，取值范围为0.98～1.02。绩效年薪根据效益贡献、工作经营难度确定，绩效年薪基数为基本年薪一定倍数，通过产业利润规模系数、关键指标排名、扣除资本金成本后的净利润贡献系数、人工效能系数、战略新兴产业投资系数等多维调节系数拉开不同企业间的绩效年薪标准差距。

三是通过业绩考核系数进一步拉开绩效年薪差距。高业绩对应高薪酬，结合业绩考核结果，业绩考核系数原则上在0～1.5（考核得分/100）之间确定。对于做出重大效益贡献的，可突破系数上限，所属企业经理层成员薪酬倍差预计最大可达10倍以上，真正实现强激励与硬约束，为干事创业者注入强心剂，切实激发微观主体活力。

四是明确零绩效情形。年度考核不合格的（低于80分）或年度经营业绩主要考核指标完成率低于80%的，综合考核评价不胜任的，扣减全部绩效年薪（月度预发绩效年薪需追回）。

五是明确退出条件。触发退出底线的情况包括业绩考核结果低于70

分、主要考核指标完成率低于70%、综合考核评价不称职等，突出刚性退出，打破"铁交椅"，让考核结果不仅影响收入的"能高能低"，还影响岗位的"能上能下"。

六是明确薪酬兑现规则。基本年薪按月发放，绩效年薪实行月度预发、年度兑现及延期支付制度，月度预发绩效年薪不超过考核前绩效年薪的50%，经年度业绩考核、公司绩效审计后，清算绩效年薪。

三、改革成效

一是集团上下进一步坚定了改革发展的统一思想。通过方案制定以及有力落实，公司上下全体职工真正认识到经理层成员任期制和契约化管理是健全国有企业市场化经营机制、激发企业活力的关键举措，对集团公司改革发展至关重要，增强了改革的使命感、责任感、紧迫感和压力感，为把握新发展阶段、贯彻新发展理念、构建新发展格局、推动企业高质量发展提供了强有力的思想保证和组织保证。

二是经理层成员任期制和契约化完成率100%。中国绿发全面完成经理层成员任期制和契约化管理改革，着力推动任期制与契约化改革全铺开、早落地、见实效。截至2021年底，所属企业经理层成员154人已全部完成契约签订，100%完成了任务指标。总部部门及所属单位经理层之外的其他负责人也参照签署了年度和三年任期业绩考核责任书，提前完成国企改革相关任务目标。

三是市场薪酬分配机制更加完善。通过重塑经理层成员的薪酬标准和薪酬结构，进一步拉开不同效益贡献和业绩表现的薪酬差距，使正向激励原则和效益效率导向更加深入人心，切实激发了微观主体活力动力，有效发挥了从考核分配侧助推公司经营业绩提升的有益作用，有力推动了公司绿色低碳高质量发展。

20

深化改革创新　助推转型升级
打造世界一流的信息技术集团

航天信息股份有限公司

一、基本情况

航天信息股份有限公司（简称"航天信息"）是中国航天科工集团有限公司（简称"航天科工"）控股的以信息安全为核心的国有科技型上市公司，主要为政府（含党政军）及企业提供数字化技术产品、服务和一体化解决方案，并承担国家"金税""金卡""金盾"等重点工程。截至2021年底，航天信息在岗职工19446人，总资产228.04亿元，净资产167.66亿元，下设67家控股子公司，已在31个省（自治区、直辖市）、5个计划单列市和2个特别行政区形成了覆盖全国、深入区县、多平台应用的线上线下相结合的市场营销服务网络。

自入选"科改示范企业"以来，航天信息坚持以改革激发活力，以创新赋能发展，连续两年获评标杆"科改示范企业"，2021年获评"国有企业公司治理示范企业"，连续三年获评航天科工年度经营业绩考核优秀、党建考核优秀及2019—2021任期经营业绩考核优秀，改革工作取得显著成效。

二、经验做法

（一）坚持聚焦主责主业，推动业务体系优化

一是强化顶层设计。围绕"服务国家战略、服务国计民生、助力政府治理、助力企业发展、成就美好生活"定位，以信息安全为核心，紧抓数字经济发展机遇，进一步聚焦整合，重构形成数字政府、企业数字化两大产业集群。

二是全面升级业务布局。面向数字政府，坚持"创新引领、应用牵引、系统推进"，布局一网通办、一网统管、一网协同、数字乡村和安全保障五大领域，助力政府治理能力提升，打造数字政府生态。面向企业数字化，升级商业模式，将原有的"产品＋服务"模式升级到"平台＋产品＋服务"新模式，依托平台联结核心价值的提供方和需求方，提升客户体验，降低交易成本，以对客户的价值创造实现自身价值提升。

三是优化资源配置。航天信息近 2 年研发投入强度均在 7% 以上，并持续加大对区块链等核心技术研发投入力度，推进加密经济产业化。区块链技术成功应用于电子发票、疫苗监管、多式联运、供应链金融等 10 余个领域，获批 5 个国家及省部级重大专项，依托密码技术优势成功参与"金税四期"项目建设，借力税务可信身份项目抢占国家电子政务基础设施战略地位，服务国家信息安全保障体系建设。

（二）坚持科技自立自强，推动研发能力升级

一是重塑整合科研体系。针对研发"小、散、弱"现状，聚焦打造"1＋4＋2＋N"研发布局，构建由 1 个基础共性技术研发机构、4 个行业应用研发机构、2 个专业应用研发机构以及 N 个本地化应用研发机构组成的分工明确、立体协同的研发体系。构建涵盖数字政府、企业数字化领域的"3＋2＋3＋2"核心技术产品体系，即密码、区块链、大数据与人工智

能3类数字技术，数字通用产品及信息安全底座2个通用套件，软件应用开发平台、大数据平台、区块链平台3个平台，以及面向政府（含党政军）和企业数字化2个方向的综合应用，技术、产品实现谱系化发展。

二是深化研发管理机制创新。实行"揭榜挂帅"，在定榜环节引入"赛马"机制，实施项目经费"包干制"，同时建立重大产业化项目专项奖励机制，助力网络可信身份体系重大工程、"丝路云链"大宗货贸运一体区块链平台、国家粮食产业技术创新中心建设等17个重大项目取得突破。

三是加强人才队伍建设。强化科技创新力量储备，核心科技人员超4000人，构建10个层级科研人才体系以及8个层级市场营销人才体系，畅通专业人才成长通道。强化青年创新型人才队伍建设，面向35周岁以下骨干人员实施"英才接力"计划，分层分类储备后备人才700余人。围绕重点产业评选5支科技创新团队并给予专项经费支持，团队人均收入高于公司职工平均薪酬近30%。

（三）坚持深化市场化改革，推动经营机制转换

一是全面建立市场化用人机制。所属单位100%实行经理层成员任期制和契约化管理，并按考核结果严格奖惩、刚性兑现，所属单位绩效年薪占薪酬总额比例达63%，经理层成员考核分数极差达73.24分，收入差距倍数达到3.7倍。2020年以来，根据年度（任期）经营业绩考核及综合考评结果，对74家分/子公司中的24家"一把手"进行约谈，党委管理的214位领导干部中15人被免职、6人被降职。在市场化程度较高的新产业公司累计选聘职业经理人10名，其中所属华迪计算机集团有限公司通过市场化途径引进职业经理人担任总经理，取得良好发展成效，2021年营业收入增长58.14%，净利润增长25.95%。

二是健全市场化薪酬分配机制。子企业实行工资总额备案制，将工资总额与净利润、劳动生产率挂钩，坚持价值导向，强化正向激励。打破平

均主义，以"精准滴灌"为原则，改变原本普涨工资的薪酬机制，工资增长聚焦于年度绩效前60%的员工，公司本部同层级员工收入差距倍数达2.8倍。

三是精准实施中长期激励。根据重大项目性质及所处生命周期阶段，按照基础支撑类、创新孵化类、战略攻关类、成熟创收类等分类实施中长期激励。针对前瞻性、基础性、共性研发项目，建立研究院与体系单位的内部结算机制，设立"产研协同"专项奖励，促进基础研发更好支撑产业发展。对创新孵化类项目，实施跟投或骨干员工持股，在所属浙江诺诺网络科技有限公司、厦门航天信息有限公司、航信云享科技有限公司等新业态企业分别以16.49%、8%、18%的股权激励核心骨干，促进收益共享、风险共担。对战略攻关类项目，设立"里程碑"节点专项奖励，围绕事关转型升级的"企业服务平台"项目设置平台上线、推广规模等阶段性奖励，达成节点目标后及时兑现激励，有力保障了航天信息平台化转型的战略实施。对成熟创收类项目，建立科技型企业股权和分红激励、超额利润分享等机制，成功实施上市公司股权激励，授予540名核心骨干1603.99万股限制性股票，在所属福建航天信息科技有限公司实施岗位分红激励。2021年，以550万元分红激励79名关键骨干，有效牵引项目团队创效增收，促进科技成果转化。

三、改革成效

面对新挑战、新要求，航天信息坚持以改革创新为根本动力，以改革红利培育新动能，市场化运营管控与科技创新动能等领域取得三项"显著提升"。

一是经营质量显著提升。在产业政策变化、疫情冲击的背景下，航天信息2021年营业利润率比2019年优化5.3%，成本费用占比优化5.42%，增值创效能力明显提升。产业结构持续优化，非政策性业务毛利占比由2019年不足30%提升至2021年的60.07%，转型升级取得显著进展。

二是公司治理效能显著提升。坚持"两个一以贯之"，立足于党对国有企业的领导这一重大政治原则，航天信息有力推进党的领导融入公司治理各环节，建成"三会一层一组织"的具有中国特色的现代企业治理体系。全面构建专职董事监事履职保障体系，进一步推进了董事会职权落实，提升了董事会的科学决策水平。全体系67家子公司全面实现董事会应建必建，且均实现外部董事占多数，各主体间职责界面和运行方式不断优化，综合治理效能显著提升。增资扩股、新设公司、设立基金等资本运作的灵活性显著增强，2020年以来成功引入社会资本近6亿元，设立航信二期产业基金，加快推进信创类数据库产品、智慧军工、企业信息化管理等新业务孵化培育，资本力量助力科技创新的综合能效充分释放。

三是自主创新能力显著提升。航天信息坚持以"鼎新"带动"革故"，以增量带动存量，在密码、区块链、大数据与人工智能等领域积极承担国家重大工程，抢占自主创新制高点。近3年来获得2项省部级科技进步奖、1项"中国专利优秀奖"，6个课题获得科技部、国家发展改革委立项，新获批3个省级创新平台和1个省部级技术创新中心，成功入选国家区块链创新应用试点，参股的信息安全共性技术国家工程研究中心纳入国家级创新平台序列。

21

以改革为动力
奋力开创能源数字科技平台企业新局面

国网数字科技控股有限公司（国网雄安金融科技集团有限公司）

一、基本情况

国网数字科技控股有限公司（简称"国网数科控股"）成立于 2016 年 1 月，国网雄安金融科技集团有限公司成立于 2018 年 7 月，按照国家电网公司党组决策部署，实行"一套本部运作、两翼协同发展"的经营管理模式。

国网数科控股坚持学习贯彻习近平总书记关于国有企业改革发展和党的建设的重要论述，深入实施国企改革三年行动，结合自身央企互联网企业的特点，确立了以"国际领先的能源数字科技平台企业"为奋斗方向，以模式创新服务电网提质增效，以生态共建带动内外融通发展，以体制机制改革激发创新活力，以旗帜领航永葆创业初心，走出了一条具有国家电网特色的国有互联网企业创新发展之路，入选"双百行动"综合改革试点单位，获评国务院国资委 2021 年度标杆"双百企业"，并在三项制度专项评估中获得 A 级，"能源＋互联网"管理入选国务院国资委标杆项目。目前，已全面建成电 e 宝、国网商城、国网新能源云、电 e 金服、能源工业云网、国网商旅云、国网双创、e-交易等业务平台。

二、经验做法

（一）突出"战略+平台"，服务国家政策落地

围绕服务国家战略，发挥数字科技平台在畅通产业循环、市场循环、经济社会循环等方面的引领带动作用。

一是积极服务"双碳"目标落地。支撑国网新能源云平台建设运营，累计实现集中式项目并网1496个。开发碳中和支撑服务平台，在山东、新疆、天津等5省（自治区、直辖市）试点应用。搭建全流程线上服务体系，联合国家电投等合作伙伴，服务辽宁等省整县光伏开发。

二是积极服务电力保供。上线网上国网代理购电专区，线上合同签约超15.16万件。深化新一代电费结算系统应用，实现浙江、陕西等9省试点落地，持续支撑首批6家现货单位开展试运行。支撑建成全国首个基于区块链的绿电交易平台，推进绿电、绿证交易与绿电消纳保障机制的融合创新。

三是积极服务普惠金融、绿色金融发展。电e金服主动融入吉林、福建等12个地方政府平台，新增金融科技、绿色金融两大专区，上架"订单e秒贷"等产品，累计帮助产业链上下游获得金融服务近3000亿元。快速响应福建疫情及河南、山西汛情，助力提供优惠金融服务1.2亿元。

四是积极服务乡村振兴有效衔接。加强光伏帮扶电站运行监测，推行运维企业线上接单，电站年发电能力提升5.19%。推出"慧农帮"农产品溯源体系，目前帮扶县超240个，惠及超400万户群众，累计交易规模超7亿元。央企消费帮扶电商平台典型案例获评国家发展改革委"2021年全国消费帮扶助力乡村振兴优秀典型案例"。

（二）突出"活力+压力"，建立市场化选用机制

秉承"以新立足，以快制胜，以实兴业"的发展理念，深化用人机制

改革，提升市场响应效能。

一是实行任期制和契约化管理。建立以岗位职责为基础、与经营业绩紧密挂钩的经理层成员任期管理机制，筑牢经营业绩考核和领导人员考评"双达标"体系，始终保持领导人员队伍的竞争意识和危机意识，对不担当不作为、能力低绩效差的领导人员，不搞变通、不打折扣，该调整的及时调整，该退出的坚决退出。2021年免职、转为专家序列等"下"的领导人员退出比例达到14.04%。

二是探索实行职业经理人制度。在市场化程度较高的所属单位推行职业经理人制，取消行政级别，实行市场化协议薪酬。配套形成具有国网数科特色的《职业经理人管理办法》和激励约束机制，着力把内部优秀人才选上来、把外部优秀人才引进来，实现人才的灵活使用。所属单位负责人中职业经理人已经超过10%。

三是实行轮值负责人制。拓宽选人用人思路，变"相马"为"赛马"，在新成立、进入新业务板块的6家所属单位推行轮值负责人制，由2名以上人员轮流担任主要负责人，通过3~6个月的轮值"竞赛"，激活良性竞争，激发担当作为，累计16人次参与轮值。通过轮值，6家单位快速打开业务局面、找到经营发展方向、建立核心业务团队，取得了良好的管理成效。

（三）突出"精准+差异"，激发人才队伍潜能

构建与互联网行业、国企背景相适应的激励机制，不断丰富多元化激励"工具箱"，增强干事创业动能。

一是实行核心人才薪酬期权激励。通过岗位价值和业绩贡献两个维度选拔核心人才队伍，核心人才队伍每年动态调整，并引入延期支付机制，分4年兑现。实施国企改革三年行动以来，共评选出核心人才1060人次，累计兑现专项激励3157万元。核心人才规模质量持续扩大，充分激发干事

创业的激情与活力。

二是实行超额利润分享激励。在所属单位国网区块链科技（北京）有限公司试点实施超额利润分享激励机制，约定年度利润目标，对重要经营和技术管理人员进行重点激励。实施当年，国网区块链科技（北京）有限公司实际利润超过目标利润62.7%，对10名骨干人员开展超额利润分享兑现，激励效果得到充分展现。

三是实行薪酬差异化分配机制。加大薪酬分配向关键岗位、核心人才的倾斜力度，绩效考核结果与薪酬兑现直接挂钩、刚性兑现，与绩效挂钩的浮动薪酬占比最高达75.82%，充分打破内部平均，同层级薪酬差距最高达3.35倍，核心员工薪酬最高可超过同单位负责人。对为公司经营业绩成果做出突出贡献的团队和个人予以专项激励，2020—2022年兑现专项激励359万元。

（四）突出"党建+文化"，凝聚团结奋斗力量

坚持党建引领促进文化认同，文化认同夯实党建引领的根基，营造风清气正良好政治生态。

一是创新流动党员管理。积极与属地政府基层党组织沟通对接，协同天津市河北区、北京市西城区核桃园社区试点成立流动党员党组织，实现政企共管确保流动党员不掉队，增强了流动党员的组织归属感、凝聚力。

二是创新混改企业党建工作模式。积极参与国务院国资委《国有资本相对控股混合所有制企业党建工作研究》课题，创新探索融合国有资本经济责任和民营资本市场化发展需求的党建工作机制。成立广东首个以企业为主体的"新阶层"统战组织，切实发挥党的政治优势，推进混改企业党建与生产经营深度融合。

三是创新"文化创品"实践。实施企业文化落地工程，深化互联网思维应用，融合央企政治责任和行业行为特征，系统提炼公司发展理念、创

业作风、奋斗信念、奋斗精神等文化实践成果，正式发布企业文化手册。强化党组织文化引领，组织基层党支部开展"书记谈文化"系列活动，充分发挥"以文化人、以文育人"力量。

三、改革成效

一是高效率激发创新创业活力。能源电子商务、能源金融科技及能源数字技术业务从0到1、从小到大，业务形态快速蝶变，营业收入由成立当年（2016年）的不足十亿元增长至2019年破百亿元，国有资产保值增值率达到21倍以上。2021年，营业收入利润率5.33%、同比增长1.5倍，利润总额11.73亿元、同比增长36.08%，成为国家电网有限公司（简称"国家电网"）发展战略性新兴产业的旗帜。

二是高质量做大能源数字产业。网上国网、电费网银实现交费全渠道信息在线管理，2021年线上交费规模7421亿元，占全网应收电费22%。能源工业云网接入制造企业1.9万家，合计落地54个应用场景，获得国家及省部级创新示范类荣誉10余项。建设运营国网商旅云平台。2021年401万笔订单100%符合差标，助力国家电网差旅费用总额下降约15%。深化国网电子发票平台应用，累计开票4.4亿张，成功开具国家电网首张增值税电子专票。"电力看环保"成果入选央企"十三五"网络安全和信息化优秀案例。

三是高水平推进硬核科技创新。牵头成立中央企业区块链合作创新平台并担任理事长单位，成立国内首家区块链特色司法鉴定中心，入选国家区块链创新应用试点，获批立项IEEE全球首个"区块链+碳交易"国际标准，区块链评测、虚拟电厂等顺利获批国家重点研发计划。挂牌成立国网知识产权运营中心，启动国家电网首个双创科技园运营，实现37款运检职创成果电商化推广。入选北京市国家级金融科技示范区首批金融科技企业，获国家高新技术企业认定。

四是高标准激发干事创业动力。随着改革深入推进，改革观念已深入人心，全体干部员工基本打破了"唯身份""唯级别"的传统观念，岗位意识和契约精神显著增强，深化改革意愿更为强烈，对能力突出、工作积极的员工突出激励关爱，鼓励大胆干事创业；对少数"慵懒散"员工鞭策倒逼、教育引导，直至优胜劣汰，切实营造有压力、有活力的干事创业氛围。

22

建立健全市场化体制机制
打造国有互联网企业改革样板

中能融合智慧科技有限公司

一、基本情况

中能融合智慧科技有限公司（简称"中能融合"），是由国家电力投资集团有限公司牵头组建的"国有资本控股、民营企业参股、市场机制运作"的混合所有制企业。2018年11月成立以来，中能融合坚持以习近平新时代中国特色社会主义思想为指导，以建成国家智慧能源大脑为愿景，以中央专项工程建设为核心，不断创新完善体制机制，积极探索国有企业优势与互联网企业特质有机融合的改革发展之路。3年来，中能融合承担的中央专项工程建设任务不断取得新进展，综合实力显著增强。

二、经验做法

（一）以市场化选人用人机制增强活力

一是大力推行职业经理人制度。本级及3家控股企业12名经理层成员全部由董事会选聘，实行市场化管理。抓住关键岗位职责，"一人一表"签订业绩责任书。强化薪酬激励，实施超额利润分享计划和重大工程里程碑节点激励计划。明确9种退出情形，规范退出管理。目前，职业经理人制度已在公司本部及所属子企业经理层实现全覆盖，并同步带动全员市场化选聘工作。自2019年起，新员工全部面向市场招聘，截至2021年底，公司员工总数317人，较2019年底增加2.5倍，迅速壮大的人才队伍为专项工程建设和公司发展奠定坚实基础。

二是构建开放灵活高效的人才选用机制。围绕专项工程建设需要，有针对性地引进拥有华为技术有限公司、深圳市腾讯计算机系统有限公司等头部互联网企业工作经历的高端人才和大数据、人工智能、工控安全等领域急需紧缺人才。积极构建能源工业互联网行业生态圈，凝聚能源央企、地方国企、知名民企、科研院所等132家单位2000多名专业骨干，开展智慧能源信创核心技术联合攻关。2021年，围绕专项工程建设和战略推进需求，优化调整组织机构，拿出6个新设部门的8名负责人岗位实施内部公开竞聘，不唯学历，不看资历，满足基本条件即可参与竞聘，让想干事者有机会，能干事者有舞台，干成事者有地位。

三是以清晰的考核导向激发干事创业激情。围绕公司战略目标落地和专项工程建设，层层分解任务目标，构建日常督办、月度考核、专项考核、年度考评和任期考评相结合的绩效管理体系。实施"揭榜挂帅"机制，首批筛选8个"张榜"项目，激励金额230万元，签订军令状，严格按约奖惩。

（二）以多元化激励机制增强动力

一是积极探索实践股权激励新模式。依照国家有关政策精神，实施骨干员工股权激励计划。在激励股权来源上，按照公司股权架构顶层设计，由民营股东向员工持股平台出让10%股份（非公主体之间的股份转让，不涉及国有股东权益变化）。在激励岗位和额度上，依据岗位价值评估结果确定关键岗位，核定激励额度，确保有效激励。在激励对象上，开展人才测评选定骨干员工，实现精准激励。在激励步骤上，结合人才发展规划分步实施，使用6%股权用于在岗骨干员工激励，预留4%股权激励后续符合条件的骨干员工。探索跟投机制，制定跟投管理办法，对于具有较高风险和不确定性的投资项目，要求核心业务团队成员与企业共同出资、共担风险、共享收益。

二是精准实施薪酬水平行业对标。选取行业内15家主营业务相近的特定样本，以"专业技术人才薪酬具有较强行业竞争力、职能管理人才薪酬具有一定市场竞争力"为目标，对标行业P50~P75薪酬水平，对外增强薪酬市场竞争力，对内确保同类岗位人员薪酬公平性。同时，强化绩效结果与薪酬联动机制，实施末等调整、不胜任退出。2021年，企业同层级员工薪酬收入差距最高近4倍，管理人员退出比例达11.1%，员工市场化退出率为4.0%。

三是提升激励的及时性和有效性。突出目标引领，坚持业绩导向，对在推动落实公司重点工作、重大工程和重要部署等急难险重工作的关键节点，取得重要成果的团队和骨干给予精准激励。2021年，对在科技创新、生产运营、改革发展等方面做出突出贡献的23个团队给予专项奖励1725万元，占到年度工资总额的33%，充分激发广大员工勇挑重担、攻坚克难的积极性、主动性和创造性。

（三）以关心关爱机制增强凝聚力

一是构建"1+3"荣誉表彰制度体系。以《荣誉表彰管理办法》为总的指导制度，以《建功创一流先进集体、杰出奋斗者评选表彰管理办法》《科技奖励管理办法》《员工奖惩管理办法》三个实施办法为支撑，在建设国家级能源工业互联网平台的生动实践中，打造矢志专项任务、勇于创新创造的优秀人才队伍。

二是打造互联网特色改革攻坚氛围。组织开展"党旗在专项一线高高飘扬"主题实践活动，坚决打赢专项工程建设攻坚战。针对平台建设对员工的技能要求，举办员工创新竞赛、"建功创一流"CTF技能竞赛，积极参加全国工控系统信息安全攻防竞赛、中国"SD-WAN"峰会、"3060双碳有我"青年创新大赛并取得优异成绩。

三是以关心关爱激励担当作为。将绩效面谈作为促进绩效提升和职业发展的有力抓手，年度绩效面谈突出对个人绩效改善和职业发展引领；季度绩效面谈突出对个人工作效率提升和工作质量改进。扎实开展"我为群众办实事"实践活动，动态调整和完善事项清单，已完成24项并持续推进5项。企业年金、补充医疗等应建尽建，培训、体检、休假等应享尽享，多措并举打造"家文化"，员工幸福感和凝聚力持续提升。

三、改革成效

一是专项工程建设取得阶段性成果。建成高安全、高性能的国家能源工业互联网平台，覆盖31个省份、跨66家能源国有企业、近4000家能源场站。建立数据分级分类标准、数据资产目录、安全体系，构造完整的能源数据湖。目前已汇聚超1540亿条数据、近128TB。建成能源工控网络安全态势感知平台，建立"一点发现，全局联动"协同机制，保障北京冬奥会等国家重大活动网络安全，大幅提升能源企业及场站监测预警和防护能力。正式投运3年以来，安全态势感知平台接入场站未发生一起重大网络安全事件。

二是经营业绩显著提升。通过实施市场化体制机制，中能融合经营业绩不断迈向新台阶。2020年，企业资产总额59305万元，同比增长395%；实现营业收入30506万元，同比增长246%；国有资产保值增值率达260%。2021年，企业资产总额67902万元，同比增长15%；实现营业收入47047万元，同比增长54%；国有资产保值增值率达165%。

三是企业活力动力有效激发。通过推行职业经理人制度，建立人才选聘与流动机制，健全岗位薪酬体系等改革举措，让市场化改革理念在中能融合落地生根。通过开展人才盘点，对标市场薪酬水平，加强绩效考核，实施多元化激励机制等改革举措，促进企业劳动效率显著提升。随着市场化改革举措落地，"能者上，庸者下"的理念深入人心，公司战略落地、专项工程、科技创新、市场拓展等工作稳步推进，干部员工思想统一、行动一致，决策效率和执行力显著提升。

23

以"赛马制"一体推进三项制度改革

东方电气集团国际合作有限公司

一、基本情况

东方电气集团国际合作有限公司（简称"东方国际"）成立于1985年，是中国东方电气集团有限公司（简称"东方电气集团"）所属三级子企业，主要为全球能源、交通、环保等基础设施提供整体解决方案，是一流的能源和机电装备系统集成商、服务供应商及工程承包商，市场项目遍布亚洲、欧洲、非洲、南美洲、北美洲近70个国家和地区，助力东方电气集团连续27年入选《工程新闻纪录（ENR）》杂志评选的全球250家最大国际承包商。近年来，东方国际坚持以习近平新时代中国特色社会主义思想为指导，全面深入落实国企改革三年行动要求，通过内部"赛马制"促进三项制度改革，实现"机构能建能撤、干部能上能下、员工能进能出、收入能高能低"的"四能"突破，在激烈的国际化市场竞争中充分激发"人"的活力动力，提升对外开放水平，创造了国际化经营新业绩。

二、经验做法

（一）顶层系统谋划，构建"赛马制"体系

东方国际在构建国际化经营"赛马制"的顶层设计过程中，将三项制

度改革与公司适应国际化经营市场竞争日趋激烈的管理变革相结合，统筹谋划，建立了以业务单元为"马队"、以绩效评价来"比赛"的"赛马制"体系。

一是明晰权责，确定"赛马"团队。实行公司分管副总领导下的部门负责制和部门负责人领导下的项目经理负责制，确保职能、权责边界清晰，充分保障业务单元自主经营权。按照各业务单元的能力优势划分业务领域，各海外市场国别"领地"占有按"先来后到"原则，先进入者的"根据地"，其他部门原则上不得进入，避免无序低效竞争。如果自己的"领地"长期没有业绩，按照择优原则，其他部门有可靠项目的也可以进入，避免空占地盘不干事。

二是优化指标，明确"赛马"规则。实行"效益指标＋规模指标＋可持续发展指标"相结合的年度绩效考核模式。指标体系包括完成类指标、评比类指标、约束类指标和年度重大工作目标，持续加强人均营业收入、人均利润等效率指标的比重。首先，确定各业务部门业绩考核指标，划小核算单位，以部门为对象、以项目为基础开展市场化"赛马"角逐，建立各业务部门数据清晰的模拟核算机制，确保业绩清晰可见。其次，以数据说话，在公开公平透明的绩效考核基础上，明确"赛马"结果运用，把"赛马"结果作为"马队"优胜劣汰、选人用人、用工分配的重要依据，推动"赛马制"与三项制度改革有机结合。

（二）强化组织保障，推进"赛马制"落实

东方国际在制定"赛马制"措施的过程中，统筹考虑三项制度改革落实落地的难点，在"赛马"保障机制上下功夫，推动企业文化培育、制度体系建设与改革的协调，为顺利推进改革奠定了基础。

一是注重人才培养，打造精良"马队"。开展中层领导人员外贸知识全英文闭卷考试，以考促学；原创开发《国际工程项目市场开拓》课程，

举办"博约讲坛",分享先进技术及项目实战经验;举办"东方新视野"青年员工课题研究大赛等,培养高素质"马队"人才。实施《员工内部流动管理办法》,开展员工职业意向调查,只要员工本人和接收部门同意流动,原部门不得阻拦,彻底打破人员流动壁垒,在实现人员良性流动的同时,有效保障了重大关键项目及重点岗位用人需求。注重在"赛马"中"相马",在战斗一线考察识别干部,特别是将其在新冠肺炎疫情大考中的表现作为评价使用干部的重要内容,近几年新提拔的中层领导人员通过招聘考试选拔产生,均为业绩突出、疫情期间能够经受住考验的一线骨干。

二是注重文化建设,营造良好"赛马"氛围。持续深化"效益和结果为导向"的薪酬分配理念,推动实现"多劳多得、绩优多得",打造赛马绩效文化。贴近员工需求,注重员工心理健康,全面了解驻外员工心理情况,通过远程问诊 App 实现员工心理调查与咨询功能,强化人文关怀文化。每年度赛马考核结束后,成绩不论好坏全部清零,既不让优胜者躺在功劳簿上"躺赢",更不能让暂时落后者失去动力选择"躺平"。同时,持续开展"失败乃成功之母"的年度失败案例征集评选活动,对总结到位、认知深刻且具有举一反三借鉴意义的失败案例也给予奖励,目的在于给予"哪里跌倒就在哪里站起来"的正向激励,树立持续改善文化。

三、改革成效

东方国际在"赛马制"的刚性考核过程中,实现了三项制度改革从"三能"到"机构能建能撤、干部能上能下、员工能进能出、收入能高能低"的"四能"突破。

一是以契约和机制推进"赛马制"落地。一方面,以契约明确权责,公司经营班子成员签订契约书和年度经营业绩责任书,各部门负责人及员工均签订岗位合同和年度工作目标书,确保公司经营目标以"契约"形式分解落到实处；另一方面，明确契约与"四能"有机结合，推动改革中机构建与撤、干部上与下、员工进与出、收入高与低的协调。机构方面，业绩长期靠后的业务单元，裁撤机构、领导免职、员工分流；干部方面，在坚持"以德为先"的前提下，绩效靠前则升职，绩效落后则降职甚至免职；员工方面，绩效靠后者按强制分布原则进入年度员工考核末两档，调整岗位档级乃至市场化退出；收入方面，取消干部职务、职级绩效薪金，干部员工绩效薪金与部门业绩和业绩贡献紧密挂钩，定期动态升降。

二是以刚性考核实现"赛马制"突破。东方国际在"赛马制"的推动落地过程中，通过以"契约"为凭，实行"让结果说话"的刚性兑现，实现了三项制度改革从"三能"到"四能"的突破。2021年，东方国际按"赛马"结果，比照"契约"内容奖励优秀"马队"，淘汰落后"马队"。机构能建能撤方面，撤销业绩考核靠后的业务单元1个；干部能上能下方面，通过"赛马制"、竞聘上岗、考核退出等方式实现领导人员免职、降职或降岗等"能下"的比例达到29%；员工能进能出方面，通过待岗、协商解除等方式加大市场化退出力度；收入能高能低方面，年度考核最优和最差部门的人均绩效奖励相差3倍以上，员工之间绩效奖励差距最高可达10倍，切实做到了收入与绩效贡献相匹配，实现"优者奖，劣者罚"。

通过以上举措，2021年，在全国海外工程承包行业新签合同、营业收入两位数"双降"的背景下，东方国际新增生效合同和营业收入分别同比逆势增长26%、79%，斩获坦桑尼亚中国出口最大水电机组、越南海上风电、萨尔瓦多太阳能等令人瞩目的国际市场项目，在国际疫情肆虐情况下以实际行动服务"稳外贸"大局。2021年以来，在做好疫情防护的基础上，公司超过20%的干部员工奋战在埃塞俄比亚、乌兹别克斯坦、越南、印度、缅甸等31个国家51个点位，形成了"干部领跑、全员赛马"的良好局面。

24 加强"赛马"考核结果应用力度深化内部收入分配制度改革

许继集团有限公司

一、基本情况

许继集团有限公司（简称"许继集团"）是中国电气装备集团有限公司的全资二级子企业，作为全国首批创新型企业和国家技术创新示范企业，已有50余年发展历史。"十四五"以来，许继集团聚焦特高压输电、智能电网、新能源发电、电动汽车充换电、轨道交通及工业智能化等优势业务，积极拓展综合能源服务、先进储能、电力物联网等新兴业务，力争为我国能源电力实现碳达峰、碳中和目标做出新的更大贡献。许继集团持续深化收入分配制度改革，以价值创造为核心，将所属单位企业负责人收入及单位工资总额与业绩考核排名紧密挂钩，构建内部"赛马"机制，有效激发组织活力与干部员工创新创效动力。

2021年，许继集团实现营业收入146亿元，较2019年增长29%；利润总额8.6亿元，较2019年增长了81%。2022年1—6月，许继集团实现营业收入74.2亿元，同比增长25.7%；利润总额6.8亿元，同比增长16.3%。

二、经验做法

（一）完善业绩"赛马"考核指标体系

一是精简考核指标数量。2021年，许继集团的工作重点由"防御型"向"进攻型"转变，由"生产制造型"向"科技创新型"转变。业绩考核工作紧紧围绕企业发展战略，突出效率效益导向，聚焦核心经营指标，强化对利润、现金流等的考核力度，对所属单位的关键业绩指标考核数量压缩到3~5个。

二是分类制定考核标准。对产业单位重点考核利润总额（权重45%）、回款额（权重45%）和新签合同额（权重10%），牵引单位提升盈利能力和现金回收能力。对营销单位重点考核新签合同毛利增加值（权重45%）、回款额（权重45%）和新签合同额（权重10%），牵引单位提升合同质量和订单利润。对研发单位重点考核研发创新（权重30%）、新产品合同额（权重40%）、新产品毛利增加值率（权重10%）、科技合同额（权重10%）和研发利润（权重10%），牵引研发单位深化落实创新驱动战略，加快新产品开发与市场推广。

（二）深化干部薪酬分配机制改革

一是加大主要负责人薪酬挂钩力度。对各单位主要企业负责人，依据业绩考核排名，按照最高与最低倍差关系不低于1.5倍标准，分别确定考核第一名和考核最后一名年度薪酬，对其他单位按其业绩考核排名及级差依次确定年薪标准。将企业负责人薪酬与其历史年份薪酬标准完全脱钩，单位业绩考核排名发生变化的，主要企业负责人年薪随排名同步变化。正职年薪发生变化的，副职平均年薪也随正职同步变化。

二是合理拉开副职负责人薪酬差距。对副职负责人，由各单位主要负责人按照副职考核排名，参照本单位正职年度薪酬标准的70%~90%（平均值不超过80%、最高值与最低值之差不低于10%）提出薪酬方案建议，合理拉开收入分配差距，按规定履行程序后，报集团核准或备案后实施。

三是建立负责人突出贡献奖励机制。对主动自我加压、挑战并超额完成高难度目标任务的企业负责人设立突出贡献奖，分50万元、30万元、15万元三档进行奖励。对在重大改革任务攻坚、重大遗留问题处置、重大风险事件化解、重大科学技术攻关和重大市场项目开拓中做出突出贡献的企业负责人，由集团根据实际情况予以特别奖励。

（三）完善所属单位工资总额分配

一是进一步优化工资基数确定方法。将各单位工资总额划分为基础工资、业绩考核奖、专项工资3个主要组成部分。其中，基础工资由集团按各单位期末在岗职工（不含企业负责人、新员工等单列工资人员）上年度工资总额（不含在上年薪酬中列支的表彰奖励、中长期激励、递延支付、一次性奖励及补贴等）的一定比例（90%~100%）予以核定，对效益效率、人均工资水平明显领先或落后于内外部对标单位的，由集团结合实际适当调整基础工资。

二是结合"赛马"结果合理确定业绩考核奖。以各单位的基础工资为基准，由集团分别确定考核第一名和考核最后一名的业绩考核奖的奖励比例后，其他单位按其业绩考核排名及级差依次确定业绩考核奖的奖励比例及额度，原则上考核第一名的单位奖励额度不超过基础工资的15%，考核最后一名的单位奖励额度为0，亏损企业和减利企业原则上不再另行核定业绩考核奖。

三是健全单列工资和专项工资制度。设立企业负责人单列工资、人才引进单列工资、减员增效单列工资、表彰奖励专项工资、安全质量专项奖、中长期激励专项工资、递延支付专项工资、一次性奖励及补贴和其他专项工资九类专项工资，将相关人员工资在集团"赛马"考核结果应用前单列，对兼并重组、系统外批量划入、预算范围变化等产生的新增工资额度，由集团按规定纳入其他专项工资据实单列。

三、改革成效

一是形成公平公正良性竞争氛围。采用业绩"赛马"考核，按照考核排名确定企业负责人年度薪酬标准和工资总额增长率，有效地激励先进、鞭策落后，在内部分配中倡导公开、公平、公正的"三公"文化，形成了"让奋斗者有幸福感、让勤劳者有获得感，让懒庸者有危机感，让腐败者有畏惧感"的良好风气。

二是干部员工创效活力有效激发。通过实施业绩"赛马"考核和加强考核结果应用，将薪酬分配与价值创造紧密挂钩，激发了干部员工的创新创效动能，建设了一支"想干事、能干事、会干事、干成事、不出事、好共事"的高素质专业化干部队伍和后备梯队。

三是企业效益效率得到明显提升。通过业绩"赛马"考核，使得市场化竞争意识深入人心，集团2021年全员劳动生产率较2019年增长了31%，人事费用率下降了2.4%，企业经济效益、劳动效率和人工成本投入产出效率显著提升，实现了持续健康高质量发展。

25

深化三项制度改革 激活国资国企春水

山东省人民政府国有资产监督管理委员会

一、基本情况

深化三项制度改革是提升企业活力、效率的关键环节，山东省人民政府国有资产监督管理委员会（简称"山东省国资委"）以国企改革三年行动为契机，着力从制度建设、辅导培训、宣贯执行、监督体系等各个方面，推动省属企业健全市场化经营机制实现新突破，助力省属企业高质量发展。所监管企业主要涉及煤炭、黄金、交通运输、钢铁、机械制造、商贸、医药化工、农业水利等行业，2021年全年实现营业收入20160亿元、利润总额1017亿元、净利润728亿元，资产总额达到41797亿元，分别同比增长16.7%、41.3%、40.2%和14.8%，各项指标均创历史最高水平，位居全国省级监管企业前列。

二、经验做法

（一）坚持目标导向，压实改革任务

山东省国资委加强顶层设计，完善配套制度，先后印发了《关于加快推进省属企业深化三项制度改革专项行动方案落实落地的意见》（鲁国资考核字〔2019〕81号）、《关于进一步深化省属企业三项制度改革的意见》

（鲁国资考核〔2021〕2号）、《关于全面推行经理层成员任期制和契约化管理有关事项的通知》（鲁国资党〔2021〕6号）等文件，研究提出2020—2022年三年的改革目标任务，制定了《省属企业三项制度改革考核目标分解表》，逐户审定省属企业三项制度改革攻坚方案，明确每家企业改革的时间表、路线图和责任人，并在省委机关报、大众日报上公开作出承诺，压实改革责任。同时，强化全过程督促实施，将省级层面三项制度改革任务分解为12项考核指标，实行挂图作战、跑表计时，每月调度各省属企业进展情况，及时全面掌握改革进度，对进度落后的单位及时督促，传导改革压力。

（二）坚持要素导向，深化"三能"机制

聚焦新举措，坚持精准发力，全力推动"三能"机制实现新突破。

一是深化人事管理制度改革。要求省属企业全面实行经理层成员任期制和契约化管理，加快推行职业经理人制度。进一步健全管理人员上下机制，大力推行管理人员竞争上岗、末等调整和不胜任退出制度。强化考核结果运用，对于考核较差或者不胜任岗位的，综合运用转岗、内部退养、降职、引咎辞职、责令辞职、免职等多种途径畅通"下"的通道。

二是加快健全市场化用工机制。开展"才聚齐鲁 成就未来"招聘专项行动，打造省属企业招聘专属品牌，要求除定向引进的高层次人才、涉密岗位人员、政策安置人员等情况外都要实行公开招聘。进一步完善全员绩效考核制度，将考核结果与合同签订、工资增减、岗位调整、教育培训等挂钩。强化劳动合同管理，对于严重违反法律法规、企业规章制度、以及业绩不达标的人员，通过培训、换岗、内退、解除劳动合同、引导自主择业等有序引导员工转型发展。

三是持续深化市场化收入分配改革。完善正向激励机制，推动薪酬分配向关键核心人才倾斜，出台激励省属企业科技创新的十条措施，实行重大科研项目和科研团队工资总额单列,大力支持企业科技创新。强化以业绩为导向的薪酬分配机制,按照"一适应两挂钩"的原则,将企业工资总额与效益及劳动生产率水平进行联动,对全部省属企业实施了工资总额预算备案制管理。大力推行中长期激励,先后以省政府名义出台了上市公司股权激励推进意见及非上市公司中长期激励试点意见,督导全部省属企业对各级子企业开展上市公司股权激励、科技型企业股权和分红激励梳理评估。

（三）坚持问题导向,解决短板弱项

针对省属企业三项制度改革中的突出问题和主要矛盾,坚持思想先行,推动省属企业掀起"头脑风暴",实施三项制度改革"亮剑讲坛",剑指沉疴弊端,亮出改革的高招、妙招、绝招,全年省属企业组织了80余场"讲坛"活动,效果良好。坚持互帮互学,组织8对16家省属企业结对共建,进行了50余次互动交流活动,互帮互学,共同进步。坚持共同提高,指导省属企业在内部确定了32家标杆企业、54家亟待改进企业,通过"抓两头带中间"的方式,一体化推进三项制度改革走深走实。坚持推广典型,总结提炼省属企业典型做法,每季度编发三项制度改革信息交流,直发各省属企业董事长、总经理,传达部署重大决策、宣传先进经验、通报工作进展。坚持精准服务,先后有针对性地赴15家省属企业对三项制度改革进展情况进行实地调研,详细了解推进改革过程中的难点、堵点、卡点,"一企一策"进行精准帮扶,切实推动改革任务尽快落实落地。

（四）坚持结果导向,强化激励约束

山东省国资委在全国率先实施三项制度改革效能评估,检验改革成效、促进改革深化。在2020年评估基础上,2021年继续与第三方专业机构合作,创新采用外部专业机构与省内自查结合的方式,提前实现省属企业效能评估全覆盖。根据新形势、新要求、新任务,持续优化三项制度改革效能评估,搭建起制度建设、机制运行、中长期激励、改革成效四个维度共26条指标为主,约束与加分指标为辅的评估体系。运用现场核验、抽样访谈和数据收集相结合的方式,现场核验省属企业三项制度改革规范性文件、抽样访谈若干从事三项制度改革一线工作者、自上而下收集省属企业指标的完成情况。通过评估发现典型,指出问题,提出建议,并要求企业针对问题制定完善措施,形成"边评边改,以评促改"的良性循环机制。同时,坚持把三项制度改革作为省属企业负责人业绩考核的重要内容,考核结果作为企业负责人薪酬核定的依据及任免的重要参考,充分激发企业改革活力和内生动力。

三、改革成效

一是改革制度体系全面建立。27家省属企业全部制定了三项制度改革攻坚方案,并结合实际进行了任务分解,层层立下"军令状",有效传导改革压力动力。同时,配套建立完善了管理人员选拔聘用、员工招聘、合同管理、全员绩效考核、工资总额、薪酬管理等系列人力资源管理制度,形成制度闭环,做到改革执行与制度建设同步。

二是市场化经营机制灵活高效。充分发挥任期制和契约化管理在推动三项制度改革中的"牛鼻子"作用,省属一级企业推行人数占比(含职业经理人)达到94%,各级子企业推行人数占比(含职业经理人)达到100%。着力解决管理人员能上能下问题。省属企业及各级子企业全面建立管理人员竞争上岗、末等调整和不胜任退出制度,管理人员末等调整或不胜任退出的比率达3.87%,同比增长近3倍。

三是企业内生活力有效激发。着重解决员工的进口关和出口关,全面推行公开招聘制度,2021年省属企业签约高校毕业生2.2万人,同比增长29%;在"六稳""六保"中起到表率作用,省属企业公开招聘率、劳动合同签订率达到100%。全员考核制度有效建立，省属企业全员绩效考核覆盖率达100%。市场化退出渠道进一步通畅，实现员工合理流动，员工市场化退出率达2.6%，约1.5万人退出省属企业。

四是收入分配体系持续完善。强化以业绩为导向的薪酬分配机制，实行业绩升、薪酬升，业绩降、薪酬降，省属企业根据业绩确定的绩效工资占比达60%。破除平均主义，合理拉大分配差距，推行一岗一薪、易岗易薪，同类人员收入差距倍数达2.7倍。中长期激励居全国前列，14家省属控股上市公司实施了股权激励，8家科技型企业实施股权或分红激励，212家其他非上市公司探索超额利润分享、项目跟投等多种方式的中长期激励。

26

创新考核分配机制 激发企业高质量发展活力

青岛市人民政府国有资产监督管理委员会

一、基本情况

青岛市人民政府国有资产监督管理委员会（简称"青岛市国资委"）认真贯彻落实党中央、国务院关于实施三年行动的决策部署，立足国资国企改革发展大局，坚持市场化、法治化方向，聚焦考核引导，强化责任传导，聚焦薪酬激励，强化利益传导，构建更加系统集成、精准有效的考核分配体系，在解决导向作用不明显、激励约束作用不突出等问题上率先破题，推动青岛国有企业业绩实现逆势快速增长，高质量发展取得新成效。

二、经验做法

（一）在提高考核"针对性"上下功夫，着力压实企业发展责任

从国有企业所肩负的重大历史使命出发，强化对经济、政治、社会三大责任的考核评价。

一是强化经济责任，聚力实现国有经济质效双升。按照市场规则，构建管资本为主的指标体系，重点关注资本投向、资本回报和资本风险控制。分档设置企业经营业绩目标，将主业创造价值与考核计分、结果评级紧密结合，形成"赛跑"机制，以业绩论英雄，推动企业落实好国有资产保值增值责任。

二是强化政治责任，全力匹配城市发展战略。制定出台《市属企业重大战略投资项目考核管理实施意见》《关于完善分类考核机制支持市属企业更好匹配城市发展战略的实施意见》等，对多个重大战略投资项目实施清单管理，进行量化考核，引导企业提高政治站位，担当落实好市委市政府重大决策部署。

三是强化社会责任，助力服务城市民生保障。将市属企业特别是公益服务类企业履行社会责任情况，作为董事会报告年度工作的重要内容，与经营业绩考核和市属企业领导班子考核挂钩，激发企业履行社会责任积极性。

（二）在提高考核"精准性"上下功夫，着力推动企业聚焦主责主业

根据国有资本的战略定位和发展目标，以及企业发展阶段、行业特点和经营短板等，实施差异化考核。

一是分类设置指标。对商业一类企业，重点考核企业经济效益、资本回报水平和市场竞争能力，引导企业优化资本布局，提高资本运营效率。对商业二类企业，重点考核资本回报和国有资本保值增值，并对保障城市经济运行、完成市委市政府专项任务、发展前瞻性战略性产业和风险控制等情况，实施量化考核。对公益类企业，重点考核产品服务质量、成本控制、营运效率和保障能力，适度降低经济效益指标考核权重和回报要求。

二是重视补足短板。根据企业经营管理情况，选取短板指标纳入考核，与国务院国资委发布的国有企业行业绩效评价标准对标，并综合引入中国投资协会国有投资公司绩效评价标准和同行业上市公司标准。注重提升企业自主创新能力，加强研发投入、科技成果产出和转化等指标的考核，对于重点工业企业，明确研发投入比率不得低于3%。

三是全面对标先进。积极对标世界一流企业，针对企业管理弱项、技

术短板和绩效差距，构建行业横向对标与历史业绩纵向对标相结合的多维评价体系。引导企业瞄准国际先进水平、行业最高标准，积极进位争先；瞄准历史业绩最好水平，努力做大做强。青岛啤酒集团有限公司（简称"青啤集团"）、青岛海湾集团有限公司（简称"海湾集团"）等重点企业主要指标处于行业优秀水平。

（三）在提高考核"约束性"上下功夫，着力确保企业发展目标落实落地

全面梳理工作机制和流程，围绕完善决策程序、落实经营责任等关键环节进行规范和完善，提高考核刚性约束。

一是实施契约化管理。市国资委与市属企业主要负责人签订经营业绩责任书，企业董事长与其他班子成员签订业绩责任书，明确目标任务和奖惩机制，确保责任层层传递。市国资委监管企业集团层面 101 名经理层成员全部签订契约，所属各级子企业与经理层签订合同或契约的有 768 家，完成率达 100%。

二是明确红线、底线、高压线。将企业基层党建工作纳入考核，以党建促发展，对基层党建和全面从严治党成效突出的，考核时加分加薪。对生产经营中出现问题的，及时约谈提醒，跟踪整改落实。对发生安全责任事故、环境污染责任事故、重大舆情的，与业绩考核结果直接挂钩，给予扣分、降级或一票否决处理。

三是加强监督检查公示公开。组织开展专项检查，对企业负责人薪酬管理市场化改革落实情况进行复核。督导全部监管企业在本企业网站对企业负责人薪酬信息进行公示，在市国资委网站上通过链接方式统一进行披露，接受社会监督。

（四）在提高考核"激励性"上下功夫，着力发挥薪酬分配导向作用

针对不同功能定位、行业领域、发展阶段企业的特点，构建完善既符合市场经济一般规律又体现国有企业特点的负责人薪酬分配机制。

一是强化增量收益分享。按照企业新增利润实施正向激励，以增量业绩决定增量激励，健全差异化薪酬分配管理机制。青岛城市发展集团有限公司、青岛市政空间开发集团有限责任公司等所属企业结合内部绩效考核，探索开展超额利润分享。

二是强化以绩定薪。进一步完善收入与业绩挂钩机制，业绩贡献决定薪酬分配，企业班子薪酬总额通过考核结果核定，鼓励先进，向经营业绩好、战略任务完成好的企业倾斜。打破收入能增不能减的"铁律"，业绩升薪酬升、业绩降薪酬降。对于个别经营业绩下滑的企业，相应核减绩效薪酬，"重业绩、讲回报、强激励、硬约束"的考核分配机制更加完善。

三是强化差异分配。稳步落实企业董事会考核分配职权，在市国资委核定的薪酬总额范围内，董事会在企业党委指导下，遵循市场化分配原则，根据个人岗位职责、承担风险和工作绩效，自主决定分配，合理拉开档次。

三、改革成效

青岛市国有企业考核分配机制市场化改革，通过锚定"核心目标"，考准"重点穴位"，搞活"关键少数"，重点解决了如何树立鲜明考核导向和建立有效激励机制两个核心问题，为激发企业内生动力活力、推动企业改革发展发挥了积极作用。

一是企业负责人市场化分配机制逐步建立，激励约束作用明显增强。从近几年企业负责人收入分配情况看，市场化、差异化的改革目标进一步落实，有的企业业绩突出的副职收入水平与董事长基本相当，有的企业副职之间收入差距超过40%，企业负责人干事创业积极性显著提高。特别是率先在领导班子层面突破按职务、按级别分配的做法，具有较强的示范带动效应，有利于在企业内部全面形成"由市场评价贡献、按贡献决定报酬"格局。

二是企业内部考核激励机制进一步完善，内生动力活力显著提升。市属企业进一步完善高效灵活的市场化机制，基本构建起以创新价值、能力、贡献为导向的人才评价体系和配套激励机制，推动形成能者上、优者奖、庸者下、劣者汰的正确导向。青啤集团、青岛华通国有资本运营集团有限公司、青岛澳柯玛控股集团有限公司等企业逐级建立目标责任制，签订经营责任书，传递责任传导压力，加大考核结果应用力度，实现干部能上能下、员工能进能出、收入能增能减。青岛城市建设投资（集团）有限责任公司、青岛地铁集团有限公司等企业建立完善内部分类考核机制，注重增强社会责任导向，将社会责任引入考核体系，更好地匹配城市发展战略。

三是企业经营业绩显著提升，高质量发展成效凸显。市属企业在经济下行压力明显加大形势下逆势增长，效益连续创出历史新高，近3年利润增幅均超过20%，青啤集团、海湾集团、青岛国信发展（集团）有限责任公司、青岛海发国有资本投资运营集团有限公司等重点企业实现跨越式增长。在考核激励的推动引导下，混合所有制改革、两类公司试点、资产证券化、数智化转型升级等重点改革任务也规范有序推进。

27

以"1234"工作法推进经理层成员任期制和契约化管理全面激发干部人才干事创业新活力

河北省国有资产控股运营有限公司

一、基本情况

河北省国有资产控股运营有限公司（简称"河北国控公司"）成立于2006年，注册资本21亿元，现有12个二级专业平台，参股7家大型企业，入围中国服务业企业500强，获大公国际AA+主体信用评级。作为省级大型综合性国有资产经营管理、资本运作和投融资平台，自2016年以来，河北国控公司先后被省委、省政府确定为全省唯一一家省级国有资本运营公司试点单位、省属国有重点骨干企业、省级经营性国有资产集中统一监管实施主体、省级美丽乡村建设和产业扶贫开发投融资主体等。近年来，河北国控公司在扎实推进国企改革三年行动过程中，牢牢牵住经理层成员任期制和契约化管理"牛鼻子"，通过实施"1234"工作法，不断健全市场化经营机制、用人机制，激发广大干部人才创新创业热情，持续推动河北国控公司做大做强，为加快建设成为国内一流国有资本运营公司提供了动力活力。

二、经验做法

（一）锚定 1 个目标，确保经理层成员任期制和契约化管理改革全面完成

全面推行经理层成员任期制和契约化管理，对国企改革三年行动全局具有"牵一发而动全身"的改革效应，具有"一子落而满盘活"的显著作用，因此必须如期高质量完成这项"牛鼻子"工作。

一是强化组织领导。河北国控公司迅速组建了"主要领导主抓、多职能部室协同、所属企业实施"的专项工作机构，制定了《各级子企业推行经理层成员任期制和契约化管理工作方案》，明确了改革工作的实施范围、工作内容以及操作流程。靠近改革一线，公司分管领导主持召开每月 1 次专题调度会，现场研究协调解决企业改革中的难点堵点。着力抓好检查评估，不定期对企业进行抽查，对工作表面化、进度滞后、质量不高的企业进行公开通报，督促整改。

二是明确行动指南。制定印发了《公司经理层任期制和契约化管理办法（试行）》，从制度层面、操作层面对各级子企业推进经理层成员任期制和契约化管理起到了制度规范作用，确保实施过程、考核运用等环节有据可依。选取所属"双百企业"——河北国控资本管理有限公司（简称"国控资本"）为试点，先行推进经理层成员任期制契约化管理，形成可复制推广的经验模式，通过以点带面、示范引领，不断向各级企业延伸。

三是强化考核评估。将推行经理层成员任期制契约化管理改革任务纳入考核评估，对标工作要求，明确主体、细化指标、量化数据，压紧压实各级工作责任。将评估结果与企业负责人经营业绩考核硬挂钩，与领导班子和领导人员综合考评硬挂钩，建立奖惩机制，对不真改、不快改的企业和个人严肃问责；对敢于动真碰硬、取得明显实效的企业和个人表彰激励。运用项目管理思维,针对既定阶段目标和节点要求,建立过程督查机制,及时预警通报进展滞后的任务指标,探索实施年度考核预扣分,切实把改革重担压在日常,杜绝"纸面"改革、"数字"改革,确保改革目标如期高质量完成。

(二)做到2个覆盖,实现所属企业"应推尽推"和领导人员全面覆盖

按照党中央、国务院,国务院国资委,省委、省政府以及省国资委关于推行国有企业经理层成员任期制和契约化管理工作部署,在准确领会文件精神的基础上,深入摸排各级企业经营现状、发展需求、领导人员队伍建设等情况,自我加压、拉高标杆,提出"因企施策、应推尽推、稳步推进、务求实效"的工作思路,最大限度覆盖各级企业和领导人员。

将具备实行经理层成员任期制和契约化管理条件的55家所属企业纳入改革任务清单,做到"应推尽推"。坚持领导班子利益共享、风险共担,全部签订岗位聘任协议和业绩责任书,将收入水平与承担责任、经营风险相挂钩,做到"一碗水端平",实现领导人员全面覆盖。

(三)制定3个标准,全面规范经理层成员任期制和契约化管理关键环节

推行经理层成员任期制和契约化管理,就是要按市场规律进行管理,立下军令状,明确责任制,树立"干好干坏不一样"的导向。因此,做好"三定",即定契约、定考核、定奖惩,是激活企业"关键少数"的重要法宝。

一是定契约。河北国控公司从集团层面统一规范所属企业领导人员岗位说明书、岗位聘任协议书、经营业绩责任书、绩效考核表等模板,明确三年一任期。逐级授权签约主体,明确契约关系,规范签约程序,由董事长代表董事会与经理层成员分别签订岗位聘任协议书、年度及任期经营业绩责任书,非经理层领导人员全面参照任期制和契约化管理。

二是定考核。制定《关于加强正向激励体系建设的实施意见》，形成多部室协同、多维度测评的"1+N"考评体系，全面涵盖经济效益、改革创新、专项任务、党建纪检等考核指标。注重年度和任期经营业绩考核目标的有效衔接，任期经营业绩考核重点关注价值创造、中长期发展战略等内容，年度经营业绩考核要有效分解和承接任期经营业绩目标。非经理层领导人员同步开展任期制考核，与经营业绩按比例挂钩，结合党委纪委评价意见，形成综合考核评价结果。建立项目管理框架下的专项考核机制，结合2021年度重点工作，组建8个谋划类项目专班、13个经营业务专班、6个建设项目专班、4个资本运营专班，实行"一事一考核、一事一奖惩"，有效解决契约涵盖范围过窄的问题。

三是定奖惩。树立"要薪酬就得靠业绩"管理理念，全面打破领导人员"铁饭碗"。明确领导人员薪酬结构一般由基本年薪、绩效年薪和任期激励构成，实行经营业绩考核和领导人员综合考核评价"双达标"，考评结果与工资总额、企业负责人薪酬"双挂钩"，刚性兑现奖惩。2021年对上年度完成业绩考核指标的二级平台追加激励近600万元，对未完成业绩的扣减800余万元，合理拉开领导人员间薪酬差距。明确应终止任期协议、免去现职的5种情形，即年度考核不达标、综合评价不称职、两年排名末位以及造成国有资产损失等，坚决避免"应出不出"。

（四）配建4个制度，推动经理层成员任期制和契约化改革落到实处

领导人员上下通道能否畅通，市场化选人用人机制能否健全，深刻影响着经理层成员任期制和契约化管理改革工作能否达成见效。

河北国控公司在纵深推进国企改革三年行动基础上，结合任期制契约化管理需求，配套建立人才引进和干部竞岗、轮岗以及转岗退出机制，形成了"1+4"干部人才发展制度体系。加大高端人才外部引进力度，为紧缺急需人才开辟引才"绿色通道"。围绕地产开发、物业管理、矿山建设等产业领域，为所属企业引进了 5 名高级领导人员、20 余名中层管理人员，有效解决了一系列"卡脖子"难题。先后在本部及所属 5 家平台公司实施了 16 个关键岗位的公开竞聘工作，推动了 240 余名管理人员实现跨部门、跨企业、跨层级交流，干部队伍结构进一步优化。坚定走好人才自主培养之路，开展"青干班"培训，推动青年人才库建设，有计划地实施轮岗锻炼，统筹用好各年龄段干部人才，"党委管、市场选"的选人用人工作格局全面打开。

三、改革成效

自推行经理层成员任期制和契约化管理改革以来，河北国控公司及所属企业始终坚定改革决心，树立发展信心，把生存压力转化为改革动力，于变局中开新局，改革已初见成效。

一是经理层成员任期制和契约化管理全面完成。2021 年 8 月，河北国控公司组织所属各级企业领导人员集体签约，184 名经理层成员、非经理层成员全部签署了"两书一协议"，改革清单内 55 家和清单外 6 家所属企业经理层成员任期制和契约化改革任务全面完成，实现签约率达 100%。

二是干部人才队伍发展体制改革得以深化。实行中层管理人员转岗，引导 9 人退出管理岗位，转为公司专务。实施人才强企工程，2021 年面向市场化引进高级管理人才 11 人，系统内培养青年骨干人才 50 人，新提拔使用中层干部 4 人，其中"80 后"3 人，目前中层干部队伍年轻化逐步显现，"75 后""80 后"人员占比达 41%。建立青年人才库，公开遴选 73 名优秀青年入库进行教育培训和实践锻炼，青年人才成长与企业转型发展实现同频共振。

三是市场化选人用人机制注入人才动力。截至 2021 年底，系统内各级管理人员竞聘上岗 102 人，占比 32%；末等调整和不胜任退出 30 人，占比9.5%，"能者上、优者奖、庸者下、劣者汰"的选人用人导向已鲜明树立。严把新员工录用关，严格市场化招聘标准，2021年新进员工共63人，公开招聘率达100%，用工数量得以合理控制，用工质量实现有效提升。

四是多元化激励体系激发创业活力。以契约化管理为基石，建立工资效益联动机制，形成差异化分配机制，彻底打破"平均主义"。中长期激励行之有效，率先在"双百企业"国控资本试行项目跟投、基金跟投及超额利润分享等激励机制，23名骨干员工升级为"事业合伙人"，与企业发展实现深度绑定。开展"效益年"活动，设立14个重点任务攻坚专项奖励，一线优秀项目经理、核心技术骨干、科技人才的积极性充分调动，一批创新成果加速转化，所属河北冀拓应急科技有限公司、河北冠卓检测科技股份有限公司等6家企业先后被评为国家级和省级"高新技术企业"，累计获得专利116项、软件著作权86项、地方标准10项，其中1项填补省内空白，全员创效、共谋发展的红火画卷正从容铺开。

28

推进经理层成员任期制和契约化管理全面激发干部队伍活力

辽宁省城乡建设集团有限责任公司

一、基本情况

辽宁省城乡建设集团有限责任公司（简称"辽宁省城乡建设集团"）于2016年12月组建成立，是辽宁省唯一一家省属大型国有建筑企业集团，主营业务涵盖建筑行业投资开发、规划咨询、勘察设计、科研检测、施工管理和项目运营全产业链。集团下辖14家二级子公司，其中6家高新技术企业，2家混合所有制企业，1家入选全国"科改示范企业"。现有在职职工2453人，其中专业技术人才1663人，享受国务院政府特殊津贴专家16人，国家百千万人才工程百层次人才8人，省级大师7人，省优秀专家8人，学科带头人11人。截至2021年末，集团资产总额66.31亿元，净资产23.21亿元，负债总额43.10亿元，资产负债率为65.01%。

近年来，辽宁省城乡建设集团坚持以习近平新时代中国特色社会主义思想为指导，聚焦国企改革三年行动这一重大任务，以推进经理层成员任期制和契约化管理作为健全市场化经营机制、增强企业活力、提高效益效率的重要切口，全面夯实了经理层谋经营、抓落实、强管理的经营管理作用，全面激发了干部队伍的活力。

二、经验做法

（一）加强组织引领，冲破思想观念障碍

一是提高政治站位，吃透文件精神。集团党委多次召开会议，传达学习有关文件、会议和领导讲话精神，逐字逐句研读，深刻领会经理层任期制契约化管理的基本逻辑和重大意义，切实将思想统一到党中央、国务院关于深入实施国企改革三年行动的重大决策部署上来，千方百计地提升以改革破局开路的责任感、使命感和紧迫感。

二是成立工作专班，加强跟踪督导。成立了以党委书记、董事长为组长的改革工作领导小组，研究制定改革实施方案，明确改革的任务书、时间表、路线图。印发"一案两书两办法"模板，要求所属各单位以"规定动作不走样、创新动作有实效"为原则，制定了集团《外部董事管理办法》《所属子公司负责人目标考核及年薪核定办法》《职业经理人选聘和管理办法》等7项改革配套制度和办法。"一企一策"推动任务落实，对签约管理进行全过程跟踪督导，有力保证了工作效率和工作质量。

三是加强舆论引导，营造改革氛围。邀请专家为集团300余名干部职工专题培训，讲清讲透改革关键环节和操作步骤。结合党史学习教育，利用各种媒介广泛开展"大学习、大讨论"活动，组织各级领导班子、中层干部和职工反复召开座谈会，集团公众号连续发布80余篇专题报道，进行多层次、全覆盖、多频次、高密度的思想动员，干部职工思想观念得到了根本性转变，正确认识改革、自觉拥护改革、勇于投身改革的主动性显著提升。

（二）抓好试点突围，打造改革示范样板

为确保改革稳扎稳打、取得实效，集团经充分论证，选取了现阶段经营状况最佳和最艰难的两家单位为试点，以经理层任期制契约化管理为切

入点,加快建立市场化经营机制,充分激发企业活力动力,为改革的高标准、高质量推进提供经验借鉴。

一是抓"科改示范企业",实现好上加好。调整省城乡建设规划设计院有限责任公司法人治理结构,将集团管理干部由6人调整为2人(党委书记、董事长1人,纪委书记1人),经理层成员全部实行市场化选聘,明确约定退出机制,刚性兑现薪酬,经理层成员收入倍差达1.8倍;中层干部实行公开竞聘、业绩考核,3名生产部门负责人因未完成指标退出岗位;其他人员实行双向选择和末位淘汰,9名员工因考核不达标被解除劳动关系。通过"一步到位"的市场化改革,实现了"人人扛指标、一切皆量化",涌现出多个"揭榜挂帅"的人才,形成了"鲶鱼效应"。

二是抓"沉疴积弊企业",实现浴火重生。辽宁建工集团有限公司(简称"辽宁建工集团")不仅自身经营举步维艰,还承担着28家企业的托管任务,沉重的历史遗留包袱压制了干部职工的进取意识和拼搏精神。集团党委调整了辽宁建工集团主要负责人,要求新班子刀刃向内、动真碰硬、自我革命。辽宁建工集团以经理层任职期契约化管理为抓手,逐步完成了组织架构重建、机构职能调整、岗位编制精简等工作,将内设机构由12个减少至7个,中层干部职数由30人减少至16人。通过两轮竞聘,有5名员工转岗、1名辞职、1名待岗,干部职工精神面貌焕然一新,老企业焕发了新生机。

(三)突出三个坚持,推动改革落实落地

在认真总结两家试点企业改革经验的基础上,自上而下、全面启动集团层面及所属单位经理层成员任期制和契约化管理工作。集团党委派出巡察组全程督促落实、跟踪问效,并将改革推进情况列入年度重点考核指标。

一是坚持专业人做专业事。契约目标是经理层任期制契约化管理的关键和灵魂，既要涵盖重点任务，又要避免"一刀切"，既不能目标过高、"鞭打快牛"，更不能"杀鸡取卵"，影响企业发展后劲。集团专门聘请了第三方专业机构，为集团层面的经理层成员任期制契约化管理"量体裁衣""量身定做"，科学设计了业绩贡献与薪酬兑现的关联规则，从机制上引导经理层成员主动"摸高"，减少在目标设定上的"博弈"，让大家"看得懂、算得明"，有效解决了目标难确定、约定难执行、业绩难评价等问题，最大限度地提高了契约的科学性、针对性、差异性、权威性、可操作性和可考核性。

二是坚持以上率下、以上促下。集团经理层成员先行先改，重新界定集团总部机构设置和职能编制，总部人员全体起立、竞争上岗，破除论资排辈和隐形台阶，不拘一格选拔优秀人才。中层干部管理岗位缩编28.5%，末位淘汰2名工作人员，实现了费用包干、一专多能、减员增效，引领带动了所属各单位全面深化三项制度改革。集团工作领导小组定期调度改革推进情况，结合各单位历史业绩和发展趋势，对"一案两书两办法"进行审核把关，出具审核工作意见单，发现问题第一时间进行纠正，坚决防止走形式、避实就虚和变相涨薪、借机涨薪。

三是坚持"军中无戏言"。制度的生命力在于执行，立下"军令状"，明确责任制，干好就激励，干不好就调整。制定了《提前退出领导岗位暂行规定》，有2名二级单位经理层成员提前退出了领导岗位。明确约定了各级经理层成员的退出"底线"，强化任期意识、岗位意识、权责意识，一旦触发"底线"，毫不含糊坚决退出，实现做到"能否坐得住，契约说了算""干得好不好，指标说了算""收入多与少，业绩说了算"，健全了"能上能下、能进能出、能增能减"市场化经营机制，以改革的实际成效不断激发企业发展的动力和活力。

三、改革成效

一是公司治理体系日趋完善。修订了公司章程，明确党组织在国有企业法人治理结构中的法定地位；规范董事会建设，完成了子企业董事会应建尽建和外部董事占多数的改革任务；全面推进经理层任期制契约化管理，集团及所属各级子企业102名经理层成员全部完成签约，探索实施职业经理人制度，选聘8名职业经理人进入子企业经理层。通过一系列改革，党委会、董事会、经理层各归其位，权责边界更加清晰。

二是经营业绩明显改善。通过"自上而下"全面推进经理层任期制和契约化、探索实施职业经理人制度，集团经营层的活力得到了全面激发，经营业绩明显改善。2021年，集团实现营业收入51.26亿元，同比增长8.67%；实现利润总额8650.70万元，同比增长24.26%；实现净利润2813.64万元，同比增长18.91%；科研投入6746.72万元，同比增长23.86%；资产负债率同比下降1.47个百分点。

三是活力效率显著提升。集团以实施经理层任期制和契约化管理为契机，开展授放权改革，全力支持经理层行权履职，加快市场响应速度，有效带动并激发全员干事创业热情，市场经营和技术服务人员自发提出了"随叫随到、说到做到"的服务理念，获得甲方一致好评。2021年，集团劳动生产率同比提高22.15%，人工成本利润率同比提高1.44%。通过不断深化改革，激活了企业发展的"一池春水"。

29

应改尽改全覆盖　动真碰硬抓落实
扎实推行经理层成员任期制和契约化管理

南京旅游集团有限责任公司

一、基本情况

南京旅游集团有限责任公司（简称"南京旅游集团"）成立于2017年12月，是南京市委、市政府重点打造的市属旅游产业专业化运作平台，2018年入选国企改革"双百企业"，为全省六家之一、南京市唯一一家入选企业。集团围绕"重大旅游项目开发建设主体、重要旅游资源整合运营主体、新兴旅游业态投资引领主体"的战略定位，形成了旅游开发、景区运营、旅游服务、酒店餐饮、商业会展、旅游金融六大业务板块，拥有控/参股二级企业36家、三级企业65家，是江苏省内规模最大和产业链最完善的国有旅游企业。

国企改革三年行动实施以来，南京旅游集团始终坚持问题导向、目标导向、效益导向，以三项制度改革为抓手，吹响深化机制改革的冲锋号，扎实推动经理层成员任期制和契约化管理工作落实落地，2020年率先在集团本部和二级企业实施，2021年各级子企业全面实施，实现经理层任期制和契约化全覆盖，不断激发各级企业活力和竞争力以及经理层的动力。

二、经验做法

(一) 动真碰硬，建立新契约新规则

一是全面动员部署实施。2020年2月，在新冠肺炎疫情形势未充分明朗之时，集团即不等不靠启动推行经理层成员任期制和契约化管理改革工作。按照"全覆盖、贴实际、强激励"的思路，集团召开专题会议，在二级企业层面进行动员部署，集团改革办"一对一"指导二级企业制订实施方案、细化契约要素、确定考核方式。2021年，在二级企业改革经验的基础上，全面向各级子企业推广实施，实现经理层任期制和契约化全覆盖。

二是争做示范探索改革。作为国企改革"双百企业"，2020年率先探索在集团公司层面推行任期制和契约化管理，为全市国资国企改革积累了经验。在集团层面实施此项改革远比在子企业层面复杂，在省也尚无先例。集团党委多次与市委组织部、市国资委沟通争取支持，董事长与每位经理层成员谈话交心，剖析此项改革的内涵、考核评价方式的变化，打消彼此顾虑，取得了全体经理层的理解和支持。集团层面实施任期制和契约化管理，在干部职工中表明了集团真改实改的坚定决心，树立了以上率下抓改革的鲜明导向。

三是探索新模式新机制。集团在启动任期制和契约化管理改革后，反复研究政策，充分征求意见，稳妥制订改革计划、实施方案、岗位职责契约文件，并起草与之相配套的薪酬管理办法和考核办法，历时半年时间与本部经理层签订了"两书一协议"。子企业层面"一企一策"制定工作实施方案，制定经理层聘任合同，围绕企业中心工作编制经营业绩责任书，2020年6月实现二级企业任期制和契约化管理集中签约。通过聘任合同、经营业绩责任书明确经理层成员的聘任期限、岗位职责、薪酬标准和考核激励方式、续聘、退出条件，让经理层成员清楚"要干什么""干得好什

么结果""干不好什么后果",把"重话""狠话""丑话"讲在前面,增强各级经理层成员的任期意识、权责意识、危机意识。多家企业经理层在改革驱动下,主动提出转为职业经理人,并愿意实施更加市场化的激励约束方式,将个人的绩效跟企业业绩更加紧密地挂钩。

(二)审慎谋划,研究新流程新办法

一是制定新办法。在市国资委的大力支持和细心指导下,集团经理层薪酬管理办法和考核办法经过十几轮的修改打磨,获得集团党委会、董事会审议通过,并报市国资委备案。根据新的薪酬、考核管理办法,集团经理层成员的基本薪酬沿用原有的核算方法,绩效薪酬基数与董事长当年度的绩效薪酬挂钩,但经济指标高于市国资委下达的考核目标,同时引入了超额业绩加分兑现的激励新机制,体现了"干得越好拿的越多"的导向。

二是实施新考核。在考核方式上,集团董事会作为考核主体,董事会提名与薪酬考核专门委员会具体实施。2021年上半年开展了集团经理层向董事会就2020年工作进行集中述职考核,下半年董事会结合集团的考核情况对经理层考核成绩进行复核,履行了完整的"目标制定—考核打分—专门委员会审核—经理层述职—董事会审议复核—国资委备案"的考核评价闭环流程。通过考核,2020年集团总经理的薪酬高于董事长近10%,同级别经理层薪酬差距达1.14倍,经理层副职薪酬高于非经理层副职8.8%,领导班子之间形成了差异化的薪酬结构。

三是措施再优化。子企业已经实施了两轮由董事会制定指标开展考核薪酬兑现工作,因推行较早,无现成案例可参考。为进一步检验改革实施效果,全面检测在推行任期制和契约化过程中各项流程是否合规、经营业绩责任书中各项考核指标的制定是否合理、聘任合同是否符合要求及企业经营绩效的改善,集团聘请了第三方专业中介机构,对子企业任期制和契约化工作成效进行全面综合的评估,并根据评估结果查漏补缺,完善"两书一协议",制定符合市场机制的经营业绩责任书及薪酬体系,使此项改革落地落实、有效高效。

(三)完善机制,为经理层履职做保障

一是加强董事会建设,为决策做保障。集团公司及各级子企业董事会应建尽建比例达100%,同步制定"三会一层"议事规则,全面厘清党组织、董事会、经理层权责边界。设立董事会的各级企业均实现了"外大于内",建立了专职外部董事队伍,增强了董事会决策的专业性、科学性、独立性。

二是实施授放权,为经理层履职做保障。实施集团本公司及各级子企业董事会向经理层授权机制,形成了有效制衡的公司法人治理结构、灵活高效的市场化经营机制。修订总经理办公会议事规则、全面预算管理办法、投资管理办法、担保管理办法、借款管理办法等配套制度,夯实了管理基础,健全完善风险、内控和合规体系,确保经理层对授放权接得住、接得稳。

三是加大激励约束机制,调动经理层活力。集团在商业一类子企业实施超额利润分享、上市公司股权激励、高新技术企业岗位分红、混合所有制企业员工持股、专项奖励等多种形式的中长期激励举措,充分调动干部职工干事创业积极性。

三、改革成效

一是发展态势向上向好。通过深化改革创新发展,公司法人治理更加完善,市场化运营机制不断健全,企业活力进一步激发,保持了快速发展势头,发展质效显著提升。2020年以来,在疫情对文旅行业冲击巨大的情况下,集团主要经济指标逆市上扬,连续2年平均增幅10%,经营业绩在全省同类平台居首位,在全国副省级城市中居前列。近3年连续蝉联文旅

部"中国旅游集团20强",集团高质量发展创新模式与改革做法入选文化和旅游部"2021中国旅游集团化发展创新案例"。集团全员劳动生产率较改革初期增长65%,三项制度改革成效被国务院国有企业改革领导小组办公室评为A级。

二是优质供给创新引领。围绕"吃住行游购娱"全产业链,不断推出创新业态和创新产品。将熙南里历史文化街区打造成为国家级夜间文旅消费集聚区、将水木秦淮艺术生活街区打造成为江苏省省级夜间文旅消费集聚区;成立莫愁旅游OTA打造南京全域旅游总入口,获评国家高新技术企业、南京市瞪羚企业;推出沉浸式演出《南京喜事》,获文化和旅游部2020年文旅融合十大创新案例;"长江传奇"滨江游轮启航,填补南京长江游空白,获2021年文旅融合发展创新项目提名;重新打造"六华春"连锁门店,百年老字号再绽芳华;打造幕燕赏樱区,成为南京新的网红景点;金陵矩阵建成开放,为全球规模最大的户外高空绳索攀爬项目。

三是品牌效应不断提升。打造"中华节庆·与您同庆",形成"端午龙舟竞渡、七夕荧光夜跑、中秋笪桥灯市、重阳幕府登高"四季节庆品牌;举办"金陵菜厨艺大赛"和"乡村民宿技能大赛",成为传播中华文化、讲好南京故事、拉动文旅消费新载体。近年来,集团组织各类活动共900余场,媒体报道18万余条,集团《"长江传奇"滨江游轮文旅融合打造优质供给》,入选国务院国资委2021年度国有企业品牌建设典型案例和优秀品牌故事名单,品牌影响力持续提升。

30

锚定"十四五"目标 坚持市场化方向
高质量推进经理层成员任期制和契约化管理

浙江省交通投资集团有限公司

一、基本情况

浙江省交通投资集团有限公司（简称"浙江交通集团"）是根据浙江省委、省政府要求组建设立的省级交通类国有资产营运机构，是全省综合交通投融资主平台和综合交通建设主力军，经过近20年的发展，已形成交通基础设施、产业金融、交通关联产业"一体两翼"业务布局。截至2021年底，控股企业346家，控股上市公司5家，在职员工总数4万余人；资产总额超7500亿元，净资产超2400亿元。自2017年起，集团资产规模和利润总额连续5年位居浙江省属企业首位。

根据国企改革三年行动有关部署，浙江交通集团牢牢抓住经理层成员任期制和契约化改革这个"牛鼻子"工程，按照集团党委提出的"真、准、效"总体要求，坚持系统观念，科学制定方案，全面承接和分解"十四五"规划，重塑考核评价体系，持续深化经营机制改革，稳步推进集团战略目标和改革举措落实落地。

二、经验做法

（一）坚持统筹谋划，着力做好改革方案顶层设计

一是全面强化组织保障。第一时间成立了由集团主要负责同志挂帅的

专项工作领导小组,研究制定工作方案,倒排计划,明确职责,挂图作战。实施专班化运作、多部门联动、母子企业协同机制,抽调集团总部相关部门和子企业骨干力量组建专班,全面推进改革各项举措,指导27家二级企业及时制定工作方案,层层压实责任、传导压力、落实要求。按照实施原则、任务目标、考核机制"三个穿透"原则,贯穿式推进改革,并同步建立月报制度,及时掌握改革进展和解决问题阻碍,确保改革各项工作有机衔接、有序推进。

二是系统构建制度体系。在全面梳理集团本级和各级子企业情况的基础上,研究制定两个《实施意见》,建立工作标准化要求和规范性流程,明确在集团本级和276家各级子企业全面推行改革。制定经理层成员岗位聘任协议书和经营业绩责任书样本,强调严格契约约定,坚持定量为主、定性为辅,"摸高"确定年度和任期目标。配套制定业绩考核、任期管理、轮岗交流、能上能下等系列干部管理制度,形成一整套体现改革要求、契合企业实际、科学有效衔接的制度体系。

三是分级分类分批实施。针对集团下属企业数量多、产业分布广、业务类型多、发展阶段不一的情况,研究确定"分层级实施、分板块落实、分批次推进"的工作原则,有序组织实施。区分高速公路、铁路轨道、交通关联产业、产业金融四大板块,分类制定责任条款,精准确定年度和任期指标体系,突出市场机制和市场意识。从四大产业板块选取8家治理体系较为完善、改革基础比较扎实的子企业作为第一批实施企业,形成可复制、可推广的示范样本,以重点突破带动全面推进,确保改革平稳有序。

(二)坚持目标导向,层层压实经理层成员经营任务

一是强化目标导向。牢牢抓住战略规划目标分解这一关键举措,把握对标一流、对标"十四五"规划、对标行业标杆总体原则,将企业高质量发展目标与经理层成员价值创造同向联动、有机融合。根据规划中"一体两翼"业务布局明确的12类业务的发展定位、目标与举措,分解和压实

27家二级企业的经营责任指标，真正把战略规划目标在任期制和契约化管理中落细落实。

二是锚定规划目标。把"十四五"规划分解落实作为任期制和契约化管理的考核依据，作为有效传导经营压力的重要抓手。在分解过程中，注重在企业稳健运营的基础上，适度提高目标要求，建立"逐年跳一跳"的"摸高机制"。集团本级"十四五"规划的营业收入、资产总额、经营性产业利润较"十三五"末均提出翻番目标。集团下属二级企业浙江交通资源投资集团有限公司经理层2019—2021年任期净利润总额为9.85亿元，实施任期制和契约化管理后，公司经理层锚定集团"十四五"规划，提出本公司2022—2024年36.5亿元的任期目标，自我加压、主动"摸高"，同比增长率达270%。经理层成员任期制和契约化管理以经营责任分解压实各级子企业任务指标，助推集团"十四五"规划目标落地。

三是科学分解指标。集团所属各级企业对照"十四五"规划目标进行逐年分解，形成科学分布、合理衔接的年度、任期和"十四五"目标体系。从集团本级开始，到各级子企业，层层按照本企业"十四五"规划中的指标，按照经理层职责分工，逐年细化分解给经理层每一位成员，形成对接规划、匹配岗位的年度和任期岗位经营指标。科学合理确定指标考核系数，以经营指标完成情况拉开经理层成员年薪系数，同职级经理层年薪差距可达40%及以上。

（三）坚持市场导向，着力激发经理层成员内生动力

一是重塑考核体系。紧盯优化经营考核机制重点，制定出台既与子企业综合绩效考核体系有机衔接，又体现行业要求、市场导向、差异管理的经理层成员业绩考核制度。根据集团"一体两翼"业务布局、"功能＋经营"四个板块行业特点，分类明确年度"3＋X"和任期"2＋1"考核体系，分板块制定高速公路、铁路轨道、交通关联产业、产业金融四大类考核实施细则，形成自上而下、由粗到细、层层递进的新型考核体系。

二是强化绩效导向。根据岗位职责、承担风险、工作难易程度等拉开岗位责任难度系数，并实行强制分布，经理层副职责任难度系数区间为0.7~1，允许经理层副职责任难度系数高于经理层正职。加大激励力度，经理层成员年度绩效考核系数最高可达1.2，任期激励基数达到任期内年薪总额的15%，推动经理层成员从"要我干"向"我要干"转变、从"跟跑者"向"领跑者"转变。

三是强调刚性考核。明确经理层成员进退留转的情形和程序，规定年度或任期经营业绩考核结果未达到70分，或者任一关键指标完成率低于70%的人员，必须退出经理层。同时，强化考核结果的刚性兑现，明确考核等次为基本称职及以上的，根据实际考核得分，折算考核系数兑现绩效年薪，不称职的，不发放绩效年薪或任期激励薪酬。

三、改革成效

截至2022年5月底，浙江交通集团本级和所属各级企业经理层成员任期制和契约化管理实施率已达100%。实施经理层成员任期制和契约化管理改革以来，各项工作成效明显。

一是经营责任进一步压实。强化了做强做优主责主业的责任担当，2021年全年完成交通基础设施建设主业投资835.8亿元，主导项目投资均超计划完成，金台铁路、宁波舟山港主通道等4个项目高质量如期建成通车。

二是经营机制进一步激活。提振了市场化业务拓展的信心和斗志，2021年市场化经营业务营业收入和利润总额分别占集团的90.3%、81.4%，同比分别增长51.2%、43.1%，17家二级经营性子企业中有3家实现经营业绩翻倍增长。

三是改革力度进一步加大。增强了干部员工的改革意识，全面落实国企改革三年行动有关要求，不断健全完善现代企业治理制度，同步加快落地省委、省政府"凤凰行动"计划，2021年成功实现镇洋发展股份有限公司股改上市，集团旗下上市公司增加至5家。

四是整体实力进一步增强。集团2021年实现营业收入2914亿元、利润总额146亿元，获评惠誉A+、穆迪A1国际信用评级，首次进入《财富》世界500强，成为浙江第二家进入世界500强的省属国有企业。

31

强化价值创造导向　构建市场化薪酬分配体系

福建建工集团有限责任公司

一、基本情况

福建建工集团有限责任公司（简称"福建建工"）成立于1953年，是福建省人民政府国有资产监督管理委员会监管的省属重要骨干集团企业，系福建省唯一一家拥有建筑工程施工总承包及公路工程施工总承包"双特级"资质的建筑企业，具有运作BOT、EPC、PPP、投融资+施工总承包的丰富经验，业务涵盖工程建设、科研设计与咨询、房地产开发、投资开发与运营及生产服务制造板块，能提供从投资开发、规划、勘察、设计、施工、安装、装修到运营维护的全产业链服务。

近年来，福建建工深入学习贯彻习近平总书记关于国有企业改革发展和党的建设重要论述，坚决贯彻落实党中央、国务院决策部署，根据省委、省政府以及省国资委的工作要求，全面推进国企改革三年行动，积极构建市场化薪酬分配体系，创新任期考核机制，将工资总额与薪酬分配同企业"12355"发展战略相结合，加大对企业主导产业和高水平人才的政策倾斜力度，切实突出薪酬分配的激励性和导向性作用，实现企业生产经营发展与个人收入增长的良性循环。

二、经验做法

福建建工秉承"提质增效、转型升级"的总体发展基调，深入落实国企改革三年行动工作部署，建立健全工资总额管理制度，积极推进内部收入分配改革，助推企业高质量发展。

（一）持续优化工资总额管理，激发企业内生动力

一是因企制宜，着力发挥分配杠杆撬动作用。福建建工积极探索符合建筑行业特点的工资总额管理办法，努力盘活工资总额存量，构建工资总额管控下可持续发展的分配体系。第一，突出"效益优先"原则。工资总额的增减以利润总额为主要考核指标，引入劳动生产率等要素，设立各项指标换算系数，建立计算模型，实现薪酬与效益同向联动，职工工资能增能减。第二，重视"企业个性"匹配。福建建工业务涵盖建筑行业全产业链，行业周期性质明显，各子企业功能定位和特点不尽相同，项目建设的不同时期人员需求变化差异较大。福建建工打造"企业个性"方案，设立有约束条件和上限封顶的"特殊事项"清单，明晰子企业权责边界，支持其快速响应市场变化。第三，优化"统筹分配"方式。设立调节基金池、以丰补歉专项基金等机制，满足企业内部发展的需要。鼓励子企业通过超额利润，获得工资总额超额奖励。

二是精准施策，着力激发人才队伍创新活力。福建建工聚焦建筑行业战略性新兴领域，持续构建数字化转型和绿色建筑的创新链、产业链和人才链，遴选和培养一批高层次人才。积极发挥工资总额的战略导向作用，为科研团队及个人提供更大胆的创新收益政策，突出创新转化激励。第一，鼓励全方位培养引进人才。加快建设重要人才中心和创新高地，福建建工首次印发了《"十四五"人才队伍体系建设方案》和《高层次人才认定和引进办法》，对高端和优秀人才给予工资总额政策上的支持，采用"单列"清单及基金池调节的方式直接对人核增，额度随人走，支持子企业大力吸纳和战略性选拔培养复合型经营管理及紧缺专业人才。第二，激励子企业创新创优。为确保区域性建筑科创高地建设取得实效，福建建工在工资总额中增设"重大科技创新、工程项目创优、公路项目创A"等专

项激励奖励，对在创新创优方面取得优异成绩的企业实行一次性核增专项工资总额。

三是加强监管，着力保障工资总额管理体系规范有序。为进一步规范管理，福建建工将工资总额的管控纳入子企业管理绩效考核中，并通过内外部监督发挥作用。第一，建立分级管理体系。形成集团统筹管控与子企业自主分配的工资总额分级管理机制，提升子企业全面预算管理能力。第二，加强内部监督管理。每年对子企业的工资总额管理开展检查，重点抽查明细台账及"特殊事项""单列"清单申报情况，通报督促子企业举一反三，提高整体管理意识和水平。第三，借用外部审计力量。福建建工为保证各子企业间工资总额的核定符合规范、口径统一、标准一致，每年聘请第三方审计机构对子企业工资总额实行专项审计。第四，落实责任追究。工资总额超发超过一定比例的，不仅同额度核减下一年度工资总额，还要按照相应比例扣减所在单位主要负责人和分管领导的绩效年薪，情况严重的将视情予以党纪政务处分。

（二）强化目标结果导向，优化内部薪酬分配机制

一是坚持业绩导向，突出责任绩效考核。福建建工将子企业按施工、装饰、科研设计、经贸、服务、其他分为六大类，各类别按营业收入、利润总额、人员规模三大指标赋予不同取值，按相应的指标数加权计算分为一、二、三级企业。第一，浮动式取值定基薪。按3个等级阶梯，通过与当年度福建省市场平均薪酬水平挂钩确定不同基本年薪。设置档差工资，缩小班子成员跨板块、跨公司间轮岗交流调整产生的矛盾；设置调节系数，建立同级别人员薪酬差异化机制。第二，围绕业绩考核定绩效。按照子企业所属业务板块及考核指标特点，并参照行业对标指标，制定下达财务绩效和管理绩效指标，其中施工类企业绩效年薪与工程项目管理实行联动，在管理绩效考核上增加对信用评价、安全生产等方面的加减分项。第三，综合任期考核定支付。每年度留存班子成员绩效年薪20%作为任期风

险抵押金，一个任期结束后根据企业及个人任期考核及审计结果予以兑现。

二是坚持价值导向，推动薪酬向关键少数倾斜。福建建工在集团层面出台了一系列薪酬及晋升通道指导性文件，各子企业按照集团设定的框架自行制定符合自身情况的管理体系。第一，向关键岗位和重点人才倾斜。按照"提低、扩中、限高、奖勤"原则，鼓励在员工理解和接受的基础上，适度加大分配差距、尽量迈大步，以实现员工的分层分类、个性化管理。改革成果较为显著的子企业，视情予以工资总额奖励。第二，向利润中心和生产一线倾斜。结合工资总额改革，推动子企业按班子成员、机关本部、工程项目3个类别进行分类管理，班子成员单独核定，机关本部及工程项目由子企业自主分配，但控制机关本部整体薪酬水平，鼓励干部向项目一线流动。

三是坚持贡献导向，强化薪酬分配正向激励。项目部薪酬主要由固定薪酬、绩效薪酬、津补贴三类构成。第一，固定薪酬基于岗位价值。以岗位作为等级变动依据，以能力作为进档变动凭据（能力指标通常包含考核结果、职称、证书、奖惩等要素）。第二，绩效薪酬体现业绩贡献。绩效薪酬由项目系数、岗位系数和个人考核系数3方面综合构成，通过项目、岗位、个人三者互为关联，实现责权利有机统一。第三，津补贴按需设置。控制津补贴总量及比例，主要根据项目部特点及岗位任职要求，设置专技补贴、外派补贴等补贴类别，同时与项目重点考核内容相结合，设置与主业及项目相关的国优省优、课题研究、发明创造等鼓励项目部创新创优的专项津贴。

三、改革成效

一是经营业绩稳步提升。在复杂的社会经济环境和严峻的疫情防控形势下，福建建工通过打好工资总额管控、分配激励优化、队伍培育建设的

"组合拳",企业改革有序推进,转型升级取得新突破。锚定"投建营"一体化转型发展方向,成功策划生成了一批优质项目,合同额超百亿元,实现"十三五"的完美收官和"十四五"的开门红。2020年以来主要经济指标实现10%以上增长,其中2021年施工产值达333.5亿元,实现归母净利5亿元,均创历史新高;营业收入首破300亿元,企业规模持续扩张;资产总额达到564亿元,同比增长8.67%,确保国有资产有效保值增值。

二是队伍建设成效显著。在改革实施过程中,福建建工不断展现新亮点,通过经营业绩的稳步增长,形成富有市场竞争力的薪酬水平,吸引更多优秀人才到企业工作。截至2022年6月,福建建工享受国务院政府特殊津贴专家有16人,各类国家级、省级荣誉人才55人次;副高级及以上职称1291人(其中正高级职称126人),占总人数的12.81%;具有各专业一级注册建造师执业资格887人,一级注册建筑师和一级注册结构工程师274人,注册监理、造价、安全等专业工程师约350人,专业领域人才居福建省同行业前列。

三是核心竞争力不断增强。福建建工逐步构建了科研创新高地,建立了一个院士工作站和一个博士后科研工作站,并推动国家级装配式研究中心福建研究院在企业落地。2020年以来,共获国优工程奖4项、省优工程奖17项,省级及以上科技进步奖10项,其中与东南大学合作完成的技术应用成果荣获国家技术发明奖二等奖,实现国家级科技奖项零的突破。

32

三项制度改革出硬招　激发内生动力见实效

山东重工集团有限公司

一、基本情况

山东重工集团有限公司（简称"山东重工"）是山东省属大型工业装备跨国集团，业务涵盖动力系统、商用车、农业装备、工程机械、智能物流、海洋交通装备六大板块，旗下拥有潍柴动力、中国重汽、雷沃重工、山推、德国凯傲、意大利法拉帝等众多知名品牌，重型发动机、重型商用车等销量全球第一。

多年来，山东重工秉持"制度透明、监督有效、办事公道、以上率下、文化引领"的治企理念，以三项制度改革为重要抓手，持续深化"干部能上能下、员工能进能出、薪酬能高能低"的常态化管理体系，为集团高质量高速发展提供了源源不断的内生动力。集团成立12年间，营业收入、利润总额年均复合增长率分别达到17.59%、11.36%，2021年海外业务收入占比37%。

二、经验做法

（一）干部上下：凭实力排座次

一是打造国际化职业经理人队伍，充分释放经理层活力。在山东省属企业首家实施职业经理人改革试点，建立"1+N"配套机制。对标国内同行业同类岗位薪酬水平，参考市场75分位值，确定集团职业经理人薪酬标准，提升职业经理人薪酬的吸引力和激励性。结合战略规划，为职业经理人设计营业收入每年增长不低于15%等极具挑战性的目标，并明确任期期限、岗位职责、绩效考核、薪酬兑现、责任追溯等规定，充分调动职业经理人的主体活力。全面推行任期制和契约化管理，截至2021年末，各权属公司任期制和契约化管理实现全覆盖。通过国际化、市场化的高端人才选拔机制，经理层活力充分释放。

二是创新领导干部竞争机制，全面激发管理团队积极性。秉持透明、公开、竞争、择优的原则，创新实施干部PK机制，采用"公开竞聘+挑战现任"相结合的方式，发布允许挑战的岗位，符合条件人员均可发起挑战，被挑战人员必须迎接挑战。领导干部PK实施"竞聘条件网上发布、评委现场打分、成绩当场公布"三公开，突出业绩导向和国际化要求。权属企业潍柴控股集团有限公司（简称"潍柴集团"）分批次实施全体干部公开竞聘上岗，干部平均年龄降低到38.89岁，其中"80后"占比达82.70%。权属企业中国重型汽车集团有限公司（简称"中国重汽"）从2018年底改革重组以来，领导干部由1597人精简至1164人，平均年龄由46.05岁降到41.54岁，"80后"占比由27.30%提升到64.69%。

三是强化考核刚性约束，实现领导干部"下"的常态化。充分发挥考核"指挥棒"作用，突出事业为上、业绩导向原则，持续优化以工作业绩、能力评价、价值观和战略导向为核心的干部"3+1"考评体系，系统完善以KPI和综合考核为主要内容、定性与定量相结合的评价机制。考评结果强制分布为S、A、B、C、D，对考评优秀（S、A）的管理人员予以薪级上调、提拔重用，对考评不称职（D）的予以"第一年诫勉/降职、第二年降职/免职、第三年免职"，从制度上保证干部"能上能下"的实现。

通过优化"能者上、庸者下、劣者汰"的选人用人机制，山东重工打造出用实力说话的干部能上能下机制，形成了高度市场化、高效运转的强劲动力。

（二）员工进出：让需求做决定

一是合理设置岗位，深化人才结构调整。以劳动生产率和人工成本投入产出率持续提升为目标，对标全球标杆企业，建立技术、生产、营销、管理等各序列职业发展通道和岗位任职资格体系，实现了人岗匹配、岗岗匹配。推进人才"两增两减"工程，在技术研发、营销服务等关键岗位大力补充新鲜血液，快速适应向科技型、服务型集团转型需要。通过内部竞聘、技能提升培训培养、自动化设备替代等降低管理、生产人员占比，实现队伍效能提升、用工数量合理控制。2021年末，职能管理人员较年初减少1400余人，降幅近10%，占比由11.51%降至10.52%，技术人员占比由16.53%升至17.61%。

二是聚焦重点需求，提升"进"的质量。坚持"精准化、补短板、高质量"人才引进新理念，持续提高招才引智质量。瞄准世界科技创新变革的前沿阵地，在美国、德国、日本等国搭建全球协同研发平台，广泛吸纳全球顶尖的高端技术人才。实施人才"一把手"工程，高管团队成员承担人才招引考核指标。设立博士开放日，主动走进校园邀约博士走进企业，集团董事长每年与博士面对面座谈交流，提升优秀人才的企业认同感。2021年，集团引进优秀高校毕业生3235名，博士、硕士占比超过50%，"双一流"院校生占比超过70%，人才招聘数量和质量不断创历史新高。

三是科学考核评价，畅通"出"的渠道。打破国有企业"铁饭碗"管理观念，"不养闲人、不养懒人、不养享受型的人、不养能力差的人"，积极营造激情干事创业生态，持续完善全员绩效考核制度，将考评结果与岗位调整、教育培训等挂钩。打通领导干部内部退养、转岗退出通道，对年龄偏大的干部通过内部退养退出管理岗位；对有突出业务专长但不适合担任领导职务的，将其转为管理专家、技术专家或转为一般人员；对于一般员工，连续2年或3年内累计2次考评结果为D，且综合研判为不胜任的，实施岗位调整或视情况依法协商解除劳动合同。2021年因考核不称职岗位调整、协商解除劳动合同共计726人。

全球市场化招聘人才，畅通市场化退出渠道，山东重工通过打造让需求说话的人员能进能出机制，助推企业轻装上阵，快速向世界一流强企迈进。

（三）薪酬高低：以业绩论英雄

一是坚持差异化原则和市场化导向，完善绩效考核、薪酬分配体系。按照"授权到位、责任到位、考核到位、激励到位"的指导思想，实施战略层层解码，形成涵盖公司、部门、个人的三大KPI指标体系，全员覆盖签订PPC。持续优化内部薪酬考核制度，在搭建全员绩效考核体系的基础上，分类优化相关人员正向激励机制，加大业绩挂钩力度和浮动薪酬占比，适当拉大收入差距，全面构建了"业绩导向+精准考核+刚性兑现"的差异化薪酬分配体系。针对各类人员业务特点，按照创新导向、价值导向的理念，分类设置相应的增量激励机制，例如生产工人的班产量日工资机制，采购人员的降成本奖励机制，营销人员的营销增量奖励机制，研发人员的科技创新奖励机制与激励前置机制等，有的同岗位人员薪酬差异达4倍以上。

二是坚持创新引领和重点突破导向，推出立军令状、揭榜挂帅机制。瞄准卡脖子关键核心技术突破，与权属企业潍柴集团、中国重汽高管签署29个"军令状"项目。揭榜挂帅项目按照"竞争性强，谁能干就让谁干""透明性强，项目价值回报清晰""目标性强，聚焦核心技术和重大攻关项目"三原则严格组织竞标。潍柴集团、中国重汽竞标比例分别达4∶1、3∶1，个别项目竞争力度高达8∶1。潍柴集团、中国重汽分别有18名、28名一般科技人员成功竞标为项目负责人，真正实现英雄不问出处，谁有本事谁上。明确"揭榜挂帅"项目奖励额并设置标准化的项目激励标准与规则，员工可以根据项目的完成进度、质量等清晰核算奖励金额；军令状项目单项最高奖励 2000 万元，"揭榜挂帅"项目单项最高 700 万元，"竞标激励"让科研团队上紧了"发条"。

三是坚持业绩和责任并重导向，创新"特别奖励、一票否决"激励。坚持过程与结果双注重、责任与业绩双导向，建立经理层"特别奖励＋一票否决"的激励体系。"特别奖励"是对于业绩完成较好的，根据全年业绩同比增长情况，予以发放特别奖励。"一票否决"是根据考核周期分为月度否决和年度否决，其中月度完不成关键业绩指标的，当月执行"一票否决"，发放保底工资，年底予以统算；年度完不成关键业绩指标的，当年执行"一票否决"，除月度保底部分不能统算外，当年绩效薪酬为零。2021 年度，集团及二级公司经理层成员共执行"一票否决"366 人次，极大地调动了各级经理层的工作积极性，推动全年经营业绩逆势增长。

以创新为引领，市场与差异化并举、业绩与责任并重，山东重工打造了用业绩说话的公平性、竞争性薪酬体系，全面激发了干部员工的干事创业激情。

三、改革成效

2021 年，面对全球疫情反复、重卡行业下半年断崖式下滑等严峻形势，山东重工持续深化国企改革，全国第 10 家国有企业党的建设调研基地落地潍柴集团。潍柴集团 WOS 运营管理模式入选国务院国资委"十大标杆模式"，并在全国推广学习。山东重工改革成果持续凸显。

一是经营业绩实现逆势增长。2021 年，集团营业收入突破 5000 亿元，利润总额突破 200 亿元；重型商用车、重型发动机销量继续巩固全球第一位置。中国重汽重卡销量 2022 年上半年跃升到国内第一位，工程机械各主要产品销量同比增长超过 20%，农业装备板块销量同比增长 48%。

二是海外业务大幅增长。2021 年，集团海外企业收入同比增长 23%，利润总额从 3.68 亿元增长到 49.26 亿元，均创并购重组以来最好水平。重卡、工程机械、农业装备、发动机等主营产品出口销量增幅均在40%以上，出口收入同比增长61%。

三是科技成果引领行业。潍柴动力股份有限公司（简称"潍柴动力"）发布全球首款本体热效率51.09%柴油机，再次树立了全球柴油机热效率的新标杆。我国首辆自主知识产权雪蜡车中国重汽黄河氢燃料电池雪蜡车服务北京冬奥会，习近平总书记考察冬奥会期间登上了黄河雪蜡车。潍柴雷沃智慧农业科技股份有限公司推出了国内首台自主研发的大马力CVT重型智能拖拉机，填补了国内拖拉机无级变速技术的空白。潍柴动力牵头承建的国家燃料电池技术创新中心落户山东。

33

健全市场化经营机制　服务实体经济发展打造现代化新型国企

河南资产管理有限公司

一、基本情况

河南资产管理有限公司（简称"河南资产"）成立于2017年8月，注册资本50亿元，是经河南省人民政府批准设立、银保监会公布名单、受地方金融监管局监管的具有收购金融企业不良资产资质的地方资产管理公司。成立以来，河南资产通过深化市场化机制建设，吸引、培养和凝聚了一批优秀人才，运用资产收处、债务重组、市场化债转股、投资投行等综合金融服务手段，紧紧围绕"化解金融风险、服务国企改革、助推产业转型"三大使命，为地方经济健康发展做出了积极贡献。

河南资产自成立起，始终把"两个一以贯之"作为国企改革基本指导原则。特别是国企改革三年行动以来，按照省委、省政府批复的"股权多元化、机制市场化""不设置行政级别、采用市场化方式独立运作"等设立要求，坚持聚焦服务实体经济导向，深入推进市场化改革，充分激发企业发展活力。

二、经验做法

（一）打破"铁饭碗"，严把人员入口关

一是不设行政级别。所有员工一律脱离行政编制和身份，董事长也辞

去省管干部身份，真正市场化选聘、契约化管理。去掉行政身份兜底，所有人直面市场、背水一战、凭业绩说话，切实增强了危机感、责任感，形成了全员攻坚、全员创效的良好态势。

二是规范选人程序。为避免传统国企委派制、人情化的选人弊端，河南资产坚持"市场化选聘、人情关系不能进"的原则，强调招聘要"公开公平、不徇私情、需求导向、阳光操作"，确立了"猎头推荐+背靠背了解+多轮面试+专家评审"的招聘方式。通过严格的把关流程，杜绝个别人员的意志干涉，保证人员的素质和能力。

三是严格用人标准。不良资产管理行业面对的都是问题企业、问题资产，经营难度大，对员工素质要求很高。为此，河南资产制定了较高的选人标准，要求6年以上（1万小时定律）金融、投资、法律等一线经历，具备研究生以上学历，拥有律师、注册会计师等资格证书。目前，河南资产具有硕士学历的员工占比为73%，注册会计师、律师等占比达50%以上，高于同业的员工标准，确保了公司的专业能力，为服务实体经济提供了有力支撑。

（二）避免"机关化"，实现运转高效能

一是团队精干高效。为避免总部臃肿、冗员多、效率低的现象，河南资产坚持业务导向，人员配置向一线倾斜，前台和中后台部门员工比例为7:3。前台负责业务开拓，"增人增任务"；中后台负责风控、财务和行政支持，"增人不增薪"。日常工作采用"固定团队+临时组团"方式推进，员工互为A、B角，一岗多责、一人多能。对于法律事务、基础财务、后勤管理、网络硬件及维护等基础性工作，通过社会购买方式解决，确保了核心团队精干高效。

二是竞争上岗、能上能下。河南资产坚持以贡献者为本，优者上、劣者汰。对于业绩完成不好的部门及负责人，严格按规定进行撤并和免职。对于业绩突出、有干劲、有能力带领团队的员工，则适时根据需要提供管

理岗位并组织公开竞聘，鼓励"能人举手"，真正实现"上岗靠竞争、任职凭能力"。成立以来，共 3 个部门总经理因未完成任务被免职，2 个部门被撤并，2 个业务总监、5 个部门总经理竞聘成功，实现了"干部能上能下、人员能进能出、部门能设能撤"。

三是建立双序列成长通道。为避免"官本位"思想，河南资产在行政管理序列之外，对标国际投行机构建立了市场化的 MD 职级体系，根据专业能力高低，把全体人员定为 9 个职级。人人背上有指标，职级越高、任务越重，最高与最低任务相差 20 倍。高职级员工不一定担任管理职务，管理职务薪酬不一定高于高职级员工。每年末根据个人业绩和考核情况，重新评定职级、业绩目标和固定薪酬，确保员工的紧迫感和主动性。目前，已累计有 35 人次升级，25 人次降级，实现了"职级能高能低，收入能增能减"。

（三）取消"大锅饭"，激励与约束并重

一是建立与业绩挂钩的薪酬提取机制。河南资产坚持"企业有利润，股东有回报，员工才有激励"，每年按照"既保持较高人才吸引力，又低于行业平均提取比例"的原则，从公司利润总额中按一定比例提取薪酬总额，并将净资产收益率、主营业务占比、资产质量、偿付能力、盈利能力等指标作为薪酬考核系数，既体现"多劳多得，不劳不得"，也有效牵引公司聚焦主业、稳健发展。公司实行"低工资、高绩效"薪酬结构，员工薪酬可以高于董事长。业绩超额完成就有超额浮动薪酬；业绩完成不好，不仅没有浮动薪酬，还要降职降级降工资。2021 年，同级别员工薪酬差距达 5 倍以上。

二是建立延期支付和出险倒扣机制。为防控投资风险，推动全员"既负赢又负亏"，人人计提浮动薪酬的 30%～50% 作为风险抵押金，延期 3 年支付。建立严格的出险倒扣机制，业务一旦出险，全体高管和项目团队即按风险敞口金额的 3% 倒扣个人薪酬，职务越高，倒扣越多，已累计 25

人次被执行倒扣。个人与公司利益的深度绑定，使"实事求是、底线思维"的风控理念深入人心，"偏离主业不能做、人情投资不能做"等投资原则成为行动自觉，确保投资始终围绕主业实业，坚决防止脱实向虚。

三、改革成效

一是整体实力稳步提升。通过有效的市场化改革，河南资产发展活力充分释放，综合实力稳步增强。截至 2021 年末，河南资产的资产规模 274 亿元，是成立初期的 5.48 倍。2021 年实现营业收入 20.39 亿元，是 2018 年的 2.94 倍。4 年累计实现利税 27 亿元，资产负债率始终保持在 65% 以下，连续获得中诚信和联合资信双 AAA 信用评级，综合竞争力位居地方资管行业第一梯队。

二是内生动力持续增强。河南资产坚持用旗帜鲜明、务实有效的党建工作鼓舞人，用市场化的选人用人和激励约束机制吸引人，使员工自发自驱，始终保持着创业激情和奋斗精神，团队创造价值的动力和能力持续增强。2021 年，人均管理资产 8 亿元，人均创造利税 1500 万元，均显著高于同业机构。

三是服务实体经济质效不断提高。在市场化机制的保障下，河南资产服务实体经济成效持续显现。累计帮助 20 多家金融机构处置 780 亿元不良资产，参与推进全省城商行、农信社改革，帮助 9 个国企实施共 331 亿元债转股投资降低财务杠杆，推动近 30 家上市公司、问题楼盘、破产企业纾困重整，推进新乡、洛阳、三门峡等地区担保圈链化解，为焦作、漯河、濮阳、商丘等政府平台化解公开债券兑付风险，牵头落地郑煤机"二次混改"，投资推动 46 家半导体公司做优做强，协助南阳、漯河等地市政府落地多个产业招商项目，为区域经济高质量发展做出了积极贡献。

34

全面深化三项制度改革 持续激发企业内生活力

湖北宏泰集团有限公司

一、基本情况

湖北宏泰集团有限公司（简称"宏泰集团"）由原湖北省宏泰国有资本投资运营集团有限公司、武汉光谷联合产权交易所有限公司、湖北省农业融资担保有限公司、湖北省融资再担保集团有限公司改革重组而来，是湖北省省属唯一金融服务类企业。国企改革三年行动以来，宏泰集团把改革作为推动发展的第一动力，牢牢牵住劳动、人事、分配三项制度改革这个市场化改革的"牛鼻子"，以全面推行经理层成员任期制和契约化管理为突破口，不断激发企业内生活力，促进集团高质量发展。

二、经验做法

（一）全面推行经理层成员任期制契约化管理，实现管理人员能上能下

一是健全企业法人治理结构，做实推行经理层成员任期制和契约化管理的法治前提。制定出台了《关于推进所属企业完善法人治理结构加强董事会建设落实各治理主体职权工作方案》，按照该方案对集团所属各级全资、控股企业董事会设置进行全面规范，分级分层对企业董事会成员进行全面调整补充。集团全体党委领导班子成员与委派董事集体座谈，提出工作要求，强化工作责任。举办所属企业董事履职培训，提升履职能力。

二是制度先行,把规矩和规范立在前面,树立清晰明确的改革导向。先后制定出台了《宏泰集团所属企业经理层成员任期制契约化管理办法》、配套工作方案和"两书一协议"(年度经营业绩责任书、任期经营业绩责任书、岗位聘任协议)模板,把经理层任期制和契约化管理的内涵定义、工作原则、聘任管理、考核管理、薪酬激励、解聘退出、监督问责等一系列问题讲清楚、摆明白,特别是把解聘的具体条款清清楚楚写进契约里,让签约双方心中有数,让考核兑现有理有据,让聘与不聘一目了然。

三是建立以岗位职责和任职条件为核心的人员管理模式,实现差异化管理、个性化考核。全面编制所属企业经理层成员《岗位说明书》,明确经理层成员的任职资格、岗位职责和权责界限,做到"一岗一说明",通过不断强化经理层成员岗位意识,逐步实现从"管身份"向"管岗位"的转变。根据岗位确定考核指标,结合岗位工作职责和领导班子分工,将企业经营业绩考核指标向全体经理层成员分解,由集团组织工作专班采取挨户当面协商的办法,一家一家过、一人一人定,最终形成以量化指标为主、定性指标为辅,目标设置科学、权重分配合理、计分标准明确的《所属企业经理层成员年度绩效考核指标表》,把企业的考核指标落实到每一名经理层成员身上,让经理层真正承担起职责和压力。

(二)全面建立市场化劳动用工制度,实现员工能进能出

一是严格控制用工总量。不断强化因事设岗、以岗置人的理念,使每一个企业、每一个部门、每一个岗位都有明确的职责和人数界定。用工总量由集团专题会、党委会审议批准,执行中严禁超编进人。劳动生产率下降的企业,不得增加进人。从 2020 年 4 月起,开展集团及所属企业冗余人员清理核查。截至 2020 年底,清退冗员 189 人,集团员工总数向下压缩 22%,其中 3 家连续亏损企业被整体撤并,90% 员工实现市场化退出。

二是实施全员劳动合同管理。从 2017 年起,宏泰集团积极按照市场化用工要求,实现身份转换,推行全员劳动合同管理,先后制定出台劳动合

同管理办法、工作细则、非正式用工人员管理暂行办法等制度文件，将劳动合同签订作为日常工作程序，保证劳动合同签订率持续达到100%。

三是建立完善市场化招聘机制。在湖北省属企业中率先制定出台《宏泰集团招聘录用工作规范》，分别从编制控制、进人标准、招聘程序、录用程序、管理要求、责任监督、适用范围等方面对招聘录用工作进行较为翔实的规定，宏泰集团公开招聘比例达100%。

（三）全面推进收入分配市场化改革，实现收入能增能减

坚持先试先行、真改实改，率先开展市场化薪酬分配制度改革，从制度层面重塑重建薪酬考核体系，形成了工资总额预算管理办法、集团员工薪酬管理办法、集团超额利润奖管理办法、集团二级公司和集团部门年度考核办法5份制度文件，强化业绩薪酬"双对标"，以考核结果和业绩贡献为依据，合理拉开收入分配差距，实现了收入能增能减。

一是建立工效联动的收入分配机制。将绩效薪酬分别与企业年度考核得分、保底利润、利润贡献占比、净资产收益率挂钩。调整后，效益最好的企业负责人2021年度绩效薪酬比同层级效益最差企业负责人多2倍。打破集团总部保护，集团部门负责人绩效薪酬与二级公司负责人绩效薪酬平均值挂钩，部门员工绩效薪酬与部门负责人绩效薪酬及个人绩效考核得分挂钩，真正做到二级企业整体业绩增、薪酬增，则集团部门薪酬增，二级企业整体业绩降、薪酬降，则集团部门薪酬降。

二是将有限的薪酬资源向核心人才和创效单位倾斜。针对所属企业固定薪酬占比过高，绩效薪酬占比太小，"干好干坏差不多"的情况，宏泰集团坚决落实省国资委"绩效是挣出来"的要求，通过调整薪酬结构，提升绩效薪酬比例。在绩效分配方面，对亏损的企业，无绩效薪酬，基本薪酬即为全年总薪酬；对创效好、贡献大的企业，绩效薪酬可扩大至基本薪酬的2倍以上，同层级企业负责人绩效薪酬可拉开5倍差距。

三是实施"三线"考核。在省属企业中率先建立经营业绩、主体责

任、风控合规三线考核模式。将主体责任考核和经营业绩考核并列，实现同等 100 分权重考核；主体责任考核低于 80 分，则本年度绩效考核得分为零，从制度上避免党建和经营管理"两张皮"；把风控合规作为约束性指标从前两项得分中相应扣减。

四是强调考核结果刚性兑现。考核结果与薪酬、职级、岗位等紧密挂钩。明确规定，亏损企业主要负责人自动引咎辞职，企业年度考核得分低于 70 分的，领导班子绩效薪酬整体为零，考核得分低于 60 分的，企业全体员工绩效薪酬为零。个人考核等次"不称职"的绩效薪酬为零，同时解除聘任职务，"基本称职"的绩效薪酬不超过所在单位员工平均水平的 50%。

三、改革成效

经过实施国企改革三年行动，宏泰集团三项制度改革已取得阶段性改革成效，管理人员能上能下、员工能进能出、收入能增能减的市场化经营机制基本建立并有效落实。

一是企业经理层成员任期制和契约化管理全面推行，集团 34 家所属企业经理层成员签约率 100%。近年来，因试用期、年度等各类考核不胜任，先后有 1 名二级公司董事长被劝退，1 名二级公司经理层负责人被降职，8 名二级公司高管被免职，一家二级公司因连年亏损领导班子被集体免职。在 2020 年考核中，11 家二级公司有 3 家企业领导班子考核等次为"一般"，1 名班子正职"不称职"，1 名班子副职"基本称职"。2021 年管理人员末等调整及不胜任退出率达 3.9%。

二是劳动用工市场化、薪酬分配差异化全面实现。2021 年，全资控股企业全员定编定岗全覆盖，劳动合同签订率 100%，市场化招聘率 100%，员工流转率达 17.84%。"工资靠争、绩效靠抢"的理念深入人心。2021 年金融板块子企业中，中层及以下人员人均工资差距达 1.52 倍。

三是发挥示范引领带动作用，企业经营业绩稳步提升。2021年，宏泰集团实现营业收入134亿元，同比增长21%；经营利润近14.5亿元，同比增长60%；全员劳动生产率由负值增长至61.98万元/人；人事费用率降至4.11%。2021年6月12日和10月29日，《湖北日报》和湖北日报客户端分别刊登了宏泰集团三项制度改革的相关做法。

35

以三项制度改革为抓手　助推企业高质量发展

湖南钢铁集团有限公司

一、基本情况

湖南钢铁集团有限公司（简称"湖南钢铁集团"）是 1997 年底由湖南省三大钢铁企业——湘潭钢铁集团有限公司、涟源钢铁集团有限公司、衡阳华菱钢管有限公司联合组建的大型企业集团。2022 年 3 月 7 日，正式由湖南华菱钢铁集团有限责任公司更名为湖南钢铁集团。国企改革三年行动以来，湖南钢铁集团持续完善"三能"激励机制，"强激励、硬约束"，将三项制度改革推向纵深发展，鼓励全体员工奋力创造价值，为企业扭亏脱困、高质量发展，进入世界 500 强提供强大内生动力。下辖华菱钢铁股份有限公司、湘潭钢铁集团有限公司、涟源钢铁集团有限公司、衡阳华菱钢管有限公司等多家全资及控股子公司，资产总额超千亿元。

二、经验做法

（一）优化组织管理体系，岗位编制精简化

一是强力推行大部制改革，精简机构设置。湖南钢铁集团坚持流程优化、职责整合，明确改革从机构切入，实施"大部制、大科室、一岗多责、一人多职"，管理机构全面优化，为减员增效奠定了基础。集团总部围绕五大核心职能设置组织机构，总部职能部门精简到 6 个，在岗人员精

简到74人；主体子公司二级职能机构从各家平均22个压缩到10个左右，机构精简幅度达到55%。

二是科学定编定岗定员，精简岗位设置。湖南钢铁集团按照效率和效益原则，采取"先机关、后基层，先干部、后工人"的思路，通过竞聘上岗、绩效评价、尾数淘汰等措施，优化精简岗位人员。钢铁主业岗位人员从2020年初的2.18万人精简到2022年6月底的1.99万人，精简9%。

（二）完善选拔与退出机制，"能上能下"常态化

一是严把"上"关，选优配强干部。通过制定《总部中层人员管理办法》、《"三钢"领导班子及领导人员管理办法》等一系列制度，严格规范任职资格和条件，持续完善组织选拔机制和程序，注重实绩，综合德才，打破论资排辈，严把干部"上"的入口关，扎实"选好"干部。2020年以来，共有26名集团党委管理的干部通过公开竞聘方式走上领导岗位。

二是坚持业绩和能力导向，完善干部"下"的方式。制定完善《总部中层管理人员年度考评实施办法》《"三钢"领导人员年度考评实施办法》《总部中层管理人员退出岗位管理办法》《"三钢"领导人员退出领导岗位管理办法》等制度，不断完善"赛马"机制，拓展干部"下"的通道，建立干部"综合考核末位淘汰、绩效不达标（70%）和到龄、触碰红线、企业关停退出"等多种退出方式，每年综合考核末位淘汰刚性比例为3%~5%。2020年以来，集团和钢铁板块子公司共有51名中层及以上管理人员因年度考核末位被淘汰，73人到龄退出，33人因事故、违规违纪问责被免职降职。干部退出常态化，精简了干部队伍，增强了危机意识，消除了懈怠思想，激发了企业活力。

（三）坚持市场化用工，"能进能出"制度化

一是完善市场化选聘流程，规范员工"进"入口。集团及各子公司持续完善《员工招聘管理办法》《劳动合同管理办法》《岗位职责说明书》等，以劳动合同管理为依托，完善规范"选、用、育、留、汰"市场化劳

动用工管理制度和流程体系，明确规定引进各类人员的任职条件和任职资格，形成了一套"精准化定岗""社会化选聘""契约化管理"的高端人才市场引进机制，严格招聘和选拔流程，为引进优秀人员奠定制度基础。近年来，湖南钢铁集团先后市场化引进金融、期货、财务、材料、IT 等方面的高端人才 12 名，其中行业知名专家 5 人。高端人才的加入，为湖南钢铁集团建立"关键少数"人才队伍拓宽了渠道，增强了底色。

二是健全员工评价体系，畅通员工"出"通道。集团总部在完善劳动合同管理制度的基础上，以绩效考评结果为依据，通过试用期、劳动合同到期续签、不胜任岗位等评价机制，精简了总部人员，实现"大集团、小总部"目标。2020 年以来，总部员工因绩效考评不佳，共有 12 人被评为"不称职、基本称职"，而末位淘汰、退出岗位或降级降薪，影响比例达到 20%。

（四）以业绩为导向，"能增能减"差异化

一是强化"三能"激励机制，实施全员绩效考核。湖南钢铁集团将经营业绩、核心竞争力、政治能力提升，作为企业战略绩效评价的"铁三角"，加大绩效评价推力。把经营业绩改善作为"员工能进能出""收入能增能减"的基础，业绩考核分占员工年度综合评价的 70%；把核心竞争力与政治能力作为"干部能上能下"的重要因素，纳入干部 360 度测评，权重占 20% 以上。同时，对标行业先进，指标融入绩效评价体系。绩效指标既要跑赢自己，又要跑赢行业。企业运营质量指标对标行业先进、赶超行业领先、提升企业位势，价值创造最大化。

二是层层分解绩效目标，落实绩效责任。湖南钢铁集团不断完善集团战略绩效管理体系，层层签订绩效责任书。绩效目标分解做到"横向到边、纵向到底"，不留空位，"人人肩上有指标"，倡导高绩效。"强激励、硬约束"，建立业绩免职红线，将绩效考核结果与员工薪酬增减、干部提拔重用或降职免职、员工淘汰退出等紧密挂钩，明确规定绩效指标未完成计划值70%的,经营班子予以就地免职或降职。2020年,因绩效不达标,一家重要子公司的2名高管被免职,1人被调整岗位。

三是建立"差异化"的经营团队薪酬激励体系,拉开收入分配差距。近年来,湖南钢铁集团创新绩效考评体系,打破"大锅饭、平均主义",子公司经理层的绩效最低收入与最高收入差距达4倍,班子内副职间绩效收入差距达50%。建立"超额利润奖","三钢"班子和子公司经理层年均收入差距大大拉开,未完成绩效目标的只拿基本生活费。在"强激励、硬约束"的绩效考核机制下,湖南钢铁集团经营业绩屡创新高,从努力求存的危机状态进入行业第一方阵。

四是突出重点激励,薪酬分配向关键岗位和高绩效职工倾斜。加大绩效工资分配的激励力度,薪酬分配向创效多、贡献大的关键岗位员工倾斜。根据绩效、能力、贡献等多种要素,对员工收入进行动态管理,破除平均主义,"多劳多得、多创效多得"。如下属资源公司国内业务一部部长2020年的薪酬收入超过了资源公司的主要领导,是该公司中层干部最低薪酬收入的5.4倍。

三、改革成效

一是企业竞争能力不断提高。湖南钢铁集团通过持续推进三项制度改革,建立了"强激励、硬约束"的考评机制,企业的产品市场竞争力不断增强,盈利水平、经营业绩持续改善,稳步迈向世界一流企业,被评为"2021年中国钢铁企业发展质量(暨综合竞争力)极强企业"。2021年,首次进入世界500强,位列第421位,成为湖南省首家进入世界500强的企业。

二是企业经营业绩持续改善。2021年,湖南钢铁集团实现营业总收入2100亿元,利润总额150亿元,效益排名行业前4,规模稳坐全国八强。重点品种钢占比超过55%,资产负债率降低到52%以下,企业各项生产经营指标大幅改善，为企业步入高质量发展奠定了坚实的基础。

三是企业生产效率稳步提升。通过改革持续深化，湖南钢铁集团的产线产能潜能得到充分挖掘，企业生产运行效率大幅提升，铁钢材产量连年刷新历史纪录，产能利用率超过100%。实物劳动生产率由2020年初的1265吨钢/人提高到2022年6月的1650吨钢/人、增长30%，跻身行业领先水平。

36

深化三项制度改革 激发高质量发展新活力

广西柳工集团有限公司

一、基本情况

广西柳工集团有限公司（简称"柳工"）创建于1958年，是中国机械工业百强、中国制造业企业500强和世界工程机械50强企业，2018年柳工入选国家"双百行动"试点企业。柳工拥有全球领先的产品线，涉及挖掘机械、铲土运输机械、预应力机械、糖料蔗生产全程机械化设备和智能机器人等十三大类品种及32条整机产品线。其中，装载机销量位于全球前列，累计已超过50万台；挖掘机产品位居国内民族挖掘机品牌前列；液压连续墙抓斗保持国内销量第一；欧维姆预应力技术始终处于行业领军地位。柳工国际化水平位居行业前列，在海外拥有3个制造基地、4个研发中心、21家海外子公司，广西柳工机械股份有限公司（简称"柳工股份"）海外业务收入占公司营收比重长期保持在25%以上，业务覆盖全球170多个国家和地区。

二、经验做法

（一）外招内培，精心打造人才供应链

一是多措并举，广纳四海英才。通过建设行业顶尖研发中心，吸引高科技人才。柳工依托国家土方机械工程技术研究中心、院士工作站、博士

后工作站等科研平台高端引智，吸引院士和高校教授与柳工开展项目合作，产学研深度融合，促进科技成果转化。通过建设人才飞地，创新人才招聘模式。为解决高端团队引进难的问题，在深圳、常州等人才聚集地设立智能研究院等人才飞地，为引才提供土壤，成功吸引了人工智能、大数据、新能源等方面人才加盟柳工。通过布局海外平台，广纳海外英才。柳工利用全球业务布局优势，在印度、英国、波兰、美国建设4个海外研发平台，积极招聘当地技术精英加盟，为打造国际化柳工积蓄力量。打造雇主品牌，提升人才获取竞争力。柳工通过深化校企合作、开发网招平台、升级猎头资源、借助行业论坛等途径拓展人才获取渠道，全力打造全球雇主品牌形象，提升高端岗位招聘的有效性。

二是大学运营，系统赋能员工。为适应柳工"十四五"战略对组织、人才的要求，培养未来核心的专业及管理人才，柳工构建了企业内部大学，分为领导力、专业能力、通用能力及学习管理四大中心运营。e-learning学习平台持续为全球员工提供丰富的在线学习资源，实现全球知识畅享。一站式的人才培养体系，保障了内部人才的快速成长。

三是人才盘点，规划梯队建设。柳工每年从组织、人才两个层面持续开展人才盘点。组织盘点层面，通过审视组织的业务战略与人才战略的一致性，评估组织及人才结构的适宜性，输出未来6~12个月的组织机构；人才盘点层面，评价经理序列各层级岗位的匹配度，识别关键岗位后备人才，输出人才培养及发展计划。人才评价的标准与国际接轨，以"全人理念"的视角对人才进行审视，从柳工核心价值观、全球领导力、业绩及潜力等维度实施评价，输出人才排序（九宫格）、人员调整计划（含晋升、降职、解聘和新聘等）、继任计划（人才梯队）、关键岗位空缺计划、人才培养及发展计划等。人员调整1个月内实施落地，空缺岗位通过内外招聘的方式获取，人才培养计划由柳工大学这一专业平台组织落实。人才盘点输出的继任计划，确保了"能上能下""能进能出"的有序进行，更成为柳工人才供应链不可或缺的一环。

（二）优胜劣汰，"赛马"机制焕发组织活力

一是深化绩效变革，层层分解经营指标，充分发挥战略驱动引擎作用。柳工基于混改实际，结合"十四五"战略规划，明确了承接战略、对标同行业、超越历史的绩效管理理念，并通过对战略地图的推导梳理关键成功要素，以平衡计分卡为工具，提炼关键绩效指标，推进绩效管理十大变革。通过"年度考核+任期考核"双重考核体系，绩效考核指标依据战略目标自上而下层层分解，并实行分层分类考核，突出考核差异化，提高考核针对性和有效性。

二是发布"英雄榜"，适时反馈绩效结果，营造"赶超比评"的良性竞争氛围。柳工按业务类型，制定不同的组织绩效考评方案，按月进行评价排名并发布"英雄榜"，区分"当值英雄"和"未来英雄"，以达到激励先进、鞭策后进的目的，通过"赛马"机制有效激发组织活力。

三是绘制活力曲线，激发组织高效。柳工坚持绩效导向，通过关键业绩指标完成情况及核心价值观、领导力进行绩效综合评价，按照优秀（5%）、良好（15%）、合格（75%）、不合格（5%）4个档次进行强制分布。通过绘出活力曲线及强制分布，进一步激发团队向高绩效迈进，使命必达，推进业务的完成。同时，为保障人才团队认真践行柳工核心价值观，柳工制定了价值观行为标准的正向行为20条和负向行为清单20条，积极倡导正向行为，坚决抵制负向行为。

（三）价值导向，市场化薪酬激励员工队伍

一是基于3P的市场化薪酬，确保内部公平性与外部竞争性。薪酬分配综合考虑岗位价值（Position）、员工能力（Person）、绩效结果（Performance）三方面因素，简称"3P"薪酬体系。通过专业工具的评估确定岗位薪酬标准。此外，柳工会定期开展薪酬对标，确保员工收入水平与市场接轨。通过岗变薪变、不胜任员工降职降薪、优秀良好员工升职加薪、浮动工资与业绩表现紧密挂钩等措施，为员工收入的"能增能减"提供了制度保障。

二是激励向价值贡献大的关键员工倾斜，提高企业核心人才竞争力。针对子公司经理层、研发人员和营销人员等为公司创造更大价值的关键员工，柳工制定专项激励政策，加大激励力度。根据不同业务性质与不同发展阶段，将子公司划分为核心业务、潜力业务、改善业务和培育业务，分别设计 ROE 提成、超额利润分享、战略达成提奖等任期激励方案。按照结果导向设置增量毛利奖，即根据所研发的新产品、新技术或服务，在投入市场 3 年内所获得的增量毛利，按照一定的比例计提和发放奖励，促进研发人员更加关注市场、产品质量，激发和鼓励研发人员创新激情。以收入、利润增量为主要激励方向，同时关注现金流、高毛利产品等可持续高质量发展的战略需求，对海外区域、国际业务中心人员进行年度营销激励和专项激励，有效推动海外业务高质量发展，打造柳工在海外市场的中长期竞争力。

（四）长期激励，构建利益共同体

一是实施上市公司股权激励。2018 年，下属上市公司柳工股份制定限制性股票激励计划，向约 1700 名核心骨干员工授予 1329.66 万股限制性股票，并设置企业经营效益与员工个人业绩考核双重解锁条件。限制性股票的实施，实现了广西国有控股上市公司股权激励零的突破。

二是实施员工持股。2020 年，柳工组建混改平台广西柳工集团机械有限公司，引入战略投资者与实施员工持股一体谋划。2020 年 11 月，员工出资先于外部投资者全部实缴到位，1274 名骨干员工出资 2.23 亿元，与外部投资者"同股同价"认购 3.2% 股权，实现利益深度绑定，给予战略投资者更大信心。

三是实施国有科技型企业股权激励。下属广西柳工农业机械股份有限公司实施了国有科技型企业股权激励+期权激励的一揽子综合激励方案，即公司拿出 300 多万股用于股权奖励，同时按照 1∶1 出售股份给激励对象；同时拿出 200 多万股的股份，用于实施期权激励，分 3 年行权完毕，要求激励对象持股必须锁定 5 年。方案的实施有效提高了关键核心人员的"主人翁"意识。

四是实施超额利润分享。2019 年下属柳州欧维姆机械股份有限公司成为"科改示范企业"后，探索实施骨干团队和研发团队的超额利润分享计划，以实现 2020—2022 年利润目标为前提，以净资产收益率大于 6%、经营性现金流净额大于净利润为双重启动条件，根据净利润目标达成率设置分档提成比例。在高绩效高回报的激励下，团队成员以上带下、上下同心，2020 年实现净利润同比提高 115%。2021 年柳州肉联厂有限公司出台超额利润分享，重点激励经理层及对企业经营业绩和持续发展有直接重要影响的管理、技术、营销、业务等骨干员工。

三、改革成效

柳工集团持续深化三项制度改革，在 2021 年国务院国有企业改革领导办公室"双百企业"三项制度改革的专项评估中评为优秀，人力资源改革成效显著。

一是市场化人才选拔与激励机制为企业发展提供动力。市场化的选拔任用机制为公司构建了多层次人才梯队，其中全球运营团队 300 多人，外聘科学家 6 人，技术专家 700 多人，技能专家 350 人，研发人员 1700 多人，基本满足业务发展需要。灵活多元的中长期激励充分考虑了各子企业的实际，建立和完善了与不同类型企业发展规划相适应、与价值创造紧密联系的分配激励机制，构建了企业和核心团队利益绑定的事业共同体，为企业的长远发展带来永续的动力。

二是市场化观念意识的增强为企业发展积蓄动能。通过三项制度改革，"三能"观念深入人心，团队战斗力、参与市场竞争意识、关注公司业绩的程度等方面显著提升，极大地激发了广大员工的积极性和创造性，进一步完善了创新体制和市场化经营机制，为高质量发展积蓄了强大动能。

三是组织效率的不断提高为企业发展带来实际收益。深化三项制度改革让企业焕发了活力，改革不仅为公司打造了一支高素质的员工队伍，组织效率也在逐年提升，人均销售收入由2019年的135万元提升到2021年的169万元，增幅25%。同时，人事费用率不断下降，由2019年的9.4%降到2021年的8.7%，为公司带来了实实在在的收益。

37

做好薪酬"三量"文章　激发老牌国企活力

庆铃汽车（集团）有限公司

一、基本情况

庆铃汽车（集团）有限公司（简称"庆铃集团"）是我国汽车行业重点骨干企业、中国商用卡车行业技术质量领先企业，主要生产具有国际先进技术质量水平的"五十铃"轻、中、重型全系列商用卡车，庆铃自主品牌传统燃油商用卡车和全系列新能源商用卡车、智能网联汽车，以及全功率段汽、柴油发动机。国企改革三年行动以来，庆铃集团以薪酬人事改革为主线，综合施策、重点突破，持续深化三项制度改革，着力解决关键核心人才缺乏、薪酬市场竞争力偏弱、员工发展通道不畅等制约企业发展的深层次体制机制问题，关键核心人才队伍逐渐壮大，职工收入与市场水平差距进一步缩小，实现企业经济效益和职工收入"双增长"，为企业开创高质量发展新格局提供了源源不断的澎湃动力。

二、经验做法

（一）以岗位决定薪酬"基本量"，以岗定薪、岗变薪变

一是优化部门设置，做实总部职能。为解决集团总部与骨干子企业庆铃汽车股份有限公司（简称"庆铃股份"）混合办公、法人主体责任不明确的问题，提出集团优化、整合方案。经整合，集团总部得以做实，管控

能力得到提升，骨干子企业庆铃股份不再承担集团管控功能，转向聚精会神搞生产经营，工作效率得到较大提升。

二是开展岗位分析，重构岗位序列。以分工明确、职责清晰、管理高效为导向，全集团统一岗位设置标准与规范。改革后，岗位划分由原来的三类细化为管理、营销、技术、职能、作业、保障六大序列，分别形成岗位说明书，实现岗位管理精细化，更加符合庆铃集团研发生产营销全过程企业特点。结合岗位序列优化职级发展通道，形成各序列职级说明书，使各序列人才都有发展空间，真正做到人尽其才、才尽其用。制定岗位体系管理办法，明确岗位新设、变更、撤销以及人岗匹配、岗位说明书的管理职责及流程，规范岗位日常管理，使岗位体系设置"一张蓝图绘到底"，不因领导人员的变更而发生重大变化。

三是评估岗位价值，实现薪酬差异化。坚持薪酬激励分类和差异化原则，借助专业人力资源咨询公司等"外脑"力量，运用岗位价值评估工具，对岗位价值进行全面、科学评估。依据评估结果，将管理、技术、职能、保障序列岗位划分为6个等级，将作业序列岗位划分为10个等级，等级高则薪酬高，等级低则薪酬低。改革后，不仅不同序列不同部门实现薪酬差异化，同一部门内部不同岗位也实现了薪酬差异化，真正实现"一岗一薪，易岗易薪，岗变薪变"。

（二）以业绩决定薪酬"变动量"，双向联动、能增能减

一是找准市场定位，适当提高工资总额总量投入。将人均利润、人均工资与同行业骨干企业进行"双对标"，确定工资总额增量空间。综合研判汽车行业、本地大型制造业、社平工资等市场薪酬变化，分类确定各岗位员工薪酬水平，提高薪酬竞争力。管理、技术、职能、作业序列岗位薪酬基本达到汽车行业50分位水平。

二是加强工资总额和薪酬结构管控。对标同行业合理优化薪酬结构，将薪酬固浮比总体控制在3.5∶6.5，既有保障性，又有激励性。职工薪酬

与公司经营效益、部门绩效和个人绩效紧密挂钩。集团出台工资总额管理办法，结合各子公司实际情况，"一企一策"制定工资总额与经济效益指标联动规则。为有效解决各子公司利润规模和工资总额基数参差不齐问题，在制定联动规则过程中明确，子公司利润增加额高于或等于工资总额对应利润增幅计算的增加额时，工资总额与利润总额按增减幅度联动；子公司利润增加额低于工资总额对应利润增幅计算的增加额时，工资总额与利润总额按增减额度联动，并纳入各子公司年度经营业绩目标责任书考核管理，实现工资总额能增能减。

（三）以人才决定薪酬"倾斜量"，聚焦关键、强化激励

一是向关键核心人才倾斜。强化系统设计，构建适合自身特点、务实管用的正向激励体系，激励对象聚焦关键核心技术创新人员和对企业发展起决定性作用的岗位和人员，激励更加到位、精准、有效。制定专门薪酬激励办法，对研发人员实行"岗位/绩效工资＋产品创新专项薪酬"，激活研发队伍活力，同类人员研发岗位与其他技术岗位综合薪酬比为（1.5～2）∶1。

二是正向激励紧缺高端人才。遵循"聚焦产业、突出创新、急需实用、能力优先"原则，出台《高层次人才引进及待遇管理办法》，聚焦适应公司战略规划和产业发展需要的智联网、智能驾驶、新能源等新兴领域引进紧缺高层次人才。对高层次人才发放住房补贴、安家补助费，提供住房保障；采用年薪制、岗位绩效工资制、协议工资制等灵活多样的薪酬模式，制定有较强竞争力的薪酬水平；按照企业当期项目投资计划及预算，提供项目实施所需经费；购买重大医疗疾病保险和人身意外伤害保险，在工作、生活方面提供全方位保障。国企改革三年行动以来，研发人员数量增长了7.5倍。

三是重奖创新成果。重奖产品创新、技术创新人才，出台《新产品开发项目激励实施细则》《工艺技术创新、管理创新管理办法》《专利管理办

法》等系列创新激励制度,鼓励专业人才立足本职岗位,开展产品创新、工艺技术创新及管理创新。近 3 年累计发放创新激励奖、专利奖 1500 余万元。2021 年发放创新激励 963 万元。

三、改革成效

一是高质量发展取得新成效。集团总资产 150 亿元,净资产 120 亿元,资产负债率保持在 20% 左右。"十三五"期间,庆铃集团利润总额、净利润分别较"十二五"增长 13%、15%,实现连续 37 年盈利。2021 年,在商用卡车行业产销下降 8.5%、盈利大幅下滑的大背景下,庆铃集团实现利润 4.2 亿元、同比增长 3%,国有资产保值增值率保持在 104% 左右。"十四五"开局良好,获评国务院国资委"管理提升标杆企业"、中国机械工业企业管理协会"管理进步示范企业"。

二是科技创新取得新突破。研发投入强度逐年增加,从 2016 年的 1.5% 增长至 2021 年的 4.9%,构建起"7 个专业技术部 + 17 个专业领域 + 55 个专业设计室"的研发体系。建成 4 个创新研发平台、1 家"专精特新"企业、4 家高新技术企业,建成智能化产线 6 条、数字化车间 4 个,3 家子企业纳入市级"科改示范企业"试点范围,创新能力持续增强。按"上市一批、在研一批、筹划启动一批"新产品研发投放机制,推出 264 款"五十铃"品牌产品、39 款"庆铃"自主品牌产品,其中"庆铃"自主品牌产品在 36 个国家注册了商标。开发拥有自主知识产权的整车控制系统"庆铃芯",燃油、纯电动、氢燃料、智能网联商用卡车全面投放市场,实现"五十铃"单品牌转变为"五十铃""庆铃"双品牌支撑,获得专利 322 件,其中 2021 年新增专利 139 件,发明专利 3 件。

38

以市场化竞争性薪酬机制改革为牵引促进企业降本增效高质量发展

成都兴城投资集团有限公司

一、基本情况

成都兴城投资集团有限公司（简称"成都兴城集团"）成立于2003年，是成都市重要的国有资本投资运营公司和国际化城市综合开发运营商，主营金融、建筑、城市开发、医疗健康、文体旅游、乡村振兴等产业，投资建设了四川省1000余个重大项目，现有二、三级全资及控股公司115家、银行网点650家。2021年实现营业收入1970亿元、利润总额79.8亿元，2022年3月资产规模突破万亿元，以产业培育、项目建设、公共服务供给为路径，全面融入国家城市发展新格局，发展成为成都规模最大、市场化程度最高的国有企业，目前已全面具备世界500强企业申报条件。

近年来，成都兴城集团深入实施国企改革三年行动，坚持"体制机制是关键，人才活力是核心"改革理念，以强化竞争、提升效率、服务发展为导向，深入推进三项制度改革尤其是薪酬机制改革，在人才选、育、用、管等各环节充分发挥薪酬激励约束作用，带动企业人才库提档升级，为企业跨越发展夯实智力支撑。

二、经验做法

（一）创新实施工资总额周期制管理，架好"改革大梁"

成都兴城集团科学前瞻研判企业发展阶段、产业特性和市场属性，申请并获批试行工资总额周期制管理（2019—2021 年），以 3 年为周期统筹调配使用工资总额，以创新思维和审慎态度，立足实际深入开展建制度、优管理、控风险等专项改革工作。

一是建立一体推进机制，实现"以人定资"向"以效定资"转变。按照"效益增工资增，效益降工资降"同向联动原则，制定工资总额周期制管理实施方案、办法及细则，综合研判周期内企业发展战略、指标选择等维度，搭建起"指标与总额联动、周期与年度衔接"的科学管理架构，实现工资总额与企业价值、企业贡献相匹配。通过工效联动、逗硬考核、科学分配，3 年共计结余 6.58 亿元，占比超 11.75%，有力杜绝不合理支出。

二是建立灵活调剂机制，实现"封闭管理"到"开放管理"转变。结合市场变化情况、企业发展趋势、财务指标预测情况，建立集团周期内年度间调剂机制，单一年度经济效益联动难以满足合理工资需求时，集团削峰填谷、统筹调剂，有效避免了年度间较大波动造成不利影响。针对酒店、咖啡等改革以来布局的文体旅游新业务，集团考虑其前期投入大、收益滞后特征，在效益联动工资内统筹额度用于支持其发展，迅速在本土文旅市场打响品牌。

三是建立风险防控机制，实现"静态监控"到"动态管控"转变。实时监控子公司工资总额预算执行情况、工效联动指标完成情况，对工效联动不匹配及异常波动的企业进行提醒，合理把控工资总额使用进度，适时调整工资总额预算及薪酬策略，杜绝了超提超发。采取不定期抽查和专项检查等方式加强工资总额审计监督，从硬处罚问责，确保工资总额管理合规合法。

（二）科学激励约束企业家队伍，立稳"改革支柱"

成都兴城集团坚持改革导向，持续健全激励与约束并重的薪酬管理体系，促进一批领军型企业家和骨干人才成为集团深化改革转型的重要力量支柱。

一是立足"市场化"，激发敢为人先的创新创造精神。为推动核心业务板块实现量质齐升，按照薪酬、业绩"双对标"原则，选定下属企业中市场化程度最高、承担经营任务最重的成都建工集团有限公司、成都兴城人居地产投资集团股份有限公司，试点企业负责人市场化薪酬，引导企业家加压奋进、跳起摸高。两家企业2021年营业收入较2019年增幅分别为73.32%、484%，实现逆市上扬、裂变发展。基于这两家企业经营周期性较明显特点，探索实施有锁定期的任期激励。通过与业绩指标完全挂钩、任期结束后锁定三年再兑现等方式，把核心骨干的个人利益与企业长期发展紧密联系。

二是着眼"契约化"，搭建权责明晰的职业经理人管理体系。近年来，集团聚焦核心产业开展职业经理人公开选聘，吸引86名领军型企业家任职重要经营管理岗，配备职业经理人二级企业占比达70%，同步优化完善合同化、契约化管理体系，以"鲶鱼效应"释放人才活力。集团将契约化管理范围扩大至集团经理层成员和97家全资及控股公司经营层成员，全覆盖制定签署以量化指标为主、年度与任期相结合的"两书两合同"，形成任职有期限、经营有目标、管理有力度的闭环机制。

三是突出"差异化"，建立导向鲜明的定薪分配机制。根据公司功能定位、资产经营水平、主营业务特点，通过内外部对标确定企业主要负责人薪酬标准。按照"以岗定薪、业绩导向"思路，综合岗位职责、承担风险、贡献价值等因素，在0.3~0.9之间确定其他企业班子成员分配系数，并将绩效薪酬与个人业绩达成度高度挂钩。通过"一企一策""一岗一薪"的差异化定薪和刚性兑现的绩效考核拉开薪酬差距，集团二级企业主要负责人薪酬差距达4.13倍，职业经理人间薪酬差距达2.95倍。

（三）精准优化全员绩效考核模式，夯实"改革基础"

成都兴城集团以制度设计为核心、岗位管理为基础，持续深化市场化用工机制，最大限度盘活存量人才资源。

一是以规范化岗位体系夯实"用才"基础。结合"总部去行政化"专项改革，下沉资产管理、土地整理等具体职能，增设集团产业研究中心，加强总部战略研判、科学决策、产业协同和风险防控等关键职能。针对总部110余个岗位开展薪酬市场化对标和价值评估，采用平衡计分卡模式按人、岗、职级相匹配方式进行套改，建立公正合理科学的岗位体系和分配机制。

二是以多元化激励模式营造"爱才"环境。探索实施更加精细化、人性化的积分制管理，按照绩效考核等级赋予员工对应积分，并作为薪级薪档和技术等级的调整依据，畅通优秀员工晋升渠道。建立多序列人才发展通道体系，设立"资金运营专家"等专业技术序列岗位，坚持严格遴选、择优聘任、重点激励，为各类人才搭好事业舞台。集团围绕改革攻坚重点任务科学设立专项激励，鼓励员工勇于担当、善于作为。充分发挥内部团队专业优势，在未聘请券商中介机构情况下完成2家上市公司收购工作，节约券商中介费用近1亿元，相关创新经验在新华社《内参选编》刊载。2020年集团对收购项目组成员给予通报表扬和专项奖励。

三是以竞争性评价机制提升"识才"效能。按照不低于60%比例设定浮动工资，并在员工绩效考核中全面引入强制分布，推动分配向高绩效员工倾斜，彻底打破"平均主义"，2021年集团本部员工收入差距达2.37倍。近3年全集团经考核认定不胜任予以降职、降级的共计146人，劝退、辞退1631人，实现管理人员能上能下、员工能进能出。

三、改革成效

一是人才队伍结构素质有力优化。目前成都兴城集团共有干部员工约

3.8万人，其中总部人数占比仅0.3%。全集团硕博学历2364人，高级及以上职称人员1926名，省级学术和技术带头人27名，享受国务院政府特殊津贴专家2人。中层及以上管理人员中产业经济、城市规划、生物医学等专业型人才占比66%，核心团队专业背景覆盖企业核心业务，实现人才优化配置与企业高质量发展互促共进。

二是人力资源管理效能有力提升。通过充分发挥薪酬分配"指挥棒"作用，推动人力资源管理更加科学高效。2021年集团人均利润、人均营收、人工成本利润率较2019年增幅分别为21%、112%、138%，人事费用率较2019年下降26%。2019年以来员工工资实现年均10%合理增长，兼顾管理降本增效与共享发展红利。

三是企业深化改革成果有力彰显。集团以机制体制改革汇聚干事创业活力，实现了管理体系和经营模式战略性调整。2021年集团位居中国企业500强第288位、中国战略性新兴产业领军百强企业第27位，位列2020年全国企业资产增长率百强榜首，是中西部地区首家加入达沃斯世界经济论坛的国有企业。相较2019年，集团资产总额、营业收入、利润总额和上缴税费分别增长3.42倍、2.11倍、3.98倍和1.96倍。企业发展跃上崭新能级，切实把企业人才"第一资源"转化为促进发展"第一动力"。

39

聚焦三项制度改革
构建企业改革发展"新常态"

贵州盘江煤电集团有限责任公司

一、基本情况

贵州盘江煤电集团有限责任公司（简称"盘江煤电集团"）是贵州省省属国有大型企业，由贵州原盘江矿务局、水城矿务局、六枝矿务局和林东矿务局4家煤矿企业战略性重组而成，是长江以南最大的煤炭企业，旗下贵州盘江精煤股份有限公司（简称"盘江股份"）是贵州首家煤炭上市公司。2018年8月，盘江煤电集团入选"双百企业"。

"双百行动"及国企改革三年行动实施以来，盘江煤电集团坚持市场化经营机制改革方向，牢牢抓住三项制度改革这个"牛鼻子"工程，坚持"思想、机制、责任"一体化推进，全面激发企业高质量发展内生动力。近年来，集团主要生产经营指标保持两位数增长，2021年原煤产量、发电水平均创历史新高，焦炭产能利用率100%，营业收入突破500亿元，总资产突破800亿元。集团综合实力提档进位，2021年中国煤炭企业50强排名第14位、同比上升7位，中国能源集团500强排名第81位、同比上升26位，连续两年上榜"中国企业500强"，2021年7月被国家能源局列为高质量发展工作机制24家重点煤炭企业之一。

二、经验做法

（一）党的领导为改革保驾护航

一是发挥党委"把关定向"作用。集团党委围绕"权清晰、责明确、利适当"三个关键问题，对二级企业全面调研分析，广泛开展"形势怎么看、问题怎么办、工作怎么干"大讨论，使得集团上下迅速统一思想。各级党组织制定改革方案，实时研究解决改革的难点痛点问题，确保改革上下联动、整体推进。在改革实施的关键环节，党组织前置把关，确保改革方向不偏、力度不减、公平公正。

二是发挥"一把手"工程引领作用。集团及二级企业均由主要领导担任改革三年行动领导小组组长，改革任务整体纳入"一把手"工程进行考核，三项制度改革均由主要领导亲自负责，确保工作部署安排"一步到位"。各级企业领导班子成员主动充当改革宣传员，全方位、多角度加强思想引导和舆论宣传，使得广大员工正确看待改革，真心支持改革，积极参与改革，有力推动改革。

三是发挥党管干部"风向标"作用。充分发挥党委组织领导和把关作用，突出政治标准，树立"讲政治、重实绩、重实干"的鲜明用人导向，统筹抓好干部"选用管育"全链条，从高质量发展的"需求侧"着眼、从干部培养选拔使用的"供给侧"发力，着力打造"忠诚、干净、担当"的高素质干部人才队伍。

（二）注重市场化改革顶层设计

一是构建"1+N"制度体系。修订完善员工劳动关系管理办法，制定管理人员职级晋升和岗位职务任用、人才工作高质量发展、年轻干部交流学习培养、经理层任期制和契约化、公开竞聘、末等调整和不胜任退出等12项管理办法及实施细则，为改革工作实施明确了框架和原则。

二是优化晋升"双通道"。在管理岗位职务与专业技术职务并行的

"双通道"上,率先建立"岗""级"分离的动态管理机制,实施岗位职务与职级不对应管理,推动管理人员竞争上岗。有力破除论资排辈、平衡照顾等观念,打破体制机制隐形台阶,符合条件的人员都有平等参与竞争的机会,不唯资历、学历、年龄,靠本事竞争、凭能力出众,做到不拘一格降人才。

三是畅通人才"进出口"。建立引才机制,提升"引进"质量,高标准落实人才工作高质量发展实施办法,拿出"真金白银"吸引培育人才,对引进的硕士、博士,分专业类别给予15万~30万元的安家费,对在岗人员学历学位晋升,给予学费、书本费支持及相关奖励。建立退出机制,破解"能出"难题,健全以劳动合同管理为核心、以岗位管理为基础的市场化用工机制,明确9种情形可依法解除劳动合同。全面实施差异化考核,按照"一人一岗、一岗一表"的年度和任期考核指标考核,并将考核结果作为薪酬兑现、岗位聘任、干部培养使用等工作的重要依据,形成了能者上、优者奖、庸者让、劣者下的激励约束机制,畅通了员工市场化流动和退出渠道。

(三)自上而下打造改革标准样板

一是集团总部率先开展管理人员公开竞聘上岗。通过引进专业机构负责测试,按照"外大于内"组建评委组,纪委全过程监督,对总部60个中层正副职岗位实行"全体起立、择优坐下",起到以上率下的示范作用。经过自主报名、资格审查、笔试、面试、党委票决、任前公示、决定聘任等阶段,1名主管和6名中层副职竞聘到中层正职岗位,5名副主管和10名主管竞聘到中层副职岗位,16名"80后"竞聘到中层管理岗位,中层管理人员平均年龄由49岁降到45.7岁,干部队伍结构进一步优化。

二是子企业稳步有序推进。贵州水矿控股集团有限责任公司(简称"水矿控股")机关公开选聘52名部门正副职岗位人员,其中1名主管、5名中层副职晋升到部门正职岗位,5名副主管、8名正主管晋升到部门副职岗位；有8名"80后"晋升到部门正副职岗位，中层管理人员平均年龄从49.82岁下降到47岁。同时，其他子企业盘江股份、六枝工矿（集团）有限责任公司（简称"六枝工矿"）、贵州盘江集团财务有限公司公开选聘113名部门正副职岗位人员；所属煤矿公开选聘管理人员20余名。

三是全面推行契约化管理。首先对总部部门及中层管理人员分别制定了300多项关键业绩指标，对直接管理的二级企业及73名经理层成员细化分解了60多项经营业绩指标和140多项岗位任务指标，按照"一企一策""一人一书"原则，明确岗位、聘期、岗位职责，依据岗位的管理难度、贡献程度、风险系数、能力要求和责任大小等因素，实行差异化薪酬标准。各级子企业经理层人员岗位聘任协议、年度业绩责任书和任期业绩责任书签约率迅速达到100%。

三、改革成效

一是市场化用工成为"新常态"。2021年以来，盘江煤电集团招聘新进员工18067人，公开招聘比例达到100%，管理人员公开竞聘上岗比例达到31.9%，末等调整和不胜任退出比例达到5.6%。2021年二级企业经营班子成员正职年度薪酬基数倍差达到2.25倍，绩效工资占比最高达到70%。全集团工资增量的87%用于煤矿井下一线职工工资增长，井下职工人均工资8.83万元，同比增加1万元，增幅13%。

二是集团融合发展成为"新常态"。"三线精神"得到继承和发扬，"盘江一家人、集团一盘棋"理念深入人心，广大干部职工心往一处想、劲往一处使，集团上下形成强大的合力。集团管控实现"战略+核心运营"模式，按照"小总部、大产业"的要求，持续打造事业部"运营中心"，建强财务共享、科技创新、集中采购、集中销售四大平台。人、财、物资源实现统筹调配，着力解决了成员企业发展不平衡不充分问题，水矿控股、六枝工矿、贵州林东矿业集团有限责任公司、贵州松河煤业发展有限责任公司等煤炭企业实现改革脱困。

三是产业高质量发展成为"新常态"。集团"煤龙头、电骨干、新能源补充"产业布局加快,煤电化一体化协同效应增强,所属煤电机组利用小时数连续 2 年位列贵州省统调机组第 1 名,煤炭和新能源优化组合加快。自 2018 年战略性重组以来,盘江煤电集团累计生产原煤超过 1 亿吨,供应电煤 6400 万吨,疫情防控、能源保供紧张时期占全省电煤供应的 50% 以上,关键时刻发挥了全省能源供应"压舱石""稳定器"作用。

40

持续深化国企改革　发展质量效益显著提升

云南省能源投资集团有限公司

一、基本情况

云南省能源投资集团有限公司（简称"云南能投"）是云南省委、省政府加快实施产业强省战略，做大做强能源产业，于2012年组建的省属国有重要骨干企业。云南能投坚决贯彻落实党中央、国务院关于深入实施国企改革三年行动的重大决策部署，充分发挥"双百行动"综合改革入选企业优势，按照云南打造世界一流"绿色能源牌"主力军和实施绿色能源战略国际化排头兵、现代物流产业龙头企业、数字经济产业一流企业、服务国家"一带一路"建设和面向南亚东南亚辐射中心领军企业的定位，聚焦绿色能源、现代物流、数字经济三项主业，坚持把改革作为推动企业发展的关键之举，通过改革解决发展中的难题，激发企业发展活力，助推集团高质量发展。云南能投连续8年进入中国企业500强、2021年位列第175位，位列中国跨国百强企业第70位、中国服务业企业第70位。

二、经验做法

（一）坚持红色引擎引领，切实提升治理水平

强化党建引领，厘清权责边界。集团党委坚持把全面加强党的领导和党的建设与企业改革发展同谋划、同部署、同落实。

一是推动党建与公司治理深度融合。明确党组织在公司法人治理结构中的法定地位，完善《"三重一大"决策制度实施办法》和《党委会议事规则》，制定完善《集团党委前置研究事项清单》《集团重大管控事项决策清单》，明确6个层面、23个大类党委前置研究事项和54项"三重一大"事项议事决策主体，进一步厘清党委会权责边界。

二是推进党的领导有效嵌入公司治理。保障党组织意图在重大决策中得到体现，在控股二级公司层面全面深入推进"双向进入、交叉任职"，22家所属二级公司实现党组织书记、董事长"一肩挑"，党组织班子与经营班子成员交叉任职率达90%。

三是推动干部人才队伍选优育强。制定培养选拔优秀年轻干部工作方案，统筹联动领导班子调研、领导人员年度考核和一线考察识别年轻干部等工作。2021年组织领导班子运行情况调研两轮52次，谈心谈话347人次，及时掌握班子运行情况、干部思想动态、履职状态，选优配强主业板块和混合制企业领导班子，储备并动态更新优秀年轻干部人才库。

完善治理机制，保障科学决策。健全以公司章程为核心的中国特色现代企业制度体系，厘清各治理主体权责边界，制定党委前置审核事项清单，修订《董事会议事规则》《总经理办公会议事规则》等制度，促进各治理层主体依法行权履职，确保党的全面领导和公司治理的制度化、规范化、程序化。建立董事会提名、战略与投资、薪酬与考核、审计与风险4个专业委员会，明确委员会为董事会决策提供专业咨询建议的职能定位，实现外部董事进入委员会并担任部分委员会主任，完善外部董事履职保障机制，提升董事会决策的科学性和专业性。制定《董事会授权管理制度》，规范董事会授权管理行为，提高经营管理和决策效率。

（二）加快转型升级，推动全面高质量发展

推动经营发展向高质量转型。立足国家经济调速换挡、云南省产业结构转型等形势要求，坚定不移推动集团高质量转型发展步伐。

一是集团发展更加注重净资产收益率、总资产报酬率、经济增加值、经营性净现金流、资产负债率等指标，不再将营收全面纳入年度考核指标，推动营收稳字当先、结构做优，持续做大集团电力、天然气、化工等主营业务收入，降低贸易等非主营业务收入。

二是全力推进"瘦身健体"，制定印发《压缩管理层级方案》，采取注销、股权转让、层级整合等方式，加快"两非""两资"处置，为整体改革转型提供空间，构建业务有进有退、企业优胜劣汰、管控精简高效的发展格局。

推动管控模式向集团化和精细化转型。根据集团"十四五"战略，调整总部组织架构，优化规章制度，厘清管控界面。全面梳理二级公司章程，进一步明确"三会一层"的职能，结合发展阶段加强混合所有制企业管控，切实提升发展质量效益。集团项目投资更加注重投前研判、投中管理、投后评价，工程建设更加注重竣工验收、结算审计等合规性管理，制度流程更加精简高效，执行落实更加到位有力。

（三）深化市场化改革，不断激发发展活力动力

全面推进经理层任期制契约化管理。

一是制定印发《关于集团所属公司经理层成员任期制契约化管理及市场化选聘职业经理人的实施方案》，"两步走"实施。第一阶段完成集团所属公司经理层成员2021年度《岗位聘任协议》及《经营业绩责任书》签订，覆盖152家公司317名经理层成员，覆盖率超90%。第二阶段按照"满足改革要求、符合集团实际、兼顾基层诉求、确保平稳过渡"的原则，将任期制契约化管理的实施范围扩大至所属公司领导班子成员全覆盖，并优化年薪标准确定模型，设计薪酬"三级拉差"机制。根据集团"十四五"规划科学合理确定集团各所属公司年度及任期业绩考核指标，战略引领公司中长期发展。

二是坚持"业绩与薪酬双对标"。在市场化程度高、公司治理结构健

全、董事会职权落实到位的所属公司有序推进职业经理人制度改革和规范管理，按照协议严格考核、刚性兑现薪酬和退出管理。

三是全面推行全员绩效考核与二次分配。绩效考核引入工作量调节系数机制，取值范围为0~2，同类人员实施强制拉差不得低于0.1，考核聚焦价值创造，合理拉开收入分配差距，有效体现按劳分配、多劳多得、按贡献取酬的分配原则。

持续深化金融板块市场化改革。在集团金融板块云南能投资本投资有限公司（简称"云能资本公司"）进一步加大市场化改革力度。

一是抓牢职业经理人"四化"机制建设。推行经理层全员职业经理人并建立职业经理人选聘、绩效、薪酬和退出管理办法，在"两书"中差异化设置考核指标明确责、权、利，建立细化的负面清单和退出机制，形成科学合理的职业经理人市场化管理体系。

二是拓展多通道能上能下的职位体系建设。每年开展业务团队负责人竞聘，鼓励全员参与业务人员选聘，并严格执行考核退出机制。近2年公司因不胜任岗位、考核不达标等原因调降薪酬6人，岗位调整4人，退出5人，涉及调整人数占比员工总数17%。优化前中后台人员编制，业务岗人员占比由38%提升至48%，缩减后台人员占比由30%降低至24%，中后台协同联动提升价值贡献。

三是加强能增能减的激励约束机制建设。建立业务部门业绩年薪制、职能部门岗位绩效工资制两种薪酬绩效管理模式并差异化设置固浮比，其中业绩年薪制绩效占比约60%，岗位绩效工资制绩效占比约35%。设立利润贡献奖励、业务团队人工能效奖、项目跟投机制等多种激励方式，其中利润贡献奖励按公司超额利润部分的5%~10%测算奖励额度，重点用于奖励实现超额业绩的业务团队与人员。按照"减人不减资"的原则设立业务团队人工能效奖，将一定比例的业务团队结余工资用于奖励缩编或减配后仍完成绩效目标的业务团队。以绩效薪酬标准的30%用于强制跟投为要求设立模拟跟投机制,2020年以来累计参与跟投人员121人次,累计模拟跟投21个投资项目,累计跟投资金480.47万元(领导班子跟投资金占比约35%)。

三、改革成效

一是中国特色现代企业制度建设取得实质性进展。集团党委持续探索全面加强国企党建工作的创新实践,摸索出了符合集团实际的将加强党的领导和建立现代企业制度有效结合的方法与路径,厘清了党委会权责边界,着力推动党委议事决策机制嵌入公司治理,进一步规范"党委把关定向、董事会战略决策、经营层经营管理"的现代公司治理体系。

二是产业布局优化和业务结构调整取得新成效。经营发展高质量转型成效显著,截至2021年12月末,集团总资产2314.74亿元,实现营收1408.77亿元,同比增长7.13%;利润32.51亿元,同比增长12.62%;经营净现流75.4亿元,同比增长35.15%;资产负债率63.2%,发展质量和效益不断提升,发展态势良好。2021年,集团贸易收入同比下降5.83%、能源板块收入同比增加8.54%,利润、经营净现流创近年来最好水平,利润及经营净现流增速快于营收增速;"瘦身健体"取得阶段性成果,29家所属企业转让、注销取得实质性进展,其中12家完成注销,1家完成股权转让,13家取得集团立项批复,3家取得法院裁决、引进战略合作及转参股等方面的实质性进展,集团竞争力、抗风险能力得到进一步增强;优势资源持续向主业集中,实现水电、风电、光伏发电、燃气发电、火电及配网、售电、综合能源服务等全业务布局,目前集团参控股电力装机1892.27万千瓦、占云南总装机的17.81%。

三是健全完善市场化经营机制取得新进展。"重业绩、强激励、严考核、硬约束"的绩效考核导向得到进一步强化,任期制契约化管理实现所属公司领导班子成员全覆盖,构建形成了董事会、党委会、经营层班子成员既体现职责差异、又联动形成工作合力的分类管理体系。全员绩效考核与二次分配得到全面推行，有效体现按劳分配、多劳多得、按贡献取酬的分配原则。集团深化市场化改革试点云能资本公司2021年实现利润12.69亿元，较2020年的7.42亿元增长71.02%，成为集团利润的重要支撑点；2021年人均创利1492.66万元，较2020年的855.02万元提升74.58%，人工成本利润率超全国75%的同类企业，排名全省同类企业前列。

41

破壁攻坚 追赶超越
职业经理人改革助推企业高质量发展

陕西北元化工集团股份有限公司

一、基本情况

陕西北元化工集团股份有限公司（简称"北元集团"）是陕西省首批入选国企改革"双百行动"企业之一，成立于2003年，现有员工5000余人，注册资本36.11亿元。主要从事聚氯乙烯、烧碱等产品的研发、生产及销售，拥有化工、电力、水泥、电石四大板块，横跨氯碱、火电、冶金、建材、井矿盐五大行业。2021年被中华全国总工会授予"全国五一劳动奖状"。

国企改革三年行动以来，北元集团发挥"双百企业"优势，坚持问题导向和目标导向相结合，按照"市场化选聘、契约化管理、差异化薪酬、市场化退出"原则，积极探索推进职业经理人制度改革，构建符合企业实际的职业经理人管理制度及薪酬分配制度，为北元集团持续高质量发展开辟了新道路。

二、经验做法

（一）优化体制机制建设，夯实职业经理人改革基础

以国企改革三年行动为契机，北元集团制定并不断优化职业经理人前置制度、程序，实现党的领导和公司治理有机统一。

一是完善公司治理机制。全面落实党委对重大问题的前置研究，修订完善了《公司章程》《党委会议事规则》《"三重一大"决策制度实施办法》《董事会议事规则》《股东大会议事规则》等制度，进一步理清党委会、董事会、经理层的权责边界，加快形成权责法定、权责透明、协调运转、有效制衡的公司治理机制，为实行职业经理人制度奠定了基础。

二是实现职业经理人的身份转换。全面优化职业经理人选聘工作流程，通过组织公开选聘、确定考察对象、组织考察、征求有关方面意见、会议讨论决定聘任人选、依照有关干部管理规定履行任职手续6个专项流程，由上级任命流动转换为职业经理人市场流动求职，实现管理层人员由管理干部身份向职业经理人身份转换。

三是坚持党管干部、党管人才原则，坚持国企好干部"20字标准"，以"重担当、重实干、重实绩"为导向，修订了《管理人员管理办法》《管理人员竞聘管理办法》，推进管理、技术、技能"三位一体"人才体系建设，创新性推行管理人员轮岗、转岗、交叉任职新模式。2021年实行业务主管公开竞聘选拔上岗，提拔一、二级业务主管37人，平级调动12人，降职3人。一大批管理能力突出的年轻职工脱颖而出，其中"80后"管理人员占比79%，"90后"管理人员占比2%。注重组织选任与市场化选聘有机结合，严格履行党委对职业经理人的教育、监督和管理责任，充分体现党委对职业经理人制度建设的领导和把关作用。

（二）由试点先行到全面推广，改革进程驶入快车道

2019年，北元集团积极探索职业经理人改革机制，率先在安全环保与生产经营形势稳定、管理较为成熟的子公司陕西北元集团水泥有限公司（简称"水泥公司"）推行职业经理人改革，经过两年的探索和实践，水泥公司产量、销量、盈利水平大幅提升，管理成效突出。在水泥公司先试先行的基础上，2021年对子公司陕西北元集团锦源化工有限公司（简称"锦源化工"）实施职业经理人改革，契约化管理正式进入可复制、可推广的

快车道。经过3年多的实践，北元集团充分释放了职业经理人改革红利，建立健全了能进能出、能上能下、能高能低的选人用人和薪酬分配制度，在企业内部营造市场化、职业化的干事创业浓厚氛围。截至2021年底，累计选聘职业经理人9人。2022年对职业经理人进行调整，新聘任1人，退出1人。2019年之前，职业经理人薪酬由基本年薪与绩效年薪组成，设置比例为5:5，基本年薪占50%、按月发放，绩效年薪占50%、年度考核后发放。改革之后，职业经理人薪酬由固定基本年薪、绩效年薪、超额利润共享、任期激励等组成，基本年薪按月发放，绩效年薪、超额利润奖励年度考核后发放，任期激励在任期结束后考核发放。

（三）推行市场化选聘，实现契约化管理

北元集团职业经理人改革坚持"选聘市场化、管理契约化、经营自主化、薪酬差异化"理念，着力构建符合企业实际的职业经理人管理体系。

一是打破层级壁垒，率先推行中层公开竞聘。推翻过去干部逐级晋升的惯例，拓宽跨单位选人用人渠道，全集团二级业务主管参与水泥公司、锦源化工中层副职的公开竞聘，大大激发了基层管理人员的热情。根据下发竞聘通知、报名与资格审查、理论考试、公开竞聘答辩、确定考察对象、征求有关方面意见、决定聘任人选以及干部管理相关规定，选聘职业经理人正职，副职由正职提名，并履行干部聘任程序。

二是推行契约化管理，实现市场化经营。北元集团与职业经理人签订《聘用协议书》，约定职业经理人聘期、责任、权利、义务、奖惩、离职、解聘、责任追究等条款；签订年度和任期经营业绩目标责任书，明确职业经理人考核指标和薪酬兑现规范。详细约定了中途新加入或退出的管理规定，制定负面清单，严格职业经理人任期考核管理，根据考核结果续聘或退出，职业经理人被解聘的，不再保留职务和身份，确保职业经理人"能进能出"，灵活的管控机制有效传导了经营压力。

三是充分授权，激发经营主体动能。改革后，企业赋予职业经理人更

大的自主管理职能,在确保安全环保、风险可控、改革成效的前提下,放宽了职业经理人单位自主确定销售产品种类、运输销售渠道及销售数量等权限,为职业经理人搭建更大的干事创业平台,营造充分发挥主观能动性的良好环境。

四是突出薪酬差异化,激发内生动力。北元集团将职业经理人薪酬与业绩挂钩,实行超额利润共享机制,奖励金额上不封顶。2019—2021年,北元集团分/子公司经理层薪酬总额平均涨幅为21.33%,其中实施职业经理人改革的水泥公司平均涨幅最高,为23.24%,较其他子公司中经理层平均最低收入(55.59万元)多出5.36万元。配套职业经理人聘用协议,北元集团通过进一步核定职业经理人基本年薪标准,突出职业经理人正职与副职薪酬待遇的差异化。

(四)加大考核激励,实现收入能增能减

北元集团以市场化为导向,建立完善了职业经理人与岗位职责相适应、与经营业绩相挂钩的差异化薪酬分配机制。

一是对标同行业先进企业,制定具有挑战性的考核目标值。以集团公司考核压力传导和战略目标分解为基础,设立以岗位职责为核心、业绩目标为导向、绩效考核为手段的管理体系,采用"定量+定性"相结合的指标设置方式,科学制定经营业绩考核指标和其他辅助评价指标。如根据经理层成员的岗位职责及分管业务不同,设置了40%的个性指标;依据陕西煤业化工集团有限责任公司经营业绩责任书利润考核目标、并结合公司年度市场环境变化及企业发展综合确定了60%的共性指标。

二是职业经理人每届任期3年,陕西北元化工集团股份有限公司对职业经理人进行年度和任期考评,每年度考核一次,任期届满进行3年综合业绩评价。职业经理人年薪由基本年薪、绩效年薪和超额共享激励组成,其中副职基本年薪是正职的0.8倍,绩效年薪随考核浮动,并按照超额利润的1%~6%进行阶梯制累进奖励,上不封顶,副职的薪酬不超过正职的

80%，职业经理人绩效年薪根据年度业绩考核结果兑现。

三是职业经理人绩效年薪实行风险保证金制度，绩效年薪的30%作为风险保证金，任期届满后经考评审计后连本带息予以发放。其中，考核为优秀的，任期内每年所余的30%绩效年薪全部兑现，并予以奖励所余总额的10%；称职的，100%兑现所余总额；基本称职的，扣除所余总额的20%；不称职的，扣除所余总额的40%。

三、改革成效

一是众志成城，深入实施国企改革三年行动。实施职业经理人改革后，公司内部管理机制更加规范，建立了激励约束、全员绩效考核、超额利润共享等机制，打破"铁交椅""铁饭碗""大锅饭"分配格局。各级人员的积极性、主动性和创造性不断增强，纷纷拥护改革、支持改革、投身改革，企业改革的良好态势和浓厚氛围逐步形成，为可持续、高质量发展奠定了坚实的基础。

二是综合实力显著增强。2019—2021年，公司资产总额由117.06亿元增长为167.93亿元，增幅43.46%；营业收入由100.46亿元攀升到131.54亿元，增幅30.94%；利润由19.62亿元突破至22.05亿元，增幅12.39%；资产负债率由32.63%下降至19.78%，下降约13个百分点。特别是2019年实施职业经理人改革以来，子公司水泥公司利润由2.04亿元上升至2.9亿元，增幅42.16%；锦源化工利润由-0.54亿元突破至2.39亿元，增幅542.59%，实现扭亏为盈，企业综合实力显著增强。

三是成功实现企业主板上市。2015年3月正式启动上市准备工作，2020年10月20日成功登陆上海证券交易所A股主板市场，实现榆林主板上市企业"零"突破，借上市契机解决企业发展重难点问题200余项，进一步优化了治理结构，规范了内部管理。上市募集资金总额36.73亿元，增强了发展后劲和竞争优势，对提升资产证券化水平具有里程碑意义。

42

深化三项制度改革
激发集团高质量发展新活力

宁夏水务投资集团有限公司

一、基本情况

宁夏水务投资集团有限公司（简称"水投集团"）是宁夏回族自治区人民政府批准设立的国有独资公司，2008年11月29日挂牌成立，注册资金11.41亿元，是宁夏回族自治区人民政府国有资产监督管理委员会下属宁夏国有资本运营集团有限责任公司的二级子企业，主要承担宁夏回族自治区公益性、准公益性、经营性水务项目、环保项目和水利工程投资、建设、运营、管理等工作。成立13年来，水投集团确定了"水务市场精耕者、生态立区战略承接者"的核心定位，构建了水务、环境、工程三大板块，明确了"打造国内一流区域综合环境开发商"的长远奋斗目标。截至2021年底，水投集团实际管理资产280亿元，净资产34亿元，年营业收入33亿元，利润总额1.55亿元；拥有26家子公司，5500多名员工；日供水能力超200万吨，年供水量超4亿吨，年处理污水5000万吨；主营业务覆盖宁夏5市13县（区），为500多万城乡群众提供饮水安全服务，为宁夏全区重点工业园区和千余家企业提供用水安全保障，是宁夏国有大型骨干水务集团公司。国企改革三年行动以来，水投集团以三项制度改革改革为抓手，主要领导挂帅，成立专门机构，靠实工作责任，务实高效地推动三项制度改革走深走实，不断激发企业内生活力，实现集团高质量发展。

二、经验做法

水投集团以"完善治理、强化激励、突出主业、提高效率"为主基调，坚定市场化方向，着力完善制度、创新机制、强化管理，逐步建立起管理人员能上能下、收入能增能减、员工能进能出的机制，推动三项制度改革有效落地，激发了高质量发展的内生动力。

（一）选贤任能、知人善用，健全人员能上能下新机制

一是始终坚持正确选人用人导向。坚持党管人才和选人用人导向，在干部素质标准上坚持德才兼备、以德为先，注重工作业绩，大力培养和选拔年轻管理人员，加强后备梯队建设。探索职业经理人试点，引进高层次紧缺管理人才，建设高素质的干部人才队伍。2020年以来，新选拔38名干部，其中"80后"11名。

二是全面推行中层管理人员竞争上岗。按照中层人员管理要求，拟定了《中层管理人员竞争上岗、末等调整和不胜任退出实施办法》《公开竞聘总部中层管理人员实施方案》，2021年全面完成水投集团及所属各公司334名中层管理人员竞争上岗。同时，按照末等调整和不胜任退出机制落实"能上能下"的改革要求，为打造一支具有活力和创新力的管理团队营造了良好氛围。

三是打通人才职级晋升通道。建立竞争择优的晋升机制，形成层次划分清晰、职数设置合理、任职资格明确、发展路径通畅的晋升通道，进一步拓宽优秀员工职业成长空间。开展职能、技术、技能序列人员职级晋升，组织关键岗位公开竞聘上岗。晋升人员每两年通过绩效考核开展职级晋升考评和竞聘，不胜任者退出，释放岗位职数，形成能上能下的动态管理。

（二）百花齐放、推陈出新，打造人员能进能出新态势

一是严控人员入口。制定《公开市场化招聘管理办法》，根据各公司经营和拓展业务实际需求，通过对生产经营情况及全员劳动生产率等指标分析，不断内部挖潜，严控人员招聘，优中选优，近两年累计公开招聘226人，主要满足业务拓展的用人需求。扩大选人用人视野，通过市场化选聘、竞争上岗、公开招聘等方式引进5名紧缺急需高精尖人才。

二是规范劳动用工管理，提升人员劳动效率。修订完善《劳动用工管理办法》，规范劳动用工管理。研究建立人员退出机制，试行"离岗等退"，管理岗共退出33人，水投集团本部管理人员由原82人压减到65人，有效解决人员冗余问题，人力资源效能逐步提升。

三是推进全员绩效考核，打通员工退出渠道。制定《绩效考核管理办法》《岗位绩效考核管理办法》，采用重点工作指标和KPI相结合，逐层分解年度经营指标。采用考评积分法对部门和岗位进行绩效考核，针对考核结果连续末等的，经转岗和培训仍无法胜任岗位工作的，依法解除劳动合同。集团在打通员工退出渠道，建立"人员能进能出"管理机制方面做了有效尝试，近2年累计依法依规解除劳动合同121人。

（三）统筹分配、易岗易薪，建立收入能增能减新模式

一是优化子公司经营业绩考核。修订《子公司负责人经营业绩考核办法》，针对供水类公司，设置经营难度系数，拉开收入差距；针对竞争类公司，设置超额利润贡献奖励机制，提升业绩考核收入比重，进一步激发了市场拓展的动力与活力。

二是落实子公司工资总额与效益联动机制。在工资总额管控的前提下，按照"双增双降"原则，全面实施预算管控。根据各公司效益情况进行工资总额增幅0~6%比例分配，实现经营业绩与员工收入工效联动。经营层绩效年薪分配系数依据考核结果划定在0.6~0.9，最高值和最低值差距不小于0.15。

三是建立以岗位价值为依据的薪酬分配制度。建立了以岗位价值为依据，以业绩为导向，向关键岗位、生产一线岗位和紧缺急需岗位的高层次、高技能人才倾斜的工资管理机制。中层及员工绩效考核工资占比不低于40%，绩效工资差距最高达20000余元。

三、改革成效

水投集团不断优化和调整"三项制度"管控模式，优化人力资源配置，完善激励约束机制，最大限度地激励并开发员工潜能，建立起符合现代企业管理要求、与水投集团经营特色相匹配的管理体系。

一是管控模式清晰明确。通过改革，调整和优化了水投集团组织架构、制度体系，全面建成管理集约、业务集约、资源共享、运转高效的管控体系。统一规范各层级"三定"，精简组织机构，压缩管理链条。

二是管理效力全面加强。配套完善的一系列激励员工成长成才的关键制度，主要凸显以职业能力和工作业绩为导向，结合生产、技能岗位要求，建立科学的人才评价机制，管理效力全面加强。2021年，水投集团成为宁夏唯一入选国务院国资委"国有企业公司治理示范企业"，荣获"全国水利行业优秀企业""全国水利百强企业"等诸多荣誉。

三是人才结构持续优化。现有自治区级技术创新中心3个，建成自治区"水务一体化人才小高地"，成功打造了由150名水务一体化运营管理、水利工程建设、水务投融资等领域人才组成的高素质队伍；被授予"自治区高技能人才培训基地""宁夏技能人才评价机构"；建设有"自治区技能大师工作室"等3个实训基地和4个创新工作室；"自治区政府特贴""全国技术能手"等各类人才典型46人。目前水投集团共有数字化、环境环保、投融资、工程等专业领域中高层经营管理人员513人，全集团本科以上学历1559人，高级以上职称184人、中级工以上技能人员1635人。水投集团致力于打造橄榄型人才模型，强力助推优化人才结构。

四是人工效能显著提升。通过完善员工的量化考核，全面、客观、科学评价员工绩效，考核结果与薪酬分配、职业发展、岗位晋升、人才培养相关联，实现绩变薪变、绩优酬优，促进以人岗匹配为基础的绩效改进和提升，更好激发员工队伍活力。加大人工成本管控力度，"三率"逐步向好，和同行业对标，工作质量和效率显著提升。

43

构建分类分层激励体系 提升价值创造能力

新疆冠农果茸股份有限公司

一、基本情况

新疆冠农果茸股份有限公司（简称"冠农股份"）成立于1999年12月，于2003年6月在上海证券交易所上市，注册资本7.8亿元，产业涉及番茄制品、甜菜制糖、棉花加工等农产品精深加工和数字农业综合服务等，是农业产业化国家重点龙头企业。冠农股份以"精准服务三农、实现农业现代化、创造农业品牌发展"为愿景使命，牢固树立以工业思维发展现代农业的理念，坚持以联农带农新机制推动现代农业一二三产业深度融合发展。近年来，冠农股份持续推进国企改革"双百行动"、国企改革三年行动，巩固改革成果，深化市场化经营机制建设，分类分层构建立体激励体系，强化正向激励，充分激发员工改革动力和创新活力。

二、经验做法

（一）构建经理层成员岗位价值付薪的差异化、市场化薪酬体系

建立经理层"年薪＋业绩奖励＋任期激励＋股权激励"的薪酬体系。选择与公司资产规模、营业规模、利润水平相当的"农产品加工业"行业分类上市公司进行对标，并综合考虑新疆国有控股上市公司总经理的薪酬等因素，按照"业绩＋薪酬"双对标原则，根据公司发展战略目标、经营

业绩、市场薪酬水平等因素确定总经理薪酬水平范围，各副职岗位年度薪酬标准根据其岗位价值评估情况，按照总经理年度薪酬标准的 0.6～0.9 倍设置，在年薪标准上拉开经理层成员岗位差距。如设置分管销售的副总经理、分管技术的副总经理年薪分别为总经理的 0.9、0.85。同时，按照"一岗一表"明确各副职岗位考核要求及目标，并以《岗位聘任合同》《任期经营业绩责任书》《年度经营业绩责任书》约定薪酬与业绩考核结果挂钩，业绩升薪酬升，业绩降薪酬降，在绩效上拉开经理层成员考核差距。如在分管技术的副总经理年度经营业绩考核中，公司整体业绩指标权重占 30%，个人分管业务指标权重占 70%，其中个人分管业务指标分别设置了研发投入强度、项目建设、采购费用控制、分管公司的营业收入、净利润等与其岗位职责相关的核心指标，从而建立经理层成员基于岗位价值付薪体系，合理拉开经理层成员薪酬差距，充分调动职业经理人的积极性和创造性。

（二）实施增量业绩分享激励

实施基于战略引领、市场导向、管理导向、增量激励的业绩分享激励，根据企业功能定位"一业一策""一企一策"，上不封顶。如销售一线员工贸易业务按照业务绩效的 20%～30% 奖励；利润中心的子公司以国务院国资委发布的年度《企业绩效评价标准值》为依据，综合考虑行业发展阶段及激励的有效性，选择不低于上年完成值、近三年平均值、行业对标值的较高值作为目标利润基数，对超目标完成值分档差异化设置计提比例，采取超额累进方式计提业绩奖励总额，由董事会按照个人贡献系数以及年度经营业绩考核结果进行分配，业绩奖励按照 50%、50% 分两年奖励给经理层和关键、核心员工。成本中心以前三年平均成本作为目标成本基数，三年不变，节约的成本视同绩效，30% 奖励给关键和核心员工。

（三）完善中长期激励机制建设

2020 年，公司向 136 名核心和骨干员工授予了 738 万股限制性股票，成为新疆生产建设兵团首家成功实施股权激励的上市公司。激励对象占员工总数的19.7%，持股数量占公司股份总数的0.94%，公司共计收到2178.72万元的股份认购款，均为员工自有资金。为体现公平，公司聚焦核心板块和人才，按照各级公司分配的关键岗位指标，从德、能、勤、绩、廉5个方面对经理层成员以外的全体员工进行评议，精准选出"对公司经营业绩和未来发展有直接影响的核心管理、技术和业务骨干"作为激励对象，完全打破论资排辈的传统做法，就看这个人对公司未来价值的贡献；同时，根据公司战略规划，科学精确对标严格设定授予和解锁的业绩条件，强化目标责任考核，并严格设定个人考核条件。股权激励的实施将骨干员工和公司的利益捆绑在一起，形成了利益共同体和事业共同体，也有利于公司吸引和留住优秀人才，为公司未来几年的持续健康发展奠定了良好基础。

（四）设立专项奖励基金

设立每年最高使用额度不超过200万元的专项奖励基金，纳入工资总额预算管理，奖励项目不超过5个。专项用于奖励为公司经营和发展做出重大成绩或者突出贡献，取得显著经济效益、社会效益或重大荣誉的企业、团队和个人。如2021年，公司对获得第六届中国工业大奖表彰奖、获得高新技术企业资质的团队和个人发放奖励32万元，以鼓励他们为提升公司发展质量、技术水平、企业形象和知名度等方面做出的积极贡献，进一步激发了广大员工为企业谋发展、促创新、争荣誉、创效益的积极性和主动性。

（五）灵活多样的超常规激励措施引进高端人才

制定《高层次人才引进管理办法》，确定了高端、急需和紧缺人才认定标准，按照"不求所有、但求所用""不求所在、但求所为"的柔性引进机制，根据岗位职责、目标任务和期限等，分别给予专项科研开发经费支持、购房补助、人才津贴、协助解决配偶工作和子女上学等激励措施，其中最高购房补助达到 200 万元。通过多种措施的有效实施，公司引进博士学历、注册会计师、高级职称人员等高端人才 10 余人，进一步优化了公司的人才结构，提高了人才素质，为企业持续、健康发展奠定了人才保障基础。

三、改革成效

一是加快人才引进，实现人才梯队建设。通过分类分层构建立体激励体系，使骨干员工和公司形成了利益共同体和事业共同体，营造了良好的干事创业环境，也在很大程度上吸引和留住了优秀管理人才和业务骨干，2020 年以来公司市场化引进优秀管理人才和业务骨干已超过 35 人，"以奋斗者和价值贡献者为本"的理念真正在企业落实落地。

二是增强高质量发展定力，经济效益明显提升。企业活力进一步激发，发展质量和效益显著提高。2021 年度，公司实现营业收入 43.37 亿元，较上年增长 56%，实现归属于母公司的净利润 3.01 亿元，较上年增长 20%，国有资本保值增值率 113.06%，连续 3 年持续增长。公司荣获第六届中国工业大奖表彰奖，被评为全国农产品加工百强企业、轻工业食品行业五十强企业等。

三是"强链、补链、固链、延链"取得实质性进展。一大批重点产业链延伸项目全面开工建设，投资 1.8 亿元的年产 2 万吨番茄丁项目已正式运行，投资 0.9 亿元的制糖副产物循环利用产业化示范项目及投资 1.02 亿元的年产 20 万吨生物发酵饲料项目、年处理 30 万吨棉籽脱酚浓缩蛋白提取及混合油精炼深加工项目全面开工建设。

44

以三项制度改革为牵引推动企业引人聚才和高质量发展

新疆兵团勘测设计院（集团）有限责任公司

一、基本情况

新疆兵团勘测设计院（集团）有限责任公司（简称"兵团设计院"）从英雄的部队走来，前身为新疆军区工程处测量科，成立于1952年10月，是目前新疆组建最早、专业最齐、规模最大的综合性甲级勘测设计单位，综合实力名列前茅，是目前国内设计资质涵盖面最广的设计单位之一。

国企改革三年行动以来，兵团设计院坚持以习近平新时代中国特色社会主义思想为指导，坚决贯彻落实党中央、国务院决策部署，以打造国内一流综合性勘测设计企业集团为引领，牢牢抓住"人才队伍"这个企业发展之本，紧紧扭住深化三项制度改革的关键环节持续发力攻坚，积极为企业引人聚才和高质量发展营造良好环境。改革对发展的促进作用持续显现，体制机制活力显著增强。

二、经验做法

（一）打通通道，完善机制，推动管理人员能上能下"强动力"

一是积极推行任期制和契约化管理。紧紧扭住经理层成员任期制和契约化管理这个"牛鼻子"，建立以岗位职责分工为基础的"4书2办法"

管理机制：制定经理层成员岗位说明书，签订岗位聘任协议书、年度经营业绩责任书、任期经营业绩责任书，出台经理层成员任期制契约化管理办法、业绩考核办法。明确与业绩紧密挂钩的退出机制，从制度上破解了"能上不能下"的难题，搬掉了管理人员的"铁交椅"，充分激发了经理层成员的活力和创造力。兵团设计院两级经理层成员16人全部签订岗聘协议书和年度、任期经营业绩责任书。

二是大力推动管理人员公开选聘。坚持"以实绩论英雄、凭能力用干部"的用人导向，在公司中层管理岗位大力推行公开选聘，给员工提供公平竞争和展示才华的机会和舞台，实现由"伯乐相马"到"赛场选马"机制的转变，增强选人用人的竞争性和公开性。2021年公开选聘领导干部17人。

三是统筹建立多序列并行的晋升渠道。优化员工职业发展通道，建立起管理、技术、研发、经营等7个序列并行的岗位职位管理体系，不同序列之间可以相互转换，实现员工纵向晋升、横向流动，变"千军万马挤独木桥"为"条条大路通罗马"，让每一名员工职业发展都能看到希望、有奔头。职位一年一聘，动态管理，能上能下。2021年度降低岗位级别8人。

四是严格落实考核结果刚性运用。修订《领导人员选拔任用管理办法》，强化管理人员试用期管理和经营业绩考核结果刚性运用，对考核结果不合格的干部，综合运用降职、转为技术岗位等方式，依据考核严格兑现奖惩。近3年来，25名中层领导干部调整转入技术岗位。

（二）公开招聘，全员聘用，推进员工能进能出"增活力"

一是全面推行市场化公开招聘。建立完善校园、网络、猎头等多渠道公开招聘机制，坚持"公正、公开、竞争、择优"原则广纳八方英才，公开招聘率100%。在校园招聘中，注重发挥"师兄""学长"的示范引领作用，组织中层管理人员回母校现身说法做宣讲，有效提高了招聘的签约率。

二是积极出台引进人才优惠政策。兵团设计院认真贯彻落实中央人才工作会议精神、兵团党委人才工作会议精神，制定实施"十四五"人才队伍建设规划，认真分析各专业各层次人才缺口，制定人才引进计划，坚持硕士研究生、"211"和"985"院校毕业生、学生党员"三优先"原则，出台提高员工试用期工资标准、办好职工食堂、三年内免费提供职工宿舍或租房补助、设立企业年金和医疗"爱心互助基金"等10多项人才引进优惠政策，有效提高了企业的吸引力，特别是一套生活用品，一个工作背包，一本新员工手册，一次入院培训，一名传帮带导师"五个一"关心关爱机制让新进员工倍感温暖、快速融入。

三是严格全员劳动合同管理。修订《全员劳动合同管理办法》，分类规范劳动合同标准文本，明确合同各环节管理要求，依法与员工签订劳动合同率达100%。制定《员工试用期和合同期满考核评价办法》《员工奖惩办法》，根据考核结果和监督情况，确定续签或解除劳动合同，确保员工合同终止等有章可循。完善员工合同期内不胜任退出机制，年度考核不合格的，调整工作岗位或待岗培训，经过培训或调整工作岗位仍不能胜任工作的，依法解除劳动合同。

（三）行业对标，全员考核，推动收入能增能减"激潜力"

一是破除"平均主义"实行差异化薪酬。全面对标国内各专业发展水平，确定生产单位经营业绩考核目标。建立了固定薪酬、绩效薪酬、超利润奖励构成的薪酬体系，员工薪酬收入严格与个人业绩贡献挂钩，干的多拿的多，真正实现"业绩升、薪酬升，业绩降、薪酬降"。

二是突出"岗位差异"实行全员绩效考核。出台系列配套制度，建立健全以岗位职责为基础，以目标管理为重点，以能力业绩为导向，定量考核和定性评价相结合的差异化岗位考核评价体系，同时将考核结果与员工的职务晋升、绩效分配和职业发展有机结合起来，并严格依据考核结果兑现奖惩。

三是抓住"少数关键"实行重点人才激励。让职称、注册执业资格证书等要素参与薪酬分配，同时大力鼓励员工考取注册执业证书，并给予一次性奖励，体现人才价值。建立总经理奖励基金，对突出贡献者、技术创新人才等给予奖励，推动薪酬分配向做出突出贡献的管理人员、"高精尖缺"人才倾斜。

三、改革成效

一是企业活力显著提升。通过深化改革，有效激发了兵团设计院的内在活力，营造了引人聚才的良好环境。在新冠肺炎疫情的大环境下，2021年招录员工156人，员工队伍发展到1391人，其中国务院特贴专家14人，自治区、兵团突出贡献专家4人，兵团学术（技术）带头人10人，兵团英才专家7人；执业注册人员395人次；高级工程师455人，占到员工总人数的32.7%，为兵团打造了一支懂技术、能吃苦、讲实干、靠得住的勘测设计人才队伍。

二是企业创新能力显著提升。通过大力深化三项制度改革，颁布实施《专家管理办法》《加强和提升技术质量管理实施方案》和《科研项目管理办法》，进一步规范专家范围、职责、考核和薪酬，着力加强课题研究和技术攻关，不断激发专家搞科研、强技术的主动性和引领作用。其中，"奎屯河引水工程"等39个项目获得省部级以上表彰，特别是"沙雅县农业高效节水增收试点项目"荣获中国工程咨询协会工程咨询一等奖，开创了农业高效节水"沙雅模式"，并在全疆推广。2021年，通过举办QC基础知识培训，组织开展QC成果评选，4个QC小组成果分获中勘协成果奖；成功申报兵团科技进步奖2项、兵团科技计划项目4项；在核心期刊发表论文150篇；取得发明专利和实用新型专利9项、计算机软件著作权27项；参编地方标准1项；被中国测绘学会评为"科技创新型优秀单位"，是新疆地区唯一获此殊荣的单位。

三是企业技术实力显著提升。高质量人才队伍的有力支撑，推动了兵团设计院的快速发展，成长为以工程咨询、勘察设计、工程总承三大板块业务为主的综合性企业集团，专业分院发展到16个（含南疆2个），甲级业务资质扩展到16个、乙级增长到7个；取得发明专利8项（已授权）、实用新型专利44项、软件著作权219项，成功申报"国家级高新技术企业"，并入选214家"全国优秀勘察设计企业"，荣获"全国精神文明单位"称号。2021年，实现营业收入15.53亿元、利润总额1.13亿元，5年年均增长率分别为24.9%、11.4%。

45

深化三项制度改革 实现高质量发展目标

新疆生产建设兵团石油有限公司

一、基本情况

新疆生产建设兵团石油有限公司（简称"兵团石油"）成立于1992年1月，承担着兵团辖区工农业生产和居民生活成品油供应的职责。1998年，兵团将各师石油公司划转到兵团石油，形成兵、师合一的成品油供应管理体系。2002年12月26日，新疆生产建设兵团（简称"兵团"）与中国石油天然气集团有限公司（简称"中国石油"）共同出资2.19亿元重组兵团石油，其中兵团占总股本的54.59%，中国石油占总股本的45.41%。合资以来，在股东方的悉心指导和鼎力支持下，兵团石油已成为兵团流通行业龙头企业，也是兵团与央企合作的典范。2018年，兵团石油列入国务院国资委"双百行动"试点企业名单，被兵团确定为深化国资国企改革"培育发展企业"。

近年来，以实施国企改革三年行动为契机，兵团石油紧紧围绕推动国有企业建立现代化管理制度，转换国有企业经营机制，实现管理人员能上能下、员工能进能出、收入能增能减的"三能"目标，将全面深化以劳动、人事、分配为主要内容的三项制度改革作为国资国企改革重点，坚持问题导向，科学谋划，稳步向纵深推进，为全面贯彻落实党的十九大精神、深化三项制度改革奠定了良好基础。

二、经验做法

(一) 营造改革氛围，推动"三能"机制落地

2018年，兵团石油被国务院国资委确定为"双百企业"试点单位后，公司党委高度重视，通过多种方式在公司营造深化改革的氛围。

一是结合公司实际，迅速研究制定了以三项制度改革为核心的深化改革方案，确定了任务书、路线图、时间表、责任人，成立组织机构，确保方案落实。

二是公司党委带头学习宣贯国企改革有关政策文件，定期开展专项培训，对改革最新文件政策、典型案例、先进做法进行研究学习。

三是制定公司深化改革任务台账，定期跟踪落实各项改革任务工作进展情况。

四是按照"依法治企，制度先行"的理念，对照能上能下、能高能低、能进能出的改革目标，以问题为导向，引入市场化机制，结合公司战略，积极推进经理层成员任期制和契约化管理，建立以绩效为核心的薪酬分配制度，持续推进"六定"工作，并对公司多年以来的政策、制度办法等进行重新梳理，在全公司宣贯落实。

(二) 完善内部管理，有效夯实制度基础

兵团石油以推进三项制度改革为契机，紧紧围绕人事、薪酬和劳动管理三个关键环节，先后建立并完善了干部管理、组织机构、用工管理、薪酬考核、岗位竞聘等各项管理制度。

一是大力推进公司经理层成员任期制和契约化管理，制定公司经理层成员管理实施办法及考核管理办法。

二是按照改革要求修订公司中层干部、一般管理人员、加油站经理三个层级的竞聘办法，重新制定岗位任职资格、竞聘程序、聘用管理、退出管理等方面内容。

三是本着精简高效的原则，制定公司两级部门、加油站岗位设置及定编标准，每年根据销量据实测算定编并下发文件，实行动态管理。

四是根据公司实际运营情况，梳理并制定公司总部部门职责，提高两级部门工作效率。

五是制定公司人才引进管理办法，确保人才"招得进、留得住、用得好"。

六是完善薪酬考核机制，制定公司总额管理办法，加大分公司二次分配权限，实行全员绩效考核，加强两级部门月度考核、重点工作考核、督办事项考核，以月保季、以季促年，形成有效的考核传导机制。通过健全管理制度，为改革打下了坚实基础。

（三）优化组织机构，实现员工能进能出

按照"控制总量、优化结构、提高素质、提升效率"劳动用工管理原则，开展了定机构、定职数、定员额、定责任、定薪酬和定任期"六定"工作。

一是优化整合两级部门机构设置，梳理部门及岗位职责。加油站一线岗位严格按照"以量定编"原则逐站测算定编。

二是对员工劳动合同实行动态管理，依法做好劳动合同变更、续订、终止、解除等各项工作。

三是将三项制度改革与人才强企工程相结合，突出人才战略主线，深化"生命工程"建设。近3年引进全日制本科应届毕业生及专业性人才60余人，加大对人才工作的政策支持，大学生流失率从45%下降至14%。

四是按照公司职代会表决通过的《员工管理条例》相关规定，与36名违规人员解除劳动合同，无一例劳动纠纷发生。92名劳务派遣员工经过竞聘考核通过后，与公司签订劳动合同。按照现代企业要求优化用工结构，畅通人员进出渠道。真正做到良才善用、能者居之，打破了员工"铁饭碗"，释放出强大的"鲶鱼效应"。

（四）激发源头活水，实现管理人员能上能下

兵团石油以改革为契机，积极推进落实经理层成员任期制和契约化管理。

一是按照国务院国资委《两个指引》要求，修订完善公司《经理层成员任期制和契约化管理实施办法》《经理层成员任期制和契约化业绩考核管理办法》《经理层成员岗位说明书》《岗位聘任协议》《年度经营业绩责任书》《任期经营业绩责任书》。规定经理层成员每届任期3年，明确任期责任、业绩目标、考核兑现及任期届满根据考评结果决定连任、改任或退出等内容，实现了以上率下，强化任期责任的落实。

二是以劳动合同为基础，以岗位聘任文件、绩效合同为载体，公司与经理层成员建立契约关系。以任期制和绩效考核为抓手，建立定期考核制度和考核末位调整机制，实现管理人员能上能下的良性管理。

三是强化干部队伍的内部培养和外部引进相结合，对外推行市场化选聘制度，实现了管理人员队伍的年轻化、知识化、专业化。截至目前，"80后"约占中层管理人员的42%，10名"80后"大学生在分公司担任正职，"90后"已充实到中层管理人员队伍里，极大地提升了管理人员队伍的战斗力和生命力。

（五）发挥员工潜能，实现收入能增能减

一是优化考核指标体系。瞄准公司高质量可持续发展目标，突出质量效益、服务公司战略、加强管理创新，制定的绩效考核指标紧贴任务实际，引导各单位持续提升效益水平和价值创造能力。每年初以股东下达的经营管理目标为依据，细化分解，按照SMART原则，形成经理层、部门及分公司绩效考核指标，使指标紧密联系工作职责，既具体合理能量化，又富有挑战可考核。

二是强化执行力考核。在现有月度考核内容基础上，增设月度执行力考核指标，持续强化工作任务落实，加强执行力建设，确保公司各项重点

工作和任务部署落实到位，切实提高工作效率和管理水平。

三是健全完善考核机制。从单位横向和时间纵向两方面强化一体化联动考核。强化单位之间数据对标、考核对比、分析差距、找准症结、对症下药。为提升员工获得感，实现业绩升收入增，业绩降收入减的目标，采取"月度考核＋年度考核"的模式，明确加油站一线岗位人员工资按照吨油、非油提成发放；两级部门人员月度工资与月度销售指标、盈利能力指标等数据考核挂钩。增强公司增销创效的激励力度，使员工切实做到从"发工资"到"挣工资"的转变。

三、改革成效

通过深化三项制度改革，兵团石油运营效率明显提升，员工队伍活力显著增强。

一是铸实人才队伍建设保障。通过改革，极大地促进了各层级管理人员的履职能力和工作热情，实现了从"相马"到"赛马"的转变。自2018年以来，通过竞聘机制选拔中层管理人员20人，市场化选聘中层管理人员1人，试用期考核不合格免职1人，考核末位调整3人。公司184座加油站经理均实行竞聘上岗。真正形成了"能者上，庸者下"的良性氛围，充分调动和激发了管理团队的工作积极性。

二是职工收入与企业效益联动。通过深化薪酬分配制度改革，将职工收入与企业效益、与岗位业绩紧密挂钩，激发了全体员工的积极性和创造性，实现公司业绩的稳步提升。2021年与2018年比，公司人均劳效提高了20%，一线员工最低收入与最高收入差距逐年加大，2021年收入最高的营业员比最低的高出6万元，真正实现了从"发工资"到"挣工资"的转变。

三是持续深化改革成果，形成长效机制。通过深化三项制度改革，公司已建立起五大长效机制，强化责任落实，推行任期机制；明确岗位职责,建立契约机制;激发员工活力,实行竞聘机制;实现薪酬差异,完善分配机制;决定员工进出,强化考核机制。截至2021年底,公司已连续3年实现利润2亿元以上,成品油销售总量达到89万吨,员工收入平均增长15%,均创历史新高。

46

全力推行"八能"人力资源改革
为企业高质量发展赋能助力

深圳国际控股有限公司

一、基本情况

深圳国际控股有限公司（简称"深国际"）是一家在境外注册、在香港上市的市属国企，以交通物流基础设施开发运营为主业，业务领域涵盖物流、收费公路、港口和大环保等。近年来，深国际紧抓深圳"双区"建设重大机遇，全面贯彻落实国企改革三年行动各项决策部署，一手抓能力建设，一手抓高质量发展，在强力推行管理提升"八大改革"的基础上，从 2020 年开始重点聚焦人事劳动分配制度改革，构建"能进能出、能上能下、能高能低、能左能右"的人力资源管理体系，为企业高质量发展赋能助力。

二、经验做法

（一）把好进口、开通出口，实现干部员工"能进能出"

一是全面推行逢进必考，提高新录人员的素质。全面梳理机构、岗位和人员编制情况，制定严格的"三定方案"（定机构、定编制、定职能），确定每个岗位的职责和任职条件，按照人岗匹配原则，公开笔试面试招考录用人员，累计组织公开招聘考试 53 场，录用人员研究生学历超 50%。

二是全面推行强制排名、末位调整。对一般员工，年终绩效考核排名在后5%～10%的，绩效奖金扣减20%；连续2年排名在后5%～10%的，绩效奖金扣减50%；连续3年排名在后5%～10%的，取消全部绩效奖金并离岗培训，重新择岗、双向选择，如择岗不成功，作劝退处理。对总部部门，排名末位的，扣减主要负责人年终绩效奖金20%；连续2年排名末位的，扣减主要负责人年终绩效奖金50%；连续3年排名末位的，对部门主要负责人作岗位调整。对附属公司，年度绩效排名最后的，降低绩效工资，并视情况做诫勉谈话、岗位调整、降职使用等处理。实现干部员工"能进能出"，充分发挥鲶鱼效应，激发队伍活力。

（二）探索科学用人机制，实现干部员工"能上能下"

一是鲜明树立正确用人导向。根据深圳市《党政领导干部选拔任用工作条例》及深国际《干部选拔任用管理规定》，选拔干部时，除了坚持政治标准外，还确定了优秀干部的5个标准，即"不谋私、人品好、能干事、想干事、干成事"，大力选拔敢于负责、勇于担当、善于作为、实绩突出的干部。

二是创新干部选拔方式。将内部公选程序嵌入党管干部的动议环节，实行"考试成绩与平时成绩""相马与赛马""党管干部与市场化选聘"三结合，并科学设置评价分值（竞聘演讲占55%、三年绩效考核档次加权占15%、民意测评占20%、能力测评占10%）。2年来进行了30个岗位的公开选聘，包括总部中层干部以及附属公司经营班子、纪委书记、财务总监等。一大批群众认可、德才兼备的人才浮出水面，平均年龄43岁，"80后"占比近40%。

三是全面推行市场化选聘、契约化管理。附属公司经营班子全部实行"全体起立"，重新公开竞聘，按照三年任期制和契约化管理的原则，签订岗位聘任协议、经营业绩责任书，并科学设置考核指标，对考核结果较差的，根据有关规定予以降薪、调岗、免职直至解除合同，确保考核与"位子""票子""面子"的强挂钩。对 6 家附属公司经营班子进行优化调整，对因年龄、人岗不匹配原因未竞聘上的原班子成员作人性化安排，设置研究员职位，制定研究员管理细则规范管理，目前在岗研究员共 5 名。有的附属公司还对全体员工实行"竞争上岗、双向选择"，对未竞聘上的员工进行岗位调整，扎实做好思想教育工作，实现竞争上岗"软着陆"。

四是建立员工晋升"双通道"。修订职位及晋升管理办法，建立员工"管理序列、专业序列"双通道，并优化职级体系，将员工职级分为十一级，管理和专业序列一一对应；新增"资深高级经理"等专业职务，打通专业序列晋升通道，培养"工匠"精神，解决"千军万马挤管理序列独木桥"的问题。

（三）构建市场化分配机制，实现待遇"能高能低"

一是薪酬方面，构建科学薪酬体系，贯彻落实市国资委"业绩升薪酬升、业绩降薪酬降"要求。根据附属公司人员规模、市场对标、公司发展阶段等情况，确定薪酬基础包的规模，按照薪酬总额增长比例直接与效益指标挂钩的原则，严格根据业绩考核情况确定薪酬包的增减。加大绩效薪酬考核力度，按照"职级越高、绩效薪酬占工资总额比例越大"原则，科学设置绩效薪酬的份额，年底根据考核结果，刚性确定薪酬发放的数额。

二是激励方面，公司总部已连续实施 4 期股票期权激励，实现对公司高管和关键骨干的利益捆绑。附属公司层面，按应建尽建的原则，已对 7 家符合条件的附属公司实施了长效激励，同时以任期考核、递延发放等方式强化后端约束。

（四）创新育人方式，实现能力"能左能右"

一是打造学习型组织。全面建立月度集体学习制度，并通过领导班子碰头会、周例会、员工大讲堂、领导荐书、一线实践日、征文比赛、优秀文稿评选、读书沙龙等形式，营造浓厚学习氛围。

二是加强综合能力培训。依托清华大学深圳研究生院、中山大学等高校开展"菁英计划",定制涵盖管理、业务、文化、心理等内容的精品课程,对员工进行系统专业培训,全面提升干部综合能力。同时,建立内训师制度,遴选一批懂经营、善管理、专业能力强的内部讲师,提高员工培训水平。

三是开展多向挂职锻炼。开展从总部选派干部到基层、从基层选调人员到总部的纵向挂职锻炼,以及板块间的横向挂职锻炼。近年来纵向挂职锻炼40人、横向挂职锻炼19人。

四是加强后备梯队培养。建立后备干部库、青年骨干人才库,通过多维度选拔,在全公司公开遴选后备干部、青年骨干人才45人,其中管理类占71%,工程类占11%,财会金融类占18%;组织优秀年轻干部到项目一线实践、贫困村"三同"锻炼,提高干部实际工作能力。通过上述方式,培养了一大批复合型人才。

三、改革成效

深国际聚焦"人"这个核心要素,坚持市场化导向,开展了一系列思想、制度机制、组织变革,为企业创新发展注入源源不断的动力。

一是人力资源价值得到充分挖掘。通过"八能"改革,大大激发了干部队伍干事创业、拼搏奋进的热情,班子的执行力、队伍的战斗力明显提升。2021年,公司率先实现经理层成员任期制和契约化管理全覆盖;全员劳动生产率达128万元/人,人工成本利润率达443%,人事费用率为11.7%。

二是公司迈上高质量发展新台阶。2021年,深国际资产规模突破千亿元大关、达1011亿元,资产负债率48.6%,实现利润总额61.5亿元,净利润46.9亿元,营业收入利润率41%。公司连续4年总资产、净资产年复合增长率均达14%,国有资产保值增值率151%。

三是公司改革经验获得广泛推广。深国际有关"选用育留"人事改革的典型经验,被国务院国资委评为推广范例之一;国务院国资委《国企改革三年行动简报》对深国际三项制度改革和现代企业治理能力提升的经验进行重点介绍;国务院国资委《国资报告》专门刊载深国际构建"八能"人才体系和改革投资决策体制的经验。

形成以管资本为主的国有资产监管体制

优化集团管控　完善公司治理　提升监督效能 全面加强国有资产管理体系和能力建设

中国兵器工业集团有限公司

一、基本情况

中国兵器工业集团有限公司（简称"兵器工业集团"）是我军机械化、信息化、智能化装备发展的骨干，全军毁伤打击的核心支撑，现代化新型陆军体系作战能力科研制造的主体，是国家"一带一路"建设和军民融合发展的主力。2021年，集团实现利润总额226.3亿元，同比增长15.5%；实现营业收入5269亿元，同比增长7.5%；世界500强排名127位；连续17年获中央企业负责人经营业绩考核A级。

兵器工业集团以习近平新时代中国特色社会主义思想为指导，以履行好强军首责、推动高质量发展为主线，持续优化管控、完善治理、提升效能，着力打造具有兵器工业特色的国有资产监督管理体系，支撑建设具有全球竞争力的世界一流企业。

二、经验做法

（一）把握"三个突出"，持续优化集团管控

一是突出"一明确五优化"，构建"1+2+36+N"管理体系。加强"管理的管理"、建立"体系的体系"，明确管理要素，优化管理职责、流

程、制度、对接和方法，制订管理体系优化工作方案。紧前构建完善安全、质量、科研、军贸等管理体系，全面启动管理体系优化，确立有机统一的总管理体系，划分党建和科研生产经营两大管理领域，横向建立集团总部36项重点业务领域管理体系，纵向延伸子集团建立若干项个性化管理体系，构建全层级、全要素、全流程兵器工业特色现代企业管理体系。

二是突出总部职能定位，完善分层分类授权体系。坚持"强党建、定战略、控风险、配资源、建机制、育文化"，管好6个关键领域81项权责，精简审批备案事项25%。坚持"放活"与"管好"相统一，向子集团合理放权授权，涵盖科研生产经营等87项权责。围绕"装备研发、技术研究、装备保障、能力建设、军贸创新"五维体系，开展装备全链条全周期穿透式管理。聚焦"战略发展、结构调整、科技创新、重大投资、重大客户、绩效考核"6个环节，实施民品战略管控。

三是突出全面性与差异化，优化考评正向激励体系。全面落实党建工作责任制和党风廉政建设责任制考核，考核结果在绩效考核、综合考评中占一定权重并执行一票否决。坚持差异化考评，"一户一图一表"绘制高质量发展能力雷达图，对子集团按照装备保障、民品主导、国际化经营和支撑服务4个大类16个细分类型开展绩效考核，对领导人员建立11类指标体系开展综合考评。实施"利润+个性化指标"工效复合挂钩模式，明确14项单列工资事项，探索"3+N"中长期激励，营造崇尚实干、带动担当、加油鼓劲的正向激励环境。

(二)注重"三个加强"，持续完善公司治理

一是加强党的领导。坚持在完善公司治理中加强党的领导，2021年，修订《兵器工业集团党组讨论决定重大事项清单》《前置研究讨论重大经营管理事项清单》，厘清权责边界、规范决策程序。子集团党委同步制定"双清单"，全面落实党组分解下达的1377项考核任务，推动党建工作与生产经营深度融合。坚持在推进改革中加强党的领导，制定国有相对控股

混合所有制企业加强党建的具体措施，符合条件的 127 家混改企业全面建立党建工作制度；对 120 多家境外单位所在的 51 个国家（地区）开展法律法规、宗教信仰等研究，"一国一策"制定党建工作方案。

二是加强依法治企。修改兵器工业集团董事会制度办法，形成以《公司章程》为核心、2 个董事会授权方案和 11 项具体制度为支撑的董事会建设和运行制度体系，构建兵器工业集团"公司章程、基本制度、专项制度、操作制度"4 个层次 15 类制度体系。坚持每年开展制度评价，加强内控与全面风险管理，对 7 个方面 29 类风险防控监督评价全覆盖，3 年来修订增补制度 180 余项。建立子集团董事会应建和结构"两项标准"、董事会职权和制度体系"两项清单"、董事和董事会评价"两个配套方案"、章程管理办法和指引"两个配套制度"，推动各治理主体严格依据章程行权履职。

三是加强出资人监管。完善"3 + X"董事会模式，推动应建尽建、配好建强，2021 年，263 家子企业全面完成董事会应建尽建、外部董事占多数；将董事会 6 项职权分解为 24 项决策审议事项，对重点子企业实施分类授权。建立监事会报告规范，兵器工业集团党组听取监事会主席述职两年全覆盖。全面推行经理层任期制契约化管理，全级次"一人一策"签订考核责任书，2021 年 471 家子企业经理层成员 100% 签约。推进职业经理人制度，千寻位置网络有限公司、安徽江南化工股份有限公司等由非国有股东推荐总经理。

（三）锚定"三个坚持"，持续提升监督效能

一是坚持监督贯通协调。率先印发推动监督工作贯通协调的意见和实施办法，构建纪检、巡视等党内监督为主导，出资人监督、职能监督、业务监督各司其职、同向发力的"大监督"体系，形成统筹计划、日常会商、集中资源、联合监督、问题共商、联动处置"六大机制"，推进各类监督一次进驻、同步开展，形成"1 + N"监督报告，实现监督工作从"单兵作战"向"协同作战"转变，两年来监督检查次数减少 25%。

二是坚持监督常、长结合。聚焦"国之大者"，深入贯彻落实习近平总书记关于火炸药结构调整、北斗产业发展等重要指示批示精神，深化政治监督。充分运用监督执纪第一种形态，抓早抓小、防微杜渐，强化日常监督；坚持"一案一总结、一案一建议、一案一整改"，建立长效机制。对近两年监督检查发现的 486 项问题，共性问题举一反三、健全机制，个性问题"点对点"、立行立改，推动"查、改、治"一体贯通。

三是坚持监督问责与容错纠错合力并举。坚持严肃惩治不放松，全方位追责问责，近两年立案审查 126 起、党纪处分 127 人。坚持严管厚爱相结合，制定《"三个区分开来"容错纠错实施办法》《经营投资免责实施办法》和《关于为受到失实检举控告干部予以澄清正名实施办法》，明确"四看"标准、"六种"容错情形、"四条"纠错措施、25 项尽职合规免责事项。近两年综合运用书面、当面、会议、通报 4 种方式，对受到不实检举控告的 30 多人予以澄清、消除影响。

三、改革成效

一是在中国特色现代企业制度更加成熟更加定型上取得明显成效。深入贯彻落实"两个一以贯之"，以公司章程为基础的内部制度体系持续完善，董事会建设制度化、规范化、体系化、科学化水平进一步提升。聚焦信息对称，探索构建"三汇报、两调研、一报告"工作机制，强化外部董事履职支撑与服务保障。2021 年，重要子企业党委"双清单"、董事会应建尽建、董事配齐建强、全面落实董事会职权等国企改革三年行动重点任务全面完成，积极推动党的领导落实到公司治理向基层延伸。

二是推动布局优化结构调整取得明显成效。积极构建以装备研发、技术研究为核心，民品、北斗、军贸创新为支撑的"2+3"创新体系，原创技术策源地建设纳入国务院国资委首批试点，新组建军事智能创新研究院、北斗应用研究院，拥有 62 个国家级创新平台。聚焦履行强军首责、实现高质量发展，持续推进装备质量综合整治及提升工程，加快建立民品先进制造业体系。2021 年，支柱民品占民品收入 2/3，国际化经营占经营规模 46%，继续保持我国军贸行业"排头兵"地位，北斗高精度服务全球用户突破 10 亿户，现有单项冠军示范企业 4 家、专精特新"小巨人"企业 10 家。

三是提高企业活力和效率取得明显成效。紧紧围绕"十四五"发展任务目标，实施人才结构优化工程、人才竞争力提升、人才新动力激发、新时代人力资源管理体系建设"四大工程"，制订"人才发展30条"。全面开展三项制度改革评估，以雷达图、折线图、对比图等形式呈现行业和各单位存在的短板弱项，推动全面深化改革，全面激发员工创新创造活力动力。近 3 年，兵器工业集团工资总额年均增长 11.5%，职工人均工资年均增长 12%，与利润总额（年均增长 10.8%）和劳动生产率（年均增长 6.7%）保持同步增长，职工获得感、幸福感、安全感持续增强。

2

构建高效大监督格局
全力保障公司高质量发展

中国海洋石油集团有限公司

一、基本情况

中国海洋石油集团有限公司（简称"中国海油"）成立于1982年，注册资本1138亿元，是我国首个"海上特区"和首个全方位对外开放的"工业特行"。经过近40年的不懈奋斗，公司实现了从上游到下游、从浅水到深水、从国内到国际的"三大跨越"，形成了油气勘探开发、专业技术服务、炼化与销售、天然气及发电、金融服务五大业务板块，旗下拥有5家上市公司，海外业务遍布全球40多个国家和地区，总资产超过1.3万亿元。

国企改革三年行动以来，中国海油认真贯彻落实党中央全面从严治党方针要求，深化理念认识、改革体制机制、创新方式方法、加强前瞻性思考，全局性谋划、整体性推进，深化系统施治、标本兼治，建立"一头两翼"（以查办案件为龙头、以巡视和派驻为两翼）为引领的监督体系，将正风肃纪反腐与全面深化改革、优化制度体系、完善治理机制融会贯通，统筹各类监督资源，构建"全方位""精准化""矩阵式"高效大监督格局，促进"两个责任"同向发力、同频共振，推动全面从严治党纵深发展，全力保障公司高质量发展，奋力谱写能源报国新篇章。

二、经验做法

（一）以重塑职责定位为重点，做到"全方位"监督

一是强化主责主业。中国海油党组会同纪检监察组制定深化纪检监察体制改革方案，党组纪检组更名为集团公司纪检监察组，从机构设置、职责权限、职能划转、工作机制、制度完善、自身建设等方面细化责任，先后将监事、巡视等职能剥离移交，全面履行执纪执法双重职责，纪检监察组不再作为党组工作机构，监督责任得到凸显。在内部实行监督检查和审查调查分设，聚焦专责监督开展履职，办案力量更加集中，不断释放全面从严治党强烈信号。

二是强化主体责任。专门成立巡视工作办公室和 4 个巡视组，落实巡视作为党内监督的战略性制度安排，加强对党组巡视及整改工作的组织领导和推动落实。全面推行派驻改革，将下级纪检机构的人事任免、绩效考核等关键权力上收，将监督责任、监督压力下传，激活履职尽责的内生动力，有效破解同级监督难题。加强顶层设计，整合党组工作部门职能，新组建集团公司党风廉政建设工作办公室，从组织建设上加强和保证党的领导。集团构建自上而下党风廉政建设和反腐败工作协调机制，定期召开会议研究具体工作，形成各负其责、齐抓共管的整体合力。

三是强化职能监督。实施派驻纪检组改革，通过单独派驻和综合派驻相结合的方式，分三批先后向 22 家所属单位派出 16 个党组派驻纪检组；完善巡视工作体制，在集团总部和 16 家所属单位党委设立巡视巡察工作机构；成立海外监督中心，向海外派出合规监督组，消除监督盲区和空白。实施审计体系改革，新设追责处，进一步建立健全工作机制，加强监管有效性，提高工作运行效率；建立南北两大区域审计中心；实施派出监事会改革，向 20 家主要所属二级单位派出 5 个监事会工作组。推动采办招投标业务管办分离，在已有物资装备部的基础上设立物装采购中心，实现集中

采购和集中招标专业化运营，完善供应链治理体系。

（二）以管好责任主体为关键，实现"精准化"监督

一是压实管党治党责任。制定《中国海油党组（党委）落实全面从严治党主体责任规定》，进一步细化主体责任清单，完善主体责任落实机制，强化监督追责。突出发挥党组示范作用，建立党组贯彻落实党中央重大决策部署和习近平总书记重要指示批示精神月报通报机制，坚决做到"两个维护"。纪检监察组组长加强与其他党组成员的情况通报、意见交换，推动党组书记和其他成员把第一责任、"一岗双责"抓实抓细抓具体。

二是做实"关键少数"监督。制定《党组关于加强对"一把手"和领导班子监督的实施办法》《纪检监察组关于加强对"一把手"和领导班子监督的实施方案》，破解"一把手"监督难题。全面加强对党组派驻纪检组工作的领导，异地任用派驻纪检组组长，建立健全党组派驻纪检组组长与监督单位班子成员意见交换情况报告机制、监督单位领导班子及成员有关问题月度报告机制、特色工作月报机制、季度工作报告机制、履职专项考核工作机制等，不断压实派驻监督责任，推动把制度优势转化为治理效能。

三是抓实自上而下监督。在实现巡视巡察全覆盖的基础上，开展对二级单位党委巡视"回头看"、对重要三级单位党委提级巡视，探索开展专项巡察、延伸巡察等，组织巡察196个党组织，实现对三级单位党组织巡察全覆盖。建立健全巡察与纪检、审计、财会等监督协作配合机制，有效发挥巡视巡察综合监督平台作用，推动全面从严治党向基层延伸。修订并发布《违规经营投资责任追究办法》，研究制定责任约谈工作规则，完成追责信息系统部署。2021年集团公司处理违规经营投资具体事项25件，责任追究142人次，切实提升各单位对合规运营的重视及执行程度，提高审计监督及审计整改的效率效果。

（三）以聚焦重点领域为抓手，构建"矩阵式"监督

一是促进统筹联动，发挥监督合力。在全系统开展员工及亲属持股经商办企业专项排查，印发《关于禁止员工利用中国海油资源谋利的规定（试行）》，首次对员工和领导人员持股、经商办企业行为进行规范，防止损害公司利益情况发生。围绕党组开展贯彻落实中央八项规定精神、选人用人和采办招投标领域3个专项整治，相关部门通力合作、信息共享、力量协同，确保工作收到实效。紧贴工作实际，在2020年开展"四个专项"工作基础上，坚持标准不降、力度不减，创造性开展"6个规定+3个自选"专项整治，持续推进专项整治走深走实，不断拓展工作领域和效果。

二是聚焦重点领域，提高监督实效。组织9家所属单位全面排查境外廉洁风险，梳理出廉洁风险点270个，制定防控措施371条，实现重点区域监督全覆盖。推动实施阳光采购，全面推广采购信息"十公开"，主动把采购流程关键环节"晒"出来，接受社会监督；统一供应商违规处理标准，严格筛查员工及亲属经商办企业，严肃处理违纪违规供应商，保持惩治高压态势。发挥财务共享中心增值税闭环管理、保障系统安全、开展关联交易建设等作用，实现对财务基础交易性业务的集中处理，提升财务价值创造能力。

三是加强纵深监督，严格落实整改。2016年至今，公司组织开展了八轮巡视，实现两次全覆盖，同时实施巡视"回头看"，做实"后半篇文章"。2019年以来，公司涉及党和国家重大决策部署等重要领域的专项审计项次提高了100%；针对重点单位的全面内控审计，由3年一覆盖调整为2年一覆盖，覆盖率提升36%；组织重大投资项目审计80个，包括海外投资项目11个，涉及投资金额超过2100亿元，通过审减重大工程项目造价、剔除联合账簿不当费用、审计整改追回资金等方式，节约投资16.82亿元。狠抓整改不放松，建立问题台账清单，完成一个、关闭一个，不彻底查清、不处理到位决不收兵，并及时将整改成果固化到制度体

系中。

三、改革成效

一是进一步提高政治站位，确保党中央决策落实落地。牢记习近平总书记关于"加大勘探开发力度，夯实国内产量基础，提高自我保障能力"的重要批示精神，以保障国家能源安全为己任，积极融入国家发展大局。公司经营发展创历史新高，促进主责主业更加聚焦，增储上产进一步提速加力，国内原油产量增量连续两年占全国总增量的80%左右。

二是进一步压实主体责任，提高领导干部责任担当。"两个责任"越位、错位、缺位等问题得到有力破解，形成了管党治党新格局。在日常监督、巡视整改、审计整改、以案促改、专项治理等工作中，各级"一把手"和领导班子既认真落实上级各项工作部署，又主动研究解决本单位存在的问题，履职尽责能力水平明显提高，工作效果更加显著。

三是进一步优化政治生态，营造风清气正的企业氛围。以"一头两翼"为引领，加大了"惩"的力度，深化了"治"的效果，建立了许多打基础管长远的制度机制，遏制了违规选人用人、违规采办招投标、近亲属利用公司资源谋利等问题。党员干部弘扬忠诚老实、公道正派、实事求是、清正廉洁的价值观，纪律规矩意识、底线红线意识明显增强，涤除了不良风气和腐败行为对公司发展的消极影响。同时落实"三个区分开来"，精准容错纠错，激励广大干部见贤思齐、担当作为。

四是进一步激发员工活力，充分释放企业治理效能。将持续从严监督管理与深化三项制度改革有机融合，营造担当作为干事创业的良好氛围。健全与公司治理结构相适应的组织工作架构，组织面貌焕然一新，涌现出一批以"中央企业先进基层党组织"为代表的标杆支部、全国抗疫先进集体和全国优秀共产党员，政治优势转化为企业治理效能得到充分验证。

3

坚持战略引领　完善治理体系 积极探索符合国有资本投资公司 功能定位的管控模式

中国远洋海运集团有限公司

一、基本情况

中国远洋海运集团有限公司（简称"中国远洋海运"）是根据党中央、国务院的统一部署，在国务院国资委大力指导下，由原中国远洋运输（集团）总公司、中国海运（集团）总公司于2016年联合重组而成。中国远洋海运以航运、港口、物流等为基础和核心产业，以航运金融、装备制造、增值服务、数字化创新为赋能和增值产业，正全力打造"3+4"产业生态。截至2021年底，中国远洋海运资产总额9770亿元，经营船队1349艘、11187万载重吨。中国远洋海运在全球拥有1665家成员单位，经营网点遍布我国沿海、沿江及内陆各省区，海外业务延伸至北美、南美、欧洲、非洲、东南亚、西亚等国家和地区，构建起遍及全球主要经济体的跨国经营网络。

中国远洋海运以习近平新时代中国特色社会主义思想为指导，贯彻党中央、国务院重大决策部署，扎实推进国企改革三年行动，围绕"打造世界一流的全球综合物流供应链服务生态"战略目标，不断深化改革，积极探索符合国有资本投资公司功能定位的管控模式，推动企业高质量发展。

结合国企改革三年行动相关工作安排，中国远洋海运加快探索实践国有资本投资公司试点，着力构建具有核心竞争力的国有资本投资市场主体，在建立界面清晰、精简高效、运行专业的管控模式方面取得较好成效。

二、经验做法

（一）构建三层战略管控的组织架构体系

按照"小总部、大产业"思路，更加突出国有资本投资公司总部的决策功能，不断优化国有资本布局结构，加快转换市场化经营机制。根据国有资本投资公司治理结构的要求，着力构建"战略管控型"组织体系，塑造三层战略管控架构：总部作为"战略管控＋资本运营"层，主要承担定战略、配班子、调资源、抓考核、防风险五大核心职能，重点强化总部战略规划、资源配置、资本运营、风险防控等核心功能；直属公司作为"运营管控"层，着力实现业务流程和管控体系从"为管理服务"向"客户需求驱动"转变；三级及以下层级公司作为"业务运营"层，定位为运营成本中心。各级单位依据以上定位，同步优化管控模式和管理流程。三层管控架构的建立，为建设高效务实的国有资本投资公司提供了重要保障。

（二）在完善公司治理中加强党的领导

中国远洋海运党组在重组过程中即完成党建进入章程和"三重一大"事项决策制度，是较早实现党建进入章程的中央企业。近年来认真落实《关于中央企业在完善公司治理中加强党的领导的意见》，参照前置研究事项清单示范文本，持续完善厘清 101 项重大事项决策权责清单，其中前置研究讨论重大经营管理事项 47 项，进一步厘清党组会、董事会、经理层权责边界，为改革工作提供制度保障。

中国远洋海运党组高度重视、全面把控改革三年行动方案的制定、宣贯、落实工作。2021 年共召开 35 次党组会，前置研究涉及重组整合、重大收购、中长期激励、董事会授权、经理层成员任期制和契约化管理等 53

项改革相关议题，充分发挥"把方向、管大局、保落实"的领导作用。加强制度建设，构建"四规则、一清单"权责体系，修订各级党组织议事决策规则、前置研究事项清单，将党组织内嵌到公司治理结构之中，加快建立权责法定、权责透明、协调运转、有效制衡的公司治理机制。

（三）有效发挥集团董事会作决策作用

中国远洋海运把加强党的领导和完善公司治理统一起来，在切实保障党组领导作用的同时，更好发挥董事会作决策作用，保障企业行稳致远。

一方面，聚焦主责主业发挥决策作用。一是推动优化业务布局，中国远洋海运董事会深入贯彻新发展理念，从规模增长、盈利能力、抗周期性、全球公司4个维度，引领航运、港口、物流核心主业等优化布局、深化改革，核心产业净利润由重组当年整体亏损提升到现在占比超过90%。二是促进重大战略收购，成功收购东方海外（国际）有限公司和胜狮货柜企业有限公司主要资产。其中，收购东方海外（国际）有限公司后，集装箱运力迅速跻身行业第一梯队，实现历史性飞跃。三是着力防控决策风险，对于高风险业务、新型业务、重大改革以及重大投资并购等事项，战略发展委员会、审计委员会和风险管理委员会进行专项评估，严格把关，逐年跟踪，防控风险。

另一方面，塑造良好文化强化决策支持。经过多年的实践，中国远洋海运初步形成了"海纳百川、同舟共济、乘风破浪"的董事会决策文化，为董事履职尽责创造了良好氛围，进而为董事会决策提供了有力支撑。

（四）打造具备战略引领能力的强总部

按照"运行高效、管控适度、机构扁平、精简专业"的原则，不断优化总部机构和岗位设置，明确了调整优化职能、调整优化机构、转变工作方式、转变工作作风、健全长效机制5个方面工作内容和20项整改措施。近年来增设了审计本部，撤销了整合管理办公室，在战略与企业管理本部加挂深化改革办公室的牌子，撤销了党组巡视组，将党组巡视办与审计本部合署办公。目前,中国远洋海运总部各职能部门定位清晰,积极打造引领发展、管控科学、决策高效的"强总部"。

(五)着力提升直属公司董事会规范运行水平

按照"管控上移、经营前移、一企一策"的原则,加快直属公司董事会建设和加大授权力度,将三层战略管控架构落到实处。

在董事会建设方面,大力推进39家直属企业董事会授权工作,直属公司董事会应建尽建和外部董事占多数完成率均达到100%。采取内部转任与外部选聘相结合的方式,建立了专职外部董事和外聘董事人才库。定期组织开展董事履职培训和董事会工作培训,不断提高董事履职能力,推动董事会规范高效运转。

在董事会授权方面,按照"战略统筹、分类管理、额度控制、权责统一、防范风险"的原则,结合重点发展领域、各业务板块属性、授权直属公司的资产规模及历史投资项目情况等因素,"一企一策"差异化制定董事会授权清单,推进对直属企业董事会授权4.0版本落地。建立事前、事中、事后管控架构,事前通过推荐董事会成员,指导各直属公司建立健全董事会及专门委员会工作制度及相关内部管理制度,打造多元化、专业化、科学化的董事会;事中通过董事会日常管理、授权事项报备等方式,及时了解、强化董事会科学决策;事后通过建立对授权项目的检查机制,结合审计、监督,实现有效监管和追责。

三、改革成效

中国远洋海运有效发挥国有资本投资公司的平台作用,企业改革与发展深度融合,体制机制活力明显增强,改革红利不断释放。

一是企业治理效能显著提升。通过构建三层战略管控架构,持续加强子企业董事会建设,中国远洋海运决策效能显著提升。截至2021年底,直属公司董事会授权事项合计行权3701项、涉及金额4738亿元,直属公司的市场主体地位进一步压实，担当责任意识进一步强化，市场反应速度进一步提高。

二是核心产业地位更加突出。通过强化战略引领、聚焦主责主业，有效发挥董事会决策作用，中国远洋海运努力提升核心竞争能力，核心产业资产占比由重组时的45%提升至67%，收入占比由64%提升至80%，净利润由重组当年整体亏损逐步提升至现在的占比99.9%，彻底扭转重组前核心产业盈利薄弱的局面。

三是企业发展活力动能显著增强。通过一系列改革措施，给想干事、能干事的人提供了更多的机会和舞台，全体干部员工展现出了"有抱负、敢担当、想干事"的崭新面貌，充分激发和提升了员工队伍的活力、动力和能力。

4

严守底线　赋能发展　助力经营　创造价值 积极打造中央企业风险管理排头兵

国家开发投资集团有限公司

一、基本情况

国家开发投资集团有限公司（以下简称"国投"）成立于1995年，是中央直接管理的国有重要骨干企业、首批国有资本投资公司改革试点单位。进入新发展阶段，风险挑战日趋严峻，风险防控的紧迫性和必要性前所未有。国投深入学习贯彻习近平总书记关于防范化解重大风险的重要论述，落实好中央各项决策部署，将风险控制上升到企业战略高度，全面加强风险管理体系建设，借鉴国内外先进做法，从组织、制度、程序与机制、工具与系统、文化5个方面，建设了一套覆盖集团全级次、全业务、全流程、全员化的全面风险管理体系，为中央企业全面风险管理贡献"国投实践"。

二、经验做法

（一）优化风险管理组织架构，完善"1+N"制度体系

一是厘清层级条线，优化风险管理组织架构。国投厘清风险管理职责边界，搭建了"三级架构—五个层面—三道防线"的全面风险管理组织架构，即集团总部、子公司、投资企业三级架构，集团董事会、经营层、总

部部门、子公司、投资企业五个层面,业务部门、风控部门、审计部门三道防线。

二是明确职责分工,压实风险管理责任。集团总部在中央企业中较早成立了经营层风险管理委员会,设立了统筹集团风险管理的专职部门,各部门按照职责分工开展归口管理,推动风险管理、职能管理和业务管理的有效融合;子公司发挥专业化管理职能,组织投资企业建立本板块、本企业风险管理体系;投资企业是风险管理的责任主体,推动风险管理机制落实到生产经营各环节。

三是强化闭环管理,完善风险管理制度体系。国投结合国资监管要求和管理实际,建立了以全面风险管理办法为总纲的"1＋N"风险管理制度体系,各子公司根据板块行业特点、监管要求、发展规划等,制定专项风险管理办法,以风险控制与效率平衡为目标,规范风险管理流程并持续优化,明确了风险辨识评估、预警报告、监督检查、考核评价等工作内容和要求,形成管理闭环。

(二)健全风险管理程序与机制,进一步提高管理效能

一是确保"全覆盖",创新引入风险并表管理理念。国投按照"业务做到哪里,风控就要延伸到哪里"的管控原则,突破性引入"风险并表"管理理念:风险管理范围除中央企业传统的会计并表范围,还包括产生风险和损失时,对集团造成显著影响的其他非会计并表子公司和各级投资企业;将所属金融企业涉及风险的各类表内外及中间业务、境内外业务、本外币业务,以及所属境外企业纳入风险管理范围,实现对集团承担实质性风险业务的全面覆盖。

二是加强防范金融风险,开展风险偏好管理。国投金融板块现已覆盖证券、信托、证券基金、银行、担保、财务公司、期货、财产保险、保险经纪等多个金融领域,风险管理难度远高于一般金融企业。国投在中央企业总部第一个开展金融业务风险偏好管理,制定了风险偏好管理办法,明

确了风险偏好的制定、监测、报告、调整、纠偏等工作机制,并将风险偏好制定和纠偏作为集团重大事项提升至董事会决策。国投2022年度金融业务风险偏好已通过集团董事会审批并正式实行,涵盖各级金融企业及主要风险类型,通过明确风险偏好有效传递风险管理理念,提高风险管理意识。

三是发挥集团优势,开展风险管理内部协同。国投结合业务板块多、市场触角广的产业多元化特点,创新建立协同分析报告机制,组织实业企业、金融企业、私募股权基金从各自专业角度进行风险分析,为各单位提供决策支持。充分发挥集团风险管理委员会及其办公室的作用,汇总共享各业务条线的风险信息和风险事件,实现风险信息传递横向到边、纵向到底、上下贯通,及时发现关联影响,协同开展风险处置,推动集团整体风险应对能力提升。

(三)强化系统"硬控制",培育文化"软实力"

一是着力提高风险管理信息化水平,加强"硬控制"。国投制定信息化建设总体规划,引入先进的管控工具和系统,高水平搭建风险管理平台,目前已集成实业板块、金融板块等风险指标计量与监测、风险事件报送与跟踪等功能模块。各级企业对标先进,不断加强信息化、数字化建设,提高信息传递的时效性、准确性。金融企业积极运用金融科技赋能风险管理,加强风险的识别、评估、计量、监测、预警和报告,逐步实现风险管理"IT硬控制"。

二是积极培育风险管理文化,提升"软实力"。作为国有资本投资公司,国投率先提出"风险管理是企业核心竞争力"的价值导向,确定了"严守底线、赋能发展、助力经营、创造价值"的风险管理理念。运用多种渠道平台,在集团范围内加强对风险管理理念、知识、系统、流程、工具等的宣传培训,打造统一的风险管理文化,促进风险管理深入人心,成为集团上下的自觉意识和行为习惯,把风险控制融入日常工作环节中去,提升风险管控"软实力"。

三、改革成效

国投建立的适应国有资本投资公司发展需要的全面风险管理体系，有效提升了集团对风险的掌控力，更好发挥风险管理避险价值，促进风险管理与生产经营相融合，实现了发展质量、结构、规模、速度、效益、安全的有机统一，风险管理已成为国投新的核心竞争力。

一是严守底线和红线风险。国投牢固树立"大风险"管理理念，坚持把安全生产风险、重大金融风险、生态环保风险、网络安全风险、合规风险、声誉风险作为底线和红线常抓不懈。2021年，国投强化安全监督检查，安全生产形势平稳，全年未发生一般及以上生产安全责任事故；推动所属金融企业不断提升风险管理专业化、精细化水平，进一步优化业务结构，各项风险指标均大幅优于监管要求；创新生态环保管控模式，能效和污染防治水平持续提升，全年未发生环境污染责任事件；网络安全攻防演习受到公安部通报表扬，相关成果入选优秀案例，网络安全风险防范能力显著提高；集团合规管理体系落地实施，发布合规手册，事前防范和过程控制进一步深化；建立完善舆情监测体系，对舆情事件分级分类监测，围绕重点项目制定舆情预案，全年未发生重大舆情风险事件，维护中央企业良好社会形象。

二是有效赋能高质量发展。通过搭建全面风险管理体系，助力国投全面升级企业管理，从"对标"到"创标"，国投特色的"5M"管控成功入选国务院国资委十大标杆模式，风险管理作为其中重要一环，有效发挥保护价值作用。国投通过实施风险偏好管理，探索金融业务收益、资本与风险相平衡的决策途径，促进金融企业风险管理模式从被动防范向主动管理转型，并将风险偏好管理思维延伸至其他业务，主动压降贸易业务规模近200亿元，夯实高质量发展基础。2021年国投金融板块业务规模稳步增长，表内、表外及中间业务规模合计超9000亿元，违约率、不良率等主要风险指标均处于行业先进水平。国投资本股份有限公司被国务院国资委评为"管理标杆企业"，是唯一入选的央企金融控股平台，各金融企业均获行业监管最高评级。

三是经营业绩取得新突破。面对经济下行压力增大及外部风险形势，国投前移风险管理关口，提前制定风险应对策略，为业务发展系上"安全带"，风险管理创造价值能力显现，推动经营业绩取得新突破。2021年国投实现利润总额461亿元，同比增长108%；实现净利润423亿元，同比增长139%；归母净利润334亿元，同比增长432%，归母净利润首次进入央企前10位；主要效益指标均创历史最好水平，连续17年获国务院国资委经营业绩考核A级。通过加强集团外部风险事件的监测分析，对多个房地产行业违约交易对手提前做出风险提示，相关企业及时进行应对处置，大幅缩减风险敞口。推动风险处置和化解工作，组织开展纠纷案件"压存控增、提质创效"专项行动，避免和挽回损失近8亿元。

5

以三年行动引领一流国有资本运营公司建设 服务国资国企改革全局

中国诚通控股集团有限公司

一、基本情况

中国诚通控股集团有限公司（简称"中国诚通"）因改革而生，为改革而存，以服务央企为己任，在服务中求发展，在发展中促改革。在国务院国资委的正确领导和大力支持下，中国诚通先后成为首批国有独资公司建设规范董事会试点企业、首批国有资产经营公司试点企业，2016年被确定为国有资本运营公司试点企业，持续开展了一系列卓有成效的改革创新与探索实践。国企改革三年行动以来，中国诚通始终坚持以习近平新时代中国特色社会主义思想为指导，全面贯彻落实国企改革三年行动部署要求，围绕"国有资本流动重组、布局调整的市场化运作专业平台"定位，履行"四个服务"使命，有效发挥国有资本运营公司在国资国企改革全局中的独特作用。

二、经验做法

（一）高起点推动央企战略性重组，服务国家战略和国有资本授权经营体制改革

中国诚通积极落实国务院国资委关于油气管网、钢铁、电气装备、现

代物流等重点行业重组整合的决策部署，先后出资930亿元参与中央企业股权多元化改革，充分发挥积极股东作用。现金出资643.5亿元参与国家石油天然气管网集团有限公司（简称"国家管网集团"）组建，成为并列第二大股东，有力支持了我国能源结构调整和能源安全新战略。参与重组设立中国绿发投资集团有限公司（简称"中国绿发"）并持续投资，助力打造聚焦绿色低碳循环经济的一流新央企。现金增资75亿元成为鞍钢集团有限公司（简称"鞍钢"）并列第二大股东，推动鞍钢重组本钢集团有限公司，全面提高我国钢铁行业产业集中度、资源安全性和国际竞争力。现金出资46亿元参与中国电气装备集团有限公司（简称"中国电气装备"）组建，助力打造具有全球竞争力的世界一流电力装备企业。积极稳妥推动所属中国物资储运集团有限公司、港中旅华贸国际物流股份有限公司等4家物流企业与所托管的中国铁路物资集团有限公司进行专业化整合，组建中国物流集团有限公司，努力打造现代流通体系的主力军与国家队。积极参与中国电信天翼云公司增资，助力中央企业打造自主可控、安全可信的国家级云平台。

（二）高水平建设国家级基金体系，服务国有经济布局优化和结构调整

经国务院批准，受国务院国资委委托，中国诚通先后牵头组建中国国有企业结构调整基金、中国国有企业混合所有制改革基金两大国家级基金，成为唯一管理两只国家级基金的中央企业。撬动央企国企和社会资本，放大国有资本功能，形成以国家级基金为主、总规模6500亿元的基金体系，充分发挥基金投资的引领带动作用。通过参投中国电信回归A股、广核新能源等标志性项目，支持关系国家安全和国民经济命脉的重要行业关键领域结构调整和转型升级；投资通用技术、中远租赁等项目，支持央企优质子公司深化混改；投资上海积塔半导体有限公司、北京天坛生物制品股份有限公司等企业，前瞻布局战略性新兴领域，推动自主创新和补链强链；联合地方政府和行业领先企业合作搭建子基金，引导带动社会资本

近千亿元。截至 2021 年末，在"零风险"投资理念的指引下，中国诚通基金体系累计投资 160 余个项目、金额达 1474 亿元，80% 以上投向央企国企重点项目。投资超 300 亿元助力多家央企在网络安全、自主安全计算、轨道交通装备、机床、移动信息等领域成为产业链链长。

（三）高标准盘活存量国有资产，服务国有资本合理流动和保值增值

中国诚通设立注册资本 100 亿元的诚通国合资产管理有限公司，打造专业化的央企"两非"资产接收服务平台。对 12 家央企开展上门服务，兜底保障相关央企 100% 完成国企改革三年行动的"两非"资产剥离重点任务。截至 2021 年底，与 14 家央企就 29 个"两非"资产项目达成接收合作，涉及资产 42 亿元，助力其调整优化产业结构，聚焦主责主业。携手中国海油等央企组建国海海工资产管理有限公司作为央企海工装备资产处置平台，通过无偿划转等方式，对中央企业库存海工装备资产实现归集管理，2021 年共完成 66 项海工资产的集中管理，涉及资产 604 亿元。分类推进业务处置工作，为盘活央企特定门类沉淀资产形成经验范式。组建中国健康养老集团有限公司作为部委培训疗养机构改革资产统一接收运营平台，形成资产接收的全流程规范，探索多种方式进行养老机构改造，参与城企联动普惠养老计划，深耕城市养老骨干网络建设。立足为央企提供全方位的产融结合、以融促产服务，积极发挥保理、财务公司、融资租赁、证券、公募基金等金融服务功能，投放超 130 亿元，惠及央企上下游产业链企业 300 余家，有效助力降杠杆、减负债、压库存、提质量。

（四）高质量培育战略性新兴产业，服务国资国企重大改革和机制创新

中国诚通落实改革试点先行先试的要求，将所出资企业打造为国企改革的"综合试验区"，先后培育出 3 家"双百企业"、2 家"科改示范企业"和 2 家"混改试点企业"。与其他央企开展专业化整合，接收新能源电池行业领先企业天津力神电池股份有限公司，以投资持股形成的新能源产业生态圈，助力其加速改革发展，入选"科改示范企业"，打造原创技

术策源地。通过对上市公司分散小股权的汇集整合，采取委托管理、ETF（交易型开放式指数基金）运作和自营投资相结合方式，对近700亿元市值的央企上市公司股权进行专业化管理。牵头发布了"央企结构调整指数"及ETF、"一带一路"指数及ETF、开放共赢（A+H）ETF，总规模超680亿元，实现盘活央企存量股权的制度性创新突破。适时增持央企控股上市公司，促进价值回归与新兴产业健康发展。

三、改革成效

中国诚通牢牢把握国企改革三年行动契机，争当中国特色现代企业制度"先行者"，探索完善"管资本管人管党建"相统一的领导机制，使运营公司从政策文件到实践探索，再到成熟定型，充分发挥综合改革"试验田"作用。

一是国有资本运营公司试点取得了明显成效。通过改革实践，形成以资本形态转换为根本、"四个服务"为使命、五大能力为基础、资本配置为指引、以合规先行为保障的运营公司理论体系。全面构建起"基金投资、股权管理、资产管理、金融服务"四大功能及战略新兴产业培育孵化平台的"4+1"战略布局，开创性地实现以新设方式完成运营公司改组定型，为进一步深化社会主义市场经济条件下的资本理论研究与治理探索奠定了良好基础。

二是在国资国企改革全局中发挥了独特作用。投资参与油气管网、钢铁、电气装备、现代物流等重点行业重组整合，是央企股权多元化改革的代表性案例，成为通过国企改革推动国家重大战略落实落地的鲜活样板。管理的两只国家级基金成为推进国有经济布局优化结构调整、积极稳妥深化混合所有制改革等国企改革三年行动任务的重要资本力量和支撑载体，在助推现代产业链链长建设中发挥了突出作用。资产管理、金融服务等功能在助力央企防范化解重大风险、聚焦主责主业方面发挥了积极作用。运营公司逐步成为系统完备、不可或缺的国资央企"改革工具箱"。

三是在服务改革中实现自身跨越式发展。中国诚通的改革经验和党建成效被中央媒体广泛报道，影响力与美誉度大幅提升，在国务院国资委党建责任制考核中连续5年被评为A级，2020年进入央企党建考核和综合业绩考核"双A"行列，在2021年度及2019—2021年任期综合业绩考核中均被评为A级。2021年实现净利润110亿元，较试点前增长9.2倍，合并资产总额4935亿元，净资产2312亿元，分别较试点前增长5.9倍和6.0倍，均达到历史最好水平。

6

深入推进资本投资体系变革
打造世界一流材料产业投资公司

中国建材集团有限公司

一、基本情况

中国建材集团有限公司（简称"中国建材"）是国务院国资委直管中央企业，作为国有资本投资公司试点企业，中国建材积极贯彻落实党中央国务院关于国企改革决策部署，围绕投资公司功能定位，从"管企业"向"管资本"转型，做实董事会规范有效运作，加强战略管控及内部专业化整合，打造具有产业链控制力的主产业平台，汇集资本投向国家急需的先进新材料产业，初步构建出定位清晰、生态优化、机制有效的国有资本投资公司，发展成为全球最大基础建材制造商、世界领先新材料开发商和综合服务商，连续12年入围世界500强，2021年排名196位。

二、经验做法

（一）从资本投资角度重新定位集团总部和二级平台

一是明确总部功能定位。按照"4335"指导原则（落实"管好股权、通过公司治理管理股权、通过派出董监事管股权、管好资本流动和收益缴"四个理念；建立"投资管理、人力资源管理、综合监督"三大闭环；加快"管企业向管资本、建筑材料向综合材料、本土市场向全球布局"三大转变；建设具有"竞争力、控制力、创新力、影响力和抗风险能力"的世界一流材料产业投资公司），打造战略管控型总部，明确总部战略引领、资源配置、资本运作、风险防控、党的建设五大定位，调整总部机构设置，强化战略发展和资本运营职能，完善法律合规职能，实现经营管理职能下沉、战略管控和资本运作职能上移。

二是发挥总部战略引领作用。推进投前管理前移、投中管理下沉、投后管理强化，建立投资管理闭环体系。集团总部作为落实国有资本投资公司投资职能的主体，负责产业投资战略制定、产业资源调配，开展资本投资运作，落实风险防控，以"管干结合"的担当精神，进入战略性新兴产业、创新型产业布局的主战场，成为国有资本投资"增量"的操盘手。

三是优化资本布局。对资本"存量"——也就是集团现有二级企业，强化战略引领和战略落地，完成对全部11家二级企业的主业梳理和确定，并对3家重要子企业战略执行情况开展回顾检视，打造边界清晰、产业链控制有力的主产业平台。

（二）构建服务集团主战略的资本生态

一是在集团内部，明确不同产业平台的功能定位，构建集团内部资本生态系统，以"现金牛"业务来助力、反哺"明日之星"业务。围绕服务国防建设、国家重大工程和国民经济主战场，加大对战略性新兴产业资本布局，涉及高性能碳纤维、液晶显示玻璃基板、氮化硅陶瓷材料、人工晶体、特种水泥、锂电池隔膜等一系列高精尖关键原材料，形成了一批自主创新产品实现批量生产，大批新材料广泛用于航空航天、舰船、核工业等国家重大项目。新材料产业收入规模和效益占比持续提升，2021年新材料营收、净利润在集团中占比分别达到22%、39%。

二是在集团外部，针对新材料研发周期长、技术产品风险高、市场导入难度大等风险，发起设立150亿元的新材料产业基金，带动金融资本和社会资本全面赋能优质新材料科技成果，打通科研和产业化之间风险最高的"死亡之谷",助力解决国家"卡脖子"材料难题。集团投资的碳纤维企业中复神鹰碳纤维股份有限公司(简称"中复神鹰")科创板上市申请已获受理、第三代半导体企业山东天岳先进科技股份有限公司已成功在科创板上市。

(三)加强资本流转和收益收缴

一是在基础建材领域,中国建材以新疆天山水泥股份有限公司为主体整合集团非上市水泥资产,完成A股历史上交易规模最大的发行股份购买资产项目,打造全球业务规模最大、产业链较为完整、全国性布局的水泥上市公司。积极开展水泥减量置换,2021年实现"去产能"505万吨。

二是在新材料领域,围绕高端化、量产化、全球化方向,加快培育一批具有国际竞争力的新材料企业集群,2021年碳纤维、玻璃纤维、石膏板、锂电池隔膜等产品产能、销量同比大幅增长。中复神鹰建成全国最大万吨级碳纤维生产基地,设备国产化率85%,保障了我国碳纤维供应链的自主可控。凯盛科技股份有限公司30微米柔性玻璃完成市场认证,8.5代TFT-LCD玻璃基板实现稳定量产。

三是在工程技术服务领域,以中国中材国际工程股份有限公司为主体整合矿山工程与采矿服务资产,完成4家工程服务企业整合,推动产业链的价值重塑和布局优化,进一步巩固了水泥工程全球第一的地位。逐步提高收益收缴比例,提升资源配置能力,2018年二级公司收益收缴比例仅为可分配利润的15%,2021年已经提升至上市公司不低于35%、非上市公司不低于50%,收缴分红25.8亿元,向子企业增资17亿元,重点投向新材料业务。

(四)建立通过资本纽带实施管控的经营模式

中国建材加快从管企业向管资本转变,健全以管股权为核心的国有资本投资公司管控模式。

一是完善公司治理。全级次实现子企业董事会应建尽建、外部董事占多数，子企业的董事会逐步成为定战略、作决策、防风险的主体。建立派出董监事加强股权管理的机制，建立 82 人董监事库，任职 135 个。

二是强化授权管理。对二级子企业"一企一策"加大投资授权。综合考虑不同子企业的发展阶段、公司治理水平、资产负债率等多种因素，结合投资项目产业成熟度、计划性、境内外分布等不同类型，进行分类分级投资授权。同类项目不同子企业间的授权额度最大相差约 15 亿元，既促进了优秀企业聚焦主业更快发展，又管控了一般企业的投资风险。对重要子企业落实董事会职权，包括中长期战略管理权、经理层业绩考核权与薪酬管理权、工资总额管理权、重大财务事项管理权等职权。对符合条件的相对控股混合所有制企业实施差异化授权，经理层差额选聘、业绩考核、薪酬兑现均授权相关子企业董事会主导开展，上级党组织事后备案；对纳入年度计划的主业投资项目，由相关子企业董事会依据公司章程决策，国有股东不再事前审批。

三是坚持授权动态管理。对各类授权事项坚持"可授可收"，形成闭环管理。在党建、纪检、审计、巡视、安全、环保等方面依法依规保持穿透管控，对成员企业不分股权结构和层级，均按集团确定的高标准实施统一管理，在充分授放经营管理权限的同时提升风险防范能力。对差异化管控企业，适时开展实施效果评估，根据评估情况采取扩大、调整或收回等措施动态调整差异化管控事项。

（五）深化机制变革激发子企业活力

中国建材持续加强市场化经营机制变革，充分激发和释放所出资的各级企业的内生活力。

一是实施经理层成员任期制和契约化管理。集团总部"以上率下"推进经理层成员任期制和契约化签约，量化考核指标超过 80%，并提前 3 个月完成全级次经理层成员任期制和契约化签约。推动管理人员竞争上岗、末等调整和不胜任退出，全级次管理人员、员工退出比例分别达 2.2%、2.8%。

二是健全激励约束机制。建立了多元激励约束体系，推出五大类 9 种激励"工具箱"，2021 年新增 17 家企业实施中长期激励方案，涉及骨干员工超过 2300 人，使骨干员工与企业的利益深度捆绑。

三是建立了科技成果转化机制。把集团自主研发的科技成果分为 A、B、C 3 类，发布首批对外转化科技成果清单，中国建筑材料科学研究总院有限公司、中材高新材料股份有限公司 9 项 C 类成果实现对外转化，70%以上的收益分配给科研和转化团队。

三、改革成效

一是综合实力更加强劲。水泥、商混、石膏板、玻璃纤维、风电叶片、工程技术服务等 7 项业务的规模位居世界第一。2021 年集团实现净利润 287 亿元、同比增长 43%，利润总额 398 亿元、同比增长 30%，营业收入 4153 亿元、同比增长 5%，再创历史新高，全面超额完成国务院国资委下达的经营任务。

二是资本生态结构更加完善。"压舱石"基础建材业务做优做强，收入、净利润占比分别为 44%、54%。新材料板块蓬勃发展，收入、净利润占比增至 22%、42%。工程技术服务业务继续践行"国际国内双循环"战略，水泥工程、玻璃工程全球市场占有率均超过 65%。两大成熟业务反哺培育新材料业务，集团三大主业构建出"互生共荣"的资本生态。

三是领军能力更加突出。中国建材高性能碳纤维及玻璃纤维、信息显示玻璃、风电叶片、特种水泥及高性能混凝土、锂电池隔膜、氮化物陶瓷、人工晶体等一大批先进新材料实现工业化量产，"国之大材"格局初步形成。入选中央企业原创技术策源地首批企业名单，关键核心技术攻关工作多次获国务院国资委表彰。荣获国家科技进步一等奖和技术发明二等奖，有效专利累计1.76万项。大批新材料新技术服务保障"天问一号"、空间站、神舟飞船等国家重大工程。多项成果荣登探月成果展和"十三五"科技成就展，得到党和国家领导人的肯定。

7

优化产业布局　提升管资本能力
打造具有全球竞争力的卓越企业集团

中国保利集团有限公司

一、基本情况

中国保利集团有限公司（简称"保利集团"）是国务院国资委管理的大型中央企业，贸易、地产、文化、科技、工程等多项业务处于行业引领地位，于2016年入选国有资本投资公司试点。国企改革三年行动以来，保利集团坚持以习近平新时代中国特色社会主义思想为指导，以实现高质量稳增长为首要，深入贯彻党中央、国务院关于实施国企改革三年行动的重大决策部署，把牢改革的正确方向，坚定发展的信心决心，积极探索国有资本投资公司运营模式，加快推动企业改革重大举措落实落地，加速实现"建设一流，追求卓越"的目标。

二、经验做法

保利集团准确把握改革与试点方向，从"管企业"向"管资本"转变，初步建成了经营业绩一流、公司治理一流、资源配置一流、人才队伍一流、品牌形象一流的国有资本投资公司。改革经验可以总结为"二三四五"（两类改革试点、三能考核激励、四个节点管控、五家企业重组）。

（一）狠抓"两类"试点工作，稳妥推进混合所有制改革，国有资本功能和作用进一步放大

一是积极推进混改试点相关工作。认真研究相关政策包与工具箱，按照"一企一策"原则分别指导、部署制定综合改革实施方案，全力督导混改试点企业进一步明确具体改革举措，协调解决改革落实中遇到的各类问题，力争使混改试点取得重大突破与显著成效，真正激发企业内生动力。保利国际控股有限公司（简称"保利国际"）所属保利长大工程有限公司（简称"保利长大"）坚持"三因三不三宜"原则，开展混合所有制改革并同步实施员工持股，引入高配合度、高认同感、高协同性的战略投资者，增添了发展资源，优化了治理机制，激发了企业活力，提升了经营效益，2021年全年净利润增长35%。

二是积极推进"双百行动""科改示范行动"。根据上级文件要求，制定"双百行动"和"科改示范行动"工作台账。保利发展控股集团股份有限公司（简称"保利发展"）利用"双百行动"契机，将所属保利物业服务有限公司（简称"保利物业"）于2019年12月在港股主板分拆上市。保利物业股票发行获223倍超额认购，净募资52.2亿港元，成为当时港股IPO融资规模最大、发行PE最高的物业公司。上市后仅仅两年，保利物业资产总额就由25亿元增至94亿元，权益由6.9亿元增至62.5亿元，增幅分别高达273.6%和801.2%，放大了国有资本功能。两家"科改示范企业"中国食品发酵工业研究院有限公司和中国日用化学研究院有限公司坚持市场化改革和提升自主创新能力"双轮驱动"，高质量抓改革、高水平搞创新，有力推动了企业发展，并获评为优秀"科改示范企业"。

（二）建立"三能"机制，发挥考核"指挥棒"作用，企业动力活力进一步激发

一是建立市场化选人用人机制，促进干部能上能下。全面实行企业领导班子成员任期制和契约化管理，2021年底前在全部所属企业完成，实现全覆盖。

二是建立市场化劳动用工机制，促进员工能进能出。实行公开、平等、竞争、择优的招聘制度，2020年以来招聘各类人才约1.3万人，劳动合同签订率保持100%，并强化全员绩效考核，对不胜任岗位员工解除劳动合同。

三是建立能力贡献决定薪酬水平机制，促进收入能增能减。制定《中长期激励工作指引》，涵盖4大类12种激励工具，鼓励各级企业结合实际积极开展各种中长期激励。所属上市公司已实施6期股权激励计划，授出股份3.55亿股。地产板块已实施17批、438个跟投项目，参与者超过4万人次，实现个人与企业利益共享、风险共担。

（三）打造"融投管收"4个节点投资闭环，优化总部管控职能，管资本能力进一步增强

为适应国有资本投资公司试点要求，以"服务战略、控制总量、有序调整"为原则，保利集团进一步优化总部机构、职责、编制。改革后，总部机构职能进一步优化、定位更加清晰，更加突出总部引领作用、管控能力和管理水平，形成"融投管收"投资闭环，确保"融得到，投得出，管得住，收得回"，进而实现总部运行的高效率和高质量。

一是融得到。加强资本运作，创新融资方式，运用基金、发债、新型金融产品等多种方式，安排好资金使用计划，培养以融促产能力，增强金融服务主业发展的能力。

二是投得出。建立高效科学的投资决策机制，完善规范投审制度，加大统筹力度，进一步调动各子公司资源，协同推进大型项目。

三是管得住。用好审计、检查监督机制，实施节点管控，防控风险。

四是收得回。建立规范的项目投资考核体系，确保项目投资的收益稳定。

（四）推进 5 家央企并购重组，因企施策，资源配置效率进一步提升

先后完成了中国轻工集团有限公司（简称"中轻集团"）、中国工艺（集团）公司（简称"工艺集团"）、中国中丝集团有限公司（简称"中丝集团"）、中国华信邮电科技有限公司（简称"华信邮电"）和上海诺基亚贝尔股份有限公司等央企的重组整合，开展中航地产股份有限公司、保利长大等市场化兼并收购。通过重组整合、结构调整，扩大了集团经营规模，世界 500 强排名不断前移；增强了协同效应，产业结构布局进一步优化；集团综合实力、竞争力和影响力都有很大的提升。保利集团对症下药，量体裁衣，因企施策，加快推进对重组企业的管理融合、文化融合和体制机制融合。帮助工艺集团、中丝集团解决历史遗留问题，推动中轻集团、华信邮电提升科技创新能力。同时，全力推进重组企业与集团原有业务的协同发展，创新业态形式，实现资源优化配置，达到互利共赢。

三、改革成效

国有资本投资公司试点是保利集团发展的机遇，是保利集团的责任所在，保利集团作为试点企业，注重"试"的先导性，突出"点"的引领性。通过开展国有资本投资公司试点，保利集团主要成效有以下 3 个方面：

一是高质量发展优势凸显。保利集团连续 7 年进入世界 500 强榜单，最新排名第 181 位。先后 11 次、连续 8 年获评为中央企业负责人年度经营业绩考核 A 级。目前，已发展成为资产总额超 1.7 万亿元、年营业收入超 4000 亿元、年利税超千亿元、在国内外具有一定知名度和品牌影响力的大型多元化企业集团。

二是经营发展整体向好。保利集团位列 2021 年中国品牌价值第 70 位，排名央企第 15 位。保利国际连续 7 次荣膺"国防科技工业军品出口先进单位"；保利发展连续 12 次荣膺"中国房地产行业领导公司品牌"，品牌价值 1349 亿元；保利文化艺术有限公司第 12 次入选"全国文化企业三十

强",总体发展质量处于央企前列。

三是经济效益稳步增长。面对新发展形势和新发展要求,保利集团扎实稳健守牢底线,精益求精力求突破,整体呈现量稳质升态势,各项指标位于央企前列。开展国有资本投资公司试点以来,集团资产总额、营业收入、利润等重要生产经营指标均实现倍增,累计实现利润总额和累计上缴税金均超过2000亿元,国有资产保值增值率保持在110%以上,实现了"再造一个保利"的目标。

8

发挥国有资本运营公司功能作用 积极服务支持国资央企深化改革

中国国新控股有限责任公司

一、基本情况

中国国新控股有限责任公司（简称"中国国新"）成立于2010年12月22日，是国务院国资委监管的中央企业之一，2016年初被国务院国有企业改革领导小组确定为国有资本运营公司试点。按照党中央、国务院决策部署，中国国新围绕国务院国资委工作要求，聚焦试点目标和功能定位，构建完善的"资本＋人才＋技术"轻资产运营模式，逐步形成了基金投资、金融服务、资产管理、股权运作、境外投资、直接投资6大业务板块和1个服务保障平台。中国国新坚持以习近平新时代中国特色社会主义思想为指导，坚决贯彻落实国企改革三年行动部署要求，充分发挥国有资本运营公司平台作用，对照"三个明显成效"要求，积极推动国有经济布局优化和结构调整，助力央企完善中国特色现代企业制度，提升自主创新能力，推动实现高质量发展。

二、经验做法

（一）积极推动国有经济布局优化和结构调整

中国国新紧紧围绕服务国家战略，通过多元化资本运作支持国资央企深化改革,在推动国有资本加快流动中促进布局优化、结构调整。

一是积极助力中央企业战略性重组和专业化整合。累计出资近千亿元参与重点行业领域的重组整合,如出资643.5亿元参与组建国家石油天然气管网集团有限公司,助力油气管网运营机制市场化改革;出资75亿元支持鞍钢集团有限公司重组本钢集团有限公司,央地国企综合性改革示范作用明显;出资46亿元参与组建中国电器装备集团有限公司,推动拓展完善新能源产业链下游投资布局;出资50亿元参与中国绿发投资集团有限公司增资扩股,与中国林业集团有限公司共同搭建绿色发展"双碳"平台,助力落实"双碳"战略。

二是推动存量国有资本优化结构盘活流转。与多家央企合作设立"两非两资"业务平台,积极助力央企清理退出不具备优势的非主营业务和低效无效资产。设立债转股基金,参与有关央企市场化债转股,支持企业降杠杆、减负债。助力央企盘活存量上市国有资本,开展市场化专业化股权运作,服务央企上市公司181家,推动上市公司高质量发展。设立专注央企投资的私募证券投资基金——新格局基金,助力盘活REITs类资产。

三是开展境外投资支持央企"走出去"。落实共建"一带一路"倡议,支持央企开展国际产能合作、获取紧缺资源、引进"卡脖子"技术、提升国际竞争力,累计投资央企境外项目92个、金额1872亿元,涉及20多个"一带一路"沿线国家和地区。支持有关央企在农药、种子、生命科学、集成电路、航空、机械等行业开展境外并购,有力增强了我国在全球能源、资源等领域的话语权。

(二)全面助推国资央企科技创新产业升级

围绕国家创新驱动发展战略,聚焦关键技术"卡脖子"环节,瞄准产业链供应链薄弱环节补短板,领投孵化"专精特新"冠军企业填空白,促进实现科技自立自强。大力培育新技术新产业新业态,通过基金投资等方式广泛涉足先进制造、生物医药、新能源、信息技术等领域,投资了一批细分领域的"专精特新"冠军企业。截至 2021 年底,在战略性新兴产业累计投资项目 227 个、金额 2764 亿元,实现 9 个子领域全覆盖;所投项目已上市 22 家,包括科创板 13 家。

一是攻关"卡脖子"。聚焦科技创新重点领域,先后直接投资了中国船舶集团有限公司、航天科工集团有限公司、中国电子信息产业集团有限公司、中国建材集团有限公司等近 40 家央企控股项目。投资 80 亿元参与中船重工集团有限公司市场化债转股,支持加强军工船舶产业核心能力建设;联合中国航空发动机集团有限公司、中国商用飞机有限责任公司共同投资建立金属 3D 打印技术产业化平台,为有关央企打造原创技术策源地、当好产业链链长提供了有力支撑。

二是聚焦"补短板"。瞄准央企产业链供应链上的薄弱环节短板领域,投资了一批技术含量高、市场影响力大的创新项目,如我国排名第一的芯片测试设备研发销售企业华峰测控技术股份有限公司、全球领先高精度定位服务商千寻位置网络有限公司、国产 CPU 研发领先平台型企业龙芯中科技术股份有限公司、中国领先的特种芯片企业辰芯科技有限公司等,为打破美、日等在芯片测试、CPU 研发等领域的垄断地位,增强自主可控、实现进口替代方面发挥了积极作用。

三是着力"填空白"。领投孵化一大批细分领域的"专精特新"冠军企业,如三元锂动力电池生产企业孚能科技(赣州)股份有限公司、全球机器视觉和人工智能行业头部企业北京旷视科技有限公司、国内人工智能专用处理器领域的领军企业北京中科寒武纪科技有限公司、国内领先的小核酸创新药企业苏州瑞博生物技术股份有限公司、高端电源管理芯片企业广州希荻微电子股份有限公司、纳米银材料研发生产企业苏州诺菲纳米科技有限公司等,与产业央企在产业链、供应链、创新链形成良性协同。

(三)推动国资央企重点改革领域取得积极进展

围绕完善中国特色现代企业制度、构建完善市场化经营机制、推进混合所有制改革等任务，积极助力有关国资央企推动重点领域改革。

一是加强"两股"事务管理，助力完善中国特色现代企业制度。累计向 8 家中央企业集团总部和 25 家中央企业所属企业派出董监高 36 人次，参与资产重组、企业并购、贷款担保、关联交易等重大事项决策，发挥"关键少数"作用，当好"积极股东"。国改双百基金支持所投 21 家企业全部规范建立了董事会，并向 17 家企业委派了董事，指导完善董事会制度、规范落实董事会职权。

二是加强专职外部董事服务保障，助力央企董事会建设。在国务院国资委的部署指导下，先后服务保障 82 位专职外部董事在 85 家中央企业高效履职（目前在职 43 位专董在 88 家央企任职），积极为国资央企深化董事会建设贡献力量。

三是积极稳妥推动深化混合所有制改革。发挥运营公司专业优势，通过直接投资、基金投资等方式直接参与或引导带动社会资本支持国资央企改革发展。截至 2021 年底，通过基金出资 281 亿元，引导带动社会资本近 12 倍、金额 3432.7 亿元，其中通过基金募资带动 829.7 亿元、通过项目投资带动 2603 亿元。

（四）积极服务国企改革专项工程

在国务院国有企业改革领导小组办公室的指导和支持下，中国国新联合部分中央企业和地方国有企业，先后发起设立了国改双百基金、国改科技基金、综合改革试验基金群，总规模达到 1400 亿元。截至 2021 年底，系列基金推动所投企业完成综合性改革事项 340 余项，所投企业中有 27 家属于细分领域领先企业，10 家是原创技术策源地或现代产业链链长企业，4 家进入行业全球前十或全国第一。

一是助力国资央企开展科技创新。支持"双百企业""科改示范企业"大胆开展科技创新激励，用好用活工资总额单列、科技成果转化收益分享等政策，健全科技人才培养机制，加强科技创新人才队伍建设。所投 8 家

"科改示范企业"均建立了科研人员持股、项目跟投、科研成果专项奖励；28家建立了股权激励、超额利润分享机制；24家实施了员工持股。

二是积极推动"三大机制"改革见成效。国改系列基金聚焦所投企业三项制度改革，当好体制机制转换的助推器，支持推动各项市场化机制措施走深走实，全面激发企业活力效率。支持南方航空物流有限公司等29家企业实施了经理层成员任期制和契约化管理，中国国投高新产业投资有限公司等18家实施了职业经理人制度，21家企业建立了以劳动合同管理为关键、以岗位管理为基础的市场化用工制度，大力推行管理人员竞争上岗、末等调整和不胜任退出。

（五）大力支持央企提质增效和防范风险

围绕支持央企推动"三去一降一补"、防范化解重大风险，中国国新面向央企提供多种创新金融服务。通过开展保理、租赁业务，累计向央企投放资金超2600亿元，助力压"两金"、减负债、防风险；特别是2020年为有关战"疫"央企提供融资款约45亿元；2021年创新提供"绿色保理""减碳租赁"，积极支持央企能源保供。推广应用"企票通"平台，牵头设立覆盖67家央企的商票互认联盟，共同构建央企信用合作平台，助力央企产业链清欠，协助产业链上下游企业缓解流动性压力，累计为央企开票2752张、金额183亿元。在国务院国资委的指导下，设立运营总规模1000亿元、首期规模100亿元的央企信用保障基金，建立央企债券风险应急机制，前瞻预防流动性危机。

三、改革成效

中国国新坚决贯彻落实党中央决策部署，以国家战略为方向，以服务央企为本位，坚持财务性持股为主，强化运营公司功能作用，以市场化专业化方式大力支持央企改革创新与发展。

一是运营功能不断丰富完善。牢牢把握运营公司功能定位，逐步构建起"资本+人才+技术"轻资产运营模式,打造形成基金投资、金融服务、股权运作、资产管理、境外投资、直接投资6个业务板块,通过股权运作、基金投资、培育孵化、价值管理、有序进退等多种方式开展运营,初步打造了一个具有国新特点的国有资本运营专业平台。

二是服务国资央企作用日益凸显。截至2021年底,已累计向央企投入资金超过7000亿元,有效打破了资产、资金在单一央企内部循环的壁垒,形成了具有特殊功能的"资产池""资金池",初步构建起国有资本跨企流动、形态转换、提高效率的重要平台,不断推动国有资本优化布局,提高国有资本效率效益,促进国有资本保值增值。

三是经营业绩实现跨越式增长。截至2021年底,中国国新资产总额达到6700亿元,全年实现利润总额257亿元、净利润218亿元、归母净利润151亿元,分别较2016年试点之初增长了4.8倍、4倍、30.6倍,实现复合增长率34%、31%、78%。经营业绩实现创历史纪录的新跨越。公司在2019年度、2020年度中央企业负责人经营业绩考核中连续两年获评A级,在2020年度中央企业党建工作责任考核中获评A级。

9

汇聚监督合力 筑牢"三道防线"
以"大监督"体系建设夯实高质量发展基础

中国铁塔股份有限公司

一、基本情况

中国铁塔股份有限公司（简称"中国铁塔"）作为深化国有企业改革的试验田，坚持以习近平新时代中国特色社会主义思想为指导，认真贯彻落实党中央、国务院关于深入实施国企改革三年行动的重大决策部署，结合自身业务特点，通过强化监督信息共享、统筹监督资源整合、深化监督体制机制改革等方式，构建业务监督、审计监督、巡视监督"三道防线"，逐步形成分工明确、贯通协调、务实高效的"大监督"体系，有效防范经营风险和廉洁风险，为促进公司高质量发展、防止国有资产流失提供了有力保障。

二、经验做法

（一）大数据赋能，打造"阳光化"监督平台

一是推动信息化与监管业务深度融合。中国铁塔拥有超200万个移动通信站址，遍布全国城乡，风险防控难度较大。通过积极运用互联网思维，立足于构建集约化、扁平化管理体系和阳光化、透明化的风险防控机制，中国铁塔建立了集中统一的IT系统，使公司上下在同一平台上运行。

通过业务数据共享和监督标准相容，构建阳光透明的智慧监管平台，实现对项目立项设计、施工建设、物资调配、交维转资等的全过程系统管理监督。

二是加快大宗商品采购领域的信息化建设。搭建"铁塔在线商务平台"，实现主要生产物资"集约化招标＋电商化采购"，构建需求和采购相分离、决策和监督相分离的相互制衡、相互监督工作机制，极大地限制和压缩违规操作空间。

三是利用大数据集成分析发现风险。充分运用在线系统的重大风险识别和预警功能，深化系统数据分析运用，聚焦34个重点业务领域，持续建立1440个数据稽核比对规则，常态化开展大数据比对分析。截至2022年2月累计扫描检核数据2000多亿条，发现问题数据20余万条，及时推动相关业务部门研究整改。同时，审计、巡视、纪检等监督工作，也充分运用IT系统有针对性地进行数据筛查，大大提高了发现问题、掌握线索的能力和效率。

（二）筑牢"三道防线"，推动各类监督贯通融合

一是强化业务监督，抓准重点环节。由于员工的违纪违规行为绝大多数发生在生产经营过程中，中国铁塔高度重视业务监督第一道防线的作用，重点防范生产经营过程中的员工违纪违规行为，修订完善32个成本管控相关制度，扎紧制度"笼子"。从2019年起，紧紧抓住电费、场地费、维护费、发电费、维系费"五费"开支的重点领域和关键环节，集中梳理了40个重要风险点，制定稽核矩阵，建立稽核团队，通过"系统稽核＋人工查验"的方式按月开展稽核，为公司增加年化管理收益19亿元以上。

二是强化审计监督，抓好问题发现。组织领导方面，建立"总部审计部＋六大区域审计分部"的工作体制，提高审计监督的独立性，与各省分公司建立工程建设与审计的联防联控工作体系，对地市分公司开展工程建设全流程审计检查，严控投资管理风险。数据分析方面，聚焦各级分公司

经营数据准确性及合理性，常态化开展年度经济责任审计、专项审计及工程结决算审计，定期向二级单位发送异常数据预警报告，按季度与省级分公司召开审计监督沟通会，直接通报问题、督促整改。

三是强化巡视巡察监督，抓实工作质量。高起点、高标准开展常态化巡视，夯实管党治党主体责任，以全面从严治党统筹推进各项监督工作。中国铁塔每次巡视前开展2周以上集中培训，明确现场巡视监督不少于45天；每次巡视均由公司总部纪委书记做进场动员和结果反馈，由公司党委书记、总经理以及纪委书记共同听取整改情况报告，确保巡视巡察质量和各单位监督工作质量。同时，纪委核查问题线索，也视情况请审计、巡视、业务部门参与讨论和办案，显著提升执纪审查工作质量和效率。

（三）健全完善制度体系，夯实监督工作成效

一是实行"保廉合同"管理机制。中国铁塔员工共计2万余人，但作为乙方的外部合作单位人员达10万人以上，且多数属中小型民营企业，员工常年与他们打交道，易受腐蚀和"围猎"。为此，中国铁塔在2018年制定了《保廉合同实施办法》，要求在签订对外业务合同的同时签订"保廉合同"，纪检部门每年抽查。

二是分级成立监督委员会。对于在实际工作仍存在监督成效不足，尤其是整改工作不到位的问题，中国铁塔围绕监督工作短板弱项，在总部和省分公司两级成立监督委员会，由所在公司党委书记任主任、纪委书记任副主任，推动统筹监督计划、整合监督资源、处置重要问题。各级监督委员会每半年向所在公司党委报告一次，每两个月召开一次专题会议，年末对各监督主体部门和单位的监督履职情况进行专项评价，评价结果与该部门和单位的年度综合考评强关联、硬挂钩。

三是实行监督问题整改督办机制。针对审计、巡视、案件查办或业务检查发现的重大问题和突出风险，由公司总部监督委员会下发《问题整改督办单》进行督促整改，形成了定期沟通机制，整改问题完成比例超过

90%，实现了督办的全流程闭环管理，确保整改事项件件有着落、事事有成效，推动实现在发展中加强监督、在监督中促进发展。

三、改革成效

一是数字化的监督管理基础持续夯实，管理体系更加智慧高效。上线"铁塔大监督平台"，在 OA 系统中集成了各类监督功能和数据，实现实时共享监督信息资料，发布、跟踪、管控督办事项进展，初步实现监督工作体系化、流程化和可视化，使公司各类业务在同一平台运行。通过业务数据共享和监督标准相容，建立了阳光透明的智慧运营监控平台，实现对公司 200 多万个站址、超 2000 万套设备等资产资源实现生产运营数据化、IT化，建设、采购、维护和运营实现全过程、端到端"可视可管可控"。利用大数据赋能有效防控风险，及时推动相关业务部门研究整改。

二是协同化的监督管理能力不断提升，监督力量得到有效整合。通过构建"三道防线"，统筹推动纪检、巡视、审计、业务等多方监督力量共融互通，2018 年以来，中国铁塔纪委受理的问题线索中，巡视、审计移交线索占比合计达 24.79%。通过成立监督委员会，推动各监督主体共商重大问题和突出风险，下发整改督办单，及时防范化解风险、解决问题、推动工作，整改问题完成率超过 92%，有效解决了营收管理和计费规则等制度不完善、个别省分公司回款率不足等老大难问题。

三是体系化的监督管理机制进一步完善，营造良好的内外部环境。形成了一系列行之有效的"大监督"常态工作机制，将改革成果固化于公司制度。第一，"监督委员会"实现常态化运行。制定印发《关于加强监督工作协同联动的意见》，监督委员会定期监督计划和督办单落实情况汇报，研究部署公司监督工作，公司纪委书记带队听取督办事项整改情况汇报，督促分公司党委一抓到底，确保督办事项落地见效。第二，"保廉合同"管理机制持续深入。制定印发《关于规范公司干部员工与合作单位人员往来行为的规定（试行）》和《保廉合同》管理办法，进一步规范日常工作生活中与合作单位人员的往来行为。截至 2022 年 2 月，各单位已累计签订"保廉合同"133 万份，纪检部门发现并落实整改问题超 2000 个，对违反制度规定、与中国铁塔员工发生不正当往来的 200 余个合作单位，采取了警告、扣减份额、取消入围资格等惩戒措施，有效整治"化公为私"问题，推动建立"亲""清"合作关系。

10

健全监管体制 提升监管效能
加快构建具有北京特色的国资监管模式

北京市人民政府国有资产监督管理委员会

一、基本情况

北京市人民政府国有资产监督管理委员会（简称"北京市国资委"）监管企业43家，其中，直接出资的实体企业33家，涉及市政公用、工业、投资、建筑、商贸旅游、房地产、社会服务等多个行业。近年来，为适应管资本的新要求和机构改革的新需要，北京市国资委全面贯彻落实党中央、国务院关于深入实施国企改革三年行动的决策部署，聚焦履行好出资人职责、监管职责和党的建设"三位一体"的职责，坚持授权和放权相结合，放活与管好相统一，积极健全完善监管体制机制，创新优化出资人监管手段，统筹发挥"六位一体"监督协同作用，大力搭建构建数字化智能化监管平台，有力提升了国资监管的专业化、体系化、法治化水平，有效维护了国有资产安全、防止了国有资产流失，为首都国有企业改革发展和党的建设提供了重要保障。

二、经验做法

（一）加快职能转变，完善以管资本为主的国资监管体制

一是加大授权放权，激发企业活力。聚焦管资本，出台《市国资委以

管资本为主推进职能转变方案》，精简26项监管事项，修订出资人权责清单，清单以外事项由企业依法自主决策。制定市国资委授权放权清单，针对市管企业、综合改革试点和国有资本投资运营公司，因企施策，给予不同范围、不同程度的授权放权。同时，坚持授权与监管相结合，根据企业管理工作质量，动态调整授权范围，对造成重大境外投资损失的企业，收回其境外投资决策权，对创新活动要求高的企业，个性化授权，最大限度支持创新活动。

二是突出"三个抓手"，加强出资人监督。适应管资本要求，将委派外部董事、总会计师和建立总法律顾问制度作为履行出资人职责的重要抓手，加快构建科学规范的决策体系、严格监管的财务体系、确保合规运营的法律体系。以完善董事会运行机制为重点，加大外部董事派出力度，市场化选聘社会高端人才进入外部董事人才库，一级企业及各级子企业外部董事占多数基本实现，充分发挥了外部董事决策把关重要作用，提高了董事会决策质量。为加强对企业财务工作的全面监督，不断完善派出总会计师制度，全面落实总会计师财务管理和财务监督双重职责，要求其定期向市国资委报告企业经营和财务管理情况，在总经理领导下对企业董事会负责并报告工作。建立总法律顾问制度，并将该制度纳入企业章程，要求总法律顾问列席公司党委会、董事会等，就重大决策事项独立发表法律意见，一级企业总法律顾问全部配齐。

三是坚持分类监管，提高监管针对性。根据企业功能定位或承担任务的阶段性变化，按照城市公共服务类、特殊功能类、竞争类动态调整企业分类，并实行差异化管控。完善分类考核指标体系，"一企一策"开展国有企业业绩考核，新增户均、人均创利等反映高质量发展内涵指标，强化企业自身纵向对标和国内同行业横向对标。针对一级企业整体上市公司，探索实施有别于国有独资公司的监管机制，在召开董事会会议后、股东大会前，由国资委对重大决策事项进行研究形成表决意见，授权股东代表按照国资委意见行使表决权。针对公共服务和特殊功能类企业,召开出资人(扩大)会议,创新政府相关部门、市人大代表、政协委员和公众代表的综合监督评价机制。

(二)聚焦重点领域,健全完善风险防控体系

一是强化监管制度约束。聚焦企业风险易发多发领域和监管薄弱环节,出台企业法务、内控、资金管理等监管制度,强化企业风险防控。制定市管企业合规管理指引,市管企业合规管理体系实现全覆盖。制定《北京市国有企业投资监督管理办法》,加强境外、京外年度投资计划备案,严控非主业投资。出台加强国有土地、品牌管理的实施意见,坚持"企地市管"严格土地处置收益管理,规范品牌对外授权行为,严禁非控股企业在企业名称和市场宣传中使用市管企业品牌。

二是加强企业日常管控。深入开展"三降一减一提升"(降杠杆、降"两金"、降成本、减亏损、提质增效)专项行动,加强对企业债务风险的动态监测,将降杠杆减负债纳入企业任期考核,加大对重点企业"两金"管控,要求企业加快清理退出"两非两资""僵尸企业"。截至2021年底,市管企业整体资产负债率为65.1%,降至近10年最好水平,"两金"占比较2020年下降3.3个百分点,每百元营收支付成本费用降低1.5元,成本费用增幅持续低于营收增幅,累计减少重点亏损企业749家。

三是加大违规责任追究力度。建立覆盖各级国资监管机构和国有企业的责任追究工作体系和工作机制,强化违规经营责任追究。将违规经营投资引发重大法律纠纷案件纳入法治建设考核评价指标,对开展高风险业务的企业分层分类进行责任追究。督促企业采取解除劳动合同、免职、扣减薪酬等方式,对相关人员进行处理,对发现的企业问题线索,及时移送驻委纪检监察组。

(三)加强资源整合,有效提升监管合力

一是坚持市级统筹,有力构建全市一盘棋国资监管体系。建立全市国有资产基础管理联席会议机制，规范和统一市级国有资产的基础监管制度。建立解决历史遗留问题市级联席会议机制，由市领导挂帅、国资委重点协调、企业主责推进化解企业历史遗留问题。建立市区两级国资委常态化沟通对接机制，在规划编制、产权管理、考核分配等多个方面对各区国资监管机构进行专项指导，凝聚全市国资监管合力。

二是坚持部门联动，创新构建"六位一体"协同监督机制。在全国率先研究出台《关于构建市管企业"六位一体"监督协同机制的实施意见》，推动纪检监察监督、巡视巡察监督、出资人监督、审计监督、职工民主监督和社会监督有机贯通、相互协调。成立由市国资委、市纪委市监委、市委组织部、市委巡视办、市审计局共同组成的协同监督推进小组，进一步完善信息沟通、线索移交、成果共享工作机制，统筹开展协同监督工作。

三是坚持委企协同，积极构建数字化智能化监管体系。加大出资人监管信息化平台建设力度，积极建立组织机构、监管数据等四个通用管理系统以及"三重一大"决策、巡视巡察、人才管理等九大专用业务系统，努力实现实时在线监测，推动国资监管从注重事前审批向事中事后全流程监管转变。指导企业同步推进在线管控平台建设，协同构建横向到边、纵向到底、全面协同的数字化智能化监管体系。

三、改革成效

北京市国资委通过不断完善国资监管体制机制，优化监管职能，国有资本监管理念、监管重点、监管方式、监管导向等实现多方位转变，有效提升了国有资本整体功能，实现了国有资本保值增值。

一是国有经济规模效益大幅增长。截至2021年底，市管企业资产总额达到6.5万亿元，所有者权益超2.2万亿元，分别比2019年同期增长14.6%、18.7%，2年平均增速7.1%、8.9%；2021年市管企业营业收入首次超2万亿元，利润总额1328.4亿元，分别比2019年同期增长35.5%、

48.2%，2年平均增速10.3%、13%，创历史最好水平。

二是国有企业核心竞争力稳步提升。首钢集团有限公司和北京汽车集团有限公司2家企业进入世界500强，15家企业进入中国500强，10家企业资产、营收双超千亿元。北控水务集团有限公司在水务行业位列亚洲第1位、全球前3位，北京公共交通控股（集团）有限公司、北京地铁集团有限责任公司、北京环境卫生工程集团有限公司、北京燃气集团有限责任公司等企业在各自细分领域达到国内领先水平。

三是国有资本布局进一步优化。市管企业主业由"十三五"时期的117项主业缩减至59项，近3年先后实施18家一级企业调整重组，占市管企业近2/5，在高端装备制造、城市运营保障等领域打造了一批行业龙头企业。培育壮大新一代信息技术、机器人、智能制造等战略新兴产业，市管企业高精尖产业营业收入占比达到30%左右。

四是国有资产安全得到有效维护。形成了国资监管上下贯通、法规制度协同一致、行权履职规范统一、系统合力明显增强的国资监管格局，有力保障了国有资产安全，截至目前，未发生一起重大债券违约事件，牢牢守住了不发生系统性风险底线。

11

完善国资监管体制 提升国资监管效能

上海市国有资产监督管理委员会

一、基本情况

上海市国资国企在全市经济社会发展中地位重要、作用关键，在全国具有一定影响力。截至 2022 年 7 月，上海地方国有企业资产总额达 26.8 万亿元，较"综改"试验前（2019 年 7 月）增长 32.7%。目前，上海市国有资产监督管理委员会（简称"上海市国资委"）直接监管企业集团 41 家，其中市场竞争类 21 家，金融服务类 6 家，功能保障类 14 家，另有受托监管企业 1 家。

上海市国资委坚持政资分开、政企分开，以综改试验为契机，以管资本为主推动国资监管职能转变，以市场化方式不断优化国资监管方式，坚持"管好"与"放活"相统一，通过更加灵活的监管手段推动国有企业市场化改革，持续深化国资国企改革发展。

二、经验做法

（一）加强集中统一监管，完善国有资产监管体制

一是加强集中统一监管。持续优化"直接监管 + 委托监管 + 指导监管"的监管体系，形成全市国资监管"一盘棋"。对实体、金融和体育等一般经营性领域国资，由市国资委直接监管，直接监管企业的资产、营

收、利润占市属经营性国资国企总量均超过98.5%；对科技教育、文化卫生、司法公安等特定领域国资，由市国资委委托监管，日常监管实现制度规则统一执行、运营绩效统一评价和改革重组统一谋划；对区属国资国企实行指导监管，实现"监管统一规则、经营统一评价、资源有效联动、功能优势互补"，形成发展合力。

二是深化国有资本投资运营公司改革。改组平台企业实现错位发展，打造"金融+运营+投资"三位一体的国有资本管理体系。上海国际集团有限公司（简称"上海国际集团"）定位为金融平台，持有重要金融服务类企业控股股权，进行金融股权投资和国有股权市场化运作，优化国有金融资本布局；上海国盛（集团）有限公司定位为运营平台，以进行财务性投资为主，通过国有股权市场化运作、市值管理、资产处置、重大产业投资，实现资本价值增值；上海国有资本投资有限公司（简称"上海国投公司"）定位为投资平台，战略性持有整体上市市场竞争类企业控股股权，推进企业价值提升。

三是探索监管方式创新。市国资委接受苏浙国资委委托，对三地共同出资组建的长三角一体化示范区新发展建设有限公司实行受托监管，日常监管参照直接监管企业，重大事项由市国资委会同委托方国资监管部门、业务主管部门共同研究确定，开创跨省域国资监管新模式。研究出台改革国有资本授权经营体制的实施方案，按照功能定位、治理能力、管理水平等企业实际，对市管国有企业因企施策、分类授权，实现权责对等、动态调整。探索差异化监管，强化治理控制，明确对非上市企业集团，委派外部董事团队并占多数席位，积极发挥企业外部董事和整体上市公司独立董事监督作用；根据企业功能定位、发展阶段、内控建设等，明确监事会差异化监督重点。

（二）优化国企功能分类，深化分类考核分类改革

一是调整优化国有企业功能分类。按照存量与增量并重、以主营业务

与培育业务为依据的原则,将国有企业重新分类。市场竞争类企业以参与市场竞争、增强国有经济活力、实现国有资产保值增值为主要目标,不断完善市场化经营机制,成为具有国内竞争力和国际影响力的企业集团。金融服务类企业以服务实体经济、防控金融风险、深化金融改革为主要目标,优化股权、产品和区域结构,成为服务实体经济最具成效、行业综合实力领先的金融企业。功能保障类企业以完成国家战略和重点任务、保障城市高效运行为主要目标,加强成本规制管理,成为最富效率、最优服务、最响品牌的优势企业。同步建立主营业务与培育业务定期调整、公布机制,并与企业分类实施联动。

二是分类明确经营业绩考核重点指标。任期经营业绩考核指标要体现"超越自我、跑赢同业、追求卓越"。市场竞争类企业定量为主,"价值提升"考核主业利润、净资产收益率、分红或每股收益等;"发展质量"考核创新投入占比、重大研发项目推进节点、跨国经营规模等。金融服务类企业定量为主,"价值提升"考核净资产收益率、拨备前利润增长率、投行资产管理手续费净收入占比、产险综合成本率等;"发展质量"考核信息科技投入、不良贷款率、偿付能力充足率等。功能保障类企业定量定性结合,定性指标由政府主管部门联审,"价值提升"考核战略任务推进节点、基础设施建设和公共服务等;"发展质量"考核民生满意度、成本规制等。"战略引领"立足落实战略任务、着眼行业引领和推进关键目标等方面明确考核要求,促进企业追求长期进步和卓越发展。

三是加大薪酬分类管理改革力度。按照金融服务类企业全面推进、市场竞争类企业有条件覆盖、功能保障类企业与改革配套的原则,修订出台深化市管国有企业职业经理人薪酬制度改革工作方案。统筹考虑国有企业特点、企业发展质量、市场薪酬价位、人才紧缺程度等因素,指导企业结合岗位价值评估和内部薪酬分配关系,确定职业经理人薪酬总水平。在国有企业探索开展更加灵活的工资总额管理试点。市场竞争类企业和金融服务类企业的工资总额增长，更多地取决于经济效益增长，取消封顶限制，联动指标中利润类指标所占权重最低可至50%，灵活适应企业实际运营状况。功能保障类企业在完成年度或任期目标的前提下，人均工资增长幅度可按不超过工资指导线的平均线安排。

（三）把握国资监管导向，提升监管科学性有效性

一是实施科学有效监管手段创新。顺应职能转变要求，健全国资监管机构组织和规则，市国资委调整设立审计监督处（稽查办公室）、公司治理处，强化事中、事后监管；在"三张清单"基础上，出台服务事项清单，实现审批、监管、服务三大职能全覆盖；在国有独资、控股公司章程指引基础上，出台私募基金公司章程指引，规范其行权架构。完善重点领域监管制度体系，出台境外国有资产监管"1+4"制度，强化境外领域的集中管理，以及对境外"三重一大"决策和关键人员的提级管理。

二是推进数字化智能化监管。加快监管数字化建设，强化向下穿透，力求做到"动态智能"。推进监管云、监管数据中心、监管应用平台和监督决策平台建设，推动追责业务、基金业务等系统建设。推进月度合并财务数据在线动态监测，推动风险预警2.0版本建设，对4个维度2个大类25个指标进行识别、量化和监测。推进企业价值评估指数系统建设，推动企业价值估算数智化。

三是实施专业化精准化监管。加大对管控薄弱、监管未涉及和"老大难"等领域监督，专门开展3个专项治理、3个专项排查和7项审计检查，力求使监管做到"精准打击"。多方协同提升监管效果，与市审计局、市纪委监委联合推进境外审计检查、境外腐败治理，与人民银行上海分行、上海证监局、上海证交所联合推进国企债券风险监测预警，与市二中院、市工商联等合力推进商事纠纷先行调解等。

三、改革成效

一是经营性国有资产集中统一监管基本实现全覆盖。截至目前，上海市属经营性国有资产集中统一监管比例达99.4%，除科技教育、文化卫生、司法公安少数特定领域国资外，市国资委基本实现对市属经营性国资直接监管全覆盖。

二是对国有资本投资运营公司授权管理进一步深化。完成市国资委所持上海国际港务（集团）股份有限公司全部股权和上海电气控股集团有限公司所持上海电气集团股份有限公司、上海现代建筑设计（集团）有限公司所持华东建筑集团股份有限公司、上海机场（集团）有限公司（简称"机场集团"）所持上海国际机场股份有限公司的部分股权无偿划转至上海国投公司，由其履行战略持股职责。比照国际集团，市国资委授权国投公司对持股企业履行董监事委派、规划投资、财务管理、国有产股权变动、资产评估、股东大会等资本管理事项。

三是监管企业按照功能定位分类发展取得积极进展。市场竞争类企业中，上海汽车集团股份有限公司、绿地控股集团股份有限公司、上海建工集团股份有限公司、上海医药集团股份有限公司跻身世界500强，12家企业跻身中国500强。金融服务类企业中，中国太平洋保险（集团）股份有限公司和上海浦东发展银行股份有限公司位列世界500强。功能保障类企业中，上海申通地铁集团有限公司、机场集团都跻身全球行业前三。

四是基于功能分类定责的分类改革重点举措有序推进。混合所有制方面，市场竞争类企业和金融服务类企业以推进整体上市或核心业务资产上市作为混合所有制改革的主要实现形式，目前已经基本完成。职业经理人方面，薪酬制度改革正在进一步深化，目前已在17家企业开展职业经理人薪酬制度改革，共聘用职业经理人100人，按"一人一约"方式约定职业经理人权利义务、明确业绩目标。

五是国资监管的精细化智能化水平进一步提高。已形成监管云、监管数据中心、监管应用平台和监督决策平台数据指标库，统一了数据标准。完成了"三重一大"决策、追责报告等系统建设。完成了监管决策平台整体设计，实现了对投资、房地产、"三重一大"等进行展示分析。初步形成了企业自查、处室复核、专项审计和责任追究的工作闭环。

12

突出系统集成　强化制度创新
构建更加成熟定型的国资监管体制

江苏省政府国有资产监督管理委员会

一、基本情况

江苏省政府国有资产监督管理委员会（简称"江苏省国资委"）认真贯彻落实国企改革三年行动工作要求，坚持问题导向，突出系统集成，强化制度创新，结合近年来对国有企业违规经营投资风险事件的分析和对省属企业内控体系建设专项检查突出问题的剖析，全面梳理评估现有国资监管制度体系，研究提出《关于全面加强国有企业监管的意见》，于2022年4月以省委、省政府名义印发实施。在此基础上，制定出台一系列配套制度，建立国资监管"1＋N"制度体系，推动形成企业内部监督、出资人监管、外部协同监管和上下贯通监管有机结合的监管格局，进一步夯实专业化、体系化、法治化国资监管基础，努力构建更加成熟更加定型的国资监管体制。

二、经验做法

（一）织密扎紧制度笼子，筑牢国有资产保值增值第一道防线

一是完善企业内部监督工作体系和工作机制，明确责任主体和权责边界，形成内部监督合力。突出企业党委对内部监督的领导地位，推动形成涵盖各治理主体及纪检监察、巡察、法律、财务、审计、内控等部门的监督工作体系。明确企业纪检监察机构统筹内部监督的责任定位，构建企业党委领导、纪委统筹、企业内部各监督部门协同联动的监督工作机制。突出企业法人治理制衡约束，严格落实党委会前置研究讨论重大经营管理事项的规定，董事会"外大于内"实现全覆盖，加强董事会对经理层落实董事会决议情况的监督。

二是全面加强企业内部制度建设，完善以章程为基础的制度体系，切实用制度管事、管权、管人、管钱。推动将国企改革三年行动重点要求纳入公司章程等制度体系，聚焦工程招投标、投融资、大额资金使用以及改制重组、产权交易、资本运营等关键环节和重点领域，完善内部监督制度措施。建立企业主业管理制度，对主业投资和非主业投资实施分类管控；实行重大投资"双重论证"制度和重大事项"双重法律审核"制度；推行资金集中管理、全面预算管理和大宗物资集中"阳光采购"；实施境外企业关键岗位提级监管、财务人员委派等制度。

三是加强流程管控和技术保障，严格追责问责，确保企业内部监督有序、有力、有效。推动国有企业把内部监督制度安排转化为管控流程，嵌入生产经营活动各环节，实行全链条、全方位监督。大力推进企业信息化建设，支持省属企业全面建成以ERP为核心的信息管理系统，运用现代信息技术提升管控能力，推进企业管理信息系统与国资在线监管系统全面对接。提升制度执行的严肃性和权威性，对违法违规行为，严格按照有关规定追责问责，让制度"带电长牙"。

（二）推进出资人监管制度创新，构建全链条全过程监管体系

一是创建外派财务监督专员制度。适应监事会转隶改革后新情况，创新出资人驻场监督模式，在省属企业建立外派财务监督专员制度。外派财务监督专员内嵌于中国特色现代企业制度框架中，由具有财务专长和经营管理能力的专职外部董事担任，并兼任董事会审计与风控委员会主任。通

过制度安排和流程设计,"零时差"知悉企业重大事项,既保障其监督的独立性和履职的权威性,又不干预企业正常经营。外派财务监督专员由出资人机构统一管理,其管理和薪酬等费用纳入国有资本经营预算支出安排,保障其监督履职的独立性。

二是推行全面预算监管制度。省国资委依法依规对企业年度全面预算方案实施事前审核,对方案执行情况进行事中监测,对全面预算管理纳入年度财务决算审计,省属企业全面预算管理情况纳入年度经营业绩考核,形成规划管理、预算管理、经营业绩考核三者之间有效衔接的监管机制。

三是推行出资人委托年报审计制度。充分发挥审计在国资监管中的作用,由出资人机构依规选聘承担企业年度财务决算审计的中介机构,所需费用纳入部门预算,增强审计独立性,保障出资人机构掌握监管企业"账本"的真实性。

四是健全制度为出资人开展责任追究"强权赋能"。修订省属企业违规经营投资责任追究制度,明确由出资人机构组织开展责任追究的情形,通过权威性制度安排为出资人追责问责赋能。由出资人机构组织开展国有资产重大损失调查,提出有关责任追究的意见建议,形成发现、调查、处理的工作闭环。建立出资人稽查、专项监督检查、综合监督检查等监管制度,加强对关系出资人利益重大事项的跟踪监管。

(三)推进协同监管机制创新,发挥外部监督体制优势

一是建立外部监督协同联动机制。省国资委推动省级层面建立由省纪委监委、省政府有关领导为召集人,省纪委监委、省委组织部、省委巡视办、省财政厅、省审计厅和省国资委为成员单位的省属企业外部监督协同联动工作机制,明确各成员单位监督职责、行权边界、协同工作方式,解决长期制约监督合力形成的机制问题。

二是推动形成协同监管工作合力。针对出资人机构在监管职能和手段上的客观局限,成员单位间定期开展工作会商和信息交流,在监督计划安排、过程实施、问题整改、结果运用、数据共享、线索移送以及监管政策等方面开展协作,实现各类监管事项在不同监管主体间"能交接能落实""能上手能出手""能开场能收场",发挥协同优势,使监管工作"张开手"能全面覆盖、"握起拳"能形成震慑。

三是全面实行国资监督问题整改闭环管理。将各类监督发现问题分类纳入问题整改监督闭环管理,通过"定期通报、挂牌督办、销号验收",形成监督发现问题、企业整改落实、国资委验收核实、相关机构问责的工作闭环。严肃严谨开展销号验收,问题解决措施未落实到位不放过,制度不健全、长效机制未形成不放过,责任未查清、问责措施不到位不放过。

(四)全面落实国资监管机构3项职责,构建国资监管大格局

一是推进经营性国有资产集中统一监管。针对地方国资监管中开发区、产业园区的经营性国有资产长期游离于国资监管系统之外、风险多发的问题,在全国率先推动将各级开发区、产业园区的经营性国有资产纳入集中统一监管体系。

二是强化指导监督,推动国资监管机构全面履行3项职责。省国资委推动设区市、县(市、区)政府均按机构编制规定设立或明确国资监管机构,优化机构设置和职能配置,全面履行国有企业出资人职责、国有资产监管职责和国有企业党的建设等职责。把制定《江苏省国资委指导监督市县国资监管工作事项清单》作为制度性安排,实现指导监督工作具体化。把省级层面行之有效的国资监管制度成体系向市县国资监管机构推广。加强对设区市国资委规范性文件备案管理,常态化开展合法性审核,加快实现机构职能上下贯通、法规制度协同一致、行权履职规范统一。

三、改革成效

江苏省在全国率先出台适用于全省国有企业监管的《关于全面加强国有企业监管的意见》,形成更加成熟更加定型的国资监管体制的江苏探索,为全省国有企业高质量发展提供了坚实的制度保障。

一是制度体系更加完善。国企改革三年行动实施以来，省属企业已制定修订300余项企业内部制度，实现了全链条、全过程、立体式监管。

二是强化投资监管。实行主业投资和非主业投资差异化监管，有效防范投资风险；引导增量投资聚焦主业，近年来省属企业投资96%以上集中在基础设施、能源资源、现代服务业、战略性新兴产业等领域。

三是制度监督优势充分发挥。国有企业问题整改监督闭环管理制度已在全省国资监管机构实现全覆盖。制度实施以来，共对省属企业536项问题整改情况实施了现场验收，通过验收销号383项。

四是在坚持"三统一、三结合"上取得明显成效。目前省级层面经营性国有资产集中统一监管率为99.3%，设区市层面集中统一监管率为99.8%，其中7个市达到100%。

13

建设"宁波国资大脑" 打造智慧国资平台

宁波市人民政府国有资产监督管理委员会

一、基本情况

近年来,宁波国资国企规模持续扩大,监管制度日益健全,但是对照党中央、国务院关于深化国有企业改革的总体要求和国企改革三年行动要求形成以管资本为主的国有资产监管体制仍有不少差距,特别是随着数字化改革的深入推进,国资国企信息化水平不一,数据标准不统一,运行动态化实时化不足,"条块分割、烟囱林立、信息孤岛"等问题凸显。为此,宁波市人民政府国有资产监督管理委员会(简称"宁波市国资委")在推进数字化改革、探索以管资本为主加强国有资产监管的大背景下,通过建设宁波国资综合监管平台,及时准确掌握国有资产整体状况,分析国有经济运行走势。该平台在全国副省级城市以上国资委中较早启动、较早开发、较早投用,于2020年10月试运行,2021年6月全面推广应用,加快促进由"管企业"向"管资本"转变,有力增进国资国企数据互通、业务协同和信息共享。

二、经验做法

(一)坚持高位推进,工作机制不断创新完善

一是加强组织领导。宁波市国资国企数字化改革工作始终坚持一把手

负责制，市国资委率先成立以主任为组长，副主任为副组长，各市属企业主要负责人和委机关处室负责人为成员的领导小组，全面领导市国资国企数字化改革工作。同时，领导小组下设"1+2"大小专班，具体负责数字化改革总体工作、系统平台建设和数字产业规划布局工作。

二是强化顶层设计。制定《宁波国资国企数字化改革实施方案》，聚焦市国资委、市属企业和上下级国资部门整体"一盘棋"，明确提出未来5年努力形成"1+13+N"国资国企数字化改革格局的总体目标、主要任务和工作要求。通过出台《宁波市国资委2021年数字化改革工作任务清单》和《2021年市属企业数字化改革工作考核评价办法》，落实年度国资国企数改任务，统筹推进13家市属企业数改工作，形成一批数字化改革标志性成果。

三是努力营造氛围。企业是国资国企数字化改革的主角，市国资委通过组织互比互学、场景学习、揭榜挂帅等10多场系列活动，宣贯"数改"政策，营造比学氛围，促进数字化思维的形成。

（二）坚持科学实施，分步系统思维不断深入

一是明确建设目标。朝着一切业务线上化，一切业务数据化的方向，以需求、任务、问题为导向，紧密结合国资国企监管和国企改革发展的实际需要，注重应用、讲求实效。

二是项目建设阶段化。阶段化实施有利于降低项目建设难度，通过不断积累建设经验，优化项目建设。对满足需求较急的业务率先实现在线监管，再逐步实现全面的监管信息化。建设前期，梳理各条块国资监管业务需求，分解重点任务，访谈处室、企业部门约90个，形成调研报告20多份，确定业务流程近30个；建设中期，对重点业务流程再梳理，系统实现后进行多层次的验证和确认，以各企业试用报告不断进行调优，并采用"先试点+分批上线"的策略推广系统上线；建设后期，在持续优化的同时叠加新的监管业务应用，扎实推进国资监管信息化迈向数字智能化。

三是技术实现平台化。采用平台化的设计思路,规划技术支撑、数据采集两个平台,实现技术和业务的标准化,并不断满足系统在安全性、跨平台性、易扩展性、易维护性等方面的要求。

(三)坚持协同共享,统筹共建机制不断健全

牢固树立国资国企"一盘棋"理念,坚持总体规划和基层创新相结合,加强数字资源共建共享,防止低水平重复建设。

一是推进企业协同。科学规划各市属企业数字化转型,由宁波通商集团有限公司统筹推进市属企业业务管控系统,从而实现在线监管系统数据采集自动化、准确化、智能化。

二是推进市区协同。市国资委免费开放宁波市国资综合监管平台,各区(县、市)国资机构采用"分地部署、共性复用、个性开发"模式,特色部分全市推广,不断迭代升级。

三是推进部门协同。与纪检部门加强联动,按照公权力大数据监督相关要求,以"一云四库三全程阳光平台"为先行试点,以采购、招租为切口,探索公权力行使全生命周期在线运行、留痕可溯、分析预警,并入选浙江省纪委首批公权力大数据监督应用场景,更好实现精准监督。通过企业内部经营要素数据之间以及与外部工商注册登记、企业信用、人社等部门信息的多维、多角度交叉验证,推动构建多跨协同场景应用。

(四)坚持以点带面,数字化监管不断推进

一是重点任务分解。对照国资国企改革发展重点业务,按照"统筹规划、分步实施"原则,采用V字型分解方式,将建设任务分解为"一中心、双平台、多场景"。"一中心"即国资国企大数据中心,"双平台"即"国资综合监管平台"和"运营服务平台","多场景"即建设包括人力资源、财务监督、改革产权、考核分配、项目投资、综合法规、监督追责、"三重一大"等国资监管应用,构建日常办公、综合决策、绩效考核、分析预警等场景,实现国资国企数字化治理。

二是业务数据归集。按照横向到边、纵向到底、上下联动的在线监管大格局要求，以国资监管职能为"面"，对财务管理、产权资产、企业改革、项目投资、业绩考核、综合法规、人力资源、监督追责、"三重一大"等业务数据进行对"点"归集，集聚基础报表63张、分析报表27张、数据指标量53万条，实现统一数据标准、统一数据采集、统一数据交换、统一数据存储。同时，与国务院国资委、宁波市大数据局及各区（县、市）国资监管部门实现部分数据互联互通，推动监管数据的汇聚和共享。

三是系统功能集成。集成市属企业投资、融资、预算、大宗物资与服务采购交易等业务系统，今后将逐步集成企业大额资金、出租、人力资源等基础应用，加强国资国企各类数据归集，协同提升监管能力。充分依托"一体化智能化公共数据平台"，利用"浙政钉"和"机关内部最多跑一次"平台，对国资监管业务线上办理程序进行数字化改造，推进关键业务数据数字化采集，实现企业信息填报"最多跑一次"。

三、改革成效

一是实现数据通。健全宁波国资监管数据管理体系，建立宁波国资国企数据标准，包含相关业务领域3000多条数据指标项。强化数据统一归口管理，推动各类国资国企数据向统一数据共享中心汇集，并建立近20类数据资源专题库、主题库和风控数据集市。依托宁波市一体化智能化公共数据平台，已共享国资相关数据资源12个，共享14余万条指标，如配合市委编办、市人社局、市大数据局的相关数据，形成国企酒驾醉驾专题库，协助快速查处国企党员酒驾醉驾问题。

二是实现全覆盖。截至2021年底，总用户2217家，包括市国资委、15家市属企业集团及其下属980家子企业，部分模块延伸到区（县、市）国资机构及其下属企业，基本实现监管用户全覆盖，已上线的国资监管业务在线化率达90%以上。通过数字化手段对大量数据的抽取、整理和汇总分析，不断延伸覆盖层级，实现对财务管理、投资管理、产权资产、大额资金、监督追责、考核评价、人力资源等重点业务和各级法人主体及管理主体的全覆盖。

三是实现强监管。用海量数据和监管需求相连接，通过各维度数据碰撞对比，完成首批可视化场景建设，实现国资监管"一屏总览"，3家市属企业纳入"一企一屏"，2个区纳入"一区一屏"，3个处室业务纳入"一业一屏"。加大对投资管理、财务管理、产权交易、大额资金流转、"三重一大"等重要环节和关键领域的监管力度，全面提升预警处置能力和问题管控能力。如2021年搭建的"1+6"宁波国企阳光采购服务平台，承担依法必招之外采购目录以内及零星限额以上的采购项目，实现"五个统一"，累计入驻市属企业250多家、供应商及中介代理5396家，月均成交项目130多个，月成交金额约5亿元，节资率9.12%，根据设置的10类45个点位预警，累计发现红黄灯预警340个，涉嫌串围标行为30多项。

14

构建有效有为国资监管运营体系
奋力打造国资国企高质量发展"深圳样本"

深圳市人民政府国有资产监督管理委员会

一、基本情况

深圳市认真贯彻落实党中央、国务院关于国企改革三年行动的决策部署，秉持"市场化出资人和有效有为监管者"理念，坚持以管资本为主完善国资监管，推动授权与监管相结合、放活与管好相统一，有力促进国资国企高质量发展。截至2021年底，市属企业总资产4.6万亿元，营业收入8991亿元，利润总额1123亿元，上缴税收1094亿元，提前1年实现国企改革三年行动、"综改"试验确定的"市属企业总资产达4.5万亿元，形成1~2家世界500强企业和6~7家资产规模超1000亿元优势企业集团"等目标，国有经济战略支撑作用不断增强。

二、经验做法

聚焦"管资本为主"的要求，坚持管资本与管党建、履行出资人职责与履行国资监管职责、党内监督与出资人监督相结合，持续完善专业化、体系化、法治化、差异化、智慧化监管体系，有效促进国有资产保值增值。

（一）突出专业化监管，提高国资监管效率效能

聚焦国资委"三项职责"，大力强化全链条、全过程、全方位专业化监管。

一是履行"国企出资人"职责。持续推动市国资委职能优化调整，做强做优辅助履职平台，推动深圳市投资控股有限公司（简称"深圳投控公司"）跻身世界500强，推动深圳市资本运营集团有限公司构建"战略研究+协同布局+直接操盘"国资支撑体系，挂牌设立深圳国资国企改革创新研究院。大力构建市国资委资本运营与平台资本运营协同联动、快速反应的资本运作机制。委托"两类公司"管理上市公司合理持股比例以上股权，加速资本流转、促进动态增值，全系统拥有上市公司36家，资产证券化率60%。

二是履行"国资监管人"职责。坚持"抓监督、促改革、保发展"理念，深化监督体制改革，进一步完善党委领导，纪委统筹，纪检监察、财务总监、内审、内控、风控协同联动的大监督体系，形成"职责统一行使、资源集中调度、内容全面覆盖、成果开放共享"的监督闭环，实现出资人监督与党内监督有机融合。健全监督追责体系，构建市国资委纪委统筹指导、企业纪委具体落实的责任追究工作机制，确保责任追究落实落地。

三是履行"党建负责人"职责。扎实开展国企党建工作会五周年"回头看"，建立健全深圳国资国企党建"1+N"制度体系，完善"双向进入、交叉任职"领导体制，推动首批4名外派财务总监、1名专职外部董事进入企业党委，更好发挥党组织把方向、管大局、保落实领导作用。

（二）突出体系化监管，提升国资监管系统性协同性

坚决落实构建监管大格局要求，持续完善"直接监管+委托监管+指导监管"监管体系。

一是强化集中统一监管。在2007年完成对全市工商、金融、文化等各

类经营性国有资产集中统一监管基础上,按照产权层级强化有效监管,对党建工作、重大事项、风险事项实行穿透监管。对国有文化企业,实行委托监管。对国有实体企业投资入股的金融机构,充分尊重企业法人财产权实施监管,着力打造涵盖科技保险、证券、基金、创投、担保、金融租赁、要素交易等业务的全链条全周期金融服务体系,更好发挥金融服务实体经济功能。

二是强化区属国资指导监督。全力推进全市国企改革上下贯通,推动罗湖、龙岗等8个区设立国资局,加快区级国资监管机构优化职能、深化改革,指导南山、宝安、龙华3个区创建"综改试验示范城区",打造县区级改革标杆。与各区全面开展战略合作,联合区属企业共同推进河套深港科技创新合作区、光明科学城等重大战略平台建设。

三是强化集体资产管理。在深圳机构改革中,市国资委加挂"市集体资产管理办公室"牌子,统筹指导集体企业改革发展、转型升级。出台发挥国企引领带动作用促进集体经济高质量发展工作方案,在土地开发、片区统筹、基金投资等领域开展合作项目100多个,促进国有经济与集体经济协同发展、合作共赢。

(三)突出法治化监管,坚持以法治思维行权履职

一是坚持法治国资与法治国企一体构建。立足深圳"法治城市示范"战略定位,出台加强法治国资建设实施方案、法治国企建设实施意见。2017年以来累计32家市属企业获评"广东省法治文化示范企业",占全市获评总量的48%。

二是坚持依法监管与尊重企业自主权有机统一。制定修订产权变动监管办法、资产评估管理办法、投资管理暂行规定、参股管理指导意见等国资监管制度。修订国资监管权责清单、形成8类24项事权,出台授权放权清单、授权放权37项,将相关修订及时纳入公司章程,严格遵循公司法和公司章程行权履职,充分尊重企业市场主体地位,赋予企业更大经营自

主权。

三是坚持合规管理与试点建设同步推进。对标落实中央企业法治工作会议精神，把合规建设摆在更加突出位置，选取深圳投控公司、深圳市地铁集团有限公司（简称"深圳地铁集团"）、深业集团有限公司、国信证券股份有限公司（简称"国信证券"）等企业开展合规体系建设试点，探索可复制、可推广的经验成果。

（四）突出差异化监管，提高监管针对性精准性

一是科学完善股东沟通机制。以产权为基础、资本为纽带、章程为根本，全面修订股东事务分类沟通指引，进一步促进出资企业通过法人治理结构依法规范、灵活高效贯彻出资人意志。

二是建立健全"3+1"治理体系。对市场化方式战略并购的上市公司，建立以章程为准则、董事监事履职为抓手、重大事项沟通为必备程序、紧急情形干预为重要保障的"3+1"治理体系，充分保障上市公司经营自主权。比如，战略并购上市公司后，通过完善章程、派出董事等"管资本"方式，参与公司治理、维护国资权益，促进国有资产保值增值。

（五）突出智慧化监管，充分运用科技赋能国资监管

一是编制智慧国资国企信息化三年规划，推动协同办公、产权管理、投资管理、财务监管、国企改革等子系统融合运用，提升管理智能化水平。

二是加快"国资大屏""一企一屏"等平台建设，推动大数据应用从综合展示向智能决策转变，做到国资监管"一屏总览、一键调取"，实现"全局感知、精准监控、全景可视、智慧分析"。

三是着力以信息化提升监督效能，强化阳光采购、资产交易、阳光租赁、资金融通、重大资源开发等要素交易领域信息化监督，实现国资阳光运行、要素全部覆盖、过程留痕可询、动态监测预警，阳光采购平台资金节约率达15.2%，阳光租赁交易平台累计竞价增值20.6亿元，有效监督、

有效益的监督成为深圳国资鲜明特征。

三、改革成效

通过构建有效有为国资监管运营体系，有力推动深圳国资国企高质量发展再上新台阶。

一是规模效益高位增长。截至 2021 年年底，与"综改"试验启动前的 2018 年年底相比，市属企业总资产从 3.2 万亿元增至 4.6 万亿元，增长 45%；营业收入从 4986 亿元增至 8991 亿元，增长 80%，规模实力显著增强。

二是功能作用充分彰显。市属企业在承接重大项目建设、保障城市运行、集聚创新要素、对外援建合作等任务中发挥"主力军"作用，承担全市 1/3 的重大项目建设任务，高效落实支持民营企业"四个千亿"计划，大力构建"科技园区＋科技金融＋人才服务＋场景应用＋平台支撑"全要素创新服务体系，有力支撑深圳高新技术产业发展成为全国的一面旗帜。

三是企业竞争力显著提升。深圳投控公司连续 3 年荣登世界 500 强榜单，2022 年位居 372 位，较 2020 年提升 70 位。深圳地铁集团、国信证券、深圳国际控股有限公司等 9 家企业资产规模超千亿元。深圳市创新投资集团有限公司、深圳市资本运营集团有限公司等一批企业在改革评估中获评优秀，入选全国改革先进典型、全国范例、管理标杆、公司治理示范企业。

15

发挥"制度+科技"新优势
打造阳光采购智慧监督平台

深圳市人民政府国有资产监督管理委员会

一、基本情况

近年来,深圳市人民政府国有资产监督管理委员会(简称"深圳市国资委")深入落实国企改革三年行动部署,不断提高监管的系统性、精准性、有效性,紧盯工程建设、大宗采购等领域廉洁合规风险防控,在深圳市纪委监委的大力支持下,整合交易资源,坚持"企业主导择优,交易平台运行,要素全部覆盖,过程留痕可询",推行分类集中采购,以"有用、实用、好用"为目标,开发建设了采购信息发布平台、全流程交易电子采购系统、实时预警动态监测系统,完成了采购监管规范化、制度化、信息化、智慧化建设,实现采购信息全公开、阳光交易全覆盖、数据监管全链条,助力企业提质增效控风险,为兄弟国资国企提供了先行先试样本。

二、经验做法

(一)以顶层设计为引领,搭建阳光采购"四梁八柱"

一是推动组建交易集团。按照"责权回归、权责明晰"原则,推动公共资源交易体制机制改革,整合要素交易资源,组建深圳市交易集团,搭建专业交易平台，实行平台企业化零审批运作模式，促进阳光交易，切断利益输送链条。同时坚持市场导向，督促平台通过优质服务形成核心竞争力，按照市场规则运营，不断增强自我发展内生驱动力。

二是谋划平台功能定位。制定《关于建立健全市属国企要素交易综合监管体系的指导意见（试行）》，对阳光采购、资金融通、资源性资产租赁、资产交易、重大资源开发五大专业平台的功能定位、建设要求和内容做了整体部署和规划，提出阳光采购平台建设的目标、内容、分工及时间表，先易后难、循序渐进、稳步推进，助力形成上下贯通、协同高效的国资监管大格局。

三是健全采购综合监管体系。印发《关于进一步加强市属企业采购综合监管的指导意见（试行）》，提出压实采购人主体责任，实现责权利对等。择优与竞价相结合，实现降低采购成本与保障质量有机统一。建立优质供应商名录、采取履约评价等方式，促进奖优罚劣。鼓励市属企业协同，促进合作共享。满足企业经营发展需求，引导企业合理科学选择采购方式。强化交易全过程、采购全链条监管，实现监督全覆盖。

（二）坚持以聚焦问题为导向，锚定合规风险精准监督

一是分析采购全链条合规风险。经过多轮调研，在剖析典型案例的基础上，梳理交易平台建设负面清单，研究确定采购主体在立项可研、信息发布、交易程序、合同履约、责任追究等关键环节及其预警点258项中，细化防控路径，将监督点提前融入监管制度。同步嵌入系统开发，构建事前拦截、事中预警、事后追责于一体的实时智慧监管闭环，提高监督的有效性、专业性与及时性。

二是设置智能分级风险指标。对立项信息不完整、公告时间设置不合理、评标专家信息不一致等58项问题设置实时拦截。对与相关法律、法规规定不符的20项情形设置实时预警。对81项与行业采购惯例不符或一般性特殊情况设置实时提醒，帮助集团实施分类分级精准管控。

三是一网通览强化过程监督。鼓励企业通过全流程系统线上规范交易，对依法依规不对外公开或涉及企业商业秘密的项目，由企业审定开列清单，与预警提示的其他项目一并交纪检审计等部门实施重点、精准督查。

（三）坚持以阳光交易为依托，推动采购公开透明

一是公开全品类采购。坚持"谁采购谁负责"，逐级推行企业采购2万元以上项目头尾信息公开，涵盖货物、工程、服务各类标的的项目名称、供应商要求、公告时间等内容，主动接受社会监督。

二是公开全采购方式。倡导全生命周期最优，引导企业灵活运用公开招标、邀请招标、竞争性谈判、询比、竞价、单一来源、直接采购等多种方式，科学规范高效采购。

三是公开风险防控事项。坚持防治结合、预防为主，全面公开采购关键领域、重点环节风险监控点，提醒企业事前主动预防，通过定期公开监测发现的共性突出问题，督促企业及时全面整改，进一步规范采购交易行为。

（四）坚持以应用平台为支撑，全面提升信息化水平

一是自动触发实时预警。发挥监督系统刚性约束作用，第一时间揭示交易全过程风险，不能人为修改、删除预警信息，杜绝选择性监督，确保监督工作的客观公正。

二是穿透展现采购全貌。重视采购链关键字段标准化及统计、分析、穿透等功能运用，展示项目进度、预警提示、采购总览等情况，加强横向企业对比、纵向趋势分析，为监管部门和企业综合管控提供参考依据。

三是违规操作"零容忍"。监督主体对预警提示信息复核后，对预警提示项目按照经核无异常、完善制度、提交变更、重新启动、中止采购等方式进行处理；对企业和人员按照责令整改、批评教育、谈话提醒、问责追责等方式进行处理。

（五）持续以闭环管控为抓手，全面加强跟踪督导

一是及时指导。持续督导完善阳光采购智慧监督平台建设，定期组织开展政策讲解、实操培训、推进会、沟通会及专项检查等工作，确保平台建设各项任务平稳落地。

二是及时跟进。研究编印《阳光采购平台情况反映》，向全系统通报企业注册、信息发布、平台建设及风险提示等情况，督促企业和交易平台落实问题整改，营造比学赶优的良好氛围。

三是协同监督。发挥"六位一体"联合监督优势，由企业纪委统筹纪检监察、监事会、财务总监、内审、风控、内控等监督资源，强化协同联动，对非公开竞争采购、评定分离、预选招标和异地项目等实施重点监督。

三、改革成效

一是信息公开更加透明。信息发布平台上线 3 年来，1325 家深圳市属企业完成平台注册，累计发布采购公告和结果公示 34.55 万条，涉及项目 18.56 万宗。

二是降本增效功能显著。市属企业通过平台累计成交项目 14.30 万宗，总成交金额 5103.58 亿元，节资额 674.38 亿元，节支率 13.57%，助力企业降本增效。

三是公开采购成为主流。全流程交易系统上线 16 个月，市属企业向不特定对象公开采购累计达 2241 亿元，邀请项目成交金额 255 亿元，向不特定对象公开采购占比 89.78%，公开采购已成为企业采购的主要方式。

四是异地采购可查可控。从采购项目区域分布看，深圳区域以外采购项目 2.3 万个，项目覆盖全国 22 个省、5 个自治区、4 个直辖市及香港特别行政区，异地项目监管能力进一步增强。

五是促进规范作用明显。监督系统运行短短 8 个月，市属企业预警信

息由 597 条下降至 266 条，降幅 55.44%；提示信息由 7652 条下降至 5290 条，降幅 30.87%。智慧监管促合规作用显著。

六是纠正处理有力有效。监督系统闭环处理模块上线 4 个月，处理相关人员 3075 人次，其中责任追究 1 次、占比 0.03%，批评教育 75 次、占比 2.44%，谈话提醒 660 次、占比 21.46%，责令整改 2339 次、占比 76.07%。监督闭环持续赋能阳光采购。

深圳建设国企阳光采购智慧监督平台，是深圳国资推动企业采购智慧监督的创新举措，是健全国企要素交易综合监管体系的重要组成。阳光是最好的防腐剂，深圳国资国企将继续统筹完善"制度+科技"的国企阳光采购服务交易监督体系，让招采更加公开透明，流程更加规范，潜在供应商更加广泛，价格发现机制更加优化，潜在风险发现更加及时，为企业稳健经营发展保驾护航。

16

深入推进国有资本投资公司改革
有效发挥资本和产业联动调整作用

辽宁省交通建设投资集团有限责任公司

一、基本情况

辽宁省交通建设投资集团有限责任公司（简称"辽宁交投集团"）成立于2016年1月，注册资本366.5亿元。集团业务涵盖基础设施投资、工程咨询、路域产业开发、信息科技、金融服务、商贸物流等板块，经省政府授权，对全省高速公路实施特许经营。截至2021年底，集团总资产规模2700亿元、净资产规模1300亿元，下辖各级全资及控股企业43家，员工总数1.8万人，年度收入规模200亿元、利润规模10亿元。国企改革三年行动实施以来，集团作为辽宁首家国有资本投资公司，持续深化综合改革，探索构建了符合国有资本投资公司运营特点的体制机制和运行模式，有效践行了企业功能定位和责任使命，在国计民生重要领域，为辽宁经济发展发挥支撑和保障作用。

二、经验做法

（一）明晰功能定位，落实以管资本为主的国有资产监管要求

辽宁省国资委积极推进国有资本投资公司改革，率先为辽宁交投集团派驻6名外部董事，实现外部董事占多数，并将发展战略、投资决策、产权管理、财务管理等15个大类18项职权,授放给集团董事会。在省国资委的指导下,辽宁交投集团全面推进授权经营体制改革。

一是做好顶层设计。深刻认识省委、省政府对集团新赋予的战略任务,围绕服务国家和辽宁战略、盘活巨量资产、放大国有资本的影响力、优化国有资本布局、提升产业竞争力,研究建立健全适应国有资本投资公司运作的体制机制改革举措方案,系统编制中长期发展规划。

二是加强董事会规范运作。修订完善董事会议事规则,在董事会下组建投资决策、薪酬与考核、审计、提名4个专门委员会,提升董事会决策能力。建立有效发挥外部董事作用的保障机制,2名外部董事不同意的议案原则上不能通过。完善党委会与董事会的沟通机制,细化经理层向董事会报告制度。

三是有效承接授权事项。依据省国资委的授权放权文件,研究制定承接授权清单,逐项落实授权后的省国资委与集团董事会的工作界面划分,修订完善集团公司章程,有针对性地调整完善企业投资、工资总额管理等一系列内部管理制度,确保省国资委授权放权事项全面落地。

(二)调整组织架构,构建"资本层—资产层—生产层"三级管控体系

一是明晰各层级定位和管控模式。集团作为"资本层",负责整体发展战略、重大投融资、资本运营、财务监管、风险管控、绩效评价和党组织建设等事项,资产经营权和管理权全部授权放权下属企业,对二级公司采用战略管控模式。二级公司作为"资产层",是专业化经营平台,负责运营业务的日常管理和专业化管理水平提升,对三级公司采用运营管控模式。三级公司作为"生产层",是业务营运单位,负责具体业务的直接经营管理,不具有任何对外投资权。

二是调整总部组织架构。聚焦突出国有资本投资公司总部党的建设、战略决策、资源配置、资本运作、监督评价五大核心职能,对总部职能部门实施改组,全部重新核定职能、定岗定员,总部人数控制到120人。

三是打造专业化产业平台。实施内部资源整合，"关、停、并、转"13家非优势企业，有效压缩层级，实现集团管理层级和产权层级控制在三级以内。对从事工程养护、试验检测、科技研发、工程监理等同质化业务的5家企业分阶段组织整合重组，打造定位清晰、主业突出、协同高效、运转有序的专业化产业平台。

（三）增强发展动力，为加快产业转型升级步伐提供要素支撑

一是健全发展模式。围绕功能性、战略性、经营性三大类投资，年均安排120亿元。其中：功能性投资重点落实省政府高速公路、铁路等重点建设项目计划，进而依托项目导入和培育产业；战略性投资重点把握政府产业导向和产业调整需要，主要投资与集团产业直接、间接关联产业，完善产业链条，推进产业转型升级；经营性投资主要以投资公路、市政、轨道交通等PPP、F-EPC项目为手段，发挥集团主产业链优势，带动产业组团走出去，扩大市场份额。

二是提升自主创新能力。制定科技发展规划，明确科研方向、目标和重点任务，与国家建筑材料测试中心、哈尔滨工业大学等科研机构、高等院校建立产研深度融合的创新联合体，重点加大高性能环保型路面材料、再生技术等"四新"技术的研究。优化科技资金投入机制，将科研投入纳入预算并保持刚性增长。近3年，高新技术科研投入年均增长达到35.9%，有力保证科研项目实施。

三是推进集团数字化转型。投资2800万元启动数字化转型一期工程，推进算力、存储、通信网络设施建设，构建面向集团全量数据的标准体系，建设基于BIM的工程管理和以用路人为中心的高速通App等应用平台，加快数据资源开发利用和价值挖掘，推动产业与新一代信息技术深度融合，实现转型升级。

四是激发员工干事创业热情。集团及下属企业全部实行经理层成员任期制契约化管理、全员绩效考核。在下属设计院、科研院等高新技术企

业，引入员工股权激励、岗位分红、科研成果转化奖励等激励措施，累计激励人数160余人，激励金额700余万元。

（四）完善内控体系，形成监督工作常态化和闭环管理机制

一是优化管控模式。重点推进二级公司董事会应建尽建，统筹集团内部人力资源，建立专业化、多元化的外部董事人才库，由集团总部统一向二级公司委派外部董事，实现外部董事占多数，有效落实集团战略要求。将总部对二级公司的196项管控事项，通过"监管决策"和"自行决策"两种方式授权放权108项，实现二级公司生产经营的责、权、利相统一。

二是补齐管控短板。健全内控管理组织体系，补充制定内控评价管理办法及工作流程、员工行为规范，以及关键岗位定期岗位轮换、不相容岗位清单等一系列制度规范。坚持问题导向，持续强化招标采购、财务核算等重点环节的监管。搭建集团纳税基础信息数据库，建立集团经营数据监控分析系统，有效提高集团及下属企业的规范化运营水平。

三是完善监督体系。建立财务统一、审计直管、纪检派驻、董事专职的综合监督体系，统筹集团审计资源，建立审计、纪检、法务、投资等职能部门协调工作机制，常态化开展经责审计和项目专项审计。同时建立完善尽职合规免责清单，鼓励广大干部员工大胆创新、主动作为。

三、改革成效

辽宁交投集团以"担当改革发展龙头，致力辽宁经济振兴"为企业使命，通过改组国有资本投资公司，推进了一系列改革举措，有效激发了企业发展的动力活力，进一步增强了服务国民经济和社会发展的能力。

一是辽宁重大交通项目建设任务圆满完成。全面落实"交通强国"和辽宁综合交通体系项目建设要求，累计实施高速公路、铁路投资374亿元，新建、改扩建高速公路395千米，沈阳至四平、铁岭至本溪等一批重大项目建成通车，辽宁陆路交通网得到进一步完善。

二是经营规模与效益实现较快增长。集团成立以来，营收、利润分别保持年均15.2%和28.1%的持续增长，累计上缴国有资本收益21.5亿元，占省属企业总和的25%。2021年全集团营业收入首次突破200亿元，达到203亿元，同比增长17.3%；利润总额首次突破10亿元，达到13亿元，同比增长25.4亿元，较2019年增长44%，有效弥补了疫情带来的不利影响；营收利润率达到6.4%，历史首次突破5%；营收、利润分别占省属企业总和的22%和44%。

三是产业链水平进一步提升。集团收入规模亿元以上二级公司由成立之初的3家发展到8家，钢结构及预制拼装、新能源光伏等产业项目全面落地。全集团竞争类业务涉及的27个行业类别中，营收利润率达到行业良好水平的占比达到26%，达到行业优秀水平的占比达到41%。

四是科技创新推进力度不断加大。国企改革三年行动以来，集团累计科研投入1.45亿元，实施23项重大科技攻关项目，获得国家发明专利5项、实用新型专利37项，科技成果转化收入达到1.84亿元。

五是融资能力稳步提升。集团银行授信额度持续保持2000亿元以上，发行永续中票、使用险资直投等多元化融资方式，直接融资300亿元，有力保证项目建设和产业发展资金供给。通过实施1000亿元存量债务融资再安排，熨平偿债高峰，大幅压降存量债务综合利率水平，有效防范和化解债务风险。

17

落实分层授权　激发内生活力
积极探索国有资本投资公司改革管控体系架构

重庆机电控股（集团）公司

一、基本情况

重庆机电控股（集团）公司（简称"重庆机电集团"）成立于2000年8月，是由重庆市政府批准撤销三个工业管理局组建的国有独资公司。2004年，重庆重型汽车集团有限责任公司整体并入重庆机电集团。截至2021年底，重庆机电集团注册资本20.4亿元，拥有全级次企业104家，控股1家H股上市公司，参股2家A股上市公司。集团产业涵盖高端装备、电子信息、交通装备、零部件和产业金融及服务（"4+1"产业布局），是中国西部最大的综合装备制造企业。

2019年11月，重庆市政府批准重庆机电集团成为全市唯一一家国有资本投资公司改革试点单位。国企改革三年行动实施以来，重庆机电集团坚决贯彻落实习近平新时代中国特色社会主义思想，着力实施体制机制创新，构建三级管控体系，布局战略性新兴产业、投资重大项目，推动企业实现高质量发展。

二、经验做法

为实现向国有资本投资公司转型，重庆机电集团全方位推进管理体制从"资产经营"向"资产经营+资本运营"转变,以市场化、法治化、专业化管理为导向,建立了"集团总部(管资本,即投资决策中心)—二级产业集团(管资产,即利润中心)—三级企业(管经营,即成本中心)"的三级管控体系。同时,提升集团总部决策的专业化与前瞻性,集中精力布局战略性新兴产业、投资重大项目,实现高质量发展目标。

(一)以三级管控体系为核心,自上而下贯穿责权利相统一的授权放权全链条

一是落实重庆市国资委授权。重庆市国资委结合国有资本投资公司改革试点,授权重庆机电集团董事会行使部分出资人权利,依法将自主经营决策事项归位于集团。集团先后承接了重庆市国资委授予的决定五年发展战略和规划、批准年度投资计划等42项职权。

二是完善集团内部层级授权。为提高二级产业集团和三级企业决策效率,集团将经营管理、项目投资立项、考核分配、资产处置、重大财务事项等部分股东权限授权至二级产业集团。先后完成了对3家二级产业集团授权放权16项、15项和14项,二级产业集团进而完成了对所属三级企业设备报废、固定资产处置等授权放权。

(二)以三级管控体系为平台,完善以股权为联结的三级法人治理体系

一是搭建适应国有资本投资改革的总部管理体系。明确了集团总部战略规划、资本投资、法人治理、风险管控、党的建设五大职能,打造"小而强"的集团总部,部门由16个减少为11个,人员由70人减少为56人。进一步完善了集团总部党委会、董事会、监事会和经理层法人治理体系,健全权责对等、有效制衡的决策监督机制。承接市国资委授权,加强了董事会行权能力建设,建立了外部董事占多数的董事会,设立了战略与投资、风险与审计等4个专门委员会,并组建了由31名专家组成的董事会专委会外部咨询专家库。

二是建强集团内部整体法人治理体系。围绕"资产经营+资本运营",

厘清了集团总部及所属企业的职责边界，改变了自上而下的直接管理模式，明晰了出资人与被出资人关系，充分发挥股权管理作用，实现国有资本市场化运作。持续规范企业董（监）事分层级派任和履职管理，建立了集团内部的外派董事人才库，集团各层级企业全部实现董事会外部董事占多数。

三是建立适应国有资本投资公司的制度体系。兼顾监管与放权，理顺集团各层级企业制度管理与监督体系，以股权和资本为纽带，将各层级企业权限职责制度化、规范化，推动国有资本专业化合规合法管理。自上而下开展了全集团规章制度的制定、修订，集团总部共制定、修订制度150项，7家二级企业及17家全资控股生产型三级企业均结合授放权限，健全了相应制度体系。

（三）以三级管控体系为框架，实现产业板块专业化管理和科学规划"一盘棋"

一是推进产业板块专业化整合。重庆机电集团将集团总部原直接管理的生产型企业进行产业板块整合，在原有重庆机电股份有限公司、重庆军工产业集团有限公司2家二级产业集团基础上，先后组建了重庆工投机电零部件产业集团有限公司（简称"零部件产业集团"）和金控投资事业部，致力于实现高端装备、电子信息、交通装备、零部件和产业金融及服务"4+1"主业均对应由二级产业集团专业化管理。

二是统筹所属企业和产业"留优去废"。国有资本投资公司改革以来，重庆机电集团先后完成了对所属三级企业重庆机电智能制造有限公司、重庆鸽牌电线电缆有限公司增资，增强优势企业资本实力。同时集团持续推进"瘦身健体"，退出非核心主业和低效无效业务、资产、股权，先后完成了8家核心主业企业混改，2家非主业企业100%股权退出，5家经营欠佳企业全面退出。

三是统筹培育战略新兴产业。重庆机电集团积极布局智能制造、电子信息、轨道交通等战略性新兴产业和先进制造业。在重庆率先打造了由重庆机电智能制造有限公司、重庆世玛德智能制造有限公司、重庆机电增材制造有限公司（3D打印）、重庆工业赋能创新中心有限公司4家企业构成的智能制造产业集群。智能制造公司成功入选工信部2019年度首批智能制造系统解决方案（仪器仪表类）供应商。统筹谋划了清洁能源、节能环保2个存量优势产业及工业互联网、预警网等8个战略性新兴重大产业项目。

（四）以三级管控体系为纽带，探索增强企业内生活力的市场化举措

一是构建以绩效为中心的经营业绩考核体系。围绕市场化、差异化原则，对所属企业领导人员全面实行绩效薪酬"上不封顶、下不保底、奖罚分明"的薪酬考核分配政策。明确了所属企业领导人员业绩考核与当期主营指标、可持续发展指标、风险控制指标、激励约束指标4个维度挂钩，按照干部管理授权层级，分层级签订了任期经营业绩责任书。在集团三级企业推进困难企业业绩"对赌"、经营和技术骨干持股、新建企业股权或期权激励等，探索员工岗位绩效工资分配机制改革，调动全员积极性。

二是组建市场化产业金融及服务板块。按照三级管控体系职能分工，搭建集团产业金融及服务平台，推动"资产+资本"双轮驱动，充分发挥企业金融、资本运营和市场金融作用，服务实体产业并购重组，并推进调整融资模式，引入多元融资、股权融资等渠道筹集战略新兴产业发展资金，促进产业集聚与转型升级。同时建设投资生态圈，着重围绕集团产业需求，按国有资本投资公司职能要求，开展氢能装备、风电、信创、工业互联网等战略新兴产业投资。

三是建立完善集团全面风险管控体系。按照三级管控体系要求加强风险管控，各层级企业全面建立了纪检监察、审计、财务、风险管理与法务等部门风险防控联动机制，每年围绕关键环节和重点领域开展内控监督评价，梳理内控缺陷和重大风险。搭建了风险管理信息化系统，聚焦四大风险，提高风险信息收集、分析效率，做好企业市场化护航。

三、改革成效

实施改革两年来,重庆机电集团经营指标持续增长,研发经费投入强度、营业收入利润率等"两利四率"指标在重庆市属国有工业集团名列前茅,整体步入了良性循环发展阶段,并继续向高质量发展迈进。

一是经营效益持续提升。2020年,在新冠肺炎疫情不利影响下经营效益逆势增长,营业收入、利润总额、新增订单3项指标均增长10%;2021年3项指标保持持续增长,营业收入、利润总额两年年均增长率分别较全国机械工业高0.4个和1个百分点,其中经营利润在2020年增长基础上再次增长18.2%。近三年,全员劳动生产率年均增长9.6%,在岗人均销售收入(实体)年均增长12.1%。与此同时,扭亏控亏工作取得实效,截至2021年末,全级次亏损面降至19.3%。

二是资产证券化率提高。集团产业金融及服务板块,组建了重庆两江红马智能化产业基金,并完成对湖南省兵器工业集团股份有限公司等7个项目投资。同时集团实施了与上海新动力汽车科技股份有限公司(简称"上柴股份")的资产重组,所持上柴股份股权交易对价14.18亿元,股权交割后所占市值突破20亿元,资产证券化率从44.15%提升到53.91%。

三是产业结构调整见成效。高端装备产业板块营收占集团比例达到54%,形成了一定规模效应;数字经济初见成效,建设数字化车间14个、智慧工厂2个,位列重庆市国有企业第1位。重庆机电集团研发投入占比从2019年的2.9%提高到3.5%,超过中央企业研发投入强度平均水平。集团率先在全市完成了厂办大集体改革,并全面完成企业办社会职能剥离(物业移交、棚户区改造总量排全市国企的第二位),扫清产业调整障碍。

四是三级管控体系运行稳定。在实施授权放权1年后,集团总部较好地实现了职能转换,与二级产业集团无缝对接,并对3家二级产业集团授权放权运行情况进行了检查评估，评估认为总体平稳有序，集团以授放权为调控手段，打造了由上及下市场化氛围趋浓的企业环境，推动企业成为有核心竞争力的市场主体。

18

找准功能定位　加快转型发展
持续推进国有资本投资公司试点改革

甘肃省电力投资集团有限责任公司

一、基本情况

甘肃省电力投资集团有限责任公司（以下简称"甘肃电投集团"）是甘肃省政府出资设立的国有大型投资公司，成立于1988年，2019年9月，被甘肃省政府列为国有资本投资公司改组试点企业，2021年2月，被确定为全省新能源和数据信息产业链链主企业。投资涉及水电、火电、风电、光电、金融、大数据、地产、会展、剧院、酒店、铁路、煤炭、燃气等行业和领域。近年来，特别是国企改革三年行动以来，按照"以电为基、多业并举、延链建链、转型升级"的发展思路，聚焦能源和现代服务业两大产业，重组形成电力热力、数据信息、能源化工、多维协同（产业置业、会展文创、产业金融）等业务单元，有效推动国有资本向重点行业和关键领域集中，成为拉动投资和促进全省经济高质量发展的重要引擎。

二、经验做法

（一）发挥平台作用，重构运营模式

扎实推进国有资本投资公司改革试点工作，全力推进"能融、善投、会退"的国有资本运作实践，着力构建将资本运作与资产经营有机结合，

产业资本与金融资本深度融合的国有资本投资公司运营模式。

一是聚焦资金保障而"融"。通过提升公司实力和信用评级，拓展融资渠道、扩大资本市场直接融资比例，2020年以来累计融资280亿元，其中：发行甘肃省首单非金融企业5亿元绿色债券，首单6亿元可交换公司债券，积极引入保险资金支持甘肃经济建设，先后与国寿投资和人保资本达成"甘肃电投债权融资计划"融资81亿元，实现"险资入甘"；成功发行5亿美元债券和20亿元中期票据，协调落地甘肃省重大项目常乐电厂3、4号机组银团贷款47.6亿元、地方政府债券1.5亿元，为企业战略发展提供了更适配、更经济、更丰富的融资支持和资金保障。

二是聚焦做强主业而"投"。围绕国有资本投资公司试点改革"结构调整、产业引领"的实质，甘肃电投集团立足电力热力主责主业，加大清洁能源投资力度；培育新的增长极，加大数据信息等前瞻性、战略性领域的投入布局；体现国企担当，确保民生保障领域投资。近年来，投资130亿元，建设酒湖特高压直流输电工程配套调峰电厂常乐电厂4×1000兆瓦火电项目，将有力支撑甘肃新能源产业发展；投资48亿元，建设河西6个新能源项目，总装机容量90万千瓦；投资50亿元，建设金昌紫金云大数据中心，成为省级大数据中心、数据灾备中心和北斗导航甘肃省分中心，入驻上线中国电信天翼云、华为"鲲鹏云"、新华三"紫光云"等多家数据业务；投资7亿元，建成兰州市天然气输配工程，为全省民生用气安全提供了坚实保障。

三是聚焦优化结构而"退"。建立资本退出机制，制定《投资项目退出管理办法》，由被动退出向主动退出转变。通过精简、注销及合并整合减少20家子公司，管理层级压缩至4级以内。房地产板块启动退出存量地块商品房开发，加快向园区建设运营转型，涉及资产规模20亿元以上；果断处置所持低效参股股权，加速盘活存量地产和边缘基金股权。完成权益性投资项目的全面梳理，"两非、两资"清理退出6项任务已全面完成，如期完成10家"僵尸企业"处置工作。

（二）突出主责主业，优化产业布局

积极发挥集团公司作为甘肃省新能源产业链和数据信息产业链链主企业的牵引带动作用，坚持"绿色发展"，深度参与打造河西特大型新能源基地战略，推动产业布局更加聚焦主责主业，有效发挥国有资本在新产业培育的影响力、控制力和带动力。

一是聚焦电力主业，优化布局结构。结合能源发展规划，抢抓大力发展新能源的契机，为构建新能源为主体的新型电力系统做出不懈努力。强龙头，为甘肃省新能源外送火电调峰提供强支撑。投资140亿元全力建设火力调峰电厂，同时实施火电机组节能升级和灵活性改造，为及时汇集参与调峰夯实基础；补弱项，着力提升集团新能源装机占比，确保"十四五"末达到总装机规模的52%以上，2021年开工建设90万千瓦新能源装机，目前正在积极推进腾格里、巴丹吉林两个沙漠大型风光电基地建设；抓协同，发挥新能源链主企业作用，统筹整体和局部的关系，布局新能源项目并网工程助外送，促进新能源项目开发建设运营效率的提升；开新篇，积极谋划布局抽水蓄能电站，利用自身在水电开发方面的优势，尽快建成抽水蓄能示范性工程，密切追踪氢能的开发利用和储能项目，委托开展了氢能业务利用课题研究工作。

二是聚焦战略新兴产业聚集群、育产业。聚焦数据信息产业，成功取得国家北斗导航数据中心甘肃分中心建设授权，开工建设数据中心一、二期，建成紫金云高性能计算中心、腾讯云等储存项目，上线运行政务数据灾备中心、大数据冷储藏中心等云平台，依托多云基础架构建立了云生态应用链。建成甘肃省计算中心金昌分中心，引进重点高校高性能计算业务，打造以算力服务为主的"东数西算"应用服务体系。建设常乐电厂"5G+智慧电厂"项目，积极推动工业互联网等领域应用案例落地，搭建能源互联网平台。

（三）坚持放管结合、完善公司治理

把加强党的领导和完善公司治理统一起来，调整管理架构、完善治理结构，着力管控模式和运营模式的转变。

一是重塑集团管控模式。构建集团总部资本层、战略单元资产层、实体企业运营层三级管控架构，强化集团总部在战略规划、资源配置、资本运作、风险防控方面的核心功能。

二是健全完善制度体系。坚持破立并举，强化顶层设计，新增及修订制度178项，承接和匹配功能定位、符合改革要求、适应治理机制的制度体系搭建完成。制定《内部监督体系管理办法》，初步建立党委领导，纪检监察、财务、审计、法务、巡察、外部董事"六位一体"的大监督体系。

三是加强子企业董事会和行权能力建设。实现28家子企业董事会实现应建尽建，累计推荐调整专兼职董监事130人次，外部董事占多数达到100%。出台《出资企业股东会、董事会、监事会会议管理办法》《出资企业董事会评价办法及董事评价办法》，形成子企业董事会工作流程。

（四）深化机制改革，激发企业活力

一是建立分类动态授权机制。全面实行清单管理，按照"一企一策"原则，逐步实行分类动态授权，印发10家重要子企业授权清单。

二是完善考核评价机制。将国有资本保值增值率、股东总回报率、经济增加值等财务类指标和资产配置、社会责任等非财务类指标相结合，对所持股企业考核侧重于执行公司战略和资本回报状况。

三是建立资本退出机制。加快资产资源变现，坚决退出低效无效、不符合产业发展方向的投资；逐步退出与主业关联度不高、难以保持竞争优势的投资；择机退出发展成熟、处于充分竞争性行业的投资。

三、改革成效

甘肃电投集团公司统筹推进国企改革三年行动和国有资本投资公司试点改革工作,围绕"完善治理、强化激励、突出主业、提高效率"的改革要求,找准功能定位,聚焦"转职能、转机制、强党建、强监督、优结构",积极务实采取一系列改革举措,取得了丰硕的改革成果。

一是体制机制方面实现"四个转变"。产业结构向基础产业与战略新兴产业协同发展转变,以上市公司为平台,优化整合电力资产。创新发展数据信息产业,紫金云数据中心开展公共业务的同时成为集团业务数字化、信息化底座;商业模式向"能融、善投、会退"为核心的资本运营转变,集团以产业资本投资为主,通过投资实业拥有股权,实现国有资产保值增值,服务本省战略布局和产业培育;管控模式向管资本为主转变,集团总部以资本为纽带,以章程为依据,通过派驻董、监事行使股东权利,将经营权逐步归位于出资企业内部决策机构;管理机制向规范的现代企业法人治理结构转变,坚持党的领导与公司治理有机统一,在以公司章程为基础的"1+16"制度体系框架内,规范、高效运行。

二是经营活力和效率持续提升。集团公司继2020年被省国资委考核为商业二类A级企业后,2021年经营业绩实现新突破:工业总产值86.66亿元,同比增长31.34%;完成营业收入92.44亿元,同比增加19.69亿元;全年发电量首次突破300亿千瓦·时,同比增长26.98%。3项指标比2017年末实现翻一番,创历史最好水平。

加强国有企业党的领导和党的建设

打造航天强国建设的红色引擎

中国航天科技集团有限公司

一、基本情况

中国航天科技集团有限公司(简称"航天科技")是我国航天科技工业的主导力量,主要从事运载火箭、各类卫星、载人飞船、货运飞船、深空探测器、空间站等宇航产品和战略、战术导弹武器系统的研究、设计、生产、试验和发射服务。航天科技坚持以习近平新时代中国特色社会主义思想为指导,学习贯彻习近平总书记关于国有企业改革发展和党的建设的重要论述,深入实施国企改革三年行动,加快完善中国特色现代企业制度,以航天系统工程管理方法、生命周期管理理念、精细化管理方式提升党建质量,形成独具特色的工作模式,不断将党建工作成果转化为推动改革发展、圆满完成各项任务的不竭动力。

二、经验做法

(一)坚持党的领导,借鉴系统工程管理方法,筑牢航天强国建设的思想政治根基

航天系统工程是在我国航天事业开创和发展过程中探索形成的系统工程技术和管理理念、体系和方法。航天科技充分借鉴航天系统工程管理方法,发挥党的政治建设的总体牵引作用,加强政治建设、思想建设、组织建设、作风建设、纪律建设的系统推动作用，注重统分结合、纲举目张。

一是以政治建设为统领，将第一议题制度纳入贯彻落实新时代党的组织路线的若干举措和巩固深化"不忘初心、牢记使命"主题教育成果实施意见。每年升级《习近平总书记关于航天强国建设论述摘编》版本，深入贯彻落实习近平总书记重要指示批示并建立台账，形成督办落实闭环机制。

二是以思想建设为基石，将党领导航天人在实践中铸就的"两弹一星"精神、载人航天精神、探月精神、新时代北斗精神纳入中国共产党人精神谱系的第一批伟大精神。命名了"航天精神教育基地"，号召全体员工牢固树立"惟有成功才能专注发展、惟有奋斗才能实现发展、惟有创新才能持续发展"的理念。

三是以组织建设为支撑，制定集团公司党组贯彻落实新时代党的组织路线的若干举措，以党支部"堡垒工程"带动班组"细胞工程"。强化党建工作责任制，实现责任书签订全覆盖、党组织书记述职全覆盖。

四是以作风建设为抓手，认真贯彻落实中央八项规定精神，制/修订履职待遇、业务支出等管理制度，推动形成长效机制。统筹开展年度工作督查检查，严格控制会议、文件数量，持续推动为基层减负。

五是以纪律建设为保障，形成监督合力，提高监督效能。制定落实全面从严治党主体责任清单，持续推进政治监督具体化和常态化，通过"三不"一体推进，综合治理、标本兼治、惩防结合，努力使党员干部因敬畏而"不敢"，因制度而"不能"，因觉悟而"不想"。

（二）聚焦主责主业，强化生命周期管理理念，把稳航天强国建设的战略实施方向

航天科技担负着维护国家战略安全的重要使命，在企业发展和深化改革中坚持党建融入中心工作不偏离，在战略统筹、规划计划、任务部署、型号研制、生产交付、技术应用等全生命周期强化党的引领。

一是在战略发展中强化党的引领。将航天科技"3+1"改革作为中国特色现代企业制度建设、管理体系和管理能力现代化建设的重要内容纳入国企改革三年行动实施方案，一体推进以战略管控为主的差异化管控模式调整、航天科研生产管控模式优化升级、航天技术应用及服务产业市场化转型，加快构建适应现代治理能力要求的规章制度体系。

二是在完善治理中加强党的领导。把党的全面领导与完善公司治理统一起来，完善党建进章程内容指引，420个公司制企业党建工作要求进章程实现应进尽进；制定党组在完善公司治理中加强党的领导实施细则和党组（党委）决策及前置研究讨论事项清单，确保党组织在公司治理中的作用发挥更加组织化、制度化、具体化。

三是在生产经营中压实党建责任。积极推动党建责任制和生产经营责任制有效联动。制定党建工作责任制考核评价办法，实现党建责任制考核和党委书记述职全覆盖；把党的建设考核同企业领导班子综合考评、经营业绩考核相衔接，同企业领导人员任免、薪酬、奖惩相挂钩。

四是在型号任务中健全党的组织。制定了型号外场试验（发射）任务党的工作和思想政治工作细则，各临时党委将党建和防疫工作融入发射场型号工作，实现党建工作与型号任务同频共振。

五是在市场开拓中丰富党建载体。注重在航天技术应用产业中结合项目制管理方式开展党建工作。在卫星应用、智能装备、先进材料应用等重点领域的市场开拓中，建立党员突击队、成立党员责任区，让党员身份亮出来、工作效果干出来，亮出"航天名片"。

（三）按照一流标准，融合精细管理模式，坚定航天强国建设的铿锵奋进步伐

科学分析当前面临的新形势、新任务，制定实现航天强国的具体时间表和路线图，力争到2030年使我国跻身世界航天强国行列，到2045年率先在航天领域实现强国目标。为进一步推动"高质量保证成功、高效率完成任务、高效益推动航天强国和国防建设"转型发展,把航天事业坚持的"质量第一""零缺陷"理念和"严慎细实"的工作作风在党建工作中渗透,让党建工作彰显"航天品质"。

一是注重流程管理精细化。以"模型驱动"的创新思路把分散的规章制度、管理要素、知识经验与流程相融合,构建党建工作精细化流程管理体系,以流程图和作业指导书直观展示工作程序和环节、关键信息等内容。

二是注重实施方案精准化。梳理普遍需求和特殊需求,全面帮扶和精准帮扶相结合,针对不同群体采取不同的关爱举措,强化宗旨意识,提升关爱温度,认认真真为民办实事。在党史学习教育"我为群众办实事"实践活动中,党组14项重点民生项目全部按计划完成,集团公司总部和各二级单位累计为群众办实事1058项,为职工群众解决急难愁盼问题2911个,受益3000多万人次,实现国有企业事业与员工个人共同发展。

三是注重党建成果精品化。把党建创新作为加强和改进党的建设的持续动力,聚焦科研生产、经营管理任务以及基层党建的问题和难点,树立标杆、典型示范、以点带面,以红旗党支部、金牌班组等工作品牌推动党建工作纵深发展,助推中心任务圆满完成。

三、改革成效

航天科技坚决贯彻习近平总书记关于航天强国建设重要论述,把加强党建工作贯穿改革发展和国企建设全过程,把党的政治优势和组织优势转化为国有企业的发展优势和竞争优势。

一是圆满完成各项发展目标。"十三五"期间,航天科技整体经济规模和效益跃上新台阶,5年累计营业收入近万亿元,利润总额近千亿元,资产总额达到5000亿元。在国务院国资委经营业绩考核中,连续18年荣获年度考核A级,世界500强排名不断提升。

二是宇航重大发射与飞行试验次数再创历史新高。2021年，航天科技圆满完成48次宇航发射任务，助力我国航天发射次数位列世界第一。空间站建造任务五战五捷，关键技术得到验证，为我国空间站全面建成奠定了重要基础。"天问一号"首次火星探测任务圆满完成，拓展了我国星际探测新边疆。"羲和号"探测器成功发射，标志着我国正式进入"探日时代"。

三是突破"卡脖子"技术难题。充分发挥新型武器装备、探月探火等领跑工程的示范效应，瞄准战略性、基础性、前沿性技术领域，相继突破运载火箭海上发射、火箭一子级栅格舵回收、火星探测着陆器悬停避障等多项关键核心技术，实现新型武器装备、北斗导航卫星等重大型号及其核心关键基础产品自主可控，为中国航天从"跟跑""并跑"向"领跑"转变奠定坚实基础。

2

融入中心强"五力" 舰船一线党旗红

中国船舶集团有限公司

一、基本情况

中国船舶集团有限公司（简称"中国船舶"）是由原中国船舶工业集团有限公司和原中国船舶重工集团有限公司联合重组成立的特大型军工央企，是我国海军武器装备建设的主体力量、船舶工业的骨干力量、装备制造业的重要力量、海洋装备发展的引领力量，致力于建设世界一流船舶集团。2021年，实现营收3483亿元、利润总额208亿元、净利润185亿元，重组以来连续3年获国务院国资委年度业绩考核A级，位列《财富》世界500强第240位，是全球最大的造船集团。

中国船舶深入学习贯彻习近平总书记关于国有企业改革发展和党的建设的重要论述，在深化国企改革中始终坚定不移抓党建、强党建，探索创新党建工作与科研生产经营工作深度融合模式，把党组织建在重大工程任务一线，把来自产业链各环节、各领域的现场参研参建的党员团结在党旗下，突出强化党建工作的组织保障力、思想引领力、攻坚作用力、纪律约束力和和谐凝聚力，有力保证了国产航母、两栖攻击舰、大型驱逐舰、"奋斗者"号载人深潜器等重大装备的建造交付，切实把党建优势转化为铸造大国重器、打造大国名片的生产力。

二、经验做法

（一）突出组织保障力，把党组织建在重点工程一线

深化落实"四同步、四对接"，贴合重大船舶产品工程特点，创新组织体系建设，实现了党组织设置与大项目生产运行模式高度匹配、有机融合。

一是设立大项目党委。针对重大船舶产品工程量巨大、参建单位众多、协调工作量巨大的特点，大连船舶重工集团有限公司、江南造船（集团）有限责任公司等在航母、大驱等重大装备建造过程中，把来自不同地区、不同行业、不同企业的现场参研参建党员组织关系转接到工程现场，成立大项目党委，引领项目攻坚克难。

二是设立项目功能党支部。突出"只有岗位、没有单位"的一体化理念，打破参建行政编制，将党（总）支部设置在各大系统中。同时，党支部名称一般也以系统或功能命名，如船舶动力系统党总支、作战系统党支部等，在大项目党委统一领导下，围绕项目重点难点组织攻坚，充分发挥战斗堡垒作用。

三是建立大项目党建运行机制。注重加强项目现场党建的规范化、标准化、制度化建设，结合项目特点细化落实党建工作要求，建立发展党员、创先争优、思想政治工作等党建工作制度14项，印发《大项目党建指南》，推动大项目党建不断成熟完善。

（二）突出思想引领力，把课堂设在船台班组车间

针对重大船舶产品下水后项目工程人员驻场时间长、作业空间小、工作任务紧的特点，坚持小切口、大纵深，在船台班组车间见缝插针地开展"三会一课"，把学习教育同提高思想认识、解决发展难题结合起来。

一是抓好"三微"学习。结合大项目作业特点、党员职工思想堵点、项目建造推进难点开展微学习、微党课、微建议"三微"学习，用好微信

群、船上广播等平台,利用"碎片时间"学习党的创新理论,确保重大项目建造期间党员教育管理不断线。

二是召开誓师大会。在船舶下水、试航等关键节点,大项目党委召开誓师大会,组织各功能项目党支部及工程全体党员重温入党誓词、过政治生日,举行"党员先锋队"授旗,把通过项目仪式激发出来的工作热情实实在在地转化为攻坚克难的强大动力。

三是推行先锋积分。建立项目现场党员先锋积分管理体系,将质量、安全、保密、结对帮带等党员日常岗位工作情况纳入量化积分管理,将党员先锋积分作为项目评优评先、绩效奖励的重要依据,定期挂榜公示,形成比学赶超的浓厚氛围,进一步激发党员带头建功的积极性。

(三)突出攻坚作用力,把党旗树在项目攻坚第一线

坚持思路并轨、机制融合、功能延伸,运用"党建+"思维,创新党建和大项目双向融合的新路径,聚焦项目建造难点定思路、定目标、定措施。

一是强化党组织书记带头作用。各级党组织书记切实负起项目任务第一责任,聚焦大项目建造难点、攻坚重点,亲自挂帅、攻坚揭榜,定期主持党组织会议研究解决问题,做到重点工作亲自部署、重点问题带领攻关、重点环节亲自把控。

二是强化党员先锋模范作用。实施"党员领航 先锋示范"工程,深化党员先锋岗、党员示范区、党员突击队创建工作,做到关键岗位有党员、关键时刻有党员、急难险重有党员,在航母、大型邮轮等重点工程中切实发挥先锋模范作用。

三是强化干部职工岗位建功。以支部、班组和个人为单位,广泛开展海上劳动竞赛、试航先锋评比等主题实践活动,在大项目战场上形成了"一个支部一堡垒,一个班组一阵地,一名职工一面旗"的浓厚氛围,凝聚攻坚克难的强大合力。

（四）突出纪律约束力，把干净刻在工程每一个环节

把"干净工程"作为提升大项目管理水平，打造高质工程、高效工程的重要抓手，努力构建积极健康的政治生态。

一是进行"干净工程"签约。在大项目工程启动之初，组织全体参研参建党员干部进行"干净工程"签约，根据工程进度不同阶段的廉洁防控重点，签订廉洁从业承诺书，让党员干部始终将责任扛在肩上、记在心上、拎在手上。

二是分层分类教育提醒。针对工程党组织书记、型号"两总"、功能项目党支部书记、重点关键岗位人员等，通过个别谈话、集中教育、廉政党课、日常提醒等不同形式加强廉洁教育，筑牢思想堤坝。

三是完善项目廉洁防控制度机制。聚焦权力运行全链条，系统构建与大项目相适应、相衔接、相匹配的廉洁防控体系。例如，上海外高桥造船有限公司发布《大型邮轮项目"干净工程"实施细则》，加强项目权力清单管理、责任清单管理、负面清单管理，构筑廉洁防线。

（五）突出和谐凝聚力，把精神动力根植在干部职工心上

一是突出使命感召。项目党委开办"党的理论在舰船"初心讲堂，开展"铸重器、谋复兴、担使命"主题实践活动，各级党组织书记带头讲党课，党员上讲台进行"微分享"，强化使命感、责任感教育。

二是突出文化引领。大力开展核潜艇精神、航母精神、载人深潜精神宣传教育活动，组织"共和国勋章"获得者黄旭华院士、"最美奋斗者"702所载人深潜集体等到工程现场开展宣讲，不断丰富红色精神的新时代内涵。同时，结合工程特点进一步组织提炼出两栖精神、邮轮精神、广船精神等精神，不断丰富中国船舶精神谱系。

三是突出人文关怀。针对大项目工程任务重、时间紧、压力大及员工长期离家等特点，在项目实施期间配备心理咨询师，开展心理沙龙大班课和一对一心理疏导，打造船上心灵驿站。在船上开展集体生日会、"一封

家书"等文化活动,在船下主动关心参试人员家庭情况,实现精准服务。

三、改革成效

一是保障了重大工程任务高质量完成。首艘国产航母"山东舰"顺利交付海军,"福建舰"正式下水命名,"奋斗者"号成功探底万米海沟并返航、习近平总书记发来贺信。此外,核潜艇、常规潜艇、大型驱逐舰、两栖攻击舰以及首艘国产大型邮轮等大国重器建造取得一系列标志性进展。

二是创造了党建工作融入生产经营工作的新样板。党建引领舰船重大工程的立体探索,推动了高质量党建在重大舰船生产一线落地生根,形成了"12345N"大项目党建工作体系、"五个突出"等逐渐成熟的系统思路模式和实践路径,为党建引领保障大项目提供了借鉴和启发。

三是铸造了中国船舶文化新内涵。在大项目建造丰富了以核潜艇精神、航母精神、载人深潜精神为代表的中国船舶精神谱系,为中国船舶人践行初心使命、支撑国防建设、服务国家战略提供了新的精神动力,也为新时代国资央企精神文化注入了新内涵。

3

实施兵器人才"四大工程"
打造国防军工领域人才中心和创新高地

中国兵器工业集团有限公司

一、基本情况

中国兵器工业集团有限公司（简称"兵器工业集团"）是我军机械化、信息化、智能化装备发展的骨干力量，是全军毁伤打击的核心支撑，是现代化新型陆军体系作战能力科研制造的主体，是国家"一带一路"建设和军民融合发展的主力。兵器工业集团始终将装备保障放在首要位置，是各大军工集团中唯一一家面向陆军、海军、空军、火箭军、战略支援部队以及武警公安提供武器装备和技术保障服务的企业集团。

兵器工业集团深入贯彻落实习近平总书记在中央人才工作会议上的重要讲话精神，坚定不移地深化国有企业人才机制改革，确立人才强企战略，树立人才引领发展的战略地位，紧紧围绕"十四五"发展任务目标，聚焦国企改革三年行动重点任务，科学谋划、深入研究，制定了"四大人才工程""13个人才计划"和"人才发展30条"具体措施以及"8个1"任务目标，着力提升兵器人才的竞争力、创造力、活力和人才结构支撑力，努力建设国防军工领域的人才中心和创新高地。

二、经验做法

（一）聚焦培养、引进和使用，实施人才结构优化工程

一是深度开展校企合作新模式实现"精准培养"。面向优秀青年骨干，兵器工业集团在与清华大学等高校持续开展"定向生培养计划"的基础上，不断建立健全与对口高校研究生推免机制，推进高校本科教育和兵器研究生教育贯通培养。针对急需紧缺专业和火炸药、引信等兵器特色专业，与高校联合开展硕博士生"订单式"培养，选派一批青年科技骨干赴高校进行在职学历学位教育。

二是依托中心城市"人才飞地"实现"破局引才"。发挥中心城市人才聚集效应、用活用好地方政策资源，结合集团公司科技发展和产业布局需要，引进高素质人才。例如，内蒙古北方重工业集团有限公司依托南京优势资源设立研发中心，引进80余名优秀毕业生加入研发团队，解决了一系列关键核心技术和"卡脖子"问题。

三是打造人才资源流动机制实现"人才共享"。发挥兵器人才资源统筹调动优势，结合重大工程、重点专项、产业发展在人力资源富余和用工需求企业构建精准匹配，实现人力资源在兵器工业集团合理流动。与此同时，围绕引才困难、地处偏远企业对高层次科技人才的迫切需求，鼓励研究院所骨干科技人才去交流任职；对作用发挥突出、愿意在企业长期工作的人才开通"绿色通道"，优先推荐其参评首席科学家、科技带头人。

（二）打造兵器国家战略力量，实施人才竞争力提升工程

一是启动中国兵器战略科学家培养计划发挥"头雁效应"。兵器工业集团贯彻落实中央人才工作会议精神，在兵器科学家三级培养的基础上，启动实施"兵器战略科学家培养计划"，旨在培育一批具有深厚科学素养、长期奋战在科研一线，视野开阔，前瞻性判断力、跨学科理解能力、大兵

团作战组织领导能力强的兵器工业战略科学家队伍。

二是健全"5×N"科技人才职务发展体系实现"网格管理"。近年来,兵器工业集团按照武器装备发展需求,在五级科技人才纵向职务发展序列的基础上,建立了"战略与体系策划、军品科研、基础研究、民品科研、工艺技术、质量安全、战略新兴产业"等N个横向系列,并可根据需要扩展增设。

三是创建中国兵器青年科技带头人制度打造科技人才"蓄水池"。根据青年科技人才成长规律,兵器工业集团科学设置了青年科技带头人制度,并实施动态增补调整机制,甄选具有良好培养潜质、具备国际视野、紧跟前沿科技、在行业领域崭露头角的优秀青年科技人才加入青年科技带头人队伍,为集团专业化人才队伍建设提供"蓄水池"。

四是启动兵器卓越工程师培养计划。选拔一批知识结构新、年龄不超过35岁的高素质科技人才作为兵器卓越工程师培养对象,支持其开展国内外访问学者、学历提升、青年创新项目和拓展领域攻关等,旨在造就一批创新能力和工程实践能力强、能够适应兵器创新发展需要的高质量工程科技人才。

(三) 激发兵器人才内生动力,实施新动力激发工程

一是创新完善人才分类评价机制实现"量体裁衣"。兵器工业集团在创新能力、质量、实效、贡献为导向的科技人才评价体系基础上,建立"两挂两不挂"机制,即核心骨干人才的考核评价主要与承担的科技引领任务及重点专项任务完成情况挂钩,不与所在单位的经济效益及所在单位的工资总额直接挂钩,鼓励科技人才潜心安心研究和创新。

二是完善兵器人才市场化薪酬机制实施"对标管理"。组织开展科技人员薪酬与同行业竞争对手、国防军工企业、中央企业进行市场对标,为各单位制定薪酬策略提供依据。鼓励各单位采用多元化、市场化激励方

式，全面对标市场化薪酬水平，打造核心骨干人才薪酬高地。对于打造原创技术策源地和培育现代产业链链长科技创新核心能力相关的重大基础研究领军人才及团队，所需工资总额予以单列支持。

三是全面推进"3+N"中长期激励打造"命运共同体"。兵器工业集团坚持"3+N"中长期激励体系，将人才发展与组织发展高度绑定。2021年，组织10家具备条件的科技型企业实施分红激励，30余家单位开展超额利润分享、虚拟股权、项目跟投等多元化激励方式，激励金额约9500万元，极大地激发了核心骨干员工的积极性。

四是大幅提升人才保障支持力度解决人才"后顾之忧"。兵器工业集团充分利用国家和地方相关政策，积极协调解决北京、上海驻地单位的人才落户问题，实施特殊一线岗位人才医疗保健政策，加大与地方教育部门的统筹力度，推动优质义务教育资源向重点涉军单位倾斜，做好重点涉军单位一线骨干人才子女入学优待政策。

（四）筑牢兵器人才管理基石，实施人力资源管理体系建设工程

一是持续夯实人才培养责任体系。着力构建贯穿"选、用、育、留"，统筹装备保障类、民品发展类、国际经营类、支撑服务类等全类型单位，覆盖总部、子集团、三级及以下单位的全层级人才培养共同责任体系建设。优化人力资源管控体系，充分发挥集团总部职能管理和指导服务作用、子集团用人主体作用"两个作用"，实现"上下一盘棋"。

二是持续完善人力资源业务体系。着力深化领导人员管理"五大体系"、人才管理体系、绩效薪酬体系、教育培训体系等人力资源核心业务体系，为构建新时代人才工作新格局奠定坚实的组织管理基础。

三是持续健全人力资源支撑体系。围绕重大工程、重点项目人力资源需求，完善人力资源管理部门与重大工程、重点项目承制部门的协作机制，有计划地开展人才前瞻布局和预先储备。打造人才生态发展体系，直

接引才与柔性引才并举,物质激励与精神激励并重,充分营造集聚人才、释放潜能的创新环境。

三、改革成效

一是科技人才培养成效显著。近 3 年,兵器工业集团新增中国科学院院士 1 名,中国工程院院士 2 名,自有院士数量达到 8 名;引进双跨院士 2 名、特聘院士 7 名,双跨和特聘院士分别达到 5 名和 35 名。新增国防科技卓越青年科学基金获得者 4 名;获批国家级"创新人才培养示范基地" 1 个、国家级"引才引智示范基地" 1 个。

二是技能人才培养成效显著。2021 年,兵器工业集团有 3 人荣获"中华技能大奖"、占全国获奖总人数的 1/10,累计获奖 16 人,位居央企首位。近 3 年,新增国家级技能大师工作室 15 个,累计达到 35 个,位居央企前列。兵器工业集团作为首批职业技能等级自主评价试点央企,为缅甸籍职工颁发我国首张面向外籍人员的职业技能等级证书。

三是创新高地建设成效显著。2021 年,兵器工业集团实现利润总额 226.3 亿元、同比增长 15.5%,净利润 178 亿元、同比增长 17.2%,营业收入 5269 亿元、同比增长 7.5%,经济增加值 119.3 亿元、同比增长 23.5%。近 3 年,兵器工业集团工资总额年均增长 11.5%,职工人均工资年均增长 12%,与利润总额和劳动生产率保持同步增长,职工获得感、幸福感、安全感持续增强。

4

贯彻"两个一以贯之" 抓实全面从严治党 推动党的领导有机融入公司治理

中国石油天然气集团有限公司

一、基本情况

中国石油天然气集团有限公司(简称"中国石油")是1998年7月根据国务院机构改革方案组建的特大型石油石化企业集团,是国有重要骨干企业和全球主要的油气生产商和供应商之一,是集国内外油气勘探开发和新能源、炼化销售和新材料、支持和服务、资本和金融等业务于一体的综合性国际能源公司。2020年以来,面对新冠肺炎疫情、油价波动等多重冲击,中国石油把加强党的领导作为战胜"大战""大考"的根本政治保证,把持续深入推进全面从严治党作为国企改革三年行动的一项重要任务,深入学习贯彻习近平新时代中国特色社会主义思想,以永远在路上的执着和韧劲贯彻落实"两个一以贯之",健全制度机制、注重融合创新、强化监督考核,确保党的领导有机融入公司治理,推动世界一流企业建设迈上新台阶。2021年,中国石油国内外油气产量当量、国内天然气产销量、乙烯产量、主要化工产品商品量等生产指标攀上新高峰;实现营业收入2.81万亿元,同比增长34%,创历史新高;实现利润总额1665亿元、净利润1003亿元,均创近7年来最好水平,重回同行首位、央企前列,在建党百年之际交出一份亮丽的成绩单。

二、经验做法

(一) 发挥党的政治建设统领作用

中国石油准确把握政治建设根本性地位，以政治建设统领全面从严治党。

一是制定实施第一议题制度。将深入学习贯彻习近平新时代中国特色社会主义思想作为捍卫"两个确立"、做到"两个维护"的首要任务，实时跟踪梳理《人民日报》等中央媒体公开发表的习近平总书记重要讲话并每月汇编成册，第一时间传达学习并结合实际提出具体贯彻落实要求。2021年，召开党组会议55次，学习贯彻第一议题115项。

二是建立学习贯彻习近平总书记重要指示批示精神落实机制。围绕深入学习贯彻习近平总书记对中国石油和中国石油相关工作的11次重要指示批示精神，按照PDCA（计划—执行—检查—处理）管理方法持续改进，不断完善任务台账，建立健全反馈、监督和评估机制，定期开展专项督查和"回头看"，形成贯彻落实常态化长效化机制。

三是印发实施《关于进一步加强党的政治建设的重点措施》。制定旗帜鲜明讲政治、坚定政治信仰、加强政治领导、提高政治能力、净化政治生态和增强狠抓落实本领6个方面、22条措施，对落实领导责任、抓住关键少数、强化制度保障和加强监督问责提出具体要求，压紧压实各级党组织和党员干部政治责任，以加强政治建设推动党的建设质量全面提升。

(二) 推进党的领导融入公司治理

中国石油着力强化党组政治功能和组织功能，充分发挥党组"把方向、管大局、保落实"的领导作用。

一是修订完善党组工作规则。把坚持党对国有企业的领导作为重大政治原则，认真履行"在经济领域为党工作"的重要职责，进一步规范和改进党组工作方式方法，突出党在企业治理结构中的法定地位。明确各治理主体权责定位，实现党组对企业的领导与董事会、经理层依法依章程履行职责相统一。

二是建立健全"三重一大"决策制度体系。修订实施《"三重一大"决策制度实施细则》，合理界定各决策主体决策事项范围。同时将决策事项细分为 75 个项目，分别由党组会议、董事会会议、董事会授权决策专题会议、总经理办公会议按照权限进行审议或审定。2021 年，召开党组会 64 次，研究重大事项 180 项。配套制定《党组前置研究讨论重大经营管理事项清单》，明确党组对 17 个方面、62 类事项进行前置研究，把方向性、大局性的意见融入董事会战略决策体系。

三是推动党的领导向基层延伸。指导所属企业规范"三重一大"决策，建立党组织保落实与经理层行使经营管理权有机统一的执行机制。印发《国有资产监督管理运行系统"三重一大"决策和运行监管子系统运行维护实施细则（试行）》，分业务领域组织培训和专题研讨，规范系统上下线、数据报送、权限管理，建立定期督导和整改销项"回头看"机制，为基层用好监管系统提供制度依据和业务指导。印发实施《关于党委在公司治理中发挥领导作用的评价办法（试行）》，结合党建责任制考核，促进所属企业党委发挥领导作用规范化、制度化。

（三）落实全面从严治党主体责任

中国石油牢牢牵住主体责任落实这个"牛鼻子"。2020 年 5 月制定《党组落实全面从严治党主体责任清单》，并于 2021 年 9 月进行修订，实现责任内容和责任主体全覆盖。

一是强化党组全面领导责任落实。把全面从严治党列入"四个坚持"（坚持高质量发展、坚持深化改革开放、坚持依法合规治企、坚持全面从严治党）兴企方略，推动党中央重大决策部署转化为工作举措、职工行动和发展成效。及时分析研判全面从严治党形势，部署重要工作、过问重大问题、协调重点环节、督办重要案件。2021年，以党组会议形式研究全面从严治党工作2次、纪检监察工作16次、巡视巡察工作6次。

二是严格落实"第一责任"和"一岗双责"。党组书记以身作则管好班子、带好队伍、抓好落实，加强对"一把手"和各级领导班子的监督，支持、指导和督促党组成员及所属企业主要负责人履行全面从严治党责任。党组副书记抓好全面从严治党工作的组织实施和监督检查。党组成员把管党治党要求融入分管业务，加强对分管领域党员干部的教育管理监督，定期向党组报告全面从严治党责任落实情况，每年至少到基层联系点指导党建和团建工作1次。

三是总部部门分工负责。明确党的建设工作领导小组作为全面从严治党议事协调机构。党组办公室、党组宣传部、党组组织部、党组巡视办公室、党群工作部、纪检监察组等职能部门发挥执行机构职能，分别牵头抓好党的政治建设、思想建设、组织建设、纪律建设、作风建设和强化监督，组织开展顶层设计和制度制/修订，统筹指导所属企业全面从严治党工作。建立基层联系点工作机制，总部部门相关处室"一对一"联系36个基层站队班组，总部员工服务基层的意识和能力进一步提升。

三、改革成效

中国石油在国企改革三年行动中加强党的领导、深化全面从严治党，有力促进了企业高质量发展。

一是改革发展沿着正确方向前进。在以习近平同志为核心的党中央正确领导和习近平新时代中国特色社会主义思想指引下，把习近平总书记重要指示批示精神贯彻落实到谋划战略发展、制定工作举措、完成重点任务、推进高质量发展的实践中，全集团捍卫"两个确立"、做到"两个维护"的坚定性和自觉性不断增强，以实际行动彰显"中国石油是党的中国石油、国家的中国石油、人民的中国石油"。

二是生产经营实现新的里程碑。立足"两个大局"、心系"国之大者"，中国石油党组组织研究制定公司"十四五"总体规划纲要及一系列专业、专项和区域规划，实施一系列开创性举措，取得一批历史性突破、标志性成果。2021年，中国石油主要生产指标稳定增长、主要财务指标创历史新高，超额完成国务院国资委业绩考核指标，为保障国家能源安全和国民经济稳增长做出了重要贡献。

三是良好政治生态逐步形成。中国石油全系统正风肃纪持续深化，不敢腐、不能腐、不想腐的制度体系不断完善，反腐败斗争取得压倒性胜利并全面巩固，党风企风持续向好，政治生态持续净化。特别是通过坚决彻底整改中央审计、巡视发现的问题，依法合规治企水平持续提升。

四是制度优势转化为治理效能。中国石油"三重一大"决策和运行监管系统建设入选国务院国资委"新时代中央企业党的建设成就巡礼展"并作为亮点进行展示；国资监管信息化建设在国务院国资委验收评估中被评为优秀，走在中央企业前列。党的领导融入公司治理各环节，做到组织落实、职责明确、监督严格，党组支持董事会、经理层依法行使职权，董事会、经理层维护党组发挥领导作用，形成权责法定、权责透明、协调运转、有效制衡的治理机制，中国特色现代企业制度更加完善。

5

深入实施"党建+"工程
推动党建工作与生产经营深度融合

国家电网有限公司

一、基本情况

国家电网有限公司(简称"国家电网")坚持以习近平新时代中国特色社会主义思想为指导,深入贯彻习近平总书记"围绕中心抓党建、抓好党建促业务"重要指示精神,持续推进"旗帜领航"党建工程,把实施"党建+"工程作为强化党建引领、促进改革发展的有力抓手,聚焦安全生产、重大保电、工程建设、科技创新等业务领域,抓实党建工作内嵌融入,打通顶层设计"最先一公里"和落实落地"最后一公里",形成横向协同、上下联动的工作链条,推动党建优势转化为企业生产力和核心竞争力。

二、经验做法

(一)坚持系统思维,强化党建与生产经营融入融合的顶层设计

注重抓党建工作从生产经营出发、抓生产经营从党建工作入手,围绕党建工作与业务融合"抓什么、怎么抓、怎么评",以公司党组党建工作领导小组文件印发《深入开展"党建+"工程的实施意见》和各专业

"党建+"工程实施方案,从集团层面对融入融合的目标任务、方法举措、评价标准、实施步骤等做出系统安排。

一是聚焦服务工作大局发力。紧紧围绕中央提出的保障大电网安全、建设新型电力系统、优化营商环境、推动产业升级、加强科技创新等一系列重大部署,找准党建与业务融合的切入点、着力点,推动"党建+"工程覆盖公司10个专业领域,持续创新活动载体和工作方式。各级党组织和广大党员更好地融入中心、服务大局,以扎实工作为党分忧、为国尽责、为民造福。

二是构建一体推进工作格局。压实各级党组织抓"党建+"工程责任,明确党组(党委)、各部门党组织、基层党支部、广大党员在抓融合、促发展中的定位职责,层层传导、环环相扣,形成党组(党委)抓统筹、业务部门抓融合、一线支部抓落实、广大党员争先锋的工作格局,营造齐抓共管的良好局面。

三是加强工作成效考核评价。从党建引领情况、目标任务完成情况、业务与党建融入融合情况三个维度,制定各专业"党建+"工程评价标准,每个专业均设置10余项指标,细化明确评分标准。将"党建+"工程成效纳入专业部门考核评价,并作为党委书记抓党建述职评议考核、党建工作绩效考评的重要内容,确保"党建+"工程在专业领域能落地、可评价。

(二)凝聚工作合力,激发各专业党组织抓党建促发展的积极性和创造性

牢固树立"抓业务必须抓党建"理念,由业务部门党组织牵头,明确各专业领域党建与业务的结合点,确保业务工作与党建工作同部署、同落实。

一是实施"党建+安全生产"工程。引导各级党组织和广大党员从讲

政治的高度深刻认识安全工作，在安全生产和安全督查中发挥带头作用。开展党员身边无违章活动，推动党建与安全生产联动评价，守住电网安全生命线。

二是实施"党建＋重大保电"工程。强化党对重大保电任务的组织领导和动员部署，在保电一线建强党组织，打造党员先锋团队，广泛开展党员与职工群众结对帮带活动，高质量完成保电任务。

三是实施"党建＋基建"工程。坚持支部建在项目上，严格工程现场组织生活，开展党员承诺践诺、争先晋位等活动。加强对参建人员的关心关爱和廉洁教育，激发打造精品工程的精神动力。

四是实施"党建＋特高压建设"工程。将党建工作融入特高压建设各环节，促进特高压工程建设管理水平提升，激励广大建设者团结协作、比学赶超。

五是实施"党建＋提质增效"工程。加强形势任务教育，开展多种形式主题实践活动，引导广大党员和干部职工深入推进提质增效专项行动，积极参与增供扩销、管理提升、技术优化等，打造国际领先的经营实力。

六是实施"党建＋优质服务"工程。建强营销窗口和供电站所党组织，广泛开展党员服务示范活动，在助力乡村振兴、优化电力营商环境等工作中带头攻坚，以实际行动架起党群连心桥。

七是实施"党建＋科技创新"工程。发挥党的组织优势，深入实施"新跨越行动计划"，加强创新型党组织建设，激发基层创新创造活力，集中力量攻克核心技术，培养一流科技人才，努力抢占能源电力科技发展制高点。

八是实施"党建＋产业升级"工程。聚焦产业升级重点任务，充分发挥党委领导作用，加强形势任务研判分析，引导党组织和党员在突破难点、增创优势、提质增效等方面争当先锋，推动支撑产业和战略性新兴产业高质量发展。

九是实施"党建+物资管理"工程。以推进现代智慧供应链高质量发展为方向，开展理想信念"铸魂"、党组织建设"强基"、供应链运营"争先"、物资战线"清风"、物资队伍"聚力"行动，持续提升物资管理质效。

十是实施"党建+电网调控"工程。深刻认识保障大电网安全的极端重要性，推动调控系统党组织加强作风和能力建设，积极创建党员先锋团队，深入开展"双培养一输送"，全力保障电网安全稳定运行。

（三）注重实践实效，在推动改革发展中提升党建与业务融合的工作价值

着眼破除党建与业务"两张皮""两条线"，在融合载体、作用发挥、工作机制等方面积极创新突破，使"党建+"工程在推动公司改革发展中焕发强大活力。

一是直面急难险重关键考验。坚持把攻坚克难作为实施"党建+"工程的重要战场，面对电煤供应短缺等导致的电力紧缺问题，坚决扛起电力保供重大责任，牢牢守住大电网安全生命线和民生用电底线，充分发挥党员先锋模范作用，4万余名一线骨干进企入户，现场服务70万人次，为打赢电力保供攻坚战发挥了重要作用。在河南省特大洪涝灾害发生后，公司各级党组织和广大党员尽锐出战，组建党员突击队535支，成立临时党支部310个，以"电不通、我不撤"的战斗精神，全力抢修受损电网设施，有力彰显先锋本色。

二是建强创先争优特色载体。践行"人民电业为人民"的企业宗旨，建立4800余支共产党员服务队，11万名队员有呼必应、有难必帮，累计服务客户8000余万次、参与抢修抢险808万次、开展志愿帮扶335万人次，以用心用情的服务做好电力先行官、架起党群连心桥。结合重大工

程、重要攻坚、重点工作，创建党员责任区 5.6 万个、示范岗 6.7 万个，广泛开展"三亮三比"活动，引导广大党员在各条战线冲锋在前、奋勇当先，让党旗始终在基层阵地高高飘扬。

三是建立改进提升长效机制。固化"党建+"工程经验做法，每年年初部署安排、定期报送反馈、年底总结评估，并在此基础上提炼典型经验、优化内容载体，形成闭环管理、持续改善的长效机制。强化过程管控，依托量化计划管理、对标管理、年度考评等，及时研究解决存在问题，在实践中提升"党建+"工程的效用和价值。

三、改革成效

实践证明，开展"党建+"工程是强党建、抓融合、促发展的有效形式，得到了各级党组织和广大党员的普遍认可，取得了明显成效。

一是走出了党建与业务深度融合的新路子。将基层破解"两张皮"零散的创新做法，提炼总结形成系统的"党建+"十大工程，并在实践中不断完善和发展，真正把党建服务生产经营不偏离的要求落到实处。

二是形成了业务部门党组织抓融合的新模式。"党建+"工程明确业务部门党组织是抓融合、促落实的责任主体，在开展业务工作中真正发挥了正向推动作用，实现了从"要我加"到"我要加"的转变。强化党建引领、抓好融入融合，已经成为各部门党组织共同的"责任田"，有效调动了业务部门的主动性。

三是激发了党组织和党员担当作为的新活力。"党建+"工程紧密结合中心工作，把发挥党组织战斗堡垒作用和党员先锋模范作用要求转化为具体的目标和任务，方向更加明确、价值更加彰显。党组织和党员心往一处想、劲往一处使，增强了干事创业的内在自觉和内生动力，凝聚起推动公司高质量发展的强大合力。

6

创新完善体制机制 强化监督支撑保障
坚定不移推动改革发展落实落地

中国华电集团有限公司

一、基本情况

中国华电集团有限公司（简称"中国华电"）是 2002 年底国家电力体制改革时组建的国有独资发电企业，是国务院国资委监管的特大型中央企业，也是中央直管的国有重要骨干企业。主要业务包括发电、煤炭、科工、金融四大产业板块，资产及业务主要分布在全国 31 个省（自治区、直辖市）以及印尼、柬埔寨、俄罗斯、西班牙等多个国家。中国华电控股 6 家境内外上市公司，现有职工 9.3 万人，资产总额 9543 亿元。中国华电党组切实用习近平新时代中国特色社会主义思想武装头脑、指导实践，增强"四个意识"、坚定"四个自信"、做到"两个维护"，牢记"国之大者"，不断完善中国特色现代企业制度，构建立体监管格局，优化监督机制，强化国有资产监管。

二、经验做法

（一）深入推进放管结合，为改革发展"增活力"

一是充分发挥制度优势。坚持"两个一以贯之"，推动党的领导融入公司治理，修订"三重一大"决策事项清单，开发上线"三重一大"决策运行管理系统，实现决策事项的系统集成和在线监督。开展覆盖全系统的公司治理专项行动，不断提升治理效能。构建形成"三横三纵"制度图谱，"一体系、一张网"现代企业制度管理被国务院国资委确定为管理提升标杆项目。面对严峻的能源供应形势，把保发电、保供暖作为最现实的"国之大者"，成立6个安全保供督导小组和8个保供协调工作专班，强化统筹协调，实现"满格"保供，充分发挥央企"顶梁柱"作用。

二是优化运营管控体制。不断完善总部"抓总"、区域"做实"、基层"强基"三级管控体系，强化重点领域管控。创新财务资产集约化管理模式，设立总部财务共享中心和10个区域分中心。加强采购监督管理，形成"需求、采购、决策、监督"四分离工作机制和"采购平台、评标场所、招标代理、评标专家库、招标监督人员库、供应商库"六统一采购模式。加强电煤采购管理，建立"在线调运平台、供应商管理平台、采购竞价平台和燃料运销管理系统"集约化采购管理机制。

三是加大授权放权力度。实施分级分类授权放权，总部授权放权事项增加31%。聚力落实"碳达峰、碳中和"重大战略决策，制定风光电高质量发展20条措施，赋予直属单位更大自主决策权。实施首批13个"揭榜挂帅"科技项目，授予科技创新领军人才更大的技术路线决定权和研发经费使用权。培育和构建起"华电睿"系列电力自主可控工控系统、燃机控制系统、氢能技术装备等关键核心技术及装备体系。

（二）构建立体监管格局，为改革发展"筑防线"

一是强化风险防控。按照"能合则合、可分可合、高效协同"的思路，推进内控合规风险一体化管理。加强监督信息化建设，建立数字电厂标准规范，应用区块链技术保障招投标数据可控在控。强化境外项目监督，开展境外法律风险专项排查、产权管理监督检查、境外腐败专项治理和审计监督，以合规检查方式开展境外企业巡视工作。

二是加强联合监督。构筑业务监督、职能监督、执纪监督"三道防线"，总结形成的华电"大监督"体系实践成果荣获中央企业党建研究会优秀成果一等奖。深入整治"靠企吃企"，针对招标采购、工程建设等重点领域以及"小散远"项目，连续开展15项次专项整治工作。制定违规经营投资责任追究办法，将责任追究范围拓展到16个方面、116种情形，实现追责情形清单化、系统化。坚持依法信息公开，实现13类主动公开信息"应公开尽公开"，坚持每年开展"度度关爱"社会责任月，连续14年发布社会责任报告。

三是深化提级监督。高质量开展巡视，提级巡视92家基层企业党组织，实现对直属单位巡视全覆盖。深化审计监督，建立"总部统领、分级负责、全面覆盖"的"上审下"的审计管理工作体制，近3年累计完成经济责任审计334项，开展工程项目审计1105项。强化执纪监督，将正厂级和基层企业主要负责人的问题线索提级到监督中心办理，将重要复杂问题提级到纪检监察组办理。2020年以来，公司系统问题线索处置数、立案审查数、纪律处分人数实现"三同降"。

（三）健全完善监督机制，为改革发展"强保障"

一是建立监督考核机制。构建以质量效益、战略发展、改革创新、安全环保为主要内容的业绩考核体系。把监督工作纳入"大党建"考评体系，把党建考评结果转化为系数（0.95~1.1）与经营业绩考核得分相乘作为直属单位综合业绩得分，实现从"软任务"向"强激励"的有效转变。

二是健全监督组织体系。在央企总部层面率先成立监督部，负责违规经营投资责任追究工作，设立7个区域监督中心作为监督部的派出机构。设立8个派驻审计处，人员、经费、业务三要素独立于直属单位。成立党风廉政建设和反腐败工作协调小组，统筹协调党内监督、审计监督、民主监督等监督资源，加强工作协同，形成监督合力。

三是建立容错纠错机制。牵头承担国务院国资委首届"揭榜挂帅"《关于经营投资尽职合规免责事项的研究》重大研究课题，印发尽职合规免责清单，既侧重设置违规违纪"高压线"，又注重营造干事创业"安全区"。落实"三个区分开来"，制定《受处分人员回访工作暂行办法》，对受处分后悔错改错、表现突出的干部继续使用。开展以干部清正、企业清廉、政治清明为主要内容的"三清企业"创建工作，干部职工纪律规矩意识持续增强。

三、改革成效

一是党的领导更加坚强有力。建立《深入学习贯彻落实习近平总书记重要指示批示精神工作制度》，确保习近平总书记重要指示批示精神在公司系统不折不扣落实到位。坚持"两个一以贯之"，全面完成"党建入章程""党政一肩挑"。资产负债率、归母净利润等指标在同类企业中排名前列。充分发挥"国家队""顶梁柱"作用，在能源保供、定点扶贫等方面，彰显央企担当，贡献华电力量。深入贯彻落实"碳达峰、碳中和"重大战略决策，在发电行业率先发布碳达峰行动方案，全面加快绿色转型。加快打造原创技术策源地和现代产业链链长，在国内率先补强升级了覆盖火电、水电、风电、电网的"华电睿"电力自主可控工控系列产品。

二是党的建设质量明显提升。将党建工作与经营业绩考核有机衔接，党组织书记抓党建述职评议和二级单位党建工作责任制考评作用发挥明显，落实国有企业领导人员"20字"要求，近年来选人用人工作总体评价较好。选优配强党务干部，在规模较大的二级单位党委配备专职副书记，二级单位纪委书记全部异地交流。深化基层党支部标准化规范化建设，遴选命名 3 批、399 个"示范党支部"。持续纠治"四风",特别是形式主义、官僚主义,大力弘扬"马上就办、办就办好"的工作作风。在中央企业 2020 年度党建工作责任制考核中,中国华电党组被评为 A 档。

三是全面从严治党不断向纵深推进。持续强化执纪问责,"不敢腐"的震慑效应持续巩固。2018 年以来,公司系统共处分 960 余人,实现了减存量、遏增量。"不能腐"的笼子越扎越紧,2018 年以来,修订制度 240 余项,新建制度 130 余项,构筑起以纪检监察、巡视巡察、审计为主体监督力量,业务监督、职能监督、执纪监督"三道防线"协同发力的"大监督"体系。"不想腐"的氛围不断强化,通过"一年一主题"开展反腐倡廉宣传教育月活动,持续推进"三清"企业创建工作,风清气正的政治生态更加浓厚。

7

聚焦"四个融入" 增强治理效能
党的政治优势成为高质量发展核心能力

中国长江三峡集团有限公司

一、基本情况

经国务院批准,中国长江三峡工程开发总公司于1993年成立,2017年更名为中国长江三峡集团有限公司(简称"中国三峡集团")。历经近30年持续、快速、高质量发展,中国三峡集团已成为全球最大的水电开发运营企业和我国最大的清洁能源集团。中国三峡集团全面贯彻习近平总书记对集团历次重要讲话指示批示精神,深入实施国企改革三年行动,将党的领导融入集团治理各环节,把握融入功能定位,夯实融入基础保障,完善融入体制机制,强化融入监督落实,保证了企业治理体系和治理能力现代化水平持续提升,党的领导为企业高质量发展提供了不竭动力。中国三峡集团党建工作考核连续两年获评A级,"两利四率"长期保持领先,被国务院国资委确定为国有企业公司治理示范企业和创建世界一流示范企业。

二、经验做法

(一)准确把握党的领导融入公司治理的功能定位

一是把好集团正确发展方向。认真落实第一议题制度,制定涵盖5章

27条的党组贯彻落实习近平总书记重要讲话指示批示实施办法、涵盖17项任务32条措施的在完善公司治理中加强党的领导的实施方案,以制度流程保证党组落实中央决策部署。

二是管好集团改革发展大局。建立重大经营管理事项历史回顾分析模型、流程路演分析法和实时纠偏机制,科学制定17类89项党组前置研究事项清单、7类26项决定事项清单、9个方面48项董事会授权事项清单,党组"议事""定事"、董事会"决事"、经理层"管事"范畴一目了然。

三是落实集团战略发展定位。国家发展改革委、国务院国资委明确中国三峡集团战略发展定位后,党组第一时间制订实施方案,定期研究战略落实情况,牵头建立董事会、经理层等治理主体之间磋商机制,不断推动清洁能源与长江生态环保"两翼齐飞"。

(二)全面夯实党的领导融入公司治理的基础保障

一是落实党组织在公司治理中的法定地位。制定全集团通用的党建入章参考范本,分层分类明确党组织在机构设置、职责权限、运行机制、基础保障等方面的具体要求,保证党组织的企业法定地位更加具象化、规范化。以"四把关"(把好思想政治观、改革发展方向、保值增值方向、纪律廉洁方向)"一肩挑"为重点夯实党组织发挥作用基础,切实履行重大决策事项把关定向职责。二级公司主要领导"一肩挑"全覆盖,规模较大的公司均配专职党委副书记,利用胜任素质模型配好配强班子,为党的领导融入公司治理提供组织保证。

二是因企施策授权保障党组织精准履职。按照"一企一策"原则制定二级公司授权放权事项清单,同步明确党组织履职要求,在"松绑赋能"的同时加强"导航定位"。制定混合所有制改革指导意见,对混改企业党组织在公司治理中的法定地位、组织设置、"议事""定事"范围路径和监督考核等进行规定,所属重庆长电联合能源有限责任公司实施"国家特殊管理股"制度,打造重庆三峡水利电力(集团)股份有限公司等混合所有制改革示范样板。

(三)持续完善党的领导融入公司治理的体制机制

一是建立科学完善的决策闭环机制。构建以"一方案、两清单、三规则"为主线、基本管理制度为主体的"1+2+3+N"公司治理制度体系,出台所属单位"三重一大"制度制订审批、党委议事决策、新设单位决策、法人党支部研究把关四类基本规范,建立治理主体运行规则"路演"、运行过程"协同"、运行效果"体检"三大机制,构建重大经营决策事项100%党组前置研究讨论、100%经过法律审核、100%会前充分沟通"三个100%"机制,确保治理主体各司其职、高效运转。

二是建立党建与生产经营互融互促的工作机制。坚持全面从严治党,成立党的建设和全面从严治党领导小组,印发党组、党委、党支部三级责任清单,构建管党治党责任体系、制度体系、落实体系和保障体系,结合生产经营开展国家重大工程"大党建""党员领先指数"等党建创新,连续5年开展党委书记述职评议,连续4年开展所属单位党建工作考核,将党建工作考核与经营业绩考核相印证、与领导班子综合考核评价相衔接,以高质量党建引领高质量发展。

三是建立充分有效的激励约束机制。坚持党管人才,为人才选拔任用激励提供体制保障。深化三项制度改革,实施包含12项举措、10项薪酬分配要素、4种退出类型的市场化选人用人指导意见,所属子企业经理层成员任期制和契约化管理全覆盖,在中国长江电力股份有限公司(简称"长江电力")、三峡资本控股有限责任公司等重要子企业实施职业经理人制度,"选育用留汰"全面市场化。针对集团化作战和团队激励为主的业务特点,创立"赛艇式"干部激励机制,实现个人激励与组织战略"同频共振"。全面铺开股权激励、科技型企业岗位分红和科技创新专项激励、资源获取专项激励的正向激励举措。率先制定容错纠错指导意见和经营投资免责事项清单，鼓励干部职工干事创业。

（四）不断强化党的领导融入公司治理的监督落实

一是突出重点开展监督。聚焦贯彻落实习近平总书记对中国三峡集团历次重要讲话指示批示精神，围绕防范化解重大风险进行监督，加强法律、风险、内控、合规一体化建设，有效防范化解投资、债务、金融等经营风险。围绕关键少数，加强对"一把手"和领导班子的监督，深入开展"靠企吃企"专项整治和专项巡视，组织对全集团2072名领导干部廉政"体检"。

二是严格推进党内监督。推动党组全面监督、纪检监察组专责监督、党的工作部门职能监督、党的基层组织日常监督、党员民主监督互联互通，建立党组与纪检监察组重要情况通报交流机制，定期听取纪检监察组监督意见，并逐项闭环整改销号。

三是完善企业内部监督。明确纪检监察、巡视、财务、审计等部门的监督职责，健全信息沟通、线索移交、成果共享、程序衔接机制，加强内部监督力量联动配合，确保无缝衔接。针对所属单位在党的领导融入公司治理等方面存在的问题，深入开展"一企一领域"专项整治，提升治理效能。

三、改革成效

一是国有资产效率效益显著提升。2年来，中国三峡集团党组累计讨论或决定事项123项，涉及投资金额超3000亿元，"把方向、管大局、保落实"的作用充分发挥。2021年，实现利润总额603亿元、净利润507亿元，均创历史新高，以406万元/人的全员劳动生产率继续领跑央企。所属长江电力、中国三峡国际股份有限公司成功开展境外上市和引战，因资产优质属性和高成长预期受到摩根大通等国际资本关注，分别募资19.63亿美元和17.22亿美元，创近年来中资企业海外上市和引战最好水平。

二是服务国家重大战略能力持续增强。聚焦"碳达峰、碳中和"，长江干流6座世界级水电站陆续投产，全球最大沿江清洁能源走廊基本成型；全球最大300万千瓦"源网荷储"项目顺利推进，中国三峡集团清洁能源装机容量突破1亿千瓦，海上风电装机规模全国第一。共抓长江大保护，实现沿江11个省市业务全覆盖，累计落地投资超2000亿元，惠及2300万人。

三是央企姓党根本属性全面彰显。全体职工拼搏迎战2020年长江大洪水，使三峡工程成功应对1882年以来最大洪峰，60万沿岸群众免于搬迁；精准实施扶贫项目1000多个，惠及110个县数百万贫困群众，荣列国有企业公益发展指数榜首。在2021年迎峰度冬能源保供期间，不讲条件、不计代价，所辖电站均保持顶峰发电能力，大水电顶峰出力5759万千瓦，相当于全国最大负荷的4.8%，在全国保供最困难时期发挥了重要作用。

8

以"两和"主题实践活动推进党建工作和生产经营深度融合

中国移动通信集团有限公司

一、基本情况

中国移动通信集团有限公司（简称"中国移动"）是按照国家电信体制改革的总体部署，于2000年组建成立的中央企业。自成立以来，中国移动在党中央、国务院的正确领导和上级部门的大力支持下，始终致力于推动信息通信技术服务经济社会民生，以创世界一流企业，做网络强国、数字中国、智慧社会主力军为目标，坚持创新驱动发展，加快转型升级步伐，已成为全球网络规模最大、用户数量最多、盈利能力和品牌价值领先、市值排名前列的电信运营企业。

中国移动认真贯彻落实习近平总书记在全国国有企业党的建设工作会议上重要讲话精神，始终坚持党对国有企业的领导不动摇，切实在公司治理中加强党的领导，积极探索实践党建工作和生产经营深度融合新模式，创新开展"党建和创""质量达标和格行动"主题实践活动（简称"两和"），把"两和"作为党的政治优势转化的重点任务，以高质量党建引领和保障高质量发展，不断筑牢创世界一流"力量大厦"根基。

二、经验做法

（一）"党建和创"聚合力，打造数智化转型发展的"推进器"

中国移动作为网信领域的"国家队"，践行现代产业链链长主体支撑、融通带动职责，在推动传统通信服务向信息服务拓展延伸中，创新开展"党建和创"主题实践活动，以互联共享为基础，以互促共赢为目标，坚持"拓规模、提质量"，通过联合客户、合作伙伴以及公司不同专业条线、不同层级党组织，开展理论同学、组织同建、品牌同筑、服务同行、成效同享等联合共建活动，实现与共建单位的合作共赢。

一是在理论同学中点亮精神火炬。公司各级党组织联合"党建和创"对象，开展第一议题学习、党员学习教育等，创新推动5G、直播、VR技术等与红色资源深度融合，联合属地红色纪念地，共建立606个红色文化教育基地；面向革命老区的114个红色场景打造了一张红色精品网络；中国移动投资有限公司打造"党建和创"共建联盟，带动非公参股企业深化党史学习教育。

二是在组织同建中助推产业转型。与"党建和创"对象举办联席会、成果交流会、信息生活体验，聚焦18个行业，打造200余个龙头示范项目、4000余个商用案例，推动5G信息服务融入千行百业。例如，在习近平总书记考察过的"七星农场"探索"无人化农场"，助力"5G+智慧农业"。

三是在品牌同筑中打造行业样板。与"党建和创"对象发挥各自优势，聚焦传统产业升级痛点难点，开展业务攻关、技术攻坚，打造一批产业数字化品牌。如联合中国远洋海运集团有限公司、东风汽车集团有限公司发布"5G+无人驾驶赋能智慧港口"项目；联合华为技术有限公司、阳泉煤业（集团）有限责任公司打造国内首个"5G+智慧矿山"项目。

四是在服务同行中砥砺为民情怀。联合"党建和创"对象，通过"岗区队"等载体，助力公司完成客户服务提升、电信网络诈骗治理等1879项实事好事。创新实践"网络+"扶贫模式，助力108万贫困人口脱贫，连续3年获中央企业定点扶贫考核最高等级。实施"数智乡村振兴计划"，开展"智慧社区""平安乡村""数智乡村"建设。依托10086服务平台助力各级政府开通12345政务服务便民热线，推进信息技术服务社会民生。

五是在成效同享中繁荣数智生态。将党建优势与产业优势结合，提升"党建和创"双方业务竞争力、行业影响力和品牌软实力，共同探索智慧城市、智慧交通、工业互联网等领域合作，携手1400多个合作伙伴共创5G生态繁荣，助力千行百业转型升级，为产业数智化赋能。截至目前，已开发"党建和创"对象6万个，签订合作项目3.98万个，合作金额达380.36亿元。

（二）"和格行动"激活力，打造网格化运营改革的"催化器"

中国移动立足基层社会治理网格化发展趋势，以网格化运营改革激发基层活力，坚持将党的政治优势转化到一线，党建工作和生产经营融合在网格，创新开展"质量达标 和格行动"主题实践活动，围绕组织覆盖、改革深化和实践创效三大目标，把提高企业效益、增强企业竞争实力、实现国有资产保值增值作为国有企业党组织工作的出发点和落脚点，切实把党的政治优势转化为创新优势、竞争优势和发展优势。

一是在组织覆盖中畅通党建"最后一公里"。落实"四同步""四对接"，依托1.83万个网格，实现全国95%的行政村有网格或渠道人员，近1.5万名党员、10万名员工直接从事客户服务和信息化工作。加强组织覆盖，充分发挥网格长、网格自有党员和党建指导员的作用，累计发展党员网格长7455名，网格自有党员1.8万名，创新开展党员派驻，配备党建指导员2.22万余名。加强党建指导员配备、培训和管理，全面消除"空白班组",实现基层一线网格党组织力量全覆盖。例如,中国移动通信集团浙江有限公司在全省公开选拔配备党建指导员,制定实操手册,推动党建指导员心系网格、身下网格、力到网格,让"有困难找党建指导员准没错"成为基层网格共识。

二是在改革深化中锤炼骨干"墩苗壮骨"。深化运营和支撑体系改革,建立优化流程体系,做好网格化IT赋能,强化"倒三角"工作支撑。优化考核激励,构建"能上能下、能进能出、能高能低"的"三能"机制,推动2.35万名后台人员下沉一线网格;推进网格长任职资格体系建设,开发课程组织网格长在线学习,网格已经成为一线骨干的"练兵场"、基层干部的"蓄水池"。例如,中国移动通信集团陕西有限公司渭南分公司韩城龙门网格创建"553"工作法,实现了支委、指导员、市场主管、行业经理、青年骨干下沉网格,推动网格问题收集解决闭环管理。

三是在实践创效中筑强网格"前沿阵地"。激发末端运营单元活力,发挥网格"探头"作用。通过"和格行动",进一步完善"集团管总、区域主战、专业主建"的运营体系,提高"炮火"精准投递的联动能力。在5G新基建主战场,用两年多的时间建设了超70万个5G基站,5G上珠峰、下矿井、入海港、进工厂、助抗疫、保防汛,网格"主产区"作用进一步发挥,入格收入占出账收入的88.65%。例如,中国移动通信集团江苏有限公司持续强化网格与社区的紧密联结,通过移动"小网格"做实为民"微服务",兜住"大民生",助力475个DICT项目签约。

(三)深化"两和"强能力,打造公司履行社会责任的"加速器"

中国移动始终坚持以习近平新时代中国特色社会主义思想为指引,传承"人民邮电为人民"的优良传统,激发全员活力,练就过硬本领,积极履行社会责任。

一是在维护网络安全方面,积极落实习近平总书记关于打击电信诈骗重要指示精神，联合公安部门实施"断卡"行动，累计清查处置手机号码1500万张，协助公安机关抓获犯罪嫌疑人1163人，月均电信网络诈骗涉案号码量较上年下降38%，治理评价指数保持行业领先。

二是在抗疫的大战大考方面，以网格化改革推动生产关系变革，划好责任田、建好责任制、选好责任人。在新冠肺炎疫情防控中，"两和"充分发挥效能，联合政府、企业等各类合作伙伴，广泛动员基层党组织和网格，1.4万个党员突击队、2.8万余个党员先锋岗投身一线，36万余名干部员工参与群防群治。

三是在重大活动通信保障方面，基层党组织和网格党员圆满完成庆祝建党100周年、北京冬奥会等重大活动和网络安全保障，全力做好河南、湖北、山西等地防汛救灾通信保障。例如，中国移动翼龙"高空基站"从贵州安顺飞驰1200千米紧急支援河南省米河镇灾区，充分彰显了中国移动"硬核铁军"的精气神。

三、改革成效

一是"两和"持续提升了党建工作质量。"两和"充分发挥了党建引领作用，提升了中国移动基层党组织政治功能和组织力，有效破解了"两张皮"问题，使公司各级党组织和党员干部员工充分认识到党建工作做实了就是生产力、做强了就是竞争力、做细了就是凝聚力。夯实高质量党建的基层和基础，发布《奋力迈向高质量》党建图书成果，推广落实《标准》《标杆》《和格》《和创》作为基层党建培训班的必修课，有力促进基层党组织建设标准化规范化，实现党建工作在基层一线的有形和有效覆盖。

二是"两和"有力助推了企业改革发展。中国移动充分发挥党组织的战斗堡垒作用，以"党建和创"加速推进公司数智化转型，为全社会数智化转型发展赋能，以"和格行动"助推企业运营和支撑体系改革，牵引网格改革全力推进，取得了显著成效。聚焦公司数智化转型和高质量发展，2021年，全集团有业务收入和创对象超3万个，收入正增长网格占比达94%。"两和"有力促进了业务发展结构优化，助力公司业绩创十年新高，实现了公司"十四五"规划的良好开局。

三是"两和"充分激发了全员奋斗活力。"两和"坚持"实践＋教育"，把筑基育人、兴业为民落到实处，推动2.35万名后台人员下沉一线，1.7万名网格长、1.8万名网格自有党员和2.22万名党建指导员奋战在一线。进一步加强了员工关爱，抓住了"人心红利"，网格"五小"建设投入历年最多。将领导干部抓"两和"情况纳入政治监督，党员宗旨意识和服务能力不断强化，更好地发挥了党员的先锋模范作用，实现树正气、提士气、强能力、聚合力、激活力。

9

以高质量党建引领联合重组
为企业做强做优做大提供坚强政治保障

中国宝武钢铁集团有限公司

一、基本情况

中国宝武钢铁集团有限公司（简称"中国宝武"）由原宝钢集团有限公司和武汉钢铁（集团）公司联合重组而成，于2016年12月揭牌成立。中国宝武定位于提供钢铁及先进材料综合解决方案和产业生态圈服务的高科技企业，以"共建产业生态圈推动人类文明进步"为使命，以"成为全球钢铁及先进材料业引领者"为愿景。

中国宝武党委坚持以习近平新时代中国特色社会主义思想为指导，认真贯彻落实党中央、国务院关于促进我国钢铁行业健康发展，加快产能过剩行业兼并重组的决策部署，始终把党的领导、党的建设贯穿始终，先后联合重组马钢（集团）控股有限公司（简称"马钢集团"）、太原钢铁（集团）有限公司（简称"太钢集团"）等多家大型钢铁企业，实现了"亿吨宝武"的历史性跨越，蹚出了一条由党建引领企业联合重组，服务国家富强、民族振兴的产业发展新道路。

二、经验做法

中国宝武党委充分发挥党的政治优势、组织优势和群众工作优势，抓好顶层设计，明确战略定位，坚持将党的领导融入公司治理，注重党建引领和文化融合，精心谋划、积极作为，确保联合重组顺利推进。

（一）充分发挥党的政治工作优势，在联合重组中定位企业发展方向

始终牢记习近平总书记关于"两个一以贯之"的重要论述，在加快推进联合重组中，坚持党委把关定向不能变，切实把加强党的领导和完善公司治理统一起来。

一是把准政治方向。深入学习贯彻习近平总书记"坚定不移把国有企业做强做优做大"的重要指示，分析钢铁行业产业集中度低、铁矿石对外依赖严重、低端无序竞争等诸多问题，提出联合重组是适应和引领国内钢铁行业未来持续健康发展的必然要求。

二是坚定发展信念。认真学习贯彻习近平总书记到中国宝武马钢集团考察调研时的重要指示，不断提高政治站位，坚持做强做优做大的道路自信，保持战略定力，深化联合重组、整合融合，加快布局结构调整和产业转型升级，促进各利益相关方共同成长，驱动钢铁生态圈持续健康发展。

三是完善决策机制。在联合重组决策中统筹谋划党的建设、企业改革发展和整合融合工作，党委按照"三个坚持、四个把关、四不上会"的原则进行前置研究，坚持党委集体研究讨论、坚持充分落实党委意图、坚持党委把关不决策，从党和国家方针政策角度把好政治关、从公司发展战略角度把好方向关、从防止利益输送等党纪党规角度把好纪律关、从法规制度角度把好规则关，决策条件出现重大变化的不上会、临时动议的不上会、论证不充分的不上会、意见分歧较大的不上会，确保有关决策部署、改革举措符合党和国家方针政策、战略方向和法律法规。

（二）充分发挥党的组织工作优势，在推动整合中提高联合重组效能

始终牢记习近平总书记关于"企业发展到哪里、党的建设就跟进到哪里"重要论述，在联合重组中始终坚持有利于加强党的领导、有利于开展

党的组织生活、有利于党员教育管理、有利于联系群众的原则，不断探索创新联合重组后的基层党组织管理模式。

一是坚持党组织建设与企业组织架构同步整合。按照"四同步""四对接"要求，在联合重组中，同步考虑党组织的设立和党组织领导班子的配备；在推进专业化整合中，动态调整党组织设置；充分发挥区域总部的作用，推进属地化党组织的统一管理，提升协同效应。

二是加强党员领导人员队伍和人才队伍交流。深刻领会习近平总书记关于国企领导人员"20字标准"和党管人才的重要论述，以"三跨两多""1+X"人才工作体系建设为抓手，大力推进领导干部交流任职和跨区域人才培养，加速促进联合重组后业务整合融合。

三是在联合重组中不断加强党建工作标准化规范化。构建与"一总部多基地"矩阵式管理模式相适应的制度体系，编制《基层党委工作标准》和《党支部工作标准》，形成"中国宝武制度树"；制定实施《关于加强基本组织基本队伍基本制度建设的实施办法》，从2017年起每年连续开展多轮"三基建设"专项检查，着力解决联合重组后不同基层企业党建工作参差不齐的问题。

（三）充分发挥党的思想工作优势，在高效融合中凝聚共识、汇聚力量

始终牢记习近平总书记关于"思想政治工作是国有企业的传家宝"重要论述，推进思想政治工作与企业文化建设有机统一，进一步统一联合重组企业员工思想。

一是开展"钢铁荣耀 铸梦百年"活动，打造"同一个宝武"文化。组织员工回顾1890年建立江南制造局炼钢厂后的130年钢铁发展史，提出"同一个宝武、同一种文化、同一个梦想"的文化理念，帮助联合重组企业员工尽快融入中国宝武管理体系，引导带动全员高度认同，以"人人都是主人翁"的觉悟最大化释放协同效益。

二是在联合重组后推动党建工作与生产经营相融合。立足自身产业特点和生产经营实际，通过党员"登高计划"活动、党员责任区和党员示范岗等工作载体，开展"学讲话、促强大、展后劲"实践活动，党员发挥先锋模范作用，以良好的工作作风和精神状态影响群众、带动群众，发现和解决生产问题、推进关键核心"卡脖子"技术难题攻关，有效促进了霞浦快堆核电工程、港珠澳大桥、三峡白鹤滩水电站等重大项目实施。

三是跨区域开展"钢铁生态圈党组织结对共建"活动。通过各生产基地之间党组织共建，加速融合过程，加强跨区域交流，以共建活动为平台参与党内活动，使党员意识得到加强、党性觉悟得到提高，基层党组织功能得到完善，不断激发强党建促发展的内生动力，切实把党建优势转化为中国宝武联合重组、整合融合的发展优势。

三、改革成效

2016 年 12 月以来，中国宝武成功联合重组马钢集团、太钢集团，实际控制重庆钢铁股份有限公司，受托管理中国中钢集团有限公司、重庆钢铁（集团）有限责任公司、昆明钢铁控股有限公司，初步建立了与中国钢铁业全球地位相匹配的企业空间规模体系，进一步完善了"弯弓搭箭"空间布局，形成了可复制、可推广的联合重组发展模式，党建引领企业联合重组、改革发展取得实效。

一是经营发展迈上崭新台阶。2020 年，中国宝武钢产量达到 1.15 亿吨，实现"亿吨宝武"的历史性跨越，问鼎全球钢企之冠。在 2021 年《财富》世界 500 强榜单中，中国宝武首次跻身前 100 强，排名第 72 位，继续位居全球钢铁企业首位。2021 年，中国宝武经营业绩创历史最好水平，按管理口径和经营利润计，基本达成中国宝武第一次党代会提出的"亿万千百十"目标，公司影响力、美誉度不断提升，在世界钢铁业中的地位和作用日益凸显，充分展现出国有经济战略支撑硬核力量。

二是科技攻坚取得丰硕成果。中国宝武在钢铁行业中率先提出"双碳"目标，按照习近平总书记重要批示精神，系统谋划、科学制订实施"双碳"行动方案，牵头成立全球低碳冶金创新联盟，设立低碳冶金技术创新基金，发布碳中和冶金技术路线图，引领行业践行绿色低碳战略。自觉扛起央企责任，对接国家战略，瞄准关键核心技术，开展"卡脖子"和使命类产品攻关，提前全面完成国务院国资委专项攻坚18个里程碑节点任务。

三是"根魂"优势持续巩固发挥。思想政治工作守正创新发展，"同一个宝武"认同感、归属感和自豪感显著提升。中国宝武定点扶贫工作获得"三连好"，"授渔"计划助力乡村振兴开启新篇章。干部队伍建设持续优化，活力竞相迸发。人才发展机制改革进一步深化，遴选产生首批宝武科学家、管理学家。党建工作质量不断提升并与生产经营深度融合，党建优势有效转化为企业发展优势、竞争优势。政治监督严实细深，营造出风清气正的良好政治生态。

10

围绕项目 深入阵地 融入质量
让党旗在大飞机项目攻坚一线高高飘扬

中国商用飞机有限责任公司

一、基本情况

中国商用飞机有限责任公司（简称"中国商飞"）于2008年5月在上海成立，是实施国家大型飞机重大专项中大型客机项目的主体，也是统筹干线飞机和支线飞机发展、实现我国民用飞机产业化的主要载体。

党的十八大以来，中国商飞党委深入学习贯彻习近平总书记关于国有企业改革发展和党的建设重要论述，在全面深化改革中推动党建工作与生产经营深度融合，突出抓基层、强基础、固基本的工作导向，继承发扬"把支部建在连上"的光荣传统，持之以恒地推进大飞机项目党建、"战地"党建，充分发挥基层党组织战斗堡垒作用和党员先锋模范作用，让党旗在大飞机项目攻坚一线高高飘扬，推动大飞机事业安全发展、高质量发展。

二、经验做法

（一）坚持围绕项目抓党建，确保大飞机研制到哪里党的组织就覆盖到哪里

中国商飞党委牢记习近平总书记"一定要把大飞机搞上去"的殷切嘱

托，严格落实"四同步、四对接"要求，始终把飞机研制主战场作为党建工作主阵地。

一是围绕项目发展加强"组织覆盖"。根据项目研制人员"跟着任务走"的实际情况，在C919外场试验队设立临时党委，在C919、ARJ21、CR929项目团队设立临时党总支。截至2022年6月底，公司党支部数量从成立时的64个增加到379个，党员人数从成立时的1107人增加到7703人，成立59个临时党组织，始终做到项目团队党组织全覆盖、党员管理全覆盖。

二是把握项目特点抓"工作覆盖"。配齐配强专职党组织书记和党建专员，项目党组织单列党费经费计划、发展党员工作计划，在项目党组织开展"不忘初心、牢记使命"主题教育、"四史"宣传教育、党史学习教育，确保大飞机项目进行到哪里，党员教育管理就跟进到哪里，思想政治工作就跟进到哪里。

三是创新拓展产业链党建。与地方政府、产业上下游企业广泛开展党建共建，围绕打赢C919试飞取证攻坚战，与中国民用航空上海航空器适航审定中心、航空工业试飞中心等开展党史学习交流，联动成都航空有限公司、江西航空有限公司、天骄航空有限公司等客户开通红色航线。聚焦乡村振兴，组织8个"灯塔"党支部与宁夏西吉示范村党支部开展结对共建，携手把学习成果转化为攻坚克难的力量和行动，持续打造大飞机事业共同体、生命共同体、梦想共同体。

（二）坚持深入"战地"抓党建，确保党员作用在急难险重一线有效发挥

坚持到听得见炮火的地方抓党建，以客户为中心、以现场为中心、以产品为中心，深入推进战地党建"四大行动"。

一是开展先锋行动。深入开展党员示范岗、党员攻关队创建活动，明

确一批攻关任务，形成一批攻关成果。例如，聚焦C919航电系统集成、噪声审定试飞、进气系统地面结冰试验等一批重大高风险试验试飞取证科目，组建17支党员攻关队，命名40个党员示范岗，让党员扛着责任上战场、攻难关、炸碉堡，有力推动任务完成。

二是开展战鼓行动。抓好事前、事中、事后三个环节，擂响决战决胜战鼓，在重大任务开展前进行广泛深入动员，在任务推进中通过战地快报、红花榜、任务燃尽图等及时跟进宣传鼓舞士气，在重大任务完成后第一时间发布党委贺信提振士气。

三是开展建功行动。对表现突出的个人及时奖励，优先晋级和提拔，致敬奋斗者，激励大家在型号攻坚中建功立业，做到关键任务有党员引领、关键技术有党员攻关、关键工序有党员盯守、关键时刻有党员冲锋。

四是开展护航行动。党政纪工团齐抓共管，配强外场战地政工组，在攻关现场派出党建联络员、小政委，深入战斗一线开展职工关爱和慰问，解决职工后顾之忧。两级党委领导班子成员身先士卒，每人关注1~2项关键难点驻点一线工作，带头为决战决胜项目任务而奋斗。

（三）坚持融入质量抓党建，确保大飞机安全生产平稳顺畅运营

中国商飞党委深刻认识到，质量安全不是好与坏的问题，而是生与死的问题；做好质量安全工作是全体党员的责任和义务，是大飞机人践行"以人民为中心"发展思想的具体体现，是各项工作"中心的中心"。

一是抓好顶层策划。牢固树立"讲质量安全就是讲政治讲生存"的理念，以党建工作为切入口，制定实施思想引领、责任引领、行动引领、监督引领"四个引领"专项行动，明确26项重点任务一体推进，引领带动"10+6"质量专项工作落实落细，用"红色动力"筑牢大飞机质量安全防线。

二是抓好责任落实。落实质量安全党政同责、一岗双责，连续3年在

新年第一个工作日召开质量安全专题会，在每年9月召开质量安全专题民主生活会，推进基于系统工程的"双五归零"，教育引导全员深入思考"我愿意让我的家人乘坐我参与研制的飞机吗？"压实全员岗位安全责任。

三是抓好总结提升。探索形成党员优化创新小组、飞机产品保护女子行动队、"啄木鸟"行动等一批有效做法，充分发挥党组织在保质量、保安全、保进度、保成功中的独特优势，助力解决机队日利用率、签派可靠度、故障千时率等一批型号难点、堵点、痛点问题。

三、改革成效

在国务院国资委党委的正确领导下，中国商飞党委以国企改革三年行动为契机，坚持以政治建设为统领，突出融合性加强党的建设，抓党建、强改革、促发展取得重要阶段性成果。

一是大飞机党建工作质量持续提升。推动党的领导融入公司治理，围绕发挥党委领导作用完善制度体系和工作机制，入选首批28家中央企业集团层面公司治理示范企业。推动党的建设融入中心工作，围绕加强项目党建、"战地"党建、"四个引领"等作部署、建载体、抓落实，持续提升党建对中心工作的贡献率。推动党建管理融入COMAC管理体系，发布实施公司党建工作"十四五"规划，坚持党建工作责任制和生产经营责任制有效联动，构建"述评考用"考核机制，以党建引领保障大飞机事业安全发展、高质量发展。

二是党建引领保障大飞机型号任务取得新突破。截至2022年7月，三大型号任务取得重要突破。C919大型客机2017年5月5日首飞成功以来，先后攻克一批重大技术难关，完成自然结冰等一批重大高风险试飞科目，正在冲刺取证交付。ARJ21新支线飞机交付9家用户的68架飞机，安全运营15万小时，安全载客超500万人次，日利用率稳步提升，创下国产飞机单日运营 14.9 小时的纪录，公务机、货机、应急救援机等系列化产品加速推进。CR929 远程宽体客机纳入重大专项管理，转入初步设计阶段，首架机已经开工制造。

三是党建引领保障大飞机自主创新取得新进展。原创性、引领性技术攻关成果颇丰，人机共享智能飞行研究平台等一批科技创新成果在国家"十三五"科技创新成就展展出。以企业为主体、市场为导向、产学研用相结合的技术创新体系不断健全，与上海市共建大飞机创新谷、大飞机产业园，成立大飞机产业链供应链促进中心。努力构筑非对称竞争优势，抓住以 5G 为代表的信息技术变革和新能源技术变革机遇，加快建设"绿色商飞"。

四是党建引领保障大飞机质量安全取得新成效。"两个绝对安全"融入血脉，"三个敬畏"深入人心，质量适航安全体系不断健全完善。近年来，未发生责任原因的交付客户运营飞机和试飞事故及严重征候，未发生较大及以上生产安全事故，2021 年 C919 项目批产制造符合性一次检查通过率保持 100%。

探索完善"管资本管人管党建"的体制机制 持续提升国有资本运营公司发展质量

中国诚通控股集团有限公司

一、基本情况

2016年,中国诚通控股集团有限公司(简称"中国诚通")被国务院国资委确定为国有资本运营公司试点企业,以发挥市场化专业运作平台作用,推动国有资本布局优化和结构调整。在国企改革三年行动中,中国诚通党委深入学习贯彻习近平新时代中国特色社会主义思想,推动实施"党的领导与公司治理有机融入、党建工作与生产经营深度融合、党务干部与业务干部交流融通,着力把党组织的独特优势转化为高质量发展的内生动力和治理效能"的"三融一化"党建工程,探索"管资本管党建"与"管人管党建"相统一的领导机制,引领运营方向,提升运营能力,防控运营风险,规模效益显著提升,服务国家战略能力全面增强。

二、经验做法

(一)完善公司治理机制,把准国有资本运营方向

始终牢记"央企姓党"的政治属性,以习近平新时代中国特色社会主义思想引领发展航向,确保国有资本运营沿着正确轨道前行。

一是坚持将习近平总书记重要批示作为"制胜法宝"。制定并严格落实第一议题制度，规范学习内容、落实措施、督办机制。把战略研讨融入中心组学习，组织董事会、经理层进行务虚研讨和超前研究，把中央决策部署贯穿公司战略规划，探索完善资金、资产、资本"三态转化"路径。持续强化党员干部政治教育、思想淬炼、精神洗礼，从习近平总书记系列重要讲话和指示批示中找方法、找钥匙、找答案，坚决践行"两个维护"、捍卫"两个确立"。

二是坚持完善公司治理中加强党的领导的机制。严格落实"两个一以贯之"，聚焦国有资本运营使命任务试体制、试机制、试模式。明确党委与董事会、经理层权责边界，建立完善各治理主体议事规则、党委前置研究讨论重大事项制度，形成总部权利与责任清单、总部授权放权清单。推动构建"强总部、大运营"工作格局，确立"战略+财务"型管控模式，形成基金投资、股权管理、资产管理、金融服务和战略性新兴产业孵化为主的"4+1"资本运营布局，探索了国有资本运营理论和实践路径。

三是坚持强化党委"牵头抓总"主体作用。围绕服务国有资本流动重组、布局调整和形成资本、管控资本、运作资本的使命，推动落实国企改革三年行动任务。构建"党委会作决策、深改组作安排、月例会作调度、改革办抓落实"的工作体系，定方案、建台账，确保正确方向。班子成员包保92项改革举措，层层落实"军令状"，确保重点改革任务的全面完成。牵头组建中国国有企业混合所有制改革基金、中国国有企业结构调整基金二期、组建央企资产管理平台、整合组建中国物流集团有限公司（简称"中国物流集团"）、推动鞍钢集团有限公司（简称"鞍钢"）重组本钢集团有限公司、组建中国电气装备集团有限公司（简称"中国电气装备"）以及深度参与国家石油天然气管网集团有限公司（简称"国家管网集团"）、中国绿发投资集团有限公司（简称"中国绿发"）等新设央企股权多元化改革等重大改革，发挥运营公司功能，坚定不移服务国家战略。

（二）创新党建工作机制，提升国有资本管控力

坚持"管资本管党建"与"管人管党建"相统一的原则，创新完善基层党组织体系和工作机制，探索在国有资本管控与运营中发挥作用的路径和方式，以资本运营显著成效凸显党建工作独特价值。

一是坚持"资本到哪里党建工作就覆盖到哪里"。新设基金投资、股权管理、金融服务等功能平台同步成立党组织，强化资本投向和配置结构的把关定向，同时保证决策机构的专业决策。资产管理平台坚持"党组织对接先于资产划转或托管""党组织完善先于资产处置和风险处理"，保证党组织在资产管理中全程把关参与。重要参股企业按照"党建联建共建"原则，突出党建赋能优势，推动形成"通联"党建生态圈，发挥协同优势、实现共同发展。例如，海工资产管理平台在人员薪酬仍在原单位的情况下，先行划转组织关系设立党支部，探索人事关系与组织关系分离管理模式。

二是坚持"干部到哪里党建工作责任就落实到哪里"。推动建立专兼职董事监事队伍，实现任期制和契约化管理全覆盖。所出资企业派出执行董事与经理层中的党员，落实"双向进入、交叉任职"。在派驻企业重大决策中，由派出董事监事执行集团党委或集团作为出资人意见，及时报告决策执行情况。同时，创新设立领导班子成员基层联系点、党务干部"上挂下派"和"党建指导员"机制，推动党务与业务、总部与基层干部交流，确保集团重大部署得到有效落实。

三是坚持"党建工作责任制考核与经营业绩考核双向联动"。按照"既报经济账、又报党建账"的要求，改进党建工作责任制考核评价体系，把党建考核同领导班子综合考评、经营业绩考核衔接起来，既突出党的建设基本要求，又突出党建引领保障重大改革任务落地，推动提升资本运营

成效，特别是强化对国有资本增长性、稳健性、流动性考核结果运用，与领导干部绩效薪酬和选拔任用直接挂钩，推动形成"党建强、企业兴"的良好氛围。

（三）强化党内监督机制，筑牢国有资本"零风险"意识

坚持把管资本为主和对人监督结合起来，以党内监督促企业管控、市场监管，筑牢重大决策、关键环节、重要人员三道"风险防线"，保证国有资本运营安全。

一是确保重大决策规范。推动建立穿透式的"三重一大"决策监督体系，做到三级以上企业全覆盖，实现重大资本运作在线监管，确保决策运行透明、行为过程可控、责任过失可查，运用巡视巡察、经济责任审计、投资后评价等方式及时评估。

二是突出关键环节可控。牢固树立底线思维，牵头完善风险防控制度体系和工作机制，针对国有资本运营的关键环节、重点领域和风险特点，建立完善月度风险报告、重大风险会商机制。党委定期向董事会、经理层发送意见函，持续推动问题整改，统筹抓好存量风险化解和增量风险防范。

三是强化重要人员监管。针对资本运作市场化程度高、专业性强的特点，探索建立向资本运营平台派出联合纪检组模式，明确纪检组长列席投决会等要求，将干部监督权上提到集团，设立纪检协作组和区域办案中心，突出用"专门力量"监督"专业人员"，强化党内纪律执行与资本运营规则同步监督。

三、改革成效

中国诚通以习近平新时代中国特色社会主义思想为指引，坚持把学习贯彻全国国有企业党的建设工作会议重要讲话精神与关于发展国有经济的

重要论述结合起来,坚持和加强党的全面领导,充分发挥党建引领和保障作用,加快完成国企改革三年行动任务,推动改革不断深化,治理效能不断增强,发展质量不断提升。

一是建立管资本管人管党建的领导机制。聚焦国有资本运营公司使命任务,发挥党委领导作用,推动完善各治理主体权责清单和议事规则,探索"把方向、管大局、保落实"的具体路径。同时,按照"资本到哪里党的作用就发挥到哪里"的原则,创新规范基层党组织设置和工作模式,发挥党建工作的独特优势,促进国有资本流动,优化国有资本投向,保证国有资本安全,服务国有经济布局优化和结构调整,提升企业发展质量,在国务院国资委党建工作责任制考核中连续5年被评为A级。在国企党建和国企改革三年行动典型宣传活动中,新华社、人民日报、中央电视台等16家主流媒体走进集团进行专题宣传报道。

二是引领保障国有资本运营公司试点改革。围绕国有资本流动重组、布局调整的市场化、专业化平台定位,构建基金投资、股权运作、资产管理、金融服务和战略性新兴产业培育孵化的运营平台,探索国有资本运营公司运行模式。建成以两只国家级基金为主体、总规模6500亿元的基金体系,成为中国绿发、中国电气装备、国家管网集团、中国物流集团、鞍钢重要股东,探索委托管理、ETF运作和自营投资相结合的"指数+基金"运作模式,打造中央企业"两非""两资"及特困企业等资产剥离和处置平台。

三是显著提升运营公司规模效益发展质量。国有资本运营公司试点6年以来,资产总额增长5.7倍,净资产增长5.9倍,净利润增长9.1倍。企业资本结构、业务结构、收入结构、利润结构发生显著变化,资本运营类企业利润贡献占比遥遥领先,运营公司特点更加鲜明。2021年,实现利润总额142亿元,净利润110亿元,归母净利润61亿元,进入党建考核和综合业绩考核"双A"行列。

12

发挥"根""魂"优势 传承红色基因 推动党建工作与生产经营深度融合

中国安能建设集团有限公司

一、基本情况

中国安能建设集团有限公司（简称"中国安能"）是2018年根据党和国家机构改革部署，由武警水电部队转隶重组的中央企业。中国安能以承担国家应急救援抢险任务为主责，主业涵盖建筑工程，相关工程技术研究、勘察、设计及服务，水环境治理等。面对体系重构的转企改革政治任务，面对从0到1的国企改革三年行动，集团公司党委认真贯彻落实习近平总书记关于国有企业改革发展和党的建设的重要论述，坚决贯彻党中央、国务院决策部署，以听党指挥的政治忠诚、改革必成的责任担当，传承部队红色基因，紧紧围绕"致力成为在应急救援和工程建设两个主战场具有独特地位作用的现代化企业"，按照"一基两翼"战略目标和"四个建成"基本定位，大力推进全集团党建与中心工作深度融合，推动了以应急救援抢险和施工生产为中心的各项任务圆满完成。

二、经验做法

（一）高举"红色旗帜"，把准党的领导"定盘星"

转企以来，中国安能党委牢记坚持党的领导、加强党的建设这一国有企业的"根"和"魂",通过"三个完善",有效发挥"把方向、管大局、保落实"作用,切实加强对中心工作的领导。

一是完善党的组织体系。筹备召开集团第一次党代会,完善集团公司党委。在转隶初期,研究制定加强党的建设若干措施,健全各级党组织,以组织稳定保证改革稳定。在改革进程中,传承"支部建在连上"的光荣传统,把党组织建到项目施工主战场、应急备战第一线、急难险重最前沿,实现党组织设置与企业组织架构运行有机统一。

二是完善法人治理结构。深入贯彻全国国有企业党的建设工作会议精神,把落实"两个一以贯之"摆在首位,把党建工作总体要求纳入公司章程,出台"三重一大"决策制度、党委前置研究讨论重大经营管理事项清单等60多项制度,明确党组织在集团法人治理结构中的法定地位,在决策、执行、监督各环节的权责和工作方式,实现党的领导与公司治理有机统一。

三是完善党委决策程序。制定落实公司党委常委会议事规则,规范决策程序。坚持党政"双向进入、交叉任职",由进入董事会、经理班子的党委班子成员通过多种方式反映党委前置研究讨论意见,从组织、制度和机制上使党委参与改革发展、生产经营重大决策得到保证。集团公司制订长远发展规划、确定经营目标和业绩考核指标,都坚持党委前置研究讨论,实现了党建责任与经营责任有机统一。

(二)打造"红色引擎",形成经营发展"硬支撑"

近年来,中国安能坚持"四个深度融合",使党建工作成为引领生产经营的"红色引擎",实现党建与生产经营同频共振。

一是在谋划推动上深度融合。坚持把党的建设嵌入中心工作全流程,召开年度工作会、生产经营会,都同步安排党建工作。以党委1号文件形式下发《关于进一步推进党建工作与中心工作深度融合的指导意见》,部署开展"提质增效"专项活动。结合领导班子成员联系点制度，成立7个常委带队的督导组，切实把党建工作与生产经营同部署、同落实、同检查。

二是在思想引领上深度融合。各级党组织把实现集团年度工作目标作为学习研究的重要内容，采取支部现场会、支部工作群等线上线下形式，宣传集团公司"十四五"发展战略、年度工作会议、生产经营会议精神。中国安能集团第一工程局有限公司（简称"第一工程局"）每月编发"党建引领、形势任务、中心工作"等教育内容；中国安能集团科工有限公司（简称"安能科工"）推送"每周微学"，及时把集团党委决策部署传达到全体职工。

三是在载体建设上深度融合。一线党支部坚持运用党建品牌创建、支部规范化达标创建、党员示范岗等载体，实现了党建工作与生产经营在末端融合。第一工程局唐山、合肥分公司分别成立以党员个人命名的"工作室"；中国安能集团第二工程局有限公司（简称"第二工程局"）开展"铁军精神照我行"党建品牌创建活动；中国安能集团第三工程局有限公司（简称"第三工程局"）硬梁包项目部党支部围绕"引水隧洞上层开挖"任务，与其他央企基层党组织结对攻关；安能科工以支部夺旗、党员摘星的形式实施"先锋培育工程"，形成"党建+中心"双融双促工作格局。

四是在考核评价上深度融合。把生产经营情况纳入党建工作考核评价、党组织书记抓党建述职评议，既报经济账，又报党建账。第二工程局明确贯彻党中央重大决策部署、基层党建质量、生产经营效益等6大类共48项考核指标，引导各级把党建工作贯穿转企改革、生产经营、应急救援各领域全过程，树立了抓党建与中心"两手抓、两手硬"的鲜明导向。

（三）践行"红色使命"，当好责任担当"压舱石"

坚决贯彻党中央"坚持建设非现役专业队伍与服务国家大局相协调"的工作原则，充分发挥基层党组织和党员领导干部"三个作用"，有效履行应急救援抢险"红色使命"，彰显中央企业社会责任担当。

一是堡垒建到一线。中国安能党委准确把握抢险救援任务高强度、高难度、高险度的特点，坚持党的组织与抢险力量模块抽组同步设置，凡是抽组不同分队力量时，都及时健全完善临时党组织，切实把党的政治优势和组织优势转化为应急抢险救援制胜优势。在2021年河南省特大洪涝灾害抗洪抢险任务中，抽调7个分公司、6个救援基地434名专业骨干参与战斗，根据任务区域调整成立6个临时党支部，有效加强了抢险行动的组织领导。

二是领导站在一线。在任务执行中，各级领导干部坚持靠前指挥、率先垂范、处处带头，做以身作则的"指挥员"，身先士卒，做深入一线的"战斗员"，极大地提振了干部职工精气神，保证了抢险救援任务圆满完成。在2021年河南省特大洪涝灾害抗洪抢险攻坚战紧要关头，中国安能党委书记、董事长先后到鹤壁、郑州抗洪抢险一线指挥抢险，总经理始终在现场组织救援任务，以领导干部的影响力、号召力激励全体参战人员的凝聚力和战斗力。

三是党员冲在一线。广大党员始终坚持"人民至上、生命至上"，在急难险重任务中，亮身份、带头上，党的先进性要求得到充分展现。2018年，在金沙江白格堰塞湖处置任务中，第三工程局灵活运用"党员先锋岗、党员积分评价"等12种载体，叫响"转制不转志、退役不褪色"等战斗口号，持续激发参战员工战斗热情，提前33小时完成抢险任务，受到西藏自治区、四川省党委政府主要领导充分肯定。

三、改革成效

一是坚持以党的建设为引领，公司治理体系不断完善。坚持把加强党的领导和党的建设贯穿改革全程，相继完成"党建进章程"、党委书记和董事长"一肩挑"等相关工作，各级党组织"把方向、管大局、保落实"作用发挥明显。瞄准建设现代企业目标，科学搭建企业架构，组建董事会、经理层；出台党委会、董事会《议事规则》、总经理工作细则和授权清单，厘清权责边界；推进经理层成员任期制和契约化管理，在两个子企业开展董事会试点建设，企业治理架构逐步搭建。

二是坚持以提质增效为目标，生产经营工作成效明显。先后恢复新增升级资质60余项，与20余家央企、11个省市签订战略合作协议，新签合同额年均增长117%，营业收入年均增长183%，连续3年超额完成国务院国资委下达的各类考核指标。历史遗留问题解决取得较大突破，81宗土地全部完成确权，收回债权8.49亿元，清偿债务7.65亿元，较转企之初分别下降47.8%和52%。

三是坚持以服务国家大局为责任，应急救援任务完成出色。纳入国家防总成员单位，成立"自然灾害工程应急救援中心"，建成6个救援基地，形成"一总案、一专案、九分案"应急预案体系，建立工程救援人才库和技术专家库，研发升级智能遥控救援装备。圆满完成江西鄱阳溃口封堵、河南特大洪涝灾害抢险等70余项重大任务，被评为全国应急管理系统先进集体。国务院国资委依据河南特大洪涝灾害抢险情况，向党中央、国务院呈报的专报，获习近平总书记等中央领导重要批示肯定。筹备召开国务院国资委"以中国安能为综合平台联动加强中央企业应急救援体系建设"推进会，赢得了特色化、差异化发展的空间和机遇。

13

围绕功能作用发挥　强化党建工作引领
在深化运营公司改革中探索党建工作特色模式

中国国新控股有限责任公司

一、基本情况

中国国新控股有限责任公司（简称"中国国新"）成立于2010年，2016年初被国务院国有企业改革领导小组确定为国有资本运营公司试点企业。试点以来，中国国新坚持以习近平新时代中国特色社会主义思想为指导，认真贯彻落实国企改革三年行动决策部署，按照"国有资本流动到哪里，党的建设就跟进到哪里，党组织的作用就发挥到哪里"的要求，全面加强党的领导、党的建设，聚焦打造国有资本市场化运作专业平台，深入探索国有资本运营规律，以高质量党建引领保障企业实现跨越式发展。

二、经验做法

（一）坚决做到"两个维护"，把国有资本运营试点作为贯彻落实习近平总书记重要指示批示精神的具体实践

一是加强理论思想武装。通过第一议题制度、党委理论中心组学习研讨、党委专题读书班、领导干部讲党课等主要形式，系统全面跟进学习习近平总书记关于国资国企改革发展和党的建设的重要论述，特别是关于改

组组建两类公司的系列重要讲话精神,加强理论武装,指导运营公司试点实践。

二是准确把握运营公司功能定位。准确把握党中央、国务院关于运营公司的定位要求,明确提出坚持以财务性持股为主开展资本运作,强调以提升国有资本运营效率、提高国有资本回报为目标,在加快国有资本流动中促进布局结构优化。

三是以服务国家战略为导向。紧紧围绕央企科技创新、深化改革和"走出去"开展投资;聚焦进入实体产业的国有资本,重视发挥其在推动国有经济高质量发展中的促进作用。

(二)坚持党建统领,推动在完善公司治理中不断加强党的领导

一是进一步规范党建入章工作机制流程。制定印发《中国国新所出资企业公司章程制定管理办法》《所出资企业公司章程指引》,健全党的领导组织机制。在所出资企业推进落实"双向进入、交叉任职",以及董事长(执行董事)、党委书记(党支部书记)"一肩挑"的领导体制。

二是着力提高党委研究讨论重大经营管理事项决策效率。结合实际,提出具有国新特色的"四个上会、四个不上会",即重点新业务开拓必上会、新设基金必上会、重大投资项目必上会、重要改革部署必上会,未履行规定程序的议案不上会、存在较大分歧意见的议题不上会、研究论证不充分的重要项目不上会、不涉及方向和重大调整的已决事项不再上会;坚持"五个守住"的投资理念,即守住轻资产运营模式、守住财务性投资为主、守住国新投资生态圈、守住产业链高端、守住关键核心技术"卡脖子"环节;总结提出"看不懂的不投、管不住的不投、够不着的不投、吃不下的不投"的"四不投"标准;把好技术关、财务风险关、战略关"三关"要求。

(三)加强"三基建设",充分发挥基层党组织战斗堡垒作用

一是不断扩大基层党组织有效覆盖面。针对所属划入企业、新建板块

公司、混改企业等不同类型所出资企业的特点，开展软弱涣散党组织集中整顿，推动新并入企业实现党组织应建必建，将有关企业的党总支调整升格为党委，部分原来分散在街道、楼宇党组织的党员组织关系实现"回归"。

二是探索运营公司党建特色模式。在组织设置上，逐步优化设置所属国新基金管理公司党支部和国新系6个基金管理人党支部，充分发挥党支部战斗堡垒作用。在机制探索上，开展部分独立法人企业党支部集体研究把关重大经营管理事项和混合所有制企业加强党建"双试点"工作。研究制定《基金管理人党建工作指引》，聚焦基金直接或间接作为被投企业国有股东中第一大股东的参股且不实际控制的持股企业，注重发挥国资央企党建优势，探索形成具有国有资本运营公司特点的"党建引领投资方向、党建强化投后赋能、党建助力企业发展"的非公党建工作模式，推动国新基金作为第一大国有股东投资的23家非公企业全部实现党的组织覆盖和工作覆盖。

（四）牢固树立"人才是企业发展之本"理念，国有资本运营公司"铁军"队伍在实践中加快形成

一是坚持"党管干部"，严把选人用人政治关、能力关、廉洁关。落实凡提"四必"（对拟提拔或进一步使用人选的干部档案必审，个人有关事项报告必核，纪检监察机关意见必听，反映违规违纪问题线索具体、有可查性的信访举报必查），防止干部"带病提拔"，通过完备的干部选拔任用工作纪实实现全程可追溯。

二是选优配强领导班子。坚持"一把钥匙开一把锁"，瞄准业务发展迅速、班子履职能力欠缺问题，重点对一批经营困难、排名靠后、竞争力不强的企业班子进行调整，强化班子力量，改善经营状况。

三是注重传承央企红色基因。试点以来，针对公司干部员工队伍市场

化程度高、来源五湖四海的特点，大力倡导"进了国新门、就是央企人""为党和人民当好'红色管家'"的家国情怀，着力培育"国之脉、传承责任之脉，新致远、坚持创新发展"的共同价值追求，结合开展责任压实行动，引导干部员工以发挥国企"六种力量"为己任，坚决扛起央企"三大责任"。

四是健全教育培训体系。成立中国国新党校，采取重点群体培训和专业领域培训相结合的方式，在业务培训中注入党建模块，加强党性教育，党员干部的培训培养体系逐步完善。

（五）压实党建职责，构建"明责履责、考责问责"党建工作责任制闭环

一是建立健全党建工作制度体系。2016年10月以来相继制定印发60余个党建工作制度，涵盖公司党建根本制度、重要制度、基本制度，初步构建起适合中国国新特点的党建工作制度体系。

二是实施党建工作责任清单化管理。研究出台《中国国新党建责任制实施办法（试行）》《中国国新党委落实全面从严治党主体责任清单》等，不断细化公司各级党组织、党员领导干部责任清单，健全责任链条。

三是优化党建考核评价体系。每年对所出资企业党组织开展党建工作责任制考核评价，结合年度改革和经营重点任务，动态补充和丰富党建考核指标。党建考核结果与企业领导人员年度绩效奖励挂钩。每年组织所出资企业党组织书记开展抓基层党建工作述职评议考核。

四是深入推进全面从严治党。严格落实中央八项规定精神，积极构建"大监督"工作体系，形成"五位一体"的党内监督格局和审计、财务、法律、业务"四线融合"的业务线条监督，不断强化对权力集中、资金集中的重点单位的监督，不断加强对"一把手"和领导班子的监督。

三、改革成效

一是在深化运营公司改革试点中当好"红色管家"的思想认识明显提升。中国国新深入学习贯彻习近平总书记关于国企改革发展和党建工作的重要论述，深刻认识和把握"实现国有资本合理流动和保值增值"的功能定位，聚焦打造国有资本市场化运作的专业平台。干部员工对"央企姓党""国之大者"的政治责任感明显提升，切实增强当好"红色管家"的央企意识，更加坚持"两个确立"，坚定做到"两个维护"。

二是在完善公司治理结构中党的领导作用明显提升。通过抓好完善公司章程、议事规则、权责清单、优化前置程序等，有效提高了党委研究讨论重大经营管理事项决策效率和质量。2019年度、2020年度中央企业负责人经营业绩考核连续获评A级，2020年度党建责任制考核首次获评A级。

三是适合国新运营特点的党建工作新模式成效明显提升。通过明确国新系基金"回归""提升""拓展"三个阶段的党建要求，立足运营资本流动性和所投企业多元化的实际，创新探索适合运营公司特点的党建工作方式和路径。特别是结合基金投资覆盖面广、经常面对一些非公企业的实际情况，制定落实基金管理人党建工作指引，探索非公党建特色工作模式，有效提升所投企业党建工作质量，推动党建更好地融入企业改革发展。

四是党建责任意识明显提升。以党建工作责任制考核为抓手，压实所属党组织全面从严治党主体责任，基层党组织书记政治站位普遍提高，担当履责意识显著增强，党员先锋模范作用充分发挥，基层党组织工作规范化水平显著提升。注重"当下改"和"长久立"，结合实际及时修订完善党建工作制度，有效落实了"制度治党、依规治党"有关工作要求。

14

把党的政治和组织优势转化为企业改革发展优势

中国中电国际信息服务有限公司

一、基本情况

中国中电国际信息服务有限公司(简称"中电信息")是中国电子信息产业集团有限公司(简称"中国电子")信息服务板块龙头企业,于2014年7月由北京和深圳多家企业整合重组而成,深耕数字服务和产业服务两大核心领域,着力打造网信产业综合服务领军企业。

中电信息坚持以习近平新时代中国特色社会主义思想为指导,深入贯彻落实"两个一以贯之",遵循"打造战略性核心竞争力、深化市场化结构性改革、推动全方位超常规创新、强化有特色价值型党建"的总体思路,切实把党的政治、组织优势融入企业发展实践,转化为企业发展动力和发展优势,持续推动全面深化改革走深走实,努力实现高质量发展。

二、经验做法

(一)将政治引领优势转化为战略引领优势,确立"二三四三"发展战略

中电信息党委充分发挥"把方向、管大局、保落实"的领导作用,主

动对接中国电子"十四五"发展规划,从承载服务国家战略的实际需要和迫切要求出发,制定"二三四三"发展战略,其内涵是:"二"——两大核心主业(供应链服务、网信产业园区)、双轮驱动发展(存量业务提质、增量业务投资);"三"——超千亿、翻一番、创一流;"四"——四种核心能力(科技创新能力、人才发展能力、资源整合能力、数字赋能能力);"三"——三大管理体系(法人治理体系、科学管控体系、战略绩效体系)。在这一发展战略引领下,中电信息围绕网信产业生态链,并购深圳中微电科技有限公司,投资深圳云天励飞技术股份有限公司等项目,打造战略储备平台、中国电子PKS联合攻关珠海基地,进一步丰富产业链供应链生态,充分展现"国家队"的使命担当。

(二)将党的领导优势转化成为驱动发展优势,完善公司法人治理结构

中电信息党委始终坚持党对国有企业领导这一重大原则,始终坚持完善现代企业制度这一改革方向,在融入上下功夫、在结合上花力气,切实把党的领导融入公司治理各环节,使党的领导有了充分的制度保证和机制保障。

一是完善组织领导体制。完善"双向进入、交叉任职"领导机制,全面推行党委书记和董事长"一肩挑"、党员总经理兼任副书记,符合条件的党组织领导班子成员通过法定程序进入董事会、经理层。以"思想指导、战略引领、组织保障、人事到位、措施有效"的方法脉络,探索构建各治理主体各司其职、各负其责、协调运转、有效制衡的治理体系。

二是党委会与和董事会协调运转、高效配合。通过"三重一大"事项集体决策和重大决策党委前置研究,发挥党委"把方向、管大局、保落实"的领导作用,从战略决策层面针对企业改革发展提出意见建议。尊重并保障董事会依法按照工作程序独立研究作决策,使公司法人治理更好地发挥作用,保障战略规划有效落地实施。

三是完善党委领导下的董事会建设体系。推进落实董事会 6 项基本职权，优化董事会专门委员会设置及运行，更好地发挥董事会"定战略、作决策、防风险"作用。完成 10 家应建尽建子企业董事会建设，全部实现外部董事占多数，引进 4 名专职外部董事，董监事专职化率超过 30%，为深化改革和转型升级提供了重要的智力支持。

四是强化经营班子市场化激励机制。进一步完善落实经理层成员任期制和契约化管理，健全考核激励机制，充分激发经理层的干事创业热情。指导各子企业"一人一岗"完善岗位说明书、"一人一表"设置经营业绩指标、"一人一策"明确薪酬兑现要求，刚性兑现考核结果，严格退出管理，有效破解三项制度改革中"不能下、不能出、不能减"的难题。打破干部身份"铁交椅"，推动经理层走出"舒适圈"，配套激励体系，通过"摸高"机制充分激发经理层成员活力，打破岗位终身制，刚性约定经理层成员的退出"底线"，不设定保底分数，在契约中明确"年度经营业绩考核低于 70 分（或主要指标完成率低于 70%）"等情况要退出，压实岗位经营责任。落实经营业绩和领导人员综合考核评价"双达标"考核退出机制，确保干部能上能下。

（三）将党员干部队伍优势转化为人才发展优势，健全市场化选人用人机制

将党管干部、党管人才与市场化选人用人机制相结合，树立"事业为上、以事择人、人岗相适"的用人导向，为能干事、想干事、能干成事的员工搭建舞台、创造环境，激发干部员工勇于担当、勇于作为，敢于竞争、敢于突破的意识，从根本上解决活力和动力问题。2020 年以来，持续加大市场化选聘力度，积极推进职业经理人制度，开展"不论身份、淡化层级、机会均等"的竞争性选聘，以前所未有的力度按下市场化的"加速键"。2020 年，竞争性选聘 2 家子企业经理层和总部 3 个部门的 12 名中层

干部；所属成员企业管理人员优化精简 84 人，优化率达 25%。2022 年上半年，市场化选聘 2 家子企业经理层以及总部 5 个部门的中层干部共计 11 名，新聘管理人员的竞争上岗率高达 70%，进一步拓宽了人员引进渠道。

（四）将基层组织优势转化为执行攻坚优势，推动党建与业务深度融合

中电信息党委坚持抓党建责任和经营责任有机统一，以提升组织力为重点，以提升贡献力为目标，抓基层、打基础、保基本，基层党建全面进步、全面过硬，支部战斗堡垒作用、党员的先锋模范作用得到充分彰显。

一是通过平台"组织起来"。聚焦加快打造国家网信产业核心力量和组织平台目标，全面推动内外融合、优势互补、资源协同、聚合发展，在"组织平台"上下功夫，在"集聚资源"上见真章。以党支部建设提升工程和特色价值型党建提升工程为抓手，围绕产业链上下游、园区生态，通过党建联建共建，开展信创保供、主题园区党建、红色物业、城市管家等活动，以党建为桥梁构建组织平台的红色核心。

二是通过党建"动员起来"。在党支部建设提升工程的基础上，深化"结合、融合、聚合"特色价值型党建提升工程，以打造"5 个 100"（100 门精品微党课、100 项创新发展成果、100 个奋斗瞬间、100 名先锋模范、100 个党建共建阵地）为抓手，动员干部职工积极参与创新、投身公司转型发展，以"活力、创新、开放、责任"的企业文化理念激发干事创业热情，构建全方位、超常规创新的生动局面。

（五）将作风建设优势转化为规范管理体制优势，形成务实高效廉洁文化

作风建设永远在路上，作风是抓改革、强管理、保落实、促廉洁的根本保障。中电信息党委坚持发挥党员引领作用，用党员的作风建设带动务实高效廉洁的企业文化建设，为改革发展营造良好的政治氛围。

一是持之以恒锻造优良工作作风。深入开展"强作风、塑形象、抓落实"行动，大力弘扬"奋发有为、敏捷行动、追求卓越、令行禁止"的工作作风。聚焦年度重点工作任务，创建16支党员攻关团队，2022年上半年先后派出超5000人次的志愿者参与驻地新冠肺炎疫情防控工作，在生产经营和疫情防控一线擦亮党员先锋名片。党员在作风建设中要体现"领先一步"的作用，以过硬的作风激发斗志、勇挑重担，带动全体职工推动"强链"战略落地见效。

二是以严的主基调履行管党治党责任。持续探索监督体制创新，一体化推进构建"不敢腐、不能腐、不想腐"的工作机制。坚持以业务为导向，推动监督关口前移，加大突出问题、薄弱环节及重点工程项目的监督力度，构建并实施监督、审计、内控评价、执纪、问责"五位一体"的大监督体系，统筹企业纪检、审计、巡察力量，垂直管控，分工协作，实现监督执纪专业化，发挥协同效应。

三、改革成效

一是经营业绩明显提升。2018—2021年，中电信息营业收入从380.23亿元增长到564.07亿元，利润总额从12.6亿元增长到37.74亿元，2021年各项经营指标创历史最好水平。PKS生态推广和应用效果显著，产业供应链服务能力持续提升，降本增效和能力水平提升明显，数字化转型步伐不断加快，人才队伍建设加速推进，综合风险防控能力持续提升。

二是改革行动效果显著。截至2022年上半年，中电信息国企改革三年行动任务已基本完成。随着改革不断深入，现代企业制度加快完善，深化改革重组成果充分彰显，以市场化为特征的经营、管理、考核、激励等机制逐步完善，发展的动力、竞争的能力、创新的活力竞相迸发，朝着加快打造一流企业目标奋力前进。

三是党建工作成果丰硕。坚持压紧压实管党治党责任，深化党建引领，党建工作得到上级党组织充分认可。自第一届党委成立以来，累计荣获市级以上先进基层党组织荣誉称号 12 个、优秀党务工作者 6 名、优秀共产党员 5 名，连续 2 年荣获中央企业党建政研会优秀课题研究成果二等奖。在建党百年之际，中电信息党委荣获国务院国资委授予的"中央企业先进基层党组织"，激励各基层党组织和广大党员干部在新的历史起点上接续奋斗、建功立业。

15

注重企业英才培养
大力发现储备优秀年轻干部

湖南省人民政府国有资产监督管理委员会

一、基本情况

湖南省人民政府国有资产监督管理委员会（简称"湖南省国资委"）党委高度重视企业人才工作，多措并举选配育强优秀干部队伍。国企改革三年行动以来，推动出台《湖南省省属国有企业人才发展若干工作措施》，每年从国有资本经营预算资金中安排1000万元用于企业人才引进、培养、激励等工作。出台《省国资委"英培计划"人才管理暂行办法》，在全国开创性开展"英培计划"人才选拔工作，每年由省国资委牵头，从国内知名高校选拔优秀应届毕业生，为企业选拔储备一批未来领导人员、经营管理人员、科研技术人员和行业领军人才。

二、经验做法

（一）选拔标准高、要求严

一是坚持高起点、高标准原则，从学校、学历、专业、年龄等多个维度严格制定"英培计划"人才选拔标准。

二是要求"英培计划"人才理想信念坚定、品学兼优、一贯表现良好，志愿到基层一线工作，甘于吃苦、乐于奉献，服从组织分配。

三是从综合排名或专业排名靠前的高校中选拔人才，要求学业优秀、身体健康、有培养潜力，做到宁缺毋滥，不降格以求。

（二）注重宣传提升影响

省国资委主要领导亲自参与人才选拔宣传片拍摄，进行云宣讲。湖南日报、湖南经视、网易新闻、腾讯新闻等10多家媒体进行宣传报道，中央及省外媒体也进行了转载。2020年12月24日，在长沙举行了人才选拔启动仪式，省国资委、省委组织部等有关领导同志致辞，5家企业进行了现场宣讲。2021年12月，组织企业到清华大学、北京大学进行现场宣讲，吸引高层次人才。"英培计划"人才选拔的关注度和影响力越来越大。2021年共有3368人报名，收到简历6157份。2022年共有6386人报名，收到简历11520份。同时，还吸引了剑桥大学、耶鲁大学、香港科技大学等世界名校的优秀人才报名。

（三）严格设计选拔程序

一是资格审查从严从紧。研究制定《省国资委"英培计划"人才选拔操作手册》，对选拔流程及各环节操作要点进行了详细规定。严把资格审查关，对最高学历和第一学历均提出较高要求，所学专业应与企业主业相关，并在全国学科评估中排名居于前列，资格审查整体通过率为11.16%，保证了人选的高质量。

二是选聘测试规范有序。组织测试专题培训，制定测试工作要点，明确注意事项和程序节点，指导企业根据新冠肺炎疫情防控需要，采取线上方式进行测试。委托专业机构结合企业实际拟定测试试题，主要考察人选专业能力、学习能力、抗压能力、沟通表达、团队合作、职业稳定性等多个维度。大部分企业高度重视，主要领导亲自主持测试，为企业选才引才。

三是考察背调全面精准。参照干部选任程序对被考察人选进行考察和背景调查，制定考察工作要点，明确组织考察的主体、考察人选数量及考察方式等，现场考察与书面考察相结合。创新性地引入背景调查，委托中介机构对全部被考察人选进行背景调查，出具背景调查报告，了解人选的学历学位情况，全面掌握人选的信用记录，核查人选是否存在校园贷、重大经济纠纷、犯罪记录等情况，淘汰存在问题的4名人选。

四是全程公开接受监督。在选拔各环节，坚持公开、公平、公正的原则。选拔对象、选拔条件、选拔程序等关键信息在启动时向社会公告；通过资格审查并进入面试的人选名单、考察人选名单等均在企业网站及"英培计划官网"进行公布，报名人员可以随时查阅。拟选拔人选正式确定后，将人选名单及基本情况对社会进行公示，自觉接受监督。为监督各企业的选拔程序，要求各企业在资格审查、面试、考察等环节将人选名单报省国资委审查把关，确保人选符合选拔条件，对企业反映部分放弃面试或考察的优秀报名人选进行电话随机抽查，未发现异常情况。

（四）精心培养科学管理

一是明确责任。要求选拔企业党委高度重视"英培计划"人才培养工作，将培养情况作为企业党委书记党建工作述职评议的重要内容，纳入省国资委综合绩效考核重要指标。明确所在部门对人才培养负直接责任，所在部门党组织书记是第一责任人，负责做好传帮带，定期了解"英培计划"人才学习工作和生活情况，指导帮助解决具体困难和问题。

二是加强培养。将"英培计划"人才作为储备型人才，每年定期进行调训。要求企业逐人制定培养计划和措施，有意识安排其在条件艰苦、环境复杂的基层一线接受锻炼，增长才干，有条件的还可安排其参与中心工作、重点任务。目前，湖南钢铁集团有限公司（简称"湖南钢铁集团"）的"双导师制"（职业导师、生活导师）、湖南省机场管理集团有限公司的

"多岗位培养"（一年内多个岗位锻炼）、湖南湘投控股集团有限公司的"两上两下"等培养方式收效较好。

三是动态跟踪。实行"英培计划"人才工作年度报告制度，企业党委每年向省国资委报告人才培养锻炼、年度考核及奖惩等情况。要求企业建立"英培计划"人才培养管理档案，及时将教育培训、考核考察、奖惩等相关情况归档。召开"英培计划"人才座谈会，动态掌握"英培计划"人才发展情况。

三、改革成效

一是引入源头活水。2021、2022年两批"英培计划"共为企业选拔优秀应届毕业生122人，选拔率分别为1.16%、1.79%，人才数量和质量呈逐年递增趋势。湖南钢铁集团2021年实现引进清华大学毕业生零的突破，同时发挥以才荐才、以才引才的正向效应，2022年再次引进清华大学毕业生7名。"英培计划"开展以来，企业普遍反映选拔工作措施到位、效果好、质量高，为企业引入"源头活水"。

二是改善人才结构。"英培计划"选拔的122名人才全部为国内双一流大学或国外著名院校毕业生。其中，博士、硕士研究生86人，占70.5%；清华大学、北京大学毕业生14人，国外著名院校毕业生3人。在专业方面，工程、材料、机械、化学等理工类专业111人，占91%，法学、金融学、会计学等专业11人，占9%。"英培计划"人才进一步改善了企业人才队伍结构，为企业储备了一批优秀年轻干部。

三是助力企业发展。高素质人才为企业发展持续赋能。目前，第一批"英培计划"人才已全部安排在经营管理、技术研发等重要岗位锻炼，企业普遍反映英培人才素质高、能力强、技术硬，部分人才已成为所在岗位的骨干力量。湖南钢铁集团选拔的1名清华大学博士已成长为子企业技术研发部门负责人，海利集团选拔的1名武汉大学博士生入选2022年"芙蓉计划"湖南省科技人才托举工程项目"小荷人才"。湖南建设投资集团有限公司选拔的1名同济大学硕士参与3项数智交通研发项目，初见成效。一支高素质、专业化的人才队伍正逐步形成，将为企业高质量发展提供坚实的人才保障。

16

在"引领"上聚焦 在"内嵌"上发力
"红色引擎"强劲赋能国企改革发展

湖南省人民政府国有资产监督管理委员会

一、基本情况

湖南地处伟人故里、将帅之乡、革命圣地,在这片红色沃土的滋养下,湖南国资国企心系"国之大者",勇于开拓、敢于改革、勤于创业,以坚定的态度、过硬的举措推进国企改革发展蹄疾步稳向纵深挺进。国企改革三年行动以来,针对湖南国资国企规模不大、结构不优、效益不佳的现状,注重发挥国企党建政治优势、组织优势和群众工作优势,团结和带领广大国企干部职工解放思想、破除禁锢、锐意进取,积极投身国企改革大潮,越是艰险越向前,党建工作与国企改革"双轮驱动",国企党建"红色引擎"加速引领国企改革发展这艘航船披荆斩棘、破浪前行。

二、经验做法

(一)旗帜鲜明讲政治,着力把省属国企打造成"两个维护"的先锋阵地

一是坚持高位引领。注重在高层确保国企党组织"举旗定向"和改革发展的正确方向。早在 2016 年 11 月,全国国企党建工作会召开后仅 1 个

月,湖南省委即明确1名省委常委担任省国资委党委书记,已连续3任由省委常委担任省国资委党委书记。2021年8月,由省人民政府副省长担任省国资委党委书记至今,始终保持省委、省政府对国资国企的坚强领导。凡属国企改革重点任务,省委、省政府在第一时间研究部署,凡属国企改革历史遗留问题举全省之力集中解决,凡属国企改革需政策支持的事项,积极协调厅局出台相关政策给予支持,保证国企改革在高位有力、快速、高效地运转。密集出台国企改革"1+N"系列文件,2021年底出台《湖南省省属国有企业原划拨土地作价出资(入股)管理办法(试行)》,先后顺利完成"政企分开、事企分开"219家企业接收整合工作,协调理顺湖南省机场管理集团有限公司管理体制,妥善处理科研院所转制历史遗留问题等,国企改革强劲东风吹遍三湘大地。

二是心系国之大者。建立并落实每月一次、上下同题的第一议题制度,始终把习近平新时代中国特色社会主义思想、国企改革发展和党的建设重要论述作为必学内容,不断增强对党领导和发展国有企业规律性的认识,筑牢国有企业的"根"和"魂"。每年举办国有企业负责人培训班,省委常委领导同志带头作国企改革发展形势报告、带头深入国企调研、带头到生产一线讲党课。建立"党中央重大决策部署"跟进督办制度,把国企改革三年行动任务作为跟进督办的重要内容,推行国企改革双周调度会制度,每两周专题研究一次国企改革进展情况,并提出具体措施,确保改革中的问题能够快速、高效解决。

三是强化责任担当。认真履行经济责任、政治责任、社会责任,在抗击新冠肺炎疫情和脱贫攻坚中,广大党员干部职工义无反顾、冲在一线,为抗疫捐款捐物8000万元,驻村帮扶39个贫困村,实施产业帮扶,使1.7万贫困人口成功脱贫出列。从2019年开始,持续开展"国企千名书记联项目""国企万名党员先锋行"活动,2022年新增"国企百名工匠传薪火"活动,形成独具特色、符合湖南国资国企实际的"百千万"活动品牌体系,每年开展书记联项目1900多个、创建党员先锋岗5300多个、党员立项攻关2800多个,年均创效20亿元以上。

(二)理直气壮抓党建,着力把党的全面领导融入国有企业的血脉深处

一是落实党委法定地位。2021年,牵头起草并提请省委出台《关于省属企业在完善公司治理中加强党的领导的若干措施》和《湖南省省管企业领导人员管理办法》等文件,明确企业党委的法定地位、职责权限、机构设置、运行机制等重要事项,明确省属国有企业全部为省管企业,明确省管企业所有党委委员全部为国有企业领导人员,以制度的形式进行规范。截至2020年底,监管企业三级以上分/子公司"党建入章"全面完成,"双向进入、交叉任职"和党委书记、董事长"一肩挑"全覆盖,党员总经理担任党委副书记并进入董事会、党委专职副书记进入董事会且不在经理层任职全部到位。

二是完善党建内嵌机制。党建内嵌做到"三个先",即:坚持改革方案企业党委先过,对国资监管机构提出的改革方案,企业党委先统一思想,先研究提出意见建议;党的机构先建,对2021年4家重组整合企业在改革启动第一时间成立临时党委、配备临时党委委员(筹备组成员),并同步配备党务机构和工作人员;有关工作党委先做,对涉及改革重组的重大资产划转、重要人事调整等重大问题,由企业党委先研究,再按程序进行决策执行,实现体制对接、机制对接和工作对接。持续完善国有独资全资及控股公司章程,把党的领导融入公司治理各个环节、党的组织内嵌到公司治理实现规范化、制度化、程序化。

三是明确集体决策程序。指导企业及时修订党委会议事规则,明确党委会研究讨论是董事会、经理层决策重大问题的前置程序,依法依章把党的主张转化为董事会、领导班子的决定。坚持授权不前置、前置不授权原

则,注重把握党委会与董事会、经理层、监事会的"四个协调"关系,即:党委把关定向与董事会、经理层科学决策相协调,保证企业"做正确的事";党管干部与市场化选人用人相协调,保证企业"选用合适的人";党的组织力与经理层执行董事会决策相协调,保证企业"正确地做事";党组织协调各方监督力量管控风险与监事会监督相协调,保证企业依法合规经营。

(三)锲而不舍强自身,着力把企业党委建设成引领企业高质量发展的坚强堡垒

一是压实党建责任。2021年底,修订完善以党建工作、核心经济指标、重点任务、"一票否决"事项为主的"3520"绩效考核办法,首次将党建考核分值由长期以来的10分提高至30分,分类设置考核指标,突出体现企业党委"把方向、管大局、保落实"的领导作用。严密组织开展企业党委向上级党委报告年度党建工作、党委书记向省国资委党委现场述职、基层党组织书记抓党建述职评议考核三项制度,全面落实"两个1%"的要求,大力实施"党务干部素质提升工程",举办"千名书记进党校"和党务骨干示范培训班,每年培训5000余人。

二是着力建强队伍。出台企业领导人员教育、选拔、管理和监督等10余项制度,在组织实施市场化公开招聘、职业经理人选聘、三项制度改革时,坚持党委集体研究、亲属回避、纪检监察机构全程监督,严格在纪律规定的框架内按程序执行,确保党组织对市场化选人用人工作的领导权和对重要干部的管理权。设立1000万元人才发展资金,实施"英培计划",每年从全国"双一流"高校中选拔优秀应届毕业生近百人。大力推进外部董事占多数的规范董事会建设,出台《湖南省省属监管企业外部董事选聘和管理办法》,在全国范围内吸纳50余名知名专家学者及行业领军人才建立外部董事专家库,以市场化选聘为主面向全国选聘6名专职外部董事,通过国务院国资委择优推荐7名央企领导和专家任外部董事。

三是强化国资监管。2021年12月，出台了监管企业"十严禁"规定，与先期出台的违规经营投资损失责任追究办法等系列文件构成防范国有资产流失的"防火墙"。加紧建设大数据监管平台，对企业重大项目投资、大额资金调度等重点领域和关键环节实施在线监督。以"钉钉子"精神，深入推进审计、巡视巡察、国资监管等各类监督，发现问题及时整改，建立"清单式"交底、"台账式"推进、"对账式"销号机制，扎实作好问题整改"后半篇文章"。5年来，先后完成各类问题整改1300余个，党纪政务处分63人，追回资金1.7亿元人民币、260万美元。

三、改革成效

湖南国资国企坚持在"引领"上聚焦、在"内嵌"上发力，党建"红色引擎"强劲赋能国企改革发展，企业综合实力显著提升。截至2021年底，省属监管企业资产总额达1.52万亿元；营业收入6021.1亿元，同比增长24.1%；利润总额303.9亿元，同比增长34.2%，经济效益创历史最好水平。

一是党建引领作用充分彰显。坚持抓基层、强基础、固基本，把党的组织健全起来，把党员组织起来，把职工群众动员起来，确保企业发展到哪里、党的建设就跟进到哪里、党支部的战斗堡垒作用就体现在哪里，使基层党组织真正成为团结群众的核心、教育党员的学校、攻坚克难的堡垒。

二是党建内嵌机制有效发挥。坚持"两个一以贯之"原则，认真落实党建工作要求写入公司章程，完善党委前置事项清单，健全重大问题决策机制，为加强公司治理"强筋壮骨"，为科学决策提供操作指南。

三是党建融合效能持续放大。坚持以党员先锋岗、党员突击队、党员立项攻关等活动为载体，立足科技研发、精益管理、技术攻关、生产制造等重点难点开展创先争优，把党支部战斗堡垒作用和党员先锋模范作用体现到企业生产经营管理的全产业链上，不断强链补链，争当原创技术的策源地、现代产业链的链长。

17

加强国有企业党的领导和党的建设

青岛市人民政府国有资产监督管理委员会

一、基本情况

近年来,青岛市市直企业各级党组织坚持党的领导,加强党的建设,始终把党的政治建设摆在首位,深入贯彻落实习近平总书记对山东、对青岛工作的重要指示要求,坚定拥护"两个确立",坚决做到"两个维护"。各市直企业认真贯彻落实新时代党的建设总要求和新时代党的组织路线,按照国企改革三年行动部署安排,积极履行管党治党主体责任,党的组织体系不断健全,党员队伍活力持续增强,基层党的建设质量和水平不断提升。截至2021年底,青岛市市直企业党委直接管理的党员总数为3.5万余名、党组织总数为2100余个。

二、经验做法

(一)提高政治站位,全面加强党的政治建设

一是建立执行第一议题制度。青岛市人民政府国有资产监督管理委员会(简称"青岛市国资委")党委建立并坚持第一议题制度,党委班子坚持集体学习习近平总书记有关重要讲话、指示批示精神和党中央有关决策部署,统筹推进国企改革三年行动、区域性国资国企综改试验、国有资本

结构调整战略布局"十四五"发展规划等重点工作任务，不断提高政治判断力、政治领悟力、政治执行力。同时，督导所监管的19家市直企业党委100%建立并执行第一议题制度。将企业贯彻执行第一议题制度情况纳入年度企业党委书记述职评议考核重要内容，确保上级重大决策部署贯彻落实到位。

二是完善跟进督办机制。2021年8月，组织开展全国国有企业党的建设工作会议精神贯彻落实情况"回头看"暨国企改革三年行动推进落实情况"调研督导周"活动，由市国资委领导班子成员带队，成立5支调研督导组，深入企业督导贯彻落实习近平总书记系列重要讲话和指示批示精神情况以及建立健全党史学习教育和不忘初心、牢记使命长效机制情况，对企业基层党建和生产经营情况进行现场调研，并督促企业建立并执行跟进督办机制。

三是加强培训引领。组织举办市直企业和委管驻青企业学习贯彻《中国共产党国有企业基层组织工作条例（试行）》（简称《条例》）培训班，邀请市委党校教授对《条例》内容进行培训和解读；组织市直企业及委管驻青企业党委组织部门主要负责同志到青岛海发国有资本投资运营集团有限公司5G高新视频党建教育基地开展党史学习教育专题培训，推动企业加大基层党员和党务工作者教育培训工作力度，提升广大党员干部理论素养和业务能力。

（二）坚持固本强基，着力夯实企业党建工作基础

一是落实党建入章要求。组织市直企业及所属子企业开展公司章程修订工作，通过公司章程形式将企业党组织机构设置、职责分工、人员配备、工作任务、经费保障等落实到企业管理体制、管理制度、工作规范等运行体系之中，明确和落实党组织在公司法人治理结构中的法定地位，市直企业及所属子企业已100%完成章程修订工作。

二是推动党的领导与公司治理有机融合。研究制定《关于在国有企业坚持党的领导加强党的建设的意见》《关于加强党的领导统筹推进国企改革发展的指导意见》《关于市直企业在完善公司治理中加强党的领导的意见》等文件，明确党组织在企业党建工作中的总体要求、地位作用和重要举措，推动建立健全民主管理制度，为市直企业坚持党的领导加强党的建设提供了制度保障。目前，已指导19家市直企业集团层面及所属148家重要子企业全部制定党委研究决定清单、前置研究讨论事项清单及负面清单，把党的领导融入公司治理各环节，实现制度化、规范化、程序化。国务院国资委党委书记、主任郝鹏同志在2020年上半年地方国资委负责人年中视频座谈会上对我市在全面推动党的领导和公司治理有机融合、督促企业制定完善党组织前置研究讨论事项清单工作给予充分肯定。

三是深入实施"三个一批"特色党建工程。"三个一批"特色党建工程，即培树一批党建先锋，主要是评选表彰一批优秀共产党员和优秀党务工作者，树立榜样，充分发挥先进典型示范引领作用；培树一批特色党建品牌，指导企业紧扣发展愿景和品牌文化，打造形成有特色、有影响的党建品牌；培树一批特色党建阵地，指导企业分层分级建设一批党建阵地，打造党组织开展工作、展现风采、服务党员群众的重要平台载体。通过培树，青岛啤酒股份有限公司党委获"全国先进基层党组织"荣誉称号，海尔集团公司总裁周云杰获评"全国优秀共产党员"，市直企业有135名党员和34个基层党组织分别获省（市）委及市国资委党委表彰；推动28家市直企业打造特色党建品牌和特色党建阵地，形成"一企业一特色，一企业一品牌（阵地）"全覆盖工作格局。

（三）压实主体责任，层层传导管党治党压力

一是强化评议考核。组织召开年度市直企业党委书记履行全面从严治党责任和抓基层党建工作述职评议会议，进行现场测评，将评议结果纳入

企业领导班子经营业绩考核和市直企业领导班子综合考核评价，强化考核结果运用，与企业负责人薪酬挂钩，全面压紧压实市直企业党委管党治党主体责任。

二是推动清廉建设。市国资委党委会同市纪委监委机关等部门印发《深入推进企业领域清廉建设的实施方案》《关于认真开展清廉国企建设的通知》，指导各市直企业切实履行主体责任，把清廉国企建设纳入企业改革发展和党建工作通盘考虑、一体推进。建设青岛市企业廉洁教育馆，推动打造青岛市国有企业数字化清廉建设示范点。每月调度汇总工作推进情况，定期编发《清廉国企》专刊，打造企业领域清廉建设典型和经验交流平台，不断凝聚思想共识。

三是强化督导检查。按照市委巡察办部署安排，赴5家市直企业开展督导检查工作，督促相关企业分别对市委第十一轮巡察发现的相关问题和市委巡察整改成效评估反馈意见进行整改，并印发《关于加强监管企业所属金控类公司经营风险管理的通知》和《关于加强监管企业所属金控类公司投资业务管理的通知》，推动整改工作走深走实。

三、改革成效

一是基层党组织战斗堡垒作用、党员先锋模范作用有效发挥。为应对新冠肺炎疫情影响，市直企业各级党组织积极成立党员先锋突击队，引领广大党员干部冲锋在前、勇担使命，先后组织1700余个基层党组织、29100余名党员干部参与疫情防控工作。在新冠肺炎疫情防控期间，市直企业全力做好供热、供气、供水、交通运输等各项工作，有效保障城市运行秩序；积极驰援疫情防控，依法依规按程序进行捐赠，累计捐赠金额达4680余万元；不折不扣、全面落实应对新冠肺炎疫情减免承租企业房租要求，全市国企减免房租超过9.5亿元；青岛国际机场集团有限公司荣获

"全国抗击新冠肺炎疫情先进集体""全国先进基层党组织"两项荣誉,青岛城运控股集团有限公司荣获"山东省抗击新冠肺炎疫情先进集体"荣誉称号。

二是党建统领推动各项重点任务落实落地成效显著。始终将坚持党的领导、加强党的建设贯彻国资国企改革发展始终,党建统领推动各项任务落实落地。截至 2022 年 6 月底,全市国企改革三年行动主体任务已完成,在国务院国有企业改革领导小组办公室对地方国企改革三年行动重点改革任务的半年和年度评估中,两次均获得 A 级;综改试验工作台账 117 项改革任务完成率超过 98%。

三是市直企业经济"稳定器"作用日益凸显。市直企业坚持以高质量党建引领保障国资国企高质量发展,实施抗疫情、稳运行同步推进。截至 2021 年 12 月末,市直企业资产总额 2.82 万亿元,营业收入 7290.52 亿元,利润总额 561.5 亿元,分别同比增长 10%、25.3%、22.5%。市直企业资产规模过 1000 亿元的达 7 家,资产规模过 300 亿元的达 6 家,资产规模过 100 亿元的达 10 家。国有经济竞争力、创新力、控制力、影响力、抗风险能力不断增强,为全市经济社会持续健康发展积极贡献国资国企力量。

18

守好红色根基　推动能源发展

浙江省能源集团有限公司

一、基本情况

浙江省能源集团有限公司（简称"浙能集团"）成立于2001年，总部位于浙江省杭州市，主要从事电源建设、电力热力生产、石油煤炭天然气开发贸易流通、能源科技、能源服务和能源金融等业务。国企改革三年行动实施以来，浙能集团始终以争当"两个确立"忠诚拥护者、"两个维护"示范引领者的政治自觉，时刻牢记习近平总书记调研浙能集团时的谆谆嘱托，引领广大干部员工坚决贯彻"四个革命、一个合作"的能源安全新战略，企业改革发展和党的建设取得显著成效。截至2021年底，浙能集团总资产2920.5亿元、营收1356.9亿元、控股电力装机容量3835万千瓦，分别较成立初期增长了18.7倍、16.7倍和9.2倍，成为全国第六、全省第一的发电集团。2021年，在燃煤发电和天然气管输承担资源涨价超166亿元的情况下，集团全年发电量和天然气供应输送分别增长26.4%和42.8%，有力保障了浙江省经济社会发展和民生用能需求，彰显了助力共同富裕的国企担当。

二、经验做法

（一）深化红色教育，增强政治引领力

突出守好"红色根脉"的政治自觉，聚焦学懂弄通能源安全新战略，

做好企业发展领航者,大力实施理论宣讲"走心"工程。

一是健全落实第一议题制度。将学习贯彻习近平总书记重要讲话和重要批示指示精神,尤其是关于能源领域的重要论述作为第一议题,第一时间传达学习贯彻,对标对表抓落实。

二是开展"沿着总书记的足迹"主题学习宣讲。结合习近平能源安全新战略的提出和形成,沿着习近平总书记历次调研浙能集团的历史足迹,重温习近平总书记关注浙江省能源事业发展、关心浙能集团发展的难忘历史时刻,通过重走一段路、聆听一次宣讲、破解一批难题的"三个一"活动,将集团的红色资源转化为干事创业的动能,进一步推动集团系统党员干部学史力行,主动践行习近平能源安全新战略,为集团高质量发展注入红色动力。

三是组建"浙能红"宣讲团开展基层宣讲。结合"百班百员"建设,在全系统成立由 1620 名基层政治宣传员组成的基层政治宣传队,组建"浙能红"宣讲团,在班组、场站等生产一线开展基层宣讲 11800 余场次,受众达 14.1 万人次,实现系统全覆盖,激发浙能人干事创业的热情。班组政治宣传员特色做法和基层政治宣传队连续 2 年获省委宣传部表彰。

四是讲好浙能故事。深入挖掘浙能人践行习近平能源安全新战略的感人故事,走进浙江浙能北海水力发电有限公司、浙能创业大厦开展"能"源发展看"浙"里——浙能故事宣讲会,并采用视频直播的方式实现员工全覆盖,进一步增强员工自豪感、归属感、荣誉感,激发干事创业激情和斗志,受到员工广泛好评,为推进"八个一流强企"、建设世界一流综合能源服务商提供更为强大的思想力量。

(二)涵养红色土壤,增强政治行动力

突出守好"红色根脉"的行动自觉,聚焦深入践行习近平能源安全新战略,将党的政治优势转化为干部员工的行动自觉。

一是增强基层党支部的政治功能。发挥基层支部首创精神，结合"双融"工程，逐级建立"领办项目""攻坚项目""创新项目"，深化"党员在身边"系列行动，累计解决各类困难问题5450余项，开创了"支部建在船上、堡垒强在海上"等一批特色做法。

二是营造风清气正的政治生态。深入推进"清廉浙能"建设迭代升级，实施政治建设大强化、作风建设大提升、"四责协同"大推进、廉洁风险大排查、重大决策大规范、监督格局大完善、巡视巡察全覆盖、清廉文化大建设行动，推动政治生态体系、责任体系、权力运行制约和监督体系、"大监督"体系和清廉文化体系全面升级，一体推进"三不"机制建设，选树7个"清廉浙能"标杆点作深度培育。

三是提高党员干部政治本领。突出抓好关键少数，以"党员思想武装年"为抓手分层分类抓好思想教育，引导党员领导干部成为"党建专家""治企行家"，基层党组织书记成为能源行业干事创业的带头人，普通党员成为"党的人""职业人"，主动发挥党员先锋模范作用。全年共举办各类专题培训班262期，受训人数共计13134人次，进一步激发党员、干部奋斗热情。周洁同志获"全国优秀党务工作者"，并参加中央庆祝建党百年大会。

（三）开展红色溯源，赓续发展力量

突出守好"红色根脉"的思想自觉，聚焦从习近平能源安全新战略中不断汲取奋斗力量。

一是深入开展"溯源新思想"理论研究。围绕"八八战略"以及习近平总书记对浙江国企建设发展的批示精神、关于能源发展方面的重要论述、历次调研浙能集团的指示精神，全面系统地梳理、总结习近平总书记关于能源发展方面的重要论述和浙能集团战略发展理念，形成理论成果《习近平能源安全新战略的浙江探索》在《人民日报》头版、新华社等媒

体刊发。在此基础上，研究挖掘形成了3万余字的《习近平能源安全新战略思想的浙江溯源》。

二是突出抓好贯彻落实能源安全新战略的创新实践。《浙江能源集团煤电超低排放改造的创新实践》入选中共中央组织部编选的"贯彻落实习近平新时代中国特色社会主义思想、在改革发展稳定中攻坚克难案例"丛书；拍摄的宣传片《一张蓝图、一片蓝天》获全国党员教育电视片观摩评审活动二等奖；集团党委书记、董事长走进央视参加《红色财经·信物百年》节目，讲述中国首台燃煤机组超低排放装置技术图纸背后的故事。《红色财经·信物百年》节目获第八届"国企好新闻"特别奖。

三是全力打造"浙能红"党建阵地集群。建成以"新浙能"展厅、"红咖啡馆""溯源新思想"现场教育点和"清茶馆"廉政教育点、劳模工匠长廊为主要内容的浙能特色"党建阵地群"——"习近平能源安全新战略"实践教育基地，成为首批浙江省习近平新时代中国特色社会主义思想研究中心调研基地。在"新浙能"展厅循环播放习近平总书记9次调研浙能集团重要指示精神音像资料，目前已累计接待集团内外领导和嘉宾超3.5万人次。

三、改革成效

一是能源保供展示新作为。克服用能需求激增、资源极度紧张且价格高企、机组连续高负荷运行和疫情多点散发等困难，集团发电量、煤炭供应量、天然气供应量前所未有地达到1728.7亿千瓦·时、7331万吨、150.6亿立方米，分别同比增长26.4%、14.4%、42.8%，分别占全省发电量、煤炭供应量、天然气供应量的48%、53%、82%，切实发挥了国企压舱石和全省能源保供主力军作用，有力保障了浙江经济社会发展和民生用能需求，用行动贯彻习近平总书记指示精神。

二是转型升级实现新跨越。紧扣"双碳"目标，大力推进碳达峰和风光电倍增行动，全年实现风光水电项目立项63个、规模超1000万千瓦，筹建能源与碳中和浙江省实验室，加快构建以低碳为统领的高质量发展新格局。扎实有序推进项目建设，年内实现嘉兴1号、嵊泗2号、江苏竹根沙海上风电全容量并网发电。传统能源积极破冰，浙江浙能长兴发电有限公司成为全国首家"双零电厂"，滨海三期项目成功投产，乐清三期项目加快建设。全面强化碳资产管理能力，坚决响应推进全国碳市场的号召，成为唯一参与首日交易的地方能源企业，全年累计完成碳交易量1166万吨，占全国成交量的近1/10，用实际行动贯彻习近平总书记"构建清洁低碳、安全高效的能源体系"指示精神。

三是治企能力赢得新提升。打造数字化"132"工程，率先在国内基本建成智慧天然气管网，浙江浙能台州第二发电有限责任公司入选浙江省智能工厂，数字化改革成果亮相"全省数字化改革成果展"，作为三个典型之一在全省推进大会上向省领导演示汇报。"1+2+X"改革扩面深入推进，2家公司改革方案发布实施，3家企业列入"省级科改示范"，长兴产业园成为省级"双创"示范基地。积极参与全省电力市场化改革，2022年售电业务签约用户3700余家。依法治企取得新成效，获评全省"七五"普法先进集体，合规建设列入"省属企业法治国企建设十大样本"。产业工人队伍建设改革获省委省政府通报表扬。

19

构建大党建体系　强化大党建引领
打造具有全球核心竞争力的世界一流企业

江西铜业集团有限公司

一、基本情况

江西铜业集团有限公司（简称"江铜集团"）是我国有色金属行业特大型集团公司。江铜集团党委下属28个党委、30个党总支、335个党支部和7600余名党员，2002年创立全国首个党建质量管理体系，成为中共中央组织部党建"试验田"。国企改革三年行动实施以来，江铜集团党委深入贯彻落实习近平总书记关于国有企业改革发展和党的建设的重要论述，始终坚持党的全面领导，切实强化党委"把方向、管大局、保落实"作用，建立大党建体系，构建大党建工作格局，以高质量党建引领保障国企改革三年行动深入实施，打造具有全球核心竞争力的世界一流企业。

二、经验做法

（一）明确新时代大党建体系建设的总要求

高举习近平新时代中国特色社会主义思想伟大旗帜，深入贯彻落实新时代党的建设总要求，坚持党对江铜集团的全面领导，坚持党要管党、全面从严治党，在继承党建工作优良传统的基础上，持续自我创新，赋予江铜集团党建新思想、新要素、新内涵，持续提升江铜集团党建工作质效，为把江铜集团打造成为世界一流企业提供坚强政治保证和组织保证。

（二）确立新时代大党建体系建设的总目标

建立以"一纲要、两系统、一手册、一平台"为主要内容的新时代江铜集团大党建体系，着力构建以"统筹领导、高效协同、资源整合、上下贯通"为主要特征的江铜集团大党建工作格局，打造国企党建"江铜样板"，为新时代江铜集团党建事业增光添彩。建立党的建设工作委员会集体协调议事机构，实行季度会议制，与月度党群工作例会相衔接，充分发挥统筹协调作用和江铜集团党委会研究决策的前置功能。以党建责任制为考核主体，构建"上级有党建要求、基层有工作支撑"的党建考核模式，从考评党建工作向考评党建绩效转变。

（三）构建新时代大党建体系的基本框架

经过探索建设，基本形成以"一纲要、两系统、一手册、一平台"为主要内容的新时代江铜集团大党建体系。

"一纲要"即《新时代江铜党的建设工程实施纲要》。作为新时代江铜集团大党建体系的总纲，以服务公司创建世界一流企业为中心，按照与党委换届同步、"一届一纲领"的思路，明确今后江铜集团党建工作的指导思想、方针、目标、任务、理念、基本遵循、基本任务、工作维度、过程、评价及改进、党建资源保障等，对党建工作进行顶层设计、统筹部署。

"两系统"即大党建体系运行系统和支持系统。运行系统集纳了党建责任制、意识形态责任制、党风廉政建设责任制、群团工作等方面的57个制度文件，将这些制度文件以"关键点""流程图"或"关键点＋流程图"再加配套文件"二维码"的形式呈现，并全文在党建信息化平台上展示，作为指导公司各级党组织开展党建工作的操作指南。支持系统集纳了包括上级文件、党委综合性文件、党建资源保障等方面的 187 个文件，作为党务工作者开展党务工作的制度支撑。

"一手册"即《江铜党支部工作指导手册》。该手册以细化落实《江铜党委关于加强党支部建设工作的指导意见（试行）》为着力点，以"通用要求＋创新模块"为主体框架，区分党支部层级类别，突出江铜集团党支部特色，通过"标准＋流程＋提示"的形式，实现党支部经常性工作标准化、标准化工作流程化、流程化工作高效化。同时收录了历年来的优秀党建创新案例，成为江铜集团各党（总）支部适用、好用、管用、减负的作业指南。

"一平台"即江铜集团"智慧大党建"平台。该平台以新一代信息技术应用为支撑，涵盖宣传教育、党务管理、互动交流、考核监督、分析展现五大板块，包括党建资讯、学习教育、组织管理、党员管理、党费管理、党内奖惩等数十项党建工作内容，推动江铜集团党建工作由单向传播向双向互动转变、由线下教育向线上线下交流转变，构建起了将支部建在网上、把党员连在线上的基层党建新格局，有效提升了党建工作的智能化水平。

（四）提升六项硬核能力，促进形成大党建工作格局

一是提升全面统筹能力。出台《党的建设工作委员会议事规则》，发挥党的建设工作委员会统筹协调党群部门、党建工作的作用，主要研究推进习近平新时代中国特色社会主义思想和党的路线、方针、政策在江铜集团贯彻落实的重要制度、重大举措，研讨策划江铜集团党建工作，指导推动基层单位党建创新，总结推广基层党建经验，提高党建工作决策科学化水平。

二是提升党建创新能力。设立江铜集团党建创新中心，由一名博士研究生领衔，再配备若干名党务工作经验丰富的专/兼职研究员，打造集党建研究与党务培训基地、党建文化与品牌培育基地、数字党建中心、对外交流中心"四大功能"于一体的综合性党建创新平台。充分用好内部党建骨干人员,协同党建研究权威机构,着力推进铜产业链党建试点工作、数字党建等党建前沿课题的研究与探索,为开展党建创新提供智力支持。

三是提升党建资源保障能力。出台《党建资源保障标准化规范化建设指导意见》,着力在规范党组织设置、健全党群工作机构、建强党务工作队伍、建立党务人员激励机制、强化党建经费及阵地保障等方面下功夫。例如,二级单位专职党务人员数量按不低于职工总数1%的比例掌握;提高党务人员准入门槛,在落实党支部书记任职资格测试和持证上岗制度的基础上,其他从事党务工作的专/兼职人员逐步参照执行;把党建资源保障情况纳入党的建设考评范畴,促进党建资源保障落地。

四是提升党支部战斗堡垒能力。坚持"支部书记好、领导班子好、党员队伍好、制度机制好、工作业绩好、群众反映好"的"六好"创建目标,实施党支部建设三年行动,以"一个示范党支部一个党建品牌"为抓手,深化"2个省级+10个公司级+N个厂矿级"示范党支部建设,落实典型经验项目制。各单位党支部组织党员"揭榜挂帅",每年落实党支部特色项目300余个,在助力企业发展中锻造提升党支部战斗力。

五是提升党务人才发展能力。实施"首席政工师""首席党建专家"高层次党务人才评聘,把业务能力强、业绩优的党务工作者选拔出来,承担党建研究、党建创新、党务人才培养等任务,参与党建工作重要制度、重要规划、重要方案、重要报告的研讨撰写,参与重要项目、重要活动的组织落地等,并根据工作业绩在收入上给予一定的额外激励,进一步开辟党务人才发展新通道,激发党建创新活力及创造力。

六是提升融入中心服务发展能力。实施党委稽核,由单位党委主导,党政领导共同策划,相关部门共同参与,选择事关企业改革发展稳定的重点难点问题，进行系统稽查、复核、分析，推动问题的有效解决。在此基础上，党委稽核与支部特色、全员创星一道，构建起党委推动重大事项、支部承担重点任务、党员群众合力攻坚的"三大载体"齐发力的工作局面。基层党组织探索创立和有效实施"双联共建""五位一体绩效管理"等党建新载体，推动党建更加有效地融入中心、服务大局。

三、改革成效

一是党对企业的全面领导得到新增强。江铜集团把党的领导、党的建设融入公司治理更加有力有效，坚持"两个一以贯之"，推动37个直属党组织"应建尽建"、76家法人公司党建入章"应入尽入"、38家董事会"应设尽设"，大力推行"双向进入、交叉任职"的领导机制，厘清了党委与其他治理主体之间的权责边界。根据工作实际，注重党委前置研究事项的针对性和差异化，防止"上下一般粗"。例如，集团党委前置研究事项42项，所属二级企业党委前置研究事项20~26项。

二是党委统筹党建工作质效得到新提升。江铜集团党委对党建工作的统筹领导力明显增强，基本消除"各自为政、政出多门、重复部署"现象。各级党组织、党群部门围绕党委部署，快速反应、互通有无，形成了大协同、大攻坚、大突破的良好工作局面，有效提高了党建工作质量效果。公司形成权责法定、权责透明、协调运转、有效制衡的治理体系，党委发挥领导作用的工作机制更为完善，推动全面从严治党向纵深发展。

三是基层党建"三化"建设迈上新台阶。江铜集团党委围绕党建"三化"建设，加强制度全生命周期管理，形成了涵盖80余项制度在内的制度体系，保证了党建基础进一步夯实、党建考评机制进一步优化、党建责任进一步压实。其中，《江铜党支部工作指导手册》为做好党支部工作提供了标准化指引。一册在手，过去没有从事过党务工作的人也能轻松上手,打破了制约党政干部常态化岗位交流的壁垒。

四是高质量党建引领高质量发展取得新突破。江铜集团以大党建为引领,推动大风控、大科创、大监督、大协同、职位体系、全面预算、对标创标、数字赋能、企业文化为支撑的"1+9"十位一体管理模式全面落地。2021年,江铜集团经营业绩创历史最好成绩,实现营业收入4552亿元,同比增长36%;实现利润80亿元,同比增长112%;上缴利税140亿元,同比增长84%。圆满完成"三年创新倍增"任务,位列《财富》世界500强第176位。

20

"三化"党建领航"三驾马车" 以党建引领改革创新

武汉地铁集团有限公司

一、基本情况

武汉地铁集团有限公司（简称"武汉地铁集团"）于2007年5月由武汉市委、市政府组建，经市政府授权负责武汉轨道交通的建设、运营、融资和资源开发，员工超过1.7万人，资产规模突破4200亿元，稳居武汉市属国企第一。国企改革三年行动以来，武汉地铁集团聚焦打造"轨道上的城市圈""轨道上的武汉"战略目标，坚持"地铁+物业+资本"发展路径，大力实施"建设、运营、经营"三驾马车协同发展战略，以"三驱三化"为抓手，坚持党对国有企业的绝对领导，充分发挥党的政治优势，推动企业高质量发展，先后荣获全国运输领袖品牌、国家优质工程金奖、建设材料科学技术奖一等（科学进步奖）等多项国家级荣誉。

二、经验做法

（一）一驱对标"军事化"，打造"红色引擎"，擦亮"铁军"本色

一是创建"军事化"管理模式。遵循中国共产党"把支部建在连上"的光荣传统，把支部建在项目上，并建立健全"横向到边、纵向到底、上

下联动、齐抓共管"的党建责任体系。提出对标军队的要求,以能吃苦、能奉献、能战斗的作风铸造"铁军",发挥红色引擎作用,擦亮"铁军"本色,用准军事化管理让从严治党向建设一线延伸,不断攻坚克难,打造精品工程,兑现通车承诺。

二是打造"三联"党建联建机制。为化解建设项目与周边居民的矛盾,武汉地铁集团建设事业总部党总支坚持以人民为中心,打造"三联"党建联建机制,有效汇聚建设单位、施工单位及周边街道社区三方党组织力量,采取"联学联做""联商联议""守望互助"联建模式,在项目一线建设"红色引擎基地",使党建工作进一步服务社区和地铁建设,为工程建设营造了良好的内外环境。

(二)二驱狠抓"标准化",赓续红色血脉,领航都市脉动

一是推进党建标准化建设。坚持"党委书记抓党建",地铁运营板块围绕轨道交通运营服务中心工作,大力推进党建标准化建设,将庞杂的基层党建工作细化为可考量、易掌握的指标体系和操作手册,全方位拓展党建在企业生产经营中的融合发展路径,推动党建工作与基层生产同心同向、同频共振,实现党建工作与企业管理相结合,最大限度、最高效率地激发企业活力,解决运营管理难题,为武汉轨道交通运营事业高质量发展领航。

二是提炼制作党建流程图。利用现代管理学理念,将基层党建工作流程化、体系化、规范化,提炼制作出一套适用于地铁运营的"党建全过程流程管理图"。根据具体工作项目,分解出党建基础实务、标准化项目、特色品牌项目、督导提升项目等若干个子项的流程图,明确不同责任主体的职责定位,形成"一级抓一级、一级带一级""上下衔接、整体联动"的党建工作格局,为党务工作者、全体党员提供业务操作指导,促进党务知识沉淀和党建经验复制。

三是探索打造党建品牌矩阵。在狠抓标准化过程中，武汉地铁集团运营公司党委探索建立"都市脉动·红色领航"党建子品牌，形成了"三七党建工作法"。结合基层党支部实际，着力培育"一支部一品牌"，通过"党建+项目化"的管理模式，分批次打造"通途行动""金扳手""蓝色猎鹰"等各具特色的党建品牌，形成"党建+"的党建子品牌矩阵，将党建工作沉入一线、融入运营管理各项中心工作。

（三）三驱结合"市场化"，挖潜红色资源，创新驱动转型

一是以党建引领经营改革。将经营板块作为"三驾马车"中的重要一环，成立综合开发事业总部党委。以党建为引领，以市场为导向，对经营业务板块进行全面改革。通过打造"初心号"地铁红色专列、红色主题车站、布设"初心走廊"资源经营场所，宣传地铁站点附近的红色资源，引领市民乘客共同回顾中国共产党的光辉历程，全面展现武汉地铁在城市发展中的贡献和成就。打造地铁特色"党员群众活动室"，成立"红色物业"党员服务队伍，积极引领经营板块全体党员干部，以饱满的精神、昂扬的斗志开创"十四五"发展新局面。

二是将党建融入生产经营。通过深入走访调研、全面研究企业规章制度、对标党建标杆经验做法，结合市场化企业管理特点，积极探索基层党组织设立路径，明确集团所属二级、三级独立法人企业党组织的职责权限、机构设置、运行机制等重要事项，充分发挥党组织战斗堡垒作用。围绕"五个一批"目标任务，广泛深入实地走访，精准选取和实施了江夏区舒安街稻谷烘干厂项目，为当地村民解决粮食烘干实际困难，提高结对片区村集体收入。深挖当地红色资源，成立全市第一个"国企联村"红色教育基地。利用地铁沿线广告影响力，持续提升结对片区知名度和美誉度，覆盖人群超1500万人次，助力打造新农村品牌。

三是抓党建促进经营发展。以党建为引领，地铁经营板块各公司以实

现客流价值变现为导向，不断提升精细化和专业化水平，与多家大型房产集团成功牵手，与中粮集团有限公司共同打造 TOD 柏林地铁小镇住宅项目，形成以 TOD 为核心、多元业务协同发展的良好布局。紧抓"新基建"发展机遇，与黄陂区政府共同组建武汉轨道交通装备制造基地发展有限公司，打造总规模约 32 平方千米的国家级轨道交通产业基地，形成设计咨询、装备制造、配件施工、列车总装等全产业链条的企业集群，以培育全新业务增长点为导向，通过产业园区配套服务与潜力企业投资入股，着力打造千亿级轨道交通产业，精心培育壮大产业创新研究院和研究中心。

三、改革成效

一是武汉地铁综合发展实力持续增强。坚持不懈推动高质量发展，坚定不移实现任务目标，武汉地铁集团资产总额突破 4200 亿元，城建投资和资产总额均居全市首位。国企改革深入推进，董事会建设全面加强，现代化管理机制、市场化运行机制逐步完善，业务流程持续优化，深化改革取得阶段性成效。

二是地铁城市建设实现历史性跨越。克服新冠肺炎疫情不利影响，成功突破无人驾驶联调和试运行难点，再次向市民兑现了一年开通 3 条地铁线路的承诺，新增运营历程 75 千米，创历年之最，现网规模达 435 千米，位列世界前十，跻身世界地铁城市行列，创造了地铁建设的"武汉速度"。省内审批项目创新实施，第四期建设规划调整、市域（郊）铁路推进取得重要进展。TOD 项目深入推进，地铁小镇和开发项目捷报频传，徐家棚系列综合体精心打造，多个地铁商业隆重推出，体育场馆建设路径强力开辟。

三是为民服务展现更大作为。始终坚持以人民为中心的根本宗旨，切实把"地铁城市人民建，城市地铁为人民"的理念转化成为民服务的生动实践。累计运送乘客超过 70 亿乘次，公交分担率超过 54%，中心城区覆盖率（800 米标准）达到 54%，全自动驾驶、量子加密有效应用，运行调度保持全国一流水平，高品质的服务极大地改善了市民生活。防疫、防暑、防汛、防冻有力有效，风险研判与应急处置能力不断提高，出行安全持续增强。

21

强"根"铸"魂" 稳舵奋楫
党建引领保障国企改革破浪前行

青海省公路桥梁工程集团有限公司

一、基本情况

青海省公路桥梁工程集团有限公司（简称"青海路桥集团"）始建于1950年，是省属唯一一家本土公路桥梁施工大型国有企业。公司拥有国内外先进设备2691台（套），机械化施工程度达85%以上；拥有69项实用新型专利技术，年施工能力达50亿元以上。下设8个二级企业，现有职工1422人、专业技术人员1000余人。集团公司拥有6个公路工程施工总承包一级资质、17个专项一级资质以及其他各类专项施工资质。国企改革三年行动实施以来，青海路桥集团坚持以习近平新时代中国特色社会主义思想为指导，以"重实干、强执行、抓落实"为落脚点，准确识变、科学应变、主动求变，带领全体干部职工齐心协力摒弃"等靠要"等陈旧思想，树牢"生态、协作、共赢"理念，科学研判、谋篇布局、压茬推进，坚持不懈强"根"固"魂"，为集团高质量发展提供强大动力。

二、经验做法

（一）凸显政治功能，发挥引领保障作用

青海路桥集团党委始终把党的政治建设摆在首位，以企业改革发展的

实际成效践行"两个维护"。

一是强化理论武装。制定完善第一议题和理论学习中心组学习制度，创新打造"大学习"平台，建立"集团+二级企业中心组"联学模式，累计开展以党的十九大精神和习近平总书记重要讲话精神等内容为主的第一议题学习132次、专题研讨8次，以理论学习筑牢党员干部的思想根基，汇聚起在危机中找出路、于逆境中谋发展的强大动力。

二是强化贯彻执行。集团党委注重加强党章党规的系统学习，引导党员干部明底线、知敬畏、守纪律、讲规矩，不折不扣抓好中央、省委和省国资委党委重大决策部署落实。为全面落实全国和全省稳住经济大盘会议精神及进一步强化"两金"管理，集团党委研究制定了《关于稳住生产经营大盘工作方案》，并召开"两金"压降专题会议，分析、研判、部署生产经营、市场开发和财务资金管控等五大方面工作，彰显"国家队"政治担当。

三是严肃党内生活。集团党委坚持强化党内政治生活制度的约束力和执行力，修订完善"三会一课"、民主评议党员、谈心谈话等党内制度，组织召开2021年度民主生活会、组织生活会。党委委员主动"自我净化"，通过严肃开展批评与自我批评，深入剖析查摆问题，切实让民主生活会制度成为锤炼党性、提升自身的有力武器。

四是践行政治责任。坚持把乡村振兴任务作为最大的政治责任认真落实，对两个结对帮扶村先后投入帮扶资金172.73万元，实施种养殖、务工技能培训等各类帮扶项目20余个；吸纳贫困户就近就业，开发村级光伏产业公益性岗位30个和生态公益性岗位10个，有力衔接当地脱贫攻坚和乡村振兴工作。在玉树雪灾、玛多地震、民和中川黄河溃堤、祁连泥石流等抗灾抢险工作以及新冠肺炎疫情防控中，集团党委第一时间组织人力、财力、物力前往灾区开展救灾工作，以实际行动践行"两路精神"。

（二）创新工作体制，建设融合共建体系

集团党委立足助企发展，牵紧党建"牛鼻子"，筑牢生产经营压舱石，提升党组织贡献度和企业发展加速度。

一是把方向，嵌入公司治理。集团党委组织召开8次专项会议，组织各职能部室修订完善党委前置研究事项清单，厘清党委会、董事会等各治理主体的决策权限。同时，兼顾议题质量与决策效率，探索建立论证调研、闭环管理等11项议事规则，规范党委会运行流程。2021年，集团党委共召开40次党委会议，前置研究混合所有制改革、三项制度改革、资产处置等重大经营管理决策事项72个，集团党委"把方向、管大局、保落实"的能力持续提升。

二是管大局，完善体制机制。2018年以来，大力推进"党建入章"工作，明确党组织的机构设置、运行机制、基础保障等重要事项，集团及所属企业实现"党建入章"全覆盖；坚持和完善"双向进入、交叉任职"领导体制，集团及所属企业均按照党委书记、董事长一人担任的要求进行了配备，企业主要领导同时扛起企业改革发展和党建工作的双重责任；选优配强班子成员、明确细化党委委员职责分工，集团公司党委班子5名成员有2名进入董事会、2名进入经营管理层，把党的领导融入公司治理各环节，形成党建与改革发展责任压力传导共同体。

三是保落实，打通关节堵点。集团各党支部紧密围绕改革发展、生产创效等中心工作，以"三基三创"为抓手，充分发挥党员在工程施工、安全生产管理等工作中的先锋模范作用，在重大项目部开展"党员示范班组""党员先锋队"等活动，激励广大党员冲锋在前、勇挑重担。2021年，青海加西公路项目荣获信用等级AA评价，青海第一路桥建设有限公司荣获省国资委"质量安全文明单位"，青海省交通建设工程有限公司获省国资委党委"国企先锋"党支部，基层党组织战斗堡垒作用进一步凸

显。集团党委坚持把"经济账"和"政治账"相结合,党建工作责任状涵盖安全生产经营目标、业务管理和党风廉政建设内容,将党建工作"无形之手"渗透到企业发展全过程;实行党建和生产经营工作"双百分制"考核,将考核结果与奖惩、绩效、评先评优挂钩,让干部职工比有方向、学有标杆、干有动力。

(三)强化引育留用,凝聚干事创业合力

发展是第一要务,人才是第一资源。集团党委打好人才"引用育留"组合拳,实现人才与企业共同成长、共赢发展。

一是坚持德才兼备,以求贤若渴之心重才用才。集团党委聚焦新时代国有企业领军后备人才培养,选拔6名中层以上管理人员作为领军后备人才,积极选送优秀人才到中国交通建设集团有限公司、省国资委等单位培训学习、挂职锻炼,努力培养治企兴企、管党治党的复合型干部;完善职称专业体系建设,打破人才发展"天花板"。2021年,累计引进、提拔和调整中层及以上领导干部19人次;注重优化干部队伍梯队,畅通人才成长通道,9家企业领导岗位负责人"全体起立"进行公开竞聘,为优秀年轻干部和人才脱颖而出创造有利条件。

二是加强人才培养,以筑巢引凤之策引才育才。坚持"靶向引才",2021年通过校招、社招、赴省外参加大型招聘会等多种渠道引进核心技术人才66人,其中硕士研究生3人,一级建造师7人;与长沙理工学院等专业高等院校建立长期合作关系,为企业发展提供了后续支撑;构建分层分类的培训体系,启动近10年来规模最大、涵盖面最广的年度冬训,举办基层党务干部培训示范班2期,开展一级建造师、安全管理等系列培训,受教育干部达3000余人次;全年拿出462.6万元,提高一级建造师等专业技术人员奖励,集团内考证氛围浓厚,2021年集团公司共有22名干部职工考取一级建造师证书,创历史新高。

三是创新体制机制，以活力勃发之制留才励才。坚持激励与约束相统一，强调绩效"指挥棒"作用，积极构建班子、中层、职工"三位一体"的全员绩效考核体系。职工以岗位工资为绩效工资基数，中层管理人员以基薪的30%为绩效工资基数，班子成员以利润、国有资本保值增值率等共性指标为基数，将绩效考核结果与月考核工资、绩效工资和年度评先选优直接挂钩，进一步激发干部潜能和员工活力。

三、改革成效

国企改革三年行动攻坚之年，困难比预想的多，结果比预期的好。集团党委以抓铁有痕的恒心加快体制改革，以不破不立的信心加快产业升级，做好"老树新枝"智慧文章，企业改革成效初步显现。

一是开发能力逐步增强。截至2021年底，集团公司共参与159个项目的招投标工作，累计新中标41个项目，承揽施工任务20.64亿元，较2020年增加7.42亿元，增长率高达56.12%；年度完成产值14.27亿元，实现营业收入14.06亿元，同比增长48.8%。集团公司累计储备的工程项目共计75个，总施工任务量达49.81亿元。

二是品牌形象逐步提升。集团所属6家公路施工企业获得青海省科技型企业或高新科技企业证书；大湟平项目承建的平安大桥工程获2020—2021年度第一批青海省建设工程"江河源"杯（省级优质工程）奖。

三是基础管理逐步完善。项目实施审批与监督职责分设，工作流程、岗位职能不断优化，管理边界明确清晰，项目进度、成本、质量方面的管控能力逐步增强，大宗材料采购基本实现集约化、规范化，项目精细化管理有效推进。

四是内控体系逐步健全。设备管理、内部审计、市场开发等19项内控管理制度进一步细化。通过预算执行分析，成本费用得到有效控制，资金使用效率有效提高。多措并举，有针对性地提升二级公司、项目部财务的管控能力。

五是党建引领纵深发展。集团党委始终坚持党要管党、全面从严治党，党的建设质量不断提升。截至2021年底，集团涉及的29项改革任务已完成26项，完成率为89.7%，基本实现了年度改革任务目标。在2021年度工信国资系统工业经济运行地区和单位的表扬通报中，青海路桥集团从20家委管企业中脱颖而出，被评为年度"深化国企改革重点企业"。

22

以"卓越党建"锻造助推机场高质量发展的红色引擎

深圳市机场(集团)有限公司

一、基本情况

深圳市机场(集团)有限公司(简称"深圳机场集团")成立于1989年4月,是深圳市属国有独资企业,深圳宝安国际机场(简称"深圳机场")的管理机构。深圳机场地处粤港澳大湾区核心位置,近年来依托粤港澳大湾区强劲经济发展势头,航空主业得到快速增长,跻身全球繁忙大型机场行列。2021年,实现旅客吞吐量3635.8万人次、货邮吞吐量156.8万吨,客货运业务均名列全国第三。

国企改革三年行动开展以来,深圳机场集团党委坚持和加强党的全面领导,锚定改革攻坚目标,创新实施以提升基层规范化、标准化为目标的"卓越党建管理模式",将党建工作打造成为领航战略发展、助推国企改革的"红色引擎"。深圳机场集团党委在建党百年之际荣获"广东省先进基层党组织","卓越党建"管理实践获评中国企业改革发展优秀成果二等奖、入选深圳"双区"实践创新案例,党建引领高质量发展成效获央视《新闻联播》专题报道点赞,先后获评全国市场质量信用"AAA级服务示范企业""全国质量标杆""广东省政府质量奖"等。

二、经验做法

（一）顶层式设计——落实从严治党要求，构建党建科学化制度新体系

一是出台"1+N"制度抓统筹。按照新时代党的建设总要求，将上级党组织关于党建工作的政策法规全部转化为企业党建工作制度。一个《意见》是总纲，N 个制度是支撑，涵盖党建融入公司治理、党建标准化建设、党建融合创新、星级党员先锋岗创建机制等内容，从优化企业治理体系上推动党建目标与公司价值创造有机统一，巩固拓展国有企业改革成效，加快形成具有中国特色的现代企业制度。

二是制定"三本手册"强规范。推动制度体系下沉，以支部标准化建设强化服务功能和组织力。制定《基层党务工作规范化手册》《党支部书记工作手册》《党员先锋岗创建管理手册》三本手册，从基本组织、基本队伍、基本保障、基本活动等 6 个方面打造党组织的"过硬指数"和"标准画像"。

三是搭建"四大载体"促融合。强化"同一个空港，同一个梦想"的共同体理念，建设运营全国首个设在航站楼内的党群服务中心，联合驻场单位、空港公司、周边街道等 36 家党组织、超万名党员，构建起要事共商、资源共享、合作共赢的"空港党建引领平台"，聚合起"阵地建设、实践活动、空港先锋、党群共建"四大载体。例如，深圳机场依托与空管、海关、边检等空港驻场单位党组织的共建，成立了"深圳机场运管委"，推出了"常态化联合运控模式"，优化航班指挥调度体系，2021 年航班放行正常率历史性地超过 92%。

（二）闭环式推进——压实党建主体责任，构建党组织融入公司治理新机制

一是推动党的领导融入改革发展全链条、全过程。集团党委在市属国

企中率先建立和完善党组织参与企业"三重一大"权责清单，明确公司78项"三重一大"决策事项中，25项由党委直接决定、53项经党委前置研究讨论后由董事会或授权经理层决策，构建起党委领导下的"五位一体"治理新体系。针对下属企业较多、股权结构多元实际，加强分类分层指导，"一企一策"推动所属8家企业全面完成"议事规则"及"研究决定""研究讨论"两清单制定，如推动所属深圳机场国际货站有限公司党建进章程，为加强中外合资企业党的建设探索出"深圳经验"。

二是推动党建工作与国企改革同部署、同检查。运用PDCA循环管理法实施"计划—执行—检查—反馈"闭环管理，年初制订党建任务计划，日常以提示单形式督促工作任务，每季度开展工作写实通报，年底进行验收考核，总体形成"月推进—季通报—年考核"管理闭环，建立和完善了一套与公司发展目标相一致、与公司经营生产相协调的党建工作机制。

（三）项目式管理——党建引领相融共生，构建党建工作新品牌

一是"融入中心"选好题。推动各级党组织书记把党建工作放在服务改革发展中思考、谋划，以融入服务保障、安全生产、工程建设等工作重点"选题"，以化解发展顽症"破题"、以全面促进企业发展"结题"。例如，下属扩建工程指挥部党总支"党建引领决战卫星厅"项目，通过与参建单位联学共建、成立"党员攻坚突击队"等有效做法，在工期紧、任务重、安全防疫压力大的前提下，如期完成卫星厅项目交付，该项目也成为前海扩容后首个投运的百亿级工程。

二是"精准分类"促孵化。建立"书记抓、抓书记"的工作责任制，按照项目管理模式运作，采取定目标、定人员、定责任、定措施、定时限的"五定工作法"推进项目实施。同时对项目进行分类管理，按照项目成熟度分为"重点孵化项目"和"常规培育项目"，并给予一定的项目培育经费。近年来，孵化出"智绘未来""城载未来"等精品项目，推动"同

城同质同价""服务全流程智慧化"等 11 个与旅客关系最紧密、感受最直接的"老大难"问题得到解决,机场旅客自助值机比例超过 75%,更好地满足了旅客对美好航空出行体验的期待。

(四)绩效式考核——量化关键任务指标,构建党建工作检验新标准

一是维度与日常相合,坚持"干什么"就"考什么"。突出"抓在经常、融入日常、严在平常"这一导向,将日常督查与年终考核相结合,将"党建工作任务清单完成情况""现场述职述廉评议""日常工作表现"纳入考核评价体系,解决好党建工作"考什么"的问题。

二是结果与绩效挂钩,解决"怎么考"和"怎么用"。从年度基层党建目标责任书完成情况、现场述职述廉评议、日常工作反馈及一票否决项 4 个方面划定标准,按照公式设定对考核结果予以排名,排名前列的单位在年度经营业绩考核中直接兑现加分,作为党组织及干部评先评优的重要依据,解决好考评结果"怎么用"的问题,以党建工作实际成效推动企业高质量发展。

(五)领航式培养——树立价值贡献鲜明导向,构建党管干部管人才新内涵

一是以价值贡献为导向选人用人。对标世界一流企业华为技术有限公司,自主编制出台《人力资源发展纲要》,构建现代国有企业人力资源管理体系。大力倡导"以事业奋斗者为本",建立全集团关键岗位任职模型,精准输出 147 幅个性化"干部画像";在下属商业类企业探索全面实施经理层成员任期制和契约化管理,深圳机场航空城发展有限公司(简称"航空城公司")试点经营班子整体市场化选聘,签订经营权责契约化协议,员工层面实行"全体起立、双向选择",100%实现市场化身份转换,极大地激发了队伍干事创业热情。新冠肺炎疫情发生以来,航空城公司领导班子组织带领全体职工保障航站楼近 300 家店铺正常营业,向机场区域商户

免租降费 1.77 亿元，所辖嘉轩酒店作为境外机组指定隔离酒店，完成 3 万余人次保障任务。

二是以奋斗业绩为标准育人留人。实施"领航计划"，重点打造"战略人才、专家人才、工匠人才"三支队伍，构建起与集团高质量发展相契合的人才培养机制。目前，部门副职级以上干部（含企业领导人员）中硕士研究生以上学历人员占比 40.3%，管理团队专业年龄结构也得到明显改善。坚持基于责任贡献导向和向奋斗者倾斜的价值分配原则，构建全面薪酬回报、短中长期结合、多要素分配、拉开差距体现差异的激励体系，敢于打破奖金分配"大锅饭"，推行"多劳多得""能高能低"，有效激发组织活力新势能。

三、改革成效

一是强根铸魂管大局，引领发展彰显政治领航优势。严格执行落实"两个维护"十项机制，2021 年扎实开展第一议题学习 50 余次；通过高质量开展党史学习教育，联合空港 36 家党组织创新开展"五百一先"系列活动，空港党建引领成效进一步凸显，推进深圳先行示范区综合改革首批授权事项清单落地见效，航班高峰小时容量标准提升至 60 架次；深圳机场连续 6 年获评 CAPSE 最佳机场，成功摘取 2022 年"世界十大美丽机场"桂冠，获得 SKYTRAX 五星机场认证，"一站式全流程爱心服务"入选国务院国资委 2021 年度地方国有企业品牌建设典型案例。

二是建强枢纽开新局，服务城市彰显改革创新优势。党的领导与公司治理深度融合推动国企改革，深入开展战略解码，形成 26 项关键绩效指标，机场及周边片区纳入扩容后的前海合作区，形成海、陆、空、高铁、城际、地铁"六位一体"的国际性综合交通枢纽格局。新冠肺炎疫情发生以来，深圳机场集团全力化危为机，做好"双统筹"，在国内机场中保持了极强的抗冲击能力和业务表现，近2年客货吞吐量均排名全国第3位，国际及地区全货运通航点达35个，为深圳及周边高新技术企业、制造业企业的产品"走出去、卖全球"搭建了便捷高效的空中通道，为保全球产业链供应链稳定彰显"城之重器"担当。

三是稳中求进应变局，筑牢堡垒彰显组织赋能优势。"卓越党建"锻造起上下贯通、执行有力、左右协同的组织体系，有力彰显了国企政治优势。坚决扛起防疫"第一政治责任"，联合空港各单位全国首创国内、国际业务保障"双分开"，高标准建成"领航青寓"1021间防疫集中居住宿舍，实现空港高风险作业岗位人员集中闭环管理。在全球聚光灯下，高效、有序地完成孟晚舟女士回国重大政治保障任务。在严峻时刻、紧急关头，鲜红的党旗飘扬在空港第一线，充分彰显了城市温度、国企担当。

鸣　谢

本书编写得到了以下同志的参与和支持,在此一并感谢。

中央企业(以姓氏笔画为序):

丁雨睬	丁嘉树	于　楠	于晓龙	于海斌
马天晖	马前进	王　彤	王　言	王　凯
王　贺	王　莹	王　晖	王　硕	王　曼
王　超	王　湛	王　强	王　鹏	王　静
王　磊	王广涛	王广富	王龙根	王占旭
王永刚	王延胜	王灿宇	王岱岳	王庚柱
王香芬	王俊瑶	王宫成	王晓蓉	王娓娓
王乾力	王瑞晶	王德国	尤永春	牛振华
卞大祝	卞凤鸣	文　佳	文　学	方春法
尹　刚	尹小勇	尹家旺	巴　祎	石　峰
平慧琼	卢卫静	卢彦武	叶云昭	叶延禄
田　林	史永超	付海波	付善强	付新春
冯　光	冯占立	冯彦松	邢　越	成继平
吕国栋	朱良成	朱拴刚	朱烈斌	朱碧新
乔　阳	伍光新	延　欣	任　民	任健聪

向问陶	刘 平	刘 冬	刘 远	刘 钢
刘 俊	刘 悦	刘 煜	刘云涛	刘永胜
刘亦飞	刘军才	刘泳玉	刘学龙	刘祖斌
刘晓蓉	刘高云	刘高云	刘福兴	刘滕冲
闫华锋	江 帆	江义娟	汤 飞	许英坚
孙一桐	孙文政	孙晓霖	阳 祥	李 帅
李 林	李 凯	李 炯	李 爽	李 煦
李 巍	李 响	李一帆	李大鹏	李友生
李丹升	李龙飞	李国祥	李思齐	李涛华
李登强	李德勇	杨 申	杨 宁	杨 充
杨 明	杨 诚	杨子林	杨少华	杨玉卫
杨阿龙	杨叔军	杨泽勇	杨学钰	杨艳明
杨维玮	轩辕雪雯	肖华光	肖宝玲	时 超
吴 若	吴 畏	吴广星	吴传贤	何杨年
何晓冬	何燕军	余文宝	邹 峻	宋 畅
宋莉莉	补 东	迟 殷	张 军	张 卿
张 悦	张 萍	张 晗	张 曦	张义威
张文革	张向辉	张启凤	张建林	张海星
张祥发	张跃强	张富伟	陆卫忠	陈 伟
陈 斯	陈 鹏（中国建筑）		陈 鹏（中国国新）	
陈庆辉	陈安宇	陈建强	陈荣兴	陈树农

陈皎皎	陈敬举	陈遵江	陈雕璞	邵　晗
邵永军	邵树峰	苗晓东	范　锴	国　庆
罗　瑾	罗清平	金家宇	周　广	周　韬
周　鑫	周志勇	周悦刚	郑维静	单忠立
孟培林	赵　坤	赵　前	赵　新	赵　翼
赵　鑫	赵忠胜	胡　刚	胡　兴	胡元枧
胡旦权	胡光耀	胡雪梅	柏冠军	咸亚丽
姜久军	洪保民	姚　旭	贺　军	贺　颖
袁　超	袁　媛	袁昆云	袁树宝	袁霞光
耿　毅	索　嘉	贾欢雨	贾建强	夏　琴
顾　伟	晏　潜	倪陈宵	徐　杰	徐　磊
徐华凑	徐炳杰	徐笑峰	高　军	高　倩
郭　伟	郭　杰	郭　涛	郭宏斌	唐子骐
唐远东	黄　庆	黄　芳	黄　颉	黄伟峰
黄泽江	黄振东	龚卫国	崔　健	商　莹
商　涛	阎　鑫	彭　川	彭　鹏	彭彤宇
葛立国	葛根图娅	董　石	董文祥	董珊杉
董慧龙	蒋　洋	韩树强	韩晨华	程绍龙
曾　丹	温　凯	谢　平	强　明	简　捷
蔡红君	蔡志栋	赛华松	樊建平	潘　晔
潘志华	霍海峰	霍道伟	戴维阳	魏如山

地方国资委和国有企业（以姓氏笔画为序）：

丁　凯	于世德	于红成	于　峰	习江鹏
马永才	马拥军	马茹冰	王　宏	王　硕
王　爽	王光远	王红霞	王国辉	王昌润
王建华	王建强	王春鸣	王　珏	王　俊
王勇健	王　哲	王桂苹	王晓昀	王　朕
王　雪	王淇雲	王　超	王雅萱	韦　婉
牛宗九	毛永红	卞　克	文义博	左冬梅
卢　琴	卢　怡	叶衍榴	田长军	丛培模
乐勇建	兰　天	司应科	邢玉红	成冬梅
毕泽华	吕康东	朱又生	朱启建	朱恩平
朱朝阳	刘　哲	刘万波	刘仁俊	刘双武
刘庆武	刘知豪	刘建国	刘　胜	刘　莎
刘　超	刘智慧	闫志恒	汤建华	许　淮
孙乐乐	孙岩辉	孙建强	苏再泉	李　光
李义正	李巨星	李正刚	李立志	李伟涛
李秀斌	李国兵	李佩谦	李美敬	李海涛
李雪峰	李祺彦	李楠龙	李锡刚	李　静
杨世威	杨　光	杨英雄	杨桂萍	杨晓喻
杨鸿宝	肖志峰	肖莹莹	吴山保	吴良丰
吴荫登	邱　瞰	何　继	何云雯	何　金

何建锋	何祖明	何　勇	邹牧冶	沈建生
宋明辉	宋嘉宁	宋德武	张　弘	张　军
张　毅	张　玉	张　慎	张　戈	张文礼
张光伟	张庆云	张坚胜	张招兴	张其国
张建新	张秋实	张　胜	张晋原	张宾栋
张培宗	张敬宏	陆林海	陆定贤	陈成漳
陈仲扬	陈国梁	陈德俊	苟小灵	林顺雄
林　路	国　磊	罗珍琳	岳生远	岳峰坡
郄　芳	周　勇	周　文	周永平	周　全
周　巍	郑华敏	宗　晨	赵玉宗	赵　冬
赵金玲	赵敏杰	胡开江	胡国强	胡建宇
修建强	侯外林	饶晶红	姜　鹏	祝　霞
秦建明	秦润发	袁　艳	袁中平	耿　伟
聂玉中	顿珠朗加	徐　瑛	徐丽华	徐建国
徐　俊	徐振华	徐　桐	徐　彬	高　洋
高　凯	高　翔	高建军	高钢军	郭成刚
郭学忠	郭　黎	唐丹丹	唐志国	唐　勇
涂宝立	黄文阳	黄宝明	黄柏生	梅小伟
曹　菁	曹　阳	曹新兴	常　青	梁国文
梁　岩	彭向峰	董　梁	敬正友	韩　辉
喻　宇	程宇飞	曾　鑫	曾庆洪	曾芫飞

曾树峰　曾　斯　谢建三　谢曙光　蔡秀芬
黎立璋　潘明芳　戴亚林　魏晓娟

国资委研究中心（以姓氏笔画为序）：

王盼盼　王　悦　吕汉阳　任昊天　刘金逗
牟思宇　严雪蕾　杜天佳　李梓源　杨箫滢
张金城　陈　慧　周　钊　周海晨　胡　迟
姜华欣　贾尽裴　贾默骐　黄大千　戚　悦
綦小燕